Christian Peters
Luthertum und Pietismus

Veröffentlichungen der Historischen Kommission für Westfalen

Neue Folge 80

Luthertum und Pietismus

Die Kirche von Soest
und die neue Frömmigkeit
(1650–1750)

Christian Peters

Aschendorff
Verlag

Umschlagabbildung:
Die 1822 abgebrochene Marktkirche St. Georgii in Soest,
Ansicht von Südosten.
Federzeichnung (Rekonstruktion) des C. Memminger, 1882.
(Soest StA/StB, Foto: Tobias Westhoff)

Verlag: Aschendorff Verlag GmbH & Co. KG, Münster

© 2024 Historische Kommission für Westfalen, Landschaftsverband Westfalen-Lippe

Das Werk ist urheberrechtlich geschützt. Die dadurch begründeten Rechte, insbesondere die der Übersetzung, des Nachdrucks, der Entnahme von Abbildungen, der Funksendung, der Wiedergabe auf fotomechanischem oder ähnlichem Wege und der Speicherung in Datenverarbeitungsanlagen bleiben, auch bei auszugsweiser Verwendung, vorbehalten. Die Vergütungsansprüche des § 54, Abs. 2 UrhG, werden durch die Verwertungsgesellschaft Wort wahrgenommen.

Redaktion: Dr. Burkhard Beyer

Register: Prof. Dr. Christian Peters, Dr. Gregor Maximilian Weiermüller

Satz: Historische Kommission für Westfalen, Münster

Druck: Druck und Werte GmbH, Leipzig

Gedruckt auf säurefreiem, alterungsbeständigem Papier

ISBN 978-3-402-15147-1

§ 4. Der *unterschied unter denen religionen* soll jungen und alten bey gelegenheit bekandt gemacht [werden] und nechst überzeugender, aber liebreichen wiederlegung der irrthümer,[2367] wie auch anweisung der in der wahrheit steckenden krafft zum trost und heiligung der seelen, zugleich fleissiger *ermahnung* zur bestendigkeit bey der reinen lehre an sie geschehen. Und wie die irrenden überhaupt Gott im *gebeth* fleißig vorgetragen werden sollen, also mus man sich darzu fürnemlich die abtrünnig gewordene[n][2368] empfohlen seyn laßen, nebst dem, daß alle mühe, sie zurück zu ruffen, angewendet werden soll. Dabey mag besonders die gefahr, welche mit der *ehe zwischen ehegatten verschiedener religion* verbunden ist, oft und nachdrücklich, sonderlich denen, die dazu versuchung haben, eingeschärfet werden. Denen aber, welche in solcher ehe stehen, soll man so viel mehr mit raht, trost und würklicher hülfe,[2369] wie sie dessen bedürffen, andienen, wie denn evangelische väter ihre söhne und evangelische mütter ihre töchter[2370] zu ihrer religion zu erziehen nicht gehindert werden, auch befugt seyn sollen, nach [S. 362] dem absterben des andern ehe-gatten, wo nicht mit demselben ein anders pacificiret worden [ist],[2371] alle kinder mit sich zu führen, gleichwie auch nach dem tode beyderley eltern die evangelische hinterlassene, nächste anverwandte oder vormündere dieselbe zu ihrer religion anführen können.[2372]

§ 5. *Die kirchen ceremonien* sollen nach maßgebung derer eingeführten agenden[2373] bey allen gemeinen gleichförmig seyn. Und obgleich selbige unter christlicher freyheit stehen, zuweilen auch nützlich seyn mag, darinnen ein abwechselung zu halten, so soll doch kein prediger für sein haupt[2374] dieselbige[n] ändern, sondern,

desherrn einzuschalten. Dort wird man das aber nicht gern gehört haben, konnte es doch als ein Zugeständnis im Blick auf die eigenen Rechte in rebus ecclesiasticis (Kirchenangelegenheiten) gedeutet werden.

2367 Dem schlüssigen, aber freundlichen Nachweis der auf der anderen Seite bestehenden Irrtümer in der Lehre.
2368 Die Konvertiten (entweder zum römisch-katholischen oder zum reformierten Bekenntnis).
2369 Mit einer zielstrebigen, am Ergebnis orientierten Unterstützung.
2370 Hier spiegelt sich wohl weniger eine Rechtsfigur als das damalige Rollenverständnis.
2371 Falls mit dem Ehepartner nicht zuvor anderes vereinbart/abgesprochen worden ist.
2372 Dazu Gotthilf August Francke im Herbst 1736 (vgl. Edition 2.2, Nr. 103): Ad § 4. könnte nach den[en] worten: *widerlegung derer irrthümer* wol beygefüget werden: aus Heil[iger] göttlicher Schrift. Ad eundem §. gebe ich zu bedencken, ob nicht der passus und die worte circa finem: *alle kinder mit sich zu führen* etwas deutlicher und vernehmlicher abgefasset werden möchten. – Hier spiegeln sich die Erfahrungen eines umsichtigen Organisators: Die Soester Kollegen sollten sich nicht in dogmatische Extrempositionen versteigen. Die Entscheidung über das Bekenntnis von Kindern aus gemischtkonfessionellen Ehen war konfliktträchtig und bedurfte deshalb präziser Regelungen.
2373 Der noch im Entstehen begriffenen „Soestischen Kirchen Agenden" (1539). Siehe Edition 2.5.
2374 Eigenmächtig/allein aus eigenem Gutdünken.

2.3 Die „neue" Soester Kirchenordnung

§ 3. Den[en] in unserer stadt recipirten[2356] Römisch Catholischen soll in denen ihnen per pacta und sonst zustehenden freyheiten kein eintrag geschehen.[2357] Wir verbieten auch alles ernsts, daß keinem einwohner der differenten religion halber der geringste unlust zugefüget werden solle. Wogegen es sich geziemen will, durch beweisung aller liebe die kraft der evangelischen wahrheit und des glaubens zu offenbahren, mithin, sich den weg zu bahnen zur gründlichen überführung der irrenden, als wozu alle gelegenheit von lehrern und zuhörern begierig, obwohl bescheiden, ergriffen werden mag. Es müssen aber die prediger vigiliren,[2358] daß die Römisch-Catholische[n] nicht über jhre schrancken kommen,[2359] welchen fals sie mit dem consistorio darüber conferiren und uns[2360] zu remediirung[2361] davon benachrichtigen sollen. Ins besondere sollen draußen auf keine höfe, welche von [S. 361] evang[elisch] Lutherischen colonis bisher besetzet gewesen,[2362] Römisch Catholische männer oder frauen angenommen werden, nach maßgebung allergnädigst ergangener Königlichen verordnungen. Imgleichen dürffen ihnen keine öffentliche processiones[2363] zugestanden, noch an mehrern als [den] ihnen accordirten orten[2364] den öffentlichen gottesdienst zu üben oder parochialia zu exerciren,[2365] verstattet werden.[2366]

> solche nicht verfangen wolten. In eodem §. scheinet nach denen worten: *seiner nothdurft vor dem consistorio* wiederum etwas ausgelassen [worden] zu seyn, und [es] möchte die meynung vermuthlich diese seyn: daß der verdächtig gemachte [Prediger] über seinen irrigen meynungen von dem consistorio vernommen werden und selbiges sich bemühen solle, ihn zu recht zuweisen: Im fall er [der Prediger] aber dessen [des Konsistoriums] vorstellung nicht gehör geben wolte, als denn von seinen irrigen meynungen, wofern solche bekant wären, der gemeinde eine anzeige geschehen [sollte/müsste], iedoch dergleichen von dem prediger des ortes nicht ohne vorhergegangenen consens und anordnung des consistorii unternommen werden solle.

2356 Dort Bürgerrechte genießenden.
2357 Sie sollten in den ihnen vertraglich zugestandenen Rechten nicht eingeschränkt werden.
2358 Darauf achten/darüber wachen.
2359 Nicht mehr Rechte in Anspruch nehmen, als ihnen zusteht/zugestanden worden ist.
2360 Den Soester Rat.
2361 Zur/zum Zweck der Abstellung der erkannten Verstöße.
2362 Welche bisher von auf gepachtetem Land arbeitenden, evangelisch-lutherischen Kleinbauern (Köttern) bewirtschaftet worden sind.
2363 Keine Wallfahrten/Heiligentrachten/Umzüge etc.
2364 Oder an anderen als den ihnen dazu eingeräumten Orten.
2365 Die Messe zu lesen und die Rechte eines römisch-katholischen Pfarrers in Anspruch zu nehmen.
2366 Dazu Gotthilf August Francke im Herbst 1736 (vgl. Edition 2.2, Nr. 103): Ad § 3. gebe ich [Gotthilf August Francke] zu bedencken, ob nicht nach den worten: *uber ihre schrancken kommen* es etwa so abgefasset werden könne, daß die prediger in solchem fall die sache dem consistorio zu hinterbringen, dieses aber, wofern es deme zu remediren nicht vermögte, die sache an Ihre Königl[iche] Majestät zu berichten hätten. – Francke ermutigt den Rat also dazu, in derartigen Konfliktfällen den Lan-

die prediger acht haben und denen armen aus denen armen mitteln dazu beforderlich seyn müssen [sollen].[2345] Weil aber die lehre der evangelisch-Lutherischen kirche in denen *Symbolischen Büchern*[2346] derselben aus der Heiligen Schrifft vorgetragen ist, also soll keiner zum lehr ampt an kirchen und schulen angenommen werden, der sich nicht durch eigenhändige unterschrifft zu dem von dem ministerio verwahrlich aufgehobenen Corpore Doctrinae[2347] zu bekennen bereit ist. Und wie sich ein jeder lehrer billig befleissiget, dessen inhalt und redens arten[2348] sich immer mehr bekant zu machen und darnach in seinem ampt sich zu richten hat, also soll den zuhörern daraus sonderlich die Augspurgische Confession[2349] in die hände gebracht werden.[2350]

§ 2. Dafern bekant würde, daß jemand gefährliche [S. 360] *irrige lehren* mündlich oder s[ch]rifftlich außbreite, soll solches nach vorhergegangener privat erinnerung dem inspectori oder auch dem consistorio zu[r] untersuchung und beurtheilung erst bekandt gemachet, nicht aber sofort auf die cantzel gebracht werden.[2351] Es soll auch der, welcher verdächtig gemachet worden [ist], seine nothdurfft vor dem consistorio, nicht aber ohne des[sen] erhaltenen consens[2352] öffentlich vorstellen.[2353] Über problematischen fragen aber, verschiedenen erklärungen einiger Schrifftstellen, differenten redensarten u[n] d[er] g[leichen] soll niemand beunruhiget werden. Doch mus auch die darinn habende freyheit behutsam gebraucht werden,[2354] daß [damit] sie nicht zum anstoß der schwachen und hinderung guther einigkeit gedeihe.[2355]

2345 Angestrebt wurde also eine alle Schichten umfassende, flächendeckende Bibelverbreitung.
2346 Den im „Konkordienbuch" von 1580 zusammengefassten lutherischen Bekenntnisschriften.
2347 Dem (in Anknüpfung an die „Kursächsischen Visitationsartikel" des Aegidius Hunnius [1550–1603]) sogar noch deutlich über das Konkordienbuch hinausgehenden Soester Corpus Doctrinae von 1593. Vgl. Peters, Corpus Doctrinae (wie Anm. 11).
2348 Fixierungen der für alle verbindlichen Lehre.
2349 Das Augsburger Bekenntnis von 1530, die „Confessio Augustana invariata".
2350 Dazu Gotthilf August Francke im Herbst 1736 (vgl. Edition 2.2, Nr. 103): Ad § 1. [gestrichen: möchte b] wird bey dem schluß desselben wol etwas ausgelassen [worden] seyn, und [gestrichen: ist] wäre solcher deutlicher zu machen. – Die Richtung des Votums ist (den vorliegenden Textbestand vorausgesetzt) nicht eindeutig: Wünschte Francke eine Präzisierung im qualitativen Sinne (Welche Ausgabe der CA)? Oder ging es ihm um die Umsetzung?
2351 „Kanzelkriege", wie es sie in Soest vor allem im späten 16. Jahrhundert gegeben hatte (vgl. Peters, Corpus Doctrinae [wie Anm. 11], S. 90–104), sollten also, wenn eben möglich, vermieden werden.
2352 Erst nach dessen ausdrücklicher Zustimmung.
2353 Auf die Kanzel bringen/in der Öffentlichkeit vertreten.
2354 Die akkreditierten Theologen genossen zwar Lehrfreiheit, durften diese aber nur behutsam ausüben.
2355 Dazu Gotthilf August Francke im Herbst 1736 (vgl. Edition 2.2, Nr. 103): Ad § 2. könnte nach denen worten: *privat erinnerungen* wol noch beygefüget werden: wenn

2.3 Die „neue" Soester Kirchenordnung

Soest, Dezember 1729 bis Herbst 1736.[2340] *(Soest StA/StB, Bestand A, Nr. 6156b, S. 359–490; mit zwei Fehlern in der Zählung [Überblätterung])*

[Ohne Titel] [S. 359]
I. *Von der lehre und denen ceremonien überhaupt.*[2341]

§ 1. Die eigendliche *regul* und richtschnur der in denen evangelischen Lutherischen kirchen unserer bohtmäßigkeit[2342] zu führender lehre bleiben allein die Canonischen Bücher[2343] der Heiligen Schrifft Alten und Neuen Testaments, woraus die lehrer ihren öffentlichen und besonderen unterict in kirchen und schulen jederzeit bewähren, auch des endes dieselbe, und zwarn aus dem grundtexte, sich bekandt machen und ihre zuhörer, jung und alt, darinnen zu forschen[2344] gewehnen sollen. Wie wir dann wollen, daß in allen häusern zur privat übung die Bibel sey, worauf

---

2340 Die Einsendung eines ersten Textes der neuen Kirchenordnung erfolgte im Dezember 1729 (Edition 2.2, Nr. 81). Das von Vogeler (Archigymnasium IV [wie Anm. 9], S. 11) für deren Genehmigung durch das Berliner Oberkonsistorium genannte Datum „1728" ist also falsch. Im Hoflager „approbiert" wurde die neue Ordnung dann auch erst am 26. November 1730 (Soest StA/StB, Bestand A, Hs. 26, Bl. 302, Nr. 16). Was darunter zu verstehen ist, bleibt aber unklar. Wahrscheinlich wurde die Ordnung zunächst lediglich „zur Erprobung freigegeben". Die nur unvollständig und zerstreut überlieferte Korrespondenz mit den preußischen Dienststellen setzte sich jedenfalls fort (Soest StA/StB, Bestand A, Nr. 6156b passim). Dort spielte man sichtlich auf Zeit (Untergrabung der kirchlichen Autorität des Soester Rates; Vorbereitung der Einbringung eigener Ordnungstexte). Im September 1736 kam die Sache dann aber wohl erneut in Gang. Francke erkundigte sich (Edition 2.2, Nr. 100) und erhielt von Sybel eine Ausfertigung des damals aktuellen Textes (Edition 2.2, Nr. 101; vielleicht der hier als Edition 2.3 wiedergegebene Text). Francke sah diese durch und versah sie mit Anmerkungen (Edition 2.2, Nr. 103), die er anschließend zusammen mit der Ausfertigung (um deren Rückgabe er von Sybel gebeten worden war) nach Soest schickte (Edition 2.2, Nr. 102). Der daraufhin an Sybel ergehende Arbeitsauftrag des Rates (vor Februar 1737; Edition 2.2, Nr. 104) stand wohl schon in Zusammenhang mit dessen Arbeit an der „Soestischen Kirchen Agenden" (wie Anm. 480), die dann jedoch noch bis ins Jahr 1739 andauerte. In Soest stand die „neue" Ordnung aber auch nach 1752 (Abschaffung der Stadtverfassung) noch in Geltung. Der neue Inspektor Johann Nikolaus Sybel (so ab 1754) setzte sie konsequent um (vgl. oben Kapitel 1.13).
2341 Kursiv hervorgehobene Abschnitte in der Vorlage unterstrichen.
2342 Den Kirchengemeinden der dem Soester Rat unterstehenden Stadt Soest und ihrer Börde.
2343 Die zum Grundbestand der Bibel gehörenden Schriften des Alten und Neuen Testaments (in Abgrenzung von den Apokryphen).
2344 Vgl. Apg 17, 11: „Diese [die Menschen in Beröa] aber waren freundlicher als die in Thessalonich; sie nahmen das Wort bereitwillig auf und forschten täglich in der Schrift, ob sich's so verhielte."

[Adresse:] An die jungfer [Anna Maria] Sybel zu Soest.
Hochedle, insonders hochgeehrte[gestrichen: ste] Mademoiselle.

Nachdem ich aus Ewer Hochedlem [gestrichen: geehrtesten] notifications schreiben vom 1ten dieses [Monats] den seligen hintritt Dero theuren herrn bruders, des wohlseligen herrn inspectoris und pastoris m[agister Johann Nikolaus] Sybels, [gestrichen: unter nicht geringer] nicht ohne rührung meines herzens mit mehrerm ersehen, so [gestrichen: habe] kann ich nicht unterlaßen [gestrichen: wollen], Ewer Hochedl[en; gestrichen: hiedurch] meine [gestrichen: schuldigste und] aufrichtigste theilnehmung an diesem [gestrichen: höchst] schmerzlich[gestrichen: sten]en trauer-fall hiedurch zu bezeugen, der ich von herzen wünsche, daß der Vater der barmherzigkeit[2337] Dieselbe über diesem [gestrichen: höchst] empfindlichen verlust durch seinen kräftigen trost außrüsten und denselben durch ander wärtiges [gestrichen: freude und vergnügen] gutes und absonderlich durch den genuß seiner gnade [gestrichen: und segens] wiederum ersetzen wolle. Ich habe meines orts an dem wohl seligen einen sehr werthen freund verlohren, den ich als einen treuen knecht Gottes hoch geschätzet und geliebet, auch als einen wohlthäter der missions anstalten, [gestrichen: gar] und beförde[gestrichen: rung]rer der ehre Gottes [gestrichen: zu ehren gehabt] geehrt [habe], wie ich denn auch noch vor wenig[en] tagen seine letzte geehrte zuschrift,[2338] darinnen er mir einige wohlthaten für die mission übersendet, mit schuldigstem danck beantwortet [habe],[2339] so Ewer Hochedl[en] nach deßen seligen absterben eingehändiget seyn wird. Der HErr vergelte diesem seinem [gestrichen: wohl] seligen knechte auch diese erwiesene liebe und seine treue in seinem weinberg mit ewiger freude vor seinem thron und laße seinen segen reichlich auf Ewer Hochedl[en] ruhen, unter welchem herzlichen wunsch ich mit aller ergebenheit verharre
Ewer [Gotthilf August Francke]

2337 Vgl. 2. Kor 1, 3 f.: „Gelobt sei Gott, der Vater unseres Herrn Jesus Christus, der Vater der Barmherzigkeit und Gott allen Trostes, der uns tröstet in aller unserer Bedrängnis, damit wir auch trösten können, die in allerlei Bedrängnis sind, mit dem Trost, mit dem wir selber getröstet werden von Gott."
2338 Wohl Nr. 196, vielleicht aber auch noch ein weiterer Brief.
2339 Wohl Nr. 199.

2.2 Quellen Nr. 1 bis 200

Nr. 198   Halle (Saale), 6. Februar 1759

Gotthilf August Francke, Professor der Theologie und Inspektor der Kirchen und Schulen der Ersten Diözese des Saalkreises in Halle (Saale), an Johann Nikolaus Sybel, Pfarrer an St. Georgii in Soest und Inspektor des Soester Predigerministeriums (damals bereits verstorben). Konzept. Zum Zusammenhag siehe Nr. 196. (Halle [Saale] AFSt, Bestand H C 635:52)

[Adresse:] An he[rrn] pastor Sybel zu Soest.
Hochehrwürdiger, h[ochgeehrtester] und in d[em] HE[rrn] sehr werthgesch[ätzter] He[rr] Pastor.

Ewer Hochehrw[ürden] statte [ich] in der mission namen, so wohl für die im namen der g[nä]digen fräul[ein N.] von Gruiter[2335] zum dienst der mission übersandte pistolette, als auch für den französischen alten thaler,[2336] welchen Ew[er] Hochehrw[ürden] für sich zum besten dieser [gestrichen: ab] anstalt beygefügt [haben], schuldigen und ergebensten danck ab, welchen [ich] auch der wohlgedacht[en] gönnerin zu hinterbringen bitte, unter dem herzlichen wunsch, daß der Herr diese liebes gaben mit reichem segen vergelten und ersetzen und selbige zum besten seines wercks mit seinem segen begleiten wolle.

Der HErr sey dafür gelobet, daß er sie endlich aus der bisher ausgestandenen noth und beschwehrde errettet und ihre umstände bis hierhin erträglich gemacht [hat]. Er nehme sich Ihrer und aller nothleidenden ferner gnädig an und erfreue ganz Teutschland mit einem baldigen frieden, [gestrichen: gle] gebe aber, daß bey seiner protestantischen kirche sein endtzweck erreichet und seine ehre auch [gestrichen: durch] unter diesen grossen [gestrichen: grossen] trübsalen verherrlichet werde. Ew[er] Hochehrw[ürden] erlasse [ich] in den gnäd[igen] schutz des HErrn und verharre mit aller ergebenheit
    Ew[er Gotthilf August Francke]

Nr. 199   Halle (Saale), kurz vor 17. Februar 1759

Gotthilf August Francke, Professor der Theologie und Inspektor der Kirchen und Schulen der Ersten Diözese des Saalkreises in Halle (Saale), an Johann Nikolaus Sybel, Pfarrer an St. Georgii in Soest und Inspektor des Soester Predigerministeriums (damals bereits verstorben). Mit Quittungen. Zum Zusammenhang siehe Nr. 198. Nicht aufgefunden, aber bezeugt durch Nr. 200.

Nr. 200   Halle (Saale), 17. Februar 1759

Gotthilf August Francke, Professor der Theologie und Inspektor der Kirchen und Schulen der Ersten Diözese des Saalkreises in Halle (Saale), an Mademoiselle Anna Maria Sybel in Soest. Konzept. Zum Zusammenhang siehe Nr. 197. (Halle [Saale] AFSt, Bestand H C 635:54)

2335   Wie Anm. 1995.
2336   Demnach wohl einen persönlichen Notgroschen.

Mit Geldspende. Zum Zusammmenhang siehe Nr. 195. Nicht aufgefunden, aber bezeugt durch Nr. 198.

Nr. 197 Soest, 1. Februar 1759
Mademoiselle Anna Maria Sybel[2333] an Gotthilf August Francke, Professor der Theologie und Inspektor der Kirchen und Schulen der Ersten Diözese des Saalkreises in Halle (Saale). Gedruckte Todesanzeige mit handschriftlichen Einfügungen (Schreiberhand) und ungeübter, eigenhändiger Unterschrift der Mademoiselle. (Halle [Saale] AFSt, Bestand H C 635:53)

[Adresse:] A monsieur monsieur Francke, docteur et professeur en theologie de l'academie à Halle. Franco.[2334]
Hoch-[handschriftlich:]wohlgebohrner*, besonders hochgeehrte[handschriftlich:]r Herr Proffessor.*
Nachdem es der weisen Vorsehung GOttes, nach seinem heiligsten Rath und Willen gefallen [hat], meinen vielgeliebten Herrn Bruder, Magister JOHANN NICOLAS SYBEL, Inspector des Evangel[isch] Luther[ischen] Ministerii hieselbst und Prediger bey der Gemeinde zu S[ankt] Georgii wie auch ältesten Scholarcha des hiesigen Gymnasii im 70sten Jahre seines ruhmvollen Alters, nachdem Er seiner Gemeinde an die 46. Jahr als treufleißiger Lehrer vorgestanden [hat], den 1sten dieses Monaths, des Morgens um 2. Uhr, nach ausgestandener 7. Wochen langen Brustbeschwerde, aus dieser Zeitlichkeit durch einen sanften Tod in die frohe Ewigkeit abzufordern und durch sothanen schmertzlichen Verlust mich in die empfindlichste Wehmuth versetzet.
So habe [ich], meiner Schuldigkeit nach, nicht ermangelen sollen, Ew[er] Hoch-[handschriftlich:]wohlgebornen* solchen Todesfall mit betrübtesten Gemüth bekant zu machen; Und wie ich nicht zweifele, es werden Dieselben daran einen mitleidigen Antheil nehmen, als[o] wünsche [ich] dagegen von Herzen, daß der Allerhöchste Ew[er] Hoch[handschriftlich:]wohlgebohrnen* nebst Dero werthesten Angehörigen bis auf späteste Zeiten bey unverrückten Wohlergehen gnädigst erhalten, und für [vor] allen widrigen Zu- auch Trauer-Fällen vätterlich bewahren wolle, die ich mit aller Hochachtung beharre
Soest, den 1. Febr[uar] 1759.
Ew[er] Hoch[handschriftlich:]wohlgebohrnen*
bereitwilligste Dienerin
Handschriftlich [sehr ungelenk]: A[nna] M[aria] Sybell *

2333 Anna Maria Sybel (1683–1761). Wie Anm. 610.
2334 Wie Anm. 2327.

[Adresse:] An he[rrn] past[or] Sybel zu Soest [Vermerk:] Gehet immediate auß der post ab, franco toute.²³²⁷

Hochehrwürdiger, hochgeehrtester und in d[em] HE[rrn] sehr werthgeschätzter Herr Pastor.

Nachdem der HErr nunmehro auch [gestrichen: die] Ihre werthe stadt, wiewohl vermuthlich [gestrichen: nicht ohne zweifel] noch unter vilem schaden von den feinden befreyet hat,²³²⁸ so stehe [ich] auch nicht weiter an, für die unterm 18ten Febr[uarii]²³²⁹ gütigst übersandte halbe pistolette von dem fräul[ein N.] von Gruiter²³³⁰ und [den] gulden von der j[un]gf[er Clara Maria Margret] Möllenhoff²³³¹ als liebreiche wohlthat[en] für die mission unter vielen segens wünschen meine schuldige dancksagung abzustatt[en] und die 83ste cont[inuation] des miss[ions] berichtes²³³² hiebey zu übersend[en].

Ich wünsche von herzen, daß der Herr aller bedrängt[en] seine hülfe erscheinen und allen seinen knechten und maiden den erlittenen schad[en] mit seinem segen reichlich ersetz[en] werde, uns aber und seine ganze kirche durch die großen allgemeinen strafgerichte, so wohl als die in [gestrichen: schwerer] der errettung erzeigte gar deutliche hülfe desto mehr zum recht[en] ernst im christenthum und schuldigem danck gegen ihn erwecken wolle. Ew[er] Hochehrw[ürden] erlasse [ich] in seinen gnädig[en] schutz und verharre mit aller ergebenheit
Ewer [Gotthilf August Francke]

Nr. 196   Soest, ca. Januar 1759
Johann Nikolaus Sybel, Pfarrer an St. Georgii in Soest und Inspektor des Soester Predigerministeriums, an Gotthilf August Francke, Professor der Theologie und Inspektor der Kirchen und Schulen der Ersten Diözese des Saalkreises in Halle (Saale).

2327   Alle Transport- und Zustellungskosten waren also im Vorab durch den Absender bezahlt worden. – Die veränderte Kriegslage ließ Francke zügig reagieren.
2328   Durch die Konvention von Kloster Zeven (8. September 1757) war fast ganz Nordwestdeutschland an die Franzosen gefallen. Schon längere Zeit vor der Schlacht von Minden (1. August 1759), in der eine Koalition aus Großbritannien, Preußen, Braunschweig-Lüneburg (Kurhannover) und Hessen-Kassel das französisch-sächsische Heer direkt vor den Mauern der Stadt besiegte und die Franzosen zum Abzug nach Norden zwang, wurde deren Position aber immer schwächer. Auch Soest wurde im Zuge dessen aufgegeben.
2329   Nr. 194.
2330   Wie Anm. 1995.
2331   Clara Maria Margret Möllenhoff (1712–1760). Wie Anm. 2196.
2332   Das aktuelle Heft der „Halleschen Berichte". Wie Anm. 1757: Francke, Gotthilf August (Hg.): Continuation des Berichts der Königlichen Dänischen Missionarien in Ost-Indien Teil: 83. Worinnen nebst der kurtzgefassten Nachricht vom Jahr 1755, Das Tage-Register von der ersten Hälfte des gedachten 1755sten Jahres, […] enthalten, Halle: Waisenhaus 1758. Exemplar: Stuttgart EOK.

Da auch der anfang gemachet ist bey dem schwevischen[2322] und borgelischen sterbefall,[2323] die von den kleinen capitalien der witwen-casse erhobene zinsen, dem concluso gemäß,[2324] abzugeben, so werden die Herren amtsbrüder, welche noch etwas an solche casse zu entrichten haben, daßelbe an h[err]n p[astor Johann Albert] Henneken petrinuno[2325] als bisherigen administratorem[2326] zu überliefern, sich selbst getrieben finden.

Unter schuldigster anwünschung göttlichen schutzes und segens bey gegenwärtigen gefährlichen und beschwerlichen zeitläuf[ten] verharre [ich]

Soest, d[ie] 3. Sept[embris] 1757

Ew[er] Ho[ch]e[hr]w[ürden] meiner hochgeehrtesten Herren Amtsbrüder ergebenster dienstw[illiger] Jo[hann] Nic[olaus] Sybel

Nr. 194 Soest, 18. Februar 1758

Johann Nikolaus Sybel, Pfarrer an St. Georgii in Soest und Inspektor des Soester Predigerministeriums, an Gotthilf August Francke, Professor der Theologie und Inspektor der Kirchen und Schulen der Ersten Diözese des Saalkreises in Halle (Saale). Mit Geldspenden. Zum Zusammenhang siehe Nr. 192. Nicht aufgefunden, aber bezeugt durch Nr. 195.

Nr. 195 Halle (Saale), 15. April 1758

Gotthilf August Francke, Professor der Theologie und Inspektor der Kirchen und Schulen der Ersten Diözese des Saalkreises in Halle (Saale), an Johann Nikolaus Sybel, Pfarrer an St. Georgii in Soest und Inspektor des Soester Predigerministeriums. Mit Beilagen. Konzept. Zum Zusammenhang siehe Nr. 194. (Halle [Saale] AFSt, Bestand H C 635:51)

2322 Hier hatte es vor der 1756 erfolgten Wahl Thomas Friedrich Forstmanns (1720–1761; wie Anm. 1704) jahrelange heftige Streitigkeiten gegeben.

2323 Hier war am 1. März 1756 Johann Dietrich von Steinen (1701–1756; wie Anm. 277) verstorben.

2324 Der unter den Soester Pfarrern hinsichtlich der Witwenkasse getroffenen Vereinbarung gemäß.

2325 Johann Albert Hennecke (1717–1799; vgl. zu ihm auch bereits Anm. 602) stammte aus Schwefe, wo sein gleichnamiger Vater bis 1750 Pfarrer gewesen war. Er hatte in Jena (1736) und ab 1737 auch in Halle studiert und war 1742 Adjunkt seines Vaters geworden. 1750 wechselte er aus Schwefe an die Petrikirche in Soest (1750 Zweiter Pfarrer; [nach Bauks] 1764 Erster Pfarrer [was nach diesem Brief (petrinuno) aber wohl doch in: 1757 zu korrigieren ist]) und war hier seit 1764 zugleich Inspektor des Predigerministeriums. Bauks, Pfarrer (wie Anm. 14), S. 200 (Nr. 2543); 3.29 Johann Ludolf Florenz Sybel Nr. 2 f. (1792) und Nr. 5 (1799).

2326 Kassenführer/Schatzmeister.

[Andreas Friedrich] von Vintzelberg[2314] und die frau [von] Mallinkrodt [in Dortmund][2315] bey ge[legen]heit gütigst zu besorgen, der ich unter treuer er[lass]ung in den schutz des HErrn alseits verharre
  Ewer [Gotthilf August Francke]

[Entwurf für eine Quittung:] Daß der he[rr] past[or] Sybel zu Soest für die Mission 1. pistolette mit der devise: aus dankbarkeit gegen Gott, 3. r[eichs]th[aler] von der fräulein [N.] von Gruiter,[2316] 1. guld[en] von der j[un]gfer [Clara Maria Margret] Möllenhof[2317] und 1. gulden von einem zinngiesser[2318] richtig an mich übermacht [hat], bescheinige [ich] unter schuldigster [gestrichen: daks] dancksagung und anwünschung reichen gnadenlohnes von dem Herrn. Halle, den […].

Nr. 193   **Soest, 3. September 1757**
Johann Nikolaus Sybel, Pfarrer an St. Georgii in Soest und Inspektor des Soester Predigerministeriums, an die Pfarrer der lutherischen Kirchengemeinden in der Soester Börde (ministerium suburbanum). Anzeige des Endes seiner regulären (dreijährigen) Dienstzeit als Inspektor der Soester Kirche. (Soest StA/StB, Bestand A, Nr. 6356)

Des herrn senioris und ubriger herrn prediger auf der boerde
Hochwohlehrw[ürden] Hochwohlehrw[ürden]
anzeige des geendigten inspectoratus

Hochwohlehrwürdige etc., hochgeehrteste Herren Amtsbrüder!
  Nebst dienstlicher erinnerung an bevorstehenden general-convent[2319] habe [ich] Ew[er] Ho[ch]e[hr]w[ürden] ergebenst anzuzeigen, es gehe das mir angewiesene triennium inspectoratus zu ende,[2320] daher hoffe [ich], Dieselbe werden sich zu dem convent auch um deswillen diesmahl abmüßigen,[2321] damit über anderweitiger bestellung des inspectoratus gemeinschaftliche abrede genommen werden könne.

Ost-Indien Teil 82: Worinnen Das Tage-Register von der anderen Hälfte des 1754sten Jahres […], Halle: Waisenhaus 1757. Exemplar: Stuttgart EOK.

2314 Wie Anm. 2188.
2315 Wie Anm. 2225.
2316 Wie Anm. 1995.
2317 Clara Maria Margret Möllenhoff (1712–1760). Wie Anm. 2196.
2318 Wohl einem in der Rüstungsindustrie tätigen Mann.
2319 An den bevorstehenden Zusammentritt der Ministerien der Stadt und ihrer Börde.
2320 Wie in der Grafschaft Mark hatte der Inspektor auch in Soest sein Amt zunächst lebenslang innegehabt. 1721 war dann jedoch auf Verfügung der Regierung eine Begrenzung auf drei Jahre erfolgt, womit man dem Vorbild der Reformierten folgte. Rothert, Kirchengeschichte der Mark II (wie Anm. 10), S. 163.
2321 Das Verhältnis beider Ministerien war demnach wohl auch weiterhin angespannt.

h[erre]n von Michels²³⁰⁸ wünschten, wenn [dass] auch zur hauptpredigt²³⁰⁹ nur mit einer glocken schlicht und wenig geläutet werden mögte […].

Nr. 191   Soest, 11. April 1757

Johann Nikolaus Sybel, Pfarrer an St. Georgii in Soest und Inspektor des Soester Predigerministeriums, an Gotthilf August Francke, Professor der Theologie und Inspektor der Kirchen und Schulen der Ersten Diözese des Saalkreises in Halle (Saale). Mit Geldspenden. Zum Zusammenhang siehe Nr. 189. Nicht aufgefunden, aber bezeugt durch Nr. 192.

Nr. 192   Halle (Saale), 8. Juni 1757

Gotthilf August Francke, Professor der Theologie und Inspektor der Kirchen und Schulen der Ersten Diözese des Saalkreises in Halle (Saale), an Johann Nikolaus Sybel, Pfarrer an St. Georgii in Soest und Inspektor des Soester Predigerministeriums. Konzept [am linken Rande beschnitten]. Zum Zusammenhang siehe Nr. 191. (Halle [Saale] AFSt, Bestand H C 635:50)

[Adresse:] An d[en] he[rrn] past[or] Sybel zu Soest.
Hochehrwürdiger, h[ochgeehrter] und in d[em] HE[rrn] s[ehr] w[erthgeschätzter] He[rr] Pastor.

[Wie] ich Ewer Hochehr[würden] wertestes [Schreiben] vom 11ten Apr[ilis]²³¹⁰ nebst [d]en beygefügten liebes wohlthaten für die mission, [die ich in dem angeschlossenen recepisse specifice²³¹¹ wie[der]holet [habe], in dem verwichenen monat richtig erhalten habe, also statte [ich] dafür schuldigen dank ab mit dem herzlichen [wu]nsch, daß der HErr diesen mild[en] beytrag denen sämt[lich]en wertesten wohlthätern mit reichem segen aus gna[den] vergelten und den dortigen landen den edlen fried[en und] ruhestand bald wiederum schenken wolle. Indessen [bin ich] der zuversicht, der HErr werde Ihnen bis hierhin die […] mit dem kriege unvermeidlich verbundenen beschwehr[nisse] erleichtert haben und dieselben ferner erträglich [sein] lassen. Er nehme sich übrigens auch des mis[sion]s werks bey solchen umständ[en] gnädig an und lasse […] noth und prüfung, die dasselbe betreffen möchte[n], [zu] dessen mehreren förderung gereichen.²³¹²

Hiebey über[mac]he [ich] die 82ste cont[inuation] der missions nachricht[en]²³¹³ und bitte [aber]mals, die beyden übrigen exemplarien an d[en] he[rrn] haupt[mann]

2308   Wie Anm. 2303.
2309   Vor dem sonntäglichen Hauptgottesdienst.
2310   Nr. 191.
2311   Im Einzelnen/spezifiziert.
2312   Hier war wohl auch an die kriegsbedingt erschwerte Kommunikation und das Einbrechen der Spendeneinnahmen gedacht.
2313   Das aktuelle Heft der „Halleschen Berichte". Wie Anm. 1757: Francke, Gotthilf August (Hg.): Continuation des Berichts der Königlichen Dänischen Missionarien in

Womit [ich] Ew[er] Hochehrw[ürden] in den schutz des HE[rrn] herzlich [gestrichen: empfehle] erlasse, für Dero gütiges andenken schuldigst danke und mich zu Denenselben ferner empfehle, der ich mit aller hochachtung verharre
Ewer [Gotthilf August Francke]

[Entwurf für eine Quittung:] 1 ducaten hat der herr past[or] Sybel zu Soest namens der stiftsfräulein [N.] von Grüter für die mission richtig an mich übermacht, welches ich hiermit bescheinige und herzlich[en] dank abstatte, auch reichen segen von dem HE[rrn] anwünsche. Halle [...].

Nr. 190 Soest, ohne Datum 1756

Johann Nikolaus Sybel, Pfarrer an St. Georgii in Soest und Inspektor des Soester Predigerministeriums, an die Pfarrer der Stadt Soest (collegium urbanum). Fragment. Hinweise zur Fortführung des gottesdienstlichen Lebens während der französischen Besatzung (Läuteordnung). (Soest StA/StB, Bestand A, Nr. 6157, S. 137)

Hochwohlehrwürdige,
magistratus[2299] läßet uns ietz anzeigen, daß er des gottesdienstes halber mit dem französischen chef conferirt habe, der sich dann erkläret [habe], der gottesdienst solle ungestört, vor wie nach und nach wie vor, continuiren, allenfalls sey er[2300] parat, sechs bis 8. wachen vor die kirchthüren zu commendiren. Ich habe solches notificiren und Dero guhtachten es anheim stellen wollen, ob nach des magistrats intention alle predigten[2301] gehalten werden oder es bey unserer [internen] abrede[2302] sein bewenden haben solle?

Sonst haben beyde h[erre]n v[on] Michels,[2303] bey welchen der h[err Diederich Johann Gottfried] von [Bockum-]Dolphus[2304] noch gegenwärtig war, unser conclusum[2305] approbirt und gerahten, daß nicht viel läutens mögte admittirt [werden], noch die orgelmusic sehr starck getrieben werden möge. Wie denn wir bey S[ank]t Georg[ii] Kirchen[2306] um 6. Uhr morgens nicht läuten laßen werden und heut gegen den Abend uns nach dem geläute in S[ank]t Petri Kirchen[2307] richten werden. Die

---

2299 Der Rat der Stadt Soest.
2300 Der französische Stadtkommandant.
2301 Sämtliche Gottesdienste.
2302 Demnach wohl einer kleineren Lösung.
2303 Wohl Johann Florenz Hilbrand von Michels (1685–1764; wie Anm. 1448) und Franz Goswin von Michels (1698–1768). Großer Michels (wie Anm. 14), S. 59.
2304 Wohl Diederich Johann Gottfried von (Bockum-)Dolphus (1694–1781). Wie Anm. 1824.
2305 Die unter den Soester Pfarrern vereinbarte kleinere Lösung.
2306 Johann Nikolaus Sybel und seine Kirchenältesten (Kastenherren).
2307 Der Kirche des Soester Rates.

der gedachten gönnerin dafür schuldigen dank ab mit dem herzlichen wunsch, daß der Herr sie dafür reichlich segnen wolle, [gestrichen: und; ich] lege gewöhnlicher maßen ein recepisse darüber bey und übersende zugleich hiemit die edirte 81ste cont[inuation] des miss[ions] berichts[2291] für Ew[er] Hochehrw[ürden], für die frau [von] Mallinkrodt[2292] in Dortmund und für den herrn hauptmann [Andreas Friedrich] von Vinzelberg,[2293] obgleich letzterer dermalen bey der armee befindlich seyn wird.[2294] Ich überlasse aber Ewer Hochehrw[ürden], deßen exemplar inmittelst[2295] anderwärts zur communication für gute freunde zu gebrauchen.

Übrigens werde ich dem studioso [Christoph Wilhelm] Forstmann nach möglichkeit zu dienen suchen [auf beigelegtem Blatt:], wenn er sich ferner wohlverhält.∗ Und was die studiosos M/J/Tückenacke[2296] und [Johann Arnold] Moennich[2297] betrifft [auf beigelegtem Blatt:[2298]] so ist von dem ersten [also: Tückenacke] gewiß, daß er bald nach seiner ankunfft [in Halle] auf dem hofe des waysenhauses eine unanständige familiarität geg[en] eine weibsperson [hat] blicken laßen, auch nachher in eine schlägerey bey einer saufgesellschafft implicirt gewesen [ist]. Es referirn aber einige studiosi, daß er noch iezo in verdächtig[em] umgang mit der aufwärterin, die eine ehefrau sey, lebe, so zu untersuchen, ich nicht gelegenheit habe. Er hat sich aber aus aller connexion mit mir losgemacht. Der letztere, h[err Johann Arnold] Moenich, ist mir gar nicht bekannt.∗

Wilhelm: Ausführlicher Unterricht von zeigenden und schlagenden Taschenuhren: zur Käntniß und Ausbesserung aller vorkommenden Arten derselben. Für solche, die nicht von der Feile, sondern von der Feder Profession machen. Mit 10 Kupfertafeln und dreifachem Register […], Halle: Waisenhaus 1779 (VD18 11070595). Dazu: Faksimile-Edition der Bibliothek der Deutschen Gesellschaft für Chronometrie e.V., Berlin und Nürnberg 2012. – Das Handexemplar des Autors befindet sich in Soest StA/StB.

2291 Das aktuelle Heft der „Halleschen Berichte". Wie Anm. 1757: Francke, Gotthilf August (Hg.): Continuation des Berichts der Königlichen Dänischen Missionarien in Ost-Indien Teil 81: Worinnen nebst der kurtzgefassten Nachricht vom Jahr 1754, Das Tage-Register von der ersten Hälfte des gedachten 1754sten Jahres […], Halle: Waisenhaus 1757. Exemplar: Stuttgart EOK.
2292 Wie Anm. 2225.
2293 Wie Anm. 2188.
2294 Als Folge der preußischen Mobilmachung (Siebenjähriger Krieg).
2295 Inzwischen/währenddessen.
2296 Nicht bei Bauks, Pfarrer (wie Anm. 14) oder bei Gruch, Pfarrer (wie Anm. 169).
2297 Johann Arnold Mönnich (1736–1814) war ein Sohn des erblindeten Pfarrers an St. Pauli in Soest Arnold Mönnich (ca. 1703–1757; wie Anm. 408). Er immatrikulierte sich im April 1755 in Halle und war danach von 1761 bis 1814 Pfarrer in Schwefe. Bauks, Pfarrer (wie Anm. 14), S. 339 (Nr. 4252). – Kleiner Michels (wie Anm. 14), S. 398.
2298 Wohl wegen der Vertraulichkeit der hier gebotenen Nachrichten.

[in Dortmund]²²⁸⁴ und he[rrn] hauptmann [Andreas Friedrich] von Vintzelberg²²⁸⁵ bey kommen. Solten auch die frau [Sofie Margret] von Michels²²⁸⁶ oder die übrigen wohlthäter desgleich[en] künftig verlangen oder erwart[en], so bitte [ich] um einen winck. Zum preise des Herrn wird daraus zu erseh[en] seyn, daß sein segen noch nicht von diesem seinem werk gewichen [ist]. Ich füge noch eine nachricht von dem segen, der sich unter den Teutsch[en] in Pensylvanien geäussert [hat], mit bey,²²⁸⁷ in hoffnung, das selbige nicht unangenem seyn werde, der ich unter treuer erlassung in den schutz des Herrn mit aller ergebenheit verharre

Ewer [Gotthilf August Francke]

Nr. 188   Soest, 21. August 1756

Johann Nikolaus Sybel, Pfarrer an St. Georgii in Soest und Inspektor des Soester Predigerministeriums, an Gotthilf August Francke, Professor der Theologie und Inspektor der Kirchen und Schulen der Ersten Diözese des Saalkreises in Halle (Saale). Mit Geldspende. Zum Zusammenhang siehe Nr. 187. Nicht aufgefunden, aber bezeugt durch Nr. 189.

Nr. 189   Halle (Saale), 21. Oktober 1756

Gotthilf August Francke, Professor der Theologie und Inspektor der Kirchen und Schulen der Ersten Diözese des Saalkreises in Halle (Saale), an Johann Nikolaus Sybel, Pfarrer an St. Georgii in Soest und Inspektor des Soester Predigerministeriums. Mit Beilagen und Quittung. Konzept. Zum Zusammenhang siehe Nr. 188. (Halle [Saale] AFSt, Bestand H C 635:49)

[Adresse:] An den herrn past[or] Sybel zu Soest.
Hochehrwürdiger, hochgeehrt[er] und in d[em] HE[rrn] sehr werthgeschätzter Herr Pastor.

Ewer Hochehrw[ürden] werthes [Schreiben] vom 21sten Aug[usti]²²⁸⁸ nebst dem eingeschlossenen ducaten, welchen die fräul[ein N.] von Grüter²²⁸⁹ abermal[s] der mission liebreich gewidmet [hat], habe [ich] durch den studiosum herrn [Christoph Wilhelm] Forstmann²²⁹⁰ richtig erhalten und statte Denenselben sowol als

2284   Wie Anm. 2225.
2285   Wie Anm. 2188.
2286   Sofie Margret von Michels (1696–1786). Wie Anm. 2257.
2287   Wie Anm. 2201.
2288   Nr. 188.
2289   Wie Anm. 1995.
2290   Christoph Wilhelm Forstmann (1736–1783). Er war eine Neffe Johann Gangolf Wilhelm Forstmanns (1706–1759; wie Anm. 335) und immatrikulierte sich im Mai 1756 in Halle. Hier war er ab 1759 zunächst Präzeptor am Waisenhaus und danach seit 1761 Pfarrer in Lohne. Bauks, Pfarrer (wie Anm. 14), S. 136 (Nr. 1749). – Forstmann wurde als „Uhrenpastor von Lohne" bekannt. Meßling, Erich: Der Uhrenpastor von Lohne. Christoph Wilhelm Forstmann, in: SZ 74 (1960), S. 76–84. – Forstmann, Christoph

456　　　　　　　　　　　　　　2. Edition

aus der presse gekommen, für Ew[er] Hochw[ürden], den vorged[achten] he[rrn] hauptmann von Vintzelberg und die frau Mallinkrodt [in Dortmund]. Im übrigen erlasse [ich] Ew[er] Hochwohlehrw[ürden] in den schutz des Herrn und verharre mit aller hochachtung
  Ewer [Gotthilf August Francke]

  [Entwurf für eine Quittung:] 1. pistolette, so der herr hauptm[ann] v[on] Vintz[elberg], hochwohlgeb[oren], für die mission in Ostindien liebreich verehret [hat], habe [ich] durch den herrn past[or] Sybel zu Soest richtig erhalten, und statte dafür schuldig[en] dank ab, wünsche auch reich[en] gnaden-lohn von dem Herrn hertzlich an. Halle etc.
  [Entwurf für eine Quittung:] 3. r[eichs]th[aler], so die Fräul[ein N.] von Gruiter, hochwohlgeb[oren,] etc.

Nr. 186　　　　　　　　　　　　　　　　　　　　　　Soest, 3. Mai 1756
Johann Nikolaus Sybel, Pfarrer an St. Georgii in Soest und Inspektor des Soester Predigerministeriums, an Gotthilf August Francke, Professor der Theologie und Inspektor der Kirchen und Schulen der Ersten Diözese des Saalkreises in Halle (Saale). Zum Zusammenhang siehe Nr. 185. Nicht aufgefunden, aber bezeugt durch Nr. 187.

Nr. 187　　　　　　　　　　　　　　　　　　　　　Halle (Saale), 28. Mai 1756
Gotthilf August Francke, Professor der Theologie und Inspektor der Kirchen und Schulen der Ersten Diözese des Saalkreises in Halle (Saale), an Johann Nikolaus Sybel, Pfarrer an St. Georgii in Soest und Inspektor des Soester Predigerministeriums. Mit Beilagen. Konzept. Zum Zusammenhang siehe Nr. 186. (Halle [Saale] AFSt, Bestand H C 635:48)

[Adresse:] An h[errn] past[or] Sybel zu Soest.
Hochehrwürdiger, h[ochgeehrter] u[nd] in d[em] HE[rrn] s[ehr] w[erthgeschätzter] H[err] Pastor.
  Wie ich Ewer Hochehrw[ürden] und den sämtlich[en] wertesten wohlthätern für die unterm 3.ten huius [mensis Maii]²²⁸² gütig übermachte liebesgaben zu beförderung der missions-anstalt[en] schuldigst[en] und hertzlichst[en] dank hiemit abstatte und allen reich[en] segen von dem HErrn hertzlich anwünsche, also habe [ich] hiebey nicht ermangeln sollen [wollen], die 80ste cont[inuation] der missions nachrichten²²⁸³ hiebey zu übermachen, welche zugleich auch für die frau Mallinkrodt

---

2282　Nr. 186.
2283　Das aktuelle Heft der „Halleschen Berichte". Wie Anm. 1757: Francke, Gotthilf August (Hg.): Continuation des Berichts der Königlichen Dänischen Missionarien in Ost-Indien Teil 80: Worinnen Das Tage-Register von der anderen Hälfte des 1753sten Jahres […], Halle: Waisenhaus 1756, S. 178–198 und 1134–1276. Exemplar: Stuttgart EOK.

Frau Mallinkrot [in Dortmund]²²⁷⁶ u[nd] dem he[rrn] lieutenant [Andreas Friedrich] von Vintzelberg²²⁷⁷ ohnbeschwer zuzustellen bitte.

Ew[er] Hohew[ürd]en erlasse [ich] hiermit in den gnädigen schutz des HE[rrn] u[nd] empfehle mich zu fernerem gütigen andenken u[nd] liebe, der ich alseits verharre

Ewer [Gotthilf August Francke]

Nr. 184 Soest, 23. September 1755

Johann Nikolaus Sybel, Pfarrer an St. Georgii in Soest und Inspektor des Soester Predigerministeriums, an Gotthilf August Francke, Professor der Theologie und Inspektor der Kirchen und Schulen der Ersten Diözese des Saalkreises in Halle (Saale). Zum Zusammenhang siehe Nr. 183. Nicht aufgefunden, aber bezeugt durch Nr. 185.

Nr. 185 Halle (Saale), 30. Oktober 1755

Gotthilf August Francke, Professor der Theologie und Inspektor der Kirchen und Schulen der Ersten Diözese des Saalkreises in Halle (Saale), an Johann Nikolaus Sybel, Pfarrer an St. Georgii in Soest und Inspektor des Soester Predigerministeriums. Mit Beilagen und Quittungen. Konzept. Zum Zusammenhang siehe Nr. 184. (Halle [Saale] AFSt, Bestand H C 635:47)

[Adresse:] An he[rrn] past[or] Sybel zu Soest.

Hochwohlehrwürdiger, hochgeehrt[er] u[nd] in d[em] HE[rrn] s[ehr] w[ertgeschätzter] H[err] Past[or].

Die liebreichen wohlthaten für die mission, welche Ew[er] Hochwohlehrw[ürden] unterm 23sten pass[ati mensis Septembris]²²⁷⁸ an mich übersendet [haben], habe [ich] zu schuldigem dank richtig erhalten. Ich lege darüber für den herrn hauptmann [Andreas Friedrich] von Vintzelberg²²⁷⁹ und die fräul[ein N.] von Gruiter²²⁸⁰ ein recepisse bey und wünsche von hertzen, daß der Herr sowohl diesen beyden wohlthätern als [auch] Ewer Hochwohlehrw[ürden] sothane milde gaben mit reichem segen vergelten werde. Anbey übermache [ich] 3. exempl[aria] der [gestrichen: neuen] 79sten cont[inuation] des m[issions] berichts,²²⁸¹ welche unlängst

2276 Wie Anm. 2225.
2277 Wie Anm. 2188.
2278 Nr. 184.
2279 Wie Anm. 2188. – Der fromme Offizier war also inzwischen befördert worden. Kloosterhuis, Bauern, Bürger und Soldaten 2 (wie Anm. 2188), S. 82 führt ihn zwischen 1756 und 1759 als Kapitän.
2280 Wie Anm. 1995.
2281 Das aktuelle Heft der „Halleschen Berichte". Wie Anm. 1757: Francke, Gotthilf August (Hg.): Continuation des Berichts der Königlichen Dänischen Missionarien in Ost-Indien Teil 79: Worinnen nebst einigen anderen Stücken Das Tage-Register von der ersten Hälfte des 1753sten Jahres […], Halle: Waisenhaus 1756. Exemplar: Stuttgart EOK.

jahre zum segen setzen wolle, zu welchem ende ich Ewer Hoch[gestrichen: wohl] ehrwürden in seinen gnädigen schutz empfehle und alseits verharre
Ewer [Gotthilf August Francke]

[Entwurf für eine Quittung:] Eine pistole, welche der [das] fräulein [Sofie Margret] von Michels, hochwohlgeb[oren], zum behuf der mission zu Tranckebar liebreichst gewidmet, habe [ich] durch den herrn past[or] Sybel zu Soest richtig erhalten, und statte für solche milde wohlthat unter hertzlicher anwünschung göttlicher gnaden-vergeltung schuldigen dank ab. Halle, den 15ten Febr[uarii] 1755.

[Entwurf für eine Quittung:] Einen ducaten, als eine liebreiche wohlthat des herrn hofrath [Johann Bernhard Heinrich] Speners für die Mission zu Trankebar, hat der herr past[or] Sybel zu Soest gütig an mich übermachet, so [ich] hiedurch bescheinige, und dem wohlgedachten gönner für diesen erweis seiner liebe gegen das werk Gottes schuldigen dank abstatte, auch reichen segen und gnadenlohn von dem HErrn hertzlich anwünsche. Halle, den 15ten Febr[uarii] 1755.

Nr. 182   Soest, 8. April 1755
Johann Nikolaus Sybel, Pfarrer an St. Georgii in Soest und Inspektor des Soester Predigerministeriums, an Gotthilf August Francke, Professor der Theologie und Inspektor der Kirchen und Schulen der Ersten Diözese des Saalkreises in Halle (Saale). Mit Geldspenden. Zum Zusammenhang siehe Nr. 181. Nicht aufgefunden, aber bezeugt durch Nr. 183.

Nr. 183   Halle (Saale), 12. April 1755
Gotthilf August Francke, Professor der Theologie und Inspektor der Kirchen und Schulen der Ersten Diözese des Saalkreises in Halle (Saale), an Johann Nikolaus Sybel, Pfarrer an St. Georgii in Soest und Inspektor des Soester Predigerministeriums. Mit Beilagen. Konzept. (Halle [Saale] AFSt, Bestand H C 635:46)

[Adresse:] An He[rrn] past[or] Sybel zu Soest.
Hochehrwürdiger, h[ochgeehrter] und in d[em] He[rrn] s[ehr] w[ertgeschätzter] He[rr] Pastor.
Wie ich für die liebreiche wohlthaten, welche Ew[er] Hohewürd[en] in der jungfer [Clara Maria Margret] Möllenhof[2273] und Dero eigenen namen unterm 8ten Apr[ilis][2274] [am Rande ergänzt:] zur mission* übersendet [haben], schuldigen dank abstatte u[nd] von dem HErrn deren [gestrichen: reiche] gnaden-belohnung u[nd] allen reichen segen von hertzen anwünsche, also übersende ich hierbey eine neue cont[inuation] des miss[ions] berichts,[2275] wovon [ich] die andern exemplarien der

---

2273   Clara Maria Margret Möllenhoff (1712–1760). Wie Anm. 2196.
2274   Nr. 182.
2275   Das aktuelle Heft der „Halleschen Berichte". Wie Anm. 1757.

2.2 Quellen Nr. 1 bis 200

Nr. 180   **Soest, Dezember 1754/Januar 1755**

Johann Nikolaus Sybel, Pfarrer an St. Georgii in Soest und Inspektor des Soester Predigerministeriums, an Gotthilf August Francke, Professor der Theologie und Inspektor der Kirchen und Schulen der Ersten Diözese des Saalkreises in Halle (Saale). Mit Geldspenden. Zum Zusammenhang siehe Nr. 179. Nicht aufgefunden, aber bezeugt durch Nr. 181.

Nr. 181   **Halle (Saale), 15. Februar 1755**

Gotthilf August Francke, Professor der Theologie und Inspektor der Kirchen und Schulen der Ersten Diözese des Saalkreises in Halle (Saale), an Johann Nikolaus Sybel, Pfarrer an St. Georgii in Soest und Inspektor des Soester Predigerministeriums. Mit Quittungen. Konzept. Zum Zusammenhang siehe Nr. 180. (Halle [Saale] AFSt, Bestand H C 635:45)

[Adresse:] An den he[rrn] past[or] Sybel zu Soest.
Hoch[gestrichen: wohl]ehrwürdiger, hochgeehrt[er] und in d[em] He[rrn] s[ehr] w[erthgeschätzter] He[rr] Pastor.

Ew[er] Hoch[gestrichen: wohl]ehrw[ürden] geehrtes [Schreiben] nebst der milden wohlthaten der Fräul[ein Sofie Margret] von Michels[2266] und des herrn hofrath [Johann Bernhard Heinrich] Speners[2267] für die mission habe [ich] richtig zu erhalten das vergnügen gehabt,[2268] und wie ich ergebenst bitte, beyden werthesten wohlthätern, für welche [ich] auch zwei scheine beylege, meine schuldigste danksagung für ihren liebreich[en] beytrag zu hinterbring[en], unter dem hertzlichen wunsch, daß der Herr ihnen denselben mit reichem segen aus gnaden vergelt[en gestrichen: wolle] möge, welchen er denn auch auf der tochter[2269] des gemeldeten verstorbenen schul collegen [(Hermann) Andreas Möllenhoff[2270]] ruhen lassen und dem sel[igen] manne die noch mit dem [gestrichen: von] ausgesetzten [gestrichen: machten] legato [gestrichen: für] gegen das missions werck[2271] erwiesener liebe in der ewigkeit belohnen wolle. Übrigens erkenne [ich] Dero gütigen wunsch mit ergebenstem danck, und gleichwie ich mich ferner zu Ewer Hoch[gestrichen: wohl]ehrwürden hertzlichen fürbitte empfehle, also wünsche [ich] gleichfals, daß der Herr zu Dero pflantzen und begiessen sein gnädiges gedeyen geben[2272] und Dieselbe[n] noch viele

---

2266 Sofie Margret von Michels (1696–1786). Wie Anm. 2257.
2267 Johann Bernhard Heinrich Spener (1728–1783). Wie Anm. 2242.
2268 Mit Nr. 180.
2269 Clara Maria Margret Möllenhoff (1712–1760). Wie Anm. 2196.
2270 (Hermann) Andreas Möllenhoff (1666–1754). Wie Anm. 405. Er war am 6. Juni 1754 verstorben. Kleiner Michels (wie Anm. 14), S. 393.
2271 Demnach wohl eine eigene Stiftung.
2272 Vgl. 1. Kor 3, 6: „Ich habe gepflanzt, Apollos hat begossen; aber Gott hat das Gedeihen gegeben."

Nr. 179   Halle (Saale), 30. November 1754
Gotthilf August Francke, Professor der Theologie und Inspektor der Kirchen und Schulen der Ersten Diözese des Saalkreises in Halle (Saale), an Johann Nikolaus Sybel, Pfarrer an St. Georgii und Inspektor des Soester Predigerministeriums. Mit Beilage und Quittungen. Konzept. Zum Zusammenhang siehe Nr. 178. (Halle [Saale] AFSt, Bestand H C 635:44)

[Adresse:] An d[en] h[errn] past[or] Sybel zu Soest. [Vermerk:] Durch he[rrn Johann Georg Nikolaus] Möllenhof[2260] abzusend[en].
Hochwohlehrwürdiger, h[ochgeehrter] u[nd] in d[em] HE[rrn] s[ehr] w[erthgeschätzter] He[rr] Past[or].

Ew[er] Hochwohlehrw[ürden] geehrtes [Schreiben] vom 4ten Nov[embris][2261] habe [ich] nebst den eingeschlossenen wohlthaten für die mission richtig erhalt[en]. Diese, bestehend in 3. r[eichs]th[alern] von einer stiftsfräulein und ½ pistolen von der frau Mallinkrodt [in Dortmund],[2262] erkenne [ich] im namen der mission mit schuldigstem danck [an] und wünsche von hertzen, daß der Herr solche mit reichem seg[en] aus gnad[en] vergelten und ersetzen [gestrichen: wollen], auch zu beförderung seines wercks und ehre unter den heyden, nach der werthen gönnerinnen hertzlich[en] wunsch, mit gereichen lassen werde.

Daß meine wohlgemeinten erinnerungen bey dem studioso he[rrn Johann Georg Nikolaus] Möllenhof einen gut[en] eingang gefund[en haben],[2263] ist mir sehr angenem, und [ich] werde mir ein vergnüg[en daraus] mach[en], ihm bey aller gelegenheit mit gutem rath und ermunterungen zu dien[en], auch mich freuen, wenn er ferner seine zeit hie wohl anwendet und zum dienst des Herrn brauchlich wird.

Im übrig[en] werd[en] Ew[er] H[ochwürden] bereits die unlängst übersandte 77ste cont[inuation] des miss[ions] berichts[2264] hoffendlich wohl erhalten haben.[2265] Jetzo füge [ich] auch noch für die beyd[en] obgedachten wohlthäterinnen ein paar recepisse bey und erlasse Ew[er] H[ochwürden] in den schutz des Herrn, der ich allseits verharre
Ewer [Gotthilf August Francke]

[Entwurf für eine Quittung:] 3. r[eichs]th[aler] sind mir durch den herrn past[or] Sybel zu Soest als eine liebreiche wohlthat einer ungenannt[en] stiftsfräulein für die mission richtig übersandt word[en], wofür ich dieser werth[en] gönnerin [gestrichen: reich] schuldig[en] danck abstatte und reich[en] segen und gnadenlohn von dem Herrn anwünsche. Halle [...].

[Entwurf für eine Quittung:] ½ Pistol sind – wohlthat der frau Mallinckrodt zu Dortmund etc.

2260 Johann Georg Nikolaus Möllenhoff (1733–1791). Wie Annm. 2187.
2261 Nr. 178.
2262 Wie Anm. 2225.
2263 Hier hatte es also eine Rückmeldung aus Soest gegeben.
2264 Das aktuelle Heft der „Halleschen Berichte". Wie Annm. 1757.
2265 Wohl mit Nr. 177.

Da ich [gestrichen: übrigens] auch die 76ste cont[inuation] des missions-berichts[2259] zugleich hiedurch [habe] übersenden wollen, so ist diese meine schuldige antwort [gestrichen: da] etwas länger aufgehalten worden, welches [ich] dennoch in liebe zu entschuldigen bitte und übrigens unter hertzlicher empfehlung in den schutz des HErrn mit aufrichtiger ergebenheit verharre.
Ewer [Gotthilf August Francke]

[Entwurf für eine Quittung:] Eine pistole, welche das fr[äu]l[ein Sofie Margret] von Michels, hochwohlgeb[oren], für die mission zu Trankenbar geneigt gewidmet [hat], ist mir durch den he[rrn] past[or] Sybel zu Soest richtig übermacht worden, [gestrichen: auß] und statte ich dafür im namen der gedachten mission [gestrichen: hertzlich(en) danck ab] schuldigst[en] danck ab unter treuer anwünschung alles reichen segens u[nd] gnadenbelohnung von dem HErrn. Halle [...].

[Entwurf für eine Quittung:] 1 gulden habe [ich] durch den he[rrn] past[or] Sybel zu Soest namens des he[rrn] schulcollegen [(Hermann) Andreas] Möllenhof für die mission zu Trankenbar richtig erhalten, wofür ich herzlichen dank abstatte und [gestrichen: wünsche, daß dort] reichen gnadenlohn vom HErrn anwünsche. Halle [...].

Nr. 177   Halle (Saale), etwa Sommer 1754

Gotthilf August Francke, Professor der Theologie und Inspektor der Kirchen und Schulen der Ersten Diözese des Saalkreises in Halle (Saale), an Johann Nikolaus Sybel, Pfarrer an St. Georgii in Soest und Inspektor des Soester Predigerministeriums. Mit Beilage. Zum Zusammenhang siehe Nr. 176. Nicht aufgefunden, aber bezeugt durch Nr. 179.

Nr. 178   Soest, 4. November 1754

Johann Nikolaus Sybel, Pfarrer an St. Georgii in Soest und Inspektor des Soester Predigerministeriums, an Gotthilf August Francke, Professor der Theologie und Inspektor der Kirchen und Schulen der Ersten Diözese des Saalkreises in Halle (Saale). Mit Geldspenden. Zum Zusammenhang siehe Nr. 177. Nicht aufgefunden, aber bezeugt durch Nr. 180.

2259   Das aktuelle Heft der „Halleschen Berichte". Wie Anm. 1757: Francke, Gotthilf August (Hg.): Continuation des Berichts der Königlichen Dänischen Missionarien in Ost-Indien Teil 76: Worinnen das Tage-Register von der andern Hälfte des 1751sten Jahres [...] enthalten [...], Halle: Waisenhaus 1754. Exemplar Stuttgart EOK.

Nr. 175   Soest, 9. April 1754

Johann Nikolaus Sybel, Pfarrer an St. Georgii in Soest, an Gotthilf August Francke, Professor der Theologie und Inspektor der Kirchen und Schulen der Ersten Diözese des Saalkreises in Halle (Saale). Mit Geldspenden. Zum Zusammenhang siehe Nr. 174. Nicht aufgefunden, aber bezeugt durch Nr. 176.

Nr. 176   Halle (Saale), 21. Mai 1754

Gotthilf August Francke, Professor der Theologie und Inspektor der Kirchen und Schulen der Ersten Diözese des Saalkreises in Halle (Saale), an Johann Nikolaus Sybel, Pfarrer an St. Georgii in Soest. Mit Beilagen und Quittungen. Konzept. Zum Zusammenhang siehe Nr. 175. (Halle [Saale] AFSt, Bestand H C 635:43)

[Adresse:] An den he[rrn] past[or] Sybel zu Soest.
Hochwohlehrwürdiger, h[ochgeehrter] und in d[em] HE[rrn] s[ehr] w[erthgeschätzter] He[rr] Pastor.

Ewer Hochwohlehrw[ürden] werthes [Schreiben] vom 9. Apr[ilis]2252 habe [ich] durch den he[rrn Johann Georg Nikolaus] Möllenhoff2253 vor kurtzem [gestrichen: seiner zeit] richtig erhalten, und wie ich mir eine freude daraus machen werde, diesem, ihrem he[rrn] vetter,2254 [gestrichen: entweder] mit rath [gestrichen: oder] und that [gestrichen: zu] nach vermög[en] zu dienen [gestrichen: zu können], also wünsche ich von herzen, daß er nach der guten hofnung, die er bereits von sich erwecket [hat], ferner wohl einschlagen und zur redlichen übergabe seines herzens an Gott durchbrechen möge,2255 da alsdenn kein zweifel ist, er werde ihn zum dienst in seiner kirche tüchtig u[nd] brauchbar machen.

Hiernächst statte [ich] Ewer Hochwohlehrw[ürden], sowol für Dero eigenen liebreichen beytrag zum missions-werck, als auch für die gütige übermachung der andern beyden liebes-gaben, über welche [ich] 2. scheinch[en]2256 beyfüge, ergebensten u[nd] hertzlichen danck ab mit dem aufrichtigen wunsch, daß der HE[rr] sothane wohltat mit reichem segen aus gnaden vergelten wolle, welches [ich] denn auch der fr[äu]l[ein Sofie Margret] von Michels2257 und dem he[rrn] schul-collegen [(Hermann) Andreas] Möllenhof2258 nebst den gedachten scheinchen zu hinterbringen bitte.

2252 Nr. 175.
2253 Johann Georg Nikolaus Möllenhoff (1733–1791). Wie Annm. 2187.
2254 Möllenhoffs Mutter Margareta Justina Sybel († 1771) war eine Nichte Sybels, nämlich die Tochter seines älteren Bruders, des langjährigen Konrektors des Soester Gymnasiums.
2255 Eine Erweckung im Sinne Halles („Bußkampf") erleben werde.
2256 Quittungen/Empfangsbestätigungen.
2257 Sofie Margret von Michels (1696–1786) war ledig und eine Schwester der Kanonisse im Stift St. Walburgis. Großer Michels (wie Anm. 14), S. 59.
2258 (Hermann) Andreas Möllenhoff (1666–1754). Wie Anm. 405.

übel nehmen, daß [ich] meine schuldigste antwort [gestrichen: dar] auf diese gelegenheit versparet [habe], da sichs damit etwas verzog[en hat].

Denen werthesten wohlthätern und wohlthäterinnen, welche die obgedachten liebes-gaben für die mission widmen wollen und für welche ich [gestrichen: einige] drey recepisse beyfüge, bitte [ich] meine ergebenste dancksagung und [gestrichen: schuldigst; meinen] hertzlichen segens wunsch bestens zu vermelden. Ich freue mich insonderheit, daß ein enkel des sel[igen] d[octor Philipp Jakob] Speners bey ihnen [in Soest] ist,[2246] der eine liebe zum worte Gottes bezeiget, daher ich [Ihnen dafür] dancke, daß Sie mir denselben im vertrau[en] bekannt gemacht [haben], ob er gleych sonst ungenannt seyn will. Der Herr lasse den segen seines sel[igen] großvaters auf ihm ruhen.

Ich bitte denn abermal[s; gestrichen: von], die beyden andern exemplarien der besagt[en] cont[inuation] des missions-berichts an die fr[au] Mallinkrodt zu Dortmund[2247] und den herrn lieutenant [Andreas Friedrich] von Vintzelberg[2248] gütigst zu besorgen, und [ich] praesupponire,[2249] daß wenn für die dortige wertheste wohlthäter, als etwan den he[rrn] hofrath [Johann Bernhard Heinrich] Spener, noch ein exemplar nöthig seyn solte, Ew[er] Hochehrw[ürden] solches erinnern werd[en].

Dem herrn [Johann Friedrich] Isverding will ich gern ferner nach möglichkeit dienen, der ich unter treuer empfehlung in den schutz des Herrn verharre

Ew[er Gotthilf August Francke]

[Entwurf für eine Quittung:] 1 spec[ial] duc[aten] und 9. m[ark]gr[oschen] oder 3. r[eichs]th[aler], so die fräul[ein N.] von Gruiter,[2250] hochwohlehrw[ürden], etc.

[Entwurf für eine Quittung:] 1. spec[ial] duc[aten] von einem werthesten wohlthäter, der nicht genannt sein will. etc.

[Entwurf für eine Quittung:] 1. guld[en] von einem emerito collega gymnasii.[2251]

[Nachtrag: Entwurf für eine Quittung:] 1. special ducaten und 9 m[ark]gr[oschen] oder 3 r[eichs]th[aler] sind durch he[rrn] past[or] Sybel in Soest von der fräulein [N.] von Gruiter für die Ostindische mission an mich [Gotthilf August Francke] übermachet worden, welcher [welches ich] unter hertzl[icher] anwünschung einer gnadenreichen belohnung von Gott hiemit danckbarlich bezeuge. Halle, den 12ten Nov[embris] 1753.

2246 Johann Bernhard Heinrich Spener (1728–1783). Wie Anm. 2242.
2247 Wie Anm. 2225.
2248 Wie Anm. 2188.
2249 Ich setze indirekt voraus.
2250 Wie Anm. 1995.
2251 (Hermann) Andreas Möllenhoff (1666–1754). Wie Anm. 405.

448   2. Edition

Nr. 173   Soest, 6. September 1753

Johann Nikolaus Sybel, Pfarrer an St. Georgii in Soest, an Gotthilf August Francke, Professor der Theologie und Inspektor der Kirchen und Schulen der Ersten Diözese des Saalkreises in Halle (Saale). Nachrichten über Kontakte zu einem Enkel Philipp Jakob Speners [Johann Bernhard Heinrich Spener[2242]]. Mit Geldspenden. Zum Zusammenhang siehe Nr. 172. Nicht aufgefunden, aber bezeugt durch Nr. 174.

Nr. 174   Halle (Saale), 12. November 1753

Gotthilf August Francke, Professor der Theologie und Inspektor der Kirchen und Schulen der Ersten Diözese des Saalkreises in Halle (Saale), an Johann Nikolaus Sybel, Pfarrer an St. Georgii in Soest. Mit Quittungen. Konzept. Zum Zusammenhang siehe Nr. 173. (Halle [Saale] AFSt, Bestand H C 635:42)

[Adresse:] An he[rrn] past[or] Sybel zu Soest.
Hochwohlehrwürdiger, h[ochgeehrter] und in d[em] HErrn s[ehr] w[erthgeschätzter] He[rr] Past[or].

Durch den studiosum he[rrn Johann Friedrich] Isverding[2243] habe [ich] vor einiger zeit Ew[er] Hochwohlehrw[ürden] werthes [Schreiben] vom 6ten Sept[embris][2244] [gestrichen: richtig] nebst denen darinnen specificirt[en] wohlthaten für die mission richtig erhalt[en]. Und da ich die 75ste fortsetzung des missions-berichts[2245] bald zu übersend[en] gehofft [hatte], so werd[en es] Ew[er] Hochwohlehrw[ürden] nicht

---

2242 Johann Bernhard Heinrich Spener (1728–1783), ein Sohn von Speners Sohn Jakob Karl (1685–1730; Professor der Rechtswissenschaft in Wittenberg), damals als Gutsbesitzer auf Gut Grömenburg (mit dem Haus Osthoff bei Braarn) nahe Hamm lebend. Johann Bernhard Heinrich Spener hatte seit 1745 in Duisburg die Rechte studiert. Er wirkte damals als Justizassessor (zuletzt: Hofrat) in Soest und hatte hier Anfang 1753 Sophie Henriette Margreta Möller (1734–1765), eine Enkeltochter des früheren Soester Inspektors Johann Möller (Müller, Mollerus; 1646–1722; wie Anm. 39), geheiratet. In Soest besaß er schon um 1757 „auffallend viele Häuser" und rangierte deshalb in der zweithöchsten Steuerklasse. Deus, Soziologie (wie Anm. 95), S. 35. Johann Bernhard Heinrich Spener wurde zum Begründer der Westfälischen Linie der Familie Spener. Er betätigte sich als Genealoge, starb an einem Hirntumor und wurde im März 1783 auf dem Friedhof von St. Petri beigesetzt. Kleiner Michels (wie Anm. 14), S. 396f. – Schwartz, Denkmäler 2 (wie Anm. 11), S. 124 (Nr. 36) (Grabplatte in St. Petri). – Harraeus, Karl: Beiträge zur Geschichte der Familie Spener, München 1973, S. 68f. (vgl. dazu auch Tafel 11).
2243 Johann Friedrich Isverding (Isferding; 1733–1779). Wie Anm. 2227.
2244 Nr. 173.
2245 Das aktuelle Heft der „Halleschen Berichte". Wie Anm. 1757: Francke, Gotthilf August (Hg.): Continuation des Berichts der Königlichen Dänischen Missionarien in Ost-Indien Teil 75: Worinnen, […] das Tage-Register von der ersten Hälfte des ietztgedachten 1751sten Jahres […] enthalten […], Halle: Waisenhaus 1754. Exemplar Stuttgart EOK.

2.2 Quellen Nr. 1 bis 200   447

Für alle wohlthäter[n] lege [ich] ein recepisse bei, welches [ich] ihnen gelegentlich zuzustellen bitte, wobey [ich] denn in sonderheit dem herrn lieutenant [Andreas Friedrich] von Vintzelberg²²³³ meinen hertzlichen segens gruß zu vermelden ersuche, dessen [gestrichen: schreiben] aus seinem schreiben²²³⁴ angeführte passage mir sehr wohl gefallen und mich von seinem lautern grund und ernst im christenthum versichert [hat], darum ihn der Herr ferner erhalten und stärcken wolle. Die wohlthat der frau [von] Mallinkrodt [in Dortmund]²²³⁵ werde [ich] nach deren verlangen einer kräncklichen witwe [eines indigenen Missionshelfers in Tranquebar] durch die he[rr]en missionarien zufließen laßen und die sämtlichen liebesgaben aufs beste besorgen.

Mit nächstdem²²³⁶ gedenke [ich], die 74ste continuation der miss[ions] berichte²²³⁷ für Ew[er] Hochwohlehrw[ürden] und die übrige werthesten wohlthäter [in Soest zu] übersenden. Indessen empfehle [ich] Dieselben in den gnädigen schutz des HErrn und verharre mit aller ergebenheit

Ew[er Gotthilf August Francke]

[Entwurf für eine Quittung:] 1. ducaten habe [ich] wegen des [von dem] herrn lieutenants [Andreas Friedrich] von Vintzelberg durch den herrn past[or] Sybel zu Soest für die mission richtig erhalten, und statte dafür, unter anwünschung reichen gnaden-lohns, schuldigen danck ab. Halle, den [...]

[Entwurf für eine Quittung:] 2. r[eichs]th[aler] habe [ich] wegen der frau [von] Mallinkrodt zu Dortmund durch den herrn past[or] Sybel etc.

[Entwurf für eine Quittung:] 2. Gulden habe [ich] wegen des [von dem] herrn pastor [Johann Arnold] Sybels²²³⁸ zu Sassendorf durch den herrn past[or] Sybel zu Soest etc.

P.S.: Noch habe [ich] vor abgang dieses Dero angenehme zuschrifft vom 25ten Apr[ilis]²²³⁹ durch den he[rrn Johann Friedrich] Isverding²²⁴⁰ richtig erhalten, und wie mir derselbe bey dem ersten zuspruch²²⁴¹ [gestrichen: als ein lencksames] wohl gefallen, also werde [ich] um so vil mehr nach allem vermögen ihm zu dienen such[en].

2233 Wie Anm 2188.
2234 Nicht Nr. 167.
2235 Wie Anm. 2225.
2236 In Kürze.
2237 Das aktuelle Heft der „Halleschen Berichte". Wie Anm. 1757: Francke, Gotthilf August (Hg.): Continuation des Berichts der Königlichen Dänischen Missionarien in Ost-Indien Teil 74: Worinnen das Tage-Register von der andern Hälfte des 1750sten Jahres [...] enthalten [...], Halle: Waisenhaus 1753, S. [33]–62 und [153]–292. Exemplar Stuttgart EOK.
2238 Johann Arnold Sybel (1700–1760). Wie Anm. 227.
2239 Nr. 171.
2240 Johann Friedrich Isverding (Isferding; 1733–1779). Wie Anm. 2227.
2241 Bei dessen erstem Besuch/dessen Antrittsbesuch bei mir.

hat, das studium theologicum zu prosequiren.[2229] [Er] recommendiret sich Ew[er] H[och]w[ürden] güthigen gewogenheit, bittet sich Dero raht aus und wünschet, fals er zum genuß der wohlthat des frey-tisches nicht bald gelangen könte, zur arbeit bey den schulen des waysenhauses admittiret zu werden, wie er denn in humanioribus hieselbst einige anführung und übung gehabt hat. Er [Johann Friedrich Isverding] hat sich also aufgeführt, daß man von ihm [hat] guhte hofnung schöpfen können. Ew[er] H[och]w[ürden] werden ihn zu prüfen wißen und geneigt seyn, nach Dero bekandten liebe zu den studiosis, ihm diensame consilia zu ertheilen, die er wohl anzuwenden verspricht. Gott segne sein curriculum academicum,[2230] daß [damit] er dereinst ein nützlich[es] werckzeug werde, [um] das Reich unsers Erlösers bey uns zu erbauen, dessen süßer gnade und kräftigem beystand [ich] Ew[er] H[och]w[ürden] hertzlich empfehlend, verharre

Ew[er] H[och]w[ürden] ergebenster diener
m[agister] Jo[hann] Nic[olaus] Sybel, pr[ediger]

Nr. 172 Halle (Saale), 9. Mai 1753
Gotthilf August Francke, Professor der Theologie und Inspektor der Kirchen und Schulen der Ersten Diözese des Saalkreises in Halle (Saale), an Johann Nikolaus Sybel, Pfarrer an St. Georgii in Soest. Mit Quittungen. Konzept. Zum Zusammenhang siehe Nr. 171. (Halle [Saale] AFSt, Bestand H C 635:41)

[Adresse:] An he[rrn] past[or] Sybel zu Soest.
Hochwohlehrwürdiger, h[ochgeehrter] u[nd] in d[em] HE[rrn] s[ehr] w[erthgeschätzter] He[rr] Pastor.

Ew[er] Hochwohlehrw[ürden] werthgeschätztes [Schreiben] vom 4ten Mart[ii][2231] habe [ich] durch den darinnen gemeldeten studiosum he[rrn Caspar Gerhard] Müller[2232] [am Rande ergänzt:] unlängst* richtig erhalten und statte in der mission namen für die sowohl selbst güthig übersandte wohlthat, als auch von andern werthen gönnern und gönnerinnen übermachten liebes-gaben zu dem behuf [der Mission] schuldigen und ergebensten danck ab, mit dem hertzlichen wunsch, daß der Herr, dessen väterliche fürsorge in erweckung liebreicher wohlthäter für dießes werck ich denn hoch verehre, alle hertzliche und thätige liebe mit reichem segen aus gnaden vergelten wolle.

2229   Hier wohl nicht im Sinne von: „rechtlich geltend machen", sondern in der Bedeutung von: „ein Studium aufnehmen/fortsetzen".
2230   Sein Vorankommen im Studium/seinen akademischen Weg.
2231   Nr. 170.
2232   Caspar Gerhard Möller (1733–1793) stammte aus Deilinghofen. Er immatrikulierte sich am 26. Mai 1753 in Halle und war seit 1756 (in der Nachfolge seines Vaters) Pfarrer in Deilinghofen, wurde dort aber 1765 amtsentsetzt. Bauks, Pfarrer (wie Anm.14), S. 335 (Nr. 4223). Vgl. zu seinem Vater Florenz Gerhard Möller (Mollerus; †1755; aaO, S. 335 [Nr. 4219]) auch Kleiner Michels (wie Anm. 14), S. 401.

2.2 Quellen Nr. 1 bis 200　　　　　　　　　　　　　　　　　　　　445

H[ochwürden] und den sämtlich[en] werthest[en] wohlthätern schuldigsten danck ab, mit dem hertzlich[en] wunsch, daß der Herr sich solcher liebes-gaben zu gnaden wohlgefallen lassen und mit überschwänglichem segen vergelten wolle.

Unter andern hat mich der brief des he[rrn] lieutenants [Andreas Friedrich] von Vintzelberg[2224] erfreuet, und lege ich Dero vorschlag zu folge für denselben eine continuation [der „Halleschen Berichte"] bey, davon [ich] das [gestrichen: ander] dritte exemplar abermal an die frau Mallinkrodt [in Dortmund][2225] zu übermachen bitte. Und weil es scheinet, daß begierige gemüther nach erbaulich[en] nachrichten in dortiger gegend seyn, so thue [ich] auch eine nachricht aus Pensylvanien,[2226] ihres erbaulich[en] inhalts weg[en], hinzu, der ich übrigens unter treuer empfehlung in den schutz des Herrn alseits verharre

Ew[er Gotthilf August Francke]

Nr. 170　　　　　　　　　　　　　　　　　　　　　　　　Soest, 4. März 1753
Johann Nikolaus Sybel, Pfarrer an St. Georgii in Soest, an Gotthilf August Francke, Professor der Theologie und Inspektor der Kirchen und Schulen der Ersten Diözese des Saalkreises in Halle (Saale). Mit Geldspenden. Zum Zusammenhang siehe Nr. 169. Nicht aufgefunden, aber bezeugt durch Nr. 171.

Nr. 171　　　　　　　　　　　　　　　　　　　　　　　Soest, 25. April 1753
Johann Nikolaus Sybel, Pfarrer an St. Georgii in Soest, an Gotthilf August Francke, Professor der Theologie und Inspektor der Kirchen und Schulen der Ersten Diözese des Saalkreises in Halle (Saale). Zum Zusammenhang siehe Nr. 170. (Halle [Saale] AFSt, Bestand H C 635:40)

[Ohne Adresse] Hochwürdiger Herr Doctor!

Vorzeiger dieses [Schreibens; Johann Friedrich Isverding][2227] [ist] ein sohn eines gottsfürchtigen lectoris bey unserm gymnasio, nahmens [Johann Andreas] Isverding,[2228] der sich auf christlicher gönner und wohlthäter zureden entschlossen

---

2224　Nr. 167.
2225　Wohl eine Verwandte der 1743 verstorbenen früheren Empfängerin. Wie Anm. 1955.
2226　Wie Anm. 2201.
2227　Johann Friedrich Isverding (Isferding; 1733–1779) studierte in Halle (1753) und Erfurt (1754) und war danach ab 1755 zunächst wie sein Vater Johann Andreas Isverding (Isferding; 1692–1753; wie Anm. 2228) Lehrer am Soester Archigymnasium. Ab 1759 wirkte er dann als Pfarrer an St. Nikolai in Lippstadt. Bauks, Pfarrer (wie Anm. 14), S. 239 (Nr. 3020). – Dazu: Kleiner Michels (wie Anm. 14), S. 613.
2228　Johann Andreas Isverding (Isferding; 1692–1753) war Sybels Küster an St. Georgii und seit dem Juli 1718 zugleich Lehrer am Soester Gymnasium (zunächst in VIII.). Isverding starb im Oktober 1753. Soest StA/StB, Bestand A, Hs. 76, S. 97 (§ 172) und 107 (§ 220). – Kleiner Michels (wie Anm. 14), S. 612. – Vogeler, Archigymnasium IV (wie Anm. 9), S. 10.

len, [gestrichen: nun] dießes im wege stehen, daß er auch nicht einmal das sonst gesetzte biennium hier [in Halle] absolviret [hat].

Ew[er] H[och]w[ohl]ehrw[ürden] erlasse [ich] hiemit in den gnad[en] schutz des Herrn und verharre alseits

Ew[er Gotthilf August Francke]

P. S.: Auch [gestrichen: byn] übersende [ich] bey dieser füglich[en] gelegenheit eine neue fortsetzung der nachricht von einig[en] gemeinen in Pennsylvanien,[2220] die hoffentlich nicht unangenehm seyn wird.

P. S.: Es [gestrichen: sind] ist mir von denen beyden he[rren] Schaaf absonderlich der älteste he[rr] bruder bekannt, der ein recht feiner mensch ist, für welchem es mir leid seyn solte, wenn er zurück gesetzt würde.

Nr. 167   Soest, vor 31. Oktober 1752

[Andreas Friedrich] von Vintzelberg, (Premier)Leutnant beim Regiment zu Fuß Nr. 9 (11. Kompanie),[2221] an Gotthilf August Francke, Professor der Theologie und Inspektor der Kirchen und Schulen der Ersten Diözese des Saalkreises in Halle (Saale). Bericht über seinen geistlichen Zustand. Nicht aufgefunden, aber bezeugt durch Nr. 168.

Nr. 168   Soest, 31. Oktober 1752

Johann Nikolaus Sybel, Pfarrer an St. Georgii in Soest, an Gotthilf August Francke, Professor der Theologie und Inspektor der Kirchen und Schulen der Ersten Diözese des Saalkreises in Halle (Saale). Mit Beilagen (darunter ein „brief des he[rrn] lieutenants [Andreas Friedrich] von Vintzelberg"[2222]). Mit Geldspenden. Zum Zusammenhang siehe Nr. 166. Nicht aufgefunden, aber bezeugt durch Nr. 169.

Nr. 169   Halle (Saale), 16. November 1752

Gotthilf August Francke, Professor der Theologie und Inspektor der Kirchen und Schulen der Ersten Diözese des Saalkreises in Halle (Saale), an Johann Nikolaus Sybel, Pfarrer an St. Georgii in Soest. Mit Beilagen. Konzept. Zum Zusammenhang siehe Nr. 168. (Halle [Saale] AFSt, Bestand H C 635:39)

[Adresse:] An d[en] he[rrn] past[or] Sybel zu Soest.

Hochwohlehrwürdiger, h[ochgeehrter] und in d[em] HE[rrn] s[ehr] w[erthge]schätzter] He[rr] Pastor.

Vor einigen tagen habe [ich] das vergnügen gehabt, Ew[er] Hochwohlehrw[ürden] sehr werthes [Schreiben] vom 31sten Oct[obris][2223] nebst denen beygefügten liebreich[en] wohlthaten für die mission richtig zu erhalten. Ich statte dafür Ew[er]

2220 Wie Anm. 2201.
2221 Vgl. zu ihm auch bereits Nr. 158.
2222 Vgl. Nr. 158.
2223 Nr. 168.

Ich habe keine zeit versäumen wollen, solches hiedurch zu melden, da die sache ohnedem etwas aufgehalten worden [ist], und erwarte nun weitrer antwort, der ich unter treuer erlassung in den schutz Gottes verharre

Ew[er Gotthilf August Francke]

Nr. 166   Halle (Saale), 9. November 1751
Gotthilf August Francke, Professor der Theologie und Inspektor der Kirchen und Schulen der Ersten Diözese des Saalkreises in Halle (Saale), an Johann Nikolaus Sybel, Pfarrer an St. Georgii in Soest. Mit Beilagen. Konzept. Zum Zusammenhang siehe Nr. 165. (Halle [Saale] AFSt, Bestand H C 635:38)

[Adresse:] An d[en] he[rrn] past[or] Sybel zu Soest [dazu am Rande notiert:] durch he[rrn Wilhelm Ludwig] Kayser[2214] morg[en] früh.

Hochwohlehrwürdiger, hochgeehrt[er] und in dem HErrn s[ehr] w[erthgeschätzter] He[rr] Pastor.

Weil es nur auf einen ein[z]igen posttag angekommen wäre, daß ich die hierbey gehende zwo neue continuationen des miss[ions] berichts[2215] immediate eher hätte übermach[en] sollen [können], so wird es Ew[er] Hochwohlehrw[ürden] hoffendlich nicht entgegen seyn, daß ich die morgende abreise des he[rrn N.] Kaysers desfals erwartet [habe]. Daß ich mit dessen vorschlagung an den he[rrn N.] von Menge[2216] schuldigst [habe] dienen könne[n], ist mir ein besonderes vergnüg[en] gewes[en], wie er [N. Kayser] sich hier [in Halle] also verhalten [hat], daß man die hoffnung von ihm haben können, er werde auch in seiner künftig[en] station wahre treue beweisen. Also wünsche ich von hertzen, daß der Herr seinen segen dazu geben wolle.

Für den gulden, welchen der schulcollega [gestrichen: cm] emeritus herr [(Hermann) Andreas] Möllenhoff[2217] für die mission verehret [hat], [gestrichen: statte] bitte [ich], demselben meinen ergebensten danck, unter anwünschung reichen gnaden-lohns von dem HE[rrn], unbeschwehrt zu vermeld[en].

Der Herr regiere es im übrigen mit der noch strittigen prediger-wahl an ihrem orte zum besten der gemeine. Dem he[rrn Georg Friedrich] Schaaf,[2218] den ich gar wohl kenne, möchte bey den ietzig[en] umständen, da mit solchem rigueur[2219] darauf [gestrichen: gesch] geseh[en] wird, daß landes-kinder auch nicht einmal eine [gestrichen: R] kurtze Zeit auf auswärtigen schulen oder universität[en] studirn sol-

---

2214 Wilhelm Ludwig Kayser (*1728). Wie Anm. 2213.
2215 Die beiden aktuellen Hefte der „Halleschen Berichte". Wie Anm. 1757.
2216 Wie Anm. 2202.
2217 (Hermann) Andreas Möllenhoff (1666–1754). Wie Anm. 405.
2218 Gemeint ist wohl Georg Friedrich Schaaf (1723–1778) aus Bielefeld. Er heiratete 1753 Elisabeth Beata Löning und starb als Pfarrer in Backemoor (Friesland). Schaaf, Georg Friedrich: Die Kirchenlieder der Elisabeth Beata Schaaf, in: Friesische Blätter 25 (1988), S. 9.
2219 Mit solcher Strenge/solchem Nachdruck.

rischen kirchen nur 8. prediger. Ich muß wöchentlich 3. predigten besorgen. Es ist auch in diesen gegenden und in unserer stadt nichts frömdes, daß frömde befordert werden.

Ew[er] H[och]w[ürden] ersuche [ich] dann gehorsamst, gelegendlich daran zu gedencken, ob ihnen ein studiosus vorkomme, der dergleichen condition anzunehmen begehre. Wenn selbigem ein zeügniß von Ew[er] H[och]w[ürden] gegeben würde, [so] wäre he[rr] v[on] Menge bereit, das reisegeld (fals der candidat den vorschuß nicht thun könte) auf Halle oder wo er sich sonst befinden mögte zu uberschicken.

In hofnung einer gühtigen deferirung in dieser bitte empfehle [ich] Ew[er] H[och]w[ürden] göttlicher gnaden obhuht, verharre

Ew[er] H[och]w[ürden] ergebenster d[iene]r

Jo[hann] Nic[olaus] Sybel, pr[ediger]

Nr. 165 Halle (Saale), 5. Oktober 1751
Gotthilf August Francke, Professor der Theologie und Inspektor der Kirchen und Schulen der Ersten Diözese des Saalkreises in Halle (Saale), an Johann Nikolaus Sybel, Pfarrer an St. Georgii in Soest. Konzept. Zum Zusammenhang siehe Nr. 164. (Halle [Saale] AFSt, Bestand H C 635:37)

[Adresse:] An d[en] he[rrn] past[or] Sybel zu Soest
Hochwohlehrwürdiger, hochgeehrter und in dem Herrn sehr werthgeschätzter Herr Pastor.

Die antwort auf Ew[er] Hochwohle[hr]w[ürden] angenehmes [Schreiben] vom 25sten Aug[usti][2210] hat sich etwas lange, wider meinen willen, verzogen, weil verschiedene subjecta zu der darinnen gemeldeten condition[2211] [am Rande ergänzt:] bey dem [Streichung] herrn von Menge*[2212] in vorschlag gekommen [sind], ehe [gestrichen: ein ge- candidat] derjeniche, welchen ich nun in vorschlag bringen kann, dieselbe anzunehmen, sich erkläret [hat]. Es ist derselbe he[rr N.] Kayser aus Cellen,[2213] der sich hier allezeit wohl verhalten und eine wahre gottesfurcht hat. Daher ich glaube, daß die absicht mit ihm werde erreichet werden. Er wird sich aber das zur reiße benöthigte geld ausbitten müssen, indem er nicht im stande [ist], selbiges vorzuschiessen.

2210 Nr. 164.
2211 Zu der darin ausgeschriebenen Hauslehrerstelle.
2212 Wie Anm. 2202.
2213 Nicht bei Bauks, Pfarrer (wie Anm. 14) und nicht bei Michels (wie Anm. 14). Vgl. aber Nr. 166. Die Anstellung kam also tatsächlich zustande. – Wohl Wilhelm Ludwig Kayser (*1728) aus Assen. Er immatrikulierte sich 1749 in Halle und war dort seit September 1750 Informator an der Mädchenschule des Waisenhauses. Halle (Saale) AFSt, Bestand H D 24a.

williger entschuldigen, welchen durch beygehende nachricht aus Pensylvanien²²⁰¹ [ich] in etwas zu ersetzen [habe] suchen wollen. Der ich unter treuer erlassung in den schutz des HErrn lebenslang verharre

Ew[er Gotthilf August Francke]

Nr. 164 Soest, 25. August 1751

Johann Nikolaus Sybel, Pfarrer an St. Georgii in Soest, an Gotthilf August Francke, Professor der Theologie und Inspektor der Kirchen und Schulen der Ersten Diözese des Saalkreises in Halle (Saale). Zum Zusammenhang siehe Nr. 163. (Halle [Saale] AFSt, Bestand H C 635:36)

[Ohne Adresse] Hochwürdiger Herr Doctor!

Ew[er] H[och]w[ürden] geruhen, nach Dero gewöhnlichen güthigkeit hochgeneigt zu erlauben, daß [ich] nahmens eines hiesigen beguhterten patricii, He[rrn N.] v[on] Menge,²²⁰² der sich dienstlich empfehlen läßet, ergebenste anfrage thun dürfe, ob Ew[er] Hochw[ürden] gegenwärtig einen informatorem recommendiren können für seine beyde söhne, deren einer in das neunte, der ander in das achte jahr gehet, damit selbige zur erkändtniß und wahren furcht Gottes, sodann in der lateinisch[en] sprache, wie auch der geographie und historie angewiesen werden mögen. Er verspricht demselben zuvorderst, nebst völliger freyer bewirtung und verpflegung, an statt des jährlichen salarii zum behuf der kleidung und eines buchs 40 r[eichs]th[aler], welches [Salär] auch nach proportion der wargenommenen treue und der profectuum²²⁰³ der discipul verbeßert werden könte, sonderlich durch die freygebigkeit der großmutter, einer fr[au N.] v[on] Groende,²²⁰⁴ welche die patientinne ist, von welcher [ich] im frühjahr 2. goldstückger für die mission zu Tranquebar an Ew[er] Hochw[ürden] zu addressirn die freyheit mir genommen [habe].²²⁰⁵ Der he[rr] v[on] Menge ist ein ordentlich[er] herr, ein guther haußhalter, von paisablem²²⁰⁶ gemüht, freundlichen und familiairen umgang[s], ohne ceremonien,²²⁰⁷ völlig aufrichtig. Hätte der informator natürliche fähigkeit, würde er in dem umgang mit andren alliierten,²²⁰⁸ mehr cultivierten und gelehrten patriciis, viel profitiren können. Würde er eine gabe zu predigen haben und darinn sich üben wollen, [so] würde er auch davon eine vergühtung genießen [können].²²⁰⁹ Wir haben in 7. Luthe-

---

2201 Wie Anm. 2220.
2202 Nicht sicher nachgewiesen. – Zur Familie vgl. Deus, Herren von Soest (wie Anm. 60), S. 416f. und Großer Michel (wie Anm. 14), S. 192–200.
2203 Der schulischen Fortschritte.
2204 Wie Anm. 2197.
2205 Nr. 161.
2206 Sanftem/kultiviertem.
2207 Unkompliziert in seinem Umgang.
2208 Befreundeten/in religiöser Hinsicht gleich Gesinnten.
2209 Wohl als Sybels Adjunkt an St. Georgii.

440　　　2. Edition

Nr. 161　　　　　　　　　　　　　　　　　　　　　Soest, Frühjahr 1751
Johann Nikolaus Sybel, Pfarrer an St. Georgii in Soest, an Gotthilf August Francke, Professor der Theologie und Inspektor der Kirchen und Schulen der Ersten Diözese des Saalkreises in Halle (Saale). Mit Geldspende (zwei Goldstückchen) einer erkrankten Frau von Groende.[2197] Zum Zusammenhang siehe Nr. 160. Nicht aufgefunden, aber bezeugt durch Nr. 164.

Nr. 162　　　　　　　　　　　　　　　　　　　　　Soest, Frühjahr 1751
Johann Nikolaus Sybel, Pfarrer an St. Georgii in Soest, an Gotthilf August Francke, Professor der Theologie und Inspektor der Kirchen und Schulen der Ersten Diözese des Saalkreises in Halle (Saale). Mit Geldspenden. Zum Zusammenhang siehe Nr. 161. Nicht aufgefunden, aber bezeugt durch Nr. 163.

Nr. 163　　　　　　　　　　　　　　　　　　　Halle (Saale), 24. Juli 1751
Gotthilf August Francke, Professor der Theologie und Inspektor der Kirchen und Schulen der Ersten Diözese des Saalkreises in Halle (Saale), an Johann Nikolaus Sybel, Pfarrer an St. Georgii in Soest. Mit Beilage. Konzept. Zum Zusammenhang siehe Nr. 162. (Halle [Saale] AFSt, Bestand H C 635:35)

[Adresse:] An he[rrn] past[or] Sybel zu Soest.
Hochwohlehrwürdiger, h[ochgeehrter] und in d[em] HE[rrn] sehr w[ertgeschätzter] He[rr] Pastor.

In der Tranckenbarischen mission namen erstatte [ich] Ew[er] Hochwohlehrw[ürden] für Dero liebreich[en] beytrag von einem französischen haubtthaler,[2198] wie auch dem stifts fräul[ein N. N.] für die übersandten [gestrichen: r(eichs)th(aler)] 3. r[eichs]th[aler] schuldigst[en] danck, mit dem hertzlichen wunsch, daß der Herr dafür ein reicher vergelter sein wolle.

Die edirung der neuen cont[inuation] des m[issions] b[erichtes][2199] ist nur durch eine mir zugestossene langwierige kranckheit aufgehalt[en] worden. Ich hoffe aber, zu Michaelis [29. September] zwei fortsetzungen zugleich zu edirn, und werde nicht ermangeln, selbige auch Ew[er] Hochw[ürden] zu übersenden. [Gestrichen: Was Ew(er) H(och)e(hr)w(ürden) weiter betrifft] Da Dieselbe[n] durch mein mit he[rrn] inspec[tor H…] Böttischer[2200] überschicktes recepisse bereits von dem richtig[en] empfang Dero werthen schreibens mit den obgedacht[en] liebes-gaben nachricht erhalten [haben], so werden sie den verzug dieser antwort hoffentlich um so viel

---

2197　Zur Familie de Groende s. Großer Michels (wie Anm. 14), S. 200–202.
2198　Gemeint ist der Écu.
2199　Das aktuelle Heft der „Halleschen Berichte". Wie Anm. 1757.
2200　Bedeutete dies: „persönlich"? Oder doch nur: „auf dem Weg über"? – H[…] Bötticher, der Inspektor der Buchhandlung des Waisenhauses (wie Anm. 2044), war demnach vielleicht sogar persönlich in Soest gewesen.

Der studiosus he[rr Johann Wilhelm] Starmann[2191] hat mir Ew[er] Hochehrw[ürden] angenehmes [Schreiben] vom 17. [gestrichen: Aug(usti)] Sept[embris][2192] überreicht. Wie ich nun demselben [Johann Wilhelm Starmann], wenn er sich fleissig herzuhält, nach vermögen gerne dienen werde, also statte [ich] Ew[er] H[och]w[ohl]ehrw[ürden] für die übersandte wohlthaten zum behuf der mission ergebensten danck ab, mit der dienstlichen bitte, denen beiden wohlthäterinnen, für welche [ich] ein recepisse beyfüge, meine schuldige dancksagung und hertzlichen segens-wunsch zu vermelden.

Sonsten freuet mich, daß die gute nachricht von dem prediger he[rrn Arnold] Mönnich,[2193] [gestrichen: welcher] dessen geistliche augen bey dem verlust seines leiblichen gesichts [gestrichen: mit den glaubens-augen] desto mehr erleuchtet worden [sind] und [der] vielen zur erbauung ist, wie ich auch schon sonsten vernommen [habe],[2194] durch Ewer H[och]w[ohl]ehrw[ürden] bestätigt wird. Gleichwie es übrigens heilsam ist, daß denen Herrnhutern auch in dortiger gegend [gestrichen: ge] einhalt geschiehet und andern die augen aufgehen.

Schließlich bin [ich] Ew[er] H[och]w[ohl]ehrw[ürden] für Dero gütigen wunsch in absicht auf meine heyrath schuldigst verbunden[2195] und empfehle mich und alle meine umstände zu fernerer fürbitte, der ich gleichfals allen segen und gnade von dem HE[rrn] hertzlich anwünsche und mit aller aufrichtigkeit alseits verharre

Ew[er Gotthilf August Francke]

[Entwurf für eine Quittung:] Einen gulden, welchen die jungfer [Clara Maria Margret] Moellenhoff[2196] zum behuff der mission in Tranckenbar gewidmet, habe [ich] durch den he[rrn] past[or] Sybel zu Soest richtig erhalten und statte dafür ergebenst[en] danck ab, nebst hertzlicher anwünschung reichen segens und gnadenbelohnung von dem Herrn. Halle, [...].

[Entwurf für eine Quittung:] Einen ducaten spec[ial] und sechs groschen, als eine geneigte wohlthat eines ungenannten stifts fräulein für die mission zu Tranckenbar habe [ich] etc. [...].

2191 Johann Wilhelm Starmann (1729–1787) stammte aus Herne und hatte das Gymnasium in Soest besucht. Er immatrikulierte sich im Oktober 1750 in Halle und war ab 1753 zunächst Pfarrer in Kirchhörde, dann seit 1764 Pfarrer in Lennep/Rheinland und dort zugleich ab 1782 Inspektor der lutherischen Gemeinden in Jülich-Berg. Bauks, Pfarrer (wie Anm. 14), S. 487 (Nr. 6034). – Gruch, Pfarrer 4 (wie Anm. 169), S. 259 (Nr. 12671).
2192 Nr. 159.
2193 Arnold Mönnich (ca. 1703–1757). Wie Anm. 408.
2194 Die Quelle dieser Nachrichten ist ungewiss. Zu denken wäre an Studenten aus Soest oder Lippstadt.
2195 Sybel hatte Francke also wohl nochmals zu dessen zweiter Ehe gratuliert. Siehe oben Nr. 155 f.
2196 Clara Maria Margret Möllenhoff (1712–1760). Kleiner Michels (wie Anm. 14), S. 393.

soldat[en] 9 batzen, von dem schul collegen he[rrn (Hermann) Andreas] Möllenhoff[2189] 1 gulden und von dem he[rrn] pastor [Johann Arnold] Sybel zu Sassendorf (vielleicht Dero he[rrn] bruder oder vetter)[2190] 1 r[eichs]t[aler] richtig erhalt[en habe]. Welch[en] allen es der Herr zum reich[en] segen anschreiben wolle. Ew[er] Hochw[ürden] erlasse [ich] dem hohen schutz des Herrn und verharre mit aller ergebenheit
   Ew[er Gotthilf August Francke]

Nr. 159   Soest, 17. September 1750
Johann Nikolaus Sybel, Pfarrer an St. Georgii in Soest, an Gotthilf August Francke, Professor der Theologie und Inspektor der Kirchen und Schulen der Ersten Diözese des Saalkreises in Halle (Saale). Mit Geldspenden. Zum Zusammenhang siehe Nr. 158. Nicht aufgefunden, aber bezeugt durch Nr. 160.

Nr. 160   Halle (Saale), 3. November 1750
Gotthilf August Francke, Professor der Theologie und Inspektor der Kirchen und Schulen der Ersten Diözese des Saalkreises in Halle (Saale), an Johann Nikolaus Sybel, Pfarrer an St. Georgii in Soest. Mit Quittungen. Konzept. Zum Zusammenhang siehe Nr. 159. (Halle [Saale] AFSt, Bestand H C 635:33)

[Adresse:] An den he[rrn] past[or] Sybel zu Soest
Hochwohlehrwürdiger, hochgeehrt[er] u[nd] in dem HE[rrn] s[ehr] w[erthgeschätzter] He[rr] Pastor.

zweiten Hälfte des 13. Jahrhunderts bis zum 17. Jahrhundert in der Altmark reich begütert. Das namengebende Rittergut Vinzelberg veräußerte die Familie allerdings bereits im 14. Jahrhundert. Die von Vintzelberg besaßen bereits 1333 Hindenburg bei Osterburg, 1485 Jarchau, 1501 Polkau bei Osterburg, 1564 Rochow unweit Stendal. Noch 1723 besaß die Familie das Gut Welle bei Stendal (später von Bismarck'scher Besitz), 1725 das Gut Sanne und noch 1756 Jarchau. Im Brandenburgischen gehörte der Familie von Vintzelberg 1615 Dreetz bei Ruppin, 1723 Clossow bei Königsberg und 1724 Zorndorf bei Küstrin. Ein Zweig der Familie ließ sich Ende des 17. Jahrhunderts in der Prignitz nieder, wo er in der Ost-Prignitz einen Hof in Frehne besaß. Mit diesem Zweig erlosch durch den Tod Abraham Ehrenreichs von Vintzelberg auf Frehne am 2. Juli 1762 das Geschlecht derer von Vintzelberg." http://worldhistory.de/wnf/navbar/wnf.php?oid=16295&sid= [23.08.2023]. Von Vintzelberg wandte sich über Sybel später auch persönlich an Francke. Siehe unten Nr. 167 und 169.

2189 (Hermann) Andreas Möllenhoff (1666–1754). Wie Anm. 405.
2190 Johann Arnold Sybel (1700–1760; wie Anm. 227) war ein Vetter 2. Grades und seit 1726 Pfarrer in Sassendorf.

Ich wünsche schließlich, daß der Herr Ew[er] Hochehrw[ürden] in Dero amt und hause vile freude durch verspürung seines gnaden-beystands und segens schencken wolle, wozu ich Dieselbe[n] seiner treue hertzlich empfehle und alseits verharre
Ew[er Gotthilf August Francke]

Nr. 157 Soest, 16. April 1750
Johann Nikolaus Sybel, Pfarrer an St. Georgii in Soest, an Gotthilf August Francke, Professor der Theologie und Inspektor der Kirchen und Schulen der Ersten Diözese des Saalkreises in Halle (Saale). Mit Geldspenden. Zum Zusammenhang siehe Nr. 156. Nicht aufgefunden, aber bezeugt durch Nr. 158

Nr. 158 Halle (Saale), 5. Juni 1750
Gotthilf August Francke, Professor der Theologie und Inspektor der Kirchen und Schulen der Ersten Diözese des Saalkreises in Halle (Saale), an Johann Nikolaus Sybel, Pfarrer an St. Georgii in Soest. Konzept. Zum Zusammenhang siehe Nr. 157. (Halle [Saale] AFSt, Bestand H C 635:31)

[Adresse:] An d[en] he[rrn] pastor Sybel zu Soeste[n].
Hochwohlehrwürdiger, h[ochgeehrter] und in d[em] HE[rrn] s[ehr] w[erthgeschätzter] He[rr] Pastor.

Ew[er] Hochw[ürden] statte ich in der mission namen für die unterm 16ten April[is][2186] durch den jung[en] he[rrn; gestrichen: Mühlen; Johann Georg Nikolaus] Möllenhof[2187] übersandte liebreiche wohlthaten hertzlichen und ergebensten danck ab, mit dem aufrichtigen wunsch, daß der Herr sie und alle übrige werthe wohlthäter, welch[en ich] meinen hertzlich[en] danck ohnschwehr zu vermeld[en] bitte, reichlich dafür segnen wolle. Weil es wohl nicht nöthig seyn wird, für einen jeden wohlthäter ein recepisse beyzufüg[en], so will ich hier nur deren wohlthat[en] wiederholen und versichern, daß ich ausser Dero [Johann Nikolaus Sybels] gütig[en] beytrag von einem herrn lieutenant [Andreas Friedrich] von Vintzelberg[2188] 2 r[eichs]t[aler], von einem mousquetair 1 g[ulden], von drey

2186 Nr. 157.
2187 Johann Georg Nikolaus Möllenhoff (1733–1791), ein Sohn des Pfarrers von Mark, war später Vikar in Dinker. Die Mutter des jungen Mannes war Margareta Justina Sybel, eine Nichte Johann Nikolaus Sybels (Tochter seines älteren Bruders, des langjährigen Konrektors des Soester Gymnasiums). Bauks, Pfarrer (wie Anm. 14), S. 334 (Nr. 4197). – Dazu: Kleiner Michels (wie Anm. 14), S. 391 und 449.
2188 Andreas Friedrich von Vintzelberg, (Premier-)Leutnant beim Regiment zu Fuß Nr. 9 (11. Kompanie). Zu ihm: Kloosterhuis, Jürgen: Bauern, Bürger und Soldaten. Quellen zur Sozialisation des Militärsystems im preußischen Westfalen 1713–1803. Bd. 2: Listen (Veröffentlichungen der Staatlichen Archive des Landes Nordrhein-Westfalen. Reihe C: Quellen und Forschungen aus den staatlichen Archiven 30), Münster 1992, S. 82. – Die Herren von Vintzelberg waren ein „altmärkisches Adelsgeschlecht mit gleichnamigem Stammsitz zwischen Stendal und Gardelegen. Die Adelsfamilie war von der

die [am Rande ergänzt:] gütig* mit übersandte 2 goldstücke zum dienst der Tranckenbarischen mission [hat] widmen wollen. Ich werde [gestrichen: nicht] dahin [gestrichen: zu] sehen, daß selbige, und zumalen das kleinere [Stück, gestrichen: welches vielleicht] als eine alte [gestrichen: wer] römische müntze, an einen solchen liebhaber dieser raritäten verhandelt werde, der dieselbe nach ihrem werth bezahle, damit die mission so viel mehrern nutzen davon habe. Indessen bitte [ich; am Rande ergänzt:] ergebenst*, der werthesten gönnerin in der mission namen für diese ihre besondere liebe und geneigte wohlthat meinen verbindlichsten danck zu hinterbringen, mit dem hertzlichen wunsch, daß sich der Herr dieses liebes-werck in gnaden wohlgefallen lassen und dasselbe mit mehrem segen vergelten wolle.

Nicht weniger bitte [ich], den werthen he[rrn Johann Thomas] Möllenhoff[2182] zu versichern, daß ich sowohl seine wohlthat von 1 r[eichstaler] als auch seine hertzliche liebe und fürbitte für das werck mit ergebenstem danck [an]erkenne, der ich von hertzen wünsche, daß der Herr ihn dafür reichlich segnen, auch insonderheit in seinem alter und [gestrichen: von dem HErrn] in dem ihm [gestrichen: aufgelegten] durch entziehung des äußern lichts aufgelegten leiden[2183] beystehen und [gestrichen: sein] das licht seines antlitzes ihn im glauben [gestrichen: um] desto heller sehen lassen [gestrichen: wolle] und [ihm] gnade geben wolle, ferner das beständige gebet und fürbitte für das werck Gottes und die gantze kirche als das ihm nun befohlene alleinige und alleredelste geschäffte anzusehen.

Übrigens erkenne [ich; gestrichen: zwar] Ew[er] Hochehrw[ürden] besondere gütigkeit und hertzliche liebe, da Dieselbe an meinen umständen geneigten antheil nehmen wollen, mit schuldigstem danck, ob [gestrichen: ich] gleich Ew[er] Hochwohlehrw[ürden; gestrichen: von einer], was die vermehrung meines hauses durch einen jungen erben betrifft, unrecht berichtet [worden] sind und vielleicht eine verwechselung der personen dabey vorgegangen seyn mag.[2184] Indessen bin ich für Dero [mir] hiedurch bezeigte freundschafft [gestrichen: schuldig] hertzlich verbunden und melde so viel, daß ich Gott gleichwohl für [gestrichen: eine andere] die wohlthat zu preisen ursache habe, daß ja mir in dem verwichenen Julio [1749] nach einem siebenjährig[en] witber-stand widerum eine treue und liebe gehülfin, ein geborenes fräulein v[on] Gersdorf [Eva Wilhelmine von Gersdorf],[2185] zugeführt hat, welcher umstand aber [gestrichen: Ew(er) Hochwohlehrw(ürden)] an sich selbst[en] vielleicht bereits bekannt [gestrichen: seyn muß; ge]worden [ist].

2182 Johann Thomas Möllenhoff (1690–1763). Wie Anm. 607.
2183 Möllenhoff war also wohl (nahezu) erblindet.
2184 Sybel hatte Francke demnach irrtümlich zur (lang ersehnten) Geburt eines Sohnes gratuliert.
2185 Francke war seit 1722 mit Johanna Henrietta Rachals († 1743), einer Tochter des kursächsischen Kammersekretärs Johann George Rachals und dessen Frau Henriette Rosine Bose, verheiratet gewesen. 1750 heiratete er in zweiter Ehe Eva Wilhelmine von Gersdorf († 1793), eine Tochter des kursächsischen Oberleutnants Joachim Sigismund von Gersdorf (auf Reinsdorf) und dessen Frau Sophie Agnese von Lüttichau. Beide Ehen blieben kinderlos.

erfreuet mich, daß Gott den dortig[en] prediger he[rrn Arnold] Mönnich²¹⁷⁷ erweckt [hat], das werck des HErrn mit ernst zu treiben, und [ich] wünsche, daß ihm Gott sein gesicht²¹⁷⁸ wieder schencken [gestrichen: und Ew(er) Hochwohlehrw(ürden) durch diesen collegen viele freude machen wolle; möge, denn dann] wird es eine große hülfe seyn, an ihm einen gut[en] colleg[en] zu haben, der sich mit Ihnen in einem geist und sinn verbinde. Welches der HErr zu vielem segen gereich[en] lasse.

Hingeg[en] ist der unzeitige eifer gegen die Herrnhuter nur mehr schädlich, wo man weder durch die noth dazu gedrung[en], noch dasselbige auf eine göttliche weise eingerichtet ist.²¹⁷⁹ Sonst hat diese verderbliche secte an manchen auch den grossen schaden gethan, daß auch der rechtschaffene ernst des christenthums unter dem [gestrichen: schein] namen des [gestrichen: herr] Herrnhutanismi verlästert wird. Daß he[rr David] Hollaz²¹⁸⁰ zur Herrnhutisch[en] parthey [gestrichen: sich wenden] geneigt sey, habe [ich] bald aus seinen schrifft[en] wargenommen, daher ich auch überall deren [nur] vorsichtig[en] gebrauch angerathen.

Womit ich übrigens unter treuer empfehlung in den schutz des HErrn alseits verharre
Ew[er Gotthilf August Francke]

Nr. 155   Soest, 6. Februar 1750
Johann Nikolaus Sybel, Pfarrer an St. Georgii in Soest, an Gotthilf August Francke, Professor der Theologie und Inspektor der Kirchen und Schulen der Ersten Diözese des Saalkreises in Halle (Saale). Mit Geldspende. Zum Zusammenhang siehe Nr. 154. Nicht aufgefunden, aber bezeugt durch Nr. 156.

Nr. 156   Halle (Saale), 27. Februar 1750
Gotthilf August Francke, Professor der Theologie und Inspektor der Kirchen und Schulen der Ersten Diözese des Saalkreises in Halle (Saale), an Johann Nikolaus Sybel, Pfarrer an St. Georgii in Soest. Konzept. Zum Zusammenhang siehe Nr. 155. (Halle [Saale] AFSt, Bestand H C 635:34)

[Adresse:] An d[en] he[rrn] pastor Sybel zu Soeste[n].
Hochwohlehrwürdiger, h[ochgeehrter] u[nd] in d[em] HE[rrn] sehr w[erthgeschätzter] He[rr] Pastor.

Ew[er] Hochwohlehrw[ürden] werthes [Schreiben] vom 6ten Febr[uarii]²¹⁸¹ habe [ich] richtig empfangen und daraus ersehen, daß eine ungenannte gottselige person aus der gegen das werck des Herrn unter den heyden hegenden hertzlichen liebe

---

2177   Arnold Mönnich (ca. 1703–1757). Wie Anm. 408.
2178   Das Augenlicht/die Sehkraft.
2179   Die innerpietistische Polemik soll also zukünftig auf das Wesentliche beschränkt bleiben.
2180   David Hollaz (1704–1771). Wie Anm. 573.
2181   Nr. 155.

Nr. 153   Soest, 20. September 1749

Johann Nikolaus Sybel, Pfarrer an St. Georgii in Soest, an Gotthilf August Francke, Professor der Theologie und Inspektor der Kirchen und Schulen der Ersten Diözese des Saalkreises in Halle (Saale). Mit Geldspenden. Zum Zusammenhang siehe Nr. 152. Nicht aufgefunden, aber bezeugt durch Nr. 154.

Nr. 154   Halle (Saale), 11. November 1749

Gotthilf August Francke, Professor der Theologie und Inspektor der Kirchen und Schulen der Ersten Diözese des Saalkreises in Halle (Saale), an Johann Nikolaus Sybel, Pfarrer an St. Georgii in Soest. Mit Quittungen. Konzept. Zum Zusammenhang siehe Nr. 153. (Halle [Saale] AFSt, Bestand H C 635:30)

[Adresse:] An he[rrn] pastor Sybel zu Soest.
Hochwohlehrwürdiger, h[ochgeehrter] u[nd] in d[em] HErrn s[ehr] w[erthgeschätzter] H[err] Pastor.

Ew[er] Hochwohlehrw[ürden] angenehmes [Schreiben] vom 20. September[2171] [gestrichen: hab] habe [ich] bereits vor vier wochen durch den herrn [...] richtig erhalten, [ich] bitte aber den verzug meiner schuldig[en] antwort wegen bisheriger vielen distraction[2172] in liebe zu entschuldig[en].

Zuvorderst statte [ich] in der mission namen für die abermalige gütige übermachung einiger liebes-wohlthaten für die mission [gestrichen: für] von Dero werthesten jungfer schwester [Anna Maria Sybel],[2173] dem g[nä]d[i]gen fräul[ein N.] von Gruiter[2174] und dem ungenannten wohlthäter ergebensten danck ab und wünsche dafür von dem HE[rrn] reiche gnaden-vergeltung hertzlich an. Die ietzt edirte 67te cont[inuation] des m[issions] berichts werden dieselben indessen hoffendlich richtig erhalten haben.[2175]

Kann ich dem herrn [...] worinnen dienen, so werde [ich] solches mit allem vergnügen jederzeit thun und wünsche daher, daß er sich fleissig hinzuhalte und mir dadurch gelegenheit dazu an die hand gebe.

Der he[rr N.] Wilda, der an ihre schule recommandirt worden [ist], ist mir gar nicht bekannt.[2176] Indessen wünsche [ich], daß er der rechte mann [gestrichen: dafür] in dieser stelle seyn und sie also mit ihm wohl vorsehen werd[en] mögen. Sonst aber

---

2171 Nr. 153.
2172 Abhaltungen/Ablenkungen durch andere Aufgaben.
2173 Anna Maria Sybel (1683–1761). Wie Anm. 610.
2174 Wie Anm. 1995.
2175 Demnach schon zu einem früheren Zeitpunkt. Vielleicht sogar mit einem weiteren Brief.
2176 Die Empfehlung war durch Siegmund Jakob Baumgarten ausgesprochen worden. Vgl. Soest StA/StB, Bestand A, Hs. 76, S. 107 (§ 217). Wilda führte den schmückenden Titel des Subkonrektors, musste sich aber mit den Bezügen seiner eigentlichen Funktion (Lektor der IV.) zufrieden geben. Er kehrte schon 1751 wieder in seine Heimat zurück. Ebd., S. 107 (§ 219).

Nr. 151 Soest, 22. Januar 1749

Johann Nikolaus Sybel, Pfarrer an St. Georgii in Soest, an Gotthilf August Francke, Professor der Theologie und Inspektor der Kirchen und Schulen der Ersten Diözese des Saalkreises in Halle (Saale). Mit Geldspenden. Zum Zusammenhang siehe Nr. 150. Nicht aufgefunden, aber bezeugt durch Nr. 152.

Nr. 152 Halle (Saale), 4. Februar 1749

Gotthilf August Francke, Professor der Theologie und Inspektor der Kirchen und Schulen der Ersten Diözese des Saalkreises in Halle (Saale), an Johann Nikolaus Sybel, Pfarrer an St. Georgii in Soest. Konzept. Zum Zusammenhang siehe Nr. 151. (Halle [Saale] AFSt, Bestand H C 635:29)

[Adresse:] An he[rrn] past[or] Sybel zu Soest.
Hochwohlehrwürdiger, h[ochgeehrter] u[nd] in dem Herrn sehr werthgeschätzter He[rr] Pastor.

Ew[er] Hochwohlehrw[ürden] werthes [Schreiben] vom 22ten pass[ati mensis][2165] habe [ich] richtig erhalten und dancke nicht nur für Ihro hertzliches andencken und wunsch, sondern statte auch in der mission namen für die von verschiedenen wohlthätern eingesamlete liebesgaben schuldigsten danck ab, nebst dem hertzlichen wunsch, daß der Herr dafür ein reicher vergelter seyn wolle. Ich kann zwar die bey dem spez[ial]ducaten angegebene beischrifft, daß eine dame C.[2166] selbigen für dürftige krancke unter den Malabarern schencken wollen, nicht füglich in der nächsten continuation des miss[ions] berichts dem anhang der vorrede inseriren, weil es einmal gewöhnlich ist, daß die zeit ordnung darinnen beobachtet wird. Indessen werde [ich] nicht ermangeln, zu seiner zeit sie mit einzurücken.[2167] Die einlage an he[rrn] d[oktor Johann Heinrich] Callenberg habe [ich] richtig abgeben lassen. Womit [ich] Ew[er] Hochw[ürden] der gnade Gottes und obhut des HErrn hertzlich empfehle und mit aller aufrichtigkeit iederzeit verharre

Ew[er Gotthilf August Francke]

P.S.: Daß in einiger zeit[2168] keine neue fortsetzung von den Saltzburgern erfolget [ist],[2169] davon ist wohl ohne zweifel [gestrichen: niemand] nichts schuld als die langwierige kranckheit, die d[er] he[rr] sen[ior Samuel] Urlsperger[2170] voriges jahr ausgestanden [hat]. Vielleicht haben wir nun bald wieder eine zu hoffen.

2165 Nr. 151.
2166 Nicht nachgewiesen.
2167 Die unbekannte Spenderin wollte mit ihrer Gabe also möglichst zeitnah Erwähnung finden, was aber, da man hier chronologisch verfuhr, erst zu einem späteren Zeitpunkt erfolgen konnte.
2168 Seit längerer Zeit.
2169 Allem Anschein nach hatte Johann Nikolaus Sybel (wohl in Nr. 151) danach gefragt. Die Soester Missionsfreunde warten auf Neuigkeiten.
2170 Samuel Urlsperger (1685–1772). Wie Anm. 561.

Hollaz) herauskommen seyn, darinnen er den gebrauch des gesetzes auf eine noch gröbere weise verwerfen soll. Ich habe sie aber noch nicht geseh(en).*]

Weil [gestrichen: übrigens] nun h[err] d[oktor Siegmund Jakob] Baumgarten in der [am Rande ergänzt:] vorrede zu der* ietzt unter der arbeit habenden neuen [gestrichen: theil] Samlung [gestrichen: des] seines bedenck[ens], was von dem Hollaz gegen ihn regeriret worden [ist], zu beantwort[en] willens ist, so habe [ich] ihm Dero [Johann Nikolaus Sybels] brief nebst der beylage communiciret[2160] und gehofft, vor ablassung meiner antwort erwart[en] zu können, daß ged[acht]e Samml[ung] der bedencken heraus gekommen wäre. Weil es aber damit sich in die länge verziehet, habe [ich] diese antwort nicht länger aufschieben wollen. [Ich] zweifele aber nicht, er [Baumgarten] werde darinnen gründlich antworten.

Inmittelst habe [ich] auch noch Ew[er] H[ochwürden] wertes [Schreiben] vom 10.ten huius[2161] nebst dem von der fräul[ein Johanna Sophia Florentine] v[on Bockum-]Dolphus[2162] fur arme zu Tranckenbar verehrten portugiesisch[en] goldstücke richtig erhalten, und [ich] statte auch für diese wohlthat ged[achter] gönnerin in der mission namen hertzlich[en] danck ab, nebst hertzlicher anwünschung göttlich[en] segens und gnaden-lohnes. Was den proselyt[en N.] Driller[2163] anlangt, so weiß [ich] zwar an meinem theil keine äussere unordnung von ihm, finde aber auch noch nichts an ihm, das ihn von dem gemeinen haufen der proselyten destinguirn könte. Schließlich lege [ich] über sämtl[iche] wohlthaten einige scheinch[en][2164] bey und verharre unter treuer erlassung in den schutz des Herrn allseits

Ew[er Gotthilf August Francke]

[Entwurf für eine Quittung:] 3 r[eichs]th[aler], so die stifts chanoinesse [N.] von Grüter, hochwohlgeb[oren], für die mission verehren [am Rand ergänzt:] und davon 1 r[eichs]th[aler] für den catech[eten] Rayanaicken und 2. r[eichs]th[aler] für des sel[igen] Aarons witwe [hat] destiniren* wollen, habe [ich] durch h[errn] pastor Sybel richtig erhalten, wofür [ich] in der mission namen schuldigsten danck erstatte und reiche gnaden-vergeltung an wünsche.

[Entwurf für eine Quittung:] Ein portugiesisches goldstück, so das fräul[ein Johanna Sophia Florentine] v[on Bockum-]Dolphus, h[och]w[ohl]geb[oren], für arme bey der mission zu Tranckenbar [hat] vorehren wollen, etc.

[Entwurf für eine Quittung:] Einen gulden hat der herr past[or] Sybel weg[en] des schul collegens he[rrn (Hermann) Andreas] Möllenhofs für die mission richtig an mich übersandt, wofür [ich] in [gestrichen: dancken] demselb[en] namens [der mission] hertzl[ichen] danck abstatte und reich[en] seg[en] von Gott anwünsche, etc.

2160 Francke hatte Baumgarten demnach Sybels Brief samt Beilage zu Lesen gegeben.
2161 Nr. 149.
2162 Johanna Sophia Florentine von Bockum-Dolphus (1682–1762). Wie Anm. 1962.
2163 Nicht ermittelt, vielleicht in Nr. 149 von Sybel erwähnt.
2164 Spendenquittungen/Empfangsbestätigungen.

[Gestrichen: Nun ist es wohl nicht genug, daß der auctor manches an einigen orten zieml(ich) richtig zu exprimiren (am Rande ergänzt:) und darinnen die von he(rrn) d(octor Siegmund Jakob) Baumgarten beygebrachten cautelen selbst observiert zu haben scheinet. Denn

1.) möchten auch solche stellen einer weitern untersuchung nöthig haben, auch die frage entstehen, ob man den sinn des authoris aus diesen oder auch jenen stellen erklären solle* (gestrichen: hat und da durch cautelen an die hand zu geben) scheinet, da durch die unrichtigen sätze vor dem mißbrauch verwahret werden (gestrichen: möchten) könnten. Denn

2.) (gestrichen: sind solche cautelen gleichsam verstecket und werden) möchten sich wenige leser die mühe geben, selbige zusammen zu suchen und nach denselben das andere zu erklären (am Rande ergänzt: bleibet also der schaden doch, daher) solte man

3.) bey dem typo sanioris doctrinae[2157] bleiben, so brauchte es solcher cautelen nicht, da man zwar die wahrheit um des mißbrauchs willen nicht zu verberg(en) hat, aber auch nicht unter dem vorwand von der wahrheit abweichen oder wenigstens, wenn man aufs gelindeste urtheil(en) wolte, so paradox reden solte, daß man mühe hat, solche ausdrücke wiederum mit der reinen lehre zu (gestrichen concill) conciliiren,[2158] welches

4.) auch nicht mit der methodo paraeneticae entschuldiget werd(en) kann, da man zwar nicht die terminos, in welche die (gestrichen: sys) systematische accuratesse eingekleidet ist, gebrauchen kann, aber auch nicht wider dieselbe anstossen soll, weil wir aber um deswillen in compendiis solche accurate bestimmungen haben, daß wir uns im lehrn darnach richten. Lutherus hat so deutlich gelehrt und geschrieben, als ihm nicht leicht ein andrer nachthun möchte. Er hat aber doch auf eine den allereinfältigst(en) faßliche art, bald durch gleichnisse, bald auf andere weise, so accurat distinguiert und alles aus einander gesetzt, daß man kaum durch terminos technicos[2159] so genau reden (gestrichen: kann) und dem mißverstand so gut vorbeug(en) (gestrichen: kann. Solche meister sollte man sich vorstellen).

(Am Rande ergänzt:) Sonsten kan es seyn, daß einige selen, die durch dergleich(en) schrifften oder das darinnen enthaltene gute aufgeweckt worden, wenn sie treu sind, durch den Heil(igen) Geist auf den rechten weg geführet werden, wenn sie zumal in treuer lehrer hände gerathen und denselben folgen: Es pflegen (gestrichen: sie) aber solche gleich oft, nicht nur die zugleich mit eingesogene unrichtige begriffe gemeinigl(ich) sehr aufzuhalten, sondern sie sind auch (gestrichen: zu), wenn sie in unrechte hände gerathen, in der gefahr, noch weiter in (…) hineingeführet zu werden. Wenigstens sind mir exempel wircklich bekannt, da es sehr schwehr gehalt(en hat), auch die, denen es ein wahrer ernst um ihre seligkeit gewesen [ist], zurechte zu bringen. Wie ich höre, soll kürtzl(ich) wieder eine schrifft von dem auctore (David

2157 Bei der gesünderen Lehrweise.
2158 In Einklang zu bringen/auszugleichen.
2159 Fachbegriffe/Spezialausdrücke.

Nr. 150   Halle (Saale), 27. Januar 1748

Gotthilf August Francke, Professor der Theologie und Inspektor der Kirchen und Schulen der Ersten Diözese des Saalkreises in Halle (Saale), an Johann Nikolaus Sybel, Pfarrer an St. Georgii in Soest. Mit Beilage und Quittungen. Konzept. Zum Zusammenhang siehe Nr. 149. (Halle [Saale] AFSt, Bestand H C 635:28)

[Adresse:] An h[errn] past[or] Sybel zu Soest.
Hochwohlehrwürdiger, h[ochgeehrter] u[nd] in dem H[errn] s[ehr] w[ertgeschätzter] H[err] Pastor.

Ew[er] Hochwohlehrw[ürden] sehr angenehmes [Schreiben] vom 21.ten Nov[embris] anni praeteriti[2149] habe [ich] zu seiner zeit nebst den eingeschlossenen liebes gaben für die mission, neml[ich] 3. r[eichs]th[alern] von der stifts chanoinesse fräulein [N.] von Grüter,[2150] 1 r[eichstaler] von herrn schul collegen [(Hermann) Andreas] Möllenhoff[2151] und 1 spec[ial] r[eichs]th[aler] von der werthen jungf[er] schwester,[2152] richtig erhalten. Für gedachte liebreiche wohlthaten statte [ich] denen sämtl[ichen] wohlthätern in der mission namen hertzlichst[en] und ergebensten danck ab, nebst dem wunsche, daß der Herr solche mit reichem geistl[ichen] und ewigen segen vergelten wolle.

Daß Ew[e]r H[ochwürden] die neue edition der Glaubens-weyde[2153] des he[rrn Karl Heinrich] von Bogatzky[2154] angenehm gewesen [ist], ist mir lieb. Dismal habe [ich] sonst[en] nichts beyzufügen zur hand als eine vor kurzem edirte und unter unsere schulkinder des waysenhauses ausgetheilte predigt,[2155] durch deren übersendung [ich] mein hertzl[iches] andenken versichern wolte.

Übrigens danke [ich] ergebenst für die communication dessen, was ein freund der hollazischen schrift[en] zu deren defension gegen des he[rrn] d[oktor Siegmund Jakob] Baumgartens[2156] cautelen daraus extrahieret.

2149 Nr. 148.
2150 Wie Anm. 1995.
2151 (Hermann) Andreas Möllenhoff (1666–1754). Wie Anm. 405. – Dazu: Vogeler, Archigymnasium IV (wie Anm. 9), S. 4 (Titel; Amtsbezeichnung).
2152 Anna Maria Sybel (1683–1761). Wie Anm. 610.
2153 Bogatzky, Karl-Heinrich von: Die Weide des Glaubens an Christo, dem Lamme Gottes, und dessen mancherley tröstlichen Namen, in erbaulichen Reimen und Liedern/ Schriftmäßig entworffen, Und nebst einem, auf die ietzigen Irrungen, in unserer Kirche gerichteten Vorbericht Von der Gewißheit des Gnaden-Standes vermehret herausgegeben Von dem Autore des güldnen Schatz-Kästleins […] Zum zweytenmal mit einigen Liedern und einem Anhange […], Halle: Waisenhaus 1747² (VD18 12354031).
2154 Karl-Heinrich von Bogatzky (1690–1774). Wie Anm. 577.
2155 Francke, Gotthilf August: Die Letzten, so die Ersten seyn werden: Jn einer am Sonntage Septuagesimae Anno 1736 aus dem ordentlichen Evangelio Matth. XX, 1–16. Jn der Schul-Kirche zu Halle gehaltenen Predigt vorgestellet; Der Jugend in den Schulen des Wäysenhauses ausgetheilet im Dec[ember] 1747 […], Halle: Waisenhaus 1747 (VD18 10756256).
2156 Siegmund Jakob Baumgarten (1706–1757). Wie Anm. 574.

sitione ad legem vom euangelio seine außsprüche mehrmahls thut.[2141] Die übrigen anstößigen hypotheses,[2142] als da er der prüfung aus den früchten der heiligung in der gnadenordnung wieder räht, die rechtfertigung und deren versicherung oder doch den glauben und die gewißheit von der begnadigung als coincident[2143] angibt, scheinet er an andern orten zu mildern. Es hat hier[2144] jemand solche loca aus seinen schriften ausgezogen, darinn er h[errn] d[oktor Siegmund Jakob] Baumgartens cautelen,[2145] die er in dem anhange zu den gnadenspuren beygebracht [hat],[2146] zum voraus obseruiret habe. Ich habe einiges daraus excerpiret und hiebey geleget, ob es Ew[er] H[och]w[ürden] [Gotthilf August Francke] anzusehen belieben mögte. Gott erfülle Ew[er] H[och]w[ürden] wichtigen wunsch, „daß das rechtschaffene wesen mit mehrerm ernst in seiner kirchen getrieben und dabey die sehlen dennoch auf einen rechten grund der erkändtniß geführet werden"[2147]. Zu welchem wichtigen werck er Ew[er] H[och]w[ürden] noch fernerhin gebrauchen und ihre viele sorgen und geschäfte gesegnet seyn laßen wolle, womit [ich] verharre

Ew[er] H[och]w[ürden] […]-Doctoris ergebenster diener
Jo[hann] Nic[olaus] Sybel pr[ediger] zu St. Georgii

P.S.: Den harten r[eichs]th[aler], so hiebey gehet, bittet meine schwester [Anna Maria Sybel],[2148] nebst ergebenstem gruß, den gaben für die mission in Tranquebar hochgeneigt beyzufügen.

Nr. 149   Soest, 10. Januar 1748

Johann Nikolaus Sybel, Pfarrer an St. Georgii in Soest, an Gotthilf August Francke, Professor der Theologie und Inspektor der Kirchen und Schulen der Ersten Diözese des Saalkreises in Halle (Saale). Nachfragen zu einem „Proselyten" (zur lutherischen Kirche konvertierten jüdischen Menschen). Mit Geldspende. Zum Zusammenhang siehe Nr. 148. Nicht aufgefunden, aber bezeugt durch Nr. 150.

2141 Gerade im Gegenüber zum „Gesetz" muss nach lutherischem Verständnis auch die Rede vom „Evangelium" unbedingt präzise sein.
2142 Behauptungen im Blick auf die Lehre.
2143 Gleichzeitig geschehend/in eins fallend.
2144 In Soest.
2145 Einwände/Bedenken.
2146 Hollaz, David: Bescheidene, kurtze und doch hinlängliche Antwort auf des H[er]rn D[oktor] Baumgartens harte Beschuldigungen in dem Anhange zu seinen Gnaden-Spuren […], in: David Hollazens, Past[ors] zu Günthersberg, in Hinter-Pommern, lautere Gnadenspuren des Evangelii […], Leipzig: Marche 1747 (VD18 11717009).
2147 Wörtliches Zitat aus Franckes Brief vom 8. September 1747. Siehe oben Nr. 147.
2148 Anna Maria Sybel (1683–1761). Wie Anm. 610.

verschrieben werden müßen,[2130] bis die gnaden-ordnung[2131] in Dortmund[2132] und die pilger-straße,[2133] so wohl daselbst [in Dortmund],[2134] als [auch] bey uns [in Soest][2135] gedruckt worden [sind]. Ich habe oft gedacht, ob der autor das werck der bekehrung und heiligung auch allzu methodisch beschreibe, als wenn auf einerley weise die sehlen entweder in ihrm taufbunde erhalt[en] und gefordert [gefördert], oder, nachdem die gnade unter der herrschaft der sünden verscherzet worden [ist], dazu wieder zurück geführt würden. Doch habe [ich] auch warnehmen können, daß des mannes lehrart und gabe bequem[2136] sey, sehlen zum nachdencken zu bringen, da denn der H[eilige] Geist sie schon auf den rechten weg zur gemeinschaft mit Christo und dessen nachfolge zu bringen weis.[2137] Sonst ist der autor wegen seiner expressiones,[2138] darinn er von der accuratesse, die in compendiis u[nd] systematibus beobachtet werden muß, abweicht, damit entschuldiget worden, daß er catechetice und paraenetice schreibt. Seine entschuldigung aber, daß er geg[en] he[rr]n d[oktor Siegmund Jakob] Baumgarten[2139] erinnert [hat], er brauche das wort euangelium sensu latiori,[2140] mögte wohl darume nicht hinlangen, weil er in oppo-

---

einem der Väter der Versmolder Erweckungen von 1748 f.), S. 193, 196 u. ö. – Zu Löning selbst vgl. auch Schaaf, Georg-Friedrich: Autobiographische Aufzeichnungen des Versmolder Kircheninspektors und Pastors Johann Anton Clamer Löning (1709–1774) vornehmlich in seinem Studentenstammbuch, in: JWKG 102 (2006), S. 217–261. – Daneben unterhielt Steinmetz aber schon etwas früher auch eine Korrespondenz mit Johann Gangolf Wilhelm Forstmann (1706–1759; wie Anm. 335) in Solingen. Peters, Halle – Herrnhut – Mülheim? (wie Anm. 334), S. 90.

2130 Auf dem Postweg bestellt werden mussten.
2131 Hollaz, Gnaden-Ordnung (wie Anm. 1999).
2132 Nicht nachgewiesen.
2133 Hollaz, David: Gebahnte Pilger-Strasse nach dem Berge Zion, der Stadt des lebendigen Gottes, und himmlischen Jerusalem, Da den Seelen Mancherley Steine des Anstosses, dadurch sie von dem Eingange ins Reich Gottes aufgehalten oder verleitet werden können, oder dadurch er ihnen schwer gemacht wird, aus dem Wege geräumet, […]: Nebst einem Anhange, darinnen die Lehrart Pauli in seiner Ep[istel] an die Römer, und zugleich der Haupt-Inhalt und Kern dieses Briefs, bey den heutigen vielfältigen Methoden, so wohl zum Muster, als zur Prüfung vorgestellet wird […], Leipzig/Görlitz: Richter 1744 (VD18 10809120).
2134 Gemeint war hier möglicherweise auch der Nachdruck: Hollaz, David: Gebahnte Pilger-Strasse nach dem Berge Zion […], Essen: Griesebeck 1747³. Exemplar: Düsseldorf LKA.
2135 Nicht nachgewiesen.
2136 Geeignet/brauchbar.
2137 Sybels Ablehnung der Hollazischen Theologie war demnach keineswegs grundsätzlicher Art.
2138 Seiner Ausdrucksweise/seiner Terminologie.
2139 Siegmund Jakob Baumgarten (1706–1757). Wie Anm. 574.
2140 Im weiteren Sinne/nicht wortwörtlich.

2.2 Quellen Nr. 1 bis 200

Gottfried Westhoff in Bausenhagen[2122] und Johann Kaspar Dümpelmann in Hemmerde[2123]] zu übergeben, was man an ihnen auszusetzen habe, da sie sonst praetendiret [hätten],[2124] in conventu es ihnen zu ihrer defension[2125] vorzuhalten, wobey sie sanctissime vorsichert, sie wichen nicht eines haars breit von dem vorbild der lehre unserer [lutherischen] kirchen.[2126]

[David] Hollazens schriften sind sonderlich durch unsere guarnison,[2127] die in Magdeburg ein zeitlang gelegen [hat], hieselbst bekandt gemachet [worden], nachdem einige officiers und viele gemeine durch he[rr]n abbt [Johann Adam] Steinmetzen[2128] erwecket und erbauet worden [waren],[2129] worauf sie vielfach [haben]

2122 Johann Gottfried Westhoff (1705–1750). Wie Anm. 582.
2123 Johann Kaspar Dümpelmann (1711–1779). Wie Anm. 583.
2124 Gefordert hätten.
2125 In Form einer Anklage, gegen die man sich verteidigen kann.
2126 Am 25. November 1748 schrieb aus Hemer Johann Diederich Angelkorte (1710–1751; wie Anm. 501) an Nikolaus Ludwig Graf von Zinzendorf (1700–1760; wie Anm. 564) in Zeyst: „[…] Von unserem Ministerium [der lutherischen Synode der Grafschaft Mark] sind die meisten Feinde des Heilandes [Gegner der Herrnhuter]. Es gibt aber auch darunter viele Nikodemi [heimliche Sympathisanten; vgl. Joh 3, 1–21]. Im vorjährigen Synodo [von 1747] wurde beschlossen zu vigilieren, daß Herrnhutianismus nicht einreiße. Ich, H[err] Pastor [Johann Kaspar] Dümpelmann [in Hemerde] und [Johann Gottfried] Westhoff [in Bausenhagen] protestierten mündlich, und ich schriftlich dagegen. Allein es blieb bei dem Schluß. In dem diesjährigen Synodo hatte man sich vorgenommen, gewisse Thesen aufzusetzen, welche alle membra [synodi] unterschreiben sollten. Ihr Inhalt sollte sein, den Herrnhutianismus vor irrig zu erklären. Ich [Johann Diederich Angelkorte] vermutete nun nichts anderes, als daß ich, wenn ich die Unterschrift würde verweigert haben, ab officio würde removiert werden. Allein wider alles Vermuten geschah es, daß viele Nikodemi im Synodo gegenwärtig waren, und der Feinde waren zu wenig, welche sich nicht getrauten, es zustande zu bringen. Der H[err] Inspektor [Ernst Heinrich] Bordelius wollte zwar aufs neue den vorigen Synodal[be]schluß in die jetzigen Synodalakten einrücken lassen, allein die Nikodemi sagten, sie wüßten von keinem Herrnhutianismo. Daher wäre es am dienlichsten, solchen Paragraphen wegzulassen, und die anwesenden Feinde sahen kein Durchkommen. Deshalb resolvierte der H[err] Inspektor endlich, diesen Paragraphen wegzulassen, und empfahl piam orthodoxiam et orthodoxam pietatem. So habe ich also vermutlich noch ein Jahr bis zum folgenden Synodo Frieden […]." Wotschke, Geschichte des westfälischen Pietismus 2 (wie Anm. 10), S. 84 f. (Nr. 67), hier S. 85. „1749 verlangte man von A[ngelkorte] eine eidliche Versicherung, die herrnhutischen Brüder, Schriften und besonders das Gesangbuch wegzuschaffen, keine Konventikel zu halten und die Reisen nach Herrnhaag einzustellen. Er lehnte die Zumutungen ab." Ebd., S. 85.
2127 Das in Soest stationierte preußische Regiment zu Fuß Nr. 9.
2128 Johann Adam Steinmetz (1689–1762). Wie Anm. 531.
2129 Steinmetz' Einfluss auf die Frömmigkeit in Westfalen war wohl doch größer, als dies bisher wahrgenommen worden ist. Vgl. Peters, Versmolder Bewegung (wie Anm. 498), S. 144 (Auszug aus einem 1756 geführten Briefwechsel des Abtes mit Johann Anton Clamer Löning [1709–1774; Bauks, Pfarrer (wie Anm. 14), S. 302 (Nr. 3786)],

Zur casse habe [ich] ietz einzuliefern 3. r[eichs]th[aler] nahmens der stifts chanoinessen fr[äu]l[ein N.] v[on] Gruiter,[2109] davon sie einen dem catecheten Rajanaiken[2110] und [den] 2. für die witwe [des] sehl[igen] Aaron[2111] gewidmet hat. Auch einen gulden nahmens eines schul collegens, he[rrn (Hermann) Andreas] Möllenhof,[2112] der ein halb bruder ist hiesigen predigers [Johann Thomas] Möllenhofs,[2113] des ehemahligen hofemeisters[2114] bey dem sehl[igen] Grafen [Friedrich Sigismund II.] von Solms-Baruht.[2115] Es werden diese kleinen gaaben mit segens wünschen begleitet, wie auch mit [der] bitte, [daß] Ew[er] H[och]w[ürden] geruhen wollen, nach Dero liebe auch dieserhalb zur beförderung mühwaltung zu übernehmen.

Ich bin auch Ew[er] H[och]w[ürden] noch gehorsamsten danck schuldig, sowohl für Dero hochgeehrtestes anschreiben vom 8. September anni currentis,[2116] als auch [für] das beygelegte büchlein des auctoris des schatzkästleins, he[rr]n [Karl-Heinrich von] Bogatzky, davon [ich] die erste edition bereits erhalt[en] hatte.[2117] Durch die der zweyt[en] edition beygefügte abhandlung von der gewißheit des gnadenstandes aber bin [ich] diesmahl erbauet und vergnüget worden. Es weisen es viele exempel, daß die freunde und anhänger der Herrnhuter in diesem punct sich zu viel arrogirn[2118] und andern guhten gemühtern zu viel vorsprechen, wiewohl wir hier in dieser stadt[2119] von keiner brüdergemeine etwas wißen. Im Märckischen ministerio hat der inspector [Ernst Heinrich Bordelius][2120] [es] übernommen, schriftlich an die [drei] protestirende prediger [Johann Diederich Angelkorte in Hemer,[2121] Johann

2109 Wie Anm. 1995.
2110 Tatsächlich wohl: Ramanaikken, ein um 1725 in Porayar (Indien) tätiger Katechet. https://digital.francke-halle.de/name/view/746247 [23.08.2023].
2111 Nicht nachgewiesen.
2112 (Hermann) Andreas Möllenhoff (1666–1754). Wie Anm. 405.
2113 Johann Thomas Möllenhoff (1690–1763). Wie Anm. 607.
2114 Erziehers/Hauslehrers.
2115 Friedrich Sigismund II. von Solms Baruth (1696–1737), Standesherr in der Niederlausitz. Siehe oben Nr. 54f.
2116 Des laufenden Jahres. Siehe oben Nr. 147.
2117 Bogatzky, Karl-Heinrich von: Die Weide des Glaubens an Christo, dem Lamme Gottes, und dessen mancherley tröstlichen Namen, in erbaulichen Reimen und Liedern: Schriftmäßig entworffen, Und nebst einem, auf die ietzigen Irrungen, in unserer Kirche gerichteten umständlichen Vorbericht/dem Druck übergeben, von dem Autore des gueldnen Schatz-Kästleins […], Halle: Waisenhaus [1746?] (VD18 10747273).
2118 Sich anmaßen/sich herausnehmen.
2119 In Soest.
2120 Ernst Heinrich Bordelius (1694–1777) stammte aus Bochum. Er hatte sich 1713 in Jena immatrikuliert und wurde 1717 Adjunkt in Castrop. Dem folgten Pfarrstellen in Velbert (1720) und Bochum (1721). Von 1746 bis 1749 und von 1763 bis 1766 war Bordelius zugleich Inspektor der Märkischen Synode. Bauks, Pfarrer (wie Anm. 14), S. 50 (Nr. 662).
2121 Johann Diederich Angelkorte (1710–1751). Wie Anm. 501.

[Gestrichen: Der treue Gott lasse doch seine kirche] Der treue Gott lasse doch das rechtschaffene wesen²¹⁰⁶ mit mehrerm ernst in seiner kirche getrieb[en] und dabei die selen auf einen rechten grund [gestrichen: aus] der erkenntniß geführet werd[en]. Ew[er] Hochwohlehrw[ürden] erlasse [ich] seiner unendlich[en] gnade und verharre alseits

Ew[er Gotthilf August Francke]

[Entwurf für eine Quittung:] 2 r[eichs]th[aler], so eine christliche angehende eefrauen der mission [in Tranquebar] gewidmet [hat], habe [ich] durch H[errn] past[or] Sybel richtig empfang[en], wofür [ich] hertzl[ich] dancke und göttl[ichen] seg[en] an wünsche. Halle, d[en] [...]

[Entwurf für eine Quittung:] 5 r[eichs]th[aler], welche eine christliche braut den Saltzburgern zu Ebenezer verehret, habe [ich] durch h[errn] past[or] Sybel richtig erhalt[en], wofür [ich] hertzl[ich] dancke und Gottes segen anwünsche. Halle, d[en] [...]

Nr. 148 Soest, 21. November 1747
Johann Nikolaus Sybel, Pfarrer an St. Georgii in Soest, an Gotthilf August Francke, Professor der Theologie und Inspektor der Kirchen und Schulen der Ersten Diözese des Saalkreises in Halle (Saale). Mit Exzerpten aus der Schrift eines Dritten (zur Verteidigung der Werke des David Hollaz). Mit Geldspende. Zum Zusammenhang siehe Nr. 147. (Halle [Saale] AFSt, Bestand H C 635:27)

[Ohne Adresse] Hochwürdiger, hochgeehrtester He[rr] Doctor!

Die 63ste continuation der nachrichten aus Tranquebar²¹⁰⁷ ist mir für Soest und Dortmund wohl [zuteil] worden. Ew[er] H[ochw[ürden] habe [ich] für [die] hochgeneigte communication [derselben] ergebenst zu danken, unter dem hertzlichen wunsch, daß Gott sein wort ferner unter den heyden ausbreiten und [dasselbe] in [der] bekehrung derselben von der finsterniß zum licht²¹⁰⁸ fruchtbar machen wolle. Er rüste nicht nur die dazu ausgesandte knechte mit eifer, weißheit, muht und geduld aus, sondern erwecke auch noch mehrere, die aus begierde, ihm sehlen zu gewinnen, zu dem beschwerlichen dienst am euangelio in so entfernten und unangenehmen landen sich bestellen laßen.

2106 Vgl. Eph 4, 21 (Lutherbibel 1912): „so ihr anders von ihm gehört habt und in ihm belehrt seid, wie in Jesu ein rechtschaffenes Wesen ist."
2107 Das aktuelle Heft der „Halleschen Berichte" (wie Anm. 1757): Francke, Gotthilf August (Hg.): Continuation des Berichts der Königlichen Dänischen Missionarien in Ost-Indien Teil 63: Worinnen [...] das Tage-Register von der ersten Hälfte des gedachten 1745sten Jahrs [...] enthalten [...], Halle: Waisenhaus 1748, S. [67]–100 und [393]–576. Exemplar Stuttgart EOK.
2108 Vgl. Apg 26, 18: „um ihre Augen aufzutun, dass sie sich bekehren von der Finsternis zum Licht und von der Gewalt des Satans zu Gott. So werden sie Vergebung der Sünden empfangen und das Erbteil mit denen, die geheiligt sind durch den Glauben an mich."

chen: wenn sie die süsse empfindung der versicherung des gnaden-standes nicht bey sich gefunden] zu keinem trost gebracht werd[en] können, weil man ihnen das vornehmste mittel, [gestrichen: den (…) glauben an; um] zur versicherung des gnadenstandes erst zu kommen, nemlich, das wort der verheissung, ohne fühlen im glauben [gestrichen: anzunehmen; zu] ergreif[en] und aus [gestrichen: dem abscheu vor allen sünd(en); am Rande ergänzt:] der veränderung des hertzens* ein kennzeich[en] des glaubens [gestrichen: zu; zu] nehmen, aus den händ[en] reisset. Auf der andern seite kan hingeg[en] ein sicherer gar sehr in seiner sicherheit gestärckt werden, wenn er [am Rande ergänzt:] in eben dieser gnadenordnung* unterrichtet wird, alle zweifel an dem gnaden-stand eben wie ander sündliche gedancken sogleich aus seinem hertz[en] zu verbannen, da er zu [am Rande ergänzt:] desto genauerer* prüfung angewiesen werd[en] sollte. Und obgleich eingewandt wird, man habe es mit wahrhaftig bußfertig[en] und nicht den sichern zu thun, so ist doch solches eine petitio principii.[2100] Denn wenn ein bußfertiger weiß, daß er ein bußfertiger ist, so kann er leicht [gestrichen: sich zu] die zweifel überwinden; wenn sich aber ein sicherer vor [für] bußfertig hält, so [gestrichen: wird ist ihm nichts angenehmers als das] wird ihm durch solche lehre, daß er alle zweifel [am Rande:], die bey ihm aus der vorlaufenden gnade herkommen*, [gestrichen: nur] schlechterdings aus dem sinn schlag[en] solle, [gestrichen: nur] nur in seiner wiederstrebung gegen die gnade Gottes bestärcket. Welches ich denn doch incidenter[2101] [habe] mit anführen wollen, da ich selbst[en] den schaden aus dergleich[en] lehrsätzen wargenommen [habe; am Rande ergänzt:] und glaube, daß man erweckten selen lieber gründliche schrifften zu recommandirn habe; und daß dergl[eichen] wie die Hollazische schrifften fast[2102] eine brücke sind, [gestrichen: wodurch] darauf die leute zu dem Hernhuthanismo geleitet werd[en], wie ich denn sichere nachricht habe, daß h[err] past[or David] Hollaz schon vor [gestrichen: mehrer] einiger zeit völlig auf der Herrnhutisch[en] seite gewesen. Vielleicht ist Ew[er] H[ochwürden] beygehendes büchlein des h[errn] Karl-Heinrich] v[on] Bogatzky[2103] (welcher der auctor des bekannten schatz kästleins ist)[2104] nicht unangenehm, da darinnen nicht nur von der materia der versicherung sehr fein gehandelt wird, sond[ern] auch [gestrichen: gegen] die warnung vor den Herrnhutern wegen ihres glimpffs [Streichung; darin] eingang gefunden u[nd] manchem die aug[en] aufgethan [hat].[2105]

2100   Eine Inanspruchnahme des Beweisgrundes/ein Zirkelschluss.
2101   Beilaufend/bei dieser Gelegenheit.
2102   Sehr/unbedingt.
2103   Karl-Heinrich von Bogatzky (1690–1774). Wie Anm. 577.
2104   Bogatzky, Karl-Heinrich von: Güldenes Schatz-Kästlein der Kinder Gottes, deren Schatz im Himmel ist, bestehend in auserlesenen Sprüchen der Heiligen Schrift samt beigefügten Versen […], (erstmals: Halle: Waisenhaus 1718). – Das Buch bietet Bibelworte für jeden Tag (jeweils mit Kurzauslegung und Lied) und erlebte insgesamt über 60 Auflagen.
2105   Wie aus Nr. 148 hervorgeht, lag das Buch dem Brief an Sybel bei.

Die drey protestirende predigern²⁰⁹³ könten [gestrichen: auch] wohl ihre zeit besser anwenden, als die Zinzendorfische lieder²⁰⁹⁴ zu defendir[en], da das ärgerniß zu offenbar ist. [Am Rande ergänzt:] Gott wolle dasselbe nur nicht weiter einreissen und nicht mehrern schad[en] thun lassen, als bereits dadurch gescheh[en ist].*

Was [David] Hollazen²⁰⁹⁵ schrifften anlangt, so ists wahr, daß [gestrichen: viel] manches gutes darinnen ist: Ich kann aber auch nicht läugnen, daß ich manches [gestrichen: darinnen] von argem darin gefunden [habe], so von dem worte Gottes [gestrichen: und der gegründet(en) erfahrung] abgehet, wohin absonderlich gehört, daß die versicherung der vergebung der sünd[en] mit der vergebung der sünden oder rechtfertigung selbst zu sehr vermischt und die kennzeich[en] aus der heiligung dabey gantz verworf[en] werd[en], so [welches] gantz wieder den typum unserer [lutherischen/hallischen] lehre ist. [Am Rande ergänzt:] Wie ich denn auch, da ich den schaden unter unsern studiosis davon schon vor einig[en] jahren wargenommen [habe], einige erinnerungen in dem collegio paraenetico²⁰⁹⁶ darüber zu geb[en] bewog[en] word[en bin], welche zwar von einig[en] anfangs übel [gestrichen: ausgelegt] gedeutet word[en sind], die aber nun auch den grund solcher erinnerung einsehen soll[en].*

[Gestrichen: (Gestrichen: Es liegt ist dabey zwar etwas) eine wahrheit darinnen, die aber nicht wohl applicirt ist, daß nemlich die versicherung der vergebung der sünd(en) von der rechtfertigung, ob sie gleich distinguiret²⁰⁹⁷ werd(en) muß, doch nicht zu weit getrennet (werden darf), noch es fur gleichviel gehalt(en) werden solle, man sey seines gnaden standes gewiß oder nicht, und daß sich derselbe nicht auf die gradus der heiligung gründe, wenn nur da wahrer u(nd) beständiger haß und kampf geg(en) alle sünden und verlangen nach Christo sich bey einem bußfertig(en) hertz(en) (gestrichen: befindet).]

Ich habe [gestrichen: aber auch] selbst wirckl[iche]²⁰⁹⁸ exempel, daß selen, die ihr sünden-elend [gestrichen: nicht] gefühlet [am Rande ergänzt:] und absonderl[ich] auf die Hollazische gnadenordnung²⁰⁹⁹ gehalten [haben], [gestrichen: den]* [gestri-

---

2093 Die drei Fürsprecher des Herrnhutertums in der märkischen Synode: Johann Diederich Angelkorte (1710–1751) in Hemer, Johann Gottfried Westhoff (1705–1750) in Bausenhagen und Johann Kaspar Dümpelmann (1711–1779) in Hemmerde (so seit 1749). Wie Anm. 581–583.

2094 Wehrend, Anja: Zinzendorfs Musikverständnis, in: Unitätsarchiv in Herrnhut, Graf ohne Grenzen (wie Anm. 1847), S. 101–107. Im Blick waren hier wohl die skandalumwitterten Anhänge zum „Herrhutischen Gesangbuch".

2095 David Hollaz (1704–1771). Wie Anm. 573.

2096 In der von Francke in Halle gehaltenen Seelsorgevorlesung.

2097 Unterschieden/deutlich abgesetzt.

2098 Folgenreiche/sich erkennbar auswirkende.

2099 Hollaz, David: Evangelische Gnaden-Ordnung: Wie eine Seele von der Eigenen Gerechtigkeit und Frömmigkeit herunter, und zum Erkenntniß ihres sündigen Elends gebracht […] geleitet werde, Und solcher gestalt Durch den Glauben Zur Vergebung der Sünden, und zu Einem frommen Leben komme: In Vier Gesprächen […] aufgesetzt […], Wernigerode: Struck [ca. 1742] (VD18 10836624).

Für die communication dessen, was bey dem Märckisch[en] kirchen-konvent[2085] vorgegangen [ist], bin [ich] sehr verbunden. Es ist ja billig, daß lehrer ietzt mit allem ernste vigilir[en],[2086] damit [gestrichen: nicht] die verführung der Herrnhuter nicht immer weiter einreiße, da nicht nur gutmeinende gemüther, wenn sie sich von denselben [den Herrnhutern; gestrichen: hinreissen] einnehmen lassen, von der lauterkeit, die in Christo Jesu ist,[2087] bald verrückt [gestrichen: und also bezaubert werd(en),[2088] daß sie fast nicht wieder zu der rechten ordnung zu bringen sind] [werden], sondern auch der welt, so wohl durch die [am Rande ergänzt:] freye und* fleischliche art, vom ehestande zu reden,[2089] als auch durch die recht niederträchtige und läppische ausdrücke [am Rande ergänzt:] von göttlich[en] ding[en]*,[2090] die [gestrichen: sich] die Herrnhuter aller orten einmischen, die heiligste sachen [gestrichen: des] und geheimnisse des christenthums recht zum ludibrio[2091] exponiret werd[en], woraus [gestrichen: der ab] ein unsäglicher schaden für die sache Gottes erstehen muß, und geschiehet es nicht á dessein,[2092] das christentum [am Rande ergänzt:] recht* zum gespötte zu machen, so wüßte ich das wenigstens nicht, wie es ein spötter [gestrichen: besser] ärger darauf anfang[en] wolte, wenn er sich solches zum endzweck vorgesetzet hätte.

2085 Bei der im Juli 1747 tagenden Synode der lutherischen Gemeinden der Grafschaft Mark in Hagen. Gemeint war hier wohl das im späteren Protokoll unter § 10 Aufgeführte: „Weil hin und wieder Separatismus, Naturalismus und Herrnhutianismus einreißen will und Synodus nötig erachtet, dass die Ort[h]odoxie auch in unserm Ministerio beybehalten werde, als[o] werden Subdelegati Classium und andere Amtsbrüder ermahnet, darauf zu sehen, dass keine irrige Lehren, besonders Herrnhutianismus, qua Herrnhutianismus, einreißen mögen, und wo sich solche hervorthun sollten, dieselbe vorerst brüderlich zu erinnern, und bey nicht erfolgtem Änderungsfall, Synodo darüber Nachricht zu geben." Göbell, Evangelisch-lutherische Kirche I (wie Anm. 10), S. 287–291, hier S. 290.

2086 Wachsam sind/genau darauf achten.

2087 Vgl. 2. Kor 2, 17: „Wir sind ja nicht wie die vielen, die mit dem Wort Gottes Geschäfte machen; sondern wie man aus Lauterkeit und aus Gott redet, so reden wir vor Gott in Christus."

2088 Vgl. Gal 3, 1: „O ihr unverständigen Galater! Wer hat euch bezaubert, denen doch Jesus Christus vor die Augen gemalt war als der Gekreuzigte?"

2089 Dies zielte auf Zinzendorfs eigentümliche „Ehereligion". Geiger, Erika: Zinzendorfs Ehen und sein Eheverständnis, in: Unitätsarchiv in Herrnhut (Hg.), Graf ohne Grenzen (wie Anm. 1847), S. 43–51.

2090 Im Blick waren hier offenbar die auch sprachlichen „Auffälligkeiten" im Herrnhutertum, besonders während der sogenannten „Sichtungszeit" (1743–1750). Meyer, Dietrich: Leitmotive und Provokationen Zinzendorfischer Theologie, in: Unitätsarchiv in Herrnhut (Hg.), Graf ohne Grenzen (wie Anm. 1847), S. 96–100.

2091 Zu einem (leichtfertigen) Spiel/einer Komödie.

2092 Zum Zeichen/in der Absicht.

auch eine Nachricht aus Amerika bey fügen wollen,[2081] damit Sie erseh[en] mögen, wie auch in diesem welt-theil das werck des herrn sich an [in] mehrern gegenden ausbreite, wie ich denn insonderheit des herrn [N.] Brunnfelten[2082] u[nd] seine gefährt[en], die erst im Dec[ember] aus England wirckl[ich] abgefahr[en sind], bey der so unsichern u[nd] gefährlich[en] see reise in Ihre fürbitte besonders empfehle* [gestrichen: wollen,] der ich noch besonders auf das bereits angetretene u[nd] viele folgende jahr all[en] göttlichen segen von grund der selen anwünsche und allseits verharre
    Ew[er Gotthilf August Francke]

Nr. 146   Soest, 22. August 1747
Johann Nikolaus Sybel, Pfarrer an St. Georgii in Soest, an Gotthilf August Francke, Professor der Theologie und Inspektor der Kirchen und Schulen der Ersten Diözese des Saalkreises in Halle (Saale). Nachrichten über die im Juli 1747 in Hagen zusammengetretene Synode der lutherischen Gemeinden der Grafschaft Mark. Mit Geldspende. Zum Zusammenhang siehe Nr. 145. Nicht aufgefunden, aber bezeugt durch Nr. 147.

Nr. 147   Halle (Saale), 8. September 1747
Gotthilf August Francke, Professor der Theologie und Inspektor der Kirchen und Schulen der Ersten Diözese des Saalkreises in Halle (Saale), an Johann Nikolaus Sybel, Pfarrer an St. Georgii in Soest. Mit Quittungen. Konzept. (Halle [Saale] AFSt, Bestand H C 635:26)

[Adresse:] An he[rrn] past[or] Sybel zu Soest.
Hochwohlehrwürdiger, hochgeehrt[er] und in d[em] Herrn sehr werthgeschätzter Herr Pastor.
    Ew[er] H[ochwürden] werthes [Schreiben] vom 22ten Aug[usti][2083] nebst beygelegten 7 r[eichs]th[alern] habe [ich] richtig erhalten und statte für die mit deren übersendung gehabte bemühung ergebenst[en] danck ab, gleichwie ich für die zwey angehende christlichen eheleute ein recepisse über diese gab[en] anlege und denselb[en] reich[en] segen von Gott zu ihrem [am Rande ergänzt:] angetretenen und noch anzutretenden* ehestande [gestrichen: und] von Gott hertzlich anwünsche.[2084]

2081   Francke, Gotthilf August: Kurtze Nachricht von einigen Evangelischen Gemeinen in America […], Halle (Saale): Waisenhaus 1744 (VD18 12839078).
2082   Nicht nachgewiesen.
2083   Nr. 146.
2084   Hier hatte also ein Brautpaar aus Anlass seiner Trauung eine große Spende gemacht.

nen, die durch gebet oder mild[en] beytrag sein werck beförd[er]n helf[en] reichlich, [am Rande ergänzt:] u[nd] erquicke [gestrichen: auch] die bereits in die ewigkeit davon übergegangenen [gestrichen: personen] einstigen wohlthäterinnen[2075] vor seinem angesicht [gestrichen: reichlich].* Wie ich denn auch hiedurch Ew[er] H[och]-w[ürden] u[nd] allen übrig[en] wohlthätern in der mission namen hertzl[ichen] danck abstatte, worzu ich mich auch weg[en] Dero bemühung umb besorgung der übersandten continuationes verbund[en] erachte, zumal[en], da Derselbe [Johann Nikolaus Sybel] das an die sel[ige] m[adame N.] Ludolph[2076] bestimmte exemp[lar] erst noch nach Wetzlar [hat] befördern müssen, welche [am Rande ergänzt:] verursachte* beschwer[gestrichen: lichkeit]ung [ich] bedaure.

Im übrigen freue [ich] mich hertzl[ich], wenn durch die edirte nachricht[en] von dem wercke Gottes unter den heyden hier und da einige gute bewegungen entstehen, zum preise des Herrn, der so große dinge zu unserer zeit auch in Ost- u[nd] Westindien thut, u[nd] dem wir auch noch grössere zutrauen. Er [gestrichen: lasse] führe sein einmal angefangenes werck[2077] zur verherrlichung seiner ehre u[nd] beschämung alles unglaubens immer herrlicher hinaus und biß auch sein Teutsches Zion seiner ehre voll u[nd] alle einbrechende finsterniß zertheilt, auch dem leiblich[en] genieß gesteuret werde[n]!

Im übrig[en] ist Dero schreib[en] an d[en] h[errn] doct[or Johann Heinrich] Callenberg[2078] nebst 1 r[eichs]th[aler] 16 groschen richtig abgegeb[en], wie die beylage zeigen wird.

Was sonsten den studiosum [wohl: Florenz Gerhard Anton oder Johann Albert] Heitfeld[2079] betrifft, so [gestrichen: hab] ist derselbe [Streichung] von dem waysenhause gezog[en] u[nd] hat seine schwächlichkeit für [als] ursach angeführt, wiewohl ich sorge, daß er nur, unter solchem vorwand der aufsicht sich zu entzieh[en], gesucht [gestrichen: habe], welches [ich] dann dahin gestellet seyn lasse, sonst[en] aber nun desto weniger gelegenheit habe, sein verhalt[en] zu vernehmen.

Schließl[ich] habe [ich] die einweihungspredigt der [gestrichen: hiesigen] neu erbaut[en] G[eorgs] Kirche[2080] hierbey communiciren, [unter dem Text ergänzt:]

2075 Wohl die bereits mehrfach erwähnte Frau von Malinckrodt in Dortmund. Wie Anm. 1955.
2076 Wie Anm. 1993. – Inzwischen war die Dame offenbar (in Wetzlar?) verheiratet.
2077 Vgl. Phil 1, 6: „und ich bin darin guter Zuversicht, dass der in euch angefangen hat das gute Werk, der wird's auch vollenden bis an den Tag Christi Jesu."
2078 Nr. 143.
2079 Florenz Gerhard Anton oder Johann Albert Heitfeld. Wie Anm. 2056.
2080 Francke, Gotthilf August: Die Behausung Gottes im Geist, nach ihrer Bereitung, Einweihung und Bewohnung, bey feyerlicher Einweihung Der neuerbaueten S[ankt] Georgen-Kirche zu Glaucha an Halle den 17ten Maii 1744: als am 1. Heiligen Pfingst-Tage aus dem ordentlichen Fest-Evangelio Joh. XIV, 23–31 in volckreicher Versammlung öffentlich betrachtet [...], Halle: Waisenhaus 1744. Exemplar: Halle (Saale) MB.

2.2 Quellen Nr. 1 bis 200 419

orten] immer mer überhand, daher wir wohl ursach haben, Gott zu bitt[en], daß er derselb[en Trennung] ein ende mach[en] wolle. Im übrig[en] erlasse [ich] Dieselben dem beystand des He[rrn] und verharre
Ew[er Gotthilf August Francke]

P. S. Eben itzo erhalte [ich] auch das rescript wegen der collecte für die kirche zu Dincker, welche [ich] in meiner inspection denn besorg[en] u[nd] den ertrag gehörig[en] orts einsenden werde.[2073]

Nr. 143   Soest, vor 7. Januar 1745
Johann Nikolaus Sybel, Pfarrer an St. Georgii in Soest, an Johann Heinrich Callenberg, ordentlichen Professor der Theologie und Leiter des Institutum Judaicum et Muhammedicum in Halle (Saale). Offenbar mit dem nächstfolgenden Brief an Gotthilf August Francke übersandt. Nicht aufgefunden, aber bezeugt durch Nr. 145.

Nr. 144   Soest, 7. Januar 1745
Johann Nikolaus Sybel, Pfarrer an St. Georgii in Soest, an Gotthilf August Francke, Professor der Theologie und Inspektor der Kirchen und Schulen der Ersten Diözese des Saalkreises in Halle (Saale). Mit Geldspenden. Zum Zusammenhang siehe Nr. 142. Nicht aufgefunden, aber bezeugt durch Nr. 145.

Nr. 145   Halle (Saale), 23. Januar 1745
Gotthilf August Francke, Professor der Theologie und Inspektor der Kirchen und Schulen der Ersten Diözese des Saalkreises in Halle (Saale), an Johann Nikolaus Sybel, Pfarrer an St. Georgii in Soest. Mit mehreren Beilagen. Konzept. Zum Zusammenhang siehe Nr. 144. (Halle [Saale] AFSt, Bestand H C 635:25)

[Adresse:] An h[errn] past[or] Sybel zu Soest.
Hochwohlehrw[ürdiger], h[ochgeehrter] u[nd] in d[em] He[rrn] s[ehr] w[ertgeschätzter] H[err] Past[or].

Ew[er] H[ochwürden] angenehmes [Schreiben] vom 7. Jan[uarii] huius[2074] [gestrichen: hat mir zu bes] nebst denen beygefügt[en] gaben für die mission hat mir zu besonderer ermunterung und erweckung des lobes Gottes gereichet, da ich daraus erseh[en] habe, wie der He[rr] auf so manichfeltige weise hier und da ein hertz erwecken kan, mit gebet u[nd] nach vermög[en] auch durch leibh[aftige] gaben sein werck unter den heyden zu befördern, wie ich mich denn auch darüber gefreuet, daß [gestrichen: sich] der He[rr] an ihrem ort manche sele hat, die ihn fürchtet u[nd] über den seg[en] seines wercks sich freuet und denen die nachrichten von be[gestrichen: koh]kehrung der heyden in Ostindien angenehm gewes[en sind]. Der Herr [gestrichen: solche] stärcke alle, die ihn lieb haben, und vergelte es de-

2073   Vgl. Nr. 139 und Nr. 141.
2074   Nr. 144.

Nr. 142   Halle (Saale), 21. Oktober 1744

Gotthilf August Francke, Professor der Theologie und Inspektor der Kirchen und Schulen der Ersten Diözese des Saalkreises in Halle (Saale), an Johann Nikolaus Sybel, Pfarrer an St. Georgii in Soest. Mit Beilage. Konzept. Zum Zusammenhang siehe Nr. 141. (Halle [Saale] AFSt, Bestand H C 635:24)

[Adresse:] An h[errn] pastor Sybel zu Soest.
Hochwohlehrwürdiger, h[ochgeehrter] u[nd] im H[errn] s[ehr] w[ertgeschätzter] H[err] Pastor.

Die von der frau abbatissin des Stifts Paradis [N. von Buddenbrock][2066] durch Ew[er] H[och]w[ürden] übersandte 5 r[eichs]th[aler], 18 groschen habe [ich] nebst Dero werth[en] schreibens vom 6. Oct[obris][2067] richtig erhalt[en] und [am Rande ergänzt:] quaestio, ob diese im seg[en] steht?* [ich] bitte hiedurch ergebenst, bey wohlged[achter] fr[au] abatissin meine schuldigste dancksagung u[nd meinen] segens-wunsch zu vermelden, wie denn auch d[ie] he[rren] missionarien diese gabe nach deren dabey gemacht[er] disposition treul[ich] anwenden werd[en].

Mein ubriges [am Rande ergänzt:] werden Dieselbe [Johann Nikolaus Sybel; gestrichen: bereits] erhalt[en] hab[en].[2068] Dermalen übersende* [ich; gestrichen: wie auch] die schon vorher abgegangene neue continuationen [am Rande:], welche auch fur diese wohlthäterin beygelegt* [gestrichen: werden Ew(er) H(och)w(ürden) hoffentlich wohl erhalten haben]. Den einschluß habe [ich] herrn Insp[ector] Bötticher[s] zustellen lassen, welcher für die begehrt[en] briefe sorge trag[en] wird.[2069]

Für die nachricht von dem von einem Herrnhutisch gesinnten edirten Catechismo[2070] dancke [ich] dienstl[ich]. Es ist [für] diser art leute nichts ungewöhnliches, daß sie sich an die sogenannten pseudoorthodoxen addressirn, daher ich mich auch nicht wunder, daß diese[r] von h[errn] d[oktor Johann Daniel] Klugen[2071] eine vorrede [hat] machen lassen. [Am Rande ergänzt:] Wol aber [habe ich mich] oft gewundert, daß diese[2072] [Philipp Jakob] Spenerum u[nd] andere redl[iche] männer verketzert [haben; verketzern], geg[en] solche leute [aber] so indifferent seyn*. Die schädl[iche] trennung, welche die H[errn]huter verursachet [haben], wird zwar an einigen orten immer besser erkennet, [sie] nimmt aber auch an andern [gestrichen:

2066 Wie Anm. 2032.
2067 Nr. 140.
2068 Mit dem Brief vom 19. Oktober 1744. Siehe oben Nr. 141.
2069 In Sybels Brief vom 6. Oktober 1744. Siehe oben Nr. 140. – Ging es dabei um ein weiteres Publikationsvorhaben? Handelte es sich um Briefe in Sachen des Spenerindexes?
2070 Wahrscheinlich mit Nr. 140 übersandt. – Gemeint war: Forstmann, Johann Gangolf Wilhelm: Goettliche Wahrheiten der heiligen evangelisch lutherischen Religion in Fragen und Antworten […], Dortmund: Baedeker 1744 sowie Leipzig und Görlitz: Richter 1745; 3.10 Johann Daniel Kluge Nr. 45 (1744) und Nr. 52 (1745).
2071 Johann Daniel Kluge (1701–1768). Wie Anm. 533.
2072 Die Freunde Herrnhuts.

Hochwohlehrw[ürdiger], h[ochgeehrter] u[nd] in d[em] H[errn] s[ehr] w[erthgeschätzter] H[err] Pastor.

Ew[er] H[och]w[ürden] angenehmes [Schreiben] habe [ich] durch den studiosum [Florenz Gerhard Anton oder Johann Albert] Heitfeld wohl erhalten. Ich werde demselben gerne nach vermögen bey den anstalten dienen, ob ich gleich in […]chung des freytisches eigentl[ich] nicht behulflich seyn kan, da herr d[oktor Siegmund Jakob] Baumgarten[2059] dießfalls das ephorat wegen der theologisch[en] facultät fuhret.

Für das übersandte goldstück von der nunmehro sel[ig]-verstorbenen frau [N. von] Mallinkrodt[2060] dancke [ich] in der [Tranquebar]mission u[nd in] der Saltzburger namen hertzl[ich] u[nd] werde [auch] dem herrn doct[or Johann Heinrich] Callenberg das davon seinem instituto zugedachte vierte theil, so bald ich erfahre, wie viel es eigentlich betrage,[2061] richtig zustell[en] lassen.

Ew[er] H[och]w[ürden] werden denn auch die dermahlige neue continuationen hirbey [gestrichen: hoffentlich] richtig erhalten u[nd] aus der gedruckten beylage zugleich etwas von zwey neu[en] candidatis missionis erseh[en].[2062] Auch ist inmittelst durch die neue briefe aus Indi[en] berichtet worden, daß a[nno] 1742 in den drey missionen siebendhalb hundert selen hinzu gethan word[en sind], zu Tranckenbar eine neue kirche [gestrichen: hin; hat] erbauet werd[en] müssen u[nd] aus einem dorf auf 50. personen gewonnen worden [sind]. Für welchen gesegnet[en] fortgang Ew[er] H[och]w[ürden] den namen des Herrn preißen und seinen beystand ferner woll[en] erbitt[en] helf[en].

Sonst habe [ich] auch Dero angenehmes [Schreiben] vom 5ten Sept[embris][2063] durch den collectant[en] für [gestrichen: den] die kirche zu Dinck[ern, Herrn Jakob Ludwig Pitzer[2064],] wohl erhalt[en]. [Ich] bedaure aber, da die gewöhnliche circulares[2065] weg[en] samlung der collecte in meiner diöces nicht eingelauf[en sind], daß ich ihm nicht nach wunsch [gestrichen: zur samlung] dazu behülflich [habe] seyn können. In der stadt [Halle; gestrichen: hingegen] ist hingegen [am Rande ergänzt:] schon vor einlaufung Ihro briefs* colligiret word[en], und wünsche ich, daß solches ein erkleckliches betragen haben möge. Übrigens erlasse [ich] Ew[er] H[och]-w[ürden] dem gnädigen beystande des Herrn u[nd] verharre mit aller hochachtung
Ew[er Gotthilf August Francke]

2059 Siegmund Jakob Baumgarten (1706–1757). Wie Anm. 574.
2060 Wie Anm. 1955.
2061 Das Goldstück musste also zuerst noch bewertet werden.
2062 Das aktuelle Heft der „Halleschen Berichte". Wie Anm. 1757.
2063 Nr. 139.
2064 Jakob Ludwig Pitzer († 1763). Wie Anm. 2052.
2065 Die obrigkeitlichen Verfügungen/Ausschreibungen.

collecte in Dero inspection[2054] oder auch sonst durch recommendation an milde wohlthäter beförderlich zu seyn, welches die gemeine [in Dinker], durch ihr gebeht für Ew[er] H[och]w[ürden] wohlseyn zu erwirken, sich so viel mehr verpflichtet [zu sein] erachten wird, da [als] sie ohne glücklichen success der collecte ihren kirchenbau nicht zu stande zu bringen wüßte.

Ich hatte [hätte] von fr[au N. von] Mallinkrodt[2055] in Dortmund, die an der waßersucht krank darnieder liegt, ein goldstückgen zu bewußtem zweck [der Mission/ des Callenbergschen Instituts] an Ew[er] H[och]w[ürden] zu befördern, welches [ich] aber nächstens überschicken werde.

Jetz empfehle [ich] Ew[er] H[och]w[ürden] gottlicher gnaden obhuht, erwünsche vielen succeß zu Dero wichtigen occupationen und verharre

Ew[er] H[och]w[ürden] [...]-doctoris

ergebenster diener Joh[ann] Nic[olaus] Sybel pr[ediger] zu St. Georgii

Nr. 140   Soest, 6. Oktober 1744
Johann Nikolaus Sybel, Pfarrer an St. Georgii in Soest, an Gotthilf August Francke, Professor der Theologie und Inspektor der Kirchen und Schulen der Ersten Diözese des Saalkreises in Halle (Saale). Mit Beilage für den Inspektor der Buchhandlung des Waisenhauses H[...] Bötticher. Zum Zusammenhang siehe Nr. 139. Nicht aufgefunden, aber bezeugt durch Nr. 142

Nr. 141   Halle (Saale), 19. Oktober 1744
Gotthilf August Francke, Professor der Theologie und Inspektor der Kirchen und Schulen der Ersten Diözese des Saalkreises in Halle (Saale), an Johann Nikolaus Sybel, Pfarrer an St. Georgii in Soest. Mit Beilagen. Konzept. Zum Zusammenhang sieh Nr. 140. (Halle [Saale] AFSt, Bestand H C 635:23)

[Adresse:] An den herrn pastor Sybel zu Soest [darüber Vermerk:] Durch h[errn] Florenz Gerhard Anton oder Johann Albert] Heitfeld[2056] bei h[errn] inspector [Hieronymo] Freyers[2057] eingereicht.[2058]

2054 In der Ersten Diözese des Saalkreises.
2055 Wie Anm. 1955.
2056 Florenz Gerhard Anton Heitfeld ging 1754 nach Batavia. Sein jüngerer Bruder Johann Albert Heitfeld wurde 1748 Feldprediger des holländischen Regimentes „von Dohleben" und 1749 Pfarrer in Bergen op Zoom. Kleiner Michels (wie Anm. 14), S. 435. Ihr Vater, Albert Georg Heitfeld (Heidfeld, Hedfeld; 1688–1729; aaO, S. 434), war seit 1716 Pfarrer in Weslarn gewesen. Ihre Mutter, Maria Elisabeth Möller (* 1683; eine Verwitwete von der Burg), war seit 1731 in dritter Ehe mit dem aus Halle übersandten Rektor des Gymnasiums Georg Friedrich Movius (wie Anm. 457) verheiratet. Bauks, Pfarrer (wie Anm. 14), S. 195 (Nr. 2472).
2057 Hieronymus Freyer (1675–1747), seit 1707 Leiter des Seminarium selectum in Halle. Wie Anm. 1593.
2058 Dies dürfte sich auf Sybels Brief vom 5. September 1744 (Nr. 139) beziehen.

Nr. 139 Soest, 5. September 1744

Johann Nikolaus Sybel, Pfarrer an St. Georgii in Soest, an Gotthilf August Francke, Professor der Theologie und Inspektor der Kirchen und Schulen der Ersten Diözese des Saalkreises in Halle (Saale). Zum Zusammenhang siehe Nr. 138. (Halle [Saale] AFSt, Bestand H C 635:22)

[Ohne Adresse] Hochwürdiger Herr Doctor!

Ich hoffe zu Gott, er werde Ew[er] H[och]w[ürden] nach überstandener unpäßlichkeit[2048] zu völliger und dauerhafter gesundheit wieder befordert und sie in den stand gesetzet haben, daß sie fernerhin ein gesegnetes werckzeug seyn können, an seiner gemeine in und außer[halb] Europae etwas zu wirken.

Daß [ich] aber ietz, Ew[er] H[och]w[ürden] hiemit zu behelligen, mir die freyheit nehme, veranlaßet [mich] eine unter hiesiger stadt bottmäßigkeit situirte landgemeine zu Dinckern [Dinker], bey welcher ehedem h[err] p[astor Johann Thomas] Möllenhof,[2049] jetz bey der St. Petri Kirche hieselbst [in Soest] arbeitend, gestanden [hat]. Es ist deren kirche also verfallen, guhten theils aus mangel zeitiger reparation, daß, um nicht ein unglück darinnen zu erleben, bereits vor dem kalten winter a[nno] 1743 ein theil derselben abgebrochen und die lücken mit brettern und stroh zugemachet [haben] werden müssen.[2050] Die eingepfarrete[n] haben zwarn nach vermögen etwas beysammen gelegt, in der stadt und auf den dazu gehörigen dörfern ist auch colletiret worden, es langet aber dieses zu einem gantz neuen kirchen baw nicht hin, und aus den kirchen gühtern kan auch nichts genommen werden, zumahl da ein capitale bey einem edelmann, [schon] von vielen jahren her, ohne zinsen [als Kredit vergeben ist] und dabey in gefahr stehet, gar perdue zu gehen.[2051] So hat denn Gott des Königs hertz dahin gelenket, daß er eine collecte durch Dero gesamte lande verstattet hat, und vorzeiger dieses [Schreibens], ein mitglied meiner [St. Georgs] gemeine nahmens [Jakob Ludwig] Pitzer,[2052] der profession nach ein buchbinder, ist ausgeschickt [worden], in dasigen gegenden die collecte einzunehmen. Ew[er] H[och]w[ürden] geruhen, seinen documenten, die ihre richtigkeit haben, glauben zuzustellen, und wo es ohne Dero beschwerde[2053] geschehen kan, ihm bey seiner

---

2048 Die Notiz setzt eigentlich noch weitere Briefe oder Mitteilungen voraus.
2049 Johann Thomas Möllenhoff (1690–1763). Wie Anm. 607.
2050 Die evangelische St. Othmars Kirche zur Dinker. Das dreijochige Kirchenschiff wurde in der Zeit von 1744 bis 1747 erneuert. Die baulichen Probleme indes blieben und sind bis heute gravierend. Ludorff, Albert: Die Bau- und Kunstdenkmäler des Kreises Soest. Im Auftrage des Provinzial-Verbandes der Provinz Westfalen bearbeitet (Bau- und Kunstdenkmäler von Westfalen. Band 16: Kreis Soest), Münster 1905/13, S. 25–29 (mit Tafel 10).
2051 Ein zinsloser Kredit aus dem Kirchenvermögen, dessen Rückzahlung ungewiss ist.
2052 Jakob Ludwig Pitzer († 1763), seit 1735 verheiratet mit Catrine Elisabeth Grave (1712–1758), Tochter des Soester Buchdruckers Grave. Kleiner Michels (wie Anm. 14), S. 670.
2053 Ohne Mühen/Unannehmlichkeiten für Francke.

rein gelehret werd(en) kan. Das gefährlichste aber ist, daß sie von dem worte Gottes fast [sehr] geringe gedanck(en) hegen und (gestrichen: sehr d) den geist der gemeine (am Rande ergänzt, später aber wieder gestrichen: wie sie red{en}, oder vielmehr ihre eigenen einfälle u{nd} eingebungen,) viel höher halt(en) als die göttliche offenbarung etc. Mit diesen lehr(en) gehen sie nicht bey all(en) deutl(ich) heraus (gestrichen: bis. Ein mehre{re}s kan ein verständiger leicht aus ihr{en} eigenen schrifften sehen. Gott erbarme sich des elend{en} zustandes seiner kirche). (Am Rande ergänzt: Daneben glaube ich, daß man nicht ihre eigenen schrifft{en} zu leßen nöthig habe, {gestrichen: aus welchen man} u{nd} daraus, wenn man nicht gantz praeoccupirt seye,[2042] so vil find{en} werde, daß man wenig genug habe, {gestrichen: sich von ihnen} sie zu meiden u{nd} die selen vor ihnen zu rett{en}.) Ein lehrer kan sich nicht besser geg(en) sie verhalt(en), als (gestrichen: daß) wenn er das (griechisches Wort: παρρησίαν [dichte Übermalung]) beobachtet; indem sie sonst, wo sie anfängl(ich) in liebe aufgenommen werd(en),[2043] alles nur darzu gebrauch(en), daß sie die selen von d(en) lehrern abwend(en) u(nd) unordnung anricht(en).]

Was [gestrichen: endlich] übrigens die [gestrichen: beygeschloßene] übersandte bey[gestrichen: den proben]lagen anlangt: so erinnert der inspector des buchladens [Bötticher],[2044] daß der verlag [gestrichen: ein] der [Soestischen] Kirchen Agende nicht ohne gross[en] schad[en] übernommen werd[en; gestrichen: könte] möge, weil man nicht abseh[en] könne, wie ausser denen pronumerando anzunehmenden 50. oder 100. exemplar[en] die übrige anzubring[en] seyn, weil doch [für] dergleich[en] cöster [Kosten; bei] den kirch[en], wo sie introduciret sind, kein debit[2045] zu [er-]hoff[en ist]. Daher ich bedaure, daß ich hirinnen auf diese weise nicht dienen kan. Was aber den indicem[2046] aus[2047] [Philipp Jakob] Speneri predigt[en] betrifft: so sehe [ich] diese arbait [gestrichen: wol] als etwas nützliches an, daher ich wol lust hätte, zu [gestrichen: dessen] deren bekanntmachung etwas bey zutrag[en]. Zu vorderst aber möchte [ich] noch eine nähere nachricht haben, wie viel bog[en] diselbe [gestrichen: wol ausmachen sollen] starck werd[en] dürfte.

Übrigens erlasse [ich] Ew[er] H[ochwürden] dem beystand des Herrn und verharre mit aller ergebenheit

Ew[er Gotthilf August Francke]

2042 Nicht im Vorab für sie eingenommen ist.
2043 Nämlich in Gestalt ihrer Diasporaarbeiter.
2044 Vgl. zu ihm Nr. 137.
2045 Keine Abnahmeverpflichtung (die den Absatz garantiert hätte).
2046 Nr. 136.
2047 Den Schlüssel zu.

[Gestrichen: Ihre (der Herrnhuter) hinrichtung gehet gar zu vil in äußerliche übung hinein (am Rande ergänzt:) worüber der innere Gottes dienst leidet* u(nd) zeiget die gantze praxis des h(errn) Graf(en Nikolaus Ludwig von Zinzendorf), daß er nichts anders intendire, als (gestrichen: das alle religiones, deren jeder er sich gefällig machen will) ecclesiam invisibilem[2036] zu saml(en) u(nd) gleichsam sichtbar zu mach(en; gestrichen: will u), der(en) haupt er seyn will.[2037] Bey welch(em) syncretismo sein spiritus sectae,[2038] da er (gestrichen: was) die, welche nicht seine sach(en) approbir(en), wenn sie schon sonst redl(ich) sind, anfeindet u(nd) gar mit Pietisten- u(nd) ander(en; gestrichen: Läster) schmäh-namen beleget, überhaupt aber die seelen (gestrichen: von) an ihren ordentlich(en), auch rechtschafenen lehrern auf (gestrichen: allerh) allerley weise irre zu machen u(nd) von ihn(en) abzuführ(en) suchet, hingeg(en) diejenige, welche sich der brüdergemeine unterwerf(en), mit neuem mehr als päpstisch(en) gewissens zwang regiert, desto unverantwortlicher ist. Ratione doctrina[2039] ist zwar in ihr(em) munde nichts gewisses, in dem sie sich nach den umständ(en; gestrichen: der zeit des orts) richt(en) u(nd) sich bald so, bald so erklär(en), doch auf eine solche weise, daß (sie) sich immer wieder anders explicirn könn(en).[2040]

Doch ist ihre jetzige methode, daß sie (sich) des articuls von der rechtfertigung rühmen u(nd) damit, daß sie vorgeb(en), als (ob) sie aus demselb(en) ihr gantzes werck macht(en), die hungrig(en) seel(en) aller ort(en) desto leichter fang(en). Dabey sind sie mit der busse gar zu bald fertig. Den (Buß)kampf aber in und nach der bekehrung geb(en) sie vor ein blos menschliches gedichte aus u(nd) statuirn (gestrichen: daß die) nicht undeutl(ich), daß die gläubigen sogleich von der sünde gantz frey würden.[2041] Darüber (gestrichen: den) denn auch die rechtfertigung unmöglich

---

eine Schwester des berühmten Berliner Optikers und Mediziners Johann Nathanael Lieberkühn (1711–1756). Jonas, Fritz: Artikel „Schinmeyer, Johann Christoph", in: ADB 31 (1890), S. 300–302. – Weitaus bekannter als Schinmeier selbst, der ein glühender Schüler August Hermann Franckes (1663–1727; wie Anm. 88) gewesen war (Prediger am Postdamer Militärwaisenhaus; Gründer des Stettiner Waisenhauses), wurde dessen Sohn Johann Adolph Schinmeier (1733–1796), der als Pietist begann (Schulbesuch unter Johann Adam Steinmetz [1689–1762; wie Anm. 531] im Kloster Berge bei Magdeburg, anschließend Studium in Halle [Saale]), sich dann aber zu einem entschiedenen Vertreter der Aufklärung entwickelte und 1796 als letzter Superintendent der Stadt Lübeck verstarb. Bülow, Gottfried von: Artikel „Schinmeyer, Johann Adolf", in: ADB 31 (1890), S. 302 f. – Hauschild, Wolf-Dieter: Kirchengeschichte Lübecks. Christentum und Bürgertum in neun Jahrhunderten, Lübeck 1981, S. 359 f.

2036 Die unsichtbare Kirche.
2037 Dies dürfte als Angriff auf Zinzendorfs Tropenlehre zu verstehen sein.
2038 Bei welcher Religionsvermischung sein Sektengeist.
2039 Im Blick auf die (theologische) Lehre.
2040 Moniert wird hier also Zinzendorfs Desinteresse an der (orthodoxen) Dogmatik.
2041 Die Vorstellung von der „Minutenbekehrung" anstelle des quälenden „Bußkampfes".

Nr. 138 Halle (Saale), 15. Februar 1744

Gotthilf August Francke, Professor der Theologie und Inspektor der Kirchen und Schulen der Ersten Diözese des Saalkreises in Halle (Saale), an Johann Nikolaus Sybel, Pfarrer an St. Georgii in Soest. Konzept. (Halle [Saale] AFSt, Bestand H C 635:21)

[Adresse:] An He[rrn] pastor Sybel zu Soest

Hochwolehrw[ürdiger], h[ochgeehrter] u[nd] in d[em] He[rrn] s[ehr] w[erthgeschätzter] H[err] P[astor].

Ew[er] H[ochwohlehrwürden] sehr angenehmes [Schreiben] vom 27. Dec[embris] a[nno] p[raeterito]²⁰³¹ [gestrichen: ist mir] habe [ich] den 4. huius [Februarii] wol erhalt[en] und bitte zuvorderst, der abtissin des Stifts Paradis [N. N. von Buddenbrock]²⁰³² für den übersandt[en] ducaten im namen der Saltzburgisch[en] gemeine zu Ebenezer schuldigsten danck abzustatten. Wie ich denn auch Ihnen [Johann Nikolaus Sybel] für ihre vielfältige bemühung mit ubirsendung Dero gab[en] ergebenst dancke.

Was die Herrnhuter anlangt, so wäre [gestrichen: den] von [am Rande ergänzt:] dem, was man an denselb[en] auszusetz[en] hat* gar vieles zu meld[en]. Weil aber, alles anzuführ[en], viel zu weitläuftig fall[en] würde, so beziehe [ich] mich mit wenigem auf die im druck vorhandene schrifft[en], darunter des H. A. G. (Grossens)²⁰³³ beyde schrifften, absonderlich ire erste und letzte antwort,²⁰³⁴ darinnen die beyde erste beylag[en; gestrichen: manches] viel gründliches enthalt[en], item, H[errn] insp[ector Johann Christoph] Schinmeyers Geistl[iche] Kinder-post,²⁰³⁵ vor andern zu recommendir[en].

2031 Nr. 134.
2032 Gosmann, Michael: Artikel „Paradiese – Dominikanerinnen", in: Hengst, Klosterbuch 1 (wie Anm. 1962), S. 262–268 (Literatur). Eine Frau von Buddenbrock wird hier als Äbtissin für die Jahre 1729 bis 1745 genannt. Ebd., S. 267.
2033 Andreas Groß (1685–1750 oder 1678–1757), zeitweise Mitglied der Brüdergemeine, Separatist. Burkardt, Johannes (Hg.): Dem rechten Glauben auf der Spur. Eine Bildungsreise durch das Elsaß, die Niederlande, Böhmen und Deutschland. Das Reisetagebuch des Hieronymus Annoni 1736, Zürich 2006 (Register).
2034 [Groß, Andreas:] Herrn A.G. Erste und Letzte Antwort Auf die sogenannte Erklärung Des H[errn] Grafen Nicol[aus] Ludwigs von Zinzendorff, Welche Derselbe, Seinem zuerst an einen guten Freund gestellten, und hernach ohne seinen Willen durch den Druck bekannt gewordenen Bericht von der Herrnhutischen Gemeine entgegen gesetzet [...] Mit einigen merckwürdigen Beylagen vermehret [...], Frankfurt am Main: Andreäische Buchhandlung 1742 (VD18 11395842).
2035 Johann Christoph Schinmeier (Schinmeyer; 1696–1767). Die erwähnte „Geistliche Kinder-Post" ist nicht enthalten in: Joh[ann] Christ[oph] Schinmeyers Past[oris] und Inspectoris zu Rathenau Sämmtlicher Schriften erster und zweiter Theil [...], Kopenhagen/Leipzig: Preuß 1740 (VD18 9085294X und VD18 10762833). Schinmeier war seit 1737 Pfarrer in Rathenow und Inspektor des dortigen Kreises. Er starb als Hauptpastor in Tönningen, wohin man ihn (nach heftigen, mit einer Verfluchung der eigenen Gemeinde endenden Auseinandersetzungen) 1751 versetzt hatte. Schinmeiers Frau, Amalie Emerentia Lieberkühn (um 1717–1765; verheiratet seit 1731), war

18. Dreyfacher *mißbrauch* des gesetzes. Buß pr[edigt] III. Th[auf] pr[edigt] XVIII.
19. Vom *nutzen* des gesetzes. Cat[echismus] pr[edigt] XVIII.
20. Wie das gesetz *mit der sünde* zu thun habe. Erkl[ärung] Gal. III. 19–20.[2022] Laut II. th[eil]. p[agina] 1147.
21. *Wirkung* des gesetzes und seines fluchs, da man solche in dem hertzen anfängt zu fühlen. Sont[ags] and[acht] XXII. S[onntag] n[ach] Trin[itatis].
22. Wie das gesetz nicht mehr und doch noch unser *zuchtmeister* ist. Über Gal. III. 23.25.[2023]
23. Was die *regul* alles thuns im christenthum sey. Christi unschuld. In Geistliche schrift[en] p[agina] 578.
24. Daß das, was man von den flichten des christenthumes fordert, nicht zu viel und wir noch an das gesetz *verbunden* seyn. Sont[ags] and[acht] XIII. S[onntag] n[ach] Trin[itatis].

Nr. 137   **Halle (Saale), kurz vor 15. Februar 1744**
[H…] Bötticher [?], Inspektor der Buchhandlung des Waisenhauses in Halle (Saale),[2024] *an Gotthilf August Francke, Professor der Theologie und Inspektor der Kirchen und Schulen der Ersten Diözese des Saalkreises in Halle (Saale). Mit Beilagen. Zum Zusammenhang siehe Nr. 135 f. Notiz. (Halle [Saale] AFSt, Bestand H C 635:18)*

Hiebey remittire [ich] die übergeben[en] briefe[2025] mit angebothenen verlagsbüchern.[2026] Es wird keines für uns [dabei] seyn, weil die [Soestische] kirch[en] agende[2027] nicht abgeh[en] würde u[nd] der Spenerisch[en] schrifften index[2028] wird auch seine genugsame liebhaber u[nd] abnehmer nicht find[en], weil die wenigst[en] seine [Philipp Jakob Speners] schrifften haben, auch ietzo nicht einmahl mehr haben können.[2029] Wir können also wohl keines übernehmen.[2030] Verbl[eibe] zu Dero diensten
    H. Bötticher

2022   „Was soll dann das Gesetz? Es wurde hinzugefügt um der Übertretungen willen, bis der Nachkomme käme, dem die Verheißung gilt; verordnet wurde es von Engeln durch die Hand eines Mittlers. Ein Mittler aber ist nicht Mittler eines Einzigen, Gott aber ist Einer" (Gal 3, 19f.).
2023   „Ehe aber der Glaube kam, waren wir unter dem Gesetz verwahrt und eingeschlossen, bis der Glaube offenbart werden sollte […] Da nun der Glaube gekommen ist, sind wir nicht mehr unter dem Zuchtmeister" (Gal 3, 23.25).
2024   Nicht nachgewiesen.
2025   Darunter auch Nr. 134.
2026   Der Buchhandlung des Waisenhauses zum Druck/für den Verlag angebotenen Büchern.
2027   Nr. 135.
2028   Nr. 136.
2029   Käuflich erwerben können.
2030   Keines der beiden Bücher in unser Sortiment aufnehmen.

14. Der haltung göttlicher Gebote *möglichkeit und unmöglichkeit.* Erklär[ung] über 1. Jo[h] III, 19–24.[2015]
15. Von *erfüllung* des gesetzes Christi. Über Gal. VI. 2.3.[2016] (siehe Tit[ulus] XLV. Vom glauben und Tit[ulus] XXXV. Von der erneurung).
16. Wie und woher das gesetz den menschen *nicht gerecht und selig mache* (Rom. 8, 3.[2017]). Geistliche Schrift[en] p[agina] 654.[2018] Erkl[ärung] Gal. III. 1–5.[2019] item v[erse] 21.22.[2020] Sont[ags] and[acht] XIII. S[onntag] n[ach] Trin[itatis].
17. Wie *nicht aus dem gesetz* und werken, sondern aus dem evangelio und glauben alle gerechtigkeit und seligkeit herkommen. Leich[en] pr[edigt] VIII. th[auf] pr[edigt] XIV. Rom. 10, 9.10.[2021]

[2015] „Daran erkennen wir, dass wir aus der Wahrheit sind, und können vor ihm unser Herz überzeugen, dass, wenn uns unser Herz verdammt, Gott größer ist als unser Herz und erkennt alle Dinge. Ihr Lieben, wenn uns unser Herz nicht verdammt, so reden wir freimütig zu Gott, und was wir bitten, empfangen wir von ihm; denn wir halten seine Gebote und tun, was vor ihm wohlgefällig ist. Und das ist sein Gebot, dass wir glauben an den Namen seines Sohnes Jesus Christus und lieben uns untereinander, wie er uns das Gebot gegeben hat. Und wer seine Gebote hält, der bleibt in Gott und Gott in ihm. Und daran erkennen wir, dass er in uns bleibt: an dem Geist, den er uns gegeben hat" (1. Joh 3, 19–24).

[2016] „Einer trage des andern Last, so werdet ihr das Gesetz Christi erfüllen. Denn wenn jemand meint, er sei etwas, obwohl er doch nichts ist, der betrügt sich selbst" (Gal 6, 2f.).

[2017] „Denn was dem Gesetz unmöglich war, weil es durch das Fleisch geschwächt war, das tat Gott: Er sandte seinen Sohn in der Gestalt des sündigen Fleisches und um der Sünde willen und verdammte die Sünde im Fleisch" (Röm 8, 3).

[2018] Spener, Philipp Jakob: Erste Geistliche Schrifften: Die vor dem in kleinem Format eintzeln heraus gegeben worden/und nun zusammen gedruckt vor Augen gelegt werden; Sampt dessen Zu unterschiedlich andern Schrifften und Wercken Auffgesetzten Vorreden/Welche von unterschiedenen Materien handlen […], Frankfurt am Main: Zunner 1699 (VD17 12:105563).

[2019] „O ihr unverständigen Galater! Wer hat euch bezaubert, denen doch Jesus Christus vor die Augen gemalt war als der Gekreuzigte? Das allein will ich von euch erfahren: Habt ihr den Geist empfangen durch des Gesetzes Werke oder durch die Predigt vom Glauben? Seid ihr so unverständig? Im Geist habt ihr angefangen, wollt ihr's denn nun im Fleisch vollenden? Habt ihr denn so vieles vergeblich erfahren? Wenn es denn vergeblich war! Der euch nun den Geist darreicht und wirkt solche Taten unter euch, tut er's durch des Gesetzes Werke oder durch die Predigt vom Glauben?" (Gal 3, 1–5).

[2020] „Wie? Ist dann das Gesetz gegen Gottes Verheißungen? Das sei ferne! Denn nur, wenn ein Gesetz gegeben worden wäre, das lebendig machen könnte, käme die Gerechtigkeit wirklich aus dem Gesetz. Aber die Schrift hat alles eingeschlossen unter die Sünde, damit die Verheißung durch den Glauben an Jesus Christus gegeben würde denen, die glauben" (Gal 3, 21f.).

[2021] „Denn wenn du mit deinem Munde bekennst, dass Jesus der Herr ist, und glaubst in deinem Herzen, dass ihn Gott von den Toten auferweckt hat, so wirst du gerettet. Denn wer mit dem Herzen glaubt, wird gerecht; und wer mit dem Munde bekennt, wird selig" (Röm 10, 9f.).

1. Wie gesetz und euangelium mit einander *übereinkommen* und von einander unterschieden sind. Erkl[ärung] über Gal. III. 11–13.[2012]
2. Das gesetz soll das euangelium nicht *aufheben*. Erkl[ärung] über Gal. III. 15–18.[2013]
3. Wie gesetz und euangelium *beysammen stehen* und was beyder amt sey, die die vernunft entweder entgegen setzet oder vermischet. Sonnt[ags] and[acht] XIII. S[onntag] n[ach] Trin[itatis].
4. Vom *gesetz* glaub[ens] lehre. VI. S[onntag] n[ach] Trinitatis und anh[ang] XIII. S[onntag] n[ach] Trin[itatis].
5. Das *einschreiben* des gesetzes in die hertzen üben. And[acht] L[eichen] Pr[edigt] VIII.
6. Wie die, so mit dem gesetz umgehen, gemeiniglich dasselbe *ungereimt verstehen* und behandeln. Sonnt[ags] and[acht] XIIX. S[onntag] n[ach] Trin[itatis].
7. Wie es eine Pharisaeische unart sey, das göttliche gesetz *schmählern*, als wären wir nicht so viel schuldig, weder von Gott geboten noch verboten. Sont[ags] and[acht] VI. S[onntag] n[ach] Trin[itatis].
8. Wie das gesetz *geistlich* sey? Sont[ags] and[acht] VI. S[onntag] n[ach] Trin[itatis].
9. Die vollkommenheit der im gesetz erforderten *liebe*. Sont[ags] and[acht] XIII. S[onntag] n[ach] Trin[itatis].
10. Wie die *vollkommenheit* der erforderten liebe Gottes sey ein zeugniß unserer verderbniß und regul des lebens lauterk[eit] II. th[eil] p[agina] 1147.
11. Die *möglichkeit*, Gottes gesetz zu halten. Sont[ags] and[acht] XIIX. S[onntag] n[ach] Trin[itatis].
12. Von *haltung* des gesetzes. Cat[echismus] pred[igt] XVII.
13. Ob und wie die Gebote Gottes von den gläubigen *gehalten* werden. Erkl[ärung] 1. Jo[h]. V, 2.3.[2014]

[2012] „Dass aber durchs Gesetz niemand gerecht wird vor Gott, ist offenbar; denn ‚der Gerechte wird aus Glauben leben' (Hab 2, 4). Das Gesetz aber ist nicht ‚aus Glauben', sondern: ‚der Mensch, der es tut, wird dadurch leben' (3. Mose 18,5). Christus aber hat uns losgekauft von dem Fluch des Gesetzes, da er zum Fluch wurde für uns – denn es steht geschrieben (5. Mose 21, 23): ‚Verflucht ist jeder, der am Holz hängt'." (Gal 3, 11–13).

[2013] „Brüder und Schwestern, ich will nach menschlicher Weise reden: Man hebt doch das Testament eines Menschen nicht auf, wenn es bestätigt ist, noch setzt man etwas hinzu. Nun sind die Verheißungen Abraham zugesagt und seinem Nachkommen. Es heißt nicht: ‚und den Nachkommen', als wären viele gemeint, sondern es gilt einem: ‚und deinem Nachkommen' (1. Mose 22,18), welcher ist Christus. Ich meine aber dies: Das Testament, das von Gott zuvor bestätigt worden ist, wird nicht aufgehoben durch das Gesetz, das vierhundertdreißig Jahre danach gegeben wurde, sodass die Verheißung zurückgenommen würde. Denn wenn das Erbe durch das Gesetz erworben würde, so würde es nicht durch Verheißung gegeben; Gott aber hat es Abraham durch Verheißung frei geschenkt" (Gal 3, 15–18).

[2014] „Daran erkennen wir, dass wir Gottes Kinder lieben, wenn wir Gott lieben und seine Gebote halten. Denn das ist die Liebe zu Gott, dass wir seine Gebote halten; und seine Gebote sind nicht schwer" (1. Joh 5, 2 f.).

man durch den intelligentzzetul und gelehrte zeitungen den antrag thäte.[2006] Wir könten iedoch um leidlichen preiß einen ballen oder 50. exempl[ar]ia, wen[n] unß der preiß dem nach gesezet werde, 100 stück annehmen, zu künfftigem gebrauch.

Es bedürfte nicht auf alle titul blätter gesetzet werden, daß es Agenden fürs *unsere particulio stadt seyn*.[2007]

Ob die evangelia und epistula, die wir im m[anu]s[crip]t[o] nicht haben, eingerückt werden sollen, stele[n]t wir ihnen anheim. Was wir nehmen, kan praenumerando[2008] bezahlt werden, wenigstens zur halbscheid.[2009]

Nr. 136   Soest, vor 27. Dezember 1743
Johann Nikolaus Sybel, Pfarrer an St. Georgii in Soest, für Gotthilf August Francke, Professor der Theologie und Inspektor der Kirchen und Schulen der Ersten Diözese des Saalkreises in Halle (Saale). Auszug aus dem Index einer systematisch (nach dem Plan einer lutherischen Normaldogmatik) geordneten Sammlung von Spenerpredigten. Beilage zu Nr. 134. (Halle [Saale] AFSt, Bestand H C 635:16)

Glaubens-Lehre.[2010]
XXXIX. *Von dem gesetze*
(siehe heilsgühter[2011] Tit[ulus] XXIX. Von der befreyung vom gesetz.)

2006   Dafür werben/zur Subskription aufrufen würde.
2007   Hier war an die Vermarktung in anderen Territorien, wohl besonders in der Grafschaft Mark gedacht.
2008   Die Pränumeration war damals eine gängige Geschäftsform. Der Verleger erhielt durch dieses Verfahren die Möglichkeit, durch die Werbung für ein noch nicht gedrucktes, aber bereits geplantes Verlagswerk einen finanziellen Grundstock für die bei der Produktion anfallenden Kosten zu erwirtschaften. Das Werk selbst wurde als „Pränumerationsausgabe" bezeichnet.
2009   Zur Hälfte.
2010   Die „Evangelische Glaubens-Lehre" (1688) war der erste der drei in Dresden publizierten Predigtbände Philipp Jakob Speners (1635–1705; wie Anm. 52), im Grunde dessen Dogmatik. Spener, Philipp Jakob: Die Evangelische Glaubens-Lehre In einem jahrgang der Predigten Bey den Sonn- und Fest-täglichen ordenlichen Evangelien, auß heiliger Göttlicher schrifft, Mit zu ende angehengtem kürtzeren Außzug Eines von gleicher materie zu Franckfurt am Mäyn Anno 1680 gehaltenen jahrgangs In der Chur-Fürstlichen Sächsischen schloß-capell zu Dreßden Anno 1687 [...] vorgetragen, [...] und in truck gegeben, Frankfurt am Main: Zunner 1688 (VD17 1:021076K).
2011   Rambach, Johann Jakob: Erbauliche Betrachtungen über die Heils-Güter in Christo: Nach Anleitung des von dem sel[igen] D. Philipp Jacob Spenern herausgegebenen Tractätlein, Die lautere Milch des Evangelii genannt: Vormals in einigen Erbauungs-Stunden auf dem Wäysen-hause zu Halle angestellet; nun aber als Der andere Theil Von des sel[igen] Auctoris Betrachtungen über die Ordnung des Heils, mit Fleiß zusammen getragen und zum Druck befördert [...], Frankfurt am Main/Leipzig: Spring 1737 (VD18 10814124).

2. Welches in der stadt gebraucht wird. [§] 362.
3. Welches auf einigen dörfern gebräuchlich ist. [§] 363.
   b. Die worte der einsetzung mit der außtheilung. [§] 364.
iii. Erinnerung. [§] 365.
iv. Dancksagung. [§] 365.
   a. Aus den Sächsischen agenden. [§] 366.
   b. Welche hier gebrauchet wird. [§] 367.
v. Die communion der krancken. [§] 368.

F. *Bey der einsegnung zum ehestande.*
   i. Das proclamations formulio [!].
   ii. Das ordinaire formular der copulation dabey.
      A. Inserat, wo in der ordinationssermon nicht viel vorkommen wäre vom ehestand u[nd] den pflichten der eheleuthe. [§] 375.
      B. Formul des gebeths über die hochzeiten, welcher beyschluß bekandt, worinn. [§] 378.
      C. Formuln der ehe einsegnung, welche auf befehl der obrigkeit geschichet, wen[n] ein theil wieder rechtlich zurücke wolen und zur copulation nicht erscheinen woll. [§] 379.

G. *Zur kirchenbuße gehörend.*
   i. Die fürbitte für einen ruchlosen und verstockten sünder. [§] 286.
   ii. Das formular, so bey der großen kirchenbuße gebraucht wird. [§] 378.
   iii. Das formular der kleinen kirchenbuße. [§] 382.
   iv. Intimation, wenn ein vom h[eiligen] abendmahl suspendirte person in der kranckheit vor zeugen ihr bekäntniß gethan. [§] 383.

H. *Bey bestellung des predigamts.*
   i. Die fürbitte bey vorseyender predigerwahl.
   ii. Gebeth vor dem wahl actu zusprechen.
   iii. Dancksagung nach der wahl. [§] 385.
   iv. Proclamation des neu erwehlten.
   v. Rituale examinis ordinandorum. [§] 387.
   vi. Collecte vor der ordinationspredig nebst der epistel. [§] 390.
   vii. Ordinationsformul. [§] 391.
   viii. Investiturformul bey der introduction eines predigers. [§] 397.

I. *Von der kirchen visitation.*
   i. Articuli visitation[is]. [§] 406.
   ii. Gebeth, so nach der visitation zum beschluß gesprochen wird. [§] 407.

versatur.
Wen[n] der erste theil mit cillio schrift gedruckt würde, mögte er 4. bogen ausmachen, der ander theil aber mit tertia schrift [gedruckt] über 40. bogen. Man solte meinen, daß in diesen gegenden mehr exemplaria unterzubringen wären, wen[n]

  m. Bey grassirenden kranckheiten. [§] 286.
  n. Fürbitte für einen ruchlosen und verstockten sünder. [§] 287.
  n. Die die[!] proclamation derer, so in den ehestand tretten wollen. [§] 287.[2005]
  o. Die intimation der feyertage. [§] 288.

IV. *Die gemeine beichte und absolution.*

V. *Gebeht, so zu zeiten in den behtstunden verlesen wird.* [§] 295.

VI. *Gebeht, so zu zeiten nach den wochenpredigten verlesen wird.* [§] 296.

B. *Bey öffentlicher und priuat administration der h[eiligen] taufe.*
 i. *Das ordinaire tauf formular* nebst inserat. [§] 297.
  A. Bey der dritten frage an die paten.
   1. Wenn fremde oder durchreisend[er] eltern kinder
    getaufft werden. [§] 311.
   2. Wen[n] vatter oder mutter bereits verstorben sey. [§] 312.
   3. Wen[n] ein fündling getauft wird. [§] 313.
   4. Wenn es ein unehrlich erzeugtes kind wäre. [§] 316.
  B. Bey dem schlußgebeth.
   1. Wenn das kind sehr schwach ist. [§] 315.
   2. Wen[n] das kind ungestalt ist. [§] 316.
 ii. *Etwanige formul der noht taufe, so der prediger eilfertig verrichtet.* [§] 317.
 iii. *Formular, die von andern verrichtete nothtaufe öffentlich oder daferner*
  zu bestätigen. [§] 321.

C. *Bey öffentlicher und privat catechisation der kinder wie auch deren confirmation.*
 i. *Gebeth vor der catechisation zu sprechen.* [§] 325.
 ii. *Gebeth nach der catechisation zu sprechen.* [§] 326.
 iii. *Die confirmation der anwachsenden kinder.* [§] 327.
  1. Das bekäntnüß der lehre nach vorhergehendem examine. [§] 329.
  2. Die erinnerung des taufbundes. [§] 332.
  3. Die versicherung von der taufgnade. [§] 336.

D. *Bey der priuat beichte.*
 i. Anrede an die beichtkinder. [§] 341.
 ii. Gebeth vor der beichte. [§] 345.
 iii. Beicht formul für die neuconfirmate[n]. [§] 346.
 iv. Die absolutionsformul. [§] 348.

E. *Bey öffentlicher und priuat administration des h[eiligen] abendmahls.*
 i. Anrede an die communicantio[!]. [§] 353.
 ii. Die consecration.
  a. Das gebeth.
   1. Aus den Sächsischen agenden. [§] 361.

[2005] Dublette in der Zählung.

4. Zum dritten hauptstück.
   a. Vom gebeht. [§] 241.
   b. Bey dem beschluß der betstunden. [§] 246.
   c. Von gemeiner noth. [§] 242.
   d. Für die früchte des landes. [§] 250.
   e. Um danckbahrkeit. [§] 251.
   f. Allgemeine dancksagung.
   g. Für irrende.
   h. Für die freude.
5. Zum vierdten und fünfften hauptstück.
   a. Von der h[eiligen] tauffe.
   b. Von dem h[eiligen] abendmahl.
6. Zum anhange des Catechismi oder der haußtafel.
   a. Von den dreyen hauptständen der christenheit. [§] 257.
   b. Von der obrigkeit. [§] 258.
   c. Für die lehrer. [§] 261.
   d. Vom hausstande. [§] 264.
   e. Für die kinder.

III. *Die gebehter, so nach den sonn-, fest- und wochentags predigten gebrauchet werden, wozu kommen verschiedene*
   AA. *Inserat.*
      a. Bey vorseyenden hohen vermählungen. [§] 266.
      b. Bey hoher schwangerschafft.
      c. Nach erfolgter hoher entbindung. [§] 268.
      d. Bey hohen todesfällen.
      e. Bey vorseyender rahts wahl. [§] 270.
      f. Nach vollzogener rahts wahl. [§] 271.
      g. Bey dem anfange der lectionum in dem gymnasio. [§] 272.
      h. Nach vollendeter erndte. [§] 273.
      i. Bey jährlicher erinnerung an den wohlthat der reformation. [§] 274.

   BB. *Appendix.*
      a. Die ordentliche fürbitte für krancke und noht leidende. [§] 275.
      b. Dancksagung für die genesung eines patienten. [§] 276.
      c. Fürbitte für die schwanger frauen. [§] 277.
      d. Dancksagung für deren entbindung. [§] 278.
      e. Dancksagung für eine ihren kirchgang haltende sechswöchnerin. [§] 279.
      f. Wen[n] das kind vorher verstorben oder nicht lebend zur welt kommen ist. [§] 280.
      g. Fürbitte für die communicanten mit einem anhange. [§] 281.
      h. Fürbitte für vorseyende predigerwahlen. [§] 282.
      i. Dancksagung nach vollzogener predigerwahl. [§] 283.
      k. Bey anhaltender schädlicher witterung. [§] 284.
      l. Wenn das ungeziefer schaden thut. [§] 285.

3. Zum zweyten hauptstück.
   a. Überhaupt.
      aa. Von der H[eiligen] Dreyeinigkeit. [§] 216.
      bb. Von der weißheit Gottes.
      cc. Vom euangelio.
      dd. Vom glauben. [§] 218.
   b. Bey dem ersten articul.
      aa. Von dem ebenbilde Gottes.
      bb. Von den bösen geistern.
      cc. Von der fürsorge Gottes. [§] 221.
      dd. Von der erhaltung. [§] 222.
   c. Bey dem zweyten articul.
      aa. Von der menschwerdung Christi.
      bb. Von den beyden ständen Christi.
      cc. Von der erlösung.
   d. Bey dem dritten articul.
      aa. Von den gaben des H[eiligen] Geistes.
      bb. Von der kirche. [§] 222.
      cc. Von dem gnaden beruff.
      dd. Von der erleuchtung.
      ee. Von der buße. [§] 227.
      ff. Von der wiedergebuhrt.
      gg. Von der rechtfertigung. [§] 230.
      hh. Von der gnadenkindschafft.
      ii. Von der einwohnung Gottes.
      kk. Von der heiligung. [§] 233.
      ll. Vom thätigen christenthum. [§] 234.
      mm. Von der nachfolge Christi. [§] 235.
      nn. Vom geistlichen wachsthum.
      oo. Von der fursichtigkeit im christen wandel.
      pp. Vom geistlichen kampff.
      qq. Von der freyheit der gläubigen.
      rr. Vom geistlichen priesterthum.
      ss. Von der beharrlichkeit im glauben.
      tt. Vom creutz der christen. [§] 236.
      uu. Von den anfechtungen.
      vv. Von den verfolgungen.
      ww. Um geduld.
      xx. Um trost. [§] 237.
      qq. Vom tode. [§] 238.
      zz. Bey begräbnissen. [§] 239. a.
   Besonders der kinder. [§] 239. b.
      aa. Von der auferstehung der todten. [§] 240. a.
      bb. Vom jüngsten gericht. [§] 240. b.

2. Auf die sonn und fest-tägige episteln. [§] 49.
3. Auf die sonn- und festtägige evangelia. [§] 111.
4. Auf besondere Feyertage.
   a. Auf Buß und Bethtage.
   b. Auf Hagelfeyer. [§] 181.
   c. Am Crönungs tage.
5. Auf allerley frölige oder gefährliche und trübseelige zeit-umstände.
   a. Zu krieges zeiten um den frieden. [§] 182.
   b. Bey besorgter krieges unruhe um beybehaltung des friedens. [§] 184.
   c. Bey grassirenden kranckheiten. [§] 188.
   d. Bey theurer zeit und hungers noht. [§] 192.
   e. Um fruchtbahr wetter. [§] 193.
   f. Um bequemes erndte wetter. [§] 194.
   g. Bey heftigem wind sturm. [§] 195.
   h. Nach abgewendeten land plagen. [§] 196.
6. Bey anderm zeitenwechsel.
   a. Des morgens.
   b. Gegen den abend.

BB. *So nach der ordnung des Kleinen Catechismi auf die darinen enthaltene materien gerichtet seyn und gehörn*
1. Zur einleitung in den catechismum.
   a. Von dem wort Gottes. [§] 199.
   b. Vom gesetz und evangelio. [§] 200.
   c. Zur kinderlehre. [§] 205.
2. Zum ersten hauptstück.
   a. Ins gemein vom gesetz. [§] 206.
   b. Bey der ersten tafel.
      aa. Von der liebe Gottes. [§] 207.
      bb. Und des Herrn Jesu. [§] 208.
      cc. Von der verleugnung sein[er] selbst und der welt. [§] 209.
      dd. Vom Sabbath.
   c. Bey der andern [zweiten] taffeln.
      aa. Von der liebe des nechsten. [§] 211.
      bb. Von der einträchtigkeit.
      cc. Von der sanftmuth.
      dd. Von der liebe der feinde. [§] 212.
      ee. Von der versöhnlichkeit. [§] 213.
      ff. Von der mäßigkeit und keuschheit. [§] 214.
      gg. Von dem fleiß in der beruffs arbeit.
      hh. Wieder die sorgen.
   d. Bey dem beschluß der zehen gebote.[:] von der strafe und frucht der sünden. [§] 215.

Nr. 135 Soest, vor 27. Dezember 1743

Johann Nikolaus Sybel, Pfarrer an St. Georgii in Soest, für Gotthilf August Francke, Professor der Theologie und Inspektor der Kirchen und Schulen der Ersten Diözese des Saalkreises in Halle (Saale). Aufriss der „Soestische[n] Kirchen Agenden" zur Vorbereitung ihrer Drucklegung in Halle (Saale). Beilage zu Nr. 134 (Halle [Saale] AFSt, H C 635:17)

Inhalt

I. *Beschreibung der kirchlichen handlungen:*
A. Von dem öffentlichen gottesdienst. § 1.
B. Von öffentlicher und privat administration der h[eiligen] tauffe. § 11.
C. Von öffentlicher und privat catechisation der kinder wie auch deren confirmation. § 15.
D. Von der beichte und absolution. § 18.
E. Von der h[eiligen] communion. § 21.
F. Von der proclamation und copulation. § 24.
G. Von begräbnißen. § 27.
H. Von dem kirchen-bann und kirchenboße. § 29.
J. Von der wahl, ordination und installation der prediger. § 37.
K. Von der kirchen visitation. § 38.
L. Von der hausevisitation. § 60.

[II.] *Formulare der anreden und gebether:*
A. Beym öffentlichen gottesdienst.
    I Gebeht vor dem anfange des gottesdienstes. § 1.
    II Collecten.
AA. *So auf besondere zeiten gerichtet seyn*
    1. auf die fest tage:
        a. Zur Advents zeit. § 3.
        b. Auf Weynachten. § 5.
        c. Auf das Fest der Beschneidung Christi. § 7.
        d. Auf das Fest der Erscheinung Christi. § 10.
        e. In der Fastenzeit. [§] 12.
        f. Auf Ostern. [§] 22.
        g. Auf Christi Himmelfahrt. [§] 27.
        h. Auf Pfingsten. [§] 29.
        i. Auf Trinitatis. [§] 35.
        k. Auf Michaelis. [§] 36.
        l. Auf Mariae Reinigung. [§] 38.
        m. Auf Mariae Verkündigung. [§] 41.
        n. Auf Mariae Heimsuchung. [§] 43.
        o. Am Tage Johannis des Täufers. [§] 45.
        p. Auf die Aposteltage. [§] 47.

sicherung zu nehmen, [gestrichen: sofern zumal(en) die buße mit dazu gehöret] aus welchem grunde auch unrichtig ist, daß man die zweifel schlechterdings von sich stoss[en] solle (ohne sich, auch nach erlangter gnade, nach den kennzeich[en] zu prüfen), [gestrichen: daher ich der] welche defectus²⁰⁰⁰ ich auch, [gestrichen: alhier] im collegio paraenetico²⁰⁰¹ anzuzeigen und das nöthige darbey zu erinnern, für nöthig gehalt[en] habe.

Sonst[en] ist mir von den Herrnhutern so vieles offenbar word[en], daß ich auch [gestrichen: zu] gegen einen gewiss[en] freund vor wenig[en] tagen mich [habe] vernehmen lass[en], wenn auch die gantze Lutherische kirche Herrnhutisch würde [gestrichen: so] u[nd] ich [Gotthilf August Francke] alleine übrig bleib[en] solte, so würde mich solches im geringst[en] nicht beweg[en], ihre sachen zu approbirn, weil ich so gar vieles wieder Gottes wort bey ihnen antreffe. [Am unteren Rande ergänzt:] Ohnlängst bat mich der herr abt [Johann Adam] Steinmez²⁰⁰² in einem schreib[en], einem gewiss[en] freund, welcher sich nach dessen [Johann Adam Steinmetzens] sentiment in caussa herrnhuthana²⁰⁰³ erkundigt [hatte], zu meld[en], es seye ihm ergangn wie besagtem freund, weil er nemlich bey dieser parthey manch gutes warzunehmen geglaubt [habe, so] habe er sich gescheuet, dawieder anzugehen. Es seye ihm aber nun so viel bekannt geword[en], daß die vorige bedencklichkeit völlig hinweg gefall[en] u[nd] ihm die unrichtigkeit offenbar genug seye.* Im übrigen ist es [gestrichen: am best(en)] gantz gut, daß man sich dabey um so viel mehr erwecke, Christum und sein heyl so viel ernstlicher zu treib[en], wie dasselbe [gestrichen: auch] von redlich[en] knecht[en] Gottes, auch [solchen] von den Herrnhutern, gescheh[en] ist und noch geschiehet. Gott wolle aller trennung wehren. Ew[er] H[ochwürden] erlasse [ich] hiermit in seinen schutz und verharre

Ew[er Gotthilf August Francke]

[Entwurf für eine Quittung:] (Hierbey ein recepisse vor [für] den herrn [Diederich Johann Gottfried] von [Bockum-]Dolphus auf 2 duc[aten] für Ebenezer u[nd] noch eines für die fräulein [N.] v[on] Gruiter auf 1 r[eichs]th[aler] 12 gr[oschen] für den landzinz²⁰⁰⁴ davon)

Nr. 134   **Soest, 27. Dezember 1743**
Johann Nikolaus Sybel, Pfarrer an St. Georgii in Soest, an Gotthilf August Francke, Professor der Theologie und Inspektor der Kirchen und Schulen der Ersten Diözese des Saalkreises in Halle (Saale). Mit Beilagen. Zum Zusammenhang siehe Nr. 135 f. Nicht aufgefunden, aber bezeugt durch Nr. 137.

2000   Mängel/Fehler.
2001   In der von Francke in Halle angebotenen pastoraltheologischen Vorlesung.
2002   Johann Adam Steinmetz (1689–1762). Wie Anm. 531.
2003   Steinmetz Verhältnis zum Herrnhutertum war bekanntermaßen schwankend.
2004   Den Ertrag aus der Verpachtung eines Grundstückes.

die gütige besorgung¹⁹⁹² der missions nachricht[en] und Dero bemühung weg[en] des fräul[ein N.] von Ludolph,¹⁹⁹³ als auch [für] die abermal[en] übersandte liebesgaben zu beförderung des baues des Reichs Gottes. [Ich] bitte zugleich, dem he[rrn Diederich Johann Gottfried] v[on Bockum-]Dolphus¹⁹⁹⁴ und dem fräul[ein N.] v[on] Gruiter,¹⁹⁹⁵ nebst übergebung der beyliegend[en] recepisse, meine hertzliche dancksagung [gestrichen: in der mission namen zu ver] zu hinterbring[en]. Das zum jüdischen instituto gewidmete [Geld] habe [ich] dem h[errn] d[oktor Johann Heinrich] Callenberg gerne zustell[en] lassen u[nd] auch dessen recepisse beylegen lass[en].

Für Dero wolmeinend[en] wunsch¹⁹⁹⁶ dancke [ich] hertzlich und wünsche gleichfalls, daß der Herr seine in Christo erschienene menschen-liebe¹⁹⁹⁷ in dem bevorstehenden [gestrichen: fast; Weihnachts]fest in Ihrer und [gestrichen: der] Ihrer zuhörer¹⁹⁹⁸ selen reichlich verklären, auch in d[em] nachkünftig[en] neuen jahr aufs neue mit seiner gnade mit denenselben seg[nen] wolle.

Was die gemeldete Gnaden ordnung¹⁹⁹⁹ anlanget: so ist dieselbe hier [in Halle] gleichfalls durch einige herrnhutisch gesinnte gemüther unter [den] studiosen sehr bekant gemacht worden. Ich habe [gestrichen: in demselben] bey genaurer durchsehung dises tractatleins allerdings viel gutes [gestrichen: in] gefunden, aber auch manches angetroff[en], so nicht weislich genug vorgetrag[en] wird u[nd] zum theil unrichtig ist, dahin ich vornehmlich rechne, was pagina 118. und 142. befindlich, daß man neml[ich] die versicherung des gnaden-stands nicht aus den kennzeich[en] der heiligung nehmen solle, da nichts anders übrig bleibet, als solche auf die innere empfindung zu baun, da doch nach dem wort Gottes beydes zusammen genommen werden muß, [gestrichen: das] nemlich das innere zeugniß des Geistes u[nd] die in dem worte Gottes angezeigten kennzeich[en] des glaubens in der heiligung, [am Rande ergänzt:] auch aus denen letzten bey ermangelung der erst[en] die ver-

1992 Die Weiterverteilung in Soest und Umgebung, aber wohl auch: die Weiterleitung nach Dortmund.
1993 Nicht nachgewiesen.
1994 Diederich Johann Gottfried von Bockum-Dolffs (1694–1781). Wie Anm. 1824.
1995 Nicht nachgewiesen, aber, wie aus Nr. 145 hervorgeht, Ende 1744 (zwischenzeitig nach Wetzlar verzogen) verstorben.
1996 Zum bevorstehenden Weihnachtsfest.
1997 Vgl. 1. Joh 4, 9: „Darin ist erschienen die Liebe Gottes unter uns, dass Gott seinen eingebornen Sohn gesandt hat in die Welt, damit wir durch ihn leben sollen."
1998 Ihrer Predigthörer. Vielleicht ist auch an die Mitglieder des um Sybel gescharten Missionskreises gedacht.
1999 Hollaz, David: Evangelische Gnaden-Ordnung: Wie eine Seele von der Eigenen Gerechtigkeit und Frömmigkeit herunter, und zum Erkenntniß ihres sündigen Elends gebracht […] geleitet werde, Und solcher gestalt Durch den Glauben Zur Vergebung der Sünden, und zu Einem frommen Leben komme: In Vier Gesprächen […] aufgesetzt […], Wernigerode: Struck [ca. 1742] (VD18 10836624). – Das Buch war danach schnell und in vielen Ausgaben auch an anderen Orten erschienen und kursirte nun offenbar auch in Soest. Sybel hatte Francke darauf angesprochen.

vorhero die kirche in der stadt* [hat] erbaut werd[en] könn[en], welche beyden kirch[en] die namen Zion u[nd] Jerusalem bekommen [haben].[1987] Gott lasse in [gestrichen: dens] diesen Gotteshäusern sein wort ferner unter seinem besonderen seg[en] verkündiget werden, wie denn die h[erren] prediger [Johann Martin Boltzius[1988] und Israel Christian Gronau[1989]] von dem seg[en], welch[en] Gott auf die erste erbauungsstunde in der kirche auf den plantationes geleget [hat], gar angenehme particularia[1990] berichtet hab[en]. Dise vorläufige nachricht wird hoffentl[ich] der lieb[en] chanoinesse [Elisabeth Johanne] v[on] Daal [Dael] nicht unangenehm seyn, da ich aus Dero [Johann Nikolaus Sybels] schreib[en] erseh[en habe], daß ihr [der Kanonesse] hertz gar sonderbar zur liebe geg[en] die lehrer u[nd] gemeine daselbst [in Ebenezer] geneigt word[en ist]. Ich wünsche übrigens sehr hertzlich, daß ihr der Her[r] in ihren kracklich[en] umständen gnädig u[nd] kräftig beysteh[en] u[nd] es damit zu verherrlichungen seines namens richt[en] wolle. [Gestrichen: Uber] Sonsten habe [ich] auch den einschluß, worin[nen] die collecte für den freytisch enthalt[en], richtig dem h[errn] d[octor Michael] Alberti[1991] abgeben lassen. Der ich schließe unter erlassung in d[en] schutz des Herrn jederzeit [...]
Ew[er Gotthilf August Francke]

Nr. 132   **Soest, 9. Dezember 1743**
Johann Nikolaus Sybel, Pfarrer an St. Georgii in Soest, an Gotthilf August Francke, Professor der Theologie und Inspektor der Kirchen und Schulen der Ersten Diözese des Saalkreises in Halle (Saale). Nicht aufgefunden, aber bezeugt durch Nr. 133.

Nr. 133   **Halle (Saale), 20. Dezember 1743**
Gotthilf August Francke, Professor der Theologie und Inspektor der Kirchen und Schulen der Ersten Diözese des Saalkreises in Halle (Saale), an Johann Nikolaus Sybel, Pfarrer an St. Georgii in Soest. Mit mehreren Quittungen. Konzept. (Halle [Saale] AFSt, Bestand H C 635:20)

[Adresse:] An h[errn] past[or] Sybel zu Soest.
Hochwolehrwürdiger, hochgeehrt und in dem Herrn sehr werthgeschetzter H[err] Pastor.
Ew[er] Hochwolehrw[ürden] angenehmes [Schreiben] vom 9. huius habe [ich] mit letzter post wol erhalten und dancke Denenselben sehr hertzlich, so wol für

---

1987 Zum historischen Hintergrund Winde, Einleitung in: Müller-Bahlke/Gröschl, Salzburg – Halle – Nordamerika (wie Anm. 562), S. XLII.
1988 Johann Martin Boltzius (1703–1765). Wie Anm. 1959.
1989 Israel Christian Gronau (1714–1745). Wie Anm. 1970.
1990 Details/Einzelheiten.
1991 Michael Alberti (1682–1757), Mediziner, Physiker und Philosoph, seit 1716 ordentlicher Professor der Medizin in Halle. Hirsch, August: Artikel „Alberti, Michael", in: ADB 1 (1875), S. 214f.

für die gabe von einem harten thaler, [gestrichen: h] unter hertzlicher anwünschung alles göttl[ichen] segens und gnadenlohns, welche [ich] denen geehrtesten wolthäterinnen ohnschwehr zu hinterbring[en] bitte.

Wie [ich] nun die für das instit[utum] judaicum [gestrichen: des] von Ew[er] H[ochwürden] u[nd] der fr[au] von Mallinkrodt destinirten 2 r[eichs]th[aler], 15 gr[oschen] an den h[errn] doctor [Johann Heinrich] Callenberg gehörig [habe] abgeben lassen: also werde [ich] denn auch die übrige für die Saltzb[urgische] gem[eine] in Ebenez[er] und die mission in Ostindien destinirte gaben gebührend zu übermach[en] ohnermangeln, damit solche, nach Dero allerseitig[en] christlichen intention, unter göttlichem segen angewandt werd[en können]. Und da [ich] die jetzt edirte 53. Cont[inuation] des berichtes von der mission,[1983] nechst einer von Tranckenbar neu eingelaufenen kurtzgefaßten nachricht von dem zustand der dortigen mission bereits vor einig[en] tagen an Ew[er] H[ochwürden] übersandt habe,[1984] so hoffe [ich], daß Dieselben [Johann Nikolaus Sybel; gestrichen: nebst denen übrigen] daraus genugsame nachricht von dem fortgehend[en] seg[en] der mission vernehmen werd[en].

Ein gleiches vergnüg[en] wünschte [ich] mit übersendung einer neuen continuation des ebenezerisch[en] diarii[1985] bey denen gönnern des [gestrichen: Saltzburger] dasig[en] wercks Gottes, absonderlich[en] der rechtschaffenen chanoinesse [Elisabeth Johanne] von Daal [Dael] zu erwecken. Weil aber [gestrichen: durch] das diese messe zu edirn gewesene werk des diarii auf der see bey den [gestrichen: da] dermalig[en] kriegs umständ[en] verlor[en] gegang[en ist], so hat die edirung einer neuen continuation von d[em] her[rn] senior [Samuel] Urlsperger[1986] bis zu einlaufung eines neuen copie des diarii aus gesetzt werd[en] müss[en]. Doch ist mit den[en] neuest[en] briefen [Streichung] von dort berichtet word[en], daß der degliche seg[en] annoch müsse fortgehe[n] und unter andern spurn der vorsorge Gottes nun auch die zweyte kirche auf den plantationes [am Rande ergänzt:] gleichwie

---

1983 Das aktuelle Heft der „Halleschen Berichte ". Wie Anm. 1757: Francke, Gotthilf August (Hg.): Continuation des Berichts der Königlichen Dänischen Missionarien in Ost-Indien Teil 53: Worinnnen [...] das Tage-Register von der ersten Hälfte des 1741sten Jahres [...] enthalten [...], Halle: Waisenhaus 1743, S. 785–940. Exemplar: Stuttgart EOK.

1984 Nr. 127.

1985 Des regelmäßig erscheinenden Berichts über die Fortschritte der Arbeit in Georgia, zwischen 1735 und 1752 erschienen unter dem Titel „Ausführliche Nachrichten". Vgl. unten Anm. 1986.

1986 Samuel Urlsperger (1685–1772). Wie Anm. 561. – Urlsperger war seit 1723 Pfarrer und Senior des Geistlichen Ministeriums in Augsburg und zugleich der wichtigste Förderer der Salzburger Emigranten (so ab 1731) gewesen. In diesem Zusammenhang organisierte er gemeinsam mit Francke und der „Society for Promoting Christian Knowledge" mehrere Auswanderungswellen nach Georgia in Britisch Nordamerika. Die darauf bezogenen Publikationen („Ausführliche Nachrichten", 1735–1752; „Amerikanisches Ackerwerk Gottes", 1754–1764) wurden im Wesentlichen durch ihn redigiert und vertrieben.

nessen [Anna Christine Elisabeth] von Michels und [Elisabeth Johanne] von Deel [Dael] richtig an mich übersandt [hat], solches wird hiedurch bescheiniget und zugleich schuldigster danck abgestattet, auch alle göttl[iche] gnaden-vergeltung angewünscht, Halle den [...].

Nr. 127   Halle (Saale), 2. Hälfte September/Anfang Oktober 1743
Gotthilf August Francke, Professor der Theologie und Inspektor der Kirchen und Schulen der Ersten Diözese des Saalkreises in Halle (Saale), an Johann Nikolaus Sybel, Pfarrer an St. Georgii in Soest. Übersendet die 53. Folge der „Halleschen Berichte" und eine „von Tranckenbar neu eingelaufene[n] kurtzgefaßte[n] nachricht von dem zustand der dortigen mission". Nicht aufgefunden, aber bezeugt durch Nr. 131.

Nr. 128–130   Soest, 23. September, 3. Oktober und vor 12. Oktober 1743
Drei Briefe Johann Nikolaus Sybels, Pfarrer an St. Georgii in Soest, an Gotthilf August Francke, Professor der Theologie und Inspektor der Kirchen und Schulen der Ersten Diözese des Saalkreises in Halle (Saale). Mit Geldspenden und der vierteljährlichen Kollekte für die Freitische. Nicht aufgefunden, aber bezeugt durch Nr. 131.

Nr. 131   Halle (Saale), 12. Oktober 1743
Gotthilf August Francke, Professor der Theologie und Inspektor der Kirchen und Schulen der Ersten Diözese des Saalkreises in Halle (Saale), an Johann Nikolaus Sybel, Pfarrer an St. Georgii in Soest. Konzept. (Halle [Saale] AFSt, Bestand H C 635:19)

An h[errn] past[or] Sybel zu Soest.
 Hochwolehrwürdiger, hochgeehrt[er] und in d[em] He[rrn] sehr werthgeschetzter H[err] Pastor.
 Ew[er] Hochwolehrw[ürden; gestrichen: beyde] werthes schreiben vom 23. Sept[embris; gestrichen: und 3. Oct(obris)] habe ich [gestrichen: denn] vor einig[en] tagen und gestrig auch Dero geehrtes vom 3. huius wol erhalt[en]. Da ich nun mit beantwortung des ersteren [Schreibens] weg[en] vieler hinderung einen post tag [habe] überschlagen müss[en] (so [ich] nicht übel zu nehmen bitte), so will [ich] hierdurch hertzlich auf beyde meine ergebene u[nd] hertzliche dancksagung, so wol [gestrichen: für die von] Ew[er] Hochw[ohl]ehrw[ürden] für die übersandte 2. ducaten, als auch der frau [N. von] Mallinkrodt[1980] in Dortmund für dero verehrte pistole, [gestrichen: und] der chanoinesse von Daal[1981] im Stift St. Walpurg[is] für die geschenckte 2. spanischen pistol[en] und der chanoinesse [N.] von Viebahn[1982]

1980 Wie Anm. 1955.
1981 Elisabeth Johanne von Dael (1699–1743). Wie Anm. 1968.
1982 Johanna Dorothea von Viebahn, eine Tochter des Johann Henrich von Viebahn (1674– 1754), Kanonisse im Stift St. Walburgis. Kleiner Michels (wie Anm. 14), S. 473.

excoliert, auch historie] und mathesis [Mathematik] von den wenigsten [am linken Rande ergänzt, dann aber wieder gestrichen: bey studiosis theologiae sehr rar ist] excoliert wird,[1975] diejenige aber, welche sich [gestrichen: nach] alhier[1976] auf die philosophie geleget haben, selt[en] so beschaffen sind, daß ich sie recommendiren kan.[1977]

Über dem aber muß [ich] gestehen, [gestrichen: daß] da [gestrichen: die conditionen] informatores hier so häufig gesuchet werd[en], daß solche, welche die [gestrichen: hier] erforderte [gestrichen: eigenschafft(en)] capacität hab[en], gar biß 50, 60 und mehr r[eichs]th[ale]r pro salario bekommen können. Daher solche hier nicht als […] [Großflächige Streichung: Daher um so viel mehr zweifle, ob jemand bey einem salario von 30 r(eichs)th(ale)r(n) sich darauf resolviren möchte, sich so weit von seinem vaterland zu entfernen (…) und gehen möchte, da mir ja auch kein studiosus aus derselbigen gegend dahier bekand ist, der sich darzu schick(en) möchte.] Ich bedaure demnach sehr, daß ich [am Rande ergänzt: dem verlang(en) des] besagten herrn amtsvoigt, welchem [ich] meine ergebensten empfehlungen [zu] vermelden und diese umstände zu [gestrichen: vermelden bitte] hinterbring[en] bitte, keine genüge thun kan, wie ich sonst[en] hertzlich gerne wolte, wenn [ich] im stand wäre.

Was hirnächst die communicirte lieder[1978] anlangt: so [gestrichen: glaube] hoffe [ich] zwar, daß [gestrichen: solches nützlich] deren publication ihren nutz[en] haben [gestrichen: werde] könne, [großflächige Streichung: glaube aber auch, daß solche (Lieder) besser an einem andern orte als hier ediret werden möchten, weil man hier ohne dem mit dergleichen überhäuft, ja, mithin dergleichen sicherlich keinen verleger dazu wüßte, bey dem waysenhauß (mich) aber auf diesmal damit nicht einlassen kan; dafür am Rande: weiß aber hier keinen verleger dazu zu schaffen an hiesigem orte], weil denn kein sonderlicher abgang davon zu erwarten seyn möchte [Streichung]*[1979] Ich bitte alles bestens bey dem herrn amtsvoigt zu entschuldigen. Womit ich übrigens unter herzlicher erlassung in den schutz Gottes allseits verharre
    Ew[er Gotthilf August Francke]

[Entwurf für eine Quittung:] Daß der herr pastor Sybel zu Soest für die Saltzburgische colonie in Georgien drey pistolets oder fünfzehn reichsthaler namens [gestrichen: der …] der frau abtissin [Johanna Sophia Florentine] von [Bockum-]Dolphus [gestrichen: und] in dem Stift St. Walpurg[is] und derer dasig[en] chanoi-

---

1975 Gründlich studiert wird.
1976 In Halle.
1977 Empfehlen kann. – Man darf dies wohl als einen Hinweis auf den sich abzeichnenden Triumph der leibniz-wolffschen Philosophie auch an der Universität in Halle lesen.
1978 Wohl geistliche Gesänge. – Der Verfasser ist nicht nachgewiesen. Es könnte auch der Amtsvogt selbst gewesen sein.
1979 Der Absatz derartiger erbaulicher Dichtungen ist also inzwischen deutlich zurückgegangen.

[(Anna Christine Elisabeth) von Michels[1967] und (Elisabeth Johanne) von Dael[1968]] in dem Stifte St. Walpurgis in meinem und der Saltzburger emigranten [Doppelung: in meinem] namen hertzlich[en] danck [gestrichen: abst] abzustatt[en], wie [ich] denn auch hirbey ein recepisse[1969] lege, [um] ein solches, wenn es nöthig [sein sollte], denenselb[en] zu überreichen.

Ich lobe u[nd] preise billig den Herrn nicht nur vor [für; am Rande ergänzt:] die beweisung* seiner hertzerwekenden kraft, [gestrichen: nach welcher er] in erweckung christlicher wolthäter, welche sich dieser gemeinde [in Ebenezer] mit gebet u[nd] realer liebe annehm[en], sondern auch vor [für] d[en] seg[en], den er auf die nachricht[en] von der treun amtsführung der beyden dortig[en] lehrer [Martin Boltzius und Israel Christian Gronau][1970] leget, und freue mich, daß diese ein solcher guter geruch[1971] in Europa sind. Der Herr fahre fort, sein volck [am Rande ergänzt:] an all[en] ort[en]* zu segnen und seinen namen herrlich zu machen.

Aus Dero erst[en] und letzten schreiben [vom 17. Juli und 3. August], nebst der diesem beygefügt[en] zuschrift des herrn amtsvoigts [N.] von Hinüber,[1972] habe [ich] denn des mehre[re]n erseh[en], [gestrichen: daß] was dieser cavalier vor einen informatorem bey seine kinder verlanget. Nebst remission seines original-schreibens bitte [ich] denn, zuvorderst denselb[en] zu versichern, daß ich dessen gutiges vertrauen zu mir mit [Streichung] schuldigem danck [Streichung] erkennte und von hertzen wünschte, demselben nach wunsch dien[en] zu könn. Gleichwie aber, bey der viel[en] nachfrage nach frommen und geschickten subiectis [am Rande ergänzt:] der vorrath von solch[en]* [gestrichen: diejenige], welche diese beyde qualität[en][1973] besitzen, [gestrichen: sehr ausgesucht, mithin vor] nicht gar zu groß seyn kan: also [gestrichen: bedaure] muß ich auch [gestrichen: dismalen] bekennen, daß ich keinen [gestrichen: solch(en)] studiosum, der in all[en; gestrichen: disen] stücken, welche [gestrichen: hier von einig(en) diesem informa] der herr [N.] von Hinüber von einem informatore erfordert, praestanda[1974] praes[en]tirn könte [gestrichen: dermalen] und dise condition annehmen möchte, dermalen vorzuschlagen weiß. Zumalen, da die frantzösische sprache [gestrichen: von den wenigsten

---

1967 Anna Christine Elisabeth von Michels (1694–1784) war seit 1720 Kanonisse im Stift St. Walburgis. Großer Michels (wie Anm. 14), S. 59.
1968 Elisabeth Johanne von Dael (1699–14. Oktober 1743) war seit 1721 Kanonisse im Stift St. Walburgis. Ebd., S. 208.
1969 Eine Quittung/einen Empfangsbeleg.
1970 Israel Christian Gronau (1714–1745) aus Kroppenstedt. Er war von 1734 bis 1745 lutherischer Pfarradjunkt der Salzburger Gemeinde in Ebenezer. Franckesche Stiftungen zu Halle (Saale), Studienzentrum August Hermann Francke – Archiv – Datenbank zu den Einzelhandschriften in den historischen Archivabteilungen.
1971 Vgl. 2. Kor 2, 16a: „diesen ein Geruch des Todes zum Tode, jenen aber ein Geruch des Lebens zum Leben."
1972 Nicht nachgewiesen. Offenbar ein preußischer Beamter.
1973 Vgl. das Folgende (Französisch und Mathematik).
1974 Die gewünschten/mitzubringenden Qualifikationen.

[ich] noch eine kurze betrachtung der worte: Hier ist Immanuel! bey,[1963] der ich unter [be]lassung in d[en] schutz Gottes mit aller hochachtung verharre.

E[wer] H[och]w[ürden Gotthilf August Francke]

Nr. 122–124 Soest, 17. Juli, 27. Juli und 3. August 1743

Drei Briefe Johann Nikolaus Sybels, Pfarrer an St. Georgii in Soest, an Gotthilf August Francke, Professor der Theologie und Inspektor der Kirchen und Schulen der Ersten Diözese des Saalkreises in Halle (Saale). Mit Beilagen (17. Juli 1743 und 3. August 1743) und Geldspenden (27. Juli 1743). Nicht aufgefunden, aber bezeugt durch Nr. 126.

Nr. 125 [Soest,] ca. Ende Juli 1743

Der Amtsvogt [N.] Hinüber an Gotthilf August Francke, Professor der Theologie und Inspektor der Kirchen und Schulen der Ersten Diözese des Saalkreises in Halle (Saale). Auslobung einer Hauslehrerstelle.[1964] Beilage zu Nr. 123 oder 124. Nicht aufgefunden, aber bezeugt durch Nr. 126

Nr. 126 Halle (Saale), 8. August 1743

Gotthilf August Francke, Professor der Theologie und Inspektor der Kirchen und Schulen der Ersten Diözese des Saalkreises in Halle (Saale), an Johann Nikolaus Sybel, Pfarrer an St. Georgii in Soest. Mit Beilage eines fremden Briefes (Nr. 125) und beigefügten Quittungen. Konzept. (Halle [Saale] AFSt, Bestand H C 635:15)

An he[rrn] pastor Sybel zu Soest.

Hochwolehrwürdiger, hochgeehrt[er] und in dem Herrn sehr werthgeschätzter Herr Pastor.

Ew[er] Hochwolehrw[ürden] angenehme schreib[en] vom 17ten u[nd] 27. July, auch 3. Aug[ust 1743] habe [ich] wol erhalten. Vor die beygehenden [gestrichen: unterm 27 Jul] übermachten 3 pistolets,[1965] welche der Saltzburger gemeine in Ebenezer gewidmet [waren], bitte [ich] der frau äbtissin[1966] und denen beyden chanoinessen

---

Kommission für Westfalen XLIV. Quellen und Forschungen zur Kirchen- und Religionsgeschichte 2), Münster 1992 und 1994, hier: Teil 2, S. 354–360, hier S. 359f.

1963 Francke, Gotthilf August: Vorbereitung aufs Weyhnacht-Fest über die Worte: Hier ist Immanuel: Esa. VIII, 10.: den 23sten Decembr[is] 1729. In öffentlicher Versammlung auf dem Wäysen-Hause ertheilet; Der Jugend in den Schulen des Wäysen-Hauses ausgetheilet vor Weyhnachten 1742 [...], Halle: Waisenhaus 1742 (VD18 10063013).

1964 Nicht identisch mit Elbert, Dirk: Fundsache: Ein Gutsbesitzer sucht im 18. Jahrhundert einen Hauslehrer für seine Kinder, in: SZ 96 (1984), S. 123.

1965 Kahnt/Knorr: Alte Maße, Münzen und Gewichte (wie Anm. 1807), S. 226f. („Pistole").

1966 Johanna Sophia Florentine von Bockum-Dolffs (1682–1762). Wie Anm. 1962.

Abb. 81: Johann Martin Boltzius (1703–1765). Kupferstich des Johann Jakob Haid (1704–1767), tätig in Augsburg 1754 nach einem Gemälde des Jeremiah Theus (1716–1774), tätig in Carolina, 1753. (Leipzig UB, Porträtstichsammlung)

sion [sich] nicht [gestrichen: an sie] zu ihm [haben] nah[en] dürf[en], sondern 25. teutsche meilen von [Streichung] Ebenezer entfernet [haben] bleib[en] müß[en];[1961] welchs [ich] der frau abtissiin [Johanna Sophia Florentine von Bockum, gen.] von Dolphus [im Stift St. Walburgis[1962]] zu dero freude zu referirn bitte. Übrigens lege

---

1961 Zum historischen Hintergrund Winde, Einleitung in: Müller-Bahlke/Gröschl, Salzburg – Halle – Nordamerika (wie Anm. 562), S. XLII.

1962 Johanna Sophia Florentine von Bockum-Dolffs (1682–1762) wurde 1708 Kanonisse im Stift St. Walburgis und dort 1724 zur Äbtissin gewählt. Großer Michels (wie Anm. 14), S. 220. – Kohl, Rolf Dieter: Artikel „Soest – Augustinerinnen, gen. St. Walburgis", in: Hengst, Karl (Hg.): Westfälisches Klosterbuch. Lexikon der vor 1815 errichteten Stifte und Klöster von ihrer Gründung bis zur Aufhebung. Teil 1: Ahlen – Mülheim. Teil 2: Münster – Zwillbrock (Veröffentlichungen der Historischen

Nr. 119   Halle (Saale), 5. März 1742

Johann Heinrich Callenberg, ordentlicher Professor der Theologie und Leiter des Institutum Judaicum et Muhammedicum in Halle (Saale), an Johann Nikolaus Sybel, Pfarrer an St. Georgii in Soest. Nicht aufgefunden, aber bezeugt durch Nr. 118.

Nr. 120   Soest, Ende Dezember 1742

Johann Nikolaus Sybel, Pfarrer an St. Georgii in Soest, an Gotthilf August Francke, Professor der Theologie und Inspektor der Kirchen und Schulen der Ersten Diözese des Saalkreises in Halle (Saale). Mit Geldspenden. Nicht aufgefunden, aber bezeugt durch Nr. 121

Nr. 121   Halle (Saale), 14. Januar 1743

Gotthilf August Francke, Professor der Theologie und Inspektor der Kirchen und Schulen der Ersten Diözese des Saalkreises in Halle (Saale), an Johann Nikolaus Sybel, Pfarrer an St. Georgii in Soest. Mit Beilage und beigefügten Quittungen. Konzept. (Halle [Saale] AFSt, Bestand H C 635:14)

[Adresse:] An h[errn] past[or] Sybel zu Soest.

Hochwohlehrwürdiger, hochgeehrter und in dem Herrn sehr wohlgeschätzter H[err] Pastor.

Unter hertzlicher anwünschung alles seegens und göttlich[en] gnaden-beystands von dem Immanuel[1958] dancke [ich] Denenselben für [die] richtige übersendung Derer gaben [gestrichen: so wohl], wogeg[en] die verlangte bescheinigung[en] hiebey kommen, so [ich] denen wohlthätern nebst meinen dienstlich[en] dancksagung[en] zuzustellen bitte.

Der liebe H[err Johann Martin] Bolzius [Abb. 81][1959] ist in diesem jahr durch eine sonderbare probe der [gestrichen: verf] väterl[ichen] obhut Gottes ohne zweifel [ho]chl[ich] erquicket word[en], wovon seine künftigen briefe voll seyn werden. Da nemlich die Spanier bey [gestrichen: ihm] ihrer in Georgien[1960] gethanen inva-

---

1958   Vgl. Jes 7,14: „Darum wird euch der Herr selbst ein Zeichen geben: Siehe, eine Jungfrau ist schwanger und wird einen Sohn gebären, den wird sie nennen Immanuel." Als Gegenstand der Verheißung im Neuen Testament auf Jesus Christus gedeutet (Mt 1,23).

1959   Johann Martin Boltzius (1703–1765) stammte aus Forst in der Niederlausitz. Er hatte seit 1727 in Halle studiert und war 1730 Inspektor der Lateinschule des dortigen Waisenhauses geworden. 1733 suchte Gotthilf August Francke auf Bitten des Augsburger Seniors und Pfarrers Samuel Urlsperger (1685–1772; wie Anm. 561) zwei Theologen, die eine Gruppe von 78 Salzburger Emigranten in die britische Kolonie Georgia begleiten und als deren Seelsorger und Lehrer bei diesen bleiben sollten. Boltzius ließ sich gewinnen und war von 1734 bis 1765 als lutherischer Pfarrer der Salzburger in Ebenezer, Georgia, und später in New Ebenezer tätig. Wellenreuter, Hermann: Artikel „Boltzius, Martin", in: RGG⁴ 1 (1998), Sp. 1678 (Literatur).

1960   British Georgia.

Nr. 118   Soest, 2. Oktober 1741

Johann Nikolaus Sybel, Pfarrer an St. Georgii in Soest, an Johann Heinrich Callenberg, ordentlichen Professor der Theologie und Leiter des Institutum Judaicum et Muhammedicum in Halle (Saale). Mit Eingangsvermerk vom 17. Oktober 1741 und Hinweis auf einen bislang nicht aufgefundenen Antwortbrief Callenbergs vom 5. März 1742. (Halle [Saale] AFSt, Bestand H K 29:382)

[Ohne Adresse] Hochehrwürdiger He[rr] Doctor!

Nebst dem, daß [ich] Ew[er] H[och]e[hr]w[ürden] oder vielmehr der gesamten kirch[en] darüber zu gratuliren habe, daß Dero gnedig aufgerichte[te]s institutum noch immerfort erwünschten fortgang hat, statte [ich] auch ergebensten dank ab für bisherige hochgeneigte communication Dero publicirten nachrichten [von einem Versuch, die verlassene(n) Muhammedaner zur heilsamen Erkenntnis Christi anzuleiten].[1953] Ich nehme auch die freyheit, einen harten r[eichs]th[aler][1954] zum behuf des drucke-lohns und [der] transmissions-kosten bey zu legen, wozu noch für das institutum kömt ein r[eichs]th[aler] von einer witwen [N. von] Mallinkrodt in Dortmund,[1955] welcher [ich] die nachrichten zuzuschicken pflege. Solten Ew[er] H[och]e[hr]w[ürden] gedachter stadt ein besonderes [eigenes] exemplar [der „Nachrichten"] zu wiedmen belieben, so würde [ich], selbiges zu übermachen, nicht ermangeln.[1956] Gott erhalte Ew[er] H[och]e[hr]w[ürden] seiner kirchen und besonders denen, so noch dazu von den nachkommen Abrahams, worunter sich die Muhamedaner gern mit rechnen, geführet werden sollen, zu dienste und laße bey gegenwärtigen gefährlichen aspecten[1957] dennoch die thür zu den ungläubigen nicht versperret werden, womit [ich] verharre

Ew[er] H[och]e[hr]w[ürden] [...]-doctoris
gehorsamst ergeb[ener] m[agister] Jo[hann] Nic[olaus] Sybel
pr[ediger] zu St. Georgii

1953   Offenbar das auf die Muslime bezogene Periodikum des Instituts. Wie Anm. 1950.
1954   Kahnt/Knorr: Alte Maße, Münzen und Gewichte (wie Anm. 1807), S. 250 f. („Reichstaler").
1955   In der Folge mehrfach erwähnt, aber nicht sicher zu ermitteln: Eine Witwe († 1744 an der Wassersucht; vgl. Nr. 131, 139 und 141), Missionsspenderin und Empfängerin der hallischen Periodika.
1956   Sybel bietet sich damit erstmals an, die hallischen Periodika auch ganz offiziell weiterzuleiten.
1957   Wohl ein Hinweis auf die Kriegslage auf dem Balkan: 1739 mussten die Habsburger nach verlustreichen Kämpfen Nordserbien (mit Belgrad) und die Kleine Walachei, die sie erst 1718 von den Osmanen zurückgewonnen hatten („Friede von Passarowitz"), wieder an diese zurückgeben („Friede von Belgrad"). Hösch, Edgar/Nehring, Karl/Sundhaussen, Holm: Lexikon zur Geschichte Südosteuropas, Wien, Köln und Weimar 2004, S. 703 f.

Nr. 115   Halle (Saale), Anfang Juli 1740

Johann Heinrich Callenberg, ordentlicher Professor der Theologie und Leiter des Institutum Judaicum et Muhammedicum in Halle (Saale), an Johann Nikolaus Sybel, Pfarrer an St. Georgii in Soest. Mit Beilagen. Nicht aufgefunden, aber bezeugt durch Nr. 116.

Nr. 116   Soest, 27. Juli 1740

Johann Nikolaus Sybel, Pfarrer an St. Georgii in Soest, an Johann Heinrich Callenberg, ordentlichen Professor der Theologie und Leiter des Institutum Judaicum et Muhammedicum in Halle (Saale). Mit Eingangsvermerk vom 10. August 1740 und Hinweis auf einen bislang nicht aufgefundenen Antwortbrief Callenbergs vom 4. März 1741. Mit einer Geldspende. (Halle [Saale] AFSt, Bestand H K 28:261)

[Ohne Adresse] Hochwürdiger He[rr] Professor!

Ew[er] H[och]w[ürden] statte [ich] wiederum ergebensten danck ab für die bisher guhtigst übergeschickte sachen Dero institutum, die Juden und Türcken bekehrung betreffen[d].¹⁹⁵⁰ Ich achte mich dabey verpflichtet [zu sein], das gantze werk dem Herrn der erndte¹⁹⁵¹ fleißig zu befehlen und ihn anzuflehen, daß er Ew[er] H[och]w[ürden] für die viele mühe erquicken, das werck ihrer hände fördern¹⁹⁵² und sie lange zu einem so wichtigen geschäfte erhalt[en] wolle. Beygelegtes bitte [ich] zu dem instituto mit zu befordern, der ich verharre

Ew[er] H[och]w[ürden] [...]-Pr[ofessoris]
zu dienst und gebeht ergebenster d[iene]r
Jo[hann] Nic[olaus] Sybel, pr[ediger]

Nr. 117   Halle (Saale), 4. März 1741

Johann Heinrich Callenberg, ordentlicher Professor der Theologie und Leiter des Institutum Judaicum et Muhammedicum in Halle (Saale), an Johann Nikolaus Sybel, Pfarrer an St. Georgii in Soest. Mit Beilagen. Nicht aufgefunden, aber bezeugt durch Nr. 116.

1950 Das Periodikum des Instituts (wie Anm. 599), zwischen 1738 und 1751 erschienen unter der Bezeichnung „Relation von einer weitern Bemühung, Jesum Christum als den Heiland des menschlichen Geschlechts dem jüdischen Volk bekannt zu machen" (1.–30. Stück). Die zwischen 1739 und 1753 erscheinenden Berichte über die Bemühungen zur Islammission trugen den Titel „Nachricht von einem Versuch, die verlassene Muhammedaner zur heilsamen Erkenntnis Christ anzuleiten" (1–6. Stück).
1951 Vgl. Mt 9, 38: „Darum bittet den Herrn der Ernte, dass er Arbeiter in seine Ernte sende."
1952 Vgl. Ps 90, 17: „Und der Herr, unser Gott, sei uns freundlich und fördere das Werk unsrer Hände bei uns."

tiones[1941] gedenken, und die gemeine leidet viel an versäumter besuchung der kranken, unterweisung der jugend und ubriger privat aufsicht. Die witwe hat auch ihre last, wenn sie oft an den dritten tag[1942] den [jeweiligen] prediger mit seinem pferde bewirthen muß. Und es hätte wenigstens nicht so viel beschwerde, wenn die wahl innerhalb 6. wochen geschehen müße [könnte], nisi praegnans obstet causa,[1943] und der neo-electus obligiret wäre,[1944] ein iahr für die bloße alimentation[1945] umsonst zu dienen, und das salarium in die witwen cassa (davon man doch in diesen landen so wenig als von witwenhäusern weiß) gebracht oder der witwen zufallen müsse.[1946] Gott rahte auch seiner kirchen in dergleichen äußern dingen und steüre allen daher rührenden ärgernissen, vornehmlich baue er den geistlichen leib Christi und schenke uns dazu treue arbeiter. [Er] reinige auch, erleüchte, erwecke und stärke uns, die wir bereits in die erndte gesandt sind.[1947]

Ich nehme die freyheit, nochmahls meinen vettern aus Essen[1948] Ew[er] H[och]w[ürden] aufsicht und raht zu recommendiren. Ich vernehme, daß er an einem gewißen landesmann einen bösen cameraden erwehlet habe. Wenn es Ew[er] H[och]w[ürden] umstände zulassen solten, ihm eine speciele ermahnung zu geben, [so] wolte [ich] dienstlich gebethen haben, daß Ew[er] H[och]w[ürden] sölche barmhertzigkeit an ihm, einem sehr finstern gemühte, beweisen mögten, ob Gott dadurch ihm helfen wolte. Ich empfehle [mich] übrigens Ew[er] H[och]w[ürden] und Dero consilia und labores[1949] göttl[icher] segensreichen gnade als

Ew[er] H[och]w[ürden] m[eines] h[och]g[ee]h[rtest]en Professoris
ergebenster diener Jo[hann] Nic[olaus] Sybel

1941 Winkelzüge/heimliche Absprachen.
1942 Bis zu drei Tagen lang.
1943 Sofern nichts Schwerwiegendes dagegen spricht/dem nichts Wichtiges entgegensteht.
1944 Der Neuerwählte verpflichtet wäre.
1945 Für Kost und Logis.
1946 In der Grafschaft Mark war die Einrichtung einer solchen Witwenkasse wohl erstmals 1726 vorgeschlagen worden. Göbell, Evangelisch-lutherische Kirche I (wie Anm. 10), S. 139. Vgl. ebd., S. 159 (1730). Die Errichtung wurde 1731 tatsächlich beschlossen. Ebd., S. 166 und 172. Noch 1745 war aber keine Kasse vorhanden. Ebd., S. 279 (1745). Gleiches galt für das Folgejahr. Ebd., S. 289 f. (1746). Auch 1751 war man noch keinen Schritt vorangekommen. Ebd., S. 307. Im Jahr 1754 erging dann eine königliche Konzession. Ebd., S. 324 (1754). Nun kam die Sache tatsächlich in Gang. Ebd., S. 329 f. (1755). Im Krieg wurde die Situation aber sogleich wieder prekär. Ebd., S. 334, 336 f. (1756) und 344 (1758). – Die Einrichtung einer solchen Kasse in Soest wird Sybel erst als Inspektor durchsetzen können. Vgl. unten Nr. 193.
1947 Vgl. Mt 9, 38: „Darum bittet den Herrn der Ernte, dass er Arbeiter in seine Ernte sende."
1948 Den bereits oben Anm. 1827 erwähnten, nicht sicher nachgewiesenen Studenten.
1949 Pläne und Mühen/Projekte.

[Ohne Adresse] Hochwürdiger He[rr] Professor!

Zu der nachricht, welche [ich] Ew[er] H[och]w[ürden] gühtigem befehl zufolge¹⁹³¹ durch einen studiosum [Johann Matthias] Römer¹⁹³² iüngsthin überschicket habe,¹⁹³³ lege [ich] noch beygehende copiam des schreibens eines predigers aus Essen, m[agister Conrad] Schmidt,¹⁹³⁴ eines alten discipuli Dero s[e]hl[igen] he[rr]n papa [August Hermann Franckes], eines klugen und treüen haushalters [gestrichen: bey].¹⁹³⁵ Dafern [ich] etwas weiter erfahren solte, werde [ich] davon part zu geben nicht ermangeln, als [jemand der davon] versichert [ist],¹⁹³⁶ daß Ew[er] H[och]w[ürden] von den angenehmen und widrigen begebenheiten im Reiche Christi gern kundschaft einziehen.

Unter die widrige fata des Reiches Gottes in unserm gegend zehle [ich] billig auch, daß fast bey den meisten prediger-wahlen so viel intrigues, disputen und langwierige processus gemachet und geführet werden, welches übel aus einer zwofachen unordentlichen ordnung herrühret, da

1. im Märkischen und Clevischen die gantze gemeine [...; wohl: candida]tum wehlet, ohne zweifel, damit desto weniger gefahr sey, daß die wahl durch absichten auf gunst, freundschaft und geschenke regiret werde, woraus aber nun erfolget, daß nicht nur auch unverständige [Personen] urtheilen können über dem unterschied derer praesentirten oder zu praesentirenden candidatorum, sondern auch partheyen sich zusammen schlagen, in wirtshäusern die wahlsache ventilirn,¹⁹³⁷ darüber sich verbünden, allerley anschläge schmieden und wohl gar zu zanck und schlägerey sich aufbringen laßen, da hingegen, wo ein ausschuß der gemeine wehlet, die sache [gestrichen: schwerlich] in [einer] mehrern stille geführet und treu meinender prediger raht eher angenommen wird. Ich gedencke: deren rahts, denn von dem eigendlichen votiren sind in diesen gegenden die prediger gantz ausgeschloßen.

Die 2. quelle der disputen bey prediger-wahlen ist, daß dieselbe jahr und tag nach des predigers tode differiret werden,¹⁹³⁸ unter dem [Rechts]titul, daß in favorem viduae et orphanorum¹⁹³⁹ benachbahrte ministeriales¹⁹⁴⁰ die vacirende gemeine bedinen sollen. Solcher gestalt gewinnen aber die zeit und raum, die an [auf] machina-

---

1931 Die Nachrichten über den Aufenthalt des Grafen von Castell-Remlingen im Bergischen Land (Nr. 108–113) waren demnach wohl doch gezielt angefordert worden.
1932 Johann Matthias Römer (1714–nach 1755). Wie oben Anm. 1822.
1933 Nr. 107.
1934 Konrad Schmid († 1766). Wie Anm. 570.
1935 Vgl. 1. Kor 4, 2: „Dafür halte uns jedermann: für Diener Christi und Haushalter über Gottes Geheimnisse. Nun fordert man nicht mehr von den Haushaltern, als dass sie für treu befunden werden."
1936 Dem zuverlässig bekannt ist.
1937 Diskutieren/durchhecheln.
1938 Aufgeschoben/herausgezögert werden.
1939 Zugunsten der Witwe und der (Halb-)Waisen.
1940 Die Pfarrer der benachbarten Kirchengemeinden.

Daß der herr Graf [Nikolaus Ludwig von] von Zinzendorff[1925] in Berlin wochentlich 3 mahl versamlung halte, da viel 100 zuhörer gegenwertig sind,[1926] wird aus dem Historischen Journal, [das] zu Coln gedruckt [wird],[1927] bekand sein.

Daß in unserm Sollingen täglich wunder der gnaden Gottes geschehen, leuchtet nun iederman in die augen. Daß leute, die 50 jahre dem Teufel und der sünde gedienet haben, gantz geändert und gründlich bekehret werden, ist nichts neues mehr. Die Reformierten haben in der stad und auf dem lande ihre versamlung auch angefangen und kommen mit 200 bis 300 personen auf einmahl zusammen, sich untereinander zu erbauen, wenigstens 2 biß 3 mahl in der wochen.

Die prediger kommen zwarn nicht hinzu, [sie] sind aber doch stille. Die, so insgemein den vortrag thun, sind zwey kaufleuthe und 1 schmid, heißen [Peter] Kattenberg [Katterberg], [N.] Schmitz und [Johann Wilhelm] Holferscheid [Holverscheid(t)].[1928] Gantze partheyen von beyden religionen[1929] kommen zu mir [Johann Gangolf Wilhelm Forstmann] und fragen: Wie sie es denn nun anfangen sollen, daß sie ihre seelen retten, [und sie] beklagen, daß sie mich so offt gelästert und so viel böses von mir ausgesprenget.

4 biß [seit] 25 Jahre gewesene Separatisten gehen alle wieder zur kirchen und zum abendmahl, und ist [es] hirselbst fast dahin gekommen, daß die, so kein wahre christen werden wollen, sich [sehr] schämen müssen. So gar werden die wirthe bekehret und in ihren häusern an statt der saufgelage nun versamlungen gehalten, und dazu sagt biß diese stunde kein mensch was. Gott gebühret allein die ehre, der in den schwachen mächtig ist[1930] etc. etc.

Nr. 114   **Soest, 14. April 1738**

Johann Nikolaus Sybel, Pfarrer an St. Georgii in Soest, an Gotthilf August Francke, Professor der Theologie und Inspektor der Kirchen und Schulen der Ersten Diözese des Saalkreises in Halle (Saale). (Halle [Saale] AFSt, Bestand H C 635:6)

1925   Nikolaus Ludwig Graf von Zinzendorf (1700–1760). Wie Anm. 564.
1926   Zinzendorffs berühmte „Berliner Reden". Erstmals abgedruckt in: Des Ordinarii Fratrum Berlinische Reden/nach dem vollständigen und von ihm selbst eigenhändig revidirten Exemplar, in Druk gegeben von Gottfried Clemens, des Seminarii Theol[ogici] Decano und Schloß-Prediger zu Barby [...], London und Barby: Theologisches Seminar 1757 (VD18 90575199).
1927   „Historisches Journal: worinnen die vornehmste und newste sowohl Staats- als Kriegs- und Friedens-Geschichten, wie auch andere merckwürdige Begebenheiten mit einigen kurzen Anmerckungen einberichtet werden." Der fragliche Band ist nicht nachgewiesen (Köln UStB).
1928   Einzelnachweise bei: Peters, Halle – Herrnhut – Mülheim? (wie Anm. 334), S. 115.
1929   Lutherische und reformierte Christen.
1930   Vgl. 2. Kor 12, 9a: „Und er hat zu mir gesagt: Lass dir an meiner Gnade genügen; denn meine Kraft vollendet sich in der Schwachheit."

geringsten brüdern, die Gott fürchten, sey er so familiair, als wenn er noch geringer als wie sie wäre, dahingegen bey weltlichen stands-personen wüste er wohl seinen rang zu observiren. Ich gedenke daran, daß der H[err] Jesus mit den zölnern und sündern sich gemein machte,[1919] hingegen bey den stoltzen Pharisäern nicht niederträchtig sich bezeiget [hat] etc.

Conrad Schmid, pr[ediger]

Nr. 112   Rehweiler, 3. Februar 1738

Ludwig Friedrich Graf zu Castell-Remlingen an Johann Gangolf Wilhelm Forstmann,[1920] lutherischer Pfarrer in Solingen. Nach einer Kopie Johann Gangolf Wilhelm Forstmanns, lutherischer Pfarrer in Solingen, für Johann Nikolaus Sybel, Pfarrer an St. Georgii in Soest. Kopie von der Hand Johann Nikolaus Sybels für Gotthilf August Francke, Professor der Theologie und Inspektor der Kirchen und Schulen der Ersten Diözese des Saalkreises in Halle (Saale). Beilage zu Nr. 107. (Halle [Saale] AFSt, Bestand H C 635:13; Abdruck: Peters, Halle – Herrnhut – Mülheim? [wie Anm. 334], S. 116–118)

Nr. 113   Solingen, 14. März 1738

Johann Gangolf Wilhelm Forstmann, lutherischer Pfarrer in Solingen, an Johann Nikolaus Sybel, Pfarrer an St. Georgii in Soest. Kopie von der Hand Johann Nikolaus Sybels für Gotthilf August Francke, Professor der Theologie und Inspektor der Kirchen und Schulen der Ersten Diözese des Saalkreises in Halle (Saale). Beilage zu Nr. 107. (Halle [Saale] AFSt, Bestand H C 635:12)

Extract [eines] briefes vom 14. Martij 1738 aus Sollingen.

Den 30. Jan[uaris] erhielte [ich] ein pacquet briefe von Herrenhut. Den 14. Febr[uarii] habe [ich] ein schreiben vom he[rrn] Grafen [Ludwig Friedrich] von Castel[-Remlingen][1921] erbrochen [dazu Sybel für Francke:] davon Copia hiebey gehet*.[1922] Her[r]n [Johann Christoph] Hencke[1923] zu Duisburg hat derselbe[1924] die hofpredigerstelle [in Rehweiler] angetragen, welcher aber, dieselbe anzunehmen, sich, wie ich höre, weygert [gestrichen: den].

1919 Vgl. Mt 11, 19: „Der Menschensohn ist gekommen, isst und trinkt, und sie sagen: Siehe, dieser Mensch ist ein Fresser und Weinsäufer, ein Freund der Zöllner und Sünder! Und doch ist die Weisheit gerechtfertigt worden aus ihren Werken."
1920 Johann Gangolf Wilhelm Forstmann (1706–1759). Wie Anm. 335.
1921 Ludwig Friedrich Graf zu Castell-Remlingen (1707–1772). Wie Anm. 566.
1922 Nr. 112.
1923 Johann Christoph Hencke (1700–1780). Wie Anm. 1896.
1924 Ludwig Friedrich Graf zu Castell-Remlingen (1707–1772). Wie Anm. 566.

2.2 Quellen Nr. 1 bis 200   385

Nr. 111   Essen, 20. (10.?) Januar 1738

Conrad Schmid,[1908] Zweiter lutherischer Pfarrer in Essen, an Johann Nikolaus Sybel, Pfarrer an St. Georgii in Soest. Kopie von der Hand Johann Nikolaus Sybels für Gotthilf August Francke, Professor der Theologie und Inspektor der Kirchen und Schulen der Ersten Diözese des Saalkreises in Halle (Saale). Beilage zu Nr. 107. (Halle [Saale] AFSt, Bestand H C 635:7)

[Ohne Adresse] Der H[err] Graf [Ludwig Friedrich] von Castell[-Remlingen][1909] ist aus Holland über Duißburg retourniret und vorige woche von dar über Düßeldorf nach F[rank]furt [am Main] und ferner zu seiner Grafschaft abgereiset. Er ist der regirende herr, doch lebet seine fr[au] mutter[1910] noch, welche durch den König von Dänemarck[1911] beym Kayserl[ichen] hof noch auszuwirken suchet, daß Churpfaltz wegen des arrests in Düsseldorf satisfaction verschaffen möge. Dagegen aber der he[rr] Graf selbst auf alle satisfaction renunciiert hat.[1912] Von Holland hat er gesagt, daß er viele fromme sehlen angetroffen, aber bedauert, daß sie Christum noch nicht wohl kenneten, wie er für uns dahin gegeben sey, und daher bewogen worden [sei], ihnen des sehl[igen] he[rr]n prof[essoris August Hermann] Francke[s][1913] tractätlein, der glaubens-weg genannt,[1914] drucken zu lassen in Amsterdam, welches aber in wenigen tagen so begierig weg gerißen worden [sei], daß ers zum zweytenmahl in Holländischer sprache und wiederüm über wenige tage bey abermahligen abgange zum drittenmahl in Teütscher und Holländischer sprache zu gleich [habe] drucken laßen.[1915] Er[1916] ist abermahls bey he[rrn] past[or Johann Christoph] Hencken[1917] in Duißburg logiret gewesen. Einige haben ihn auch von hier[1918] besuchet, und [sie] wissen nicht gnug von ihm zu sagen, wie alles an ihm lebe in der liebe Jesu. Bey den

---

1908   Konrad Schmid († 1766). Wie Anm. 570.
1909   Ludwig Friedrich Graf zu Castell-Remlingen (1707–1772). Wie Anm. 566.
1910   Dorothea Renata von Castell-Remlingen (1669–1743; wie Anm. 566), die zweite Frau des Grafen Wolfgang Dietrich von Castell-Remlingen (1641–1709), eine geborene Gräfin von Zinzendorf und Pottendorf. Vgl. die Stammtafel bei Meyer, Otto: Das Haus Castell. Landes- und Standesherrschaft im Wandel der Jahrhunderte, in: Ders./ Kunstmann, Hellmut: Castell. Landesherrschaft – Burgen – Standesherrschaft (Neujahrsblätter der Gesellschaft für Fränkische Geschichte XXXVII), Castell/Neustadt (Aisch) 1979, S. 51.
1911   König Christian VI. von Dänemark und Norwegen (1699; reg. 1730–1746). Wie Anm. 1874.
1912   Verzichtet hat.
1913   August Hermann Francke (1663–1727). Wie Anm. 88.
1914   „Der heilige und sichere Glaubens-Weg eines evangelischen Christen" (Halle 1708 und öfter), eine Teilausgabe von Frankes „Bekenntnis eines Christen" (erstmals: Halle 1699), damals längst ein „Klassiker" des hallischen Pietismus und als solcher gewiss auch in den Niederlanden schon weit verbreitet.
1915   Nicht nachgewiesen.
1916   Der Graf.
1917   Johann Christoph Hencke (1700–1780). Wie Anm. 1896.
1918   Von Essen aus.

Es ist der Graf demnechst über Duisburg nach dem Hag gereiset und hat bey h[e]r[rn] pr[ediger Johann Christoph] Hencke einige tage logiret. Am [vergangenen] Mitwoche hat er in der privat-versamlung bey pr[ediger] Hencke zu großer erweckung der gemüther gesprochen über Joh. 14[:] Ich bin der weg etc.[1904] Des Sontags abends versamlet[e] sich eine große menge in der privat-übung. Da hat aber der Graf nicht geredet, sondern den h[e]r[rn] pr[ediger] Hencke allein reden lassen und neben ihm geseßen, doch des abends noch mit zurückgebliebenen freunden sich unterredet und von dem ernst in der nachfolge Jesu gesprochen. Es ist ihm ein freude gewesen, gewürdiget [zu] worden [zu] seyn, um des nahmens Jesu willen einige schmach zu leyden.

Zu Düsseldorf hat er alle satisfaction abgeschlagen, und schreibet pastor [Johann Christoph] Hencke, daß er bewundere die hertzliche liebe gegen seine feinde. Auf der cammer, wo er bey pastor Hencke geschlaffen hat, hat er in ein glas am fenster geschrieben:

Gelobet sey die gnaden zeit,
in der auch ungeübte knaben
befehl und macht empfangen haben,
zu werben auff die ewigkeit.

Sonsten schreibt pastor [Johann Christoph] Hencke, daß er[1905] gegen die h[e]r[ren] Ober-officiers, die ihm die visite gegeben, sich alß ein Graf aufgeführt habe. Wie er denn auch in Düsseldorf an die Ministres die contrevisite gegeben.[1906]

Dein Gott hat dein Reich aufgerichtet, dasselbe wollest du, Gott, nur stärcken, denn es ist dein werck.

Meine frau und tochter grüßen nebst mir hertzlich Ew[er] H[och]w[ohl]e[hr]w[ürden] und die wehrteste Jungfer schwester [Anna Maria Sybel].[1907] Die gnade Jesu sey mit uns!

Ewer H[och]w[ohl]e[hr]w[ürden] ergebenster diener Conrad Schmid

---

1904 „Ich bin der Weg und die Wahrheit und das Leben; niemand kommt zum Vater denn durch mich" (Joh 14, 6b).
1905 Der Graf.
1906 Diese erneut besucht habe, um die Wirkung des Erstbesuches zu überprüfen.
1907 Anna Maria Sybel (1683–1761). Wie Anm. 610.

der hand vermehret[e], der richter zu Gemarck,¹⁸⁹⁴ ohnweit Elberfeld, gelegenheit genommen [hat], den h[e]r[rn] Grafen zu Düsseldorf heslich anzuklagen und ein commando zu befödern, das ihn nach Düsseldorf in arrest geführt [hat], nebst dem h[e]r[rn Conrad Adolf] Caspari, einem kauffmann in Elberfeld, bey dem der Graf logirt hat[te]. Doch hat der lieutenant, der das commando geführt, auf begehrn des h[e]r[rn] Grafen, da derselbe sich zu [er]kennen gegeben [hat], ihn ersucht, auf sein pferd zu sitzen, und den richter heißen absteigen und zu fuß alß ein gefangener mit nach Düsseldorf zu gehen, auf begehren des Grafen. Zu Düsseldorf hat man bald den abus gesehen,¹⁸⁹⁵ der Graf auch selbst an den Churfürsten nach Manheim geschrieben, darauf auch der Graf zu wege gebracht, daß der h[e]r[r] Caspari ebenfals unentgeltlich frey gelaßen worden.

Der h[e]r[r] pastor [Johann Christoph] Hencke¹⁸⁹⁶ hat den Grafen zu Düsseldorf im arrest besuchet und weiß nicht gnug zu rühmen, wie sehr er durch deßen evangelischen zuspruch sey erwecket worden. Derselbe [Johann Christoph Hencke] hat ihm zugleich aus commission einiger bekümmerten freunde vorgetragen, weil der commissarius causae zu gleich der kläger wär,¹⁸⁹⁷ ob man denselben perhorresciren¹⁸⁹⁸ und andere remedia juris vornehmen¹⁸⁹⁹ oder aber sich passive verhalten solle. Darauf, schreibet pr[ediger] Hencke, habe ihm der Graf zur antwort gegeben: Bey antrettung dieser reise bath ich den Heyland, mir eine gute reise lection¹⁹⁰⁰ zu geben, und fand in meinem N[euen] T[estament] 1 Pet. 2.[:] Denn dazu sejd ihr beruffen, sintemahl auch Christus gelitten [hat] v[erse] 21.22.23.¹⁹⁰¹ Nach dieser meiner regul will ich gerne leyden, was Gott verhänget, und mich meiner gerechtsamen¹⁹⁰² begeben, da ich sonst als ein regirender Reichs-Graf von niemandt als dem Kayser kan gerichtet werden. Er [der Graf] hoffe, die freunde und brüder würden auch bereid seyn zur verantwortung [gegen] jederman etc.¹⁹⁰³ Der richter habe ohn dem nicht mehr macht, als ihm von oben gegeben [werde].

1894   Johann Karl Aalhaus (Ahlhaus; †1759). Wie Anm. 1862.
1895   Den Formfehler/die rechtliche Unhaltbarkeit des Verfahrens erkannt.
1896   Der Düsseldorfer Pfarrer Johann Christoph Henke (1700–1780) war ein enger Vertrauter Gerhard Tersteegens (1697–1769), nach Goebel dessen „Dutz- und Herzensfreund". Rosenkranz, Pfarrer (wie Anm. 169), S. 202. – Gruch, Pfarrer 2 (wie Anm. 169), S. 339 (Nr. 5106; Literatur).
1897   Weil in dieser Angelegenheit/diesem Fall der Ankläger und der Richter identisch wären.
1898   Öffentlich anprangern/unmöglich machen.
1899   Andere Rechtsmittel einlegen.
1900   Eine Losung/Devise.
1901   „Denn dazu seid ihr berufen, da auch Christus gelitten hat für euch und euch ein Vorbild hinterlassen, dass ihr sollt nachfolgen seinen Fußstapfen; er, der keine Sünde getan hat und in dessen Mund sich kein Betrug fand; der, als er geschmäht wurde, die Schmähung nicht erwiderte, nicht drohte, als er litt, es aber dem anheimstellte, der gerecht richtet" (1. Petr 2, 21–23).
1902   Meiner Standesrechte.
1903   Vgl. 1. Petr 3,15b: „Seid allezeit bereit zur Verantwortung vor jedermann, der von euch Rechenschaft fordert über die Hoffnung, die in euch ist."

geschrieben.[1883] Es scheinet aber, daß derselbe [von Steinen] nicht [nach Soest] übergekommen sey. [Ich] habe auch seit dessen nichts [mehr] von ihm gehöret, vieleicht ist er in Dortmund geblieben.[1884]

In Sollingen ist große erweckung, und [es] sind viele ruchlose menschen gantz unvermuhtet einer nach dem andern zu dem Herrn Jesu gezogen worden. Die menge der erweckten seelen ist so angewachßen, daß bey pr[ediger Johann Gangolf Wilhelm] Forstmann[1885] das zimmer zu klein und deswegen wochentlich einen[1886] tag die männer und den andern tag die weibs-personen sich bey ihm versamlen und sonsten fast[1887] täglich in 5 od[er] 6 häußern kleine versamlungen sind, zum beten und singen. Der Älteste von Herrnhuth und der Graf [Ludwig Friedrich] von Castell[-Remlingen][1888] (ist der regirende Graf, ungefehr 30 jahr alt und cammerherr bey dem Könige in Dennenmarck, sonsten mit dem Grafen von Zinzendorf verwandt und wohlbekannt, und soll von dem 15. jahr an seines alters erwecket seyn) haben großen segen hinterlaßen. Jener [Älteste], nahmens [Martin] Dober,[1889] hat sich 3 od[er] 4 wochen dorten[1890] und zu Elberfeld und in der gegend aufgehalten. Unterschiedliche, die dem Separatismo ergeben geweßen, sind wiederum zur gemeinschafft der kirchen bewogen worden, und sonderlich habend sie beyde[1891] die lehre von der rechtfertigung des sünders vor Gott lauterlich und mit großem nachdruck verkündiget. Der herr Graf ist auf reise nach Holland begrieffen geweßen, woselbst er auch nun in dem Hag[1892] wird angelanget seyn. Da er in [nach] Düsseldorf kommt, läßt er seine kutsche und einige bediente zurück, reiset auf Sohlingen, daselbst und in Elberfeld die fabriques zu sehen, um eine und die andere etwa in seinem lande zu etabliren,[1893] und freuet sich bey der gelegenheit, fromme und gläubige anzutreffen. [Er] hat bey pr[ediger Johann Gangolf Wilhelm] Forstmann logirt, daselbst und in Elberfeld in denen privat-versamlungen gar mit großer erweckung geredet. Da dann in Elberfeld, weil der zulauff der menschen sich unter

1883 Gemeint ist hier wohl: Über von Steinen auch Briefe an Sybel in Soest übersandt.
1884 Von Steinen hatte sich Anfang Oktober 1737 in Halle immatrikuliert.
1885 Johann Gangolf Wilhelm Forstmann (1706–1759). Wie Anm. 335.
1886 An einem Tag.
1887 In der Tat/durchaus.
1888 Ludwig Friedrich Graf zu Castell-Remlingen (1707–1772). Wie Anm. 566.
1889 Martin Dober (1703–1748) war ein älterer Bruder Johann Leonhard Dobers (1706–1766), also jenes Mannes, der 1732 als einer der beiden ersten Missionare der Herrnhuter zu den St. Thomas-Inseln nach Westindien gereist und 1735 zum „Generalältesten" ernannt worden war. Beide Dobers waren später Gründungsmitglieder der zwölfköpfigen Generalkonferenz der Brüdergemeine, die vor der zweiten Amerikareise Zinzendorfs installiert wurde, um diesen während seiner Abwesenheit in Europa zu vertreten. Peters, Halle – Herrnhut – Mülheim? (wie Anm. 334), S. 106–108.
1890 In Solingen.
1891 Der Graf und der Älteste.
1892 In Den Haag.
1893 Der Besuch des Grafen in Solingen hatte also auch einen praktischen Hintergrund. Er war darauf bedacht, die Wirtschaftskraft seines Kleinterritoriums zu stärken.

setzen wolle, als zugeben, daß man sich an denselben [Frommen] vergreiffe, wenn ehr es hindern könne.

Sein nahm ist Ludewig Friederich Graf und Herr zu Castell. So hat er sich geschrieben [gestrichen: de dato 14. Martij 1738].

Nr. 109   Düsseldorf, vor 16. Oktober 1737

„Ein lied, welches freund [Conrad Adolf] Caspari[1877] *in Düßeldorf im gefängnniß auß dem guten schatz seines hertzens hervor gebracht" (Quelle wohl: Johann Gangolf Wilhelm Forstmann,*[1878] *Solingen). Kopie von der Hand Johann Nikolaus Sybels, Pfarrer an St. Georgii in Soest, für Gotthilf August Francke, Professor der Theologie und Inspektor der Kirchen und Schulen der Ersten Diözese des Saalkreises in Halle (Saale). Blatt am linken Rand beschnitten (leichte Textverluste). Beilage zu Nr. 107 (Halle [Saale] AFSt, Bestand H C 635:10; Abdruck in: Peters, Halle – Herrnhut – Mülheim? [wie Anm. 334], S. 123–126)*

Nr. 110   Essen, 12. November 1737

Konrad Schmid,[1879] *Zweiter Lutherischer Pfarrer in Essen, an Johann Nikolaus Sybel, Pfarrer an St. Georgii in Soest. Kopie von der Hand Johann Nikolaus Sybels für Gotthilf August Francke, Professor der Theologie und Inspektor der Kirchen und Schulen der Ersten Diözese des Saalkreises in Halle (Saale). Beilage zu Nr. 107. (Halle [Saale] AFSt, Bestand H C 635:11)*

[Ohne Adresse] Es lebe Jesus in uns, der für uns gestorben und auferstanden ist! In demselben [Jesus] mein hertzlich geliebter Bruder, hochwohlehrwürdiger Herr Pastor!

Ich hoffe, durch Gottes güte mit diesem schreiben den lieben Bruder gesund an seel und leib anzutreffen. Mich angehend, genieße [ich] ziemlicher gesundheit des leibes, finde mich aber noch schwach im glauben, doch weiß ich, daß wir einen Vater haben in Christo Jesu, der uns alle unsere sünde vergibt und heilet alle unsere gebrechen.[1880]

Mein voriges [Schreiben] über die post wird wohl eingelauffen seyn.[1881] Ich hatte auch vorher mit dem sprachmeister herrn [Thomas Theodor Julius] v[on] Stein[en][1882]

1877   Conrad Adolf Caspari (1704?/07–1764/67). Wie Anm. 1854.
1878   Johann Gangolf Wilhelm Forstmann (1706–1759). Wie Anm. 335.
1879   Konrad Schmid († 1766). Wie Anm. 570.
1880   Vgl. Ps 103, 3: „Der dir alle deine Sünde vergibt und heilet alle deine Gebrechen."
1881   Nicht nachgewiesen.
1882   Thomas Theodor Julius von Steinen († 1772). Wie Anm. 1830. – Er heiratete 1747 zunächst eine Friederici (Maria Katharina Sophie Friederici), dann 1750 eine Sybel (Anna Maria Elisabeth Sybel [1727–1772], eine Tochter Johann Sybels [1699–1750]; Kleiner Michels [wie Anm. 14], S. 453) und gehörte damit wohl doch in den engsten Zirkel der Soester Pietisten.

und sey ferner gesonnen, die sache an den Kayser zu berichten. Er habe in 15 jahren seit seiner bekehrung solche freudigkeit nicht empfunden, alß er nun hätte, da er gewürdigt würde, umb des nahmens Christi willen schmach zu leiden.

Weil der landtag umb diese zeit in Düsseldorf gewesen [ist], hat der Graf täglich besuch gehabt von Printzen, Grafen, officiern etc., mit denen er so geredet, daß wenige ohne sonderbahre rührung von ihm gangen [sind].

Den 9. Octobr[is] kömbt ein hofrath nebst einem officier und bringt ihm[1871] ein verschlossen schreiben von Manheim nebst einem großenn compliment, daß er seines arrest[es] solte erlassen sein.

Von dieser zeit an bis [auf] den 15. Octobr[is] hat er[1872] sich in Düsseldorf noch aufgehalten, sich gräflich aufgeführet, täglich in einer port-chaise[1873] bey den vornembsten der stad visiten gegeben und ist d[en] 15. auf Duisburg gereiset, hat uns grüßen laßen und versprochen, bey seiner retour aus Holland uns wieder zu besuchen.

Den 16. Octobr[is] ist der kaufman [Conrad Adolf] Caspari auch ohnentgeltlich wieder auf freyen fuß gestellet [worden], und man schämet sich nun überal, wo man sich gefreut hatte, wir aber setzen unsere erbauungsstunden freudig fort. Der Graf hat den gantzen verlauf [dieser Sache] in franz[ösischer] sprache an Churfürstl[iche] Durchl[aucht Karl III. Philipp von der Pfalz] gelangen lassen. Man hat denselben in seinem arrest verhören wollen, worüber er aber gelachet und dagegen protestirt [hat], weil er als ein Reichßgraf immediate unter dem Kaiser stehe. Er ist zugleich cammerherr bey dem Könige [Christian VI.] in Dänemark,[1874] soll auch ein anverwandter von demselben sein. Er trägt auch den goldenen schlüßel. In seinem arrest hat man ihm die rechnung von zehrungs kosten gemachet ad 141 r[eichs]th[ale]r[n], weil er sich gräflich bewirthen laßen, ob er gleich keinen wein getruncken [hat]. Er hat sich in Düsseldorf gräflich gekleidet und hat also da, wo es nötig war, seinen Grafen gnug erwiesen, die frommen aber als seine brüder und schwestern offentlich bekand und gegen[über] dem Grafen [Johann Wilhelm] von Schaesberg[1875] als vicepraesidenten[1876] zu Düsseldorf deutlich gesagt, daß er lieber seine Grafschafft daran

---

1871 Dem Grafen.
1872 Der Graf.
1873 Einer offenen Kutsche? Einer Sänfte?
1874 König Christian VI. (1699; reg. 1730–1746) von Dänemark und Norwegen, Herzog von Schleswig und Holstein und Graf von Oldenburg und Delmenhorst. Er stand dem Pietismus aufgeschlossen gegenüber. Tuchtenhagen, Ralph: Artikel „Christian VI.", in: BBKL 17 (2000), Sp. 239f. (Literatur).
1875 Der Kanzler Johann Wilhelm von Schaesberg (1696–1768). Sein Besitz, die Herrschaften Kerpen und Lommersum, wurde 1712 zur reichsunmittelbaren Grafschaft erhoben und das Geschlecht deshalb 1715 in das Westfälische Grafenkollegium eingeführt. Vgl. Genealogisches Handbuch des Adels, Adelslexikon Band XII (Band 125 der Gesamtreihe), Limburg (Lahn) 2001, S. 312–314.
1876 Als Kanzler.

menge gotlosen gesindels aufgemacht, vor das hauß sich postirt, die hunde aneinander gehetzt und allerhand lärmen gemacht, worauf sie [die Erbauungsstunde] geschlossen und [die Störer] wieder nach Elberfeld [zurück]gekehret [waren].

Den 20. 7br[is], des nachts ümb 1 uhr, kombt der richter [Johann Karl] Althaus [Aalhaus]¹⁸⁶² nach der Gemark mit einem commando von 177 man aus Düsseldorf, arrestirt den h[err]n Grafen nebst seinen dienern und den kaufman [Conrad Adolf] Caspari.

Den 21. 7br[is], vormittag umb 10 uhr, wurde der herr Graf zu pferde, die anderen zu fuße, nach Düsseldorf gebracht, jener mit seinen dienern wurden ins posthauß logirt, h[er]r Caspari aber auf die hauptwache, einige tage aber hernach in ein wirtshauß gebracht und bewachet. Indeßen sind zu Elberfeld die so genandte Feinen¹⁸⁶³ von vorgedachtem richterm [Johann Karl Aalhaus] in eine scharffe inquisition gezogen, man hat bey dem gehör [Verhör] allerhand greuliche fragen an sie gethan, ob sie nicht hurerey in ihren versamlungen trieben etc.

Den 23. 24. 25. 26 7br[is] hat der hiesige catholische richter [N.] Helling¹⁸⁶⁴ mit luther[ischen] und reformirten bürgern dieser stadt [Solingen] ebenfalß ein weitläufftiges verhör angestellet, iuramenta¹⁸⁶⁵ ablegen laßen, über 50 biß 60 artickel befragt [abgefragt], wegen des h[errn] Grafen, wegen meiner [Johann Gangolf Wilhelm Forstmanns] erbauungsstunden etc.

Dominica 14 [post] Trinit[atem]¹⁸⁶⁶ predigte ich über Joh. 16 v[erse]. 1.2.3.¹⁸⁶⁷

Den 5. Octob[ris] besuchte mich h[err] past[or Johann Theodor] Hartman von Leichlingen¹⁸⁶⁸ und erzehlete [mir], daß er den 3. Oct[obris] in Düsseldorf den h[err]n Grafen in sein[em] arrest besucht und ihn so freudig und munter befunden [angetroffen habe], daß ers nicht aussprechen könne, unter anderm hätte er¹⁸⁶⁹ gesagt, er habe selbst an den Churfürsten [der Pfalz, Karl III. Philipp]¹⁸⁷⁰ geschrieben

1862 Johann Karl Aalhaus (Ahlhaus; †1759) aus Barmen. Goebel, Geschichte des christlichen Lebens 2 (wie Anm. 56), S. 389.
1863 Hier synonym für „Pietisten".
1864 Nicht nachgewiesen.
1865 Eine eidesstattliche Erklärung.
1866 22. September 1737.
1867 „Das habe ich zu euch geredet, dass ihr nicht zu Fall kommt. Sie werden euch aus der Synagoge ausstoßen. Es kommt aber die Zeit, dass, wer euch tötet, meinen wird, er tue Gott einen Dienst. Und das werden sie tun, weil sie weder meinen Vater noch mich erkennen" (Joh 16, 1–3).
1868 Johann Theodor Hartmann (1695–1766), ein früherer Elberfelder Kollege Johann Gangolf Wilhelm Forstmanns (Hartmann war dort von 1729 bis 1735 Erster Pfarrer gewesen), war seit 1735 Pfarrer in Leichlingen (heute im nördlichen Zipfel des Rheinisch-Bergischen Kreises, mit fließender Stadtgrenze zu Solingen). Rosenkranz, Pfarrer (wie Anm. 14), S. 188. – Gruch, Pfarrer 2 (wie Anm. 169), S. 297 (Nr. 4777).
1869 Der Graf.
1870 Kurfürst Karl III. Philipp von der Pfalz (1661, regierend 1716–1742). Baier, Ronny: Artikel „Pfalz-Neuburg, Karl Philipp von", in: BBKL 21 (2003), Sp. 1154–1160 (Literatur).

Den 17. 7br[is reisten wir] dahin [nach Elberfeld]. Er kehrete bey dem kaufman [Conrad Adolf] Caspari[1854] ein, wie nun in diesem hause schon einige jahre nacheinander privat versamlungen ohngestört sind gehalten worden, so wurde auch ietzt, nachmittags umb 4 [Uhr], die erbauungsstunde geordnet, und der herr Graf redete mit krafft und nachdruck über Jer. 31 v[erse] 31–32–33.[1855]

Nun aber stattete der herr pastor [Johann Theodor] Garenfeld[1856] eine visite bey dem herrn Grafen ab und offerirte ihm zugleich sein hauß auf [für] den folgenden tag, umb daselbst die versamlung zu halten.

Den 18. 7ber wohnete der herr Graf nebst mir [Johann Gangolf Wilhelm Forstmann] des herrn [Johann Theodor] Garenfelds wochenpredigt bey, am nachmittage kam eine große menge leuthe in h[err]n Garenfelds hauß, da denn zugleich nebst mir noch 3 prediger zugegen waren, nemlich herr Garenfeld, herr [Dietrich Melchior] Schmidt von Langenberg[1857] und herr [Hermann Heinrich] Neuhaus aus Hattingen.[1858] Der Herr Graf redete über Joh. 3 v[ers] 16,[1859] ungefehr eine starcke stunde, und [die Erbauungsstunde] wurde von herrn Garenfeld und dem herrn kaufman [Conrad Adolf] Caspari mit einem gebeth beschlossen.

Den 19. 7br[is] gieng ich [Johann Gangolf Wilhelm] wieder zurück auf [nach] Sollingen. Der herr Graf aber wurde mitgenommen nach der Gemarck,[1860] so eine stunde von Elberfeld liegt, umb daselbst bey einem, genand [N.] Brange,[1861] zu speisen. Alß nun daselbst sich wieder eine menge von leuthen eingefunden [hatte], zu denen der herr Graf auch vom Heylande geredet [hatte], so hatte sich zugleich eine

1854 Conrad Adolf Caspari (1704?/07–1764/67). Vgl. zu ihm ausführlich Peters, Halle – Herrnhut – Mülheim? (wie Anm. 334), S. 93 Anm. 81 (Literatur).
1855 „Siehe, es kommt die Zeit, spricht der Herr, da will ich mit dem Hause Israel und mit dem Hause Juda einen neuen Bund schließen, nicht wie der Bund gewesen ist, den ich mit ihren Vätern schloss, als ich sie bei der Hand nahm, um sie aus Ägyptenland zu führen, mein Bund, den sie gebrochen haben, ob ich gleich ihr Herr war, spricht der Herr; sondern das soll der Bund sein, den ich mit dem Hause Israel schließen will nach dieser Zeit, spricht der Herr: Ich will mein Gesetz in ihr Herz geben und in ihren Sinn schreiben, und sie sollen mein Volk sein, und ich will ihr Gott sein" (Jer 31, 31–33).
1856 Johann Theodor Garenfeld (1698–1741). Wie Anm. 1754.
1857 Dietrich Melchior Schmidt (Schmitz; 1702–1789) stammte aus Dortmund und war 1728 Pfarrer in Götterswickerhamm (Rheinland) geworden. Von dort war er im Januar 1737 nach Langenberg gewechselt. Bauks, Pfarrer (wie Anm. 14), S. 442 (Nr. 5484). – Gruch, Pfarrer 4 (wie Anm. 169), S. 111 f. (Nr. 11525).
1858 Hermann Heinrich Neuhaus (1701–1740) stammte aus Herscheid. Er hatte sich 1722 in Jena immatrikuliert und war 1727 Pfarrer in Brackel geworden. 1736 hatte er dann die Nachfolge Garenfelds in Hattingen angetreten. Bauks, Pfarrer (wie Anm. 14), S. 355 (Nr. 4435).
1859 „Denn also hat Gott die Welt geliebt, dass er seinen eingeborenen Sohn gab, auf dass alle, die an ihn glauben, nicht verloren werden, sondern das ewige Leben haben" (Joh 3, 16).
1860 Heute: Barmen-Gemarke.
1861 Nicht nachgewiesen.

er seine gutsche nebst [seinen] bedienten zurückgelaßen [habe], auf Duisburg und weiter nach Holland zu reisen. Da er aber in Franckfurt [am Main] vernommen [habe], daß ich [Johann Gangolf Wilhelm Forstmann] nach vermögen am [gestrichen: rache] Reiche Gottes arbeitete und er auch ein freund des Heylandes sey, so sey er deß endes[1848] hergekommen, umb mich zu sprechen. Weil ich mich nun darüber von hertzen erfreuete und denselben bath, den mittag mit mir vorlieb zu nehmen, so geschahe es, daß nach tische[1849] verschiedene Gott fürchtende personen sich an mein hauß versamleten und sich mit demselben erbaueten. Ob nun gleich der herr Graf gesonnen war, des folgenden tages wieder auf [nach] Düsseldorff zu reiten, so änderte er doch seinen [gestrichen: sinn] vorsatz, nachdem er gewahr wurde, daß Gott in diesen gegenden[1850] ein groß volck habe.[1851]

Den 14. 7br[is] stellete ich des nachmittags eine versamlung an, in welcher der herr Graf sehr evangelisch von der selbstverleuchnung redete.

Den 15. 7br[is], alß Dom[inica] 13 post Trinitat[em], nachdem ich [Johann Gangolf Wilhelm Forstmann] 2 mahl gepredigt und der herr Graf dem offentl[ichen] gottesdienst beygewohnet [hatte], wurde die ordentliche erbauungsstunde in meinem hause gehalten, da denn der spruch 2 Cor. 5 v[erse] 14.15[1852] zum grunde geleget wurde und in gegenwart einer großen menge läuthe von dem herrn Grafen mit kraft und evangelischer lauterkeit darüber so geredet wurde, daß in denen anwesenden gemühtern solche bewegungen entstunden, dergleichen ich nie gesehen [habe/ hatte].

Den 16. 7br[is] kamen des nachmittags wieder sehr viele begierige gemüther zu uns, da denn das gleichnüß von den 10 jungfrauen aus Matth. 25[1853] zum grunde geleget wurde. Die rede wurde mit einem gebeth und gesange geschloßen.

Weil nun von Elberfeld viele hier gewesen [waren], die den herrn Grafen gehöret [hatten] und [ihn] anhielten, daß er auch sie besuchen mögte, so ließ er sich auch dazu bewegen, und ich [Johann Gangolf Wilhelm Forstmann] begleitete ihn.

(erste) Ehefrau Zinzendorffs. Erbe, Hans Walther: Zinzendorf und der fromme hohe Adel seiner Zeit, Leipzig 1928 (Register). – Peucker, Paul: Nikolaus Ludwig von Zinzendorf. Übersicht der wichtigsten Lebensdaten, ergänzt und bearbeitet nach Joseph Theodor Müller (1935), in: Unitätsarchiv in Herrnhut (Hg.): Graf ohne Grenzen. Leben und Werk von Nikolaus Ludwig Graf von Zinzendorf (Ausstellungskatalog), Herrnhut 2000, S. 1–9, hier S. 1 f.

1848 Dazu/in der Absicht.
1849 Am frühen Nachmittag.
1850 In Solingen und dessen Umland.
1851 Vgl. Apg 18,10: „Denn ich bin mit dir, und niemand soll sich unterstehen, dir zu schaden; denn ich habe ein großes Volk in dieser Stadt."
1852 „Denn die Liebe Christi drängt uns, da wir erkannt haben, dass einer für alle gestorben ist und so alle gestorben sind. Und er ist darum für alle gestorben, damit, die da leben, hinfort nicht sich selbst leben, sondern dem, der für sie gestorben ist und auferweckt wurde" (2. Kor 5, 14 f.).
1853 Vgl. Mt 25, 1–13 (Von den klugen und törichten Jungfrauen).

mann ohndem wegen der trunckenheit anstößig ist. Gott erlöse uns von dergleichen amtsbrüdern!

Ich empfehle Ew[er] H[och]w[ürden] der süßen gnade des He[rr]n Jesu, der uns geliebt und gewaschen von unsern sünden mit seinem blut,[1841] womit verharre
Ew[er] H[och]w[ürden] [...] Professoris
ergebenster d[iene]r Jo[hann] Nic[olaus] Sybel

P. S. Einliegendes specimen[1842] unsers rectoris [Georg Friedrich Movius][1843] werden Ew[er] H[och]w[ürden] anzusehen geruhen.

Nr. 108   Solingen, 21. Oktober 1737
Johann Gangolf Wilhelm Forstmann,[1844] *lutherischer Pfarrer in Solingen, an Johann Nikolaus Sybel, Pfarrer an St. Georgii in Soest. Am 14. März 1738 erstellte Zusammenfassung von der Hand Johann Nikolaus Sybels, Pfarrer an St. Georgii in Soest, für Gotthilf August Francke, Professor der Theologie und Inspektor der Kirchen und Schulen der Ersten Diözese des Saalkreises in Halle (Saale). Beilage zu Nr. 107.*
(Halle [Saale] AFSt, Bestand H C 635:9)

Extract [eines] schreibens de dato 21 8ber 1737.
   Der Herr Graf [Ludwig Friedrich] von Castell[-Remlingen][1845] beehret[e] mich [Johann Gangolf Wilhelm Forstmann] d[en] 13. 7br[is 1737] etc., ohngefehr um den mittag, nebst einem seiner bedienten, da er mit der reitenden post von Düsseldorff hieher gekommen [war]: Nach dem ich mir die freiheit nam, zu fragen, wen ich vor mir hätte? antwortete er: Er sey ein verwandter des h[err]n Grafen [Nikolaus Ludwig] von Zinzendorff[1846] und ein schwager von dem h[err]n Grafen Heinrich XXIX.] von [Reuß-]Ebersdorff,[1847] [er] wäre gesonnen per Düsseldorff, woselbst

1841 Vgl. Apk 7, 14: „Und ich sprach zu ihm: Mein Herr, du weißt es. Und er sprach zu mir: Diese sind's, die aus der großen Trübsal kommen und haben ihre Kleider gewaschen und haben sie hell gemacht im Blut des Lammes."
1842 Eine Arbeitsprobe/eine Publikation.
1843 Georg Friedrich Movius (1701–1754; wie Anm. 457), seit 1731 Rektor des Gymnasiums. – Beilage nicht nachgewiesen. Zu denken wäre z. B. an 3.18 Georg Friedrich Movius Nr. 6 (1737): Teutsches Programma Auf die Frage: Ob es möglich und nützlich sey auch Unstudierte zu vernünfftigem Nachdencken anzugewöhnen [...], Soest: Hermanni 1737.
1844 Johann Gangolf Wilhelm Forstmann (1706–1759; wie Anm. 335), seit Dezember 1732 Pfarrer in Solingen.
1845 Ludwig Friedrich Graf zu Castell-Remlingen (1707–1772). Wie Anm. 566.
1846 Nikolaus Ludwig Graf von Zinzendorf (1700–1760). Wie Anm. 564.
1847 Graf Heinrich XXIX. von Reuß-Ebersdorf (1699–1747), der Ururgroßvater Königin Victorias von Großbritannien (1819, reg. 1837–1901). Er hatte seit 1716 in Halle studiert, war ein enger Freund Zinzendorffs und heiratete 1721 in Castell Sophie Theodora von Castell-Remlingen (1703–1777), eine Tochter des Grafen Wolfgang Dietrich zu Castell-Remlingen und seiner Frau, der Gräfin Dorothea Renata von Zinzendorf. Heinrichs Schwester Erdmuthe Dorothea (1700–1756) wurde nur ein Jahr später die

Was [ich] von dem he[rr]n Graf[en Ludwig Friedrich] von Castel[-Remlingen][1832] vernommen habe, communicire ich hiebey.[1833]

Wir haben hier einen betrübten casum an einem prediger zu Dinkern [Ludolf Burchard Gesenius],[1834] der he[rrn Johann Thomas] Möllenhoff[1835] succediret ist[1836] und vordem als feldprediger bey hiesigem regiment gestanden [hat], welcher zum andern mahl eine köchinn schwanger [hat] dimittiren müßen, und er ist mehr als mit bloßem verdacht graviret, [der Vater des Kindes zu sein,] daher magistratus [der Stadt Soest] die inquisition wieder ihn vorgenommen [hat] u[nd das] ministerium [dazu] veranlaßet ist, ihm ad interim[1837] die brüderschaft aufzukündigen. Ein advocatus aber suchet ihm [Ludolf Burchard Gesenius] durchzuhelfen, weil sich soldaten [des früher von ihm betreuten Regimentes in Hamm] erkläret haben, zu den kindern als väter sich zu bekennen, wie den[n] einer die erste köchinne geheyrahtet hat. Mir sind [die] umstände sub fide silentii[1838] bekandt gemachet [worden], daher ich nicht weis, wie [ich] mich gegen den mann werde zu verhalten haben, wenn er solte [als] unschuldig passiren. Die letzte köchinne gehöret in he[rrn Johann Diedrich] Möllenhofs,[1839] pastoris zur Marck, gemeine. Der wird aber auch nicht sagen dürfen, was er weis. Die gemeine[1840] hat indessen ein groß ärgerniß, welcher der

1832 Ludwig Friedrich Graf zu Castell-Remlingen (1707–1772). Wie Anm. 566.
1833 Nr. 108–113. – In einem früheren Brief (wohl Nr. 106) hatte Francke offenbar direkt danach gefragt.
1834 Ludolf Burchard Gesenius (1704–1753) stammte aus Beetzendorf/Provinz Sachsen. Er hatte seit 1724 in Halle studiert, war ab 1733 Feldprediger im Regiment von Waldow (bzw. Leps) in Hamm gewesen und im Herbst 1735 Pfarrer in Dinker in der Nordbörde geworden. Rothert bringt ein Beispiel für seine geistliche, mit Gedichten durchsetzte Kirchenbuchführung (Rothert, Ehrenreiche Stadt [wie Anm. 11], S. 169). Gesenius hatte 1736 einen Band mit „Geistlichen Oden" publiziert und heiratete im August 1739 – wohl auch im Gefolge des hier geschilderten Wiederholungsfalles (Schwängerung seiner Köchinnen) – eine nachgelassene Tochter (Vollwaise) des Soester Konrektors und nachmaligen Pfarrers in Borgeln Johann Goswin Friederici (1654–1727; wie Anm. 109). Geschah dies auf obrigkeitliche Anordnung? Auch das Mädchen musste ja versorgt werden. Bauks, Pfarrer (wie Anm. 14), S. 150f. (Nr. 1929).
1835 Johann Thomas Möllenhof (1690–1763). Wie Anm. 607. – Möllenhoff, ein enger Freund Sybels und inzwischen Erster Pfarrer an St. Petri, war von 1723 bis 1734 Pfarrer in Dinker gewesen.
1836 Im Amt nachgefolgt ist.
1837 Inzwischen/bis zur Klärung der Angelegenheit.
1838 Unter dem Siegel des Beichtgeheimnisses.
1839 Johann Diedrich Möllenhoff (1700–1756; wie Anm. 427) stammte aus Hamm. Er hatte die Latina des Waisenhauses in Halle besucht und war nach seinem dortigen Studium (ab 1725) 1728 Pfarrer in Mark geworden. Ein Jahr später hatte er dann Margaretha Justina Sybel (1709–1771), eine Tochter von Johann Nikolaus Sybels älterem Bruder Georg Andreas Sybel, seit 1729 Konrektor am Soester Gymnasium, geheiratet.
1840 In Dinker.

Nr. 107 Soest, 20. März 1738

Johann Nikolaus Sybel, Pfarrer an St. Georgii in Soest, an Gotthilf August Francke, Professor der Theologie und Inspektor der Kirchen und Schulen der Ersten Diözese des Saalkreises in Halle (Saale). Mit Beilagen. (Halle [Saale] AFSt, Bestand H C 635:8)

[Ohne Adresse] Hochwürdiger Herr Professor!

Vorzeiger dieses [Briefes] nahmens [Johann Matthias] Römer[1822] ist aus Iserlohn gebürtig. Sein vater ist conrector bey dasiger kleinen schule. Er hat sich hieselbst [in Soest] auf dem gymnasio so aufgeführet, daß er wegen des fleißes und [seines] eingezogenen wesens[1823] ruhm verdienet. Daher ihn auch ein christlicher patricius, he[rr] [Diederich Johann Gottfried] v[on] Dolphus,[1824] der durch mich ein und anders mahl einen ducaten[1825] für die Malabarische mission[1826] [hat] einliefern lassen, [ihn] zur privat information bey seinen kindern gebrauchet hat und [ihn] gern länger bey sich behalten hätte. Er [Johann Matthias Römer] wünschet [aber], daß er in dasigen [Hallischen] waysenhauses-anstalten mögte gebrauchet werden, und ich hoffe, er werde sich in alle ordnung gern bequemen und an der jugend nach seinem maß treulig arbeiten. Ew[er] H[och]w[ürden möchten] geruhen, es im besten zu bemercken, daß [ich] dieses auf sein begehren von ihm schreibe.

Ich hoffe auch erlaubniß zu haben, daß [ich] meinen vetter aus Essen[1827] Deroselben liebe nochmahls recommendire. Er soll sich [an der Universität in Halle] nicht die beste gesellschaft erwehlen. Wenn es [Euer Hochwürden] nicht beschwere, wolte [ich] ergebenst ersuchet haben, ihm eine vorstellung zu thun.[1828] Die studiosi [Johann Heinrich] Stuve[1829] und [Thomas Theodor Julius] Stein [von Steinen][1830] würden data von seiner nicht zu löblichen conduite[1831] an handen geben können, und Gott mögte segen zu Dero erinnerung geben.

1822 Johann Matthias Römer (1714–nach 1755) stammte (so Bauks) aus Altena. Er studierte seit April 1738 in Halle und war später (ab 1750) Pfarrer in Bausenhagen. Bauks, Pfarrer (wie Anm. 14), S. 412 (Nr. 5114).
1823 Seines weltabgewandten, frommen Lebens wegen.
1824 Diederich Johann Gottfried von Bockum-Dolffs (Dolphus) (1694–1781). Großer Michels (wie Anm. 14), S. 217 f.
1825 Kahnt/Knorr, Alte Maße, Münzen und Gewichte (wie Anm. 1807), S. 77 („Dukat").
1826 Die dänisch-hallische Mission in Tranquebar (Ostindien).
1827 Nicht sicher nachgewiesen. Offenbar damals als Student in Halle.
1828 Ihn zu ermahnen/auf ihn einzuwirken.
1829 Johann Heinrich Stuve (1717–1757). Wie Anm. 1745.
1830 Thomas Theodor Julius von Steinen († 1772). Er stammte wahrscheinlich aus Frömern, hatte sich im Oktober 1737 in Halle immatrikuliert und wurde 1743 Lehrer am Soester Gymnasium. Ab 1761 wirkte er dann als Präzeptor am dortigen Waisenhaus. Bauks, Pfarrer (wie Anm. 14), S. 490 (Nr. 6074). – Dazu: Kleiner Michels (wie Anm. 14), S. 658.
1831 Seinem Betragen/der Art seines Sich-Aufführens.

In denen stifftern möchte ja wohl eine reforme nöthig seyn, wenn es nur recht angefangen würde, und [es] nicht etwarn auch [gestrichen: be] dabey hieße: dat veniam corvis etc.[1815] Ich wüntsche demnach, daß die ankunfft des herrn präsidenten von Reichenbach viel gutes nach sich ziehen möge, mit dem ich meines ortes [in Halle] sonst eben nicht in connexion[1816] stehe.

Die ceremonien sache[1817] [gestrichen: ist] soll von ihm [dem Präsidenten von Reichenbach] vor andern getrieben werden. Es hat aber selbige [bereits] allerhand motus verursachet[1818] und sind schon viele gegen-vorstellung[en] geschehen. [Am Rande:] wie es denn auch unserer kirche u[nd] denselben, ja der gantzen christenheit sehr praeiudicirl[ich] ist,[1819] daß in dergl[eichen] dingen so gehandelt wird.* Ich halte daher davor, es gehöre dieses [am Rande:] verbeßerung der stifter* auch mit unter das caput, dessen ich oben gedacht.

Der studiosus [Johann Heinrich] Stuve[1820] gehet im guten noch ernstlich fort, wo er [gestrichen: da mit] also continuiret, so kan man sich die hoffnung machen, daß er ein tüchtiges werckzeug werden möchte. Gott schencke ihrem lande mehrere dergl[eichen] candidatos und laße sein werck an ihrem orte und Eur Hochwohlehrw[ür]den ins besondern seiner gnaden [gestrichen: obwaltung] einsicht empfohlen seyn, dessen treuen obhut ich Dieselben ergebe und jederzeit mit aufrichtiger hochachtung verharre

Eur Hochwohlehrw[ür]den gebet und dienstverbundener

G[otthilf] A[ugust] F[rancke]

Nr. 106 Halle (Saale), Februar/Anfang März 1738
Gotthilf August Francke, Professor der Theologie und Inspektor der Kirchen und Schulen der Ersten Diözese des Saalkreises in Halle (Saale), an Johann Nikolaus Sybel, Pfarrer an St. Georgii in Soest. Nicht aufgefunden, aber zu erschließen aus Nr. 107.

Bittet um Informationen über Graf Ludwig Friedrich von Castel-Remlingen[1821] und die durch diesen ausgelösten Erweckungen im Bergischen Land (Solingen) im Herbst und Winter 1737.

1815 „Er ist nachsichtig mit den Raben" („Dat veniam corvis, vexat censura columbas", Juvenal).
1816 In näherem Kontakt.
1817 Die Angleichung/Normalisierung der liturgischen Formulare und Kirchengebräuche.
1818 Unruhen ausgelöst.
1819 Der Entscheidung vorgreifend.
1820 Johann Heinrich Stuve (1717–1757). Wie Anm. 1745.
1821 Ludwig Friedrich Graf zu Castell-Remlingen (1707–1772). Wie Anm. 566.

Gott gedachte herren missionarien eben zu der zeit, da andere und vornehme auf der see in großer gefahr gewesen [sind] und wiederum [haben] umkehren müssen, nach England wohl und glücklich übergebracht hat, so zweifle ich nicht, er werde dieselben auch auf ihrer fernern reise gnädiglich beschützen und gesund an ort und stelle bringen.[1808]

Daß Eur Hochwohlehrwürden mit meinen wenigen anmerckungen über das project ihrer kirchen-ordnung[1809] gedienet [gestrichen: ist] gewesen [ist], habe [ich] aus Dero verflossenem [gestrichen: brief gar][1810] mit vergnügen vernommen [gestrichen: gewesen].

Ordnungen sind gut und nöthig, ich halte aber dennoch nach meiner wenigen einsicht dafür, daß man auch darinnen nicht zu weit gehe[n sollte], noch alles durch gesetz und regeln einschräncken müsse, und daß es vielmehr gut sey, wenn diejenigen, die es rechtschaffen meynen und das gute befördern wollen, in manchen stücken freyheit haben, nach ihrem gutbefinden zu handeln und dieses und jenes nach denen umständen, die sie vor sich haben, zur erbauung einzurichten, da hingegen, wo auch redl[ichen] leuten die hände durch gesetz und ordnungen zu sehr gebunden werden, manches gute und nützliche darum unterbleiben muß. Wir leben ietzo in einer zeit, da man alles durch befehlige und vorschrifften ausmachen will. Ich glaube aber, daß der intendirte zweck dadurch schwerlich erreichet werden möchte. Die bitte, daß Gott treue arbeiter in seine ernde senden wolle,[1811] ist eine von denen nöthigsten, denn wenn es daran fehlet und der herr der ernde[1812] ihnen [sich] nicht selbst treue arbeiter zubereitet und solche in seine ernde ausstößet, wird [gestrichen: wo] mit vorschrifften und ordnungen wohl wenig ausgerichtet werden. Auch in denen [gestrichen: erbauungen selbst ist, dafür am Rande:] öffentl[ichen] predigten und den anordnung[en] ist wol* maaße zu halten. An hiesigem orte [in Halle; am Rande:], da tägl[ich] u[nd] wol tägl[ich] mehr als eine [Predigt] gehalten wird,* haben die einwohner [gestrichen: dazu] gelegenheit genug, Go[ttes] wort zu hören. Es gehet aber denen meisten wie denen, die im leibl[ichen] voll auf haben. Sie werden dessen überdrüßig und achten es nicht. [Am Rande:] Daher ich, durch gesetze solche den lehrern u[nd] zuhörern aufzuladen, so viel weniger rathen könnte, weil es aufs höchste[1813] damit leyder nur auf ein opus operatum[1814] hinaus lauffen möchte. Ein rechtschaffener knecht G[otte]s findet aber wol gelegenheit, an s[einen] zuhörern auf ein oder andere weise mit dem worte G[ott]s zu arbeiten.

1808 Diese Ausführungen Franckes könnten sich auf die mit Nr. 102 an Sybel übersandte Fortsetzung der „Halleschen Berichte" beziehen. Sybel hatte wohl nachgefragt.
1809 Nr. 103.
1810 Nr. 104.
1811 Vgl. Mt 9, 37b: „Die Ernte ist groß, aber wenige sind der Arbeiter."
1812 Vgl. Mt 9, 38: „Darum bittet den Herrn der Ernte, dass er Arbeiter in seine Ernte sende."
1813 Bestenfalls.
1814 Eine Handlung, bei der man nicht auf den moralischen Wert, sondern nur darauf schaut, dass sie getan wird.

ren könten, wenn E[wer] H[och]e[hr]w[ürden] ihm specielle umstände aus diesen gegenden zum voraus bekandt zu machen gelegenheit hätten.

Von dem iungen [Johann Heinrich] Stuven[1803] habe [ich] die guhte hofnung, daß er ein wahrer theologiae studiosus zu werden fortfahre. Wir können ietz neüne zehlen, die hirher[1804] theils nach Jena, theils nach Halle geschicket seyn, [um] theologiam zu studiren. Ich lasse mich berichten, daß gedachter Stuve die besten proben eines lautern sinnes von sich spüren lasse. Gott mehre das maaß der gnade[1805] in ihm von tage zu tage und erwecke auch die übrige, wie auch noch andere sechs candidatos ministerii, die bereits von den studiis academicis hiehin zurück kommen sind.

Ew[er] H[och]e[hr]w[ürden] nehme der Allerhöchste ferner in seine väterliche fürsorge und lasse ihm alle Dero unternehmungen für den bau des Reiches Christi wohlgefallen, welches zu wünschen fortfähret

Ew[er] H[och]e[hr]w[ürden] […] Professoris
ergebenster d[iene]r Jo[hann] Nic[olaus] Sybel

Nr. 105   Halle (Saale), 7. März 1737

Gotthilf August Francke, Professor der Theologie und Inspektor der Kirchen und Schulen der Ersten Diözese des Saalkreises in Halle (Saale), an Johann Nikolaus Sybel, Pfarrer an St. Georgii in Soest. Konzept. Zum Zusammenhang siehe Nr. 104. (Halle [Saale] AFSt, Bestand H C 635:5)

[Adresse:] An den h[errn] past[or] Sybel in Soest.

Hochwohlehrw[ür]diger, hochgeehrt[er] und in dem Herrn sehr wertgeschätzter Herr Pastor.

Eur Hochwohlehrw[ür]den geehrtestes [Schreiben] vom 12. Febr[uarii][1806] habe ich nebst dem beygeschloßenen spec[ial] duc[aten][1807] zurecht erhalten und erstatte vor [für] Dero liebe gegen das missions werck hierdurch schuldigen danck [ab,] mit dem hertzl[ichen] wunsche, daß Gott Eur Hochwohlehrw[ür]den dafür wiederum mit vielem guten erfreuen und begnadigen wolle.

Die 3 neue[n] herren missionarii werden sich nunmehro wohl auf der reise nach Indien befinden, die ich denn Eur Hochwohlehrw[ür]den gebet und andencken vor Gott hertzl[ich] empfehle. Bey der bißherigen stürmischen witterung solte einem bey dergl[eichen] reise wohl fast [sehr] bangen werden. Nachdem aber der liebe

---

1803 Johann Heinrich Stuve (1717–1757). Wie Anm. 1745.
1804 Aus Soest und dessen Börde.
1805 Vgl. Röm 12, 3: „Denn ich sage durch die Gnade, die mir gegeben ist, jedem unter euch, dass niemand mehr von sich halte, als sich's gebührt, sondern dass er maßvoll von sich halte, wie Gott einem jeden zugeteilt hat das Maß des Glaubens" sowie Eph. 4, 7: „Einem jeden aber von uns ist die Gnade gegeben nach dem Maß der Gabe Christi."
1806 Nr. 104.
1807 Kahnt, Helmut/Knorr, Bernd: Alte Maße, Münzen und Gewichte. Ein Lexikon, Mannheim, Wien und Zürich 1987, S. 293 („Species").

kirchlichen wesens dienen könne, vorschlagen müste.[1788] Von den magistraten,[1789] die mit andern dingen beschäftiget sind, ist der gleichen nicht zu erwarten, wie sie auch über verschiedene dinge keine iurisdiction haben, wohin die stifte gehören. Es mag gegenwärtige [Visitations]commission [des Herrn Präsidenten von Reichenbach] sich auf dieselben wohl nicht erstrecken. Es wäre aber wohl zu wünschen, daß se[ine] König[liche] Maj[estät] auch dabey inquisition thun lassen mögten:[1790] ob und wie statuten-mäßig der tägl[iche] gottesdienst im gesänge, gebeht und lesung göttl[ichen] worts gehalten werde[?] ob für den wohlstand der kirchen, des landes, des Königs gebehtet [werde?] ob und warüm nicht alle capitularen[1791] present seyn? wie es mit annehmung und einkleidung derselben gehalten werde? denn an theils orten[1792] liegt das chor[gebet] gar [danieder], und die chanoinessen bringen die zeit in müßiggang und was dem connex ist zu. In einigen stiften sind ärgerliche zänkereyen gemein.[1793] Viele lassen sich die revenues[1794] außer landes schicken. Die stifts-gebäude verfallen und sehen zum ärgerniß[1795] der catholiquen iämmerlich aus. Bey den einkleidungen[1796] gehet es zum theil ärgerlich und üppig her. Indessen dringen sich die in die stifter hinein, die vermögend sind und die praebende[1797] theuer bezahlen können, maßen eine zuweilen auf 2000 r[eichs]t[haler] zu stehen kömt, da die wenigen, welchen[1798] am meisten die fundation gemeinet ist,[1799] dazu nicht gelangen können, welches daher rühret, daß es erlaubt ist, die stelle nach belieben zu einer resignation[1800] zu verkaufen, da, wo die resignationes cessireten und in capitulo der platz allemahl durch praesentes per vota vergeben würde,[1801] ein so hoher preiß, auch die erkauffung der stimmen, nicht würde gewaget werden.

E[wer] H[och]e[hr]w[ürden] vergeben mir, daß [ich] mit meinen einfältigen einfällen Dieselbe aufhalte. Ich habe mir den fall vorgestellet, daß es seyn könne, daß he[rr Präsident] v[on] Reichenbach in seiner wichtigen charge[1802] Dero [Gotthilf August Franckes] rahts sich bediene und bedienen werde, da wir darunter profiti-

---

1788 Dies liefe auf einen Unterausschuss des jeweiligen örtlichen Predigerministeriums heraus.
1789 Den Bürgermeistern und Räten der einzelnen Städte.
1790 Auch die Stifte mit in die Visitation einbeziehen ließe und dabei erfragte.
1791 Die Angehörigen des Stiftskapitels.
1792 An einigen Orten.
1793 An der Tagesordnung.
1794 Die ihnen zustehenden Einkünfte.
1795 Zum Spott für/als Stein des Anstoßes für die Katholiken.
1796 Den Feierlichkeiten anlässlich der Aufnahme einer jeden neuen Kanonisse in das Stift.
1797 Den Platz im Stift (als Versorgungsstelle).
1798 Für welche.
1799 Für die die Stiftung eigentlich gedacht ist.
1800 Bei Rücknahme der bei Eintritt geleisteten Unterschrift.
1801 Wenn die Praxis ausgesetzt würde und die im Stift lebenden Personen selbst wählen dürften.
1802 Bei seiner wichtigen Aufgabe.

erinnert, es geschehe des predigens auf sölche weise zu viel.[1778] Allein, er hätte wohl gethan, wenn er ein tägl[iches] morgen- oder auch abend-gebeht[e] angeordnet hätte, wie man es auch in Dortmund und Essen hat. Da an dem ersten orte[1779] zwarn wenig oder keine eingepfarrte herzukommen, ausser den armen, die dazu verbunden seyn.[1780] Der andere ort aber[1781] weiset, daß, wo ein prediger eifer und andacht zum gebeht mitbringet, die besten gemühter sich dazu gern versammlen.[1782] Wir[1783] haben uns so in die wochenpredigten vertheilet, daß, weil wir in 7. kirchen 8. prediger haben, täglich eine predigt besuchet werden kan. Da aber unser ort groß ist, sind der einwohner nunmehr nur wenige, die auch die ihnen weit liegenden kirchen frequentirn, zumahl, da wir prediger zurückbleiben und unsern antecessoribus[1784] nicht folgen, welche ehedem alle tage zu andern kirchen [ge]gangen seyn. Auf dem lande ist gar kein gottesdienst in der wochen, da es wohl thunlich wäre, daß wenigstens einmahl behtstunde und ein andermahl kinderlehre gehalten würde, wie ich wünschte, daß wir also in der stadt einen tag nach dem andern mit behtstunden und kinderlehren abwechseln mögten.[1785]

Wir haben freytags zu abend und des winters, wenn keine kinderlehre gehalten werden kan, sontags eine behtstunde, darinn wir einen ziemlichen numerum zusammen kommen sehen.[1786] Es würde he[rr Präsident] v[on] Reichenbach dem lande[1787] einen großen nutzen schaffen, wenn er an allen orten ein sölches collegium anrichtete, welches auf geistl[iche] sachen acht haben und, was zur verbesserung des

---

1778 So in seinem Kirchenordnungsentwurf von 1575, den Sybel demnach intensiv studiert hatte. Vgl. Deus, Soester Recht 5 (wie Anm. 1627), S. 722f.: „Zum 2. setzet die alte [Soester] kirchenordnung [von 1532] der predigten beyde, an sontagen, feyertagen und werckeltagen, mehr den[n] ihrer jetz gehalten werden; darum stellen wirs einem ehrbahren rath heim, ob solcher mehrung der predigten vonnöthen, dieweil ohne das wenig leute gnug zu den itzigen kommen und wir kirchendiener auch ohne das mit beichthorung, mit besuchung der krancken, mit leichpredigten und andern gnug beschweret sind […]."
1779 In Dortmund.
1780 Um ihre Unterstützung/die Armenspeisung zu erhalten.
1781 Essen.
1782 Zu den engen Verbindungen zwischen den Eliten beider Städte siehe oben Anm. 174. Auch Sybel selbst hatte Verwandtschaft in Essen. Vgl. Nr. 107, 110f. und 114.
1783 Die Soester Prediger.
1784 Unseren Amtsvorgängern.
1785 Hier ist also an ein Nebeneinander von Kinderlehre (Katechismusunterricht) und Collegium pietatis (Betstunde) gedacht. Das ist die seit 1695 in Sybels Gemeinde bestehende Struktur.
1786 Die Soester Collegia (freitags und im Winter sonntags) sind demnach auch weiterhin gut besucht.
1787 Hier wohl: Der Grafschaft Mark und ihrer Nebenquartiere, die er gleichfalls visitieren sollte.

municiren wollen. Es werden dieselbe[n] wohl employirt werden,[1770] als wozu mir Gott eine thür geöfnet [hat],[1771] wie ich [Johann Nikolaus Sybel] ehedem gebraucht bin [werde], sie zu entwerfen[!].[1772]

Wir haben hofnung, wenn he[rr Präsident Benjamin Friedrich] v[on] Reichenbach[1773] gegen den frühling in diesen landen die visitation auf Kön[igliche], allergn[ädigst] an ihn ergangene ordre bey unsern kirchen und schulen vornehmen wird, daß dann hochw[ürdige] Clev[ische] regirung die confirmation[1774] werde ausfertigen müssen. Gott laße ihm die guhte intention des Königs zum seegen empfohlen seyn und baue sein Zion auch unter uns.

Vielleicht nimt gedachter herr [Präsident von Reichenbach] verschiedenes wa[h]r, das zu[r] noch ferneren verbeßerung unserer kirchen-ordnung dienen kan. Wie ich denn oft denke, es solle billig bey allen gemeinen täglich gottesdienst gehalten werden, wie uns darinn das papstum es zu vor thut. Wir prediger haben ia dazu die zeit wohl, und manchem mögte es guht seyn, solchergestalt von dem müßiggang und anderer unordnung zurück gehalten zu werden, wie wir also auch täglich unsere erweckung und ermunterung hätten. Bald nach der reformation ist es auch hierinn bey uns anders als ietz gehalten worden. Ich finde,[1775] daß in St. Petri Kirchen die jungfern aus dem Hohen Hospital[1776] täglich haben zum gesange und anhörung göttl[ichen] worts kommen müssen. In andern gemeinen ist ein um den andern tag geprediget worden. Nun hat d[oktor] Simon Musaeus,[1777] als er bey uns stund,

---

1770 Berücksichtigt werden.

1771 Vgl. 1. Kor 16, 9: „Denn mir ist eine große Tür aufgetan zu reichem Wirken; es gibt aber auch viele Widersacher."

1772 Sybel hat also den Auftrag, die neue Soester Kirchenordnung zu verfassen/überarbeiten.

1773 Friedrich Wilhelm von Reichenbach (1697–1750) hatte ab 1715 in Halle die Rechte studiert und hier Ende 1717 dann auch promoviert. Noch im gleichen Jahr erhielt er seine Adelsbestätigung. Reichenbach ging in den auswärtigen Dienst des preußischen Ministeriums und wurde Legationsrat und Resident am Hof von St. James in London. 1730 wurde er von hier als Geheimer Regierungsrat in das Fürstentum Minden versetzt. In der Folgezeit erhielt er Aufgaben in Berlin und wurde 1736 Oberkurator der preußischen Universitäten sowie Preußischer Geheimrat und Oberkonsistorialpräsident des französischen Oberkonsistoriums und des Kurmärkischen Konsistoriums. 1737 übertrug der König Friedrich Wilhelm Reichenbach die diesen sehr schnell allgemein bekannt machende Aufgabe einer landesweiten Generalvisitation (Visitation aller Kirchen und Schulen). Straubel, Rolf: Biographisches Handbuch der preußischen Verwaltungs- und Justizbeamten 1740–1806/15 (Historische Kommission zu Berlin: Einzelveröffentlichungen 85), München 2009, S. 789.

1774 Die Ratifizierung/die Inkraftsetzung der neuen Soester Kirchenordnung.

1775 Beim Studium der in der Bibliothek des Predigerministeriums erhaltenen Quellen.

1776 Gros, Beate Sophie: Das Hohe Hospital in Soest (ca. 1178–1600). Eine prosopographische und sozialgeschichtliche Untersuchung (Veröffentlichungen der Historischen Kommission für Westfalen XXV; Urkunden-Regesten der Soester Wohlfahrtsanstalten 5), Münster 1999.

1777 Simon Musaeus (1529–1576). Wie Anm. 1626.

ben ein zeugniß erhalten habe: indem wegen versäumung [am Rande ergänzt:] man allerhand leute einzuschieben trachtet und gleichwohl*, daß die schulen auch auf dem lande wohl bestellet werden.

Ad § 60. circa initium, weiß ich [Gotthilf August Francke] nicht, ob es nicht einige unordnung nach sich ziehen möchte, wenn kirchen- und schul-bediente und deren witben sich nicht zu einer gewissen gemeinde zu halten schuldig seyn sollen.

Ad § 107. Halte ich [Gotthilf August Francke] für nöthig, daß auch erwachsene und alte leute sich [am Rande:] sonderlich auf dem lande* einige tage vor der beichte und, welches am schicklichsten [wäre], den sonntag vorher bey dem prediger [ihrer Gemeinde] selbst zur beicht angeben müssen, damit [d]er zeit habe, ein oder den andern privatim zubesprechen, auch [um], wie an manchen orten geschiehet, in der woche eine vorbereitung mit ihnen anzustellen. Wenn die leute, sonderlich auf dem lande, freyheit haben, sich durch ihre haußgenossen bey dem prediger melden zu lassen, so wird es offt vergessen oder mit fleiß [Absicht] unterlassen und hernach mit der vergessenheit entschuldiget, welches denn denen predigern mancherley noth verursachet.

Nr. 104   Soest, 12. Februar 1737
Johann Nikolaus Sybel, Pfarrer an St. Georgii in Soest, an Gotthilf August Francke, Professor der Theologie und Inspektor der Kirchen und Schulen der Ersten Diözese des Saalkreises in Halle (Saale). Mit einer Geldspende. Zum Zusammenhang siehe Nr. 102. (Halle [Saale] AFSt, Bestand H C 635:4)

[Ohne Adresse] Hochehrwürdiger Herr Professor!

Ew[er] H[och]e[hr]w[ürden] statte [ich] ergebensten dank ab für die gühtige communication der letztern continuation der nachrichten von der mission in Tranquebar.[1768] Gott sey gepriesen für den seegen, den er darauf zu legen fortfähret. Er fördere ferner das werck der hände[1769] seiner treuen knechte unter den heyden, denn es ist sein werck. Er vergelte auch E[wer] H[och]e[hr]w[ürden] die mühe und fürsorge, so Sie auf diese anstalten zu verwenden nicht ermüden, und erwecke milde hertzen, die durch Ew[er] H[och]e[hr]w[ürden] hand von ihrem überfluß der [be]dürftigen neugepflantzten gemeine zu ihrem leiblichen unterhalt etwas zufließen lassen, dabey [ich] einliegendes scherflein zu legen bitte, als ein zeugniß, daß [ich] gern antheil nehme an [der] ausbreitung des Reiches Christi.

Ich bin aber Ew[er] H[och]e[hr]w[ürden] auch darüber zum höchsten verpflichtet, daß sie meiner unterdienstlichen bitte raum [ge]geben [haben] und Dero anmerckungen über das project unserer kirchen-ordnung gühtigst an uns [haben] com-

---

1768 Das aktuelle Heft der „Halleschen Berichte." Wie Anm. 1757. Nummer/Ausgabe nicht genannt. – Zur ersten Soester Missionsspende vgl. oben Anm. 1356. Die „Halleschen Berichte" waren demnach auch schon früher nach Soest gelangt.
1769 Vgl. Ps 90, 17: „Und der Herr, unser Gott, sei uns freundlich und fördere das Werk unsrer Hände bei uns. Ja, das Werk unsrer Hände wollest du fördern!"

der neuesten Königl[ichen] verordnung gemäß, nach welcher auch die Preussischen lands-kinder [gestrichen: 1 bis] 2 jahr alhie[1764] studiren und von der hiesigen theologischen facultät ein zeugniß beybringen müssen.*

[gestrichen: Ad § 15. Möchte wohl der passus post verba:]

Ad § 17. post verba: *bey einem der prediger nach gutbefinden des inspectoris* gebe ich [Gotthilf August Francke] zu bedencken, ob nicht die catechetische übung entweder bey dem inspectore selbst oder doch in dessen gegenwart anzustellen sey, wie auch

Ad § 18. ob nicht der candidat die gehaltene prob-predigt wenigstens ein paar tage vor dem examine zu übergeben habe, damit selbige von sämtl[ichen] membris des consistorii vorher gelesen werden könne, als [gestrichen: dazu] welches die zeit bey dem examine wohl nicht zulassen möchte.

Ad § 23. ist wol nicht gut, wenn die confirmation[1765] ertheilet würde, ehe mit dem candidato das letzte examen vorgenommen [gestrichen: worden] und derselbe in solchem zu dem lehr-amt tüchtig befunden worden [wäre]. Besser wäre es, wenn die confirmation erst nach diesem letztem examine ertheilet und als denn [dann] zur ordination geschritten würde, welches also in der projectirten kirchen-ordnung deutlich zu exprimiren wäre: denn sonst möchten nach erhaltener confirmation allerhand disputen erreget werden und nur weitläuftigkeit daraus erstehen, welche aber dadurch abgeschnitten werden kan, wenn die confirmation erst nach gehaltenem letzten examine und nachdem der candidatus in selbigem zum lehr-amt tüchtig erfunden worden [ist], ertheilet wird.[1766]

Ad § 33. circa finem ist zwar wol erinnert, daß die prediger denen feldpredigern in ansehung derer garnisonen keinen eintrag thun sollen. Es wäre aber zu wünschen, daß dergleichen auch nicht von der andern seite geschehen möchte, und stelle ichs [Gotthilf August Francke] dahin, ob es thunlich [wäre], daß alhie noch mit angehänget würde: als dergleichen wir auch diesen nicht gestatten wollen. Wiewol ich zweifele, daß hirinnen etwas zu ändern seyn möchte, weil das project [gestrichen: zugleich] schon revidiret ist.[1767]

Ad § 48. scheinet [gestrichen: nach denen worten] in dem passu: *der magistrat aber bey das predigt-amt* usq[ue] ad verba *verkündigt wird* etwas ausgelassen [worden] zu seyn.

Ad § 53. circa finem mögte wol nachdrücklich beyzufügen seyn: daß kein küster, der schule hält, und kein schul-meister admittiret und angenommen werden solle, der von dem inspectore dazu nicht tüchtig erfunden worden [ist] und von demsel-

---

1764 In Halle.
1765 Die rechtskräftige Übertragung der Pfarrstelle.
1766 Vgl. Rothert, Kirchengeschichte der Mark III (wie Anm. 10), S. 40 (im Blick auf die Verhältnisse in der Grafschaft Mark): „Nach der Vokation fand erst das Examen statt. Das machte den Zweck der Prüfungen gewiß oft zu nichte. Denn wer einmal berufen war, war schwerlich geringer Leistungen wegen vom Amt zurückzuhalten."
1767 In Berlin beraten und gebilligt ist. – In Fragen der Militärseelsorge waren in Berlin demnach kaum Zugeständnisse zu erwarten.

ums] vorstellung nicht gehör geben wolte, als denn von seinen irrigen meynungen, wofern solche bekant wären, der gemeinde eine anzeige geschehen [sollte/müsste], iedoch dergleichen von dem prediger des ortes nicht ohne vorhergegangenen consens und anordnung des consistorii unternommen werden solle.

Ad § 3. gebe ich [Gotthilf August Francke] zu bedencken, ob nicht nach den worten: *uber ihre schrancken kommen* es etwa so abgefasset werden könne, daß die prediger in solchem fall die sache dem consistorio zu hinterbringen, dieses aber, wofern es deme zu remediren nicht vermögte,[1760] die sache an ihre Königl[iche] Majestät zu berichten hätten.

Ad § 4. könnte nach denen worten: *widerlegung derer irrthümer* wol beygefüget werden: aus Heil[iger] göttlicher Schrift.

Ad eundem §. gebe ich zu bedencken, ob nicht der passus und die worte circa finem: *alle kinder mit sich zu führen* etwas deutlicher und vernehmlicher abgefasset werden möchten.

Ad § 5. könnte post verba: *dem consistorio communiciren* noch beygefüget werden: und dessen verordnung darüber erwarten.

Ad § 6. wäre der passus post verba: *von dem magistrat* wol etwas deutlicher abzufassen, und lasse ich [Gotthilf August Francke] dahin gestellet seyn, ob nicht die worte: *damit es nicht nöthig sey, inter strepitum rerum forensium die nöthige deliberation bey wichtigen fälen zu übereilen* gar weg gelassen werden möchten, weil solche [gestrichen: künftig] zu ein oder ander disput anlaß geben könten.

Ad § 7. [gestrichen: ist] hab mans nicht eigentlich abzusehen, vormahls, wer unter den worten: *Vor uns* verstanden werden soll, weil die confirmation[1761] der kirchenordnung in Ihro Königl[ichen] Majest[ät] namen ertheilet werden soll [gestrichen über 5 Zeilen, dafür über der Zeile:] indessen hat man dergleichen im folgenden mehr mahlen observiret, über[...] es aber [...] denen, welchen dies project nach denen vorstanden und [...] stylo curiae[1762] einzurichten zu kommet.

Ad § 10. Circa finem mögte post verba: *und uneinigkeit wehren* wol noch beygefüget werden können: und dahin sehen sollen, daß mit der wahl ordentlich und gebührend verfahren, und nicht nach gunst oder nach andern unrichtigen absichten, sondern in der furcht Gottes gehandelt und allein auf der gemeinde bestes gesehen werde, so, wie es dereinst auch vor dem richter-stuhl Gottes zu verantworten sey.

[Am Rande ergänzt:] Ad § 13. möchte wohl post verba: *und darinnen unter anderm bezeuget* beygefüget und das nachfolgende folgender gestalt abgefasset werden: daß er[1763] nach Unsern [des Königs] derentwegen ergangenen verordnungen nicht in Wittenberg, sondern, wofern er auf andern universitäten studiret hätte, seine studia wenigstens zwey jahr auf der universität Halle fortgesetzet haben [soll], wie er denn von der dortigen theologischen facultät wegen lehre etc., denn dieses ist

---

1760 Es diesbezüglich keine Abhilfe schaffen kann.
1761 Die Ratifizierung/die Inkraftsetzung.
1762 Im Amtsstil.
1763 Der Student/der Kandidat des Predigtamtes.

von hier aus [aus Soest] einen begabten prediger nahmens [Arnold] Münch[1755] berufen hatte, der aber seiner constitution halber die vocation ausgeschlagen [hat]. Man meinet, daß herr [Johann Gangolf Wilhelm] Forstmann[1756] aus Sollingen, der daselbst noch immer im segen arbeitet, nach Hattingen wieder werde berufen werden.

Nr. 102   Halle (Saale), Herbst 1736

Gotthilf August Francke, Professor der Theologie und Inspektor der Kirchen und Schulen der Ersten Diözese des Saalkreises in Halle (Saale), an Johann Nikolaus Sybel, Pfarrer an St. Georgii in Soest. Mit Beilagen. Zum Zusammenhang siehe Nr. 101. Nicht aufgefunden, aber bezeugt durch Nr. 103.

Übersendet seine Monita zu „der projectirten [Soester] kirchen-ordnung" sowie eine neue Folge der „Halleschen Berichte".[1757]

Nr. 103   Halle (Salle), Herbst 1736

Francke, Gotthilf August: Monita zu „der projectirten [Soester] kirchen-ordnung".[1758] Wohl Beilage zu Nr. 102. Konzept von der Hand Gotthilf August Franckes. (Halle [Saale] AFSt, Bestand H C 635:3)

Bey der projectirten kirchen-ordnung hat man [habe ich; Gotthilf August Francke] folgendes zu erinnern gefunden:

Ad § 1. [gestrichen: möchte b] wird bey dem schluß desselben wol etwas ausgelassen [worden] seyn, und [gestrichen: ist] wäre solcher deutlicher zu machen.

Ad § 2. könnte nach denen worten: *privat erinnerungen*[1759] wol noch beygefüget werden: wenn solche nicht verfangen wolten.

In eodem §. scheinet nach denen worten: *seiner nothdurft vor dem consistorio* wiederum etwas ausgelassen [worden] zu seyn, und [es] möchte die meynung vermuthlich diese seyn: daß der verdächtig gemachte [Prediger] über seinen irrigen meynungen von dem consistorio vernommen werden und selbiges sich bemühen solle, ihn zu recht zuweisen: Im fall er [der Prediger] aber dessen [des Konsistori-

---

      tingen (1730; Zweiter Pfarrer) und Elberfeld (1736). Bauks, Pfarrer (wie Anm. 14), S. 146 (Nr. 1864). – Gruch, Pfarrer 2 (wie Anm. 169), S. 167 (Nr. 3729).

1755 Arnold Mönnich (ca. 1703–1757; wie Anm. 408) stammte aus Lippstadt. Er hatte Margret Helena Eleonora Möller (1716–1743), eine Tochter des Soester Inspektors Johann Möller (Müller, Mollerus; 1646–1722; wie Anm. 39), geheiratet und war seit 1733 Pfarrer an St. Pauli in Soest. Mönnich hatte schon als Schüler im Soester Waisenhaus gepredigt. Vogeler, Archigymnasium IV (wie Anm. 9), S. 12. Um 1749 erlebte er dann noch eine besondere zweite Erweckung. Siehe unten Nr. 154.

1756 Johann Gangolf Wilhelm Forstmann (1706–1759). Wie Anm. 335.

1757 Die regelmäßig erscheinenden Berichte der hallischen Mission in Tranquebar (Ostindien): Derer Königl[ich] Dänischen Missionarien aus Ost-Indien eingesandte ausführliche Berichte […], Halle 1705–1775 („Hallesche Berichte").

1758 Vgl. Edition 2.3.

1759 Kursive Hervorhebungen im Original unterstrichen.

werden, wodurch Gottes Reich bey uns gebauet werden könne. Ew[er] H[och]w[ürden] werden nach Dero bereitwilligkeit, der jugend zu helfen, auch ihm guhten raht ertheilen, welchen sich auch ein andrer studiosus nahmens [Johann Hermann] Lange,[1747] der hieher [aus Soest] aber nicht gebürtig ist, durch mich ergebenst ausbittet.

Da Ew[er] H[och]w[ürden] in Dero hochgeehrtestem schreiben, womit sie mich wiederüm beehret [haben], befohlen haben, zu melden, wie es weiter mit unserer proiectirten kirchen-ordnung ablaufen werde, so mache [ich] mir daraus hofnung, Ew[er] H[och]w[ürden] werden es sich nicht entgegen seyn lassen, daß [ich] den aufsatz,[1748] zu welchem doch in dem nach Berlin geschickten exemplar noch einige additamenta kommen [gekommen sind/kommen werden], hiebey vorzeige. [Ich tue dies in der Hoffnung,] ob [dass] vielleicht ein oder anders halbes stündgen gelegendlich emploriret werden könte[1749] zu dessen durchlesung, welchen fals [ich] ergebenste ansuchung gethan haben wolte, daß Ew[er] H[och]w[ürden] Dero anmerckungen und erinnerungen uns communiciren mögten, wie es denn noch zeit wäre, dieselben anzubringen, da man ursache hat, noch ein wenig anzustehen, ehe man bey Clev[ischer] regirung auf die confirmation ferner dringet.[1750] Wenn Ew[er] H[och]w[ürden] das [beigelegte] exemplar[1751] wieder zu remittiren belieben [möchten], [so] bitte [ich darum], es versiegelt dem studioso [Johann Heinrich] Stuven zustellen zu laßen, der es wieder hieher befordern wird.

Ich empfehle Ew[er] H[och]w[ürden] widerüm gottlicher gnaden-obhuht und verharre

Ew[er] H[och]w[ürden] [...] Professoris
ergebenster diener Jo[hann] Nic[olaus] Sybel, pr[ediger] zu St. Georgii

P.S. Diesen sommer ist zum inspectore Marcano erwehlet [worden] herr [Theodor Johann] Emminghaus,[1752] prediger in Schwerte, ein rechtschaffner mann, der auch erkändtniß hat,[1753] von dem das ministerium [die lutherische Synode der Grafschaft Mark] mithin sich viel guhtes versprechen kan.

Herr [Johann Theodor] Garenfeld,[1754] ein recht erweckter und eifriger diener Christi, ist von Hattingen nach Elberfeld gezogen, dahin [nach Hattingen] man

---

1747 Johann Hermann Lange (1715–1746). Er stammte aus Lüdenscheid, immatrikulierte sich (zeitgleich mit Johann Heinrich Stuve) Anfang Oktober 1736 in Halle und war seit 1740 zunächst Vikar in Herscheid, dann seit 1743 Pfarrer in Langendreer. Bauks, Pfarrer (wie Anm. 14), S. 290 (Nr. 3638).
1748 Die Ausfertigung/die Abschrift.
1749 Verwandt/angewandt werden könnte.
1750 Um obrigkeitliche Genehmigung/Ratifizierung der neuen Ordnung bittet.
1751 Die nach Halle übersandte Abschrift/Ausfertigung des Kirchenordnungstextes.
1752 Theodor Johann Emminghaus (1684–1761). Wie Anm. 549.
1753 Eine angemessene Erkenntnis der biblischen Wahrheit hat.
1754 Johann Theodor Garenfeld (1698–1741) stammte aus Lüttringhausen (heute: Remscheid) und hatte ab 1720 in Halle studiert. Er war 1729 Pfarrer in Schöneberg (Rheinland) geworden. Diesem Dienst angeschlossen hatten sich Pfarrämter in Hat-

Nr. 99   Halle (Saale), 9. September 1735
Johann Heinrich Callenberg, ordentlicher Professor für orientalische Sprachen und Leiter des Institutum Judaicum et Muhammedicum in Halle (Saale), an Johann Nikolaus Sybel, Pfarrer an St. Georgii in Soest. Zum Zusammenhang siehe Nr. 98. Nicht aufgefunden, aber bezeugt durch Nr. 98.

Nr. 100   Halle (Saale), Anfang September 1736
Gotthilf August Francke, Professor der Theologie und Inspektor der Kirchen und Schulen der Ersten Diözese des Saalkreises in Halle (Saale), an Johann Nikolaus Sybel, Pfarrer an St. Georgii in Soest. Zum Zusammenhang siehe Nr. 89. Nicht aufgefunden, aber nachgewiesen durch Nr. 101.

Bittet um Informationen über den Stand der Arbeit an der neuen Soester Kirchenordnung.[1743]

Nr. 101   Soest, 17. September 1736
Johann Nikolaus Sybel, Pfarrer an St. Georgii in Soest, an Gotthilf August Francke, Professor der Theologie und Inspektor der Kirchen und Schulen der Ersten Diözese des Saalkreises in Halle (Saale). Mit einer Beilage (Abschrift der von Sybel erstellten „neuen" Soester Kirchenordnung).[1744] Zum Zusammenhang siehe Nr. 100. (Halle [Saale] AFSt, Bestand H C 635:2)

[Ohne Adresse] Hochwürdiger, hochgeehrtester Herr Professor!

Vorzeiger dieses [Briefes], der studiosus [Johann Heinrich] Stuve,[1745] begehret von mir ein zeügniß und [eine] recommendation[1746] an Ew[er] H[och]w[ürden], welches [ich] ihm seines wohlverhaltens halber nicht versagen kan, wie [ich] denn nicht zweifle, die Hallische anstalten werden den funcken der furcht Gottes, so in ihm liegt, also erwecken, daß wir dereinst ein gesegnetes werckzeüg an ihm haben

1743 Vgl. Edition 2.3.
1744 Vgl. Edition 2.3.
1745 Johann Heinrich Stuve (1717–1757) stammte aus Soest und immatrikulierte sich Anfang Oktober 1736 in Halle. Später war er zunächst Lehrer am Soester Gymnasium (1742), dann seit 1743 Pfarrer an St. Nicolai in Lippstadt und zugleich Stiftsprediger in Cappel. Seine Frau Maria Elisabeth Sybel (* 1729) war eine Tochter Johann Christoph Sybels (1690–1733; wie Anm. 226), seit 1723 Pfarrer an St. Pauli in Soest. Sein Sohn Johann Stuve (1752–1793) wurde später ein bedeutender philanthropischer Reformpädagoge. Bauks, Pfarrer (wie Anm. 14), S. 502 (Nr. 6219). – Dazu: Kleiner Michels (wie Anm. 14), S. 452 und 655. – Zu Johann Stuve: Zimmermann, Paul: Artikel „Stuve, Johann", in: ADB 37 (1894), S. 82f. – Schmitt, Hanno: Basiswissen Pädagogik. Historische Pädagogik/Johann Stuve (1752–1793), Hohengehren 2002. – Ders.: Vernunft und Menschlichkeit. Studien zur philanthropischen Erziehungsbewegung (FS Wolfgang Klafki), Bad Heilbrunn 2007.
1746 Eine Empfehlung. Man weiß in Soest also inzwischen, dass Sybel mit dem jüngeren Francke in engerem Kontakt steht.

Nr. 97   Halle (Saale), vor 28. Juni 1735

Johann Heinrich Callenberg, ordentlicher Professor für orientalische Sprachen und Leiter des Institutum Judaicum et Muhammedicum in Halle (Saale), an Johann Nikolaus Sybel, Pfarrer an St. Georgii in Soest. Mit Beilage (ein „tractätgen [...] von der kindschafft Abrahams"). Zum Zusammenhang siehe Nr. 95. Nicht aufgefunden, aber bezeugt durch Nr. 98.

Nr. 98   Soest, 28. Juni 1735

Johann Nikolaus Sybel, Pfarrer an St. Georgii in Soest, an Johann Heinrich Callenberg, ordentlichen Professor für orientalische Sprachen und Leiter des Institutum Judaicum et Muhammedicum in Halle (Saale). Mit einer Geldspende. Mit Eingangsvermerk vom 7. Juli 1735 und Hinweis auf einen bislang nicht aufgefundenen Antwortbrief Callenbergs vom 9. September 1735. Zum Zusammenhang siehe Nr. 97 und Nr. 99. (Halle [Saale] AFSt, Bestand H K 22:304)

[Ohne Adresse] Hochedler, hochgeehrtester He[rr] Professor!

Ew[er] H[och]e[hr]w[ürden] statte [ich] ergebensten danck ab für Dero geneigtes andenken an unsren ort [Soest], welchem sie die continuation von Dero nachricht von dem success Ihrer christlichen bemühung, dem saamen Abrahae das heil in unserm hochgebenedeyten sehligmacher bekandt zu machen, haben zufertigen wollen.[1739] Es müße für die auch hieselbst also beforderte erweckung zum lobe Gottes und zum gebeht um fernern durchbruch des lichts unter dem verstockten volck zur gnaden-vergeltung ein reicher seegen [aus/von] Ew[er] H[och]e[hrwürden] kommen. Ich bitte aber auch, einliegende zwey gulden zu diesem werck zu verwenden, und da [in Ihrem jüngsten Brief] eines tractätgens meldung gethan wird von der kindschafft Abrahams,[1740] davon [ich] nicht weis, daß [ich] es erhalten habe [hätte], es wäre denn, daß es des he[rrn Johann Anastasius] Freilinghausens[1741] bey der taufe eines juden gehaltene predigt wäre,[1742] so wolte [ich] um deßen communication dienstlich gebethen haben; der ich nicht unterlaße, zu Ihrem wichtigen instituto alles gnedigen zu erbitten und verharre

    Ew[er] H[och]e[hr]w[ürden] [...] Professoris
    ergebenster d[iene]r Jo[hann] Nic[olaus] Sybel

1739   Eine Nummer des Periodikums des Institutum Judaicum et Muhamedicum in Halle. Wie Anm. 559.
1740   Nicht bei Rymatzki, Judenmission (wie Anm. 557).
1741   Johann Anastasius Freylinghausen (1670–1739). Wie Anm. 448.
1742   Freylinghausen, Johann Anastasius: Die wahre und gesegnete Kindschaft Abrahams, bey Aaron Abrahams/Eines aus Königshafen gebürtigen Judens: Nachdem derselbe durch Göttliche Gnade/an Jesum Christum, der Welt Heyland, gläubig worden/ Am Fest der Reinigung Mariä [2. Februar] dieses 1714ten Jahrs [...] erfolgten Taufe/ in einer Vorbereitungs-Rede vorgestellet und auf Verlangen mitgetheilet [...], Halle: Waisenhaus 1723 (VD18 13077694).

Nr. 95 Halle (Saale), 23. Februar 1735

Johann Heinrich Callenberg, ordentlicher Professor für orientalische Sprachen und Leiter des Institutum Judaicum et Muhammedicum in Halle (Saale), an Johann Nikolaus Sybel, Pfarrer an St. Georgii in Soest. Zum Zusammenhang siehe Nr. 94. Nicht aufgefunden, aber bezeugt durch Nr. 94.

Nr. 96 Soest, 11. März 1735

Johann Nikolaus Sybel, Pfarrer an St. Georgii in Soest, erneuert seine am 14. Juli 1718 gemachte Stiftung für solche Stadtkinder (nun: vor allem aus der Georgsgemeinde), die in Halle (Saale) Theologie studieren möchten. Zum Zusammenhang siehe Nr. 41. (Wiedergabe nach: Vogeler, Beiträge [wie Anm 9], S. 6f.)

[…] Demnach ich, M[agister] Joh[ann] Nic[olaus] Sybel, unterm 14. Juli anno 1718 eine Disposition errichtet und darin ein und anders wohlbedächtlich verordnet habe, so erkläre [ich] mich hierdurch [dahingehend], daß nicht nur deren Inhalt noch zur Zeit[1730] meine ernste und beständige Willensmeinung sey, sondern auch, wie [ich] darin [unter] N[ume]ro 2 und 7 mich ausgelassen [habe], dass die unter meiner Hand exprimirte[n] legata abgestattet werden sollen.[1731] Also dann beneben[1732] auch habe [ich] folgendes festiglich gehalten wissen wollen:

Ich verordne nemlich, daß falls ich bey meinem Leben und aus ein oder ander Ursache nicht anders disponiren möchte, gleich ich mir doch jederzeit zu thun ausdrücklich vorbehalte, daß alsdann das Stück Landes, plus minus 2 ½ Morgen Landes haltend, welche[s] ich laut herbey geschlossenen instrumenti[1733] von meiner Frau Mutter [Anna Margaretha Möller][1734] für 250 R[eichs]t[a]l[e]r gekauft habe, […] zum Behuf der auf Universitäten studirenden studiosorum theologiae, sonderlich von den Eingepfarten der Gemeine zu St. George, als die ceteris paribus[1735] immer den Vorzug vor anderen haben sollen, dergestalt gewidmet sein sollen, daß diese davon die jährlichen Abkünfte[1736] zu genießen haben […] [Als Zeugen erscheinen:] M[agister] Ludolph Eberhard Rademacher[1737] [und] M[agister] Isaac [eigentlich: Franz] Thomas Möller.[1738]

1730 Auch jetzt noch/weiterhin.
1731 Wohl: Die Zinsen aus den von mir hinterlegten Kapitalien ausgezahlt werden sollen.
1732 Darüberhinaus/außerdem.
1733 Nach Ausweis des beigefügten Kaufvertrages.
1734 Anna Margaretha Möller (1654–1736). Wie Anm. 17.
1735 Unter sich/unter einander gleichrangig.
1736 Zinsen/Erträge.
1737 Eberhard Ludwig Rademacher (1695–1750). Wie Anm. 1517.
1738 Franz Thomas Möller (Müller; 1683–1754). Wie Anm. 353.

Nr. 92   Halle (Saale), 8. Oktober 1733

Johann Heinrich Callenberg, außerordentlicher Professor für orientalische Sprachen und Leiter des Institutum Judaicum et Muhammedicum in Halle (Saale), an Johann Nikolaus Sybel, Pfarrer an St. Georgii in Soest. Zum Zusammenhang siehe Nr. 91. Nicht aufgefunden, aber bezeugt durch Nr. 91.

Nr. 93   Halle (Saale), Ende 1734

Johann Heinrich Callenberg, außerordentlicher Professor für orientalische Sprachen und Leiter des Institutum Judaicum et Muhammedicum in Halle (Saale), an Johann Nikolaus Sybel, Pfarrer an St. Georgii in Soest. Zum Zusammenhang siehe Nr. 92. Nicht aufgefunden, aber bezeugt durch Nr. 94.

Nr. 94   Soest, 3. Januar 1735

Johann Nikolaus Sybel, Pfarrer an St. Georgii in Soest, an Johann Heinrich Callenberg, ordentlichen Professor für orientalische Sprachen und Leiter des Institutum Judaicum et Muhammedicum in Halle (Saale). Mit einer Geldspende. Mit Eingangsvermerk vom 28. Januar 1735 und Hinweis auf einen bislang nicht aufgefundenen Antwortbrief Callenbergs vom 23. Februar 1735. Zum Zusammenhang siehe Nr. 93 und Nr. 95. (Halle [Saale] AFSt, Bestand H K 21:17)

A monsieur monsieur Callenberg professeur en philosophie très renommé
Hochedler, hochgeehrtester Herr Professor!

    Ew[er] H[och]e[hr]w[ürden] statte [ich] ergebensten dank ab für [die] gühtigste communication der piecen, so Sie bisher zur förderung des bekehrungs-wercks der ungläubigen, besonders der juden, publicirt haben.[1728] Ich lege zwar 2. gulden hiebey, welche sie nach Dero guhten intention estimiren[1729] und zu der hülfe, so ihnen von christlichen wohlthätern geleistet wird, als ein geringes scherflein zu[zu]legen, sich werden gefall[en] laßen; meine dankbahrkeit aber solle vornehmlich darinn bestehen, daß ich Gott anrufen helfe, er wolle Sie mit seinem reichen seegen für Ihre an ein so wichtiges werck verwendete zeit und kräfte auch in dem angetretenen jahr crönen, das werck Ihrer hände fördern und Sie viel vergnügen in der wargenommenen frucht derselben finden, dort aber eine reiche erndte dafür einnehmen laßen wolle, der ich verharre

Ew[er] H[och]e[hrwürden] [...] Professoris
ergebenster diener Jo[hann] Nic[olaus] Sybel

1728 Wohl mehrere Exemplare (oder Nummern) der regelmäßig erscheinenden Periodika des Institutum Judaicum et Muhamedicum in Halle. Wie Anm. 559.
1729 Geneigt entgegennehmen mögen.

ta der haupt-sache ponderiren mögte.[1721] Ich habe aber nur einliegendes zettulgen von ihm erhalt[en].[1722] Er ist sonst in den iüdischen gebreuchen und riht[en] sehr versiret. Darum, wann Ew[er] H[och]e[hr]w[ürden] in einem oder andern stücke, sonderlich von der Frankfurter juden, unter welchen er erzogen [worden] ist, ceremonien nachricht verlangen solte, so könte [dieser] darunter [damit] dienen.

Einliegendes scherflein,[1723] so [ich] zu Dero anstalt[en] ietz wiedmen kan, bitte [ich] nicht zu verschmähen. Es gehet auch ein catalogus bey von einigen büchern, so hieselbst verauctioniret werden soll[en], ob vielleicht darunter einige editiones sich finden mögten, welche dasiger waysenhauses bibliotec gern einverleibet würden oder andren liebhabern guhter editiones anständig seyn könten, darunter unserer publiquen bibliotec des ministerii gerahten [genützt] wäre, aus welcher dieser außschuß gemachet ist, nachdem wir he[rr]n d[octo]r [Jost Wessel] Rumpaei s[e]hl[igen] bücher dazu acquiriret haben.[1724]

Vorzeiger dieses [Briefes] ist meines brudern [Georg Andreas Sybel],[1725] [des] hiesigen Conrectoris, sohn [Heinrich Florenz Sybel],[1726] welcher sich Ew[er] H[och]-e[hr]w[ürden] darum sistiret,[1727] damit er Dero getreuen raths und nützlichen information genießen mögte. Ich zweifle nicht, Ew[er] H[och]e[hr]w[ürden] werden ihn der liebe und fürsorge genießen laßen, welche sie so vielen andern [Studenten] gegönnet haben. In welchem vertrauen [ich] Ew[er] H[och]e[hr]w[ürden] göttl[icher] gnaden-obhuht empfehle und verharre

Ew[er] H[och]e[hr]w[ürden] [...] Professoris
zu gebeth und dienst verbundenster Dero
m[agister] Jo[hann] Nic[olaus] Sybel, pred[iger] zu St. Georgii

---

1721   Die wesentlichen Punkte seiner Kritik festhalten möge.
1722   Nicht nachgewiesen. Wohl von Callenberg entnommen.
1723   Vgl. Mk12, 41–44 und Lk 21, 1–4 (Das Scherflein der Witwe).
1724   Nicht nachgewiesen. Demnach sollten diese Stücke (Dubletten?) zum Nutzen der von Sybel geordneten Bibliothek des Soester Predigerministeriums veräußert werden. Vgl. oben 509.
1725   Georg Andreas Sybel (1676–1750). Wie Anm. 349.
1726   Heinrich Florenz Sybel (1715–1784). Er wurde 1744 zunächst Zweiter, dann 1773 Erster Pfarrer in Kleve (wo er schon seit 1772 zugleich Inspektor gewesen war) und verstarb hier an der Dysenterie (Ruhr). Kleiner Michels (wie Anm. 14), S. 449. – Dazu: Gruch, Pfarrer 4 (wie Anm. 169), S. 314 (Nr. 13104).
1727   Sich Callenberg vorstellt/zur Verfügung stellt. – Der Vater des jungen Mannes, Georg Andreas Sybel (1676–1750; wie Anm. 349), war ein ausgewiesener Kenner der semitischen Sprachen. Henrich Florenz Sybel brachte also möglicherweise eine für Callenberg interessante Vorbildung mit.

Nr. 90   Halle (Saale), wohl erste Hälfte des September 1733

Johann Heinrich Callenberg,[1716] *außerordentlicher Professor für orientalische Sprachen und Leiter des Institutum Judaicum et Muhammedicum in Halle (Saale), an Johann Nikolaus Sybel, Pfarrer an St. Georgii in Soest. Mit mehreren Beilagen (Texte, „so in jüdisch-teutsch geschrieben sind"). Nicht aufgefunden, aber bezeugt durch Nr. 91.*

Nr. 91   Soest, 21. September 1733

Johann Nikolaus Sybel, Pfarrer an St. Georgii in Soest, an Johann Heinrich Callenberg, außerordentlichen Professor für orientalische Sprachen und Leiter des Institutum Judaicum et Muhammedicum in Halle (Saale). Mit mehreren Beilagen und einer Geldspende. Mit Eingangsvermerk vom 5. Oktober 1733 und Hinweis auf einen bislang nicht aufgefundenen Antwortbrief Callenbergs vom 8. Oktober 1733. Zum Zusammenhang siehe Nr. 90 und Nr. 92. (Halle [Saale] AFSt, Bestand H K 15:288/289)

[Ohne Adresse] Hochedler, hochgeehrtester herr Professor!

Ew[er] H[och]e[hr]w[ürden] bin [ich] ergebenst verbunden für die mir übergeschickte continuation der nachricht von Dero instituti die bekehrung der Juden und Muhamedaner betreffend.[1717] Gott, der Ew[er] H[och]e[hrwürden] zu diesem wichtigen werck erwecket hat, thue dazu Ihrem fleiß eine thür nach der andern auf[1718] und laße sie vielen eingang finden.

Ich habe die erhaltene[n] sachen, so in jüdisch-teutsch geschrieben sind,[1719] einem hiesigen nicht ungeschickt[en] Juden[1720] vorgezeigt, der sie auch durchgelesen [hat], aber nach seiner eingebildet[en] großen gelersamkeit vieles dabey auszusetzen findet. Ich bin da ihn[?] gewesen, daß [ich] ihn bewegen mögte, schriftlich seine gedanken zu communiciren, damit er mit so viel mehrern application die momen-

---

1716 Johann Heinrich Callenberg (1694–1760). Wie Anm. 453.
1717 Vgl. die chronologische Zusammenstellung der diversen Periodica dieses Institutes bei Rymatzki, Judenmission (wie Anm. 557), S. 124–139, hier besonders S. 130f.
1718 Vgl. 1. Kor 16, 9: „Denn mir ist eine große Tür aufgetan zu reichem Wirken; es gibt aber auch viele Widersacher."
1719 Nicht nachgewiesen.
1720 Zur Geschichte der Juden in Soest vgl. Ries, Rotraud: Ein ambivalentes Verhältnis – Soest und seine Juden in der frühen Neuzeit, in: Widder u. a. (Hg.), Soest 3 (wie Anm. 6), S. 549–635. – Der Mann war möglicherweise (der bei Ries nicht erwähnte) spätere Konvertit Noah Abraham (Christian Gottlieb Leberecht). Vgl. zu ihm Hermanni, Johann Thomas: Prata rident et regenerant! Zu der In denen Soestischen Wiesen bevorstehenden Solennen TauffHandlung, Eines verlohrnen und wiedergefundenen Schafes von dem Hause Israel, An der Person Noä Abrahams Eines gebohrnen Judens von Franckfurth am Mayn, so durch den erwählten schönen Namen Christian Gottlieb Leberecht Künftigen Sonntag, dem unglaubigen Judenthum wird völlig absagen [...], Soest: Hermanni 1737; 3.6 Johann Thomas Hermanni Nr. 10 (1737).

auge gerichtet haben. Nachdem nun dieser aus der Grafschaft Mark nach Söllingen [Solingen] in das Hertzogthum Berg berufen [worden] ist, so hat zwarn erwehnter prediger [Johann Gangolf Wilhelm] Forstmann seiner gemeine drey im lehramt stehende, geübte und rechtschaffene männer vorgeschlagen, sie [die Gemeindeglieder] aber, in regard,[1708] daß der vater [Thomas Forstmann][1709] bey ihnen das predigamt versehen und der abgehende bruder so viel fleiß an ihnen bewiesen [hat], begehren, daß der andere sohn, den sie als alumnum[1710] für den bruder predigen gehöret haben, selbigem succediren mögte,[1711] wobey dies zu befahren[1712] seyn soll, daß der adeliche herr in der gemeine, von welchem viele bauren in votando dependiren,[1713] dafern diese sache nicht zustande käme, nicht die beste wahl befordern mögte.

Es wird der studiosus [Thomas Friedrich Forstmann] vielleicht ein mehreres melden können. Ich erkühne mich nicht, für selbigen etwas bey dieser sache zu [er]wirken, sondern erachte es, meine pflicht zu seyn, Gott dehmühtigst anzuflehen, daß er [Gott] der gemeine den hirten schenken wolle, welchem er den herlichsten seegen bestimmet hat, und daß er des studiosi gaaben aufs beste erwecken und sie an dem orte der kirchen, die allenthalben seyn ist, schenken wolle, da er das brauchbahrste werckzeug wird abgeben können.[1714]

Ich bitte aber nochmahls[, daß] Ew[er] H[och]e[hr]w[ürden] gühtigst geruhen wollen, meine kühnheit, der [ich] mich nicht wohl [habe] unterziehen können,[1715] zu übersehen, der ich Ew[er] H[och]e[hr]w[ürden] hochgeehrteste person, wichtiges amt und unermüdete arbeit für die ehre Gottes deßen gnade und fürsorge ergebenst empfehlend verharre

Ew[er] H[och]e[hr]w[ürden] […] Professoris
gehorsamt ergebenster furbitter und diener
m[agister] Jo[hann] Nic[olaus] Sybel pr[ediger] zu St. Georgii

---

1708 In Anbetracht des Umstandes.
1709 Thomas Forstmann (1674–1727; wie Anm. 334) war seit 1704 Rektor in Iserlohn gewesen. Während dieser Zeit hatte er eine Tochter seines Kollegen, des streng orthodoxen Soester Rektors Johann Wilhelm Harhoff (1643–1708; wie Anm. 97), geheiratet (Margret Elisabeth Harhoff [*1691]; Kleiner Michels [wie Anm. 14], S. 591). 1717 war er dann Pfarrer in Hemer geworden.
1710 Als einen seine Semesterferien in Hemer verbringenden 12jährigen hallischen Studenten.
1711 Die Nachfolge des die Pfarrstelle verlassenden älteren Bruders antreten möge.
1712 Zu befürchten.
1713 Bei ihrer Entscheidung im Blick auf die Pfarrwahl abhängig sind/bestimmt werden.
1714 Die schon eingangs zu bemerkende Zurückhaltung Sybels im Blick auf den erst 12jährigen Forstmann ist deutlich zu greifen.
1715 Entziehen/verweigern können.

Nr. 89 Soest, 13. Dezember 1732

Johann Nikolaus Sybel, Pfarrer an St. Georgii in Soest, an Gotthilf August Francke, Professor der Theologie und Inspektor der Kirchen und Schulen der Ersten Diözese des Saalkreises in Halle (Saale). (Halle [Saale] AFSt, Bestand H C 635:1)[1702]

[Ohne Adresse] Hochehrwürdiger, hochgeehrtester Herr Professor!

Ew[er] H[och]e[hr]w[ürden] hiedurch zu behelligen, veranlaßen mich die vormündern[1703] des in Halle sich aufhaltenden studiosi theologiae [Thomas Friedrich] Forstmanns,[1704] welchen [ich], einiger umstände wegen, ihr begehren nicht gar [habe] abschlagen können. Ich habe ihnen zwarn deütlich bezeuget, daß [ich] mich nicht könne brauchen laßen, um ein zeügniß für gedachten studiosum bey Ew[er] H[och]e[hr]w[ürden] zu supliciren,[1705] doch habe [ich es] über mich genommen, die umstände, so wie sie von ihnen mir referiret [worden] seyn, an Ew[er] H[och]-e[hr]w[ürden] zu berichten, wozu [ich] mir hochgeneigte erlaubniß in aller ergebenheit ausbitte.

Es hat bisher in hiesiger gegend zu Hemmern [Hemer] der bruder des studiosi [Thomas Friedrich] Forstmanns [Johann Gangolf Wilhelm Forstmann],[1706] nachdem ihn Gott sonderlich erwecket hat, mit vieler treüe und eifer, zugleich aber auch mit ausnehmendem seegen und success das predigamt verwaltet, so daß er ein licht worden, darauf guthe und böse, sogar unter andern religions-verwandten,[1707] ihr

---

1702 Der 1732 einsetzende (private) Briefwechsel zwischen Johann Nikolaus Sybel (1690–1759) und August Hermann Franckes Sohn und Nachfolger Gotthilf August Francke (1696–1769; wie Anm. 452) wird im Archiv der Franckeschen Stiftungen in Halle (Saale) unter einer eigenen Signatur geführt: Halle (Saale) AFSt, Bestand H C 635 („159. Des herrn pastoris Sybels zu Soest briefe de 1736 bis 1738").

1703 Aus der Familie Harhoff in Soest. Siehe dazu unten Anm. 1709.

1704 Thomas Friedrich Forstmann (1720–1761). Er stammte aus Hemer, war damals erst 12 Jahre alt und studierte nachweislich ab dem Oktober 1739 in Halle. Später wurde er zunächst Pfarrer in Ostönnen (1745), dann seit 1756 Pfarrer in Schwefe. Er heiratete nacheinander zwei seiner Kusinen, die beiden Töchter eines jüngeren Bruders seines Vaters, des Ostönner Pfarrers Christof Gerhard Forstmann (1686–1745), Elisabeth und Charlotte Forstmann. Bauks, Pfarrer (wie Anm. 14), S. 136 (Nr. 1748). – Dazu: Kleiner Michels (wie Anm. 14), S. 601. – Der junge Mann war eine schillernde Persönlichkeit. Am 31. März 1741 schreibt aus Solingen Johann Gangolf Wilhelm Forstmann (1706–1759; wie Anm. 335) an den herrnhutischen Bischof Gottfried Polycarp Müller (1684–1747) in Marienborn: „Mein Bruder, der Kandidat, wird nun wohl wieder in Marienborn angelangt sein. Geben Sie ihm doch Arbeit oder verschicken Sie ihn an einen Ort, da er ein wenig in Ordnung und auf sein Herz gebracht wird: Wenn er hier zu Lande ist, verdirbt er nur durch sein Bekehren, Predigen, Herumlaufen des Heilands Sache." Wotschke, Geschichte des westfälischen Pietismus 2 (wie Anm. 10), S. 59 Anm. 27. – Zu Polycarp Müller vgl. vor allem: Breymayer, Reinhard: Artikel „Müller, Polycarp", in: NDB 18 (1997), S. 469f. (Literatur).

1705 Fürbitte einzulegen/Unterstützung zu erbitten.

1706 Johann Gangolf Wilhelm Forstmann (1706–1759). Wie Anm. 335.

1707 Hier sind wohl die Reformierten gemeint.

– c) Vid[e] adj[uncta] lit[era] E. – d) Vid[e] Johann Sybelij[1695] oration unter dem tittull „Pax redux".[1696]

§ 3. Da nun Gott von der zeit an die lehre des evangelij zum theil unter schweren lasten erhalt[en hat, uns] ietzt aber in ruhe das zweyte jubilaeum erleben lässet: So ist unsere pflicht, daran wieder zurück zu denck[en], wie die reforma[ti]on in unser stadt u[nd] bothmässigkeit nun vor 200 jahren zu stande gebracht [worden] sey.

§ 4. Es ist aber diese nachricht colligiret theils aus H[ermann] Hamelmanni „Hist[oria] eccl[esiastica] renati evangelij in urbe Susatensi", so im jahr 1711. aus einem m[anu]s[crip]to den „Operibus genalogico-historicis de Westphalia et Saxonia inferiori" von He[rr]n Ernesto Casim[iro] Wasserbach, p[agina] 1095 inseriret ist,[1697] nachdem der He[rr Gottfried Wilhelm] von Leibnitz[1698] selbiges ihm aus der Wolfenbüttelsch[en] bibliotheque a[nn]o 1705. verschaffet,ᵃ⁾ theils aus einem diario coaevo,[1699] dessen auszug in das diarium bibliothecae Susatensis[1700] von He[rr]n M[agister] Jo[hann] Andreae[1701] referiret ist, theils aus des magistrats protocollo, theils aus vielen andren zusamen gesucht[en] nachricht[en] und documentis.

[Dazu am rechten Rand, von gleicher Hand:] a) Vid[e] praef[atio] typographi und das werck selbst, p[agina] 983.

§ 5. Daraus wir alles bloß historisch und ohne alle gemachte reflexion recensiret und zwar also, daß, was weitläufftiger an citirt[en] ort[en] gelesen werd[en] kan, in die kürtze zusamen gezog[en] wor[den ist]. Doch werden auch hinlängliche adjuncta, darauff remittiret word[en], angefüget.

§ 6. In der ersten abtheilung wird von den gemächlig auf die reformation g[e]macht[en] vorbereitung[en], in der zweyten von der an S[anct] Thomae tage [1531] erfolgt[en] würckl[ichen] [rechtsverbindlichen] annehmung der Augsp[urgischen] Confession, in der dritt[en] von behauptung solcher lehre wieder allerley bemühung[en] der wiedrig gesineten, in der viert[en] von eingeführtem Interim, und endlich in der fünfft[en] von abermahliger fortführung der euangelisch[en] religion [gehandelt; …]

---

tis et ex bibliotheca Gothana depromptis illustrata […], Leipzig: Körner 1727 (VD18 11486090).
1695 Der eigene Großvater, der Magister Johannes Sybel (1605/06–1658). Wie Anm. 16.
1696 Vogeler, Archigymnasium III (wie Anm. 9), S. 7f.
1697 Wasserbach, Hermanni Hamelmanni […] Opera genealogico-historica (wie Anm. 1621), S. 1095.
1698 Rudolph, Hartmut: Artikel „Leibniz, Gottfried Wilhelm", in: RGG⁴ 5 (2002), Sp. 230–232 (Literatur).
1699 Einem gleichzeitigen/zeitgenössischen Tagebuch.
1700 Das bislang noch kaum ausgewertete Werk ist erhalten in Soest StA/StB, Bestand A, Hs. 15, hier als Nr. 3 („Diarium ecclesiasticum urbis Susatensis a. H. Johannes Andreae ecclesiae Petrinae p[astor] p[rimarius] et inspector collectum, Anno MDCL").
1701 Johann Andreae (1602–1668). Bauks, Pfarrer (wie Anm. 14), S. 8 (Nr. 93). – Dazu: Kleiner Michels (wie Anm. 14), S. 383.

wie auch das stifft S[anct] Walburg[is] damahls hart gedränget wurde.¹⁶⁸⁶ – c) Siehe adj[uncta]: A. B. C. – d) Siehe adj[uncta]: D.

[Dazu am linken Rand, von gleicher Hand:] a) Vid[e] Lünig. part. spec. contin. II. divis. 4.¹⁶⁸⁷ und Just[us] Christ[oph] Dithmarus¹⁶⁸⁸ ad Wern[eri] Teschenmacheri¹⁶⁸⁹ Annales Cliviae [Juliae, Montium, 1638/1721], p[agina] 360.¹⁶⁹⁰ J[ohann] D[iederich] von Steinen¹⁶⁹¹ beschreibung der reformations-historie des Herzogthums Cleve [1727], p[agina] 90.¹⁶⁹² – b) Es war 1629. das kayserliche edict von restitution der kirchgüter publiciret. 1630 war[en] die Schwed[en] auf teutsch[en] bod[en] getrett[en]. Magdeburg wurde 1631., d[ie] 10. Maij, erobert. Vide Joh. Wolff.¹⁶⁹³ Hist[oria] eccl[esiastica] sec[uli]. XVII., Tom[us] 1, p[agina] 458. 462. 489.¹⁶⁹⁴

1686 Vgl. Peters, Westfälischer Frieden (wie Anm. 11), S. 65–103, hier S. 75–79.
1687 Johann Christian Lünig (1661–1740), der bekannte Rechtshistoriker und Reichspublizist. Roeck, Bernd: Artikel „Lünig, Johann Christian", in: NDB 15 (1987), S. 468 f. (Literatur). – Lünig, Johann Christian: Das Teutsche Reichs-Archiv: in welchem zu finden I. Desselben Grund-Gesetze und Ordnungen […] II. Die merckwürdigsten Recesse, Concordata, Vergleiche, Verträge, […] III. Jetzt höchst hoch und wohlermeldter Chur-Fürsten […] Privilegia und Freyheiten, auch andere Diplomata, […] welche zu Erläuterung des Teutschen Reichs-Staats nützlich und nöthig sind […] [Des Teutschen Reichs-Archivs Partis Specialis Continuatio II], Leipzig: Lanckisch 1712 (VD18 90101685). – Aus seiner Feder vorhanden ist im Soester Stadtarchiv (Soest StA/StB) heute lediglich noch folgender Titel: Thesaurus iuris derer Grafen und Herren des Heil[igen] Röm[ischen] Reichs worinn von deren Ursprunge, Wachsthum, Praerogativen und Gerechtsamen gehandelt, auch vieles mit beglaubten und noch nicht zum Vorschein gekommenen Documenten bestärcket wird; nebst einem Elencho und Register ans Licht gegeben […], […], Frankfurt am Main und Leipzig: Lanckisch 1725.
1688 Grimm, Heinrich: Artikel „Dithmar, Justus", in: NDB 3 (1957), S. 746 f. (Literatur).
1689 Werner Teschenmacher (Teschemacher; 1590–1638), reformierten Bekenntnisses, war ein bekannter Annalist. Olschewski, Ursula: Artikel „Teschenmacher, Werner", in: BBKL 17 (2000), Sp. 1360 f. (Literatur).
1690 Teschenmacher, Werner: Annales Cliviae, Juliae, Montium, Marcae Westphalicae, Ravensbergae, Geldriae et Zutphaniae: Duabus partibus comprehensi; quos denuo edi curavit, adjectisque annotationibus, tabulis genealogicis, geographicis, codice diplomatico atque indice locuplettissimo/illustravit Justus Christopherus Dithmarus […], Frankfurt am Main und Leipzig: Nicolai 1721 (VD18 14738422). Das benutzte Exemplar ist in Soest StA/StB erhalten.
1691 Johann Diederich von Steinen (1699–1759). Wie Anm. 584.
1692 Von Steinen, Johann Diederich: Kurtze und generale beschreibung der reformationshistorie des Hertzogthums Cleve aus verschiedenen nachrichten zusammen gesucht und den liebhabern zu mehrerm nachforschen vorgelegt […], Lippstadt: Meyer 1727. Das benutzte Exemplar ist in Soest StA/StB erhalten.
1693 Entweder Johann Christoph Wolf (1683–1739; wie Anm. 1075), wahrscheinlicher aber: Johann Heinrich Wolf (1657–1738), ab 1694 Konrektor am Gymnasium in Gera. DNB zu Wolf: https://d-nb.info/gnd/122008774 [23.08.2023].
1694 Fischer, Erdmann Rudolph: Historia ecclesiastica saeculi XVII. in vita Jo[hannis] Gerhardi, theologi incomparabilis: Ex monimentis[!] maximam partem nondum edi-

Nr. 87   Halle (Saale), 3. November 1730

Gotthilf August Francke, Dekan der Theologischen Fakultät in Halle (Saale), an die Scholarchen des Soester Archigymnasiums, darunter Johann Nikolaus Sybel, Pfarrer an St. Georgii in Soest. Zum Zusammenhang siehe Nr. 86. Nicht aufgefunden. (Kurze Exzerpte bei Richter, Einfluß [9], S. 94)

Nr. 88   Soest, vor 21. Dezember 1731

Johann Nikolaus Sybel, Pfarrer an St. Georgii in Soest: Vorbericht zu seiner Geschichte der Reformation in der Stadt Soest und ihrer Börde (älteste Fassung). (Soest StA/StB, Bestand A, Hs. 11, S. 1–98, hier S. 1–6)

Historische nachricht von der im jahr 1531. zu stande gebrachten reformation der kirchen in der stadt und bothmässigkeit Soest

Vorbericht

§ 1. Sich um die geschichte von der Soestisch[en] reformation, wie sie im jahr 1531.ᵃ⁾ zu stande gebracht [worden] ist, zu beküm[m]ern, veranlasset [mich/uns] das in diesem 1731sten jahr einfallende zweite jubilaeum [derselben], gleich welches vermuthlich gefeyert werden wird,[1682] gleichwie im vorig[en] seculo das erste jubilaeum auf anordnung des magistrats solenn begang[en worden] ist.

[Dazu am rechten Rand, von gleicher Hand:] a) Es ist ein irthum, da [Hermann] Ham[m]elmann[1683] das jahr 1530. angiebt. p[agina] 1096.[1684]

§ 2. Denn wie im jahre 1617., ohnerachtet die stadt Spanische einquartirung hatte,ᵇ⁾ das jubilaeum reformationis mit der gantzen evangelisch[en] kirche hieselbst 3. tage [lang] gefeyert word[en ist]:ᶜ⁾ So ist im jahr 1631. das besondere jubilaeum der reformation unserer stadt gleichfalls celebriret [worden],ᵈ⁾ nachdem vorigen jahres 1630. die strittigen lande zwisch[en] den häusern Brandenburg und Pfalts Neuburg würcklich getheilet waren,ᵃ⁾ obgleich sonst trübe adspecten sich damahls ereig[n]eten,ᵇ⁾ daher der Dortmundische superintendent d[oktor] Christoph Scheibler[1685] hiesigem ministerio darüber gratulirte.ᶜ⁾

[Dazu am rechten Rand, von gleicher Hand:] b) Es lag hie damahls Albrecht Amberger, capitain, unter graf Henrichs zum Berge regiment, der auf anstifften Joh[ann] von Buldern[s], neu bestellet[en] predigers im Münster, beforderte, daß dem ministerio anbefohlen wurde, von hart[en] reden wieder das pabsthum abzusteh[en],

---

1682   Dass es am Gedenktag des Heiligen Thomas (21. Dezember) auch in diesem Jahr Feierlichkeiten geben werde, wird also zwar erhofft, steht aber noch nicht fest. Der Passus („gleich […] wird") wurde später gestrichen.

1683   Peters, Christian: Artikel „Hamelmann, Hermann", in: RGG⁴ 3 (2000), Sp. 1402 (Literatur).

1684   Wasserbach, Hermanni Hamelmanni […] Opera genealogico-historica (wie Anm. 1621), S. 1096.

1685   Christoph Scheibler (1589–1653). Bauks, Pfarrer (wie Anm. 14), S. 432 (Nr. 5364). – Zum Vorgang nun auch: Peters, Christian: Dies abschreiben (wie Anm. 11), S. 61–73, hier S. 72f.

Nr. 86 Soest, 7. Oktober 1730

Die Scholarchen des Soester Archigymnasiums (darunter auch Johann Nikolaus Sybel, Pfarrer an St. Georgii in Soest) an die Theologische Fakultät in Halle (Saale). Mit Beilagen: „Lehr Methode welche bey dem Gymnasio zu Soest beachtet wird – Anno 1730" (20 Folioseiten);[1676] Dienstanweisung für den neuen Rektor; Aufstellung der Einkünfte in Geld und Akzidentien. (Halle [Saale], Theologische Fakultät, Sign. C 1/10 Nr. 7; Wiedergabe nach: Richter, Einfluß [wie Anm. 9], S. 93)

Denen Hochwürdigen Hoch-Edelgebohrenen Hochgelehrten Herren Herren Doctoribus und Professoribus der Hochlöblichen Theologischen Facultät auf der Königl[ich] Preußischen weltberühmten Universität Halle, unseren Hochzuehrenden Herren in Halle.

Hochwürdige Hochedelgebohrene und Hochgelehrte, Hochzuverehrende Herren. Wir nehmen die Freyheit, Ew[er] E[hr]w[ürden] Hochwürden und Hochedelgebohren zu notificiren, dass der bisherige Rector unseres hiesigen Archi-Gymnasii Doct[or Jost Wessel] Rumpaeus ohnlängst dieses Zeitliche gesegnet [hat]. Gleichwie wir nun das dadurch erledigte Ampt mit einem deß geschickten Subjecto […] bald wiederum besetzet sehen mögten, also haben wir bey Ew[er] E[hr]w[ürden] Hochwohl- und Hochedelgeb[orenen] hiedurch dienstl[ich] vernehmen wollen, ob denenselben ein oder ander Subjectum bekandt sey, welches solch Ampt zu verwalten fähig und bequem seyn mögte, mithin dazu ausgewählet werden könte; wir communiciren des Ends [daher] hiebey die Instruction, woraus eines hiesigen Rectoris Ampts-Verrichtungen zu ersehen, nebst der Specification des Salarii und deren Accidentien, Vermälden zugleich, daß der Director des dortigen[1677] Paedagogii H[err Johann Anastasius] Freylinghausen[1678] auf die […] bey ihm geschehene Anfrage uns zwey Subjecta vorgeschlagen habe, nemlich den Adjunctum dortiger Philosophischer Facultät H[errn] M[agister Ernst Friedrich] Neubauern[1679] und H[errn] M[agister Traugott Immanuel] Jerichovium,[1680] gewesenen Rectorn zu Teschen, deren Qualitäten der Hochlöbl[ichen] Theologischen Facultät[1681] vermuthlich bekandt seyn werden; wir wollen, darüber [zu beraten] deren Zeit [zu] finden, mit ihrer gütigen Erlaubnuß uns baldmöglichst ausgebehten haben, die wir mit besonderer Hochachtung seyn Ew[er] E[hr]w[ürden] Hochwürden und Hochedelgebohren, Soest, den 7. Oct[obris] 1730

Unseren Hochzuehrenden Herren Dienstergebenste Diener
Scholarchae des Archi Gymnasii in Soest.

1676 Löer, Lehrplan und Lehrmethode (wie Anm. 9).
1677 Des in Halle betriebenen.
1678 Johann Anastasius Freylinghausen (1670–1739). Wie Anm. 448.
1679 Ernst Friedrich Neubauer (1705–1748). Wie Anm. 1674.
1680 Traugott Immanuel Jerichov(ius) (Jerichow; 1696–1734). Wie Anm. 1675.
1681 In Halle.

Nr. 84   Soest, September 1730

Die Scholarchen des Soester Archigymnasiums (darunter auch Johann Nikolaus Sybel, Pfarrer an St. Georgii in Soest) an Johann Anastasus Freylinghausen,[1673] Subdirektor des Pädagogiums und des Waisenhauses in Halle (Saale). Bitte um Vorschläge für die Neubesetzung des Soester Rektorenamtes. Zum Zusammenhang siehe Nr. 59. Nicht aufgefunden, aber bezeugt durch Nr. 85

Nr. 85   Halle (Saale), Ende September 1730

Johann Anastasius Freylinghausen, Subdirektor des Pädagiums und des Waisenhauses in Halle (Saale), an die Soester Scholarchen (darunter auch Johann Nikolaus Sybel, Pfarrer an St. Georgii in Soest).

Freylinghausen übermittelt seine Vorschläge für die Neubesetzung des Soester Rektorenamtes: Zum einen den Magister Ernst Friedrich Neubauer[1674], zum anderen den M[agister Traugott Immanuel] Jerichov(ius).[1675] Nicht aufgefunden, aber bezeugt durch Nr. 86

1673   Johann Anastasius Freylinghausen (1670–1739). Wie Anm. 448.
1674   Der Gräzist, Orientalist und Theologe Ernst Friedrich Neubauer (1705–1748) stammte aus Magdeburg. Er besuchte das Joachimsthalsche Gymnasium in Berlin und studierte zunächst ab 1724 in Halle, dann ab 1726 in Jena. Dabei konzentrierte er sich auf die orientalischen Sprachen. Ab Ostern 1727 war er Informator und Hebräischlehrer am Hallischen Waisenhaus. Nachdem er in Halle 1729 den Magistertitel erworben hatte („De Salomonis ad laetitiam exhortationibus, quas libro Coheleth interspersit"), wurde Neubauer auf Vermittlung Joachim Justus Breithaupts (1658–1732; wie Anm. 130) 1730 Adjunkt der dortigen Philosophischen Fakultät. Allerdings war die Gesundheit des ungemein fleißigen und breit publizierenden Mannes immer wieder bedroht. Auch als ihn die Anfrage der Soester erreichte, hatte er soeben wieder einen „starken anfall von dem malo hypochondriaco gehabt" (Soest StA/StB, Bestand A, Hs. 76, S. 101 [§ 190]). 1732 ging Neubauer als ordentlicher Professor für die orientalischen und die griechische Sprache an die Universität Gießen, wo er 1736 die außerordentliche Professur seines zweiten Mentors Johann Jakob Rambach (1693–1735; wie Anm. 604) übernahm und 1737 zum Doktor der Theologie promovierte. Noch 1748 erhielt Neubauer einen Ruf als Superintendent und Erster Professor nach Rinteln, starb aber bereits wenige Tage später im Alter von nur 42 Jahren. Frank, Gustav: Artikel „Neubauer, Ernst Friedrich", in: ADB 23 (1886), S. 468.
1675   Wohl Traugott Immanuel Jerichov(ius) (Jerichow; 1696–1734) aus Lübau in der Niederlausitz. Er war von 1725 bis 1730 Rektor der Jesusschule in Teschen gewesen, dann aber vertrieben worden und lebte nun in Leipzig, wo ihm – um Auskunft gebeten – Johann Gottlob Pfeiffer (1667–1740), seit 1724 ordentlicher Professor der Theologie in Leipzig, ein vorzügliches Zeugnis ausgestellt hatte. Da Jerichov(ius) eine sehr große Familie hatte, „welche bei hiesigen emolumentis [Einkünften] rectoratus ihren unterhalt wohl nicht hätte haben können", wagte man aber nicht, auf ihn zuzugehen. Soest StA/StB, Bestand A, Hs. 76, S. 101 (§ 188 und 190).

In was vor sprache ist die Augspurgische Confession verlesen[?] – Sie ist verlesen auf begehren des Churfürsten zu Sachsen in teutscher sprach.

Durch wem ist die Augspurgische Confession verlesen[?] – Durch den churfürstlichen Sächsischen raht [Christian] Beyer,[1670] die [der] sie so laut verlesen [hat], daß man es auch außer dem saal [hat] hören könne[n].

Wenn [wann] ist die Augspurgische Confession verlesen? – Anno 1530, d[ie] 25. Junij, um 3 uhr nachmittages.

Wie lange hat das lesen gewehret[?] – Zwo stunde.

Was ist nach der Verlesung der Augspurgischen Confession geschehen[?] – R[esponsio]: Der Chursächsische raht G[regor] Pontanus [Brück][1671] hat das verlesene teutsche exemplar nebst dem lateinischen exemplar dem Kayserlichen geheimen secretario lieffern wollen, aber die Kayserliche Majestät hat selbst darnach gegriffen und sie allergnädigst von Pontano zu sich genommen, da denn Pontanus selbiges [Exemplar] nicht allein Ihro Kayserliche[r] Majestät gelieffert, sondern auch aus christlichen eyffer diese worte beygefüget [hat]: Allergnädigster [Herr]: Daß ist ein solch bekändnüß, welche mit göttlicher hülff und gnade auch wieder die höllen pforten bestehen können.

Zu welchem ende [Zweck] ist die Augspurgische Confession übergeben[?] – R[esponsio]: Daß man darauß sehe, wie die lehre der Lutherischen stände des Römischen Reichs mit der Heiligen Schrifft übereinstimme und nicht falsch und arg sey.

Wie viel articul sind enthalten in der Augspurgischen Confession[?] – 21 lehr articul und 7 von den mißbräuchen, so in folgenden versen schön außgedrücket:

21 lehr articul:[1672] Gott (1) spricht den armen sünden knecht (2) von wegen seines sohns (3) gerecht (4), treibt ihn durchs wort (5) zum gehorsam (6), in seiner kirch (7) hält man sich dran (8). Tauff (9) und nachtmahl (10) kommt [kommen] dem zu gut, wer sünde bekennet (11) und buße thut (12). Glaub (13) solches Gottes priestern (14) frey, halt kirchen brauch (15) und policey (16). Der richter kommt (17), folg nicht den [dem] willen (18) zur sünd (19), tracht gutes zu erfüllen (20). Wer dieses woll behalten kan, darff *keinen heiligen ruffen an* (21).

7 articul von den mißbräuchen: (22) Daß *nachtmahl* wird halb außgespendt, (23) der *priester eh* dazu geschändt. (24) Man hält viel auf der *messen* tand, (25) die *ohren beicht* wird hoch gespannt. (26) Das *fleisch verbott* ist auch dabey, (27) dazu die strenge *möncherey* (28) und der *praelaten tyranney*. Gottlob, daß wir davon sind frey.

1670 Christian Beyer (um 1482–1535), Professor und Ratsherr in Wittenberg, kursächsischer Kanzler und Rechtsgelehrter. Scheible, Heinz/Schneider, Corinna: Melanchthons Briefwechsel. (MBW) Band 11: Personen A–E, Stuttgart/Bad Cannstatt 2003, S. 153 f. (Literatur).

1671 Gregor Brück (nach 1485–1557), Jurist, kursächsischer Kanzler und Rat. Scheible/Schneider, MBW 11 (wie Anm. 1670), S. 222 f. (Literatur).

1672 Kursive Hervorhebungen in der Vorlage unterstrichen.

„O Herre Gott, dein göttlich [Wort]"[1664]

3. Conc[ert] „Nun last uns Gott, d[em] H[erren]"[1665]

„Zeuch ein zu deinen thor[en]"[1666]

„Mein seel erhebt d[en] H[erre]n"[1667]

Conclusio „H[err] Gott, dich loben wir".[1668]

Nr. 83 Soest, 24./25. Juni 1730
Katechetische Fragen anlässlich des 200jährigen Jubiläums der Confessio Augustana (Soest StA/StB, Bestand A, Hs. 26 Nr. 46, Bl. 340–343; zeitgenössische Schreiberhand)

Woran gedenckt man an dem jubelfest der Augspurgischen Confession[?] – Man gedencket an selbigem [Fest] in danckbahrem gemüth an die göttliche wolthat, da[ss] anno 1530, d[ie] 25. Junij, die lutherischen stände des Römischen Reichs ihre confession oder glaubens-bekändniß dem Kayser Carlo dem fünfften auff dem reichstag zu Augspurg in gegenwahrt der andern stände des Römischen Reichs übergeben, und dieselbe bißhero bey uns [in Soest] erhalten worden [ist].

Wer hat die Augspurgische Confession auf dem reichs-tag übergeben[?] – Die lutherischen stände des Römischen Reichs, worunter der vornehmste Johan[n] Churfürst zu Sachsen[1669] mit dem zunahmen der standhafftige [der Beständige gewesen ist].

Wer hat die Augspurgische Confession auffgesetzt[?] – [Martinus] Lutherus hat 17 articul aufgesetzt, welche Philippus Melanchton weiter außgeführt [hat] in einer besondern schrifft, so von Luthero und anderen lutherischen lehrer[n] auch gebilliget und vor [von] den lutherischen ständen des Römischen Reichs angenommen und hierauf ihr bekändnüß auf dem reichstag zu Augspurg übergeben [worden ist].

Wem ist die Augspurgische Confession übergeben[?] – Kayser Carlo dem fünfften, der auf dem reichstag zu Augspurg nebst den andern ständen des Römischen Reichs sich befand.

Wo ist die Augspurgische Confession übergeben[?] – R[esponsio]: Zu Augspurg in dem bischöfflichen oder fürstlichen saal, die Pfaltz genant, da der Kayser sampt den ständen des Römischen Reichs versammlet [gewesen sind].

Wie ist die Augspurgische Confession übergeben[?] – Mündlich und schrifftlich, den[n] nachdem die Lutherischen stände des Römischen Reichs von Kayser Carll den fünfften [Nachricht] erhalten [hatten], da[s] am 25. Junij a[nn]o 1530 ihr glaubens bekändnüß vor ihm in der versammlung der stände des Römischen Reichs möge verlesen werden, so ist dieses auch geschehen, worauf den[n] das verlesene exemplar dem Kayser Carll übergeben worden [ist].

1664 Bibellied in sechs Strophen zu 1. Thess 2, 13 (Erfurt 1527 und 1531). Wie Anm. 1214.
1665 Ludwig Helmbold 1557. EG 320.
1666 Paul Gerhardt, 1653, Pfingstlied. EG 133.
1667 Heinrich Schütz, 1671/1672, nach dem Magnificat. SWV 494.
1668 Auch: „Deutsches Tedeum", Martin Luther, 1529. EG 191.
1669 Beyer, Michael: Art. „Johann der Beständige", in: RGG⁴ 4 (2001), Sp. 512f. (Literatur).

vorher gemacht, mit tro[m]peten, waldhornen und pa[u]ken, und darauf „O Herre Gott, dein göttlich wort"[1652] an allen 4 platten[1653] des umgangs.[1654] Des abends wurde in allen kirchen wider das fest eine stunde eingeleutet.

[Den] 25. Jun[ii] fiel das fest ein, und [es] wurde in S[anct] Petri Kirchen und der Wiese[1655] ein 1/2 stunde in die frühpredigten geleutet.[1656] Hierauf gieng der gottesdienst an und wurde auch darin eine music gehalten. Hernach gieng der gottesdienst in allen kirchen an, wo vorher eine gantze stunde geleutet [worden war]. Als die predigt in S[anct] Petri Kirchen aus war, wurde 1 pose [?] geleutet, darnach an einer seiten negst dem marckte „Herr Gott, dich loben wir"[1657] abgeblasen, mit hautbois[1658] und trompete, darnach wurde eine stunde in allen kirchen geleutet, um 12 uhr wurde wider eine gantze stunde [lang] geleutet in allen kirchen und gieng darauf der gottesdienst in S[anct] Georg[ii], [Sanct] Walpurg[is], [der] Hohne[1659] und S[anct] Thomae an. Um 2 uhr gings in der Alten Kirche an mit einer guten music. Um 3 uhr gings in der Wiese und S[anct] Paul[i] an nebst vorher gegangenem langen geleut. In der Wiese waren 24 kinder aus dem weisenhause, welche von blumen gemachte krantze auf den häuptern hatten, und in der kirche war das altar auch mit blumen belegt. Als die predigt geendigt [hatte], wurde das „Te Deum laudamus" abgesungen. Unter dem singen wurden einige geschüt[z]e abgefeuert. Am abend wurde wider eine gantze stunde geläutet.

Diesem geleute haben die catholicken mit ihrem geleut den 25. Jun[ii] den gantzen tag so oft als wir mit beywohnen müßen.

Hymni in S[anct] Petri Kirchen
[1. Konzert] „Es wol uns Gott gnädig [sein]"[1660]
    „H[err], Gott, dich loben wir"[1661]
    „Nun lob, mein seel, den H[erren]"[1662]
2. Conc[ert] „Allein Gott in d[er] höh' sey ehr"[1663]

1652 Bibellied in sechs Strophen zu 1. Thess 2, 13 (Erfurt 1527 und 1531). Wie Anm. 1214. – „Darum danken wir auch Gott ohne Unterlass dafür, dass ihr das Wort der göttlichen Predigt, das ihr von uns empfangen habt, nicht als Menschenwort aufgenommen habt, sondern als das, was es in Wahrheit ist, als Wort Gottes, der in euch wirkt, die ihr glaubt" (1. Thess 2, 13).
1653 An den vier Seiten.
1654 Des Turmes von St. Petri gespielt/gesungen.
1655 St. Mariae zur Wiese.
1656 Die Frühgottesdienste eingeläutet.
1657 „Herr Gott, dich loben wir" (auch: „Deutsches Tedeum"; Martin Luther, 1529). EG 191.
1658 Altertümlich für: Oboe.
1659 St. Mariae zur Höhe.
1660 „Es wolle Gott uns gnädig sein" (Martin Luther, 1524, nach Psalm 67). EG 280.
1661 Auch: „Deutsches Tedeum"; Martin Luther, 1529. EG 191.
1662 Johann Gramann, vor 1540, nach Ps 103. EG 289.
1663 Nikolaus Decius 1523, als Gloria für die deutsche Messe. EG 179.

So bleiben zu Ew[er] Königl[ichen] Majestät weldtgepriesenen aequanimität[1642] wir der ungezweiffelten zuversicht, [dass] Dieselbe allergnädigst geruhen werden, diese Dero allergetreueste und gehorsambste stadt Soest bey sothanen vorrechten, auch in ecclesiasticis, fernerhin um so viel mehr zu belaßen, da sie dann in extractus sub lit[era] C. (beygelegten nach so vielen vorher gegangenen untersuchungen cum plenissima causae cognitione allergnädigst gethätigter und bestätigten declarations-recess allen Dero hohen collegiis des endes zufertigen zu laßen),[1643] daß sie mehr-gemeldte diese[r] stadt [Soest] darwieder nicht kräncken noch beeinträchtigen[1644] laßen sollen. Wir getrösten uns solchem nach allergnädigster ferneren manutenentz und deferirung, da wir in unverrückter treue und allertieffster devotion ersterben.

Allerdurchlauchtigster, großmächtigster König
Allergnädigster König und Herr
Ew[er] Königlichen Majest[ät] allerunterthänigst treu gehorsamste
bürgermeister und raht der stadt Soest
Soest, im Decemb[er] 1729.
[als die Ausfertigenden:] F. V. Damm, Johann Müller, Johan[n] Brüning.[1645]

Nr. 82   **Soest, 24./25. Juni 1730**
Bericht über die Feierlichkeiten anlässlich des 200jährigen Jubiläums der Confessio Augustana. (Soest StA/StB, Bestand A, Hs. 26 Nr. 46, Bl. 339; Abschrift Eberhard Ludwig Rademachers [1695–1750])[1646]

1730 D[en] 24. Jun[ii] ist das jubilaeum gehalten [worden, und zwar] folgender gestalt[: Um] 1 [Uhr] wurde[n] in allen kirchen die vespern[1647] eine stunde [lang] eingeläutett [am linken Rand dazu, zum Teil in der Falz: in d(er) Alten Kirche[1648] wurden die gesänge (…) orgel (…) „Kom(m), H(eiliger) Geist",[1649] (da)nach „Mein seel, o Herr, muss loben dich"[1650] (…)], aber in d[er] Alten Kirchen wurde geleutet bis 3 uhr und so fort die music verricht[et], als 3mahl wurde ein praeambulum[1651]

1642   Im Blick auf Ihrer Majestät allseits gerühmten Gerechtigkeitssinn.
1643   Hier ist des gesamten, in Sachen dieser Kirchenordnung geführten Schriftwechsels gedacht.
1644   Nicht herabsetzen/in ihren Rechten nicht einschränken.
1645   Johann Brüning († 1738). Er stammte aus Radevormwald und wirkte in Soest u. a. als Ziesemeister. Kleiner Michels (wie Anm. 14), S. 628.
1646   Eberhard Ludwig Rademacher (1695–1750). Wie Anm. 1517.
1647   Die Vesper (lat. vespera „Abend"), das liturgische Abendgebet. Hochfeste und Sonntage beginnen liturgisch bereits am Vorabend; die Vesper am Vorabend wird dann die erste Vesper genannt, die am Tage selbst zweite Vesper.
1648   Der Ratskirche St. Petri.
1649   „Komm, Heiliger Geist, Herre Gott" (15. Jahrhundert; Martin Luther, 1524; Antiphon für Pfingsten). EG 125.
1650   „Mein Seel, o Herr, muss loben dich" (Erasmus Alber, 1524/36, spätere Strophen vor 1553; nach dem Magnificat). EG 308.
1651   Altertümlich für: Praeludium.

nung, so der ehrwürdige[r] und hochgelährte Herr Johann Schwartze,[1631] bestellter superintendente und pastore ad S[anc]t[um] Thomam, wollmeinentlich abgefaßet [hat], verlesen hören, erwogen und nach gehaltener behörigen consultation selbige instruction sich gefallen laßen, immaßen dann dieselbe hiemit und krafft dieser [Bestätigung] approbiret wird, deßen zu wahrer urkund und mehre[re]n bestandt ist obvorstandene instruction mit dieser stadt secreto confirmiret und beglaubiget worden. Signatum, d[ie] 12. Octobr[is] 1628."[1632]

Weilen aber in diesem außzug nur einige pflichten der prediger und übrigen kirchenbedienten, so dann derer zuhörer an[ge]weiset [werden], so dass an die übrige verfaßung des kirchlichen wesens nicht gedacht worden [ist], alß welches mehrentheils auß der observantz,[1633] aequität[1634] und gemeinen rechten reguliret worden [ist], so sind Ew[er] Königl[iche] Majestät bewogen worden, an den magistrat zu Soest allergnädigsten befehl ergehen zu laßen, daß er ein special kirchen-ordnung, welche sowoll ad externam oeconomiam ecclesiae[1635] gerichtet [sei], alß auch von dem inspectorat und subordination in kirchen wesen handle, so wir selber in hiesiger stadt und börde zu introduciren entwerffen und zu Ew[er] Königl[ichen] Majestät allergnädigsten approbation einsenden sollen.

Wir haben dann, zu gehorsambster einfolge[1636] deßen, den entwurff von sothaner kirchenordnung zu machen und selbigen Ew[er] Königl[ichen] Majestät zur allergnädigsten approbation hiebey sub lit[era] A. allerunterthänigst einzusenden, nicht ermangelen wollen.

Geichwie aber diese stadt vor anderen ex antiqua libertate per pacta jurata[1637] praerogativen und sonderliche vorrechte, wie in anderen in civill- oder policeysachen, also auch in ecclesiasticis[1638] hergebracht [hat], so daß nach vorgegangenem reformationswerck magistratus, curam sacrorum exerciret,[1639] pastores confirmiret und inspectores angeordnet, selbige auch dabey sowohl in contradictorio, desuper adj[unctum sub] lit[era] B., manuteniret,[1640] alß auch nach vielfältig darüber geschehener untersuchung dabey in denen recessen dergestalt bestättiget ist, daß sie bey sothanen vorrechten hinführo ohne einige exception zu ewigen tagen unbekräncket[1641] belaßen und keines weges beeinträchtiget werden solle, adj[unctum sub litera] C.

1631 Johannes Schwartz (1565–1632). Wie Anm. 528.
1632 Peters, Neues aus Soest (wie Anm. 11), S. 210.
1633 Der Soester Kirchenordnung von 1532. Wie Anm. 1620.
1634 Recht und Billigkeit.
1635 Auf die äußerliche Ordnung.
1636 Zur Befolgung/Umsetzung des Geforderten.
1637 Aus alter Freiheit und aufgrund beschworener Verträge.
1638 In kirchlichen Angelegenheiten.
1639 Die Aufsicht über die kirchlichen Angelegenheiten wahrnimmt.
1640 Trotz aller Einrede kontinuierlich fortfährt.
1641 Uneingeschränkt/unbeeinträchtigt.

Nach welcher kirchenordnung dan[n] laut des darüber den 29. Martij 1533 abgefaßeten rathschlußes [der sogenannten „Lätare-Artikel"][1622] durch damahligen superintendenten Johann von Bruin,[1623] deme in allen hoffen [Hoven] und quartieren der stadt die capitains darzu hülffreiche hand [haben] leisten müßen, die kirch- und schull verfaßung durch die gantze stadt wircklich [rechtsgültig] eingerichtet [worden]. Worüber die Soester dann viel [haben] erleiden müßen, doch aber dabey [als] beständig sich bewiesen haben, biß ihnen von Kayserlicher Majestät via executiva das Interim[1624] auffgedrungen und sie anno 1549., d[ie] 28. Januarij, die kirchenordnung wieder auffzuheben genöhtiget worden [sind]. Doch haben sie solchen [diese Ordnung] wieder angenommen, nachdem sie durch den Passauischen Vergleich darzu raum gefunden [hatten], wie dann nach dem inhalt Paulus Wigelius[1625] anno 1568 darnach die reformation des closters oder stifft[es] S[ank]t Walburg[is] hieselbst reguliret und anno 1575 d[okto]r Simon Musaeus[1626] als dahmaliger superintendens an den magistrat gestellet hatt „Kurtze erinnerung und verzeuchnüß etlicher unordnung in dieser kirchen eingerißen wieder die alte und christl[iche] kirchenordnung, anfänglich von Gerhard Oemecken anno [15]32 gestellet",[1627] und [welche von] dem ehrbaren rath dieser stadt, habent formalia,[1628] ratificiret und angenommen [worden ist].[1629]

Wie dan nun diese kirchenordnung des Oemecken viele specialia in sich fassete, so auf die beschaffenheit des kirchenzustandes zur zeit der reformation sich bezogen, so ist vom ministerio anno 1609, d[ie] 19. Maij, 1619, d[ie] 20. Aug[usti], 1621 um Augusto[1630] der vorschlag an den magistrat geschehen, daß ein kurtzer außzug der nöhtigen puncten darauß gemachet und selbige auf dahmaligen zustandt der kirchen appliciret werden mögten, welches auch anno 1628, d[ie] 12. Octobr[is], zustande gekommen ist, laut der unterschrifft solcher erneuerten kirchen gesetze, die also lautet:

„Die auß mittel des rahts, alten rahts, zwölffer und alten zwölffer dieser stadt Soest deputirte[n] vornehmen herren haben diese christliche instruction und ord-

---

gico-historica, de Westphalia & Saxonia inferiori [...], Lemgo: Meyer 1721, S. 1095–1122, hier (mit falscher Zählung) S. 1083 (recte: S. 1099).

1622 Arend, EKO 22 (wie Anm. 1527), S. (374) 462–464.
1623 Jan (Johannes) de Brune. Bauks, Pfarrer (wie Anm. 14), S. 65 (Nr. 837).
1624 Müller, Gerhard: Artikel „Interim", in: RGG[4] 4 (2001), Sp. 193f. (Literatur).
1625 Paulus Weigel (Wigelius, Vigelius; †1573). Bauks, Pfarrer (wie Anm. 14), S. 542 (Nr. 6730).
1626 Simon Musaeus (1529–1576). Er war ein bekannter Gnesiolutheraner, von 1574 bis 1575 Erster Pfarrer an St. Petri in Soest und dort zugleich Superintendent. Ebd., S. 348 (Nr. 4359). – Peters, Gesprecke (wie Anm. 11), S. 145–174 (Literatur).
1627 Abdruck bei Deus, Wolf-Herbert: Soester Recht. Eine Quellen-Sammlung. 5. Lieferung: Andere Ordnungen, Soest 1975, S. 700–728.
1628 Unter Wahrung der Rechtsform.
1629 Historisch so nicht zutreffend. Vgl. Arend, EKO 22 (wie Anm. 1527), S. 377f.
1630 Vgl. Peters, Westfälischer Frieden (wie Anm. 11), S. 65–103, hier S. 70–85.

Oemecken,¹⁶¹⁵ welcher sich damahls in der Lippstadt auffhielte, hergefordert, der ihnen eine kirchenordnung [hat] stellen müßen. Welches zwarn des damahls regierenden Hertzogs zu Cleven, Johann, Durchl[aucht]¹⁶¹⁶ sowoll als Kayserliche Majestät zu hindern gesuchet [haben], wie denn hochgedachter Hertzog ihnen die annahme einer mit zuziehung Erasmi Roterodami¹⁶¹⁷ auffgesetzten [Klevischen] kirchenordnung¹⁶¹⁸ zumuthen wollen, es hatt aber die stadt Soest dennoch die durch Oemecken abgefaßete ordnung um Ostern confirmirt, worauff sie in Lübec mit beygefügter vorrede Urbani Regij¹⁶¹⁹ unter folgende[n] beysätze[n] gedrücket worden:

„Im jahr Christi [15]32, des negstfolgenden Donnerstages nach Ostern, ist durch eingebung und würkung göttl[icher] gnaden und barmhertzigkeit beschloßen [und] von dem erbahren und wohlnweisen raht, alten raht, zwölffen, alten zwölffe, richtleuten, ämptern und gantzen gemeine einträglich und freywillig angenommen [worden] alle [hier gebotene] christliche ordnung, und [diese ist] auß ihren bitten und [auf ihren] befehl in dies buch verfaßet und gedrücket [worden], zu Gottes loob, seeligkeit der seelen, auch gemeinen frieden und eintracht, davor Gott gelobet und gepriesen [sei] durch Jes[um] Christum, welcher uns und unsere nachkommlinge dabey wolle gnädiglich bekräfftigen und zu ende bringen. Amen."¹⁶²⁰

Die summam dieser kirchenordnung findet man in dem [Buch; Hermann] Hammelman[ni] oper[a] gen[ealogico]-hist[orica], p[agina] 1083. seqq[entes].¹⁶²¹

1615 Gerhard Oemeken (Omeken, Omken, Oemichen; ca. 1500–1562). Bauks, Pfarrer (wie Anm. 14), S. 368 (Nr. 4581). – Goeters, Johann Friedrich Gerhard: Gerdt Oemeken von Kamen, ca. 1500–1562. Niederdeutsches Kirchentum von Westfalen bis Mecklenburg, in: JWKG 87 (1993), S. 67–90.

1616 Johann von Jülich-Kleve-Berg (der Friedfertige; 1490–1539), seit 1521 (erster) Herrscher der Vereinigten Herzogtümer Jülich-Kleve-Berg. Janssen, Wilhelm: Artikel „Johann III.", in: NDB 10 (1974), S. 493 f. – De Werd, Guido (Red.): Land im Mittelpunkt der Mächte. Die Herzogtümer Jülich, Kleve, Berg, 3., überarbeitete Auflage, Kleve 1985 (Ausstellungskatalog). – Smolinsky, Heribert: Jülich-Kleve-Berg, in: Schindling, Anton/Ziegler, Walter (Hg.): Die Territorien des Reichs im Zeitalter der Reformation und Konfessionalisierung: Land und Konfession 1500–1600. Band 3: Der Nordwesten (Katholisches Leben und Kirchenreform im Zeitalter der Glaubensspaltung 51), Münster 1995, S. 86–106.

1617 Erasmus von Rotterdam (1466/69–1536). Winkler, Gerhard B.: Artikel „Erasmus, Desiderius, von Rotterdam", in: RGG⁴ 2 (1999), Sp. 1380–1384 (Literatur).

1618 Arend, Sabine: Die evangelischen Kirchenordnungen des XVI. Jahrhunderts (EKO). Einundzwanzigster Band: Nordrhein-Westfalen I. Die Vereinigten Herzogtümer Jülich-Kleve-Berg. Das Hochstift und die Stadt Minden. Das Reichsstift und die Stadt Herford. Die Reichsstadt Dortmund. Die Reichsabtei Corvey. Die Grafschaft Lippe. Das Reichsstift und die Stadt Essen [fortan: EKO 21], Tübingen 2015, S. (34–39) 52–72.

1619 Urbanus Rhegius (1489–1541). Zschoch, Hellmut: Artikel „Rhegius (Rieger), Urbanus", in: RGG⁴ 7 (2004), Sp. 489. (Literatur).

1620 Arend, EKO 22 (wie Anm. 1527), S. (370–373) 385–459, hier S. 457.

1621 Wasserbach, Ernst Casimir (Hg.): Hermanni Hamelmanni, s[ancti]s[simae] theol[ogiae] licent[iati] & dum viveret superint[endentis] Oldenburgici, opera genealo-

September] angefangen [habe] und mit deren dictura [mich] bisher [habe] behelffen müssen, so werde [ich] mir noch davon […] 5 oder 6 exemplaria deren erster edition [Halle 1728] müssen nehmen und mit den übrigen so lange warten, biß die andere edition [Halle ²1730] fertig ist.

Daß aber Ewer Hochw[ürden] Magnificenz mich mit einem gratuito exemplari alsdann wollen sehr geneigt regalirn,[1608] erkenne ich mit aller[…]lichsten danck und weiß nicht, wie ich diese affection verdienet habe. Dero „Apostolisches licht und kraft[!]"[1609] werde [ich] mir auch anschaffen, sowohl [um] mich aus demselben zu erbauen, als auch [um] in einer nun bald zuende gebrachten commentatione critica,[1610] womit ich auch […] werde aufzuwarten mich erkühnen, selbiges anführen zu können. Ich erinnere mich […], irgendwo gelesen zu haben, wie Ewer Hochwürdige Magnifizenz eine lateinische version der Bibel gedächten zu ediren.[1611] Ich möchte gerne eine gewisse [zuverlässige] nachricht davon haben, damit ich in einem gedachten [geplanten] buch mich darnach richten könte.

[…] nicht hinzu, als daß ich mich noch in Ewer Hochw[ürden] Magnifiz[enz] gewogenheit laße […] ferner recommendiren, unter anwünschung alles geistlichen und leiblichen wohlergehens mit allem respect verharrender

Eiligst, Soest, den 9. Novembris 1729,

Ewer Hochwürden Magnifizenz gehorsamster diener Rumpaeus

Nr. 81 Soest, Dezember 1729

Bürgermeister und Rat der Stadt Soest übersenden dem König die durch Johann Nikolaus Sybel, Pfarrer an St. Georgii in Soest, ausgearbeitete[1612] neue Soester Kirchenordnung.[1613] (Soest StA/StB, Bestand A, Nr. 6156b, S. 343–350)

Allerdurchlauchtigster, großmächtigster König, allergnädigster König und Herr etc.

Nachdem der raht und die bürgerschafft in Soest im jahre 1531, die [Sancti] Thomä,[1614] die A[ugsburgische] Confession angenommen [haben], so haben sie nicht nur über die verfaßung des kirchen- und schullwesens hieselbst auch mit [Martino] Luthero und Philippo Melanchtone conferiret, sondern auch im anfang des jahres 1532 den in der reformations-historie bekandten theologum Gerhard

---

1608 Ehren/auszeichnen. – Offenbar hatte Lange dies in Nr. 79 in Aussicht gestellt.
1609 Lange, Apostolisches Licht und Recht (wie Anm. 1531). – Rumpaeus hatte sich das große und nicht ganz billige Werke also bislang noch gar nicht zugelegt!
1610 Commentatio critica ad libros Novi Testamenti in genere cum praefatione d[omi]n[i] Jo[hannis] Gottlob Carpzovii […], Leipzig: Lanckisch 1730; 3.21 Jost Wessel Rumpaeus Nr. 69 (1730). – Sein Kommentar stand demnach kurz vor der Fertigstellung.
1611 In dieser Form durch Lange wohl nie realisiert.
1612 Bezeugt durch Edition Nr. 101 und 103 f.
1613 Vgl. Edition 2.3.
1614 Am 21. Dezember 1531.

Nr. 80   **Soest, 9. November 1729**

Jost Wessel Rumpaeus, Rektor des Gymnasiums in Soest, an Joachim Lange, Professor der Theologie in Halle (Saale). Zum Zusammenhang siehe Nr. 79. (Halle [Saale] AFSt, Bestand H A 188a:362)

[Ohne Adresse] Magnifice, hochwürdiger, hochedler und hochgelahrter, hochgeehrtester Herr Doctor, vornehmer Patron!

Ich bedaure sehr, daß ich von Ihren werten besten leuten keinen tüchtigen man zum correctore [unseres Soester Gymnasiums habe] recommendiren können, da [ich an]sonsten denselben gerne, auch wegen der besondern geschickligkeit im informieren, worin Ihre leute begabt sein, [...] gesehen [hätte]. Und weilen, anders woher einen [Kandidaten] zu sondieren, [von seiten der Verantwortlichen] bedencken getragen wurde, heute [Magister Georg Andreas] Sybel[1601] [gestrichen: auch] threue promessen gethan [hat],[1602] die herrn scholarchen auch, als welche das ius elegendi haben, ausgenommen mir, auf ihn incliniren, so muß man wohl es geschehen lassen, daß er succedire.

Zum lesen[1603] habe [ich] nuhn seit dreissig jahren allzeit ungemein lust gehabt, indem aber der numerus [gestrichen: etli] candidatorum[1604] etlich iahr her sehr schlecht gewesen [ist], das fixum salarium auch über 150 reichsthaler sich nicht viel belaufen [hat], so wird man träge und undienstlich. Im nechstübergelegenen sommer habe [ich] ein collegium historicum ecclesiasticum gehalten und davor [dafür] nicht mehr als 6 reichsthaler bekommen. Man muß doch auch das zeit darauf spendiren! Wenn uns nuhn Ihro Königliche Majestät werden die gnade erweisen und denen landeskindern befehlen, daß sie bey fleyß[1605] ihrer beförderung die schulen im lande [gestrichen: müssen] frequentirn [sollen], so werden wir wieder [...; mehr Schüler] bekommen. Können Ewer Hochwürden Magnifizenz dazu etwas contribuirn, so wil [ich] gehorsamst darum gebeten haben.

Waß Ewer Hochwürden Magnifizenz schöne und gelehrte oeconomiam salutis euangelicam[1606] betrifft, so wundere ich mich [...] nicht, daß dieselbe einen solchen adplausum bekommen [hat], gestalt [weil] es eins der accuratesten und solidesten compendiorum theologicorum (quod citra adulationem scripsero[1607]) ist, und [ich] muß aufrichtig gestehen, daß mir solches daran sehr gefallen [hat]. Weil ich aber bereits darüber ein collegium zu halten, schon vierzehn tage nach Michaelis [29.

1601   Georg Andreas Sybel (1676–1750). Wie Anm. 349.
1602   Sybel, der bereits 1729 eine Gehaltsaufbesserung erhalten hatte, musste sich in einem Revers verpflichten, kostenfrei auch die Aufgaben des Subconrectors mit zu übernehmen. Vogeler, Archigymnasium IV (wie Anm. 9), S. 10–12. – Dazu: Löer, Lehrplan und Lehrmethode (wie Anm. 9), S. 69 Anm. 22 (Erwähnung der gegenwärtig nicht auffindbaren Vorstellungsrede).
1603   Zum Abhalten von Vorlesungen.
1604   Die Frequenz der Schule.
1605   Im Interesse ihres beruflichen Fortkommens.
1606   Lange, Oeconomia salutis (wie Anm. 1586).
1607   Was ich hier schreibe, ohne schmeicheln zu wollen.

ihm allezeit weggeeilet [sind], ich daher tausenderlei verdruß außgestanden [habe; …], processe mit ihm [habe] führen müssen, so besorge ich und bin in meinem gewissen überzeugt, daß bey erfolgter succession [Georg Andreas Sybels] unser ohnedem sehr schlecht bestelltes archi-gymnasium völlig werde ruinirt werden. Wenn ich dahero von Ewer Hochehrwürden dürffte einen guten rad, wie ich mich in dieser sache zu verhalten habe und zu meinem zum […; Besten] unsers archi-gymnasii gerichteten […; Ziel] gelangen könne, mir […] gehorsamst ausbitten, so wolte [ich] wohl ihn darum ersucht haben.

Unser herr pastor [Johann Georg] Marci[1596] [vgl. Abb. 80] meint, er dürffe der erhaltenen vocation und succession seines sehl[igen] hern vaters [in der Konrektorenstelle] nicht folgen.[1597] Wenn ich nur könte und wüste einen befehl auß dem oberconsistorio in Berlin an unsern magistrat, alß darin die beiden herrn bürgermeister mit mihr einig sind, […] zu erhalten, daß man einen aus Halle und einen Wittenberger, alß unser herr collega[1598] [einer] ist, solte erwehlen, o wie wolte ich mich freuen! Ich aber habe die ehre nicht, einen von den teuren consistorial-räthen zu kennen. Ewer Hochwürden wollen meine freyheit im besten vermerken und [mir] mit Dero patrocinio zugethan verbleiben.

Soest, den 22. Octobr[is] 1729
Hochehrwürdiger Herr Doctor, Dero gehorsamster diener Rumpäeus
P.S.: Ich verschreibe mir aniezo[1599] 12 exemplaria von Ewer Hochehrwürden schöner oeconomia salutis[1600] und werde in diesem winter darüber lesen. Das salarium eines zeitlichen correctoris ist 50 reichsthaler an gelde und 42 Berlinisch scheffel feinstes korns. Mit erster gelegenheit wil [ich] eine oder zwei disputationes übersenden.

Nr. 79   Halle (Saale), ca. Ende Oktober 1729

Joachim Lange, Professor der Theologie in Halle (Saale), an Jost Wessel Rumpaeus, Rektor des Gymnasiums in Soest. Zum Zusammenhang siehe Nr. 78 und Nr. 80.

Kann leider nicht mit einem Kandidaten für das Soester Konrektorenamt dienen, stellt ein Buchgeschenk in Aussicht. Nicht aufgefunden, aber bezeugt durch Nr. 80.

1596   Johann Georg Marci (1701–1734). Wie Anm. 117. – Er war der Sohn des verstorbenen Konrektors, seit 1726 Pfarrer in Lohne und schon bald (1730) Pfarrer in Borgeln.
1597   Hier waren – neben dem Wissen um den schweren Stand seines dem Pietismus zuneigenden Vaters unter dem streng orthodoxen Rumpaeus – vielleicht auch religiöse Motive im Spiel. Die in Halle ausgebildeten Theologen wollten sich sicher sein können, dass ein an sie ergangener Ruf von Gott kam.
1598   Georg Andreas Sybel (1676–1750). Wie Anm. 349.
1599   Ich bestelle hiermit.
1600   Lange, Oeconomia salutis (wie Anm. 1586).

Abb. 80: Evangelische Kirchengemeinde Niederbörde, Dorfkirche in Borgeln, Hostiendose. Aus der Werkstatt des Gerhard Peter Broelemann (1704–1766), tätig in Soest, 1731. Rundliche Dose auf Fuß, mit Zügen, auf dem Korpus vier Inschriften (Namen von drei Provisoren), gerahmt von Zweigen, dazu hier als vierter Name: „Joan Georg Marci Pastor". Johann Georg Marci (1701–1734) war von 1730 bis 1734 Pfarrer in Borgeln. (Foto: Ulrich Althöfer)

Halle][1593] um recommendation etlicher subiectorum, so in die wahl fürangebracht werden [könnten], sehr dienstl[ich] gebeten. Wir scholarchen haben die wahl. Drey davon incliniren zur succession, weilen einer davon ein bruder, [nämlich] unser beliebter[!] herr pastor georgianus [Johann Nikolaus Sybel], die andern beyden aber [gestrichen: sehr] nahe [...; Verwandte] von unserm collegen und quartanorum lectore herrn m[agister Georg Andreas] Sybeln[1594] [gestrichen: ist; sind] und denselben gern zum conrectore hätten. Da aber derselbige sich solcher gestalt in seinem ambt zeit meines hirsein in den zwanzig jahren so betragen, daß kein frembder studiosus fast[1595] hat unter demselben sitzen wollen, auch, die unter demselben gesessen, von

1593 Hieronymus Freyer (1675–1747) war ein beachtlicher Pädagoge und Historiker. Er wirkte insgesamt 49 Jahre lang an den Franckeschen Anstalten in Halle, vor allem in der Leitung des Paedagogiums. Eckstein, Friedrich August: Artikel „Freyer, Hieronymus", in: ADB 7 (1877), S. 367–369.
1594 Georg Andreas Sybel (1676–1750). Wie Anm. 349.
1595 Überhaupt/generell.

Nr. 78   Soest, 22. Oktober 1729

Jost Wessel Rumpaeus, Rektor des Gymnasiums in Soest, an Joachim Lange, Professor der Theologie in Halle (Saale). Zum Zusammenhang siehe Nr. 77 und Nr. 79. (Halle [Saale] AFSt, Bestand H A 188a:350)

[Adresse:] Dem hochehrwürdigen, hochedlen und hochgeehrten Herrn Herrn Joachim Langen, der Heiligen Schrifft weitberümten Doctori und Professori ordinario, meinem hochgeehrtesten Herrn und grossen Patrono. Halle. Durch einschluß.

Hochehrwürdiger, hochedler und hochgelehrter, hochgeehrtester Herr Doctor, grosser Patron!

Ob ich gleich nicht [daran] zweifle, es werde herr [Johann Christoph] Lüling[1588] mein voriges zuschreiben Ewer Hochehrwürden richtig übergeliefert haben, so hoffe [ich] doch, es werden Ewer Hochehrwürden mir nicht übel deuten, daß ich abermahl, und zwar in unserer teutschen sprache, mit dieser geringen zuschrifft Ewer Hochehrwürden in Dero hochwichtigen geschäften störe. Und zwar [hoffe ich dies] um so viel desto mehr, ie mehr mir [als ich durch] meiner schwester sohn, her[rn David Balthasar] Wiethusius,[1589] von Dero [...; Geneigtheit] mündlich zu vernehmen, habe gelegenheit gehabt, [von] Ewer Hochehrwürden hohe gegen meine wenigkeit zu[...] affection versichert worden [bin], dafür und zugleich für herrn Withusius, [wie] erinert, [ich] wegen erzeigter [...; Gunst][1590] herzlichen danck abstatte. Also wil [ich] mich in Ewer Hochehrwürden patrocinium ferner bester gestalt anbefohlen haben.

Unser conrector, der herr m[agister Johann Gottfried] Marci, ist gestern begraben [worden].[1591] Nuhn aber dringen einige zwar auf [...; die] succession [des Lehrers der Quarta]. Aldieweilen aber ich im gewissen auß zwanzigiähriger erfahrung überzeugt bin, daß dieselbe [Nachfolge] zum ruin unseres archi-gymnasii würde gedein, so [...; würde ich] gerne sehen, daß wir einen in stilo, [...] philolog[icis] et philosophicis sehr geübten und mit einem guten dono didactico[1592] wohl begabten mann, der auch zugleich der wahren fröm- und friedfertigkeit und gebührendem fleiß in seinem ambt ergeben wäre, von Ihrem werten ort [Halle] bekommen könnten. Zu dem ende haben [wir] den herrn inspectorem [Hieronymus] Frye [Freyer in

---

1588   Johann Christoph Lüling (1701–1759). Wie Anm. 1582.
1589   David Balthasar Wiethaus (1706–1772). Wie Anm. 1571.
1590   Wohl der Vermittlung einer Mensa.
1591   Johann Gottfried Marci (1667–1729). Wie Anm. 141. – Marcis Grabstein in St. Georgii trug die Aufschrift: „1729, den 19. Oct[obris], ist seelig in seinem Erlöser entschlafen der hochwohledle, hochgelehrte Herr M[agister] Joh[ann] Gottfried Marci, hiesigen Archigymnasiums in die 32 Jahr wohlverdienter C[on]Rektor und [den] 21. ejusd[em] allhier beerdigt, aet[ate] 63 Jahr". Vogeler, Archigymnasium IV (wie Anm. 9), S. 10. Anm. 4.
1592   Mit didaktischem Talent.

Nr. 77 Soest, 26. Juli 1729

Jost Wessel Rumpaeus, Rektor des Gymnasiums in Soest, an Joachim Lange, Professor der Theologie in Halle (Saale). Zum Zusammenhang siehe Nr. 76 und Nr. 78. Mit Beilage. Lateinischer Brief. (Halle [Saale] AFSt, Bestand H A 188a:337)

[Regest] Dankt für das [von Lange in Aussicht gestellte] Zeugnis für seinen Neffen [David Balthasar] Wiethaus[1581] und empfiehlt diesen und sich selbst [Jost Wessel Rumpaeus] der Gunst Langes. Der Überbringer des Briefes, Johann Christoph Lüling,[1582] ist begabt und aufrichtig („opibus vestitutus, ingenuus tamen fucique omnis expers"). Er erbittet sich Langes Fürsprache und einen Platz an den Freitischen. Rumpaeus hat den jungen Mann [vor einiger Zeit] auch schon [nach Jena] empfohlen, wo Lüling nicht nur unentgeltlich bei dem ausgezeichneten („celeberrimus") Johann Franz Buddeus[1583] gehört hat, sondern auch dessen Privatschüler gewesen ist.

Die Soester Kirche ist leider völlig heruntergekommen. Schuld daran sind der Ehrgeiz eines Landpastors,[1584] von dem der Überbringer [Johann Christoph Lüling] Lange Näheres berichten kann, und die Dummheit des Inspektors [Magister Franz Thomas Möller].[1585] Der Soester Rat hat den König um ein Edikt ersucht, das den Landeskindern [Soest und Börde; Grafschaft Mark] den Besuch der heimischen Schulen anempfiehlt. Hofft, dass man damit bei Hof Gehör findet („Spero […] nos exauditum iri"). Möchte eine Vorlesung über Langes „Oeconomia salutis"[1586] halten, bezweifelt aber, dass sich das realisieren lässt. Ersehnt [auch für Solches] günstigere Zeiten.[1587]

1581 David Balthasar Wiethaus (1706–1772). Wie Anm. 1571.
1582 Johann Christoph Lüling (1701–1759) war ein Bruder des Pfarrers von Meiningsen Ernst Henrich Lüling (1691–1746; wie Anm. 1325). Er schrieb sich Anfang August 1729 in Halle ein und war später zunächst Lehrer am Soester Gymnasium, dann Pfarrer in Meiningsen. Bauks, Pfarrer (wie Anm. 14), S. 309 (Nr. 3884). – Kleiner Michels (wie Anm. 14), S. 585.
1583 Johann Franz Buddeus (1667–1729). Wie Anm. 316.
1584 Wohl Johann Hennecke (1683–1750). Wie Anm. 268.
1585 Franz Thomas Möller (Müller; 1683–1754). Wie Anm. 353. – Der Wunsch der Bördepfarrer, stärker an den allgemeinen kirchlichen Aufgaben beteiligt zu werden, stieß bei ihm wohl lange auf taube Ohren.
1586 Lange, Joachim: Oeconomia salutis evangelica: In iusto articulorum nexu, methodo demonstrativa digesta, et uti acuendo spirituali iudicio iuvandaeque memoriae, sic etiam christianae praxi accommodata […], Halle: Fritsch 1728 (VD18 12217972).
1587 Wie Nr. 78 zeigt, hat Rumpaeus das Projekt aber zunächst noch weiter verfolgt.

den Schriften des Neuen Testaments.[1576] Plagt sich mit den von den früheren Auslegern ungelösten Problemen der biblischen Chronologie und der unterschiedlichen Lesarten („Canonis variantes lectiones et chronologiam mihi in necessariis libris non instructo crucem fixere").

Berichtet ausführlich über eine von Intrigen überschattete Pfarrwahl [in Unna], deren Ausgang ungewiss ist. [Der auch Lange bekannte Löscherschüler] Joachim Henrich Möllenhoff („möllenhoffius noster"),[1577] ein, wie auch der [pietistische Schriftsteller und derzeitige] Inspektor der Grafschaft Mark Johannes Karthaus[1578] bezeugt, fähiger Schulmann [und einst Rektor in Unna] braucht dringend Langes Unterstützung. Nachschrift: Bittet, die [Lange] gegebenen Informationen über die Pfarrwahl in Unna streng vertraulich zu behandeln („quae de pastoratu unnensi scripsi ut, vir magnifice, tibi servare velis […] verumque observantissime").

Nr. 76 Soest, 4. Mai 1729
Jost Wessel Rumpaeus, Rektor des Gymnasiums in Soest, an Joachim Lange, Professor der Theologie in Halle (Saale). Zum Zusammenhang siehe Nr. 75 und Nr. 77. Lateinischer Brief. (Halle [Saale] AFSt, Bestand H A 188a:336)

[Regest] Entschuldigt sein häufiges Schreiben („tam crebris litteris"). Bittet darum, seinem Neffen [David Balthasar] Wiethaus,[1579] dem Sohn seiner einzigen Schwester, einer Mutter von sieben Kindern, ein Zeugnis über seine Arbeit im Hallischen Waisenhaus auszustellen. Der junge Mann hat Rumpaeus gebeten, [nach Unna] heimkehren zu dürfen. Er hat dies aber nur aus Not getan. Lange soll ihm daher, wenn nur eben möglich, eine mensa [Informatorenstelle?] verschaffen. Dankt Lange für einen Gunsterweis [vielleicht in der Affäre Möllenhoff?], den er seinerseits leider durch nichts erwidern kann. Gratuliert Lange zu dessen „opera exegetica".[1580]

1576 Commentatio critica ad libros Novi Testamenti in genere cum praefatione d[omi]n[i] Jo[hannis] Gottlob Carpzovii […], Leipzig: Lanckisch 1730; 3.21 Jost Wessel Rumpaeus Nr. 69 (1730).
1577 Joachim Henrich Möllenhoff (1687–1746). Wie Anm. 405. – Möllenhoff war seit 1712 Rektor in Unna gewesen, hatte dann ab 1724 als Pfarrer an St. Thomae in Soest gewirkt und sollte am 1. Mai 1729 tatsächlich die Zweite Pfarrstelle in Unna antreten. Eine Intervention Langes, um die Rumpaeus im Folgenden ja bittet, ist angesichts dessen hoch wahrscheinlich.
1578 Johannes Karthaus (1679–1748). Wie Anm. 315.
1579 David Balthasar Wiethaus (1706–1772). Wie Anm. 1571.
1580 Lange, Apostolisches Licht und Recht (wie Anm. 1531).

Ew[er] Hochedelgebohren werden selbst ermeßen, daß mir hierauf Dero hochgeneigte erklährung nöthig sey. Und ich versehe mich zu Dero mir bishero bewiesenen hohen gewogenheit, daß sie in einem billigen petito mir [diese Auskunft] hochgeneigt deferiren werden. Der ich mit allem respect verharre

Soest, d[ie] 14. Julij 1728.

Ew[er] Hochedelgebohren m[einer] hochgeehrtesten Herren
gehorsamster diener und geflissener fürbitter bey Gott Christoph Kypke.

Nr. 75 Soest, 29. Januar 1729
Jost Wessel Rumpaeus, Rektor des Gymnasiums in Soest, an Joachim Lange, Professor der Theologie in Halle (Saale). Zum Zusammenhang siehe Nr. 70 und Nr. 76. Lateinischer Brief mit französischer Adresse: „A Monsieur, Monsieur Joachim Langue Docteur et Professeur en S. Theologie très celebré a Halle! Franco par couvert. M. 2. Luoysd'or". (Halle [Saale] AFSt, Bestand H A 188a:316)

[Regest] Vertrauliches Schreiben. Dankt für die Unterstützung seines [seit kurzem in Halle studierenden] Neffen David Balthasar Wiethaus.[1571] Freut sich über Langes Gunstbezeugungen auch gegen ihn selbst [Jost Wessel Rumpaeus][1572] und würde diesem gerne seinerseits dienlich sein, hat aber kaum Möglichkeiten dazu („Ut desint vires, tamen est laudanda voluntas"[1573]). Freut sich über Langes seit vielen Jahren andauerndes Wohlergehen, steht selbst aber wohl bereits am Rande des Grabes (Krankheit).

Über eine [in seinem Umfeld entstehende, von einem nicht namentlich genannten Autor verfasste] problematische Auslegung der Offenbarung des Johannes („Systema apocalypticum mihi hucdum videre non licuit […]"). Freut sich über den inzwischen angelaufenen Druck der „opera exegetica" Langes.[1574] Hofft, dass Gott diesem die Kraft schenkt, auch noch sämtliche Bücher des Alten Testamentes zu kommentieren.[1575] Arbeitet selbst (mühevoll) an einem kritischen Kommentar zu

---

1571 David Balthasar Wiethaus (1706–1772) stammte aus Unna, hatte (wohl ebenfalls auf Vermittlung seines Onkels Rumpaeus) ab 1726 in Rostock studiert, war dann aber kurz vor dem Weihnachtsfest 1728 nach Halle gewechselt. Seit 1732 war Wiethaus Zweiter Pfarrer in Unna. Bauks, Pfarrer (wie Anm. 14), S. 559 (Nr. 6948).
1572 Möglicherweise in Gestalt weiterer Briefe.
1573 „Wenn auch die Kräfte fehlen, ist der Wille dennoch zu loben." Ovid (Epistulae ex Ponto, III, 4, 79).
1574 Lange, Apostolisches Licht und Recht (wie Anm. 1531).
1575 So damals tatsächlich in Angriff genommen: Lange, Joachim: Mosaisches Licht und Recht, Das ist, Richtige und erbauliche Erklärung Der fünf Bücher Mosis, Darinn, Nach dem aus der Schöpfung von Gott hergeleiteten Ursprunge des menschlichen Geschlechts, beschrieben ist […]: Nebst dem Gesetze, Jn dem Evangelio vom Meßia, sowohl durch Verheissungen, als Vorbilder, nach der Levitischen Oeconomie […] dargestellet […]; Nebst einer Ausführlichen Einleitung in die gantze Heilige Schrift, Von der Wahrheit ihres göttlichen Ursprungs […], Halle und Leipzig: Walther 1732 (VD18 9072464X).

ehe ich die antwort, die ich schon eine ziemliche zeit habe aufschieben müßen, an ihn ausfertigte, Ew[er] Hochedelgeb[oren] geruhen mögten, über folgende Puncte mir mit ein paar zeilen hochgeneigte erklährung zu ertheilen[:]

Ob nehml[ich] 1. meine bedienung, vorausgesetzet, daß ich sowohl im stande bleibe, meiner arbeit abzuwarten, alß auch darinen nach vermögen treu[e] beweise, perpetuel[1566] sey, also, daß ich darinen, bis mich Gott durch den tod oder eine anderwertige vocation heraus fordere, bleiben kön[n]e?

Ob 2. auf anderwärtigen fall, da ich hier in der fremde mit kranckheit befallen oder überhaupt in dem dienste des waysenhauses über kurtz oder lang untüchtig werden solte, der arbeit gantz oder zum theil ferner abzuwarten, [ich] denoch von dem waysenhause mein salarium ad 130 r[eichs]t[alern] zu meinem nothdürfftigem unterhalt völlig erwarten köne? In ansehung [des Umstandes], daß itzo durch [meine] alleine freywillige übernehmung beyder classen (da ich sonst nur zu einer classe vor [für] 120 r[eichs]t[aler] beruffen bin) von des 2ten praeceptoris salario dem waysenhause jährlich 65 r[eichs]t[aler] erspahret werden, wen[n] ich aber itzo diese 65 r[eichs]t[aler] mit genöße, so wäre ich nach dem jure ecclesiastico verbunden, künfftig so wohl einen adjunctum als auch successorem[1567] zu unterhalten. Da ich aber nur 10 r[eichs]t[aler] von des 2ten praeceptoris salario genieße, so getröste [ich] mich hochgeneigter willfahrung.

Ob 3. sich hinführo, wen[n] die anstalten des waysenhauses sich unter Gottes seegen vermehren solten, [ich] mit mehrerer arbeit, alß ich gegenwärtig von dem numero 48 bey etlichen 60 waysen übernomen habe und hiemit übernehme, verschonet und solchen fals mit einem guten brauchbahren gehülffen erfreuet werden solle? Ich zweiffele aber nicht, Ew[er] Hochedelgeb[oren] werden [mir] für die arbeit des neu angelegten 5ten tisches[1568] auf meine unterthanigste bitte zu meiner recreation und gebrauch einen hoff am waysenhause[1569] hochgeneigt vergönen und benenen.

Ob es 4. werde genehm gehalten werden, daß ich, wen[n ich] gelegenheit finden solte und wegen der oeconomie und verpflegung, so wohl bey der continuirlichen arbeit, alß auch besonders zur aufwartung in kranckheiten, genöthiget würde, mich in den ehestand zu begeben und eine haußhaltung außer dem waysenhause anzufangen, des morgens, mittags und abends ein und andere stunde mich von denen waysen absentire? Oder ob Ew[er] Hochedelg[eboren] auf meine dienstl[iche] bitte [hin] nicht lieber erlauben wollen, das sonst unbrauchbahre dunkele zim[m]er an meiner stube zur ganz compendieusen[1570] haußhaltung zu des waysenhauses unglaublichen nutzen um der beständigen gegenwart willen zu gebrauchen.

1566 Unbefristet/nicht zeitlich begrenzt.
1567 Einen Helfer und möglichen Nachfolger.
1568 Zum Problem auch schon oben Nr. 68. Inzwischen war also zumindest ein weiterer Tisch aufgestellt worden.
1569 Eine zusätzliche Wirtschaftsfläche? Gartenland?
1570 Bescheidenen/gedrängten (aber dicht an der Arbeitsstätte gelegenen).

rung und Ausfuehrung des Zweckes Gottes beygetragen, das werden Sie von dem HErrn, dem getreuen Vergelter, am vollkommensten angeschrieben finden.[1563]

Wie ich nun bey diesem allen auf der einen Seite die unverdiente Liebe Gottes mit demuethigem Danck verehre, welche mit solchem Segen ueber meine grosse Unwuerdigkeit gewaltet hat; und die Hand des Hoechsten kindlich kuesse, die mich, wie sonst ueberall, also auch sonderlich in dem Soestischen Zeitlauf so vaeterlich angefasset,[1564] und so freundlich geleitet hat; Also habe [ich] auch auf der andern Seite meine aufrichtige Erkentlichkeit, und ergebenste Danck-Geflissenheit gegen Ew[er] Hoch-Wohl-Ehrw[ürden] hiemit oeffentlich bezeugen wollen, um so vielmehr, da Dero Liebe unverrueckt angehalten, und ob es gleich dem allerweisesten Menschen-Fuehrer gefallen [hat], mich, den Unwuerdigsten, durch anderweitige Beruffungen, bald dort, bald [6] hiehin zu werffen, und uns also dem aeusserlichen nach von einander zu reissen, Sie dennoch mit liebreichster Freundschafft mir bestaendig zugethan geblieben. Welches alles mich denn desto mehr erwecket[,] den Hoechsten anzuruffen, daß Er selbst die genossene Liebe, Freundschafft und Wohlthaten mit allerley leiblichen, geistlichen, und endlich ewigen Gnaden-Belohnungen ersetze. Der HErr wolle Ew[er] Hoch-Wohl-Ehrw[ürden] zur gesegneten Erbauung und erwuenschter Freude Dero lieben Gemeine noch lange im Leben erhalten, die schwachen Leibes-Kraeffte[1565] segnen und staercken, mit Friede und Freude des Heil[igen] Geistes Dero Hertz erfuellen, und Dieselben viele Fruechte von Dero fleißigen, und mit so besonderer Demut begleiteten Arbeit sehen lassen. Ich aber bitte mir ferner Dero bestaendige Freundschafft, Andencken und Gebet hertzlich aus, und verharre mit wahrer Aufrichtigkeit,
Cleve/am 11. May 1728.
Ew[er] Hoch-Wohl-Ehrw[ürden] Meines Hochgeehrtesten Herrn Magistri, zum Gebet und aller Liebe verbundenster
Joh[ann] Christ[ian] Jocardi.

Nr. 74   Soest, 14. Juli 1728
Christoph Kiepke, Präzeptor des Soester Waisenhauses, an die Direktoren des Waisenhauses und die Bürgermeister und den Rat der Stadt Soest. Zum Zusammenhang siehe Nr. 72. (Soest StA/StB, Bestand A, Nr. 10035, S. 3 f.)

Hochedelgebohrne pp. Hochgeehrteste Herren!
Ew[er] Hochedelgeb[ohren] hiedurch zu beunruhigen, verursachet [mich] meine pflicht und begierde, der sowohl vormahls öffterer, alß im kurtzen 2 mahl wiederhohlten anfrage meines vaters nach der beschaffenheit meiner function endlich ein genüge zu thun. Ich habe bishero selber keinen völligen begriff von einigen umständen, worauf mein vater reflexion gemachet, gehabt. Dahero mein wunsch wäre, daß

1563 War Jocardi in der Soester Gemeinde erweckt worden?
1564 Auch dieser Ausdruck deutet auf eine in Soest erfahrene Erweckung.
1565 Die körperliche Schwäche Sybels war also schon damals spürbar gewesen.

Freuden hinten nach sehen konte. Die Liebe Gemeine zu S[ankt] George (die ich in Christo zu lieben, und fuer Sie zu beten nicht aufhoeren werde; Daß Sie moege erfuellet werden mit Erkenntniß des goettlichen Willens, in allerley geistlicher Weißheit und Verstand, daß sie wandeln moege wuerdiglich dem HErrn zu allem gefallen, und fruchtbar seyn in allen guten Wercken, und wachsen in der Erkenntniß GOttes, und gestaercket werden mit aller Krafft nach seiner herrlichen Macht. Coloss. 1, 9.10.[1557]) nahm meinen geringen Dienst am Worte, welcher von Ew[er] Hoch-Wohl-Ehrw[ürden] als ihrem geliebtesten Lehrer mir aufgetragen war, nicht nur freundlich und willighlich auf, und hoerete den Vortrag des Worts von mir gerne an; sondern der HErr schloß nach seiner grossen Erbarmung mir Unwuerdigsten eine solche Thuer auf,[1558] daß in der werthesten Stadt[,] so wohl bey erwachsenen, als auch bey der lieben Jugend, so mir zur Privat-Information anvertrauet war,[1559] ich einen gesegneten Eingang, und viele unverdiente Liebe durchgehends funde.

Doch ich will die Spuren der goettlichen Liebe und Vorsehung, wie sie sich damahls gezeiget, in stiller Demuth lieber bewundern[,] als hier weitläufftig erzehlen.

So viel aber muß [ich] bezeugen, daß der Soestische Periodus, voellige zwey Jahr[1560] in sich begreiffet, [5] einer der merckwuerdigsten in meinem gantzen Lebens-Lauf bleiben wird.[1561] Denn da hat es dem HErrn wohlgefallen[,] mir so wohl die schoenste Gelegenheit, als auch die kraefftigsten Erweckungen zu geben, mich zum Dienst des Lehr-Amts mit voelligerem Ernst zu wiedmen, und mein gantzes Werck daraus zu machen, wie [ich] unter goettlicher Seegensvollen Mitwuerckung, dem hoechsten Hauß-Herrn an seiner Gemeine einiger massen braeuchlich werden moechte; da sonsten vorher es schiene[,] als waere [es] des HErrn Wohlgefallen[,] bey der Schul-Jugend mich in seinen Dienst gebrauchen zu wollen.[1562] Was aber Ew[er] Hoch-Wohl-Ehrwurden weiser Rath, nuetzliche Unterredungen, bruederlicher Umgang, erbauliches Exempel, und gemeinschafftliches Gebet zu Befoerde-

---

1557 Vgl. Kol 1, 9–11: „Darum lassen auch wir von dem Tag an, an dem wir's gehört haben, nicht ab, für euch zu beten und zu bitten, dass ihr erfüllt werdet mit der Erkenntnis seines Willens in aller geistlichen Weisheit und Einsicht, dass ihr, des Herrn würdig, ihm ganz zu Gefallen lebt und Frucht bringt in jedem guten Werk und wachst in der Erkenntnis Gottes und gestärkt werdet mit aller Kraft durch seine herrliche Macht zu aller Geduld und Langmut."

1558 Vgl. 1. Kor 16, 9: „Denn mir ist eine große Tür aufgetan zu reichem Wirken; es gibt aber auch viele Widersacher."

1559 Neben seiner Tätigkeit als Nachmittagsprediger an St. Georgii hatte Jocardi also auch als Hauslehrer begüterter Familien aus Sybels Freundes- und Bekanntenkreises gewirkt.

1560 Demnach von Pfingsten 1720 bis Pfingsten 1722.

1561 Jocardis Frau (so seit 1729) stammte aus Soest. Sie war eine Tochter des Soester Arztes Dr. Johann Lambert Friedrich Marquard (1681–1723) und zog nach dem Tod ihres Mannes (1749) mit ihren acht (oder sogar elf) Kindern und einer Magd zurück nach Soest. Deus, Soziologie (wie Anm. 95), S. 31.

1562 Jocardi hatte also ursprünglich in den Schuldienst eintreten wollen.

Leben besonders anzumerckende Woche; in welcher es vor nunmehro acht Jahren, der weisesten Vorsehung GOttes gefallen [hat], nach Dero werthesten Stadt Soest mich zu fuehren, und in Dero gesegnete Bekannt- und Freundschafft[1551] einzuleiten.[1552]

Sie selbst wissen[,] daß dazumahl das Ziel meiner Reise, nach meinem Anschlag, gar anders wohin gestellet wurde, und daß meine Gedancken es gar nicht waren, dasiges Orts mich aufzuhalten und niederzulassen. Aber auch da hieß es: Deine Gedancken sind nicht meine Gedancken, und deine Wege sind nicht meine Wege.[1553]

[3] Die anbetens-würdige Providentz des Allerhoechsten gebrauchte Ew[er] Hoch-Wohl-Ehrw[ürden] zum gesegneten Werckzeuge, wodurch Sie die damahls gefaste Gedancken bey mir veraenderte, und, wie Sie eine gar andere Absicht mit mir vorhaette, offenbahrete. Denn, nachdem [ich] bey meiner vermeinten Durchreise, auf Dero eigenem guetigen Begehren, bey Denenselben einsprach; nahmen dieselben nicht nur mich sehr freundlich auf; sondern es muste sich auch, ueber alles mein Vermuthen[,] fuegen, daß Dero Hertz und Vertrauen also mir unverdient zugewendet wurde, daß Sie aus dem Uberfluß Dero Liebe mit allerley Gruenden an mich arbeiteten, und mir anriethen, die vorgestellte Reise nicht weiter fortzusetzen; sondern in Soest zu verbleiben. Sie oefneten zu dem Ende mir nicht nur Dero Hauß und Bibliotheque;[1554] sondern trugen mir auch eine Gemeinschafft des Dienstes an Dero Gemeine freundlichst auf, da ich die ordentliche Nachmittags-Predigt am Tage des HErrn verrichten, und Ihnen Dero Arbeit an solchem Tage, an welchem Sie sonsten selbst zweymahl predigten, und noch darzu eine oeffentliche Catechisation[1555] hielten, in etwas erleichtern solte.

Sie fuhren fort[,] alle Vorsorge zu haben, und Anstalten zu machen, daß [ich] nach allem Wunsch daselbst bleiben und wohnen konte.

Da ich nun solche ausnehmende Liebe unmoeglich vor etwas, das von ohngefaehr kaeme, ansehen konte, auch diese Gelegenheit, die sich so unvermuthet oefnete, zu meinem Zweck besonders bequem zu seyn mir sofort einleuchtete, so entschloß [ich] mich[,] Dero guetigsten Rath zu folgen, und blieb bey Ihnen.

[4] Ob ich nun gleich am Anfang die hierunter waltende heilige Fuehrung Gottes nicht so deutlich einsehen, und mit Freudigkeit verehren und preisen konte;[1556] so klaerete sie sich doch von Tage zu Tage vergnueglicher auf, daß ich dem HErrn mit

---

1551   Den Freundes- und Bekanntenkreis Johann Nikolaus Sybels.
1552   Jocardi war demnach bereits kurz vor dem 19. Mai 1720 (Pfingsten) in Soest eingetroffen.
1553   Vgl. Jes 55, 8 f.: „Denn meine Gedanken sind nicht eure Gedanken, und eure Wege sind nicht meine Wege, spricht der Herr, sondern so viel der Himmel höher ist als die Erde, so sind auch meine Wege höher als eure Wege und meine Gedanken als eure Gedanken"
1554   Die Existenz dieser Bibliothek war zu vermuten. Sie hier ausdrücklich erwähnt zu finden, zeigt aber, dass es sich dabei um einen größeren Bestand gehandelt haben muss.
1555   Das Soester Collegium pietatis.
1556   Jocardi war also zunächst nur auf Zureden Sybels in Soest geblieben.

und disposition ungekräncket¹⁵⁴⁵ möchte überlaßen und alles ob[en] zuerkante und beygelegte, samt allen übrigen freyheiten, die sonst schul-collegen zugenießen haben, ad dies vitae¹⁵⁴⁶ durch des magistrats insigel confirmiret werden. Ich glaube auch gewiß, Wohle[hrwürden] werden solches gerne concediren, in ansehung [des Umstandes], daß dem waysenhause, laut meiner vocation, bey 48 persohnen zur halben arbeit [zu übernehmen], nachdem [ich] die arbeit anstat [bei] 24 persohnen bey 60 und drüber [habe] alleine übernehmen müssen, noch dazu des 2ten praeceptoris salarium, ad 75 r[eichs]t[alern] ohne holtz, licht und bette-werck, jährlich erspahret werden. In hoffnung [auf Dero] geneigte willfahrung verharre [ich] mit schuldigstem respect [als] Ew[er] Hochedelgeb[oren] und Ew[er] Wohlgebohren m[einer] hochzuehrenden Herren Herren

Soest, 1728, d[ie] 13. April[is],

dienstschuldigster diener und vorbitter [Fürbitter] Christoph Kypke.

Nr. 73   **Kleve, 11. Mai 1728**

Johann Christian Jocardi,¹⁵⁴⁷ evangelisch-lutherischer Prediger in Kleve, an Johann Nikolaus Sybel, Pfarrer an St. Georgii in Soest. Widmungsbrief zu: Jocardi, Johann Christian: Die eitele und wahre Versicherung von dem GnadenStande bey GOtt, wurde am Sonntage Judica 1728¹⁵⁴⁸ aus dem ordentlichen Evangelio Johannis VIII.¹⁵⁴⁹ der Evangelisch-Lutherischen Gemeine in Cleve in einer oeffentlichen Predigt vorgestellet, und nun zu Befoerderung allgemeiner Erbauuung an einigen Orten in etwas ausgebreiteter zum Druck uebergeben von Johann Christian Jocardi, Evangelisch-Lutherischen Prediger daselbst. Soest, Gedruckt bey Joh[ann] Georg Hermanni [1728]. (Einziges nachweisbares Exemplar: Soest StA/StB)

[Seiten ungezählt 1] Dem Hoch-Wohl-Ehrwuerdigen und Hoch-Wohlgelahrten Herrn, HERRN M[agistro] Joh[anni] Nicolao Sybelio, Gottseligem Lehrer, und treufleissigem Seelsorger bey der Christlichen Gemeine zu S[ankt] George in Soest, Seinem hoch- und werthgeschaetztem Freunde und Goenner.

[2] Hoch-Wohl-Ehrwuerdiger, Hochgeehrter Herr Magister.

DIe gar besondere Liebe, Freundschafft, Aufmunterung und Vorbitte, welche [ich] von seit mehreren Jahren¹⁵⁵⁰ her von Ew[er] Hoch-Wohl-Ehrwuerden unverrueckt genossen, haben mich schon vorlaengst verpflichtet[,] einer solchen Treue ein oeffentliches Denck- und Danck-Mahl aufzurichten; und die jetzt instehende [bevorstehende] Woche vor Pfingsten giebt mir eine neue Reitzung[,] auf meine Schuldigkeit bedacht zu seyn. Denn eben diese ist die, von mir in meinem gantzen

---

1545   Uneingeschränkt/nicht geschmälert.
1546   Auf Lebenszeit.
1547   Johann Christian Jocardi (1697–1749). Wie Anm. 520.
1548   14. März 1728.
1549   Joh 8, 46–59 (Der Streit um Jesu Ehre).
1550   Wie im Folgenden deutlich wird, stehen beide Männer schon seit acht Jahren in engem Kontakt.

Nr. 72 Soest, 13. April 1728

Christoph Kiepke, Präzeptor des Soester Waisenhauses, an die (zwei) Direktoren des Waisenhauses und die Bürgermeister und den Rat der Stadt Soest. (Soest StA/StB, Bestand A, Nr. 10035, S. 10f.)

Hochedelgebohrner und Wohlgebohrner, meine hochzuehrende Herren Herren!

Mein 70jähriger vater David Kypke, pastor zu Rützow und Nuthagen im Schiefelbeinschen Dioeces in der Neu-Marck, hat öffters ernstlich samt meiner gleichfals beynahe 70jährigen mutter verlanget, daß ich diesen frühling solte nach hause kommen. Nun verbinden mich zwar die vielen liebesproben dieser stadt gegen mich und unser waysenhauß, die im druck zum theil klar vor augen liegen,[1543] hier zu verbleiben. Gleichwohl aber ist es mir

1. unmöglich, mein gemüth in ruhe zu bringen und mein vaterland und alle die meinigen zu vergeßen. N[ota] b[ene]: Wenn ich zeit meines lebens mit fremden, öffters veränderlichen leuthen umgehen und bey ihnen speisen solte; zumahl man nicht weiß, wie die oeconomie bey öfterer veränderung gerathen könte; [und ebenso ist es mir unmöglich:]

2. eine lebens art freywillig bey zubehalten, da nicht einen einzigen tag (kaum des nachts) nicht allein keine ruhe bey ist, sondern continuirliche arbeit, die mit unglaublichem verdruß, gestank, unflath und ungeziefer vergesellschafftet ist.

Je nothwendig[er] aber gleichwohl zu Gottes ehren diese arbeit an denen armen und waysen ist, und je wenigere treue arbeiter sich dazu verstehen wollen, desto mehr verbindet [mich] auch mein gewißen und Gottes ehre, und [um] der vielen genoßenen liebe willen in solcher gesegneten arbeit unermüdet fortzufahren und beständig dabey zu verbleiben. [Ich tue dies in] der gewißen hoffnung und glaubens freudigkeit, [der] lebend[ige] Gott werde ferner gnade schenken. Ja, die bereitwillige assistenz und treue vorsorge eines Hochachtbahren Magistrats und meiner hochzuehrend[en] Herren Herren Directoren geben mir nicht allein frischen muth, sondern [sie] versichern [mich] auch [in der Hoffnung, man werde] meiner itzigen gegenwärtigen unterthänigst[en] bitte ein geneigtes gehör [schenken]:

Daß [nämlich], wenn ich nach Gottes heiligen willen und fügung, sowohl zu meiner eigenen menage, pflege und umgang, alß auch zu des waysenhauses besonderm nutzen, zur aufsicht über schwartze wäsche, stricken, flicken p.p., in den stand der heil[igen] ehe über kurtz oder lang zu treten willens wäre, [man] mir nebst meinen beyden aparten[1544] zim[m]ern und anliegender küche im rechten flügel des waysenhauses zu dem zuerkandten salario fixo, ad 130 r[eichs]t[alern] an gelde, nebst freyem holtze zu meiner stube und licht u[nd] bettwerck für meine persohn, [auch] noch den garten an der linken seite vor meinen stubenfenstern zu freyem gebrauch

---

1543 Gemeint ist die heute leider nicht mehr auffindbare, von Kiepke offenbar unmittelbar nach seiner Ankunft verfasste Werbeschrift für das Soester Waisenhaus („Kurze Nachricht"). Wie Anm. 290.

1544 Abgetrennt gelegenen/eine eigene Dienstwohnung ausmachenden.

Nr. 71   **Soest, vor 13. April 1728**

Christoph Kiepke, Präzeptor des Soester Waisenhauses: Einteilung der Arbeit der Bedienten am Waisenhause. Möglicherweise Beilage zur Nr. 72. (Soest StA/StB, Bestand A, Nr. 10035, S. 12)

Eintheilung der arbeit der bedienten am waysenhause.

1. Der oeconoma gehöret die sorge vor den bauch, also die küche und keller etc.

2. Dem oeconomo das gantze hauß zur aufsicht und reinigung. Dem receptori, alle ordinaire rechnungen und lagerbücher im stande zu halten.

3. Dem praeceptori die kirche, schule und sorge für aller waysen ihre seelen und kleidung und [die] rechnung von d[en] extraord[inairen] einkünfften. [Dazu in kleinerer Schrift:] Was ich über das thun kan, so mir convenabel, daß thue ich [Christoph Kiepke] willig und gerne, aber ultra posse [nemo obligatur]. Meine seele beflecke ich damit nicht, daß ich die hauptsache solte lieg[en] laßen und nebendinge trejben, e[xempli] g[ratia], der züchtlinge garn u[nd] knöpffe zehlen etc. etc. etc.

4. Dem chirurgo die presthafften.[1538]

5. Der kranckenwärterin der krancken ihr leib.

6. Dem beichtvater der krancken ihre seele.

7. Den brodherrn die auffsicht über die tische, mit ihrer anwesenheit die tisch zeit über des mittags und des abends den muthwillen der armen zu verhüten. Vid[e] Lagerbuch Tom[us] II. Fol[ium] 613.

8. Der sauerschen[1539] die reinigung der küche.

9. Der streiterschen die aufsicht übers streiten nach denen schulstunden.

10. Der wäscherin die sorge, dass sie die weiße wäsche[1540] zur rechten zeit liefert und die schwartze[1541] abhohlet.

11. Denen armen vögten

    1.) Die gaßen rein zuhalten von bettlern.

    2.) Auf erfordern des praeceptoris sich zu corrigirung der delinquenten (nähml[ich] unter denen waysen) wie auch [zur] auf- und zuschließung des carceris[1542] parat zu halten.

    3.) Die geweebe und complimente zu bestellen. Vid[e] lagerbuch Tom[us] II. Fol[ium] 622.

1538 Die Gebrechlichen/Kranken.
1539 Sie befüllt den „Schweinetopf".
1540 Die saubere Wäsche.
1541 Die schmutzige Wäsche.
1542 Des Karzers/der Strafzelle.

Nr. 70   Soest, 8. April 1728

Jost Wessel Rumpaeus, Rektor des Gymnasiums in Soest, an Joachim Lange, Professor der Theologie in Halle (Saale). Zum Zusammenhang siehe Nr. 66 und Nr. 75. Mit Beilagen (fünf identifizierbare Soester Disputationen). Lateinischer Brief. (Halle [Saale] AFSt, Bestand H A 188a:416)

[Regest] Dankt für ihm brieflich bezeugte Gunsterweise Langes und bittet diesen, die durch seinen Brief erfolgende Störung zu verzeihen. Hat gehört, dass Lange einen Kommentar zu den Briefen des Paulus in den Druck gegeben hat.[1531] Hofft, daraus Antworten auf einige ihn belastende Fragen zur Chronologie und zu den verschiedenen Lesarten dieser Briefe zu erhalten. Sucht stets τὸν λόγον ἀσφάλειαν[1532] hinter allen Lesarten und ist diesbezüglich mit den Auskünften anderer Exegeten sehr unzufrieden. Arbeitet an einer eigenen Einleitung in das Neue Testament [seiner späteren „Commentatio critica ad libros Novi Testamenti in genere" (1730)].[1533] Übersendet fünf Soester Disputationen („duas disputationes de incendiis, alteram a me,[1534] alteram vero de morte naturali[1535] a respondente meo elaboratam [...] alias vero de nemine laedendo[1536] et [de] veris verae ecclesiae notis[1537] [...]") und bittet für diese um Langes „Gehör". Empfiehlt diesem die Respondenten, die inzwischen allesamt in Halle studieren.

1531   Lange, Joachim: Apostolisches Licht und Recht, Das ist Richtige und erbauliche Erklärung Der sämtlichen Apostolischen Briefe, Pauli, Jacobi, Petri, Johannis und Judä: Darinnen nach einer zur exegetischen Einleitung nöthigen Historischen Nachricht von dem Leben und den Reisen Pauli, Mit Vermeidung aller zur gründlichen Exegesi eigentlich nicht gehörigen Nebendinge, gedachte Episteln erstlich von Vers zu Vers, wo es nöthig ist, mit einer parenthetischen Paraphrasi kürtzlich erläutert, Und hernach in hermeneutischen und practischen Anmerckungen nach dem Grund-Texte ausführlich erkläret, und zugleich zur Erbauung in Lehr und Leben angewendet werden [...] (2 Bände), Halle: Waisenhaus 1729 (VD18 10812059).

1532   Das verlässliche Wort. Vgl. Lk 1,4: „auf dass du den sicheren Grund der Lehre erfährst, in der du unterrichtet bist".

1533   Commentatio critica ad libros Novi Testamenti in genere cum praefatione d[omi]n[i] Jo[hann] Gottlob Carpzovii [...], Leipzig: Lanckisch 1730; 3.21 Jost Wessel Rumpaeus Nr. 69 (1730).

1534   De incendiorum praesagiis. Von denen Vorbedeutungen der Feuers-Brünste [...], Soest: Hermanni 1724 sowie De incendis Von denen Feuers-Brünsten [...], Soest: Hermanni 1726; 3.21 Jost Wessel Rumpaeus Nr. 55f. (1724) und Nr. 58 (1726).

1535   De morte naturali [...], Soest: Hermanni 1728; 3.21 Jost Wessel Rumpaeus Nr. 62 (1728).

1536   De nemine laedendo et damnum datum resarciendo [...], Soest: Hermanni 1727; 3.21 Jost Wessel Rumpaeus Nr. 60 (1727).

1537   De veris verae ecclesiae notis [...], Soest: Hermanni 1727; 3.21 Jost Wessel Rumpaeus Nr. 61 (1727).

hat, folglich an die Märkische kirchenordnung[1520] nicht gebunden seyn wil, [so] haben wir[1521] verlanget, daß magistratus die dasige besondere kirchenordnung und verfassungen einsenden solle. Magistratus hat auch eine geschriebene ordnung oder so genannte „christliche instruction", de a[nn]o 1628,[1522] von einem prediger nahmens Jo[hannes] Schwartze[1523] damahls aufgesetzt, uns eingesandt. Wobey aber[, weil] darinnen die kirchen agenda und was doctrinam und mores clericorum betrift, allein hauptsächlich[1524] enthalten [sind], von dem inspectorat aber und [der] subordination[1525] nichts sich findet, hat magistratus in seinem bericht dabey gemeldet, daß die gantze oeconomia[1526] bloßhin auf ihn, das alte herkommen und die observantz[1527] beruhe, wie dann die anordnung eines inspectors bloßhin von ihm [dem Rat] dependire und darunter keine ander ordnung als voluntas magistratus obhanden [sei], welcher darunter gantz freye hände habe.

Ew[er] Kön[igliche] Maj[estät] erlauben, daß wir[1528] hiebey beyläufig aller unterth[änigst] erinnern, daß es nicht ohne sey, daß magistratus der stadt Soest besondere vorrechte auch in ecclesiasticis habe, welche andere municipal städte[1529] hiesiger landen nicht haben. Es können aber dieselbe[n Vorrechte] so weit nicht gehen, daß dadurch unordnungen gestiftet und ein wilkührliches verstattet werde, sondern Ew[er] Kön[igliche] Maj[estät] als landesherr und allerhöchster gesetzgeber in sacris et prophanis bleibet frey, gute ordnungen einzurichten und durch Dero landen regierung obereinsicht darauf halten zu laßen. Stellen Deroselben[1530] dannenhero wir allunterth[änigst] anheim, ob man nicht vom magistrat einen entwurf einer special kirchen-ordnung fordern solle, worin derselbe alles, was er der alten observantz, dem herkommen und denen recessen gemäß zu seyn vermeinet[!], einbringen kan […].

1520 Clev- und Märckische Evangelisch-Lutherische Kirchen-Ordnung/[Wir Friderich Wilhelm/von Gottes Gnaden Marggraff zu Brandenburg (…)], Cleve: Silberling 1687 (VD17 1:083046T).
1521 Die Regierung in Kleve.
1522 Erstmals ediert bei: Peters, Neues aus Soest (wie Anm. 11), S. 117–225, hier S. 193–212.
1523 Johannes Schwartz (1565–1632). Wie Anm. 528.
1524 Nur ansatzweise/nicht detailliert.
1525 Der Unterordnung der Pfarrer der Bördekirchen unter den Soester Inspektor und das ministerium urbanum.
1526 Die äußere Ordnung des Soester Kirchenwesens.
1527 Die Soester Kirchenordnung von 1532. Erst jüngst sorgfältig ediert durch Arend, Sabine (Bearb.): Die evangelischen Kirchenordnungen des XVI. Jahrhunderts (EKO). Zweiundzwanzigster Band Nordrhein-Westfalen II: Das Erzstift Köln. Die Grafschaften Wittgenstein, Moers, Bentheim-Tecklenburg und Rietberg. Die Städte Münster, Soest und Neuenrade. Die Grafschaft Lippe (Nachtrag) [fortan: EKO 22], Tübingen 2017, S. (370–373) 385–459.
1528 Die Regierung in Kleve.
1529 Landstädte (teilautonome „Freistädte" mit eigener Ratsverfassung).
1530 Dem König.

6. wo 60 speisen, auch wohl 70 speisen kön[n]en, gleich er [wie er; der Ökonom] denn ehemals selbst, wänn die zahl [der Insassen] nicht complet gewesen [sei], gesagt [habe]: mit 40. habe er soviel mühe als mit 50.

7. er vor nichts zu sorgen [habe] als vor der waysen ihr täglich brodt, um derselben kleidung, schul, betten und lin[n]en aber sich nichts zu bekümern hat, noch sonst auf irgendetwas im hause achtung giebt [und]

8. das große [Soester] armen hauß ehender vor 100 als vor 50 arme erbauet und fundiret worden [ist], und die anzahl derer armen sich täglich vermehret.

Nun hat zwar ged[achter] Oeconomus diese vorstellung etliche mahl in bedencken genomen und endlich sich erklähret: er köne unmöglich dazu resolviren, sondern wolle lieber seinen dienst quitiren. Indeßen hat ein gewißer, von deßen treue und auffrichtigkeit man versichert ist und welcher allenfals[1512] offeriret, tüchtige caventen[1513] für sich zu stellen, bey vorged[achten] he[rren] he[rren] directoren sich gemeldet und vor das dem [bisherigen Okonomen Johann Albert] Tecklenburgen zugelegte quantum, 6 tische zu versorgen, mithinne die krancken nicht allein mit bequemer speise und tranck, sondern auch [mit] benöhtigten curen[1514] ohnentgeltlich zu bedienen, sich offeriret.

Zeitige he[rren] he[rren] directores haben deßwegen des Tecklenburgs eventuale denuntiation[1515] und hingegen des andern [Mannes] erbiethen ad referendum angenomen[1516] und tragen demnach Ew[er] Hochedelgebohrenen solches geziemend vor und wollen deßfals denen armen zum besten weitere verordnung gewärtigen. [ohne Unterschrift]

Nr. 69   Soest, vor 4. September 1727
Veranlassung des neuen Entwurfs der Kirchenordnung. Aktenabschrift Eberhard Ludwig Rademachers (1695–1750).[1517] *(Soest StA/StB, Bestand A, Nr. 6156b, S. 325)*

Veranlaßung des neuen entwurfs der kirchenordnung.[1518]

Als [von] hochlöbl[icher] Clev[ischer] reg[ierung], de dato d[ie] 27. Apr[ilis] 1726, aus dem hoflager befähliget [worden] war, zu berichten, was es für eine bewandnuß habe um die disputen über der inspectoratwahl zu Soest,[1519] ist 1727, de dato d[en] 23. Jun[ii] 1727, [von dort] ein Bericht ab[ge]gangen, darinn es hies:

Und weilen das ministerium in der stadt Soest und in der boerde ein besonder[e]s corpus ausmachet, so mit dem ministerio der Grafschaft Mark keine gemeinschaft

---

1512 Darüberhinaus/außerdem.
1513 Bürgen.
1514 Heilbehandlungen/pflegerischen Leistungen.
1515 Entlassung/Demission.
1516 In ernsthafte Erwägung gezogen.
1517 Eberhard Ludwig Rademacher (1695–1750). Kleiner Michels (wie Anm. 14), S. 486.
1518 Vgl. Edition 2.3.
1519 Die demnach umstrittene Wahl des Franz Thomas Möller (Müller; 1683–1754). Wie Anm. 353.

Nr. 68 Soest, vor 19. Juni 1727[1504]

Die Direktoren des Soester Waisenhauses an die Bürgermeister und den Rat der Stadt Soest: Vorschläge zur Verbesserung der Speisung im Waisenhaus. Empfehlung der Entlassung des bisherigen Ökonomen (Verwalters) Johann Albert Tecklenborg.[1505] *(Soest StA/StB, Bestand A, Nr. 7208, S. 2–6)*

[Vermerk auf dem Deckblatt:] Dienstl[iche] anzeige zeitiger h[och]e[hrwürdiger] directoren hiesigen armen- u[nd] waysenhauses etc.

Hochedelgebohrne etc.

Zeitige hoche[hrwürdige] directores hiesigen waysenhauses geben Ew[er] Hochedelgeb[oren] gebührendt zu erken[n]en, waßgestalten nach [dem] publicirten allergn[e]d[ig]sten edict,[1506] daß keine bettler auf den gaßen gesehen, noch an den thüren von jemandem allmosen gesucht, sondern solche anstalten gemacht werden sollen, daß die wahren armen[1507] entweder in die armen- und waysenhäuser auffgenom[en] oder doch in ihren eigenen häusern auß denen vorhandenen armen cassen nothdürfftig versorget werden sollen[, der gegenwärtige Zustand im Soester Armen- und Waisenhaus ist].

Vorgedachte he[rren] he[rren] directores [haben] dem itzigen oeconomo im waysenhause[1508] etlichemahle die vorstellung gethan, ob [er] nicht bey imer [weiter] anwachsender anzahl der armen resolviren wolle und könne,[1509] an platz [anstatt] der bishero gehaltenen 4 tische vor [für] das ihm zugelegte ansehnliche quantum[1510] hinführo 6 tische zu halten. Zu dem ende ihm denn mehrmahlen remonstriret worden [ist], dass[:]

1. der größeste theil seiner tischgenoßen aus kleinen kindern bestehe,

2. worunter, wie auch unter denen alten weibern, viel krancke sich befinden, welche ein gar weniges zu ihrer verpflegung bedürffen;

3. in denen letzten jahren die zahl [der Insassen] selten complet gewesen [sei], so daß im jahr 1719 ein gantzer tisch gefehlet [hat], wovor der Oeconomus nicht mehr als 2 malt[er] korn, ad 19 r[eichs]th[alern] gerechnet, gut gethan [erstattet habe];

4. daßjenige, so er [der Ökonom] jährlich genieße, weit über 1000 r[eichs]th[aler] sich erstrecket;

5. er dahero ein ziemliches darinnen gewonnen,[1511] ohnerachtet er um die haußhaltung wenig sich bekümert [habe];

1504 So nach dem Präsentationsvermerk auf S. 1 des Manuskriptes.
1505 Johann Albert Tecklenborg († 1750). Kleiner Michels (wie Anm. 14), S. 506.
1506 Demnach wohl des preußischen Königs.
1507 Die bekannten und in Listen erfassten sogenannten „Hausarmen" (im Gegensatz zu den nicht ortsfesten Bettlern aller Art).
1508 Johann Albert Tecklenborg († 1750). Wie Anm. 1505.
1509 Sich dazu entschließen wolle und könne.
1510 Das ihm dafür von der Obrigkeit zur Verfügung gestellte Geld.
1511 Er einen großen Überschuss erwirtschaftet habe (das eingesparte Geld war also nur zu einem kleinen Teil zurückgezahlt worden).

2.2 Quellen Nr. 1 bis 200   323

Nr. 66   Halle (Saale), nach Ende März 1726

Joachim Lange, Professor der Theologie in Halle (Saale), an Jost Wessel Rumpaeus, Rektor des Gymnasiums in Soest (wahrscheinlich sogar mehrere Briefe und Gegenbriefe). Zum Zusammenhang siehe Nr. 65. Nicht aufgefunden, aber bezeugt durch Nr. 70

Nr. 67   Soest, 11. Januar 1727

Jost Wessel Rumpaeus, Rektor des Gymnasiums in Soest, an Ernst Salomo Cyprian, Professor der Theologie am/Direktor des Collegium Casimirianum in Coburg, Mitglied des Oberkonsistoriums in Gotha und Bibliothekar der Fürstlichen Bibliothek auf Schloss Friedenstein. Zum Zusammenhang siehe Nr. 45. (Wiedergabe nach: Wotschke, Geschichte des westfälischen Pietismus 2 [wie Anm. 10], S. 47)

[Regest] Schickt Grüße zum noch jungen Jahr. Verleiht seiner Hoffnung Ausdruck, „daß der Herr der Zeiten, Tage und Jahre Ew[er] Hochw[ürden] auch dieses Jahr der Kirchen, zumal bei diesen sehr, sehr gefährlichen synkretistischen[1499] und indifferentistischen[1500] Zeiten, zum Besten bei beständigem Vergnügen erhalten wolle. Ich wollte gern eine kleine Disputation de mente humana eiusque speciali intellectu[1501] haben Ew[er] Hochw[ürden] überschickt, allein ich muß dieses wohl bis zu einer bequemeren Gelegenheit verschieben. Indessen da ich das von Ew[er] Hochw[ürden] zu dem compendio historiae ecclesiasticae Gothanae verfertigte dritte Buch[1502] weder in Leipzig noch in Frankfurt [am Main] besonders habe bekommen können, das compendium aber besitze und daher solches mir nicht gern wollte noch einmal anschaffen, so wollen Ew[er] Hochw[ürden] mir nicht wollen verübeln, wenn ich Sie gehorsamst ersuche, mir ein Exemplar davon zukommen zu lassen.

Mein letzter Brief samt Inlage wird Ew[er] Hochw[ürden] hoffentlich überreicht sein. Ich bitte nochmals zu entschuldigen, daß [ich] mit den verlangten Urkunden damals nicht habe können an die Hand gehen. Sollte ich in unserer Kirchenbibliothek [auf der Empore von St. Petri] davon was finden, werde [ich] mir eine Ehre daraus machen, wenn [ich] selbiges kann übersenden."[1503]

1499 Wie Anm. 663.
1500 Hier wohl im Sinne einer Gleichgültigkeit gegenüber religiösen und moralischen Fragen überhaupt.
1501 De mente humana eiusque speciatim intellectu […], Soest: Hermanni 1726. Exemplar: Soest StA/StB; 3.21 Jost Wessel Rumpaeus Nr. 59 (1726).
1502 Wie Anm. 402 („Eine vollständige Beschreibung der Jubel-Medaillen").
1503 Cyprian hatte Material zur Geschichte der Reformation in Soest angefordert. Die Bibliothek des Predigerministeriums war zu dieser Zeit aber noch so ungeordnet, dass Rumpaeus ihm nicht damit hatte dienen können.

Weiß, dass Adolf Ebel[?]¹⁴⁹⁵ und [N.] Rinderauf[?]¹⁴⁹⁶ hinsichtlich der Ewigkeit der Welt dasselbe gelehrt haben. Wenn zwei dasselbe tun, ist es aber noch nicht zwangsläufig auch dasselbe.

Hat alle Schriften Langes gegen das „monströse System" Wolffs gelesen. Ist beeindruckt von dessen klarer und solider Aufdeckung der darin verborgenen gefährlichen Irrtümer. In der „controuersia Confutiana",¹⁴⁹⁷ zu der er die Rede Wolffs noch nicht lesen konnte, hätte er gern die Gegenschrift Langes. Will ihm im Kampf gegen dieses „Monstrum" zur Seite stehen.

Victor Christoph Tuchtfelds Schrift „Scheidung des Lichts und der Finsternis"¹⁴⁹⁸ enthält gefährliche Lehren, die, soweit ihm [Jost Wessel Rumpaeus] bekannt ist, bislang noch von niemandem widerlegt worden sind.

Die lutherische Kirche hat Lange von Herzen zu danken. Rumpaeus wird diesen zukünftig unterstützen. Er entschuldigt sich bei Lange für seine Keckheit („audacia") und empfiehlt sich dessen Fürsprache.

    alle lesen können; doch aber von gedachter Philosophie gern urtheilen wollen, oder auch davon, ohne sie recht eingesehen zuhaben, eingenommen sind [...], Halle: Waisenhaus 1725 (VD18 11432845).

1495 Nicht nachgewiesen. Ein Schüler Christian Wolffs?

1496 Nicht nachgewiesen. Ein Schüler Christian Wolffs?

1497 Gemeint ist Wolffs Rezeption der konfuzianischen Philosophie (ab 1721), damals erneut greifbar in Gestalt seiner (in Soest zu dieser Zeit aber wohl noch nicht zu habenden) Schrift: Oratio de Sinarum philosophia practica [...], Frankfurt am Main: Andreae und Hort 1726 (VD18 14782863). – Joachim Lange sollte ihr schon bald ein weiteres Mal entgegentreten: [Ders.:] Nova anatome, seu idea analytica systematis metaphysici Wolfiani [...], Frankfurt am Main und Leipzig: Knoch 1726 (VD18 15332152). Vgl. auch bereits zwei Jahre zuvor: Ders.: Bescheidene und ausführliche Entdeckung Der falschen und schädlichen Philosophie in dem Wolffianischen Systemate Metaphysico Von Gott, der Welt, und dem Menschen: Und insonderheit von der so genannten harmonia praestabilita des commercii zwischen Seel und Leib [...], Halle: Waisenhaus 1724 (VD18 10360867).

1498 Tuchtfeld, Victor Christoph: Die Scheidung des Lichts und der Finsterniß: In rechter Unterscheidung der Seelen und des Geistes, Natur und Gnade, des Gesetzes und des Evangelii, Was Menschlich, und was Göttlich, Allen Gottesfürchtigen, in allen Secten und Religionen zur Prüfung, Ob und wie weit es mit eines jeden lebendigen Erfahrung überein kömmt/Nach dem einigen Geist, der alles in allem würcket, kürtzlich und einfältig vorgelegt, [ohne Ort, ohne Drucker] 1724 (VD18 12456284). – Der aus Magdeburg stammende Tuchtfeld hatte sich 1702 in Halle immatrikuliert und war freier Prediger in philadelphischen Kreisen gewesen. Nachdem er als solcher 1732 kurzzeitig in Berlin inhaftiert gewesen war, wirkte er von 1732 bis 1742 als lutherischer Hofkaplan in Berleburg. Bauks, Pfarrer (wie Anm. 14), S. 516 (Nr. 6396). – Burkardt, Johannes: Berleburg – Mühlhausen – Bielefeld – Hamburg: Eine Reise des Radikalpietisten Victor Christoph Tuchtfeld im Jahr 1733, in: JWKG 110 (2014), S. 73–90.

Freude,¹⁴⁸⁷ nicht länger aufhalten. Ich sehe aus deiner Erzählung, daß künftig Soest viel Segen wird durch das Wort erlangen, wir aber viel Brüder und Schwestern von dorten zu erwarten haben.¹⁴⁸⁸ Gehe nun hin und erfahre auf ewig, daß jener Zeit Leiden nicht werth sei der Herrlichkeit, so an dir soll geoffenbaret werden.¹⁴⁸⁹

Nr. 64 Halle (Saale), erste Hälfte März 1726
Joachim Lange,¹⁴⁹⁰ Professor der Theologie in Halle (Saale), an Jost Wessel Rumpaeus, Rektor des Gymnasiums in Soest. Zum weiteren Zusammenhang siehe Nr. 65. Mit Beilage eines Programmes. Nicht aufgefunden, aber bezeugt durch Nr. 65.

Nr. 65 Soest, 20. März 1726
Jost Wessel Rumpaeus, Rektor des Gymnasiums in Soest, an Joachim Lange, Professor der Theologie in Halle (Saale). Zum weiteren Zusammenhang siehe Nr. 64 und 66. Mit Beilagen („sub inuoluero litterarum"). Lateinischer Brief. (Halle [Saale] AFSt, Bestand H A 188a:392)

[Regest] Bedankt sich für brieflich und durch die Übersendung eines gelehrten Programmes bezeugte, unverdiente Gunsterweise Langes. Gratuliert sich selbst dazu, hat aber zunächst nicht gewagt, direkt darauf zu antworten. Ist froh, dass ihm Lange seine Förderung angedeihen lassen will, und hat ihrer vergangenen Auseinandersetzungen längst vergessen.

Bewundert Langes Bildung und Sorgfalt. Bekennt sich dazu, wie auch von Lange selbst geschrieben, unter dem Einfluss seiner Lehrer [Johann Friedrich Mayer¹⁴⁹¹ und Johannes Fecht¹⁴⁹²] in der „Spenersache" geirrt zu haben („[me] in causa antea speneriana verratum fuisse"). Hat [Christian] Wolff¹⁴⁹³ „in physicis" stets sehr geschätzt, verurteilt aber dessen von Lange gründlich widerlegte atheistische Lehren.¹⁴⁹⁴

1487 Vgl. Mt 25, 21: „Da sprach sein Herr zu ihm: Recht so, du guter und treuer Knecht, du bist über wenigem treu gewesen, ich will dich über viel setzen; geh hinein zu deines Herrn Freude!"
1488 Versterbende, nun aber fromme (weil durch Kiepke bekehrte) Insassen des Waisenhauses.
1489 Vgl. Röm 8, 18: „Denn ich bin überzeugt, dass dieser Zeit Leiden nicht ins Gewicht fallen gegenüber der Herrlichkeit, die an uns offenbart werden soll."
1490 Joachim Lange (1670–1744). Wie Anm. 384.
1491 Johann Friedrich Mayer (1650–1712). Wie Anm. 382.
1492 Johannes Fecht (1636–1716). Wie Anm. 377.
1493 Christian Wolff (1679–1754). Wie Anm. 413.
1494 Lange, Joachim: Ausführliche Recension der wider die Wolfianische Metaphysic auf 9. Universitäten und anderwärtig edirten sämmtlichen 26. Schriften: mit dem Erweise, Daß der Herr Professor Wolf sich gegen die wohlgegründeten Vorwürfe in seinen versuchten Verantwortungen bisher keinesweges gerettet habe, noch auch künftig retten könne: Denen zum besten, welche besagte Schriften weder alle haben, noch

schaffet alles, was nötig ist, und, was das Vornehmste ist, so gibt er alle Tage in den Erbauungsstunden so gute Lehren und Ermahnungen, daß es einen in der Seele erfreuen mag, es kommen auch soviel fremde Leute ins Waisenhaus, dem Gottesdienst beizuwohnen, daß der Platz und Raum viel zu enge wird.[1477]

Lazarus: Das letztere ist das Vornehmste, daß sie die Sache mit Gott anfangen und erst trachten nach dem Reiche Gottes, daß ihnen das andere alles zufallen möge;[1478] ich sehe, daß alle vorigen Anstalten ein pures Menschenwerk gewesen [sind], und daß es ohne Gott angefangen nicht bestehen konnte.[1479] Allein, lieber Conrad, du hast gesagt, daß der Geistliche soviel an die Kinder lege, wo kommen die Mittel her[?], ich weiß nicht allein, daß zu Soest viele Nabalsherzen gewesen [sind],[1480] sondern daß der Glaube bei den Christen so beschaffen sei, daß wenn sie nicht Zeichen und Wunder sehen, so glauben sie nicht.[1481]

Conrad: Es ist wohl wahr, daß es solche unartige Leute mehr daselbst als zuviel gibt, wie ich selbst an meinen Hiobsfreunden gesehen habe,[1482] allein Gott erwecket noch täglich so viel Wohlthäter vor das Waisenhaus, daß in einem Monat mehr einkommt, als in vielen Jahren nicht eingekommen ist, und, was das meiste ist, so kann man nicht erfahren, woher der Segen so überflüssig komme;[1483] man hat, lieber Bruder, dein Bildnis vor des Waisenhaus[es] Thür in so jämmerlicher Gestalt abgemalet,[1484] daß an Statt häufiger Füchse, damit man sonst die Armen abspeiset, oft Dukaten und Pistolen in diesen Armenstock geworfen werden.[1485] Summa: Die Proben göttlicher Güte sind alle Tage so groß, daß alle, die es hören, sagen müssen: Das ist Gottes Finger.[1486]

Lazarus: Da du zu uns an diesen Freudenort gekommen [bist], will ich dich durch meine Unterredung von dem völligen Genuß, da du eingehest in des Herrn

---

1477 Vgl. 2. Kön 6, 1: „Die Prophetenjünger sprachen zu Elisa: Siehe, der Raum, wo wir vor dir wohnen, ist uns zu eng" oder Jes 49, 20: „sodass deine Söhne, du Kinderlose, noch sagen werden vor deinen Ohren: Der Raum ist mir zu eng; mach mir Platz, dass ich wohnen kann."

1478 Vgl. Mt 6, 33: „Trachtet zuerst nach dem Reich Gottes und nach seiner Gerechtigkeit, so wird euch das alles zufallen" bzw. Lk 12, 31: „Trachtet vielmehr nach seinem Reich, so wird euch dies zufallen."

1479 Das ist wohl doch auch eine scharfe Kritik an der rein weltlichen Gründungsinitiative des Rates.

1480 Vgl. 1. Sam 25, 1–42 (David und Abigajil).

1481 Vgl. Joh 4, 48: „Da sprach Jesus zu ihm: Wenn ihr nicht Zeichen und Wunder seht, so glaubt ihr nicht" (hier in der johanneischen Fassung der Perikope von der „Heilung des Sohnes eines königlichen Beamten").

1482 Vgl. Hi 3–27.

1483 Das Spendenaufkommen von Seiten anonymer („selbstlos-frommer") Spender ist inzwischen beachtlich.

1484 Wohl neben dem an der Tür des Waisenhauses angebrachten Spendenkasten.

1485 Anstatt der sonst üblichen kleinen Münzen („Füchse") werden nun auch größere Geldstücke („Dukaten" und „Pistolen") eingeworfen.

1486 Vgl. 2. Mos 8, 15a: „Da sprachen die Zauberer zum Pharao: Das ist Gottes Finger."

Abb. 79: Portal des Soester Waisenhauses, im Zweiten Weltkrieg zerstört. Fotographie, nach 1933. (Soest StA/StB, A 3213–24)

Lazarus: Allein woher kommt dann endlich die unvermuthete Veränderung, was hat selbige befördert?

Conrad: Das kann ich nicht wissen, weil ich auf meinem Rücken gelegen [habe], allein ich muthmaße, weilen der alte Präceptor sich stets voll und toll soff, keine Schule hielt und alles in dem Waisenhaus zu Trümmern und zu Boden ging, wie mit dem Armengelde umgegangen ist.[1475] Da mußten endlich die Herren die hochnötig gewesene Änderung treffen, doch zwar ist alles Gottes Werk.

Lazarus: Lieber Conrad, du wirst mich sehr erfreuen, wenn du mir einige Nachrichten gibst, worinnen die guten Anstalten bestehen.

Conrad: Es ist ein geistlicher Herr aus fremden Landen[1476] verschrieben, der nennt sich Herr Kibecke, der sorget nun für die Armen wie ein Vater, er hat sie alle neu kleiden lassen, reiniget alle Stuben und Kammern von Ungeziefer. Summa: Er

1475 Johann Gerhard Hennecke († 1728). Wie Anm. 266.
1476 Halle bzw. Halberstadt.

habe in der Welt; wie die Exempel der Leiden gewesen über dieses, so hast du wohl Schmerzen am Leibe gehabt, allein, so hast du doch von einem Ort zum andern kommen können, frische Luft schöpfen und dein Gemüt erfrischen [können], aber ich bin als in einem Kerker gleichsam eingeschlossen gewesen, habe den ganzen Tag fast keinen Menschen gesehen, nur um die Mittagsstunde, daß etwa ein altes Weib in einem hölzernen Schüsselchen wie einem Hunde mir ein wenig säuisches Essen gebracht [hat]; dich haben die Hunde geleckt, ich aber bin von Wanzen, Läusen, Flöhen und allerhand Ungeziefer unaufhörlich geplaget [worden], die mich fast zu Tode bissen. Die mich einmal umwenden und Hand reichen sollten, die mußte ich um Gotteswillen bitten. Ich bin in vielen Monaten nicht balbieret [worden][1470] und habe Heiden und Räubern ähnlicher gesehen als Christen. Meine Kleider sind mir bei lebendigem Leibe diebischerweise gestohlen und von alten Weibern verfressen und versoffen [worden]. Mein Bette war nicht ein Bette zu nennen. Mein Essen war von der Güte, daß mancher Bürger seinen Hunden und Schweinen so schlechtes nicht geben würde.[1471] Summa: Mein Leiden kann ich dir nicht genug klagen.

Lazarus: Bei den Umständen wollen wir nicht untersuchen, wessen Leiden das größte gewesen sein mag; nur, mein Lieber, wie reimet sich das mit deinem obigen Versprechen, daß du mir soviel Gutes von dem Soestischen Waisenhaus sagen könntest[?]; aus dem obigen kann ich schließen, daß euer Waisenhaus sei ein Stall voll bösen Gesindes, eine Kloake aller Laster, ein rechtes Diebeshaus und Räubernest.

Conrad: Es ist leider über zwanzig Jahre ein so gottlos[es] Haus gewesen, obgleich die Geistlichen genug dawider geeifert [haben], und manche gottselige Seele darüber geseufzet [hat], so hat sich doch niemand um den Schaden Josephi bekümmert.[1472] Von dem großen Kapital, so das Waisenhaus besitzet, hat man vierzig Armen ein wenig säuisches Essen gegeben, vor [für] ihre Seelen nicht gesorget und die Kinder wie das wilde Vieh aufwachsen lassen, da die Präceptores Trunkenbolde und gottlose Debauchanten[1473] [gewesen sind], die ihr Gut liederlich durchgebracht und bei welchen kein Funke des Christentum[s] gewesen.

Lazarus: Meinst du, daß es in solchem Waisenhause sollte anders werden?

Conrad: Ja, Gott sei ewig Lob und Dank[!]; es ist in wenigen Wochen schon anders worden[1474] und alle Anstalten dahin gerichtet, daß für die Verpflegung des Leibes mehr und mehr soll gesorget worden [werden], wie ich denn rühmen muß, daß in meinem Todtenbette an keiner Verpflegung nichts gefehlet [hat], da viele andere vor mir wie das Vieh verrecken mußten.

1470   Nicht rasiert worden.
1471   Vgl. Lk 15, 15 f.: „und ging hin und hängte sich an einen Bürger jenes Landes; der schickte ihn auf seinen Acker, die Säue zu hüten. Und er begehrte, seinen Bauch zu füllen mit den Schoten, die die Säue fraßen; und niemand gab sie ihm" (Vom verlorenen Sohn).
1472   Vgl. Am 6, 6: „und trinkt Wein aus Schalen und salbt euch mit dem besten Öl, aber bekümmert euch nicht um den Schaden Josefs."
1473   „Debauchant" (aus dem Französischen: debaucher): Schlemmer.
1474   Das Eintreffen Kiepkes liegt also erst kurze Zeit zurück.

des Glaubens zu, weil nur ein Glaube ist, der uns selig macht,[1465] und habe ich auf das Verdienst und die blutigen Wunden Jesu die Welt gesegnet, wie denn meine letzten Worte, als ich [vom Pfarrer auf meinem Sterbebett] gefraget wurde, worauf ich mich verließe, diese in der Welt gewesen [sind]: Auf das Verdienst des gekreuzigten Jesu.[1466] Daß aber mein Leiden mit dem deinen sollte zu vergleichen gewesen sein, kann ich nicht zugeben, weil mein Leiden viel größer gewesen ist als deins, o lieber Bruder Lazare.

Lazarus: Lieber Conrad, wohin verfällst du, daß dein Leiden sollte das meine in der Welt übertroffen haben[?]; du weißt, wie meines Leidens in der Schrift gedacht worden [ist];[1467] du weißt die Größe meines Leidens, ich war ein rechtes Marterbild voller Schwären und Eiterbeulen,[1468] dabei ich weder Tag noch Nacht Ruhe hatte, ich mußte bei diesem Elend mein Brot vor den Thüren suchen und hatte es da nicht so gut wie ein Hund, daß ich die Brosamen aufsammeln möchte, so von der Reichen Tische fielen; ja die Hunde thäten mir mehr Liebe, als ich Barmherzigkeit von denen Menschen genoß, daß sie mir die Schwären leckten, da mich die Menschen nicht verpflegen wollten; allein was ist, lieber Conrad, dein Leiden gegen dieses[?]; du hast wohl auf einem weichen Bette gelegen, bist von anderen Leuten verpfleget [worden], hast vor [für] kein Essen und Trinken zu sorgen gehabt, weil solches nach Art der Waisenhäuser gut und zur rechten Zeit überreicht wird.

Conrad: Wegen der itzigen Freuden, die all meine Leiden bei mir in eine Vergessenheit stellet [stellen], möchte ich zugeben, daß dein Leiden in der Welt mit meinem zu vergleichen gewesen sei, allein, daß es soll größer gewesen sein, kann ich im Gegentheil folgendes lehren: Deines Leidens ist in der Schrift gedacht, allein daraus folgt nicht,[1469] daß nicht diesen oder jenen ein größeres Leiden betroffen

---

1465 Während mit Abraham ein Jude spricht, ist der hier antwortende Lazarus offenbar ein lutherischer Christ. Vgl. Röm 3, 21–26 (Die Rechtfertigung allein durch Glauben): „Nun aber ist ohne Zutun des Gesetzes die Gerechtigkeit, die vor Gott gilt, offenbart, bezeugt durch das Gesetz und die Propheten. Ich rede aber von der Gerechtigkeit vor Gott, die da kommt durch den Glauben an Jesus Christus zu allen, die glauben. Denn es ist hier kein Unterschied: Sie sind allesamt Sünder und ermangeln des Ruhmes, den sie vor Gott haben sollen, und werden ohne Verdienst gerecht aus seiner Gnade durch die Erlösung, die durch Christus Jesus geschehen ist. Den hat Gott für den Glauben hingestellt zur Sühne in seinem Blut zum Erweis seiner Gerechtigkeit, indem er die Sünden vergibt, die früher begangen wurden in der Zeit der Geduld Gottes, um nun, in dieser Zeit, seine Gerechtigkeit zu erweisen, auf dass er allein gerecht sei und gerecht mache den, der da ist aus dem Glauben an Jesus."

1466 Hier wird klassisches Katechismuswissen abgerufen.

1467 Lk 16, 19–31 (Vom reichen Mann und armen Lazarus).

1468 In der spätmittelalterlichen Malerei häufig begegnendes Motiv. Hennigfeld, Ursula (Hg.): Lazarus – Kulturgeschichte einer Metapher, Heidelberg 2016. Auch neben dem Eingang des Soester Waisenhauses war ein entsprechendes Bild angebracht. Vgl. Anm. 1484.

1469 Das Folgende ist im Stil einer Schuldisputation formuliert. Es dürfte Teil eines ironischen Schultheaters gewesen sein.

seit längerer Zeit nicht mehr auffindbar; Wiedergabe nach: Richter, Einfluß [wie Anm. 9], S. 87–91)

Lazarus: Willkommen, lieber Conrad, wie stehts im Reiche der Lebendigen, insonderheit in eurem Soestischen Waisenhause, davon wir vor weniger Zeit von einem frommen Knaben, der zu uns herüber kommen, soviel Gutes gehört.[?]

Conrad: Ich danke dir, lieber Lazare, daß du mich nach so vielen Leiden an diesem Freudenorte willkommen heißest; was aber deine doppelte Frage betrifft, so kann ich auf die erste, weil ich fünf Jahre auf meinem Rücken gelegen [habe], dir nicht sagen, was auf der Welt passiert, nur soviel habe ich gemerket, daß die Ungerechtigkeit überhand genommen und die Liebe in der meisten Herzen erkaltet [ist]; was den Zustand des Soestischen Waisenhauses betrifft, so ist derselbe so beschaffen, daß ich nicht allein viel Gutes davon zu erzählen weiß, sondern, wo das gute Werk nicht durch gottlose Weltkinder wieder gehindert wird, wir noch viel Gutes davon vernehmen werden.

Lazarus: Liebwerter Conrad, es soll mir sehr lieb sein, daß du so viel Gutes von eurem Waisenhause zu erzählen weißt, insonderheit, wenn ich höre, daß sie jetzt Mosen und die Propheten haben[1458] und nicht nötig sei, daß jemand aus den Toten zu ihnen käme[1459] und die fünf gottlosen Brüder vor ihrem Verderben warne.[1460] Allein sage nur, wie bist du zu deinem Leiden kommen, daß du fünf Jahre auf deinem Rücken gelegen [hast?]; ich glaube, dein Leiden und Glauben muß mit meinem in etwa zu vergleichen sein, daß du mit mir in den Schoß Abrahami gelangt bist.[1461]

Conrad: [Um] Deinem Begehren ein Genüge zu leisten, so wisse, daß ich ein starker, gesunder Bauernknecht gewesen [bin], wie ich aber vor fünf Jahren einen Sack Weizen von zwei Mütte[1462] auf meinem Rücken [habe] tragen wollen, ist es geschehen, daß von Stund an meine Gebeine verlähmet und verstorben, und wenn [weil] ich rechte Hiobsfreunde hatte,[1463] die mich verließen, und ich mit David sagen mußte, Ps. 35: Meine Lieben und Freunde stehen gegen mich und schauen meine Plage, und meine Nächsten treten ferne,[1464] so mußte ich aus großer Not mich in das Waisenhaus begeben. Was du nun meldest, daß mein Leiden und Glaube mit deinem müßte zu vergleichen gewesen sein, so gebe ich zwar das Letztere wegen

---

1458 Vgl. Lk 16, 29: „Abraham aber sprach: Sie haben Mose und die Propheten; die sollen sie hören." Hier spricht ein Jude (Abraham).

1459 Vgl. Lk 16, 30: „Er aber sprach: Nein, Vater Abraham, sondern wenn einer von den Toten zu ihnen ginge, so würden sie Buße tun."

1460 Vgl. Lk 16, 28: „denn ich habe noch fünf Brüder, die soll er warnen, damit sie nicht auch kommen an diesen Ort der Qual."

1461 Vgl. Lk 16, 22a: „Es begab sich aber, dass der Arme starb, und er wurde von den Engeln getragen in Abrahams Schoß."

1462 Hohlmaß. In Litern in der Grafschaft Mark um 1700 ca. 30,071 Liter.

1463 Vgl. Hi 3–27 (demnach im Sinne von: keine Freunde, sondern zusätzliche Versucher).

1464 „Meine Lieben und Freunde scheuen zurück vor meiner Plage, und meine Nächsten halten sich fern" (Ps 38, 12).

informiret,¹⁴⁵⁰ so gar nachdrückliche vorstellung gethan [hat], daß man ihm doch einen so nöthigen arbeiter, an dessen statt er so bald keinen andern haben könne, nicht wegnehmen, sondern viel lieber einen versuch thun mögte, ob nicht he[rr Christoph] Kypeke [Kiepke],¹⁴⁵¹ dem Ew[er] H[och]e[hr]w[ürden ein] guht zeügnüß gegeben haben, hieher gezogen werden könne; so hat sich He[rr Johann Arnold] Sybel zwarn passiv verhalten,¹⁴⁵² magistratus aber ist endlich bewogen worden, die vocation nach Halberstadt [an Kiepke] zu verschicken.

Wir machen uns die hoffnung, daß Ew[er] H[och]e[hr]w[ürden], da selbiger [Christoph Kiepke] Dero raht einhohlen wird, ihn in seiner neigung, hieher zu gehen, erhalten und, wenn der h[err] Baron [Rudolph Kaspar] von Soelenthal¹⁴⁵³ ihn ungern dimittiren solte, auch denselben durch recommendation eines andern informatoris befriedigen werden; damit endlich unser [Soester] waysenhaus, das bisher nebst dem grösten theil hiesigen kirchen-ackers fast [ganz] wüste gelegen [hat], in einige bessere form gebracht werden möge, nach dem wunsche redlicher sehlen und zum preiß göttl[ichen] nahmens.

Übrigens empfehlen wir [die Soester Pietisten] nebst dem gesamten evangelischen Zion, für welches Ew[er] H[och]e[hr]w[ürden] bey gegenwärtigen weit aussehenden coniuncturen,¹⁴⁵⁴ zu Gott zu seufzen, nicht unterlaßen werden, auch uns und den zustand der kirchen unserer gegend Dero andächtigem gebeht, wodurch auch Ew[er] H[och]e[hr]w[ürden], zum gemeinen besten seegen zu erbitten, nicht unterlaßen soll, als

Ew[er] H[och]e[hr]w[ürden] [...] Professoris u[nd] großen Gönners
verbundenster diener u[nd] fürbitter bey Gott
m[agister] Jo[hann] Nic[olaus] Sybel, pr[ediger]

Nr. 63   Soest, Anfang 1726, kurz nach dem Eintreffen Christoph Kiepkes¹⁴⁵⁵
Gespräche im Reiche der Toten zwischen dem armen Lazaro¹⁴⁵⁶ und dem vor wenig Tagen selig verstorbenen Conrad, dessen untere Glieder bei fünf Jahr tot gewesen und der im hiesigen Waisenhause sehr viel bis an seinen Tod ausgestanden, eiligst aus der andern Welt eingelaufen an Alitophilum.¹⁴⁵⁷ (Soest StA/StB, Original schon

1450   Als Hauslehrer tätig ist. – Zumindest in diesen zwei (eng verwandten) Familien des Soester Patriziates (vgl. Deus, Herren von Soest [wie Anm. 60], S. 418 und 379f.) weiß man die Kenntnisse und Fähigkeiten der in Halle ausgebildeten Kandidaten also inzwischen zu schätzen.
1451   Christoph Kiepke (Kypcke, Kibecke, Kybeke) (1696–1759). Wie Anm. 274.
1452   Der junge Mann war über Franckes Vorschlag also wohl nicht sonderlich erfreut gewesen (das Soester Waisenhaus hatte bislang niemanden beruflich voran gebracht).
1453   Rudolph Kaspar von Soehlenthal. Wie Anm. 1444.
1454   In dieser für den Pietismus günstigen Situation (wohl: der Förderung durch den preußischen Staat).
1455   Christoph Kiepke (Kypcke, Kibecke, Kybeke) (1696–1759). Wie Anm. 274.
1456   Vgl. Lk 16, 19–31 (Vom reichen Mann und armen Lazarus).
1457   „Den die Wahrheit Liebenden" (hier wohl als Selbstbezeichnung des Verfassers).

Nr. 60   Halle (Saale), Juli/August 1725

August Hermann Francke, Pfarrer an St. Ulrich in Halle (Saale), Professor an der dortigen Theologischen Fakultät und Direktor der Stiftungen, an Johann Nikolaus Sybel, Pfarrer an St. Georgii in Soest. Zum Zusammenhang siehe Nr. 58 und 61. Nicht aufgefunden, aber bezeugt durch Nr. 62.

Nr. 61   Halle (Saale), 1. Hälfte September 1725

August Hermann Francke, Pfarrer an St. Ulrich in Halle (Saale), Professor an der Theologischen Fakultät und Direktor der Stiftungen, an Johann Nikolaus Sybel, Pfarrer an St. Georgii in Soest. Zum Zusammenhang siehe Nr. 60 und Nr. 62. Empfehlung des Johann Arnold Sybel,[1446] positives Urteil über Christoph Kiepke.[1447] Nicht aufgefunden, aber bezeugt durch Nr. 62.

Nr. 62   Soest, 26. September 1725

Johann Nikolaus Sybel, Pfarrer an St. Georgii in Soest, an August Hermann Francke, Pfarrer an St. Ulrich in Halle (Saale), Professor an der dortigen Theologischen Fakultät und Direktor der Stiftungen. Zum Zusammenhang siehe Nr. 61. (Halle [Saale] AFSt, Bestand H C 634:9)

[Ohne Adresse] Hochehrwürdiger, großachtbahrer und hochgelahrter He[rr] Professor, mein hochgeehrtester Herr u[nd] großer Gönner!

Ew[er] H[och]e[hr]w[ürden] sind wir zu höchstem danke dafür verbunden, daß sie auch unter [trotz] Dero vorhabenden brunnen-kur, unsers [Soester] waysenhauses halber, auf unser ergebenstes ansuchen zurück zu schreiben, sich guhtigst bemuhet haben; Gott wolle selbst wie für alle übrige [durch Francke] der kirchen Christi geleistete treue dienste also auch hiefür der vergelter seyn und besagte cur den gesegneten effect haben laßen, daß Sie mit [einer um] so viel mehreren munterkeit noch viele jahre, nach seinem willen, wie dasiger academie [in Halle], also [auch] der gantzen ev[angelischen] kirchen nützen können.

Ew[er] H[och]e[hr]w[ürden] geruhen aber auch, sich berichten zu laßen, daß unser magistrat in ansehung Dero recommendation zuerst auf den candidaten [Johann Arnold] Sybeln reflectiret habe; weil aber der he[rr Johan(n) Florenz Hilbrand] v[on] Michels,[1448] dessen 5. kinder nebst einem söhngen seines schwagers, des he[rr]n [Johann Albert IV.] v[on Bockum-]Dolffus,[1449] er [Johann Arnold Sybel]

1446 Johann Arnold Sybel (1700–1760). Wie Anm. 227.
1447 Christoph Kiepke (Kypcke, Kibecke, Kybeke; 1696–1759). Wie Anm. 274.
1448 Johann Florenz Hilbrand von Michels (1685–1764). Er wohnte am Markt und war seit 1717 mit Margret Elisabet von Dolphus (Bockum-Dolffs; 1685–1759) verheiratet. Großer Michels (wie Anm. 14), S. 56 f.
1449 Johann Albert IV. von Bockum-Dolffs (1689–1727). Wie Anm. 1343.

2. daß er auch bey dieser guhten gelegenheit uns zu denen [bereits] daselbst [in Halle] praeparirten candidatis[1441] noch einen treuen und tüchtigen arbeiter recommendire, wie denn selbige bereits nöhtig engagiret sind,[1442] und die erndte an diesem orte so groß ist,[1443] daß wir mehrer[e] hülfe nöhtig haben, zu geschweigen, daß man der zuversicht lebet, ein von dem he[rr]n prof[essor August Hermann Francke] oder auch Ew[er] Hochw[ürden] recommendirtes u[nd] von andern orten herkommendes subiectum werde so viel mehr autorität unter denen unordentlichen armen wie auch bey denen dem werke nicht gnug gewachsenen commisariis haben. Dafern aber

3. Ew[er] Hochw[ürden] nebst dem he[rrn] pr[ofessore] sich an keinen uns nach unsern umständen dienenden candidaten erinnern könten, wäre mein wunsch, daß, da hiesige candidati einen bey dem herrn [Rudolph Kaspar] von Soehlenthal in Halberstadt[1444] in condition stehenden informatorem nahmens [Christoph] Kypcke [Kiepke][1445] vorgeschlagen haben, selbiger unserm magistrat recommendiret werden mögte, oder wenn

4. bey [einer] reiffern überlegung auch sölches nicht rahtsam gefunden, sondern es für diensamer erachtet würde, daß man einen derer hiesigen[, bereits in Soest tätigen] candidaten gebrauche, so bitte [ich,] wenigstens daßelbe hirhin zu rahten, weil ein sölches zeügnuß ihnen [den bereits in Soest tätigen Kandidaten] dabey nützlich seyn [könnte] u[nd] dadurch die, welche bisher von ihrer arbeit profitirn, um desto eher zu frieden gestellet werden würden.

In [der] hoffnung einer hochgeneigten wilfährigkeit statte [ich] auch Ew[er] Hochw[ürden] nomine publico et privato ergebensten danck ab für die an unsere stadts-kinder gewendete mühe u[nd] treue fürsorge, empfehle sie [der] göttl[ichen,] reichen gnade, erwünsche zu Dero wichtigen arbeit daselbst u[nd] in der ev[angelischen] kirchen überhaupt vielen seegen und bitte, auch unsern orts u[nd] der hieselbst gepflanzten u[nd] besser zu pflanzenden kirchen in Dero getreun fürbitte eingedenk zu seyn, der ich verbleibe

Ew[er] Hochw[ürden] [...] pastoris ergebenster
m[agister] Jo[hann] Nic[olaus] Sybel, pastor [St.] Georgii

1441 Demnach wohl Johann Arnold Sybel (1700–1760) und Johann Dietrich von Steinen (1701–1756). Wie Anm. 227 und 277.
1442 Sowohl Sybel als auch von Steinen sind in ihren damaligen Positionen unabkömmlich.
1443 „Die Ernte ist groß, aber wenige sind der Arbeiter" (Mt 9, 37b).
1444 Die Familie gehörte auch bereits zu den Förderern des späteren Bielefelder Superintendenten Israel Clauder (1670–1721) während seiner Zeit als Oberpfarrer in Derenburg bei Halberstadt (1706–1718). Peters, Clauder (wie Anm. 196), S. 67 und 73.
1445 Christoph Kiepke (Kypcke, Kibecke, Kybeke; 1696–1759). Wie Anm. 274.

Nr. 59   Soest, 21. Juli 1725

Johann Nikolaus Sybel, Pfarrer an St. Georgii in Soest, an Johann Anastasius Freylinghausen, Adjunkt August Hermann Franckes an St. Ulrich in Halle (Saale), Subdirektor des Waisenhauses und des Pädagogium Regium daselbst. Zum Zusammenhang siehe Nr. 84. Mit Beilage eines „von hiesigem he[rr]n bürgermeister u[nd] aduocato [Dr. Johann] Müllern[1435] *gestelleten schreiben[s]".*[1436] *(Halle [Saale] AFSt, Bestand H C 634:8)*

[Ohne Adresse] Hochwohlehrwürdigen etc. etc., in Christo hochgeehrtester He[rr] Pastor!

Ew[er] Hochw[ürden] werden gühtigst erlauben, da [mir] der studiosus [Johann Florenz] Schoff [Schoof][1437] von S[eine]r H[och]e[hr]w[ürden] des he[rr]n professor[s August Hermann] Francken abwesenheit[1438] nachricht gegeben hat, daß [ich] einliegendes, an denselben von hiesigem he[rr]n bürgermeister u[nd] aduocato [Dr. Johann] Müllern gestelletes schreiben an Sie [Johann Anastasius Freylinghausen] addressire, mit dienstl[icher] bitte, solches nicht nur nach Dero dazu habenden freyheit zu erbrechen, sondern auch beforderlich zu seyn, daß wir hieselbst [in Soest] mit der begehrten hülfe [eines Waisenhauspräzeptors] erfreuet werden.

Es wird dieser brief selbst weisen, daß unser he[rr] bürgermeister von der resolution des he[rr]n prof[essoris Francke], die Ew[er] Hochw[ürden] gedachtem studioso [Johann Florenz] Schoff communiciret haben, bey deßen ausfertigung noch nichts vernommen habe. Doch habe ich [ihn] gern überschicken wollen, weil er zum zeügnüß dienen wird, daß es hieselbst noch einigen ein ernst sey, unserm [Soester] waysenhause zu helfen, wie ich denn dabey ordre hatte, zu versichern, daß ein hieher recommendirter candidat so wohl seinen benöhtigten unterhalt bey uns finden, als auch alle willfährigkeit und hülfe genüßen solle; ich thue widerüm hinzu, daß es ihm an christl[ichen] freünden, rahtgebern, wohlthätern u[nd] förder[er]n nicht gar fehlen werde.[1439]

Mein gehorsamstes ersuchen an Ew[er] Hochw[ürden] ist dabey, [daß] sie hochgeneigt geruhen wollen, aus mitleiden gegen unsern bisher [so] düstern ort Dero he[rr]n schwiegervatern [August Hermann Francke] dahin zu vermögen, daß er

1. nicht nur dem he[rr]n bürgermeister oder denen he[rre]n commissarien[1440] eine baldige antwort zu geben oder geben zu laßen, sich nicht entgegen seyn laße, sondern [gestrichen: auch]

1435   Johann Müller (im Ratswahlbuch von 1722 bis 1750 erwähnt), Doctorandus juris, Hofrat, Syndicus, seit 1720 im Staldagum. Deus, Herren von Soest (wie Anm. 60), S. 419.
1436   Die Beilage ist bislang nicht aufgefunden.
1437   Johann Florenz Schoof (1701–1752). Wie Anm. 1401.
1438   Wohl wegen der unten Nr. 62 erwähnten Brunnenkur.
1439   Hier kommt der inzwischen angewachsene Kreis der Soester Freunde Halles in den Blick.
1440   Den Direktoren des Soester Waisenhauses.

1. daß er ein sohn sey hiesigen correctoris m[agister Johann Gottfried] Marci,[1431] eines gebohrenen Halensis, welcher die benöhtigte subsistence[1432] seinem sohn, zumahl da er bereits ins 5te jahr auf academias gelebet [hat], zu forcieren nicht vermag,

2. daß es ihm sehr diensam seyn würde, wenn er, sein schönes talent weiter zu erwecken, gelegenheit hätte, maßen [weil] er nicht nur große fähigkeit und folglich in humanioribus wie auch philosophicis und theologia herliche profectus hat, sondern auch eine unvergleichliche geschicklichkeit besitzet, [das,] was er weis, mundlich u[nd] schriftlich publice und privatim wieder zu communicirn, dabey er ein treues, lenkbahres, bewegliches, dienstfertiges und iederman angenehmes gemüht hat, also daß ihm nichts mehr fehlet als eine weitere übung in theologia-exegetica und dem damit verbundenen studio ling[uarum]-orientalium, so dann eine nähere erweckung seines geistes zum geheiligten eifer für die erbauung des Reiches Christi, als wozu er in Rostock keine gelegenheit gehabt.

3. daß die an ihn angewendete wohlthat gewis vorderhin ia auch von unserm orte u[nd] gegend und überhaupt dankbahrlich werde erkandt werden; nicht weniger wird er bereit seyn, bey dasigem paedagogio [regio] oder andern anstalten sich gebrauchen zu laßen, wie er denn zu allem geschickt seyn u[nd] sich selbst beßer recommendiren wird, als ich [Johann Nikolaus Sybel] von ihm zeügen kan.

Ew[er] H[och]e[hr]w[ürden] geruhen denn hochgeneigt, an ihn sich wieder zu erinnern u[nd] ihm, so viel es die eingeführte ordnung[1433] leidet, einige hoffnung zu machen, des gedachten beneficii theilhaftig zu werden, da er sich ie eher ie lieber einfinden wird.

In hoffnung, daß Ew[er] H[och]e[hr]w[ürden] durch eine dem studioso [Johann Florenz] Schoof[1434] gegebene mundliche güthige resolution ihn [Johann Georg Marci] erfreun würden, empfehle [ich] Ew[er] H[och]e[hr]w[ürden] hochgeehrteste person u[nd] wichtige arbeit göttlicher gnade und verharre

Ew[er] H[och]e[hr]w[ürden] [...] Doctoris u[nd] großen Gönners
gehorsamstergebenster m[agister] Jo[hann] Nic[olaus] Sybel
pr[ediger] zu St. Georgen

1431 Johann Gottfried Marci (1667–1729). Wie Anm. 141.
1432 Die nötige finanzielle Unterstützung.
1433 Die in Halle geltenden Regeln für die Vergabe der Plätze an den Freitischen.
1434 Johann Florenz Schoof (1701–1752). Wie Anm. 1401.

stadts-kinder[1426] sich anzunehmen belieben wollen, damit auch derselbe dereinst ein gesegnetes werckzeug werde, göttl[iche] ehre bey uns zu befördern, auch empfehle [ich] unseren orth [Soest und die Börde] insgesamt Dero getreuen fürbitte, als darinn[en man] auch Ew[er] H[och]e[hr]w[ürden] und dasiger übrigen getreuen arbeitern [im Gebet] nicht vergeßen wird.

In erwartung, daß Gott, deßen werck es ist, durch Ew[er] H[och]e[hr]w[ürden] uns hülfreiche hand zu bieten, beschloßen haben möge, verharre [ich als]

Ew[er] H[och]e[hr]w[ürden] meines in Christo hochgeehrtesten He[rr]n und großen Gönners gehorsamst ergebenster

m[agister] Jo[hann] Nic[olaus] Sybel pr[ediger] zu St. Georgii

P.S. Ew[er] H[och]e[hr]w[ürden] werden meiner eilfertigen schreib-art etwas zuguhte halten u[nd] beyliegende nachricht von dem [Soester] waysenhause zu lesen belieben.

Nr. 58   Soest, 27. Juni 1725

Johann Nikolaus Sybel, Pfarrer an St. Georgii in Soest, an August Hermann Francke, Pfarrer an St. Ulrich in Halle (Saale), Professor an der dortigen Theologischen Fakultät und Direktor der Stiftungen. Zum Zusammenhang siehe Nr. 57 und Nr. 60. Mit Beilage einer Bewerbung (eines „Bittschreibens") von Johann Georg Marci.[1427]
(Halle [Saale] AFSt, Bestand H C 634:7)

[Ohne Adresse] Hochehrwürdiger, großachtbahrer und hochgelahrter He[rr] Doctor, insonders hochgeehrtester großer Gönner!

Bey Ew[er] H[och]e[hr]w[ürden] habe [ich] vor einem jahre,[1428] ergebenste intercession[1429] einzulegen, mich erkühnet, für den jungen herr[n Johann Georg] Marci, welcher nachdem er einige jahre sich in Rostock, alwo er einen freyn tisch zu genießen gehabt, aufgehalten [hat], begyrig ist, die berühmten he[rre]n philologos u[nd] theologos in Halle zu hören und unter deren anführung seine studia zu prosequiren.[1430]

Gleichwie nun E[wer] H[och]e[hr]w[ürden] nach Dero gewöhnlicher gühte sich damahls hochgeneigt erkläret haben, wenn er herkommen würde, für seine beforderung zu der wohlthat des Märkischen freyen-tisches zu sorgen; also gebrauche [ich] die freyheit, sein einliegendes bittschreiben hiedurch zu überreichen und von ihm nochmahls zu berichten,

---

1426 Johann Arnold Sybel (1700–1760) und Johann Dietrich von Steinen (1701–1756). Wie Anm. 227 und 277.
1427 Johann Georg Marci (1701–1734). Wie Anm. 117. – Die Bewerbung (Beilage) ist bislang nicht nachgewiesen.
1428 Vgl. Nr. 55.
1429 Eine Fürsprache/eine Fürbitte.
1430 Fortzusetzen.

Ad n[umero] 3. Quaestio[:] Ob es rahtsam, daß die gelder, so von der arbeit einkommen, Herrn Hennecken belaßen werden?[1420]

Ad n[umero] 5. Er müste achtung geben, ob die krancke auch nöhtige und ihrem zustand convenable verpflegung haben.

Ad n[umero] 7. Dem morgen- und abendgebehte, dabei ein stück aus der Bibel gelesen und daraus ein unterricht nach dem begriff des auditorij[1421] gegeben werden müßte, würden beyde praeceptores[1422] beywohnen müssen, gleichwie sie auch sonst in solcher harmonie leben sollen, daß sie in einem gemeinschaftlichen werke als für einen mann stehen.[1423]

Ad n[umero] 7 [wohl 8]. Wenn hinführo aus dem waysenhause denen armen, die noch arbeiten könten, aber dazu keine Gelegenheit haben, dazu verholfen werden solte, zu folge einer allergnädigsten Königlichen verordnung, [so] müßten ebenfalls beyde informatores auf gegebene ordre darüber rechnung der ausgelieferten und wieder zurückgenommenen waaren wie auch außgezollten geldern [vorlegen] [...].

Nr. 57 Soest, 6. Juni 1725

Johann Nikolaus Sybel, Pfarrer an St. Georgii in Soest, an August Hermann Francke, Pfarrer an St. Ulrich in Halle (Saale), Professor an der dortigen Theologischen Fakultät und Direktor der Stiftungen. Zum Zusammenhang siehe Nr. 55 und Nr. 58. Mit Beilage einer „nachricht von dem [Soester] waysenhause". (Halle [Saale] AFSt, Bestand H C 634:6)

[Ohne Adresse, erstes Blatt fehlt] [...] übten und [einen weiteren,] in mehrerer autorität stehenden arbeiter zu ienen, die privat information haben, herzuziehen. Ew[er] H[och]e[hr]w[ürden] werden unsere bedurfnüß in hochgeneigten regard ziehen und uns gern rahten und helfen, wofür, so wohl als für alle übrige treue, Gott selbst ihr schild und sehr großer lohn[1424] sein wird.

Ich erkühne mich dabey noch gehorsamst zu bitten, daß Ew[er] H[och]e[hr]w[ürden] des studiosi [Johann Florenz] Schofs,[1425] der dieses [Schreiben] überreichen wird, sich nicht weniger als gedachter beyder [bereits in Halle studierenden]

---

buch festzuhalten.
1420 Hier dürften die Einnahmen des angehängten Arbeitshauses gemeint sein.
1421 Den intellektuellen Möglichkeiten der im Waisenhaus lebenden Personen angemessen.
1422 Johann Gerhard Hennecke († 1728; wie Anm. 266) und der aus Halle zu erbittende/erbetene Kandidat.
1423 Hier ist die angestrebte Doppelstruktur schon greifbar. Auch die damit möglicherweise verbundenen Probleme sind aber bereits im Blick.
1424 „Fürchte dich nicht, Abram! Ich bin dein Schild und dein sehr großer Lohn" (1. Mose 15, 1b).
1425 Johann Florenz Schoof (1701–1752; wie Anm. 1401), damals wohl kurz vor dem Aufbruch nach Halle.

Ad n[umero] 6. Wenn die vor den thüren ihr brot suchende bettler hinführo von dieser anordnung abgehalten und zum waysenhauß allein verwiesen werden solten, müßte [dürfte] er sichs nicht entgegen seyn laßen, wöchentlich ein oder zwey mahl bey der ihnen geschehenen austheilung auch an sie eine ernste ermahnung zu thun, es wäre dann, daß ihm die prediger darinn per vices[1410] zu hülffen kämen.

So müste er auch keinem [stadt]frömden [Bettler] auf vorgezeigte assignation[1411] von denen herren directoribus einen allmosen geben, ohne ihm [zuvor] eine erinnerung aus Gottes wort mitzutheilen.

Ad n[umero] 7. Wenn er keine accidentia[1412] genießen, von neben informationen[1413] nicht profitiren und doch zu weilen mit anderen directoren oder informatoren derer waysenhäuser correspondiren solte,[1414] [so] wären ihm 80 Reichsthaler nicht zu viel, die er, weil er sie nebst [dem] freyen tische in essen genießen könte, dem verlaut nach praetendiret.[1415]

Man kan ihm auch so viel eher diese summ versprechen, weil er nur auf eine zeitlang angenommen werden soll.[1416]

Ad n[umero] 8. Er müste daher nicht nur anderer beschreibungen von wohl eingerichteten Waysen häusern lesen, sondern sich auch in der stat mit klugen leuten und milden wohlthätern bekant machen, um ihnen den mangel zu entdecken und von ihnen gute vorschläge anzuhören, die er weiter denen herren directoren bekannt machen möchte.

Es wäre diensam, wenn er einen aufsatz von dem zustande dieses waysenhauses, von deßen veranlaßunge [und] von gegenwärtiger verfassung,[1417] mit einer gründlichen erinnerung an die bürgerey, vor denen thüren nichts weiter unordentlich außzutheilen, sondern was denen armen zugedacht worden, zu fideler und proportionirlicher außtheilung[1418] aufs waysenhauß zu schicken, item, von denen neuen, eingelauffenen wohlthaten [gestrichen: geldes] dancken ließe, aber auch monahtlich einen zettul von dem [, was] unss außerordentlich eingeschicket worden [ist], mehrmals abgeschrieben, herum gehen ließe.[1419]

1410 Abwechselnd/im Wechsel.
1411 Nach Vorlage einer Bescheinigung/eines Herkunftsnachweises.
1412 Nebeneinkünfte in Gestalt von Naturalien etc.
1413 Einzelpersonen zusätzlich erteiltem Unterricht.
1414 Der neue Mann soll sich also auch um den Kontakt mit anderen Waisenhäusern und deren Leitungen bemühen.
1415 Erwartet/fordert. – Hatte es also bereits Vorverhandlungen gegeben? Wenn ja: Mit wem?
1416 Angesichts der Erfahrungen mit Johann Gerhard Hennecke († 1728) und dessen Vorgänger(n) soll also zunächst nur ein befristeter Vertrag geschlossen werden.
1417 Schon hier ist demnach die später durch Christoph Kiepke (Kypcke, Kibecke, Kybeke; 1696–1759; wie Anm. 274) verfasste Werbeschrift von 1727 („Kurze Nachricht") im Blick. Wie Anm. 290.
1418 Zu verlässlicher und ausgewogener Verteilung.
1419 Der Eingang von Spenden aller Art ist dankend zu quittieren, und alle Vorgänge dieser Art sind in einem (zur Sicherheit in mehreren Kopien zu führenden) Spenden-

Nr. 56 Soest, Frühjahr 1725

Johann Nikolaus Sybel, Pfarrer an St. Georgii in Soest: Bemerkungen zu einer (neuen) Ordnung für das Soester Waisenhaus und zu den Pflichten eines zweiten Präzeptors; wohl für den Soester Rat und die Direktoren des Waisenhauses bestimmt. (Soest StA/StB, Bestand A, Nr. 10 023, Fragment)

[…] Ad n[umero] 2. Dazu könte beforderlich seyn, wenn auf vorgebrachte ursache, warum und des ortes, wohin zu gehen sey, von dem praeceptore ein zettul gefordert und dieser zu rechter zeit wieder eingeliefert werden müsse.[1404]

Ad n[umero] 3. Mit welchen dürfftigen und bresthafften leuten, welchen etwas von der monahtlichen sammlung zugetheilet wird, der neue informator[1405] billig vorher oder hernach aus Gottes wort eine erbauung anzustellen, von dem zweck und [dem] rechten, danckbahren gebrauch der allmosen sie zu unterrichten und mit ihnen zu behten,[1406] auch bei denen predigern sich zu erkundigen hätte, ob sie der allmosen bedürfen, wie viel sie bedürfen, wie sie solche anwenden etc.[1407]

Ad n[umero] 5. Er [der neue Präzeptor] müste auch täglich mit denen erwachsenen Gottes wort betrachten und sie daraus erbauen, mit denen krancken täglich behten, des Sontags die kinder zur kirchen [dem Gottesdienst in St. Mariae zur Wiese] führen und demnegst die predigten mit ihnen wiederhohlen, alte und junge zum fleiß und treue in der arbeit ermahnen, sie zum danck gegen Gott, zur fürbitte für ihre wohlthäter, die obrigkeit und die gantze stat [Soest] wie auch andere durftige und zu einem allen erbaulichen wandel ermuntern, mit den jungen aber quartaliter ein examen[1408] vor den herren commisariis[1409] oder auch dem magistrath und predigern halten.

Wenn unter Gottes segen mehrere kinder ins wayſenhauß gebracht werden solten, müste [dürfte] er für ihm dadurch verursachte mehrere mühe keine vergütung erwarten.

Er müste zusehen, daß bey tische alles still, ordentlich und andächtig zugehe und dabey gebehtet, auch etwas aus der Bibel gelesen werde.

1404 Der diesbezüglich offenbar unzuverlässige Präzeptor Johann Gerhard Hennecke († 1728; wie Anm. 266) sollte seinen Posten also nur bei Vorliegen eines gültigen Urlaubsscheines verlassen dürfen.
1405 Der aus Halle zu erbittende/bereits erbetene Kandidat.
1406 Dies entspricht der ursprünglichen Praxis August Hermann Franckes in seinem Pfarrhaus in Glaucha bei Halle (Saale). Sie war vor allem durch Franckes – als Werbeschrift konzipierte – „Segensvolle Fußstapfen des noch lebenden und waltenden liebreichen und getreuen Gottes, Zur Beschämung des Unglaubens und Stärckung des Glaubens entdecket durch eine wahrhafte und umständliche Nachricht von dem Wäysen-Hause und übrigen Anstalten zu Glaucha vor Halle […]" (erstmals 1701) bekannt geworden.
1407 Es sollte also ein Abgleich mit den in den Soester Kirchengemeinden geführten Armenlisten (den Verzeichnissen der in der Parochie lebenden „Hausarmen") erfolgen.
1408 Ein Katechismusverhör.
1409 Vor den Direktoren des Soester Waisenhauses.

hat. Sonst ist der studiosus von einem recht muntern und erweckten geiste, hat in humanioribus schöne profectus,[1398] ist zur information wohl aufgeräumet[1399] und dabey eines tractablen gemühts,[1400] [so]daß er sich selber, wo er [nach Halle] kömt, recommendiret. Deswegen der vater ermahnet ist, ihn sicher [unbedingt] nach Halle zu schicken, weil, wo der freytisch [dort] nicht eben vacant wäre, er dennoch bey dasigen anstalten zur arbeit an einer lateinischen classe gegen den unentgeltlich auf dem waysenhause zu genießenden tisch bald dürfte admittiret werden. Doch ist selbiger [der Vater] darauf bestanden, daß bey dem h[err]en professore, welchem die collecten-gelder von hier zugeschicket würden, nebst gehorsamsten gruße [ich] mich [Johann Nikolaus Sybel] zu erkündigen [hätte], ob nicht, zu einem oder andern ort den tisch unentgeltlich zu haben, seinem sohn, wenn man besagte qualitäten selber an ihm warnähme, hoffnung gemachet werden könne?

Ew[er] H[och]e[hr]w[ürden] geruhen dann hochgeneigt, zeigern dieses [Briefes], dem studioso [Johann Florenz] Schoff,[1401] mündlich zu bedeuten, was [ich] dem manne [Johann Gottfried Marci] antworten solle? In hoffnung, daß E[wer] H[och]e[hr]w[ürden] uns in diesem ansuchen gühtigst deferiren werden,[1402] empfehle [ich] sie und ihre wichtige arbeit göttlicher seegensreichen gnade und wünsche gelegenheit zu haben, da [ich] mich erweisen könte, als

Ew[er] H[och]e[hr]w[ürden] [...] Doctoris bereitwilligsten diener
m[agister] Jo[hann] Nic[olaus] Sybel pr[ediger] zu St. Georgen

P. S. Die collecte von diesem quatemb[er] ist noch nicht gar eingeliefert.[1403]

1398 Er hat in den Fächern des humanistischen Kanons gute Fortschritte gemacht.
1399 Er ist didaktisch begabt.
1400 Er hat ein umgängliches Wesen.
1401 Johann Florenz Schoof (1701–1752 in Dortmund), damals offenbar kurz vor der Rückreise in die Heimat. Kleiner Michels (wie Anm. 14), S. 561. Der junge Mann war ein Sohn des Borgeler Pfarrers Johann Schoof († 1689). Bauks, Pfarrer (wie Anm. 14), 453 (Nr. 5596).
1402 Uns unterstützen/weiterempfehlen werden.
1403 Die vierteljährliche Kollekte für das Waisenhaus in Halle (Frist: 1. Juli 1724). Demnach war Sybel wohl schon damals mit deren Übersendung betraut. 1743 war er es jedenfalls. Vgl. Nr. 128–130.

und die damit userm orte zugedachte wohlthat. Er erhalte auch sie, nach seinem willen, noch viele jahre, um eine noch breitere guhte saat durch viele zubereitete guhte arbeiter an mehrern orten auszustreuen und davon vor dem throne Gottes eine reiche erndte zu erlangen, unter welchem einfältigen wunsche ich uns weiterer liebe und fürbitte bestens empfehle und verharre

Ew[er] H[och]e[hr]w[ürden] [...] Professoris ergebenster diener

Jo[hann] Nic[olaus] Sybel, pred[iger]

Nr. 55 Soest, 20. Juni 1724

Johann Nikolaus Sybel, Pfarrer an St. Georgii in Soest, an August Hermann Francke, Pfarrer an St. Ulrich in Halle (Saale), Professor an der dortigen Theologischen Fakultät und Direktor der Stiftungen. Zum Zusammenhang siehe Nr. 54 und Nr. 57. Mit Eingangsvermerk vom 28. Juni 1724. (Halle [Saale] AFSt, Bestand H C 634:5)

[Ohne Adresse] Hochehrwürdiger und großachtbahrer, mein insonders hochgeehrtester Herr Doctor!

Ew[er] H[och]e[hr]w[ürden] muß [ich] aus commission hiesigen conrectoris m[agister Johann Gottfried] Marci,[1391] eines gebohrnen Hallensis, hiedurch bittlich behälligen und ergebenste nachfrage thun, ob nicht sein sohn [Johann Georg Marci][1392] zu dasigem frey-tische admittiret werden könne?

Er [der Vater] hat denselben [den Sohn] bisher zu Rostock, woselbst er ein freyes hospitium gehabt [hat],[1393] studiren laßen.[1394] [Er] wünschet aber, daß er auch von seinem vaterlande profitiren[1395] und demnächst uns hieselbst [in Soest] zu dienen um desto geschickter werden mögte. Es sähen dieses alle guhtmeinende um desto lieber, ie weniger man dem rostockischen methodo studii theol[ogiae] zutrauen kan und ie nohtiger hieselbst getreue und geschickte leute seyn. Daher besonders der halbe bruder des gedachten iungen Marci, h[err Johann Thomas] Müllenhoff [Möllenhoff],[1396] bisheriger in Halle wohl bekandter hofmeister des iungen Grafen zu Solms-Baruth, zu dieser resolution seinen stief-vater[1397] bestens animiret

1391 Johann Gottfried Marci (1667–1729). Wie Anm. 141.
1392 Johann Georg Marci (1701–1734; wie Anm. 117). Seine – auch durch Sybel unterstützte – Vermittlung auf einen Platz am märkischen Freitisch blieb zunächst erfolglos (vgl. Nr. 58). Er studierte erst seit August 1725 in Halle.
1393 Kost und Logis. Demnach wohl durch die Vermittlung des Soester Rektors Rumpaeus.
1394 So seit Juni 1720. Wie Anm. 117.
1395 In den Genuss des (auch von den Soestern mitgetragenen) märkischen Freitisches gelangen möge.
1396 Johann Thomas Möllenhoff (1690–1763; wie Anm. 607). Beide Männer (Möllenhoff und Marci junior) hatten dieselbe Mutter: Margarethe Engel Vogt, eine Tochter des früheren Soester Inspektors Reiner Vogt (1620–1673), seit 1646 Pfarrer an Soest St. Georgii. Bauks, Pfarrer (wie Anm. 14), S. 527 (Nr. 6550). – Dazu: Kleiner Michels (wie Anm. 14), S. 498.
1397 Johann Gottfried Marci (1667–1729). Wie Anm. 141.

mitleiden sie mit unserm orte und überhaupt hiesiger gegend [Soest und der Börde] von [schon seit] einiger zeit getragen haben, als wo von [ich] noch vorgestern durch den bisherigen gräfl[ich] Solmischen hofemeister, h[err]n [Johann Thomas] Müllenhoff [Möllenhoff],[1387] deßen sache[1388] noch nicht zu ende gebracht ist, mit vielem vergnügen bin versichert worden. Gleichwie auch hiesige beyde, daselbst [in Halle] sich noch aufhaltende stadts-kindern, [Johann Arnold] Sybeln[1389] und [Johann Dietrich] Stein [von Steinen],[1390] davon vieles zu rühmen stets ursache gefunden haben. Gott vergelte Ew[er] H[och]e[hr]w[ürden] die von Ihnen erwiesene treue

1387 Johann Thomas Möllenhoff (1690–1763). Wie Anm. 607.
1388 Ein zäher Streit um die Berufung als Pfarrer nach Dinker (Nordbörde). Vgl. den nachfolgenden Brief des pietistischen Grafen [Johann] Karl von Solms(-Baruth; 1702–1735) an August Hermann Francke (1663–1727; wie Anm. 88), Baruth, den 22. Juli 1724: „Mein ehemaliger Hofmeister H[err Johann Thomas] Möllenhof befindet sich anjetzo in sehr bedrängten Umständen. Er ist vor einiger Zeit vom Könige nochmals, nachdem des dasiger Gegend in Quartier liegenden Regiments des Generals du Buisson Feldprediger alles, was wider ihn [Möllenhoff] hat können aufgebracht werden, eingewandt, um für sich dieses Pastorat beim Könige zu erhalten, dennoch vom Könige zum zweiten Male konfirmiert [bestätigt] worden. Da denn nichts als die Ordination gefehlet, worüber der [Dinkersche] Adel und der Magistrat der Stadt Soest strittig [ge]worden, indem dieser [der Magistrat] sie durchaus in Soest, jener [der Dinkersche Adel] aber anderweit verrichtet wissen wollte. Endlich haben sie, es dem Könige zur Entscheidung zu übergeben, beschlossen. Weil es nun damit ziemlich langweilig [zäh/langwierig] zugegangen, hat besagter Feldprediger einen neuen Mut bekommen, durch benannten General noch einmal um das Pastorat in Dinker anzuhalten, worauf demselben unter dem 3. Mai dasselbe vom Könige wirklich übertragen worden [ist], und hat er sollen am 18. Juni vom General installiert werden. Dawider hat nun die dortige Gemeinde wie auch selbst die Regierung zu Cleve eine Remonstration an den König abgehen lassen. Was nun hierauf resolviert, davon erwarte [ich; von Solms-Baruth] mit nächstem Nachricht. Mich freut bei diesen verwirrten Umständen nichts mehr, als daß ich H[errn] Möllenhoff dabei ganz ruhig und gelassen sehe. Er hat inwillens, wenn Gott ihn der zugemuteten Bande [des Pastorats in Dinker] entschlagen wollte, sich auf einige Zeit nach Halle zu wenden, sich dort zu erbauen und immer besser zu gründen. Er hat mir zu gleicher Zeit berichtet, wie er die Madame Mambel den 15. Juni bei dem Herrn von Voß zu seiner größten Freude gesprochen und auch mit ihr ein Stück Weges ins Clevische gereiset, welche Reise ihm zugleich den Vorteil gebracht, daß er einige rechtschaffene und gottliebende Männer kennen gelernt, H[errn] Stenmann zu Wesel, H[errn David Sigismund] Bohnstedt [1685–1756; wie Anm. 1124] zu Cleve und einige andere. Über des letzteren Bekanntschaft bezeugte er sonderlich sein Vergnügen. Gott stehe ihm in allen Umständen bei und lasse uns endlich auch das Ende dieser Sache sehen und uns dadurch zum Lob und Preis seines Namens erweckt werden." Wotschke, Rumpaeus' Briefe an Löscher (wie Anm. 415), S. 136f. Anm. 34a. – Zum alten mecklenburgischen Adelsgeschlecht derer „von Voß" vgl. Gothaisches Genealogisches Taschenbuch der Gräflichen Häuser, Gotha 1846, S. 670; 1874, S. 921; 1876 S. 959f.
1389 Johann Arnold Sybel (1700–1760). Wie Anm. 227.
1390 Johann Dietrich von Steinen (1701–1756). Wie Anm. 277.

reicher, deutlicher, gründlicher und erwecklicher offendlicher verkündigung des evangelii von Christo und mithin der wahren heils-ordnung[1383] auch sonst vielen fleiß angewendet hat, seine gemeinde in guhte ordnung aus ihrem vorigen verwüsteten zustande zu bringen und an iung[en] und alten das thätige christentum zu befo[r]dern, der aber auch, bey seinem großen talent, mit einem großen, gantz besondern und nicht gnug zu beschreibenden innern und äußeren leiden nun in die zwey jahr heim gesuchet ist, also daß er von einiger zeit [an] am gemüht und leibe so elend [ge]worden [ist], daß er seinem amte nicht [mehr] vorstehen können, und fast[1384] iedermann zum spectacul worden ist, bey welchem sich redliche gemühter göttlicher gerechtigkeit erinnern, welche die am schärffsten prüfet und läutert, an welchen noch etwas guhtes übrig ist, welches von denen anklebenden schlacken gereiniget zu werden bedarf.

2. daß dieser seinen sohn [Johann Diedrich Melchior Brockhaus] zum studio theologico, wozu [d]er auch lust bezeuget hat, gewiedmet und besonders dasige universität [in Halle] für ihn erwehlet habe, worüber [dies]er aber, wie von denen seinigen, also auch sonst fast von iederman so wirr gemachet ist, daß er [der Vater] es endlich dem burschen [hat] frey stellen müßen, wenn [dies]er ein halb-jahr dort ausgehalten hätte und es ihm dan nicht guht zu seyn däuchtete, sich länger daselbst zu verweilen, daß er so dann nach Jena sich begeben möge.[1385]

3. daß er [der Vater] hoffe, es werde von Ew[er] H[och]e[hr]w[ürden] unter Gottes seegen seines sohnes gemüht leicht gelencket und von dasiger heilsamen anstalt und reichen gelegenheit auf allerley weise, zu dem werke des amtes sich zu bereiten, also überzeuget werden, daß er [der Sohn] alle sorgliche gedancken fahren laße und nicht begehre, von dannen zu weichen, daß er [der Sohn]

4. noch einige natürliche fähigkeit habe, aber bey seiner jugend in gefahr stehe, leicht vereitelt zu werden, zumahl, weil er auf hiesigem [Archi]gymnasio wenig befoderung, wohl aber viel hinderung im thätigen christenthum gefunden und innerhalb dieser zwey jahre von dem vater nicht viel aufsicht gehabt hat. Daher dieser [der Vater], der sich seines lebens ietz erwegen muß und fur schwachheit selber nicht schreiben kan, Ew[er] H[och]e[hr]w[ürden] diesen seinen ersten sohn zu getreuer aufsicht aus väterlicher fürsorge hertzlich recommendiret, damit er selbigen wenigstens dermahleinst vor Gottes thron als ein wohl zubereitetes gefäß der gnaden[1386] wieder sehen könne.

Ich [Johann Nikolaus Sybel] habe ihn [den Vater] versichert, daß Ew[er] H[och]-e[hr]w[ürden] zu diesem liebes-dienste um so viel williger seyn werden, ie mehr

       Sybels Vater Johann Georg Sybel (1647–1713; wie Anm. 15) nahe gestanden.
1383 Der pietistischen Vorstellung von der Erlösung des einzelnen Christen nach Gottes besonderem Heilsplan.
1384 Tatsächlich/im wahrsten Sinne des Wortes.
1385 Der junge Mann hatte also wohl – durch seine Lehrer am Soester Gymnasium bestärkt – Vorbehalte dagegen, in Halle zu studieren.
1386 Vgl. 2. Kor 4, 7: „Wir haben aber diesen Schatz in irdenen Gefäßen, auf dass die überschwängliche Kraft von Gott sei und nicht von uns."

Was huelffs dem Menschen, so er die gantze Welt gewuenne, und nehme doch Schaden an seiner Seelen? oder was kan der Mensch geben, damit er seine Seele wieder loese. Matth. 16. v[ers] 26.
Wir sind wohl arm, aber wir werden viel Guts haben, so wir GOtt werden fuerchten, die Suende meiden, und Gutes thun. Tob. 4. v[ers] 22.

Wenn sie [ihnen] GOtt Kranckheit und ander Leyden zuschicket.

Es koemmt alles von GOTT, Glueck und Unglueck, Leben und Todt, Armuht und Reichthum. Sirach 11. v[ers] 14.
Es heilet sie weder Kraut noch Pflaster, sondern dein Wort, HErr, welches alles heilet, denn du hast Gewalt ueber Leben und Tod, fuehrest hinunter zur Hoellen-Pforten, und fuehrest wieder heraus. Buch Weißheit 16. v[erse] 12.13.
Wir wissen, daß denen, die GOtt lieben, alle Dinge zum besten dienen. Roem. 8 v[ers] 28.

Bey ihrem Tod und Sterben.

Leben wir, so leben wir dem HErrn, sterben wir, so sterben wir dem HErrn, darum wir leben oder sterben, so sind wir des HErrn. Röm. 14. v[ers] 8.
Vatter, wilt du, so nimm diesen Kelch von mir, [S. 11] doch nicht mein, sondern dein Wille geschehe. Luc. 22. v[ers] 42.
In deine Haende befehle ich dir meinen Geist, du hast mich erloeset, HErr du getreuer GOTT. Psalm 31. v[ers] 6. […].

Nr. 54 Soest, 22. Februar 1724
Johann Nikolaus Sybel, Pfarrer an St. Georgii in Soest, an August Hermann Francke, Pfarrer an St. Ulrich in Halle (Saale), Professor an der dortigen Theologischen Fakultät und Direktor der Stiftungen. Zum Zusammenhang siehe Nr. 52 und Nr. 55. (Halle [Saale] AFSt, Bestand H C 634:4)

[Ohne Adresse] Hochehrwürdiger, großachtbahrer und hochgelahrter He[rr] Professor, mein insonders hochgeehrter He[rr] und großer Gönner!

Ew[er] H[och]e[hr]w[ürden] werden [mir] gühtigst erlauben, daß [ich] von [vom] zeigern[1380] dieses [Briefes], dem studioso [Johann Diedrich Melchior] Brockhaus,[1381] auf [sein] begehren [hin Folgendes] berichte:

Daß 1. sein noch lebender vater[1382] von 24. jahren her hieselbst bey der gemeinde zu St. Thomae ein sehr begabter und eiferiger prediger gewesen sey, der nebst

1380 Über den Überbringer.
1381 Johann Diedrich Melchior Brockhaus (1706–1775) immatrikulierte sich am 4. März 1724 in Halle und war seit 1728 Pfarrer in Welver. Bauks, Pfarrer (wie Anm. 14), S. 60 (Nr. 776). – Dazu: Kleiner Michels (wie Anm. 14), S. 455.
1382 Adolph Heinrich Brockhaus (ca. 1672–1724). Wie Anm. 303. – Der nur knapp einen Monat später, am 19. März 1724 versterbende Erbauungsschriftsteller hatte schon

2.2 Quellen Nr. 1 bis 200

Wenn sie bey Gesellschafft reden muessen.

Die Menschen muessen rechenschafft geben am juengsten Gerichte von einem jeden unnuetzen Wort, daß sie geredet haben. Aus deinen Worten wirst du gerechtfertiget werden, und aus deinem Worte wirst du verdammet werden. Matth. 12. v[erse] 36.37.
Behuete deine Zunge vor [dem] Boesen, und deine Lippen, daß sie nicht falsch reden. Psalm. 34. v[ers] 14.
Lasset kein faul Geschwaetz aus eurem Munde gehen, sondern was nuetzlich zur Besserung, da es Noth thut. Ephes. 4. v[ers] 29.

Wenn sie hoeren, daß es Mittag ist.

Behuete mich vor der Pestilentz, die im Finstern schleichet, fuer der Seuche, die im Mittage verderbet. Psalm 91. v[ers] 6.
[S. 9] Die Koenigin von Mittag wird aufftretten am juengsten Gerichte wider das gottlose Geschlechte, und wird es verdammen, denn sie kam vom Ende der Erden Salomonis Weißheit zu hoeren, und siehe hier ist mehr denn Salomon. Matth. 12. v[ers] 42.

Wenn sie bey Tische seyn.[1379]

Ihr esset oder trincket, oder was ihr thut, so thuet es alles zu GOttes Ehre. 1. Cor. 10. v[ers] 31.
Der Mensch lebet nicht allein vom Brodt, sondern von einem jeglichen Wort, daß durch den Mund GOttes gehet. Matth. 4. v[ers] 4.
Du bereitest vor mir einen Tisch gegen meine Feinde, Du salbest mein Haupt mit Oele, und schenckest mir voll ein. Psalm 23. v[ers] 5.

Bey der Abend-Stunde, wenn sie zu Bette gehen.

Lasset die Sonne ueber euren Zorn nicht untergehen, gebet auch nicht Raum dem Laesterer. Ephes. 4 v[ers] 26.
Ich liege und schlaffe gantz mit Frieden, denn du HErr hilffest mir, daß ich sicher wohne. Psalm 4. v[ers] 9.
Wenn ich mich zu Bette lege, so dencke ich an dich, wenn ich erwache, so rede ich von dir, denn du bist mein Helffer, und unter dem Schatten deiner Fluegel ruhe ich. Psalm 63 v[erse] 7.8.

Wenn sie arm seyn.

Es ist ein grosser Gewinn, wer gottselig ist, und laesset [S. 10] ihm genuegen, denn wir haben nichts in die Welt gebracht, darum offenbar ist, wir werden auch nichts hinaus bringen, wenn wir aber Nahrung und Kleider haben, so lasset uns begnuegen. 1 Tim. 6. v[erse] 6–9.

1379 Für die Aufsicht an den Tischen sind eigene Aufseher eingesetzt. Vgl. Nr. 71.

Alles Fleisch verschleist wie ein Kleid, denn es ist der alte Bund, du must sterben. Sir. 14. v[ers] 18.
Ich freue mich im HErrn, und meine Seele ist froelich in meinem GOtt. Denn er hat mich angezogen mit Kleidern des Heyls, und mit dem Rock der Gerechtigkeit gekleidet. Esaiae. 61. v[ers] 10.

[S. 7] Wenn Kinder sich waschen wollen.[1377]

Waschet, reiniget euch, thut euer boeses Wesen von meinen Augen, lernet gutes thuen. Esa. 1. v[ers] 16.
Wasche mich wohl von meiner Missethat, und reinige mich von meiner Suende. Psalm 51. v[ers] 2.
Wenn eure Suende gleich blutroth ist, soll sie doch schneeweiß werden, wenn sie gleich ist wie Rosin-Farbe, soll sie doch wie Wolle werden. Esaiae 1. v[ers] 18.

Wenn sie bethen wollen.

Siehe, ich habe mich unterwunden zu reden mit dem HERRN, wiewohl ich Erde und Asche bin. 1. B[uch] Mos. 18. v[ers] 27.
HERR, frueh wollest du meine Stimme hoeren, frueh will ich mich zu dir schicken und darauff mercken. Psalm. 5. v[ers] 4.
Des Gerechten Gebeth vermag viel, wenn es ernstlich ist. Jacob. 5. v[ers] 16.

Wenn sie zur Schule oder Arbeit[1378] gehen.

Der HErr behuete meinen Ausgang und Eingang von nun an biß in Ewigkeit. Ps. 121. v[ers] 8.
Lehre mich thuen nach deinem Wohlgefallen, denn du bist mein GOtt, dein guter Geist fuehre mich auff ebener Bahn. Psalm 143. v[ers] 10.
HErr zeige mir deine Wege, lehre mich deine Steige, leite mich in deiner Wahrheit, und lehre mich, denn du bist der GOTT, der mir hilfft, taeglich harre ich dein. Psalm 25. v[ers] 4.5.

[S. 8] Wenn sie bey ihrer Arbeit seyn.

Zeige deinen Knechten deine Wercke, und deine Ehre ihren Kindern, der HERR unser GOTT sey uns freundlich, foerdere das Werck unser[er] Haende bey uns, Ja das Werck unser[er] Haende wolle er foerdern. Psalm 90. v[ers] 18.
Wohl dem, der den HErren fuerchtet, und auff seinen Wegen gehet, du wirst dich nehren [von] deiner Haende Arbeit, wohl dir, du hast es gut. Psalm 128. v[ers] 1.2.
Der Segen des HErren machet reich ohne Muehe. Spr. Salom. 10. v[ers] 22.

1377 Das ist damals noch keine Selbstverständlichkeit. Auch im Waisenhaus in Halle wird streng darauf gedrängt (Krankheitsprophylaxe).
1378 Die im Waisenhaus untergebrachten Kinder arbeiten in der angeschlossenen Manufaktur.

Der geneigte Leser lasse sich dieses geringe Werck gefallen, weil es nicht aus Gewinnsucht, eitelem Ruhm,[1375] noch anderer irrdischen Absicht verfertiget [worden ist], sondern nur[, um] geringen und einfaeltigen Kindern damit zu dienen, der Hoechste aber, zu dessen Ehren es sonderlich gewidmet, gebe allen Heyl-Begierigen Seelen die Gnade, daß sie nicht allein Hoerer, sondern auch Thaeter seines Wortes[1376] seyn moegen, daß thue er um seines Sohns JEsu Christi willen, das wünschet
J[ohann] T[homas] Hermanni, Pastor.

[S. 5] Bieblische Auffmunterung Zur Wahren Gottseligkeit.

ISt die Gottseligkeit zu allen Dingen nuetze und hat die Verheissung dieses und des zukuenfftigen Lebens, so ist nichts noethiger, als daß die Kinder, wo sie zur wahren Glueckseligkeit gelangen sollen, von ersten Kindes-Beinen an, so wohl zu Hause von den Eltern, als in der Schule von ihren Lehrmeistern dazu angewiesen werden, hiezu aber kan Folgendes eine kurtze Anleitung seyn aus Goettlichem Worte:

Wenn ein Kind auffwachet.

Wache auff der du schlaeffest, stehe auff von den Todten, so wird dich Christus erleuchten Ephes. 5. v[ers] 14.
[S. 6] Oeffne mir die Augen, daß ich sehen moege die Wunder an deinem Gesetze. Psalm 119. v[ers] 18.
Erleuchte meine Augen, daß ich nicht im Tode entschlaffe. Psalm 13. v[ers] 4.

Wenn ein Kind vom Bette auffstehet.

Der HErr erhaelt alle, die da fallen, und richtet auff alle, die niedergeschlagen sind. Ps. 105. v[ers] 14.
Die Gottlosen sind niedergestuertzet und gefallen, wir aber stehen auffgerichtet. Ps. 20. v[ers] 9.
So wir sampt Christo gepflantzet werden zu gleichem Tode, so werden wir ihm auch in der Aufferstehung gleich seyn. Roem. 6. v[ers] 5.

Bey Anziehung der Kleider.

Die Nacht ist vergangen, der Tag aber herbey kommen, so lasset uns ablegen die Wercke der Finsternueß, und anlegen die Waffen des Lichts. Lasset uns ehrbarlich wandeln, als am Tage, nicht in Fressen und Sauffen, nicht in Kammern und Unzucht, nicht in Hader und Neid. Sondern ziehet an den HErrn JEsum Christ, und wartet des Leibes, doch also, daß er nicht geil werde. Roem. 13. v[erse] 12.13.14.

1375 Vgl. 1. Petr 5, 2: „Weidet die Herde Gottes, die euch anbefohlen ist, und achtet auf sie, nicht gezwungen, sondern freiwillig, wie es Gott gefällt, nicht um schändlichen Gewinns willen, sondern von Herzensgrund."
1376 Vgl. Jak 1, 22: „Seid aber Täter des Worts und nicht Hörer allein; sonst betrügt ihr euch selbst."

In Betrachtung dessen, habe ich bißhero so wohl bey denen von mir Wochentlich angestellten Kinder-Lehren, in dem grossen Marien-Garten[1369] oder jetzigen Zucht- und Waysen-Hause, als bey denen privat Unterrichtungen in meinem Pastorath-Hause, die jungen Laemmer in hiesigen Wiesen,[1370] allemahl auf die Weyde solcher gruenen Auen[1371] goettlichen Worts gefuehret, so daß bey dem Jaehrlichen Examine und Confirmation der Catechumenorum, einige unter denselben, insonderheyt bey dem Biebel-Verhoer,[1372] solche Proben der Fertigkeit im goettlichen Wort abgeleget [haben], daß nebst mir, ihre Christliche Eltern sich billig freuen moegen.

Nachdem ich nun von unterschiedlichen Christliche[n] Eltern ersuchet worden [bin], ein Spruch-Buechlein zu entwerffen, aus welchem ihre Kinder zum Biebel-Fleiß koenten angewiesen werden, [so] habe ich mir gefallen lassen, auff dieses Ansuchen, mit Kindern kindisch zu verfahren,[1373] und der Jugend, so ihre Zeit gemeiniglich mit kindischen Spielen zubringet, anzuweisen, daß sie auch spielend die lehrreichsten Sprueche fassen, und sich von ersten Kindes-Beinen an, damit auffmunterrn koennen, wie denn dieser Bieblische Zeit-Vertreib ein Model giebt, wie so wohl Christliche Eltern, als Praeceptores und Schul-Meister, die Kinder [S. 4] bey jeder vorkommenden Gelegenheit, nicht mit Verdruß, sondern Lust, zu Betrachtung eines schoenen Kern-Spruches anweisen koennen.

Ich habe das gute Vertrauen, es werden Christliche Eltern, die ihre Kinder lieben, von sich erweisen, was dort GOTT zum Abraham saget: Ich weiß er wird befehlen seinen Kindern und seinem Hause nach ihm, daß sie des HErren Wege halten und thuen, was recht und gut ist. 1 Buch Mos. 18.[1374] Und dieses kan geschehen, wenn statt der Unterredung und Discurse mit Kindern, von irdischen Dingen, man dieselbe zu aller Stunde, bey jeder Gelegenheit, bey jeder Verrichtung, auff einen Bieblischen Spruch weiset, daß durch soelchen suessen Himmels-Thau, die zarten Pflantzen gleich anfangs dermassen moegen befeuchtet werden, daß sie bey erwachsenen Jahren ihren Wandel darnach einrichten und GOTT gefallen moegen.

---

noch der Starke etwas vermögen soll, und der Mächtige soll nicht sein Leben retten können."

1369 Die alte Wohlfahrtsanstalt, die dem neuen Soester Waisen- und Arbeitshaus hatte weichen müssen. Vgl. oben Anm. 249.
1370 Wortspiel mit dem Namen der Soester Wiesenkirche (St. Mariae zur Wiese).
1371 Vgl. Ps 23, 2: „Er weidet mich auf einer grünen Aue und führt mich zum frischen Wasser."
1372 Der Prüfung der zur Konfirmation Anstehenden vor der versammelten Gemeinde.
1373 Vgl. 1. Kor 13, 11: „Als ich ein Kind war, da redete ich wie ein Kind und dachte wie ein Kind und war klug wie ein Kind; als ich aber ein Mann wurde, tat ich ab, was kindlich war."
1374 „Denn dazu habe ich ihn auserkoren, dass er seinen Kindern befehle und seinem Hause nach ihm, dass sie des Herrn Wege halten und tun, was recht und gut ist, auf dass der Herr auf Abraham kommen lasse, was er ihm verheißen hat" (1. Mose 18, 19).

Der Edlen Berhoenser Ruhm und Adel-Stand, wird nebst dem goettlichen Wort wohl verewiget bleiben, sie forschten taeglich in der Schrifft, ob sichs also verhielte,[1364] denen aber gereichet es wohl zur ewigen Schande, die heut zu Tage bey dem laulichten Christenthum, ob gleich nichts wohlfeilers als GOttes Wort,[1365] doch solches nicht lesen, noch lesen wollen, und was ist gemeiners, als das Eltern zwar Sorge tragen, wie ihre Kinder ein handwerck und Profession [S. 3] lernen, daß der Leib und arme Maden-Sack[1366] ein Stueck Brodt vor der Welt haben moege, aber daß die Seele nicht darben moege, aus Mangel des himmlischen Mannae des goettlichen Worts, daran gedencken leider die Allerwenigsten; Und was billig zu beklagen [ist], ist daß solche Eltern, da sie die Kinder zur Schule schicken,[1367] die meisten Schulen aber in solchem Erbarmenswuerdigen Zustand sind, daß die Jugend wenig, oder wohl gar nicht zur Biebel angefuehret wird.

Da nun bey Verabsaeumung dieser Pflicht alle uebrigen Wissenschafften, wozu man Kinder anfuehret, nur Duenste [sind und] so wie ein auffsteigender Nebel bald verschwinden.

So verbindet Prediger, denen die Inspection ueber Schulen anvertrauet [ist], beydes ihr Ampt und Gewissen, diesen Schaden Josephs[1368] nicht so obenhin anzusehen, sondern soelche Fehler mit moeglichstem Fleiß abzustellen.

1364 Vgl. Apg 17, 10f.: „Die Brüder aber schickten noch in derselben Nacht Paulus und Silas nach Beröa. Als sie dahin kamen, gingen sie in die Synagoge der Juden. Diese aber waren freundlicher als die in Thessalonich; sie nahmen das Wort bereitwillig auf und forschten täglich in der Schrift, ob sich's so verhielte."

1365 Die Bemerkung dürfte sich auf die gezielte Verbreitung billiger Bibeln durch die Hallenser beziehen. Der sogenannte „stehende Satz" machte eine Massenproduktion zu günstigem Preis möglich. Meurer, Siegfried: Artikel „Bibelgesellschaften", hier: „1. Die Cansteinsche Bibelanstalt (CBA)", in: RGG[4] 1 (1998), Sp. 1448–1455, hier Sp. 1448f. (Literatur).

1366 Hier wird bewusst an den Sprachduktus Martin Luthers (als des innerhalb des Luthertums auch weiterhin maßgeblichen Bibelübersetzers) angeschlossen. Vgl. z. B. WA 8, S. 637: „Ich bitte, man wollt meines Namens geschweigen und sich nicht lutherisch, sondern Christen heißen. Was ist Luther? Ist doch die Lehre nicht mein. So bin ich auch für niemand gekreuzigt. Wie käme denn ich armer stinkender Madensack dazu, dass man die Kinder Christi sollte mit meinem heillosen Namen nennen? Nicht also, liebe Freunde, lasst uns tilgen die parteischen Namen und Christen heißen, des Lehre wir haben."

1367 Vgl. Luther, Martin: Ein Sermon oder eine Predigt, dass man Kinder zur Schule halten solle (1530). WA 30 II, S. (508) 517–588.

1368 Vgl. den Botenspruch in Am 2, 6–8. 13 f. „So spricht der Herr: Um der drei, ja der vier Frevel willen derer von Israel will ich es nicht zurücknehmen, weil sie die Unschuldigen um Geld und die Armen um ein Paar Schuhe verkaufen. Sie treten den Kopf der Armen in den Staub und drängen die Elenden vom Wege. Sohn und Vater gehen zu demselben Mädchen, um meinen heiligen Namen zu entheiligen. Und bei allen Altären strecken sie sich aus auf den gepfändeten Kleidern und trinken Wein vom Gelde der Bestraften im Hause ihres Gottes […] Siehe, ich will's unter euch schwanken machen, wie ein Wagen voll Garben schwankt, sodass, wer schnell ist, nicht entfliehe

Nr. 53   Soest, 1722

Johann Thomas Hermanni, Pfarrer an St. Mariae zur Wiese (Wiesenkirche): Der Christlichen Jugend Bieblisches Zeit-Vertreib, hier: „Vorrede" und „Aufmunterung zur Gottseligkeit". (Soest StA/StB, SZ 1 her 1 Rara, Titel und S. 1–11)

                    Der Christlichen Jugend
                    Bieblisches Zeit-Vertreib
                    Bestehend in einer

		Auffmunterung zur Gottseligkeit.
		Calender.
Bieblischen	{	Tag- und Stunden-Register.
		Catechismo.
		Spruch-A.B.C.

                    Zu aller Zeit nuetzlich zu gebrauchen,
                    Nebst Einem Anhange, Bestehend
                    In einer Bieblischen Eroerterung
                    der Frage: Ob JEsus der wahre Messias sey?

An Statt eines begehrten Spruch-Buechleins vor die Schul-Kinder seiner Gemeine entworffen. Von J[ohann] T[homas] Hermanni, Der St. Marien-Kirche zur Wiese Pastore hieselbstem. Soest, Gedruckt bei Joh(ann) Georg Hermanni. 1722.

[S. 2 ungezählt] Vorrede
Christlicher Gottseliger Leser!

ES nimt einem billig Wunder, daß von Vernuenfftigen zuweilen eine gute und loebliche Sache, recht unvernuenfftig und geringschaetzig angesehen wird. Es brauchet nicht, daß hie die allgemeine Lehrmeisterin, die taegliche Erfahrung, durch ein Exempel im leiblichen den Beweiß fuehre, sonst koente der bey uns verachtete Bauren-Stand klaerlich zeigen, daß man vor der Welt auch das geringe achte, das unentbehrlich sey;

Wir wollen vielmehr eine verkehrte Unarth im geistlichen, bey dem Verfall des heutigen Christenthums uns hievon lassen die Wahrheit reden: Ist an seiten eines Christen nichts noethigers als das Suchen in der Schrifft,[1362] nichts nuetzlicher als das Forschen in dem goettlichen Wort, weil dieses das unum necessarium,[1363] ohne welches der Weg zur ewigen und wahren Glueckseligkeit gar nicht zu finden [ist], so ist ach leyder! mit heissen Thraenen nicht gnugsam zu beklagen, daß die Welt sich eher auff denen zwey gefaehrlichen Wegen der Sicherheit und Nachlaeßigkeit finden lasse, als dieser hochnoethigen Christen-Pflicht sich befleissige:

1362 Vgl. Joh 5, 39: „Ihr sucht in den Schriften, denn ihr meint, ihr habt das ewige Leben darin; und sie sind's, die von mir zeugen."
1363 Vgl. Lk 10, 42: „Eins aber ist not. Maria hat das gute Teil erwählt; das soll nicht von ihr genommen werden."

[Ohne Adresse] Hochehrwürdiger, in Gott andächtiger und hochgelahrter He[rr] Professor!

Ew[er] H[och]e[hr]w[ürden] habe [ich] von der hand He[rr]n [David Sigismund] Bohnstedts[1357] aus Cleve beygehendes eilfertig zustellen sollen, mit wiederhohlter bitte, ihn [Bohnstedt] durch eine baldige antwort zu erfreüen. Wobey [ich; Johann Nikolaus Sybel], unter ergebenstem danck für [Dero mir] iüngsthin in einem hochgeehrtesten anschreiben ertheilte nachricht, Ew[er] H[och]e[hr]w[ürden] gehorsamst zu melden habe, daß, nachdem hiesiger he[rr] inspector [Johann] Müller[1358] verstorben [ist], durch die an nächstem[1359] sontage anzustellende wahl eines neüen predigers an St. Petri Kirchen hieselbst, auf guhter freunde einrahten, he[rr Johann Christian] Jocardi[1360] von seiner proiectirten reise nach Halle bis daher aufgehalten [worden] sey, nachdem mahlen so viele guhte gemühter beydes, durchs gebeht u[nd] vernünftige bemühung, Herrn Jocardi[s] wahl [zum Erstern Pfarrer an St. Petri] wider so mangerley machinationes zu befodern hoffen.[1361] Ich erkühne mich, Ew[er] H[och]e[hr]w[ürden] hertzlich zu erbitten, daß sie in Dero gebeht auch diese sache Gotte vorzutragen geruhen und über uns den seegen wünschen wollen, daß, da es uns an getreüen u[nd] geschickten arbeitern gefehlet hat, er sich ietz dieser armen stadt [Soest] u[nd] besonders so vieler hungerigen sehlen in der großen St. Peters gemeinden erbarmen u[nd] einen hirten nach seinem hertzen gnädig geben wolle. Der He[rr] segne auch Ew[er] H[och]e[hr]w[ürden] und alle Dero arbeit zu seinem preiß u[nd] vieler zuhörer, ia gantzer gemeinen erwünschter erbauung.

Ew[er] H[och]e[hr]w[ürden] ergebenster d[iene]r
Jo[hann] Nic[olaus] Sybel, pr[ediger]

1357 David Sigismund Bohnstedt (1685–1756). Wie Anm. 1124.
1358 Johann Möller (Müller, Mollerus; 1646–1722; wie Anm. 39). Er verstarb am 20. Mai 1722.
1359 Dem auf die Abfassung dieses Briefes folgenden Sonntag.
1360 Johann Christian Jocardi (1697–1749). Wie Anm. 520.
1361 Sybel und seine Freunde sehen sich bei ihrem Versuch, den stadtfremden Jocardi als neuen Ersten Pfarrer an St. Petri durchzusetzen, demnach mit innerstädtischen Widerständen konfrontiert.

H[och]e[hr]w[ürden] göttlicher gnade hertzlich empfehle und mich und hiesigen ort, worinnen Gott ihm ein groß volck haben mag,^1351 wo wir nur treue und geschickte arbeiter hätten, Dero andächtigen fürbitte hertzlich recommendire, der ich mich zu erweisen wünsche als

Ew[er] H[och]e[hr]w[ürden]
[…] Professoris ergebenster d[iene]r
m[agister] Jo[hann] Nic[olaus] Sybel, p[redige]r

[P. S:] Ich bitte, der eilfertigen schreibart etwas zu guhte zu halten.
P.S: Wir hoffen hieselbst, von dem studioso [Johann Arnold] Sybel,^1352 dem aus dem paedagogio [regio] unlängst eximirten iungern [Johann Diederich] Müllern,^1353 wie auch einem andern, der sich [Gerhard Goswin] Andreae^1354 nennet, hinführo nützliche dienste zu haben, sonderlich da die besten gemühter das unglück gehabt [haben], durch he[rr]n d[okto]r [Jost Wessel] Rumpaeum,^1355 der hiesigen gymnasii rector ist, nach Rostock recommendiret zu werden. He[rr] Jocardi wird auch von einem hiesigen patritio, he[rr]n bürgerm[eister Johann Albert IV.] von [Bockum-]Dolphus, ein denen missionarien in Tranquebar gewidmetes gold-stück mitbringen.^1356 Mit hiesigem [Soester] waisenhause bleibt es in statu quo, das ist verdorben. Gott erbarme sich darüber.

Nr. 51 Halle (Saale), ca. Ende April 1722

August Hermann Francke, Pfarrer an St. Ulrich in Halle (Saale), Professor an der dortigen Theologischen Fakultät und Direktor der Stiftungen, an Johann Nikolaus Sybel, Pfarrer an St. Georgii in Soest. Zum Zusammenhang siehe Nr. 50 und Nr. 52. Nicht aufgefunden, aber bezeugt durch Nr. 52.

Nr. 52 [Soest, kurz nach dem 20. Mai 1722]

Johann Nikolaus Sybel, Pfarrer an St. Georgii in Soest, an August Hermann Francke, Pfarrer an St. Ulrich in Halle (Saale), Professor an der dortigen Theologischen Fakultät und Direktor der Stiftungen. Zum Zusammenhang siehe Nr. 51 und 54. Mit Beilage. (Halle [Saale] AFSt, Bestand H C 634:10)

1351 Vgl. Apg 18,10: „Denn ich bin mit dir, und niemand soll sich unterstehen, dir zu schaden; denn ich habe ein großes Volk in dieser Stadt."
1352 Johann Arnold Sybel (1700–1760). Wie oben Anm. 227. Er war der erste Sybel, der in Halle studierte (1720–1725), und wurde 1726 Pfarrer in Sassendorf.
1353 Johann Diederich Möller (*1703; wie Anm. 430). Der allem Anschein nach begabte Sohn Johann Möllers (Müllers, Mollerus; 1646–1722; wie Anm. 39) war also doch noch ins Pädagogium regium aufgenommen worden.
1354 Gerhard Goswin Andreae (1700–1777). Wie Anm. 589.
1355 Jost Wessel Rumpaeus (1676–1730). Wie Anm. 345.
1356 Der erste Beleg für eine aus Soest nach Halle gehende Missionsspende.

anstalten hieselbst geklaget. Ew[er] H[och]e[hr]w[ürden] gedencken doch auch unseres ortes in Dero gebeht. Die wenigen, so hieselbst Gott fürchten, werden nicht unterlaßen, auch für Dero erhaltung denselben stets anzuflehen.

Ew[er] H[och]e[hr]w[ürden] ergebenster diener

m[agister] Joh[ann] Nic[olaus] Sybel, pred[iger]

Nr. 50   Soest, 15. April 1722

Johann Nikolaus Sybel, Pfarrer an St. Georgii in Soest, an August Hermann Francke, Pfarrer an St. Ulrich in Halle (Saale), Professor an der dortigen Theologischen Fakultät und Direktor der Stiftungen. Zum Zusammenhang siehe Nr. 49 und Nr. 51. (Halle [Saale] AFSt, Bestand H C 634:3)

[Adresse und erstes Blatt fehlen] [Stiftung/Auslobung einer Hauslehrerstelle] […] zwomahl zu predigen habe, eine predigt für mich [Johann Nikolaus Sybel in der Marktkirche St. Georgii] übernehme; wogegen er bey gedachtem he[rr]n bürgerm[eister Johann Albert IV. von Bockum-Dolffs][1343] den tisch und ein salarium von 12–20 r[eichs]th[a]l[ern], bey mir aber 30 r[eichs]th[a]l[er] zu erwarten hätte. Solte er in geogr[aphia] u[nd] historia nicht sehr beschlagen seyn, so könte er sich, wo er natürliche gaaben hat, so viel leicht helfen, daß er dem purschen[1344] ein g[e]nüge thäte. Nur wünschte [ich], daß er doch studia hätte,[1345] damit er zu künftiger befo[r]derung auch durch hiesige gelehrte könte recommendiret werden; aus welcher ursache es auch nöthig wäre, daß er nicht in anstößigen redens-art[en][1346] bey gedachten hiesigen orthodoxis sich verdächtig machte. Doch soll dieses nicht dahin ziehlen, [als] ob [ich] wolte zu viel fodern, dessen (unsers räde[1347]) Westphalen sich ia nicht anmaßen darf, sonderlich da keine große promessen geschehen können.[1348] Ich drücke nur meinen wunsch aus und überlaße alles E[wer] H[och]e[hr]w[ürden] weisen verordnung, welche h[err Johann Christian] Jocardi[1349] künftige woche [, wenn er nach Halle kommt,] hören und zugleich versichern wird, daß ob wohl mein [Johann Nikolaus Sybels] umgang nichts vergnügliches an sich hat,[1350] ich doch fleiß anwende, niemandem verdrießlich zu fallen. Bis dahin [ich mich] Ew[er]

S. 890–893.
1343   Johann Albert IV. von Bockum-Dolffs (1689–1727). Er starb am 11. Januar 1727 als regierender Bürgermeister Soests. Großer Michels (wie Anm. 14), S. 217. – Dazu: Deus, Herren von Soest (wie Anm. 60), S. 380.
1344   Dem daheim zu unterrichtenden Jungen/jungen Mann.
1345   Über eine bestimmte Bildung verfügte.
1346   Durch auffällige pietistische Sprachformen und Redeweisen („Sprache Kanaans").
1347   Wie wir hier in Westfalen sagen.
1348   Da dem Kandidaten keine großen Hoffnungen im Blick auf sein berufliches Fortkommen gemacht werden können.
1349   Johann Christian Jocardi (1697–1749; wie Anm. 520). Vgl. unten Nr. 73.
1350   Jocardi hatte demnach wohl bei Sybel im Pfarrhaus von St. Georgii gelebt.

candidati auch in vorraht seyn. Es fehlet uns aber 2. hirselbst an treuen und geschickten arbeitern, ob wohl die erndte gewis groß ist,[1331] maßen [weil] der bey so vielen sich zeigende hunger [nach dem Wort Gottes] ungemeinen seegen verspräche, wenn es an uns nicht fehlte. Man hat aber auch aufs künftige noch nicht viel guhtes zu erwarten, indem herr d[octo]r [Jost Wessel] Rumpaeus,[1332] unser rector, alles nach Rostock recommendiren [lässt,][1333] und solcher gestalt, wo die von Halle zurück kommenden [Kandidaten] vor diesen keinen vorzug haben werden, dünkte es [mich] 3. auch künftig nicht thunlich [zu] seyn, daß man junge leute nach Halle zu schicken noch würklich [wirksam] befodern könte, zumahlen, da wir hirselbst auf dem lande bereits einen haben, nahmens [Johann Arnold] Rurmann,[1334] der in Halle studiret hat und schlechte her ohne der Treue obliget.[1335]

Ich erkühne mich denn, Ew[er] H[och]e[hr]w[ürden] gehorsamst zu bitten, daß, da obgemeldt[er Johann Dietrich] Balhorn nächstens hieher zurück reisen wird, E[wer] H[och]e[hr]w[ürden] ihn über dem, was hiedurch oder auch sonst [die] fama von ihm an Sie überbracht hat, nachdrückliche u[nd] bewegliche vorstellung zu thun, sich um Christi willen bemühen wollen, um so vielmehr, weil ich nicht dreist gnug zu seiner überzeugung specialia[1336] anführen darf, damit der studiosus, der mir die[se] nachricht gegeben [hat],[1337] und worauf er [Johann Dietrich Balhorn] bald praesumtion werfen wird,[1338] nicht in ungelegenheit komme. Es wird auch ohne dem E[wer] H[och]e[hr]w[ürden] vorstellung wie gründlicher also gesegneter seyn.

Mit hiesigem Waysenhause steht es leider noch wie vorhin, denn nachdem h[err N.] Moritz,[1339] welchen E[wer] H[och]e[hr]w[ürden] recommendiret hatten, nach Langenberg vociret worden [ist], so ist es immer bliben, wie es die commissarii[1340] doch gerne sahen, [nämlich,] daß ein verdorbener [Präzeptor][1341] die kinder ein bisgen lesen lehrt u[nd] ihnen so wohl als denen alten armen den morgen- und abendseegen [Martin Luthers][1342] vorlieset. Gott sey dieses nebst allen andern verderbten

---

1331 Vgl. Mt 9, 37b: „Die Ernte ist groß, aber wenige sind der Arbeiter."
1332 Jost Wessel Rumpaeus (1676–1730). Wie Anm. 345.
1333 Rumpaeus vermittelt die ins Pfarramt strebenden Absolventen des Soester Gymnasiums also auch weiterhin gezielt an die spätorthodoxe Universität in Rostock.
1334 Johann Arnold Rurmann (Ruhrmann; 1698–1753). Er hatte seit 1717 in Halle studiert, war seit 1720 Pfarrer in Dinker und heiratete später (1730) in dritter Ehe Maria Elisabeth Sybel (*1706). Bauks, Pfarrer (wie Anm. 14), S. 423 (Nr. 5256). – Dazu: Kleiner Michels (wie Anm. 14), S. 447 und 662.
1335 Sich zweifelhaft verhält.
1336 Details/Einzelheiten.
1337 Wohl ein Kommilitone Balhorns in Halle.
1338 Den er der Weitergabe dieser Informationen verdächtigen wird.
1339 Der von Francke zunächst vorgeschlagene Kandidat für die Soester Präzeptur. Wie Anm. 265.
1340 Die Direktoren des Soester Waisenhauses.
1341 Johann Gerhard Hennecke († 1728). Wie Anm. 266.
1342 Luthers Morgen- und Abendsegen. Zwei bis heute weit verbreitete Gebete Luthers im Anhang des „Kleinen Katechismus" (1529). Dingel, BSELK (wie Anm. 876),

Ew[er] H[och]e[hr]w[ürden] werden nach Dero weltbekandten liebe zu dem heil dasiger [in Halle] studirenden jugend und großem eifer, den flor der verwüsteten kirchen Gottes auch an andern orthen zu befo[r]dern, hochgeneigt geruhen, sich einige nachricht geben zu laßen von einem dasigen [in Halle studierenden] stud[iosus] theol[ogiae] nahmens [Johann Dietrich] Balhorn,[1321] einem sohne eines ehemahligen inspectoris hieselbst [in Soest],[1322] welcher zuvor drey ganze jahr in Jena herrn [Johann Franz] Buddeum[1323] gehöret hat und nur darum diesen sommer über von seiner mutter[1324] nach Halle geschicket [worden] ist, daß er durch das wort und den wandel dasiger getreuen arbeiter für sich erwecket und durch ihr exempel zum werck des amts zubereitet werden möchte.

Gott hat mich [Johann Nikolaus Sybel] vornehmlich zum werckzeug gebraucht, daß auf gegebenen raht und geschehene thätliche befoderung [hin] er zu gedachtem zweck nach Halle gebracht worden [ist]. Daher es auch mir am ersten nahe gehen muß, da [ich] vernehme, daß er [Johann Dietrich Balhorn] sich der herlichen gelegenheit, so ihm Gott an handen gegeben [hat], so wenig gebrauche und weder in seinen studiis genugsamen fleiß, noch in erbauung seiner sehlen treue anwende, sondern mit einem andern landes-manne, nahmens [Ernst Henrich] Lüling,[1325] der seinem vater, einem prediger auf dem lande,[1326] würcklich adiungiret ist,[1327] wild und eitel lebe und die böse principia hege, daß 1. die studia nicht eben an gewiße stunden zu binden seyn, daß 2. auf universitäten nur zuviel hindernuß der bekehrung vorkomme, daher diese versparet werden müße, bis man nach hause komme [und] daß 3. leicht zu weit gegangen werden könne in erweckung geheiligter affecten.[1328]

Der schade, der hirvon zu befahrn stehet,[1329] ist unbeschreiblich groß, den[n] 1. wird dieser [Johann Dietrich Balhorn] dem ansehen nach bald befoderung zu erwarten haben, weil theils sein vater wohl gelitten gewesen [ist], theils hirselbst die gewohnheit obtiniret,[1330] daß stadts-kinder befodert werden, theils nicht viel

---

1321 Johann Dietrich Balhorn (ca. 1694–1774). Er war später zunächst Vikar (1723), dann (allerdings erst seit 1751!) Pfarrer in Dellwig und seit 1731 mit einer Tochter des Pfarrers von Neuengeseke verheiratet. Bauks, Pfarrer (wie Anm. 14), S. 18 (Nr. 212). – Dazu: Kleiner Michels (wie Anm. 14), S. 654.

1322 Theodor Balhorn (1637–1708). Wie Anm. 699.

1323 Johann Franz Buddeus (1667–1729). Wie Anm. 316.

1324 Clara Elisabeth Balhorn (geb. Beurhaus; 1657–1744). Bauks, Pfarrer (wie Anm. 14), S. 17 (Nr. 211).

1325 Ernst Henrich Lüling (ca. 1691–1746). Er studierte seit dem Juni 1721 in Halle und wurde später Adjunkt seines Vaters in Meiningsen. Ebd., S. 309 (Nr. 3882). – Dazu: Kleiner Michels (wie Anm. 14), S. 584.

1326 Johann Lüling († 1726). Wie Anm. 310.

1327 Seinem Vater schon vor Abschluss seines Studiums rechtskräftig als Adjunkt (Helfer) an die Seite gestellt ist. – Demnach war die Nachfolge bereits in trockenen Tüchern.

1328 Er hielt die in Halle propagierte Form der Bekehrung (Bußkampf) also für überzogen.

1329 Zu befürchten ist.

1330 Besteht/Bestand hat.

So hatt[en der] inspector[1316] und ein evangelisch lutherisches ministerium sich die guthe hoffnung gemacht, es würde nunmehro eine reform mitt dem waysenhause vorgehen undt wenigstens ein solcher praeceptor bestellet werden, der, denen armen und waysen durch lehr und leben vorzustehen, capabel wäre. Insonderheit da seine Königliche Majestät wegen verbeßerung des schulwesens in Dero landen so nachdrücklich rescribiret [hat].[1317] Wie nun ein evangelisches ministerium mitt erstaunen vernehmen muß, daß bey Ewer Hochedelgeboren solche leuthe in vorschlag gebracht [worden] sind, so nicht die geringste tüchtigkeit zu solcher bedienung haben, ja, gar verlauthen will, daß man nechstens solche in die wahl [zum Präzeptor des Waisenhauses] bringen wolle, da doch seine[r] Königliche[n] Majestät, de dato Berlin, den 30. September 1718, in der erneuerten verordnung wegen der studierenden jugendt § XIII[1318] in nachdrücklichen terminis bey vermeidung harter straffe befehlen, daß keiner in die wahl auch eines praeceptoris und schulemeisters soll gebracht werden, ehe er von consistorijs und geistlichen seye examinirt und vor tüchtig befunden. Weil nun noch keiner zum examine sich sistiret [hat][1319] und diese leuthe ohne dehme incapabel auß andern gründen, so vorjetzo nicht anzuführen [sind], so bedinget sich ein evangelisch lutherisches ministerium nachdrücklich hiermitt auß, daß sie künfftig nicht wollen responsabel seyn, wen[n] ein so außdrücklich[er] allergnädigster befehl nicht solte respectirt werden. [Wir] bitten indeßen nochmahls, ein tüchtig subjectum vor das waysenhauß [von einem andern Orte her] verschreiben zu laßen, protestirn in dessen, ambts undt gewißens halber, wieder alles widrige, so zu fernerm ruin und untergang dieses armen- und waysenhauses hierinnen möchte vorgenommen werden etc. [...]

Nr. 49 Soest, 9. September 1721

Johann Nikolaus Sybel, Pfarrer an St. Georgii in Soest, an August Hermann Francke, Pfarrer an St. Ulrich in Halle (Saale), Professor an der dortigen Theologischen Fakultät und Direktor der Stiftungen. Zum Zusammenhang siehe Nr. 39 und Nr. 50. Dazu externer Eingangsvermerk August Hermann Franckes: „Einen Brief erhalten von H[errn] Joh[ann] Nik[olaus] Sybel, Prediger in Soest."[1320] (Halle [Saale] AFSt, Bestand H C 634:2)

[Ohne Adresse] Hochehrwürdiger, in Gott andächtiger und großachtbahrer Herr Professor! Mein in Christo hochgeehrtester Herr und großer Gönner!

1316 Bis 1722 war dies der Erste Pfarrer an St. Petri Johann Möller (Müller, Mollerus; 1646–1722). Wie Anm. 39. Er hatte bereits seit 1717 mit Francke in Kontakt gestanden (vgl. Nr. 35f., 38, 42 und 46). Eine Kenntnis der deutlich anderen Verhältnisse im Waisenhaus in Halle darf bei ihm also vorausgesetzt werden.
1317 Sich mit Reskripten/Verordnungen zu Wort meldet/gemeldet hat.
1318 Der Text war der Supplik als Anlage beigefügt. Vgl. oben Nr. 43.
1319 Sich dem Ministerium zur Abnahme eines Examens vorgestellt hat.
1320 Wotschke, Geschichte des westfälischen Pietismus 1 (wie Anm. 10), S. 94 Anm. 72.

Abb. 78: Johann Christoph Gottsched (1700–1766). Kupferstich des Johann Christoph Sysang (1703–1757), tätig in Leipzig, 1739. (Sammlung Christian Peters)

onerirt,[1314] sondern, da es fast von anfang her an rechter education der jugendt und anführungh zu wahrer pietät gefehlet [hat], ohne welche [es] doch mitt aller armen anstalt vergebens undt umbsonst ist, da noch vor wenig[en] wochen der praeceptor[1315] selbst ein so großes ärgernüß durch das schändliche laster der hurerey so viel unschuldigen seelen gegeben hatte, wie [worauf] nun Ewer Hochedelgeboren gleich anfangs Dero mißfallen hierüber bezeiget und krafft Dero tragenden obrigkeitlichen ambts solche[n] deliquenten, [um diesen] andern, wie billig, zum exempel abzustraffen, zur gefänglichen hafft [haben] bringen lassen.

1314 Belastet.
1315 Johann Gerhard Hennecke († 1728). Wie Anm. 266.

freund, und wen[n] sie es nicht glauben können, so sage ich: als ein mensch.["] Also tröstete uns dieser gute herr, wie ein vatter seinen sohn tröstet.

Wir waren kaum aus seinem hause gangen, so ließ er uns durch einen diener zurück ruffen. Als wir in das zimmer kahmen, war das sein erstes wort: [„]Nun, ich gratulire, einer unter ihnen ist bereits zu einer vacantz ernennet von S[ein]e[r] Kön[iglichen] May[estät], Dero schreiben ich eben empfangen [habe].["] Er wiese mir auch die mit Königl[icher] hand geschrieben[en] worte: [„]Corthum sol nach Lebuß kommen.["] Der he[rr] v[on] Printz zeigte dabey an, daß der Ort an der Oder eine meile von Frankfurt lege [läge], welches mir hoffentlich lieb seyn solte, weil ich ein liebhaber wäre der literatur und also mit gelehrten umgehen könte, es aber noch wol ein zeitlang mit dem anzuge anstehen müste, weil die vacantz 3. wochen alt sey. Ich sagte, es würde inzwischen in Berlin noch so viel brodt vor mich übrig seyn, als ich zum essen nöthig haben würde, dagegen antwortete er sehr liebreich[:] [„]Daran sol und wird es gar nicht fehlen.["]

Ich spürete es auch eine stunde darnach, den[n] als ich kam und in mein quartir tretten wolte, lagen 26. r[eichs]th[aler] auffm tische, welche der he[rr] general [Dubislav Gneomar] von Natzmar [Natzmer]¹³¹⁰ geschicket [hatte], und war mir, als wen[n] Gott gesaget hätte: [„]Ich wil dir brodt geben an diesem orth.["]¹³¹¹ So wunderlich sind Gotts wege, und so wohl weiß er einen heraußzubringen, wen[n] man ihm nur vertrauet und gedultig außhält.

Nr. 48 Soest, vor Juli 1721¹³¹²
Supplik des Soester Ministeriums (ministerium urbanum) an die Bürgermeister und den Rat der Stadt Soest. (Soest StA/StB, Bestand A, Nr. 6156b, S. 1403–1410)

Hochedelgeborne und hochgeehrte Herren.

Es ist leider stadt-, ja, landtkundig, waß es vor ein betrübtes, ja, schlechtes ansehen mitt unserm [Soester] waysenhause bishero gehabt, da nicht allein durch die üble haußhaltung bei der lindt-fabric¹³¹³ die armengüther mitt so großen schulden

---

1310 Dubislav Gneomar von Natzmer (1654–1739), ein einflußreicher preußischer General (ab 1728: Generalfeldmarschall), seit November 1704 in zweiter Ehe verheiratet mit Charlotte Justine von Gersdorff († 1763), der Mutter Nikolaus Ludwig Graf von Zinzendorfs (wie Anm. 564). Bloth, Hugo Gotthard: Soldat und Vermittler. Generalfeldmarschall Dubislav Gneomar von Natzmer (1654–1739). Pommer, Pietist, Preuße, in: Baltische Studien N.F. 70 (1984), S. 81–111 (Literatur).

1311 Vgl. Gen 28, 20: „Und Jakob tat ein Gelübde und sprach: Wird Gott mit mir sein und mich behüten auf dem Wege, den ich reise, und mir Brot zu essen geben und Kleider anzuziehen […]."

1312 Vgl. dazu (und zum späteren Brief Sybels nach Halle [Saale], unten Nr. 49) den externen Vermerk August Hermann Franckes vom 16. Juli 1721: „Vom Magistrat in Soest wegen eines Kandidaten in Soest." Wotschke, Geschichte des westfälischen Pietismus 1 (wie Anm. 10), S. 94 Anm. 72.

1313 Der Linnenweberei.

angegangen [worden sei], damit nemlich die geistlichkeit in solchen dingen [zukünftig] sich möchte fürsichtiger betragen.

Es geschahe darauff die nachdrückliche ermahnung nicht nur an uns, sonder[n] auch [an] einige Berlinische prediger, welche theils expresse zu dem actu tags vorhero waren mit citiret worden,[1305] wie wir unser ampt, ausser uns dem dinge[1306] anzunehmen, führen solten. Als [dies] geschehen [war], kündigte uns seine Excellentz den Königlich[en] pardon an, addita clausula: „und haben Wir, S[ein]e Königl[iche] May[estät], allergn[edig]st anbefohlen, daß [man] ihnen [Renatus Andreas Kortum und Peter Mahler] einen andern platz und befoderung anweisen und deßfals vor sie sorgen solte", welches ich den[n] auch mit dem besten fleiß beobachten werde. Hierauff und da also die Königl[iche] gnade publicirt worden [war], reichete er mir die anfangs [von mir] niedergelegte schrifft wieder zurück.

Weil nun alles seine endschafft hatte, war noch übrig die gefoderte praestirung[1307] des eyds,[1308] welche uns der secretarius vorläß und so unschuldig auffgesetzet ward, daß ich darüber nicht die geringsten scrupel fand, weil jederzeit [genau] das unsere meynung gewesen [war]. Nur erklahrte ich das wort „verbrechen": Wir könten solches nicht annehmen in dem sinne, als wen[n] wir vorsetzlich und mit boßheit in der [von den Predigern an den König gerichteten] supplic, wofern etwas verbrochen, sondern so ferne, [als] es ein versehen sey[n], da man aus unwissenheit und übereilung in modo in denen umständen an seiten des ministerii verstossen, [bei] höchster consternation unsers gemüths, da wir nicht gewust, wozu wir [unser ge]wissen und wie wir unser gemeinden retten und stillen solten, welchs man auch so gut seyn liesse. Also legten wir den eyd getrost ab und machten darauff unsere dancksagung. Beym abschiede zeigten sich die geheime[n] räthe sehr gnädig und versprachen alle affection und assistenz, also ist endlich dieser schwehre handel zum guten und glücklichen schluß gekomen.

Den[n an diesem] mittag schickte uns die frau oberhoffmarschallinen [Dorothee Sophie von Schlippenbach][1309] ein glaß sect, [um] selbigen auff ihre gesundheit zu trincken, und [es] folgeten andere mehr. Gestern machten wir unsere auffwartung beym he[rrn] v[on] Prinzen, welcher uns mit einer sensiblen güthigkeit und liebe auffnahm. Er versicherte, da ich bath, sich unser vätterlich anzunehmen, daß er alles, was nur in seinem vermögen [stehe], zu unserm aufnehmen, glück und befoderung anwenden wolte: [„]Sie [Renatus Andreas Kortum und Peter Mahler] haben["], sprach er, [„]schweher und harten leidens stunden ertragen. Sie haben sich auch dabey geduldig und gelassen erzeiget. Sie tragen nur ferner geduldig, Gott wird sie schon wieder erquicken. Ich wil an ihnen handeln als wie ein auffrichtiger

---

1305   Namentlich vorgeladen worden waren.
1306   Der Frage und Praxis der gewaltsamen Soldatenwerbungen.
1307   Die Vorstellung/Bekanntmachung.
1308   Des von den begnadigten Predigern geforderten, neuerlichen Gehorsamseides.
1309   Dorothee Sophie von Schlippenbach, seit 1712 verheiratet mit Marquard Ludwig von Printzen (1675–1725; wie Anm. 1299).

gete also die tranquillität[1298] meins gemüthes, welchs von anfang biß zu endt nicht die geringste alteration [o]der unmuth befund [empfand], dan[n] über das vorige setzte ich die maxime bey mir feste: [„]Was der König haben wil, das muß man mit plaisir thun.[“] Man sagt, daß sich desfals viele an mir erbauet [haben]. Die Königin sahe aus dem fenster vom schloß herunter, und wil man wahrgenommen haben, daß sie mit einem tuche die thränen von ihren augen getrocknet.

Als wir auff das consistorium kahmen, war der saal gedrückt voll männer. Umb den tisch stunden s[ein]e Exc[ellenz] der he[rr Marquard Ludwig] von Printzen,[1299] der he[rr Christoph] von Katsch und der geheime rath [Wilhelm] Durham[1300] nebst den andern consistorial räthen. Wie wir in das geländer [des Innenraums] traten, überreichte ich sofort an den he[rrn] von Printzen eine supplic [an den König] und speciem facti cum adj[unctis],[1301] so auch angenommen und auff den tisch geleget ward. Als eine stille gebothen wurde, hielte der he[rr] von Catsch eine rede und zeigte [darin] an, was sich in der Graffschafft Marck vor [für] ein auffstand gegen die soldaten zugetragen [habe]. Er lenckte darauff seinen discurs gegen die prediger und kam endlich auff uns [Zwei], wobey mir die worte bey dem Ezech[iel] einfielen: [„]Du menschen kindt, ich wil die sünden der Juden auff dich legen.[“][1302] Anbey wurden die klagen [aus] dem ministerial supplic[1303] von he[rrn] von Catsch vorgelesen (addita epicrisi generali[1304]). Als diese rede geschehen [war], bath ich, mir zu vergönnen, darüber eine vorstellung zu machen. Allein es wurde mir angezeiget, daß S[ein]e Kön[igliche] May[estät] alhir keine weitläufftigkeit haben wolten, und würde uns dessen bereits gefaste resolution von dem oberkirchenpraesidenten he[rrn] von Printzen angedeutet werden, welcher auch ([wobei] den[n] alle stehen blieben) gegen uns seine rede führete und ernstlich, jedoch mit grosser moderation und liebe [uns dessen], was mit der supplic versehen worden [sei], verwiese und anzeigte, dass S[ein]e Kön[igliche] May[estät] bewogen worden [sei], mit uns eine solche gantz ungewohnliche procedur ergehen zu lassen, so schwehr sie auch da

---

1298   Ruhe/Unerregtheit.
1299   Marquard Ludwig von Printzen (1675–1725), preußischer Diplomat, Oberhofmarschall, Chef der Verwaltung der geistlichen und der Unterrichts-Angelegenheiten. Naudé, Albert: Artikel „Printzen, Marquard Ludwig Freiherr von", in: ADB 26 (1888), S. 596–600.
1300   Wilhelm Durham (1658–1735), preußischer Generalfiskal, der Urgroßvater Alexander von Humboldts (1769–1859). DNB zu Durham: https://d-nb.info/gnd/1164393936 [23.08.2023]. – Der Generalfiskal hatte ein allgemeines und umfassendes Behördenaufsichtsrecht und besonders unter König Friedrich Wilhelm I. große Bedeutung.
1301   Eine Beschreibung des Vorgangs und seiner Begleitumstände.
1302   Vgl. Hes 2, 3: „Und er sprach zu mir: Du Menschenkind, ich sende dich zu den abtrünnigen Israeliten und zu den Völkern, die von mir abtrünnig geworden sind. Sie und ihre Väter haben sich bis auf diesen heutigen Tag gegen mich aufgelehnt." – Man beachte die aufschlussreiche Selbststilisierung des begabten Exegeten.
1303   Aus der Anklageschrift.
1304   Unter Hinzufügung einer allgemeinen Schlussbetrachtung/abschließenden Bewertung.

bruder in Wesel. Mit Kortum nach Berlin gebracht wurde sein Kollege, der radikale Pietist Peter Mahler,[1294] *Pfarrer in Derne. Für das Soester Predigerministerium gefertigte Kopie. (Soest StA/StB, Bestand A, Nr. 6159, Bl. 20 f.)*

Copia eines schreibens und [einer] zugesandten nachricht auß Berlin von dem he[rrn] pastore [Renatus Andreas] Kortum an einen prediger zu Wesel de 1721, d[ie] 5. Mart[ii].

Wir [die Prediger Renatus Andreas Kortum und Peter Mahler] sind d[ie] 24. Febr[uarii] in Berlin angekommen, nachdem wir 3. wochen unterwegs gewesen [waren]. Wir traten [stiegen] in einem gasthoff ab in der Dorotheenstadt. Der lieutenant, welcher die ordre trug,[1295] ging, da inzwischen der andere [Leutnant] bey uns bliebe, zum König und zeigte an, daß er uns gebracht hätte, worauff der König nicht mehr geantwortet [hat] als: [„]Es ist schon gut.["] Nach 2. stunden bekahmen wir 2. unterofficirs zur wache.

D[ie] 25. [Februarii] schrieb der König an den he[rrn Christoph] von Katsch,[1296] wir solten des Donnerstags vors consistorium kommen, als den[n] solte die sache abgemachet werden, worauff Ihro May[estät] nach Potzdam reiseten.

D[ie] 26. war[d] uns notificiret, folgenden tags zu erscheinen, und solten wir uns sauber ankleiden. Abends gantz späte ward uns von weitem berichtet, daß S[ein]e Kön[igliche] May[estät] geschrieben [habe], wir solten mit 100. man ins consistorium geleitet werden.

D[ie] 27. [Februarii], hora X., wurden wir von dem platzmajorn[1297] von unsern stuben geruffen. Vor der thür stunden die 100. man rangiret. Wir nahmen in unserm volligen prediger habit den angewiesenen ort [in der Marschkolonne] ein und gingen also nach dem schloßplatz. Allhir stunde die militz und hielten ihre parade in einer langen schnur compagnie geordnet, und die he[rren] officires, ein jeder an der fronte, [und] ein große menge volcks sah zu, wie die 2. prediger [Renatus Andreas Kortum und Peter Mahler] nach dem consistorio geleitet wurden. Alles geschahe sehr stille. Wir grüsseten die vornehmen und wurden gegrüsset. Jederman sahe uns theils mitleidig, theils ehrerbietig an. Ich behielt bestendig ein munter und freudigs gesicht, den[n] ich war begleitet von meiner unschuld und gutem gewissen, und zei-

      Geschichte des westfälischen Pietismus 1 (wie Anm. 10), S. 93. Der junge Kortum, Gottfried [!] Michael Kortum (1699–nach 1749; hier dürfte der Schwager, Gottfried Arnold, [Namens]pate gewesen sein), begegnet später in Briefwechseln mit Johann Christoph Gottsched (1700–1766, Abb. 78), ab 1728 Mitglied der Leopoldina. Köhler, Caroline (Hg.): Briefwechsel Johann Christoph Gottsched Bd. 14 (November 1748 – September 1749), Berlin/New York 2020, S. 648.

1294 Peter Mahler († 1728). Wie Anm. 203.
1295 Das Kommando hatte.
1296 Christoph (seit 1705: von) Katsch (1665–1729), der erste preußische „Justizminister". Brocke, Bernhard vom: Artikel „Katsch, Christoph von", in: NDB 11 (1977), S. 326 f. (Literatur).
1297 In Festungen oder großen Garnisonen der Offizier, dessen Dienst sich ausschließlich auf Dinge beschränkt, welche die Festung oder die Garnison selbst betreffen.

May[estät] demüthigst anruffen. Und [wir] versichern, daß wir und unser eingepfarrte durch allerg[nädig]ste erhöhrung unsers flehens so viel freudiger würden gemachet werden, Ew[er] Kön[iglichen] May[estät] allergn[ädig]sten befehlen in alleruntertänigstem gehorsam nachzuleben und für Ew[er] Kön[iglicher] May[estät] leben, der gantzen Königlichen hohen familie flor und glückliche regierung den Höchsten stets anzuflehen. Die wir auch jetzt den Höchsten hertzlich anruffen, daß er Ew[er] Kön[igliche] May[estät] kräftig erwecken wolle, den jämmerlichen zustand unsers orths mit landesväterlich-erbarmenden augen in gnaden anzusehen und das biß in den himmel steigende jammergeschrey so vieler armen, wittwen und waysen nicht unerhöhrt zu lassen, auch den besorgten totalen ruin dieser stadt und bottmässigkeit auch so vieler familien abzuwenden.

Allerdurchlauchtigster, großmächtigster
allergnädigster König und Herr Ew[er] Königl[ichen] May[estät]
zu gebeth und untert[änig]stem dienst ergebenste
inspector und prediger der evang[elisch]-lutherischen gemeinen
in Soest und deren börde

Nr. 47   Berlin, 5. März 1721
Renatus Andreas Kortum,[1293] *frühaufklärerischer Pfarrer in Hattingen, unter strenger militärischer Bewachung nach Berlin gebracht, an einen ungenannten Amts-*

1293 Renatus Andreas Kortum (1674–1747). Wie Anm. 203. – Dass der mit Anna Sophia Sprögel, einer Tochter des Quedlinburger Propstes Johann Heinrich Sprögel (1644–1722), verheiratete Kortum auf vergleichsweise großem Fuße lebte, zeigt auch ein Brief des Dortmunder Superintendenten Johann Georg Joch (1677–1731; wie Anm. 192) an August Hermann Francke, Dortmund, den 18. Juni 1720: „Der junge Kortum [Kortums zum Studium nach Halle aufbrechender Sohn] will nicht ohne Empfehlung von hinnen ziehen. Dicam quod res est [ich will aufrichtig schreiben, wie es um ihn steht]. Sein Ingenium ist gut, und er kann etwas tun. Die Fundamenta, so er in humanioribus gelegt, sind ziemlich. Aber er ist etwas faul und braucht, exerciert zu werden. Seine studia hat er noch nicht heiligen lassen [er ist noch nicht erweckt], doch habe ich ein gutes Vertrauen zu ihm, daß er der Wirkung des h[eiligen] Geistes an sich endlich werde Platz lassen. Denn er ist nicht boshaft, hat seines H[errn] Vaters Naturell [Francke kennt diesen also persönlich] und dienet gern. Ich bitte also, ihn vel propter patrem [auch mit Rücksicht auf den Vater] Ihrer Liebe zu würdigen [...]. Sonder Zweifel wird sein H[err] Vater auch ein beneficium für ihn suchen, welches er jedoch nicht nötig hätte, wenn seine Liebste [Anna Sophia Kortum, geb. Sprögel] besser Haus hielte, den Staat [den Kleiderluxus] ablegte und das stete Schokoladentrinken einstellte, einfachere oeconomia [familiäre und wirtschaftliche Haushaltung] nach hiesiger Landesart bezeigte. Sie ist aber nicht zu gewinnen, sondern bleibt bei ihrem Tun, und wer ihr einredet, der muß ihren Stachel fühlen, dessen ich selbst ein Zeuge bin. Ihre Schwester hat sich ein Zeitlang bei ihr aufgehalten, sie haben aber beide wenig Vorteil von einander gehabt. Data occasione könnte doch H[errn] Kortum oder seiner Frau zu Gemüte geführt werden, weil sie jährlich mehr einzunehmen haben als ich [als Superintendent von Dortmund]." Zitiert nach Wotschke,

schafften[1286] entblöset werde, also daß, da [obwohl] vor einigen jahren der[er] häuser hieselbst [in Soest] zu wenig[e] waren, wir jetz in allen parochien unterschiedene [Häuser] finden, die ledig stehen (wobey uns sonderlich von jungen leuten [etliche] sich in benachbarthe[n] Collnische[n], Münsterische[n] und Paderbornische[n] landen niederlassen und nicht nur allerley handtierung zum nachtheil dieser und ander[er] städte treiben, sondern auch mit profitablen heyrathen hauffig inesciret[1287] werden, durch eine schandliche apostasie[1288] zum pabsthum ihre seelen in gefahr zu setzen, woran wir ohne jammer nicht dencken können, zumahl, da die von [der] päbstlichen kirchen darüber sehr gloriieren[1289] und hoffen, weil solcher gestalt pabstliche außländer an statt der geflüchteten [Lutheraner] sich wieder [in Soest und der Börde] niederlassen könten, bey uns gemählich wider die oberhand zu krigen, wie den[n] zu jedermans verwunderung die pabstliche gemeine hieselbst [in Soest] augenscheinlich zunimmt).

Wir müßen auch Ew[er] Kön[iglichen] May[estät] alleruntert[änig]st klagen, daß, da die küster zum theil verlauffen [fortgelaufen] sind, nicht nur in der stadt und auf den dörffern die teutschen schulen [danieder]liegen und die armen kinder versaumet werden, sondern daß auch dem [von] alters [her] fundirten und sonst mit 8. lehrern bestellten berühmten [Archi]gymnasio der ruin gar bevorstehe, indem da vor ungefehr 4. jahren zwey[1290] und jetz abermahl[s] 2. studiosi weg genommen seyn [worden] und die soldaten denen übrigen gleiches [zu tun] droen, frömdt und einheimische [Schüler] sich aus dem staube gemachet haben, so daß die obern lectores 2. solenne[ne] disputationes und einen actum declamatorium [haben] einstellen müßen und nicht wissen, wie sie [das] bevorstehende feyerliche examen abhalten wollen. Man siehet es auch vorher, daß, da [obwohl] ehedem von Hannoverischen, Waldeckischen, Hessischen, Bergischen, Lippischen und andern orthen junge leute hieher geschicket worden [sind], deren keiner weiter wird zu erwarten seyn, ja, einige landeskinder müssen ausser landes ihre studia treiben, dazu besorgter wieder einreissender verfall und unwissenheit, ohne cultur auffwachsen.

Ew[er] Kön[iglichen] May[estät] fallen wir den[n] mit unsern eingepfarrten [Gemeindegliedern] demüthig zu füßen und bitten alleruntert[änig]st, durch allergnädigste remediirung[1291] uns wieder zu erfreun und aus so vieler furcht zu erretten. Wir sehen es, daß diese häufftig entwichenen [Schüler] nicht wieder kommen werden, es sey dan [denn], daß die dießmahl zum höchsten nachtheil hiesiger stadt und börde weggenommene [Personen][1292] wieder frey gestellet [werden], auch denen, die außgewichen [sind] und sich noch verbergen, mögen hinlangliche protectoria und versicherungsscheine verfertiget werden, warum [worum] wir Ew[er] Kön[igliche]

1286 Dem männlichen (wehrtüchtigen) Bevölkerungsanteil.
1287 Geködert/angelockt.
1288 Den Abfall zum.
1289 Jubilieren/triumphieren.
1290 Vgl. Nr. 34.
1291 Die Abstellung der eingerissenen Missstände.
1292 Die Zwangsrekrutierten.

ßen darauß erwachsen würde, wie wir es den[n] nur göttl[icher] gnade zuschreiben, daß solches nicht erfolget [ist].

Es erinnern sich, Großmächtigster König, alte hiesige einwohner derer ehemahligen kriegszeiten und derer friedlichen besuchung von frantzosischer armee.[1282] Sie betheuren aber, daß darunter niemahlen eine[r] dergleichen confusion hiesige stadt erschrecket habe, maßen [in Anbetracht des Umstands, dass] dieses mahl derer besten und hiesiger stadt diensamsten bürger, welche zum theil über 20. jahr ihre haußhaltung geführt, viele kinder zu versorgen haben, über 40. jahr alt sind, auch zum theil jährlich in Ew[er] Kön[iglichen] May[estät] hiselbst aufgerichtete accise cassam etliche 100 r[eichs]th[a]l[er] von der consumption ihrer oeconomie und handtirung [ihres Handwerks] liffern, so wenig als derer gelehrten und graduirten personen, ja, auch frömbder, geschonet [worden] ist. Und obgleich nur ungefehr 40 bürger unter vielen schlägen, stossen und rauffen auff die hauptwache geführt [worden] seyn, so ist doch die anzahl derer geflüchteten ungleich grösser, welche mit großer lebensgefahr über zäune und mauern gesprungen und zum theil denen ihrigen noch nicht wieder [von ihrem derzeitigen Aufenthalt] kund gegeben haben, [zumal] auch die hiesige militz sich vernehmen lässet, es koste, was es wolle, sie zu greifen, [und] sich [deshalb] so bald nicht wieder einfinden werden.

Ew[er] Kön[igliche] May[estät] können wir nicht gnug klagen, wie betrübt es mit dem öffentlichen gottsdienste des folgenden sontags gestanden [hat]. Wir haben noch nie unter solcher zerstreuung unsere ambt verrichtet, zumahlen da die ledigen stühle[1283] und die thränen derer noch anwesenden unsere bestürtzung vermehret [haben], wie den[n] auch ein großes theil der[er], die sich voriges tags zur communion angemeldet hatten, nicht erschien, theils cüster[e; daheim] zurück geblieben [waren], die ordentliche collecte vor die armen unterbleiben muste und auff der boerden an verschiedenen orthen gar auff gehoben wurde. So auch bey vielen zu sorgen [ist], daß ihnen der unvermuthete schrecken lebenslang schaden thun werde, maßen nicht nur darunter weiber abortiret haben,[1284] sondern auch bey einigen unter so vielen ohnmachten metus apoplexiae[1285] erfolgt [ist]. Auch stehet uns noch für augen, wie ein candidatus theologiae, der auff 2 universitäten sein studium löblich getrieben [hatte], durch die furcht der werbung vor einiger zeit von sinnen kommen [ist] und noch jederman zum spectacul herumgehet, dergleichen auch einem zinnegiesser gesellen widerfahren, der jüngsthin in solchem elend ist gestorben. Auch hebet sich solcherley unglück anjetz an einer schneiders- und [einer] bauer[s]frauen hervorzuthun an. Und überhaupt dürfen wir Ew[er] Kön[iglichen] May[estät] nicht bergen, daß durch dergleichen gewaltsahmes verfahren das land von man-

---

1282 Im Blick sind hier wohl die Bedrohung und zeitweilige Besetzung Soests und seiner Börde durch den französischen Heerführer und nachmaligen Marschall von Frankreich Henri de La Tour d'Auvergne, vicomte de Turenne (1611–1675) in der Zeit zwischen 1672 und 1674. Wie Anm. 36.
1283 Bänke.
1284 Fehlgeburten erlitten haben.
1285 Ein Schlaganfall.

In Dortmund ist es in einer komplizierten Ehesache (enger Verwandtschaftsgrad)[1278] zu einem heftigen Streit zwischem dem Rat und den Predigern gekommen. Der Dortmunder Superintendent [Johann Georg] Joch[1279] ist entschlossen, „de nuptiis inhonestis" disputieren zu lassen.[1280] Aus Rinteln liegen zwei einander widersprechende Gutachten der theologischen und der juristischen Fakultät vor. Heftige Diskussion um eine uneheliche Geburt in Soest. Der Vater hat „seines Stiefvaters leiblichen Bruders Witwe" geschwängert.

Nr. 46   **Soest, Ende August 1720**
Johann Möller (Müller, Mollerus), Erster Pfarrer an St. Petri und Inspektor der Kirche von Soest, gemeinsam mit allen Predigern der Stadt und ihrer Börde an den König in Berlin. (Soest StA/StB, Bestand A, Nr. 6159, Bl. 15–16; auszugsweise ediert bei: Kloosterhuis, Jürgen: Bauern, Bürger und Soldaten. Quellen zur Sozialisation des Militärsystems im preußischen Westfalen 1713–1803, Bd. 1: Regesten [Veröffentlichungen der Staatlichen Archive des Landes Nordrhein-Westfalen. Reihe C: Quellen und Forschungen aus den staatlichen Archiven 29], Münster 1992, S. 31f.)

Allerdurchlauchtigster, großmächtigster allergnädigster König und Herr.

Ew[er] Königl[ichen] May[estät] allerunterth[änig]ste evang[elisch] lutherische prediger der stadt und börde Soest stehen noch biß auf diese stunde in höchster consternation über der unerhörten procedur, wodurch Ew[er] Kön[iglichen] May[estät] hiesige guarnison jüngsthin alles in grösten schrecken gesetzet hat, daher sie sich gedrungen achten, Ew[er] Kön[igliche] May[estät] als gemeinen allergnädigst[en] landesvater davon fußfällig, aber auch wehmütigst zu benachrichtigen.

Es war wieder hoffnung, hiesige lande in neuem flor zu sehen, nachdem Ew[er] Kön[igliche] May[estät] wider die gewaltsahmen werbungen in öffentl[ichen] publicirten edicten theuer verheissungen gegeben und Dero königl[iche] liebe zur gerechtigkeit, sowol in hoher person, als auch durch heilsahme verordnungen, auffs neue bezeuget hatten, wodurch die [vor den früheren Werbungen] geflüchteten wieder hergezogen und alles mit zartester auch allerunterth[änig]ster liebe gegen Ew[er] Kön[igliche] May[estät], ja auch mit vielem lob Gottes erfüllet wurde, biß nachts zwischen d[em] 24. und 25. Augusti 1720, da man sich auff die bevorstehende h[ohe] feyer des sontags bereitet hatte, durch viele insolentz[1281] derer musquetirs, wie auch das mit folgende seufftzen, winseln und heulen, auch entsetzliche fluchen derer weiber, kinder und folglich des gantzen pöbels, hieselbst jederman in die gröste furcht gesetzet wurde, daß ein öffentlicher tumult und mithin vieles blutvergie-

---

posita antithesi orthodoxa & observationibus [...], Rostock/Leipzig: Russworm 1721 (VD18 10990941).
1278   Vgl. Nr. 44.
1279   Johann Georg Joch (1677–1731). Wie Anm. 192.
1280   Nicht nachgewiesen. Möglicherweise auch später nicht erschienen.
1281   Anmaßung/Frechheit.

Abb. 77: Johann Wolfgang Jäger (1647–1720). Gemälde des Johann Christoph Kayser (1693–1720), tätig in Tübingen, 1718. (Tübingen, Museum der Universität, Sammlung Akademischer Porträts – Professorengalerie)

Berichtet über eine Auseinandersetzung zwischen zwei Greifswalder Theologen, in der ersterer seinen Kollegen des Pietismus beschuldigte. Die Nachfolge D[oktor] Johannes Fechts[1274] in Rostock scheint geregelt zu sein, doch steht es dort insgesamt schlecht. Auch [Franz Albert] Aepinus,[1275] der die Fakultät gegenwärtig fast allein am Laufen hält, findet nur schwer Verleger. „Indessen ists [hat er] mit seinen thesibus antidippelianis[1276] schon angefangen, sie vorzubereiten, und will er per modum disputationum das Werk fortsetzen. Sie [es; das Werk] dürfte aber bei so gestalteten Sachen wohl langsam vonstatten gehen, weils drei Alphabet soll stark werden."[1277]

1274   Johannes Fecht (1636–1716). Wie Anm. 377.
1275   Franz Albert Aepinus (1673–1750). Wie Anm. 1263.
1276   Johann Konrad Dippel (1673–1734). Wie Anm. 181.
1277   Alphabet: Typographische Maßeinheit im Blick auf die Bogenzählung (drei komplette Systeme). – Das Werk erschien tatsächlich erst 1721: Mataeologiae fanaticae recentioris compendium, ex Johann[is] Conrad[i] Dippelii, seu, quo nomine sibi magis placet, Christiani Democriti scriptis sub titulo: Eröffneter Weg zum Frieden mit Gott und allen Creaturen; iunctim editis, collectum et ordine systematico dispositum, op-

Abb. 76: Franz Albert Aepinus (1673–1750). Kupferstich des Christian Fritzsch (1695–1769), tätig in Hamburg und Schiffbek, 1756. (Wien, Österreichische Nationalbibliothek)

sein, woran vielleicht die vielen Geschäfte, womit dieser berühmte Theolog täglich überlastet [ist], Ursach haben."

bilismus, naturalismus, Borrhismus, Socinianismus, Labadismus, Commenianismus, Hobbesianismus, Cartesianismus, Coccejanismus, Beckerismus, pietismus, quakerismus, familismus, Spinozismus, nullibismus, quietismus, Poiretianismus, Burrignoniae doctrinalia, Lockianismus, mysticismus, Stengerianismus, Neo-Origenianismus, Card[inalis] Petrucci et Fenelonis de Saligniac. Cum societate Philadelphica et novellis Prophetis Sevennensibus sistuntur a[b] anno M.D.C, usq[ue] ad annum M.DCCX.: In II. tomis […], Hamburg: Heyl und König Erben 1717 (VD18 11259094001).

Nr. 45   Soest, 7. März 1719

Jost Wessel Rumpaeus, Rektor des Gymnasiums in Soest, an Ernst Salomo Cyprian, Professor der Theologie am/Direktor des Collegium Casimirianum in Coburg, Mitglied des Oberkonsistoriums in Gotha und Bibliothekar der Fürstlichen Bibliothek auf Schloss Friedenstein. Zum Zusammenhang siehe Nr. 40 und Nr. 67. (Wiedergabe nach: Wotschke, Geschichte des westfälischen Pietismus 1 [wie Anm. 10], S. 87–89)

[Regest] Überbringer des Briefes ist ein naher Anverwandter, der bei dem Gothaer „Apotheker H[errn] Herzog als Gesell in der Officin" arbeiten will.[1267] Erkundigt sich nach einem „Paket mit einem kleinen Briefchen", das er Cyprian „vor einem Jahr ungefähr" zugeschickt hat.[1268] Übersendet seine „geringe Disputation jubilaeorum[1269] und von meinen institutionibus theologicis,[1270] soviel davon heraus ist". Wegen des Fehlens eines guten Verlegers und des schlechten Zustandes des [Soester] Gymnasiums kommt das Werk nur schleppend voran. Die Aufnahme ist ungewiss.

„Mit der von Ew[er] Hochw[ürden] zu erwartenden Kirchenhistorie[1271] hoffen wir nun schon bald erfreut zu werden, indem es uns noch an einer schönen vollständigen Reformationshistorie fehlt. Denn des Herrn D[oktor Johann Wolfgang] Jäger [Abb. 77][1272] seine[1273] scheint nicht mit [all]zu großem Fleiß ausgearbeitet zu

1267 Christian Hertzog († 1725), der Apotheker der „Löwen-Apotheke" in Gotha. In der Chronik dieser Apotheke heißt es zu ihm: „Im Jahre 1673 erhielt der erste Apotheker Johann Ernst Freund das ‚privilegium exclusivum'. Im Jahre 1692 erwarb Apotheker Christian Hertzog für 1150 Gulden die Apotheke und das Privileg käuflich. Es erfolgte eine Zusammenlegung der beiden Apotheken (der heutigen Löwen- und Goethe-Apotheke) zu einem ‚completten Corpus pharmazeuticum'. Christian Hertzog war ein ‚unternehmender Mann'. Im Jahre 1711 erhielt er eine Privilegienbestätigung für die privilegierte Hof- und Stadtapotheke. Christian Hertzog starb im Jahre 1725." https://loewenapothekegotha.de/wirueberuns/historie.html [31.07.2021, 2023 nicht mehr verfügbar].
1268 Vgl. Nr. 40. – Zu der hier greifbar werdenden Übermittlung von Urkunden und Nachrichten aus Soest vgl. auch unten Nr. 67.
1269 Historumena de Reformatione ecclesiae divina, b[eati] Lutheri ministerio instituta […], Soest: Hermanni 1717; 3.21 Jost Wessel Rumpaeus Nr. 50 (1717).
1270 Wie Anm. 1265.
1271 Der „Hilaria Evangelica" (1719). Wie Anm. 402.
1272 Johann Wolfgang Jäger (1647–1720) war nach einer steilen Karriere 1702 zum Kanzler der Universität Tübingen ernannt worden. Hier war er zugleich Professor der Theologie und Propst der Stiftskirche. Sieben Jahre später (1709) wurde er Abt des Klosters Adelberg und württembergischer Generalsuperintendent. Jung, Martin H.: Artikel „Jäger, Johann Wolfgang", in: RGG⁴ 4 (2001), Sp. 347 (Literatur). – DNB zu Jäger: https://d-nb.info/gnd/100181473 [23.08.2023],
1273 Jäger, Johann Wolfgang: Historia ecclesiastica cum parallelismo profanae ex speciali Serenissimi Würtembergensis Ducis jussu scripta […], Tübingen 1692 (1709² und erweitert 1717³). Hier dürfte die Ausgabe von 1717 im Blick sein: Historia ecclesiastica cum parallelismo profanae: In qua conclavia pontificium Romanorum fideliter aperiuntur et sectae omnes recensentur, ut: Böhmismus, Weigelianismus, Ariminianismus [Arminianismus], syncretismus, Amyraldismus, Jansenismus, Arnaldismus, proba-

[Regest] Hofft, Löscher nicht „in Dero hochwichtigen Geschäften" zu stören. Hat sich den ersten Teil von dessen „Timotheus verinus"[1258] beschafft und gehört, daß der zweite Teil auch schon erschienen sei, kann diesen im Katalog [des Buchhändlers/Druckers] aber nicht finden. Ist das Buch heraus? Wird Löscher „dem ruchlosen [Joachim] Lange[1259] in Halle" antworten? Die mit den Soester Messebesuchern [Kaufleuten] über Leipzig geschickten, „dem Packet an H[errn] Hofprediger [Karl Gottfried] Engelschall[1260] einverleibten Sachen" wird Löscher von diesem inzwischen erhalten haben.

„In der benachbarten Stadt Dortmund gibt es zwischen dem Magistrat und dem Ministerium wegen einer von ihnen [dem Rat] einem Manne mit seiner Frauen Schwester zugelassenen und von der rintelischen juristischen Fakultät kopulierten Heirat einen großen Streit, und [es] hat der [dortige] Superintendent [Johann Georg Joch],[1261] der besonders dawider [ist], geeifert, sie würden alle es dahin bringen, daß diese Ehe wieder getrennt würde."

Über die Nachfolge seines Lehrers [Johannes] Fecht[1262] in Rostock. Rumpaeus schätzt den dafür vorgeschlagenen Franz Albert Äpinus[1263] („ein großer philosophus, orthodoxus theologus, liest den ganzen Tag über", Abb. 76) und zieht diesen dem [ihm aus Greifswald noch gut bekannten] Johann Georg Pritius[1264] unbedingt vor. „So viel von meinen institutionibus heraus [ist],[1265] gehen sie ein […], weil der Verleger das Werk nicht kann poussieren[1266] [und] der numerus studiosorum auch bis auf acht hier [in Soest] abgenommen [hat], so gehet es etwas langsamer fort […]."

1258 Löscher, Valentin Ernst: Vollständiger Timotheus Verinus, oder, Darlegung der Wahrheit und des Friedens in denen bisherigen pietistischen Streitigkeiten: nebst christlicher Erklärung und abgenöthigter Schutz-Schrifft, Wittenberg: Hannauer 1718–1721 (Neuauflage 1722–1726). Löschers Hauptwerk gegen den Pietismus in all seinen Spielarten.
1259 Joachim Lange (1670–1744). Wie Anm. 384.
1260 Karl Gottfried Engelschall (1675–1738) wurde 1701 Archidiakon in Reichenbach (Vogtland) und war von 1707 bis 1737 Zweiter Hofprediger in Dresden. Schnorr von Carolsfeld, Franz: Artikel „Engelschall, Karl Gottfried", in: ADB 6 (1877), S. 143. – DNB zu Engelschall: https://d-nb.info/gnd/120861712 [23.08.2023].
1261 Johann Georg Joch (1677–1731). Wie Anm. 192.
1262 Johannes Fecht (1636–1716). Wie Anm. 377.
1263 Franz Albert Aepinus (1673–1750) war seit 1709 Rektor in Ratzeburg und wurde 1712 zunächst außerordentlicher, dann 1721 ordentlicher Professor in Rostock. Richter, Arthur/Wagenmann, Julius August: Artikel „Aepinus, Franz Albert", in: ADB 1 (1875), S. 128 f. – Tommasi, Francesco Valerio: Philosophia transcendentalis. La questione antepredicativa e l'analogia tra la Scolastica e Kant, Florenz 2008, hier S. 68–71 („Franz Albert Aepinus e la philosophia transcendentalis") (Literatur).
1264 Johann Georg Pritius (Priz; 1662–1732). Wie Anm. 984.
1265 Institutiones theologicae in tres partes distributae […], Soest: Wolschendorff und Leipzig: Lanckisch 1721; 3.21 Jost Wessel Rumpaeus Nr. 54 (1721).
1266 Befördern/voranbringen.

er gelesen und zueigen habe? Ob er einige Maengel angemercket in Kirchen- und Schul-Sachen, oder Mittel zur Verbesserung wisse? Ob er seines vorigen Lebens halber Anfechtungen empfinde? Mit welchen frommen Christen, Gelehrten oder Predigern er bekandt sey? Da dann auch zu attendiren, wie es um die Studia und uebrige Amts-Tuechtigkeit stehe, und darauff soll ihm ein Testimonium nach der Warheit ertheilet, und er, wo er tuechtig befunden worden, zur Probe-Predigt von den Patronen admittiret werden.

§ XV. Wann ein Candidatus die Vocation erhalten und das Examen und Ordination verlanget: So soll er vor abgelegter Probe-Predigt sein Curriculum vitae in lateinischer Sprache verfassen, sub fide Juramenti alle Oerter, wo er studiret, eigenhaendig verzeichnen, und schrifftliche Zeugnuesse seines so wohl auf denen Universitaeten, als auch anderswo erzeigten Verhaltens von den Praeceptoribus, Inspectoribus und Professoribus beybringen, auch die gehaltene Probe-Predigt, als ein Zeugnueß seiner Lehre, schrifftlich uebergeben, daß sie von einem jeden Examinatore gelesen, und censiret, und im Consistorio ad Acta beygeleget werden kan.

§ XVI. Solte einer keine gute Testimonia haben, zum Amte untuechtig, oder in seinem vorigen Leben aergerlich gewesen seyn: So soll derselbe so lange ab- und zurück gewiesen werden, bis man untrieglichen Kenn-Zeichen der wahren Besserung und eine genugsame Tuechtigkeit zum Ambte bey ihm befindet.

[Regelungen zur Durchführung der Prüfung; theoretische und paraktische Anteile derselben]

§ XXIII. Wan nun der Candidatus in solchem Examine wohl bestehet, zu Wittenberg nicht studiret hat,[1257] sich auch uebrigens Vnseren Edictis Gehorsam zu erzeigen erklaeret; so soll er hierauf ordiniret, in seiner Vocation und Ambte confirmiret, auch fernerhin bey der Introduction von dem Inspectore unterrichtet werden, welcherley ergangene Edicta und Verordnungen er in seinem Ambte zu beobachten habe. [Einschärfung der getroffenen Anordnungen. Diese sind verbindlich. Niemand kann sich mit seiner Unwissenheit entschuldigen].

Nr. 44   Soest, 3. Februar 1719
Jost Wessel Rumpaeus, Rektor des Gymnasiums in Soest, an Valentin Ernst Löscher, Pfarrer an der Dresdner Kreuzkirche und Oberkonsistorialassessor und Superintendent in Dresden. Zum Zusammenhang siehe Nr. 37. (Hamburg SB, Suppellex epistolica 44; Wiedergabe nach: Wotschke, Rumpaeus' Briefe an Löscher [wie Anm. 415], S. 135 f.)

1257 Das Verbot eines Studiums im spätorthodoxen Wittenberg lief natürlich auf eine strenge Normierung im Sinne des hallischen Pietismus hinaus. Auch in Westfalen (Grafschaft Mark und Nebenquartiere) waren damit viele Konflikte vorprogrammiert. Vgl. schon Nr. 29 und 43.

digen moegen, nicht minder, sollen sowohl in den Staedten, als auch auf dem Lande die Prediger denen Studiosis vergoennen, daß sie dan und wan in ihren Kirchen oeffentlich catechisiren, oder in den Filialen die Catechisation, da sie solche selbst nicht verrichten koennen, uebernehmen, und dan und wan mit sich, wo es fueglich geschehen kan, zur Besuchung der Krancken nehmen. Nebst dem sollen auch die Studiosi von den Haus-Wirthen angehalten werden, in denen Haeusern, wo sie sind, mit den Ihrigen fleißig zu beten, mit den Kindern und Gesinde Catechismus-Examina zu halten vnd jederman mit einem unstraefflichen Wandel vorzugehen: Weßwegen auch die Benachbarte Studiosi, wie sich jeder in der Nachbarschafft halte, befraget werden, vnd davon zur Besserung des Naechsten die Warheit anzeigen sollen.

§ XIII. Endlich zum Vierten, wann [wenn] nun ein Candidat wuercklich zu befordern ist, es sey in eine Schule oder zum Kirchen-Ambt: So soll es jederzeit also gehalten werden: Alle Patronen, Inspectores, Ambt Leute und Magistrate, welche bey der Wahl eines Kirchen- oder Schul-Collegen etwas zu sagen haben, erinnern Wir alles Ernstes, daß sie alles lauterlich in der Furcht GOttes verrichten, weder von denen Ihrigen jemanden einschieben, noch Geschencke nehmen, noch sonsten andere unverantwortliche Absichten hegen, welches, wo jemand desfalls sich verschulden wuerde, mit hartter Straffe soll beleget werden. Alle, die sowohl bey denen lateinischen, als auch teutschen Schulen zu Rectoren, Praeceptoren, Cuestern und Schul-Meistern sollen bestellet werden, die sollen, ehe sie von denen Magistraten und Patronen angenommen werden, Vnseren Consistoriis, oder denen General-Superintendenten sistiret, oder remittiret, und, jedoch gratis examiniret, die Untuechtigen abgewiesen, denen Tuechtigen aber ein Testimonium gegeben, niemanden aber, der solches nicht hat, die Vocation ertheilet werden. Diese sowohl, welche zu Schul-Diensten gelangen sollen, als auch die Candidati Ministerii muessen zuvorderst, ehe sie tentiret werden, ihre erhaltene Testimonia von Universitaeten vorlegen, und soll von keinem Patrono jemand zur Probe-Predigt admittiret, ihm viel weniger die Vocation ertheilet werden, ehe und bevor er tentiret, zum Predigt-Ambt tuechtig befunden worden, und deswegen ein Testimonium von denen Examinatoribus produciren kan.

§ XIV. Es sollen aber die Examinatores in solchem Tentamine,[1256] ein jeder ins besondere privatissime den Candidatum nach seinem inwendigen Zustande suchen zu pruefen, ob er in der Busse und lebendigen Glauben stehe? Und was er hiervon vor Kennzeichen von sich geben koenne? Wie er sein Leben von Jugend auff gefuehret? Wie er zu GOt bekehret worden? Welche Specimina providentiae divinae er an sich erfahren? Wie er zu dem Amte komme? Ob bey ihm oder bey dem Patrono unlautere Absichten unterlauffen? Wie er das Amt im Predigen, catechisiren und uebrigen Verrichtungen zu fuehren und zu wandeln gedencke? Welche Buecher

---

1256 Einem Beratungsgespräch. Das heißt faktisch: Einem im Sinne des hallischen Pietismus durchgeführten, problematischen, weil zur Unaufrichtigkeit verleitenden „Examen nach dem Examen".

Zuspitzung auf das Studium der Theologie. Allgemeine Regeln. Umfassende Aufsicht- und Berichtspflicht der Professoren]

[...]

§ VIII. Ehe ein Studiosus von der Universitaet wieder wegziehet, soll er solches denen Professoribus, bey welchen er Collegia gehalten, wenigstens ein Viertel-Jahr zuvor anzeigen, mit deren Rath alles vornehmen, vor dem voelligen Abzug bey der Theologischen Facultaet Abschied nehmen und bitten, daß sein Nahme in das Facultaet Buch[1255] mit denen noethigsten uemstaenden eingeschrieben werde, damit er kuenfftig beduerffenden Falls, da sich eine Vocatio publica ereignete, um ein Testimonium vitae & studiorum, mit Benennung des Tages seines Abschiedes, schrifftliche Ansuchung thun koenne, da ihm dann dasselbe nach der Wahrheit und Gewissen ertheilet und ohne wichtige Ursache nicht verweigert werden soll.

§ IX. Ferner vnd zum Dritten, was die Studiosos anlanget, die sich von der Universitaet nach Hause zu denen Ihrigen oder anders wohin zur Information in Staedten oder Doerffern begeben, die sollen sich bey dem Inspectore, in dessen synodo sie sich aufhalten, melden, der so dan auff sie Auffsicht haben, und ihnen nicht nachsehen soll, das Studiosi (wie viele pflegen) nach der suendlichen Freyheit vieler, so auf Universitaeten sich aufhalten, in Voellerey, Zech-Compagnien, faulen Geschwaetz und andern ueppigen Wesen leben, sondern sie anweisen, daß [sie] Gottesfuerchtig wandeln und ihre Studia sonderlich in den Schrifften der Propheten und Aposteln noch besser gruenden, oder, wo moeglich, noch einmahl die Universitaet besuchen.

§ X. Es sollen auch die Studiosi, auf Erfordern, denen Inspectoribus Rechenschafft von ihren Studiis geben, vnd wan sie der einsten in Vorschlag zur Befoerderung kommen, ihres Zustandes und gefuehrten Wandels halber vom Inspectore ein Zeugnueß bringen, und dadurch verhuetet werden, daß nicht mancher unwissender, unnuetzer vnd fleischlicher Mensch in ein geistlich Ambt [sich] einschleiche.

§ XI. Wan ein Studiosus von Universitaeten kommt, und sich meldet, soll er von dem Inspectore und seinen Collegen in der Furcht GOttes ohne Entgelt und ohne alle Neben-Absicht, nach dem lautern Sinn der Evangelischen Warheit examiniret und ihm, wie er sich zu verhalten habe, angezeiget werden. Es haben aber die Inspectores wohl in Acht zu nehmen, daß sie in keinerley Weise einige Partheyligkeit an sich spueren lassen, indem solches nicht ungeahndet bleiben wuerde: Er soll auch, wie er bestanden, von ihm ein Testimonium bekommen, und da er seine erste Predigt zur Censur uebereichet, von ihm licentiam zu predigen erlangen, und soll ohne dem, oder ohne Vorbewust und Bewilligung des Inspectoris, keinem Studioso, bey harter Beahndung, von einem Prediger die Cantzel geoeffnet werden.

§ XII. Damit auch solche Studiosi zum Predigt-Ambt desto habiler gemachet werden: So koennen die Inspectores mit denen, die sich in Staedten aufhalten, Wochentlich einmahl an einem bequemen Tage ein Collegium biblicum halten, dazu sich auch die Studiosi vom Lande dan und wan mit einfinden sollen, ihnen auch weiter Anlaß geben, und mit ihrem eigenen Exempel zeigen, wie sie erbaulich pre-

---

1255 Das Album der Fakultät.

[ge]blieben [ist], welchen [ich] vor einiger zeit auf Berlin gesand [habe],[1250] aber wol gesonnen [bin], i[h]n von dar zu revociren und bey meine [jüngeren] söhne hinzu [zu] geben, wer es nur anständig.[1251]

Wir haben nachricht alhir von dem paedagogio regio [in Halle],[1252] welches uns aber zu kostbar fält, sonsten ist solches wohl erwünscht. Meine [beiden] ältere söhne,[1253] die sonst vor diesem in Halle bey der universität gewesen [sind],[1254] recommendiren auch die schule, so von dem wayßenhause dependiret, sonderlich. So balt [ich] einige versicherung oder consilium daruber erhalte, würde [ich] meine [beiden] jüngeren] söhne übersenden.

Inzwischen unter empfehlung göttlicher obsorge und und gedeyen zu Dero hohen amptsaffairen und verdienstlichen erbietung bin [ich] Ewer Hochwürden [...] dienstschuldiger und getreuer mitarbeiter bey Gott

m[agister] Johann Mollerus
pastor Petr[i] primar[ius] et min[isterii] inspector

Nr. 43   Berlin, 30. September 1718
König Friedrich Wilhelm in Preußen: Königliche Preußische Erneuerte Verordnung wegen der studierenden Jugend auf Schulen und Universitäten wie auch der candidatorum ministerii. (Soest StA/StB, Bestand A, Nr. 6156b, Bl. 35–38, hier Bl. 37).

Koenigliche Preußische Erneuerte Verordnung,
Wegen der Studirenden Jugend,
Auf Schulen und Universitäten,
Wie auch Der CANDIDATORUM MINISTERII,
Sub Dato den 30. Septembr[is]. Anno 1718.
CLEVE, gedrückt durch Jacobum de Vries Königl[ich] Preuß[ischer] Hofbuchdr[ucker]

[Rekurs auf ältere Verordnungen. Allgemeine Regeln für den Schulbetrieb an den Gymnasien. Ermahnung zum Studium an den preußischen Landesuniversitäten.

1250   Demnach wohl ins Militärwaisenhaus in Potsdam. Auch das Soester Waisenhaus hatte ja (so zumindest der Wunsch des Königs) zeitweise eine ähnliche Funktion für die preußischen Westprovinzen übernehmen sollen. Wie Anm. 287.
1251   Der Knabe war ein Großneffe Möllers (seine Großmutter Maria Dorothea Möller war die zweite Frau des Soester Inspektors Georg Westarp [† 1678; wie Anm. 1193] gewesen). Er dürfte ihm also auf der (durch die eigenen Söhne ohnehin schon gehörig belasteten) Tasche gelegen haben.
1252   Die zu Pfingsten 1695 eröffnete Schule für die Kinder wohlhabender Familie.
1253   Franz Thomas Möller (Müller; 1683–1754; wie Anm. 353) und Johann Möller (1687–1762), später Hofrat und Syndicus in Soest. Kleiner Michels (wie Anm. 14), S. 396.
1254   Über ein Studium der beiden (älteren) Möllers in Halle ist nichts bekannt. Franz Thomas Möller (Müller; 1683–1754; wie Anm. 353) hatte seit 1703 in Jena studiert und dort 1705 auch den Magistertitel erworben. Es wird sich also wohl nur um einen Besuch gehandelt haben.

Nr. 42   Soest, 28. September 1718
Johann Möller (Müller, Mollerus), Erster Pfarrer an St. Petri in Soest, an August Hermann Francke, Pfarrer an St. Ulrich in Halle (Saale), Professor an der dortigen Theologischen Fakultät und Direktor der Stiftungen. Zum Zusammenhang siehe Nr. 38. (Halle [Saale] AFSt, Bestand H C 799:79).

[Adresse:] A Monsieur Monsieur Francke, professeur en theologie et ministre de la parole de Dieu de l'èglise evangelique publ[ique] de Saint Ulrich dans la ville de et à Halle.
Hochwürdiger, hochzuehrender Herr Professor.

Vor einiger zeit, in Ewer Hochwürden abwesenheit, wie [ich] ex post vernommen [habe],[1242] habe [ich] auf begehren hiesigen magistrats und ministerij einige personen recommendiret p[er] literas zu denen freytischen bey Dero universität, [nämlich] hiesigen herrn cantoris sohn und einen conversum monachum ordinis Francisci, welche aber darüber an andere [Universitäten] gelanget, [nämlich] einer auf Jena, der andere nach Franckfurt an der Oder zu dem converso Palirempen [?; …],[1243] professore ibid[em].

Die veranlaßung zu sothaner […] recommendation hat man genommen daher, weil wir von herauß, [nämlich] von Soest und dero bothmäßigkeit, jährlich ein zimliches contribuiren zu denen freytischen nach Königlicher verordnung, keiner[!] aber bißher davon etwas genossen von unsern landsleuten. Wegen der schlechten, vahrlichen[1244] zeiten nimt die collecte zimlich ab. Dahero auch der status hiesigen archigymnasii schlecht, absonderlich wegen der gewaltsamen werbungen.[1245]

Darum [ich] dan meine 2 jüngere söhne gerne mögte senden auf Dero von dem waysenhause dependirende schule zu Halle,[1246] die mir vor anderen recommendiret [worden ist], darum mögt [ich] wissen aygentlich den statum, fur waß condition kinder dieselbe angeordnet [ist] und waß jahrlich fur kosten dazu erfordert [werden].[1247] Wen[n] Ewer Hochwürden alß oberdirector davon mir gytig mögten part zu geben[1248] belieben, wolte [ich] solches mit dankbahrem gemüthe wissen zu erkennen und auf gutbefinden Dero hohen patrocinio meine söhne überlassen, und vielleicht noch einen Hungarum, eines predigers sohn auß Cremnitz,[1249] einen nepos hiesigen herrn inspectoris, dessen sohn als feldprediger vormahlen mit dem generallieutnant Brand von Berlin in Ungarn [ge]gangen, daselbst alß prediger stehen

1242   Franckes große „Reise ins Reich" (1717/18). Brecht, Martin: August Hermann Francke und der Hallische Pietismus, in: Ders. (Hg.), GdP 1 (wie Anm. 51), S. 440–540, hier S. 511–514.
1243   Nicht nachgewiesen. – Wohl kaum identisch mit Johann Rempen (1663–1744). Wie Anm. 972.
1244   Gefährlichen/unsicheren.
1245   Vgl. auch Nr. 37 und 46f.
1246   Die Waisen- oder Bürgerschule.
1247   Erfragt werden also die Zulassungsvoraussetzungen und die Höhe des Schulgeldes.
1248   Mitzuteilen/Nachricht darüber zu geben.
1249   Johann Georg Westarp II. († 1752). Wie Anm. 1156.

„Der Preußen Adler läßt nicht Schwanen Lieder singen,
Da Luthers Jubelfest an diesem Tage ist,
Er läßt vor seinem Gott die Freudenlieder bringen,
Ob es gleich sehr verdreust dem Pabst dem[1238] Anti-Christ."

An der Linken präsentirte sich ein großer weiße[r] Schwan, worunter folgende Zeilen zu lesen [waren]:

„Die Gans hat zwar vorlängst des Pabstes Wuth gebraten,
Allein der weiße Schwan, Lutherus, lebet doch,
Wie glücklich were Rom, wenn es sich liesse rathen,
Und dieses Schwanen Weg beizeiten folgte noch."[1239]

An dieser beyde Seiten schwebten 2 Fahnen, auf deren einer der schwarze preußische Adler, nechst andern königl[ichen] Insignien zu sehen [war], auf der andern aber der weiße Schwan u[nd das] Wapen Lutteri sich präsentirte[n]. Damit aber dise sowol als die illuminirten Stück[e] könn[t]en gesehen werden, so waren den obengedachten Bildern des Pabstes Gregorii u[nd] Thomae Aquinatis einem jeden eine große Trauerfackel brenend in [die] Hand gegeben [worden], wie den[n] auch zur Commodität der Zuschauer die Mauer des Pastoratgartens mit Pechfackeln besetzt war. Unten an dieser Illumination praesentirte sich ganz groß das Bildniß Lutheri, mit aufgeschlagenen Bibelbuch, die Randschrift war: „Verae religionis Restaurator magnanimus." Unten funden sich folgende Worte u[nd] Zeilen: „MartInVs LutherVs theoloGIae DoCtor."[1240]

„Luthers Lehr ist Gottes Wort, / Darum bleibet selbe fort u[nd] fort, / Denn Gottes Wort u[nd] Luthers Lehr, / Vergehen nun u[nd] nimmermehr."

Es war aber diese Illumination zum Vergnügen der Zuschauer zu sehen bis Abends 10 Uhr,[1241] u[nd] wurde hiemit der 1ste Tag des Jubelfestes beschlossen. Den folgenden Tag wurde auf dem Gymnasio […] das Fest gefeiret.

Nr. 41   Soest, 14. Juli 1718
Johann Nikolaus Sybel, Pfarrer an St. Georgii in Soest, errichtet eine Stiftung für solche Stadtkinder, die in Halle (Saale) Theologie studieren möchten. Nicht aufgefunden, aber bezeugt durch Nr. 96.

1238 Cyprian: „und".
1239 Zum Motiv: Lutherhalle Wittenberg in Verbindung mit Seib, Gerhard (Hg.): Luther mit dem Schwan. Tod und Verklärung eines großen Mannes, Berlin 1996 (Ausstellungskatalog).
1240 Die Großbuchstaben sollen den (lateinischen) Zahlenwert 1717 ergeben.
1241 Cyprian: „Um 10 Uhr, da denselben Abend das meiste wieder abgenommen".

macht, u[nd] daraus vorgestellt der evangelisch-lutherischen Kirchen heiliges Jubel-Opfer, so sie an diesem Tage vor Gott zu bringen verbunden seyn [sind/ist].[1231]

Nach abgelegter Predigt hat der Herr Pastor [Johann Thomas Hermanni] eine von ihm zusammengefaßte Historia der Reformation in der Stadt Soest öffentlich abgelesen, welche, weil sie bis auf unsere Zeiten continuiret, viele Singularia darin vorkommen u[nd] mit der Serie aller lutherisch[en] Prediger an derselben Kirchen [St. Mariae zur Wiese], der[er] bereits 17 gewesen, beschlossen worden [ist], so ist solches, ob es gleich sehr weitläuftig gewesen u[nd bis] in die späte Nacht gewähret [hat], doch mit sonderbarer Attention von der groß[en] Menge Zuhörer angehört worden. [Es folgt die Historia Hermannis; Bl. 330–340a].

Und wurde hierauf nun das Gebet verrichtet u[nd] nach verrichtetem Gebet das „Te Deum laudamus" wechselweise, theils durch Vocalisten, theils durch[1232] Trompeten u[nd] andere musicalischen Instrumenten, intonirt u[nd] hiemit der Gottesdienst geschlossen.

Hierauf wurde folgende Illumination präsentirt[:][1233] Es war aber sonderlich das kostbare Portal über einer Thür an der Wiesenkirche, so aus lautern gehauenen Steinen u[nd] Bildern besteht, zu der Illumination vor andern hiezu choisirt worden. Weil nun unter ander[en] Bildern an dem Portal auch das Bild [des] Pabstes Gregorii[1234] u[nd] Thomae Aquinatis[1235] [sich] daselbst finden, so kamen selbige wohl à propos,[1236] u[nd] musten bei dieser Solennität[1237] ihre Dienste erweisen. Es war aber bei dieser Illumination ganz oben zu sehen das Portrait S[eine]r K[öniglichen] Maj[estät] in Preußen, worunter folgende Worte sich ganz präsentirten: „Vivat Fridericus Wilhelmus, Protector Fidei vere Evangelicus", etwas herunter zur Rechten präsentirte sich der Preuß[ische] schwarze Adler, worunter folgende Zeilen zu lesen waren:

> Freyheit in der Zeit, des Himmels Erb in Ewigkeit, des freut sich das Gemuethe, willig, froelich, last uns preisen, Danck erweisen, GOtt alleine, so bekoemmt das Hertz das Seine." (Soest StA/StB, Bestand A, Nr. 6447, S. 7.)

1231 Cyprian ergänzt: „Wie nun, nebst der gründlichen Erklärung, bei der Partition die Application überall wohl angebracht worden, so ist solches von den Auditoribus billig admiriret worden".

1232 Cyprian ergänzt: „durch Waldhorns".

1233 Cyprian ergänzt: „wobey aus dem nahe an der Kirche gelegenen Pastorat-Garten dreymal [mit Musketen/kleinen Kanonen] Salve gegeben worden".

1234 Gregor I., der Große (540, reg. 590–604). Schieffer, Rudolf: Artikel „Gregor I., der Große, Papst", in: RGG^4 3 (2000), Sp. 1257f. (Literatur). Seine Deutung war in Soest durchaus kontrovers. Vgl. nur zwei Jahre zuvor: Stute, Johann Peter: Gregorius Magnus Papa Lutheranus sive Der Lutherische Pabst contra Papistas imprimis monachos Parisienses ordinis S[ancti] Benedicti, S[anctae] Marth[ae], Bellarminum, Baronium, Schelstratium aliosque/ex S[ancti] Gregorii Libris et Epistolis vindicatus […], Leipzig: Stock 1725; 3.25 Johann Peter Stute Nr. 3 (1715).

1235 Thomas von Aquin (1224/25–1274). Slenczka, Notger: Artikel „Thomas von Aquin", in: RGG^4 8 (2005), Sp. 369–376 (Literatur).

1236 Zum Vorschein.

1237 Cyprian ergänzt: „wie weiter unten soll erzehlet werden".

2.2 Quellen Nr. 1 bis 200 269

Klocken geläutet[1225] u[nd] der Gottesdienst mit der schönsten Musik angefangen und über 1 1/2 stund [lang] mit dem Gesang u[nd] Musica continuirt, dabei [wozu] sich eine ungemeine Menge von Menschen von allen 3 Religionen[1226] einfanden, sodaß in disem großen Gebäude kein Platz zu finden war.

Es hielt darauf Herr Past[or Johann Thomas] Hermanni[1227] über d[en] 138. Ps[alm] Davids V[erse] 1–6[1228] eine recht geistreiche Predigt, da er denn im Proloquio sich der Worte bediente 2. Reg[um] 7[, 9]: Dies ist ein Tag guter Bothschaft, so wir das verschweigen, so wird unser Missethat funden werden,[1229] da denn nach geschehener Erklärung die Application gar artig gemacht u[nd] gezeigt [wurde], wie mit dem ehemaligen elenden Zustande Samariae unser bejammernswürdiger Zustand vor der Reformation im finsteren Pabsthume in sehr vielen Puncken u[nd] Stücken zu vergleichen wäre. In dem Exordio wurde nicht allein von dem Jubeljahr Altes Testam[ents], sondern auch der Historia gar artig die mancherlei Arten solcher Jubelfeste angezeiget[1230] u[nd] hiernächst die Application auf den Text ge-

---

1225 Cyprian ergänzt: „Wie nun ein Hoch-Achtbahrer Magistrat, und andere vornehme, demselben beywohnen [haben] wollen, so waren nicht allein die vornehmsten Stühle [Bänke], sondern auch die Cantzel mit schönen Tüchern und Etoffen [Bezügen aus festem Stoff] vorhero überzogen worden".

1226 Lutherisch, reformiert und römisch-katholisch.

1227 Johann Thomas Hermanni (1685–1747). Wie Anm. 263.

1228 Motto: Dank für Gottes Hilfe.// „Von David. Ich danke dir von ganzem Herzen, vor den Göttern will ich dir lobsingen. Ich will anbeten zu deinem heiligen Tempel hin und deinen Namen preisen für deine Güte und Treue; denn du hast dein Wort herrlich gemacht um deines Namens willen. Wenn ich dich anrufe, so erhörst du mich und gibst meiner Seele große Kraft. Es danken dir, Herr, alle Könige auf Erden, dass sie hören das Wort deines Mundes; sie singen von den Wegen des Herrn, dass die Herrlichkeit des Herrn so groß ist. Denn der Herr ist hoch und sieht auf den Niedrigen und kennt den Stolzen von ferne" (Ps 138, 1–6).

1229 „Aber einer [der Aussätzigen] sprach zum andern: Lasst uns so nicht tun; dieser Tag ist ein Tag guter Botschaft. Wenn wir das verschweigen und warten, bis es lichter Morgen wird, so wird uns Schuld treffen" (2. Kön 7, 9).

1230 In seiner Schrift: Da bey dem Evangelischen Jubel-Jahr Der Stadt Soest So auff St. Thomae Tag [21. Dezember] 1531. das Licht des Evangelii völlig angenommen […], Soest: Hermanni 1731 (3.6 Johann Thomas Hermanni Nr. 9 [1731]) fasste der Autor seine damaligen Darlegungen im Dezember 1731 dann auch noch einmal in Form eines Liedes zusammen: „Summarischer Inhalt dieser Lehr-Art in gebundene Reden gebracht nach der Melodey. Wie schoen leucht der Morgenstern etc. WIe Herrlich ist das Jubel-Fest/das uns zu Soest jetzt feyern laest, der Koenig aller Ehren, sein Zion bauet er im Wort, mit Himmels-Guetern fort und fort, sein Seegen muß sich mehren, singet, bringet, Freuden-Lieder, alle Glieder, der Gemeine, denn giebt jedem GOtt das Seine. / Wie Heilig ist das Jubel-Fest/das unsre Pflicht uns kennen laeßt, da wir GOtt muessen ehren, als Christen in rechtschaffner Treu, dem Nechsten auch durch Liebe frey, das Seinige zukehren, herzlich, schmertzlich, deine Suenden, die dich binden, auch beweinen, so koemmt jeder zu dem Seinen. / Wie Nützlich ist das Jubel-Fest/so allen Trost uns fassen laest, von unsers GOttes Gu[e]te, er gibt uns

sollte präsentirt werden.¹²¹⁵ Letzlich wurde [an] desselben Abend widerum in allen kirchen (doch aber nicht bei den Papisten)¹²¹⁶ eine Stunde geleutet u[nd] also dieser Tag beschlossen.

Wie denn nun folgende[n] Tages dieses Freudenfest einfiel, auf einen Sonntag, d[en] 31. Octobris, so wurde der erste Gottesdienst mit einer Frühpredigt in S[ank]t Petri kirchen, u[nd] zwar vom Herrn Pastor [Goswin Reinhard] Sperlbohm, abgehalten über Ps[alm] 106¹²¹⁷ zu jedermanns Vergnügen. Hiernächst ging der Gottesdienst in allen 7 evangelischen Kirchen zugleich an, da denn vom He[rrn] Mag[ister Johann] Mollero [Möller]¹²¹⁸ in der Hauptkirche S[ank]t Petri (wohin auch der Magistrat sich begab), wozu ein besonderer Text erwählt wurde u[nd] genau uns d[ie] Epistel Pauli an die Colosser aus d[em] 1. Capitel V[erse] 12 u[nd] 13¹²¹⁹ [ausgelegt wurde].¹²²⁰ Auch von den übrigen H[err]n Pastoribus wurd[en] die erbaulichsten u[nd] Geist-reichsten Predigten gehalten, so die auditores, wegen ihres Eifers gegen das Papstum, billig admiriren¹²²¹ musten. Um 10 Uhr nach abgehaltenen Hauptpredigten¹²²² wurde dann widerum von dem Umgang des S[ank]t Peters Thurm[s] unter einer herrlichen Musica u[nd] Trompeten- auch Waldhörnerschall wechselweise abgesungen: „Herr Gott, dich loben wir, Herr Gott, wir danken dir", wobei sich denn in der Stadt das kleine u[nd] große gewehr¹²²³ tapfer hören ließ[en]. Sobald nun diese Musica zu Ende [war], wurd[e] dann in allen Kirchen wieder eine Stunde geleutet, worauf dann wiederum um 12 Uhr in allen Kirchen, ausgenommen in der Wiese, der Gottesdienst gehalten worden [ist], die denn [bei dem dann] abermahlen über besondere Text[e], so auf dieses Fest sich schickt[en], recht erbaulich gepredigt wurde.¹²²⁴ Wie nun in gedachten Kirchen der Gottesdienst zu[m] Nachmittag verrichtet [war], so wurde[n] in der S[ank]t Marienkirche zur Wiese zu dem außerordentlichen Gottesdienste, [der] von einem Hochachtbahren Magistrat u[nd] Ministerio auf den Nachmittag um 3 Uhr [anzusetzen] beliebet [worden] war, die

1215 Cyprian ergänzt: „und welche unten ausführlich soll beschrieben werden".
1216 Cyprian streicht: „(doch aber nicht bei den Papisten)".
1217 Vgl. Ps 106, 1–48 (Gottes Gnade und Israels Undank), hier 1: „Halleluja! Danket dem Herrn; denn er ist freundlich, und seine Güte währet ewiglich."
1218 Johann Möller (Müller, Mollerus; 1646–1722). Wie Anm. 39.
1219 „Sagt Dank dem Vater, der euch tüchtig gemacht hat zu dem Erbteil der Heiligen im Licht. Er hat uns errettet aus der Macht der Finsternis und hat uns versetzt in das Reich seines geliebten Sohnes" (Kol 1, 12f.).
1220 Der Berichterstatter (Rumpaeus?) war demnach wohl selbst zugegen gewesen.
1221 Bewundern/wertschätzen.
1222 Cyprian streicht: „nach abgehaltenen Hauptpredigten", und ergänzt dafür: „unter Direction des H[er]rn Cantoris und Directoris Musices Andreae Schelckmanns". Gemeint ist: Johann Andreas Schelckmann († 1729), Küster an St. Petri. – Dazu: Kleiner Michels (wie Anm. 14), S. 646.
1223 Die Geschütze der Stadtwache.
1224 Cyprian ergänzt: „in der St. Thomä-Kirchen, eine herrliche Music zu hören war, auch der Pastor H[er]r [Adolph Heinrich] Brockhaus eine recht gelehrte Predigt abgehalten hat". – Adolph Heinrich Brockhaus (ca. 1672–1724). Wie Anm. 303.

inhaltlich ausgeschmückt. Dabei bringt er allerdings auch echte „Zusatzinformationen", die gut von Rumpaeus stammen könnten.[1209]

Historische Nachricht, wie das 2te Jubelfest der Reformation Lutheri, so anno 1717 ultimo Octobris eingefallen, in der Stadt Soest alhie[1210] feyerlich begangen worden [ist]

Sonntags vorhero, als den 22. [Sonntag] nach Trinitatis [24. Oktober 1717], wurde der Gemeine Gottes, sowol in allen Evangelischen Kirchen in der Stadt, als [in] hiesiger Botmäßigkeit, durch Ablesung eines königl[ichen] Rescripts aus dem Hoflager, so schon einige Zeit vorher den Herren Predigern zu ihrer Nachricht eingesandt [worden] war, bekant gemacht, was für ein hohes Fest am folgenden Sonntag in Evangelischen Kirchen billig zu feiern, wie dann auch insonderheit von S[eine]r Königl[ichen] Majestät Friedrich Wilhelm[1211] befohlen, solches auf das sollenngste zu begehen, sowol durch öffentliche Freudenbezeugungen, als [durch] sonderliche Erkentlichkait gegen des lieben Armuths[1212] u[nd] öffentlichen Gebrauch des Heilig[en] Abendmahls.

Diesem Zufolge wurde hiezu die Anstalt verfügt, d[en] 30. Octobris, [es] war der Sonnavend vor dem Feste, da denn mittags um 1 Uhr mit allen Klocken eine ganze stunde lang dieses Fest eingeläutet [wurde]. Darauf wurden die Vespern gehalten u[nd] insonderheit in d[er] alten S[ank]t Peters Kirchen durch Herrn Pastor [Goswin Reinhard] Sperlbohm [Sperlbaum][1213] u[nd] in der Marienkirchen zur Wiese durch Intonierung der Orgel wye auch Vocalmusik außerordentlich dieselbe[n] celebrirt. Des Nachmittags um 4 Uhr wurde dann ferner von dem Umgang des alten S[ank]t Peters Thurms unter einer herrlichen Musica u[nd] Trompetalschall intoniret: „O Herre Gott, dein göttlich Wort ist lang verdunkelt blieben",[1214] so mit sonderlichem Vergnügen, sowoll durch die ganze Stadt, als draußen auf dem Lande, [hat] können vernommen werden.

Sonsten wurden disen Tag über alle Anstalt[en] gemacht an der großen Marienkirche zur Wiese zu der sehenswürdigen Illumination, so [am] folgenden Abend

---

1209 Zur musikalischen Gestaltung des Jubiläums vgl. Müller, Musikpflege (wie Anm. 37), S. 80–85. Hier S. 83 f. auch der Abdruck des (schwachen) Textes einer eigens zu diesem Anlass komponierten Arie: „Kurtzer Entwurff Zur Kirchen-Music [...] Cantate ex Psalmo LXXXXVIII. Jauchzet dem HErrn, alle Welt; singet, rühmet, lobet. Lobet den HErrn mit Harffen und mit Psalmen; mit Trompeten und Posaunen; Jauchzet vor dem HErrn, dem Könige. Singet dem HErrn ein neues Lied, denn er tut Wunder."
1210 Cyprian: „in Westphalen".
1211 Cyprian, kein preußischer Untertan, verzichtet auf die namentliche Nennung des Herrschers.
1212 Eine besondere Festkollekte für die Bedürftigen.
1213 Goswin Reinhard Sperlbaum (Sperlebom; 1668–1724). Wie Anm. 110.
1214 Bibellied in sechs Strophen zu 1. Thess 2, 13 (Erfurt 1527 und 1531). Vgl. Lueken, Wilhelm/Ameln, Konrad: Das Lied „O Herre Gott, dein göttlich Wort", in: Jahrbuch für Hymnologie und Liturgik 3 (1957), S. 33–43.

Sostischen ge[stiftete] beneficium[1206] denenselben [beiden jungen Leuten] gew[ährt] werden, die sich auch dagegen dankbahr erfinden zu laßen nicht ermangeln werden.

Der Herr segne die dasige guhte anstalten noch immer weiter und laße dadurch viel nutzen geschaffet werden, zur freude denen, die davon participirn, ia auch allen rechtschaffenen und zum ewigen preise seines heiligen nahmens. Ew[er] Hochehrw[ürden] müße [möge] es auch an dem genuß derer früchte ihrer getreuen arbeit nimmer fehlen, welches von hertzen wünscht

Ew[er] Hochwürden zu allem möglichsten dienste mit vieler hochachtung, liebe und bereitwilligkeit ergebenster diener m[agister] Jo[hann] Nic[olaus] Sybel
pred[iger] zu St. Georgii

Nr. 40 Soest, ca. März 1718

Jost Wessel Rumpaeus, Rektor des Gymnasiums in Soest, an Ernst Salomo Cyprian, Professor der Theologie am/Direktor des Collegium Casimirianum in Coburg, Mitglied des Oberkonsistoriums in Gotha und Bibliothekar der Fürstlichen Bibliothek auf Schloss Friedenstein. Zum Zusammenhang siehe Nr. 31 und Nr. 45. Beilage zu einem Paket („ein Paket mit einem kleinen Briefchen") mit Material für Cyprians damals in Arbeit befindliches Werk: Hilaria Evangelica, Oder Theologisch-Historischer Bericht Vom Andern Evangelischen Jubel-Fest: Nebst III. Büchern darzu gehöriger Acten und Materien, Deren das Erste, Die Obrigkeitlichen Verordnungen, und viele Historische Nachrichten, Das Andere, Orationes und Programmata Jubilaea, Das Dritte Eine vollständige Beschreibung der Jubel-Medaillen begreiffet; Mit Kupffern, Summarien und einem nützlichen Register. Gotha und Leipzig: Weidmann 1719. Nicht aufgefunden, aber bezeugt durch Nr. 45

Die Vorlage für den von Cyprian in seiner „Hilaria Evangelica" gebrachten Bericht über die Soester Feierlichkeiten aus Anlass des 200jährigen Jubiläums der Reformation (31. Oktober 1517)[1207] ist in Soest zwar (wahrscheinlich) nicht mehr im Original, dafür aber doch immerhin in Gestalt einer sorgfältigen Abschrift des Gymnasialprofessors Eduard Vorwerck (1806–1882, seit 1841 zugleich Stadarchivar; wie Anm. 524) erhalten (Soest StA/StB, Bestand A, Hs. 55, Bl. 328–341). Diese enthält auch den bei Cyprian nurmehr beiläufig erwähnten, ihm von Rumpaeus aber wohl doch vollständig mit übersandten Vortrag des Pfarrers der Wiesenkirche (St. Mariae zur Wiese) Johann Thomas Hermanni (1685–1747),[1208] eine der ersten Gesamtdarstellungen der Geschichte der Reformation in Soest. Wie der Vergleich zeigt, hat Cyprian den ihm zugeleiteten Bericht nicht nur formal, sondern auch

---

1206 Wohl noch nicht die von Sybel angestoßene Stiftung (wie Nr. 41), sondern eher die alle Vierteljahr aus Soest einlaufenden Kollektenbeiträge. Denkbar ist aber auch eine weitere, sonst nirgens belegte Schenkung oder Fundation.
1207 Mit manchen Ungenauigkeiten auch schon 1908 aus Cyprians „Hilaria evangelica" zitiert bei Niemöller/Rothert: Reformationsjubiläen (wie Anm. 10), S. 121–125.
1208 Johann Thomas Hermanni (1685–1747). Wie Anm. 263.

Dortmund und [vom] Marckischen ministerio etc.¹¹⁹⁹ Wan [wenn] Ewer Hochehrwürden denselben auch mögten in einige consideration ziehen, [...] ministerium alhie wissen zu erkennen schuldigst. [Wir] zweifeln nicht, es soll mit demselben gerahten wie mit einem seniore [, einem] berumbten predigern pro Francis[canis] in Cöln, vor einigen jahren, der sich damahlen auf Jena und folgendes an einen Sachsischen Gothischen hoff referiret, der treu und bestandig verblieben [ist].¹²⁰⁰

Wir werden hiemit weiter für Ewer Hochehrwürdigen beständigen vorstandt¹²⁰¹ und höchst gedeyliche prosp[er]ität bey Dero direction und inspection bey Gott ohnablässig sollicitiren,¹²⁰² [...] der kirch Gottes, Dero universität [...] bleiben

Ew[er] Hochehrwürden Magnificenz [...] dienstschuldiger m[agister] Mollerus, past[or] prim[arius ad St.] Petri. & min[isterii] inspector

Nr. 39   **Soest, 26. Oktober 1717**
Johann Nikolaus Sybel, Pfarrer an St. Georgii in Soest, an August Hermann Francke, Pfarrer an St. Ulrich in Halle (Saale), Professor an der dortigen Theologischen Fakultät und Direktor der Stiftungen. Zum Zusammenhang siehe Nr. 36 und 49. (Halle [Saale] AFSt, Bestand H C 634:1)

[Ohne Adresse] Hochehrwürdiger, mein insonders hochgeehrter Herr Professor!

Ich habe mich auf begehren des hiesigen inspectoris, herrn magister [Johann] Müllern,¹²⁰³ und eines predigers auf dem lande, herrn [Philipp Christoph] Schradern,¹²⁰⁴ unlängst erkühnet, in einem schreiben Ewer Hochehrwürden zu ersuchen, ob nicht die resolution gefaßet werden könte, einen armen studiosum,¹²⁰⁵ deßen vater au[s dieser] stadt bürtig gewesen, nach[her aber] als prediger in Ungar[n gestan]den hat, daselbst ins paed[agogium regium] und an einen freytisch anzunehmen, so dann auch einem andern knaben, eines noch lebenden verdorbenen kaufmans [Sohn], im waysenhause den unterhalt zu geben.

Wie ich nun nicht zweifle, es werden Ewer Hochehrwürden gedachtes schreiben wohl erhalten und daraus die umstände besagter iungen leute ersehen haben, also habe [ich] hierdurch nochmahls Ew[er] Hochehrw[ürden] um geneigte resolution dienstfreundl[ich] ersuch[en wol]len, nicht zweiflende, es w[erde d]ieses erstere, von

---

1199 Mit Empfehlungen des Dortmunder Predigerministeriums und der lutherischen Synode der Mark.
1200 Nicht nachgewiesen.
1201 Wohlstand/Wohlergehen.
1202 Fürbitte einlegen.
1203 Johann Möller (Müller, Mollerus; 1646–1722). Wie Anm. 39.
1204 Philipp Christoph Schrader (1669–1724), der Bruder des nach Rußland gegangenen Franz Lorenz Schrader (wie Anm. 127), seit 1696 Pfarrer in Neuengeseke. Wie Anm. 83.
1205 Johann Georg Westarp II. († 1752). Wie Anm. 1156.

Hochwürdiger, hochzuehrender Herr etc. p. p. Insp[ector]. Bey Ew[er] Hochehrw[ürden] habe [ich] vor einiger zeit schrifftlich intercediret[1186] fur einen studiosum theol[ogiae] nahmens [Goswin Florenz] Hoffmann,[1187] hiesigen Soestischen cantoris [Henrich Hoffmann][1188] sohn, [einen jungen Mann] von guter capacität, umb der freytische mit zu genießen, dazu wir alhie [in Soest] quartaliter nach vermögen contribuiren.[1189] Welcher aber, wie [ich] vernommen [habe], mag abgeschrecket [worden] sein wegen kostbarkeit des ortes.[1190] Wie es verlautet, sol [er] auf [nach] Jena gangen sein.

Nach dem habe [ich] warlich noch p[er] tertium[, nämlich] m[agistrum Johann Nikolaus] Sibelium, pastorem Georginum, auß hiesigem ministerio, gebehten fur einen jungen studiosum nahmens Westdorff [Johann Georg Westarp II.],[1191] der zwarn in Ungarn gebohren, sein vater [Johann Georg Westarp I.][1192] aber hiesigen inspectoris [das heißt] superintendentis[1193] sohn [ist], der auf vocation zum feldprediger unter den damahligen Chur[fürstlich] Brandenb[urgischen] trouppen in Ungarn [hat] mussen gehen [und] daselbst stehen [ge]blieben [ist] als pastor primarius in Cremnitz.[1194] Nunmehro aber vater und mutter verstorben [sind], [ist er] darauf zu Breslau und daselbst beym gymnasio eine weile gewesen, von da hieher kommen. [Die] mittel zum studium fehlen, dannoch wolte er sie [seine Studien] gerne p[er]sequiren[1195] [...]

Itzo kompt zeiger dieses couvertes[1196] e papatu, no[min]e Johann Henrich Bachmeyer,[1197] pater concionator olim ordinis francisci [...],[1198] recommendiret von

---

1186 Fürbitte eingelegt.
1187 Goswin Florenz Hoffmann (1695–1744). Wie Anm. 1153.
1188 Henrich Hoffmann († 1701). Er stammte aus Thüringen und wirkte seit 1681 am Soester Gymnasium. Hier wird er als „Director Musicae sive Cantor"/„Kapell[en]meister" bezeichnet. Kleiner Michels (wie Anm. 14), S. 626. – Dazu: Vogeler, Archigymnasium IV (wie Anm. 9), S. 4.
1189 Einen Beitrag leisten. Zum Vorgang siehe oben Nr. 12.
1190 Wegen der hohen Lebenshaltungskosten in Halle.
1191 Johann Georg Westarp II. († 1752). Wie Anm. 1156.
1192 Johann Georg Westarp I. (1670–[aus dem vorliegenden Brief erschlossen: vor 1717]). Kleiner Michels (wie Anm. 14), S. 472.
1193 Der Großvater des jungen Mannes war demnach Georg Westarp († 1678), seit 1657 Pfarrer in Soest (St. Pauli), zugleich seit 1673 inspector ministerii. Bauks, Pfarrer (wie Anm. 14), S. 550 (Nr. 6837). – Dazu: Kleiner Michels (wie Anm. 14), S. 472.– Zur Familie vgl. Deus, Herren von Soest (wie Anm. 60), S. 438.
1194 Kremnica (deutsch: Kremnitz, ungarisch: Körmöcbánya), eine Stadt und ehemalige Bergstadt in der Mittelslowakei.
1195 Fortsetzen.
1196 Der Überbringer des Briefes.
1197 Nicht bei Bauks, Pfarrer (wie Anm. 14). – Nicht bei Michels (wie Anm. 14).
1198 Der Vater war einst Prediger des Franziskanerordens.

zu gehen. Er hat aber das erste erwählt[1181] und sind deswegen die Unzufriedenen in Breckerfeld froh.[1182]

Der in [aus den] Actis Essendiensibus bekannte Petrus Mahler,[1183] Pastor auf einem Dorfe Derne, bei Lunden [Lünen], muß leiden, daß man in puncto sexti übles von ihm redet.[1184] Ob es wahr sei oder nicht, kann ich [Rumpaeus] nicht schreiben. Er ist sonst ein genuinus discipulus[1185] von Halle."

Nr. 38   Soest, 26. September 1717

Johann Möller (Müller, Mollerus), Erster Pfarrer an St. Petri in Soest, an August Hermann Francke, Pfarrer an St. Ulrich in Halle (Saale), Professor an der dortigen Theologischen Fakultät und Direktor der Stiftungen. Zum Zusammenhang siehe Nr. 35 und Nr. 42. (Halle [Saale] AFSt, Bestand H C 799:78)

[Adresse:] Dem hochehrwürdigen, hochgeehrten Herrn Augusto Hermanno Francken, s[ancti]s[simae] theol[ogiae] prof[essori] publ[ico] daselbst berümbter universität Halle, ecclesiae St. Ulrici hochverdientem pastori, insp[ectori], directori ibidem in Halle.

1181 So nicht zutreffend.
1182 So nicht zutreffend. Tiedemann ging nach Breckerfeld und war dort unter den Frommen noch lange hoch geachtet. Vgl. den Bericht des herrnhutischen Diasporaarbeiters Königsdörfer über einen Besuch bei „Bruder Dahlmann" in Breckerfeld (seit 1739 in Kontakt mit den Herrnhutern) im Jahr 1760: „Seine [Dahlmanns] Frau und zwei Töchter sind hübsche Leute, war uns recht wohl in ihrem Hause. Wir hielten einen Abend das Singstündchen und machten ihnen das Leuchten in der Diaspora wichtig, denn sie wollen auch gerne zur Gemeine des lutherischen Pfarrer [Jakob] Tiedemann, der in Halle unter den Separierten gewesen, jetzt [aber] hübsch vom Heiland predigen soll." Tiedemann hatte vor seinem Pfarramt in Langenberg „der Gesellschaft der neu Inspirierten, welche damals in Halle und Berlin ihr Wesen trieb", angehört. „Er gab vor, er habe am 4. August 1714 von der prophetischen Magd Maria Elisabeth Mathesin zu Halle den Beruf mit den Worten erhalten: ‚Mein Knecht David, mache dich reisefertig, du sollst Dienstag nach Berlin gehen, und dem Herrn den Weg bereiten'. Diesem Befehl sei er sofort nachgekommen, und er habe bei dieser Gesellschaft den Dienst eines Kanzlisten getan, indem er die Aussprüche der Inspirierten sorgfältig aufgezeichnet habe." Auch Königsdörfer hätte Tiedemann damals gern besucht. Er fürchtete aber, dass es ihm dort genauso ergehen würde wie bei Tiedemanns Schwiegersohn Johann Christoph Bölling (1714–1787; Bauks, Pfarrer [wie Anm. 14], S. 47 [Nr. 605]), der seit 1754 Dritter Pfarrer der oberen Stadtgemeinde in Iserlohn war. Schunke, Beziehungen (wie Anm. 10), S. 58.
1183 Peter Mahler († 1728). Wie Anm. 203.
1184 Zu seiner zuvor von vielen skandalisierten Ehe mit einer Adligen († 1716) vgl. Anm. 203. – Dazu: Die Hoffnung der Gerechten […], Dortmund: Rühl 1716; 3.8 Johann Georg Joch Nr. 34 (1716).
1185 Hier sicherlich abwertend: ein Geschöpf/eine Kreatur Halles.

wegen wäre verfertigt worden, weil derselbe scharf wider den Magistrat so wohl geprediget als auch geschrieben [hat]."[1172]

Wie ein Magister aus Halle [brieflich] berichtet, sollen dort anlässlich des bevorstehenden Reformationsjubiläums die Professoren [Joachim] Lange[1173] und [Johann Daniel] Herrnschmidt[1174] durch den Abt [Joachim Justus] Breithaupt[1175] zu Doktoren der Theologie promoviert werden. Lange hätte demnach seinen Sinn geändert.

Schon vor einigen Jahren haben die Pfarrer der märkischen Synode den Beschluss gefasst, sich anlässlich des Jubiläums neu auf die Lutherischen Bekenntnisschriften zu verpflichten.[1176] Man wird sehen, ob dies auch wirklich geschieht.

„Der mit unter den Inspirierten zu Berlin gestandene [gelebt habende], dann aber in diesem Lande [der Grafschaft Mark] Pastor bei einer neu angelegten Gemeinde[1177] [gewordene Jakob] Tiedemann[1178] war zwar nach Breckerfeld berufen. Nachdem [man] aber daselbst eklatiert [eklariert?],[1179] wer er wäre, daß er mit unter den Inspirierten gewesen [sei], so entstand zu Breckerfeld deswegen eine Kontradiction.[1180] Die Sache wurde zu Cleve so entschieden, daß Tiedemann soll frei stehen, bei seiner [früheren] Gemeinde [in Langenberg] zu bleiben oder nach Breckerfeld

---

1172   Die Schwierigkeiten des Essener Rates mit Johann Mercker waren demnach wohl unvergessen.
1173   Joachim Lange (1670–1744). Wie Anm. 384. – So zutreffend: Lange, der 1709 zur Entlastung Breithaupts als Professor der Theologie an die Theologische Fakultät in Halle berufen worden war, wurde tatsächlich erst 1717 zum Doctor theologiae promoviert.
1174   Johann Daniel Herrnschmidt (1675–1723). – So nicht zutreffend: Herrnschmidt, seit 1712 Doctor Theologiae, wurde 1715 zur Entlastung Franckes nach Halle berufen. Er war dort seit 1716 Professor der Theologie und zugleich Subdirektor des Waisenhauses. Sträter, Udo: Artikel „Herrnschmidt, Johann Daniel", in: RGG⁴ 3 (2000), Sp. 1687 f. (Literatur).
1175   Joachim Justus Breithaupt (1658–1732). Wie Anm. 130.
1176   Vgl. Göbell, Evangelisch-lutherische Kirche I (wie Anm. 10), S. 53 f. (1717), hier §1.: „[…] alß ist Einhellig beschlossen, das alle H[erren] Prediger denen *libris Symbolicis de novo* unterschreiben, und zu denselbn, und [der] darin enthaltenen lehre [sich] mit hertz und mund nochmahls bekennen u[nd] sie solche in Ihren Kirchen u[nd] gemeinen rein u[nd] unverfälschter [Endung „er" nachträglich gestrichen], wie sie es dermaleins vor Gott gedenken zu verantworten, lehren u[nd] predigen sollen u[nd] wollen […]."
1177   Der Kirchengemeinde Langenberg.
1178   Jakob Tiedemann (1681–1764) stammte aus Aschersleben. Er hatte seit 1702 in Halle studiert und anschließend zunächst als Garnisonsprediger in Köln gewirkt (1702–1704). Nach seinen Jahren unter den Inspirierten war er dann 1715 Pfarrer der (neu gebildeten) Gemeinde Langenberg geworden. Von hier wechselte er im Dezember 1717 nach Breckerfeld. Bauks, Pfarrer (wie Anm. 14), S. 510 (Nr. 6323).
1179   Erschrocken zur Kenntnis genommen bzw. herausgefunden hat.
1180   Erhob die Breckerfelder Gemeinde Widerspruch dagegen.

desselben statt ein Gesang gesungen").[1158] Ist erfreut über Löschers ihm bezeugte Sympathie.

„Von den an unsern Orten passierenden novis theologicis[1159] zeugen und berichten beigehende Schriften und Disputationen. H[err] Pastor [Thomas] Haver[1160] in Unna (nicht aber in Dortmund)[1161] wird dem Herrn [Pastor Renatus Andreas] Korthumb,[1162] H[err Thomas Balthasar] Davidis,[1163] Oberstadtprediger ebenfalls in Unna, dem H[errn] Pastor in Essen H[errn David Sigismund] Bohnstedt[1164] antworten, und [es] hat dieser [Thomas Balthasar Davidis] das Skriptum von sieben Bogen ungefähr schon fertig, kann aber noch keinen Verleger dazu kriegen.

Was ein alter Prediger in Essen, M[agister Johann Gottfried] Kopstadt,[1165] wegen des Tanzens mit seinem H[errn] Kollegen, [dem] vorerwähnten Herrn [David Sigismund] Bohnstedt, vor [für] einen Disput gehabt [hat], davon zeuget beigehendes Manuskript, von jenem wider diesen aufgesetzt, aber noch nicht gedruckt, weil man solches [solchem] abgeraten [hat].[1166] Es ist H[err] Kopstadt anjetzo schwer krank und ihm einer aus Mülheim an der Ruhr adjungiert.[1167]

Das [zweihundertjährige] Jubiläum [der Reformation] wird zu seiner Zeit unsers Orts [in Soest] auf allergnädigste Erlaubnis unsers Königs in den Kirchen gefeiert werden. Auf unserm Archigymnasium werden wir sowohl disputando, wie beigehende Disputation aufweist,[1168] als auch pennando das unsrige mit beitragen, so wenig Studiosos wir auch haben, gestalt [weil nämlich] derselben wegen der [gewaltsamen] Werbung[en][1169] so wenig[e sind] und zu besorgen [ist], daß man bei so gestalten Sachen vielleicht in Zukunft werde keinen[!] mehr haben.

Aus Dortmund will verlauten, als ob wider dasigen Superintendenten D[oktor Johann Georg] Joch[1170] ein decretum suspensionis[1171] vom dasigen Magistrat des-

---

1158   Korrigiert in UN (wie Anm. 543) 1717, S. 322.
1159   Neuigkeiten aus dem Bereich von Kirche und Theologie.
1160   Thomas Haver (†1726). Wie Anm. 1079.
1161   Ein Versehen Löschers vgl. UN (wie Anm. 543) 1716, S. 553.
1162   Renatus Andreas Kortum (1674–1747). Wie Anm. 203.
1163   Thomas Balthasar Davidis (1666–1730). Wie Anm. 1081.
1164   David Sigismund Bohnstedt (1685–1756). Wie Anm. 1124
1165   Johann Gottfried Kopstadt (Kaufstatt; 1650–1717). Wie Anm. 169.
1166   Auch in diesem Streit hatte Kopstadt also wohl wieder ein Votum des Soester Predigerministeriums eingeholt.
1167   Johann Gottfried Kopstadt (Kaufstatt; 1650–1717). Wie Anm. 169.
1168   Wahrscheinlich: Historumena de Reformatione ecclesiae divina, b[eati] Lutheri ministerio instituta […], Soest: Hermanni 1717; 3.21 Jost Wessel Rumpaeus Nr. 50 (1717).
1169   Wegen der Zwangsrekrutierungen der preußischen Armee. Vgl. Nr. 42 und 46 f. und für die Grafschaft Mark insgesamt Göbell, Evangelisch-lutherische Kirche I (wie Anm. 10), S. 70 (1719) und 79–82 (1720).
1170   Johann Georg Joch (1677–1731). Wie Anm. 192.
1171   Ein Entlassungsschreiben.

Nr. 35   Soest, erste Jahreshälfte 1717

Johann Möller (Müller, Mollerus),[1151] *Erster Pfarrer an St. Petri in Soest, an August Hermann Francke,*[1152] *Pfarrer an St. Ulrich in Halle (Saale), Professor an der dortigen Theologischen Fakultät und Direktor der Stiftungen. Fürbitte für den aus Soest stammenden Studenten der Theologie Goswin Florenz Hoffmann (1695–1744).*[1153] *Nicht aufgefunden, aber bezeugt durch Nr. 38.*

Nr. 36   Soest, ca. Mitte September 1717

Johann Nikolaus Sybel, Pfarrer an St. Georgii in Soest, an August Hermann Francke, Pfarrer an St. Ulrich in Halle (Saale), Professor an der dortigen Theologischen Fakultät und Direktor der Stiftungen.[1154] *Nicht aufgefunden, aber bezeugt durch Nr. 38f.*

Schreibt im Auftrag des [Ersten Pfarrers an St. Petri] Johann Möller (Müller, Mollerus).[1155] Fürbitte für den aus Soest stammenden Studenten [Johann Georg] Westarp II.[1156] und einen Knaben („eines noch lebenden verdorbenen kaufmans [Sohn]"), den man im Hallischen Waisenhaus unterbringen möchte.

Nr. 37   Soest, 21. September 1717

Jost Wessel Rumpaeus, Rektor des Gymnasiums in Soest, an Valentin Ernst Löscher, Pfarrer an der Dresdner Kreuzkirche und Oberkonsistorialassessor und Superintendent in Dresden. Zum Zusammenhang siehe Nr. 34 und Nr. 44. Mit zahlreichen Beilagen. (Hamburg SB, Suppellex epistolica 44; Wiedergabe nach: Wotschke, Rumpaeus' Briefe an Löscher [wie Anm. 415], S. 133–135)

[Regest] Dankt für die Anzeige eines seiner Werke in den „Unschuldigen Nachrichten".[1157] Beklagt einen Druckfehler und bittet darum, diesen in die dortige Liste der Errata aufzunehmen (wie in Rumpaeus' „Introduktion" erwähnt, wird das Vaterunser in Soest nicht vor, sondern nach der Predigt gebetet, „vor der Predigt aber an

---

1151 Johann Möller (Müller, Mollerus; 1646–1722). Wie Anm. 39.
1152 August Hermann Francke (1663–1727). Wie Anm. 88.
1153 Goswin Florenz Hoffmann (1695–1744) war ein Sohn des Kantors und Lehrers am Soester Gymnasium Henrich Hoffmann († 1701; wie unten Anm. 1188). Er war zunächst Adjunkt in Castrop (1720), wurde später dort auch Pfarrer und wirkte ab 1729 als Pfarrer in Herne. Bauks, Pfarrer (wie Anm. 14), S. 214 (Nr. 2720). – Dazu: Kleiner Michels (wie Anm. 14), S. 627.
1154 Die Korrespondenz Johann Nikolaus Sybels mit August Hermann Francke bildet einen eigenen Bestand (Halle [Saale] AFSt, Bestand H C 634). Beschriftet ist das Konvolut wie folgt: „159. Corresp[ondence] mit Herrn M[agister] Joh[ann] Nicolao Sybel, Past[or] in Soest. 1717."
1155 Johann Möller (Müller, Mollerus; 1646–1722). Wie Anm. 39.
1156 Johann Georg Westarp II. († 1752). Er studierte zunächst Theologie, dann Jura und wurde später Hofrat in Berlin. Kleiner Michels (wie Anm. 14), S. 472.
1157 UN (wie Anm. 543) 1717, S. 313.

dreas Ludwig] Königsmann[1142] ambiert,[1143] [dies wird] aber von dem Herrn [Heinrich] Mühlius[1144] hintertrieben. Doch dies alles wird Ew[er] Magnif[izenz] schon bekannt sein."

Schickt zwei Bogen seiner begonnenen „Institutiones". „Weil durch die werbungen zwei von [den] hierselbst [in Soest] studierenden Gymnasiasten aus der Kirche und von der Straße sind zu Kriegsdiensten gezogen [worden], den übrigen, sich mit der Flucht zu sanieren, ein Schrecken eingejaget und folglich unser Gymnasium ruiniert worden [ist],[1145] so werden hinfüro alle exercitia[1146] liegenbleiben. Der [Soester] Buchbinder Woltersdorf, der bishero nur nachgeschossen [hat],[1147] besorget, das werckchen möchte nicht abgehen,[1148] und will sich daher zum Verlag nicht wohl verstehen." Löscher soll Rumpaeus durch seinen „Amanuensis" [Assistenten] wissen lassen, ob er eine Fortsetzung des Druckes für ratsam hält. Rumpaeus wollte darüber hinaus auch noch ein „Compendium iuris naturae"[1149] und eine „Synopsis theologiae"[1150] publizieren, findet aber auch für diese beiden Werke leider keinen Verleger.

1142 Andreas Ludwig Königsmann (1679–1728) stammte aus Schleswig. Er wurde 1709 Professor in Kiel und ging 1713 als Gymnasialinspektor nach Osnabrück. Schon 1716 war er aber wieder Pfarrer in Dänischhagen bei Kiel und wechselte von hier 1725 an die Garnisonkirche in Kopenhagen. Zwei ihn betreffende Briefe finden sich bei Wotschke, Rumpaeus' Briefe an Löscher (wie Anm. 415), S. 132 Anm. 20. – DNB zu Königsmann: https://d-nb.info/gnd/137063164 [23.08.2023].

1143 Angestrebt/zu erlangen versucht.

1144 Heinrich Mühlius (1666–1733), eine der zentralen Gestalten des Pietismus in Schleswig-Holstein, war seit 1697 Generalsuperintendent im Herzogtum Schleswig-Holstein-Gottorf und zugleich Professor in Kiel. Jakubowski-Tiessen, Manfred: Der frühe Pietismus in Schleswig-Holstein. Entstehung, Entwicklung und Struktur, Göttingen 1983 (Register). – DNB zu Muhlius: https://d-nb.info/gnd/117609978 [23.08.2023].

1145 Zum Problem und zum Vorgang selbst siehe unten Nr. 37 und 46 f.

1146 Lehrveranstaltungen.

1147 Nur Kosten, aber keine Einnahmen gehabt hat.

1148 Keine Abnehmer finden.

1149 Vgl. bereits zwei Jahre zuvor: Ignorantia erudita ex iure naturae eiusque principio […], Soest: Hermanni 1715 und schließlich 1725: De iure naturae commentatione scholastica […], Soest: Hermanni 1725; 3.21 Jost Wessel Rumpaeus Nr. 47 (1715) und Nr. 57 (1725).

1150 Vielleicht die bereits in Nr. 18 (Ende 1708) erwähnte, aber wohl nie realisierte „Synopsis metaphysico-theologica pietistis praecipue opposita".

Abb. 75: David Sigismund Bohnstedt (1685–1756). Kupferstich des Johann Christoph Sysang (1703–1757), tätig in Leipzig, zwischen 1725 und 1739. (Erlangen-Nürnberg UB)

„Der Dortmundsche H[err] Superintendent [Johann Georg] Joch[1139] ist vor acht Tagen mit seiner Liebsten hierdurch nach Jena gereist. [Er] wird sich wohl bemühen, daß er anderswo eine Station bekomme.[1140]

Die zu Kiel durch Absterben des H[errn] D[oktor Wolfgang Christoph] Francke[1141] ledig gewordene theologische Professur wird von dem gewesenen Inspektor des Osnabrücker Gymnasiums, jetzigen Prediger im Holsteinschen M[agister An-

1139 Johann Georg Joch (1677–1731). Wie Anm. 192.
1140 Joch wechselte im Januar 1722 als Pfarrer und Senior nach Erfurt. Bauks, Pfarrer (wie Anm. 14), S. 234 (Nr. 2976).
1141 Wolfgang Christoph Franke († 1717) war seit 1684 Pfarrer in Kiel und wurde dort 1709 außerordentlicher Professor. Wotschke, Rumpaeus' Briefe an Löscher (wie Anm. 415), S. 132 Anm. 19.

In dem Bergischen zu Solingen gibts unter den Reformierten viele Separatisten, die nebst anderen besonderen Meinungen auch auf die Wiedertaufe geraten sind. Ihrer etliche hat man jüngst nach Düsseldorf geführt, um von ihren Lehren und Handlungen Rede und Antwort zu geben. In Duisburg soll der H[err] D[oktor] Christoph] Raab[1135] in [gegen] den Anabaptismus geschrieben haben."

Für die Nachfolge des verstorbenen Professors [Johannes] Fecht[1136] [in Rostock] soll H[err] D[oktor Johann] Senst[1137] in Rostock vorgeschlagen [worden] sein. Um die dortige Universität steht es schlecht. Der auch bereits in den „Unschuldigen Nachrichten" erwähnte[1138] „Fanatikus M[agister] Stolte", Sohn eines Schneiders, ist in Melancholie verfallen. Er ist ungebildet, man muss sich seinetwegen keine großen Sorgen machen.

Abendmahl ausgeschlossen werden (1738). Rothert, Kirchengeschichte der Mark III (wie Anm. 10), S. 116.

1135 Christoph (von) Raab (1683–1748) aus Kalkar. Raab war ein Sohn des (adligen) Geheimrats und Domänenkammerdirektors Gottfried Wilhelm von Raab. Er hatte die Jesuitenschule in Emmerich besucht und (nach Privatunterricht bei dem Halterner Prediger Johann Leenhof) in Leiden und Duisburg studiert. 1707 wurde Raab Prediger der reformierten Gemeinde in Köln. Von hier ging er aber schon im Juli 1709 als Erster ordentlicher Professor der Theologie an die Universität Duisburg und war dort später auch mehrfach Rektor (1715, 1719, 1730 und 1742). Nachdem er 1723 Professor für Kirchengeschichte geworden war, unternahm Raab wiederholt Angriffe auf die Reformierte Synode und wurde deshalb von 1724 bis 1726 suspendiert. Die öffentliche Disputation seiner Dissertation „De iure iurando" im August 1729 löste jahrelange Prozesse aus. Man beschuldigte Raab der Beleidigung seiner Kollegen und einer antikatholischen Hetzkampagne. 1740 war er zeitweise erneut suspendiert. König Friedrich Wilhelm I. von Preußen (1688, reg. 1713–1740; wie Anm. 286) wollte ihn sogar dauerhaft von jeder Mitarbeit ausschliessen und zwangsweise in den Ruhestand versetzen. DNB zu Raab: https://d-nb.info/gnd/1016244207 [23.08.2023]. – In Soest StA/StB ist zu ihm (wohl aus dem Besitz des Rumpaeus) folgende Disputation erhalten: De mysterio conversionis Iudaicae Gentis ante mundi finem adhuc certo sperantae: Ex oraculo Paulino Rom. XI. 25./[Praeses:] May, Johann Heinrich, [Respondent:] Raabe, Christoph Theophil [Gießen, Univ., Diss. theol., 22. Juni 1716], Giessen: Müller 1716 (VD18 15003787).

1136 Johannes Fecht (1636–1716). Wie Anm. 377.

1137 Johann Senst (1650/53–1723) stammte aus Warben. Er war zunächst Prediger in Fürstenberg, dann ab 1699 Archidiakon und Pastor an St. Marien in Rostock. Hier wurde er 1704 auch zum Doktor der Theologie promoviert. Senst war der Ehemann von Anna Sophia Petersen (1674–1713). Vgl. dazu: Programma, quo rector universitatis Rostochiensis Johann Nicol[aus] Quistorpius […] ad exequias, quas conjugi suae […] Annae Sophiae Peterseniae, viduus moestissimus, d[omi]n[us] Joh[ann] Senstius […] hodie paratas cupit […] [Rostock, Univ., Einladung, 15. Februar 1713], Rostock: Weppling 1713 (VD18 12870064). DNB zu Senst: https://d-nb.info/gnd/141152788 [23.08.2023].

1138 UN (wie Anm. 543) 1715, S. 1131.

den haben, und ist die letzte schon bald ausgedruckt.[1130] Sie haben einen parallelismum[1131] aus dem ersten Kapitel des Hiob zwischen des sel[igen] Lutheri und Herrn Korthumbs Version angestellet. Und obgleich daraus zu [er]sehen [ist], welcher Gestalt H[err] Korthum nicht nötig gehabt [hätte], von Lutheri Version abzugehen, so höre [ich] doch, daß er [Renatus Andreas Kortum] schon mit seiner Antwort wider die Herren Unnaschen fertig und [dieselbe] zu Frankfurt am Main unter der [Druck]Presse sei.[1132]

In Essen ist unter den beiden Herren Predigern H[errn] M[agister Johann Gottfried] Kopstadt[1133] und H[errn David Sigismund] Bohnstedt wegen des zu vergönnenden Tanzens ein kleiner Streit entstanden, nachdem jener [Johann Gottfried Kopstadt] mit Gründen das in legitimo usu betrachtete Tanzen verteidigt, dieser [David Sigismund Bohnstedt] aber dawider auf der Kanzel heftig geeifert [hat],[1134] und also finden sich [hier] leider aller Orten Zerrüttungen.

Korthum. Unter anderem war dieses. Korthum habe einen Menschen bei sich gehabt namens Bertram, der lange in England und Holland gewesen. Derselbe habe den Hiob und anderes übersetzt und in seinem Koffer zurückgelassen, als er verreisen wollen. Eo absente [in dessen Abwesenheit] habe Korthum den Koffer eröffnet und die Sachen herausgenommen und unter seinem Namen ediert. Der Bertram aber sei nunmehr zurückgekommen, und als er dieses erfahren, habe er ihn beleidiget. Worauf sie beiderseits dermaßen aneinander geraten [seien], daß sie endlich a verbis ad verbera [von Worten zu Handgreiflichkeiten] gekommen [seien]. Die Sache sei nun in Halberstadt anhängig. Er gedachte, daß sein Vater [der Bürgermeister] sich eifrig widersetze, aber ohne genugsamen Fortgang, weil man den Korthum in Berlin foviere [ihm wohlgesonnen sei]." Wotschke, Rumpaeus' Briefe an Löscher (wie Anm. 415), S. 131 Anm. 14.

1130 Haver, Thomas: Der Kortümische Hiob gegen Doct[or] Martin Luthern Zum Vortrab und einiger Probe im Teutschen und Hebräischen Vorgenommen und abgehöret zu Unna in Westphalen […], Unna: Romberg/Dortmund: Rühl 1716; 3.12 Renatus Andreas Kortum Erwiderungen/Gegenschriften Nr. 5 (1716). Angezeigt in UN 1716, S. 553, besprochen aber erst in UN 1717, S. 301.
1131 Eine Synopse.
1132 Das Verkehrte Zeugniß und falsche Urtheil Welches Ein Lichtscheuender so genanter MitHelffer zu Unna in Westphalen In einer anzüglichen und übelgerathenen Schrifft Wieder die 1708. zum Privat-Gebrauch edirte neue Ubersetzung und Paraphrasin des Buchs Hiob Aus angemaßter Autorität und untheologischen Eiffer angegeben und ausgesprochen […], Essen: Kauffmann/Dortmund: Rühl 1717; 3.12 Renatus Andreas Kortum Nr. 10 (1717).
1133 Johann Gottfried Kopstadt (Kaufstatt; 1650–1717). Wie Anm. 169.
1134 Das Thema sollte Bohnstedt lebenslang beschäftigen: [Gemeinsam mit Schmid, Konrad († 1766; wie Anm. 570) und Zopf, Johann Heinrich (1691–1774; wie Anm. 445):] Eines Evangelisch-Lutherischen Ministerii der Kayserlichen Reichs-Stadt Essen Schrift-mässige Gedancken von dem heutigen weltüblichen Tantzen […], Essen: Wiessmann 1739; 3.2 David Sigismund Bohnstedt Nr. 19 (1739). Auch in der Märkischen Synode stand man dem Tanzen ablehnend gegenüber. Es galt als eine Gefahr für die Sittlichkeit. Tänzer sollten nach vergeblicher Abmahnung vom Heiligen

Nr. 34   Soest, 25. März 1717

Jost Wessel Rumpaeus, Rektor des Gymnasiums in Soest, an Valentin Ernst Löscher, Pfarrer an der Dresdner Kreuzkirche und Oberkonsistorialassessor und Superintendent in Dresden. Zum Zusammenhang siehe Nr. 33 und Nr. 37. Mit Beilage(n). (Hamburg SB, Suppellex epistolica 44; Wiedergabe nach: Wotschke, Rumpaeus' Briefe an Löscher [wie Anm. 415], S. 131–133)

[Regest] Dankt Löscher für die Bereitschaft, sein [des Rumpaeus] „weniges Monitum" in die „Unschuldigen Nachrichten" einzurücken. Hat dessen jüngsten Brief schon am 30. Januar „per Kouvert von Herrn Assessor [N.] Merten[1123] […] mit der Post" erhalten, bislang aber noch nicht reagiert, weil er sein Antwortschreiben und dessen [mitgehende] Beilage[n] den zur Leipziger Messe reisenden Soester Kaufleuten mitgeben wollte.

„Beigehende Predigt [des Essener Pfarrers David Sigismund Bohnstedt, Abb. 75[1124]] und briefliche Antwort haben in unserer Nachbarschaft motus verursacht,[1125] indem die Herren Prediger zu Unna auf das letzte eine Verantwortung[1126] und Herr [Pastor Thomas] Haver[1127] gegen [des] Herrn Pastors [Renatus Andreas] Korthumb[1128] seine Übersetzung des Hiob[1129] eine Schrift von zwölf Bogen unter Hän-

1123   Nicht nachgewiesen.
1124   David Sigismund Bohnstedt (1685–1756) stammte aus Deersheim. Er war ab 1710 Diakon in Halberstadt (St. Petri und Pauli) gewesen und wechselte von dort 1714 als Erster Pfarrer nach Essen. Ab 1721 war er dann Erster Pfarrer in Kleve und von 1725 bis zu seinem Tod Oberpfarrer in Essen (St. Gertrudis). Im Netzwerk der Hallenser in Westfalen und im Rheinland nahm Bohnstedt, der daneben (ähnlich wie Johann Georg Joch [1677–1731; wie Anm. 192] in Dortmund) wie selbstverständlich auch mit vielen radikalen Gestalten in Kontakt stand, eine Schlüsselstellung ein. Jöcher/Adelung, Ergänzungsband 1, Sp. 1988f. – Gruch, Pfarrer 2 (wie Anm. 169), S. 215 (Nr. 1269). – DNB zu Bohnstedt: https://d-nb.info/gnd/12270892X [23.08.2023].
1125   Die bald verwelkende Und Immer grünende Stämme Fürstlicher und Gecrönter […], Dortmund: Rühl 1716; 3.2 David Sigismund Bohnstedt Nr. 3 (1716). Dazu: Walch, Historische und Theologische Einleitung V.1 (wie Anm. 173), S. 266. – Bohnstedt antwortete seinen Kritikern schon bald mit der Schrift: Briefliche Antwort und Erklärung auf etliche Lehr-Puncte, So in der von ihm auf die Geburt des Kayserl[ichen] Erb-Printzen gehaltenen und herausgegebenen Predigt berühret […], Essen: Kauffmann 1716; 3.2 David Sigismund Bohnstedt Nr. 6 (1716). – Mehrere Briefe Bohnstedts (1685–1756; wie Anm. 1124) aus Essen und Kleve bietet Wotschke, Theodor: August Hermann Franckes rheinische Freunde in ihren Briefen, in: MRKG 22 (1928), S. 238–245.
1126   Nicht nachgewiesen.
1127   Thomas Haver († 1726). Wie Anm. 1079.
1128   Renatus Andreas Kortum (1674–1747). Wie Anm. 203.
1129   Das Buch Hiob: aus dem Hebräischen Grund-Text auffs neue getreulich ins teutsche übersetzt […], Leipzig: Fritsch 1708; 3.12 Renatus Andreas Kortum Nr. 1 (1708). – Am 22. März 1710 schreibt in Wittenberg Gottlieb Wernsdorff (1668–1729; wie Anm. 197): „Gestern sprach mich des Bürgermeisters von Aschersleben Sohn H[err N.] Bosse [an] und berichtete allerlei von dem dasigen Schwärmer [Renatus Andreas]

Abb. 74: Grabplatte für den Pfarrer Johann Lüling († 1726) in der Kirche St. Matthiae in Meiningsen. (Foto: Ulrich Althöfer)

schuldigen Nachrichten".[1114] Will bis gegen Ostern [1716?][1115] ein System veröffentlichen, auf dessen Ausarbeitung er gegenwärtig all seine Kraft richtet.[1116] Ob die Gegner antworten werden, wird sich zeigen.

Bedauert, seines Ortes [in Soest] nur wenig Gelegenheit zur literarischen Arbeit zu haben. Würde den [pietistischen] Gegnern sonst anders antworten. Hat vor eineinhalb Jahren mit dem damals [von Dortmund] nach Leipzig ziehenden Sohn[1117] des [im Jahr 1700] verstorbenen [Johann Christoph] Nungesser[1118] seine Logik („logicam meam") an Löscher übersandt,[1119] weiß aber nicht, ob dieser sie an Löscher ausgehändigt hat.

Hat den „Theologischen Jahrbüchern" entnommen, dass die von ihm [Rumpaeus] gegen das „törichte Geschwätz" [Joachim] Langes[1120] angekündigte Antwort ihm nicht nur in seinem Ansehen [, sondern auch realiter] Schaden getan hat. Hat schon in Greifswald den ersten Teil einer die Kränklichkeit Langes beweisenden Schrift [einer Antwort auf dessen „Medicina mentis"[1121]] abgeschlossen.[1122] Würde gern Weiteres gegen Lange veröffentlichen. Weil er seines Ortes aber nichts gegen einen königlichen [in Halle tätigen] Professor schreiben darf, muss er notgedrungen schweigen. Währenddessen versucht Lange, ihn [Rumpaeus] durch von einem seiner Schüler geschriebene Briefe auf seine [die hallisch-pietistische] Seite zu ziehen.

Nr. 33   **Dresden, ca. 20. Januar 1717**
Valentin Ernst Löscher, Pfarrer an der Dresdner Kreuzkirche und Oberkonsistorialassessor und Superintendent in Dresden, an Jost Wessel Rumpaeus, Rektor des Gymnasiums in Soest. Zum Zusammenhang siehe Nr. 32 und Nr. 34. Nicht aufgefunden, aber bezeugt durch Nr. 34.

1114   So tatsächlich erfolgt: UN 1715 (wie Anm. 543), S. 322.

1115   Dann in der Bedeutung: Binnen Jahresfrist.

1116   Wahrscheinlich seine tatsächlich erst 1721 erscheinenden: Institutiones theologicae in tres partes distributae […], Soest: Wolschendorff und Leipzig: Lanckisch 1721; 3.21 Jost Wessel Rumpaeus Nr. 54 (1721).

1117   Nicht nachgewiesen.

1118   Johann Christoph Nungesser (1640–1700). Wie Anm. 53.

1119   Institutiones logicae sacrae latino-germanicae, recentiorum menti accomodatae […], Frankfurt am Main: Stock 1714; 3.21 Jost Wessel Rumpaeus Nr. 45 f. (1714).

1120   Joachim Lange (1670–1744). Wie Anm. 384.

1121   Lange, Joachim: Medicina mentis […], Halle und Waisenhaus/Berlin: Wessel 1704 (VD18 10455574).

1122   Dissertationum ideae Joachimi Langii extensae opponendarum, aegritudinem mentis in autore medicinae mentis demonstraturarum, suasque observationes vindicaturarum prodromus […], Greifswald: Adolph 1708; 3.21 Jost Wessel Rumpaeus Nr. 26 (1708).

Arnold,[1104] [der antike Wüstenvater und Mystiker] Macarius,[1105] Madame [Jeanne-Marie Bouvier de La Motte] de Guion [Guyon],[1106] [Johann Wilhelm] Zierold,[1107] Professor [Joachim] Lange[1108] [und Johann Christoph] Bilefeld[1109] auf allen Seiten darin angezogen, und [aber] des H[errn] D[oktor Johannes] Fecht [in Rostock] seiner Disputation von dieser Materie[1110] nicht mit einem Wort gedacht, [an]sonsten auch die articuli de justificatione et sanctificatione[1111] beständig vermischet. Der Herr D[oktor Johann Bartholomäus] Rüdiger ist gar nicht damit zufrieden […]."

Nr. 32   **Soest, 18. Juni 1715**
Jost Wessel Rumpaeus, Rektor des Gymnasiums in Soest, an Valentin Ernst Löscher, Pfarrer an der Dresdner Kreuzkirche und Oberkonsistorialassessor und Superintendent in Dresden. Zum weiteren Zusammenhang siehe Nr. 28 und 33. Lateinischer Brief mit Beilagen. (Hamburg SB, Suppellex epistolica 44; Wiedergabe nach: Wotschke, Rumpaeus' Briefe an Löscher [wie Anm. 415], S. 130)

[Regest] Schickt Löscher ein aus Soester Disputationen erwachsenes Werkchen („meum qualecunque opusculum")[1112] und andere Proben seiner Schularbeit. Bittet um Besprechung seiner „Introductio in theologiam controversam"[1113] in den „Un-

---

1104 Gottfried Arnold (1666–1714). Wie Anm. 182.
1105 Fitschen, Klaus: Artikel „Makarius", in: RGG⁴ 5 (2002), Sp. 698f. (Literatur).
1106 Jeanne-Marie Bouvier de la Motte, genannt Madame Guyon (1648–1717), die bedeutende französische Mystikerin. Albrecht, Ruth: Artikel „Guyon, Jeanne Marie", in: RGG⁴ 3 (2000), Sp. 1356 (Literatur).
1107 Johann Wilhelm Zierold (1669–1731) zählte zu den sogenannten „Leipziger Magistern". Er war seit 1714 Pfarrer an St. Marien in Stargard. Tschackert, Paul: Artikel „Zierold, Johann Wilhelm", in: ADB 45 (1900), S. 207f. (Literatur).
1108 Joachim Lange (1670–1744). Wie Anm. 384.
1109 Johann Christoph Bilefeld (1664–1727), ein radikaler Pietist, war seit 1692 Oberhofprediger Landgraf Ernst Ludwigs von Hessen-Darmstadt (1667, reg. 1678–1739) in Darmstadt und von 1693 bis 1705 zugleich Professor der Theologie und Superintendent in Gießen gewesen. Nach seiner Entlassung (Entmachtung) in Darmstadt 1705 wirkte Bilefeld, ein im Interesse der eigenen Karriere rücksichtsloser Mann, als Oberkirchenrat, Erster Superintendent und Konsistorialdirektor sowie Professor der Theologie in Gießen. DNB zu Bilefeld: https://d-nb.info/gnd/116164816 [23.08.2023].
1110 De Christo in nobis: Ad illustrationem plurimorum Scripturae S[acrae] locorum, imprimis vero dicti Apostolici Col. I. 27./[Praeses:] Fecht, Johannes, [Respondent:] Lüling, Johann [Abb. 74, Rostock, Univ., Diss. theol., 5. August 1705], Rostock: Weppling 1705 (VD18 1494801X).
1111 Rechtfertigung und Heiligung.
1112 Wohl die im Folgenden genannte „Introductio".
1113 Introductio in theologiam recens, maximam partem, controversam […], Frankfurt am Main und Soest: Wolschendorff 1715; 3.21 Jost Wessel Rumpaeus Nr. 48 (1715).

Abb. 73: Pierre (Petrus) Poiret (1646–1719). Kupferstich des Gerrit de Broen (junior) in Amsterdam nach einem Gemälde des Nikolaas Verkolje (1673–1746), tätig in Amsterdam, 1720. (Amsterdam, Rijksmuseum, RP-P-BI–4877)

restituiert [worden], bis von unparteiischen Universitäten, darunter er auch Jena, Leipzig und Helmstedt soll vorgeschlagen haben, ein responsum und censura[1100] kommt, ob er bleiben oder nach Marburg gehen wolle […].

In Gießen ist im November [recte: September] vorigen Jahres eine Disputation gehalten [worden] De Christo in et pro nobis[1101] sub praesidio D[oktor Johann Heinrich] Maii,[1102] und [es] sind [Joachim Justus] Breithaupt,[1103] [Gottfried]

1100 Ein Bescheid/ein Gutachten/eine Stellungnahmen.
1101 De summa theologiae christianae sive mysterio magno, Christo et pro nobis, et in nobis/[Praeses:] May, Johann Heinrich, [Respondent:] Müller, Friedrich Philipp Johannes [Gießen, Univ., Diss. theol., 5. September 1714], Gießen: Vulpius (Witwe) 1714 (VD18 12288160).
1102 Johann Heinrich May (1653–1719). Wie Anm. 185.
1103 Joachim Justus Breithaupt (1658–1732). Wie Anm. 130.

choisie[1094] fleißig fort und korrespondierte mit dem berühmten helmstedtischen Professor [Hermann] von der Hardt.[1095] [...] Der Herr [Pierre] Poiret [Abb. 73][1096] lebt in Leyden unter den Bauern in großer Zufriedenheit, ohne dass er noch seinen [mystischen] Hypothesen ergeben wäre.

Aus Gießen will der Herr D[oktor Johann Bartholomäus] Rüdiger[1097] versichern, es würden bei des Herrn Kanzlers von Schweden genommener Entlassung sowohl in ecclesiasticis als auch in politicis in Hessen große Veränderungen vorgehen[, und dies] noch wohl vor Ostern. Es wäre dann zu vermuten, dass der sogenannte Pietismus einen Stoß bekäme." In Marburg hoffen nicht nur die Lutheraner, sondern auch die Reformierten, aus der bevorstehenden Hochzeit des Erbprinzen von Kassel mit der schwedischen Prinzessin Ulrica Nutzen zu ziehen.[1098] In Kiel haben viele Professoren so wenig Zulauf, dass sie die Hörergelder aus eigenen Mitteln aufstocken müssen. „Zu Wetzlar ist der abgesetzte pietistische [Pfarrer Egidius Günther] Hellmund,[1099] und zwar auf Andringen des [Reichs]Kammergerichts, ad interim

---

1094 Die zweite seiner drei Enzykopädien: „Bibliothèque universelle et historique" (1686–1693), „Bibliothèque choisie" (1703–1713) und „Bibliothèque ancienne et moderne" (1714–1730).

1095 Hermann von der Hardt (1660–1746). Er war seit 1689 Professor für orientalische Sprachen in Helmstedt und vertrat hier fortan eine der Aufklärung verpflichtete Theologie (Vorläufer der historisch-kritischen Exegese). Zuvor hatte er jedoch in den innersten Zirkel um Philipp Jakob Spener und August Hermann Francke gehört. Er war Mitglied des Leipziger „Collegium philobiblicum" gewesen und hatte zeitweise in Speners Haus in Dresden gelebt. Noch im Herbst 1687 hatte sich von der Hardt mit Francke zu exegetischen Studien bei Kaspar Hermann Sandhagen (1639–1697) in Lüneburg aufgehalten. Orde, Klaus vom: Artikel „Hardt, Hermann von der", in: RGG⁴ 3 (2000), Sp. 1440 (Literatur).

1096 Der bedeutende französische Mystiker Pierre Poiret (1646–1719). Schneider, Hans: Artikel „Poiret, Pierre", in: RGG⁴ 6 (2003), Sp. 1437 f. (Literatur).

1097 Johann Bartholomäus Rüdiger (1660–1729) wurde 1691 zunächst Zweiter Pfarrer in Wetzlar, dann 1697 Professor der Philosophie (Logik und Metaphysik) in Gießen, fungierte hier aber zugleich auch als Zweiter Burgprediger. Ab 1707 war er dann Professor der Theologie und Vesperprediger in Gießen und wurde 1720 Marburger Superintendent des Darmstädtischen Gebietes, Konsistorialassessor und Ephorus der Stipendiatenanstalt. – DNB zu Rüdiger: https://d-nb.info/gnd/104239530 [23.08.2023].

1098 Ulrika Eleonore (1688–1741; die zweite Tochter Karls XI. von Schweden [aus dem Hause Wittelsbach/Linie Pfalz-Zweibrücken-Kleeburg] und dessen Gemahlin Ulrike [Ulrika] von Dänemark) heiratete 1715 den hessen-kasseler Erbprinzen Friedrich (1676–1751), der als Friedrich I. von 1720 bis 1751 König von Schweden und ab 1730 zugleich als Friedrich I. auch Landgraf von Hessen-Kassel war. Panzer, Marita A.: Wittelsbacherinnen. Fürstentöchter einer europäischen Dynastie, Regensburg 2012, S. 121–133.

1099 Egidius Günther Hellmund (1678–1749) war seit 1711 Pfarrer in Wetzlar und dort wegen seiner radikalen Konventikel 1713/14 zeitweise suspendiert worden. Sträter, Udo: Artikel: „Hellmund, Egidius Günther", in: RGG⁴ 3 (2000), Sp. 1618 (Literatur).

[Regest] Wendet sich – durch D[oktor Johannes] Fecht [in Rostock] in einem Brief vom 20. Februar 1715 dazu ermutigt – hier erstmals an den ihm persönlich noch unbekannten Cyprian. Übersendet diesem für unbedeutend gehaltene Proben seiner Arbeit (Druckschriften).[1086] Kann, da er „in aerumna[1087] leben muss", nur Weniges aus der akademischen Welt berichten.

„Ein guter Freund aus Leiden in Holland berichtet mir, dass der Professor [Johann] Markius [von der Marck][1088] seine dissertationes exegeticas fleißig fortsetze[1089] und [N.] van der Nannech [?][1090] angefangen [habe], über die Epistel an die Römer zu lesen. Alle Theologen daselbst trieben mehr exegetica und ließen die polemica theologia fahren,[1091] wiewohl sie bei Gelegenheit die alten [orthodoxen] Hypothesen noch verteidigen. Der Herr Thomas Crenius[1092] lebt in Leyden als ein Privatmann und brächte die Zeit mit Bücherschreiben zu. Monsieur [Johannes] le Clerc[1093] [in Amsterdam], ob er gleich alt wäre, so setzte er dennoch seine Bibliothec

---

1086 In Frage kommen hier vor allem drei Schriften: De Iacobo Bohmio […], Soest: Hermanni 1714; Institutiones logicae sacrae latino-germanicae, recentiorum menti accomodatae […], Frankfurt am Main: Stock 1714 sowie Institutiones metaphysicae sacrae […], Frankfurt am Main: Stock 1714; 3.21 Jost Wessel Rumpaeus Nr. 44–46 (1714).
1087 Unter widrigen Umständen, hier wohl im Sinne von: weitab/in der Provinz.
1088 Johannes a Marck (Johann le, van der, Marckius; 1656–1731) aus Sneek. Er war seit 1702/03 Professor der Kirchengeschichte in Leiden und dort 1712/13 Rektor der Universität. Nauta, Doede: Biografisch Lexicon voor de geschiedenis van het Nederlands Protestantisme, Kampen 1988, hier: Bd. 3, S. 240 (Literatur). – DNB zu Marck: https://d-nb.info/gnd/100375987 [23.08.2023].
1089 In Soest StA/StB haben sich eine Fülle von exegetischen Dissertationen aus seiner Feder erhalten. Rumpaeus scheint sie gesammelt zu haben.
1090 Nicht nachgewiesen.
1091 Der hier beschriebene Paradigmenwechsel lässt sich bald auch bei Rumpaeus selbst erkennen.
1092 Thomas Crenius (eigentlich: Thomas Theodor Crusius[!]; 1648–1728). Crusius stammte aus Brandenburg (Havel). Er hatte in Wittenberg, Leipzig und Gießen studiert und war 1671 Prediger in Blumlage bei Celle geworden. Sein weiterer Lebensweg war dann ausgesprochen gewunden verlaufen (Rektor in Eperies, 1680 in Riga, 1682 Schlossprediger in Dondangen [Lettland]), bis Crusius 1683 (nun unter dem neuen Namen „Crenius") Professor und Pfarrer in Leiden geworden war. – DNB zu Crenius: https://d-nb.info/gnd/100095089 [23.08.2023].
1093 Jean Leclerc (Johannes Clericus; 1657–1736) war ein aus Genf stammender kritischer (und deshalb von dort vertriebener) Exeget. Er ging 1682 nach London, wechselte aber schon im Jahr darauf nach Amsterdam und lehrte hier am Kollegium der Remonstranten. Leclerc war ein eifriger Rezipient John Lockes (1632–1704). In Erinnerung blieb er als Sprachwissenschaftler. Ten Kate, Lambert/Leclerc, Jean: Gemeenschap tussen de Gottische spraeke en de Nederduytsche. Fotomechanische herdr. van de ed. 1710 met als bijlage Jean Le Clerc „Convenance des langues Gothique & Flamande" (1710), ingeleid en bezorgd door van de Bilt, Igor en Noordegraaf, Jan, Münster/Amsterdam 2001 (Literatur). – DNB zu Leclerc: https://d-nb.info/gnd/119512947 [23.08.2023].

auf unser hiesiger H[err] Pastor M[agister] Thomas Haver[1079] am 22. April [1714], als am Sonntag Jubilate, auf Ansuchen der dasigen Evangelisch Lutherischen unter Assistenz der einquartiert gewesenen Miliz die erste Predigt[1080] daselbst in einem Hause gehalten [hat], welches noch alle Sonntage geschiehet. Den 10. Mai [1714], war am Himmelfahrtstage, hat unser hiesiger Stadtprediger in Unna H[err] Thomas Balthasar Davidis[1081] zum ersten Mal das Heilige Abendmahl daselbst ausgeteilt und 64 Kommunikanten gehabt."

Löscher soll über all dies in den „Unschuldigen Nachrichten" berichten. Vielleicht lässt es sich ja erreichen, „daß hiesige Landeskinder wiederum einen freien Paß nach Wittenberg erhielten, wenn dem König in Preußen zu einer bequemen Zeit ein Königlicher Majestät zukommender Vorschlag geschähe, haupsächlich, wofern eine in kriegerischer Bedienung stehende Person[1082] sich hierzu wolle brauchen lassen, alldieweilen auch durch diese das Kamensche Exercitium ist zuwege gebracht worden."

Übersendet Grüße von Thomas Balthasar Davidis. Nachrichten an Möllenhof können an dessen jüngeren Bruder [Johann] Thomas [Möllenhoff][1083] in Wittenberg gerichtet werden, der sie dann anschließend [nach Unna] weiterleiten wird.

Nr. 30   **Rostock, 20. Februar 1715**
Johannes Fecht,[1084] Professor der Theologie in Rostock, an Jost Wessel Rumpaeus, Rektor des Gymnasiums in Soest. Empfehlung einer Kontaktaufnahme zu Ernst Salomo Cyprian[1085] in Gotha. Nicht aufgefunden, aber bezeugt durch Nr. 31.

Nr. 31   **Soest, 2. April 1715**
Jost Wessel Rumpaeus, Rektor des Gymnasiums in Soest, an Ernst Salomo Cyprian, Professor der Theologie am/Direktor des Collegium Casimirianum in Coburg, Mitglied des Oberkonsistoriums in Gotha und Bibliothekar der Fürstlichen Bibliothek auf Schloss Friedenstein (Siehe Nr. 40). Mit Beilagen. (Wiedergabe nach: Wotschke, Geschichte des westfälischen Pietismus, wie Anm. 10, S. 80–82.)

1079   Thomas Haver († 1726) stammte aus Unna. Er hatte zunächst in Gießen (1682), dann in Wittenberg (1683) studiert und hier 1687 auch den Magistertitel erworben. Seit 1691 war er Erster Pfarrer in Unna. Bauks, Pfarrer (wie Anm. 14), S. 188 (Nr. 2387).
1080   Den ersten Gottesdienst.
1081   Thomas Balthasar Davidis (1666–1730) stammte aus Unna. Er hatte in Jena studiert (1684), war 1691 Stadtprediger (Zweiter Pfarrer) in Unna geworden und fungierte von 1721 bis 1724 zugleich als lutherischer Generalinspektor der Grafschaft Mark. Bauks, Pfarrer (wie Anm. 14), S. 90 (Nr. 1159).
1082   Der „Soldatenkönig" kann offenbar am leichtesten durch einen Soldaten gewonnen werden.
1083   Johann Thomas Möllenhoff (1690–1763). Wie Anm. 607.
1084   Johannes Fecht (1636–1716). Wie Anm. 377.
1085   Ernst Salomo Cyprian (1673–1745). Wie Anm. 401.

Abb. 72: Gottlieb Wernsdorff (1668–1729). Kupferstich, nicht bezeichnet, nach 1719, wohl von Martin Bernigeroth (1670–1733), tätig in Leipzig. (Sammlung Christian Peters)

pro libro diabolico[1077] hält, das andere aber die Visionen verwirft.[1078] Und dergleichen Sachen finden sich noch mehr, wofern ich nicht Bedenken trüge, mit weitläufigem Erzählen Verdruß zu erwecken.

Gleichwohl kann ich nicht verschweigen, daß es scheine, als wenn unser allergnädigster König in Preußen gegen die Evangelisch-Lutherischen nicht allzu hart gesinnet wäre, indem er vor kurzer Zeit in einer aus den sechs Hauptstädten der Grafschaft Mark, Kamen genannt, das freie Religionsexercitium vergönnet [hat], wie denn deswegen beigehendes Edikt allergnädigst erteilet worden [ist] und dar-

---

1077 Ein teuflisches Buch nennt.
1078 Das heißt wohl: Sich gegen die Enthusiasten wendet.

Ich „erfahre aber bei dieser Verwaltung meines Dienstes von unsern Herren Predigern in der Stadt [Unna] und außer derselben weit herum, die [dass sie] sehr deswegen klagen, wie nicht allein Wittenberg bei ihrer vielen verhaßt sei, sondern auch die Schüler Halles [sich] überall suchen einzuschleichen und wirklich Erfolg finden, sogar auch den Wittenbergern vorgezogen werden. Ich selbst bin in meinem Vaterlande Soest bei einer Predigervakance vorgeschlagen worden, da sich einige haben unterstehen wollen, mich deswegen ineligibel zu machen,[1068] weil ich zu Wittenberg studiert [hätte], deren Anschläge ich doch gewiß nur verlacht [habe]. Jedoch ist ein nah hierbei gelegenes Städtchen, Schwerte genannt, allwo einer [ein Kandidat] ist exkludiert worden, weil er zu Wittenberg studieret [hat], und an dessen Stelle ein Hällischer gekommen.[1069]

Was [Johann Georg] Jochius[1070] in Dortmund anfängt als Superintendent, wie er mit [Justus Arnold] Scheibler[1071] und meinem Vorgänger [im Unnaer Rektorat Heinrich Reinhard] Rollius[1072] in Streit geraten [ist], wird [Löscher] wohl zum Teil bekannt sein. Er [Johann Georg Joch] disputiert de peccatis per participationem,[1073] welche [Disputationen] so ziemlich homiletisch ausgeführt worden [sind].[1074] An die letzteren hat er unter anderm ein paar [zwei] Korollarien [Anhänge] gehängt, deren eines librum oder catechismum [Hartwig] Bambamii[1075] antipietisticum[1076]

1068   Für nicht-wählbar zu erklären.
1069   Nämlich: Theodor Johann Emminghaus (1684–1761). Wie Anm. 549.
1070   Johann Georg Joch (1677–1731). Wie Anm. 192.
1071   Justus Arnold Scheibler (1658–1729). Wie Anm. 388.
1072   Reinhard Heinrich Rolle (Rollius; 1683–1768). Wie Anm. 373.
1073   Über die Sünden Anderer, derer man dadurch, dass man sie duldet, teilhaftig wird. – Gemeint sind: De peccatis per participationem […; Respondent: Schultze, Christoph Bernhard], Dortmund: Rühl 1714 sowie De peccatis per participationem […; Respondent: Syberberg, Johann Alexander], Dortmund: Rühl 1714; 3.8 Johann Georg Joch Nr. 27f. (1714).
1074   Das heißt wohl (abschätzig): Nicht nach den Regeln der Kunst.
1075   Hartwig Bambamius (1685–1742) stammte aus Hamburg. Er hatte in Wittenberg studiert und war hier 1706 unter Johann Christoph Wolf (1683–1739) zum Doktor der Philosophie promoviert worden. 1710 in die Liste der Kandidaten des Hamburger Predigerministeriums aufgenommen, wurde er hier 1723 Prediger an der Hauptkirche St. Petri. Bambamius war ein extrem harter und scharfer Polemiker. Er starb mit nur 56 Jahren an Gallenfieber. Buek, Friedrich Georg: Hartwig Bambamius J. U. D., in: Die Hamburgischen Oberalten, ihre bürgerliche Wirksamkeit und ihre Familien, Hamburg 1857, S. 383. – DNB zu Bambamius: https://d-nb.info/gnd/143562401 [23.08.2023].
1076   Bambamius, Hartwig: Pietistischer Katechismus, Cölln (Spree) 1706 (von einigen auch Sebastian Edzardus [1672/73–1736; wie Anm. 541] zugeschrieben). Eine nach den fünf Hauptstücken des „Kleinen Katechismus" Luthers angeordnete Durchmusterung einzelner pietistischer Sonderlehren im Blick auf deren (in Abrede gestellten) Wahrheitsgehalt. In zweiter Auflage 1709: Bambamius, Hartwig: Neuvermehrter Pietistischer Catechismus, [ohne Ort, ohne Drucker] 1709. Exemplar: München BSB.

Nr. 29   **Unna, 13. Juni 1714**

Joachim Henrich Möllenhoff,[1061] Rektor der Stadtschule in Unna, an Valentin Ernst Löscher, Pfarrer an der Dresdner Kreuzkirche und Oberkonsistorialassessor und Superintendent in Dresden. Mit Beilagen (Hamburg SB, Suppellex epistolica 44; Wiedergabe nach: Wotschke, Rumpaeus' Briefe an Löscher [wie Anm. 415], S. 136–139)

[Regest] Ist einer der zahlreichen Löscherschüler [Prediger und Gymnasiallehrer] „in Westfalen und unserer Graffschaft Mark"[1062] und übersendet diesem eine von ihm verfasste [ungenannte] deutsche Schrift.[1063] Hat Löscher [während seines Studiums] in Wittenberg nicht nur gehört, sondern ihn auch mehrfach „intra privatos parietes"[1064] aufgesucht und um dessen Rat gefragt, „wie ich meine Studien zu einem erwünschten Zweck bringen könnte". Wird Löscher dafür lebenslang dankbar sein und bleiben, konnte wegen des bekannten königlichen Edikts als brandenburgischer [preußischer] Untertan aber nicht länger in Wittenberg studieren und hielt sich deshalb eine Zeitlang „bei Herrn von Plözen"[1065] auf. Wollte danach an die Universität [Wittenberg?] zurückkehren, erhielt aber unverhofft einen Ruf als Rektor nach Unna und hat diesen auf Zuraten der Wittenberger Professoren [Gottlieb] Wernsdorff [Abb. 72][1066] und [Johann Heinrich] Klausing[1067] angenommen.

1061   Joachim Henrich Möllenhoff (1687–1746). Wie Anm. 405.

1062   Möllenhoff verfolgte offenbar den Plan, diese in einer eigenen Gesellschaft zusammenzuführen vgl. Möllenhoff, Joachim Henrich: Ob man nicht im Vaterlande gewisse Zusammenkünfte der Gelehrten errichten könnte, darin von allerley gelehrten Sachen discutirt würde […], Dortmund: [Ohne Drucker] 1715; 3.17 Joachim Henrich Möllenhoff Nr. 6 (1715). Das entsprach dem Vorbild seines Helden Löscher, der 1713 eines der Gründungsmitglieder der „Sozietät der christlichen Liebe und Wissenschaften" unter dem Mediziner und Naturforscher Samuel Steurlin (Steuerlein; 1655–1725) in Schleusingen gewesen war. Neigebaur, Johann Daniel Ferdinand: Geschichte der kaiserlichen Leopoldino-Carolinischen deutschen Akademie der Naturforscher während des zweiten Jahrhunderts ihres Bestehens, Jena 1860, S. 204. – Ule, Willi: Geschichte der Kaiserlichen Leopoldinisch-Carolinischen Deutschen Akademie der Naturforscher während der Jahre 1852–1887. Mit einem Rückblick auf die frühere Zeit ihres Bestehens, Leipzig und Halle 1889, Nachträge und Ergänzungen zur Geschichte Neigebaur's, S. 153.

1063   Möllenhoff, Johann Henrich: Wohlmeynende Vorschläge, Wie Christliche Eltern, die ihre Kinder in die Schule schicken, denen Praeceptoribus sorgfältig beystehen können […], Dortmund: Rühl 1714; 3.17 Joachim Henrich Möllenhoff Nr. 4 (1714).

1064   In dessen Privatwohnung.

1065   Nicht sicher nachgewiesen. Vielleicht ein Angehöriger des alten Adelsgeschlechts von Plotho im Erzbistum Magdeburg (Stammsitz Wasserburg Plothe in Altenplathow, heute ein Stadtteil von Genthin), das zahlreiche Militärs und leitende Beamte des preußischen Staates hervorbrachte.

1066   Gottlieb Wernsdorff (1668–1729). Wie Anm. 197.

1067   Johann Heinrich Klausing (1675–1745). Wie Anm. 361.

einem freien Orte" leben. „Doch man muß sich mit dem begnügen lassen, was man hat."

Der Dortmunder Superintendent Dr. [Johann Georg] Joch[1052] „ist den Pietisten zugetan". Er führt auf der Kanzel „zuweilen" „fanatische[n] Redensarten"[1053] und ist deswegen „mit dem Ministerium zu Dortmund über den Fuß gefallen,[1054] und [es] sind daher viele Schriften für und wider [den von Joch vertretenen Pietismus] gedruckt worden." [Viele] Dortmunder wünschen sich inzwischen einen anderen Superintendenten. Der Prorektor [des Dortmunder Gymnasiums und alte Studienfreund des Rumpaeus] Magister [Reinhard Heinrich] Rolle[1055] ist Joch mit einer Dissertation entgegengetreten.[1056]

Herr [Renatus Andreas] Kortum,[1057] „Pastor in Hattingen, eine Tagesreise von uns, hat eine Paraphrase über den Jeremias[1058] und Hesekiel[1059] fertig und wartet auf einen Verleger, hat indessen versichert, es wäre nichts contra articulos orthodoxae fidei[1060] darinnen."

Bittet Löscher, die durch diesen Brief verursachte Störung zu entschuldigen, und empfiehlt sich dessen „hohen Patrocinium".

1052 Johann Georg Joch (1677–1731). Wie Anm. 192.
1053 Er verwendet die pietistische Begrifflichkeit/vertritt pietistische Auffassungen.
1054 Er hat sich mit seinen Amtsbrüdern überworfen.
1055 Reinhard Heinrich Rolle (Rollius; 1683–1768). Wie Anm. 373.
1056 In Frage kommen hier zwei Dissertationen, entweder: De sancte custodiendo coelestis veritatis deposito […], Dortmund: Rühl 1712 – oder wahrscheinlicher (weil den gleichen Gegenstandsbereich wie Rumpaeus' Metaphysik bearbeitend): Breviarii metaphysicae sacrae extensi disputationem menstruam […], Dortmund: Rühl 1712; 3.20 Reinhard Heinrich Rolle Nr. 31 f. (1712). – Dazu: Goebel, Geschichte des christlichen Lebens 2 (wie Anm. 56), S. 636. – Gottlieb Wernsdorff (1668–1729; wie Anm. 197) schreibt am 30. April 1716 aus Wittenberg: „Es reißt der Ekel vor dem reinen, lauteren Wort Gottes aller Orten ein. Was die Hallischen mit ihren Kreaturen und Jüngern in den Schönburgschen und Reußischen Landen, auch in Franken und Westfalen[!] für Unheil anrichten, wissen redliche Männer nicht grausam genug zu beschreiben. Ich möchte Blut weinen über die Klagen, so täglich einlaufen." Wotschke, Rumpaeus' Briefe an Löscher (wie Anm. 415), S. 129 Anm. 9.
1057 Renatus Andreas Kortum (1674–1747). Wie Anm. 203.
1058 Nicht nachgewiesen.
1059 Einleitung in den Hesekielschen Tempel, oder Erklährung der neun letzten schwersten Capitel dieses Propheten […], in: Freywilliger Heb-Opfer Von allerhand in die Theologie lauffenden Materien, Berlin: Rüdiger, 1715–1728, hier: Bd. 5 (1715), S. 416–466; 3.12 Renatus Andreas Kortum Nr. 6 (1715).
1060 Der orthodoxen Lehre Zuwiderlaufendes.

Nr. 28   Soest, 7. November 1712

Jost Wessel Rumpaeus, Rektor des Gymnasiums in Soest, an Valentin Ernst Löscher, Pfarrer an der Dresdner Kreuzkirche und Oberkonsistorialassessor und Superintendent in Dresden. Zum Zusammenhang siehe Nr. 18. (Hamburg SB, Suppellex epistolica 44; Wiedergabe nach: Wotschke, Rumpaeus' Briefe an Löscher [wie Anm. 415], S. 128–130)

[Regest] Schickt Löscher seine „Institutiones metaphysicae sacrae"[1041] und [sein] „Schediasma logico-theologicum".[1042] Überbringer [dieses Briefes] ist einer seiner [Soester] Hörer, der nach Leipzig reist. Entschuldigt seine Kühnheit und hofft, Löscher nicht „in Dero wichtigen Geschäften zu stören". Der Verleger von Rumpaeus „Metaphysik"[1043], „Herr [Johann Adolph] Stock in Frankfurt [am Main]", möchte, dass Löscher diese in den „Unschuldigen Nachrichten" anzeigt, „um den Abgang derselben dadurch zu befördern". Das Studium der Metaphysik ist inzwischen zwar stark „in Abgang [ge]kommen". [Der mittlerweile verstorbene Johann Friedrich] Mayer[1044] und [Samuel] Schelwig[1045] haben Rumpaeus aber gleichwohl geraten, „mit diesem Kompendium hervorzutreten". „Die Logik habe [ich] meinen [Soester] Hörern zu Gefallen per medium dissertationum menstruarum[1046] meistenteils herausgegeben.[1047] Ich weiß aber nicht, ob sie verdient, in den ‚Unschuldigen Nachrichten' besprochen zu werden". Hätte er mehr Zeit gehabt,[1048] hätte Rumpaeus Löscher „beide Traktätchen" lieber in gebundener Form geschickt.

„Gegen den H[errn] Professor [Joachim] Lange[1049] [in Halle] habe [ich] zwar von einem ‚Epidromo' ein halb Alphabet [ungedruckt] fertig liegen,[1050] allein ich darf wohl propter rationem status[1051] damit nicht zum Vorschein kommen". Das betrübt Rumpaeus, „weil [ich] zum studio polemico Lust habe". Er würde daher lieber „an

---

1041   Institutiones metaphysicae sacrae latino-germanicae nova methodo adornatae […], Frankfurt am Main: Stock 1712; 3.21 Jost Wessel Rumpaeus Nr. 36 (1712).
1042   Antitheses theologicas orthodoxas […], Greifswald: Starcke 1712; 3.21 Jost Wessel Rumpaeus Nr. 37 (1712). Damals soeben als weitere Ausgabe zu Nr. 21 (1707) erschienen.
1043   Wie Anm. 1041.
1044   Johann Friedrich Mayer (1650–1712). Wie Anm. 382.
1045   Samuel Schelwig (1643–1715). Wie Anm. 385.
1046   Anhand der (von Rumpaeus formulierten, aufeinander aufbauenden) Thesenreihen der (regelmäßig stattfindenden) Soester Schuldisputationen.
1047   Das Werk wird erst 1714 erscheinen: Institutiones logicae sacrae latino-germanicae, recentiorum menti accomodatae […], Frankfurt am Main: Stock 1714; 3.21 Jost Wessel Rumpaeus Nr. 45 f. (1714).
1048   Der bevorstehende Aufbruch des Briefüberbringers hatte solches also wohl nicht mehr zugelassen.
1049   Joachim Lange (1670–1744). Wie Anm. 384.
1050   Das Buch kam dann auch später nicht mehr heraus.
1051   So, wie die Dinge stehen. Rumpaeus lebt im „preußischen" Soest.

dociret würden. Denn äußerlich[1033] habe ich vernommen, daß sie [die interessierten Schüler] scheu tragen, privatas meas lectiones in jure publicas zu halten. [Dennoch] würde niemand ihnen verärgern dürffen, dieselbe[n] anzuhören. Dannenhero bin [ich] fest resolviret, diese mühe auß liebe zu der studirenden jugend über mich zu nehmen und zu deroselben größesten nutzen im gymnasio die jura publice zu profitiren,[1034] der gestalt, daß ich

1. Kein salarium von der stadt Soest davon verlange.
2. Will ich zu der zeit lehren, wenn die schule sonst zu stehen würde.
3. Versichere [ich], nichts anderes zu dociren alß jura, welche hieselbst nicht dociret werden.

Wan nun Ew[er] K[önigliche] M[ajestät] nach Dero weldtgepriesenen liebe zu den freyen künsten und wißenschafften [es] haben will, daß dieselbe in Dero landen frey und ungehindert gelehret werden sollen, welcher allergnädigste willen auch in auth[oribus] habita[tis][1035] (ne filius pro patre[1036]) wohl gegründet ist, und aber cura et inspectio scholarum ad jura episcopalia[1037] allerdings gehöret [...] [es folgt eine längere Liste von Belegstellen aus der juristischen Literatur].

Solchem nach ist also, Ew[er] K[önigliche] M[ajestät], meine allerunterth[änig]ste bitte, Dies[elbe] geruhen allergnädigst, mir [ein] speciale privilegium in forma patenti absque tamen salario[1038] vor die gebühr zu ertheilen und denen beambten loci[1039] anzubefehlen, daß denen in Soest sich auffhaltenden studiosis die jura ungehindert publice in gymnasio dociret [werden sollen] und [sie; die Beamten] durch öffentlichen druck lectiones meas in jure habendas notificiren mögen[1040] [...].

[Hier folgt: Ausfertigung eines Schreibens des Königs an die Bürgermeister und den Rat der Stadt Soest vom 2. November 1712. Der König übermittelt eine Abschrift der an ihn gerichteten Supplik. Er ist „nicht ungeneigt [...] des supplicanten petito [...] in gnaden zu deferiren", möchte aber zuvor auch noch den Soester Rat anhören und erwartet dessen Antwort binnen 8 Tagen.]

1033 Beiläufig/nebenbei.
1034 In Unterrichtsform anzugehen/mit der Behandlung zu beginnen.
1035 Von/bei als Autoritäten geltenden/allgemein anerkannten Autoren.
1036 Damit ich mich nicht als Sohn (Schüler) der Weisheit des Vaters (meiner Lehrer) brüste.
1037 Und die Sorge und die Aufsicht über die Schulen zu den bischöflichen Rechten des Landesherrn zählen/Teil des landesherrlichen Kirchenregimentes sind.
1038 Ein spezielles Recht in Form eines Patentes, aber ohne damit verbundenen Gehaltsanspruch.
1039 Das heißt hier konkret: den Scholarchen.
1040 Die von mir angebotenen juristischen Vorlesungen durch öffentlichen Aushang bekannt machen mögen.

daran seine seele ein eckel fände und davon wenig nutzen zu gewarten. [Er] hält [es] sich vor [für] ein ehre, daß er ein pietist gennenet werde u.s.w., und weilen herr [Justus Arnold] Scheibler antworten […; will], so soll der lerm erst recht angehen. Ich muß wohl stille sitzen und darff per rationem […]¹⁰²⁵ mich hir wohl nicht in die pietistischen händel mischen. Unser König hatt ein reformierte[s] gymnasium illustre in Halle angelegt. Rev[erenz] d[oktor Michael] Fortsch ist mit [Joachim] Langen in Halle nuhn auch vast angekommen […]. ¹⁰²⁶

[P.S.:] Ich möchte wünschen, dass [wenn] Ew[er] Hochw[ürden] Magnific[enz] dismahl [zu einer Brunnenkur] nach [dem] Pirmontischen brunnen reiseten, so wolte [ich] daselbst meine personliche auffwartung bey Ew[er] Hochw[ürden] Magnif[izenz] machen und gehorsamst bitten, mihr die hohe ehre einer visite hir [in Soest] zu gönnen. […] Meine frau [Anna Magdalena Rademacher]¹⁰²⁷ würde sich darüber ein plaisir und die höchste freude machen.

Nr. 27   Soest, ca. Oktober 1712
Dr. jur. Jean Solms,¹⁰²⁸ klev- und märkischer immatrikulierter Hofgerichtsadvokat in Soest, an den König. Abschrift, zeitgenössische Schreiberhand. Zum Zusammenhang siehe Nr. 17. (Soest StA/StB, Bestand A, Nr. 10448, S. 2f.)

Allerdurchlauchtigster, großmächtigster König, allergnädigster Herr etc.

Ew[er] K[önigliche] M[ajestät] geruhen allerg[nä]d[ig]st, sich in aller unterthänigkeit supplicando¹⁰²⁹ vortragen zu laßen, welcher gestalt ich biß hiehin institutiones justinianeas¹⁰³⁰ etlichen studiosis privatim dociret. Mitt denen wolten sich gerne noch viele andere conjungiren,¹⁰³¹ wenn nur publice¹⁰³² in gymnasio Susatensi jura

---

1025 In Anbetracht der Haltung des preußischen Königs als des Landesherrn der Stadt Soest.
1026 Michael Förtsch (Foertsch; 1654–1724). Der aus Wertheim stammende Förtsch wurde 1681 zunächst markgräflich-badischer Hofprediger und Professor am Gymnasium in Durlach (1686 Doktor der Theologie in Gießen). Von hier ging er 1688 als Superintendent nach Lahr (Baden) und war ab 1695 Professor der Theologie und Superintendent (Ephorus) des Stifts in Tübingen. 1705 berief man ihn als Generalsuperintendenten und Professor der Theologie nach Jena. Holtz, Sabine: Theologie und Alltag. Lehre und Leben in den Predigten der Tübinger Theologen 1550–1750, Tübingen 1993, S. 393 (Literatur). – DNB zu Förtsch: https://d-nb.info/gnd/117519294 [23.08.2023]. – Zu Joachim Lange (1670–1744) siehe Anm. 384.
1027 Anna Magdalena Rademacher (1688–1712). Wie Anm. 389.
1028 Johann Solms (1673–vor 1739). Wie Anm. 138.
1029 In der Form eines Gesuches.
1030 Die „Institutiones Iustiniani" sind ein Gesetzeswerk des oströmischen Kaisers Justinian I. (482; reg. 527–565). Sie sind Bestandteil des später so genannten „Corpus iuris civilis", zu dem auch der „Codex" und die „Digesten" gehören.
1031 Denen würden sich gern noch viele weitere anschließen.
1032 In Gestalt ordentlicher, fest zum Angebot der Schule gehörender Lehrveranstaltungen.

Abb. 71: Joachim Lütkemann (1608–1655). Kupferstich, nicht bezeichnet, 1651. (Wien, Österreichische Nationalbibliothek, Bildarchiv und Grafiksammlung)

der Abdanckung[1022] gepriesen haben, so […; insofern] das wort einen verstorbenen anzeigt. [Er] berufft sich allezeit auff herrn d[oktor Philipp Jakob] Spenern.[1023] [Johann Georg Joch] bleibt dabei, daß ein widergebohrner keine sünde thäte.[1024] [Er] verdamt die theologiam polemicam und hält dieselbe für einen unnützen streit,

> wahren Christentum" beeinflusst. Philipp Jakob Spener schätzte es sehr und wählte es bereits für seine ersten collegia pietatis zur Lektüre. Deuper, Christian: Theologe, Erbauungsschriftsteller, Hofprediger. Joachim Lütkemann in Rostock und Wolfenbüttel (Wolfenbütteler Forschungen 136), Wiesbaden 2013 (Literatur).

1022 Der von Scheibler inkriminierten Leichenpredigt.
1023 Philipp Jakob Spener (1635–1705). Wie Anm. 52.
1024 Dies entsprach – cum grano salis – der Position August Hermann Franckes (1663–1727; wie Anm. 88), ließ Joch zugleich aber auch zum Hoffnungsträger der früheren Anhänger Johann Merckers (1659–1728; wie Anm. 173) werden.

[Adresse mit voller Titulatur]
Nachdem Ew[er] Hochw[ürden] Magnif[izenz] mihr die hohe güte erzeigt undt die wiewohl unverdiente doctorwürde mihr ohnlängst hochgeneigt conferirt [haben], so ist meine pflicht und schuldigkeit, Ew[er] Hochw[ürden] Magnif[izenz] vor [für] diese hohe güte gehorsamst mich zu bedancken und mithin ferner in Dero hohes patrocinium auffs beste zu recommendiren. [Dem] herrn [Verleger Johann Adolph] Stock [in Frankfurt am Main] habe [ich] das von Ew[er] Hochw[ürden] Magnif[izenz] mihr zugeschickte concept von der prefation müssen abschreiben lassen und zugleich die [von] mihr annotirte[n] errata corrigirt und hoffe, sie werde nuhn bald zum vorschein kommen, da [wonach ich] dann mit einem [Beleg]exemplar, meiner schuldigkeit nach, werde auffwarten.[1012]

Herr d[oktor Johann Georg] Pritius[1013] wird verhoffentlich seine reise nach Franckfurt [am Main] bald antreden, undt [es] soll ihn herr d[oktor Johann Franz] Buddeus[1014] [in Jena] recommendirt haben. Darff ich mich unterstehen, Ew[er] Hochw[ürden] Magnif[izenz] so weit gehorsamst mich zu recommendiren, daß [ich] inter eligibiles[1015] gebracht würde, so dürffte solches zu meiner weiteren emploie gedeyen,[1016] insonderheit wen[n] eine hochgeneigte und mächtige recommendation von Ew[er] Hochw[ürden] Magnif[izenz] mit beygefüget würde, so dürffte [bräuchte ich] an gutem effect nicht [zu] zweyffeln, sintemalen [zumal] ich weiß, daß Ew[er] Hochwürdige Magnificenc einzig und allein mich [mir] dazu verhelffen können. Ich wil dahero mich gehorsamst recommendirt und durch Gottes gnade mich dahin bemühet haben, daß ich mit der zeit capabel[1017] werde. Nuhn, ich zweiffle nicht, Ew[er] Magnificence werden mihr ihre im jüngsten schreiben und prefation gethane promessen rasch auf meine bitte gewähren.

In Dortmund gibt es mehr troubles, nach dem der superintendent [Johann Georg Joch[1018]] herrn diacono [Justus Arnold] Scheibler[1019] auff seine predigt fast [heftig] geantwortet und mitt lug und lästern um sich geworffen [hat], so daß vorgedachtem herrn Scheiblern seine ere nicht wenig gekränckt worden [ist].[1020] Er [Joch] wil den „Vorschmack [göttlicher Güte]" [Joachim Lütkemanns, Abb. 71][1021] nuhn [...] in

---

1012 Wie oben Anm. 980 (Institutiones metaphysicae sacrae latino-germanicae).
1013 Johann Georg Pritius (Priz; 1662–1732). Wie Anm. 984.
1014 Johann Franz Buddeus (1667–1729). Wie Anm. 316.
1015 Unter die für eine akademische/höhere kirchliche Position in Betracht zu ziehenden Kandidaten.
1016 Mein berufliches Vorankommen beschleunigen.
1017 Durch berufliche Leistung oder entsprechende Publikationen ausgewiesen.
1018 Johann Georg Joch (1677–1731). Wie Anm. 192.
1019 Justus Arnold Scheibler (1658–1729). Wie Anm. 388.
1020 3.8 Johann Georg Joch Nr. 24 (1711).
1021 Joachim Lütkemann (1608–1655), seit 1653 Abt des Klosters Riddagshausen, war ein viel gelesener lutherischer Erbauungsschriftsteller. Sein „Vorschmack göttlicher Güte" (Rostock 1653/73) betonte zwar, dass die Verbindung des testimonium internum mit dem verbum externum unaufgebbar sei, neigte ansonsten aber dem mystischen Spiritualismus zu. Das Werk war von Johann Arndts „Vier Büchern vom

werde [ich] mich auch realiter [in Person] davor danckbahr einfinden [erfinden?] […].

Neues fället [an]sonsten nichts hir vor. In Dortmund ist die unruhe im ministerio noch nicht gestillet: Herr pastor [Justus Arnold] Scheibler[1007] bleibt noch immer suspendirt. Er hatte nach We[t]zlar [ans Reichskammergericht] eine adnotation geschicket, und [es] wird die zeit lehren, wie seine sache wirde ausschlagen. Nuhn haben endlich die Dortmunder erfahren, daß sie [mit Johann Georg Joch[1008]] einen pietisten zum superintendenten bekommen, welches sie nimmer sich eingebildet hätten. Dieser hatt sich ja vorgenommen, gegen herrn pastoris [Justus Arnold] Scheiblern hier [in Soest] gedruckte predigt[1009] sich zu verantworten. Es soll mich aber wundern, in waß für terminis die apologia würde auffgesetzt syn. Der Harzigendische Paris[1010] ist an händen und füßen nechst einen apotekengesell [in Ketten] geschlossen [worden], nachdem dieser [der Geselle] auff jenes anstifften, der vermeinete Christus gewesen [zu sein], und dem fürsten wold gifft [ver]geben. Und braucht es also keine mühe mehr, die speciem facti[1011] zu refutiren […].

Nr. 25   **Greifswald, wohl Anfang Juni 1711**

Johann Friedrich Mayer, Generalsuperintendent von Schwedisch-Pommern, Professor der Theologie in Greifswald, Pfarrer und Stadtsuperintendent am dortigen Dom (St. Nikolai), Prokanzler der Universität und Vorsitzender des Greifswalder Konsistoriums, an Jost Wessel Rumpaeus, Rektor des Gymnasiums in Soest. Zum Zusammenhang siehe Nr. 24 und 26. Mit Beilage(n) (Promotionsurkunde). Nicht aufgefunden, aber bezeugt durch Nr. 26.

Nr. 26   **Soest, 17. Juni 1711**

Jost Wessel Rumpaeus, Rektor des Gymnasiums in Soest, an Johann Friedrich Mayer, Generalsuperintendent von Schwedisch-Pommern, Professor der Theologie in Greifswald, Pfarrer und Stadtsuperintendent am dortigen Dom (St. Nikolai), Prokanzler der Universität und Vorsitzender des Greifswalder Konsistoriums. Zum Zusammenhang siehe Nr. 25. (Greifswald UB [ohne Signatur], Briefnachlass Johann Friedrich Mayer 198f.)

1007 Justus Arnold Scheibler (1658–1729). Wie Anm. 388.
1008 Johann Georg Joch (1677–1731). Wie Anm. 192.
1009 Nachgewiesen ist nur ein Dortmunder Druck. Wie Anm. 991.
1010 Gemeint ist der religiöse Phantast Emanuel Philipp Paris (1674–1750), ein reformierter Prediger in Hartzgeroda (Hartzgerode; Fürstentum Anhalt). Vgl. zu ihm und den durch seine drei Christus-Visionen ausgelösten Unruhen (1709–1711): Walch, Johann Georg: Historische und Theologische Einleitung in die Religions-Streitigkeiten in der Evangelisch-Lutherischen Kirche V.2, Jena 1739 (ND Stuttgart-Bad Cannstatt 1985), S. 1033–1044 (§ XXVIf.).
1011 Eine Beschreibung des Vorgangs und seiner Begleitumstände.

Nr. 24 Soest, 6. Mai 1711

Jost Wessel Rumpaeus, Rektor des Gymnasiums in Soest, an Johann Friedrich Mayer, Generalsuperintendent von Schwedisch-Pommern, Professor der Theologie in Greifswald, Pfarrer und Stadtsuperintendent am dortigen Dom (St. Nikolai), Prokanzler der Universität und Vorsitzender des Greifswalder Konsistoriums. Zum Zusammenhang siehe Nr. 23 und Nr. 25. (Greifswald UB [ohne Signatur], Briefnachlass Johann Friedrich Mayer 194f.)

[Anschrift mit voller Titulatur]
Ob ich zwar nicht zweiffle, daß mein vom 22. Martii [1711] an Ew[er] Hochw[ürden] Magnif[izenz] abgelassenes schreiben wirde wohl überkommen seyn, so habe [ich] dennoch mich abermahl erkühnen wollen, diese geringen zeilen abzugeben, nachdem mir Ew[er] Hochw[ürden] Magnif[izenz] fleissig zu schreiben die fryheit gegeben [haben]. Demnach der damahls festgesetzte terminus promotionis[1002] nuhn schon seit vier wochen verstrichen [ist], so habe [ich] die feste zuversicht zu Ew[er] Hochw[ürden] Magnif[izenz] aufrichtigkeit, daß ich an demselben die wiewohl nicht verdiente doctorwürde werde erlanget haben.[1003] Ob ich aber gleich herrn [N.] Prahler[1004] sehr inständig gebeten [hatte], mihr die […] undt, so bald das programma gedrückt [sei], mehrere exemplare [der Einladung] auff der post citissime zu senden, und dahero von einer post zur andern darauff gewartet [habe], so muß [ich] doch erfahren, daß [ich] von demselben keinen einziger [einzigen] buchstaben, viel weniger das verlangte [Promotions]patent bekommen [habe]. Indessen, nachdem dieser mann an seine correspondenten mein vorhaben [bereits] berichtet [hat], ich auch solichs meinen vorgesetzten obrigkeit[en][1005] habe entdecken müssen, so muß [ich] durch diese nachläßigkeit […] bestehen,[1006] wenn nach meiner promotion gefraget wirde. Daher bitte [ich] Ew[er] Hochw[ürden] Magnif[izenz] gantz gehorsamst, mihr die hohe güte zu erweisen, und herrn Prahler zu befehlen, daß er so gleich das verlangte [Promotions]patent mihr schicke, massen ich das costgeld, nechst dem andern vorgestreckten, ihm zu allem danck nach erhaltung des patents also bald wil seinem correspondenten hir widergeben. Wie ich sonsten von Ew[er] Hochw[ürden] Magnif[izenz] unverdienten hohen affection versichert bin, also habe [ich] auch zu Derselben das feste vertrauen, dieselbe werden mihr meine bitte gewähren, worum [ich] ihn auch wil gebeten haben. Durch meine promotion habe [ich] ein gewisses ansehen hier in patria, und dahero habe [ich] so sehr verlanget, daß sie ie eher ie lieber volzogen würde. Und da nuhn, wie ich nicht zweiffle, den 9. Aprilis [1711] meinem verlangen ist [e]in gnügen gethan [worden], so bin [ich] Ew[er] Hochw[ürden] Magnif[izenz] vorerst eher diese güte verbunden, und sobald [ich] von herrn Prahler werde die designation der unkosten erhalten haben,

---

1002 9. April 1711.
1003 Die Promotion erfolgte also in Abwesenheit.
1004 Wie Anm. 978.
1005 Dem Soester Rat und dem von diesen eingesetzten Scholarchen.
1006 Wohl: Spott/Sticheleien ertragen.

[Druck]presse haben.⁹⁹² Mich soll es verlangen, waß es seyn werde.⁹⁹³ In dasiger [der Dortmunder] nachbarschafft hat der Ew[er] Hochw[ürden] Magnif[izenz] bekante pastor und magister [Diedrich Wilhelm] Volck⁹⁹⁴ zu Hoerde etliche von seinen zuhörern wegen des denen Juden an ihrem Schabat geleisteten dienstes zu Cleve angeklaget, das von dem Dortmundischen herrn superintendenten [Johann Georg Joch] eingeholte[s] responsum beygeleget und zuerst zwar ein[en] favorabler [favorablen]⁹⁹⁵ beschl[uss], daß denen Christen unter 25 goldgulden [Strafe; gestrichen: ihro] diese dinste himit solten untersagt seyn, erhalten, nichts desto weniger aber, als hierauf die Cleve und Märkische Judenschafft dawider eingekommen, d[en] 4. Febr[uar] ein[en] ander[en Beschluss], darin des herrn pastors [Diedrich Wilhelm Volks] verfahren, auch daß er voriges alles durch den druck hatte ohne permission bekand gemacht, zu ahnden gedräuet worden, darauff erhalten.

[…] In der vorstad zu Wittenberg soll man ein kind im mutterleib habe[n] weinend gehört. Rev[erenz] d[oktor Gottlieb] Wernsdorff⁹⁹⁶ alda sol herrn professorem [N.] Dorf in einer disputatio de baptismo proselytorum⁹⁹⁷ ad silentium gebracht haben. Herr d[oktor] F[…] in Jena hat in einer commentatione dem Hallischen [Professor Joachim] Langen⁹⁹⁸ sehr wohl geantwortet und die controversie de ministro impio⁹⁹⁹ sehr deutlich abgehandelt: [Er] ist aber in etwa von der gemeinen sentenz¹⁰⁰⁰ abgewichen, und die mittlstraße¹⁰⁰¹ [ist dadurch] breiter worden […]. [Postscriptum: Rumpaeus Brief vom 4. des Monats wird inzwischen eingelaufen sein. Es ist ein schönes Preisgeld ausgeschrieben.]

---

ließ 1712 [recte: 1711] drucken, daß die Reformierten als solche nicht selig werden könnten und daß deshalb niemand auf der Kanzel einen verstorbenen Reformierten selig nennen dürfe, wie der Superintendent Joch getan hatte." Zur Nieden, Religiöse Bewegungen (wie Anm. 10), S. 2.

992 Zu den Hintergründen dieser Auseinandersetzung: Baedeker, P[aul]: Dortmund 1700–1740. Auszüge aus Ratsprotokollen und Aufzeichnungen, in: Beiträge zur Geschichte Dortmunds und der Grafschaft Mark 22 (1913), S. 1–32, hier S. 11 f.
993 Joch, Johann Georg: Abgenöthigte Schutz-Schrifft wider die abscheuliche Schmähe-Schrifft, mit welcher Jost Arnold Scheibler Ihn für der gantzen Welt zu beschmutzen gesuchet […], Dortmund: Rühl 1711; 3.8 Johann Georg Joch Nr. 24 (1711).
994 Diedrich Wilhelm Volk (Volck; 1674–1718) hatte 1693 in Jena und 1706 in Frankfurt (Oder) studiert, dort hatte er 1707 auch den Magistertitel erworben. Er war zunächst Adjunkt (1695), dann Pfarrer (1697) in Hörde. Bauks, Pfarrer (wie Anm. 14), S. 529 (Nr. 6575). Seine Beziehung zu Mayer ist unklar.
995 Einen günstigen/seinen Vorstellungen entsprechenden.
996 Gottlieb Wernsdorff (1668–1729). Wie Anm. 197.
997 Die Taufe zum christlichen Glauben übertretender, vormals jüdischer Menschen.
998 Joachim Lange (1670–1744). Wie Anm. 384.
999 Über den „Schalksknecht". Vgl. Mt 18, 21–35.
1000 Von der für orthodoxe Theologen bislang maßgeblichen Meinung.
1001 Wohl in der Bedeutung: Die Partei Halles. Vgl. Lange, Joachim: Richtige Mittelstraße (zwei Bände), Halle 1712 und 1714.

rigem respect an, wünschend, gelegenheit zu haben, diese hohe attention zu demeriren.⁹⁸³ Waß Ew[er] Hochw[ürden] Magnif[izenz] sonsten fur gut befinden, solches laße [ich] mihr alles gefallen [...].

Ich höre, herr d[oktor Johann Georg] Pritius⁹⁸⁴ sey den 10. dieses [Monats März] zum seniore in Franckfurt am Mayn von dem dasigen magistrat auß folgenden competenten, herrn d[oktor Johann] Kiesling zu Erfurt,⁹⁸⁵ herrn d[okto]r [N.] Schubert zu Heilbron⁹⁸⁶ und h[errn] licentiat[en N.] Lits im Hanseatischen⁹⁸⁷ erwehlet worden.

Nachdem herr pastor [Justus Arnold] Scheibler⁹⁸⁸ in Dortmund sein wider herrn [Superintendenten] d[oktor Johann Georg] Joch⁹⁸⁹ gehaltene bußpredigt sampt der specie facti⁹⁹⁰ hat drucken lassen,⁹⁹¹ [so] soll dieser dawider schon etwas unter der

Quadio, doctoralia capessendi axiomata observanter et modeste advocat [...], Greifswald: Starck 1711; 3.21 Jost Wessel Rumpaeus Dedikationen/Widmungen/Nachrufe Nr. 5 (1711).

983 Mich dieser Aufmerksamkeit würdig zu erweisen/diese Gunst durch Eigenes zu vergelten.

984 Johann Georg Pritius (Priz; 1662–1732). Er studierte neben August Hermann Francke (1663–1727; wie Anm. 88) in seiner Vaterstadt Leipzig und erwarb dort 1685 zeitgleich mit diesem die Magisterwürde (1691 Assessor der Theologischen Fakultät). In diese Zeit fallen erste Kontakte zu Spener und seine Hinwendung zum Pietismus. Von 1698 bis 1701 war Pritius Professor der Theologie und der Metaphysik am Gymnasium in Zerbst (1699 Doktor der Theologie, zugleich Pfarrer an der Dreifaltigkeitskirche in Zerbst). Von dort wechselte er 1707 nach Greifswald, wo er fortan Professor der Theologie, Hauptpfarrer an St. Marien und Mitglied des Konsistoriums war. Als Senior des Frankfurter Ministeriums folgte er 1711 auf Speners Nachfolger Johann Daniel Arcularius (1650–1710; wie Anm. 70). Dechent, Hermann: Artikel „Pritius, Johann Georg", in: ADB 26 (1888), S. 602–604. – Klötzer, Wolfgang (Hg.): Frankfurter Biographie. Personengeschichtliches Lexikon. Zweiter Band: M–Z (Veröffentlichungen der Frankfurter Historischen Kommission XIX, 2), Frankfurt am Main 1996, S. 155 f. – DNB zu Pritius: https://d-nb.info/gnd/10434444X [23.08.2023].

985 Johann Kiesling (1663–1715). Er hatte ab 1683 in Leipzig studiert, wo er, seit 1697 Erfurter Magister, 1709 auch den theologischen Doktorgrad erworben hatte. Kieslings kirchliche Karriere verlief steil, aber ausgesprochen wechselvoll: 1689 gräflich-reußischer Feldprediger; 1690 Archidiakon und Hofprediger in Greiz; 1694 Oberpfarrer an St. Thomas in Erfurt; 1696 Diakon der Kaufmannskirche, ab 1705 dort zugleich Rektor der Kaufmannsschule; 1706 Oberpfarrer und Professor für orientalische Sprachen in Erfurt, 1712 abgesetzt (sog. „Liederstreit"); ab 1712 Superintendent in Borna. – DNB zu Kiesling: https://d-nb.info/gnd/101568789 [23.08.2023].

986 Nicht nachgewiesen.

987 Nicht nachgewiesen.

988 Justus Arnold Scheibler (1658–1729). Wie Anm. 388.

989 Johann Georg Joch (1677–1731). Wie Anm. 192.

990 Samt einer Beschreibung des Vorgangs und seiner Begleitumstände.

991 Scheibler, Justus Arnold: Das schnöde Laster der Heucheley [...], Dortmund: Rühl 1711; 3.22 Justus Arnold Scheibler Nr. 2 (1711). – Dazu: Goebel, Geschichte des christlichen Lebens 2 (wie Anm. 56), S. 637. – „Der Pastor Scheibler in Dortmund

Nr. 22   Soest, 4. März 1711

Jost Wessel Rumpaeus, Rektor des Gymnasiums in Soest, an Johann Friedrich Mayer, Generalsuperintendent von Schwedisch-Pommern, Professor der Theologie in Greifswald, Pfarrer und Stadtsuperintendent am dortigen Dom (St. Nikolai), Prokanzler der Universität und Vorsitzender des Greifswalder Konsistoriums. Zum Zusammenhang siehe Nr. 21 und Nr. 23. Nicht aufgefunden, aber bezeugt durch Nr. 23.

Nr. 23   Soest, 22. März 1711

Jost Wessel Rumpaeus, Rektor des Gymnasiums in Soest, an Johann Friedrich Mayer, Generalsuperintendent von Schwedisch-Pommern, Professor der Theologie in Greifswald, Pfarrer und Stadtsuperintendent am dortigen Dom (St. Nikolai), Prokanzler der Universität und Vorsitzender des Greifswalder Konsistoriums. Zum weiteren Zusammenhang siehe Nr. 22 und Nr. 24. (Greifswald UB [ohne Signatur], Briefnachlass Johann Friedrich Mayer 196f.)

[Anschrift mit voller Titulatur]
Ew[er] Hochw[ürden] Magnificenz höchst angenehmes schreiben ist mihr unter he[rrn N.] Prahlers[978] couvert gestern allererst von der post zugeschicket worden, und wie [ich] darauß ersehen [habe], was maßen in der mihr höchst angenehmen praefation [Johann Friedrich Mayers sich] unterm abschreiben etliche vitia[979] mid eingeschlichen [haben], also werde [ich], dieselben zu emendiren, mihr gehorsamst lassen angelegen seyn.[980] Denn ob ich wohl die präfation, sobald alß [ich] sie erhalten, mid der post nach Franckfurt [am Main] geschicket [hatte], in [der] meinung, das tractätgen würde noch auff der bevorstehenden [Frühjahrs]messe gantz gewiß fertig werden, so had doch gestern der verleger [Johann Adolph Stock in Frankfurt am Main] wider alles vermuten mihr das contrarium und, wie es noch biß nach der messe würde müsse ausgesetzet werden, berichtet. Auch had mich zwar dieses verdrossen, allein, so kan [ich e]s doch nicht ändern: Indessen weil nuhn noch zeit gnug übrig [ist], so wil [ich] die auffgezeichneten errores dem verleger in einem brief zu corrigiren übersenden.

Daß es bey dem angesetzten termino als dem ersten Donnerstag nach Ostern [9. April 1711] mid der promotion [in Greifswald] solle gantz gewiß im nahmen Gottes sein verblieben haben, ist mihr sehr lieb. Und da denn die hochehrw[ürdige] theol[ogische] facultät mihr, ein hochgeneigtes carmen[981] zu machen, die hohe ehre erweisen wil,[982] so nehme [ich] solche [Ehre] mit der größten danckbarkeit in behö-

---

978   Nicht nachgewiesen. Mayers damaliger Famulus?
979   Fehler/Versehen.
980   Institutiones metaphysicae sacrae latino-germanicae nova methodo adornatae [...], Frankfurt am Main: Stock 1712; 3.21 Jost Wessel Rumpaeus Nr. 36 (1712).
981   Eine ehrende Einladung.
982   Decanus Collegii Theologici Jo[hannes] Frid[ericus] Mayer [...] concionem ad XXII. Aprilis. anno MDCCXI. in qua licentiam conferet viris optime meritis [...] d[omi]n[o] m[agistro] Justo Wessel Rumpaeo, d[omi]n[o] m[agistro] Mich[aele] Frider[ico]

nuhnmero professor auff der Julius universität [in Helmstedt], had eine schaubühne der evangelischen warheit in folio heraußgegeben, darin er auf der Pontificiorum meße argumenta antwortet, auch auff diejenige[n], so seine person angehen.⁹⁷³ Wir haben hier einen reformirten und papistischen und keinen lutherischen bürgermeister, und ist von den lutheranern nicht einer im rath."

„He[rrn] professor [Sebastian] Edzard[us/i]⁹⁷⁴ seine schrifften, ob sie gleich verbrand, habe ich sie doch hir bei einem buchführer⁹⁷⁵ gesehen. Francisci Burmanni⁹⁷⁶ opus biblicum wird in folio zu Lemgoen anietzo gedruckt und ist bald fertig.⁹⁷⁷ Wenn [in Greifswald demnächst] eine promotion vor sich gehet, so häde [ich; Rumpaeus] wohl lust, den gradum doctoris midanzunehmen, dafern Ihro Hochw[ürden] Magnifiz[enz] es so gefält." Empfiehlt sich Mayers „patrocinium" und bittet, Grüße an mehrere Personen in Greifswald auszurichten [„herrn doktor Hetrack, herrn und frau doktorin Ritter, herrn adiunkt Lu…de"].

außerordentlicher (bis 1724), dann (bis 1726) ordentlicher Professor der Philosophie war. Nachdem man ihn 1718 zum Probst an St. Lorenz in Schöningen ernannt hatte, lebte er zuletzt (seit 1727) als Pensionär in Wolfenbüttel. DNB zu Rempen: https://d-nb.info/gnd/12496933X [23.08.2023].

973   Rempen, Johann: Schau-Bühne Der Evangelischen Warheit: Worauff alle Päbstische Glaubens-Streitigkeiten mit der Papisten neuesten Erfindungen, Ausflüchten, und Subtilitäten der gantzen Päbstischen streitbahren Theologiae werden fürgestellet, Und Aus Gottes Wort und eigenen Grundsätzen der Bäbstischen Lehr kurz und deutlich zurück getrieben […], Frankfurt am Main/Leipzig: [Ohne Drucker] 1709. Exemplar: München BSB. Das später mehrfach nachgedruckte Werk erfuhr schnell heftigen Widerspruch, so vor allem durch Freitag, Bernhard: Des Evangelosen Apostaten Johan Rempen Mit der Schaafs-Wolle der Evangelischen Warheit, als einem Scheinbaren Vorhang übel bekleidete und ausstaffirte Schau-Bühne: Entkleidet Und in ihrer Un-Evangelischen Blöße Bey abhandlung des ersten Haupt-Streits, Ob der Protestanten praetendirte Schrifft-Regel Allein, die Einige unverfälschte Glaubens-Regel Sey? Vorläuffig vorgestellt: Dem Apostaten Rempen zu satsamer Uberweisung Seiner mit der Evangelischen Warheit verblümten Gottschändischen Apostasie […] zu heylsamer Warnung […] Auffgesetzt […], Hildesheim: Schlegel, 1709 (VD18 1037986X).

974   Sebastian Edzardus (1672/73–1736). Wie Anm. 541.

975   Einem reisenden Buchhändler.

976   Frans Burman (Burmann; 1671–1719). Er war seit 1705 reformierter Pfarrer in Amsterdam und lehrte dann ab 1714/15 in Utrecht. Van Sluis, J.: Artikel „Burman, Franciscus", in: Buisman, J. W./Brinkman, G. (Edd.): Biografisch lexicon voor de geschiedenis van het Nederlands protestantisme 5 (2001), S. 101.

977   Ein Lemgoer Druck dieses Werkes ist nicht nachgewiesen, wohl aber: Burman, Frans: […] Alle Biblische Wercke, Darinnen enthalten seynd die gründliche Auslegung und heilsame Betrachtung Der fünff Bücher Mosis, Josuae, Richter, Ruths, der zween Bücher Samuelis, der Könige, Chronicon, Esrae, Nehemiae und Esther […]: Samt Einem Anhang der Kirchen-Historie, Sich erstreckend bis in den Eingang des Neuen Testaments, Wobey gefüget Ein kurtzer Schrifftmässiger Bericht von dem Sabbath […] Nebst Des Authoris Lebens-Lauff, Frankfurt am Main/Leipzig: Fuhrmann 1709 (VD18 11449152).

Nr. 20 **Soest, vor Mitte Februar 1709**

Jost Wessel Rumpaeus, Rektor des Gymnasiums in Soest, an Johann Friedrich Mayer, Generalsuperintendent von Schwedisch-Pommern, Professor der Theologie in Greifswald, Pfarrer und Stadtsuperintendent am dortigen Dom (St. Nikolai), Prokanzler der Universität und Vorsitzender des Greifswalder Konsistoriums. Zum Zusammenhang siehe Nr. 19 und Nr. 21. Nicht aufgefunden, aber bezeugt durch Nr. 21.

Nr. 21 **Soest, 24. Februar 1709**

Jost Wessel Rumpaeus, Rektor des Gymnasiums in Soest, an Johann Friedrich Mayer, Generalsuperintendent von Schwedisch-Pommern, Professor der Theologie in Greifswald, Pfarrer und Stadtsuperintendent am dortigen Dom (St. Nikolai), Prokanzler der Universität und Vorsitzender des Greifswalder Konsistoriums. Zum Zusammenhang siehe Nr. 20 und Nr. 22. (Greifswald UB [ohne Signatur], Briefnachlass Johann Friedrich Mayer 192 f.)

[Regest] [Anschrift mit voller Titulatur] Hat bereits bei seiner „glücklichen ankunfft in patriam [Westfalen/Grafschaft Mark]"[966] an Mayer geschrieben. Erkühnt sich jedoch, „nachdem [ich] in Soest mein rectorat ohnlängst angetredden,[967] [hier] abermahls von meinem zustand einen kleinen bericht abzustatten". Dankt Mayer für dessen „mehr als väterliche liebe" und „unzählig viele wohltaten", die dieser ihm in der Vergangenheit erwiesen hat.

„Es gehet mihr biß dahero, God sey danck, auch gantz wohl und wird mihr die arbeit, ohne ruhen zu schreiben[!],[968] ganz leicht [...] Der hiesige magistrat had mir alle erfindliche eher erwiesen und jerlich beschencket.[969] Ich habe anitzo etliche theses auß dem loco de theologia aufgesetzt, so [bereits] unter der [Druck]presse [sind],[970] und mich erkühnet, Ihro Hochw[ürden] Magnif[izenz] öffters zu allegiren [...] Von den pietisten weiß man hir nichts, und ist diese stadt noch ganz vrei davon, worüber ich mich verwundert.[971] Der gewesene [Jesuit Johann] Peter Rempen,[972]

---

966 Rumpaeus stammt aus Unna.
967 Dies steht in einer gewissen Spannung zur Soester Tradition: Demnach wurde Rumpaeus' Wahl vom Rat zwar schon am 15. Oktober 1708 bestätigt, seine Einführung erfolgte aber erst im Juni 1709. Soest StA/StB, Bestand A, Hs. 76, S. 96 (§ 170).
968 Dass Rumpaeus auch weiterhin akademische Ambitionen hegt, er die Tätigkeit in Soest also lediglich als eine Zwischenstation begreift, ist offenkundig.
969 Wohl: Das Jahresgehalt im Voraus ausgezahlt.
970 Controversias recentiores potissimum pietisticas ex loco de theologia [...], Greifswald: Adolph 1707; 3.21 Jost Wessel Rumpaeus Nr. 19 (1707) (demnach also bereits erschienen).
971 Hier gibt der soeben erst Eingetroffene wohl schlicht die offizielle Linie des Soester Rates wieder.
972 Johann Rempen (1663–1744) stammte aus Paderborn. Er war zunächst Jesuit (bis 1704), dann Benediktiner gewesen und 1707 zum Luthertum konvertiert. Danach wirkte er als Professor für Theologie und Philosophie, lateinische und griechische Philologie in Hildesheim. Von hier wechselte er 1708 nach Helmstedt, wo er zunächst

Abb 70: Christian Krumbholtz (1663–1725). Kupferstich, nicht bezeichnet, undatiert, zwischen 1700 und 1708. (Hamburg SUB, PPN663956218)

will zeigen, daß sie in hundert lehren übereinkommen". Will mit weiterem „nicht verdrießlich sein" und empfiehlt sich der Fürsprache Mayers. Postscriptum: Der ehrenwerte Herr „d[oktor Johann Georg] Neumann"[965] [in Wittenberg] lässt dienstlich grüßen.

---

965 Johann Georg Neumann (1661–1709) war seit 1706 Dritter Professor der Theologie in Wittenberg und Assessor am dortigen Konsistorium. Nach einem weiteren steilen Aufstieg übernahm er später das Amt des Propstes an der Wittenberger Schlosskirche und war zugleich Verwalter der Bibliothek der Universität. Kohnle/Kusche, Professorenbuch (wie Anm. 75), S. 158 f.

verblichen seyn, wie mich der rector [Zacharias] Götze⁹⁶⁰ zu Osnabrück [irrtümlich] versicherte. Herr d[octo]r R[...]⁹⁶¹ war in Hamburg wegen seiner dominica III. adventus [gehaltenen] predigt von dem magistrat zu[r] rede gestellt worden, weil derselbe vermeinte, er habe sich in die Krumholtzische sache auff der cantzel eingelassen." Ein gewisser Lizentiat soll Herrn Dr. [Christian] Krumbholtz (Abb. 70)⁹⁶² in einer Schrift von 20 Bogen angegriffen haben. „Der herr superintendent zu Osnabrück [Theoderich Wilhelm] Jerusalem⁹⁶³ läßt sich [an Mayer] empfehlen."

„Auff dem wege von Osnabrück biß Münster habe [ich] einen Jesuiten zum reisegefärten gehabt". Rumpaeus unterhielt sich mit dem Mann, fand diesen aber „nicht allzu wohl fundiert [gebildet]". Der Jesuit fragte ihn u. a., „warum wir in unseren kirchen nicht die verba institutionis baptismi: Ich taufe dich im nahmen des Vaters und des Sohnes und des Heiligen Geistes incorrupt behilten, sondern das ,und' auß ließen [...]. Die Holländischen und Schweizerischen reformirten sind mit den Brandenburgensibus nicht zufrieden", sondern verspotten diese. In Lübeck hat ein „doctor medicinae, [Johann Philipp] Maul genannt,⁹⁶⁴ [...] einen tractat unter händen, worin er den unterscheid zwischen den reformierten u[nd] lutheranern so

960   Zacharias Goeze (1662–1729). Er war Rektor des Osnabrücker Gymnasiums und ein weithin bekannter Numismatiker. Sarnighausen, Hans-Cord: Zur Familie Zacharias Goeze (1662–1729), Rektor am Ratsgymnasium in Osnabrück, in: Osnabrücker Mitteilungen 113 (2008), S. 265–273.

961   Nicht nachgewiesen.

962   Christian Krumbholtz (1663–1725) stammte aus Neustadt in Sachsen. Er wirkte zunächst in Preßburg und Dresden. Von 1700 bis 1708 war er Hauptpastor an St. Petri in Hamburg, wurde dann aber 1710 wegen obrigkeitsfeindlicher Reden und Schriften verhaftet und 1711 zu lebenslänglicher Haft verurteilt. Er starb 1725 in Hameln im Gefängnis. DNB zu Krumbholtz: https://d-nb.info/gnd/104048174 [23.08.2023].

963   Theoderich Wilhelm Jerusalem (1668–1726) war damals Pastor Primarius der Osnabrücker Hauptkirche St. Marien, Superintendent und Scholarch. Weit bekannter als er wurde später sein Sohn, der Aufklärungstheologe Johann Friedrich Wilhelm Jerusalem (1709–1789). Beutel, Albrecht: Artikel „Jerusalem, Johann Friedrich Wilhelm", in: RGG⁴ 4 (2001), Sp. 449f. (Literatur).

964   Johann Philipp Maul (1662–1727) war Doktor der Medizin und Apotheker, zeitweise Bürgermeister und Ältester der reformierten Gemeinde in Lünen (bei Dortmund). Maul stammte aus St. Goar. Er war ein Anhänger Ernst Christoph Hochmann von Hochenaus (1670–1721; vgl. zu diesem: Schneider, Hans: Artikel „Hochmann von Hochenau, Ernst Christoph", in: RGG⁴ 3 [2000], Sp. 1803 [Literatur]), pflegte Umgang mit Johann Merckers radikalem Schüler Peter Mahler († 1728; wie Anm. 203) und dessen Frau Anna Catharina von Friedeborn († 1716; wie Anm. 203) in Derne und starb 1727 als Brunnenarzt in Schwelm. Gerhard Tersteegen (1698–1769) verfaßte für ihn folgende Grabschrift: „Wie hoch ist nun der Mann, der hier ein Kindlein gar,// herzinnig, voller Lieb, doch auch voll Glaubens war,//von Zions Königs Pracht er zeugte und er litte,//sein Geist flog endlich hin, und hier zerfiel die Hütte." Rothert, Kirchengeschichte der Mark III (wie Anm. 10), S. 105 Anm. 3. – Kummer, Ulrike: „Gold von Mitternacht" – Zu Leben und Werk des Arztpietisten Johann Philipp Maul (1662–1727), in: PuN 40 (2014), S. 134–163 (Literatur).

Nr. 19   Lübeck, 9. Dezember 1708

Jost Wessel Rumpaeus, designierter Rektor in Soest, an Johann Friedrich Mayer,[953] *Generalsuperintendent von Schwedisch-Pommern, Professor der Theologie in Greifswald, Pfarrer und Stadtsuperintendent am dortigen Dom (St. Nikolai), Prokanzler der Universität und Vorsitzender des Greifswalder Konsistoriums. Zum Zusammenhang siehe Nr. 20. (Greifswald UB [ohne Signatur], Briefnachlass Johann Friedrich Mayer 190 f.)*

[Regest] [Anschrift mit voller Titulatur] Ist gestern um ein Uhr nachmittags [mit der Kutsche aus Greifswald kommend] glücklich in Lübeck angelangt. Hielt es für seine Schuldigkeit, dies mitzuteilen, bedankt sich für die ihm durch Mayer erwiesenen Wohltaten und empfiehlt sich „in Dero patrocinium".

Auf der Reise ist „nichts sonderliches vorgegangen". Hat in Hamburg „he[rrn] d[octorem] Johann Albert] Fabricium[954] u[nd] herrn inspectorem [Sebastian] Edzardi"[955] gesprochen. Fabricius erzählte ihm, „waß maßen [Caspar][956] Calvör so wohl von m[agister Daniel Severin] Schulteto[957] als auch von dem bekanten [N.] Göbeln[958] sey refutirt worden". „Herr [Johann Franz] Buddeus[959] soll zu Jena todes

---

953   Johann Friedrich Mayer (1650–1712). Wie Anm. 382.
954   Johann Albert Fabricius (1668–1736). Er war ein bedeutender klassischer Philologe, Bibliograph und Theologe und zählte zu den engsten Schützlingen Mayers (Famulus und Bibliothekar). Fabricius war 1694 Hauptpastor an St. Jakobi in Hamburg und zugleich Professor in Kiel geworden. 1696 begleitete er seinen Patron nach Schweden. Später war Fabricius, der viele Rufe ablehnte, dann jahrzehntelang Professor für Rethorik und Ethik am Hamburger Akademischen Gymnasium und hatte dort von 1708 bis 1711 zugleich das Rektorat der Lateinschule Johanneum inne. Er wurde der Schwiegervater von Hermann Samuel Reimarus (1694–1768). Handschriftliche Briefe Mayers an Johann Albert Fabricius sind erhalten in: Hamburg SUB Nachlass Reimarus M. 755. – Möller, Kurt Detlev: Johann Albert Fabricius (1668–1736), in: Zeitschrift des Vereins für hamburgische Geschichte 36 (1937), S. 1–64. – Raupp, Werner: Artikel „Fabricius, Johann Albert", in: BBKL 25 (2005), Sp. 393–408 (Literatur).
955   Sebastian Edzardus (1672/73–1736). Wie Anm. 541.
956   Der bekannte Theologe und Universalgelehrte Caspar Calvör (1650–1725). Er war seit 1703 Konsistorial- und Kirchenrat in Wolfenbüttel. 1709 wurde Calvör dann zunächst Generalsuperintendent des Fürstentums Halberstadt und bereits im Jahr darauf Generalsuperintendent des Herzogtums Grubenhagen (Bezirke Clausthal, Osterode, Herzberg, Einbeck) mit Sitz in Clausthal. Bautz, Friedrich Wilhelm: Artikel „Calvör, Caspar", in: BBKL 1 (1975, 1990²), Sp. 890 (Literatur).
957   Daniel Severin Scultetus (Schultze, Schultetus; 1645–1712). Scultetus war ein um Vermittlung bemühter lutherischer Theologe aus Hamburg, der sowohl bei Philipp Jakob Spener als auch bei dessen Gegnern (so etwa auch bei Johann Friedrich Mayer in Greifswald) hohes Ansehen genoss. Gurlt, Ernst: Artikel „Scultetus, Daniel Severin", in: ADB 33 (1891), S. 498.
958   Nicht nachgewiesen.
959   Johann Franz Buddeus (1667–1729). Wie Anm. 316.

[Regest] Sendet [dem ihm persönlich noch unbekannten] Löscher seinen „wider unsern lästernden [Joachim] Lange [in Halle]"[943] gerichteten „Prodromus".[944] Hofft, sich diesem damit zu empfehlen, und ist sich des Erfolges seiner Replik gewiss: „Ich weiß, unserem Lästerer [Joachim Lange] dergestalt begegnet zu haben, daß er zum wenigsten nach diesem wird in höflicheren Worten seine Schreibart anrichten". Bittet Löscher, seine Schrift in dessen „Unschuldigen Nachrichten" anzuzeigen,[945] und kündigt eine Fortsetzung derselben an, deren sieben Bogen umfassende „propositio specialis" er bereits fertig gestellt hat und die er in Kürze zum Druck geben will.[946] Hat eine größere Schrift („in einem Manuskript von einem ganzen Alphabet") gegen Johann Konrad Dippels[947] („Democriti") [gegen seinen Mentor Johann Friedrich Mayer gerichtete] „Unpartheiische Gedanken"[948] verfasst, bislang aber noch keinen Verleger für diese gefunden.[949] Deshalb muss auch eine von ihm bereits abgeschlossene „Synopsis metaphysico-theologica pietistis praecipue opposita"[950] zunächst noch ungedruckt liegen bleiben, „obgleich H[err] D[oktor Samuel] Schelwig [in Danzig][951] die Herausgabe wünscht und hundert Exemplare davon gleich zu nehmen sich erboten [hat]." Hat gehört, dass auch Löscher gegen [Joachim] Lange [in Halle] schreiben wird.[952] Möchte dessen Schrift bei Erscheinen sehr gern haben. Hat große Freude an Löschers Publikationen. Bedauert, dass man dessen „Unschuldige Nachrichten" in Greifswald immer erst so verspätet erhält. Schließt mit Segenwünschen für Löscher.

943 Joachim Lange (1670–1744). Wie Anm. 384.
944 Dissertationum ideae Joachimi Langii extensae opponendarum, aegritudinem mentis in autore medicinae mentis demonstraturarum, suasque observationes vindicaturarum prodromus […], Greifswald: Adolph 1708; 3.21 Jost Wessel Rumpaeus Nr. 26 (1708).
945 So auch tatsächlich geschehen: UN 1709, S. 493 ff.
946 Wegen seines Wechsels nach Soest ist dies später unterblieben. Vgl. Edition Nr. 26 und 28.
947 Johann Konrad Dippel (1673–1734). Wie Anm. 181.
948 [Dippel, Johann Konrad:] Unparteyische Gedancken, Uber eines so genanten Schwedischen Theologi [Johann Friedrich Mayers] Kurtzen Bericht von Pietisten [et]c.: nebst einer kurtzen Digression, Von der Brutalität und Illegalität des Religions-Zwangs, Und einem kleinen Anhang Wider die Theologische Facultät zu Halle/entworffen durch Christianum Democritum, [ohne Ort, ohne Drucker] 1706 (VD18 90259580; mehrere weitere Ausgaben: VD18 10465669, VD18 90020987 etc.). – Dazu: Goldschmidt, Dippel (wie Anm. 181), S. 282.
949 Nicht nachgewiesen. Möglicherweise später auch gar nicht mehr erschienen.
950 Nicht nachgewiesen. Möglicherweise später auch gar nicht mehr erschienen.
951 Samuel Schelwig (1643–1715). Wie Anm. 385.
952 Etwas früher (18. November 1708) schreibt im gleichen Sinne auch Albrecht Joachim von Krakevitz (Krakewitz, Krackewitz; 1674–1732), der Gegner Gottfried Arnolds (1666–1714; wie Anm. 182), nachmals Generalsuperintendent von Schwedisch-Pommern, aus Greifswald an Löscher. Wotschke, Rumpaeus' Briefe an Löscher (wie Anm. 415), S. 128 Anm. 7.

verstoßen, Euer Hochedl[en] hülffe und starcke hand imploriren und bitten, daß weilen ohne deme Ihro Königl[iche] Maj[estät] vorhin allergnädigst befohlen, diesen menschen wegen obangeführter seduction und copulation,[934] wan [wenn er] nicht 50. goltgülden brüchte[935] sofort [hint]erlegen würde, zu suspendiren, Euer Hochedle[n] geruhen möchten, die herauß so vielfältig entspringende[n] und sonderlich der studirenden jugend höchstschädliche[n] scandala zu evitiren,[936] einen ernst zu gebrauchen, die suspension würcklich zu verfügen,[937] über die hierinnen angeführte und andere von ihme begangene thaten zu inquiriren, demnägst die würckliche remotion vorzunehmen[938] und [Solms] nach vorgeschriebenen rechten, andern zum exempel, zu bestraffen.

Wir zum wenigstens erklähren uns hiemit öffentlich, daß wir keine beßerung mehr hoffen können und daß, wan [wenn] dieser mensch länger an dem gymnasio stehen bleiben solte, deßelben augenscheinliche totale zerrüttunge erfolgen und denen wenigen etwa noch überbleibenden studiosis nichtes alß lauter ärgernüß und böse nachfolge von der gottlosen lebensart dieses ärgerlichen menschen eingeflösset werden können. Und wollen endlich lieber unser ambt niederlegen, alß daß wir länger über diesen unbändigen menschen und andere immorigeros[939] eine inspection führen oder tacendo[940] der großen argernüße und sünden uns theilhaftig machen solten, die wir im übrigen sind

Euer Hochedle[n] dienstwilligste [des] gymnasii angeordnete scholarchae.

[Angehängt, von anderer Hand, 21. Oktober 1705: Konzept eines Suspendierungsschreibens für den Soester Subkonrektor Magister Johann Solms, allerdings nur „bis zu fernerer verordnung"]

Nr. 18 Greifswald, 30. November 1708
Jost Wessel Rumpaeus,[941] Adjunkt der Theologischen Fakultät in Greifswald, an Valentin Ernst Löscher,[942] Professor der Theologie in Wittenberg. Zum Zusammenhang siehe Nr. 28. (Hamburg SUB, Suppellex epistolica 44; Teilabdruck in: Wotschke, Rumpaeus' Briefe an Löscher [wie Anm. 415], S. 127f.)

---

934   Der Verführung des Mädchens und des nicht ordnungsgemäß vollzogenen Eheschlusses.
935   An Strafgeldern.
936   Diesen ein Ende zu machen.
937   Die Amtsentsetzung rechtskräftig anzuordnen.
938   Die Entfernung aus dem Amt vorzunehmen.
939   Sich an der Schule gleichfalls aufhaltende Personen (die Unterstützer des Subkonrektors).
940   Durch unser Stillschweigen.
941   Jost Wessel Rumpaeus (1676–1730). Wie Anm. 345.
942   Valentin Ernst Löscher (1673–1749). Wie Anm. 406.

prügelt ihne dabeneben derb ab, sagend[:] „Habe ich dir nicht befohlen, du sol[s]t es mir bringen[?] Ich bin dein praeceptor und nicht der rector[!]" Dieser studiosus wendet sich zur scholarchie und suchet schutz und satisfaction, zumahlen er hierunter nicht anders gethan, alß was ihme vom he[rrn] rectore authoritate scholarcharum[922] were befohlen worden.

Nach genauer und umständlicher untersuchung dieser sache wird verwichenen Dienstag, am 8. Sept[embris 1705], in scholarchia der [be]schluß abgefaßet, daß der he[rr] rector folgenden Mittwochen zu nachmittage in classem tertiam tretten und in beyseyn des subconrectoris denen studiosis bedeuten solte, daß scholarchae diese sache untersuchet und befunden, daß dem studioso Trosten zu viel geschehen und sie diesen excessum des subconrectoris zu seiner zeit ressentiren[923] würden.

Wie nun der he[rr] rector dieses befohlener maßen effectuiren will,[924] kombt Solms demselben mit dem plectro[925] entgegen, will ihne damit zurück treiben, sagend, er solle ihm auß der classe bleiben, und alß der he[rr] rector einwendet, er thue sein ambt und habe ex jussu scholarcharum[926] etwas zu bedeuten, tringet jener noch weiter in ihn und suchet, ihn ex classe zu vertreiben, beschuldiget auch endlich mit lauten worten den he[rrn] rectorem in conspectu studiosorum[927] einer ärgerlichen that und schilt ihme die haut derbe voll.

Und solcher gestalt ist bey uns keine hoffnung mehr übrig, diesen menschen von seiner streitsucht, calumniiren,[928] schelten und continuirlichen ungehorsahmen oppositionen abzuwenden, und werden wir auch bedencken tragen, deßen actiones weiter zu untersuchen oder zu corrigiren. Vielmehr müßen wir, in mehrerem betracht [beklagen, dass] derselbe auch in vita civilis so grob exorbitiret,[929] daß er eines außwertigen mannes tochter, welche bey ihme in kost und zur information bestellet, ein kind kaum über 12. Jahre, inscijs parentibus,[930] verführet, ihme [sich] dieselbe [junge Frau] ohne vorhergehende proclamation,[931] wieder Ihro Königl[icher] Maj[es]t[ät] verpoenalisirte edicta,[932] außer landes bey catholischen pfaffen [hat] copuliren laßen, nun aber, da ihme die eltern in forschießung der praetendirten gelder zu gefalle[n] nicht seyn wollen,[933] dieselbe jämmerlich tractiret und wieder

---

922 Auf Anordnung/im Auftrag der Scholarchen.
923 Berücksichtigen/bei ihrer Bewertung der Angelegenheit mit einbeziehen würden.
924 Umsetzen/der Weisung Folge leisten will.
925 Mit dem Rohrstock.
926 Auf Anordnung der Scholarchen.
927 Im Beisein der/vor den Schülern.
928 Intrigieren/Ränke schmieden.
929 Sich auch im bürgerlichen Leben so skandalös verhält.
930 Ohne, dass die Eltern etwas davon geahnt hätten.
931 Ohne vorausgehende dreimalige Kanzelabkündigung. Siehe Edidion 2.5, I. „F. Von der proclamation und copulation. § 24[-26]"; III.AA. „n. Die proclamation derer, so in den ehestand tretten wollen. [§] 287" und F. „i. Das proclamations formulio[!]".
932 Ein solches Verhalten mit Strafen belegende Anordnungen.
933 Wohl: Ihm die Aussteuer des Mädchen nicht auszahlen wollen.

man diesen menschen längstens pro perjuro et remoto[911] halten müßen, alleine man hat bißhero mit gelindigkeit und durch gebrauchte vergleichungsmittel die vielfältige klagen des h[err]n rectoris, conrectoris auch anderer collegen und der studenten selbsten, unter hoffnung einer endlichen beßerung abzustellen, in scholarchia sich äußerst befließen. Diese gelindigkeit aber hat desselben [Magister Johann Solms] hertze contrario eventu[912] noch mehr und mehr verstocket, so gar daß er auch nicht allein dem he[rrn] rectori, sondern auch der scholarchi verordnungen selbsten sich höchststraffbahr in conspectu studiosorum[913] widersetzet [hat].

Nemlich, es ist ohngefehr vor einem jahr zwischen ihme und dem conrectore wegen des didactri[914] streit entstanden, in dem Solms, alß er vernommen, daß ein gewißer studiosus das didactrum dem conrectori schon eingeliefert [hätte], denselben mit vielen einem praeceptori unanständlichen scheltworten angegriffen. [Um] solches unwesen hinkünftig zu vermeiden, hat man in scholarchia für gut befunden, zu ordiniren, daß das didactrum dem conrectori alleine geliefert, der subconrector aber seine halbscheid[915] auß handen des conrectoris ohne alle tergiversation[916] sofort entfangen solte, gleich auch so wol der conrector alß [auch der] subconrector dieße ordnung willig angenommen und folgend derselben nachgelebet [haben].

Wie nun der h[err] rector vor einigen wochen die bezahlung des didactri von letztem halben jahre denen studiosis intimiret [hat],[917] füget er abermahl[s] bey, daß dasselbe dem conrectori vermög obiger scholarchat verordnunge eingeliefert werden solte. Solms aber befiehlet den studiosis gerade das gegenspiel, sagende, sie solten ihme die halbscheid bringen. Er were ihr praeceptor und nicht der rector. Und hiemit wahr schon authoritas scholarchatii et rectoris in conspectu studiosorum prostituiret,[918] doch seines ermeßens noch nicht genug. Dan alß nichts destoweniger einige studiosi der verordnung der scholarchen und intimation des he[rrn] rectoris zufolge das didactrum dem conrectori völlig eingereichet, unterstehet sich Solms, einen studiosum extraneum[919] genant Troste[920] deßentwegen zu corrigiren. Er hält ihme verbis[921] seinen ungehorsam vor, daß er ihme das didactrum nicht gebracht, schilt denselben für einen flegel und dieb, der ihme das didactrum gestohlen, und

---

911 Für einen Eidbrecher und damit (automatisch) abgesetzten Mann.
912 Gerade umgekehrt/mit gegenteiligem Effekt.
913 Vor den Augen der Schüler.
914 Des Hörergeldes/der an den Lehrenden zu entrichtenden Teilnahmegebühr.
915 Seinen hälftigen Anteil.
916 Ohne jede Ausflucht/Verzögerung.
917 Ans Herz gelegt/in Erinnerung gebracht hat.
918 Die Autorität des Scholarchats, des Rektors und des Konrektors in den Augen der Schüler infrage gestellt/zweifelhaft gemacht hat.
919 Einen von auswärts stammenden Schüler/einen Alumnaten.
920 Johannes Dietrich Gottfried Heinrich (von) Droste aus Dinker (Nordbörde). Er war am 29. April 1700 in die Sexta aufgenommen worden. Kuhlmann, Schülerverzeichnis (wie Anm. 109), S. 273.
921 Mündlich.

Ew[er] Hochwohlehrw[ürden] zum gebet und dienst w[illiger]
m[agister] J[ohann] G[ottfried] Kopstadt, p[astor]

[Postscriptum:] Mein hertzlicher gruß an die gesambten he[rren] amptsbr[üder]. [Ich; Johann Gottfried Kopstadt] Erwartte mit ehistem das petitum. Gott helffe uns. Essen, d[ie] 4. May 1705.

Nr. 17   Soest, ca. Mitte September 1705
Die Scholarchen des Soester Archigymnasiums an die Bürgermeister und den Rat der Stadt Soest. (Soest StA/StB, Bestand A, Nr. 10447)

Hochedle

Die überhäuffte[n] von dem bißherigen subconrectore [Magister Johann] Solms[901] an hiesigem gymnasio excitirte[n][902] verwirrungen und unverantwortliche oppositiones, sodan deßelben öffentliche mißhandlungen und darauß entsprungene scandala sind in der gantzen stadt so notori und zum ärgernüß der studirenden jugend so hoch gestiegen, daß wir vermög tragenden ambts demselben unmöglich länger mit gutem gewißen nachsehen können. Und wan man alles, was in wenigen jahren von diesem incorrigiblen menschen wieder Gott und sein eigen gewißen zum ärgernüß der gantzen stadt begangen [worden ist], erzehlen solte, so würde man viele bogen papier darzu brauchen und euer Hochedl[en] durch weitläufftigkeit nur desto größeren eckel verursachen müßen.

Wir wollen uns aber deßfals nur bloß auf die notorietät[903] beziehen und Euer Hochedl[en] erinnern, wie daß derselbe sofort bey seiner inauguration[904] und kurtz darauf nochmals suspensionem meritiret [hat][905] und dabey nicht anders wieder recipiret [worden ist][906] alß sub deprecatione offensorum[907] und einen [wohl: eines] an aydes statt heraußgegebenen schultlichen reversali,[908] daß er hinkünftig sich vernünftiger aufführen, seine oberen gebührend respectiren und seinen collegen mit friedfertigkeit begegnen, in [bei erneuter] entstehung aber deßen [, was er sich hatte zu Schulden kommen lassen,] sofort remotioni ab officio unterwürffig seyn wolte.[909] Und wan diesem reversali stricte hatte [hätte] inhaeriret werden sollen,[910] hätte

901 Johann Solms (1673–vor August 1739). Wie Anm. 138.
902 Gestifteten/ausgelösten.
903 Das allgemein Bekannte.
904 Bei seiner Einführung/Installation.
905 Sich so verhalten hat, dass man ihn hätte entlassen müssen.
906 Wieder in die Gemeinschaft der Lehrenden aufgenommen worden ist.
907 Unter Abbitte an die von ihm Beleidigten/Verletzten.
908 Einer eidesstattlichen Erklärung/eines eidesstattlichen Schuldeingeständnisses.
909 Seine Entfernung aus dem Amt willig hinnehmen würde.
910 Wenn man diese Erklärung wörtlich genommen/konsequent in Anwendung gebracht hätte.

terii p[ro] t[empore] inspector[i]. Meinem insonders hochgeehrten He[rrn] und Amptsbr[uder]. Dieses Soest. Cito. Cito. Franco.

Hoch-wohlehrwürdiger, insonders hochgeehrter He[rr] Amptsbr[uder].

Hochwohlehrw[ür]d[en] geneigete andwort vom 29. April [1705] habe [ich] wohl erhalten und wie, daß mein an ein hochehrw[ürdiges] ministerium zu Soest geschicktes verlangen richtig überbracht [worden ist], auch im bem[ehlten] ministerio fürgekommen und dann ein theologisches responsum decretiret worden sey, darauß mit vergnügen verstanden. Weil aber diese sache certam ob causam[889] gantz pressant[890] ist, weswegen ich auch einen expressum[891] übergesand hatte, also bitte [ich] hiermit abermal hertzlich wie in meinem hochwichtigen verlangen, [mir] zur deutl[ichen] information meines gewissens mit einer versprochenen deutlichen andwort zu willfahren, auch dabey die formalia eines übergesandten ausschreibens[892] a capite ad calcem[893] und also völlig wieder beyzufügen, und dieses alles, so ja geschehen kan, versprochener massen [noch] diese woche, wo kein andere gewisse gelegenheit fürfallen möchte,[894] per posta durch Duisburg auf Essen, als welches das allergewisseste [Verfahren] ist. Das postgeld sol alhir völlig bezahlet werden.

Daß auch meine übergesandte Prüfung des he[rrn Johann] Mercker[895] [von den Soester Predigern] gelesen worden sey, wil [ich] auch ebenmässig meinen.[896] Weil aber, wo dieselbe wider alles verhoffen verkommen solte,[897] [ich; gestrichen: kein] nichts also mehr hätte, also bitte ich, dieselbe [Ausfertigung der Kopstadtschen „Prüfung"] wol in acht zu nehmen, und wenn verlangeter massen[898] ein hochedler rath zu Soest wie auch das hochehrw[ür]d[ige] ministerium zu derselben druck eine nöthige außlage zu thun bedencken tragen würde[n] (welches [ich] jedoch [, da es] nicht so allerdings bey vorab [ist],[899] da es ecclesiae nostrae lutheranae causam[900] und derselben conservirung betrifft, verhoffen wil, auch hierumb wol leiden mag, daß, wo [dem] ein oder ander[en der Soester Prediger etwas] zu notiren deuchten möchte, mir auch sölches angezeiget werde), mir dieselbe nebenst dem außgefertigten response, wohl verwahret, ebenmässig wieder zugeschicket werde. Hiemit verbleibe [ich] abermal nechst empfehlung zu Gott

---

889 Aus einem bestimmten Grund.
890 Dringlich.
891 Schon Nr. 13 war also ein Eilbrief gewesen. Vgl. die Adresse: „Cito. Cito. Franco."
892 Wohl des beigefügten Manuskriptes/der Ausfertigung der von Kopstadt geplanten Schrift gegen den Essener Rektor David Frieben.
893 Von Kopf bis Fuß.
894 Wenn sich kein anderer Weg für eine sichere und rasche Übermittlung eröffnen sollte.
895 Vgl. Nr. 13.
896 Will ich gleichfalls hoffen.
897 Verloren gehen sollte.
898 Wie von mir in meinem jüngsten Brief erbeten.
899 Es unbedingt angezeigt wäre.
900 Eine wichtige Angelegenheit unserer lutherischen Kirche.

chen lehrers,[883] nemlich daß deßen vocatio per ecclesiam factam necessaria sey et divina,[884] it[em] 3.) pro absolutione vicaria oder daß ein beruffener prediger krafft seines beruffs die macht uberkommen habe, loco Dei et nomine illius[885] die sünde zu vergeben, und nennet die gegentheilige lehre eine schwärmerische. [Er; Johann Gottfried Kopstadt] verinnert auch hirin krafft der worte inter ceteros theologos d[octoris Kiliani] Rudrauffii[886] vom sabbath p[agina] 29, nicht unrecht gethan zu haben, siehet sie auch so an, daß sie gewiß zu nichts anderm als zur verrückung totius oeconomiae ecclesiasticae[887] ziele, und deswegen nicht wenig gefährlich sey.

Heilige sie, Herr, in deiner warheit, dein Wort ist die warheit.
Joh[annes; irrtümlich:] vj 27.[888] Amen.

Nr. 15   Soest, 29. April 1705
Theodor Balhorn, Pfarrer an Soest St. Walburgis (Stift) und Senior und Inspektor des dortigen Predigerministeriums, an den Magister Johann Gottfried Kopstadt, Zweiten lutherischen Pfarrer in Essen. Zum Zusammenhang siehe Nr. 13 und Nr. 16. Bestätigung des Eingang von Nr. 13f. und Ankündigung des erbetenen Gutachtens. Nicht aufgefunden, aber bezeugt durch Nr. 16.

Nr. 16   Essen, 4. Mai 1705
Magister Johann Gottfried Kopstadt, Zweiter lutherischer Pfarrer in Essen, an Theodor Balhorn, Pfarrer an Soest St. Walburgis (Stift) und Senior und Inspektor des dortigen Predigerministeriums. Zum Zusammenhang siehe Nr. 15. (Soest StA/ StB, Bestand A, Nr. 6156a, Bl. 155f.)

Dem hochwohlehrwürdigen und hochgelehrten herren, He[rrn] Theodor Balhorn, ad d[ivae] Walpurgis pastori, auch des hochehrw[ürdigen] Luthe[rischen] minis-

---

883   Für die Notwendigkeit der ordentlichen Berufung eines jeden Lehrers.
884   Dass dessen durch die Kirche ausgesprochene Berufung notwendig und von Gott angeordnet sei.
885   Anstelle Gottes und in dessen Namen.
886   Kilian Rudrauf (1627–1690). Er war seit 1659 zunächst Professor der Ethik, Logik und Metaphysik, dann seit 1675 Professor der Theologie in Gießen gewesen und hatte hier in engem Schulterschluss mit Philipp Ludwig Hanneken (1637–1706; wie Anm. 75 und Abb. 15) gewirkt. Gemeint ist: Rudrauf, Kilian: Alte Hessische Glaubens-Lehr/: In zwantzig Theologischen Gewissens-Fragen Vom Sontags-Feyer/ Nach Anleitung zweyer Fürstlichen Hessen-Darmstättischen Außschreiben und Edicten […], [Frankfurt am Main:] Zunner/Gießen: Karger 1688 u. ö. (VD17 3:307824F). – Der Rekurs auf Rudrauf war auch insofern geschickt, als dieser einer der Gießener Lehrer Johann Merckers gewesen war. Vgl. 3.16 Johann Mercker Dedikationen/Widmungen Nr. 1 (1682).
887   Auf die völlige Zerrüttung des geordneten kirchlichen Lebens.
888   „Heilige sie in der Wahrheit; dein Wort ist die Wahrheit" (Joh 17, 17).

ßung des bischoffs und der gemeinde öffentlich lehren möge, wider den 14. articul der Augspurgischen Confession strebe, da es heißet: Vom kirchen regiment wird gelehret, daß niemand in der kirchen öffentlich lehren oder predigen oder sacrament reichen soll, ohne ordentlichen beruf?[876] [Differenzierte, auf dessen Schrift Bezug nehmende Widerlegung der Ausführungen Fri(e)be(n)s unter Hinweis auf die Confessio Augustana von 1530, die Apologie der Confessio Augustana von 1531/33 und Luthers Schmalkaldische Artikel von 1537. Dazu kommen diverse, als Nummern 1–9 gezählte Aussagen Martin Luthers und Philipp Melanchthons, der Confessio Saxonica von 1551, der Kirchenväter Ambrosius von Mailand (339–397), Hilarius von Poitiers (315–367) und Tertullian (150–nach 220) sowie Veit Ludwig von Seckendorffs (1626–1692)[877] in dessen „Commentarius historicus et apologeticus de Lutheranismo", Gotha 1688 (3 Bände, vollendet, Frankfurt am Main und Leipzig 1692)].[878]

Ad 3.[879] Ob die gewöhnliche beichte und die mit derselben gemeinlich verknüpfte absolutio vicaria, da der priester an Gottes statt sünde vergiebet, von wegen göttlichen gebottes nöthig oder vielmehr unter die christliche freyheit nach den Symbolischen Büchern zu setzen? [Differenzierte, auf dessen Schrift Bezug nehmende Widerlegung der Ausführungen Fri(e)be(n)s unter Hinweis auf Martin Luther und dessen „Mitbekenner" sowie die Confessio Augustana von 1530 und deren Apologie von 1531/33].[880]

[Schluss] Dieser ist also der von m[agister Johann Gottfried] Kopstadt geschehene wiederspruch, nebenst welchem er auch vermeinet, daß diese von m[agister David] Friben p[agina] 4 gesetzte worte: „die warheit desto leichter über die blinden vorurtheile einiger so genandten orthodoxorum den sieg erlange[n]": vielen redlichen theologis alzu nachtheilig wären, nemlich allen denen, die seiner meinung nicht seyn, und er sie, [das heißt: die] so genandte orthodoxos, auch ihre meinung, ein „blindes vorurtheil" nennet. Und streitet demnach m[agister Johann Gottfried] Kopstadt angeführter maßen contra m[agistrum Davidem] Friben (welcher seiner eigenen außage nach auf der universität Wittenberg, als [er] magister geworden, auf die Libros Symbolicos geschworen hat) secundum tenorem Librorum Symbolicorum, auch S[acrae] Scripturae,[881] 1.) pro necessitate[882] eines wochentlichen sabbaths krafft göttlicher einsetzung, 2.) pro necessitate vocationis eines ordentli-

---

876 Dingel, Irene (Hg.): Die Bekenntnisschriften der Evangelisch-Lutherischen Kirche. Vollständige Neuedition (BSELK), Göttingen 2014, S. 108.
877 Veit Ludwig von Seckendorff (1626–1692), der bekannte lutherische Staatsmann, -theoretiker und Historiker. Albrecht-Birkner, Veronika: Artikel „Seckendorf (Seckendorff), Veit Ludwig", in: RGG⁴ 7 (2004), Sp. 1085 f. (Literatur).
878 Soest StA/StB, Bestand A, Nr. 6156a, Bl. 160a–166.
879 An dieser Stelle fehlt ein Verweis auf die Schrift Fri(e)be(n)s.
880 Soest StA/StB, Bestand A, Nr. 6156a, Bl. 166–168.
881 Nach dem Wortlaut der Lutherischen Bekenntnisschriften und der Heiligen Schrift.
882 Für die Notwendigkeit.

220   2. Edition

bath im N[euen] T[estament] gefeyret werde, [eben]so habe auch Lutherus (wie es [bei Fri(e)be(n)] p[agina] 59 lautet), nebenst seinen mitbekennern, nicht geglaubet, daß die absolutio eines predigers vicaria und an stat Gottes, auch in der Schrift und göttlichem rechte gegründet sey. Deme aber [hat] he[rr] m[agister] Johann Gottfried] Kopstadt als [der]zeitiger [Zweiter Essener] prediger sich entgegen gesetzet und nicht allein ex cathedra ecclesiastica,[868] sondern auch publice in curia fur hiesige[r] obrigkeit[869] pro necessitate vocationis (mediata seu per ecclesiam) eiusque divinitate[870] gestritten, auch daß ebenfals der binde- und löseschlüßel eine anbefohlne göttliche gwalt sey, an seiner stat die sünde zu vergeben oder zu behalten, wie auch, daß solche gewalt krafft des beruffs dem predigtampt anhange, und dann, daß auch nach göttlichem befehl ein sabbath im N[euen] T[estament] (an welchem tage in der woche er auch gefeyret würde) nothwendig gehalten werden müßte, und daß also besonders nach he[rrn Magister David] Friben[s] contraire[r] meinung den Libris Symbolicis eine gewalt geschehet und ihnen daßelbe angedichtet werde, welches doch [nach] ihrem sinn nicht sey, verfochten, also, daß über jede frage von m[agister Johann Gottfried] Kopstadt wider m[agister David] Friben fürs erste ex Libris Symbolicis das contrarium angeführet und diesem nechst auf die [ent]gegengesetzen grünnde geantwortet ist, wie folget. [Behandelt werden folgende drei durch die dem Manuskript Johann Gottfried Kopstadts damals beigefügte Schrift David Fri(e)be(n)s aufgeworfene Fragen]:

Ad 1.[871] Ob der christen sontag derjenige sabbath sey, welchen Gott durch Mosen im A[lten] T[estament] zu heiligen gebotten [habe], und dennoch wegen göttlichen geboths von heiligung deßelben die arbeit, so darinnen geschiehet, sünde sey? [Differenzierte, auf dessen Schrift Bezug nehmende Widerlegung der Ausführungen Fri(e)be(n)s unter Hinweis auf verschiedene Schriften Martin Luthers und Philipp Melanchthons, die Confessio Augustana von 1530, Luthers Großen Katechismus von 1529, Luthers Genesisvorlesung, Melanchthons Katechismus von 1549, die Apologie der Confessio Augustana von 1531/33 und den altkirchlichen Osterfeststreit[872]].[873]

Ad 2.[874] Ob die lehre, daß nach göttlicher verordnung kein kirchlicher beruff zum lehrampt (darunter aber nicht das aufseher oder bischöffliche ampt, welches eine iurisdiction in regenda ecclesia[875] mit sich führt und deswegen einen beruff erfordert) nöthig sey, sondern ein jeder, welcher die gabe von Gott empfangen, mit zula-

---

868 In seiner Funktion als ordentlich bestellter Lehrer und Prediger seiner Gemeinde.
869 Auf dem Rathaus und vor dem Essener Rat.
870 Für die Notwendigkeit der mittelbaren, durch die Kirche erfolgenden Berufung und deren Anordnung durch Gott.
871 Am rechten Rand ein Verweis auf die Schrift Fri(e)be(n)s: „lib[er] p[agina] 3."
872 Kinzig, Wolfram: Artikel „Passa-/Osterterminstreitigkeiten", in: RGG⁴ 6 (2003), Sp. 973 (Literatur).
873 Soest StA/StB, Bestand A, Nr. 6156a, Bl. 158–160.
874 Am rechten Rand ein Verweis auf die Schrift Fri(e)be(n)s: „lib[er] p[agina] 36."
875 Eine Rechtsprechung/ein Richteramt zur Steuerung der Kirche.

David Fri(e)be(n),[863] *eines entschiedenen Anhängers Johann Merckers. Mit Beilage eines Manuskriptes ("meine [...] Prüfung des h[errn Johann] Mercker"), für dessen Druck um einen Zuschuss gebeten wird (Nr. 16). Zum Zusammenhang siehe Nr. 10. Nicht aufgefunden, aber bezeugt durch Nr. 16.*

Nr. 14   **Essen, ca. Mitte April 1705**

Johann Gottfried Kopstadt: Erwiderung auf Magister David Fri(e)be(n)s Schrift „Schriftmäßiger Sinn der Librorum Symbolicorum über die Lehre vom Sabbath, die Lehrfreiheit und Beichte".[864] *Die Schrift Fri(e)be(n)s lag bei, sie ist in Soest StA/StB aber (bislang) nicht nachgewiesen. Beilage zu Nr. 13. (Soest StA/StB, Bestand A, Nr. 6156a, Bl. 157–168)*

I[n] N[omine] J[esu]! Wie leyder! schon fur [vor] einigen jahren alhir zu Eßen über der fragen von dem nothwendigen beruff der prediger wie auch anhangender absolutione vicaria,[865] nebenst der nothwendigkeit des sabbaths im N[euen] T[estament], außer noch andern aufgebrachten controversien, biß hirhin ein diese Lutherische kirche alhir [in Essen] nicht wenig zurtren[nen]der streit entstanden [ist], also nemlich, daß die nothwendigkeit des kirchlichen oder mittelbahren beruffs eines ordentlichen predigers, hirbey auch, wie daß sie auß göttlichem befehl [gestrichen: und] nöthig und göttlich sey, deßen anhangende gwalt, an Gottes stat die sünde zu vergeben, und dann auch die göttliche verordnung eines sabbaths im N[euen] T[estament] mit aller macht hat verneuet werden wollen, also hat [nun] endlich he[rr] m[agister] David Friben, hiesiger schul rector, in beygehendem büchlein[866] diesen meinungen nicht undeutlich beygepflichtet, auch besonders ex Libris Symbolicis[867] die christliche freyheit in diesen angeführten puncten zu erweisen sich unterstanden, wie nemlich diese Symbolische[n] Bücher hirin auf keinen göttlichen befehl sich gründeten, sondern in alle[m] nur eine christliche freyheit lehreten, also daß der gewöhnliche beruff eines predigers nur allein auß einer gemeinen verordnung der kirchen geschehe, wie auch nur auß dieser freyheit ein wochentlicher sab-

---

863   David Fri(e)be(n). Wie Anm. 203.
864   Fri(e)be(n), David: Schrifftmässiger Sinn Derer Librorum Symbolicorum: Von Freyheit des Sabbaths/Kirchlichen Beruffs/Und Beichte/Erläutert Von M[agister] David Friben, Gymn[asii] Essend[iensis] Rect[or], [ohne Ort, ohne Drucker] 1704 (VD18 12165557). – Fri(e)be(n) war in Soest gewiss kein Unbekannter. Erhalten hat sich dort nämlich auch ein Exemplar seiner Schrift: Fri(e)be(n), David: Drey Zur Erbauung in der Gottseligkeit dienende Schrifften, Worunter die Vorrede Lutheri über die Epistel an die Römer, und Zwey Andere, von Fruchtbarlicher Lesung der Heil[igen] Schrifft: Nebst einer Vorrede, von dem Zweck derselben, gegen einige Verlaeumbdungen [...]/ Auffgesetzet von M[agister] David Friben, [ohne Ort, ohne Drucker] 1703. Exemplar: Berlin SBB-PK, Halle (Saale) HFSt und Soest StA/StB.
865   Dem Losspruch/der Lossprechung von der zuvor bekannten Sünde im Auftrag und an Christi Statt.
866   Wie Anm. 864 („Schriftmäßiger Sinn der Librorum Symbolicorum").
867   Aus dem Konkordienbuch von 1580. Wie Anm. 649.

Nr. 12   Soest, 30. Januar 1705

Johann Ernst Becker, Notar in Soest: Ausfertigung eines königlichen Spezialmandates zur Einführung einer vierteljährlichen Kollekte zugunsten der Universität in Halle (Saale). (Soest StA/StB, Bestand A, Nr. 6156b, S. 1071f.)

Demnach seine Königliche Majestät in Preußen, unser allergnädigster herr, verordnet [hat], daß zu aufnehmung und beßern flor[858] der zu Hall[e] aufgerichteten universität alle viertheil jahr eine freywillige collecte in allen kirchen Dero provintien gesamblet undt die eingekomme gelder in Dero Clevische casse eingesendet werden sollen, also wird hiemit jedermänniglich kund gemachet, daß künfftigen quartal-buß-und bettag[859] des nachmittags solche collecte (damit der ordentlichen kirchensamblung nichts dadurch abgehe) geschehen soll. Und weiln diese beyhülffe zu etabilirung einiger freyer tische zum unterhalt der studirenden jugend, welche auß eigenen mitteln ihren völligen subsistentz nicht nehmen können,[860] vornemblich außgesehen, so daß auß allen S[eine]r Königlichen Majestät provintien sich zu Hall[e] einfindende arme studiosi den nutz davon zu gewarten haben, also wird ein jeder nicht alleine zu beforderung nur gedachten gemein-nützlichen zwecks, sondern auch zu Gottes ehren eine freywillige milde steuwr[861] zu dieser collecte einlegen und auf Gott den Allerhöchsten sehen, der es gewiß in diesem fall nicht unvergolten laßen wird, so jemand auß liebreichem hertzen mit demjenigen, waß seine hand vermag, [dazu] hülfflich beytritt,[862] daß manniger junger mensch auß mangel der mittel von seinen wohl angefangenen studijs nicht abgehalten [werde], sondern so wohl in geist- alß weltlichem stande zu des Höchsten ehre und wolgefallen, zum dienste des nechsten und [zum] nutzen des vaterlandes wohl bereitet werden möge, wornach [worauf] ein jeder, sonderlich aber die diaconi und küstern der kirchen, bey einfallenden quartal buß und beth tagen zu achten und die eingesamblete[n] gelder binnen drey tagen hernach ohnfehlbahr an der rathstube dem hochachtbahren magistrat einzuliefern haben. Sign[atum], Soest, den 30. Jan[uarii] 1705.

Ex m[an]d[a]to sp[ecia]li Joh[ann] Ernst Becker, n[otarius]

Nr. 13   Essen, ca. Mitte April 1705

Magister Johann Gottfried Kopstadt, Zweiter lutherischer Pfarrer in Essen, an Theodor Balhorn, Pfarrer an Soest St. Walburgis (Stift) und Senior und Inspektor des dortigen Predigerministeriums. Bitte um ein Gutachten des Soester Predigerministeriums im Blick auf den Text seiner Antwort auf eine Schrift des Essener Rektors

---

858 Gedeihen/Blüte.
859 Die erste Sammlung erfolgte demnach in der Karwoche 1705.
860 Die Mittel für ihr Studium und ihren Unterhalt nicht vollständig selbst aufbringen können.
861 Einen freiwilligen, zumutbaren Beitrag.
862 Dazu unterstützend beiträgt.

Wer aus diesem Brunnen die lautere Quelle der Unterweisung vergnüglich gekostet, derselbe wird gar leicht die hinderlichen Dorngesträuche der angebornen Unart aus dem Wege räumen können. Und wer hierinnen das erquickende Wasser der Gottesfurcht und des Fleißes eingesogen, der wird gar bald die glatten Klippen der Bosheit und des Müßiggangs übersteigen und den Gipfel der Tugend und der Künste erreichen können. Warum sollten wir denn eine so edle Quelle länger verstopfet halten? Warum sollten wir dem springenden Wasser nicht gönnen, seine Nutzbarkeiten allen mitzuteilen, so nach dieser heilsamen Quelle mit gebührender Begierde dürsten[?]

So tretet denn hervor, ihr, denen die Durstigen zu dieser Quelle zu leiten aufgetragen worden! Lasset sie stromweise fließen auf alle kraftlose[n] Herzen! Verhütet, daß niemand diesen klaren Brunnen mit Bosheit betrübe oder gar vergifte. Haltet ihn rein von aller Unsauberkeit! Leitet die matte[n] Seele[n] Tag und Nacht den geradesten Weg und gebet nicht zu, daß jemand durch Abwege verführet in sein eigen Verderben laufe.

Ihr aber, die ihr würdig erachtet seid, aus diesem Brunnen zuerst zu kosten, schöpfet ohne Unterlaß. Schöpfet, trinket und werdet voll des heilsamen Nutzens, so Euch aus diesem Brunnen stromweise eingeflößet wird. Nehmt in diesem Hause, aus dieser Quelle genugsame Kräfte, die Tugend und allerhand Künste zu erlernen.

Denn hierzu ist dieses neue Armen- und Waisenhaus von einem hochachtbaren Magistrat einzig[!] gewidmet. Eine solche Nutzbarkeit zu erhalten, hat man bishero so überhäufte Kosten und Mühe angewendet.[853] Und diesem längstgewünschten Endzweck eigne ich nunmehro auf Befehl und Verordnung eines hochachtbaren Magistrats im Namen der heiligen unzertrennlichen Dreifaltigkeit dieses kostbare Gebäu zu. Ich bitte Gott, daß er solches zu seinen Ehren, zum Dienste unseres Vaterlandes[854] und allgemeinen Nutzen sämbtlicher Bürgerschaft in einem guten erwünschten Stande viele saecula nach seinem heiligen Willen gnädig erhalten, jederzeit treue Aufseher und Vorsteher erwecken[855] und alles dergestalt richten und wenden wolle, wie es zu seinem Ruhm und Preis und unser und unser Nachkommen zeitlicher und ewiger Wohlfahrt gereichen mag. Inzwischen so segne Sie Gott, es segne Sie alle Gott, es segne Sie Gott, unser Gott, und alle Welt fürchte ihn.[856] Amen!

Endlich wurde alles mit einer abermaligen Musik beschlossen und ein jeder mit Freuden und Frohlocken nach Hause gelassen, die Armen aber zu Abend zuerst[857] in diesem Haus gespeiset [...].

---

853 Hier wird die Kritik an den ausufernden Kosten des Projektes reflektiert.
854 Der Stadt Soest und ihrer Börde.
855 Vgl. Jer 3, 15: „Und will euch Hirten geben nach meinem Herzen, die euch weiden sollen mit Lehre und Weisheit."
856 „Es segne uns Gott, und alle Welt fürchte ihn!" (Ps 67, 8).
857 Erstmals.

Nun, der Herr gebe allen predigern und schuldienern erleuchte[te] augen, das rechte zu erkennen,[847] damit in kirchen und schulen das ἔργον[848] sey, ein wahrhafftiges und thätiges Christentumb zu befordern, damit das Reich Gottes nicht sowol in worten zu bestehen scheine, alß vielmehr, wie es ja seyn soll, in [der] Kraft 1. Cor. 4 [20;[849] ...] spes meliorum temporum,[850] in ipsa tempora meliora: doctrina sit et maneat sancta et pacifica, vita autem simul sancta![851]

Ich verbleibe hiernechst unter empfehlung göttlicher obhuth auch anerwünschung an die übrige h[erren] mitbrüder meines hertzlichen grusses, Essen, d[ie] 4. Aug[usti] 1703,

Ew[er] Hochehrw[ürden] zum gebeth und dienst w[illiger]

m[agister] J[ohann] G[ottfried] Kopstadt, p[astor]

Nr. 11   Soest, 3. Januar 1705

Rede des Bürgermeisters (proconsul) und Gymnasiarchen Otto Gerhard Klotz[852] anlässlich der Einweihung des neuen Soester Armen- und Waisenhauses. (Wiedergabe nach: Vogeler, Gründung [wie Anm. 242], S. 102–104)

Hochedelgeborne, hoch- und wohledle, hochehrwürdige, hoch- und wohlgelährte Herrn, sonders hochgeneigte Gönner und sehr werthe Freunde!

Wann [wenn] die kluge[n] und sinnreiche[n] Griechen ihren Weisheits- und Kunstberg Parnassum nach allen seinen Zugängen gleichsam lebendig abbilden wollen, so stellen sie uns unten an dessen Fuß den Brunnen Castalium als eine lautere und erquickende Quelle für [vor], woraus die zum Gipfel des Berges eilende[n] und durch Weite und Unwegsamkeit ermüdete[n] Seelen einen Labsal nehmen und neue Kräfte gewinnen mögen, die Dornsträuche[r] und Klippen des Parnassi mit frischer Hurtigkeit zu ersteigen.

Ich glaube, daß ich nicht sehr irren würde, wann [wenn] ich dieses unser neu erbautes Armen- und Waisenhaus einem solchen labenden Castalischen Quellbrunnen vergleichen sollte. Denn dieses [Armen- und Waisenhaus] ist in Wahrheit die Quelle, woraus alle durch Armuth ermüdete[n] und gedrückte[n] Gemüther zum Lauf der Tugendbahn gelabet werden. Dieses ist der Brunnen, wobei ein jeder durch Armuth Ausgemattete[r] neue Kräfte gewinnen kann, den sonst unwegsamen Kunstberg zu ersteigen.

---

847 Vgl. Eph 1, 18: „Und er gebe euch erleuchtete Augen des Herzens, damit ihr erkennt, zu welcher Hoffnung ihr von ihm berufen seid, wie reich die Herrlichkeit seines Erbes für die Heiligen ist."

848 Die Hauptaufgabe.

849 „Denn das Reich Gottes steht nicht in Worten, sondern in Kraft" (1. Kor 4, 20).

850 Die „Hoffnung besserer Zeiten", der Leitbegriff der spenerschen Eschatologie. Wie Anm. 146.

851 Die Hoffnung besserer Zeiten, und in derselben Zeit bessere Zeiten: Die Lehre sei und bleibe heilig und friedensstiftend, das Leben aber zugleich heilig!

852 Otto Gerhard Klotz (1663–1715). Wie Anm. 244.

neue positiones, wenn sie schon [positiones] marginales[838] seyn möchten, mehr die gemüther derjenigen, sonderlich [derer], die im weinberg des Herren kraft ihres sonderlichen beruffes arbeiten sollen,[839] trennen, als selbige zu einem einmüthigen eifer in wiederaußbesserung des zerfallenen hauses Gottes,[840] nemlich der christlichen kirchen, aufmuntern. Denn daß noch ein oder andres nach dem antichristenthumb schmeckendes, sonderlich das opus operatum,[841] uns ankleben an dem eusserlichen kirchenwesen als beichten, predigt-hören, abendmal gehen, wie auch eine öffters mehr als zu harte herrschaft der geistlichen über ihre gemeinde bey unserm gegenwertigen lutherthumb sich bezeige, wird keiner, deme der selbige zustandt der maysten zu herzen gehet und diesem nach nicht anders verlanget, alß daß, so viel[e] möglich, allem bösen abgeholffen seyn möchte, hertzlich verlanget, leugnen. Allein in des bemelten he[rrn Johann] Merckers neuen positionibus solches suchen [zu] wollen, sehe ich nicht den rechten weg zu seyn, massen [insofern] es hierauf kommen muß, daß das wesen des rechten christenthums, so in innerlicher und würklicher liebe zu Gott und darauß entspringendem kindlichen gehorsam bestehet, mit recht evangelischem eiffer fürgeleget werde. Es bleibet woll gewiß, daß nach der lehre Petri 2. Epist[ola] 1 der glaube die quelle des gottseligen lebens [ist],[842] das gesetz [aber] nur allein unter andern endtzwecken eine norma[843] desselben [Lebens] sey und dahero der modus, christianismum in vitam etiam practicam insinuandi,[844] nicht gesetzlich, sondern recht evangelisch immerhin eingerichtet bleiben müsse, wie dann hierumb Paulus Rom. i [6,17f.] nicht unbillig [schreibt:] παρακαλῶ etc.[845] Ach, wolte es bei uns allein wahrhafftig heissen: Die liebe Christi dringet uns also,[846] wie glückselig wären wir!

---

838   Thesen von geringerem Gewicht/geringerer Tragweite.
839   Vgl. Mt 20, 1–16 (Von den Arbeitern im Weinberg).
840   Vgl. Am 9, 11: „Zur selben Zeit will ich die zerfallene Hütte Davids wieder aufrichten und ihre Risse vermauern und, was abgebrochen ist, wieder aufrichten und will sie bauen, wie sie vorzeiten gewesen ist" (als Zitat auch in Apg 15, 16).
841   Eine jede Handlung, bei der man nicht auf den moralischen Wert, sondern nur darauf schaut, dass sie gethan wird.
842   Vgl. 1. Petr 2, 1–3: „So legt nun ab alle Bosheit und allen Betrug und Heuchelei und Neid und alle üble Nachrede und seid begierig nach der vernünftigen lauteren Milch wie die neugeborenen Kindlein, auf dass ihr durch sie wachset zum Heil, da ihr schon geschmeckt habt, dass der Herr freundlich ist."
843   Ein Leitfaden/eine Richtschnur.
844   Die Art/das Verfahren, das Christentum auch in das tätige Leben einzupflanzen.
845   Mercker zitiert den griechischen Text: „Gott sei aber gedankt: Ihr seid Knechte der Sünde gewesen, aber nun von Herzen gehorsam geworden der Gestalt der Lehre, an die ihr übergeben wurdet. Denn indem ihr nun frei geworden seid von der Sünde, seid ihr Knechte geworden der Gerechtigkeit" (Röm 6, 17f.).
846   „Denn die Liebe Christi drängt uns, da wir erkannt haben, dass einer für alle gestorben ist und so alle gestorben sind" (2. Kor 5, 14).

hoc, hic et nunc⁸³⁰ muß freilig der mensch selbst das judicium practicum⁸³¹ machen nach dem [der] general regulen, so in Heiliger Schrift enthalten.

So ist auch unnöhtig, daß manche wollen mich [Johann Mercker; gestrichen: wollen] zu[r] rede setzen, warumb ich Christi und Mosis gesetze unterscheyde, da [diese] sich doch meiner eigenen bekäntnis nach beisammen enthalten, nämlich das gesetze Christi und Mosis. Responsio [Johann Merckers]: Denn [es ist] auch 60 in 100 enthalten und wird doch nicht für einerlei gehalten, sondern es bleiben distincta⁸³² [Streichung], sonst wehre es gut für arme schuldener, die solchen [ihren] obstreponten[?]⁸³³ möchten zahlen 60 pro 100 und sagen: Es wehre in all.⁸³⁴ E[xempli] g[ratia] g[ratia]. Fine.

Nr. 10   Essen, 4. August 1703

Magister Johann Gottfried Kopstadt, Zweiter lutherischer Pfarrer in Essen, an Theodor Balhorn,⁸³⁵ Pfarrer an Soest St. Walburgis (Stift) und Senior und Inspektor des dortigen Predigerministeriums (weiter mit Nr. 13). Mit Beilage(n) („Ich übersende [...] meinen über die meiste[n] stellen des h[errn Johann] Merckers bedencken abschrifttlichen aufsatz"; nicht aufgefunden). Mit Eingangsvermerk vom 20. August 1703. Zum Zusammenhang siehe Nr. 7. (Soest StA/StB, Bestand A, Nr. 6156a, Bl. 153f.)

Dem hochehrwürdigen und hochgelehrten Herren, He[rrn] Th[eodor] Balhorn, des Stiffts S[anct] Walburgis luth[erischen] prediger, auch des hochehrw[ürdigen] Soestischen ministerii seniori, meinem insonders hochgeerten Herrn Amptsbr[u]d[er]. Dieses Soest.

Hochehrwürdiger, insonders hochgeehrter Herr und Amptsbr[u]d[er], Freund.⁸³⁶ Ich übersende mit dieser gelegenheit [eines Boten] meinen über die meiste[n] stellen des he[rrn Johann] Merckers bedencken [erstellten] abschrifftlichen aufsatz,⁸³⁷ auf daß auß selbigem das hochehrw[ürdige] ministerium Susatinum, wie weit ich [Johann Gottfried Kopstadt] in selbigem gehe oder nicht gehe, ersehen möge. Sonsten wil [ich] eben nicht sagen, wie bemel[ter] herr [Johann] Mercker eine böse intention bey seinem fürnehmen habe. Nur allein muß [ich] doch sagen, daß dieser weg, das zerfallene christenthumb zu erbauen, gar nicht zulänglich sey, sondern vielmehr eine zerrüttung (wie auch leider! die erfahrung es hiesigen orths mehr als zuviel bezeuget) alß eine [zu] verhoffende erbauung anrichte, wo schon sothane

---

830   Was, wo und wann.
831   Die Anwendung auf den Einzelfall/die konkrete Entscheidung in einer bestimmten Situation.
832   Von einander zu unterscheidende Größen.
833   Wohl: Ihren Kreditgebern.
834   Es wäre ihre Schuld mit dieser geringeren Zurückzahlung ausgeglichen.
835   Theodor Balhorn (1637–1708). Wie Anm. 699.
836   Beide Männer kennen sich demnach wohl noch aus Kopstadts Zeit in Soest.
837   Nicht nachgewiesen.

Viertens sagen manche [meiner Gegner]: Ei, was ist das für eine verfuhrische, kätzerische lehre, die Christum zum newen gesetzgeber machet. Responsio [Johann Merckers]: Daß andere vorgeben, als ob im Newen Testament wehre ein neuw gesetz der zeit nach aufkommen, billiget man nicht. [In] Matth. 5 hatt Christus kein neuw gesetz geben, sondern das uhralte gesetz Mosis wiederhohlet.[824] Doch ist das gewiss, daß der mensch, der vor der wiedergeburht wahr unter Mosis gesetze, [dass der] nach der wiedergeburht und warumb er[825] nuhn ein neuw mensch worden [ist], hat er das Christi gesetze, das ist das gemässig[s]te gesetz Mosis, dem er bei verlust göttlicher gnade muß folge leisten. So hatt nun balt anfangs Adam, nachdem er durchs evangelium wiedergebohren [worden war],[826] müßen gemäß leben diesem gesetze Christi; und also ist diess gesetze Christi [Gesetz] gewesen,[827] so lange sein gnadenreich gewähret auf erden.

Christus als wahrer Gott hat freilig das moral gesetz in seiner schärffe gegeben. [Er] hatts auch wiederhohlet aufm Berge Sinai, daher es dan [denn] den nahmen bekommen „Mosaisch gesetze". Daß [dies] nun aber [bedeutet, dass] das gesetze, dem [der] wiedergebohrene[n] bei verlust der kindschafft nachzukommen verbunden ist und das ihm [für ihn die] schuldige pflicht in sich hält, wird genandt das gesetz Christi, [das] geschigt [aber] in dem absehen nicht, als ob das Mosaische gesetz nicht von Christo were gegeben. Sondern weil dis letztre[r] gesetz Christus hatt gegeben als ein sunder könig, als ein geliebter frommer meister, als ein barmhertziger vater, darum heist das [dieses] gesetz in sonderlichem verstande das gesetze Christi, als ferne [immer dann, wenn] Moses und Christus im gesetze gegen einander opponiret werden.

Aber das wollen manche [nicht gelten lassen]: Es klinge enthusiastisch, wenn ich [Johann Mercker] sage, in Heiliger Schrift sei nicht so in particulari[828] enthalten, was Christi gebohte sein, dass e[xempli] g[ratia][829] in der Bibel stünde, auf den und den tag dem und dem armen soltu so oder so viel allmosen geben. Anlangend nun das

---

824   Vgl. Mt 5, 17–20: „Ihr sollt nicht meinen, dass ich gekommen bin, das Gesetz oder die Propheten aufzulösen; ich bin nicht gekommen aufzulösen, sondern zu erfüllen. Denn wahrlich, ich sage euch: Bis Himmel und Erde vergehen, wird nicht vergehen der kleinste Buchstabe noch ein Tüpfelchen vom Gesetz, bis es alles geschieht. Wer nun eines von diesen kleinsten Geboten auflöst und lehrt die Leute so, der wird der Kleinste heißen im Himmelreich; wer es aber tut und lehrt, der wird groß heißen im Himmelreich. Denn ich sage euch: Wenn eure Gerechtigkeit nicht besser ist als die der Schriftgelehrten und Pharisäer, so werdet ihr nicht in das Himmelreich kommen."

825   Nachdem er durch die Wiedergeburt.

826   Nämlich durch das sogenannte „Protevangelium": „Und ich will Feindschaft setzen zwischen dir und der Frau und zwischen deinem Samen und ihrem Samen; er wird dir den Kopf zertreten, und du wirst ihn in die Ferse stechen" (1. Mose 3, 15).

827   Hat dieses Gesetz Christi in Geltung gestanden.

828   Nicht im Einzelnen/spezifiziert.

829   Zum Beispiel.

gebohrnen seine [Christi] gebohte gestellet [sind], die sie müßen halten. Nun sage mir einer: Was ist [den] wiedergebohrenen gebohten? Daß sie sollen ohne erbsunde sein? Oder daß sie allerdings keinen fehler begehen? Oder daß sie nicht muhtwillig sundigen? Das, achte ich [Johann Mercker], sei ihnen eigentlich gebohten, bey verlust göttlicher gnade und geistlichen lebens, wie es Paulus auch erinnert Rom. 8 v[erse] 12.13.14[820] und 1 Cor. 9, 16.[821]

Zum andern wenden manche ein nach angeführter meinung, es müßte die erbsunde bei wiedergebohrnen keine sunde sein, sintemahl [denn] Mosis gesetz, das die erbsunde verbeut, gehe wiedergebohrene nicht an und Christi gesetz verbiete nicht die erbsunde. Responsio [Johann Merckers]: Freilig gehet auch die wiedergebohrnen Mosis gesetz an. Wie woll nicht mit seiner völligen, ungehinderten kraft, nämlich, ob gleich die wiedergebohrenen übertreten, [so] gerathen sie drumb [doch] nicht in den geistlichen Todt.

Drittens beschuldige[n] manche diese lehre, sie verleite zu Pharisaischem dunckel oder christlichem hochmuht und vermessenheit, in dem nämlich die leute da meinen, erbsunde und allerhand auch ziemliche grobe fehler kommen bei Gott in keine consideration[822] und Christus habe es nicht einmahl verbohten in seinem gesetze. Aber hierauf ist sonst gnugsam geantwortet, und [es] muß umb derowillen, so gute lehre mißbrauchen, dieselbe nicht weggeworfen werden, vid[e] einscherffung pag[ina] 24 6. buch S. 387.[823] Wers nur recht bedencket, was die worte in sich haben: Sundige nicht muhtwillig! Denn sie [diese Worte] haben eine große kraft und gewaltigen nachtruck, das [insofern hier], wo nun auch ein christ nur boses gedenckete, [das Wort] „muhtwillig" nachhänget. Er [der wahre Christ] heget nur eine[n] ehebrecherische[n] gedancke[n] oder widersteht der erbsunde nicht ernstlich oder geräht in muhtwillige unvorsigtichkeit, da ist auch schon die gnade Gottes verlohren, sampt dem geistlichen leben, ja, so einer den grewel der erbsunde wolte gering achten und nicht glauben der [Heiligen] Schrift, die uns derselben grausame und abscheuliche gestalt vormahlet, der wirde [würde] hierüber auch können geheißen werden ein ubertretter des gebohts Christi. Da demnach (diese regul Christi: Sundige nicht muhtwillig) das gewissen tief […] forschet, suchets gar scharf und lässet die [der] Pharisaische[n] vermessenheit keinen rauhm noch statt bei wahren jungern Christi.

    des Herrn und bin nicht gottlos wider meinen Gott. Denn alle seine Rechte hab ich vor Augen, und seine Gebote werfe ich nicht von mir, sondern ich bin ohne Tadel vor ihm und hüte mich vor Schuld."

820   „So sind wir nun, liebe Brüder und Schwestern, nicht dem Fleisch schuldig, dass wir nach dem Fleisch leben. Denn wenn ihr nach dem Fleisch lebt, so werdet ihr sterben müssen; wenn ihr aber durch den Geist die Taten des Leibes tötet, so werdet ihr leben. Denn welche der Geist Gottes treibt, die sind Gottes Kinder" (Röm 8, 12–14).

821   „Denn dass ich das Evangelium predige, dessen darf ich mich nicht rühmen; denn ich muss es tun. Und wehe mir, wenn ich das Evangelium nicht predigte!" (1. Kor 9, 16).

822   Bleiben bei Gott außer Betracht/unberücksichtigt.

823   Wie Anm. 734.

ienige, so in unbeschaffener consequenz⁸¹⁶ aus der [Heiligen] Schrift worten fleußt, so woll ist für der Schrift lehre zu halten, als was dem buchstaben nach drinnen ausgedrückt stehet.

[Erstens:] Nun, wen[n] Christus sagt Joh. 5[:] Sundige [hin]fort nicht mehr,⁸¹⁷ ob schon da nicht ausdrücklich stehet: muhtwillig, so kan mans doch anders nicht verstehen. Dan [denn] wer muhtwillig sundiget, dem wiederfahret was ärgers, nicht aber bloß, wer erbsunde hat oder kinderfehler begehet, davon [dann] zu kommen⁸¹⁸ Johan. 14 v[erse] 15.21.24, Apoc. 22 [Streichung], Johan. 2, Johan. 3, Matth. 11, Johan. 15, Gall. 6 [und] Psalm 18 v[erse] 22. 23. 24.⁸¹⁹ Unleugbar ist ia, daß den wieder-

---

816   In logischer (unerzwungener) Konsequenz.
817   „Danach fand ihn Jesus im Tempel und sprach zu ihm: Siehe, du bist gesund geworden; sündige nicht mehr, dass dir nicht etwas Schlimmeres widerfahre" (Joh 5, 14).
818   In logischer Konsequenz folgen.
819   Die zitierten Bibelstellen: Joh 14, 15.21: „Liebt ihr mich, so werdet ihr meine Gebote halten […] Wer meine Gebote hat und hält sie, der ist's, der mich liebt. Wer mich aber liebt, der wird von meinem Vater geliebt werden, und ich werde ihn lieben und mich ihm offenbaren." Apk 22, 14 (nach Lutherbibel 1912): „Selig sind, die seine Gebote halten, auf daß sie Macht haben an dem Holz des Lebens und zu den Toren eingehen in die Stadt." Joh 2: Bezug ungewiss. Joh 3, 18–21: „Wer an ihn glaubt, der wird nicht gerichtet; wer aber nicht glaubt, der ist schon gerichtet, denn er hat nicht geglaubt an den Namen des eingeborenen Sohnes Gottes. Das ist aber das Gericht, dass das Licht in die Welt gekommen ist, und die Menschen liebten die Finsternis mehr als das Licht, denn ihre Werke waren böse. Wer Böses tut, der hasst das Licht und kommt nicht zu dem Licht, damit seine Werke nicht aufgedeckt werden. Wer aber die Wahrheit tut, der kommt zu dem Licht, damit offenbar wird, dass seine Werke in Gott getan sind." Mt 11, 20–24: „Da fing er an, die Städte zu schelten, in denen die meisten seiner Taten geschehen waren; denn sie hatten nicht Buße getan: Wehe dir, Chorazin! Weh dir, Betsaida! Wären in Tyrus und Sidon die Taten geschehen, die bei euch geschehen sind, sie hätten längst in Sack und Asche Buße getan. Doch ich sage euch: Es wird Tyrus und Sidon erträglicher ergehen am Tage des Gerichts als euch. Und du, Kapernaum, wirst du bis zum Himmel erhoben werden? Du wirst bis zur Hölle hinabfahren. Denn wenn in Sodom die Taten geschehen wären, die in dir geschehen sind, es stünde noch heutigen Tages. Doch ich sage euch: Es wird dem Land von Sodom erträglicher ergehen am Tage des Gerichts als dir." Joh 15, 10 und 12: „Wenn ihr meine Gebote haltet, bleibt ihr in meiner Liebe, so wie ich meines Vaters Gebote gehalten habe und bleibe in seiner Liebe […] Das ist mein Gebot, dass ihr einander liebt, wie ich euch liebe." Gal 6, 3–5 und 7–10: „Denn wenn jemand meint, er sei etwas, obwohl er doch nichts ist, der betrügt sich selbst. Ein jeder aber prüfe sein eigenes Werk; und dann wird er seinen Ruhm bei sich selbst haben und nicht gegenüber einem andern. Denn ein jeder wird seine eigene Last tragen […] Irret euch nicht! Gott lässt sich nicht spotten. Denn was der Mensch sät, das wird er ernten. Wer auf sein Fleisch sät, der wird von dem Fleisch das Verderben ernten; wer aber auf den Geist sät, der wird von dem Geist das ewige Leben ernten. Lasst uns aber Gutes tun und nicht müde werden; denn zu seiner Zeit werden wir auch ernten, wenn wir nicht nachlassen. Darum, solange wir noch Zeit haben, lasst uns Gutes tun an jedermann, allermeist aber an des Glaubens Genossen." Ps 18, 22–24: „Denn ich halte die Wege

tus gebeut: Wir sollen auch ohne erbsunde sein. Und Christi geboht ist schwere und niemand hälts etc.

[Zweitens:] So als dann gefragt werden die heuchler, ob sie Christi geboht halten (nämlich, das von früchten des glaubens), so sagen sie: Nein. Werden die frommen gefragt, so müßen sie auch antworten: Nein, denn [die] erbsunde können sie nicht ablegen. Da heißets dann: Nos sumus ergo pares.[807] Habens gute und böse christen einer so gutt als der ander. Die frommen sagen: Wir sind zwar übertretter des gesetzes Christi, aber mit dem glauben wollen wirs alle gut machen! Desgleichen sagen die heuchler: Wir sind auch übertretter des gesetzes Christi, aber der glaube wird[s] gut machen.

Drittens so geben die, die den gezeigten unterscheidt nicht beobachten, anlaß zu ärgernis. Wie seltsam klingts, wen[n] uns andere religionsverwandten[808] vorwerfen: Seine gebohtt sind nicht schwer. Und wir antworten drauf: Ja sie sind freilig schwere. Wie mans kann lesen bei unterschiedlichen [Autoren], daß, wenn sie wollen antworten auf die obiection 1. Johan. 5 v[ers] 3[809] et Ps. 119 v[ers] 106,[810] so heists: Ja! Christi geboht sind freilig gar schwere. Und David schweret woll, er wolle es halten, aber er hälts nicht. Ver[s] 32 stehet zwar: Ich lauffe den weg deiner geboht.[811] Aber im Hebreischen heists: curram, ich wills tuhn. Gleichfalls, ob auch nicht in praeterito[812] es ausgesprochen stünde, und wie man wohll den [die?; ...; judaeorum?] lingua[m] sancta[m; kennt], daß kein praesens ist. An solcher fast[813] gezwungen lautender solution stösset sich dan [mancher] und ärgern sich viele. Und man bedörffe doch dessen nicht und möchte lieber es annehmen und sagen: Ja, Christi geboht ist leichte: Könte schon anderer gestalt gnugsam veritas vindicist[...] werden.

Manche haben gar Johannis spruch also auslegen [wollen]: Christi geboht halten wir, nämlich dort einmal, im ewigen leben. Solcher ausflüchte bedarfs nicht, wan [wenn] der gezeigte unterscheid wird gebraucht. Ja, sagen dan manche: Wo stehen Christi gebohte in der Bibel? Responsio [Johann Merckers]: In den 10 gebohten sind sie enthalten, wie 60 in 100, [um] etlicher maßen durch [ein] gleichnis es zu geben. Wan rigor Mosaicus[814] wird vom decalogo weggethan, so ist der decalogus Christi gesetz. Und ob auch schon nicht so expresse in H[eiliger] Schrift stünden die gebohte Christi, so were es doch gnug an dem, κατὰ διάνοιαν,[815] weilen ja das-

---

807 In dieser Hinsicht sind wir also gleich.
808 Römisch-katholische oder reformierte Christen.
809 „Daran erkennen wir, dass wir Gottes Kinder lieben, wenn wir Gott lieben und seine Gebote halten. Denn das ist die Liebe zu Gott, dass wir seine Gebote halten; und seine Gebote sind nicht schwer" (1. Joh 5, 2f.).
810 „Wenn ich schaue allein auf deine Gebote, so werde ich nicht zuschanden" (Ps 119, 6).
811 „Ich laufe den Weg deiner Gebote; denn du tröstest mein Herz" (Ps 119, 32).
812 Im Imperfekt.
813 Sehr/arg.
814 Die mosaische Schärfe.
815 Nach gesundem Menschenverstand.

Wir tuhn Gottes willen nicht, ohne daß wir durch den glauben die straffe den [des] ungehorsames wenden. So laut[et]s nach auslegung derer, die nicht wollen brauchen den unterscheid des gesetzes Mosis und Christi.

IV. Bei der tauffe entsagen wir den wercken des Teufels.[802] Was verheißen wir denn nun bei dem taufkinde? Jene antworten: Wir verheißen, daß wir auch wollen die erbsunde abtuhn. Aber das halten wir nicht. Wir glauben aber. Lieber sage ich [Johann Mercker] also: Wir geloben, muhtwillige sunde zu meiden. Den[n] das sind die wercke des fleisches, ia, die wercke der finsternis,[803] des Teufels, also geloben wir, Christi gesetz zu halten.

V. In der beichte heißets endlich: Ich will mich bessern.[804] Wie fern den[n] wiltu die erbsunde ablegen? Wiltu Mosis gesetz halten? Nun ja, sagen jene: Ich wills halten, denn ich will die erbsunde ablegen. Ich [Johann Mercker] will sie aber nicht ablegen, sondern glauben.

Demnach so dienet der gezeigte unterscheid dazu, daß man den heuchlern kan besser beikommen. [Man] kan die pflight, so wiedergebohrnen zukompt, leichter [gestrichen: zuh] zeigen und also auch desto eher und klarer weisen die ungleicheit, so sich findet zwischen wahren und falschen christen. Den[n] da verfahre ich [Johann Mercker] kurtz also: Wiedergebohrene müßen Christi geboht halten, und wer [es] nicht hält, der liebet auch Christum nicht. [Er] muß also verdampt werden.

[Erstens:] Wahre christen lieben Jesum und halten seine geboht richtig, denn sie [Christi Gebote] sind nitt schwere,[805] und [sie] begehen also hinführo keine muhtwillige sunde mehr. Frage ich [Johann Mercker] ein catechismus kind [in meiner Essener Gemeinde]: Haltestu Mosis gesetz? So antwortestu [das „catechismus kind"]: Nein. Haltestu Christi gesetz? Ja, ich sundige nicht muhtwillig, ich bin nicht gottlos wieder meinen Gott. Ich lebe nicht nach dem fleische. Ich laße die sunde nicht in mir herschen. Ich lebe ohne [üblen] wandell, [ich] bin kein sünden knecht, kein unfruchtbahrer baum, den[n] ich bin ernewert und ist in mir das Reich Gottes und der Heilige Geist, der Geist der furcht des Herrn.[806] Wan dieses ein böser christ höret, [dann] kan er leicht mercken, wie es umb ihn steht, den[n] er getrauwet [sich] nicht zu sagen: Ich halte Christi geboth. Sonst aber, wen[n] man je kont [könnte]: Chris-

---

802　Die sogenannte „Abrenuntiatio Diaboli" (Absage an den Teufel).

803　„Die Nacht ist vorgerückt, der Tag ist nahe herbeigekommen. So lasst uns ablegen die Werke der Finsternis und anlegen die Waffen des Lichts" (Röm 13, 12).

804　Luther, Martin: Kleiner Katechismus (spätere Erweiterung), hier: „Vom Amt der Schlüssel und von der Beichte": „Deine Beichte kannst du mit den Worten schließen: Das alles tut mir leid. Ich bitte um Gnade. Ich will mich bessern."

805　„Daran erkennen wir, dass wir Gottes Kinder lieben, wenn wir Gott lieben und seine Gebote halten. Denn das ist die Liebe zu Gott, dass wir seine Gebote halten; und seine Gebote sind nicht schwer" (1. Joh 5, 2 f.).

806　Vgl. Apg 9, 31: „So hatte nun die Gemeinde Frieden in ganz Judäa und Galiläa und Samarien und baute sich auf und lebte in der Furcht des Herrn und mehrte sich unter dem Beistand des Heiligen Geistes."

Lasset uns auch besehen, auf welche weise sich unser christentuhmb besser lasse erklären und verstehen:

I. Vornen stehen [die Worte:] Ein christen[Streichung]mensch und kind Gottes soll unrecht lassen. Da fragt sichs: Wie fern dann [denn]? Manche wollen antworten: Allerdings.[799] Ein kind Gottes muß auch die erbsunde rein abtuhn. Nun tuts aber keiner. Aber sie gläuben, und das machts dann gutt. Wo bleibet aber die schuldige pflicht, daß man soll das unrecht lassen? Meines [Johann Merckers] erachten[s], wan [wenn] von des glaubens früchten gefragt wird, [so] muß [darf] man da nicht den glauben [gestrichen: recht] substituiren. Wenns heißt: Bringet gute und keine böse früchte, so gilt da nicht verkehren. Glaubt. Glaubt. Sondern es heißet: Lasset das unrecht, das ist: Begehe keine muhtwillige sunde mehr, das gebühret einem [wahren] christen.

II. Worzu dienen die articul christlichen glaubens? Sie dienen darzu, daß sie uns anzeigen, wie wir [...] und dasjenige tuhn mogen, was er [Gott] in den 10 gebohten von uns fordert und haben will. Hier mags woll heißen: Kraft des dritten articuls von der heiligung können wir auch die 10 geboht für uns halten, so fern, daß wir [sie] nicht muhtwillig übertreten. Aber nach mancher meinung kömpts anders heraus. Daß wir nämlich auch die erbsunde gänslig abthun mögen, nämlich, indem wir glauben, und daß wir auch die muhtwilligen sunden abtuhn durch den glauben, ob wir [gestrichen: gleich] namlich sie gleich immer wieder begehen, darnach aber doch durch den glauben sie wieder tilgen und also nimmermehr es tuhn, wie die 10 geboht fordern (nämlich, die der Mosaischen sprachen entnommen[en] und also gelinderte[n] gebohte [sind], welcher maßen es sonst heißen [würde:] Christi gebohte).

III. Worzu dienet das geboht? Daß uns Gott die erfüllung der 10 gebohte geben und nehmen wolle. Hier kan man wiederumb sagen: Der wiedergebohrne[r] erfüllet die zehen geboht, [in] so fern, daß er [als er sie] nicht muhtwillig übertritt, und also erfüllet er Christi geboht und gesetz. Er behält aber doch [die] erbsunde und [die] tägliche[n] fähler, erfüllet also nicht Mosis gesetz. Und abermahl[s] in dem dritten hauptstücke: Wir sollen [gestrichen: auch] nach Gottes wort heilig leben als kinder Gottes.[800] Da mags wiederum heißen: Fromme gläubige leben auch nach der fur[gestrichen: sichti]geschriebenen norma göttlicher gebohte. Manche aber sagen: Nein, sie leben nicht darnach, den[n] auch die erbsunde ist verbohten. Aber sie behalten dieselbe und glauben aber etc. Item: Dein wille geschehe auf erden:[801] Das ist:

799 In jeder Hinsicht.
800 Luther, Martin: Kleiner Katechismus (1529), hier: Drittes Hauptstück (Vaterunser), hier: Erklärungen der „Anrede" und der „Ersten Bitte": „Was ist das? Gott will uns damit locken, dass wir glauben sollen, er sei unser rechter Vater und wir seine rechten Kinder, damit wir getrost und mit aller Zuversicht ihn bitten sollen wie die lieben Kinder ihren lieben Vater" und „[...] Wo das Wort Gottes lauter und rein gelehrt wird und wir auch heilig, als die Kinder Gottes, danach leben [...]."
801 Die dritte Bitte des Vaterunsers: „Dein Wille geschehe, wie im Himmel, so auf Erden."

γ 1 Johan. 5: Seine gebohth sind nicht schwere.⁷⁹⁰ Das mußte so viel heißen [als]: daß man die erbsunde ablege, ist nicht schwer, dann wir behalten die erbsunde, und

δ Johan. 5: Sundige hinfort nicht mehr, auf daß dir nicht was arges wiederfahre⁷⁹¹ (das ist: Habe ferner nicht die erbsunde, sonst wiederfährt dir was arges; das ist [gestrichen: das ist]: wenn du die erbsunde gleich hättest). Glaube mir, klingt [es] dann nicht besser, wan [wenn] ich [Johann Mercker] sage: Sundige [hin]fort nicht mehr, das heist: Sundige nicht muthwillig, sonst wiederfähret dir was arges?

ε San[…] pflegte zu sagen: Wan man kan zur thür ins haus hinein gehen, soll man nicht ersten [zuerst eine] leiter hohlen und anlegen und oben zum fenster oder dache hinein steigen.⁷⁹² Und wan [wenn] man will die H[eilige] Schrift auslegen, [so] gehe man lieber gerade zu, dan [als] durch allerhand unnöhtigte umbschweiffende posten, das mag hie auch wohl gelten. Wan [wenn] zum exempel 1. Johan. [gestrichen: 5; gemeint: 2, 1] stehet, und an dem mercken wir, daß wir ihn, Jesum Christum, [als] unsern fürsprecher [aner]kennen,⁷⁹³ so wir seine gebohte halten, so gehe ich [Johann Mercker] ja gerade zu in der auslegung, wan [wenn] ich lehre: Christi geboht von des glaubens früchten heißen in einer summa: Sundige nicht muhtwillig. Und wo du nicht in muhtwilligen sunden lebst, wandelst nicht nach dem fleische, sondern nach dem geiste,⁷⁹⁴ der [ein solcher Mensch] wird versichert, daß er [gestrichen: nicht] den wahren glauben habe an Jesum Christum. Dis ist ja klar und leicht zu verstehen. Da gehe ich [Johann Mercker] zur ordentlichen tühr ins Haus. Nuhn lasset h[i]er iegen [gegen] leitren herbringen, höret, wie etliche müssen glossiren,⁷⁹⁵ die Mosis und Christi gesetz gar vor [für] eins halten und darumb statuiren,⁷⁹⁶ Christus verbiete auch die erbsunde und alle würckliche sunde, so wohll wie Moses, dan [denn] es sei gans ein [und dasselbe] gesetz. Wie erklären sie dan [denn] nuhn den spruch Christi und Johannis? Wan [wenn] wir die erbsunde gans ablegen, darzu auch gar keine würckliche sunde⁷⁹⁷ begehen, so sind wir dann gewiss unsres glaubens. Nun aber kan das keiner tuhn, [Streichung] drumb mus es der glaube ansetzen, und also hießes:⁷⁹⁸ Wer an den fürsprecher glaubt, der glaubt auch auf ihn und weiß, daß er glaubt. O seltsame auslegung!

---

790 „Daran erkennen wir, dass wir Gottes Kinder lieben, wenn wir Gott lieben und seine Gebote halten. Denn das ist die Liebe zu Gott, dass wir seine Gebote halten; und seine Gebote sind nicht schwer" (1. Joh 5, 2 f.).

791 „Danach fand ihn Jesus im Tempel und sprach zu ihm: Siehe, du bist gesund geworden; sündige nicht mehr, dass dir nicht etwas Schlimmeres widerfahre" (Joh 5, 14).

792 Nicht bei Wander: Deutsches Sprichwörterbuch.

793 Vgl. 1. Joh 2, 1: „Meine Kinder, dies schreibe ich euch, damit ihr nicht sündigt. Und wenn jemand sündigt, so haben wir einen Fürsprecher bei dem Vater, Jesus Christus, der gerecht ist."

794 Vgl. Röm 8, 1–17 (Das neue Leben im Geist).

795 Herumdeuteln.

796 Deshalb behaupten.

797 Keine Tatsünde.

798 Würde dies bedeuten.

[denn] 1. kan solcher maßen in [bei der] erklärung der Heiligen Schrift fein gerade zugangen werden; 2. kan auch damit dem heutigen, heuchleren christenthumb bey gesteuret werden [und] 3. kan das ärgernis, das sonst von unserer lutherischen lehre von vielen genohmen [wird],⁷⁸⁵ abgewand werden.

Es bestehet aber der unterscheid [zwischen Mosis und Christi Gesetz] hierinnen:

1. Mosis gesetz verbeut alle sunde. Christi gesetz verbeut nur die muhtwilligen sunden.

2. Mosis gesetz gehet an die unwiedergebohrnen, [man] verstehe [das aber recht:] mit seinem [seiner] völligen, ungehinderten kraft. Die wiedergebohrenen gehetz zwaren auch etlicher maßen an, doch nicht mitt völliger, ungehinderter kraft. Christi gesetz aber gilt recht den wiedergebohrnen.

3. Mosis gesetz ist schwer und unmüglich, Christi gesetz ist leicht.

4. Vom gesetz Mosis sind wir erlöset, daß, obs gleich wiedergebohrene übertreten, [so] gerahten sie nicht darüber actu⁷⁸⁶ in den geistlichen todt. Aber wo ein wiedergebohrner Christi gesetz übertritt, der fält hirüber in den geistlichen todt und aus der gnade Gottes.

Daß demnach in [bei der] erklärung der [Heiligen] Schrift gerader zu könne gegangen werden, bei in acht genohmenem diesen unterscheidt, als so [wenn] man den unterscheid verwerfen und durchaus Mosis und Christi gesetz für eines halten will, [das] wird klar durch [nachfolgende] exempel [erwiesen]:

α Christus spricht: Liebet ihr mich, so haltet meine geboht. Wer mich liebet, hält meine worte. Der meine geboht hält, der ists, der mich liebet. So ihr meine geboht haltet, so bleibet ihr in meiner liebe.⁷⁸⁷ Hier lauts ja besser, wan [wenn man] diese sprüche so aufnehme: Wer Christum liebet, der hält auch richtig die gebohte Christi, als wan [wenn] ich sage: Wer Christum liebet, [der] hält seine Gebote, das ist: er legt gänslich ab die Erbsunde. Nein, er solls tuhn, aber er tuhts nicht, ohne durch den glauben, indem er die erbsunde bereuwet und an Christum glaubet. Aber selbst tuht ers nicht, daß er solte die erbsunde ablegen, welches doch Christi geboht haben will. Weils eben ist das geboht Mosis, also lieben nun Christum auch die, die seine geboht nicht halten; [das] ist eine auslegung, die fast⁷⁸⁸ gezwungen wird.

β Apoc. 22 stehet: Seelig sind, die Christi geboht halten.⁷⁸⁹ Wo man Moses und Christi geboht für gar eins hält, so heißts: Selig sind, die ohne erbsunde leben in dieser welt, dan [denn] das ist Christi geboht. Aber das [zwei Worte unlesbar; glaubt? erreicht?] keiner.

785 Nämlich: Die (behauptete) Folgenlosigkeit der umsonst empfangenen Rechtfertigung.
786 Automatisch/im selben Moment.
787 „Liebt ihr mich, so werdet ihr meine Gebote halten […] Wer meine Gebote hat und hält sie, der ist's, der mich liebt. Wer mich aber liebt, der wird von meinem Vater geliebt werden, und ich werde ihn lieben und mich ihm offenbaren" (Joh 14, 15.21).
788 Sehr.
789 „Selig sind, die seine Gebote halten, auf daß sie Macht haben an dem Holz des Lebens und zu den Toren eingehen in die Stadt" (Apk 22, 14; Lutherbibel 1912).

evangelischem verstande, daß gar, [wiewohl] vergeblicher weise, manche hirowiedero stürmen und toben wollen [und] durchaus nicht[s] hören [wollen] vom unterscheid des gesetzes Mosis und Christi. [Man kann das sagen,] da doch die Heilige Schrift selbsten nennet Christi gesetze Gall. 6 Christi gebothe[775] [, und ebenso auch] Johan. 14,[776] Apoc. 22[777] [und] Johan. 15.[778] Und beim spruch 1. Johan. 5: Seine gebothe sind nicht schwer,[779] folgt glossa Ernestina:[780] Wen[n] man sie [Christi Gebote] hältt jegen das unerträgliche joch Mosis und wen[n] wir bedencken, daß der Heilige Geist die schwachen stärcke, daß sie laufen und nicht müde werden.[781] So dan[n] dem unerträglichen gesetze Mosis entgegen stehet sonst ein ander[e]s, leicht erträglich[es] gesetz, ein sanft joch (wie Matth. 11[782] es heißt, und eben dieser locus parallelus[783] wird dabei gezeignet), so fragt sich[s doch]: Welches ist dan [denn] dasselbe erträgliche joch? Gar bequem antwortet man: Christi gesetz. Dan obgleich auch das gesetze Mosis in unterschiedlichem respect[784] ihm selbst kan entgegen gesetz[t] werden, so geschichts doch nicht mit solcher bequemlichkeit. [Es; das Gesetz Mosis] mag dann [gestrichen: gleich] nach dem unterscheid zwischen Mosis und Christi gesetz woll behalten und mitt gutem nutzen gebraucht werden,

775 „Einer trage des andern Last, so werdet ihr das Gesetz Christi erfüllen" (Gal 6, 2).

776 „Liebt ihr mich, so werdet ihr meine Gebote halten […] Wer meine Gebote hat und hält sie, der ist's, der mich liebt. Wer mich aber liebt, der wird von meinem Vater geliebt werden, und ich werde ihn lieben und mich ihm offenbaren" (Joh 14, 15.21).

777 „Selig sind, die seine Gebote halten, auf daß sie Macht haben an dem Holz des Lebens und zu den Toren eingehen in die Stadt" (Apk 22, 14; Lutherbibel 1912).

778 „Wenn ihr meine Gebote haltet, bleibt ihr in meiner Liebe, so wie ich meines Vaters Gebote gehalten habe und bleibe in seiner Liebe […] Das ist mein Gebot, dass ihr einander liebt, wie ich euch liebe" (Joh 15, 10.12).

779 „Daran erkennen wir, dass wir Gottes Kinder lieben, wenn wir Gott lieben und seine Gebote halten. Denn das ist die Liebe zu Gott, dass wir seine Gebote halten; und seine Gebote sind nicht schwer" (1. Joh 5, 2f.).

780 Dies meint wahrscheinlich die durch Ernst (I.) den Frommen (1601, reg. 1640–1675) von Sachsen-Gotha-Altenburg in Auftrag gegebene so genannte „Kurfürstenbibel" von 1641. – Dazu: Koch, Ernst: Das ernestinische Bibelwerk, in: Jacobsen, Roswitha/ Ruge, Hans-Jörg (Hg.): Ernst der Fromme (1601–1675) – Staatsmann und Reformer. Wissenschaftliche Beiträge und Katalog zur Ausstellung (Veröffentlichungen der Forschungsbibliothek Gotha/Universität Erfurt 39), Bucha 2002, S. 53–58. – Michel, Stefan: Johann Gerhards Anteil am ernestinischen Bibelwerk, in: Friedrich, Markus u. a. (Hg.): Konfession, Politik und Gelehrsamkeit. Der Jenaer Theologe Johann Gerhard (1582–1637) im Kontext seiner Zeit (Gothaer Forschungen zur Frühen Neuzeit 11), Stuttgart 2017, S. 163–176.

781 Vgl. Jes 40, 31: „aber die auf den Herrn harren, kriegen neue Kraft, dass sie auffahren mit Flügeln wie Adler, dass sie laufen und nicht matt werden, dass sie wandeln und nicht müde werden". So auch am Giebelfries des Haupthauses der Franckeschen Stiftungen in Halle (Saale).

782 „Denn mein Joch ist sanft, und meine Last ist leicht" (Mt 11, 30).

783 Diese Parallelstelle.

784 In unterschiedlicher Hinsicht.

ja, bleibts auch bei nicht wenigen auserwehleten, die darin gewaltige freudigkeit haben an ihrem ende.

Was dann von denen zu halten sei, die solches guten zeugnisses am ende allerdings ermangeln, ist auch gezeiget in der einscherffung,[770] nämlich: Sie werden auch seelig, so sie sich noch bekehren. Doch darff ich nicht zu ihnen sagen, daß die meisten auserwehlte[n] eben nach ihrer gattung gewesen [seien]. Nein, sondern da heists: Der mehrere hauffen der auserwehleten hatt sonst auch das liecht eines heiligen wandels leuchten laßen in der welt.[771] Desto mehr bereue du dein unfruchtbahr christentuhmb, mein spätling! Und nach ablegung des böses vorsatzes versichere dich, daß dich Jesus gerne will annehmen, als er auch andere deines gleichen gethan [angenommen hat]. Solcher gestalt tröste ich [Johann Mercker] den spätreuenden, daß ich gleichwoll die noch lebenden unrichtige christen ernstlich warne und [ihnen] nicht anlaß gebe zur sicherheit, daß hernachmals ganse scharen spätreuende[r] sterben und woll kaum einer ins Paradis[772] warhaftig kömmet etc.

Nr. 9   Essen, vor 17. März 1703

Johann Mercker, suspendierter Erster lutherischer Pfarrer in Essen. Traktat: Vom Unterschied zwischen Mosis und Christi Gesetz und Geboten. Wohl Beilage zu Nr. 7; Vorlage für eine Prüfung durch das Soester Predigerministerium. (Soest StA/StB, Bestand A, Nr. 6156a, Bl. 143–145)

Jesu juva[!][773] Vom unterscheid zwischen Mosis und Christi gesetz und geboten.

Man kan wohl sagen, daß ein unterscheid und ein anders sei Mosis gesetz, ein andres Christi gesetz, und zwarn nicht in photinianischem [Sinne],[774] sondern in rein

770   Wie Anm. 734.
771   Vgl. Mt 5, 14: „Ihr seid das Licht der Welt. Es kann die Stadt, die auf einem Berge liegt, nicht verborgen sein."
772   Vgl. Lk 23, 43: „Und Jesus sprach zu ihm: Wahrlich, ich sage dir: Heute wirst du mit mir im Paradies sein."
773   Jesus, komm zur Hilfe!
774   Auch dies könnte ein Rekurs auf Speners Schrift „Die evangelische Glaubensgerechtigkeit […]" (1684; wie Anm. 628) sein. Hier hatte es S. 385 im Kapitel „Von moeg- und unmoeglichkeit[,] das Goettl[iche] gesetz zu halten" geheißen: „Chrysostomus und Photius sagen/das ende/das ist die erfuellung und vollendung des Gesetzes/ist Christus; weil was das Gesetz nicht konte/nemlich den menschen gerecht machen/Christus gethan hat […]." Vgl. dazu auch im Kapitel „Von der zurechnung oder glaubens-gerechtigkeit selbst" S. 1165: „Solten aber unsere werck uns jemahl diese grosse dinge zuwegen gebracht haben? Photius erklaehret es also: dem aber[,] der kein vertrauen auff seine wercke hat/sondern durch den glauben beytritt/wird eben dieser glaube zur gerechtigkeit gerechnet und er dadurch gerechtfertigt […]." Gemeint ist Photios I. der Große (etwa 820–891). Er war von 858 bis 867 und von 878 bis 886 Patriarch von Konstantinopel und – zumindest aus westlicher Sicht – Auslöser des „Photinianischen Schismas" (863/867–880), was ihn hier fortan in seiner dogmatischen Rezeption blockierte.

meinem leben bishero von todtsunden bewahret [hat]. Solche deine wolthat erkenne ich mit danck, und sollten mir neben dem guten zeugnis meines gewissens auch mitt anhangen und mitt einkommen was [irgendwelche] stoltze alte Adams gedancken, solte mich etwa eigene ehre wollen begraben [oder] kützeln, so wollestu mir solches, o trewer Gott, nicht zurechnen, [Amen.]

Als dan auch solche anhangende schwachheit nicht wird von Gott sonst redlichen christen zugerechnet, sonst mögte gleicherstatt ein frommer christ iegen seinem lebensende in versuchung gerahten. Uber dem, wan er sich prüfete, ob er auch im rechten glauben gelebt und sich noch jetzo darin befinde (als sich denn in alle wege gebühret, daß bei herannahendem ende [sich] der christ nachmals genauw forsehe wegen seines glaubens [)], so würde nun mancher dencken können: Ja, meines glaubens bin ich versichert, daß er rechtschaffen gewesen und noch sei[n]. Und dürften ihr [ihm?] hierüber auch unreine gedancken einkommen, sich [dann] auf seinen glauben mitt zu verlassen. Wens da Gott wolte so genaue suchen, wie wolte man zu rechte komen? Ja, sagt manches [mancher?]: Wie kan doch ein christ an seinem ende rühmen, daß er habe gewandelt nach dem [gestrichen: Christo] Geiste?[767] Responsio [Johann Merckers]: Wan ich mein christenthumb so führe, daß ich alle abend mich prüffe und in meinem gespräch mitt Gott [gesprochen] habe[:] Heute habe ich gewandelt in der liebe Christi, heute hat mich mein Gott bewahret fur schweren sunden. Wie solte ich dan den letsten abend nicht auch so können sagen und meines bishero geführten wandels gewiss sein? Bin ichs ungewisse, so ists auch ungewiss, ob mein endlich in der todtesstunden entstehender glaube werde bishero recht sein.

Spräche einer: Hatt den[n] David auch am ende können sagen, daß er gerecht gelebet, auch anlangend den handell mit Nabal, sintemal du [Johann Mercker] das für keine todtsünde hältest?[768] Responsio [Johann Merckers]: Dieselbe sünde und gar grobe fehler Davidts hat freilich die freudigkeit seines gewissens nicht vermehret. Gleichwohl, wen[n] David wehre gefraget worden, ob er im zorn iegen Nabal [eine] todtsunde begangen [habe], [so] würde er (ex mente quorundam)[769] gesagt haben: Der so fromme Vater im Himmel hatt mir in selbiger sünde nicht gäntslich lassen entziehen das geistliche leben und [die] gnaden kindschaft. Und freilich, wo ein christ ebenfals gröblich fehlet, da[s] kan [dies] sein gewissen sehr kräncken. Allein, wenn er würde gefraget, ob er denn gesündiget [habe] auf solche weise als andere frevele sünder, die gar lassen [Dublette: die gar lassen] die sünde herschen, da würde er nicht sich scheuen zu sagen: Das sei gleichwoll ferne. So ein ruchloser verächter bin ich nicht gewesen. Und [sie; die wahren Christen] haben dennoch auch solch grobe fehler nicht gar auf das zeugnis eines guten gewissens [am Rand: +], wiewoll der wandel nach der *lehr* von solchen groben fehlern auch soll unbefleck[t] bleiben,

---

767 Vgl. u. a. Röm 8, 1; 2. Kor 12, 18; Gal 5, 16 und 25.
768 Vgl. 1. Sam 25, 1–44 (David und Abigajil).
769 Gewissermaßen/ungefähr so.

ben sagen können. Du aber bleib auf der mittelstrasse, dastu beide [und damit] den hauptruhm gegen Gott behaltest,"⁷⁶¹ nämlich Christum mitt seinem verdienst, und dan „auch darneben gegen der welt könnest trotzen von deiner liebe."⁷⁶² Darumb wir solches auch groß und herrlig achten, daß wir mitt gutem gewissen fur Gott können rühmen und er solchen ruhm bestättige[n]. Dan[n] darauf müssen wir leben und sterben, daß unsere lehre, leben und stand oder ampt aus [gestrichen: hertzens grund] helles [hellem?] Wort gangen [hervorgegangen ist] und darmitt jederman gedienet [sei] nach unserm vermögen. Ist wehrt, daß man die ganse sermon Lutheri selbst durchlese, da wird man finden, ob alles rühmen in geistlichen sachen vom Teufel herkommen. Sap. 2 stehet, wie es die gottlosen verdreußt, wan sich der fromme rühmet, daß er Gottes gehorsames liebes kind sei.⁷⁶³

[Um] noch eins beizufügen: Am ende und in der todesstunde scheinets gefahr zu bringen, wan da ein christ wolle auf dem sinn bleiben, daß er in dieser welt nach der busse ohnbefleckt gelebt von todtsunden. Aber hiervon liese in meinem buche⁷⁶⁴ pag[ina] 302 und in der einschärffung⁷⁶⁵ suo loco. Und ob ein christ sich da besorgte, [dass] er hierüber, [nämlich] in dem er sein leben für heilig hält, in Gottes zorn fallen [könnte], so mag er [mit] mir vorher protestiren⁷⁶⁶ wieder alle einkommende hoffertige gedancken und sich [...; folgendermaßen] gegen Gott erklären[:]

Gerechter Gott, ich weiß und bekenne, daß ich vor deinem gestrengen gerichte nicht unschuldig [bin]; ja, da gehöre ich mitt haut und harr, mit allen meinen wercken in der Hellen abgrund. Allein, nach dem, [was] dein heilig wort besaget, mag ich auch nicht läugnen, daß mich dein guter Geist auf rechtem wege geführet und in

---

761 WA 36, S. 454, Z. 15–18.
762 WA 36, S. 454, Z. 22 f.
763 Vgl. Sap 2, 10–20: „Lasst uns den Gerechten unterdrücken, der in Armut lebt; lasst uns keine Witwe verschonen; wir wollen uns nicht scheuen vor dem grauen Haar des Greises. Unsere Stärke sei das Gesetz der Gerechtigkeit; denn es zeigt sich, dass Schwäche nichts ausrichtet. So lasst uns dem Gerechten auflauern; denn er ist uns lästig und widersetzt sich unserm Tun und schilt uns, weil wir gegen das Gesetz sündigen, und hält uns vor, dass wir gegen die Zucht verstoßen. Er behauptet, Erkenntnis Gottes zu haben, und rühmt sich, ein Kind des Herrn zu sein. Er wird uns zum Vorwurf bei allem, was wir denken; er ist uns unleidlich, wenn er sich nur sehen lässt. Denn sein Leben unterscheidet sich von dem der andern, und ganz anders sind seine Wege. Als falsche Münze gelten wir ihm, und er meidet unsre Wege wie Schmutz; er rühmt, wie es die Gerechten zuletzt gut haben werden, und prahlt damit, dass Gott sein Vater sei. So lasst doch sehen, ob sein Wort wahr ist, und prüfen, was bei seinem Ende geschehen wird. Ist der Gerechte Gottes Sohn, so wird er ihm helfen und ihn erretten aus der Hand der Widersacher. Durch Schmach und Qual wollen wir ihn auf die Probe stellen, damit wir sehen, wie es mit seiner Sanftmut steht, und prüfen, wie geduldig er ist. Wir wollen ihn zu schändlichem Tod verurteilen, denn er selbst sagt ja, es werde ihm Rettung zuteil."
764 Wie Anm. 734.
765 Wie Anm. 734.
766 Einspruch erheben.

er eine angstliche, grosse reue darbei wegen der erbsunde und [der ihm noch] anhangenden schwachheiten.

Ferner wenden sie vor: „Für Gott niemand sich rühmen kan, des müß sich [Dublette: muß sich] fürchten iederman und seiner gnade leben."[751] Responsio [Johann Merckers]: Freilig gilts [gestrichen: auch] nicht rühmen für Gott, so fern, daß man dem zorn Gottes, dem schrecken der Hellen, entgegen setzen [könnte] seine eigene gerechtigkeit, sondern vor Gottes strengen gerichte gilt[s] nur alleine Christi gerechtigkeit. Aber doch mag man sich in anderm respect rühmen fur Gott. Lutherus hats selbst schon erkläret tom[us] VI. Altenb[urgensis][752] in 1. Johan[nem] 4 v[ersus] 17[753] fol[ium] 55 et seqq[uentes], da er saget:[754] „Wen ein mensch soll sterben als ein christ, wieder den doch sein gewissen zeuget, daß er nicht gelebt [habe] als ein christ,"[755] da wirdts schwer hergehen. Die „hauptfreudigkeit, unser hauptruhm, unser höchster trost"[756] ist Christus mit seinem verdienst. Aber darnach haben wir auch einen andern ruhm gegen den leuten und auch fur Gott,[757] daß der auch ja darzu sagen soll. „Sollten wir den ruhm nicht haben, so müßten wir auch die zehen gebohtt wegtuhn. Darumb müssen wir ja so leben, daß wir Gott zum richter zwischen uns und allen menschen dörffen anruffen und fur ihm zeugen, daß wir recht und christlich gelebt haben."[758] Also müssen wir beides haben, den ruhm des glaubens und auch den ruhm der liebe. „Wie aber, wan Gott mitt seinem gerichte kömpt? Wo bleibt da der ruhm? Weil die schrift allenhalben sagt, daß fur Gott kein menschliche heiligkeit bestehen kan, so müßte man den ruhm auch fahren laßen und gar verzagen. Antwort: Nein, nicht also, dan ich habe gesagt, dass dieser ruhm woll gilt fur Gott, aber nicht wieder Gott."[759] „Wie auch Paulus viel rühmens von sich macht, daß man mögte sagen, er sei ein hoffertig mann."[760] „Also können sie ihne nicht lehren, sondern entweder geben sie den wercken alles oder [sie] lassen die liebe gar fahren, meinen, es sei gnug, wan sie [Dublette: wan sie] viel vom glau-

---

rühmt, der rühme sich des Herrn!'" sowie 2. Kor 11, 16–33 (Paulus in der Rolle des Narren).

751 Martin Luther: Aus tiefer Not schrei ich zu dir (1524), Strophe 2: „Vor dir niemand sich rühmen kann,/des muss dich fürchten jedermann/und deiner Gnaden leben" (EG 299, 2).

752 Der Erste [-zehnte] Teil aller Deutschen Bücher und Schrifften des theuren/seeligen Mannes Gottes/Doct[or] Martini Lutheri/[…] Aus denen Wittenbergischen/Jehnischen- und Eißlebischen Tomis zusammen getragen, Altenburg 1661[–1664].

753 „Darin ist die Liebe bei uns vollendet, auf dass wir die Freiheit haben, zu reden am Tag des Gerichts; denn wie er ist, so sind auch wir in dieser Welt" (1. Joh 4, 17).

754 Luther, Martin: Werke. Kritische Gesamtausgabe [fortan: WA], hier: WA 36, S. 442–454 (30. Juni 1532: Predigt am 5. Sonntag nach Trinitatis; zu 1. Joh. 4, 17).

755 WA 36, S. 446, Z. 34 f.

756 WA 36, S. 448, Z. 28.

757 Vgl. WA 36, S. 448, Z. 36 f.

758 WA 36, S. 450, Z. 24–27.

759 WA 36, S. 452, Z. 26–30.

760 WA 36, S. 453, Z. 23–25.

[desto] dunckler und schwächer ist auch in seinem hertzen das zeugnis eines rechten wandels. Darumb [gilt: Gestrichen: weher] Wende bessern fleiß an, befleißige dich eines guten gewissens. Es wil aber auch des heutigen seculi beschaffenheit[745] erfordern, daß solch rühmen der noch wahren christen in übung komme,[746] umb deswillen, dan [denn] man muß ja den gottlosen und heuchlern widersprechen. Die heuchler geben sich vor [für] wahr[e] christen aus und sagen, sie haben den rechten, wahren glauben. Wan man aber fraget: Wo hastu dan die wercke, die früchte? Wo ist das heilige leben?, so sagen sie da: Wir rühmen uns nur unser schwacheit.[747] Wir sind leider! alle arme sünder! Aber das weiß man vorhin wohl, daß alle menschen sünder sind.[748] Jetz fragt sichs, ob du lebest nach dem geiste oder nach dem fleische?[749] Da wiltu nicht mitt der antwort heraus, sondern sprichst[:] Ich mag mich nicht ruhmen. Ich [Johann Mercker] aber hingegen sage: Ich will mich rühmen. Ich bekenne und bin gewiss, daß ich Christi gebohtt halte, daß ich nicht lebe in muhtwilliger sünde. Nicht, daß ich mir den ruhm zu eigener, ehrsüchtiger weise [anmaße], sondern ich rühme da die gnade der erneuwerung. Ich rühme Gott, den Heiligen Geist, der sein Reich in mir stärcket und mir wieder fleisch, welt und Satan einen sieg nach dem andern verleihet.

So rühmet man sich nun da im gegensatz wieder die heuchler und wercklosen christen, die, wann [wenn] sie gefraget werden, wie es stehe umb ihre erneuwerung, so entwischen sie und suchen ihre schlüpffwinckel im articul [von] der rechtfertigung. [Sie] kommen und klagen uber ihre sundliche natur und wollen die sprüche Rom. 3 zum schanddekel ihrer bosheit machen. Wer sich [gestrichen: damit] nicht will mitt rühmen gegen die[se] böse heuchler, der befördert eben hiemit das heuchel-christentuhmb und wird schuldig an seines nechsten verdamnis. Ja, heißts dann, ich sehe nicht, wie derjenige, der sich rühmet seines gerechten wandels, könne in recht hertzlicher demühtiger reuwe leben. Responsio: Ich [Johann Mercker] mercke gar woll, dastu müßest achten den greuwel der erbsunde, der für sich arg gnug ist, darüber bei einem christen könne große hertzensangst, reuw und betrübnis entstehen, ob gleich das leben nicht voller todsunden [ist]. Auch Paulus rühmete sich seines gerechten lebens nach der wiedergebuhrt.[750] Und dannoch habe [hatte?]

745 Die Art/der Charakter der Zeit/gegenwärtigen Situation.
746 Gebräuchlich werde.
747 Vgl. 2. Kor 11, 30: „Wenn ich mich denn rühmen soll, will ich mich meiner Schwachheit rühmen" und 2. Kor 12, 5.9: „Für denselben will ich mich rühmen; für mich selbst aber will ich mich nicht rühmen, außer meiner Schwachheit […] Und er hat zu mir gesagt: Lass dir an meiner Gnade genügen; denn meine Kraft vollendet sich in der Schwachheit. Darum will ich mich am allerliebsten rühmen meiner Schwachheit, auf dass die Kraft Christi bei mir wohne."
748 Vgl. Röm 3, 23: „Sie sind allesamt Sünder und ermangeln des Ruhmes, den sie vor Gott haben sollen […]."
749 Vgl. Röm 8, 1–17 (Das neue Leben im Geist).
750 Vgl. Röm 15, 17: „Darum kann ich mich rühmen in Christus Jesus, dass ich Gott diene"; 1. Kor 1, 31: „auf dass gilt, wie geschrieben steht (Jeremia 9,22 f.): ‚Wer sich

men, daß sie nicht leben nach dem fleisch. Sie laßen die sunde nicht herschen.[738] Sie sind keine unfruchtbahre bäume.[739] [Einwand der Gegner:] Ja, dennoch ists besser, man demütige sich zum tieffsten. Responsio [Johann Merckers]: Man muß so halten an der demuht, daß man auch gleichwoll auch nicht wieder die warheit handle oder verleugne die gnade der [gestrichen: wiedergebohrenen] erneuwerung, schlage gleichsam die Heilige Schrift auf[s] maul, die da spricht: Christi liebhaber halten auch seine gebohtt.

Gleichwoll aber, sagen sie, nennet sich Paulus den allergrößesten sunder.[740] Responsio [Johann Merckers]: Paulus meinet das nicht so, als ob er wehre ein grösserer sunder als alle andern menschen, denn er hatte ja doch nicht in[741] den Heiligen Geist gesündiget.[742] Er hatte nicht gesündigt wie Adam etc.[743] Sondern Paulus nennet sich der furnembsten einen, der nicht einer sei von den geringen, sondern von den groben, als [einer,] der ein verfolger und lästerer gewesen [sei].[744] Sonst, so Paulus der allergrößeste sünder wehre, so folgte eben hieraus, daß ich, du und andere nicht so grosse sunder sein müßten [könnten] als Paulus, oder, so du bist der allergrößeste [Sünder], so muß [kann] Paulus nicht sein der allergrößeste gewesen. Ich [Johann Mercker] habe es aber sonst [so] erkläret, daß da Paulus rede auf [die] art eines patienten, der da spricht, es leide wohl niemand grössere schmertzen, es sei niemand kräncker als er. Ursache[:] Anderer ihre schmertzen fühlet er [Paulus] nicht. Also tuhn i[h]m seine sunden am wehesten. Also auch freilig ein frommer christ, wenn er den greuel seiner sunden anblickt, so deucht ihn, es könne nicht[s] hesliger[s] gefunden werden, dan seine sunden fühlet er am meisten und das schrecken über dieselbe etc.

Ja, spricht mancher, ich finde nicht bei mir, daß ich mich so könte rühmen. Responsio [Johann Merckers]: Je lässiger einer in seinem christentuhm gewesen, je

---

738 Vgl. Röm 5, 21: „Damit, wie die Sünde geherrscht hat durch den Tod, so auch die Gnade herrsche durch die Gerechtigkeit zum ewigen Leben durch Jesus Christus, unsern Herrn" und Röm 6, 12 und 14: „So lasst nun die Sünde nicht herrschen in eurem sterblichen Leibe, und leistet seinen Begierden keinen Gehorsam […] Denn die Sünde wird nicht herrschen über euch, weil ihr ja nicht unter dem Gesetz seid, sondern unter der Gnade."

739 Vgl. Judas 12: „Sie sind Schandflecken bei euren Liebesmahlen, prassen mit euch ohne Scheu; sie weiden sich selbst; sie sind Wolken ohne Wasser, vom Wind umhergetrieben, kahle, unfruchtbare Bäume, zweimal abgestorben und entwurzelt."

740 Vgl. 1. Kor 15, 9: „Denn ich bin der geringste unter den Aposteln, der ich nicht wert bin, dass ich ein Apostel heiße, weil ich die Gemeinde Gottes verfolgt habe."

741 Gegen.

742 Vgl. Mt 12, 22–32; Mk 3, 22–30 und Lk 11,14–23 sowie 12,10: „Und wer ein Wort gegen den Menschensohn sagt, dem soll es vergeben werden; wer aber den Heiligen Geist lästert, dem soll es nicht vergeben werden."

743 Vgl. 1. Mose 3, 1–24 (Der Sündenfall).

744 Vgl. 1. Tim 1, 13: „mich, der ich früher ein Lästerer und ein Verfolger und ein Frevler war; aber mir ist Barmherzigkeit widerfahren, denn ich habe es unwissend getan, im Unglauben."

bus [verbis] responsio⁷³⁰ mir zu beruhigung meines gewissens [zukommen lassen], wie weit ich mich hier tacendo aut loquendo⁷³¹ zu verhalten habe. Der Herr helffe Inen und mihr. Amen.

    Essen, in eil, d[ie] 17. Martii 1703
    Ew[er] Hochehrw[ür]d[en] zum gebeth und dienst williger
    m[agister] J[ohann] G[ottfried] Kopstadt, p[astor]

NB. Statum ecclesiae nostrae die p[rae]senti satis funestum et schismaticum⁷³² wird der h[err Henrich Melchior] Schütte⁷³³ erzehlen können.

Nr. 8   Essen, vor 17. März 1703
Johann Mercker, suspendierter Erster lutherischer Pfarrer in Essen. Traktat: Zur Frage, ob sich wahre Christen ihres gerechten Wandels rühmen dürfen? Wohl Beilage zu Nr. 7. Vorlage für eine Prüfung durch das Soester Predigerministerium. (Soest StA/StB, Bestand A, Nr. 6156a, Bl. 141f.)

Zwr frage[:] Ob sich wahre christen dörffen rühmen ihres gerechten wandels[?]

In meinen beiden schriften⁷³⁴ habe ichs bejahet und sehe nicht, was erhebliche ursachen [es geben könnte], daher solcher ruhm gans zu verwerffen [wäre], denn [es] scheuwet sich doch kein frommer christ zu bekennen, daß er habe[gestrichen: n] den rechten glauben. Nuhn scheinets gleich viel [zu] gelten, ob ich mich deß[en] rühme oder so ich sage: Ich habe die rechten früchte des glaubens. Ich führe einen wandel ausm glauben. Und ob eingewendet würde[:] Ja, das leben ist nie vollkommen. Es hänget uns auch noch viel böses an. [So lautet meine] Responsio: Ist dan nicht auch der glaube eben so wohll unvollkommen? Und dannoch, wer sich rühmet sinceritatis fidei,⁷³⁵ der möge sich rühmen integritatis vitae.⁷³⁶ Ja, sagen etliche, es klinget pharisaisch. Responsio [Johann Merckers]: Der Phariseer rühmete, daß er währe ohne erbsunde. Er hielte das gesetze in Mosaischer schrifft. Das wahr thöricht gehandelt, zu dem stack er⁷³⁷ ins todsunden bis über die ohren. Aber das kömpt gar nicht [vor] bei die art des rühmens frommer christen, die sich nur rüh-

---

730   Eine knappe Antwort auf die gestellten Fragen.
731   Mit Stillschweigen oder entschiedener Einrede.
732   Den gegenwärtig zutiefst betrüblichen und von tiefen Spaltungen geprägten Zustand unserer [Essener] Kirchengemeinde.
733   Henrich Melchior Schütte (1689–1752), aus Soest, später Professor der Rechtswissenschaften in Erfurt. Kleiner Michels (wie Anm. 14), S. 544. – Deus, Wolf-Herbert: Henrich Melchior Schütte und das Soester Recht in Wissenschaft und Politik, in: SZ 76 (1962), S. 95–103. – Hatte er den Brief überbracht?
734   Um welche Schriften Merckers es sich hier gehandelt hat, ist unklar. In Frage kommen 3.16 Johann Mercker Nr. 1–3 (1703). Möglich sind aber auch frühere, ungedruckt gebliebene oder verschollene Texte.
735   Seiner Glaubensgewissheit/der Gewissheit seiner Erlösung.
736   Der Unsträflichkeit seines Lebenswandels.
737   Außerdem steckte er.

1. Ob die allgemeinen lehrgaben bey den gläubigen das ordentliche lehrampt (wozu doch eine [Textverlust⁷¹⁴] durch die kirche [ausgesprochene] göttliche beruffung erfordert wird) aufhebe[n] und also ein jeder nach seinen lehrgaben schon von Gott, ohne den kirchlichen beruff, dazu berufen sey, daß er ördentlich in der gemeine lehrn könne und solle?

2. Ob potestas clavium⁷¹⁵ sey also in der kirchen [von Christus eingesetzt], daß sie einem jeden auch zu exercirn⁷¹⁶ wie eine liebespflicht zukomme, oder [diese] viel mehr sey [eine] singularis quaedam majestas totae ecclesiae⁷¹⁷ cum ut [?; Textverlust]⁷¹⁸ idem sumpta und also a singulari persona⁷¹⁹ nicht, dann nur durch einen⁷²⁰ ordentlichen aufftrag exerciret werden könne?

3. Ob haeresis et schisma in 2. Cor. 11, 18.19⁷²¹ coincidire[n]?⁷²²

4. Ob haereticum sey, saltem falsa docere oder ob auch falsa credere?⁷²³

5. Ob die falsa credentes caeteroque pii⁷²⁴ mit den rechtgläubigen (si modo enim hii Christum ut salutis fundamentum credunt⁷²⁵) nicht allein in der innerlichen (quod aliis certum et vi ecclesiae universalis statui debet⁷²⁶), sondern auch gar in einer eusserlichen gemeinschafft der eusserlichen kirchen stehen?

6. Ob die rechtgläubige[n] mit andern in gewissen glaubens articulen irrenden (si modo pij credentes⁷²⁷) eine eusserliche gemeinschafft des worttes, N[ota] B[ene] sonderlich des H[eiligen] Abendmals, haben können?

7. Ob ein rechtgläubiger wohl thue, daß er einen irrgläubigen, e[xempli] g[ratia] pontificium aut reformatum,⁷²⁸ wann er nur bey seiner kirchen und religion fromm ist, [Streichung] von seiner kirchen nicht abzutretten, sond[ern] vil mehr (weil er eine erbauung darinn machen möchte) darin zu verbleiben anraten könne?

Die übrigen meinungen werden Sie, hochgeehrte H[erren] Amptsbrüd[er], [nämlich] de philosophia etc. selbsten weiter sehen [Textverlust]⁷²⁹ nur ad adducta brevi-

---

714 Textverlust aufgrund durchschlagender Tinte.
715 Die Schlüsselgewalt/Beauftragung zur Lossprechung.
716 Wahrzunehmen/in Anwendung zu bringen.
717 Eine einzigartige, der gesamten Kirche übertragene Vollmacht.
718 Textverlust aufgrund durchschlagender Tinte.
719 Von einer Einzelperson/von einem einzelnen Christen.
720 Aufgrund eines.
721 „Da viele sich rühmen nach dem Fleisch, will ich mich auch rühmen. Denn ihr ertragt gerne die Narren, ihr, die ihr klug seid!" (2. Kor 11, 18 f.).
722 Als identisch zu betrachten sind.
723 Ob nur falsch zu lehren häretisch sei oder auch (schon) falsch zu glauben?
724 Diejenigen, die zwar Falsches glauben, ansonsten aber fromm sind.
725 Wenn diese denn nur glauben, dass Christus der Grund des/unseres Heils ist.
726 Was anderen als gewiss gilt und durch die allgemeine (christliche) Kirche festgestellt werden muss.
727 Wenn diese es denn nur aufrichtig glauben.
728 Z. B. einen römisch-katholischen oder einen reformierten Christen.
729 Textverlust aufgrund durchschlagender Tinte.

Nr. 7   Essen, 17. März 1703

Magister Johann Gottfried Kopstadt, Zweiter lutherischer Pfarrer in Essen, an das Soester Predigerministerium. Mit zwei Beilagen, siehe Nr. 8f. Brief wegen durchschlagender Tinte teilweise nur schwer lesbar. Mit Eingangsvermerk vom 25. März 1703, 11.00 Uhr. (Soest StA/StB, Bestand A, Nr. 6156a, Bl. 151f.)[709]

Dem hochehrwürdigen, hochgelehrten und in Gott andächtigen lutherischen ministerio zu Soest. Meinen insonders hoch zu ehrenden Herren Amptsb[rü]d[ern]. Diesen [zu] Soist.

Immanuel! Hochehrwürdige, hochgelehrte, insonders hochgeehrte Herren Amptsbr[ü]d[er].

Es gehen hirbey zwey büchlein, welche mein bisher gewesener, aber nunmehr ad [seit] 9. wochen suspendirter collega, herr [Johann] Mercker,[710] in druck ausgehen und damit seine neue lehrsätze der weldt [hat] wollen bekant seyn laßen, mit herzlicher bitte, daß Sie selbige [Büchlein] ohne verzug überlesen, reifflich erwegen und demnächst, nach anruffung des H[eiligen; Textverlust;[711] wohl: Geistes] erleuchtung, ihre gedancken darüber auffsetzen und mir als ihrem gewesenen einheimischen nach landes [Textverlust[712]] treu und lieb mit ehistem[713] zuschicken, daneben [mir] auch sonderlich nachfolgende fragen beantworten:

---

709 Auch Hugo Rothert hat diesen Brief bereits gekant und mehrfach auf ihn und seine Beilagen verwiesen. Dabei lag ihm sichtlich daran, die Orthodoxie Kopstadts zu unterstreichen. Dass dieser zunächst mit auf der Seite Johann Merckers gestanden hatte (vgl. Anm. 184) und – wie sein Brief zeigt – auch zu dieser Zeit noch Sympathien für seinen früheren Schützling hegte, wollte er wohl nicht wahrhaben: „Da wendet sich Kopstadt an das lutherische Ministerium in Soest. Sein Brief trägt die überschrift ‚Immanuel'. Er bezeugt ausdrücklich als seine und der Soester Amtsbrüder einhellige[!] Meinung, daß das ‚opus operatum uns anklebe an dem äußerlichen Kirchenwesen, als Beichten, Predighören und Abendmahlgehen'. Er dringt auf rechtschaffenen Wandel und geistliches Leben in der Gemeinschaft Christi. Wahrscheinlich hat Kopstadt die zwei Schriftstücke mit eingesandt, die seinem Schreiben anliegen, wovon das eine die Frage behandelt, ob sich wahre Christen dürfen rühmen ihres rechtschaffenen Wandels. Der Verfasser bekennt: ich rühme mich getrost, ich bekenne und bin gewiß, daß ich die Gebote Gottes halte. Es ist die bekannte[!] Vollkommenheitslehre. Das andere Schriftstück heißt: Vom Unterschied zwischen Mosis und Christi Gesetz und Geboten." So Rothert, Kirchengeschichte der Mark III (1913; wie Anm. 10), S. 103, unter Rückverweis auf derselbe, St. Thomae (1887; wie Anm. 11), S. 61f. Noch stärker und im gleichen Interesse geglättet erscheint der Zusammenhang bei ihm schon 1905: „Pastor Kopstadt in Essen, der Hauptgegner des schwärmerischen Pastors Märker und ein geborener Soester, wendet sich 1703 um ein Gutachten über den Pietismus an das Soester Ministerium, das ein gutes Zeugnis für lebendiges Christentum ist." Rothert, Ehrenreiche Stadt (wie Anm. 11), S. 168.
710 Johann Mercker (1659–1728). Wie Anm. 173.
711 Textverlust aufgrund durchschlagender Tinte.
712 Textverlust aufgrund durchschlagender Tinte.
713 So schnell, wie möglich.

träglich:] in solchen irrthumben* vorsätzlich und hallstarrig verharret, [gestrichen:] auch* solches alles auch daselbs[t] notorium [sei, und er] deßwegen auß hohem obrigkeitlichen befehl von der gemeinde soll excommunicirt, ja, alß ein verus turbator und seductor gar des landts verwießen werden.

Dießem vorbringen nach können wir nicht anders in dießer sachen berichten, alß daß ein solcher zur parentation bey ehrlicher leich-begängnüß nicht zu fordern noch zuzulaßen [sei]. Den[n] ob zwar die parentationes oder orationes funebres[703] nicht [gestrichen:] pure* [dafür:] mere* ecclesiasticae [sind], sondern von studiosis cuiuslibet facultatis,[704] auch sonst politicis personis[705] können gehalten werden: dennoch, weiln selbige in publico conventu und versamlung, theils gelahrter verständiger, theils einfältiger [am linken Rand ergänzt:] zuhörer*, entweder in der kirchen, auf den kirchhöven oder in privat-häußern, wie jedes orts gebräuchlich[e] und eingerißene gewohnheit mitbringt, gehalten werden, [so] soll billig der parentator von schwärmerey in lehr und ärgernüß im leben befreyet sein, den[n] [weil] sonsten dadurch leicht die semina der schwärmerey disseminirt und eingenommen,[706] überdaß wegen des gegebenen ärgernüßes andere, welchen solchs notorium [ist], ärger werden können.

Dießes [Urteil] gründet sich auff des h[eiligen] Apost[els] Pauli vermahnung Tit 3. v[ers] 10[:] Einen kätzerischen menschen meide, wenn er ein- und andermahl ermahnet ist, und wiße, daß ein solcher verkehret ist und sündiget, alß der sich selbst verurtheilet,[707] ja, weiln der h[eilige] Johannes 2. Epist[ola] v[ers] 10 [gestrichen:] beypflichtet* [dafür:] befiehlet[:] daß man einen solchen menschen, welcher die reine lehre von Christo nicht bringet, nicht aufnehmen, ja, auch gar nicht grüßen solle,[708] so sollen wir viel weniger einen solchen in öffentlicher versamlung hören und consequenter ad publicum actum [ergänzt:] nicht* zulaßen noch fordern.

Welches [ich] nahmens unßers wohlerw[ürdigen] ministerii [dem Empfänger; Curicke] zur antwort überlaße und in übrigen nechst ergebung in göttliche obhut jederzeit verharre
    Ew[er] Hochehrw[ürden] zu gebeth und dienst willigster
    [Unterschrift fehlt]

---

703   Die (im Stehen gehaltenen) ehrenden Leichenreden.
704   Von Studierenden gleich welcher Fakultät.
705   Von Inhabern eines öffentlichen Amtes/Amtspersonen.
706   Ausgestreut und aufgefangen.
707   „Einen Menschen, der die Gemeinde spalten will, weise ab, wenn er einmal und noch einmal ermahnt ist, und wisse, dass ein solcher ganz verkehrt ist und sündigt und sich selbst damit das Urteil spricht" (Tit 3, 10 f.).
708   „Wenn jemand zu euch kommt und bringt diese Lehre nicht, nehmt ihn nicht auf in euer Haus und grüßt ihn auch nicht. Denn wer ihn grüßt, der hat teil an seinen bösen Werken" (2. Joh 10 f.).

werde, als der ich nach anwünschung alles beständigen zeitlich- und himmlischen segens für Dero ampt, person und anvertraute gemeinden bin und beharre

Ew[er] Ew[er] Hochwohlehrw[ürden] Hochwohlehrw[ürden], meiner hochzuehrenden Herren und sehr wehrten Freunden in Christo, zu allen gefälligkeiten und müglichen diensten in liebe und aufrichtiger willigkeit gantz ergebenster

Johann Curicke, königlich Preußischer evangelisch-reformirter

guarnisons- u[nd] stadt-prediger hieselbst, Lipstadt, d[ie] 23. Febr[uarii] 1703.

Nr. 6   **Soest, Ende Februar/Anfang März 1703**

Der Senior des Predigerministeriums der Stadt Soest [Theodor Balhorn,[699] Pfarrer an St. Walburgis (Stift),] in dessen Namen an Johann Curicke, königlich preußischen evangelisch-reformierten Garnisons- und Stadtprediger in Lippstadt. Konzept, wohl von der Hand Balhorns. Zum Zusammenhang siehe Nr. 5. (Soest StA/StB, Bestand A, Nr. 6156a, Bl. 171f.)

Hochwohlehrwürdiger, großachtbar[er] und hochgelahrter Herr, sonders geehrter lieb-werther Freund.

Was Ew[er] Hochwohlehrw[ürden] jüngsthin an unß schrifftlich [haben] gelang[en] laßen, darinnen, unßer sentiment und gutachten über folgende frage zu communiciren, begehret word[en]: [Es folgt ein wörtliches Zitat der Anfrage des Lippstädter Stadtpredigers] ist unß wohl eingereichet, darauf in conventu ministerii verleßen [und] in der furcht des Herrn erwog[en] worden. Und [es ist bei uns] dahin[gehend] collegialiter geschloßen [worden]: daß wir praesupponiren ὁ δεινά,[700]

[1] derjenige sey solcher schwärmerey, d[as] i[st] falscher verführischer, wieder [gestrichen:] [die] verfaßeten wort* Gottes in den Canonischen Büchern V[eteris] et N[ovi] T[estamenti; am linken Rand ergänzt: verfaßeten wort] streitender, den grund des glaubens umbstoßender lehr würcklich convincirt und überzeuget.

[2] [Er] ferner, praeviis admonitionis gradibus [in] Matth[eo] 18 praescriptis,[701] von seiner verdammlichen lehr nicht abstehen wolle, darzu ein schweres argernüß gegeben [habe und] deßwegen auß rechtmäßiger erkäntnüß ab officio removirt [worden sei].

[3.] [Er] dan ferner an dem ort, da er sich jetzo aufhält, in [gestrichen:] denen fundamentum [gestrichen:] salutis* [dafür:] fidei*[702] stürzenden irrthümern* [nach-

699   Theodor Balhorn (1637–1708). Er war seit 1700 Senior und Inspektor des Soester Predigerministeriums. Bauks, Pfarrer (wie Anm. 14), S. 17 (Nr. 211).
700   Mit Schrecken stillschweigend voraussetzen.
701   Nach einer wie in Mt 18 vorgeschriebenen gestaffelten Ermahnung. Vgl. Mt 18, 15–17: „Sündigt aber dein Bruder, so geh hin und weise ihn zurecht zwischen dir und ihm allein. Hört er auf dich, so hast du deinen Bruder gewonnen. Hört er nicht auf dich, so nimm noch einen oder zwei zu dir, damit jede Sache durch zweier oder dreier Zeugen Mund bestätigt werde. Hört er auf die nicht, so sage es der Gemeinde. Hört er auch auf die Gemeinde nicht, so sei er für dich wie ein Heide und Zöllner."
702   Das Fundament/die Grundlagen des zum Heil führenden Glaubens.

2.2 Quellen Nr. 1 bis 200

Nr. 5 Lippstadt, 23. Februar 1703

Johann Curicke,[693] königlich preußischer evangelisch-reformierter Garnisons- und Stadtprediger in Lippstadt, an den Senior und das gesamte Predigerministerium (ministerium urbanum) der Stadt Soest. Zum Zusammenhang siehe Nr. 6. (Soest StA/ StB, Bestand A, Nr. 6156a, Bl. 169f.)

Denen hochehrwürdigen, groß-achtbaren u[nd] hochgelehrten herren, herren seniori u[nd] sämblichen gliedern des hochansehnlichen evangelisch-lutherischen ministerii in der stadt Soest, meinen hochzuehrend[en] Herren u[nd] wehrtisten in Christo Freunden etc. zu Soest.

Hochwohlehrwürdige, großachtbahre und hochgelahrte, insonderh[eit] hochzuehrende Herren und sehr wehrte Freunde in Christo.

Daß [ich] Dero wichtige amts- und andere affairen durch dies[es] mein geringfügiges anschreiben interpellire,[694] bitte [ich] nicht übel zu deuten. Es fällt hier [in Lippstadt] etwas vor, darüber ich Dero hochvernünfftiges gutachten und sentiment einzuholen, mich genöthiget finde, in hoffnung, es werde selbiges mir schrifftlich zu communiciren Ew[er] Ew[er] Hochwohlehrw[ürden] Hochwohlehrw[ürden] nicht ungefällig sein. Es wird nemblich gefragt:

„Ob jemand, der anderwerts seiner schwermerey und gegeben[en] schwehren ärgernüß halben seines diensts und offentlichen lehr-amts entsetzet [worden ist] und auch an dem ort, wo er nun ist, zu erwarten hat, daß er wegen seiner in denen angenommenen irrthümern fursetzlichen halßstarrigkeit krafft darüber schon ergangenen hohen oberkeitlichen befehls erstlich der kirchenordnung gemäß von der gemeine excommuniciret und darauf als ein turbo[695] und seductor aliorum[696] außem lande verwiesen werde,[697] ob, sag ich, ein solcher zum parentiren[698] bey einer leichbegräbnüß möge gebrauchet werden?"

Hierüber Dero christliche und wohlgegründete gedancken mir zu eröffnen, ist mein dienstfreundliches ansuchen, mit diesem erbieten, daß, einem jeden von Ew[er] Ew[er] Hochwohlehrw[ürden] Hochwohlehrw[ürden] bey aller gelegenheit nach vermögen gern wieder zu dienen, ich mich lebenslang verbunden achten

---

693 Johann Curicke (1656–1716) stammte aus Danzig. Er hatte in Bremen (1676), Franeker (1681), Marburg (1683) und Heidelberg (1684) studiert. Danach war er ab 1686 zunächst Rektor und reformierter Hilfsprediger in Lippstadt gewesen, bis er dort 1693 zum reformierten Pfarrer aufgestiegen war. Aus dieser seiner letzten Phase sind viele Publikationen aus seiner Feder überliefert. Bauks, Pfarrer (wie Anm. 14), S. 85f. (Nr. 1110; vorläufiges Schriftenverzeichnis).

694 Störend unterbreche.

695 Ein Unruhestifter.

696 Ein Verführer anderer.

697 Gemeint ist der aus Berleburg vertriebene Kaplan Dietrich Otto Schmitz (1670–1718) (wie Anm. 207). – Vgl. zu ihm und dem hinter ihm stehenden Netz von Gichtel-Anhängern zuletzt Peters, Dietrich Otto Schmitz (wie Anm. 207), S. 69–106.

698 Zum Vortragen einer (stehend gehaltenen) ehrenden Leichenrede.

3. Es koenten auch die Sacramenta von jedem Christen ordentlich administriret und absonderlich das Heil[ige] abendmahl ohne den ordentlichen prediger unter einigen Christen, krafft der worte: thut solches, die der gantzen kirche gesprochen sind, ordenlich celebriret werden. [...]

4. Es sey keine remissio & retentio peccatorum ministerialis sub Deo, sed mere principalis cum Deo und der gantzen kirchen zukommend, non autem per Ecclesiam a Deo certo vocato concessa vi[de] Matth. 18,17[687] coll. cum 2 Cor. 2,10.[688] [...]

5. Jedoch dieses alles ἐυταξίας[689] ergo sub episcopo divinitus instituto. Act. 20. der doch nicht eben zu lehren noethig habe, nur daß er sorge wie alles ordenlich hergehe.[690] [...]

6. Es koenne solcher episcopus ex gremio ecclesiae genommen werden, und waere zu dessen ἰκονότητα[691] keine Academische unterweisung noethig, ja es waere die abschaffung der Academien mehr nuetzlicher als deren behaltung: so würde auch die abschaffung derselben zur verbesserung der kirchen nothwendig endlich geschehen muessen. [...]

7. Sey daher auch in specie die philosophia und jurisprudentia academica effectus Antichristi, und voellig abzuthun: Ja es moechten auch die gradus academici des thiers malzeichen seyn. Offenb. 13/16.[692] [...]

8. Endlich wueßte auch die kirche N[euen] T[estaments] von keinen cerimonien, sondern waere in allen stuecken so frey, daß keine cerimonien eingefuehret werden koenten, als wodurch ihr die freyheit mehr genommen als erhalten wuerde: Ja durch einfuehrung gewisser cerimonien (als in specie der beichte) waere die Gottseligkeit bishero mehr gehindert als befoerdert worden. [...]

---

687 „Hört er auf die nicht, so sage es der Gemeinde. Hört er auch auf die Gemeinde nicht, so sei er für dich wie ein Heide und Zöllner" (Mt 18, 17).
688 „Wem aber ihr etwas vergebt, dem vergebe ich auch. Denn auch ich habe, wenn ich etwas zu vergeben hatte, es vergeben um euretwillen vor Christi Angesicht" (2. Kor 2, 10).
689 In geordneter Form.
690 Vgl. Apg 20, 17–38 (Die Abschiedsrede des Paulus an die Ältesten von Ephesus).
691 Eignung zur Übernahme des Amtes.
692 „Und es macht, dass sie allesamt, die Kleinen und Großen, die Reichen und Armen, die Freien und Sklaven, sich ein Zeichen machen an ihre rechte Hand oder an ihre Stirn" (Apk 13, 16).

kirche in eusserste zerruettung setzen, wordurch auch viele seelen warhafftig in gefahr des heils gerathen koenten: daher die sache [von] nicht geringer wichtigkeit, hingegen nicht wol gethan ist, wo solche theses offentlich behauptet worden. Weswegen dero autor billich hertzlich zu erinern ist, der armen ohne das gnug betrangten kirchen zu schonen, und lieber dahin zu trachten, daß wir uns der bey derselben noch befindlichen anstalten, so gut wir koennen, recht gebrauchen, als auf neue anstalten, die man nicht zu wege bringen kan (zum exempel aus 1 Cor. 14.[682]) hauptsaechlich zu gedencken, und damit was wir sonsten noch zu erhalten vermoechten zu verliehren: so ist freylich wie geliebter Bruder wol bemercket, fleißig allezeit der unterscheid unter rechten gebrauch und mißbrauch jeder dinge in acht zu nehmen, und diesem zwar nach vermoegen zu steuren, aber ehe man den rechten gebrauch um des anklebenden mißbrauchs willen gar abschaffen wolte, lieber auch noch von diesem etwas zu dulden.

Ich habe aber in der beylage[683] meine gedancken und antworten auf die uebersandte theses also abgefaßt, daß ich hoffe, mein sinn werde daraus gnug erhellen, getraue auch zu versichern, daß solcher auf dem grund goettlichen worts beruhe.

Solte nun meines werthen Herrn verlangen darmit ein gnuege geschehen, wird michs freuen, so vielmehr wo auch durch freundlichen zuspruch der thesium autor zu andern gedancken gebracht werden moechte.[684]

Den HErrn aber wollen wir anrufen, der uns in allen dingen seines willens, und was seiner kirchen das beste seye, gewiß mache, auch sich dieser erbarme, und sie nach so vielen truebsalen mit erfuellung der ihr gethanen verheißung[685] erfreue, indessen in uns gedult wircke, seiner zeit auszuharren. 1700.

[Das beigelegte responsum Speners wendet sich gegen folgende acht Thesen Merckers]

1. Daß weder aus Altem noch N[euem] Testament die nothwendigkeit der kirchlichen beruffung (als eine goettliche verordnung, ohne welche keiner ordenlich lehren und die Sacramenten administriren moechte) erwiesen werden könte. […]

2. Sondern ein jedweder habe durch empfange gaben einen innerlichen beruff von GOtt darzu, und koenne, ja solle, krafft derselben in der gemeinde ordenlich lehren nach Matth. 5/15, 25/19, 1 Cor. 14/37.[686] […]

---

682   Vgl. 1. Kor 14, 1–40 (Zungenrede und prophetische Rede).
683   Dem beigefügten „responsum", der Erwiderung Speners.
684   Spener kennt Mercker demnach nicht persönlich. Kopstadt soll sein „responsum" aber gleichwohl an diesen weitergeben.
685   Hier ist die auch von Kopstadt und Mercker geteilte „Hoffnung besserer Zeiten" gemeint.
686   „Man zündet auch nicht ein Licht an und setzt es unter einen Scheffel, sondern auf einen Leuchter; so leuchtet es allen, die im Hause sind" (Mt 5, 15). „Nach langer Zeit kam der Herr dieser Knechte und forderte Rechenschaft von ihnen" (Mt 25, 19). „Wenn einer meint, er sei ein Prophet oder vom Geist erfüllt, der erkenne, dass es des Herrn Gebot ist, was ich euch schreibe" (1. Kor. 14, 37).

Nr. 4 1700 (aber erst 1704 bekannt geworden[675])
Philipp Jakob Spener, Propst und Konsistorialrat an der Berliner Nikolaikirche, an Johann Gottfried Kopstadt,[676] Zweiter lutherischer Pfarrer in Essen. (Wiedergabe nach: Spener, Philipp Jakob: Letzte Theologische Bedencken und andere Brieffliche Antworten, welche von dem seel[igen] Autore, erst nach seinem Tode zu ediren, anbefohlen [...] Nebst einer Vorrede H[err]n Carl Baron Hildebrand von Canstein[s] [...] [Teil 1], Halle [Saale] 1711, S. 169–187)

[Überschrift des Herausgebers:] XXVIII.
Antwort auf einige saetze von dem lehramt, ob dasselbe allen Christen gemein seye: Wie auch von der macht die suende zu vergeben und Sacramenten auszutheilen. Von Academien, philosophie, academischen gradibus, kirchen-ceremonien u. s. f.*

Wie ich bereits von[677] mehrern jahren desjenigen guten, davon mich der Herr aus ihrer stadt ofters hat hoeren lassen,[678] mich gefreuet, und derselben solcher ursach wegen, so viel hertzlicher vor GOtt gedacht habe, also hat mich die nachricht dero in ihrer gemeinde entstandenen streitigkeit, daraus leicht allerley zerruettung erfolgen kan, desto mehr betruebet; ja ich sihe es als ein stueck goettlichen gerichtes an, daß wo ein feiner anfang des guten gemacht wird, auch derselbe zu einem solchen wachsthum komt, daß man sich nun bald reiche und reiffe fruechten davon verspricht, gemeiniglich sich etwas begeben muß, daß das vorige gute, wo nicht gantz niderschlaeget, aufs wenigste allen wachsthum hemmet, ob wolte uns der HErr zeigen, es seyen noch ietzt die zeiten seines gerichts, und wir noch nicht wuerdig, einen mercklichen durchbruch zu sehen.

Wie ich in meinem leben schon dergleichen exempel sehr viele mit nicht geringer betruebnus habe ansehen muessen,[679] aber insgemein erfahren, daß alsdann, wo mans weiter treiben wollen, als unserer zeit zustand zugibet, alles was man sonsten noch auszurichten vermocht haette, wo man in den ordentlichen wegen geblieben waere, durch austretung aus denselben verdorben worden, sich auch nachmal nicht wider zu recht bringen lassen.

Was nun absonderlich die, wie die [von Johann Gottfried Kopstadt übersandten] fragen oder theses [Johann Merckers] mit sich bringen, bey ihnen entstandene streitigkeiten anlangt, in dero keiner[680] ich es mit dem autore thesium[681] halten kan, gehen sie zwar nicht bloß dahin den grund der seligkeit selbs an, aber gleichwol betreffen sie die gantze verfassung der kirchen, und wuerde dero behauptung die

---

675 Goebel, Geschichte des christlichen Lebens 2 (wie Anm. 56), S. 627.
676 Johann Gottfried Kopstadt (Kaufstatt; 1650–1717). Wie Anm. 169.
677 Seit.
678 Kopstadts briefliche Kontakte zu Spener reichen also bereits längere Zeit zurück.
679 Hier ist wohl besonders an die frühen Separationen in Frankfurt am Main zu denken. Brecht, Spener (wie Anm. 51), S. 316–321.
680 Spener grenzt sich damit schon im Vorab klar von den in Essen vertretenen radikalen Positionen ab.
681 Johann Mercker (1659–1728). Wie Anm. 173.

mein thesis vom pietismo, welchen ich, auß gedruckten öffentl[ichen] schrifften auf erforderung wahr zu machen, hiemit solenniter auf mich nehme.

b) Derhalben kan [ich] ja denselben, ob wohl aller dieser dinge noch nicht klar überzeugten, dennoch stark verdächtigen [Justus Samuel] Schaarsch[midt] nicht mit gutem hertzen zum consortio ministerii[669] zulaßen, damit nicht besorglich[e] zerrüttung und unordentliche spaltung in unserer kirchen entstehen, weil die eiferige bemühung, durch allerley neuerungen die kirche zu verwirren und alle ihre das obstat haltende[n][670] prediger alß fleischl[ich] gesinnete schrifftgelehrte zu verachten und [zu] beschimpfen, dieser leute proprium im höchsten grad ist. Die erfahrung lehret uns wiederum ein neues exempel dieser zeit an der pietisten patriarchen D[oktor Philipp Jakob] Spenern,[671] der neue unruhe und große verwirrung wieder angerichtet hat mit seiner unruhigen bemühung, beicht und absolution aus der kirchen weg zu schaffen,[672] worunder er annitzo, nach glaubwürdigem bericht, in schwerem streit und zwiespalt mit seinen collegis, sonderlich aber seinem vormahls guten freunde, dem he[rr]n probst [Franz Julius] Lütken[s],[673] leben soll.

c) Auch kan ich diesen verdächterigen menschen nicht ad ministeriu[m], wenigstens an meinem ort (denn ein anderer mag vor das seine sorgen), admittiren, damit die sectirer, separatisten, böhmisten, phantasten etc. dieses orts nicht überhand nehmen und die herrschafft in der kirchen gewinnen, denn daß solcherley dingen zugethane [Personen] hier zimlich eingerissen seyn, ist bekand genug. Die pietisten aber eifern gar nicht das geringste wieder solcherley gesinnte, ja, auch so gar nicht einmahl wieder die offenbahren enthusiasten[674] und geisttreiber, wie sich doch das allerdings gebührete. Es ist ihnen alles genug, wenn nur der schein eines eußerl[ichen] fromen lebens, ob wohl mit vieler ungerechtigkeit verknüpft, samt der klage über den zustand der evangel[ischen] kirchen da ist […].

669 Zu meinem Amtsbruder (Zweiten Pfarrer der lutherischen Gemeinde in der Sloboda).
670 Dagegen Widerstand leistende Prediger.
671 Philipp Jakob Spener (1635–1705). Wie Anm. 52.
672 Gemeint ist der sogenannte „Berliner Beichtstuhlstreit" ab 1697. Wie Anm. 236.
673 Franz Julius Lütkens (Lütcke; 1650–1712). Er war 1687 als Propst und Konsistorialrat an die Petrikirche in Cölln (Spree) berufen und dort 1691 durch Spener in sein Amt als Superintendent von Berlin eingeführt worden. 1704 folgte er einem Ruf König Friedrichs IV. von Dänemark (1671, reg. 1699–1730) nach Kopenhagen, wo er zugleich Konsistorialrat und Professor der Theologie an der Universität war. Schwarze, Rudolf: Artikel „Lütkens, Franz Julius", in: ADB 19 (1884), S. 700. – Albrecht-Birkner, Veronika: Pfarrerbuch der Kirchenprovinz Sachsen. Bd. 5, Leipzig 2007, S. 481.
674 Hempelmann, Reinhard: Artikel „Enthusiasmus. III. Dogmatisch", in: RGG⁴ 2 (1999), Sp. 1326f. (Literatur).

zu beschreiben, so ist dieselbe wohl eben nicht eigentl[ich] ketzerey absonderlich also zu nennen, wiewohl ettliche, [die] diesen irrigen neuerungen anhängig [sind], ja, der [die?] oberste[n] vorsteher, vom worte Gottes, [vom] h[eiligen] predigt-am[m]t, sonderbahren offenbahr- und erleuchtungen, gäntzlicher volkomenheit der heyligung, gefährlichem chiliasmo,[662] gnug wichtiger irrthümer öffentlich beschuldiget sind, davon die schrifften am hellen tage liegen. Sondern es ist der pietismus (so viel ich auß den theologischen schrifften auch gegenschriften vernehme) eine neu aufgewärmte, ettwas veränderte, mit neuen grillen vermehrte syncretisterey[663] und anbey ein verkehrter trieb, allerley reformationes und änderungen in dem gewohnlichen, offentlichen gottesdienst zu machen. Dannenhero sind die pietisten beliebet bey und tragen auch sonderbahre liebe zu allerley separatisten,[664] phanaticis,[665] quäkern,[666] chiliasten und dergl[eichen] leute[n] mehr, ja, sie sind meistentheilß mit denselben ein hertz und eine seele,[667] so daß man nicht einmahl recht wißen kann, was sie eigentlich glauben. Ja, sie bekümern sich auch das wenigste um[m] die lehre und die glaubens sachen, meynen wohl, daß es unrecht sey, derowegen streit und disputation zu machen, wenn nur der schein der gottseeligkeit da sey, [und sie] sind [dabei] doch feinde aller lehrer und academien, welche die wahrheit mit eyfer verfechten. Darum sind sie wohl sonderlich so beflißen, die auctoritaet unserer Libr[i] Symbol[ici], so viel sich nur thun laßen will, zu schwächen, auch halte ich, wo es möglich wäre, [dieselben] gar auß der kirchen zu schaffen, damit also ohne verhinderung eine eigenbeliebte fraternitaet unter allen ob schon nur bloß dem äußerlichen schein nach from, ehrbar lebenden möchte eingeführet werden, sie möchten auch dabey glauben und öffentlich lehren wieder die geheimniß des christl[ichen] glaubens, was sie wollen. Dahin denn auch ohne allen zweifel die gesuchte reformation des öffentlichen gottesdienstes ziehlet, daß sie es gern nach dem vorbilde der sehr verdorbenen Corinthischen kirche hätten, wie es dabey Paulus nach derselben gemeine gelegenheit in eine erträgl[iche] ordnung bringet, 1. Cor. XIII, 14.[668] Denn so könte ein jeglicher schwermer mit seinem concepte öffentlich ungehindert aufstehen, [er] dürfte aber der reinen guten lehr bald ihren garauß bringen. [Dies] ist

---

662 Leppin, Volker: Artikel „Chiliasmus III. Kirchengeschichtlich 2", in RGG⁴ 2 (1999), Sp. 139f. (Literatur).

663 Roxborogh, John: Artikel „Synkretismus. VI. Kirchengeschichtlich", in: RGG⁴ 7 (2004), Sp. 1965f. (Literatur). Hier wohl in direktem Bezug auf den gleichnamigen Streit in der zweiten Hälfte des 17. Jahrhunderts verwandt. – Dazu: Simon, Gerhard: Artikel „Synkretistischer Streit", in: RGG⁴ 7 (2004), Sp. 1969f. (Literatur).

664 Pierard, Richard: Artikel „Separatismus", in: RGG⁴ 7 (2004), Sp. 1212–1216 (Literatur).

665 Hier wohl synonym mit „Schwärmer". – Dazu: Leppin, Volker: Artikel „Schwärmertum. I. Kirchengeschichtlich", in: RGG⁴ 7 (2004), Sp. 1047f. (Literatur).

666 Ingle, H. Larry: Artikel „Quäker", in: RGG⁴ 6 (2003), Sp. 1853–1857 (Literatur).

667 Vgl. Apg 4, 32a: „Die Menge der Gläubigen aber war ein Herz und eine Seele [...]."

668 Vgl. 1. Kor 14, 14: „Denn wenn ich in Zungen bete, so betet mein Geist; aber mein Verstand bleibt ohne Frucht."

versicherung der reinen, evangel[ischen] lehre vorgenom[m]en haben, [das] hat sich bißhero durch solcher leute gleißnerische calumnien⁶⁵⁶ vor denen einfältigen genug müssen schwartz machen laßen, als sey es alles wieder die gottseeligkeit selbst gethan und alles nur, dieselbige zu verhindern, gemeint.

Darum denn, weil diese secta⁶⁵⁷ bißher in diesen landen⁶⁵⁸ meist gar unbekandt war, [so] habe ich bißher geurtheilet, [lieber] von allem stillzuschweigen, alß sie durch unzeitiges wiedersprechen oder wiederfechten nuer bekandter zu machen, alß wodurch ettwa die einfältigen oder schwachen geärgert und ettliche vieleicht auf die übele meynung wieder mich gerathen möchten, alß wolte ich auch die gottseligkeit in meinem am[m]te verhast machen und den von mier und allen fromen ja billig höchsterwünschten lauf zu verhindern: dadurch denn hernach, bey ettwa sich klar eröfnender unrichtigkeit oder irthum, mein alßdenn nöthiger wiederspruch möchte fruchtloß und unkräfftig gemacht werden. Wie es denn auch ohndem, meines ermeßens, alle zeit beßer ist, man laße einen verdächtigen oder auch heimlichen irrgeist, so lang er selbst seinen besorgten gifft verbirget und vor rechtsinnig zu passiren sich befleißiget, immerhin bey seiner weise und ruhe bleiben, und übereile man sich nicht im judicio von⁶⁵⁹ deßfalls verdächtigen, damit man ihn[en] könne anlaß oder aufmunterung geben, öffentl[ich] unruhe anzurichten. Und hüte man sich nur, daß sie nicht zu dem zweck [in] am[m]t, macht oder auctorität komen, welches sie ettwa durch ihr hinter dem berg halten gesuchet haben, damit sie nach deßen erlangung nicht vieleicht zum ergerniß hervorbrechen. Solches lehret mich Paulus, 1. Tim IV, 22. 24. 25.⁶⁶⁰

Dieses ist mein bißheriges verhalten und meine bißherige herzens-meinung und eigentliche intention meines um[m]ganges mit he[rrn] Schaarsch[midt], welches öffentl[ich] zu bekennen, ich mich keine uhrsache habe zu scheuen, auch der christl[ichen] billigkeit, [mich] gegen jedermann zu vertheidigen, hiemit schrifftl[ich] erbiethe. Hierauß werden meine gnädigen Herren⁶⁶¹ von selbst zwar erkennen, wie weit mein gemüthe entfernt sey, obgenandten he[rrn] Schaarsch[midt] zum collegen zu haben; doch bitte ich, nachgesatzte rationes ettwas genauer in betrachtung zu ziehen.

a) Das fundament von allem ist der feste gründliche argwohn von he[rr]n Schaarsch[midts] pietismo, daß er demselben mit anhängig sey. Die pietisterei aber in ettwas

---

656 Scheinheilige Intrigen/Machenschaften.
657 Die Anhänger Jakob Böhmes, hier mit den Vertretern des hallischen Pietismus gleichgesetzt.
658 In Rußland.
659 Bei seinem Urteil über.
660 „Die Hände lege niemandem zu bald auf; habe nicht teil an fremden Sünden! Halte dich selber rein! [...] Bei einigen Menschen sind die Sünden offenbar und gehen ihnen zum Gericht voran; bei einigen aber folgen sie auch nach. Desgleichen sind auch die guten Werke stets offenbar, und die andern bleiben auch nicht verborgen"(1. Tim 5, 22.24f.).
661 Die Leiter der deutschen lutherischen Gemeinde in der Sloboda.

B[ene]: Wer verständig ist, wolle doch nur Böhmens „Mysteriu[m] magnu[m]"[648] lesen, von anfang nur ein bogen, 3 oder 4, denn weiter habe ich zu lesen keine gedult haben können, auß großem verdruß [an] der ungöttlichen thorheit; so bin ich genug versichert, daß er, Böhmen, vor einen gottlosen narren [ge]halten werden müße), und β) unsere Symbol[ischen] Bücher[649] in gewöhnlichen terminis[650] zu unterschreiben, quia concordent cum scriptura s[acra], das ist: weil er erkenne, daß dieselbe[n] wahrhaftig mit dem h[eiligen] worte Gottes übereinstimen, sondern nur dieselbe[n] unterschreiben wolte, quatenus concordent cum verbo Dei, d[as] i[st:] in so weit dieselbe[n] ettwa mit Gottes wort möchten übereinkomen,[651] auf welche weise auch ein spötter den türckischen Alcoran[652] wohl unterschreiben möchte.

Allein, weil es wieder die regul des christentums läufft, jedweden auß bloßem argwohn zu beschuldigen und darüber streit ohne noht und beruf zu erwekken, [so] habe ich [für] billig und [für das] best erachtet still zu seyn. [Ich] habe ihm auch wegen seines eußerl[ichen] verhaltens nach alle wege gerne ein gutes zeugniß gegeben, welches ich auch noch beständig, so weit die wahrheit ist, zu thun mich nicht wegere, es wäre denn, daß sich mit der zeit ein mehrers zu einem gründl[ichen] wiedrigen urtheil hervorthäte. Auch habe ich ihm das predigen auf meiner mir durch Gottes beruf anvertrauten cantzel, ungeachtet meiner gefasten suspition,[653] etliche mahl vergönnet, theils [um] allerley verdacht eines passionirten haßes bey ihm gewogenen leuten zu vermeiden, theilß auch, [um] ihm, he[rrn] Schaarsch[midt], dadurch gelegenheit zu geben, das geheimniß seines hertzens vor der gemeine, so er wolle, zu offenbahren. So bin ich auch durch considerationes[654] einer christlichen vorsichtigkeit in diesem meinem verhalten gegen deßelben he[rr]n Schaarsch[midts] person erhalten worden; denn weil[e]n der nahme der gottseeligkeit allen frommen hertzen sehr angenehm ist und sehr favorabel[655] klinget, so gebrauchen sich alle diejenigen, die sich durch ihre neuerungen itziger zeit bey der evang[elischen] kirche durch mancherley erregte unruhe sehr verdächtig gemacht haben, dieses schildes tapfer, und alles, was redliche, reine, evangel[ische], unverdächtige theologi wieder dero mannigfaltigen, in vielen büchern bestraften, öffentlich gezeigten unfug zur

---

648 Böhme, Jakob: Mysterium Magnum [eine Erklärung über das erste Buch Mosis], 1623, in: Jacob Böhme: Sämtliche Schriften. Hg. von Peuckert, Will-Erich/Faust, August. Faksimile-Neudruck der Ausgabe von 1730. Siebter und Achter Band, Stuttgart 1958.
649 Das Konkordienbuch von 1580. – Dazu: Wallmann, Johannes: Artikel „Konkordienbuch", in: RGG⁴ 4 (2001), Sp. 1603 f. (Literatur).
650 Mit bzw. im Sinne der dazu für gewöhnlich verwandten Formel.
651 Der Kampf gegen das „quatenus" (insofern) ist auch für die Grafschaft Mark bezeugt. Hier unterschrieben viele deshalb sogar mit einem „quia" (weil) in großen Buchstaben. Rothert, Kirchengeschichte der Mark III (wie Anm. 10), S. 44.
652 Den Koran.
653 Meines gegen ihn gehegten Verdachtes.
654 Strenge Beachtung.
655 Gewinnend.

2.2 Quellen Nr. 1 bis 200

Nr. 3 **Moskau, vor 25. Juni 1699**

Franz Lorenz Schrader,[637] Erster Pfarrer der deutschen lutherischen Gemeinde in der Sloboda, an die Leitung der Gemeinde. Auszug. (Halle [Saale] AFSt, Bestand H C 491:60)

[…] Hienechst, die persohn des in sonderl[ichem] vorschlag stehenden he[rrn Justus Samuel] Schaarsch[midt][638] insonderheit betreffend, so erkläre ich freymüthig, daß ich noch im allerwenigsten mich nicht beqwemen könne, denselben auch nuer alß [einen] collegam zu toleriren. Denn 1.)[639] so habe ich zwar wieder denselben, ob er wohl ein genug bekandter discipulus und adhaerente[640] der genug bekanden, viel unruhe in unsern kirchen stiftenden novatiarum[641] ist, nichts geredet oder vernomen, weil er seyne persohn dergestalt bißhero aufgeführt, daß, meines urtheils in specie, wieder ihn nichts genug erhebliches zu beschuldigung, streit oder öffentl[ichem] disput sich hat hervorgethan, also daß ich, bey zweifelhaftem gewißen, das beste von ihm nach der liebe zu urtheilen, vor meine christl[iche] pflicht geachtet habe. Deßen ich auch ehemahls, ihm ein gutes zeugniß nach der Narva[642] zu geben, willig gewesen [bin], weil ich, ihm in specie eines bekanten sonderlichen irthums oder auch unchristl[ichen] ärgerl[ichen] lebens keinen gültigen grund zu beschuldigen zu haben, gerne bekenne.

Jedennoch aber habe ich gleichwohl, auch den ersten argwohn abzulegen, niemahls ursach gefunden, den ich bey seiner ersten ankunfft wieder ihn auß der Frankisch[en][643] und Breithauptischen[644] recommendation[645] seiner persohn mit recht geschöpfet hatte, welchen meinen argwohn ich ihm, he[rrn] Schaarsch[midt], auch alsobald deutlich eröfnet habe, alß er mir seine, wie er sagete, göttliche vocation in diesem fernen orte[646] sehr hoch und fast läppisch rühmete, all dieweil er das billig vor göttlich halten müste, was ihm von solchen hocherleuchteten männern auferleget sey, die ihm schrifftlich anhero zu komen gerathen, [um] mein gehülfe oder diaconus bey unserer kirchen zu werden. Welcher argwohn nach der zeit gewaltig bey mir vermehret ist, alß er sich in der Narva verdächtig gemacht [hatte] und davor publice im consistorio erkläret ist, auß zwo unverwerflichen rationibus, alß wegen α) wegerung, [Jakob] Böhmens[647] ungöttl[iche] grillen bücher zu verwerfen (N[ota]

---

637 Franz Lorenz Schrader (1661–1699). Wie Anm. 127.
638 Justus Samuel Schaarschmidt (1664–1724). Wie Anm. 128.
639 Ein „2.)" fehlt.
640 Ein Schüler und Anhänger/Gesinnungsgenosse.
641 Der Neuerer, hier wohl gleichbedeutend mit „der Pietisten".
642 Narva (deutsch Narwa; russisch Нарва), heute Stadt in der Republik Estland.
643 August Hermann Francke (1663–1727). Wie Anm. 88.
644 Joachim Justus Breithaupt (1658–1732). Wie Anm. 130.
645 Dem/den Schaarschmidt mitgegebenen Empfehlungsschreiben der beiden Hallenser.
646 An diesen fernen Ort/nach Moskau.
647 Jakob Böhme (1575–1624). Wie Anm. 135.

Pellitur heu! *pietas*, *pietismum* amplectitur orbis,
Et spectrum Satanae pro pietate colit.
Obstupuit viditq[ue] pius Cacodaemonis artes.
Qui forma angelica conspiciendus adest.
Ne te decipiant hominum figmenta malorum
Ac si sint pietas et pietismus idem:
Impius est, qui sub specie pietatis oberrat
Et retrahit fallax a pietate pios
Iure piis metus est, ne tales porro per artes
Impia turba thronum figat ubiq[ue] suum.
Evigilate pij, qualis curae ecclesia Ch[rist]i est!
Nam Satanas vobis schisma parere studet
Rex, grex, pastores Satanae hoc expellite spectrum,
Tu pietas teneas pectora, templa, domos.

Übersetzung:[636]

P.S.
Pietismus
Anagram
Den *Frommen* ein *Schrecken*,
[aber] ebenso wird *auch der Unfromme* getroffen, ha!
Die *Frömmigkeit*, ja die ganze Welt hält den *Pietismus* umschlungen,
und sie verehrt [damit] ein Zerrbild des Satans anstelle der Frömmigkeit.
Der Fromme ist erstaunt und sieht die Künste des bösen Dämons.
In Engelsgestalt ist er zugegen.
Mögen dich die Erdichtungen der schlechten Menschen nicht täuschen,
denn selbst wenn „Frömmigkeit" und „Pietismus" [dem Worte nach] dasselbe sind,
ist gottlos, wer in der Gestalt der Frömmigkeit umherirrt
und die Frommen betrügerisch von der Frömmigkeit fortzieht.
Zu Recht hegen die Frommen die Furcht, dass durch solche Künste
auch weiterhin gottlose Haufen überall ihren Thron aufrichten.
Fromme erwacht, [Ihr, denen] eine derartige Kirche Christi Sorge bereitet!
Denn Satan bereitet für euch ein Schisma vor.
König, Herde, Pastoren [„Hirten"], treibt dieses Zerrbild des Satans aus!
[und] mögest du, Frömmigkeit, die Herzen, Tempel und Häuser regieren!

25. Mai 2020. Näheres bei Schrader, Hans-Jürgen: Die Sprache Canaan. Pietistische Sondertheminologie und Spezialsemantik als Auftrag der Forschung, in: Lehmann, GdP 4 (wie Anm. 51), S. 404–427, hier S. 418 Anm. 5.

636 Ich danke meinem früheren Assistenten, Herrn Studienrat Rafael Kuhnert (Osnabrück), für seinen hilfreichen Übersetzungsvorschlag.

dieweil ich kurz zuvor erst von he[rrn N.] Fabern⁶³⁰ bericht gehabt, mir gleichwohl großes nachdenken verursacht [hat], biß [ich] zur stunde hie nach einem [aus Frankfurt am Main nach Soest zurückgekehrten] kauffmann schickte und da so viel vernahme, daß zwar jene zeitung falsch, gleichwohl aber mein h[och]g[e]e[hrter] He[rr] Brud[er] wid[er] gefährlich kranck gewesen sey.⁶³¹ Wie ich dann nun hoffe, daß die widergenesung ganz vollkom[m]en sey, so wünsche [ich] von hertzen, daß doch der liebe Gott demselben seine tage verlängern und [ihn] stärcken wolle, damit sich seines trosts viele tausend seelen noch läng[er] erfreuen und getrösten mögen. Ich sage es unverholen, in dieser welt habe ich keinen, deme [ich] mich so kühnlich [an]vertrauen wollte und da [ich] solchen candorem⁶³² anzutreffen wüßte, als bey meinem h[och]g[e]eh[rtesten] He[rrn] Bruder. Gott erhalte ihn!

Wie mag es he[rrn Johann] Wincklern⁶³³ gehen? He[rr N.] Michaels⁶³⁴ wird zu Worms nun besser gewohnen können. Der liebe Gott gebe ihnen alles guts, dessen schutz uns sämtlich befehlend, [ver]bleibe [ich], Soest, den 13. April 1684, meines hochgeehrtesten, wehrtesten He[rrn] Bruders zu gebet und allen liebesdiensten willigster J[ohann] Christoph Nungesser […]

Nr. 2   **Soest, nach 1689**

Anagramm. (Soest StA/StB, Bestand A, Hs. 28, 2.2.95, S. 842)

P. S.
PIETISMVS.
Anagram.
PIIS METVS.
item
ET⁶³⁵ IMPIVS

630   Nicht nachgewiesen. Vielleicht ein Bekannter in Frankfurt am Main.
631   Gerade 1684 und 1685 wurde Spener mehrfach von monatelangen, quälenden Krankheiten geplagt. Vgl. im Einzelnen: Philipp Jakob Spener. Briefe aus der Frankfurter Zeit 1666–1686. Bd. 7: 1684–1685. Hg. von Sträter, Udo/Wallmann, Johannes in Zusammenarbeit mit vom Orde, Klaus, Tübingen 2019 (Register).
632   Eine solche Herzenswärme.
633   Johann Winckler (1642–1705). Er war Hauptpastor der Hamburger St. Michaelis Kirche und einer der Protagonisten in den Hamburger pietistischen Streitigkeiten. Tietz, Claudia: Johann Winckler (1642–1705). Anfänge eines lutherischen Pietisten (AGP 50), Göttingen 2008.
634   Nicht nachgewiesen.
635   Gemeint: EST. – Das Anagramm selbst ist auch andernorts bezeugt. Vgl. dazu: Untersuchung von dem Wesen des Geistes Oder Des seltzamen Pietisten-Gespenstes, Welches Heutiges Tages die Welt äffet, Angestellet Zur treuhertzigen ernstlichen Warnung aller Frommen Christen, Von einem Freunde der Pietaet, und Feinde der Pietisterey, Geschehen in demselben Jahr, Da solche Warnung nöthig war. PIETISMUS, Anagram: PIIS METUS, Item: EST IMPIUS […] Anno MDCC. Marburg UB XIX c B 754ⁿ[46. – Freudlicher Hinweis von Dr. Dietrich Blaufuß (Erlangen) vom

Abb. 69: Thomas Diemel (Dömeling; 1633–1696). Gemälde eines unbekannten Meisters, 1696, zerstört 1945. (Soest StA/StB, B 6546 o.N., Foto: W. Lange)

ret [ist] und viel gutes wirken kan. Mein hochg[e]e[hrtester] He[rr] Bruder bedünket mich ohne das, zu viel zu arbeiten, und ist hie auch die frage: Ob man nicht hierinn zu viel tun könne? in demen man vor der zeit sein leben abkürzet und die gemeine seiner nothwendi[Textverlust] beraubt. Ich weyß die schwachheit meines wehrtesten He[rrn] Bruders. Und [es] gibt mir [die] gelegenheit, davon zu gedencken, eine außgesprengte böße zeitung[629] hie, welche, wiewohl ich sie nicht glauben konte,

Glaubensgerechtigkeit von Herrn D[oktor] Joh[ann] Brevings vergeblichen Angriffen gerettet" (Frankfurt am Main: Friedgen 1684; VD17 23:258850P), ein mehr als 1.500 Seiten starkes Werk, damals die umfänglichste Widerlegung der tridentinischen Rechtfertigungslehre überhaupt. Brecht, Martin: Philipp Jakob Spener, sein Programm und dessen Auswirkungen, in: Ders., GdP 1 (wie Anm. 51), S. 278–389, hier S. 286.

629   Ein besorgniserregendes Gerücht.

ministerii⁶²¹ traktiret und, so ich etwan geprediget [hatte], mich vorsetzlich keinen segen sprechen lassen wollten, auch nicht mit dem titul eines geistlichen[, wie doch ge]bräuchlich, [mich] beehrt, sonder blöslich als einen rectorem gantz verkleinerlich traktiret [haben]. Da ich [mir] doch vor antrettung dieses dinstes [am Archigymnasium] ausdrücklich [aus]bedinget [hatte], daß ich mich des ministerii nicht begebe und deshalben desselben gebrauch mir in allwege fürbehalte. Daher [ist] es dann geschehen, daß einiges nachdencken bey mir entstanden [ist], welches, ob ich [es] schon mit entgegensetzung meines beruffs, welchen [ich] nach langer uberlegung anderst nicht als göttlich zu seyn [habe] erkennen mögen, abgelehnet [hatte], sich jedoch bey jeglicher, auch geringer gegebener gelegenheit wider hervorgethan hat. Ich habe solches auch hie meinem he[rrn] beichtvatter und he[rrn] seniore [Thomas Diemel, Abb. 69]⁶²² geoffenbahret, auch mittel fürgeschlagen, wie der sach zurathen wäre, es ist aber, leider, dasselbe collegium⁶²³ mit solcherley leuten verstrickt und verknüpfft, daß, etwas gutes auszuwirken, unmöglich [ist]. Daher ich dann meinem Gott in den ohren liegen und [ihn] so viel ernstl[icher habe] bitten müssen.

Darauff es dann geschehen [ist], daß die statt Dortmund mich zugleich ins ministerio und zum rectorat ihres gymnasii vor wenigen tagen beruffen [hat] und also drauff [be]stehet, daß ich durch göttl[iche] verleihung dahin folgen werde, da ich dann, die zu beyderley [Seiten] von Gott gegebene talenta anzuwenden, gnugsame gelegenheit haben werde. Es thut mit zwar leyd vor die [Soester] schul, dann [ich habe hier] alles in so kurzer zeit, dem lieben Gott sey danck, in einen gantz andern stand gebracht, daß männiglich, einige wenige malcontenten⁶²⁴ außgenommen, die ex ruinis Troiae⁶²⁵ ihr auffnehmen gesucht [haben], daran iren genügen gehabt. Die sonst so wilde jugend hat sich dergestalt geändert, daß, da sie sonst wie unbändige kälber geraset, gleich wie schafe sich gehorsamlich submittiret hat.⁶²⁶ Wie kan ichs aber ändern, ich muß das mittel ergreiffen, das göttl[iche] vorsehung an die hand gibt, und da arbeiten, wohin sie mich bestellt. Der liebe Gott offenbahre uns nur seinen willen und gebe uns krafft, so wollen wir denselben gerne thun. Das ist aber allemahl in solchen rebus facti⁶²⁷ so schwehr, seinen willen von unserm eigenen zuunterscheiden!

Was die arbeit wider [Johann] Breving⁶²⁸ betrifft, [so] wäre wohl gut, daß selbe könnte zur p(er)fection gebracht werden, dieweil dieselbe überauß wohl außgefüh-

---

621 Einen, der sein Predigtamt aufgegeben/im Stich gelassen hat.
622 Thomas Diemel (Dömeling; 1633–1696). Wie Anm. 60 und Abb. 69.
623 Das ministerium urbanum.
624 Unzufriedene/Nörgler.
625 Aus den Trümmern Trojas/aus den Denk- und Lehrtraditionen einer überholten Orthodoxie.
626 Unterworfen/gefügt hat.
627 Wenn die Sache so steht.
628 Johann Breving († 1686) stammte aus Westfalen und war damals Domprediger in Frankfurt am Main. DNB zu Breving: https://d-nb.info/gnd/124339247 [23.08.2023]. Gegen ihn veröffentlichte Spener noch im selben Jahr seine Schrift „Die evangelische

2.2 Quellen Nr. 1 bis 200

Nr. 1   **Soest, 13. April 1684**

Johann Christoph Nungesser,[614] Rektor des Gymnasiums in Soest, an Philipp Jakob Spener,[615] Senior des Frankfurter Predigerministeriums und Prediger an die Barfüßerkirche in Frankfurt am Main. (Halle [Saale] AFSt, Bestand H A 140:3)[616]

Gnade, friede und krafft in Christo Jesu! Hochehrwürdiger, großachtbarer und hochgelehrter, insonders großg[ün]st[i]ger h[och]g[e]e[hrtester] Herr und in Christo vielgeliebter Bruder!

Desselben [Philipp Jakob Speners] beliebtes und tröstliches brieffgen, samt denen furtrefflichen scriptis,[617] habe [ich] bey meiner letzten heimkunfft vor mir gefunden. Und wie [ich] nun durch beyde hohe erfreuet worden, also habe [ich] auch davor höfflichsten danck zu sagen. Der liebe, getreue Gott wolle doch meinem h[och]g[e]e[hrtesten] werthesten He[rrn] Bruder sein leben [noch länger] fristen und [ihn] stärcken, daß er sowohl mit d[er]gleichen schrifften, als predigten und anderen gottseligen übungen, seine kirche erbauen möge! Welches ich dann stets bitte und in meinem gebet meines hochg[e]e[hrtesten] He[rrn] Bruders gedencke. Wir können ja freylich nichts bessers einander thun, dann daß einer den andern bey Gott in seiner huld und gnaden zuerhalten und ihme seinen segen, ohne welchen wir im geringsten nichts vermögen, zu erbitten suchen.

Was den gewissensscrupul betrifft, so habe [ich] zwar nie gemangelt an gnugsamen gründen, ihme zu begegnen, allein, es will in solchen fällen die gemeinschafft des brüderlichen trostes fast mehr[618] anschlagen, und bin ich derohalben sehr kräfftig durch das meines h[och]g[e]e[hrten] He[rrn] Bruders wohlgefaßtes consilium gestärcket worden. Ich habe, was den beruff[619] anlangt, alles wohl zu überlegen, keinen fleyß gesparet. Allein, wie zu geschehen pflegt in solchen anfechtungen, so kommt einem immer vor, als ob man noch ein mehrers [hätte] thun sollen, und [es] wollen dann die wahrhaffte absichten und ursachen nicht [anders] als nach langer erforschung und prüffung seiner [selbst] in vorschein kommen. Es hat viel zur sach gethan die unhöfflichkeit hiesiges ministerii, das, studio et tecta opera,[620] gleich [als] ob sie mein gemuht mit fleyß beunruhigen wollten, mich als einen desertorem

---

614   Johann Christoph Nungesser (1640–1700). Wie Anm. 53.
615   Philipp Jakob Spener (1635–1705). Wie Anm. 52.
616   Ein älterer, aber stellenweise ungenauer Abdruck bei: Wotschke, Geschichte des westfälischen Pietismus 1 (wie Anm. 10), S. 61f. (Nr. 4). – Dazu: Richter, Einfluß (wie Anm. 9), S. 86 und zuletzt Peters, Pietismus in Westfalen (wie Anm. 1), S. 193f.
617   Beigelegte (Druck-)Schriften Speners. – In Frage kommen hier vor allem die bei Grünberg, Paul: Philipp Jakob Spener. Dritter Band: Spener im Urteil der Nachwelt und seine Einwirkung auf die Folgezeit. Spener-Bibliographie. Nachträge und Register, Göttingen 1906, S. 345f. aufgeführten Titel.
618   Sehr viel mehr.
619   Die Berufung durch Gott/den Ruf Gottes.
620   Eifersüchtig und hinterrücks.

2. Edition

2.1 Vorbemerkungen

Die im Folgendenen gebotenen Texte liegen mit wenigen Ausnahmen handschriftlich vor. Sie sind größtenteils Originale, in Einzelfällen aber auch Abschriften aus späterer Zeit (18. und 19. Jahrhundert). Gedruckte Texte erscheinen in ihrer im historischen Druck überlieferten Gestalt. Stücke, die schon in Editionen des 19. und 20. Jahrhunderts verfügbar sind, werden mit Bedacht regestiert. Anders ist dies nur, wenn ihre Vorlage verschollen oder gegenwärtig unauffindbar ist.

Wo immer möglich, wird der originale Textbestand geboten. Da die Groß- und Kleinschreibung dabei nicht selten schon innerhalb eines Textes schwanken, wird allerdings konsequent auf Kleinschreibung umgestellt. Davon ausgenommen sind lediglich Ortsangaben (Völker, Länder), Personennamen (Courtoisienennungen, Herrschertitel etc.), die Namen der Monate, die Feste und Sonntage des Kirchenjahrs, die Titel von Schriften und der Name Gottes. Die Interpunktion ist im Interesse der besseren Lesbarkeit behutsam modernisiert. Auflösungen von Ligaturen und für das Verständnis erforderliche Ergänzungen des Editors erscheinen in eckigen Klammern.

Sacherklärungen bleiben dem Apparat vorbehalten. Bei mehrfach erscheinenden Personen wird auf den Ort der Erstnennung verwiesen, besonders wenn diese schon im ersten Teil erfolgt ist. Bei in den Kopfzeilen (Erfassung des Briefes) gehäuft genannten Personen wird darauf verzichtet. Hier werden dann nur der vollständige Name und die jeweils aktuellen Funktionen aufgeführt.

1.15 Rückblick und Ausblick

bald auch versucht, das gottesdienstliche Leben seiner Heimatkirche im Sinne des Pietismus neu zu ordnen. Mitte der 1730er Jahre begann er damit, die reichen liturgischen Traditionen seiner Vaterstadt zu sichten und sauber ausgearbeitete Formulare für alle gottesdienstlichen Handlungen zu fixieren. Was auf diesem Wege entstand, war die riesige „Soestische Kirchen Agenden" von 1739, ein liturgiehistorisch einzigartiger Text. Schon lange stand Sybel damals auch in Kontakt mit Franckes Sohn Gotthilf August Francke, dem neuen Direktor der Franckeschen Stiftungen. Die daraus erwachsende, bislang völlig unbekannte Korrespondenz war stetig und intensiv. Sie weitete sich schnell auch auf andere Partner aus (Callenberg, Jocardi am Berliner Hof) und sollte sich bis zu Sybels Tod im Jahr 1759 fortsetzen.

Größte Verdienste erwarb sich Sybel aber auch um die auf der Empore von St. Petri aufgestellte Bibliothek des Predigerministeriums. Sie wurde durch ihn erstmals systematisch erfasst. Dies geschah nach dem Vorbild des zu dieser Zeit hochmodernen dreifachen Katalogs der Hallischen Waisenhausbibliothek. Gleichzeitig war Sybel aber auch ein Sammler der weitverstreuten und selbst für die Zeitgenossen nur noch schwer greifbaren Predigten Speners, die er in einer neuen und nach systematischen Gesichtspunkten geordneten Sammelausgabe zugänglich machen wollte.

Trotz aller tiefgreifenden Veränderungen in seinem Umfeld hielt Sybel lebenslang an der von Spener formulierten „Hoffnung besserer Zeiten" fest. Er begeisterte sich für Callenbergs „Institutum Judaicum et Muhammedicum", sammelte daneben aber auch für die hallische Tranquebarmission (Ostindien) oder die neuen Gemeinden der Salzburger in British Georgia (Ebenezer). Für die von ihm betreuten Missionskreise wurde die Welt damit zunehmend weiter.

Der neuen Frömmigkeit der Herrnhuter, die sich seit den 1730er Jahren auch in der Grafschaft Mark und in Soest ausbreitete (Hollaz), stand Sybel zunächst misstrauisch gegenüber. Er teilte an dieser Stelle sichtlich die Vorbehalte der Hallenser. Dies änderte sich aber bald, und nun war in Soest wohl gerade er ein Freund und Förderer der in die Region entsandten Diasporaarbeiter.

Nachdem der preußische Staat die Kirchenhoheit der Stadt 1752 weithin aufgehoben hatte, wurde Sybel dann auch seinerseits noch Inspektor der hierdurch traumatisierten Soester Kirche. Die Bewältigung der neuen Situation war nicht leicht. Dazu kamen die schweren Belastungen durch den Siebenjährigen Krieg, die seine ohnehin wohl nie starke Gesundheit schnell gänzlich ruinierten. Er starb nach einem arbeitsreichen Leben, das er, der immer Junggeselle geblieben war, in erster Linie seiner alten Vaterstand Soest und ihrer lutherischen Kirche gewidmet hatte.

Von den jetzigen acht lutherischen [Soester] Pastoren kann er [Ernst] nur bezeugen, daß allen das ‚Wort von Jesu Todesgang' fremd ist."[612]

1.15 Rückblick und Ausblick

Johann Nikolaus Sybel war keine dominante Gestalt. Ihm selbst war das bewusst („ob wohl mein umgang nichts vergnügliches an sich hat, ich doch fleiß anwende, niemandem verdrießlich zu fallen", so im April 1722 gegenüber August Hermann Francke[613]). In seinem Leben und Wirken schlugen sich aber gleichwohl viele wichtige Zeitströmungen nieder. Das galt primär im Blick auf die Stadt Soest, ihre Kirche und ihre Schule. Es galt aber auch weit darüber hinaus.

Aus einer alten Schulfamilie stammend und eng mit dem Soester Gymnasium verbunden, kam Sybel schon durch seinen Vater, den Pfarrer an der Marktkirche St. Georgii Johann Georg Sybel, mit dem Pietismus Philipp Jakob Speners in Berührung. Fast zeitgleich erlebte er aber auch, welche Sprengkraft in dieser neuen Frömmigkeit lag (Nungesser, Mercker, Kopstadt). Dazu kam die Infragestellung des alten Soester Schulsystems durch die Aufklärung (Solms). Sie führte zu ernsten Spannungen, die bis in den engsten Kreis seiner verzweigten Familie hineinreichten.

Nachdem er während seines Studiums in Gießen durch den milden Pietismus Johann Heinrich Mays geprägt worden war, trat Sybel die Nachfolge seines Vaters an. Er suchte den Kontakt nach Halle und begann eine Korrespondenz mit August Hermann Francke. Im Einsatz für das Soester Waisenhaus, eine bislang wenig attraktive Einrichtung der Staats- bzw. Stadtraison, konnte er der neuen Frömmigkeit in Soest viele Türen öffnen (Kiepke). Bald war ihre Stimme auch hier durch Erbauungsbücher (Brockhaus) und im Gesang der gottesdienstlichen Gemeinde (Gesangbuch) zu vernehmen.

Obwohl das Soester Gymnasium unter Jost Wessel Rumpaeus, einem Schüler Johann Friedrich Mayers in Greifswald und Freund Valentin Ernst Löschers in Dresden, noch lange eine Bastion der späten Orthodoxie blieb, haben Sybel und andere Pfarrer aus seiner Verwandtschaft (Brüder und Vettern) damals doch beharrlich und in unterschiedlichsten Funktionen die Synthese von Orthodoxie und Pietismus gesucht. Ab 1730 war die Umgestaltung des Soester Gymnasium im Sinne Halles, dessen Pädagogik schon seit langem führend war, dann unaufhaltsam (Movius).

Dass der preußische Staat bald kaum noch Rücksicht auf die Kirchenhoheit der Soester nahm, hat Sybel zum Autor einer „neuen" Soester Kirchenordnung werden lassen (1729 ff.). Sie stellt eine beachtliche Leistung dar, verbindet die alten, vielfach zersplitterten Strukturen zu einem neuen Ganzen (Corpus-Gedanke, Stadtkonsistorium als Kirchenbehörde des Rates) und hat die Soester Kirche so wohl noch bis an die Schwelle des 19. Jahrhunderts stabilisiert. Verbunden damit hat Sybel aber

612 Schunke, Beziehungen (wie Anm. 10), S. 63.
613 Edition Nr. 50.

Abb. 68: Johann Jakob Rambach (1693–1735). Kupferstich des Georg Paul Busch (um 1682–1759), tätig in Berlin, nach 1735. (Sammlung Christian Peters)

knechte auch diese erwiesene liebe und seine treue in seinem weinberg mit ewiger freude vor seinem thron, und laße seinen segen reichlich auf ewer Hochedl[en] ruhen […]."611

Der letzte Hinweis auf Sybel findet sich dann bemerkenswerterweise in einem Bericht, den der herrnhutische Diasporaarbeiter Johann Heinrich Ernst 1764 über einen Besuch in Soest und der Börde erstattet hat. Hier heißt es:

„In Soest dagegen besteht ein kleines Häuflein [von Herrnhutern] schon seit Jahren, um das sich einer der Pastoren gekümmert hat, der aber inzwischen gestorben ist. Derselbe hatte den Heiland lieb und hat sich auch der Seelen angenommen.

611 Edition Nr. 200.

d[ie] 1 febr[uarii] a[nno] aet[atis suae] 69 jahre, 1 m[onat], officii 45 j[ahre], 15–16 wochen, gestorben ist. Der herr pastor [Johann Thomas] Möllenhoff[607] hielt ihm die Leichenpredigt über seinen selbstgewählten Text, der [die] 3 ersten Bitten des Vaterunser,[608] woraus er vorstellete from[m]er knechte Christi höchste sorge, wie der Herr Jesus hoch gepriesen werde im leben und im Todt, u[nd] dies geschehe 1. wenn sein name geheiliget, 2. das reich Gottes uns gebracht, 3. des Herrn Wille [gestrichen: geschehe] vollbracht werde. Er wurde unter größter feierlichkeit und begleitung v[on] musik begraben. Groß war die trauer. Die meisten leute in der Kirche [St. Georgii] weineten. Die ganze gemeine, ja, die ganze stadt hatte ursache, um diesen frommen, gelehrten, treuen und unermüdeten seelsorger zu trauern. Er war ein vater der armen und Waisen, sorgfältig vor die ganze stadt, ein andächtiger vorbitter bei Gott, besonders bei jetzigen betrübten kriegerischen zeiten."[609]

Als Sybel am 1. Februar 1759 starb, sandte seine unverheiratete Schwester, die Mademoiselle Anna Maria Sybel (1683–1761),[610] eine der gedruckten, durch sie mit ungelenker Hand ergänzten Todesanzeigen auch an Gotthilf August Francke in Halle. Der reagierte prompt und bemerkenwert herzlich. Dabei ließ er erkennen, dass Sybel, den er persönlich ja niemals getroffen hatte, für ihn durch seine vielen Briefe längst zu einen alten Freund geworden war:

„Ich habe meines orts an dem wohl seligen einen sehr werthen freund verlohren, den ich als einen treuen knecht Gottes hoch geschätzet und geliebet, auch als einen wohlthäter der missions anstalten [gestrichen: gar] und beförde[gestrichen: rung]rer der ehre Gottes [gestrichen: zu ehren gehabt] geehrt, wie ich denn auch noch vor wenig[en] tagen seine letzte geehrte zuschrift, darinnen er mir einige wohlthaten für die mission übersendet, mit schuldigstem danck beantwortet, so ewer Hochedl[en] nach deßen seligen absterben eingehändiget [durch den Boten überbracht] seyn wird. Der HErr vergelte diesem seinem [gestrichen: wohl] seligen

607   Sybels Altersgenosse Johann Thomas Möllenhoff (1690–1763) war ein Bruder von (Hermann) Andreas (1666–1754) und Joachim Henrich (1687–1746) Möllenhoff (wie Anm. 400 und 405). Er hatte schon ab 1713 in Halle studiert und war danach Hofmeister (Hauslehrer) des jungen Grafen zu Solms-Baruth geworden (Möllenhoffs Frau Anna Rosina Walter [so seit 1728; †1778] war die Tochter eines Holsteinischen Rates in Baruth). Später wirkte er zunächst als Pfarrer in Dinker (1724), dann (seit 1734) jahrzehntelang als Erster Pfarrer an St. Petri und war ab 1759 (in der Nachfolge seines langjährigen Freundes Johann Nikolaus Sybel) Inspektor. Bauks, Pfarrer (wie Anm. 14), S. 333 (Nr. 4195). – Dazu: Kleiner Michels (wie Anm. 14), S. 394 sowie Edition Nr. 29, 54, 139, 148 und 156.
608   Namentlich die zweite Bitte („dein Reich komme") bezeugte dabei wohl auch hier die pietistische „Hoffnung besserer Zeiten". Vgl. schon die Grabinschrift des Vaters. Wie Anm. 222.
609   Soest StA/StB, Bestand A, Hs. 67, S. 230. – Ganz ähnlich auch in Dietrich Wilhelm Landfermanns (1800–1882) „Historischen Nachrichten, die Georgsgemeinde betreffend". Dazu: Von Sybel, Nachrichten (wie Anm. 14), S. 21 f.
610   Anna Maria Sybel (1683–1761). Kleiner Michels (wie Anm. 14), S. 450.

1.14 Inspektor der Soester Kirche

Abb. 67: Johann Ludwig Lentze (1704–1772). Gemälde von [N.] Kleine (?). Lentze war von 1752 bis 1772 preußischer Stadtpräsident von Soest. (Soest, Burghofmuseum, Foto: Alyssa Baatz)

Für seine niemals besonders starke Gesundheit waren die Strapazen dieser Zeit am Ende aber doch zuviel:

„Er ist allezeit schwächlicher constitution gewesen, daher er auch öfters der Aaker [Aachener], Pirmonter u[nd] andrer mineralien curen sich bedient u[nd] fast alle jahr das driburger brunnenwasser gebraucht, bis etwa 6 oder 8 jahre vor seinem tode durfte er es nicht mehr brauchen, bis er auch endlich an der schlimmen brust,

zu: 1763, den 15. Febr[uarii,] ist der so längst erwünschte Friede zu Hubert[u]sburg glücklich getroffen und den 13. März allhier das Friedensfest gefeiert und sind in allen Kirchen die Worte aus Psalm 35, 26–28 erklärt worden." Zitiert nach Rothert, Kirchengeschichte der Mark III (wie Anm. 10), S. 111 Anm. 4. – „Sie sollen sich schämen und zuschanden werden, alle, die sich meines Unglücks freuen; sie sollen in Schmach und Schande sich kleiden, die sich wider mich rühmen. Jubeln und freuen sollen sich, die Gefallen haben an meiner Gerechtigkeit, und immer sagen: Der Herr sei hochgelobt, der seinem Knecht so wohl will! Und meine Zunge soll reden von deiner Gerechtigkeit und dich täglich preisen" (Ps 35, 26–28).

von sächsischen Offizieren unter dem Prinzen Franz Xaver Albert August Ludwig von Sachsen und Polen (1730–1806),[601] dem späteren Regenten (Administrator) des Kurfürstentums Sachsen, im Pfarrhaus von St. Georgii.[602]

1759 schenkte Sybel einem Unbekannten namens des gesamten Soester Ministeriums eine schöne Ausgabe von Johann Arndts (1555–1621) „Sechs Büchern vom Wahrem Christentum" (Züllichau: Waisenhaus 1753),[603] die der zuletzt in Gießen wirkende Hallenser Johann Jakob Rambach (1693–1735, Abb. 68),[604] ein Altersgenosse des Soester Inspektors, zwei Jahrzehnte zuvor (1733) mit einer kurzen historischen Einleitung herausgebracht hatte. Es war dies ein Werk, das unter den evangelischen Christen der Stadt Soest damals schon auf eine lange und intensive Rezeptionsgeschichte zurückblicken konnte.[605] Das Buchgeschenk (es war noch 1913 im Besitz Hugo Rotherts) sollte dem Bedachten für dessen Unterstützung während der besonders harten zwei ersten Kriegsjahre danken.[606] Es zeigte, wo und wie Sybels Herz auch weiterhin schlug.

601 Fiedler, Uwe (Hg.): Die Gesellschaft des Fürsten. Prinz Xaver von Sachsen und seine Zeit, Chemnitz 2009.
602 Soest StA/StB, Bestand A, Hs. 67, S. 230. – Ein Neffe zweiten Grades, der Hovescapitän und Lohnherr an St. Petri Johann Anton Sybel (1711–1767), war schon im März desselben Jahres zusammen mit dem Zweiten Pfarrer an St. Petri (so seit 1750) und späteren Inspektor des Ministeriums (so seit 1764) Johann Albert Hennecke (1717–1799; Bauks, Pfarrer [wie Anm. 14], S. 200 [Nr. 2543]) sowie dem preußischen Stadtpräsidenten [Johann Ludwig] Lent [richtig: Lentze; 1704–1772; Stadtpräsident von 1752–1772, Abb. 67] von den französischen Truppen unter Herzog Victor-François de Broglie (1718–1804) als Geisel nach Wesel verschleppt worden. Die Ehefrauen der Drei hatten daraufhin ein Gesuch an den Herzog von Holstein gerichtet und auf diese Weise tatsächlich erreicht, dass die Geiseln Ende April 1758 auf freien Fuß gesetzt wurden. Von Sybel, Nachrichten (wie Anm. 14), S. 21. – Auch die Hintergründe ausleuchtend dazu nun Elsner, Andreas: Soester Bürger als französische Geiseln im Siebenjährigen Krieg (1756–1763), in: SZ 124 (2012), S. 99–114. – „Der Stadtpräsident Johann Ludwig Lentze war ein 1704 zu Fehrbellin im Havelland geborener Pastorensohn, dessen Vater († 1743) bald darauf Superintendent in Osterburg i. d. Altmark und D. theol. von[!] Rostock wurde. Er war 1752 nach Soest gesandt worden, um dies neu geschaffene Amt anzutreten, und verwaltete es bis zu seinem Tod 1772; er wohnt[e; 1757] neben der Hohnekirche mit seiner Frau aus der [reformierten] Soester Stadtadelsfamilie v. Schmitz und seinem einzigen kleinen Söhnchen und hat[te] einen Jungen und zwei Mägde". Deus, Soziologie (wie Anm. 244), S. 34.
603 Rambach, Johann Jakob (Hg.): Des geist- und trostreichen Lehrers sel[igen] Arnd[t]s, […] sechs Bücher vom wahren Christenthum […]: Nebst dem Paradiesgärtlein […] m[it] einer hist[orischen] Vorr[ede], Züllichau: Waisenhaus [1753]. Exemplar: Berlin SBB-PK.
604 Sträter, Udo: Artikel „Rambach, Johann Jakob", in: RGG⁴ 7 (2004), Sp. 31f. (Literatur).
605 Peters, Neues aus Soest (wie Anm. 11).
606 „Mein [Hugo Rotherts] Exemplar (Züllichau 1753) ist dem ersten Besitzer laut Eintragung auf dem Titelblatt vom lutherischen Inspector Nicolaus Sybel namens des Ministeriums verehrt worden, weil er es in den Kriegsnöten der ersten beiden Jahre des 7jähr[igen] Krieges treulich vertreten hat. 1763 fügte er [der erste Besitzer] hin-

Abb. 66: Siegmund Jakob Baumgarten (1706–1757). Kupferstich, nicht bezeichnet, nach 1734. (Sammlung Christian Peters)

nover), Bückeburg und Hessen-Kassel unter dem Befehl des Herzogs Ferdinand von Braunschweig-Wolfenbüttel (1721–1792)[599] direkt vor den Mauern der Stadt das vereinigte französisch-sächsische Heer unter dem Kommando des Maréchal de France Louis-Georges-Erasme de Contades (1704–1793) besiegte und zum Abzug nach Norden zwang.

Soest musste mehrfach Truppenkontingente aufnehmen.[600] Das brachte auch für Sybel mancherlei Beschwernisse, so etwa im November 1758 die Einquartierung

---

599 Mediger, Walther/Klingebiel, Thomas: Herzog Ferdinand von Braunschweig-Lüneburg und die alliierte Armee im Siebenjährigen Krieg (1757–1762), Hannover 2011.
600 Zu den konkreten Kriegsauswirkungen (inklusive der Bevölkerungsentwicklung und der fiskalischen Belastungen) vgl. immer noch Deus, Soziologie (wie Anm. 244), S. 5–10.

Jenseits der engen Soester Grenzen schlugen die theologischen Uhren aber längst ganz anders. Das zeigte sich vor allem bei Johann Ludolf Florenz Sybel (1736–1823).[594] Hatte sein Vater, der Sassendorfer Pfarrer Johann Arnold Sybel (1700–1760),[595] zu den ersten gehört, die die noch unter August Hermann Francke selbst empfangenen Impulse in die Praxis ihrer Gemeinden zu übertragen versucht hatten, so war es bei ihm, dem ältesten Sohn, nun das Denken der innovativen evangelischen Aufklärungstheologie eines Johann Salomo Semler (1725–1791).[596] Sybels „Dissertatio historico-hermeneutica De VII. regulis Tychonii ad interpretandam" (Halle [Saale] 1756) war die zweite, bei der Semler, seit 1753 in Halle, präsidiert hatte.[597]

Zur eigentlichen Bewährungsprobe des Inspektors Sybel wurde dann der Siebenjährige Krieg (1756–1763).[598] Im April und Mai 1757 wurde auch Westfalen durch den Einmarsch französischer Truppen in das Fürstbistum Münster und hannoveranischer Verbände in das Fürstbistum Paderborn zum Kriegsgebiet. In der Schlacht bei Hastenbeck in der Nähe von Hameln (26. Juli 1757) unterlagen Preußen und dessen Verbündete (England-Hannover, Braunschweig, Hessen-Kassel und Sachsen-Gotha) ihren weit überlegenen Gegnern (Österreich, Frankreich, Russland und Schweden). Es kam zur harten Konvention von Kloster Zeven (8. September 1757). Fast ganz Nordwestdeutschland fiel damit an Frankreich. Dies änderte sich für Westfalen erst wieder mit der Schlacht bei Minden (1. August 1759), in der eine Koalition aus Großbritannien, Preußen, Braunschweig-Lüneburg (Kurhan-

---

594 Johann Ludolf Florenz Sybel (1736–1823) immatrikulierte sich 1754 in Halle und erwarb hier zwei Jahre später auch den Magistertitel. Nach Soest zurückgekehrt, war er zunächst Lehrer am Gymnasium (1757), dann Pfarrverweser (1760) und ab 1761 Pfarrer in Sassendorf. Von hier wechselte er 1764 an St. Petri in Soest (1764 Zweiter Pfarrer; 1799 Erster Pfarrer) und war ab 1799 zugleich Inspektor. Bauks, Pfarrer (wie Anm. 14), S. 503 (Nr. 6247). – 3.29 Johann Ludolf Florenz Sybel. – Schwartz, Denkmäler 3 (wie Anm. 11), S. 183 (Abbildung seines klassizistischen Grabmales auf dem Friedhof von St. Walburgis).

595 Johann Arnold Sybel (1700–1760). Wie Anm. 227.

596 Nüssel, Friederike, Artikel „Semler, Johann Salomo", in: RGG[4] 7 (2004), Sp. 1204f. (Literatur).

597 De VII. regulis Tychonii ad interpretandam S[cripturam] S[acram]/[Praeses:] Semler, Johann Salomo, [Respondent:] Sybel, Johann Ludolf Florenz [Halle, Diss. theol., (ohne Tag) Juli 1756], Halle: Hendel [1756?] (VD18 15099113). – Dazu: Hornig, Gottfried: Johann Salomo Semler. Studien zu Leben und Werk des Hallenser Aufklärungstheologen, Tübingen 1996, S. 336 (Nr. 252). – Bauks zitiert den Titel nur sehr ungenau, nennt daneben aber immerhin auch Sybels „Beiträge zur westphälischen Kirchen- und Kulturgeschichte" (1. [und einziges] Heft, Osnabrück 1793); 3.29 Johann Ludolf Florenz Sybel Nr. 1 (1756) und Nr. 4 (1793)

598 Carl, Horst: Okkupation und Regionalismus. Die preußischen Westprovinzen im Siebenjährigen Krieg, Mainz 1993. – Externbrink, Sven (Hg.): Der Siebenjährige Krieg (1756–1763). Ein europäischer Weltkrieg im Zeitalter der Aufklärung, Berlin 2010 (Register).

1.14 Inspektor der Soester Kirche

Das Jahr 1752 brachte für die längst stetig untergrabene Selbständigkeit der Stadt Soest dann das endgültige Aus: König Friedrich II. hob ihre Verfassung auf. Das schloss im Grunde auch die Ordnungen der Soester Kirche ein. Nicht nur rechtlich ging damit eine kleine Welt unter.[586]

Auch um das Gymnasium stand es inzwischen jämmerlich. Dies belegt eine Aufstellung, die dessen geistliche Scholarchen, Sybel und Franz Thomas Möller (1683–1754),[587] Pfarrer an St. Thomae und zugleich unglücklich agierender Inspektor, am 22. Februar 1754 beim königlichen Stadtgericht, einer in dieser Form völlig neuen, den Soestern den Verlust ihrer alten Rechte schmerzlich vor Augen führenden Einrichtung, einbrachten. Sie war eine Bankrotterklärung.[588]

Als Sybel, mittlerweile 64 Jahre alt, dann noch im gleichen Jahr selbst Inspektor wurde, war dieses Trauma noch frisch und unbewältigt. Zudem war seine Wahl nicht ohne Spannungen verlaufen. Unter Berufung auf die ihnen durch die „neue" Kirchenordnung eingeräumten Rechte hatten mehrere Bördepfarrer statt seiner nämlich lieber ihren Kollegen Gerhard Goswin Andreae (1700–1777),[589] seit 1724 Pfarrer in Neuengeseke, ins Amt hieven wollen. Der jedoch hatte mit Blick auf die unklare Situation abgewunken und überdies auf seine Unerfahrenheit verwiesen.[590]

Umso mehr drängte der neue Inspektor nun auf Zucht und Ordnung. Die Kollegen, Pfarrer wie Lehrer, fürchteten ihn.[591] Er aber „verstand die Kunst, ihnen ihre Fehler mit vieler Klugheit und Bescheidenheit vorzuhalten."[592] Die unter Sybels Vorsitz stattfindenden Examina der zur Ordination anstehenden Kandidaten des Predigtamtes waren scharf. Anders als manche seiner Kollegen band er die Zulassung der Kinder zum Heiligen Abendmahl streng an die zuvor vollzogene Konfirmation und setzte sich damit am Ende auch in den übrigen Soester Gemeinden durch.[593]

---

586 Günther, Städtische Autonomie (wie Anm. 12), S. 91–97 („Die Aufhebung der Soester Verfassung").
587 Franz Thomas Möller (Müller; 1683–1754). Wie Anm. 353.
588 Vogeler, Eduard: Aktenmäßige Mitteilungen über die Gehaltsverhältnisse der Lehrer am Archigymnasium um die Mitte des 18. Jahrhunderts, in: SZ 16 (1898/99), S. 54–58.
589 Bauks, Pfarrer (wie Anm. 14), S. 8 (Nr. 98). – Dazu: Kleiner Michels (wie Anm. 14), S. 384. – Auch Andreae, der seit 1720 in Jena studiert hatte, war seit 1725 mit einer Sybel verheiratet, nämlich mit Sybels Cousine zweiten Grades Anna Dorothea Sybel, einer Tochter des früheren Pfarrers an St. Thomae Johann Christoph Sybel (1690–1733; wie Anm. 226). – Dazu: Kleiner Michels (wie Anm. 14), S. 452.
590 Soest StA/StB, Bestand A, Hs. 67, S. 228.
591 Ebd.
592 Rothert, Ehrenreiche Stadt (wie Anm. 11), S. 157.
593 Soest StA/StB, Bestand A, Hs. 67, S. 228 f. – Auch in der Grafschaft Mark war die Praxis diesbezüglich längst keine einheitliche mehr. Göbell, Evangelisch-lutherische Kirche I (wie Anm. 10), S. 76 (1720).

Abb. 65: Karl Heinrich von Bogatzky (1690–1774). Kupferstich des Georg Paul Nussbiegel (1713–1776/78), tätig in Nürnberg, undatiert. (Nürnberg, Germanisches Nationalmuseum, Leihgabe P. W. Merkel'-sche Familienstiftung, Inv.-Nr. MP 2527, Kapsel Nr. 41)

Erscheinung tretenden – Historiker Johann Diederich von Steinen (1699–1759),[584] seit 1727 Pfarrer in Frömern und ab 1749 zugleich Generalinspektor der Mark, koordiniert wurde.[585] Und mit der späteren Diasporaarbeit der Herrnhuter, nicht nur in der Mark, sondern auch in Soest und seiner Börde, war Sybel dann sogar weithin eins. Er förderte sie nach Kräften, wohl auch, weil er darin manche eigene Anliegen wirkungsvoll aufgenommen und in neuerer Gestalt fortgeführt sah.

584 Bauks, Pfarrer (wie Anm. 14), S. 490 (Nr. 6071). – Dazu: Kleiner Michels (wie Anm. 14), S. 657.
585 Trelenberg, Angelkorte (wie Anm. 501), S. 299–306.

Abb. 64: Johann Gangolf Wilhelm Forstmann (1706–1759). Kupferstich des Johann Christoph Sysang (1703–1757), tätig in Leipzig, nach 1732. (Sammlung Christian Peters)

pelmann (1711–1779), seit 1749 in Hemmerde (heute Stadt Unna),⁵⁸³ das vor allem durch den bekannten – später dann freilich auch selbst als Freund der Herrnhuter in

---

(1735) und ganz zuletzt (1750) auch noch für kurze Zeit Zweiter Pfarrer in Meinerzhagen. Bauks, Pfarrer (wie Anm. 14), S. 552 (Nr. 6866).

583   Johann Kaspar Dümpelmann (1711–1779) stammte aus Hörde. Er hatte in Gießen (1730) und Halle (1731) studiert und wurde danach zunächst Adjunkt (1735), dann Pfarrer (1739) in Hemmerde. Bauks, Pfarrer (wie Anm. 14), S. 106f. (Nr. 1369). – Dazu: Groth, Friedhelm u. a. (Hg.): Das „Alte Pastorat" in Deilinghofen und die dortigen Pfarrer von 1765 bis 1834 (Dümpelmann, Müller, Basse, Josephson I) (Blätter zur Deilinghofer Kirchengeschichte 3), Deilinghofen 1994, S. 11–131. – Göbell, Evangelisch-lutherische Kirche I (wie Anm. 10), S. 297f. (§ 2; 1749), 302 (§ 2; 1750) und 307 (§ 2; 1751).

nahe und wurde auch unter den in Halle studierenden jungen Theologen gelesen. In Soest waren seine Werke durch aus Magdeburg hierher versetzte Soldaten bekannt geworden. Diese gehörten inzwischen zu den treuesten Besuchern der Sybelschen collegia pietatis und waren zugleich eifrige Spender in Sachen der Mission.[576]

Nach Ansicht Gotthilf August Franckes sollte man der im Blick auf die Herrnhuter vermittelnden Theologie des David Hollaz vor allem die Schriften des die hallischen Bekehrungsvorstellungen wirkungsvoll popularisierenden Karl Heinrich von Bogatzky (1690–1774, Abb. 65)[577] entgegensetzen. Es war dies ein Rat, den Francke damals häufiger gab, so etwa auch in Versmold, wo es seit 1748 zu mehreren herrnhutisch beeinflussten Erweckungen kam.[578]

In der Aufnahme der Kritik Baumgartens, der sich seit 1726 behutsam der Philosophie Christian Wolffs[579] geöffnet hatte, zeichnete sich aber auch bei ihm schon ein behutsames Abrücken von der allzu starren Forderung nach einem (der Bekehrung vorausgehenden) klar strukturierten „Bußkampf" ab. Baumgarten selbst vertrat hier nämlich inzwischen doch schon die Vorstellung einer sich über einen langen Zeitraum hin anbahnenden Vereinigung des Menschen mit Gott (unio mystica), in der auch die Vernunfterkenntnis (Wolff) keineswegs ausgeblendet blieb.[580]

In der Folge scheint sich das Verhältnis zu den Herrnhutern dann auch bei Sybel entspannt zu haben. Jedenfalls nahm er keinen Anteil am verschärften Vorgehen der lutherischen Synode der Grafschaft Mark gegen die herrnhutisch geprägten Pfarrer Johann Diederich Angelkorte (1710–1751) in Hemer,[581] Johann Gottfried Westhoff (1705–1750) in Bausenhagen (heute Stadt Fröndenberg)[582] und Johann Kaspar Düm-

---

576   Edition Nr. 148.
577   Karl-Heinrich von Bogatzky (1690–1774), der bekannte Erbauungsschriftsteller, seit 1746 dauerhaft in Halle lebend. Meyer, Dietrich: Artikel „Bogatzky, Karl-Heinrich", in: RGG⁴ 1 (1998), Sp. 1666 (Literatur).
578   Peters, Versmolder Bewegungen (wie Anm. 498), S. 139–216, hier besonders S. 171f. und 175–180. – Zum etwas früheren Vordringen der Herrnhuter nach Minden-Ravensberg (insbesondere über das Mindener Waisenhaus und dessen Ökonomen Gottfried Clausen [†1755] ab 1738) vgl. schon Koechling, Ludwig: Minden-Ravensberg und die Herrnhuter Brüdergemeine, in: JVWKG 53/54 (1960/61), S. 94–109 sowie JVWKG 55/56 (1962/63), S. 69–103 (Fortsetzung).
579   Christian Wolff (1679–1754). Wie Anm. 413.
580   Brecht, Martin: Der Hallische Pietismus in der Mitte des 18. Jahrhunderts, in: Ders./Deppermann, GdP 2 (wie Anm. 51), S. 318–357, hier S. 331.
581   Johann Diederich Angelkorte (1710–1751). Wie Anm. 501. – Angelkorte stammte aus Iserlohn. Er hatte sich 1728 in Halle (und kurz auch in Jena) immatrikuliert und war danach zunächst Hauslehrer gewesen. 1735 wurde er dann Pfarrer in Schwerte. Seine beiden Frauen (Katharina le Long aus Amsterdam [ab 1743] und Femia Brämel [ab 1747]) stammten aus den Niederlanden und waren ihm von der Brüdergemeine ausgewählt worden. Man hatte in Heerendijk (IJsselstein) geheiratet (Le Long).
582   Johann Gottfried Westhoff (1705–1750) stammte aus Bausenhagen. Er hatte seit 1729 in Halle studiert und wurde zunächst Vikar in Mark, dann Pfarrer in Bausenhagen

Abb. 63: Nikolaus Ludwig Graf von Zinzendorf (1700–1760). Kupferstich des Andreas Reinhardt (1715–1752), tätig in Frankfurt am Main, um 1740. Man beachte die schroff polemische Um- und Unterschrift „SECTAE HERRN-HUTIANAE AUTOR ET PROPAGATOR"; „Wie hinter guten Schein sich Satan bergen kan". (Sammlung Christian Peters)

66)⁵⁷⁴ gegen sie erhobenen Einwände.⁵⁷⁵ Hollaz, damals Pfarrer in Güntersberg bei Zachan in Pommern, war ein begabter Schriftsteller. Er stand den Herrnhutern

---

574 Baumgarten war seit 1734 ordentlicher Professor der Theologie in Halle. Schloemann, Martin: Artikel „Baumgarten, Siegmund", in: RGG⁴ 1 (1998), Sp. 1180f. (Literatur). – Auch Baumgarten hat wohl doch einen weit größeren Einfluss auf den westfälischen Pietismus gehabt, als dies bislang erkannt worden ist. So setzte er sich etwa nachdrücklich für Johann Gangolf Wilhelm Forstmann (1706–1759) in Solingen ein. Peters, Halle – Herrnhut – Mülheim? (wie Anm. 334), S. 90. Später unterhielt er eine Korrespondenz mit dem Hemeraner Pfarrer Johann Diederich Angelkorte (1710–1751; wie Anm. 501 und 581), der in Halle sein Privatschüler gewesen war. Trelenberg, Angelkorte (wie Anm. 501), S. 267.

575 Edition Nr. 133, 147f., 150 und 154.

Abb. 62: Samuel Urlsperger (1685–1772). Kupferstich des Johann Jakob Haid (1704–1767), tätig in Augsburg, um 1750. (Stuttgart, Mediapool der ELK Württemberg)

In der Folge korrespondierten Sybel und Francke dann intensiv über die Schriften des David Hollaz (1704–1771),[573] eines Enkels des gleichnamigen spätorthodoxen Dogmatikers, und die durch Siegmund Jakob Baumgarten (1706–1757, Abb.

---

573 Bautz, Friedrich Wilhelm: Artikel „Hollaz, David", in: BBKL 2 (1990), Sp. 1003f. (Literatur). – Gummelt, Volker: Artikel „Hollaz, David", in: RGG⁴ 3 (2000), Sp. 1844 (Literatur). – Ders.: Der Mensch zwischen Sünde und Gnade. Zur theologischen Anthropologie des Zinzendorf-Schülers David Hollaz (1704–1771), in: Sträter, Udo u. a. (Hg.): Alter Adam und Neue Kreatur. Pietismus und Anthropologie. Beiträge zum II. Internationalen Kongress für Pietismusforschung 2005 (Hallesche Forschungen 28,1), Tübingen 2009, S. 209–217.

1.13 Treuer Gewährsmann Halles

sogenannten „Sichtungszeit",[565] die Sybel als für die Erfassung der komplexen dogmatischen Sachverhalte zu unpräzise erschien. Als Mann Halles teilte er an dieser Stelle die dort gehegten Aversionen.

Anfang 1738 berichtete Sybel Francke über einen Besuch des unruhigen Ludwig Friedrich Graf zu Castell-Remlingen (1707–1772), eines Verwandten Zinzendorfs, in Solingen und Elberfeld (1737).[566] Das von ihm damals nach Halle übersandte Material stammte in erster Linie von Johann Gangolf Wilhelm Forstmann (1706–1759, Abb. 64)[567] in Solingen, der, wie bereits erwähnt, einen Soester Hintergrund hatte.[568] Eine weitere Quelle war der in den Umkreis Gerhard Tersteegens (1697–1769)[569] gehörende Konrad Schmid († 1766)[570] in Essen, zu dem und dessen Familie Sybel und seine jüngere Schwester enge Kontakte unterhielten (Schmid hatte 1716 eine Tochter des Soester Rektors Harhoff, Margret Elisabeth Harhoff [* 1691], geheiratet).[571] Der bereits 2015 vorgestellte Bestand[572] ist von hohem Wert für die Geschichte des Herrnhutertums in Westfalen. Er beleuchtet zudem, wie eng die komplexen Frömmigkeitsgeschichten des Bergischen Landes und der Grafschaft Mark zur damaligen Zeit miteinander verbunden waren.

---

565 Meyer, Dietrich: Artikel „Zinzendorf, Christian Renatus, Reichsgraf von", in: RGG⁴ 8 (2005), Sp. 1873f. (Literatur). – Zur Ausstrahlung der Sichtungszeit auf den Hemeraner Pfarrer Johann Diederich Angelkorte (1710–1751) siehe Trelenberg, Angelkorte (wie Anm. 501), S. 288–294.

566 Peters, Halle – Herrnhut – Mülheim? (wie Anm. 334), S. 79–126 (Literatur). – Der Graf „war das letzte Kind des Grafen Wolfgang Dietrich von Castell-Remlingen (1641–1709) und seiner zweiten Frau Dorothea Renata (1669–1743), einer geborenen Gräfin von Zinzendorf und Pottendorf, einer jüngeren Schwester von Zinzendorfs früh verstorbenem Vater Georg Ludwig Reichsgraf von Zinzendorf und Pottendorf (1662–1700)." Ebd., S. 83.

567 Johann Gangolf Wilhelm Forstmann (1706–1759). Wie Anm. 335.

568 Peters, Halle – Herrnhut – Mülheim? (wie Anm. 334), S. 87–91.

569 Benrath, Gustav Adolf: Artikel „Tersteegen, Gerhard", in: RGG⁴ 8 (2005), Sp. 170–172 (Literatur).

570 Rosenkranz, Pfarrer (wie Anm. 169), S. 448. – Gruch, Pfarrer 4 (wie Anm. 169), S. 109 (Nr. 11508). Schmid stammte aus Burg an der Wupper. Er hatte in Halle studiert und war von 1705 bis 1722 lutherischer Pfarrer in Vaals im äußersten Südosten der heutigen niederländischen Provinz Limburg gewesen. Seit 1722 amtierte er dann als Zweiter Pfarrer in Essen. Hier zählte er neben dem Universalgelehrten Johann Heinrich Zopf (1691–1774; wie Anm. 445) – Zopf hatte von 1716 bis 1719 am Pädagogium in Halle gewirkt – zu den profiliertesten lutherischen Theologen, stand aber auch in Kontakt zu Gerhard Tersteegen (1697–1769; wie Anm. 569). Goeters, Johann Friedrich Gerhard: Der reformierte Pietismus in Bremen und am Niederrhein im 18. Jahrhundert, in: Brecht/Deppermann, GdP 2 (wie Anm. 51), S. 407 Anm. 159.

571 Margret Elisabeth Harhoff [*1691]. Kleiner Michels (wie Anm. 14), S. 591. – Peters, Halle – Herrnhut – Mülheim? (wie Anm. 334), S. 92.

572 Peters, Halle – Herrnhut – Mülheim? (wie Anm. 334). – Einige dort unberücksichtigte Stücke werden unten als Edition Nr. 108, 110f. und 113 geboten.

nach Soest.⁵⁶⁰ Sie wurden hier nicht nur gelesen und an benachbarte Orte (Dortmund) weitergeleitet, sondern veranlassten Sybel und dessen Freunde auch über Jahre hinweg zu beachtlichen Geldspenden.

Daneben war Sybels hoffnungsvoller Blick aber auch nach Westen gerichtet, denn zwischen 1735 und 1742 erscheint er als ein unermüdlicher Sammler und Übermittler von Spenden für die lutherischen Gemeinden in Nordamerika, das heißt die durch den Augsburger Pfarrer und Senior Samuel Urlsperger (1685–1772, Abb. 62)⁵⁶¹ betreuten Salzburger Emigranten in Ebenezer in British Georgia (seit 1731). Er reihte sich damit auch hier nahtlos in die Aktivitäten der Hallenser ein. ⁵⁶²

Dem Herrnhutertum⁵⁶³ konnte Sybel darum anfangs auch nur wenig Gutes abgewinnen. Die neue, durch den charismatischen Reichsgrafen Nikolaus Ludwig von Zinzendorf (1700–1760, Abb. 63)⁵⁶⁴ geprägte, deutlich modernere Form pietistischer Frömmigkeit war ihm sichtlich suspekt. Das galt besonders für deren Abrücken von den in Halle vertretenen Bekehrungsvorstellungen (dem sogenannten „Bußkampf"), denengegenüber man in Herrnhut zuversichtlich auch mit der Möglichkeit einer unmittelbaren sogenannten „Minutenbekehrung" rechnete, und die oft stark emotionalisierte herrnhutische Sondersprache, insbesondere während der

560 Neben den bei Rymatzki, Judenmission (wie Anm. 557), S. 334 f. mit Recht aufgeführten „Freundeskreis im Fürstentum Minden" um Johann Carl Opitz (1688–1756; wie Anm. 240) tritt damit nun auch ein ebensolcher (und nicht weniger aktiver) in der Grafschaft Mark und deren Nebenquartieren um Opitz' Altersgenossen Johann Nikolaus Sybel (1690–1759) in Soest.

561 Weigelt, Horst: Artikel „Urlsperger, Samuel", in: RGG⁴ 8 (2005), Sp. 831 f. (Literatur). – Zentral ist hier immer noch: Schwarz, Reinhard: Samuel Urlsperger (1685–1772): Augsburger Pietismus zwischen Aussenwirkungen und Binnenwelt (Colloquia Augustana 4), Berlin 1996.

562 Im Georgia-Archiv der Franckeschen Stiftungen in Halle (Saale) taucht Sybel tatsächlich zweimal auf. Müller-Bahlke, Thomas J./Gröschl, Jürgen (Hg.): Salzburg – Halle – Nordamerika. Ein zweisprachiges Find- und Lesebuch zum Georgia-Archiv der Franckeschen Stiftungen (Hallesche Quellenpublikationen und Repertorien 4), Halle (Saale) und Tübingen 1999, hier S. 189 f. (Korrespondenzen und Berichte des Jahres 1735 Nr. 201 [Sign. 5 E 1]; zu diesem Bestand auch ebd., S. 845 [„Rechnungen sowie Empfangsbestätigungen über Spendeneinnahmen und Ausgaben für die Gemeinde Ebenezer (1735–1810)"]) und S. 458 (Korrespondenzen und Berichte des Jahres 1742 Nr. 555 [Sign. 5 A 10:52]; zu diesem Bestand auch ebd., S. 843 [„Briefe über die wirtschaftliche Entwicklung und den Kirchenbau in Ebenezer sowie die Entsendung von J. U. Drießler und H. M. Mühlenberg als Prediger nach Amerika (1741–1743)"]). – Das Thema des Kirchenbaus in Ebenezer wird auch in Sybels Korrespondenz mit Gotthilf August Francke mehrfach berührt. Vgl. Edition Nr. 121, 126, 131, 133 und 138. – Zu den historischen Hintergründen Winde, Hermann: Einleitung (ebd.), S. XXVII–LII.

563 Meyer, Dietrich: Artikel „Brüder-Unität. II. Erneuerte Brüder-Unität", in: RGG⁴ 1 (1998), Sp. 1792–1796 (Literatur).

564 Meyer, Dietrich: Artikel „Zinzendorf, Nikolaus Ludwig Reichsgraf von", in: RGG⁴ 8 (2005), Sp. 1871–1873 (Literatur).

Tatsächlich kam man dem Wunsch des Königs dann auch nur säumig nach und sah sich (unter Verweis auf die für 1737 angekündigte Landesvisitation) damit auch weithin entschuldigt.

1.13 Treuer Gewährsmann Halles und aufmerksamer Beobachter der Herrnhuter

Trotz seiner erweiterten Kontakte blieb Sybel auch fortan ein treuer Gewährsmann Halles. 1735 erneuerte er seine auf die dortige Fakultät bezogene Stipendienstiftung. Er verfügte, dass diese zukünftig vor allem Studierenden seiner eigenen Gemeinde (St. Georgii) zugute kommen solle.[555]

Wie eng Sybels Bindung an die Hallische Fakultät und deren Professoren war, zeigt neben dem Briefwechsel mit dem jüngeren Francke auch seine 1732 einsetzende Korrespondenz mit Johann Heinrich Callenberg (1694–1760).[556] Der hatte 1728 ein in dieser Form völlig neuartiges „Institutum Judaicum et Muhammedicum"[557] gegründet, das sich mit den Fragen der Juden- und der Islammission beschäftigte und damit klar der spenerschen „Hoffnung besserer Zeiten" (Röm 11, 25–32) Ausdruck verlieh. Die in Soest erhaltenen Schriften Callenbergs sind zwar nicht allzu zahlreich. Sie könnten aber Präsente an Sybel gewesen sein.[558] Die von Callenberg herausgegebenen Periodika des Instituts[559] gingen jedenfalls fortan regelmäßig auch

---

555 Edition Nr. 96. – Außerdem widmete er der Scholarchie eine Summe von 100 Talern, „wovon ein zeitiger [der jeweilige] lector quartae classis die Zinsen jährlich erheben [erhalten] soll, um so viel williger gemacht zu werden, die Nachmittagsprivatstunde nach der lectione communi (so subconrector in tertia mit den quartanis treibet), der alten Observanz gemäs, wieder zu reassumiren [neu in Gang zu bringen]." Vogeler, Archigymnasium IV (wie Anm. 9), S. 4 Anm. 1.

556 Johann Heinrich Callenberg (1694–1760). Wie Anm. 453.

557 Bochinger, Christoph: J. H. Callenbergs Institutum Judaicum et Muhammedicum und seine Ausstrahlung nach Osteuropa, in: Sträter, Udo/Wallmann, Johannes (Hg.): Halle und Osteuropa. Zur europäischen Ausstrahlung des hallischen Pietismus (Hallesche Forschungen 1), Tübingen 1998, S. 331–348. – Rymatzki, Christoph: Hallischer Pietismus und Judenmission. Johann Heinrich Callenbergs Institutum Judaicum und dessen Freundeskreis (1728–1736) (Hallesche Forschungen 11), Tübingen 2004.

558 Nachgewiesen sind: Callenberg, Johann Heinrich: Commentatio de christologia Iudaica ad Geneseos capitis primi comma XIIII. et XXIIII. in Novo Testamento evoluta […], Halle: Hendel 1750 (VD18 10418261). Dazu: Rymatzki, Judenmission [wie Anm. 557], S. 528. – Ders.: De stella magorum ad Christum duce […], Halle: Waisenhaus 1750 (VD18 11872985). Nicht bei Rymatzki, ebd. – Auch hier zeigt sich, dass Sybels eigene Bibliothek wohl bis auf Weiteres als verschollen gelten muss.

559 Rymatzki, Judenmission (wie Anm. 557), S. 124–139 und hier besonders die chronologische Zusammenstellung S. 130 f.

in Schwerte, erinnrern[550] zu lassen, in der Zuversicht, es werde solches von gemeltem H[errn] Kluge nicht ungütig aufgenommen werden können."[551]

Tatsächlich war der spener-franckesche Pietismus in der Mark inzwischen weithin gefestigt. Die Pfarrerschaft war sich der hohen Verantwortung für ihre Gemeinden bewusst und entwickelte vor diesem Hintergrund ein beachtliches Selbstbewusstsein. Das galt sogar dem preußischen Staat gegenüber, dessen Anforderungen man nun sehr wohl auch kritisch begegnen konnte. Als Friedrich Wilhelm I. 1736 verlangte,[552] dass auch für die Pfarrer, genau wie für alle übrigen Beamten, Konduitenlisten (in Berichtsform gehaltene Zeugnisse über den jeweiligen Fleiß und das Betragen im Amt) geführt werden sollten, reagierte die Märkische Synode so etwa mit kaum verhohlenem Unwillen – und unter salvatorischem Bezug auf eine der Hauptschriften Speners:

„Da bekannter maßen S[eine] Königl[iche] Maj[estät] sub dato Berlin d[ie] 29. Sept[embris] 1736 ein Prediger-observations- und Animadversierungs Edict haben ergehen lassen, und dann ohne dem sämptlichen Predigern obliget, in Lehr und Leben ihren Gemeinden vorzuleuchten, ümb als rechte Vorbilder der Heerde erfunden zu werden; So wird aufs hertzlichste recommendiret, dass ein jeder hiebey seiner Seelen und seiner Gemeinde recht wahrnehme und nach Anleitung des Worts Gottes, unter inbrünstigem Gebete, sorgfältige Gewißensprüfung anstelle, des Ends auch besonders des S[eligen] H[errn] Speners Anhang zu seinem Tractätlein Natur und Gnade[553] treumeinentlich angepriesen wird, als worinnen sogar viele nachdrückliche Sätze vorkommen, welchen ein sorgfältiger Heylsbegieriger Prediger wohl nachzudenken hat."[554]

---

550 Vermahnen/warnen.
551 Göbell, Evangelisch-lutherische Kirche I (wie Anm. 10), S. 180 (1733). – Dazu: Zur Nieden, Religiöse Bewegungen (wie Anm. 10), S. 12 f. – Rothert, Kirchengeschichte der Mark III (wie Anm. 10), S. 99–108. – Schon Emminghaus Vater, der Hagener Pfarrer Henrich Wilhelm Emminghaus (1638–1720; Bauks, Pfarrer [wie Anm. 14], S. 117 [Nr. 1488]), von 1703 bis 1720 zugleich Inspektor der lutherischen Gemeinden der Grafschaft Mark, war zumindest gegen Ende seines Lebens ein Förderer des Pietismus gewesen: „Herr Inspector [Emminghaus] hat auch alle Herren Prediger aufs freundlichste Erinnert, auf das Thätige Christentum in ihren Predigten zu dringen, ihren Zuhörern vorzuhalten." Göbell, ebd., S. 77 (1720).
552 Ebd., S. 212 (1737).
553 Spener, Philipp Jakob: Natur und Gnade/Oder der Unterschied der Wercke: So aus natürlichen kräfften und aus den gnaden-würckungen des Heiligen Geistes herkom[m]en/und also eines eusserlich erbarn und wahrhafftig Christlichen gottseligen lebens/[…] nach der regel Göttlichen Worts einfältig aber gründlich untersucht […], Frankfurt am Main: Zunner [1685] 1687² (VD17 3:008263Q).
554 Göbell, Evangelisch-lutherische Kirche I (wie Anm. 10), S. 218 f. (1737). – Erst im Siebenjährigen Krieg (1756–1763) greift die preußische Regierung dann energisch durch. Die Konduitenlisten sind fortan verbindlich zu führen. Ebd., S. 342 (1758).

1.12 Bibliothekar, Reformationshistoriker und Sammler

„Berleburger Bibel" und ihrer Bearbeiter mit ein.[545] Im Streit mit den Herrnhutern versuchte Kluge zeitweise sogar, den mit Zinzendorf zerfallenen Johann Gangolf Wilhelm Forstmann (1706–1759)[546] in Solingen auf seine Seite zu ziehen. Zuletzt war Kluge, ein vermeintlich rückwärtsgewandter, in seiner fundierten Quellenarbeit aber tatsächlich hochmoderner Mann dann allerdings weithin isoliert, was am Ende auch auf die von ihm geleitete Schule abfärbte. 1745 ging er als „Kirchen- und Konsistorialrat, Oberhofprediger und Superintendent" an die Bartholomaeuskirche in Zerbst. – Im Protokollbuch der lutherischen Synode der Grafschaft Mark heißt es, solches gleichsam vorausahnend, schon 1733 über ihn:

> „Da der H[err] Dr. [Johann Daniel] Kluge in verschiedenen Scriptis den sel[igen] H[errn Philipp Jakob] Spener interdum allzu herbe mitgenommen,[547] und dann hiedurch hiesigen zu Dordmund studierenden LandsKindern schädliche praejudicia[548] beygebracht worden [sind], so findet Synodus für gut, gemelten H[errn] Kluge freundbrüderlich durch H[errn Theodor Johann] Emminghaus,[549] past[or]

---

545   Kluge, Johann Daniel: Spiritus erroris in recentissimo Berlenburgensium Bibliorum Opere duce Spiritu Veritatis cognitus […], Dortmund: Froberg 1734(–1736). – Darin: Spiritus erroris in recentissimo Berlenburgensium Bibliorum opere […] cognitus/ specimen primum […], Dortmund: Froberg 1734. – Spiritus erroris in recentissimo Berlenburgensium Bibliorum opere […] cognitus/specimen secundum […], Dortmund: Froberg 1735. – Spiritus erroris in recentissimo Berlenburgensium Bibliorum opere […] cognitus/specimen tertium […], Dortmund: Froberg 1736. – Spiritus erroris in recentissimo Berlenburgensium Bibliorum opere […] cognitus/specimen quartum […], Dortmund: Froberg 1736; 3.10 Johann Daniel Kluge Nr. 25(.1) (1734), Nr. 25.2 (1735) und Nr. 25.3 f. (1736).

546   Johann Gangolf Wilhelm Forstmann (1706–1759). Wie Anm. 335. – Kluge, Johann Daniel: Vorrede in: Forstmann, Johann Gangolf Wilhelm: Goettliche Wahrheiten der heiligen evangelisch lutherischen Religion in Fragen und Antworten […], Dortmund: Baedeker 1744 und in einer weiteren Ausgabe: Leipzig und Görlitz: Richter 1745; 3.10 Johann Daniel Kluge Nr. 45 (1744) und Nr. 52 (1745). – Forstmann selbst war und blieb sich seiner Differenzen zu Kluge aber durchaus bewusst. Vgl. Wotschke, Letzte Tage (wie Anm. 415), S. 133 mit Anm. 54.

547   Angegriffen/attackiert. – Gleiches hatte etwas früher (1727/28) auch schon sein Schwiegervater Erdmann Neumeister (1671–1756; wie Anm. 534) getan („Kurzer Auszug Spenerischer Irrtümer"). Neumeister sollte später (1736) sogar so weit gehen, die Obrigkeiten zu einem aktiven Einschreiten gegen den Pietismus aufzurufen („Pietismus a magistratu politico reprobatus et proscriptus"). Die Abhängigkeit Kluges ist an dieser Stelle offenkundig. Wallmann, Neumeister (wie Anm. 534).

548   Vorurteile/Fehleinschätzungen.

549   Theodor Johann Emminghaus (1684–1761) stammte aus Hagen. Er studierte in Gießen (1703), Leipzig (1705) und Halle (1705) und wurde 1713 zunächst Diakon, dann 1744 Pfarrer in Schwerte. In der Zeit von 1736 bis 1739 war er zugleich Generalinspektor der lutherischen Gemeinden der Grafschaft Mark. Bauks, Pfarrer (wie Anm. 14), S. 117 (Nr. 1490; mit vorläufigem Schriftenverzeichnis). – Vgl. zu ihm Edition Nr. 29.

Abb. 61:
Erdmann
Neumeister
(1671–1756).
Kupferstich
des Christian
Fritzsch (1695–
1769), tätig in
Hamburg, nach
dem Gemälde
des Johann
Salomon Wahl
(1689–1765),
tätig in Hamburg, 1719.
(Leipzig UB,
Porträtstichsammlung,
Inventar-
Nr. 36/100)

Wernsdorff,[542] aber auch mit vielen hinter Löschers „Unschuldigen Nachrichten"[543] stehenden Theologen) und ließ keine Gelegenheit aus, die Reformierten, aber auch die Pietisten, „so in diesen Landen [der Region Westfalen] fast alles zu sich reißen",[544] zu bekämpfen. Das schloß auch den radikalen Pietismus in Gestalt der

  Bücher; vgl. Edition Nr. 19 und 21) schließlich zu seiner Absetzung. Beneke, Otto: Artikel „Edzardus, Sebastian", in: ADB 5 (1877), S. 652f.
542 Gottlieb Wernsdorff (1668–1729). Wie Anm. 197.
543 „Unschuldige Nachrichten von alten und neuen theologischen Sachen" [fortan: UN 1701–1719; ab 1720: „Fortgesetzte Sammlung von alten und neuen theologischen Sachen"].
544 So am 2. Januar 1737 in einem Brief an Ernst Salomo Cyprian. Wotschke, Letzte Tage (wie Anm. 415), S. 113f., hier S. 114.

1.12 Bibliothekar, Reformationshistoriker und Sammler

Abb. 60: Johann Adam Steinmetz (1689–1762). Kupferstich des Johann Christoph Sysang (1703–1757), tätig in Leipzig, vor 1757. (Sammlung Christian Peters)

Rektor (Professor) des Dortmunder Gymnasiums geworden. Der fleißige Mann pflegte ausgedehnte Korrespondenzen (so mit Valentin Ernst Löscher,[538] Ernst Salomo Cyprian,[539] Erdmann Neumeister,[540] Sebastian Edzardus[541] und Gottlieb

---

538 Valentin Ernst Löscher (1673–1749). Wie Anm. 406.
539 Ernst Salomo Cyprian (1673–1745). Wie Anm. 401.
540 Erdmann Neumeister (1671–1756). Wie Anm. 534.
541 Sebastian Edzardus (1672/73–1736) war ein Sohn des bekannten Hebraisten Esdras Edzardus (1629–1708) und, nachdem er sich hier 1699 gegen seinen Konkurrenten Johann Albert Fabricius (1668–1736; wie Anm. 983) durchgesetzt hatte, jahrzehntelang Professor für Logik und Metaphysik am Hamburger Akademischen Gymnasium. Während dieser Zeit wurde seine Kritik am Pietismus (aller Spielarten) immer maßloser. Dies führte (nach einem Verbot und der teilweisen Verbrennung seiner

Abb. 59: Johann Christian Jocardi (1697–1749). Kupferstich des Johann Ernst Gericke (1720–1786), tätig in Berlin, nach dem Gemälde von Christian Bernhard Rode (1725–1797), tätig in Berlin, 1749. (Berlin, SB-PK)

siven Quellenstudien neu herausgeben wollte.[536] Er war im Oktober 1730 als Nachfolger von Rumpaeus' Studienfreund Reinhard Heinrich Rolle[537] Gymnasiarch und

---

536 Kluge, Johann Daniel: Historischer Beweis, daß an dem 23. Februar 1737 das 200 jaehrige Gedaechtniß der Schmalkaldischen Artikel feyerlich zu begehen sey […], Dortmund: [ohne Drucker] 1736. – Ders.: Nimiam acerbitatem in pontificem Romanum et sacra papaea Smalcaldicis Articulis iusto liberius obiectam prima dissertatione saeculari epistolica […] diluit […], Osnabrück: Kisling 1737. – Ders.: Nimiam acerbitatem in pontificem Romanum et sacra papaea Smalcaldicis Articulis iusto liberius obiectam altera dissertatione saeculari epistolica […] diluit […], Osnabrück: Kisling 1737; 3.10 Johann Daniel Kluge Nr. 30 (1736) und Nr. 31f. (1737). – Dazu: Wotschke, Letzte Tage (wie Anm. 415), S. 113 f. u. ö.

537 Reinhard Heinrich Rolle (Rollius; 1683–1768). Wie Anm. 373.

1.12 Bibliothekar, Reformationshistoriker und Sammler

durch Johann Adam Steinmetz (1689–1762, Abb. 60),[531] den Generalsuperintendenten des Herzogtums Magdeburg und Leiter der Schule im Kloster Berge, vorgelegten zweibändigen Sammlung der „Kleinen geistlichen Schriften"[532] Speners war an dieser Stelle dann zumindest vorläufig Abhilfe geschaffen. Wo Johann Nikolaus Sybels für seinen Index vorauszusetzende umfängliche Sammlung von Schriften und Predigten Speners verblieben ist, ist bisher ungeklärt.

Auch bei den lutherischen Pfarrern der Mark stand Spener damals noch hoch in Ehren. Allzu scharfe Angriffe auf sein Andenken wurden von ihrer Synode dann auch streng zurückgewiesen. Das galt vor allem im Blick auf den neuen Rektor des Dortmunder Gymnasiums Johann Daniel Kluge (1701–1768),[533] einen Schwiegersohn des damals einflussreichen Kirchenliederdichters Erdmann Neumeister (1671–1756),[534] der zu dieser Zeit Hauptprediger an St. Jacobi in Hamburg war (Abb. 61).

Kluge, der in Leipzig zu den Schülern Johann Gottlob Carpzovs (1679–1767)[535] gezählt hatte, war ein Verehrer des Konkordienbuches und hier besonders der „Schmalkaldischen Artikel" Martin Luthers (1537), die er nach langjährigen, inten-

---

531 Johann Adam Steinmetz (1689–1762), seit 1732 Generalsuperintendent des Herzogtums Magdeburg, Kirchenrat, Abt und Leiter der Schule des Klosters Berge bei Magdeburg. Albrecht-Birkner, Veronika: Artikel „Steinmetz, Johann Adam", in: RGG⁴ 7 (2004), Sp. 1704 f. (Literatur). – Soboth, Christian (Hg.): Johann Adam Steinmetz und Kloster Berge. Zwei Institutionen im 18. Jahrhundert (Hallesche Forschungen 60), Halle (Saale) 2021.

532 Steinmetz, Johann Adam (Hg.): D[oktor] Philipp Jacob Speners, Churfürstl[ich] Brandenb[urgischen] Consistorial-Raths und Probstens zu Berlin, bis anhero nur eintzeln gedruckt gewesene kleine Geistliche Schriften: Nunmehro in einige Bände zusammen getragen, und mit des seligen Mannes Ausführlichen Lebensbeschreibung, Historisch-Theologischen Einleitungen, auch nöthigen Vorreden und Registern versehen […] [Erster Teil], Magdeburg/Leipzig: Seidel (Witwe und Erben) 1741 (VD18 90655885). – Ders.: D[oktor] Philipp Jacob Speners Churfürstl[ich] Brandenburg[ischen] Consistorial-Raths und Probstens zu Berlin bis anhero nur eintzeln gedruckt gewesene kleine Geistl[iche] Schriften: nunmehro in einige Bände zusammen getragen, und mit einer Vorrede Von der Vortrefflichkeit der Spenerischen Lehr-Art göttliche Wahrheiten vorzutragen, nebst nöthigem Register versehen […], [Zweiter Teil], Magdeburg/Leipzig: Seidel (Witwe und Erben) 1741 (VD18 90655893).

533 Bauks, Pfarrer (wie Anm. 14), S. 258 f. (Nr. 3267). – Anonymus: Artikel „Kluge, Johann Daniel", in: ADB 16 (1882), S. 250. – Wotschke, Letzte Tage (wie Anm. 415). – Esser, Helmut: D. Johann Daniel Kluge. Ein Epigone der Orthodoxie in Dortmund, in: Beiträge zur Geschichte Dortmunds und der Grafschaft Mark 76/77 (1984/85), S. 243–273. – Siebert, Susanne: Artikel „Kluge, Johann Daniel", in: BBKL 4 (1992), Sp. 103 f. (Literatur). – 3.10 Johann Daniel Kluge.

534 Wallmann, Johannes: Artikel „Neumeister, Erdmann", in: RGG⁴ 6 (2003), Sp. 231 (Literatur).

535 Johann Gottlob Carpzov (1679–1767). Wie Anm. 417.

ßigkeit Soest, zusammengelesen bei bevorstehenden andren Jubilaeo der selben im Jahr 1731. Revidirt und vermehrt 1742."[523]

Immer wieder setzte der Junggeselle nun auch eigene Mittel ein:[524] Im Laufe der Zeit vermachte er der von ihm neu geordneten Soester Bibliothek so etwa ein spätmittelalterliches Gebetbuch und eine wertvolle Sammlung femerechtlicher Schriften.[525] Dazu kamen zumindest zwei spätmittelalterliche Handschriften – das Fragment eines Corpus iuris des 13. Jahrhunderts und das weitere Fragment eines Missale aus dem 15. Jahrhundert – sowie ungedruckte, um 1650 verfasste „Poemata"[526] Heinrich Meiers (1584–1658),[527] eines auch literarisch bedeutsamen Autodidakten und Schützlings des Soester „Arndtianers" und Superintendenten Johannes Schwartz (1565–1632),[528] der seit 1622 Pfarrer in Dinker (in der Nordbörde) gewesen war.[529]

Ein weiterer Ertrag dieser Jahre war Sybels bisher völlig unbekanntes Projekt eines systematisch gegliederten, dem Aufriss einer lutherischen Normaldogmatik folgenden Schlüssels (Indexes) zu den weitverstreuten und schon damals nur noch schwer erreichbaren Predigten Philipp Jakob Speners. Das Unternehmen stieß auch bei Gotthilf August Francke auf Interesse. Es scheiterte aber, weil dem Drucker des Hallischen Waisenhaus der Absatz als zu ungewiss galt.[530] Mit der im Jahre 1741

---

523 Soest StA/StB, Bestand A, Hs. 67, S. 229 (Zitat). – Danach: Von Sybel, Nachrichten (wie Anm. 14), S. 21. – Die Vorrede zu diesem Werk unten als Edition Nr. 88.

524 Sicherlich zu hoch greift dabei der Soester Gymnasialprofessor Eduard Vorwerck (1806–1882, seit 1841 zugleich Stadarchivar): „Die Soester Stadtbibliothek hat er [Johann Nikolaus Sybel] zu seiner Zeit um die Hälfte vermehrt". Soest StA/StB, Bestand A, Hs. 67, S. 229. Hier S. 230 finden sich auch seltene Angaben zu Sybels Besoldung: 1725 erhielt dieser demnach jährlich 130 Reichstaler. Dazu kamen 20 Taler für die Beheizung des Pfarrhauses (das Holz kam aus dem Bördedorf Weslarn) sowie 5 Malter duri (Gerste). Weitere Einnahmen (6 Mütte) erzielte er durch die Verpachtung von drei Morgen Ackerland am „Endlosen Weg" sowie aus einem stadtnahen Garten.

525 Bernd, Die mittelalterlichen Handschriften (wie Anm. 517), S. 14. Zu diesem Gebetbuch (Cod. 15; zweite Hälfte des 15. Jahrhunderts) dann auch ebd., S. 111 („Ex libris M[agistri] Jo[hannis] Nic[olai] Sybelii"). Zur Sammlung femerechtlicher Schriften (Cod. 26; erste Hälfte des 13. Jahrhunderts) ebd., S. 167 („Ex libris M[agistri] Jo[hannis] Nic[olai] Sybelii donatis Bibliothecae Min[isterii] Susat[ensis]").

526 Michael, Die mittelalterlichen Handschriften (wie Anm. 517), S. 270, 277 und 296 (in dieser Reihenfolge).

527 Bauks, Pfarrer (wie Anm. 14), S. 318 (Nr. 4009). – Dazu: Kleiner Michels (wie Anm. 14), S. 511 f.

528 Bauks, Pfarrer (wie Anm. 14), S. 466 (Nr. 5770). – Dazu: Peters, Corpus Doctrinae (wie Anm. 11). – Ders.: Neues aus Soest (wie Anm. 11). – Ders.: Dies Abschreiben (wie Anm. 11).

529 Zu Meiers bedeutendem Liedschaffen Müller, Musikpflege (wie Anm. 37), S. 55 und 61–69.

530 Edition Nr. 136 f.

1.12 Bibliothekar, Reformationshistoriker und Sammler

Abb. 58: Kirche St. Petri in Soest, Blick von der südwestlichen Empore (frühere Bibliothek) ins Kirchenschiff. Fotographie, undatiert. (EKvW, Bau-, Kunst- und Denkmalpflege, Inventarisierung des kirchlichen Kulturgutes)

Sybels Haus gelebt[521] – seit Ende 1733 als Superintendent, gefeierter Prediger und einflussreicher Beichtvater der Königin in Berlin Friedrichswerder wirkte (Abb. 59).

Außerdem wurde Sybel zu einem der ersten Chronisten der Kirchengeschichte seiner seit dem Spätmittelalter kirchlich weithin autarken Vaterstadt. Über das damals entstandene, mehrfach überarbeitete, am Ende aber wiederum ungedruckt bleibende Manuskript, letztlich die erste zusammenhängende Reformationsgeschichte der Stadt Soests und ihrer Börde, heißt es in einer wertvollen familiengeschichtlichen Sammlung aus dem Jahr 1890:

„Die Reformationsgeschichte von Soest von 1530 [nachträglich korrigiert in: 1531] bis zu deren Ende hat er [Johann Nikolaus Sybel] ausführlich mit vielen Adjunctis[522] bei Gelegenheit des Jubilaeums 1730 [nachträglich korrigiert in: 1731] beschrieben. Der Titel ist: ‚Historische Nachricht von der im Jahr 1531 zu Stande gebrachten Reformation der Kirchen in [gestrichen: Soest] der Stadt und Bothmä-

---

521 Edition Nr. 73.
522 Anlagen, Materialanhängen.

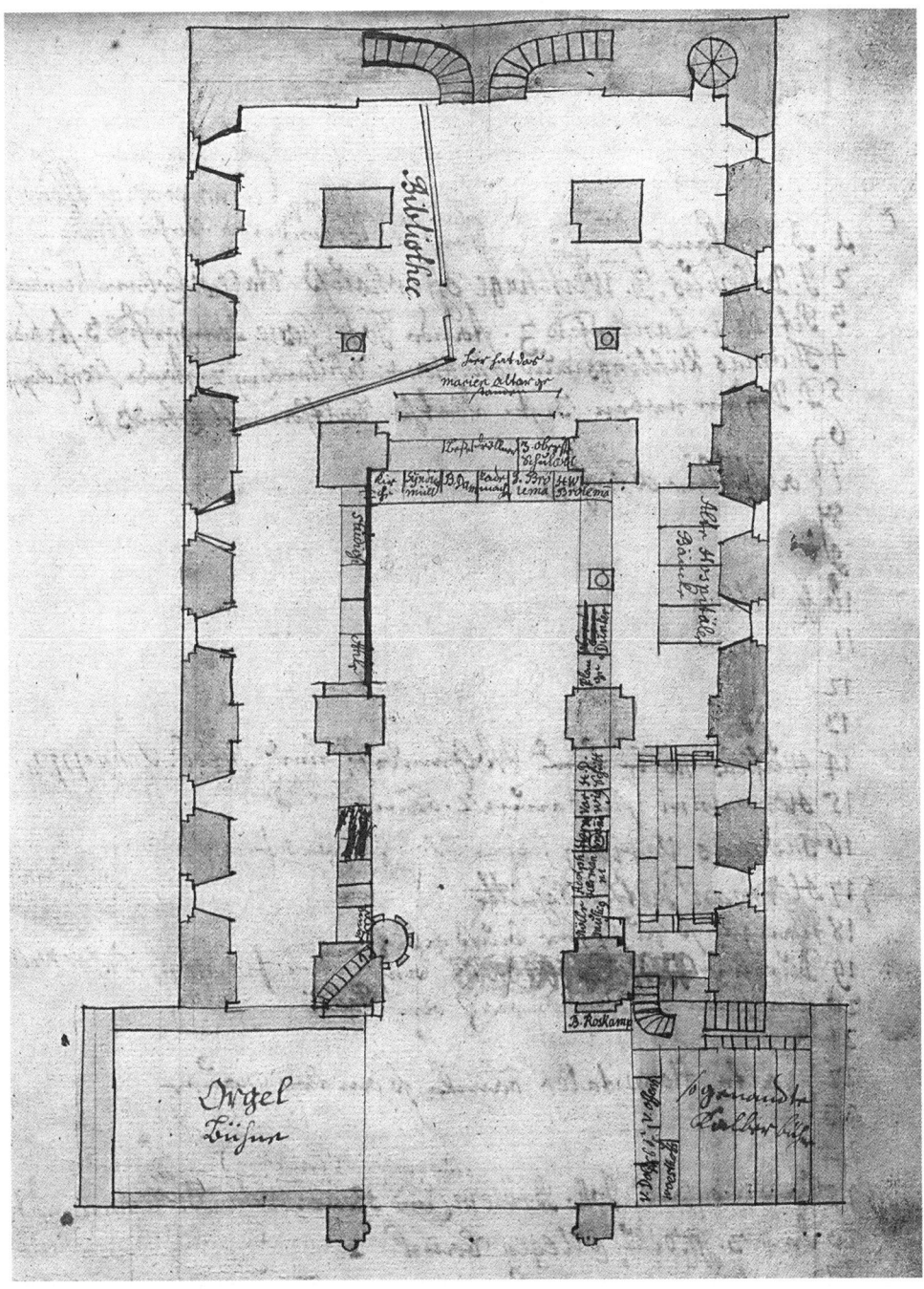

Abb. 57: Kirche St. Petri in Soest, „Der Kirchen 2te Etage". Grundriss der Empore, undatiert (18. Jahrhundert). Kolorierte Federzeichnung, oben links die „Bibliothec". (Bielefeld, Archiv der EKvW, 4.40–129)

1.12 Bibliothekar, Reformationshistoriker und Sammler

Der Preis der riesigen Sammlung, zu der auch die meisten der in Soest erhaltenen philosophischen und theologischen Disputationen dieser und früherer Zeiten gehörten, hatte stolze 600 Taler betragen, eine Summe, deren Löwenanteil, immerhin 350 Taler, durch Spenden aus der Bevölkerung hatte aufgebracht werden müssen.[514]

Sybel ging die Aufgabe umsichtig an. Dabei orientierte er sich an der damals hochmodernen Systematik der Hauptbibliothek des Hallischen Waisenhauses. Mit der Unterstützung zweier Lehrer, des „Schulcollegen" (nicht: „Predigers") Johann Caspar Diest (1670–1741)[515] und dessen Kollegen (Hermann) Andreas Möllenhoff (1666–1754),[516] erstellte er nun wie dort ein dreifaches Verzeichnis, nämlich einen Verfasserkatalog (bei den zahlreichen Anonyma: nach dem ersten Hauptwort des Titels), einen Sach- oder Realienkatalog (Zuordnung zu den Gegenstandsbereichen/ Wissenschaftsdisziplinen) und einen Standortkatalog (Bezeichnung der Aufstellung im Bibliotheksraum nach Regal, Brett und Position in der Bücherreihe).[517] Die von Sybel geleitete Katalogisierung war eine echte Kärrnerarbeit. Sie dauerte von 1733 bis 1740 und wurde zur eigentlichen „Geburtsstunde" der heutigen „Wissenschaftlichen Stadtbibliothek".[518]

Im Zuge dessen weiteten sich nun auch Sybels auswärtige Korrespondenzen aus. Neben Halle traten dabei Jena und Berlin,[519] wo sein früherer Adjunkt Johann Christian Jocardi (1697–1749)[520] – er hatte von Pfingsten 1720 bis Pfingsten 1722 in

---

514 Kindervater, Stadtbibliothek (wie Anm. 93), S. 12 f. – Joeressen, Soest (wie Anm. 509), S. 300 und 312 (mit einer Auflistung der auf die Bibliothek des Rumpaeus bezogenen Kataloge).

515 Johann Caspar Diest (1670–1741). Wie Anm. 337.

516 (Hermann) Andreas Möllenhoff (1666–1754). Wie Anm. 405. – Zu ihm auch Soest StA/StB, Bestand A, Hs. 76, S. 106 (§ 216 u. ö.).

517 Kindervater, Stadtbibliothek (wie Anm. 93), S. 14 und 35. – Michael, Bernd: Die mittelalterlichen Handschriften der Wissenschaftlichen Stadtbibliothek Soest, mit einem kurzen Verzeichnis der mittelalterlichen Handschriften-Fragmente von Brandis, Tilo, Wiesbaden 1990, S. 14.

518 „Gemäß diesen Katalogen enthielt die Bibliothek um 1740 ca. 7.000 bis 8.000 Titel sowie mehrere tausend Dissertationen." Joeressen, Soest (wie Anm. 509), S. 300.

519 Soest StA/StB, Bestand A, Hs. 67, S. 229. – Von Sybel, Nachrichten (wie Anm. 14), S. 21.

520 Johann Christian Jocardi (1697–1749) aus Neuendorf bei Brück. Er hatte in Jena und in Halle studiert und war 1718 Konrektor des Essener Gymnasiums geworden. Um 1720 wirkte er dann als „Nachmittagsprediger", d. h. konkret: als Adjunkt Johann Nikolaus Sybels an St. Georgii in Soest. Hier war er schon bald (vgl. Edition Nr. 52) der Wunschkandidat der um Sybel gescharten Pietisten für die Nachfolge des am 20. Mai 1722 versterbenden Ersten Pfarrers an St. Petri Johann Möller (Müller, Mollerus; 1646–1722; wie Anm. 39). Als sich diese Hoffnung zerschlug, ging Jocardi nach Berlin, wo man ihn zum Dienst als Feldprediger ordinierte. Im Jahr 1725 wurde er Erster Lutherischer Pfarrer in Kleve. Nach einem Pfarramt in Gardelegen (ab 1728/29?) wirkte er zuletzt seit 1733 in Berlin. Czubatynski, Uwe: Evangelisches Pfarrerbuch für die Altmark. Biographische Daten und Quellennachweise als Hilfsmittel zur kirchlichen Ortsgeschichte der Mark Brandenburg und der Provinz Sachsen, 2., erweiterte Auflage, Rühstädt 2006, S. 157. – 3.7 Johann Christian Jocardi.

1.12 Bibliothekar, Reformationshistoriker und Sammler von Spenerpredigten

Schon seit 1732 war Sybel, inzwischen 42 Jahre alt und weiterhin unverheiratet, für die Soester und ihre Kirche aber auch noch in anderer Weise wichtig geworden: Er hatte sich nämlich der alten und, wie sich nun zeigte, wertvollen Bibliothek des Predigerministeriums angenommen.[509]

Dieselbe war bisher kaum mehr als ein Provisorium gewesen. Man hatte sie ab 1611 notdürftig auf der Empore der Ratskirche St. Petri aufgestellt (Abb. 57).[510] Das jedoch war eine Fläche, die auch noch vielen weiteren Zwecken diente: Es gab hier die Erbsitze hoher Familien. Von hier wohnten aber auch die nicht immer ganz leicht zu kontrollierenden Einwohner der Wohlfahrtsanstalten dem Gottesdienst bei. Dazu kamen allerlei Einbauten und Schränke, denn die Empore diente als Materiallager und – ihrer verlässlichen Kühle wegen – in den heißen Sommermonaten auch als Leichenhalle. Findmittel für die ungeordnet aufgestellten Bücher, Handschriften und Akten hatte es bisher nicht gegeben. Der von Anfang an völlig von der Bibliothek des Gymnasiums getrennte Bestand (Abb. 58) war in den Wirren des Dreißigjährigen Krieges weithin in Vergessenheit geraten und in der Folge dann wohl auch stark verdreckt (Staub, Mäuse- und Vogelkot).[511]

Dass dies ein unhaltbarer Zustand war, war spätestens 1732 deutlich geworden. Auf Betreiben seines Bürgermeisters, des Doktors beider Rechte Johann Arnold Schwackenberg (1671–1739),[512] hatte der Rat damals nämlich die Bibliothek des Ende Juli 1730 verstorbenen Rumpaeus erworben, einen Bestand von 1.320 Bänden, zu dem heute noch mindestens zwei handschriftliche Verzeichnisse erhalten sind.[513]

---

509 Joeressen, Uta: Soest. Stadtarchiv und Wissenschaftliche Stadtbibliothek, in: Fabian, Bernhard (Hg.): Handbuch der Historischen Buchbestände in Deutschland. Bd. 4: Nordrhein-Westfalen K-Z, Hildesheim – Zürich – New York 1993, S. 299–315.

510 „Nach den Ratsprotokollen des Jahres 1608 wurde am 16. Juli beschlossen, die ‚Liberey oder Bibliothecam in der Alten Kirchen auf dem Thurme aufzustellen' und zwar in einem mit Repositorien [Regalen] und neuen Fenstern ausgestatteten Raum auf der Empore im Westwerk der Kirche. Es ist derselbe im Laufe der Jahre mehrfach vergrößerte Raum in St. Petri, in dem lange Zeit auch die Sitzungen des Kirchen-Ministeriums abgehalten wurden." Die Einrichtung selbst erfolgte allerdings erst am 19. Juli 1611. Bis zum Erlass einer ersten, provisorischen Bibliotheksordnung vergingen dann nochmals 7 Jahre. Kindervater, Stadtbibliothek (wie Anm. 93), S. 8–10, hier S. 8.

511 Ebd., S. 12. – Joeressen, Soest (wie Anm. 509), S. 300.

512 Kleiner Michels (wie Anm. 14), S. 460. – Im Ratswahlbuch erwähnt von 1707 bis 1733. Deus, Herren von Soest (wie Anm. 60), S. 431. – Zu Schwackenbergs damaligem Vorstoß vgl. Soest StA/StB, Bestand A, Hs. 38, S. 392 ff. (gedruckt in: SZ 41 [1926], S. 59–65 [„Historische Nachricht von der Bibliothek des Evangelisch-Lutherischen Ministeriums zu Soest"]). Dazu: Kindervater, Stadtbibliothek (wie Anm. 93), S. 11–13. – Schwartz, Denkmäler 2 (wie Anm. 11), S. 123 (Nr. 20) (Grabplatte der Ehefrau in St. Petri) und S. 146 (Nr. 33) (Grabplatte; nicht mehr vorhanden).

513 Soest StA/StB, Bestand B, Ms 47.

„Weil Synodus mit größester Wehmuth wahrnimmt, dass das ungöttliche Wesen jemehr und mehr überhand nehmen will, so das man befahren muß, dass, wofern demselben nicht beizeiten gesteuret wird, solches endlich zu öffentlicher Religions Spötterey ausbrechen werde. So hat ein zeitl[icher] Inspector Amts und Gewissens halben den sämtlich[en] H[erren] Amtsbrüdern bestens recommendiren wollen, bey allen Gelegenheiten die rechten Grundwahrheiten unseres allerheyligsten Glaubens, zum Exempel: Von dem Daseyn des Göttlichen Wesens, von dem Göttlichen Ursprung der H[eiligen] Schrift, von der unumgänglichen Nothwendigkeit der Genugthuung Jesu Christi, von der Gewissheit der Ewigkeit der Höllen strafen, die über alle Verächter Göttlichen Worts und der H[eiligen] Sacramente dereinsten kommen werden etc., mithin von der Wahrheit und vortrefflichkeit der christlichen Religion, mit göttlicher Klugheit öffentliche und Insbesondere gründliche Vorstellung [zu] thun."[505]

Neben der Kanzel wurde damit zunehmend auch die Schule zum Kampffeld. Dabei vertraute man (wie schon um 1730 auch in Soest) meist weiterhin auf Bewährtes, wie die „Biblischen Historien" (1717) Johann Hübners (1668–1731),[506] der ab 1711 Rektor des Hamburger Johanneums gewesen war.[507] In der Tat sollten Hübners „Historien", eine Kinderbibel, die die von ihr gebotenen Bibeltexte durch klare Fragen und um Einprägsamkeit bemühte, nützliche Lehren („gottselige" Gedanken) ergänzte, den Unterricht noch längere Zeit mitbestimmen.[508]

---

505 Göbell, Evangelisch-lutherische Kirche I (wie Anm. 10), S. 294 (1748).
506 Johann Hübner (1668–1731), Schulbuchautor und Schriftsteller auf den unterschiedlichsten Gebieten (Genealogie, Geographie, Geschichte, Poetik und Religionspädagogik). Kämmel, Heinrich: Artikel „Hübner, Johann", in: ADB 13 (1881), S. 267–269.
507 Göbell, Evangelisch-lutherische Kirche I (wie Anm. 10), S. 324f. (1754) und 328 (1755).
508 Hübner, Johann: Zweymal zwey und funfftzig Auserlesene Biblische Historien, der Jugend zum Besten abgefasset, Leipzig 1714. – Nachdruck der Ausgabe Leipzig 1731 mit einer Einleitung und einem theologie- und illustrationsgeschichtlichen Anhang hg. von Lachmann, Rainer, Hildesheim 1986. – Reents, Christine: Die Bibel als Schul- und Hausbuch für Kinder. Werkanalyse und Wirkungsgeschichte einer frühen Schul- und Kinderbibel im evangelischen Raum: Johann Hübner, Zweymal zwey und funffzig auserlesene biblische historien, der Jugend zum Besten abgefasset […], Leipzig 1714 bis Leipzig 1874 und Schwelm 1902, Hamburg 1980.

Mit dem Regierungsantritt Friedrichs II. (1712–1786)[497] im Jahr 1740 schlug der Wind dann um. Nun war es der Pietismus, der in die Defensive geriet. Das galt vor allem für dessen inoffizielle Formen: 1740 und 1742 wurden nicht nur in der Mark, sondern auch in Soest und der Börde alle „Konventikel" verboten.[498] Das traf auch die Freunde der Herrnhuter.[499] In der Pfarrerschaft war zunächst strittig, was unter einem „Konventikel" zu verstehen sei und wie man es von der auch weiterhin erlaubten, ja unbedingt erwünschten Hausandacht unterscheiden könne.[500]

Zwar wurde nun erstmals auch die Rechtsstellung der Herrnhuter geklärt.[501] Sie erhielten eine Generalkonzession und galten fortan als Anhänger (Verwandte) der Confessio Augustana.[502] In der Mark sahen viele aber auch weiterhin scheel auf sie. In den Protokollen der lutherischen Synode hieß es so für das Jahr 1747:

„Weil hin und wieder Separatismus, Naturalismus und Herrnhutianismus einreißen will und Synodus nötig erachtet, dass die Or[th]odoxie auch in unserm Ministerio beybehalten werde, als[o] werden Subdelegati Classium und andere Amtsbrüder ermahnet, darauf zu sehen, dass keine irrige Lehren, besonders Herrnhutianismus, qua Herrnhutianismus, einreißen mögen, und wo sich solche hervorthun sollten, dieselbe vorerst brüderlich zu erinnern, und bey nicht erfolgtem Änderungsfall, Synodo darüber nachricht zu geben."[503]

Wirkliche Folgen hatte das jedoch nicht. Auch in dieser Synode saßen nämlich längst so viele heimliche Sympathisanten der Herrnhuter und ihrer Frömmigkeit („Nicodemi"; vgl. Joh 3, 1–21), dass man ein diziplinarisches Vorgehen gegen deren offene Befürworter blockieren konnte.[504] Schwerer wog das in diesem Protokollauszug ja gleichfalls beklagte schier unaufhaltsame Vordringen der Aufklärung („Naturalismus") und der mit dieser verbundenen Religionskritik:

der fünf Bücher Moses von einigen Gottesgelehrten ist erreget worden [...], [ohne Ort, ohne Drucker] [ca. 1737] (VD18 13198181).

497 Klueting, Harm: Artikel „Friedrich II., der Große", in: RGG⁴ 3 (2000), Sp. 378–380 (Literatur).
498 Der Druck auf die sich Separierenden („Sacraments Verächter") verstärkte sich in der Mark schon seit Mitte der 1730er Jahre. Göbell, Evangelisch-lutherische Kirche I (wie Anm. 10), S. 207 (1736). Zum – zeitweise durchaus erfolgreichen – Protest mancher pietistischer Pfarrer gegen diese Anordnung vgl. Peters, Christian: Die „Versmolder Bewegungen" von 1748 ff. Eine westfälische Erweckung vor der Erweckung, in: JWKG 102 (2006), S. 139–216, hier S. 154–168.
499 Zur Nieden, Religiöse Bewegungen (wie Anm. 10), S. 22 f.
500 Göbell, Evangelisch-lutherische Kirche I (wie Anm. 10), S. 248 f. (1741).
501 Bauks, Pfarrer (wie Anm. 14), S. 8 f. (Nr. 105). – Trelenberg, Jörg: Pastor Johann Diederich Angelkorte in Hemer (1735–1751). Der Protagonist des Herrnhutertums in der Grafschaft Mark, in: JWKG 102 (2006), S. 263–306 (Literatur).
502 Zur Nieden, Religiöse Bewegungen (wie Anm. 10), S. 23 und 26.
503 Göbell, Evangelisch-lutherische Kirche I (wie Anm. 10), S. 139. Vgl. auch ebd., S. 290 (1747).
504 Vgl. Edition Nr. 147 f.

1.11 Arbeit an einer „neuen" Kirchenordnung

chengemeinden angeschafft werden, was dort, weil recht teuer, nicht eben begrüßt wurde.[492]

Sybel selbst hat in diesen obrigkeitlichen Eingriffen aber wohl nicht nur einen schmerzlichen Abbruch, sondern auch eine Chance gesehen. Vor allem aber setzte er nun konsequent auf die pietistische Karte. 1737 wandte er sich an Gotthilf August Francke, um über diesen Einfluss auf die geplanten Visitationen in der Grafschaft Mark zu nehmen. Dabei vertrat er ein steiles Programm: In der ganzen Grafschaft sollten, wo immer möglich, wieder Wochenpredigten gehalten werden (das entsprach den Regelungen der „neuen" Soester Kirchenordnung).[493] Die Korruption in den inzwischen vielfach nur noch als Versorgungsinstitute missbrauchten Stiften (Verkauf der Präbenden an die Höchstbietenden) war energisch zu bekämpfen. Und wie in Soest selbst sollte künftig auch in der Grafschaft Mark neben die Kinderlehre flächendeckend die vom Pfarrer selbst geleitete Betstunde, das collegium pietatis, treten. Das aber setzte eine entsprechende Vorbereitung der Kandidaten des Predigtamtes voraus. Das von der preußischen Obrigkeit verordnete zweijährige Pflichtstudium in Halle war darum streng zu beachten und eine entschlossene Personalpolitik im Sinne des dortigen Pietismus zu betreiben.[494]

Francke selbst sah die Sache damals allerdings schon abgeklärter: Anordnungen dieser Art waren gut, alles ließ sich so aber auch nicht erzwingen. Die sich abzeichnende Niederlage des (zwischenzeitig zur Herrschaft gelangten) hallischen Pietismus im Kampf mit der Aufklärung, besonders dem Denken Christian Wolffs (1679–1754),[495] schwang hier schon merklich mit.[496]

492   Göbell, Evangelisch-lutherische Kirche I (wie Anm. 10), S. 225 (1738). – Dazu auch schon früher Rothert, St. Thomae (wie Anm. 11), S. 62.

493   Auch die Kleve-Märkische Kirchenordnung von 1687 hatte sich schon für solche Wochenpredigten eingesetzt, war damit aber wirkungslos geblieben: „Wochenpredigten, da sie in Gebrauche oder auch vor denen vorigen Kriegszeiten [vor allem 1618–1648], als[weil] in welchen viele Zerrüttungen geschehen, jemalen annoch kündlicher Maßen in Gebrauch gewesen, sollen fleißig gehalten werden." Rothert, Kirchengeschichte der Mark III (wie Anm. 10), S. 62 f.

494   Edition Nr. 104.

495   Christian Wolff (1679–1754). Wie Anm. 413.

496   Edition Nr. 105. – Dies zeigte sich auch an und im Verlauf weiterer Debatten. Ein Schlüsselkonflikt für diese Übergangsphase war so z. B. neben dem bekannten „Fragmentenstreit" (Hermann Samuel Reimarus [1694–1768]) der Streit um das Verbot der rationalistischen „Wertheimer Bibel" (1737–1739), einer kommentierten Übersetzung der fünf Bücher Mose durch den Hebraisten und Erzieher der Kinder der verwitweten Gräfin Amöne Sophie Friederike zu Löwenstein-Wertheim-Virneburg (1684–1746) in Wertheim (Main) Johann Lorenz Schmidt (1702–1749), einen Schüler des Franz Buddeus (1667–1729; wie Anm. 316) in Jena. Das Verbot sollte auch in Soest durchgesetzt werden. Soest StA/StB, Bestand A, Hs. 26, Bl. 302a Nr. 21 (19. Januar 1737). Dazu: Raupp, Werner: Artikel „Schmidt, Johann Lorenz", in: NDB 23 (2007), S. 194 f. – Schmidt, Johann Lorenz: Gründliche Vorstellung der Streitigkeit welche über die im Jahr 1735 zu Wertheim heraus gekommene freye Uebersetzung

Abb. 56: Gotthilf August Francke (1696–1769). Kupferstich des Johann Christoph Sysang (1703–1757), tätig in Leipzig, nach dem Gemälde des Gabriel Spitzel (1697–1760), tätig in Augsburg, 1745. (Halle [Saale], Porträtgallerie der Franckeschen Stiftungen, Bött C 574)

sondern auch das Singen der Gebete, des Segens und der Einsetzungsworte des Heiligen Abendmahles.[490] Das waren drastische Eingriffe in die liturgischen Formen, die, wenn sie tatsächlich umgesetzt wurden, auch den Laien ins Auge fallen mussten. In der Exegese sollten sich die Pfarrer fortan an den Werken Joachim Langes (1670–1744)[491] orientieren. Sie sollten, so der König 1733, auf Kosten der Kir-

---

490 Rothert, Ehrenreiche Stadt (wie Anm. 11), S. 162. – Ders., Kirchengeschichte der Mark III (wie Anm. 10), S. 62.
491 Joachim Lange (1670–1744). Wie Anm. 384.

1.11 Arbeit an einer „neuen" Kirchenordnung   145

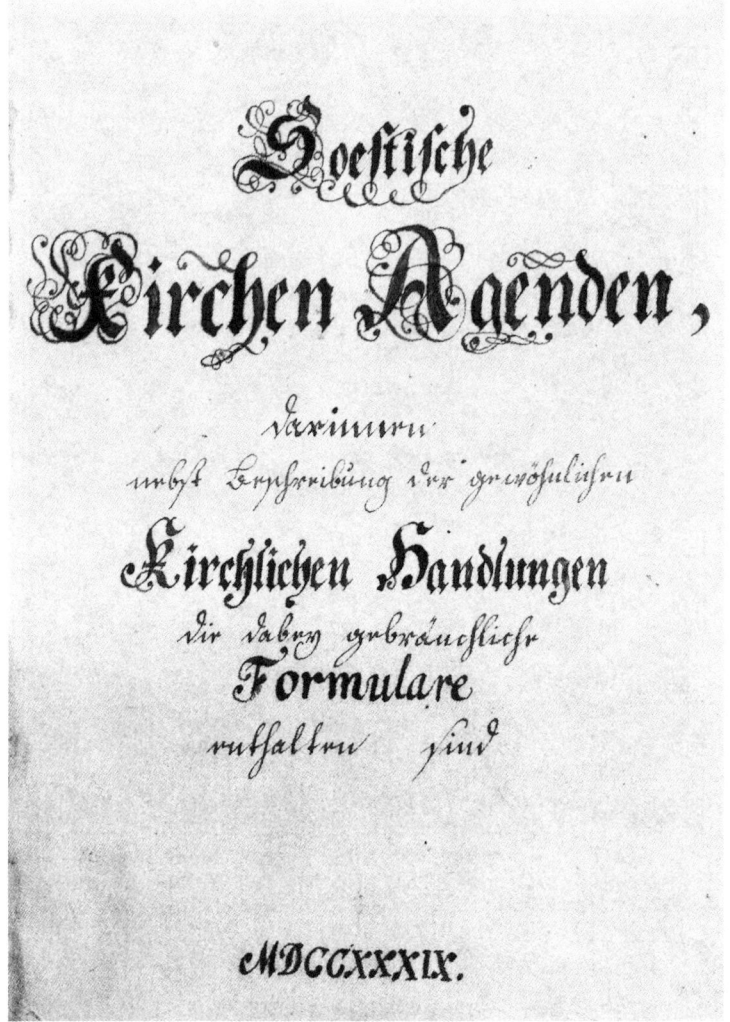

Abb. 55: Die „Soestische Kirchen Agenden", 1739, Titelblatt. (Evangelische Kirchengemeinde Niederbörde, Dorfkirche in Borgeln, Inventar III^c 4; „Borgelsches Kirchenbuch 1", Foto: Tilmann Marek)

scharfen Ton an und untersagten den Lutheranern nicht nur das Tragen des Chorrocks (des alten, weißen Messgewandes) und das Entzünden von Altarlichtern,[489]

---

[489] Vgl. dazu auch das auf beide Verbote reagierende Protokoll der Synode der lutherischen Gemeinden der Grafschaft Mark: „Da voriges Jahr ein allergnädigstes Königl[iches] Rescript de dato Cleve d[ie] 21 Maj wegen Abschaffung des Altar Lichtbrennens zeitl[ichem] Inspectori zu Handen kommen; ist auch dißmahl wiederumb dieserthalb nachfrage geschehen und vernommen, dass dergleichen nirgends mehr in Brauch sey, wie auch dem allergnädigsten rescript wegen Abschaffung der weißen Chor-Kleider durchgehends allernechst gelebet werde." Göbell, Evangelisch-lutherische Kirche I (wie Anm. 10), S. 224f. (1738). – Dazu: Zur Nieden, Religiöse Bewegungen (wie Anm. 10), S. 33. – Rothert, Kirchengeschichte der Mark III (wie Anm. 10), S. 60.

Sybels Vater Johann Georg († 1713)[483] gewesen und gewann durch dessen Sohn nun eine sowohl rechtlich wie liturgisch überzeugende Gestalt.

Wie sich aufgrund neuer Quellen zeigen lässt, verfolgte Sybels „Kirchen Agenden" ehrgeizige Ziele. Rasch wurde sie daher auch Gegenstand seiner Korrespondenz mit Gotthilf August Francke (1696–1769, Abb. 56),[484] der das Werk nicht nur begutachtete, sondern dieses am Ende auch zum Druck befördern sollte. Francke, ein bis heute weit unterschätzter Theologe und Kirchenorganisator, würdigte Sybels Bemühungen um eine im Sinne des hallischen Pietismus klare liturgische Formensprache. Bei der von diesem angestrebten umfassenden Gewissenserforschung mahnte er jedoch zur Vorsicht. Sybels dazu vorgelegte, durchdachte Formulare seien zwar gut. Man müsse aber wohl doch akzeptieren, dass sich nicht Alles bis ins Letzte reglementieren lasse. Auch wenn sich Sybels Hoffnungen damit zuletzt nicht erfüllten, blieben beide Männer auch in der Folge in dichtem und herzlichem Kontakt. Damit entstand ein sich über zwei Jahrzehnte hinziehender, bisher völlig unbekannter Briefwechsel, der erst mit Sybels Tod 1759 abbrach.

Was die Bewahrung der liturgischen Eigentraditionen der alten Soester Kirche anbelangte, kam all dies aber doch zu spät. Hier hatte der König nämlich inzwischen ein straffes und zielstrebig umgesetztes „Normalisierungsprogramm" in Gang gesetzt. Es betraf neben Soest und seiner Börde auch die übrigen, lutherisch geprägten Teile seiner westfälischen Territorien, das heißt insbesondere die Grafschaft Mark, das Fürstentum Minden und die Grafschaft Ravensberg.[485]

Schon seit Oktober 1729 war es den Soestern so etwa verboten, bei öffentlichen Leichenzügen, das heißt: der Überführung des Sarges zum Friedhof, ein Kreuz vorauszutragen zu lassen.[486] Ab 1733 durften bei ihnen „in grobe Sünde gefallene" Gemeindegliedern nicht mehr durch die Verhängung einer öffentlichen Kirchenbuße, des sogenannten „kleinen Bannes", zur Umkehr bewegt werden (was die „Kirchen Agenden" natürlich anerkennen musste, in ihren Formularen aber doch gleichzeitig wortreich zu umgehen versuchte).[487] Und 1736 und 1737 ergingen dann schließlich sogar gleich zwei besondere „Verordnungen zur Abschaffung der alten, noch aus dem Papsttum herrührenden Zeremonien".[488] Sie schlugen einen ungewöhnlich

---

483 Johann Georg Sybel (1647–1713). Wie Anm. 15.
484 Gotthilf August Francke (1696–1769). Wie Anm. 452.
485 Vgl. Eickhoff, Hermann: Kirchen- und Schulgeschichte, in: Minden-Ravensbergischer Hauptverein für Heimatschutz und Denkmalpflege (Hg.): Minden-Ravensberg unter der Herrschaft der Hohenzollern. Festschrift zur Erinnerung an die dreihundertjährige Zugehörigkeit der Grafschaft Ravensberg zum brandenburgisch-preußischen Staate, Bielefeld und Leipzig 1909, S. 89–138, hier S. 99–102.
486 Soest StA/StB, Bestand A, Hs. 26, Bl. 302a.
487 Rothert, Ehrenreiche Stadt (wie Anm. 11), S. 162 und 166. – Zur historischen Einordnung des Problems: Kluge, Dietrich: Die „Kirchenbuße" als staatliches Zuchtmittel im 15.–18. Jahrhundert, in: JWKG 70 (1977), S. 51–62.
488 Soest StA/StB, Bestand A, Hs. 26, Bl. 302a (9. September 1737; mit Antwort des Rates vom 20. Oktober desselben Jahres).

1.11 Arbeit an einer „neuen" Kirchenordnung

gestörter gewesen war. Im Protokoll ihres 1734 in Schwerte tagenden Konvents hieß es dann auch besorgt (wenn auch ohne erkennbare Folgen):

„§ 9. Weil so verschiedene formularen Bey Tauf-Handlungen und Abendmahls Außtheilung, Einsegnung der Sechswochnerinnen und confirmation der catechumenorum in den gemeinen gebrauchet werden; hat Synodus eine gleichförmigkeit zu stiften, diensahm erachtet, dass aus jeder classe dergleichen, wie sie daselbst gebräuchlich, an zeitl[ichen] H[errn] Inspectorem eingesandt und von demselben, auß allen das Beste heraus gezogen und universaliter formular abgefaßet werden möchte."[479]

Der Mann, dem man auch diese Aufgabe übertrug, war Sybel und das, was damit entstand, ein liturgiehistorisch einzigartiger Text, die gewaltige „Soestische Kirchen Agenden" von 1739 (Abb. 55).[480]

Sybels „Kirchen Agenden" begann mit einem kundigen Rückblick auf die bis heute nahezu unbekannte Geschichte des Gottesdienstes in den lutherischen Gemeinden der Grafschaft Mark.[481] Vor diesem Hintergrund beschrieb sie detailliert sämtliche geistliche Handlungen. Außerdem bot sie eine Fülle von Gebeten, Segnungen und Meditationen, die sowohl aus fremden Agenden Nord- und Mitteldeutschlands, als auch aus heute verschollenen heimischen Vorlagen, so etwa einem wahrscheinlich noch bis ins 16. Jahrhundert zurückgehenden Soester „Kollektenbuch" geschöpft waren. Ausführlich wurde hier aber auch über den Verlauf einer offenbar als wegweisend begriffenen, vom König selbst angeordneten Visitation aller Kirchen und Schulen im Jahr 1737 berichtet.[482] Besonders im Blick war dabei nicht zufällig die Feier der Konfirmation. Sie war ja auch schon ein Anliegen von

---

479 Ebd., S. 189 f. (1734). – Dazu schon Zur Nieden, Religiöse Bewegungen (wie Anm. 10), S. 57.
480 Bislang lediglich beiläufig erwähnt bei Rothert, Kirchengeschichte der Mark III (wie Anm. 10), S. 47 mit Anm. 5. – Vgl. die Edition 2.5.
481 Edition 2.5, § 1–6 („Vorbericht").
482 Ebd., hier: „K. Von der kirchen-visitation, wie dieselbe anno 1737. bey einigen kirchen gehalten worden [ist]. § 39." – In der Grafschaft Mark hatte man sich, was die Visitationspraxis anbelangte, wohl schon seit einiger Zeit mit der Anforderung von Jahresberichten aus den Einzelgemeinden begnügt. Göbell, Evangelisch-lutherische Kirche I (wie Anm. 10), S. 193 (§ 17; 1734). Die Anzeige einer „echten" Generalvisitation durch den König löste daher Überraschung aus: „§ 7. Die von S[eine]r Königl[ichen] Maj[estät] allergnädigst befohlene Kirchenvisitation ist von allen mit schuldigem Dank zu erkennen, wie aber dieselbe in die Würcklichkeit zu bringen? woher die Kosten zu nehmen? und ob nicht ein Subdelegatus od[er] ander frommer Prediger qua actuarius den H[errn] inspectoren begleiten solle? solches hat man allerunterthänigst S[eine]r Königl[ichen] Maj[estät] vorzustellen und zu bitten." Ebd., S. 212 (1737). Ab 1742 kehrte man zur bisherigen Berichtspraxis zurück. Ebd., S. 252 (§ 2; 1742) und S. 261 (§ 2; 1743).

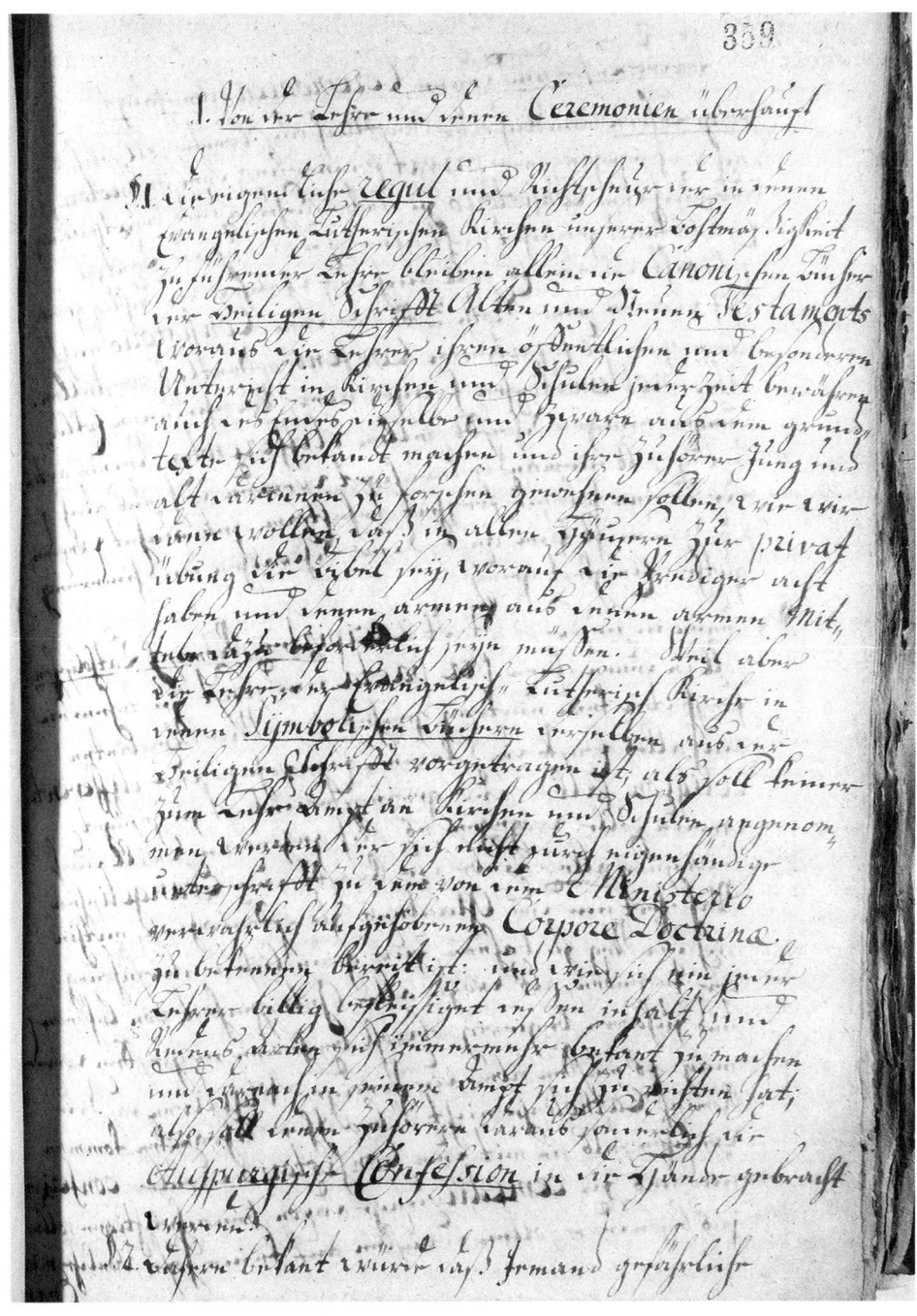

Abb. 54: Die „neue" Soester Kirchenordnung, zwischen Dezember 1729 und Herbst 1736; erste Seite des Textes. (Soest StA/StB, Bestand A, Nr. 6156b, S. 359–490, hier S. 359, Foto: Thomas Ijewski)

1.11 Arbeit an einer „neuen" Kirchenordnung

Für Soest selbst brachte der neue, ab 1729 zur Erprobung freigegebene Text aber doch wichtige Innovationen. Zwar wurden die beiden Ministerien auch weiterhin nicht völlig gleichgestellt. Dass man ein gemeinsames „Corpus" bildete, wurde aber erstmals ausdrücklich festgehalten. Und das schlug sich nun auch in neuen Rechten für die Bördepfarrer nieder: Sie durften fortan nicht nur bei der Wahl des Inspektors mitwirken,[476] sondern wurden auch an den Examina der Kandidaten des Predigtamtes beteiligt (1735),[477] waren also in gleicher Weise wie die Pfarrer der Stadt für die Reinerhaltung des lutherischen Bekenntnisses verantwortlich. Wer in Soest neu in ein kirchliches oder schulisches Amt wollte, musste sich bald auch ihren Fragen stellen.

Eng verbunden mit der Arbeit an der neuen Kirchenordnung und gleichsam aus ihr erwachsend kam es nun aber noch zu einem weiteren Projekt. Dabei handelte sich um eine Sammlung all jener liturgischen Texte und Ordnungen, die in den Kirchengemeinden der Stadt Soest und ihrer Börde galten oder nach Auffassung der hier aktuell kirchenleitend Tätigen, also besonders der Pfarrer des ministerium urbanum, dort künftig in Geltung stehen sollten.[478]

Tatsächlich bestand auch an dieser Stelle ein akuter Klärungsbedarf. Das galt jedoch nicht nur für die Gemeinden der Soester Kirche, sondern auch für die der weitaus größeren lutherischen Synode der Grafschaft Mark, deren Verbund ja von Anfang an ein nurmehr lockerer und durch die politischen Ereignisse immer wieder

---

476 So Rothert, Ehrenreiche Stadt (wie Anm. 11), S. 155 f.

477 Sehr wahrscheinlich reagierte man damit auch auf das Bestreben der preußischen Behörden, die Examina generell zu zentralisieren und so an sich zu ziehen. Paralleles vollzog sich damals nämlich auch in den lutherischen Gemeinden der Grafschaft Mark (Zur Nieden, Religiöse Bewegungen [wie Anm. 10], S. 60). Die zwei Hallischen Pflichtjahre hatten dem schon vorgearbeitet. Göbell, Evangelisch-lutherische Kirche I (wie Anm. 10), S. 210 f. (1737). Die Synode wollte zunächst an der alten Prüfungspraxis festhalten. Ebd., S. 216 (1737). Ab 1742 wurden die zu prüfenden Kandidaten dann aber standardmäßig erfasst. Ebd., S. 256 (1742), 293 (1748), 299 (1749), 312 (1752), 318 (1753), 322 (1754), 327 (1755), 333 (1756), 341 (1758) und 347 (1759).

478 Der Gedanke an eine solche Sammlung lag nahe. In der lutherischen Synode der Grafschaft Mark war er erstmals 1711 aufgekommen: „§ 10. Weil auch in Synodo vorkommen, daß fast in jeder Kirchen ein besonder formular bey Administrirung beyder h[eiligen] sacramenten, als Tauf und Abendmahl, adhibiret und gebrauchet würde; als[o] ist resolviret und gut befunden, daß jedes orthes Evang[elisch] luth[erische] Prediger der Grafschaft Marck ihr gewöhnliches formular ehestens He[rr]n Inspectori [Heinrich Wilhelm Emminghaus], per subdelegatos [die Superintendenten] einer jeden Classe, binnen 3. Monathen einsenden, da dann aus allen, mit Zuziehung 3. ad 4. der ältesten H[erren] Prediger, ein beständiges und in allen Kirchen adhibirendes formular solle verfasset und heraus gegeben werden." Ebd., S. 16. Das Unternehmen war aber schnell wieder versandet. Ebd., S. 23 f. (1712). – Auch dem erneuten Aufruf von 1734 (wie unten Anm. 479) kamen viele der märkischen Gemeinden offenbar nur schleppend nach: „§ 8. Die formularia, so weit selbige noch nicht angekommen [sic!], sollen nun eestens eingesand werden, damit ein neues universal Formular könne verfertiget werden." Ebd., S. 197.

1.11 Arbeit an einer „neuen" Kirchenordnung und der „Soestischen Kirchen Agenden"

Im Verlauf der 1720er Jahre erhöhte König Friedrich Wilhelm I. (1688; reg. 1713–1740),[471] Soests übermächtiger Schutzherr, den Druck auf das städtische Kirchenwesen.[472] Er bestand darauf, endlich Einsicht in dessen Ordnungen zu erhalten. Als Landesherrn stehe ihm dies zu.

Der Vorstoß brachte die Stadt in arge Verlegenheit. Anders als nach außen hin stets behauptet, bestanden hier nämlich viele Unklarheiten. Man agierte, und das schon seit Generationen, mit Teilordnungen aller Art, die sich zum Teil sogar offen widersprachen. Die immer hoch gelobte „Soester Kirchenordnung" bestand also nur in der Theorie. Sie war ein reines Luftschloss.

Dazu kamen alte Spannungen innerhalb der Pfarrerschaft. Das ministerium suburbanum, der Kreis der Bördepfarrer, war nicht mehr bereit, sich wie bisher der Aufsicht der Stadtpfarrer zu unterwerfen (Predigt- und Visitationsrechte). Auch den gemeinsamen Inspektor wollte man künftig mitwählen dürfen.[473] Das aber widersprach den Traditionen und wurde von den Pfarrern der sieben Stadtgemeinden schroff zurückgewiesen. Ein Wort gab das andere, und als der Rat nicht schlichten konnte, appellierten die Bördepfarrer schließlich direkt an den König, dem das natürlich mehr als willkommen war, um sich selbst als ordnende Hand ins Spiel zu bringen.

Als alles Ausweichen nicht half, lenkte der Soester Rat ein. Er beschloss (ein Angebot aus Berlin aufgreifend) die komplexen eigenen Rechtstraditionen sichten zu lassen, um sie ex post zusammenzuführen und so am Ende doch noch eine veritable „Soester Kirchenordnung" vorlegen zu können. Der Auftrag dazu ging, wie nun erweislich ist,[474] an Johann Nikolaus Sybel. Im Dezember 1729 lag das Ganze vor (Abb. 54). Es wurde nach Berlin gesandt, wo es von den Juristen des Königs begutachtet, zuletzt aber wohl doch nicht mehr offiziell ratifiziert wurde.[475]

Hermanni 1737. – De miseria hominum a Deo expiato levanda […], Soest: Hermanni 1739. – Teutsches Programma von den Vortheilen einer großmüthigen Aufführung […], Soest: Hermanni 1743. – De hominibus Christianis fortibus fortioribus exercitationem ordini erudito pensitandam […], Soest: Hermanni 1747. – De hominum plerorumque conditione, sua ipsorum culpa brutorum animalium sorte deteriori […], Soest: Hermanni 1753; 3.18 Georg Friedrich Movius Nr. 1 (1731) bis Nr. 10 (1753). – Movius Witwe lebte noch 1757 bei einer Verwandten in Soest. Deus, Soziologie (wie Anm. 95), S. 31.

471 Friedrich Wilhelm I. (1688; reg.1713–1740). Wie Anm. 286.
472 Rothert, Ehrenreiche Stadt (wie Anm. 11), S. 168. – Zu den Veränderungen im Blick auf das Scholarchat vgl. Vogeler, Archigymnasium IV (wie Anm. 9), S. 11.
473 Rothert, Hugo: Kirchliches Stillleben, in: JVEKGM 1 (1899), S. 151–166 (nach einem gegenwärtig nicht auffindbaren Protokollbuch des 18. Jahrhunderts).
474 Edition Nr. 100–105.
475 Soest StA/StB, Bestand A, Nr. 6156b, S. 343–509. – Edition 2.3.

1.10 Umgestaltung des Gymnasiums

Rathauses[459] zur nahen Schule geführt: „Im Herausgehen folgte er den Predigern u[nd] auf erhaltenen Wink vom syndico ging er zum catheder."[460] Schon zwei Tage zuvor hatte man ein vom Rat finanziertes „Programma […] in rationem praelectionum suarum" in Umlauf gebracht.[461] Und bald war wohl auch dem Letzten klar, dass sich das Leben am Soester Gymnasium grundlegend verändert hatte: „Den 13. Mai als den ersten Pfingsttag fing er [Movius] gegen 5 uhr die Erbauungsstunde auf der schule an und continuirte dieselbe, wozu auch prediger und Bürger zuzeiten herauf kamen."[462]

Damit wirkte neben Kiepke,[463] dem Präzeptor des Waisenhauses, und dessen beiden Freunden Johann Arnold Sybel (1700–1760)[464] und Johann Dietrich von Steinen (1701–1756)[465] fortan ein weiterer, in etwa altersgleicher „Hallenser" in wichtiger Position in der Stadt: der Rektor Movius am Gymnasium. Der hallische Pietismus hatte sich damit auch hier, wo ihm unter Jost Wessel Rumpaeus zwei Jahrzehnte lang alle Türen versperrt geblieben waren, durchgesetzt.[466]

Movius war fleißig und ein fähiger Organisator. Schon im August 1731 konnte er durchsetzen, dass der Porticus der Schule „mit gehauenen steinen belegt" und das Schulhaus auch von außen renoviert wurde. In der Kirche saßen die Schüler nun auf „besonderen Stühlen" (Bänken). Das machte sie als Gruppe erkennbar, erleichterte es aber auch, das Erscheinen zu überprüfen.[467]

Beim 200jährigen Reformationsjubiläum der Stadt am 21. Dezember 1731 (Thomastag) war die Schule unter ihrem neuen Rektor allenthalben präsent (Disputationen, Konzerte, Festakte etc.).[468] Und 1743 erhielt sie durch Movius dann auch neue, hochmoderne Schulgesetze.[469] In intellektueller Hinsicht konnte sich Movius mit seinem Vorgänger Rumpaeus aber wohl nicht messen. Das zeigt auch der Blick auf seine doch deutlich schmalere literarische Produktion.[470]

---

459 Schwartz, Denkmäler 1 (wie Anm. 11), S. 119–128.
460 Soest StA/StB, Bestand A, Hs. 76, S. 102 (§ 193).
461 [Movius, Georg Friedrich:] De litterarum studiis ingenio accommodandis oratio […], Soest: Hermanni 1731; 3.18 Georg Friedrich Movius Nr. 1 (1731).
462 Soest StA/StB, Bestand A, Hs. 76, S. 102 (§ 194 f.).
463 Christoph Kiepke (Kypcke, Kibecke, Kybeke; 1696–1759). Wie Anm. 274.
464 Johann Arnold Sybel (1700–1760). Wie Anm. 227.
465 Johann Dietrich von Steinen (1701–1756). Wie Anm. 277.
466 Richter, Einfluß (wie Anm. 9), S. 95.
467 Soest StA/StB, Bestand A, Hs. 76, S. 102 (§ 196).
468 Ebd., S. 103 (§ 197–199 und 201).
469 Richter, Einfluß (wie Anm. 9), S. 94 f.
470 Aus seiner Zeit in Soest (ab 1731) sind für Movius folgende Publikationen nachgewiesen: De imaginatione eius viribus atque regimine […], Soest: Hermanni 1731. – De prudentia circa theologiam polemicam in scholis tractandam consultationem […], Soest: Hermanni 1732. – De philosophiae naturalis in theologia utilitate […], Soest: Hermanni 1733. – De angelis eorumque natura, attributis et operationibus […], Soest: Hermanni 1735. – Teutsches Programma Auf die Frage: Ob es möglich und nützlich sey auch Unstudierte zu vernüfftigem Nachdencken anzugewöhnen […], Soest:

sprochen weitreichende Projekte und brachte deshalb nun seinerseits einen seiner früheren Schüler, den „Magister Grosch" aus Gotha, ins Gespräch.⁴⁵⁵

Am 3. November 1730 wandte sich Francke an die Scholarchen. Er bat um Nachsicht für den Verzug (man habe Zeit gebraucht, „ein u[nd] anderes geschicktes subjekt zu sondiren") und schlug den Soestern (in Ergänzung zu zwei leider nicht überlieferten Vorschlägen, die diesen zwischenzeitig durch Freylinghausen gemacht worden waren) die Anstellung Groschs vor,⁴⁵⁶ nannte aber auch noch einen weiteren Namen, nämlich den des Georg Friedrich Movius (1701–1754) aus Daber in Pommern. Georg Friedrich Movius hatte sich zunächst 1720 in Halle, dann 1721 in Jena immatrikuliert und war nun bereits seit 1725 Informator am Hallischen Pädagogium.⁴⁵⁷

Und auf Movius lief es zuletzt dann auch hinaus. Allerdings war der Mann bitterarm, weshalb man ihm Ende Februar zunächst einmal 40 Taler Reisegeld nach Halle schicken musste. Am 19. März 1731 war Movius dann in Lippstadt, von wo man ihn mit einem Wagen abholte. Anfang April trat das ministerium urbanum zusammen. Movius musste sich verpflichten, den „Libris Symbolicis unserer Kirche gemäß [zu] lehren" und die „Didascalia [Schulgesetze] in allem" einzuhalten.⁴⁵⁸

Die Einführung des neuen Rektors, sie fand am 9. April statt, war ein großes Ereignis. Movius wurde aus der kleinen Ratsstube des noch brandneuen Soester

---

es auch im gegenwärtigen gefunden." Richter, Einfluß (wie Anm. 9), S. 94.

455 Ebd., S. 94.

456 „Nachdem wir aber in der angewendeten Bemühung nicht weiter zum Zweck kommen können, so haben wir hierdurch zuförderst zu berichten, daß wir an den von dem H[errn] D[oktor Johann Anastasius] Freylingh[ausen unabhängig vom Votum der Fakultät] vorgeschlagenen beyden Subiectis nichts auszusetzen finden, maßen sie beyde geschulte und rechtschaffene Leute sind. Da uns aber über dieß von einer glaubhaften Person die gute qualität eines gewißen Gothaischen Predigers, der vormals allhier studiret u[nd] nachher zum informatore des Durchl[auchtigsten] Printzen in Gotha überstellet worden, Namens Mag[ister] Grosch, sehr angerühmt worden; so haben wir nicht unterlaßen wollen, denselbigen hiedurch zugleich bekannt zu machen." Ebd., S. 94.

457 Ebd., S. 94. – Wie sein Bruder Daniel Friedrich Movius († 1752), zuletzt Lehrer am Pädagogium des Klosters Berge bei Magdeburg, gehörte auch Georg Friedrich Movius zum „inner circle" der hallischen Pädagogen. Vgl. zu diesem Kreis exemplarisch: Freundschaftliche Tränen, welche dem Hochedlen und Hochwolgelarten Herrn, Herrn Daniel Friedrich Movius, wolverdienten Lehrer am Pädagogio zu Closter Berga, ihrem ehemaligen Hochgeschätzten Mitarbeiter an der lateinischen Schule des Wäysenhauses, nachweinten folgende Freunde und Lands-Leute P[eter] Schaumann [1723–1793]. G[otthilf] A[ndreas] Erdmann [* 1728]. A[nton] F[riedrich] Backe [1707–1762]. J[ohann] C[hristoph] Voß [† 1726]. J[acob] C[hristian] L[udwig] Hutzschky [* 1729]. J[ohann] H[ieronymus] Chemnitz [1730–1800]. J[ohann] F[riedrich] Sorge [1728–1788]. J[ohann] G[ottlieb] Ramler [* 1730]. G[eorg] C[hristoph] Silberschlag [1731–1790]. C[hristian] L[udwig] Schäffer [1732–1780] [...], Halle: Schneider [1752] (VD18 11349891).

458 Soest StA/StB, Bestand A, Hs. 76, S. 102 (§ 192).

Abb. 53: Johann Anastasius Freylinghausen (1670–1739). Kupferstich des Georg Paul Busch (um 1682–1759), tätig in Berlin, nach dem Gemälde des Johann Anton Rüdiger (1701–1750), tätig in Halle (Saale), nach 1734. (Halle [Saale], Porträtgallerie der Franckeschen Stiftungen, Bibliothek, Boett B 1496)

gespielt haben, dass der dortige Dekan, Gotthilf August Francke (1696–1769),[452] seit 1727 ordentlicher Professor, die Situation in Soest aufgrund seiner Korrespondenz mit Sybel inzwischen recht gut kannte. Man nannte verschiedene Namen und verständigte sich am Ende auf Johann Heinrich Callenberg (1694–1760),[453] einen fähigen Orientalisten, Theologen und Historiker. Der erst kurz zuvor zum außerordentlichen Professor ernannte Mann wollte aber nicht.[454] Er hatte andere, ausge-

452 Sträter, Udo: Artikel „Francke, Gotthilf August", in: RGG⁴ 3 (2000), Sp. 212 (Literatur).
453 Bochinger, Christoph: Artikel „Callenberg, Johann Heinrich", in: RGG⁴ 2 (1999). Sp. 15 (Literatur).
454 „Wie aber schon in anderen dergleichen Fällen, wenn ich dem Lieben Gott dieselben vorgetragen, keine Neigung dazu in meinem Hertzen empfangen hätte; also hätte ich

mann (1686–1743)⁴⁴³ in Lippstadt, Johann Peter Reusch (1691–1758)⁴⁴⁴ in Jena und Johann Heinrich Zopf (1691–1774) in Essen.⁴⁴⁵ In der Tat war Zopf zeitweilig als Nachfolger des Rumpaeus im Blick gewesen.⁴⁴⁶ Lohnend erscheint hier aber auch der Vergleich mit den Dortmunder Schulgesetzen von 1725/32.⁴⁴⁷

Wollte man sein anspruchsvolles Programm umsetzen, brauchte man rasch einen neuen, dieser Aufgabe gewachsenen Rektor. Um ihn zu bekommen, schrieben die Soester Scholarchen, darunter auch Sybel selbst, nun zunächst an Johann Anastasius Freylinghausen (1670–1739, Abb. 53),⁴⁴⁸ den Schwiegersohn Franckes und Direktor des Hallischen Pädagogiums.⁴⁴⁹ Parallel dazu wandte man sich aber auch an die Theologische Fakultät (7. Oktober 1730) und legte dieser seinen neuen, ganz den hallischen Vorstellungen entsprechenden Lehrplan vor.⁴⁵⁰ Hier wurde das Gesuch schon am 17. Oktober 1730 in Umlauf gesetzt.⁴⁵¹ Dabei dürfte auch eine Rolle

---

443   Andreas Cappelmann (1686–1743; wie Anm. 400) hatte in Jena unter dem 1705 aus Halle hierher berufenen Johann Franz Buddeus (1667–1729; wie Anm. 316) studiert. Er wurde zunächst Konrektor (1712), dann Rektor (1713) der städtischen Schule in Lippstadt (heute: Ostendorf-Gymnasium), für die er nun schon bald eine neue Schulordnung verfasste. Ab 1721 war Cappelmann dann Pfarrer an St. Jakobi in Lippstadt.

444   Johann Peter Reusch (1691–1758) war ein Schüler des 1723 aus Halle vertriebenen Christian Wolff (1679–1754; wie Anm. 413). Er lehrte in Jena Philosophie und Eloquenz und war dort gleichzeitig Rektor der Schule. Prantl, Carl von: Artikel „Reusch, Johann Peter", in: ADB 28 (1889), S. 296.

445   Johann Heinrich Zopf (1691–1774; vgl. zu ihm auch bereits Anm. 173) wurde 1716 Lehrer am Hallischen Pädagogium und trat hier in engen Kontakt zu August Hermann Francke (1663–1727; wie Anm. 88). Von dort wechselte er 1719 nach Essen, wo er die Leitung der städtischen Schule übernahm. 1721 lud er mit einem in Soest gedruckten Programm zur jährlichen Valedictio seiner Schule ein (De selectu in studio observando, Soest: Hermanni 1721; Exemplar: Soest StA/StB). Rosenkranz, Pfarrer (wie Anm. 169), S. 586. – Gruch, Pfarrer 4 (wie Anm. 169), S. 546 f. (Nr. 14946; Literatur). – Dazu: Overmann, Geschichte der Essener höheren Lehranstalten (wie Anm. 173), S. 3–196. – Bloth, Hugo: Brückenschlag zwischen dem Burg- und Gröning'schen Gymnasium in Essen und Stargard seit mehr als 150 Jahren. In: Festschrift 150 Jahre Burggymnasium Essen, Essen 1974, S. 32–35. – Peters, Pietismus in Westfalen (wie Anm. 1), S. 201 – Zur Diskussion ihrer Beteiligung am Soester Lehrplan von 1730 vgl. besonders Loer, Lehrplan und Lehrmethode (wie Anm. 9), S. 69 f.

446   Soest StA/StB, Bestand A, Hs. 76, S. 101 (§ 189).

447   Esser, Helmut: Die beiden Dortmunder Schulgesetze von 1725 und 1732, in: Beiträge zur Geschichte Dortmunds und der Grafschaft Mark 76/77 (1984/85), S. 243–273.

448   Sträter, Udo: Artikel „Freylinghausen, Johann Anastasius", in: RGG⁴ 3 (2000), Sp. 357 (Literatur).

449   Edition Nr. 84 f.

450   Edition Nr. 86. – Abdruck: Richter, Einfluß (wie Anm. 9), S. 92–94.

451   „Venerandi Domini Senior et Collegae, Hiebey communicire [ich] gehors[amst] ein Schreiben aus Soest, und bitte mich unterdem schriftl[ich], oder in conventu mündl[ich] dero suffragia [Vorschläge] wissen zu lassen, damit darauf könne geantwortet werden." Ebd., S. 94.

1.10 Umgestaltung des Gymnasiums

zeitgleich entstandenes Dokument.[438] Es beschreibt die „Lehrmethode, welche bei dem Archigymnasium in Soest beachtet wird".[439] Damit erfolgte hier erstmals eine bewusste Trennung der Schulgesetze von der Darstellung der praktizierten Lehrmethode. Das Ergebnis offenbart die Modernität des Ansatzes: Zwar ist die Vorherrschaft der „Bibelsprachen", Latein, Griechisch und Hebräisch, weiterhin ungebrochen. Daneben finden in diesem Lehrplan – wie in Halle – aber erstmals auch ganz neue Fächer und Wissenschaftsbereiche ihren Platz.[440]

Über den oder die Verfasser/die geistigen Väter dieses Plans besteht bislang keine Klarheit.[441] Bereits die Notizen seines Abschreibers Eduard Vorwerck (1806–1882) bringen ihn aber nicht nur mit Sybels Bruder Georg Andreas,[442] sondern auch mit mehreren auswärtigen Rektoren in Verbindung. Genannt werden Andreas Cappel-

---

438   Es wird in den Schulgesetzen ausdrücklich erwähnt: „§ 30. Die lectiones, autores, und der im Dociren zu beobachtende methodus sind in der Lehrmethode unseres Gymnasii angewiesen, davon kein docens nach eigenem Wohlgefallen abgehen darf […]". Ebd., S. 23.

439   Löer, Lehrplan und Lehrmethode (wie Anm. 9), S. 65 (mit Anm. 4)

440   „Entsprechend dieser Öffnung des Lehrplans läßt sich auch eine Veränderung in der Auswahl der antiken Autoren und die vermehrte Benutzung von Schulbüchern feststellen. Für die Tertianer z. B. tritt die Lektüre der Werke des Vergil, Horaz und anderer Elegiker zurück, als Vorbild für lateinische Stilübungen werden vermehrt christliche Autoren wie Laktanz, Minucius Felix, Prudentius und Iuvencus benutzt. Anleitung und Material zur Erweiterung der stilistischen Fähigkeiten und der geforderten Eloquenz bieten das rezeptartige Kompendium des Leusdenius, das Exercitium stili des Vockerodt, der Traktat De imitatione des Weisius, das Fundamentum stili cultioris des Heineccius. Die humanistischen Lehrbücher eines Melanchthon, Hutterus, Chytraeus, Posselius oder Ramus (Pierre de Ramée) sind inzwischen abgelöst. Nach der Lehrmethode von 1730 sollen u. a. die theologischen und philosophischen Grundlegungen von Buddeus und Freylinghausen, die Grammatiken und Übungsbücher von Cellarius und Lange, die Anweisungen zur Erarbeitung der biblischen Geschichte, der Geographie und Politischen Historie von Hübner und schließlich die Gedichtsammlungen und Handbücher zur Orthographie und Redekunst sowie die Universalgeschichte von Freyer Verwendung finden. Stand hinter der Auswahl der antiken Autoren und der Lehrbücher im 16. Jahrhundert die pädagogische Wirksamkeit Melanchthons, so orientiert man sich jetzt an den Vorstellungen A. H. Franckes. Zu dessen engsten Mitarbeitern am Pädagogium in Halle gehörten Freylinghausen, Freyer und Cellarius. In Halle lehrten Heineccius und Lange, in Jena Buddeus, in Gotha Vockerodt, in Zittau Weisius, in Merseburg, Halle und später in Hamburg J. Hübner. Gemeinsam versuchen diese Autoren das Übergewicht des mechanischen Lernens und Memorierens einzuschränken, die Regeln beim Spracherwerb durch Beispiele einsehbarer zu machen und durch Einbeziehung neuer Wissensbereiche das iudicium der Schüler auszubilden." Ebd., S. 67.

441   Vogeler, Archigymnasium IV (wie Anm. 9), S. 11 mit Anm. 3. Demnach ist an dieser Stelle wohl doch ein dramatischer Quellenverlust zu beklagen.

442   Georg Andreas Sybel (1676–1750). Wie Anm. 349.

man die Modalitäten eines solchen „Rektorenbegräbnisses" daher nun detailliert fest.[435]

Noch im Herbst 1730 wurden die alten Schulgesetze durch ein neues, 200 Paragraphen starkes Regelwerk ersetzt. Dasselbe griff zwar in vielen Passagen auf die älteren, Harhoffschen Gesetze zurück, womit der Bruch mit der Tradition zumindest oberflächlich kaschiert war. In theologischer, pädagogischer und didaktischer Hinsicht war das Ganze aber ein Neubeginn.[436]

Geht man diesen Text sorgfältig durch, ist hier dann auch auf Schritt und Tritt das Bemühen erkennbar, die Ordnungsvorstellungen und Lösungsansätze Halles auf die eigenen Verhältnisse zu übertragen.[437] Ähnliches gilt für ein weiteres, wohl

---

435   Ebd., S. 35 (§ 112).
436   Ebd., S. 11 mit Anm. 1 (Anhang; sehr negativ im Blick auf die Länge). – Dazu: Richter, Einfluß (wie Anm. 9), S. 92 mit Anm. 19.
437   Vogeler, Archigymnasium IV (wie Anm. 9), S. 18–48. – Deutlich hervor tritt das Vorbild Halles, das heißt besonders der dortigen Schulordnungen von 1702 und 1721, vor allem in folgenden Paragraphen: §§ 1–3, 7, 9–11, 14, 16, 18 („Wie die Schul-Lehrer unter die ministros ecclesiae sortiren und mit den Predigers einerlei privilegia genießen, so will es sich auch gebühren, dass sie sich durch theologischen Habit und modeste Kleidung von andern distinguiren"), 19–29 (der gesamte Komplex „B. Von deren [der Lehrer] Bemühung, die Jugend zum Christenthumb und anständigen Sitten anzuführen" ist Halle in Reinkultur. Als Quelle benannt wird „das Sittenbüchlein, so für das Pädagogium in Halle gedruckt ist"), 33, 41 („Die Information muß alle Zeit munter und erwecklich geführet werden"), 55, 58 (Führung eines Personalbogens für jeden Schüler), 67, 69 (das Soester Waisenhaus als Empfänger von Strafgeldern), 78, 82, 84f., 87 (regelmäßige Fürbitten der städtischen Kirchengemeinden für die Arbeit am Gymnasium), 96, 98, 100 (maßgeblich für den Chorgesang ist das Hallische [Freylinghausensche] Gesangbuch), 105–130 (der gesamte Komplex „A. Von ihrer [der Schüler] christlichen und sittlichen Aufführung" ist Halle geschuldet), 131f., 137–140, 145, 156 (Neuregelung des Predigtrechtes in den Dörfern der Börde mit dem Ziel einer Normierung der Predigt im Sinne Halles), 163–177 (Regelungen für als Hauslehrer einzusetzende Studenten der Theologie; darin 177: Verpflichtung derselben zur Teilnahme an einer besonderen Donnerstags-Erweckungsstunde für die Hauslehrer), 183f. (Regelungen für das Singen vor den Türen [Kurrendesingen der Schüler]: „Es soll mit den Stücken, welche alle erbaulich und merklich sein sollen, abgewechselt und alle Samstage ein neues, so aus dem Hallischen [Freylinghausenschen] Gesangbuch genommen werden kann, probiret werden"), 190 (Einrichtung einer besonderen „Donnerstags-Erweckungsstunde" des Rektors für die Chorburschen der Schule), 199–201 (Verfahren zur Empfehlung von Schülern für Soester Stipendien bzw. an die märkischen Freitische in Halle [Saale]; ausdrücklich für Theologen bestimmte Stipendia dürfen nicht zugunsten anderer Studiengänge umgewidmet werden; die Stipendiaten sind zu regelmäßigen Berichten an die Scholarchen verpflichtet und versprechen, später auch ihrerseits in den Stipendienfonds einzuzahlen).

1.10 Umgestaltung des Gymnasiums

Sybel hatte diese Kollekte zwar von Anfang an unterstützt und beworben. Der Abfluss der Gelder wurde aber – wie überall – nur ungern gesehen. Dazu kam, dass der Rektor Rumpaeus den theologischen Nachwuchs auch weiterhin an die orthodoxen Universitäten in Rostock oder Greifswald lenkte. Man kam also zunächst gar nicht in den Genuss der so mühevoll mitfinanzierten Einrichtung.[428]

Dies änderte sich erst, als Sybel den neuen Soester Inspektor und Ersten Pfarrer an St. Petri Johann Möller (Müller, Mollerus; 1646–1722),[429] einen Vater vieler Söhne, auf die dem Hallischen Waisenhaus angegliederte Bürgerschule aufmerksam machte. Sie bildete eine kostengünstige Alternative zum eigenen Gymnasium, die Möller, ein schon alter Mann, dann auch sogleich für seine beiden jüngsten Söhne Johann Albert (* 1700; † 1722 Halle [Saale]) und Johann Diederich (* 1703)[430] zu nutzen versuchte. Zu diesem Zwecke nahmen beide Pfarrer nun Kontakt zu August Hermann Francke auf. Ihre bislang unbekannten Briefe aus den Jahren 1717 und 1718 werden unten erstmals vorgestellt.[431] Wie schon erwähnt, errichtete Sybel 1718 dann auch selbst eine Stiftung, die bedürftigen Stadtkindern den Schulbesuch in Halle ermöglichen sollte.[432] Dass das Ganze die heimischen Strukturen schwächte, wurde in Kauf genommen. Das eigene Gymnasium geriet so zusätzlich unter Druck, aber die neue Zeit schrie laut nach Reformen.[433]

Sofort nach Rumpaeus' Tod kam es in Soest dann auch zu einer grundlegenden Neuordnung des Schullebens. Ein Motor des Ganzen war offenbar Sybels ältester Bruder Georg Andreas, der neue Konrektor und langjährige Lehrer der Tertia, der solches schon am 4. August, kaum dass der alte Rektor bestattet war, in einer feierlichen Rede ankündigte.[434] Natürlich mussten auch hier noch einmal lobende Worte über Rumpaeus gefunden werden. Das entsprach der Konvention. Es könnte aber auch daran gelegen haben, dass bei dessen Beisetzung nicht alles so verlaufen war, wie man es sich erhofft hatte. Um hier für die Zukunft abgesichert zu sein, schrieb

---

428 Vgl. Edition Nr. 49f.
429 Johann Möller (Müller, Mollerus; 1646–1722; wie Anm. 39) war nach seinem Studium in Jena 1680 zunächst Zweiter, dann 1696 Erster Pfarrer an St. Petri geworden. Das Inspektorenamt hatte er seit 1712 inne.
430 Kleiner Michels (wie Anm. 14), S. 397.
431 Edition Nr. 35f., 38f. und 42.
432 Edition Nr. 41.
433 Vgl. Richter, Einfluß (wie Anm. 9), S. 85: „In den Jahren 1691 bis 1730 studierten 42 gebürtige Soester in Halle, zu denen noch eine Vielzahl weiterer Studenten hinzukommen, die nicht aus Soest stammten und in der Universitätsmatrikel unter ihrem Heimatort geführt, am Soester Archigymnasium ihre erste Ausbildung erhalten hatten." Durch den hier gewählten vergleichsweise großen Zeitraum (40 Jahre) gerät aber aus dem Blick, dass diese Wanderung nicht stetig war und in Soest insgesamt deutlich verspätet einsetzte. Unberücksichtigt bleibt dabei auch, dass ein Studium in Halle für die Kandidaten des Predigtamtes nach und nach unabdingbar wurde, wenn man in preußischen Landen in eine Pfarrstelle gewählt werden wollte.
434 Vogeler, Archigymnasium IV (wie Anm. 9), S. 13f.

Stadtgrenzen hinaus bekannten Mannes erfolgte im Chor von St. Georgii, also in der Kirche, deren Pfarrer Sybel nun schon fast 20 Jahre lang war.[425] Hier, auf einer Platte nicht weit vom Altar, konnte man fortan die folgende Grabschrift lesen:

„Anno Christi 1730 die 28. Julii vir maxime reverendus, amplissimus et excellentissimus dominus Justus Wesselus Rumpaeus, S[ancti]s[simae] Theologiae doctor, huius Athenaei per annos XXI rector et gymnasiarcha gravissimus, pie obiit aetatis 55. Roman. XIV. 8. Sive vivimus, domino vivimus, sive morimus, Domino morimur, sive igitur vivamus, sive moriamur, Domini sumus."[426]

1.10 Umgestaltung des Gymnasiums

Schon seit 1704 hatten auch die Soester Kirchengemeinden vierteljährlich für die Freitische der Grafschaft Mark an der Universität in Halle kollektieren müssen.[427]

---

425 Stute, Joann Peter: Klage, Ach und Wehe zu christschuldigem Andenken des Herrn Justi Wesseli Rumpaei, des Soestischen Archigymnasii Rectoris […], Soest: Hermanni 1730; 3.25 Johann Peter Stute Nr. 5 (1730). – Zum Vorgang ausführlich Vogeler, Archigymnasium IV (wie Anm. 9), S. 13. – Ders., Märkische Pastorenchronik (wie Anm. 368), S. 89. – Zur Familie: Deus, Herren von Soest (wie Anm. 60), S. 434.

426 „Leben wir, so leben wir dem Herrn; sterben wir, so sterben wir dem Herrn. Darum: wir leben oder sterben, so sind wir des Herrn" (Röm 14, 8). – Zitiert nach: Vogeler, Archigymnasium IV (wie Anm. 9), S. 14. – Schwartz, Denkmäler 2 (wie Anm. 11), S. 203 (Nr. 10) (nicht mehr vorhanden).

427 Maßgeblich war auch in Soest die Verordnung vom 27. August 1704 (Corpus Constitutionum Marchicarum I,2, Sp. 149f., Nr. LXXVII). Wann und wie konsequent die Umsetzung erfolgte, bleibt aber ungewiss. – 1714 wurden die Synodalen der lutherischen Gemeinden der Grafschaft Mark ermahnt: „§ 3. Waß die Hallische Collecte anlanget, ist verabredet, das dieselbe vorgeschriebener maßen gesamblet und durch jedweden ampts subdelegatum H[errn Regierungsrat] von Friedeborn [in Kleve] eingesandt und derhalben Quitung sollicitiret werden solle." Göbell, Evangelisch-lutherische Kirche I (wie Anm. 10), S. 34. Der Eingang der Gelder blieb aber schleppend. Ebd., S. 49 (1716). 1720 wurden die Eintreibung und Abführung der Kollekte in die Hände des Hammer Pfarrers Johann Heinrich Schmidt (ca. 1692–1749; wie Anm. 196) gelegt, der während seines Studiums in Halle ein persönlicher Schüler Franckes gewesen war. Ebd., S. 76. Auch diese Maßnahme brachte aber wenig Besserung. Ebd., S. 99 (1721). 1722 wurde die Zuständigkeit dem Weseler Pfarrer Friedrich Wilhelm Demrath (1684–1774; Rosenkranz, Pfarrer [wie Anm. 169], S. 91; Gruch, Pfarrer 1 [wie Anm. 169], S. 327 [Nr. 2313]), damals Inspektor in Kleve, übertragen. Ebd., S. 102. 13 Jahre später trat dann der Pfarrer zu Mark, Johann Diedrich Möllenhoff (1700–1756; Bauks, Pfarrer [wie Anm. 14], S. 334 [Nr. 4196]; Kleiner Michels [wie Anm. 14], S. 391 und 449; er hatte die Lateinschule des Waisenhauses in Halle [Saale] besucht), in diese Funktion ein. Die Zahlungsmoral blieb aber schlecht. Ebd., S. 199. Ab 1745 lagen die Sammlung und Abführung der Gelder unmittelbar in den Händen des Inspektors. Ebd., S. 278 (1745) und 328 (1755).

Konrektor hatte einführen müssen,[419] erreichte ihn nämlich unverhofft ein Ruf ans Dortmunder Gymnasium. Zwar litt er inzwischen unter erheblichen Gesundheitsproblemen. Er gab sich aber dennoch wechselwillig und war nur durch eine Gehaltserhöhung und „unter dem Versprechen der Willfährigkeit" in Soest zu halten. Auch sonst nutzte Rumpaeus die Situation weidlich aus: Er setzte nämlich durch, dass man ihn zum „Gymnasiarchen" ernannte und hatte damit fortan auch Sitz und Stimme im Scholarchat.[420]

Schon bei den Vorbereitungen zur Feier des 200jährigen Jubiläums des Confessio Augustana (25. Juni 1530, Abb. 52) konnte der Soester Rektor dann aber gesundheitsbedingt kaum noch mitwirken. Die Einladung erging durch den neuen Konrektor. Das Jubiläum selbst wurde ein großes Fest.[421]

Nachdem Rumpaeus am 28. Juli 1730 ohne Nachkommen[422] verstorben war, hielt ihm der Erste Pfarrer an St. Petri, der Magister Johann Peter Stute (1688–1734),[423] am folgenden Sonntag die Leichenpredigt. In ihr pries er Rumpaeus als „lux Westfaliae, lux Susati, lux archigymnasii".[424] Die feierliche Beisetzung des weit über die

---

419 Edition Nr. 80. – Soest StA/StB, Bestand A, Hs. 76, S. 99 (§ 180). – Dazu: Vogeler, Archigymnasium IV (wie Anm. 9), S. 11.

420 Soest StA/StB, Bestand A, Hs. 76, S. 100 (§ 184). – Dazu: Vogeler, Archigymnasium IV (wie Anm. 9), S. 11. – Richter, Einfluß (wie Anm. 9), S. 92 (mit abweichender Datierung).

421 [Sybel, Georg Andreas:] Jubilaeum (wie Anm. 351). – Die Festvorträge am 26. Juni 1730 hielten Johann Friderich Georg Walther aus Soest (nicht bei Bauks, Pfarrer [wie Anm. 14]), Karl Andreas Hengstenberg aus Ohle bei Plettenberg (wohl ein Sohn Johann Hengstenbergs [1666–1727], seit 1696 Adjunkt in Ohle und dort nachmals auch Pfarrer. Ebd., S. 199 [Nr. 2525]) und Johann Theodor Erben (1712–1757) aus Altena. Erben studierte in Gießen (1735) und Halle (1740) und war später zunächst Pfarrer in Ümmingen (1744), dann ab 1755 zweiter Pfarrer in Lennep (ebd., S. 120 [Nr. 1534]). Soest StA/StB, Bestand A, Hs. 76, S. 100 (§ 186). – Zum Vorgangs selbst Vogeler, Archigymnasium IV (wie Anm. 9), S. 13 mit Anm. 1. – Gruch, Pfarrer 2 (wie Anm. 169), S. 79f. (Nr. 2996). – Zum Fest: Soest StA/StB, Bestand A, Hs. 76, S. 100 (§ 186). – Einen Bericht über die Feier des CA-Jubiläums (nach Eberhard Ludwig Rademacher [1695–1750]) bieten auch Niemöller/Rothert, Reformationsjubiläen (wie Anm. 10), S. 147–149. Ihr Text ist jedoch nicht identisch mit dem in Soest StA/StB, Bestand A, Hs. 26, S. 339ff. überlieferten, deutlich anschaulicheren Material, das zusätzlich auch noch ein Lehrgedicht bietet. Vgl. Edition Nr. 82f.

422 Vogeler, Archigymnasium IV (wie Anm. 9), S. 13.

423 Bauks, Pfarrer (wie Anm. 14), S. 501 (Nr. 6215). – Dazu: Kleiner Michels (wie Anm. 14), S. 496f. – Schwartz, Denkmäler 2 (wie Anm. 11), S. 152 (Nr. 43) (Grabplatte; nicht mehr vorhanden). – Stute war ein hochgebildeter Mann. Er hatte in Halle, Leipzig und Wittenberg studiert und hinterließ mehrere historische Arbeiten zur Geschichte Soests und seiner Börde, darunter auch eine sauber gearbeitete Vita des aus Soest stammenden katholischen Theologen, Juristen und Kirchenpolitikers Johannes Gropper (1503–1559). Braunisch, Reinhard: Artikel „Gropper, Johannes", in: RGG[4] 3 (2000), Sp. 1301 (Literatur); 3.25 Johann Peter Stute.

424 Vogeler, Archigymnasium IV (wie Anm. 9), S. 13.

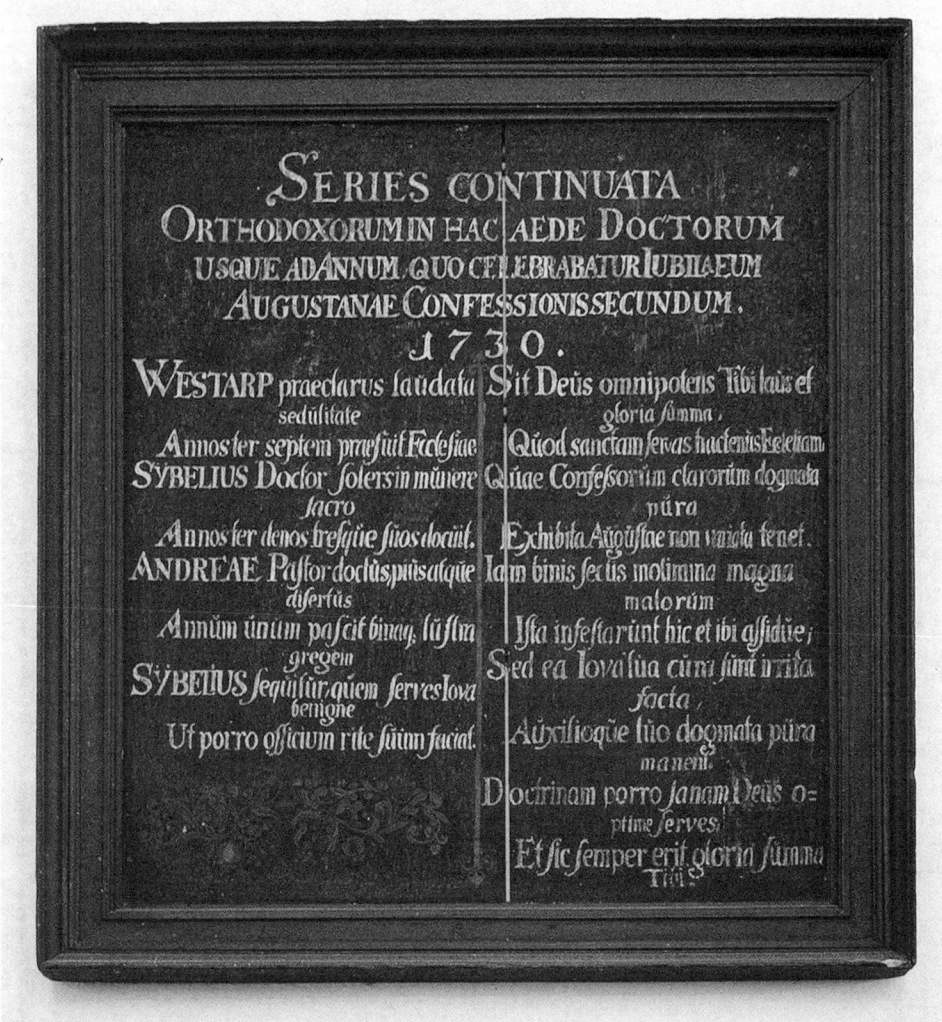

Abb. 52: Kirche St. Pauli in Soest: „Series [pastorum] continuata [...] usque ad annum [...] 1730". (Foto: Ulrich Althöfer)

Abb. 51: Johann Gottlob Carpzov (1679–1767). Kupferstich, nicht bezeichnet, wohl von Martin Bernigeroth, (1670–1733), tätig in Leipzig, nach 1730. (Sammlung Christian Peters)

In seinem letzten Lebensjahr schien sich Rumpaeus' nach und nach immer unbefriedigender gewordene Situation dann kurzfristig noch einmal zu verbessern. Nachdem er am 1. Mai 1730 Sybels älteren Bruder Georg Andreas widerwillig als

> gelehrte Arbeit, die nach des Verfassers Absicht nicht sowohl eigene Forschungen als vielmehr eine Zusammenstellung fremder Resultate geben und so der Kirche wie der studirenden Jugend dienen wollte, als Fortsetzung und Ergänzung von Carpzov's Einleitung in das Alte Testament und als Ersatz der älteren, unbrauchbar gewordenen Officinia biblica von Michael Walter. Das Werk leistete, wenngleich nur die allgemeine Einleitung umfassend, eine Zeitlang gute Dienste, bis es dann in der zweiten Hälfte des 18. Jahrhunderts durch die völlige Neugestaltung der biblischen Wissenschaft verdrängt wurde". – Der kompilatorische Charakter des Buches geht auch aus Rumpaeus Korrespondenz mit Lange hervor. Vgl. Edition Nr. 70, 75 und 80.

Abb. 50: Christian Wolff (1679–1754). Kupferstich des Johann Christoph Sysang (1703–1757), tätig in Leipzig, 1737. (Sammlung Christian Peters)

ger Orientalist und nachmalige Lübecker Superintendent Johann Gottlob Carpzov (1679–1767, Abb. 51),[417] ein erbitterter Gegner des Pietismus und emsiger Mitstreiter Löschers, besonders in dessen spätem Kampf gegen die Herrnhuter Brüdergemeine (1742), bereits die Vorrede geschrieben hatte, blieb unvollendet.[418]

417 Schäfer, Birgitte: Artikel „Carpzov. 9. Johann Gottlob", in: RGG⁴ 2 (1999), Sp. 74 (Literatur).
418 Commentatio critica ad libros Novi Testamenti in genere cum praefatione d[omi]n[i] Jo[hann] Gottlob Carpzovii […], Leipzig: Lanckisch 1730 (Abdruck des Titelblattes bei Löer, 450 Jahre Archi-Gymnasium [wie Anm. 9], S. 68). Das sehr solide Buch erlebte noch gut 25 Jahre später eine 2. Auflage: Leipzig: Lanckisch (Erben) 1757; 3.21 Jost Wessel Rumpaeus Nr. 69 (1730) und Nr. 71 (1757). – Wagenmann, Rumpaeus (wie Anm. 345), S. 662 f. äußert sich wie folgt zu diesem Werk: „Eine gründliche und

Abb. 49: Valentin Ernst Löscher (1673–1749). Kupferstich, nicht bezeichnet, wohl von Martin Bernigeroth (1670–1733), tätig in Leipzig, nach 1709. (Sammlung Christian Peters)

Wotschke[415] und das hier gebotene neue Material aus Greifswald und Halle (Saale) herausgehenden systematischen Erschließung.

Zwar legte Rumpaeus noch im Jahr 1721 eine eigene Dogmatik vor.[416] Eine von ihm begonnene Einleitung in das Neue Testament, zu der der berühmte Leipzi-

415   Wotschke, Theodor: Aus den letzten Tagen der Orthodoxie, in: JVWKG 30 (1929), S. 113–134. – Ders.: Rumpaeus' Briefe an Löscher, in: JVWKG 31 (1930), S. 125–139. – Ders., Geschichte des westfälischen Pietismus 1 (wie Anm. 10).
416   Institutiones theologicae in tres partes distributae […], Soest: Wolschendorff und Leipzig: Lanckisch 1721; 3.21 Jost Wessel Rumpaeus Nr. 54 (1721). – Dazu: Wagenmann, Rumpaeus (wie Anm. 345), S. 662 („mit besonderer Rücksicht auf die neuesten Haeresien und den detestandus sentiendi credendique libertinismus in Fragen und Antworten verfaßt").

Frequenz der Schule stetig zurück. Das betraf vor allem deren drei oberste Klassen. Hatten hier in den besten Zeiten der Schule oft 100 und mehr Schüler die Bänke gedrückt, so waren es inzwischen kaum noch 20. Selbst viele Stadtkinder wurden inzwischen lieber auf die moderner ausgerichteten Schulen in Dortmund, Essen und Lennep geschickt, was sich auch durch diverse Verfügungen der Regierung, um die sich nicht nur Rumpaeus, sondern auch der Soester Rat beharrlich und auf unterschiedlichsten Wegen bemühten (Wehrbefreiung; Verpflichtung zum Besuch der heimatlichen Schulen), nicht wirkungsvoll abstellen ließ.[409]

Obwohl er lebenslang streng orthodox votiert hatte, konnte sich aber auch Rumpaeus den geistigen Umbrüchen der Zeit – so vor allem der Protektion des hallischen Pietismus durch den preußischen Staat einerseits und dem steten Vordringen der Aufklärung andererseits – nicht dauerhaft entziehen. Das belegt auch sein Briefwechsel, zunächst mit seinem Lehrer Johann Friedrich Mayer[410] in Greifswald (bis 1712), später dann aber auch mit Valentin Ernst Löscher (1673–1749, Abb. 49)[411] in Dresden. In seinen letzten Lebensjahren nahm er schließlich sogar Kontakt zu dem von ihm einst so hart bekämpften Joachim Lange (1670–1744)[412] in Halle auf. Hier einte nun die Gegnerschaft gegen die Aufklärung in Gestalt Christian Wolffs (1679–1754, Abb. 50),[413] dessen für viele Jüngere so attraktives System als eine „monströse" Bedrohung begriffen wurde. In diesem Kontext räumte Rumpaeus nun sogar ein, unter dem Einfluss seiner beiden Lehrer Fecht und Mayer falsch über Philipp Jakob Spener und dessen Anliegen geurteilt zu haben.[414]

Der Briefwechsel des Soester Rektors ist deshalb nicht nur für Westfalen aufschlussreich. Er bedarf dringend einer über die Ersterfassung durch Theodor

---

eine Predigt halte, er sei [denn] darum begrüßet und habe dazu Permission gegeben'." Der heftige Konflikt, bei dem es um eine Überlebensfrage des Gymnasiums ging (die Möglichkeit, mit obrigkeitlicher Genehmigung schon früh Erfahrung im Predigen zu sammeln, steigerte dessen Attraktivität im Wettbewerb mit anderen Schulen ganz erheblich), schwelte noch lange fort. Vgl. auch Soest StA/StB, Bestand A, Hs. 76, S. 98 (§ 175): „1729 d[ie] 4. Jan[uarii] haben Scholarchen auf begehren des He[rrn] D[octoris] Rumpaei bei den Herrn directoribus des Waisenhauses für alumnos supremae classis die freiheit ausgebeten, sonntags zuweilen im Waisenhause ein exercitium homileticum zu haben […]". – Löer, 450 Jahre Archi-Gymnasium (wie Anm. 9), S. 66f. – Erst die Kirchenordnung von 1729 brachte an dieser Stelle eine detaillierte und für alle Seiten verbindliche Regelung. Edition 2.3, § 78.

409 Vogeler, Archigymnasium IV (wie Anm. 9), S. 12f. (nach einer Eingabe des Rumpaeus vom 25. Mai 1729). – Vgl. auch Edition Nr. 77.
410 Johann Friedrich Mayer (1650–1712). Wie Anm. 382.
411 Valentin Ernst Löscher (1673–1749). Wie Anm. 406.
412 Joachim Lange (1670–1744). Wie Anm. 384.
413 Stolzenberg, Jürgen: Artikel „Wolff, Christian", in: RGG⁴ 8 (2005), Sp. 1682–1684 (Literatur).
414 Edition Nr. 65.

Ernst Löschers (1673–1749, Abb. 49),[406] der 1724 zunächst Pfarrer an Soest St. Thomae und später, nun Pfarrer im nahen Unna, gleichzeitig auch noch Inspektor der lutherischen Gemeinden der Grafschaft Mark wurde.[407]

Nicht minder entschlossen agierte Rumpaeus aber auch, wenn andere versuchten, die Privilegien des von ihm geleiteten Gymnasiums zu untergraben. Das galt besonders, wenn die Predigtrechte der älteren Schüler, vor allem aber der Alumni in den Bördekirchen und im Waisenhaus infrage gestellt wurden. Diese stellten nämlich einen echten Standortfaktor der Soester Schule dar.[408] Dennoch ging die

Abb. 48 (vorige Seite): Ernst Salomo Cyprian (1673–1745): Hilaria Evangelica […], Gotha/Leipzig: Weidmann 1719. (Münster, Institut für Westfälische Kirchengeschichte)

    (1729), dann Erster Pfarrer (1731) wurde und von 1740 bis 1743 zugleich Inspektor der Grafschaft Mark war. Bauks, Pfarrer (wie Anm. 14), S. 333 (Nr. 4194). – Dazu: Kleiner Michels (wie Anm. 14), S. 393. – Zu seiner Rede anlässlich der Einweihung der neuen Orgel in Soest St. Thomae 1725 vgl. Müller, Musikpflege (wie Anm. 37), S. 93. – 3.17 Joachim Henrich Möllenhoff.

406 Wallmann, Johannes: Artikel „Löscher, Valentin Ernst", in: RGG⁴ 5 (2002), Sp. 518 (Literatur). – Kohnle/Kusche, Professorenbuch (wie Anm. 75), S. 128–130.

407 Das von Möllenhoff aus diesem Anlass Gebotene, eine Auslegung des lutherischen „V.D.M.I.E." im Blick auf die Geschichte der Reformation in der Stadt Unna mit abschließender Series pastorum, war bei aller Schwülstigkeit doch auch auf einen Ausgleich der Gegensätze bedacht. Es zitierte nicht nur Johann Friedrich Mayer (1650–1712; wie Anm. 382), sondern nahm auch positiv auf Philipp Jakob Spener (1635–1705; wie Anm. 52) Bezug. Niemöller/Rothert, Reformationsjubiläen (wie Anm. 10), S. 135–141, hier S. 136 f.

408 Ein heute nicht mehr ermittelbares, bei Vogeler, Archigymnasium IV (wie Anm. 9), S. 12 f., aber zumindest referiertes Gutachten des Rates für die preußische Regierung lässt die an dieser Stelle aufgerissenen Fronten klar erkennen: Demnach „hätten früher die Studiosen der ersten [obersten] Klasse, welche sich dem theologischen Fach zu widmen beabsichtigten und auf der Schule so weit gefördert worden wären, daß sie im Stande gewesen, ein thema theologicum auszuarbeiten und zur Erbauung ihrer Zuhörer vorzutragen, nach Vorzeigung eines ihnen hierüber seitens des Präses des geistlichen Ministeriums [Inspektors] und des Rektors ausgestellten Zeugnisses auf den Dörfern in der Börde und im Waisenhause predigen dürfen, allein diese Erlaubnis werde ihnen jetzt in bezug auf das exercitium homileticum in den Kirchdörfern der Börde von dem Pastor [Johann] Hennecke [1683–1750; in Schwefe; wie Anm. 268], als dem ältesten der Pastorum suburbanorum, streitig gemacht, welcher, obwohl er früher des öfteren Studiosen, namentlich den jetzigen Pastor [Arnold] Mönnich in Lippstadt [ca. 1703–1757; Bauks, Pfarrer (wie Anm. 14), S. 339 (Nr. 4251). Dazu: Kleiner Michels (wie Anm. 14), S. 397], zu seiner Kanzel zugelassen, nun ‚seine collegas dahin zu disponieren suche, daß sie keinen studiosum zum predigen admittieren sollten', und das Waisenhaus werde diesen ‚von dem Pastor in pratis [Johann Thomas] Hermanni [1685–1747; an St. Mariae zur Wiese (wie Anm. 263)] versperrt, der sich die Autorität angemaßet habe, daß keiner im Waisenhause denen Armen und Waisen

ERN. SAL. CYPRIANI
HILARIA EVANGELICA,

Oder

Theologisch-Historischer Bericht

Vom

Andern Evangelischen

Jubel-Fest,

Nebst III. Büchern darzu gehöriger Acten und Materien,

Deren das Erste,

Die Obrigkeitlichen Verordnungen/ und viele Historische Nachrichten,

Das Andere,

ORATIONES und PROGRAMMATA JVBILÆA,

Das Dritte

Eine vollständige Beschreibung der Jubel-Medaillen begreiffet.

Mit Kupffern, Summarien und einem nützlichen Register.

GOTHA,

Verlegts Moritz Georg Weidmann, 1719.

1.9 Jost Wessel Rumpaeus

nissen.⁴⁰⁰ Im Vorfeld des Jubiläums von 1717 begann der Rektor eine intensive Korrespondenz mit Ernst Salomo Cyprian (1673–1745)⁴⁰¹ in Gotha. Später ließ er Cyprian einen detaillierten Bericht über die in Soest stattgehabten Feierlichkeiten zukommen, der dann in dessen bekannte „Hilaria Evangelica" (1719, Abb. 48)⁴⁰² einging.⁴⁰³ Gleiches taten damals übrigens auch Rumpaeus' Studienfreund Reinhard Heinrich Rolle⁴⁰⁴ in Dortmund und der den beiden nahestehende Unnaer Rektor und Magister Joachim Henrich Möllenhoff (1687–1746),⁴⁰⁵ ein Schüler Valentin

400 Vogeler, Archigymnasium IV (wie Anm. 9), S. 13. – Auch in den übrigen lutherischen Städten Westfalens war das Reformationsjubiläum von 1717 nicht zuletzt ein Fest der Schulen (städtischen Gymnasien). Das belegen die bereits bei Niemöller/Rothert, Reformationsjubiläen (wie Anm. 10) gebotenen Texte aus Cyprians „Hilaria evangelica" (Evangelische Festfreude). Sie gehen durchweg auf die jeweiligen Rektoren zurück: In Lippstadt war dies Andreas Cappelmann (1686–1743; Bauks, Pfarrer [wie Anm. 14], S. 74 [Nr. 949]; Rothert, Kirchengeschichte der Mark III [wie Anm. 10], S. 110f.; Text: Niemöller/Rothert, ebd., S. 131–134), in Unna Joachim Henrich Möllenhoff (1687–1746 [wie Anm. 405]; Text: Niemöller/Rothert, ebd., S. 135–141) und in Dortmund der Prorektor Reinhard Heinrich Rolle (Rollius; 1683–1768 [wie Anm. 373]; Text: Niemöller/Rothert, ebd., S. 141–147). – Zu den Feierlichkeiten in der Grafschaft Mark daselbst, S. 126–129 (nach der „Hilaria"). – Zur Überlieferung in den Synodalprotokollen: Göbell, Evangelisch-lutherische Kirche I (wie Anm. 10), S. 53 und 66f.

401 Ernst Salomo Cyprian (1673–1745), Professor der Theologie am/Direktor des Collegium Casimirianum in Coburg, Mitglied des Oberkonsistoriums in Gotha und Bibliothekar der Fürstlichen Bibliothek auf Schloss Friedenstein. – Koch, Ernst (Hg.): Ernst Salomon Cyprian (1673–1745) zwischen Orthodoxie, Pietismus und Frühaufklärung. Vorträge des Internationalen Kolloquiums vom 14. bis 16. September 1995 in der Forschungs- und Landesbibliothek Gotha, Schloß Friedenstein (Veröffentlichungen der Forschungs- und Landesbibliothek Gotha 34), Gotha 1996 (Literatur). – Schäufele, Wolf-Friedrich: Artikel „Cyprian, Ernst Salomo", in: RGG⁴ 2 (1999), Sp. 507f. (Literatur).

402 Cyprian, Ernst Salomo: Hilaria Evangelica, Oder Theologisch-Historischer Bericht Vom Andern Evangelischen Jubel-Fest: Nebst III. Buechern darzu gehöriger Acten und Materien, Deren das Erste, Die Obrigkeitlichen Verordnungen, und viele Historische Nachrichten, Das Andere, Orationes und Programmata Jubilaea, Das Dritte Eine vollstaendige Beschreibung der Jubel-Medaillen begreiffet; Mit Kupfern, Summarien und einem nuetzlichen Register, Gotha/Leipzig: Weidmann 1719. Exemplar: Institut für Westfälische Kirchengeschichte Münster.

403 Edition Nr. 40 und 45.

404 Reinhard Heinrich Rolle (Rollius; 1683–1768). Wie Anm. 373.

405 Joachim Henrich Möllenhoff (1687–1746) war ein jüngerer Bruder des „Schulkollegen" (Hermann) Andreas Möllenhoff (1666–1754; Kleiner Michels [wie Anm. 14], S. 393). Er hatte zunächst ganz kurz in Halle (1697), dann in Wittenberg studiert (1707) und war dort 1710 zum Magister promoviert worden. Anschließend war Möllenhoff Rektor der Schule in Unna geworden (1712). Dieser Tätigkeit sollten Pfarrstellen in Soest (1724; St. Thomae) und Unna folgen, wo er, nach einem von manchen Intrigen überschatteten Wahlverfahren (vgl. Edition Nr. 75), zunächst Zweiter

las nicht nur über die Confessio Augustana von 1530,[391] den Kolosserbrief und das Symbolum Athanasianum, sondern auch über die Synopse Schelwigs[392] und den hochorthodoxen Katechismus des Gießener Professors und nachmaligen Ulmer Superintendenten Konrad Dieterich (1575–1639), also dessen erstmals 1613 gedruckte „Institutiones catecheticae", die bis 1700 in über 40 Ausgaben erschienen waren.[393] Recht intensiv befasste er sich darüber hinaus mit dem System Jakob Böhmes (1575–1624).[394]

Auch nach seinem Wechsel nach Soest hielt Rumpaeus engen Kontakt zu Mayer, der ihn 1711, nur knapp ein Jahr vor seinem Tod, zum Doctor theologiae promovierte.[395] Das lässt auf weitere Karriereträume schließen, was sich auch durch seine hier edierte Korrespondenz belegen lässt.[396]

Rumpaeus' literarische Produktion blieb beeindruckend.[397] Der neue Rektor hielt auf strenge Schulzucht. 1720 wurde so etwa ein neuer Schulkarzer vor der Secunda, der obersten Klasse, eingerichtet. Dritten gegenüber zeigte er sich aber immer ausgesprochen freigebig. So spendete er große Summen für Arme, Kranke, Witwen und Waisen sowie abgebrannte Kirchen und baufällige Schulen.[398] Hier schlugen sich wohl auch eigene Erfahrungen als Halbwaise nieder.

Das Reformationsjubiläum des Jahres 1717[399] und ansatzweise wohl auch noch das des Jahres 1730 wurden unter Rumpaeus' Regie zu großen städtischen Ereig-

adiecit [།།།], Greifswald: Fickweiler 1707; 3.21 Jost Wessel Rumpaeus Nr. 12 f. (1704), Nr. 14 (1705), Nr. 16 (1706), Nr. 17–19, 21, 23 (1707), Nr. 34 (1711) und Nr. 37 (1712).

391 Und dies wohl gleich mehrfach: Programma quo ad publicas suas in Augustanam Confessionem lectiones [།།།] invitat [།།།], Greifswald: Adolph 1705. – Programma ad publicas suas in Augustanam Confessionem praelectiones invitans [།།།], Greifswald: Adolph 1707; 3.21 Jost Wessel Rumpaeus Nr. 15 (1705) und Nr. 22 (1707).

392 Samuel Schelwig (1643–1715). Wie Anm. 385.

393 Friedrich, Martin: Artikel „Dieterich, Konrad", in: RGG⁴ 2 (1999), Sp. 847 f. (Literatur).

394 Decanus Collegii theologici Jo[hannes] Frid[ericus] Mayer, d[octor] ad lectiones cursorias Anti-Böhmianas viri plurimum reverendi [།།།] d[omi]n[i] m[agistri] Justi Wessel[i] Rumpaei, theol[ogiae] baccalaur[ei] Facult[atis] Theol[ogiae] adjuncti et ad D[ivi] Jacobi concion[atori] sabbathic[i] invitat [།།།], Greifswald: Starcke 1707; 3.21 Jost Wessel Rumpaeus Dedikationen/Widmungen/Nachrufe Nr. 2 (1707).

395 Decanus collegii theologici Jo[hannes] Frid[ericus] Mayer [།།།] concionem ad XXII. Aprilis. anno MDCCXI. in qua licentiam conferet viris optime meritis [།།།] d[omi]n[o] m[agistri] Justo Wessel Rumpaeo, d[omi]no m[agistri] Mich[aeli] Frider[erico] Quadio, doctoralia capessendi axiomata observanter & modeste advocat [།།།], Greifswald: Starcke 1711. – Vgl. auch Edition Nr. 21 und 23 f.

396 Edition Nr. 21 und 26.

397 3.21 Jost Wessel Rumpaeus Nr. 27 (1709) bis Nr. 69 (1730). – Auch anhand der unten gebotenen Edition lässt sich diese Publikationstätigkeit präzise und mit vielen Hintergründen (Motivation, Umsetzung, Probleme) nachvollziehen.

398 Vogeler, Archigymnasium IV (wie Anm. 9), S. 10.

399 Zur akademischen Inszenierung des Jubiläums siehe besonders: [Rumpaeus, Jost Wessel:] Historumena de Reformatione ecclesiae divina, b[eati] Lutheri ministerio instituta [།།།], Soest: Hermanni 1717; 3.21 Jost Wessel Rumpaeus Nr. 50 (1717).

Abb. 47: Samuel Schelwig (1643–1715). Kupferstich des Elias Hainzelmann (1640–1693) in Augsburg nach dem Gemälde des Andreas Stech (1635–1697), tätig in Danzig, 1692. (Wien, Österreichische Nationalbibliothek, Bildarchiv und Grafiksammlung, PORT_00111267_01)

Joachimi Langii [...], Greifswald: Fickweiler 1707. – Utrum homo fidelis propter unionem mysticam de se possit dicere: Ego sum Christus? [...] contra omnes fanaticos speciatim Pietistas [...], Greifswald: Adolph 1707. – Controversias recentiores potissimum pietisticas ex loco de theologia [...], Greifswald: Adolph 1707. – [Mayer, Johann Friedrich:] Antitheses theologicas orthodoxas, thesibus heterodoxis ex pestilentissimo Christiani Democriti scripto: Unpartheyische Gedanken excerptis, oppositas [...], Greifswald: Starcke 1707. Fünf Jahre später noch einmal nachgedruckt: Greifswald: Starcke 1712. – [Herausgeber:] Samuelis Schelguigii [...] theses de tempore ex Augustana Confessione, Apologia, et Formula Concordiae decerptas, quarum collatio cum porismatibus inde deductis, novam pietatis methodum, in dogmatibus et praxi, ab hisce ecclesiae evangelicae symbolis longissime discedere, manifestat, [...] stricturas in ideam d[omi]n[i] Joachimi Langii, in dissertationis forma appendicis loco

Abb. 46: Joachim Lange (1670–1744). Kupferstich des Johann Martin Bernigeroth („M[artini]B[ernigerothi] fil[ius]"; 1713–1767), tätig in Leipzig, nach 1733. (Sammlung Christian Peters)

Schon in seiner Zeit in Greifswald hatte Rumpaeus fleißig publiziert (vor allem Antpietistica [Böhme, Dippel, Lange], aber auch Meteorologica und Beiträge zum „Teufelsstreit").[390] Das Spektrum seiner Lehrveranstaltungen war breit: Rumpaeus

---

Archigymnasium IV (wie Anm. 9), S. 10 mit Anm. 1. – Dazu: Ders., Märkische Pastorenchronik (wie Anm. 368), S. 86 f. (Paten), S. 89 (Frauen), S. 94 (zweite Ehefrau) und S. 109 (Stammbaum der Großfamilie).

390   De methodo disputandi per syllogismos […], Greifswald: Adolph 1704. – De etesiis, vulgo von den kühlen Luefftlein in Hunds-Tagen […], Greifswald: Adolph 1704. – Ex loco de imagine Dei quaestionum recentiorum imprimis Pietisticarum pentadem […], Greifswald: Adolph 1705. – Utrum detur aliqua Diaboli in hoc mundo operatio? […], Greifswald: Adolph 1706. Fünf Jahre später noch einmal nachgedruckt: Greifswald: Adolph 1711. – Nonnullas observationes atque stricturas in d[omi]n[i]

Abb. 45: Johann Friedrich Mayer (1650–1712). Kupferstich, nicht bezeichnet, nach 1701. (Sammlung Christian Peters)

war der Rektor traditionell Teil der Ehrbarkeit.[388] Das erkannte auch Rumpaeus und war durch seine beiden Ehen, durch die er in zwei angesehene Familien, die Rademachers und die Schüttes, einheiratete, bald fest in das Soester Patriziat eingebunden.[389]

388 In Dortmund war das nicht anders. Auch hier stichelten die Gegner Johann Georg Jochs, besonders der Reinoldipfarrer und Senior Justus Arnold Scheibler (1658–1729; Bauks, Pfarrer [wie Anm. 14], S. 433 [Nr. 5370]), schon früh und noch lange gegen dessen stadtfremde Herkunft. Peters, Pietismus in Essen und Dortmund (wie Anm. 63), S. 36f. – Dazu: 3.22 Justus Arnold Scheibler Nr. 2 (1711).
389 Rumpaeus heiratete am 20. November 1709 zunächst Anna Magdalena Rademacher (1688–1712; Kleiner Michels [wie Anm. 14], S. 486), dann in zweiter Ehe am 7. September 1713 Katharina (Catrine) Elisabeth Schütte (1685–1744; ebd., S. 545). Vogeler,

Der rasche Aufstieg war kein Zufall. Während seiner Zeit in Greifswald war Rumpaeus nämlich zu einem glühenden Verehrer Johann Friedrich Mayers (1650–1712, Abb. 45) geworden.[382] Der, Inhaber zahlloser Ämter, war ein machtbewusster Orthodoxer, der auch seine Schützlinge voran brachte. Wie sein Kollege Fecht in Rostock zählte er zu den schärfsten Gegnern des Pietismus. Nun reihte sich auch Rumpaeus in diese Front ein. 1708 kam sein „Prodromus" heraus.[383] Er richtete sich damit ausdrücklich gegen ein Werk Joachim Langes (1670–1744, Abb. 46),[384] des wichtigsten Polemikers des hallischen Pietismus, das den bekannten Danziger Rektor Samuel Schelwig (1643–1715, Abb. 47),[385] einen erbitterten Feind Philipp Jakob Speners, attackiert hatte („Idea et anatome theologiae pseudoorthodoxae"). Schon bald hatte Rumpaeus dann auch einen „Epidromus" fertig gestellt. Wegen seines Wechsels nach Westfalen verzichtete er aber auf dessen Veröffentlichung. Immerhin unterstand sein neuer Wirkungsort ja seit 1669 offiziell dem brandenburgischen Kurfürsten. Eine Attacke auf die Hallenser in Gestalt Langes konnte da leicht Folgen haben.[386]

Auch in Soest waren der Berufung des Rumpaeus aber Diskussionen vorausgegangen. Und kaum zufällig verhandelte Sybels Vater Johann Georg († 1713), inzwischen seit elf Jahren Scholarch, im Programm zur Eröffnung des Wahlverfahrens dann auch die Frage, ob bei der Nachfolge einem Stadtkind oder einem auswärtigen Kandidaten der Vorzug zu geben sei („An rei publicae magis conducibile est indigenas an peregrinos officiis admovere").[387] Das Problem wog schwer, denn in Soest

(1704), Nr. 25 (1707) und Nr. 51 (1717). – Zum Adjunkten der Fakultät: Wagenmann, Rumpaeus (wie Anm. 345), S. 662.

382 Gummelt, Volker: Johann Friedrich Mayer. Seine Auseinandersetzungen mit Philipp Jacob Spener und August Hermann Francke, Habil. theol., Greifswald 1996. – Wallmann, Johannes: Artikel „Mayer, Johann Friedrich", in: RGG⁴ 5 (2002), Sp. 941f. (Literatur). – Kohnle/Kusche, Professorenbuch (wie Anm. 75), S. 144–146. – Vgl. die folgenden fünf, allesamt unter Mayers Vorsitz gehaltenen Disputationen des jungen Rumpaeus: De confirmatione angelor[um] s[anctorum] in bono […], Greifswald: Starcke 1703. – Deum bimestrem contra Nestorium eiusq[ue] asseclas […], Greifswald: Starcke 1704. – De pontificiis Leonis X. processus adversus Lutherum improbantibus […], Greifswald: Adolph 1704. – [Mayer, Johann Friedrich/Rumpaeus, Jost Wessel:] De peccatore et peccato in Spir[itum] S[anctum] quaestionum theologicarum trigam […], Greifswald: Adolph 1704. Auch diese letzteren Disputation(en) wurde(n) 14 Jahre später noch einmal nachgedruckt: Wittenberg: Heber 1718; 3.21 Jost Wessel Rumpaeus Nr. 6 (1703), Nr. 8 (1704) und Nr. 11f. (1704).

383 Dissertationum ideae Joachimi Langii extensae opponendarum, aegritudinem mentis in autore medicinae mentis demonstraturarum, suasque observationes vindicaturarum prodromus […], Greifswald: Adolph 1708; 3.21 Jost Wessel Rumpaeus Nr. 26 (1708).

384 Sträter, Udo: Artikel „Lange, Joachim", in: RGG⁴ 5 (2002), Sp. 70 (Literatur).

385 Wallmann, Johannes: Artikel „Schelwig, Samuel", in: RGG⁴ 7 (2004), Sp. 880 (Literatur).

386 Vgl. Edition Nr. 18, 26 und 28.

387 Vogeler, Archigymnasium IV (wie Anm. 9), S. 9.

1.9 Jost Wessel Rumpaeus

Dortmunder Zeit zählte er zu den härtesten Gegnern des dort 1709 anstelle seines Freundes Rumpaeus zum Rektor berufenen Spenerfreundes Joch.[376]

In Rostock hatte Rumpaeus vor allem bei Johannes Fecht (1636–1716)[377] gehört[378] und 1702 den Magistertitel erworben.[379] Dann hatten Rolle und er nach Greifswald gewechselt, wo Rumpaeus, bald auch Baccalaureus theologiae, zunächst Sonnabendsprediger an der Jakobikirche gewesen war.[380] Nachdem man ihn 1704, auffällig schnell, zum Lizentiaten der Theologie promoviert hatte, war der Westfale dann bereits 1705 Adjunkt der Theologischen Fakultät geworden.[381]

376 Peters, Pietismus in Essen und Dortmund (wie Anm. 63), S. 35 f. – Vgl. dazu auch Rolles Brief an Valentin Ernst Löscher (1673–1749; wie Anm. 406) in Dresden vom 20. September 1716 bei Wotschke, Geschichte des westfälischen Pietismus 1 (wie Anm. 10), S. 84 Anm. 57.

377 Der aus Sulzburg stammende Johannes Fecht (1636–1716) hatte sich im Jahr 1655 zunächst in Straßburg immatrikuliert, wo er später auch den Lizentiatengrad erworben hatte. Danach war er in rascher Folge zunächst Pfarrer in Langendenzlingen, dann Adjunkt in Hochberg und schließlich Hofprediger (Kirchen- und Konsistorialrat; 1686) und Generalsuperintendent (1688) in Baden-Durlach geworden. Von hier wechselte er 1690 als Professor der Theologie an die Universität Rostock. Pältz, Eberhard H.: Artikel „Fecht, Johannes", in: NDB 5 (1961), S. 38 f. – „Catalogus Professorum Rostochiensium", http://purl.uni-rostock.de/cpr/00001911 [09.01.2024].

378 Dort erscheint er schon 1701 in der Neuauflage einer von Johannes Fecht herausgegebenen Sammlung musterhafter Disputationen: Selectiorum ex universa theologia controversiarum, recentiorum praecipue, sylloge […], Rostock: Schwiegerau 1701²; 3.21 Jost Wessel Rumpaeus Nr. 2 (1701).

379 Disputationem philosophicam inque ea philosophiam Aristotelicam […], Rostock: Weppling 1702; 3.21 Jost Wessel Rumpaeus Nr. 3 (1702). – Vgl. auch: De suppositalitate eiusque usu […], Rostock: Weppling 1703. – [Quistorp, Johann Nikolaus:] De hymni passionalis: O Traurigkeit etc. verbis: Gott selbst liegt todt […], Rostock: Weppling 1703. Die letztere Disputation wurde, wohl nicht zuletzt des bekannten Praeses wegen, später noch mehrfach nachgedruckt: [Ohne Ort, ohne Drucker] 1707 sowie Rostock: Heber 1713; 3.21 Jost Wessel Rumpaeus Nr. 4 f. (1703), Nr. 24 (1707) und Nr. 40 (1713).

380 Das blühende Glück/Uber welches Das Unter dem […] H[err]n D[oktor] Jo[hann] Friedrich Mayern […] Florirende Collegium Concionatorium Dem […] Herrn Justo Wesselo Rumpaeo, Der Welt-Weißheit Magistro und des Collegii Concionatorii p[ro] t[empore] Seniori, Als Derselbige Den 15. Junii Anno 1704. Zum Sonnabend-Prediger der hiesigen Jacobaeischen Kirche ordiniret und instituiret ward […], Greifswald: Adolph 1704; 3.21 Jost Wessel Rumpaeus Dedikationen/Widmungen/Nachrufe Nr. 1 (1704).

381 [Mayer, Johann Friedrich:] Christum super lignum peccata nostra portantem: hoc est: Officium Christi sacerdotale, ex. 1. Petr. II. 24. enucleatum […], Greifswald: Starcke 1704. „Der unsre Sünden selbst hinaufgetragen hat an seinem Leibe auf das Holz, damit wir, den Sünden abgestorben, der Gerechtigkeit leben. Durch seine Wunden seid ihr heil geworden" (1. Petr. 2, 24). Auch diese Disputation wurde später noch mehrfach nachgedruckt: Greifswald: Starcke 1707 und Greifswald: Starcke 1717 (damals wohl aus Anlass des Reformationsjubiläums); 3.21 Jost Wessel Rumpaeus Nr. 7

Das war vielen bekannt und ebenso auch, dass Joch enge Kontakte zu Francke, dem wichtigsten Theologen der Universität Halle, unterhielt.[366] Dennoch fiel die Wahl zuletzt auf ihn. Sie dürfte gleichermaßen politisch (Brandenburg) wie religiös (Pietismus) motiviert gewesen sein.[367]

Die Soester dagegen hatten erneut auf die Karte der späten Orthodoxie gesetzt. Aber auch sie hatten so einen eindrücklichen Mann an die Spitze ihres traditionsreichen Gymnasiums gestellt.

Jost Wessel Rumpaeus (1676–1730) stammte aus Unna, wo sein weitgereister Vater Heinrich Rumpaeus (1640–1684), ein Theologe beachtlichen Zuschnitts,[368] Diakon gewesen war und 1675 eine Tochter des märkischen Inspektors Thomas Davidis (1608–1689)[369] geheiratet hatte.[370] Der Knabe hatte die Schulen in Unna, Soest und Dortmund besucht und dort am 26. Februar 1698 – noch unter Nungesser – auch erstmals disputiert.[371] Die Sybels waren ihm wohlbekannt. Er hatte 1700 der ersten Disputation des noch blutjungen Johann Christoph Sybel (1690–1733), des ältesten Sohnes des Pfarrers an Soest St. Pauli vorgesessen.[372] Kurz darauf war Rumpaeus dann gemeinsam mit dem sieben Jahre jüngeren Reinhard Heinrich Rolle (Rollius; 1683–1768),[373] einem Sohn des Unnaer Rektors, zum Studium nach Rostock gegangen. Rolle wirkte später zunächst als Lehrer am Dortmunder Gymnasium,[374] dann als ein einflussreicher Professor in Gießen.[375] Während seiner

---

Ausgabe der Erstdrucke aller sieben Teile der pietistischen Sammelbiographie (1698–1745) mit einem werkgeschichtlichen Anhang der Varianten und Ergänzungen aus späteren Auflagen. Zweiter Band: Teile IV und V (1716/17), Tübingen 1982, hier: Teil IV, S. 217–221.

366 Peters, Pietismus in Essen und Dortmund (wie Anm. 63), S. 38–41. – Das Hauptarchiv der Franckeschen Stiftungen in Halle (Saale) weist unter Jochs Namen insgesamt 68 Schriftstücke aus. In seiner Zeit in Dortmund verfasste er nicht weniger als 22, heute noch auffindbare Briefe an August Hermann Francke. Halle (Saale) AFSt, Bestand H C 30:1–23.

367 Zu Jochs konfliktreichen Jahren als Dortmunder Rektor und Superintendent zuletzt Peters, Pietismus in Essen und Dortmund (wie Anm. 63), S. 36–43.

368 Vogeler, Eduard: Eine alte märkische Pastorenchronik, in: JVEKGW 8 (1906), S. 5–19, hier S. 79–89 („Curriculum vitae Henrici Rumpaei propria manu scriptum").

369 Bauks, Pfarrer (wie Anm. 14), S. 89 (Nr. 1155).

370 Anna Clara Davidis (1650–1698). Vogeler, Märkische Pastorenchronik (wie Anm. 368), S. 86 und 89.

371 [Johann Christoph Nungesser:] De praedicationibus inusitatis – personalibus ecclesiasticis [...], Dortmund: Rühl 1698; 3.21 Jost Wessel Rumpaeus Nr. 1 (1698).

372 De sabbatho lege divina praecepto [...], Soest: Hermanni 1710; 3.21 Jost Wessel Rumpaeus Nr. 29 (1710).

373 Bauks, Pfarrer (wie Anm. 14), S. 414f. (Nr. 5145). – 3.20 Reinhard Heinrich Rolle.

374 3.20 Reinhard Heinrich Rolle Nr. 27 (1711) bis Nr. 98 (1730)*. Der Dortmunder Lehrbetrieb scheint zeitweise fast komplett durch Rolle getragen worden zu sein.

375 3.20 Reinhard Heinrich Rolle Nr. 96 (1730) bis Nr. 125 (1756).

Abb. 44: Johann Georg Walch (1693–1775). Kupferstich, nicht bezeichnet, wohl von Martin Bernigeroth (1670–1733), tätig in Leipzig, undatiert. (Sammlung Christian Peters)

Frauen Annen Catharinen von Friedeborn […] Herrn Peter Mahlers Treu-verdienten Pastoris zu Derne in der Graffschafft Marck […] Ehe-Genoßin […], Dortmund: Rühl 1716. „Der Herr aber wird mich erlösen von allem Übel und mich retten in sein himmlisches Reich. Ihm sei Ehre von Ewigkeit zu Ewigkeit! Amen" (2. Tim 4, 18); 3.8 Johann Georg Joch Nr. 32 (1715). – Wie die diversen, auf dem Titel dieses Predigtdruckes nicht gesondert aufgeführten Beilagen Dritter belegen, führte dieser Kasus zu einem regelrechten Konvent der Radikalen auf dem Friedhof von Derne. Eine Untersuchung dazu ist in Vorbereitung. – Ein plastischer Bericht über ein im Umfeld Jochs erwecktes, neunjähriges Mädchen aus Dortmund findet sich auch in Johann Henrich Reitz' (1665–1720) „Historie Der Wiedergebohrnen". Schrader, Hans-Jürgen: Johann Henrich Reitz. Historie Der Wiedergebohrnen. Vollständige

Dennoch sah es zunächst so aus, als wolle man in Dortmund auch zukünftig an diesem Kurs festhalten. Die von den Scholarchen aufgestellte Liste möglicher Nachfolger für Barop wies nämlich vor allem orthodoxe Kandidaten auf, die noch dazu allesamt aus Westfalen stammten: den Magister Johann Heinrich Klausing (1675–1745; aus Herford, damals Wittenberg),[361] Jost Wessel Rumpaeus (1676–1730; aus Unna, vormals Greifswald, nun Soest) und den Magister Johann Friedrich Mentz (1673–1749; aus Lütgendortmund, damals Leipzig).[362]

Eine Ausnahme bildete hier nur der in Rothenburg ob der Tauber geborene Johann Georg Joch (1677–1731),[363] der soeben in Leipzig den theologischen Doktorgrad erworben hatte. Der nämlich, ein geachteter Pädagoge und selbst schon im Geiste Speners erzogen,[364] war ein glühender Pietist und dabei völlig frei von Berührungsängsten auch den radikalsten Frommen und Freidenkern gegenüber.[365]

(1673–1749), stammte aus Lütgendortmund. Er studierte in Leipzig und wurde hier 1711 zunächst Assessor der Philosophischen Fakultät, dann Professor für Philosophie, Poesie und Naturkunde. Mentz war ein Sohn des Lütgendortmunder Pfarrers Johann Bernhard Mentz (1634–1703), der seit 1690 zugleich Generalinspektor der lutherischen Gemeinden der Grafschaft Mark gewesen war. Bauks, Pfarrer (wie Anm. 14), S. 326 (Nr. 4102). Er war ein Bruder von ebd., S. 326 (Nr. 4103f.). Ein weiterer, älterer Bruder, Johann Bernhard Mentz, begegnete bereits im Kreis der Soester Schüler Nungessers. Wie oben Anm. 80. – De necessaria ministrorum ecclesiae constitutione […], Dortmund: Rühl 1704. Vgl. zu dieser gegen Johann Mercker gerichteten Disputation bereits oben Anm. 196. – Apologia orthodoxae assertionis de necessaria ministrorum ecclesiae constitutione, Dortmund: Rühl 1704. Vgl. auch zu dieser Schrift bereits oben Anm. 196. – De die solis […], Dortmund: Rühl 1708; 3.1 Johann Caspar Barop Nr. 3f. (1696), Nr. 5 (1697), Nr. 10 (1704) und Nr. 12 (1704).

361 Johann Heinrich Klausing (1675–1745) stammte aus Herford und war Schüler des Soester Gymnasiums gewesen. Er wurde 1710 zunächst außerordentlicher, dann 1712 ordentlicher Professor der Philosophie in Wittenberg und übernahm dort drei Jahre später zusätzlich auch noch die Professur für Mathematik. 1719 wechselte er von hier als Professor der Theologie nach Leipzig. Lechler, Gotthard: Artikel „Klausing, Heinrich", in: ADB 16 (1882), S. 64. – Kathe, Heinz: Die Wittenberger Philosophische Fakultät 1502–1817 (Mitteldeutsche Forschungen 117). Köln u. a. 2002 (Register). – Kohnle/Kusche, Professorenbuch (wie Anm. 75), S. 107f.

362 Johann Friedrich Mentz (1673–1749). Wie Anm. 360. „Sein Bruder Christian [richtig: Christoph] Andreas Mentz [1671–1731], der von 1687 bis 1692 das Soester Archigymnasium besuchte und 1698 – bereits Magister – in Halle immatrikuliert wurde, wurde 1703 als Nachfolger seines Vaters Pfarrer in Lütgendortmund [ebd., S. 326 (Nr. 4104)]." So Richter, Einfluß (wie Anm. 9), S. 86.

363 Johann Georg Joch (1677–1731). Wie Anm. 192.

364 Jochs gleichnamiger Vater war 1675 Pfarrer der Rothenburger Spitalkirche geworden. Er gehörte in den Kreis um den dortigen Superintendenten Johann Ludwig Hartmann (1640–1680), einen frühen Gewährsmann Philipp Jakob Speners (1635–1705). Schattenmann, Paul: Dr. Johann Ludwig Hartmann, Superintendent von Rothenburg, in: Verein Alt Rothenburg, Jahresbericht 1920/21, S. 13–79.

365 Joch hielt 1716 die Predigt bei der Beisetzung der Frau Peter Mahlers (†1728; wie Anm. 203): Die Hoffnung der Gerechten Aus 2. Tim. IV, 18. bey Beerdigung Der […]

vom alten Rektor wenig geschätzten Verwandten der Sybels, vollzogen und mit einem Gastmahl begangen. Sie fand am 1. Mai 1730 statt[354] und wurde von Rumpaeus als eine persönliche Niederlage begriffen, hatte er mit Georg Andreas Sybel doch jahrzehntelang zäh und erbittert gestritten und diesen auch andernorts und Dritten gegenüber übel diffamiert.[355]

In Dortmund war nach dem Tod des Spenerfreundes Johann Christoph Nungesser (1640–1700)[356] dessen Prorektor, der Magister Johann Caspar Barop (1663–1708),[357] mit den Aufgaben des Rektors betraut worden. Allerdings war dessen Ernennung nur eine kommissarische gewesen.

Wie seine Publikationen[358] zeigen, war Barop, der seit 1685 in Leipzig studiert hatte und bei dieser Gelegenheit wohl auch August Hermann Francke und dessen Mitstreitern, den unruhigen „Leipziger Magistern" (1689/90), begegnet war, ein entschiedener Antipietist und darin eine echte Parallelgestalt zu seinem 20 Jahre älteren Kollegen Harhoff in Soest. Er zählte zu den schärfsten Gegnern Johann Merckers in Essen und fand so immerhin auch noch die Beachtung Johann Georg Walchs (1693–1775, Abb. 44).[359] In Dortmund hatte er sich durch diesen Kurs aber mehr und mehr isoliert, was (wie in Soest) auch Folgen für die Frequenz der Schule gehabt hatte.[360]

    1754, also ganze 30 Jahre lange, Soester Inspektor. In diesem Amt scheint er aber nicht immer glücklich agiert zu haben. Das galt (so zumindest Rumpaeus) besonders im Blick auf die Bördepfarrer und deren Streben nach Beteiligung an den gesamtkirchlichen Aufgaben (Wahl des Superintendenten, Examina etc.; vgl. Edition Nr. 69 und 77). Bauks, Pfarrer (wie Anm. 14), S. 335 (Nr. 4217). – Dazu: Kleiner Michels (wie Anm. 14), S. 395.

354   Vogeler, Archigymnasium IV (wie Anm. 9), S. 10 f.
355   Edition Nr. 78.
356   Johann Christoph Nungesser (1640–1700). Wie Anm. 53.
357   Johann Caspar Barop (1663–1708). Wie Anm. 196. – Dazu: Esser, Joch (wie Anm. 192), S. 178 f.
358   3.1 Johann Caspar Barop.
359   Leppin, Volker: Artikel „Walch 1. Johann Georg", in: RGG⁴ 8 (2005), Sp. 1271 (Literatur).
360   Dezidiert antipietistische bzw. antiaufklärerische Positionen treten vor allem in folgenden Publikationen Barops hervor: De infelici modernorum fanaticorum in extirpanda philosophia conditione [I] […], Dortmund: Rühl 1696. – De infelici modernorum fanaticorum in extirpanda philosophia conditione [II] […], Dortmund: Rühl 1696. Der Respondent dieser Disputation, Johann Theodor Vethake (1674–1739), stammte aus Brechten. Er wird 1709 als Hausprediger auf Kemnade (Kirchengemeinde Stiepel) genannt, war aber wohl schon seit 1706 Adjunkt in Brechten (ordiniert 1710 in Dortmund). Im Winter 1697 weilte er in Leipzig. Zwei jüngere Brüder zählten in Soest zu den insgesamt vier Schülern, die 1702 wegen des Besuchs der collegia privata des unruhigen Magisters Johann Solms relegiert wurden. Wie Anm. 160. Bauks, Pfarrer (wie Anm. 14), S. 523 (Nr. 6494). – De infelici modernorum fanaticorum in extirpanda philosophia conditione. Disp[utatio] tertia et ultima […], Dortmund: Rühl 1697. Der Respondent dieser Disputation, Johann Friedrich Mentz

Veränderungen gewesen. Das hatte schon das Beispiel des aus Jena berufenen Konrektors Johann Gottfried Marci[348] gezeigt. Nicht besser ergangen war es aber auch dem ältesten Bruder Johann Nikolaus Sybels, dem Magister Georg Andreas Sybel (1676–1750),[349] der 1703 in der Nachfolge ihres Cousins Johann Solms Lehrer der Tertia geworden war.[350] Georg Andreas Sybel war weder unter Harhoff noch unter Rumpaeus vorangekommen und sollte erst im Februar 1730, kurz vor dem Ende des langen Rektorates des Rumpaeus, Konrektor werden,[351] wobei man ihm gleichzeitig auch noch die Aufgaben des Subkonrektors übertrug.[352] Die Einführung, zu der man mit einem gedruckten Programm eingeladen hatte, wurde durch den Inspektor, Scholarchen und Pfarrer an St. Thomae Franz Thomas Möller (1683–1754)[353], einen

348   Johann Gottfried Marci (1667–1729). Wie Anm. 141.
349   Kleiner Michels (wie Anm. 14), S. 449. – Von Sybel, Nachrichten (wie Anm. 14), Stammtafel E.
350   Soest StA/StB, Bestand A, Hs. 76, S. 107 (§ 218). – Dazu: Vogeler, Archigymnasium IV (wie Anm. 9), S. 9. – Kuhlmann, Schülerverzeichnis (wie Anm. 103), S. 293.
351   Wie sehr die Karriere Georg Andreas Sybels unter dem bleiernen Regime dieser beiden Rektoren gelitten hatte, lässt sich gut anhand der mit seinem Namen verbundenen Publikationen zeigen. 1696 hatte Sybel erstmals unter Harhoff disputiert: Quaestionum philosophicarum triga [...], Soest: Utz 1696; 3.26 Georg Andreas Sybel Nr. 1 (1696). – Während seines Studiums in Wittenberg (von dem bisher nichts bekannt war) hatte er dann in mindestens drei Fällen auch selbst den Vorsitz bei einer Disputation gehabt: Ypostaseōgraphian philo-theo-sophicam [...], Wittenberg: Schrödter 1700 (zwei Drucke). – Linguarum Chaldaicae, Syriacaeque notitiam [...], Wittenberg: Schrödter 1700. – Positiones historico-philologicae [...], Wittenberg: Schrödter 1700; 3.26 Georg Andreas Sybel Nr. 2–5 (1700). Alle drei Stücke bewegten sich auf einem hohen philologischen Niveau. Nach seiner Rückkehr nach Soest (Übernahme der Tertia im Jahr 1703) war Georg Andreas Sybel dann aber zumindest auf diesem Felde völlig verstummt. Das änderte sich erst wieder mit seinem späten, bis dahin durch Rumpaeus blockierten Konrektorat (1729). Fortan folgte Druck auf Druck: Jubilaeum, quo Augustanae Confessionis a[nno] D[omini] 1530 in comitiis Augustanis imperatori gloriosissimo Carolo V. exhibitae [...] habitis orationibus declamatoriis [...] solenniter celebraturum est [...], Soest: Hermanni 1730. – De chirographo deleto, et cruci affixo [...], Soest: Hermanni 1730. – Dialogus censoris et epistolographi, quo sententia: quod titulum nomenque theologi stylo apud eruditos hodie recepto, non mereatur, qui linguarum orientalium, Hebraeae imprimis, Chaldaicae atque Syriacae exactissima notitia non pollet [...], [Soest: Hermanni] 1730. – Thesium miscellanearum decas disputationi ansam datura [...], Soest: Hermanni 1732. – De termino hominis vitali, non fatali [...], Soest: Hermanni 1733. – De novitate essendi ad creaturam requisita, seu, quod idem est, de mundi aeternitate impossibili [...], Soest: Hermanni 1734. – Philosophiae ancillantis positiones XIII disputatione publica [...], Soest: Hermanni 1737; 3.26 Georg Andreas Sybel Nr. 6–8 (1730), Nr. 9 (1732), Nr. 10 (1733), Nr. 11 (1734) und Nr. 12 (1737).
352   Vogeler, Archigymnasium IV (wie Anm. 9), S. 10.
353   Franz Thomas Möller (Müller; 1683–1754) hatte seit 1703 in Jena studiert und dort 1705 auch den Magistertitel erworben. Er wurde zunächst Pfarrer an St. Walburgis (Stift; 1708), wechselte dann nach St. Thomae (1729) und war zugleich von 1724 bis

1.9 Jost Wessel Rumpaeus (1676–1730)

1725 wurde Johann Nikolaus Sybel dann zusätzlich auch noch einer der drei Scholarchen des Gymnasiums.[344] Dasselbe stand damals bereits seit 17 Jahren unter dem Rektorat des Jost Wessel Rumpaeus (1708–1730),[345] eines spätorthodoxen Theologen von beachtlichem Format.

Rumpaeus war zwar schon im Oktober 1708 zum Nachfolger des Anfang August verstorbenen Johann Wilhelm Harhoff gewählt worden. Seine Einführung erfolgte aber erst im Juni 1709.[346] Die Wahl war eine Richtungswahl gewesen, denn andere, weit bekanntere Männer, so der Magister Johann Georg Joch (1677–1731),[347] ein Gewährsmann Franckes und schon bald Rektor in Dortmund, waren nicht zum Zuge gekommen. Stattdessen hatte man auf ein Landeskind und einen orthodoxen „Hardliner" gesetzt, wohl auch, weil man hoffte, mit Rumpaeus' Hilfe nicht nur allen radikalpietistischen Einflüssen (Mercker, Gichtel), sondern auch den unter Rektor Harhoff aufgebrochenen frühaufklärerischen Strömungen in der eigenen Schülerschaft (Solms) einen sichernden Riegel vorschieben zu können. Allerdings hatte diese Option ihren Preis gehabt, denn die Schülerzahlen ging nun bald nochmals und rasch besorgniserregend zurück.

Sowohl für das Soester Gymnasium als auch für dessen Dortmunder Pendant war das Jahr 1708 ein echtes Schicksalsjahr gewesen. Hier wie dort waren nämlich – und das noch dazu annähernd zeitgleich – die beiden langjährigen, hier wie dort streng orthodoxen Schulrektoren verstorben.

In Soest war unter Harhoff, der ja seit Anfang des Jahrhunderts in einem Dauerstreit mit Johann Solms gelegen hatte, innerschulisch kaum noch Freiraum für

märkischen Gesangbuches um. Das den Soester Druckern zur Last Gelegte war damit zu einem eigenen Problem geworden. Ebd., S. 127. Aufgrund der verschiedenen Drucker, Verleger und Druckorte war das Chaos bald komplett. Ebd., S. 131 und 133 (1725). Die Folgezeit brachte einen zähen Kampf mit den beteiligten Druckern. Im Zuge dessen kam es zu einer Fülle von kontrollierten und unkontrollierten Veränderungen in der Liedauswahl. Ebd., S. 142 (1727), 154 f. (1729), 199 (1735), 219 f. (1737), 241 f. (1740), 258 (1742) und 343 (1758). Mitten im Siebenjährigen Krieg fasste man daher sogar ein gänzlich neues Buch für Kleve und Mark in den Blick. Auch aus diesem Projekt wurde aber zunächst nichts. Ebd., S. 348 (1759).

344 Soest StA/StB, Bestand A, Hs. 67, S. 228. Er trat hier in die Nachfolge Goswin Reinhard Sperlbaums (Sperleboms; 1668–1724; wie Anm. 110). – Dazu: Von Sybel, Nachrichten (wie Anm. 14), S. 21.

345 Wagenmann, Julius August: Artikel „Rumpaeus, Justus Wesselius (Jost Wessel)", in: ADB 29 (1889), S. 662 f. – Löer, 450 Jahre Archi-Gymnasium (wie Anm. 9), S. 66 f. – 3.21 Jost Wessel Rumpaeus.

346 Harhoff starb am 6. August 1708. Vogeler, Archigymnasium IV (wie Anm. 9), S. 9. Die Wahl des Rumpaeus wurde durch den Soester Rat zwar schon am 15. Oktober 1708 bestätigt, die Einführung erfolgte aber erst im Juni 1709. Soest StA/StB, Bestand A, Hs. 76, S. 96 (§ 170).

347 Johann Georg Joch (1677–1731). Wie Anm. 192.

„[…] was Gestalt, vermutlich aus Gewinnsucht, der Verleger oder Drucker das Soestische Gesangbuch gar öfters umgedruckt und dabei observirt worden, daß bald geistreiche Lieder ausgelassen, bald neue zugesetzt, nur zu dem Ende, damit die vorigen zurückgelegt und die neuen Exemplare angeschafft werden müßten, wie an dem 1705 gedruckten zu observiren, aus dem, obwohl es vom Ministerium revidirt, der Drucker Utz 11 Lieder [aus]gelassen und neue Lieder zugesetzt habe. Daher möge der Rat dem Hermanni, der [nun, schon wieder] ein neues [Gesang]-Buch drucke, befehlen, sein Buch erst vom Ministerium revidieren zu lassen."[342]

Da das Soester Gesangbuch auch in vielen Kirchengemeinden der Grafschaft Mark gebraucht wurde, war der Ruf der Soester Drucker bald ein denkbar schlechter. Man warf ihnen Geldgier vor und versuchte, ihre Privilegien auszuhebeln. Liest man die Protokolle der Konvente der lutherischen Gemeinden der Grafschaft Mark, ist das Thema dort eigentlich ständig präsent.[343]

[342] Ebd., S. 164. – Für die Konflikte der Folgezeit bis 1740: Müller, Musikpflege (wie Anm. 37), S. 88f.

[343] Schon 1715 dachten hier daher manche an den Druck eines eigenen Gesangbuches: „§ 10. Es ist von Herrn past[or Renatus Andreas] Kortum [1674–1747; in Hattingen; wie Anm. 203] vorgetragen, ob es nicht rathsam, ein allgemeines, unterm tittul Märkisches gesangbuch, auß allerhand unverdächtigen gesangbüchern zu colligiren und trucken zu laßen, umb solche hernechst in allen Evang[elisch] Luth[erischen] Kirchen Märkischen landes einzuführen, worauf dann resolviret worden, dass ein Jeder Subdelegatus [Superintendent] seiner Classi dieses proponiren, und was drauff resolvirt, so woll wegen der gesangbücher, alß auch der Kirchen agenden [vgl. das parallele Unternehmen Sybels; Anm. 480], H[errn] Inspectori einsenden sollen." Göbell, Evangelisch-lutherische Kirche I (wie Anm. 10), S. 43. Das Projekt kam aber zunächst nicht voran. Das änderte sich erst 1721. Ebd., S. 98. Nun indes sah man sich mit dem Widerstand der Soester Drucker konfrontiert: „Nachdem der H[err] Inspector nach Anweisung verschiedener Synodal-Schlüsse das Märckische Gesang-Buch zum Theil[!] zum Trucke schon befordert und der Buchtrucker Hermanni zu Soest sich dem ferneren Vorhaben opponiret und deßwegen eine Königl[iche] Commission erschlichen, als[o] hat Synodus ged[achte] H[errn] Inspectori nochmahlen committiret, bey S[eine]r Königl[ichen] Majest[ät] entweder in Dero Hofflager oder bey Hochlöbl[icher] Clev[ischer] Reg[ierung] ferner necessaria [die nötigen Dinge] vorzustellen, und hoffet Synodus allerunterthänigst, S[eine] Königl[iche] Maj[estät] werden es bey dem ertheilten Privilegio allergnädigst belassen, weilen ja in so vielen Provintzien die Gesang-Bücher privilegiret seyn und dieses Ministerium nicht deterioris conditionis [in schwächerer Position], als andere, auch nicht kan gezwungen werden, sich an das Soestische [Gesangbuch] zu binden, gleichwie auch das Ministerium im Hertzogthum Cleve nicht daran gebunden [ist]." Ebd., S. 110. Schon 1723 sah man sich dann auch im Blick auf das eigene Gesangbuch mit umfänglichen Liedergänzungswünschen konfrontiert. Ebd., S. 117: „Wegen des Appendicis [Liedanhanges] zu dem Märckischen gesang buche ist einmahl vor allem [ein für allemal] beschlossen, daß zwantzig oder Ein und zwantzig Lieder hinzu gethan werden sollen […]". Unbeschadet dessen liefen aber schon im nächsten Jahr mehrere unterschiedlich große und in ihrem Liedbestand deutlich voneinander abweichende Drucke des

Abb. 43: Das Soester Gesangbuch von 1740. (Bielefeld, Bibliothek des Landeskirchenamtes, Foto: Ingrun Osterfinke)

rer in Hemer,³³⁶ sollte später zu einem wichtigen Gewährsmann der Herrnhuter in der Grafschaft Mark werden. Auch er sollte 1729 eine Soesterin heiraten, Anna Elisabeth Diest (1705–1749), die Tochter des Gymnasiallehrers Johann Caspar Diest (1670–1741),³³⁷ eines engen Vertrauten Johann Nikolaus Sybels.³³⁸

Nicht zu übersehen war das Vordringen der neuen Frömmigkeit auch beim Soester Gesangbuch. Das erstmals 1674 erschienene Buch erlebte seit 1705 so viele Ausgaben wie kein anderes seiner westfälischen Seitenstücke.³³⁹ Nachdem Johann Flertmann bereits 1707 einen veränderten Druck auf den Markt geworfen hatte,³⁴⁰ trat dann ab 1714 die Familie Hermanni mit immer neuen, anders zugeschnittenen Ausgaben hervor. Ihr Name war so bald Programm.³⁴¹

Im Ministerium sah man das aber nicht nur mit Freuden. Schon 1708 erschienen Sybels Vater Johann Georg (St. Georgii) und Adolph Heinrich Brockhaus (St. Thomae) vor dem Rat. Sie beklagten sich darüber,

336   Zu seinen dortigen Verstößen gegen die Anordnungen der märkischen Synode (Umgehung der Zensurregeln etc.) siehe bereits Zur Nieden, Religiöse Bewegungen (wie Anm. 10), S. 18 f.
337   Kleiner Michels (wie Anm. 14), S. 553. – Zu ihm auch Soest StA/StB, Bestand A, Hs. 76, S. 103 (§ 202) und S. 105 (§ 210; demnach als Lector der V. im November 1741 72jährig verstorben).
338   Vgl. unten Kapitel 1.12.
339   Den Umbruch genau in dieser Zeit registrierte (besonders im Blick auf das Essener Gesangbuch) auch schon Nelle, Heinrich Friedrich Wilhelm: Die evangelischen Gesangbücher der Städte Dortmund, Essen, Soest, Lippstadt und der Grafschaft Mark, in: JVEKGM 3 (1901), S. 86–201, hier S. 90 f.
340   Er war wie alle Soester Gesangbücher bis 1740 ein reines Privatunternehmen und beruhte auf einer deutlich älteren Vorlage (nach Nelle: um 1675). Müller, Musikpflege (wie Anm. 37), S. 87.
341   Neues und vollständiges Soestisches Gesangbuch, darinnen lauter auserlesene geist-, kraft- und trostreiche Gesänge und Lieder Herrn M[artin] Luthers u. a. geistlicher Männer zu finden. Nebst einem vollständigen Gebetbuch, sowohl zum tägl[ichen] Gebrauch, als auch bei der Buß, Beicht, Communion u[nd] Sterbensnöten nützlich zu gebrauchen: sonderlich zur Ehre Gottes u[nd] Beförderung des wahren Christentums[!] […] Jetzto zum 1. Mal mit grober, leserlicher u[nd] einträchtiger Schrift für alte u[nd] blöde [sehschwache] Gesichter ausgefertigt, Soest: Hermanni 1714. Exemplar: Soest StA/StB. – Zu dieser Ausgabe: Müller, Musikpflege (wie Anm. 37), S. 87 f. – Für die lutherischen Gemeinden in der Grafschaft Mark wichtig wurden vor allem die Ausgaben von 1740 (Abb. 43), 1742, 1746 und 1747. Vgl. zur letzteren, offiziell durch den Rat autorisierten Ausgabe: Das Neu-eingerichtete erbauliche[!] Soestische Gesangbuch, Darinn Der Marck und Kern der geistreichsten Evangelischen Lieder in besondere Ordnung gebracht; Wobey ein geistreiches Gebät-Buch Nebst denen Episteln und Evangelien Auch die Geschichte vom Leyden, Sterben […] Jesu Christi Und dem Catechismo Lutheri zu finden. Ausgefertigt von dem Soestischen Ministerio, Soest: Hermanni 1747. Exemplar: Münster ULB. – Erst in dieser Sammlung war der (gemäßigte) Pietismus dann auch in größerer Breite vertreten. Müller, Musikpflege (wie Anm. 37), S. 89. – Zur Familie Hermanni: Rothert, Ehrenreiche Stadt (wie Anm. 11), S. 164.

1.8 Bemühungen zur Intensivierung des religiösen Lebens

und 1731 (Gedenktag der Soester Stadtreformation),[330] die in seiner Gemeinde (St. Mariae zur Wiese) demnach in größerem Rahmen begangen wurden.[331]

Wie Sybel war auch Hermanni bestens in der Stadt vernetzt. Aus Anlass seines Eheschlusses mit einer Kaufmannstochter im Jahr 1714 erschienen nicht weniger als drei (im eigenen Haus gedruckte) Jubelschriften,[332] darunter auch eine aus der Feder des seit 1705 mit einer Tochter des Soester Rektors Harhoff[333] verheirateten Iserlohner Rektors und früheren Adjunkten der Philosophischen Fakultäten in Jena und Erfurt Thomas Forstmann (1674–1727).[334] Beider für Zinzendorf begeisterter Sohn Johann Gangolf Wilhelm Forstmann (1706–1759),[335] von 1727 bis 1732 Pfar-

---

330   Die Freude auff dem Berge Zion in denen Soestischen Wiesen, bey d[em] evangel[ischen] Jubel-Fest wegen der 1530 übergebenen Augspurgischen Confession 1730 [...], Soest: Hermanni 1730. – Da bey dem Evangelischen Jubel-Jahr Der Stadt Soest So auff St. Thomae Tag 1531. [...] das gesegnete Gedächtniß [...] im Advent dieses 1731. Jahres eingefallen [...], Soest: Hermanni 1731; 3.6 Johann Thomas Hermanni Nr. 8 (1730) und Nr. 9 (1731).

331   Edition Nr. 82 f. und 88.

332   Obsequium Deo, naturae, et patriae [...], Soest: Hermanni 1714. – Als [...] Herr Joh[ann] Thomas Hermanni [...] Prediger der Marien-Kirchen zur Wiese [...] Sich mit [...] Jungfer Maria Margaretha H[er]rn Johann Sassen [...] Kauff- und Handelsmann [...] Tochter, Den 27. Novembr[is] 1714. Ehelich verbinden ließ [...], Soest: Hermanni 1714. – Forstmann, Thomas: Den wohlvergnügten Hirten der Soestischen Wiesen, wolte als [...] Herr Joh[ann] Thomas Hermanni [...] Pastor [...] zur Wiese in Soest [...] und [...] Jungfer Maria Margaretha Sel[igen] Herrn Johann Sassen [...] Kauff-Herren [...] in Soest [...] Tochter, Den 27. Novembr[is] [...] 1714. ihr Hochzeitliches Freuden-Fest begiengen, Mit glückwünschender Feder vorstellen [....], Soest: Hermanni 1714; 3.6 Johann Thomas Hermanni Dedikationen/Widmungen Nr. 1–3 (1714).

333   Johann Wilhelm Harhoff (1643–1708). Wie Anm. 97. – Die Braut war Harhoffs Tochter Katharina Engel Harhoff (* 1683). Kleiner Michels (wie Anm. 14), S. 590.

334   Thomas Forstmann (1674–1727) stammte aus Ostönnen. Er hatte das Gymnasium in Soest besucht und ab 1695 in Jena studiert. Nach seiner Zeit als Adjunkt der Philosophischen Fakultäten in Jena und Erfurt wechselte er 1704 als Rektor nach Iserlohn. Von 1713 bis 1727 war er dann Pfarrer in Hemer. Bauks, Pfarrer (wie Anm. 14), S. 136 (Nr. 1744). – Dazu: Kleiner Michels (wie Anm. 14), S. 600 f. – Peters, Christian: Halle – Herrnhut – Mülheim? Ludwig Friedrich Graf zu Castell-Remlingen (1707–1772), ein Verwandter Zinzendorfs, erweckt Solingen und Elberfeld (1737) und mobilisiert die rheinisch-westfälischen Pietisten, in: JWKG 111 (2015), S. 79–126, hier S. 87 Anm. 44.

335   Johann Gangolf Wilhelm Forstmann (1706–1759). Bauks, Pfarrer (wie Anm. 14), S. 136 (Nr. 1746). – Dazu: Kleiner Michels (wie Anm. 14), S. 601. – Gruch, Pfarrer 2 (wie Anm. 169), S. 134 (Nr. 3463). – Peters, Halle – Herrnhut – Mülheim? (wie Anm. 334), S. 87 Anm. 42. – Greve, Stephanie: Pietismus im Spannungsfeld. Lutherische Predigtdrucke aus dem Herzogtum Jülich-Berg (1748–1780) (AGP 64), Göttingen 2020, S. 166–250.

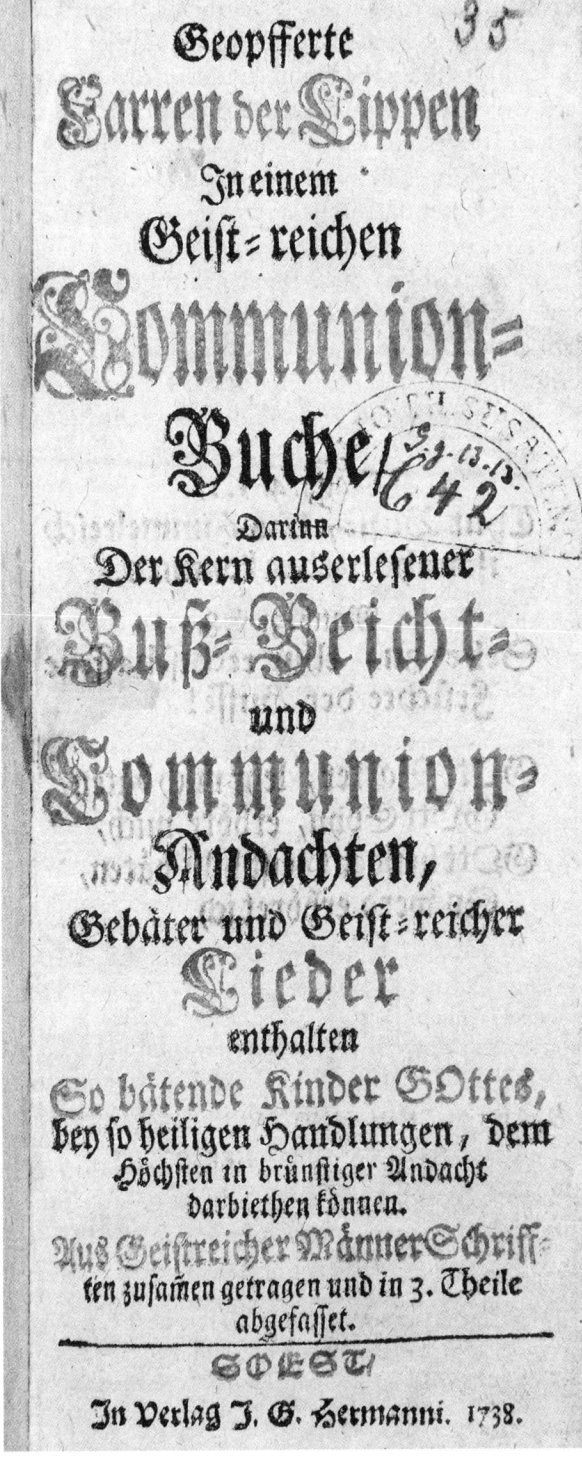

Ab. 42: Johann Thomas Hermanni (1685–1747): Geopfferte Farren der Lippen […], Soest: Hermanni 1738. (Soest StA/StB, Foto: Thomas Ijewski)

1.8 Bemühungen zur Intensivierung des religiösen Lebens

Auch sonst war Hermannis literarische Produktion beachtlich. Neben Gelegenheitstexten und verschiedensten Beigaben zu den am Gymnasium gehaltenen Disputationen,[324] mit deren Druck sich die Soester Offizin traditionell über Wasser hielt, verfasste er so etwa einen in seiner Form durchaus eindrücklichen und auch menschlich berührenden Spruchkatechismus („Biblisches Zeitvertreib", Abb. 41) für die im Waisenhaus lebenden und dort eben nicht selten auch versterbenden Pfleglinge (1721)[325] sowie ein kleines, bewusst die einfacheren Gemeindeglieder in den Blick nehmendes Handbuch zur Vorbereitung auf den Empfang des Heiligen Abendmahls (1738, Abb. 42):[326] „Der Ton, auf den diese Bücher sämtlich gestimmt sind, ist der eines warmen, aber durchaus nüchternen Pietismus."[327]

Bislang unbekannt war Hermannis waches, auch literarisches Interesse an der Judenmission.[328] Es verband ihn mit Sybel und den übrigen Soester Missionsfreunden, von denen später noch zu berichten sein wird.[329] Dazu kamen Schriften zur Feier der Reformationsjubiläen von 1730 (Gedenktag der Confessio Augustana)

Frühaufklärung, die er nicht zuletzt auch an den jungen Christian Wolff (1679–1754; wie Anm. 413) weitergegeben hatte. Rose, Ulrich: Artikel „Neumann, Caspar", in: BBKL 6 (1993), Sp. 647f. (Literatur). – Koch, Peter, Artikel „Neumann, Caspar", in: NDB 19 (1999), S. 156. – Dass Neumanns Werk hier im Kontext einer älteren pietistischen Gebetssammlung erscheint, kann Mitte des 18. Jahrhunderts eigentlich nur als ein bemühtes Sich-Annähern an die neue Zeit begriffen werden. Allerdings tat man sich gerade hier doch noch schwer: Der konkurrierende Plan zur Herausgabe eines moderneren „Märkischen Gebetbuchs" (1739) durch den Soester Drucker Wolschendorf war schon im Ansatz gescheitert. Göbell, Evangelisch-lutherische Kirche I (wie Anm. 10), S. 232. Ein besonderer Märkischer Katechismus kam niemals zustande (wie Anm. 309). – Rothert, Kirchengeschichte der Mark III (wie Anm. 10), S. 70. – Zum Nachdruck: 3.6 Johann Thomas Hermanni Nr. 13 (1774).

324 Te navare operam [...] [Gratulationsschreiben in:] [Marci, Johann Gottfried:] De affectibus [...], Soest: [ohne Drucker] 1701. – Was hilffts, wenn einer [...] [Gratulationsschreiben in:] [Marci, Johann Gottfried:] De iure iurando [...], Soest: [ohne Drucker] 1704; 3.6 Johann Thomas Hermanni Nr. 1 (1701) und Nr. 2 (1704).

325 Der christlichen Jugend Bieblisches Zeit-Vertreib [...], Soest: Hermanni 1721; 3.6 Johann Thomas Hermanni Nr. 6 (1722). – Edition Nr. 53 („Vorrede" und „Aufmunterung zur Gottseligkeit").

326 Geopfferte Farren der Lippen in einem Geist-reichen Communion-Buche [...], Soest: Hermanni 1738; 3.6 Johann Thomas Hermanni Nr. 11 (1738). – Dazu: Rothert, Ehrenreiche Stadt (wie Anm. 11), S. 168f. – Ders.: Kirchengeschichte der Mark III (wie Anm. 10), S. 111f. – Das Ganze war wohl ein Seitenstück zu Sybels gleichzeitiger „Kirchen Agenden" (wie Anm. 480). Vgl. die Edition 2.5.

327 Rothert, Kirchengeschichte der Mark III (wie Anm. 10), S. 112.

328 Prata rident et regenerant! Zu der In denen Soestischen Wiesen bevorstehenden Solennen Tauff-Handlung, Eines verlohrnen und wiedergefundenen Schafes von dem Hause Israel [...], Soest: Hermanni 1737; 3.6 Johann Thomas Hermanni Nr. 10 (1737).

329 Vgl. dazu unten Kapitel 1.13.

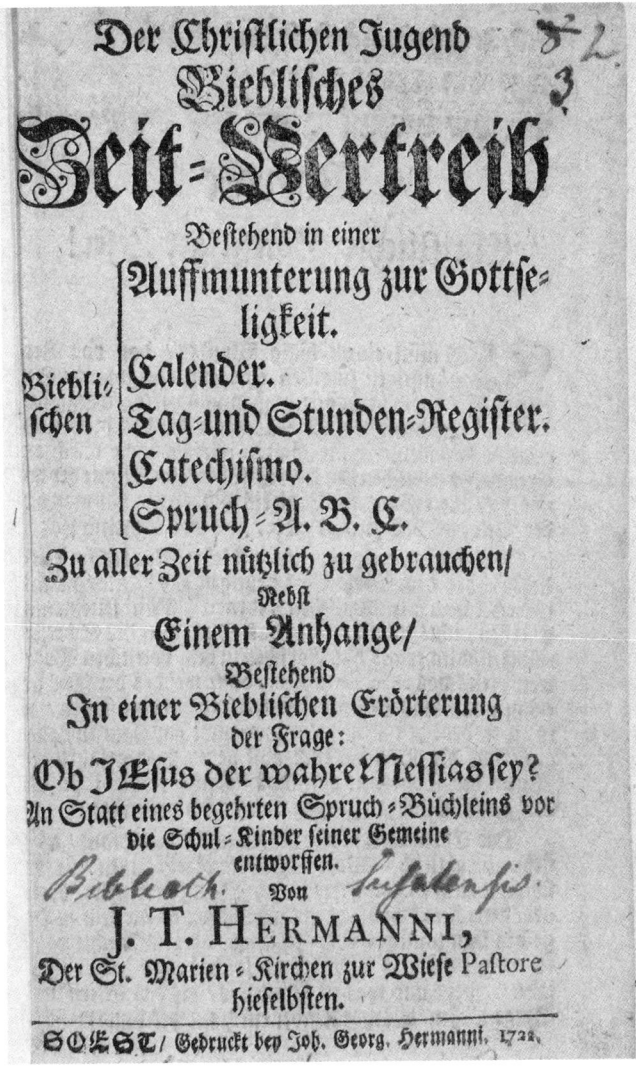

Abb. 41: Johann Thomas Hermanni (1685–1747): *Der Christlichen Jugend Bieblisches Zeit-Vertreib* […], Soest: Hermanni 1721. (Soest StA/StB, Foto: Thomas Ijewski)

Der „Bettempel" erlebte bis 1745 immerhin fünf Auflagen, darunter die letzte in Verbindung mit einem Katechismus der frommen Aufklärung (Caspar Neumann: Kern aller Gebete, 1680); noch 1774 erschien ein Nachdruck in Hagen.[323]

323 Neu-Eröffneter Beth Tempel Für Gläubige und Bethende Kinder Gottes. Darinnen sie I. Auff alle Tage in der Wochen. II. An Fest- und Feyer-Tagen. III. Bey der Busse, Beicht und Abendmahl […] Jhre Hertzen für Gott ausschütten können […] Nebst M[agister] Caspar Neumanns Kern aller Gebethe […], Soest: Hermanni 1745; 3.6 Johann Thomas Hermanni Nr. 12 (1745). – Der aus Breslau stammende Caspar Neumann (1648–1715, Abb. 40) war ein bedeutender Theologe, Mathematiker und Kirchenliederdichter. Er hatte zeitweise im Dienst Ernst des Frommen von Sachsen-Gotha-Altenburg (1601–1675) gestanden und vertrat eine eigentümliche fromme

1.8 Bemühungen zur Intensivierung des religiösen Lebens

Abb. 40: Caspar Neumann (1648–1715). Kupferstich des Martin Bernigeroth (1670–1733), tätig in Leipzig, vor 1715. (Göttingen SUB, Deutsche Acta Eruditorum)

sich Hermanni durchaus des Umstandes bewusst gewesen, dass die Herausgabe eines Gebetbuchs inzwischen kaum mehr bei allen auf Zustimmung stoßen würde. In der Einleitung setzte er sich darum dezidiert mit dem „übelbegründeten Vorgehen etlicher Neulinge" auseinander, die den Gebrauch derartiger Bücher generell ablehnten und statt dessen allein das freie Gebet (auch „Herzensgebet") gelten lassen wollten. Im Blick waren dabei möglicherweise auch schon radikalpietistische Kreise. Hermanni räumte ein,

„[…] daß bei dem allgemeinen Gebrauch der Gebethbücher Mißbrauch vorkomme, ein äußerliches Abmachen des Gebets [Ein Knabe habe ihm im Beichtstuhl als das Gebet, das er zur Beichtbereitung gelesen habe, das für Frauen in Kindsnöten gezeigt]. Man solle sein Buch daher unbedingt mit Andacht und Glauben lesen."[322]

322 Rothert, Ehrenreiche Stadt (wie Anm. 11), S. 176.

Abb. 39: Johann Franz Buddeus (1667–1729). Kupferstich des Johann Georg Wolffgang (1662/64–1744), tätig in Berlin, 1723. (Wittenberg, Bibliothek des Evangelischen Predigerseminars)

getheilet auff alle Tag inn der Wochen zu sprechen, Wittenberg 1567).[320] Es trug aber auch schon den gewandelten Frömmigkeitsinteressen und -bedürfnissen des frühen 18. Jahrhunderts Rechnung (Individualisierung und Intensivierung).[321] Dabei war

320 Steiger, Johann A. (Hg.): Johann Habermann: Christliche Gebet für alle Not und Stände der gantzen Christenheit (1567) (Doctrina et Pietas. Zwischen Reformation und Aufklärung. Texte und Untersuchungen II/4), Stuttgart 2010.

321 Auch in der Grafschaft Mark war „der Habermann" damals noch weitverbreitet. Der Umgang mit ihm stieß aber bereits an Grenzen. Das zeigt auch das Synodalprotokoll des Jahres 1734. Hier hieß es: „§ 12. Diesem hat der H[err] Inspector [Glaser] noch beygefüget in Absicht auf das bey den mehrsten im Gebrauch seyende Habermannische gebet-Buch, dass wohl nöthig wäre, weilen nicht alle die in solchem Buche vorkommende Redensarthen recht verstehen, dass man zuweilen solche gebethsformeln methodo catechetica durchgienge, erläuterte und auf den rechten gebrauch andrünge." Göbell, Evangelisch-lutherische Kirche I (wie Anm. 10), S. 191.

1.8 Bemühungen zur Intensivierung des religiösen Lebens

Abb. 38: Adolph Heinrich Brockhaus (ca. 1672–1724): Der Glaubigen Trost in Todes-Noht [...], Soest: Hermanni 1718. (Soest StA/StB, Foto: Thomas Ijewski)

Noch aktiver als Brockhaus war jedoch der schon genannte Pfarrer der Wiese (St. Mariae zur Wiese) und „Schutzherr" des Waisenhauses Johann Thomas Hermanni.[318] Da seine Familie die Soester Druckerei betrieb, hatte er bereits vor seiner Berufung ins Pfarramt (1713) ein eindrückliches Gebetbuch herausbringen können, den „Neueröffneten Bettempel für gläubige und andächtige Seelen" (1710/26²).[319] Zwar stand dieses Werk noch stark in der Tradition des „Habermann" (Johann Habermann: Christliche Gebet, für alle Not und Stende der gantzen Christenheit, auß-

---

318 Johann Thomas Hermanni (1685–1747). Wie Anm. 263.
319 3.6 Johann Thomas Hermanni Nr. 5 (1710) und Nr. 7 (1726). – Dazu: Rothert, Kirchengeschichte der Mark III (wie Anm. 10), S. 111 f.

1718 ließ der Thomaepfarrer Brockhaus nach seinem Katechismus von 1710 dann auch noch ein Erbauungsbuch drucken. Es entstand aus Anlass eines prominenten Trauerfalles und trug den Titel „Der Gläubigen Trost in Todesnot" (Abb. 38).[312] Sybel, der Brockhaus auch familiär nahe stand (Brockhaus hatte 1701 eine von Sybels Cousinen[313] geheiratet), war Francke gegenüber voll des Lobes über den Fleiß des schon bald (1722) schwer erkrankenden Mannes.[314] Selbst auswärtige Pietisten wie der in Schwelm wirkende Erfurter Magister Johannes Karthaus (1679–1748),[315] ein Schüler des Johann Franz Buddeus (1667–1729)[316] in Jena (Abb. 39), wurden in Soest nun (nach)gedruckt (Gründliche Anweisung, wie ein evangel[ischer] Christ in seiner Religion beständig bleiben könne, Soest: Hermanni 1722 [mit einer Vorrede des Buddeus]),[317] was ja kaum lohnend gewesen wäre, wenn es dort nicht ein entsprechend interessiertes Lesepublikum gegeben hätte.

Anm. 10), S. 189 (1734). Im Folgejahr wurde dann sogar eine baldige Überprüfung durch den Inspektor angekündigt: „Ad 6. wird nochmahlen von H[errn] Inspectore erinnert, die heylsahme confirmations-Handlung doch allenthalben zu introduciren und bey zu behalten und wie es damit stehet, wolle er gelegentlich erforschen." Ebd., S. 197. Der Ritus trifft an manchen Orten aber immer noch auf Widerstand. Ebd., S. 205 (1736) und ebd., S. 216 (1737).

312 Der Glaubigen Trost in Todes-Noht […], Soest: Hermanni 1718. – 3.3 Adolph Heinrich Brockhaus Nr. 2 (1718).

313 Margreta Caterina Sybel (1682–1708) war die älteste Tochter des Paulipfarrers und nachmaligen Inspektors Johann Heinrich Sybel (1651–1711; wie Anm. 23). Kleiner Michels (wie Anm. 14), S. 451f. und 455. – Schwartz, Denkmäler 2 (wie Anm. 11), S. 178 (Nr. 3) (Grabplatte in St. Thomae; nicht mehr vorhanden).

314 Edition Nr. 54 (22. Februar 1724).

315 Johannes Karthaus (1679–1748), dessen literarische Produktion im Teil 3 erstmals erfasst ist, stammte aus Lennep. Er hatte das Gymnasium in Dortmund besucht und ab 1697 in Erfurt studiert. Dort wurde er zunächst Diakon (Zweiter Pfarrer), dann Erster Pfarrer an St. Andreae (so ab 1713). 1718 ging er als Erster Pfarrer nach Schwelm und sollte dann von 1727 bis 1730 zugleich auch noch Generalinspektor der lutherischen Gemeinden der Grafschaft Mark werden. Bauks, Pfarrer (wie Anm. 14), S. 245 (Nr. 3087). – Zur Nieden, Religiöse Bewegungen (wie Anm. 10), S. 7. – Peters, Pietismus in Westfalen (wie Anm. 1), S. 201. – 3.9 Johannes Karthaus.

316 Johann Franz Buddeus (1667–1729) war von 1693 bis 1705 Professor der Ethik in Halle gewesen und wirkte seitdem als Professor der Theologie in Jena. Buddeus stand in vielem zwischen Pietismus und lutherischer Orthodoxie. Durch seine ebenso moderate wie universelle Theologie wurde er aber zu einem wichtigen Wegbereiter der Aufklärung. Koch, Ernst: Artikel „Buddeus, Johann Franz", in: RGG⁴ 1 (1998), Sp. 1826 (Literatur).

317 Das mit einer Vorrede des Buddeus ausgestattete Buch war erstmals 1718 in Jena erschienen (Jena: Gollner 1718). Es erlebte schon bald eine zweite, verbesserte und vermehrte Auflage (Jena: Gollner 1720²). Diese wurde die Vorlage des stattlichen Soester Nachdrucks (Soest: Wolschendorff 1722); 3.9 Johannes Karthaus Nr. 5 (1718) und Nr. 8 (1722).

1.8 Bemühungen zur Intensivierung des religiösen Lebens

und anstelle des dortigen Pfarrers Johann Möller (Müller, Mollerus; 1646–1735),[308] der damals zugleich auch senior ministerii war, regelmäßig Katechismuspredigten für die Kinder und das Gesinde hielt. Möller, ein damals schon hochbetagter, aber durchaus auch überregional bekannter Prediger, war ohne Universitätsstudium ins Amt gekommen und trat die neuartige Aufgabe wohl nicht ungern ab.[309]

Auch in der Börde verstärkte sich das Bemühen um die religiöse Erziehung. In Meiningsen, fünf Kilometer südlich von Soest, kam es zu einem Streit des Pfarrers Johann Lüling († 1726)[310] mit zwei Bauernfamilien, die es nicht hinnehmen wollten, dass man ihre angestammten Bänke versetzt hatte, um so zusätzlichen Raum für die in der engen Kirche stattfindende Kinderlehre zu gewinnen. Lüling, der in Frankfurt (Oder) studiert hatte und etwas später auch in Sybels Briefwechsel mit den Hallenser Professoren begegnet, nahm die Sache offenbar sehr ernst.[311]

ses:] Veltheim, Valentin, [Respondent:] Michels, Heinrich [Jena, Univ., Diss. theol., 10. Dezember 1691], Jena: Müller 1691 (VD17 12:165628G). Er wurde später Prediger der lutherischen Gemeinden in Amsterdam und Utrecht. DNB zu Michels: https://d-nb.info/gnd/120344610 [08.08.2023].

308 Johann Möller (Müller, Mollerus; 1646–1735). Bauks Pfarrer (wie Anm. 14), S. 334 (Nr. 4212; mit vorläufigem Verzeichnis seiner Druckschriften). – Dazu: Kleiner Michels (wie Anm. 14), S. 402.

309 Rothert, Ehrenreiche Stadt (wie Anm. 11), S. 170 und 197. – Ab 1712 wird das verstärkte Interesse an der Katechisation auch in den Akten der lutherischen Synode der Grafschaft Mark greifbar: „§ 9. Die Hauß Visitation und Catechisation, alß ein höchst Erbauliches Werck, müßen so viel möglich exerciret und getrieben, auch die Zuhörer aufs beste in ihrem Christenthumb auferbauet werden." Göbell, Evangelisch-lutherische Kirche I (wie Anm. 10), S. 23. Vgl. auch ebd., S. 42 (1715). 1721 erscheint die Konkurrenz verschiedener Katechismen schon als Problem. Die Katechismuspredigten sollen auf die fünf Hauptstücke beschränkt bleiben. Ebd., S. 97. Der Wert einer intensiven Katechisation wird zwar weiterhin betont. Ebd., S. 116 (1723). Vor Ort steht es aber vielfach schlecht darum. Ebd., S. 196 (1735). Das lässt den Gedanken an einen eigenen märkischen Katechismus aufkommen. Ebd., S. 204 f. (1736). Seitens der Regierung wird dieser Vorstoß aber schnell wieder unterbunden und der Kleine Katechismus Luthers verbindlich gemacht. Ebd., S. 216 (1737) und 222 (1737). Auch dieser gilt aber schon sehr bald als zusätzlicher Erklärungen bedürftig. Ebd., S. 298 (1749). Das führt zu einer Wiederbelebung des alten Projektes eines eigenen „Märkischen Katechismus". Ebd., S. 303 (1750).

310 Johann Lüling († 1726) stammte aus Sassendorf und war seit 1684 Pfarrer in Meiningsen. Seine Stiefmutter Margarethe Möller (1647–1726) war eine geborene Kopstadt. Bauks, Pfarrer (wie Anm. 14), S. 309 (Nr. 3881). – Dazu: Kleiner Michels (wie Anm. 14), S. 584 und 614.

311 Soest StA/StB, Bestand A, Nr. 6156a, hier S. 173 f. – In den lutherischen Gemeinden der Grafschaft Mark war die Konfirmation auch Mitte der 1730 Jahre noch keineswegs üblich. Synodal wurde sie allerdings nachdrücklich empfohlen: „Zeitl[icher] H[err] Inspector [Johann Jakob Glaser (1671–1744). Wie Anm. 66] erinnert, daß der [die] heylsahme und erweckliche confirmations Handlung, Kirchen-ordnungsmäßig, alda, wo sie noch nicht eingeführet, hernechst veranstaltet und vor der gantzen gemeine exerciret werden möchte." Göbell, Evangelisch-lutherische Kirche I (wie

Abb. 37: Adolph Heinrich Brockhaus (ca. 1672–1724): GOtt-geheiligte Kinder-Lehre […], Soest: Grave 1710. (Soest StA/StB, Foto: Thomas Ijewski)

den „Soester Chrysostomus [Goldmund]" nannten,[305] hierzu sogar einen eigenen Katechismus vor, seine „Gottgeheiligte Kinderlehre"(Abb. 37).[306]

Kaum anders war dies aber auch an der Hohnekirche (St. Mariae zu Höhe): Hier war 1701 der Feldprediger Heinrich Michels[307] eingestellt worden, damit er neben

305 Rothert, St. Thomae (wie Anm. 11), S. 62. – Schwartz, Denkmäler 2 (wie Anm. 11), S. 155.

306 GOtt-geheiligte Kinder-Lehre Oder Kurtze Vorstellung, Wie der Catechismus Lutheri in unser Evangelischen Kirchen zu S[ankt] Thomae allhie […] erklaeret worden […], Soest: Grave 1710; 3.3 Adolph Heinrich Brockhaus Nr. 1 (1710). – Dazu: Rothert, Kirchengeschichte der Mark III (wie Anm. 10), S. 70 mit Anm. 1.

307 Nicht bei Bauks, Pfarrer (wie Anm. 14). – Der Mann stammte aus dem Bördedorf Lohne und hatte in Jena studiert: Dissertatio theologica demonstrans ex textu Jacobi II, v. 24 videtis igitur, operibus iustificari hominem et non ex fide tantum, [Prae-

hausgottesdienste. Sie zogen zunehmend auch Fremde und Besucher aus der Stadt an. Das war vielen Pfarrern ein Dorn im Auge. Zum Glück lag das Haus aber im Sprengel der Wiese, deren Pfarrer Hermanni[298] ein Vertrauter Sybels war. Wer im Soester Waisenhaus predigen wollte, brauchte sein Placet.[299]

1.8 Bemühungen zur Intensivierung des religiösen Lebens

Von seinen Ursprüngen her war der Pietismus eine Frömmigkeitsbewegung. Er drängte auf die Intensivierung des religiösen Lebens in all seinen Bezügen. Das gab hier auch dem schon für die Orthodoxie so typischen Interesse am Katechismus und am geistlichen Lied eine weithin neue Ausrichtung. Ähnliches galt für die „Kinderlehre" und die diese abschließende Konfirmation.[300]

Folgt man Rothert, so war es auch hier wieder Sybels Vater Johann Georg Sybel (1647–1713),[301] der die Dinge ins Rollen brachte und 1695 – zeitgleich zur Errichtung der collegia pietatis – in seiner Gemeinde (St. Georgii) die Konfirmation einführte.[302] Schon vier Jahre später ist Gleiches aber auch für seinen Kollegen Adolph Heinrich Brockhaus (ca. 1672–1724)[303] an St. Thomae bezeugt. Dort ging das Interesse nachweislich von den Provisoren aus, also den mit den wirtschaftlichen Belangen der Kirchengemeinde betrauten Laien. Als der Gemeinde 1708 größere Kapitalien geschenkt wurden, verfügten sie ausdrücklich, dass ihr Pfarrer die daraus zu erzielenden Zinsen nur dann erhalten sollte, wenn er fleißig und regelmäßig Kinderlehre hielt.[304] 1710 legte Brockhaus, ein begnadeter Prediger, den manche darum

---

298 Johann Thomas Hermanni (1685–1747). Wie Anm. 263.
299 Vgl. die Klage des Rektors Jost Wessel Rumpaeus (1676–1730; wie Anm. 345), das Waisenhaus werde den Schülern der oberen Klassen des Gymnasiums und den Kandidaten des Predigtamts „von dem Pastor in pratis [Johann Thomas] Hermanni versperrt, der sich die Autorität angemaßet habe, daß keiner im Waisenhause denen Armen und Waisen eine Predigt halte, er sei darum begrüßet [um Erlaubnis gefragt] und habe dazu Permission gegeben" (2. Hälfte der 1720er Jahre). Vogeler, Archigymnasium IV (wie Anm. 9), S. 13. – Zur räumlichen Zuordnung des Waisenhauses und der Wiesenkirche (St. Mariae zur Wiese) vgl. Maas-Steinhoff/Rüffer, Frühneuzeitliche Erinnerungs- und Begräbniskultur (wie Anm. 263), S. 145 (Abb. 6: Detail aus dem Stadtplan von 1785 [C. Rollmann]).
300 Grethlein, Christian: Artikel „Konfirmation. I. Geschichtlich und praktisch-theologisch", in: RGG⁴ 4 (2001), Sp. 1558–1561 (Literatur).
301 Johann Georg Sybel (1647–1713). Wie Anm. 15.
302 Rothert, Ehrenreiche Stadt (wie Anm. 11), S. 170.
303 Bauks, Pfarrer (wie Anm. 14), S. 60 (Nr. 773). – Dazu: Kleiner Michels (wie Anm. 14), S. 454f. – Schwartz, Denkmäler 2 (wie Anm. 11), S. 124 (Nr. 33) (Grabplatte der Ehefrau in St. Petri). – 3.3 Adolph Heinrich Brockhaus.
304 Rothert, Ehrenreiche Stadt (wie Anm. 11), S. 170.

(2) „Am bekanntesten von allen westfälischen Waisenhäusern dürfte das zu Soest sein. Es findet sich darüber eine ‚Kurze Nachricht von dem Armen- und Waisenhause zu Soest von Christoforo Kypeke' aus Dramburg in der Uckermarck. Soest, Hermanni 1727. […] Als dann 1726 Pastor Kypeke die Leitung des Hauses übernahm, zeichnete er nach hallischem Muster ‚die Proben göttlicher Fürsorge, so sich seit Jahresfrist in geist- und leiblichem Segen ereignet haben' auf und weiß viele rührende kleine Züge zu erzählen."[290]

Dennoch blieb auch Kiepkes Position schwach. Er arbeitete ohne klare Dienstanweisung, bei zunächst 48, später dann über 65 Pfleglingen. Das Gehalt war mit 130 Talern im Jahr allenfalls mäßig,[291] die Gartennutzungsrechte und die Altersversorgung längere Zeit ungeregelt.[292] Unklar war auch das Verhältnis zu den Lehrern des Gymnasiums.[293] Als Kiepke 1730 heiratete, fand sich für ihn und seine wachsende Familie lange Zeit keine zumutbare Wohnung.[294] Auch seine gewiss berechtigte Bitte um einen Adjunkten (Vertreter) wurde immer wieder vertagt.[295] Der für die Speisung der Armen zuständige Haushalter (Ökonom) hatte jahrelang in die eigene Tasche gewirtschaftet. Er hatte den Rat übervorteilt, musste dessen aber zunächst überführt werden.[296]

In geistlicher Hinsicht war Kiepke aber wohl doch eine beachtliche Persönlichkeit.[297] Schon bald kam es nämlich zu Konflikten um die von ihm geleiteten Waisen-

    Was gilt's in seinem Herzen / Hat er es wohl verspürt, / Wenn er mit Müh' und Schmerzen / sein Preußen stabilirt: / ‚Soll ich mein Preußen bauen, / Wie mir's vor Augen stand, / So gilts, daß unverhauen / Noch manch ein Klotz sich fand.'

    Die Mär' hört ich [Landfermann] erzählen / Ein Soestisch Mütterlein, / Sie that des Ziel's nicht fehlen, / Dem Söhnchen grub sich's ein. / Sein Herz sah man erbeben / Von rechtem Christentrotz; / Er sprach: ‚Will Gott es geben, / so werd ich auch ein Klotz'." (1852) Zitiert nach: Landfermann, Dietrich Heinrich: Erinnerungen aus seinem Leben, Leipzig 1890, S. 332–334. – Dazu: Rothert, Ehrenreiche Stadt (wie Anm. 11), S. 171 f.

290 Rothert, Kirchengeschichte der Mark III (wie Anm. 10), S. 106 f. (1913). Unter Hinweis auf derselbe, Ehrenreiche Stadt (wie Anm. 11), S. 171 ff. sowie Vogeler, Gründung (wie Anm. 242), S. 97 ff.
291 Soest StA/StB, Bestand A, Nr. 10035 (Magistratsbeschluss vom 28. Juli 1727).
292 Ebd. (Selbstverpflichtung Kiepkes vom 15. März 1728).
293 Ebd. (verstreuter Schriftwechsel zur Klärung des Dienstverhältnisses vom Mai 1728).
294 Kiepke hatte im März 1730 Christine Gertrud Brisken (1704–1768) geheiratet. Sie war eine Tochter Henrich Thomas Briskens (Brißkens, Britzkens; 1667–1709), der ab 1693 Pfarrer an der Wiese (St. Mariae zur Wiese) gewesen war. Bauks, Pfarrer (wie Anm. 14), S. 59 (Nr. 766). Das Paar hatte vier Kinder, die alle zwischen 1731 und 1743 geboren wurden. Kleiner Michels (wie Anm. 14), S. 609 f. Kiepke und seine Frau lebten, von allen Steuerlasten befreit, noch 1757 mit einem Kind und einer Magd im Waisenhaus. Deus, Soziologie (wie Anm. 244), S. 32.
295 Edition Nr. 74 (14. Juli 1728).
296 Edition Nr. 68 (vor 19. Juni 1727).
297 Edition Nr. 72 (13. April 1728).

1.7 Einsatz für das Soester Waisenhaus

überaus reich ist und die Bitten und Bemerkungen abdruckt, von denen die Gaben begleitet werden. Die meisten erbitten Fürbitten für Leib und Seele der Geber. Es ist fast kein Tag, an dem nicht Gaben eingehen. In allen aber sieht der Verfasser ‚Gottes Finger'. Aus der späteren Zeit wissen wir wenig. Doch ist immerhin erwähnenswert, wie einst der Bürgermeister [Otto Gerhard] Klotz dem Könige Friedrich Wilhelm I. [1688; reg. 1713–1740][286] widerstand, der auf das Haus für die Militärwaisen Anspruch erhob.[287] Ein Gedicht [Ludwig Dietrich Wilhelm] Landfermanns,[288] des späteren Schulrats zu Koblenz, gibt davon Zeugnis."[289]

286   Oestreich, Gerhard: Artikel „Friedrich Wilhelm I., König in Preußen", in: NDB 5 (1961), S. 540–545. – Wesseling, Klaus-Gunther: Artikel „Friedrich Wilhelm I.", in: BBKL 19 (2001), Sp. 452–477 (Literatur).
287   Der Vorgang gehört demnach in die Zeit zwischen 1713 (Regierungsantritt Friedrich Wilhelms I.) und 1715 (Tod des Bürgermeisters Otto Gerhard Klotz [Klotz III; wie Anm. 244]). Hatte der König das Soester Waisenhaus in eine Paralleleinrichtung zum Potsdamer Militärwaisenhaus (hier: für die Westprovinzen) umwandeln wollen? Angesichts der großen Garnison hätte dies durchaus nahe gelegen.
288   Dietrich Wilhelm Landfermann (1800–1882), ein aus Soest stammender Pädagoge, Demokrat und Schulleiter in Duisburg. Ottweiler, Ottwilm: Der Koblenzer Provinzialschulrat Dietrich Wilhelm Landfermann (1800–1882). Ein Beitrag zur Schulgeschichte im Rheinland, in: Landeskundliche Vierteljahrsblätter 37 (1991), S. 177–192.
289   „Der als rocher von Erzen / Die Krone stabilirt, / mit Sorgen, Müh' und Schmerzen, / Preußen fundamentirt, / der Junkers letztes Treiben / Gestrecket in den Sand, / König zu sein, zu bleiben / Recht für das ganze Land.
      Der königlich in Treue, / Auch königlich geirrt, / und wie ein wilder Leue / Zerriß, was ihn genirt, / Wie mußt er hart sich stoßen / An dem westfäl'schen Klotz, / und sich umsonst erbosen / Ob eines Mannes Trotz!
      Das Feuer neu entzündet / Durch Philipp [Jakob] Spener's Wort, / Hatt' auch in Soest gegründet / Den Waisen einen Port [ein Waisenhaus]. / Der alte Bürgermeister, / Herr Klotz war er genannt, / Der war es, der die Geister, / Gefacht zu solchem Brand.
      An solcher Liebe Werken / Freut auch der König sich, / Zu mehren und zu stärken / Denkt er sie königlich. / Der lieben blauen Kinder [der gefallenen preußischen Soldaten] / Gedenkt er aber auch: / ‚Es sei dies Haus nicht minder / Für ihrer Waisen Brauch.'
      ‚So ist es nicht gemeinet, / so ist's nicht Recht der Stadt', / So zeugen da vereinet / Herr Klotz mit seinem [Soester] Rath. / Und nun genug geschrieben, / Und doch nichts ausgemacht, / Nun sei der Trotz vertrieben, / Durch Königswortes Macht.
      Als Unterthan bescheiden / Spricht der Herr Klotz gar bald. / ‚Wir werden, Herr, es leiden, / Denn Eu'r ist die Gewalt. / Doch eh' ihr mögt erlangen, / Daß Recht es heiße hier, / Muß ich zuvor erst hangen / Vor dieser Rathhausthür' [der Tür des ab 1713 errichteten neuen Soester Rathauses].
      Des Königs Adern schwellen, / Es bebt der ganze Kreis, / Doch fasset sich zur Stellen / Der Herr, und spricht fast leis: / ‚Der für das Recht gesprochen, / Der soll mir hangen nicht; / Eu'r Recht wird nicht gebrochen; / Bleibt Ihr bei Eurer Pflicht.'
      Und als er heim im trauten / Tabaks-Kollegium, / Und alle auf ihn schauten, / Da geht sein Wort herum: / ‚An einem groben, großen / Klotz im Westfalenland, / Da hab' ich mich gestoßen, / Wie ich's noch nie empfand.'

bereits ihrerseits in Halle studiert hatten. Dabei handelte es sich um Johann Arnold Sybel (1700–1760)[276] und Johann Dietrich von Steinen (1701–1756).[277]

Für Sybel und seine Freunde war das Eintreffen des neuen Mannes ein großes Ereignis. In einem kleinen Dialog „Gespräche im Reich der Toten" setze man es darum auch geschickt in Szene. Vielleicht – die äußere Anlehnung an die Disputationsform legt dies jedenfalls nahe – wurde das durchaus humorvolle Stück sogar im Rahmen eines Schultheaters zur Aufführung gebracht.[278]

Während Hennecke nun rasch in den Hintergrund trat (er starb 1728 „in paupertate"[279]), begann Kiepke, das Soester Waisenhaus im Sinne Halles umzugestalten. In einer gegenwärtig leider nicht auffindbaren, gedruckten „Kurzen Nachricht", die wohl, wie in Halle üblich,[280] auch Werbezwecken diente (Spendenaufruf), gab er 1727 Auskunft darüber, wie sich das Leben im Soester Waisenhaus seit seinem Eintreffen verändert hatte. Hugo Rothert, in dessen Besitz sich das aufschlussreiche Stück noch 1913 befand,[281] gibt dessen Inhalt in zwei Referaten so wieder:

> (1) „Die beiden Direktoren der Anstalt, [die Bürgermeister] von Roskampff und von Dolphus, haben angeordnet, daß ‚die Proben göttlicher Fürsorge, so sich seit Jahresfrist[282] in geist- und leiblichem Segen ereignet haben', aufgezeichnet würden. Von den vier Tischen, an denen die Insassen gespeist wurden, gehörten zwei den Alten und zwei den Kindern. Die Speiseordnung ist vorgeschrieben, Ratsmitglieder inspizieren öfters, ob sie innegehalten werde. Die Kleidung der Insassen ist ‚egal'[283] nach der Stadt Livree, von roter und blauer Farbe. Ein Chirurg[284] und zwei Krankenwärterinnen sorgen für die Kranken, tägliche Erbauungsstunden für die Bedürfnisse der Herzen. Ein Gabenverzeichnis[285] ist beigefügt, das

276 Johann Arnold Sybel (1700–1760). Wie Anm. 227.
277 Johann Dietrich von Steinen (1701–1756). Er studierte seit dem April 1722 in Halle, war später Hauslehrer in Soest und dann ab 1735 Pfarrer in Borgeln. Seine Ehefrau Johanna Maria Hennecke (so ab 1735) war eine Tochter des Pfarrers von Schwefe. Bauks, Pfarrer (wie Anm. 14), S. 490 (Nr. 6072). – Dazu: Kleiner Michels (wie Anm. 14), S. 660.
278 Richter, Einfluß (wie Anm. 9), S. 87–91. – Edition Nr. 63.
279 Kleiner Michels (wie Anm. 14), S. 458.
280 Zu denken ist hier vor allem an Franckes berühmte Werbeschrift „Die Fußstapfen des noch lebenden und waltenden liebreichen und getreuen Gottes, zur Beschämung des Unglaubens und Stärkung des Glaubens durch den ausführlichen Bericht vom Waisenhause, Armenschulen und übriger Armenverpflegung zu Glaucha an Halle" (1701ff.). Welte, Michael (Hg.): Segensvolle Fußstapfen. August Hermann Francke (TVG Klassiker), Gießen 1994.
281 Rothert, Kirchengeschichte der Mark III (wie Anm. 10), S. 106 f. Anm. 6 („in meinem Besitz").
282 Seit dem Eintreffen Kiepkes.
283 Einheitlich/gleichförmig.
284 Praktischer Arzt.
285 Verzeichnis der eingegangenen Gaben und ihrer Spender.

1.7 Einsatz für das Soester Waisenhaus

Johann Hennecke (1636–1708).²⁶⁷ Dass er für das Amt des Waisenhauspräzeptors ins Gespräch kam, lag wahrscheinlich an seinen zwei älteren Brüdern, die beide Pfarrer in Kirchengemeinden der Soester Börde waren: Johann Hennecke (1683–1750)²⁶⁸ in Schwefe und Johann Albert Hennecke (1689–1728)²⁶⁹ in Welver.

Offenbar hatte der junge Hennecke nach seinem Studium längere Zeit keine Pfarrstelle gefunden und sich deshalb als „Kaufmann" mit wechselnden Geschäften über Wasser halten müssen. Sozial war er allerdings längst fest in die Soester Pfarrerschaft eingebunden: Seine Frau Anna Christine Elise (Elisabeth) Meier (*1686) war die Tochter des früheren Pfarrers von Dinker Johannes Georg Heinrich Meier (1662–1701),²⁷⁰ der in zweiter Ehe 1696 eine ältere Schwester Johann Nikolaus Sybels geheiratet hatte (Christine Margaretha Sybel; 1678–1719). Hennecke und seine Frau hatten insgesamt acht Kinder, die alle zwischen 1705 und 1725 geboren wurden.²⁷¹

Leider erwies sich auch Hennecke als überfordert. Da er einer wichtigen Pfarrerfamilie der Börde angehörte, konnte man ihn aber nicht einfach in der Versenkung verschwinden lassen. Deshalb erwog man, ihm einen zweiten Präzeptor, und diesmal tatsächlich einen Mann aus Halle, an die Seite zu stellen.²⁷² Erneut war es Sybel, der die Initiative ergriff und ebenso vor- wie umsichtige „Bemerkungen zu einer [neuen] Ordnung für das Soester Waisenhaus" verfasste (Frühjahr 1725; Fragment), die diese eigenartige Doppelspitze vorbereiten sollten.²⁷³

1726 traf der zweite, von Francke erbetene Präzeptor tatsächlich ein. Es war Christoph Kiepke (Kypcke, Kibecke, Kybeke; 1696–1759)²⁷⁴ aus Rützow in der Neumark (Brandenburg). Kiepke hatte ab 1721 in Halle studiert und war danach Hauslehrer in der Familie Rudolph Kaspar von Soehlenthals in Halberstadt gewesen.²⁷⁵ Vor allem aber war er ein Studienfreund der zwei ersten Soester Pfarrer, die

---

267 Bauks, Pfarrer (wie Anm. 14), S. 200 (Nr. 2539). – Dazu: Kleiner Michels (wie Anm. 14), S. 456. – Richter, Einfluß (wie Anm. 9), S. 91 Anm. 14.

268 Bauks, Pfarrer (wie Anm. 14), S. 200 (Nr. 2540). – Dazu: Kleiner Michels (wie Anm. 14), S. 456 f.

269 Bauks, Pfarrer (wie Anm. 14), S. 200 (Nr. 2541). – Dazu: Kleiner Michels (wie Anm. 14), S. 458.

270 Johannes Georg Heinrich Meier (1662–1701). Bauks, Pfarrer (wie Anm. 14), S. 319 (Nr. 4022). – Dazu: Kleiner Michels (wie Anm. 14), S. 512 f.

271 Ebd., S. 458 f.

272 Richter, Einfluß (wie Anm. 9), S. 87.

273 Edition Nr. 56.

274 Bauks, Pfarrer (wie Anm. 14), S. 250 (Nr. 3155). – Dazu: Kleiner Michels (wie Anm. 14), S. 609. – Richter, Einfluß (wie Anm. 9), S. 92 mit Anm. 17 f.

275 Die Familie Kaspar von Soehlentals hatte auch bereits zu den Förderern des nachmaligen Bielefelder Superintendenten Israel Clauder (1670–1721) während seiner Zeit als Oberpfarrer in Derenburg bei Halberstadt (1706–1718) gezählt. Bauks, Pfarrer (wie Anm. 14), S. 76 f. (Nr. 988). – Peters, Clauder (wie Anm. 196), S. 9–127, hier S. 67 und 73.

Abb. 36: Israel Clauder (1670–1721). Kupferstich des Johann Christoph Sysang (1703–1757), tätig in Halle (Saale), nach 1721. (Wien, Österreichische Nationalbibliothek, Bildarchiv und Grafiksammlung, PORT_00019080_01)

nicht zu gewinnen. Er ging schon wenig später nach Langenberg, heute ein Stadtbezirk von Velbert im Kreis Mettmann.[265]

Darauf entschied man sich – einmal mehr – für einen eigenen Kandidaten, nämlich den damals stellungslosen Johann Gerhard Hennecke († 1728).[266] Hennecke hatte in Jena studiert. Er war der jüngste Sohn des früheren Pfarrers von Schwefe

---

265   Wohl Joachim Heinrich Moritz (* 1695). Er stammte aus Gatersleben (oder Barenburg) und hatte sich im Oktober 1715 zu Studium der Theologie in Halle eingeschrieben. Die Wahl in Langenberg erfolgte im März 1721. Um 1723 begegnet Moritz dann zeitweilig in Bielefeld. – Wotschke, Geschichte des westfälischen Pietismus 1 (wie Anm. 10), S. 96 (Nr. 33). – Peters, Briefe Mindener Pietisten (wie Anm. 232), S. 269. – Dazu: Edition Nr. 49.
266   Bauks, Pfarrer (wie Anm. 14), S. 200 (Nr. 2542). – Dazu: Kleiner Michels (wie Anm. 14), S. 458.

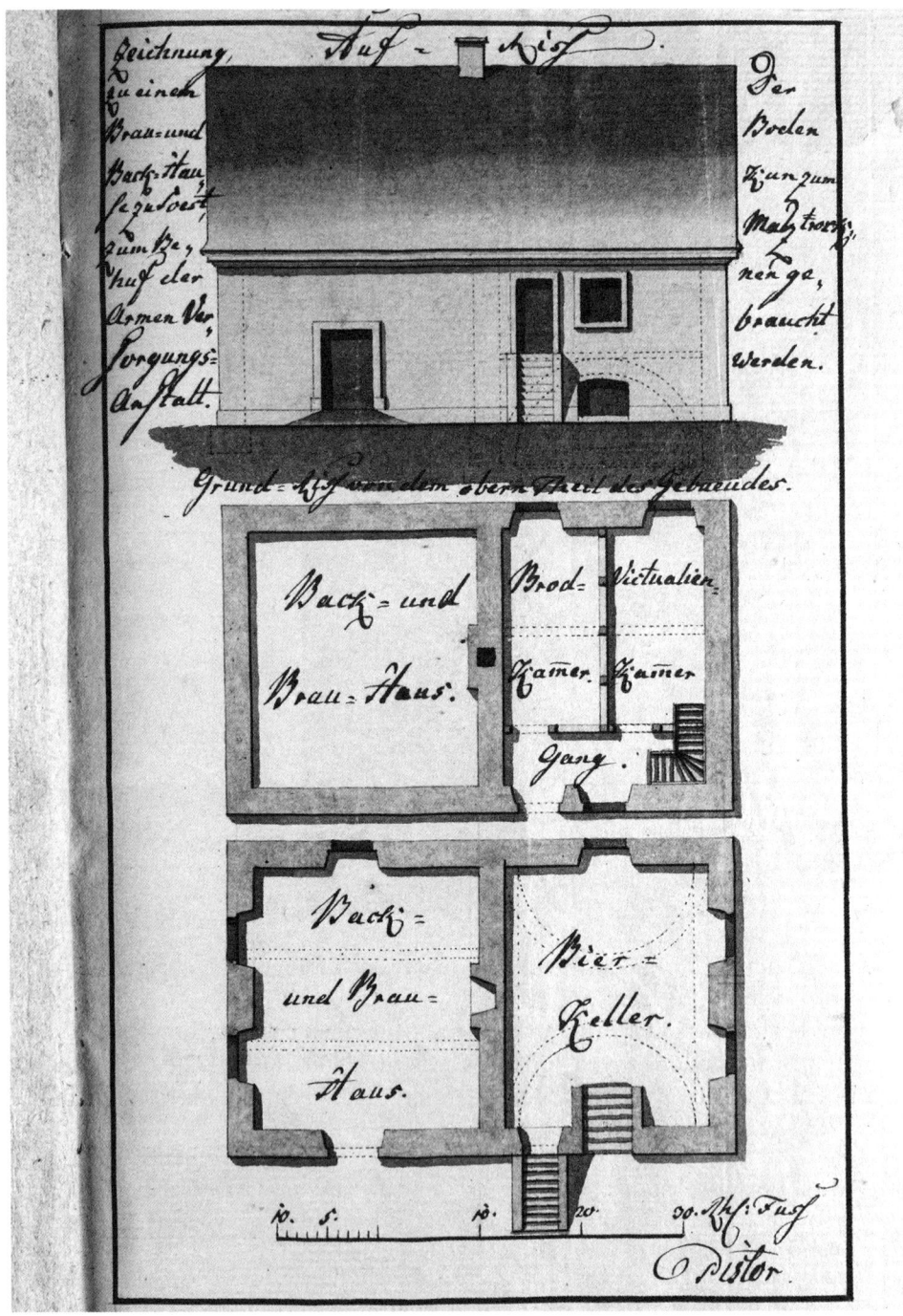

Abb. 35: Grundrissplan des zum Soester Waisenhaus gehörenden Back- und Brauhauses. Kolorierte Federzeichnung von (Johann) Pistor, frühes 19. Jahrhundert. (Soest StA/StB, B 1276)

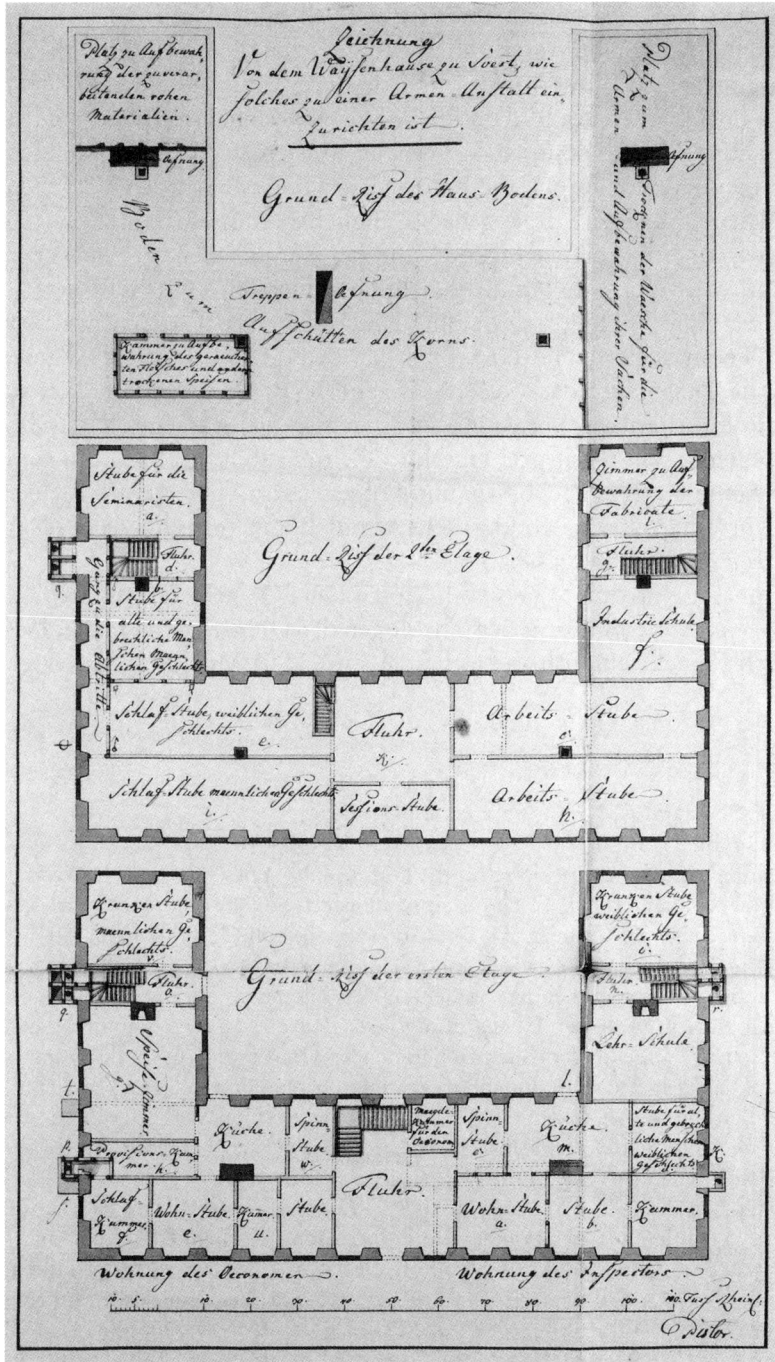

Abb. 34: Grundrissplan des Soester Waisenhauses. Federzeichnung von (Johann) Pistor, frühes 19. Jahrhundert. (Soest StA/StB, B 1276)

seiner mit einer Inhaftierung endenden Amtszeit wohl allen klar, dass man so nicht weitermachen konnte. Aussagekräftig war diesbezüglich vor allem eine Supplik des Predigerministeriums an die Bürgermeister und den Rat.[260] Sie stammte aus dem Jahr 1721 und zeichnete ein grelles Bild der im Soester Waisenhauses herrschenden Zustände. Sie machte aber auch deutlich, auf welche Weise man diesen Missständen abzuhelfen gedachte, nämlich durch eine Reform des Hauses nach den Vorgaben der schon am 30. September 1718 ergangenen königlich-preußischen „Erneuerten Verordnung wegen der Studirenden Jugend", die der Supplik beigegeben war.[261] Das jedoch lief auf eine Reform im Sinne des hallischen Pietismus hinaus.[262]

Der Schreiber der Eingabe, hinter der wohl nicht zuletzt Sybel steckte, war der Magister Johann Thomas Hermanni (1685–1747),[263] seit 1714 Pfarrer der Wiese, also jener Gemeinde, zu der auch das Waisenhaus gehörte. Er war ein milder Pietist.

Der Vorstoß des Ministeriums war geschickt: Man zieh den Rat eines Verstoßes gegen das inzwischen ja schon seit drei Jahren in Geltung stehende Reskript und dessen Vorläufer. Sollte dieser Ungehorsam nun Folgen haben, trage darum auch er allein die Verantwortung. Selbst pastoral, so Hermanni, könne man sich dann nicht mehr für das Waisenhaus zuständig sehen.

Wie ein Brief Johann Nikolaus Sybels vom September 1721 zeigt,[264] erfolgte nun tatsächlich eine Kontaktaufnahme mit den Theologen der Universität in Halle. Der den Soestern durch Francke empfohlene Kandidat, ein „Herr Moritz", war jedoch

---

260 Soest StA/StB, Bestand A, Nr. 6156b, hier S. 1403–1410.
261 Ebd., Nr. 6159, Bl. 35–38.
262 Die Verordnung war ein Schlüsseltext für die Durchsetzung des Pietismus in Westfalen und wurde auch andernorts rasch instrumentalisiert. So leitete etwa der Bielefelder Superintendent Israel Clauder (1670–1721, Abb. 36), ein Gewährsmann August Hermann Franckes (1663–1727; wie Anm. 88), aus ihr sein Recht ab, „alle aus der Grafschaft Ravensberg stammenden Studenten der Theologie bei deren Rückkehr in die Heimat einer gründlichen Überprüfung ihrer Lehre zu unterziehen und dabei auch deren Lebenswandel in den Blick zu nehmen. In Umsetzung dieses Programms kam es schon bald zur Einrichtung eines regelmäßig tagenden ‚Collegium biblicum' unter seiner Leitung. Es folgte den alten Leipziger bzw. Berliner Vorbildern und war von großer Bedeutung für die Selbstrekrutierung des Ravensberger Pfarrernachwuchses". Peters, Clauder (wie Anm. 196), S. 89.
263 Bauks, Pfarrer (wie Anm. 14), S. 204 (Nr. 2588). – Dazu: Kleiner Michels (wie Anm. 14), S. 572. – 3.6 Johann Thomas Hermanni. – Zu den Feierlichkeiten aus Anlass seiner Beisetzung im Jahr 1747: Maas-Steinhoff, Ilse/Rüffer, Joachim: „Was du thust, so bedenke das Ende" – Frühneuzeitliche Erinnerungs- und Begräbniskultur im Kirchenraum der Soester Wiesenkirche, in: SZ 125 (2013), S. 135–145, hier S. 141–144. – Wie Hermanni, der Schreiber der Supplik, in seiner Eingabe ausdrücklich vermerkt (ebd., S. 1410), hatte er diese „für einen" ungenannten „Amptsbruder(s)" formuliert. Es liegt nahe, dabei an seinen Freund Johann Nikolaus Sybel zu denken.
264 Edition Nr. 49.

Auch sie war um allerhöchste Gelehrsamkeit bemüht und verglich das neue Soester Waisenhaus mit der den Musen geweihten Kastalischen Quelle, einem Ort ritueller Waschungen in der Nähe des antiken Delphi:

> „Wer aus diesem Brunnen die lautere Quelle der Unterweisung vergnüglich gekostet, derselbe wird gar leicht die hinderlichen Dorngesträuche der angebornen Unart aus dem Wege räumen können. Und wer hierinnen das erquickende Wasser der Gottesfurcht und des Fleißes eingesogen, der wird gar bald die glatten Klippen der Bosheit und des Müßiggangs übersteigen und den Gipfel der Tugend und der Künste erreichen können".[254]

Aufschlussreich waren hier allein schon die Leitbegriffe: „Gottesfurcht" und „Fleiß" sollten der „Bosheit" und dem „Müßiggang" der zukünftigen Bewohner wehren und diese zu Tugend und Kunst führen. Das war sehr formal gedacht und ließ kaum besondere Frömmigkeitsinteressen erkennen. In dieselbe Richtung deutete auch eine im Eingangsbereich des Hauses aufgestellte Figur, die an Klotz' Einsatz während der Bauphase erinnerte. Sie zeigte ihn in Gründerpose, eine Schriftrolle haltend, auf der die Worte „Recht muss Recht bleiben"[255] zu lesen waren.

Wie seine zahlreichen, auch heute noch nicht vollständig erfassten Akten zeigen, litt das Soester Waisenhaus von Anfang an unter schweren wirtschaftlichen Problemen. Schuld daran war vor allem die von ihm betriebene Textilmanufaktur. Sie zog die Insassen zur Arbeit heran und sollte eigentlich den laufenden Betrieb des Hauses absichern. Tatsächlich zehrten die hier gemachten Verluste aber schon bald einen Großteil der dem Waisenhaus zufließenden Einnahmen auf.[256] Die Sterblichkeit unter den Bewohnern, zumeist Kindern und Alten, war erschreckend hoch. Nicht nur die Ernährung, sondern auch die Hygiene ließen offenbar sehr zu wünschen übrig.[257]

Dazu kamen Probleme mit den „Präzeptoren", das heißt den Aufsehern des kirchlich zur Wiese (St. Mariae zur Wiese) gehörigen Hauses. Über den ersten dieser Männer, den früh verstorbenen Christian Bender († 1718), ist nur wenig bekannt.[258] Sein Nachfolger Petrus Plange – er stand dem Haus bis 1721 vor[259] – wird in den Quellen als ein korrupter und versoffener „Wüstling" beschrieben. Vielleicht fehlte ihm aber auch einfach nur der Rückhalt bei der Stadtobrigkeit. Jedenfalls war nach

---

254 Vogeler, Gründung (wie Anm. 242), S. 101–104, das Zitat hier S. 103.

255 „Denn Recht muss doch Recht bleiben, und ihm werden alle frommen Herzen zufallen" (Ps 94, 15).

256 Soest StA/StB, Bestand A, Nr. 10256–10282.

257 Vgl. den großen Bestand von Kranken- und Bewohnerakten in Soest StA/StB, Bestand A, Nr. 10050.

258 Soest StA/StB, Bestand A, Nr. 10031 f. – Schmidt, Familien in krisenhaften Zeiten (wie Anm. 242).

259 Soest StA/StB, Bestand A, Nr. 10033. – Vgl. zu ihm immerhin: [Harhoff, Johann Wilhelm:] De creatione mundi […], Soest: Utz 1695; 3.5 Johann Wilhelm Harhoff Nr. 23 (1695).

1.7 Einsatz für das Soester Waisenhaus

Am 1. Mai 1701 begann der Bau. Bürgermeister Melchior von Deging (um 1646–1714)[247] legte persönlich den Grundstein. Die Feierlichkeiten waren ein städtisches Großereignis.[248] Man hatte modern und durchaus ehrgeizig geplant. Das Grundkapital und das Grundstück lieferte der „Große Mariengarten", eine alte Wohlfahrtseinrichtung, deren baufälliger Gebäudebestand nebst Kapelle dem ausladenden Neubau weichen musste. Mit in die Baukasse des Rates flossen aber auch die Einkünfte des Melatenhauses, des großen und kleinen Altena, des Siddinker Hauses, der Brasse, der Kluse und des Pilgrimhauses.[249] Eine Sammlung in der Stadt brachte weitere 1.000 Taler, was allerdings weniger war, als man sich erhofft hatte. Das Baumaterial stammte aus den städtischen Steinbrüchen und musste von den Kolonen der Börde – unentgeltlich – herangeschafft werden. Dennoch wurde der Bau mit insgesamt rund 5.000 Talern am Ende viel zu teuer. Für die Außenflächen (Hof und Garten) musste zusätzlich auch noch teurer Grund in der Nachbarschaft erworben werden. Das Prestigeprojekt war daher alles andere als populär: Die Kolonen murrten, und als 1702 der Turm von St. Petri in Flammen aufging,[250] nannten manche dies unumwunden eine Strafe Gottes für den voreiligen Abbruch des Großen Mariengartens.[251]

Unter diesen Vorzeichen zog sich die Fertigstellung fast vier Jahre lang hin. Erst am 5. Januar 1705 konnte das neue Waisenhaus, das auch zu dieser Zeit in vielen Teilen noch ein Rohbau war, eingeweiht werden. Rademacher und Klotz, die in der Bauphase wohl auch selbst in die Schusslinie geraten waren, ließen ein stattliches Programm drucken, das zum Festakt einlud.[252]

Auch an dieser Stelle ist die Überlieferung wieder dicht. Klotz hielt eine lateinische Oration vor dem versammelten Rat. Er pries dessen Engagement für die Einrichtung und berief sich dabei auf Niccolò Machiavelli (1469–1527),[253] den Verfasser des Buches „Der Fürst" (italienisch: „Il principe"; ursprünglich: „De principatibus"; um 1513), dessen Name für die Gebildeten der Zeit für eine politische Theorie stand, nach der zur Erlangung oder Erhaltung politischer Macht jedes Mittel unabhängig von Recht und Moral erlaubt war. Dann folgte eine deutsche Rede.

---

247   Deus, Herren von Soest (wie Anm. 60), S. 384. – Schwartz, Denkmäler 2 (wie Anm. 11), S. 170 (Nr. 10) (Grabplatte in St. Thomae) und S. 177 (Nr. 19) (Epitaph in St. Thomae; nicht mehr vorhanden).
248   Vogeler, Gründung (wie Anm. 242), S. 97f. (nach einem zeitgenössischen Bericht).
249   Zu diesen kleineren Wohlfahrtseinrichtungen ausführlich ebd., S. 91–95.
250   Vgl. den unkommentierten Abdruck einer unbezeichneten Quelle bei Vogeler, Beiträge zur Soester Kirchengeschichte (1893/94; wie Anm. 11), S. 133f. („1702. Der St. Petri Thurm brennt ab").
251   Ebd., S. 99–101. – Rothert, Ehrenreiche Stadt (wie Anm. 11), S. 171f. – Ders., Kirchengeschichte der Mark III (wie Anm. 10), S. 106f.
252   Soest StA/StB, Bestand A, Nr. 6156b, S. 1377–1380. – Dazu: Vogeler, Gründung (wie Anm. 242), S. 101f. – Schwartz, Denkmäler 1 (wie Anm. 11), S. 155–157.
253   Weinhardt, Joachim: Artikel „Machiavelli, Niccolò", in: RGG⁴ 5 (2002), Sp. 639 (Literatur).

Abb. 33: *Das Soester Waisenhaus. Fotographie, vor 1933. (Soest StA/StB, A 2717–24)*

zu erfassen.²⁴⁵ Der Rat wollte ermitteln, welche Kapitalien sich aus diesen Quellen schöpfen ließen. Auch wurden beide angewiesen, Erkundigungen über „die Einrichtung ähnlicher Anstalten in anderen Städten, unter denen Frankfurt am Main, Berlin und Halle genannt werden", einzuziehen.²⁴⁶

sowie 1712/15). Auch als 1713 der Grundstein für das neue Rathaus gelegt wurde (Aufschrift: „O Herr Hilf! O Herr! Laß alles wohl gelingen" [Ps 118, 25]; Schwartz, Denkmäler 1 [wie Anm. 11], S. 124), war Klotz beim Festakt die zentrale Gestalt. Grabplatte in St. Petri. Schwartz, Denkmäler 2 (wie Anm. 11), S. 122 (Nr. 4). – Deus, Herren von Soest (wie Anm. 60), S. 356f. – Ders.: Zur Soziologie der Reformierten Gemeinde in ihrer ersten Generation, in: SZ 76 (1962), S. 64f. – Krekler, Ingeborg: Die Autographensammlung des Stuttgarter Konsistorialdirektors Friedrich Wilhelm Frommann (1707–1787) (Die Handschriften der Württembergischen Landesbibliothek Stuttgart. Sonderreihe 2), Wiesbaden 1992, S. 97. – Maas-Steinhoff, Ilse: Das Gemäldeepitaph des Soester Barock-Bürgermeisters Gerhard Klotz II (1613–1680) – Ein Spiegelbild des Bedeutungsschwundes von Amt und Stadt?, in: SZ 132 (220), S. 95–110, hier S. 96.

245 Soest StA/StB, Bestand A, Nr. 10022.
246 Vogeler, Gründung (wie Anm. 242), S. 96f.

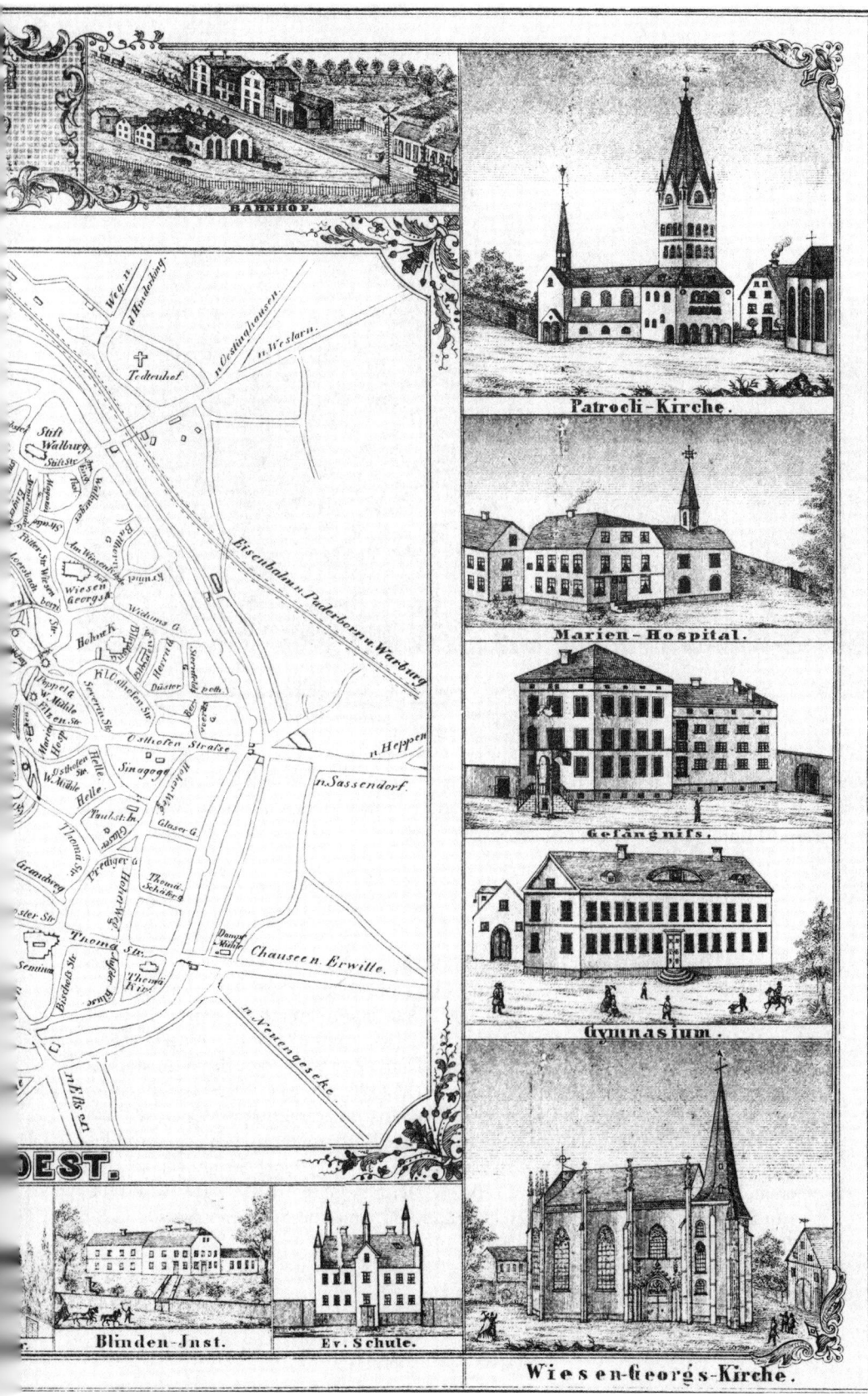

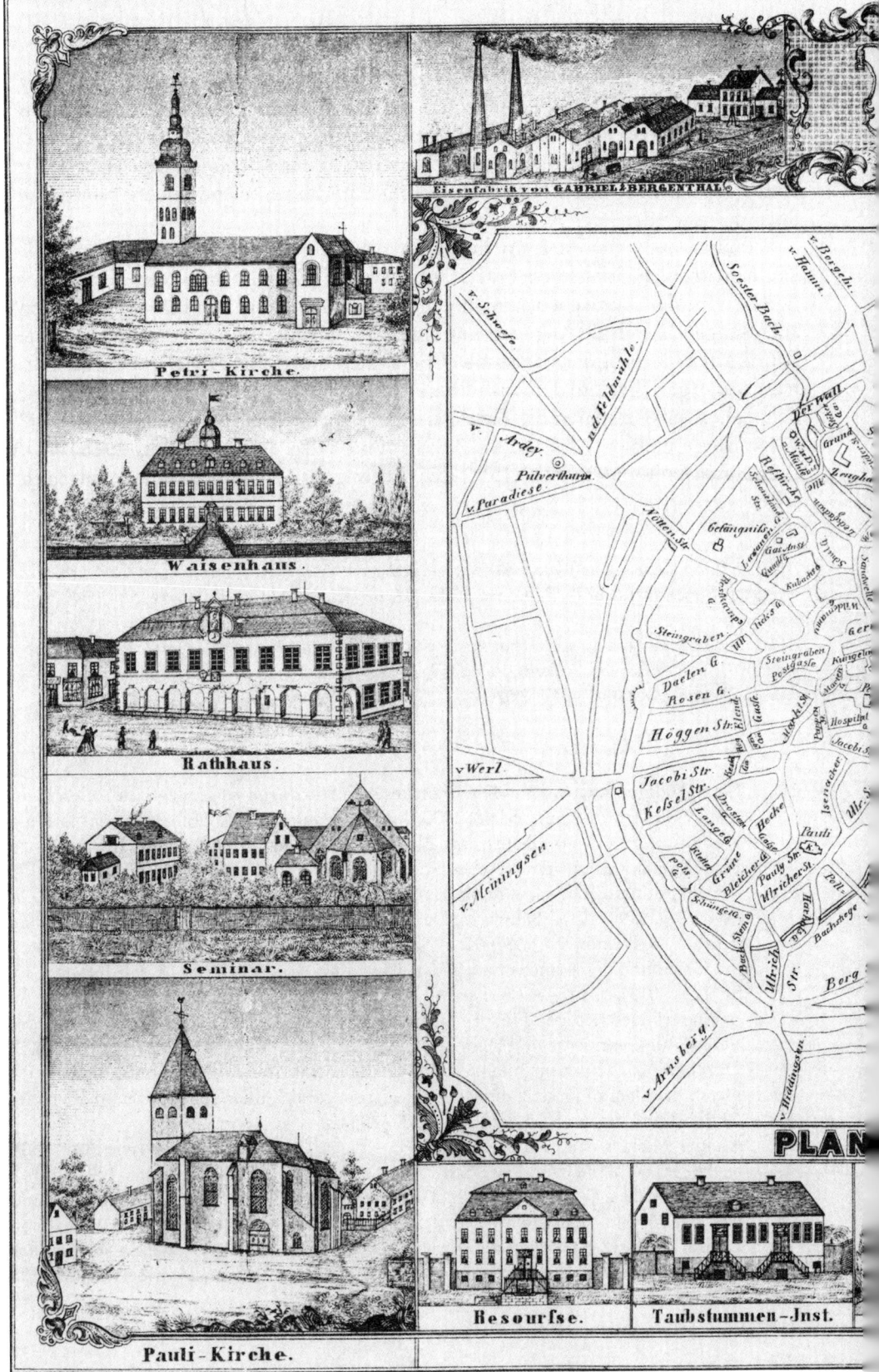

Petri-Kirche.

Waisenhaus.

Rathhaus.

Seminar.

Pauli-Kirche.

Eisenfabrik von GABRIEL & BERGENTHAL.

Resourse.

Taubstummen-Inst.

PLAN

1.7 Einsatz für das Soester Waisenhaus

kannt gemachten Anstalten leuchtete hell.[241] Es ließ den hallischen Pietismus auch für Nichtpietisten attraktiv erscheinen, versprach es doch die Lösung vieler alter Probleme im Bereich der städtischen Armenfürsorge. Außerdem konnte es über die in Halle in großer Zahl ausgebildeten Kandidaten der Theologie gleichsam eins zu eins in die eigene, meist nur schlecht geführte und übel beleumundete Einrichtung übertragen werden.

Wie andernorts war die Einrichtung eines Waisenhauses auch in Soest[242] zunächst kaum mehr als ein Projekt der Staatsräson gewesen. Es sollte dazu dienen, eine wichtige Gruppe der städtischen Armen, die „Hausarmen" (die von Hause aus Armen), aufzufangen. Durch die Angliederung eines Arbeitshauses, einer frühkapitalistischen Fabrik zur Erhöhung der städtischen Einnahmen, sollte aber zugleich auch dem Bettelunwesen gewehrt und der Ausbildung von Subkulturen aller Art vorgebeugt werden. Schon 1696 erhielten die Ziesemeister Dr. med. Eberhard Rademacher (1648–1716; Bürgermeister 1703/05, 1707/09)[243] und Otto Gerhard Klotz (1663–1715; Bürgermeister 1706/08, 1712/15)[244] den Auftrag, die weitverstreuten Armengüter

Abb. 31 (linke Seite): Das Waisenhaus in Glaucha vor Halle. Kupferstich von Constantin Friedrich Blesendorf (1674–1724), vor 1724. (Halle [Saale] AFSt, Bibliothek, Sb 0004)

Abb. 32 (folgende Seiten): Die Stadt Soest. Stahlstich; Stadtplan von J. Heller und G. Kramer, 1861. In der Kartusche links, zweites Feld von oben Darstellung des Soester Waisenhauses. (Soest StA/StB, A 4350-29 A)

241　Obst, Helmut/Raabe, Paul: Die Franckeschen Stiftungen zu Halle (Saale). Geschichte und Gegenwart, Halle (Saale) 2000. – Raabe, Paul/Müller-Bahlke, Thomas J. (Hg.): Das historische Waisenhaus. Das Hauptgebäude der Franckeschen Stiftungen zu Halle (Kataloge der Franckeschen Stiftungen 1), Halle (Saale) 2005².

242　Vogeler, Eduard: Die Gründung des Soester Waisen- und Krankenhauses, in: SZ 21 (1903/04), S. 90–104. – Schwartz, Denkmäler 1 (wie Anm. 11), S. 155–157. – Richter, Einfluß (wie Anm. 9), S. 87–92. – Schmidt, Tobias: Das Soester Armenwesen und die Gründung des Armen- und Waisenhauses im 17. und frühen 18. Jahrhundert, in: SZ 125 (2013), S. 147–162. – Ders.: Das Soester Armen- und Waisenhaus. Einblicke in eine frühneuzeitliche Fürsorgeinstitution 1705–1808. Beihefte zur Ausstellung des Vereins für Geschichte und Heimatpflege Soest e.V. im Burghofmuseum Soest vom 6. Dezember 2015 bis zum 3. Januar 2016 (Exemplar in Soest StA/StB ohne Signatur). – Ders.: Familien in krisenhaften Zeiten – Armut und Fürsorgeinstanzen im Soest des 18. Jahrhunderts, in: SZ 129 (2017), S. 77–104.

243　Kleiner Michels (wie Anm. 14), S. 489. – Deus, Herren von Soest (wie Anm. 60), S. 424. – Grabplatte in St. Petri. Schwartz, Denkmäler 2 (wie Anm. 11), S. 122 (Nr. 14).

244　Kleiner Michels (wie Anm. 14), S. 476. – Klotz hatte 1685 in Tübingen studiert und war seit 1687 mit einer Schwester des späteren (1729) Bürgermeisters Friedrich von Damm (1672–1740) verheiratet. Er war zunächst Kurherr (1691), dann Schleswiker (1693) und Ziesemeister (1696 und 1699) und zuletzt zweimal Bürgermeister (1706/08

Endlosen Weg – eine Stipendienstiftung für die Universität Halle, die er im März 1735 dann sogar nochmals erneuerte.[233] Im Zuge dessen kam es zu ersten Briefkontakten mit August Hermann Francke (1663–1727). Die daraus erwachsende Korrespondenz, von der leider nur die in Halle archivierten Briefe Johann Nikolaus Sybels erhalten sind, wird hier erstmals ediert.[234]

Dem folgte 1722 ein Vorstoß zur Abschaffung des „Beichtpfennigs", also jener Abgabe, die bisher bei der Einzelbeichte vor Empfang des Heiligen Abendmahls zu entrichten war. Das entsprach in Manchem der für viele Schüler Speners typischen Kritik an der traditionellen, oft stark veräußerlichten Einzelbeichte, wie sie gut 20 Jahre zuvor besonders durch Johann Caspar Schade (1666–1698, Abb. 30)[235] artikuliert worden war (Beichtstuhl als „Satansstuhl, Feuerpfuhl").[236] Sybel selbst hat den Beichtstuhl aber lebenslang geschätzt. Wie Luther wollte er sich den Trost der persönlich zugesprochenen Absolution nicht nehmen lassen und schrieb die Einzelbeichte am Vorabend der Abendmahlsfeier daher später auch in seinen Ordnungstexten fest.[237] In Soest ließ sich der Widerstand der Kollegen gegen die damit verbundene Minderung ihrer Einkünfte allerdings erst abmildern, nachdem eine Kompensation durch Erträge aus Vermächtnissen eingerichtet war.[238]

1.7 Einsatz für das Soester Waisenhaus

Wie seit langem bekannt, wurden in vielen Städten Deutschlands besonders die Waisenhäuser zu Kristallisationspunkten der pietistischen Frömmigkeit.[239] Das galt auch für Westfalen[240] und war kein Zufall, denn das Vorbild der ab 1695 in Glaucha bei Halle entstandenen und früh auch durch eine gezielte Publizistik be-

---

233 Vogeler, Beiträge (wie Anm. 9), S. 6f. – Dazu: Edition Nr. 41 und 96.
234 Edition Nr. 35f., 38f., 42, 49–52, 54f. und 57–62.
235 Schade war seit 1691 Vierter Pfarrer (Diakon) an der Nicolaikirche in Berlin gewesen. Wallmann, Johannes: Artikel „Schade, Johann Caspar", in: RGG⁴ 7 (2004), Sp. 856 (Literatur).
236 Obst, Helmut: Der Berliner Beichtstuhlstreit. Die Kritik des Pietismus an der Beichtpraxis der lutherischen Orthodoxie (AGP 11), Witten 1972.
237 Edition 2.3, § 104–112 („XI. Von der beicht und absolution") und Edition 2.5, § 18–20 („D. Von der beichte und absolution").
238 Von Sybel, Nachrichten (wie Anm. 14), S. 21.
239 Götzelmann, Arnd: Artikel „Waisenfürsorge", in: RGG⁴ 8 (2005), Sp. 1266f. (Literatur).
240 Siehe dazu exemplarisch für Minden: Peters, Christian: Johann Carl Opitz (1688–1756). August Hermann Franckes Gewährsmann in Minden, in: JWKG 99 (2004), S. 153–181. – Ders., Briefe Mindener Pietisten (wie Anm. 232), S. 183–288. – Oder auch für Bielefeld: Burkardt, Johannes: Das Bielefelder Waisenhaus als Gesangbuchverlag, in: 100. Jahresbericht des historischen Vereins für die Grafschaft Ravensberg (2015), S. 149–174.

Abb. 30: Johann Caspar Schade (1666–1698). Kupferstich, nicht bezeichnet, undatiert, nach 1698; aus der Sammlung des Friedrich Scholtz-Roth (1687–1736), tätig in Nürnberg. (Wien, Österreichische Nationalbibliothek, Bildarchiv und Grafiksammlung, PORT_00111246_01)

Umso beachtlicher war Johann Nikolaus Sybels bildungs-/theologiepolitisches Engagement: Im Juli 1718 errichtete er aus eigenen Mitteln – den Einnahmen aus der Verpachtung eines von seiner Mutter erworbenen Ackers von 2 ½ Morgen am

Attention der Zuhörer lehrte." Zitiert nach Wotschke, Geschichte des westfälischen Pietismus 1 (wie Anm. 10), S. 85 Anm. 58a. – An Mahlers Stelle in Derne kam schon bald Sebald Hopfensack (1692–1745), ein persönliches Beichtkind August Hermann Franckes, zuvor Katechet am Mindener Waisenhaus und seit 1720 Feldprediger des Infanterie-Regiments von der Goltz in Wesel. Bauks, Pfarrer (wie Anm. 14), S. 220f. (Nr. 2807). – Wotschke, Theodor: August Hermann Franckes rheinische Freunde in ihren Briefen, in: MRKG 23 (1929), S. 82–84 (Nr. 78) und S. 346 (Nr. 97). – Ders., Geschichte des westfälischen Pietismus 1 (wie Anm. 10), S. 95 (Nr. 32). – Peters, Christian: „Hochgeehrtester Herr Professor …" [50] Briefe Mindener Pietisten an August Hermann Francke (1663–1727), in: JWKG 99 (2004), S. 183–288, hier S. 184 mit den Briefen Nr. 8, 10, 16, 22 und 34–36. – Zu Renatus Andreas Kortum (1674–1747) siehe Anm. 203; ferner Edition Nr. 28, 37 und 47. – Zur Nieden, Religiöse Bewegungen (wie Anm. 10), S. 35 f.

1.6 Studium in Gießen und erste Dienstjahre als Pfarrer

Der neue Pfarrer an St. Georgii war fromm und gelehrt.[228] Wie die meisten seiner Amtsbrüder hatte er aber mit wirtschaftlichen Problemen zu kämpfen, da die Renten der Soester Pfarrer zu erheblichen Teilen im kurkölnischen Gebiet lagen und häufig zurückgehalten wurden.[229] Dazu kamen die preußischen Werbeexzesse (Zwangsrekrutierungen). Sie machten das Leben nicht nur in Soest, sondern in der ganzen Grafschaft Mark unsicher.[230] Die männliche Schuljugend war fast permanent gefährdet.[231] Die lutherische Synode der Mark protestierte, bewirkte aber wenig. Nur einige radikalpietistische bzw. frühaufklärerische Pfarrer leisteten Widerstand, so namentlich Merckers Kollegen Peter Mahler († 1728) in Derne und Renatus Andreas Kortum (1674–1747) in Hattingen.[232]

---

228 Er hatte deshalb wohl sogar zeitweise erwogen, an der Universität in Gießen zu bleiben. Soest StA/StB, Bestand A, Hs. 67, S. 228.

229 Rothert, Ehrenreiche Stadt (wie Anm. 11), S. 159 (Einzelaufstellung für das Jahr 1717).

230 Vgl. besonders Edition Nr. 46 (Soest, Ende August 1720: Johann Möller [Müller, Mollerus; 1646–1722; wie Anm. 39], Erster Pfarrer an St. Petri und Inspektor der Kirche von Soest, gemeinsam mit allen Predigern der Stadt und ihrer Börde an den König in Berlin). – Übergreifend: Elsner, Andreas: Die Soester und ihre Musketiere – Soest als Garnison 1714 bis 1806: Hinnahme, Kooperation und Konflikt, in: Widder u. a. (Hg.), Soest 3 (wie Anm. 6), S. 905–957, hier S. 926–934.

231 Im März 1720 war die Situation in Westfalen so schwierig, dass selbst der Superintendent der Grafschaft Ravensberg Israel Clauder (1670–1721) seinem zu dieser Zeit in Halle die Rechte studierenden Sohn Justus Israel Clauder untersagte, während der vorlesungsfreien Zeit heim zu seinen Eltern nach Bielefeld zu reisen. Der junge Mann indes hielt sich nicht daran. Peters, Clauder (wie Anm. 196), S. 100–102.

232 Peter Mahler († 1728). Wie Anm. 203. – Wie stark Mahler auch damals noch radikalpietistisch agierte, belegt ein für August Hermann Francke (1663–1727; wie Anm. 88) bestimmter Reisebericht des damals frisch gebackenen Lenneper Rektors Daniel Christian Franke (1690–1775; Bauks, Pfarrer [wie Anm. 14], S. 137 [Nr. 1754]), zuvor Lehrer am Hallischen Waisenhaus, später Pfarrer in Werther, vom 6. Mai 1720: „[...] An eben diesem 10. Februar [1720] kam ich [Daniel Christian Franke] früh in Lünen an. Da nahm mich ein christlicher Arzt Dr. [Johann Philipp] Maul [1662–1727; wie Anm. 964] auf, mit dessen Sohne [er studierte ab dem Herbst 1720 in Halle; Wotschke, Geschichte des westfälischen Pietismus 1 (wie Anm. 10), S. 96 Anm. 78] ich gegen Abend zu H[errn Peter] Mahler nach Derne (so eine Stunde davon ist) ging. Dieser H[err] Mahler, der, so viel ich merken konnte, von Herzen fromm ist, mutete mir zu, den folgenden Sonntag zu predigen (erat dominica Estomihi). Ich schlugs ab mit dem Bedeuten, daß es in Halle nicht gut geheißen würde, wenn ein junger Prediger ohne sattsame Vorbereitung aufträte, weil dergleichen eine große Verantwortung vor Gott nach sich zöge, wenn man das hungrige Auditorium nicht mit wohlgekochter Speise erquickte. Obs nun gleich an dem Abend in terminis [nur bei Worten; ungeklärt] blieb, so zwang er [Peter Mahler] mich doch den Sonntag Morgen dazu, als man schon einläutete, und sagte, ich müsse predigen, weil ich durch ihn [Mahler] einen göttlichen Ruf dazu bekäme [sic!]. Da nun des Mannes Ernst da war und ich nicht sah, wie [ich] seiner los werden möchte, ohne ihn zu kränken, so wagte ichs im Namen Gottes und erlangte die Gnade, daß ich über eine Stunde mit guter

Abb. 29: Die 1822 abgebrochene Marktkirche St. Georgii in Soest, Ansicht von Südosten. Federzeichnung (Rekonstruktion) des C. Memminger, 1882. (Soest StA/StB, Foto: Tobias Westhoff)

1.6 Studium in Gießen und erste Dienstjahre als Pfarrer

mussten deutlich länger warten, so Johann (Wilhelm) Heinrich Sybel († 1748),[225] der 1719 Zweiter Pfarrer an St. Marien in Lippstadt wurde, oder Sybels Cousin Johann Christoph Sybel (1690–1733),[226] der 1723 die Pfarrstelle an Soest St. Pauli antrat. Aufs Ganze gesehen war der Erfolg der „Sybels" aber eindrücklich: Die Familie besetzte in kurzer Zeit wichtige Pfarrstellen und votierte dabei zunehmend pietistisch.[227]

---

225 Bauks, Pfarrer (wie Anm. 14), S. 503 (Nr. 6242). – Von Sybel, Nachrichten (wie Anm. 14), hier Stammtafel B. – Nachgewiesen ist für ihn bislang nur eine einzige Disputation: [Rumpaeus, Jost Wessel:] De Christi promissione latroni in cruce eum invocanti facta ex dicto Luc. 23, v. 43 […], Hamm: Utz 1710.

226 Bauks, Pfarrer (wie Anm. 14), S. 503 (Nr. 6243). – Dazu: Kleiner Michels (wie Anm. 14), S. 452. – Von Sybel, Nachrichten (wie Anm. 14), S. 24f. mit Stammtafel E. – Schwartz, Denkmäler 3 (wie Anm. 11), S. 67 (Nr. 44) (Grabplatte in St. Pauli). – Johann Christoph Sybel war der älteste Sohn von Sybels Onkel Johann Heinrich Sybel (1651–1711; wie Anm. 23). Er ist literarisch in immerhin drei Schriften fassbar: [Gratulationsschrift in:] [Rumpaeus, Jost Wessel:] De religione speciatim christiana […], Soest: Hermanni 1709. – [Rumpaeus, Jost Wessel:] De sabbatho lege divina praecepto […], Soest: Hermanni 1710; 3.21 Jost Wessel Rumpaeus Nr. 29 (1710). – Non horrent Bacchi orgia Musae sanctiores […] vir […] Georgius Albertus Hambergerus mathematum naturalisque philosophiae professor […] viro iuveni […] Johanni Christophoro Sybelio Susato-Westphalo post examina […] ad diem VI. Kl. Novembres […] summos in philosophia honores […] conferet […] invito Io[hann] Iacob Syrbius […] philosophiae professor […] Ienae Dominica XXII a Festo Trin[itatis]. [MD]CCXII [23. Oktober 1712], Jena: Müller 1712. Exemplar: Soest StA/StB. – Johann Christoph Sybels (1690–1733) Grabstein in St. Pauli trug später die Inschrift: „[Wappen Sybel-Steinen; darunter:] Sint adversa licet pietati multa ferenda, / Quam fidei proles, numinis urget amor. / Non tamen ut noceant dominum haec infligere credas / Quin, quae damna putes, commoda multa ferent." Von Sybel, ebd., S. 25.

227 Johannes Sybel (1700–1750), ein jüngerer Bruder Johann Christoph Sybels (1690–1733; wie Anm. 226), wurde 1725 Zweiter Pfarrer an Soest St. Petri. Bauks, Pfarrer (wie Anm. 14), S. 503 (Nr. 6245). – Dazu: Kleiner Michels (wie Anm. 14), S. 453. – Von Sybel, Nachrichten (wie Anm. 14), Stammtafel E. – Sybels Cousin dritten Grades Johann Arnold Sybel (1700–1760) war der erste Soester Sybel, der in Halle studierte (1720–1725). Er wurde 1726 Pfarrer in Sassendorf, einem Dorf der Ostbörde, fünf Kilometer östlich von Soest (vgl. dazu den unkommentierten Abdruck einer nicht näher bezeichneten Quelle aus dem dortigen Sälzer-Archiv bei [Schwartz, Hubertus:] Eine Pfarrwahl in Bad Sassendorf 1726, in: SZ 54/55 [1938], S. 27–30). Hier erneuerte er den kirchlichen Unterricht, förderte die Konfirmation (für deren Feier nun eine eigene Stiftung aus Mitteln des Landadels eingerichtet wurde) und erhielt dafür selbst ein (ihm durch seine Lohnherren persönlich zugesprochenes) erhöhtes Gehalt. Sybel wetterte gegen die üppigen Amtsköste (Pfarrer, Küster, Lohnherren). Eine Bewerbung auf die Zweite Pfarrstelle von St. Petri in Soest im Jahr 1750 (Nachfolge des Johannes Sybel [1700–1750]) blieb erfolglos. Bauks, Pfarrer (wie Anm. 14), S. 503 (Nr. 6246). – Dazu: Kleiner Michels (wie Anm. 14), S. 445. – Von Sybel, Nachrichten (wie Anm. 14), S. 25f. mit Stammtafel C.

Abb. 28: Adam Rechenberg (1642–1721). Kupferstich des M(artin) B(ernigeroth) (1670–1733), tätig in Leipzig, entstanden nach 1699. (Sammlung Christian Peters)

(einer Schiefertafel) auf dem Altar; der Rat bestätigte sie schon am Tag darauf.²²³ Am 26. Oktober erfolgte die Ordination des offenbar eilends aus Gießen angereisten Kandidaten.²²⁴

Die Nachfolge war allseits erwünscht. Allerdings kam sie früh, denn Johann Nikolaus Sybel war damals erst 23 Jahre alt. Andere, in etwa gleichaltrige Cousins,

223 „[…] die Lohnherren schlagen der Gemeinde drei Kandidaten vor, aus denen sie einen wählt. Auf dem Altar liegt dann ein ‚Stein' (Schiefertafel) mit den Namen der Aufgestellten. Die Wähler zeichnen einen Strich zu dem Namen des von ihnen Gewünschten. Wer die meisten Striche hat, ist gewählt." Rothert, Kirchengeschichte der Mark III (wie Anm. 10), S. 38. Zur Bestätigung durch den Rat: Soest StA/StB, Bestand A, Hs. 67, S. 229 nennt davon abweichend den 19. Oktober 1713.
224 Von Sybel, Nachrichten (wie Anm. 14), S. 20 f.

1.6 Studium in Gießen und erste Dienstjahre als Pfarrer

Durchbruch verholfen und sich dabei, integer und allem überschäumenden Aktionismus abhold, nicht nur unter den Pietisten aller Couleur, sondern auch bei deren Gegnern Achtung erworben.[219] Typisch für May war, dass er seinen Hörern die Liebe zu den Schriften und Predigten seines Freundes Philipp Jakob Spener einpflanzte. Und gerade beim jungen Sybel sollte dies später noch eindrücklich nachwirken.[220]

Doch auch in Soest war die Zeit nicht stehen geblieben: 1708 war Sybels Onkel Johann Heinrich (1651–1711),[221] ein jüngerer Bruder des Vaters, seit 1678 Pfarrer an St. Pauli, neuer Inspektor geworden. Das ließ darauf hoffen, dass auch der Weg des Neffen beizeiten in ein Soester Pfarramt führen würde. Und genau so geschah es dann auch: Am 1. Oktober 1713 starb Sybels Vater Johann Georg. Noch die Inschrift des Grabsteins bezeugte klar seine ungebrochene „Hoffnung besserer Zeiten".[222] Darauf wählten die Lohnherren von St. Georgii nunmehr den Sohn zu ihrem neuen Pfarrer (15. Oktober 1713). Die Wahl erfolgte auf die alte Weise mit einem „Stein"

---

219 Köhler, Walther: Die Anfänge des Pietismus in Gießen 1689–1695, Gießen 1907 (ND Gießen 2006). – Mack, Rüdiger: Pietismus und Frühaufklärung an der Universität Gießen und in Hessen-Darmstadt, Gießen 1984.

220 Vgl. unten Kap. 1.12.

221 Johann Heinrich Sybel (1651–1711) tritt literarisch lediglich in Gestalt zweier Gratulationsschriften hervor: Aurea cui mens […] [Gratulationsschrift in:] De aere/[Praeses:] Praetorius, Johann, [Respondent:] Schoff, Goswin [Soest, Archigymn., Diss. theol., 28. August 1673], Soest: [ohne Drucker] 1673 (VD17 39:147324N). – [Gratulationsschrift ohne eigenen Titel in:] [Rumpaeus, Jost Wessel:] De religione speciatim christiana […], Soest: Hermanni 1709; 3.21 Jost Wessel Rumpaeus Nr. 27 (1709). Sein Grabstein in St. Pauli trug die Aufschrift: „A.O.R. 1711 die 13 Nov[embris] vir maxime reverendus et amplissimus dominus m[agister] Joh[ann] Henricus Sybelius ecclesiae hujus per annos 34 pastor vigilantissimus et reverendi ministerii inspector gravissimus in domino gloria crucifixo obiit aet[ate] 61. [Wappen Sybel-Diemel; darunter:] absit sectari laudes hominum mihi sola crux ter sancta decus, gloria, delicium. Figo cruci mundum, qui me crucifixit in uno Salvatore meo glorior et morior." Von Sybel, Nachrichten (wie Anm. 14), S. 24.

222 Johann Georg Sybels (1647–1713) Grabplatte aus der (1822 abgerissenen) Georgskirche trägt die Inschrift: „A[nn]o MDCCXIII d[ie] 1. Octob[ris] admodum reverendus ac doctissimus Dominus D. Joh[annes] Georgius Sybelius ex Archigymnasii nostri rectore meritissimo per 32 fere annos ad hoc Templum verbi divini minister fidelissimus et scholarcha per 17 annos gravissimus fracta mortalitate beatam mortem ad superos translatus est. In Textum Fun[ebralem] P[salmum] XIII. [= XII] v[ersus] 6. 7 [elegit]. Quid sit multus honos quid sit venerabile nomen / Per varios casus me didicisse juvat / Me didicisse juvat quod mundi Splendida quaeque / Fons erat curarum litis et invidiae. / Hoc didicisse docet cum spe quod gaudio replet, / Esse solum Domini gratiam et auxilium." Schwartz, Denkmäler 2 (wie Anm. 11), S. 198 (damals [1956] beschädigt im Keller der Ressource). „‚Weil die Elenden Gewalt leiden und die Armen seufzen, will ich jetzt aufstehen', spricht der Herr, ‚ich will Hilfe schaffen dem, der sich danach sehnt.' Die Worte des Herrn sind lauter wie Silber, im Tiegel geschmolzen, geläutert siebenmal" (Ps 12, 6f.).

Abb. 27: Gottfried Arnold (1666–1714). Kupferstich, nicht bezeichnet und nicht datiert, wohl nach Georg Paul Busch (um 1682–1756), nach einem Gemälde von Johann Heinrich Schwartz (1653–1707/08). (Sammlung Johannes Burkardt)

Zunächst nur außerordentlicher Professor der Moral (so seit 1697), war Lange 1707 Professor der Logik und Metaphysik geworden und bald ein fester Teilnehmer der im Hause seines älteren Kollegen Johann Heinrich May[217] stattfindenden Erbauungsstunden gewesen, in die er nun häufig auch begabte Studenten einführte. Und eben May promovierte Johann Nikolaus Sybel 1711 dann auch zum Magister der Theologie („De oeconomia judiciorum Dei […] in genere"[218]).

May, damals zugleich Superintendent, war ein bescheidener, aber höchst einflussreicher Mann. Er hatte dem Pietismus in Hessen-Darmstadt und Gießen zum

217 Johann Heinrich May (1653–1719). Wie Anm. 185.
218 De oeconomia judiciorum Dei […] in genere […], Gießen: Vulpius 1711; 3.30 Johann Nikolaus Sybel Nr. 3 (1711).

Abb. 26: Johann Georg Liebknecht (1679–1749). Gemälde eines unbekannten Künstlers aus der Gießener Professorengalerie, vor 1749. (Gießen UB/UA, Fotodatenbank, HR A 65a)

(1689) um August Hermann Francke[212] gehört hatte[213] und dann Hauslehrer bei Johann Wilhelm Petersen[214] in Lüneburg gewesen war. Lange, ein begabter Liederdichter, war 1697 zusammen mit Gottfried Arnold (Abb. 27)[215] nach Gießen gekommen und hatte hier bei seinem Fortkommen die stete Protektion Speners und dessen Schwiegersohns Adam Rechenberg (1642–1721, Abb. 28),[216] seit 1699 Professor der Theologie in Leipzig, genossen.

212 August Hermann Francke (1663–1727). Wie Anm. 88.
213 Peters, Lärm des Pietismi (wie Anm. 159).
214 Johann Wilhelm Petersen (1649–1727). Wie Anm. 56.
215 Gottfried Arnold (1666–1714). Wie Anm. 182.
216 Wallmann, Johannes: Artikel „Rechenberg, Adam", in: RGG⁴ 7 (2004), Sp. 83 (Literatur).

Francke und die hallischen Theologen geprägter Konrektoren gekommen. Die letzte, noch grellere Farbe, den radikalen Pietismus in Gestalt Johann Merckers, hatte dann ausgerechnet ein früherer Subkonrektor seines eigenen Vaters, der aus Soest stammende Essener Rektor Johann Gottfried Kopstadt, ins Spiel gebracht.

Fast zeitgleich trat der radikale Pietismus nun aber auch in anderen Formen hervor: Anfang 1703 erreichte das Soester ministerium urbanum so etwa eine dringende Anfrage aus Lippstadt. Dort wollte man wissen, ob man es dem aus Berleburg, einer Hochburg des radikalen Pietismus aller Couleur, vertriebenen früheren Hofprediger und (heimlichen) Gichtelianer[206] Dietrich-Otto Schmitz (1670–1718)[207] erlauben könne, bei einer Trauerfeier die feierliche Leichenrede (Parentation) zu halten. Das Urteil der Soester, darunter auch Sybels Vater Johann Georg, war klar und eindeutig: Derartiges dürfe man in Lippstadt unter gar keinen Umständen zulassen![208]

1.6 Studium in Gießen und erste Dienstjahre als Pfarrer an St. Georgii

Im Jahr 1708, und damit nur ein Jahr nach seinem unruhigen Cousin Johann Solms, bezog dann auch Johann Nikolaus Sybel, inzwischen 18 Jahre alt, die Universität in Gießen.[209] Er nahm das Studium der Theologie auf und kam dabei wohl gut voran. Erhalten sind eine damals hochmoderne meteorologische Disputation „De tempestatum […] causis" und eine philologische Sammeldissertation über „Themata selecta".[210] Den Vorsitz bei letzterer hatte Johann Christian Lange (1669–1756),[211] der einst in den engsten Kreis der sogenannten „Leipziger Magister"

---

206 Johann Georg Gichtel (1638–1710) war ein einflussreicher Theosoph in der Nachfolge Jakob Böhmes (wie Anm. 135). Zaepernick, Gertraud: Artikel „Gichtel, Johann Georg", in: RGG⁴ 3 (2000), Sp. 924 (Literatur).

207 Peters, Christian: Der Berleburger Kaplan Dietrich Otto Schmitz (1670–1718). Radikaler Pietist und Anhänger Johann Georg Gichtels, in: Burkardt, Johannes/Hey, Bernd (Hg.): Von Wittgenstein in die Welt. Radikale Frömmigkeit und religiöse Toleranz (BWFKG 35), Bielefeld 2009, S. 69–106.

208 Soest StA/StB, Bestand A, Nr. 6156a (Februar 1703). – Vgl. Edition Nr. 5f.

209 Von Sybel, Nachrichten (wie Anm. 14), S. 20.

210 De tempestatum apparenter et vere extraordinariarum ac speciatim frigoris quod hyeme superiori sensimus intensissimi […], Gießen: Vulpius 1710. Der Praeses dieser Disputation, Johann Georg Liebknecht (1679–1749, Abb. 26), war ein bedeutender Professor der Mathematik (1707–1737) und der Theologie (seit 1721) in Gießen und dort später zugleich Superintendent. Er stand Gottfried Wilhelm Leibniz (1646–1716) nahe. Moraw, Peter: Kleine Geschichte der Universität Gießen, Gießen 1990 (Register). – Themata selecta ex variis philosophiae partibus deprompta […], Gießen: Vulpius 1710; 3.30 Johann Nikolaus Sybel Nr. 1f. (1710).

211 Goebel, Karl Gottfried: Johann Christian Lange (1669–1756). Seine Stellung zwischen Pietismus und Aufklärung (Quellen und Studien zur hessischen Kirchengeschichte 9), Darmstadt und Kassel 2004.

1.5 Johann Mercker und der radikale Pietismus

spät,[204] was für ihn selbst aber wohl ohne Folgen blieb.[205] In Soest, wo man sich dem Stadtkind und früheren Subkonrektor weiterhin verbunden fühlte, dürfte sie Erleichterung ausgelöst haben. Nicht anders wird dies auch im Hause von Kopstadts früherem Vorgesetzten Johann Georg Sybel, dem Vater Sybels, gewesen sein. Auch für die Soester Collegia war die Sache ja keineswegs ungefährlich gewesen, hätte man doch auch selbst leicht in den Verdacht obrigkeitskritischer Umtriebe geraten können.

Auf die ersten fünf Abschnitte dieser Darstellung zurückblickend lässt sich damit das Folgende festhalten: Noch bevor Johann Nikolaus Sybel seine Soester Schulzeit beendet hatte, hatte er in seinem engsten Umfeld, der Familie und der Schule, neben den für einen Soester Pfarrerssohn typischen spätorthodox-lutherischen Prägungen auch schon ganz andere Impulse empfangen: Mit den von seinem Vater 1695 eingerichteten Betstunden am Sonntagnachmittag war früh die von Philipp Jakob Spener eingeführte, neue pietistische Gemeinschaftsform des collegium pietatis in sein Gesichtsfeld getreten. Im Rahmen der Auseinandersetzungen um seinen Cousin Johann Solms war er aber auch einer selbstbewussten, nicht mehr religiös rückgebundenen Aufklärung begegnet, die das alte Schulsystem Soests grundsätzlich in Frage stellte. Dazu waren die Einflüsse mehrerer jüngerer durch August Hermann

---

wiesen." – Zu Fri(e)be(n)s Ausstrahlung in die Mark siehe Rothert, Kirchengeschichte der Mark III (wie Anm. 10), S. 102.

204 Peters, Pietismus in Essen und Dortmund (wie Anm. 63), S. 26–31. – Die wichtigsten der an dieser Stelle anzuführenden Stücke (wie die Soester Überlieferung zeigt, sind hier aber wohl mehrere Texte ausgefallen/nicht zum Druck gelangt) sind: Mercker, Johann: Abgenöthigter und Warhafftiger Bericht Von den Händeln/Welche wegen der Sauff-Gelächer/Processe/und freyer Christlicher Versamlungen in Essen vorgegangen sind […], [ohne Ort, ohne Drucker] 1704. – Kopstadt, Johann Gottfried: Abgenöhtigter und Warhafftiger Gegen-Bericht dem Von Herren Johannes Mercker aufgesetzten und titulirten abgenötigten und warhafftigen Bericht entgegen gesetzt […], Duisburg: Sas 1704. – Mercker, Johann: Rettung Der Unschuld: Wider Herrn M[agister] Kopstadts So genandten abgenöthigten Gegen-Bericht […], [ohne Ort, ohne Drucker] 1704. – Kopstadt, Johann Gottfried: Vest-stehende Unschuld wieder die Von Herren Johannes Mercker titulirte Rettung der Unschuld […], Duisburg: Sas 1704. – Kopstadt, Johann Gottfried: Unschuld wider die von Herrn Johann Mercker titulirte Rettung der Unschuld […], [ohne Ort, ohne Drucker] 1708. Nachweis: Walch, Historische und Theologische Einleitung V.1 (wie Anm. 173); 3.16 Johann Mercker Nr. 15 (1704), Nr. 18 (1704), Erwiderungen/Gegenschriften/Bestätigungen Nr. 9f. (1704).

205 Kopstadt blieb bis ins Alter ein geschätztes Mitglied der frommen Essener Ehrbarkeit. Vgl. dazu: Kopstadt, Johann Gottfried: Eitelkeit des Menschlichen Lebens Nebenst angehencktem Trost Aller Christlichen Eltern, wegen des frühzeitigen Absterbens […] des […] jungen Töchterleins Anna Maria Gerdruth Hüissen, Des […] Arnold Hüissen […] Chur-Pfaltzischen Hoff-Raths […] wie auch der Stadt Essen ältern Bürgermeisters […] Und dann der […] Maria Juliana von Aussen, Ehelich gezeugten Kindes […], Dortmund: Rühl 1715; 3.11 Johann Gottfried Kopstadt Nr. 11 (1715).

1. Johann Nikolaus Sybel

Kopstadts Distanzierung von Mercker und dessen zum Teil noch radikaleren Schülern, wie etwa Peter Mahler († 1728) oder David Fri(e)be(n),[203] erfolgte erst

---

203 *Peter Mahler* († 1728) stammte aus Sprockhövel und hatte ab 1697 zunächst in Leipzig, dann in Halle studiert; 3.13 Peter Mahler. Der Student zählte zu den Parteigängern Merckers und errichtete in dessen Essener Haus eine Schule für die Separierten, was schnell zu einem Streit mit dessen Kollegen und früheren Mentor Kopstadt führte. 1706 wurde Mahler gegen den Willen der Gemeinde als Pfarrer in Derne eingesetzt. Göbell, Evangelisch-lutherische Kirche I (wie Anm. 10), S. 2 Anm. 11. Er heiratete eine adlige Witwe, Anna Katharina von Schmettau bzw. von Aeschel (1665–1716), eine Geborene von Friedeborn (1708), die den Eheleuten Petersen nahe stand (Peters, Pietismus in Essen und Dortmund [wie Anm. 63], S. 30f.), und unterhielt gemeinsam mit ihr gut besuchte radikale Konventikel. Als es 1720 infolge der gewaltsamen Soldatenwerbungen des preußischen Militärs an mehreren Orten der Mark zu Bauernunruhen kam (vgl. etwa für Hagen: Zur Nieden, Religiöse Bewegungen [wie Anm. 10], S. 35f.), verfasste Mahler gemeinsam mit seinem Hattinger Kollegen Renatus Andreas Kortum (1674–1747) eine Eingabe an den König. Kortum, ein nach jahrelangen Spannungen um die obligatorische Einzelbeichte vor Empfang des Heiligen Abendmahls (wohl in Analogie zum sogenannten „Berliner Beichtstuhlstreit" um Speners Schüler Johann Caspar Schade [1666–1698; vgl. unten Anm. 235]) aus Aschersleben in die Grafschaft Mark versetzter frühaufklärerischer Autor von beachtlichem Format (3.12 Renatus Andreas Kortum), hatte dem inzwischen kranken Mercker 1713 seine letzte Stelle vermittelt. Kortum war mit Anna Sophia Sprögel verheiratet, einer Tochter des Quedlinburger Propstes Johann Heinrich Sprögel (1644–1722), in dessen Haus Gottfried Arnold (1666–1714; wie Anm. 182) an seiner berühmten „Kirchen- und Ketzerhistorie" gearbeitet hatte. Da auch Arnold 1710 eine Tochter Sprögels geheiratet hatte (Anna Maria Sprögel), waren Kortum und er Schwäger (Peters, Christian: Artikel „Sprögel, Johann Heinrich", in: RGG⁴ 7 [2004], Sp. 1625f. [Literatur]). Beide Prediger (Mahler und Kortum) wurden wegen ihrer Eingabe gegen die gewaltsamen Soldatenwerbungen auf der Festung Wesel gefangengesetzt und 10 Wochen später nach Berlin transportiert. Hier legten sie eine öffentliche Buße ab und wurden anschließend „gnadenweise" neu zum Pfarramt zugelassen. Mahler wurde Pfarrer in Dabergotz (Brandenburg), Kortum Pfarrer in Lebus (Brandenburg), beides 1721. Bauks, Pfarrer (wie Anm. 14), S. 312 (Nr. 3931; Mahler) und 271 (Nr. 3416; Kortum). Zum Vorgang auch Edition Nr. 47 (Selbstzeugnis Kortums). – *David Fri(e)be(n)* hatte in Wittenberg studiert. 1697 begegnet er hier als Beiträger in einer Trauerschrift: Nobilissimo ac doctissimo iuveni Christi[a]no Schmidio, Vratislaviensi, philosophiae candidato & s[ancti]s[simae] theologiae studioso, Wittebergae d[ie] XXX. Decembris a[nni] MDCXCVII. solenni ritu elato […], Wittenberg: Kreusig 1697 (VD17 3:699596V). – Zu ihm auch schon ausführlich: Peters, Pietismus in Essen und Dortmund (wie Anm. 63), S. 26–29 (mit vorläufigem Schriftenverzeichnis). – Bei Goebel, Geschichte des christlichen Lebens 2 (wie Anm. 56), S. 629 heißt es zu ihm: „Der erst 1702 von Magedeburg nach Essen berufene Rektor Frieben ließ sich lieber absetzen, als daß er den Besuch der Versammlungen Merckers aufgeben hätte. Dem Studiosus [Peter] Mahler […] wurde die Privatschule, welche er in Merckers Hause für die Separirten angefangen hatte, verboten; dann wurde er wegen Beleidigung des Pastor Kopstadt ins Gefängnis gesetzt und endlich aus der Stadt ge-

1.5 Johann Mercker und der radikale Pietismus

cker auch sich selbst attackiert und ergriffen nun, zwar nicht offen, im Hintergrund aber doch sehr beharrlich, dessen Partei.[198] Aus den Reihen des radikalen Pietismus kamen allerdings auch kritische Stimmen, so etwa von Johann Wilhelm Petersen (1649–1727, Abb. 12).[199] Die „Affäre Mercker" wurde so schnell zu einem Schlüsselstreit, in dem jede Seite um Unterstützung warb. Mercker fand sie nun einmal mehr und wirkungsvoll bei Johann Konrad Dippel (1673–1734).[200]

Dass auch die Soester besorgt waren und alles, was in Essen um Mercker und Kopstadt vor sich ging, mit Argusaugen verfolgten, liegt auf der Hand. Immerhin negierte Merckers scharfe Kritik ja auch das eigene, längst nicht mehr unangefochtene Kirchen- und Schulsystem. Das dazu entstandene, in Soest erhaltene Quellenmaterial ist umfänglich.[201] Es wird hier erstmals ediert.[202]

---

198 Peters, Pietismus in Essen und Dortmund (wie Anm. 63), S. 17–21.
199 Johann Wilhelm Petersen (1649–1727). Wie Anm. 56. – Diese bisher noch kaum aufgearbeitete Auseinandersetzung (vgl. Peters, ebd., S. 23) schlägt sich vor allem in folgenden Stücken nieder: Mercker, Johann: Christliche Unterweisung Von den Unmittelbahren Offenbahrungen, Enthusiasmo, Handlungen der Sacramenten, Frucht des Heil[igen] Abendmahls, Sabbath, Zustand der Wiedergebohrnen nach dem Tode, und ewiger Verdamnues […], [ohne Ort, ohne Drucker] 1703. – Petersen, Johann Wilhelm: Untersuchung Der Gründe, Die ein Prediger zu Essen, Gegen den mittlern Zustand der Seelen nach dem Tode, Und gegen die Wiederbringung aller Dinge herbeygebracht […], [ohne Ort, ohne Drucker] 1705. – Mercker, Johann: Einfältiger Tractat Von der Wiederbringung Aller Dinge, Wie auch von Dem Zustande, in welchem die Seelen der Gläubigen, nach dem Tode, sich befinden: Mit angehängter Einleitung zum rechten Verstande der Offenbahrung Johannis zu gelangen: Wider die so genante Untersuchung der Gründe Herrn D[octo]ris Johan[n] Wilh[elm] Petersen […], Mülheim am Rhein: Proper 1708; 3.16 Johann Mercker Nr. 7 (1703) und Nr. 22 (1708), Erwiderungen/Gegenschriften/Bestätigungen Nr. 13 (1705).
200 Johann Konrad Dippel (1673–1734). Wie Anm. 181. – [Vorwort in:] Dippel, Johann Konrad: Weg-Weiser Zum verlohrnen Liecht und Recht: Oder Entdecktes Geheimnüß, Beydes der Gottseligkeit/und der Boßheit: In einer schrifft-mäßigen Abbildung Der Gemeine des neuen Bundes/nach ihrer Jnnern und äussern Beschaffenheit/und des ihr entgegen gesetzten Abfalls in dem Reich des Anti-Christens/Samt einer Vorrede, Worinnen Herrn Johannes Merckers/Lutherisch-Evangelischen Predigers zu Essen/dem Autori überschickte zwey Tractätlein: 1. Christliche Unterweisung von der Freyheit zu lehren/und von dem Schrifftmäßigen Verstand des Bind- und Löse-Schlüssels. 2. Christliche Unterweisung von der Gemeinschaft der Heiligen/ etc. Summarisch repetiret/und deren unpartheyische Warheits-Gründe dem bescheidenen Leser bestens recommendiret werden […], [ohne Ort, ohne Drucker] 1704. Auch im Folgejahr erschienen noch mindestens zwei weitere Ausgaben dieses Werks; 3.16 Johann Mercker Nr. 17 (1704) und Nr. 19 f. (1705).
201 Ein Hinweis darauf findet sich bereits 1886 bei Rothert, St. Thomae (wie Anm. 11), S. 61 f.
202 Edition Nr. 4, 7–10 und 13–16.

der lutherischen Orthodoxie, Besorgnis aus.[197] Vor allem aber mobilisierte er die vom Essener Rat um ein Gutachten gebetenen Theologen der zum neuen Zentrum des lutherischen Pietismus aufgestiegenen Universität in Halle. Sie sahen mit Mer-

---

Israel Clauder (1670–1721): Hallischer Pietismus in Minden-Ravensberg, in: Ders. (Hg.): Zwischen Spener und Volkening. Pietismus in Minden-Ravensberg im 18. und frühen 19. Jahrhundert (BWFKG 23), Bielefeld 2002, S. 9–127, hier S. 98–100 sowie Ders., Pietismus in Westfalen (wie Anm. 1), S. 197 f. – Mercker, Johann: Abermahlige Rettung Der Lehr-Freyheit: Wider eine Theologische Disputation, Welche Herr Johannes Henricus Schmidius, Unter dem Praesidio des Woledlen Herrn M[agisters] Joh[annis] Casp[ari] Baropii, Prorectoris des Archigymnasii zu Dortmundt/Von der nothwendigen Bestellung der Kirchen-Diener gehalten [...], [ohne Ort, ohne Drucker] 1704. – Barop, Johann Caspar: Apologia orthodoxae assertionis de necessaria ministrorum ecclesiae constitutione, Dortmund: Rühl 1704; 3.16 Johann Mercker Nr. 11 (1704), Erwiderungen/Gegenschriften/Bestätigungen Nr. 5 f. (1704). Die wichtigsten für *Duisburg* anzuführenden Stücke sind: Mercker, Johann: Christliche Unterweisung Von der Gemeinschafft der Heiligen [...], [ohne Ort, ohne Drucker] 1703. – [Summermann, Caspar Theodor:] Necessitas atque utilitas jurisprudentiae in vita humana contra inique eam traducentes asserta [...], Duisburg: [ohne Drucker] 1703. Der Präses dieser Disputation, Caspar Theodor Summermann (1674–1752), war Professor der Rechtswissenschaften und 1714 Dekan der Universität Duisburg. – Mercker, Johann: Rettung Der Kurtzen und Einfältigen Justiz: Wieder die Disputation/welche der Hoch-Edle Herr Casparus Theodorus Summermannus. Doctor und Professor Juris Publicus auff der Königl[ich] Preüssischen Universität zu Düißburg/Von der Nothwendigkeit und Nutzbarkeit der Juristerei oder Rechtsgelehrtheit gehalten [...], [ohne Ort, ohne Drucker] 1704. – Summermann, Caspar Theodor: Anweisung des Ungrunds und Unfugs. Nachweis: Walch, Historische und Theologische Einleitung V.1 (wie Anm. 173). – Mercker, Johann: Abermahlige Rettung der Kurtzen und Einfältigen Justiz: Wider die Anweisung des Ungrunds und Unfugs Des Hoch-Edlen Herrn Caspari Theodori Summermanni, Doctoris und Professoris auff der Königl[ich] Preussischen Universität zu Duißburg [...], [ohne Ort, ohne Drucker] 1704; 3.16 Johann Mercker Nr. 6 (1703), Nr. 13 f. (1704), Erwiderungen/Gegenschriften/Bestätigungen Nr. 2 (1703) und Nr. 7 (1704).

197 [Wernsdorff, Gottlieb:] Dissertatio theologica, qua libertinismum docendi, a Jo[hanne] Merckero ex instituto defensum [...], Wittenberg: Gerdes 1703. Die als exemplarisch begriffene Disputation wurde mehrfach nachgedruckt, so zuletzt Wittenberg: Gerdes 1722³. Der Präses dieser Disputation, der Professor, Propst und Generalsuperintendent in Wittenberg Gottlieb Wernsdorff (1668–1729), war einer der profiliertesten Vertreter der Spätorthodoxie. Bei seinem Kampf gegen den Pietismus arbeitete eng mit Valentin Ernst Löscher (1673–1749; vgl. zu ihm unten Anm. 406) in Dresden zusammen. Appold, Kenneth: Artikel „Wernsdorff, Gottlieb", in: RGG⁴ 8 (2005), Sp. 1467 (Literatur). Kohnle/Kusche, Professorenbuch (wie Anm. 75), S. 223–225. – Mercker, Johann: Verthädigung Der Lehr-Freyheit: Wider eine Theologische Dissertation, Welche Herr Gottlieb Wernsdorff/Theol[ogiae] Doctor und Professor Publicus Extraord[inarius] auff der Universität zu Wittenberg/von dem so genanten Libertinismo gehalten [...], [ohne Ort, ohne Drucker] 1704; 3.16 Johann Mercker Nr. 8 (1704), Erwiderungen/Gegenschriften/Bestätigungen Nr. 1 (1703).

1.5 Johann Mercker und der radikale Pietismus

Superintendent war eigentlich ein Mann Franckes, zeigte sich ihnen gegenüber jedoch überraschend offen.[193]

Der Streit um Mercker und dessen Angriff auf das kirchliche Amt und die Rechte der weltlichen Obrigkeit „in sacris" (1703–1705)[194] zog schnell weite Kreise.[195] Er löste nämlich nicht nur in einigen Städten der näheren Umgebung (Mengede, Dortmund, Duisburg u. a.[196]), sondern auch im fernen Wittenberg, dem Zentrum

---

193   Rothert, Kirchengeschichte der Mark III (wie Anm. 10), S. 103–105. – Peters, Pietismus in Essen und Dortmund (wie Anm. 63), S. 38–41.

194   Zu einer prägnanten Zusammenfassung der Thesen Merckers vgl. immer noch Walch, Historische und Theologische Einleitung I (wie Anm. 173), S. 123–127.

195   Peters, Pietismus in Essen und Dortmund (wie Anm. 63), S. 31 f.

196   Die wichtigsten für *Mengede* anzuführenden Stücke sind: Mercker, Johann: Christliche Unterweisung Von Der Freyheit zu lehren […], [ohne Ort, ohne Drucker] 1703. – Öffentlicher Vorgang: Bernhard Ludolf Hausemann (1661–1720), Pfarrer in Mengede, warnt in einer Leichenpredigt vor Johann Merckers Irrtümern. Hausemann hatte nach seinem Studium in Leipzig zunächst 1685 das Rektorat der Lateinschule in Lennep übernommen. Ein Jahr später war er dann in der (zweiten) Nachfolge seines Vaters Pfarrer in Mengede geworden. Von hier wechselte er 1714 nach Bochum. Bauks, Pfarrer (wie Anm. 14), S. 187 (Nr. 2371). Rothert, Kirchengeschichte der Mark III (wie Anm. 10), S. 68 f. – Mercker, Johann: Rettung Der Lehr-Freyheit: Wider Herrn [Bernhard Ludolf] Hauseman, Lutherisch-Evangelischen Prediger zu Mengde […], [ohne Ort, ohne Drucker] 1704. – Hausemann, Bernhard Ludolf: Gründliche Verthädigung des absonderlichen Prediger-Beruffs […], [ohne Ort, ohne Drucker] 1704. Nachweis: Walch, Historische und Theologische Einleitung V.1 (wie Anm. 173). – Mercker, Johann: Verthädigung Des recht-erklärten Bischöfflichen Amptes/Und der Freyheit zu lehren: Wider Herrn Bernhardt Ludolff Hausemans/Predigers zu Mengede/So genandte Gründliche Verthädigung des absonderlichen Prediger-Beruffs […], [ohne Ort, ohne Drucker] 1704; 3.16 Johann Mercker Nr. 5 (1703) und Nr. 9 f. (1704). – Eine eindrückliche Darstellung dieser Auseinandersetzung durch Hausemann selbst findet sich auch in dessen Brief an Johann Heinrich May (1653–1719; wie Anm. 185) in Gießen, Mengede, den 25. Februar 1705. Wotschke, Geschichte des westfälischen Pietismus 1 (wie Anm. 10), S. 73 f. (Nr. 13). Die wichtigsten für *Dortmund* anzuführenden Stücke sind: [Barop, Johann Caspar:] De necessaria ministrorum ecclesiae constitutione […], Dortmund: Rühl 1704. Der Präses dieser Disputation, Johann Caspar Barop (1663–1708), stammte aus Dortmund. Er hatte in Leipzig studiert, war 1695 Prorektor des Dortmunder Gymnasiums geworden und wirkte hier seit 1700 zugleich als Vertreter des Gymnasiarchen (kommissarischen Rektors). Bauks, Pfarrer (wie Anm. 14), S. 20 (Nr. 249). Der Respondent dieser Disputation, Johann Heinrich Schmidt (ca. 1692–1749), stammte aus Halberstadt. Er hatte in Halle studiert, war zunächst Zweiter Pfarrer in Hamm (1719), dann Pfarrer in Aachen (1726), Adjunkt in Creuzburg (Thüringen) (1745) und dort auch noch kurze Zeit Superintendent (1749). Ebd., S. 442 (Nr. 5481). – Gruch, Pfarrer 4 (wie Anm. 169), S. 116 (Nr. 11561; Literatur). Der hochbegabte Schmidt, den Francke persönlich nach Hamm vermittelt hatte, war zeitweise (um 1720) stark suizidgefährdet. In Halle sorgte man sich um ihn und schrieb daher wiederholt an den Arzt und Geheimen Rat Rüdiger von Westhoff (Westhoven) in Hamm. Peters, Christian:

veranlasste Mercker zu einer dramatisch in Szene gesetzten öffentlichen Bannung des Essener Rates, mithin seiner eigenen Obrigkeit.[190]

Anfang 1703 wurde Mercker zunächst für vier Wochen suspendiert, dann offiziell entlassen. Er schied aber erst 1705 aus dem Dienst und wirkte von 1713 bis zu seinem Tod im Jahre 1728 in unbedeutender Stellung in Hattingen (Wiesmann-Vikariat), wo ihm andere Pietisten, frühere Schüler und Kollegen, Unterschlupf gewährten, was angesichts seiner ruinierten Gesundheit wohl auch dringend nötig war.[191] Die neue, heimliche Leitfigur der Radikalen war damals allerdings längst Johann Georg Joch (1677–1731).[192] Der charismatische Dortmunder Rektor und diesem später, also wohl während Merckers Zeit in Mülheim am Rhein (1687–1691), auch im Essener Rektorenamt nachgefolgt.

190 Zu den Einzelheiten: Peters, Pietismus in Essen und Dortmund (wie Anm. 63), S. 23–31. – Die Konflikte mit dem Essener Rat werden vor allem in folgenden Texten greifbar: Mercker, Johann: Abgenöthigter und Warhafftiger Bericht Von den Händeln/ Welche wegen der Sauff-Gelächer/Processe/und freyer Christlicher Versamlungen in Essen vorgegangen sind […], [ohne Ort, ohne Drucker] 1704. – Beckmann, Theodor (Dietrich) Matthias: Gründlicher Gegen-Bericht Und Beantwortung Herrn Joh[ann] Merckers mit höchster Unfuge außgestreuten Läster-Buchs, Abgenötigter Bericht genant […], Dortmund: Rühl, 1704. – Mercker, Johann: Kurtzer und Einfältiger Unterricht/Was von den jenigen zu halten sey/welche nicht zur Kirchen gehen/sondern absonderliche Versamlungen ausser der Kirchen halten […], [ohne Ort, ohne Drucker] 1704. – Vorläuffiger Bericht Von der Eygentlichen Beschaffenheit, Und Warhafften Ursachen Des in der Stadt Essen von seinem Prediger-Dienst removirten Pastoris Herrn Johannis Merckers […], Mülheim am Rhein: Proper 1705. – Acta Essendiensia: Worinnen enthalten: I. Die Veranlassung des in der Evangelisch-Lutherischen Gemeine der Stadt Essen Anno 1701. entstandenen und biß ins Jahr 1705. continuirten Kirchen-Streits. II. Die von H[errn] Johanne Mercker, Pastor daselbst, vorgetragene streitige Lehr-Sätze, Mülheim am Rhein: Proper 1706; 3.16 Johann Mercker Nr. 15 (1704), Nr. 16 (1704), Erwiderungen/Gegenschriften/Bestätigungen Nr. 8 (1704), Nr. 12 (1705) und Nr. 14 (1706).

191 Vgl. dazu schon im Mai 1707 Georg Matthäus Weiler († 1743) in Essen an Justus Lüders (ca. 1656–1708) in Halberstadt: „Herr Mercker wäre gern wieder im Amte. Es will sich aber noch kein Weg dazu öffnen. Ich gönnte es ihm von Herzen, auch wenns hier selbst geschehen könnte. Multum utrimque peccatum est!" Wotschke, Essener Briefe (wie Anm. 186), S. 265–267, hier S. 267.

192 Bauks, Pfarrer (wie Anm. 14), S. 234 (Nr. 2976). – Dazu: Esser, Helmut: Johann Georg Joch. Ein Wegbereiter für den Pietismus in Dortmund (1709–1722), in: Beiträge zur Geschichte Dortmunds und der Grafschaft Mark LVIII (1962), S. 175–208. – Peters, Pietismus in Essen und Dortmund (wie Anm. 63). – Ders.: Johann Georg Joch (1677–1731), in: Basse, Michael u. a. (Hg.): Protestantische Profile. Fünfhundert Lebensbilder aus fünf Jahrhunderten. Ruhr 2010. Kulturhauptstadt Europas, Kamen 2009, S. 101–103. – Kohnle/Kusche, Professorenbuch (wie Anm. 75), S. 92f. – 3.8 Johann Georg Joch.

Abb. 25: *Johann Konrad Dippel (1673–1734). Kupferstich des Johann Michael Eben (1716–1761), tätig in Frankfurt am Main, undatiert. (Sammlung Johannes Burkardt)*

Gottfried Arnold (1666–1714)[182] zu den Schlüsselgestalten des radikalen Pietismus gehörte.[183]

Auch Kopstadt ist diesen Weg zunächst mitgegangen.[184] 1702 brachte er eine eigene Thesenreihe vor die Synode der lutherischen Gemeinden der Grafschaft Mark. Als diese nicht reagierte, schickte er das Stück an Speners Freund Johann Heinrich May (1653–1719),[185] damals Professor und Superintendent in Gießen.[186] Über eine Antwort ist allerdings auch hier nichts bekannt.[187]

In Essen selbst lief die Entwicklung inzwischen heiß. Mercker trat mit schroffen Thesen hervor. Danach hatte jeder wiedergeborene Christ die volle Lehrfreiheit, das ordinierte Amt (Predigt, Sakramentsverwaltung, Kirchenzucht etc.) war überflüssig. Stattdessen war alles in die Hände der Laien zu geben, die so zugleich in ein unmittelbares Verhältnis zu ihrer Obrigkeit traten und diese damit – was bisher undenkbar gewesen war! – notfalls auch rügen durften und mussten.[188]

Das führte zu harten Auseinandersetzungen mit dem neuen Dritten Lutherischen Pfarrer Essens, dem Magister Johann Wilhelm Hasselmann (†1719),[189] und

etistische Theologie und ihre Entstehung (AGP 39), Göttingen 2001.

182 Schneider, Hans: Artikel „Arnold, Gottfried", in: RGG⁴ 1 (1998), Sp. 791f. (Literatur).
183 Zu den Einzelheiten: Peters, Pietismus in Essen und Dortmund (wie Anm. 63), S. 19–23.
184 Vgl. die bei Wotschke, Theodor: August Hermann Franckes rheinische Freunde in ihren Briefen, in: MRKG 22 (1928), S. 104–123, 151–158 und 175–188 gebotenen Briefe des späteren (1703) Hallischen Waisenhausinspektors Johann Christian Nehring (1671–1736), damals kurzzeitig Rektor in Essen.
185 Friedrich, Martin: Artikel „May, Heinrich", in: RGG⁴ 5 (2002), Sp. 936f. (Literatur).
186 Wotschke, Theodor: Johann Gottfried Kopstadt, in: MRKG 24 (1930), S. 80–89, hier S. 81f. – Dazu: Wotschke, Theodor: Essener Briefe, in: MRKG 28 (1934), S. 263–265.
187 „Auch Kopstadt betonte die Freiheit der gläubigen Kirche im Blick auf die gottesdienstlichen Riten. Dass ihn die Essener Frommen in dieser Hinsicht für rückständig hielten, machte ihm zu schaffen. Wie er May gegenüber erkennen ließ, war seine Abendmahlsauffassung inzwischen (wie bei Mercker) eine durch und durch spiritualistische: Konstitutiv für die Feier des Herrenmahls waren demnach nicht die Einsetzungsworte, sondern das diese begleitende Gebet der gläubigen Gemeinde. Das lehre auch die Praxis der Alten Kirche". Peters, Pietismus in Essen und Dortmund (wie Anm. 63), S. 23.
188 Christliche Unterweisung Von Der Freyheit zu lehren, Und von Dem Schrifft-mässigen Verstand des Bind- und Löse- Schlüssels [...], [ohne Ort, ohne Drucker] 1703. – Christliche Unterweisung Von der Gemeinschafft der Heiligen, Wie auch Von den Ceremonien, Philosophia, und Processen [...], [ohne Ort, ohne Drucker] 1703. – Christliche Unterweisung Von den Unmittelbahren Offenbahrungen, Enthusiasmo, Handlungen der Sacramenten, Frucht des Heil[igen] Abendmahls, Sabbath, Zustand der Wiedergebohrnen nach dem Tode, und ewiger Verdamnues [...], [ohne Ort, ohne Drucker] 1703; 3.16 Johann Mercker Nr. 5–7 (1703).
189 Rosenkranz, Pfarrer (wie Anm. 169), S. 190. – Gruch, Pfarrer 2 (wie Anm. 169), S. 303 (Nr. 4823). Hasselmann war ursprünglich Johann Merckers Konrektor gewesen und

1.5 Johann Mercker und der radikale Pietismus

Abb. 24: Stadtansicht Essen. Kupferstich, aus: Matthaeus Merian: Topographia Westphaliae, 1647. (Sammlung Christian Peters)

Johann Anton Mercker, Kopstadts älterer Kollege (er hatte das Akademische Gymnasium in Hamburg besucht und sein Amt schon seit 1652 oder 1654 inne), war der Vater des späteren Radikalpietisten Johann Mercker (1659–1728). Der ehrgeizige und begabte junge Mann hatte in Gießen studiert und wurde 1684, erst 25jährig, Kopstadts Nachfolger am Essener Gymnasium. Das Verhältnis des jungen Mercker zu seinem neun Jahre älteren Vorgänger und Kollegen war eng, ja, fast väterlich, was sich nun bald auch in gemeinsamen Publikationen niederschlug.[180]

1687 ging Mercker für kurze Zeit als Pfarrer nach Mülheim am Rhein. Als sein Vater starb, kehrte er aber schon 1691 als dessen Nachfolger nach Essen zurück. Er übernahm die Leitung der von Kopstadt und seinem Vater begonnenen Essener Collegia, die unter seinem Einfluss nun rasch aufblühten, sich dabei aber immer stärker radikalisierten und wohl in Teilen auch separierten. Man trat in Kontakt zu Johann Konrad Dippel (1673–1734, Abb. 25)[181] in Gießen, der seit 1697 neben

---

180 Auslöser derselben waren Predigten des Jesuitenpaters Senerus, später Rektor des Jesuitenkollegs in Münstereifel. Mercker reagierte mit einer scharfen Gegenpredigt. Daraufhin setzte der Essener Rat eine Disputation an, die zwar ergebnislos verlief, Senerus aber zu einer Schmähschrift gegen Mercker veranlasste und dem jungen Essener Rektor so die Gelegenheit gab, sich erstmals auch literarisch zu profilieren. Kopstadt assistierte: [Mercker, Johann/Kopstadt, Johann Gottfried:] Abgenoehtigte Und Warhaffte Erzehlung Des von hiesigem Jesuiten Senero Begehrten Colloquii […], Dortmund: Rühl 1684. – [Dies.:] Christliche Lehr- Und Ehren-Verthätigung […], Dortmund: Rühl 1685; 3.11 Johann Gottfried Kopstadt Nr. 6 (1685). – Dazu: Goebel, Geschichte des christlichen Lebens 2 (wie Anm. 56), S. 624f.

181 Schneider, Hans: Artikel „Dippel, Johann Konrad", in: RGG⁴ 2 (1999), Sp. 868 (Literatur). – Goldschmidt, Stephan: Johann Konrad Dippel (1673–1734). Seine radikalpi-

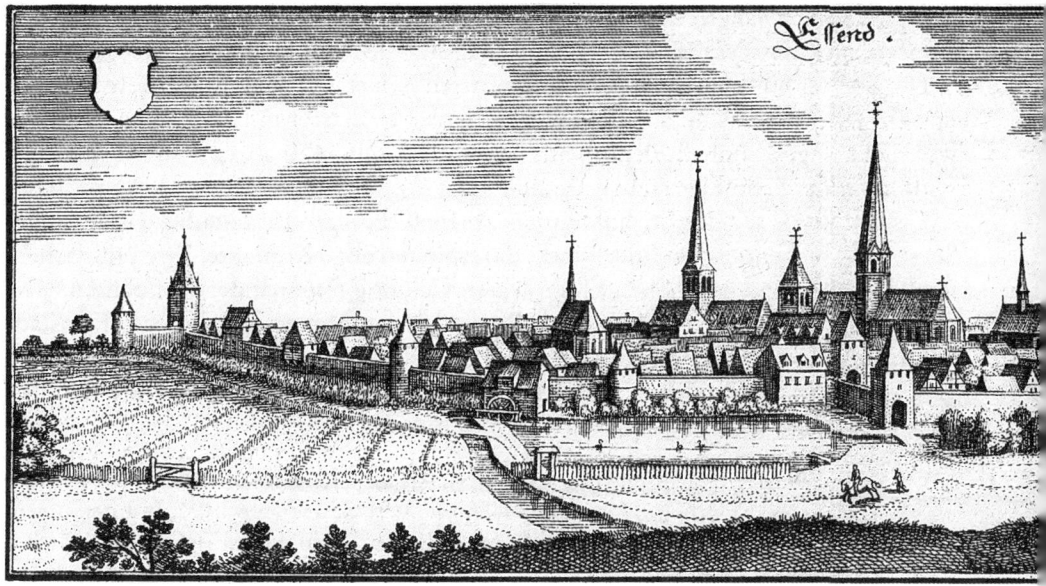

therischen Pfarrer, dem Magister Johann Anton Mercker (ca. 1628–1691),[175] collegia pietatis, von denen Philipp Jakob Spener, ebenso überrascht wie erfreut, im Februar 1682 durch den Juristen und späteren Essener Bürgermeister Theodor (Dietrich) Matthias Beckmann, einen theologisch hochsensiblen Laien[176] und Freund des Schwärmers Friedrich Breckling (1629–1711),[177] erfuhr.[178] Bald hat Kopstadt dann auch direkt mit Spener und dessen sich ausweitendem Freundeskreis korrespondiert.[179]

---

175 Rosenkranz, Pfarrer (wie Anm. 169), S. 330. – Gruch, Pfarrer 3 (wie Anm. 169), S. 334 (Nr. 8489).

176 Vgl. dazu auch: Beckmann, Theodor (Dietrich) Matthias: Freundliche Einladung Zum friedlichen liebreichen Gespräch und Untersuchung der Prophezeyungen Alten Testaments/Von der Juden bald bevorstehenden so leiblicher als geistlicher Erlösung: Womit verlanget wird mit ihren Rabbinen friedlich und in aller Liebe zu untersuchen […], [ohne Ort, ohne Drucker] 1707 (VD18 12929530).

177 Zaepernick, Gertraud: Artikel „Breckling, Friedrich": in: RGG⁴ 1 (1998), Sp. 1743 (Literatur). – Zu Beckmanns Korrespondenz mit Breckling in Den Haag vgl. Wotschke, Theodor: Friedrich Brecklings niederrheinischer Freundeskreis, in: MRKG 21 (1927), S. 3–21, hier S. 12–15 (zwei Briefe aus den Jahren 1703 und 1704.

178 Goebel, Geschichte des christlichen Lebens 2 (wie Anm. 169), S. 623. – Waechtler, Karl Gottlieb: Die Geschichte der Evangelischen Gemeinde Essen und ihrer Anstalten. Im Anschluss an die von Pfarrer Waechtler im Jahr 1863 verfaßte Denkschrift hg. vom Presbyterium, Essen 1896², S. 75f. – Beckmann, der damals wohl auch selbst Erbauungsstunden hielt, hatte das Essener Bürgermeisteramt in der Zeit von 1685 bis 1707 nahezu ununterbrochen inne.

179 Zu den Einzelheiten: Peters, Pietismus in Essen und Dortmund (wie Anm. 63), S. 13–18.

nes nach Soest gelangt, der ab 1691 rasch auch über die Region hinaus für Aufsehen gesorgt hatte, des Essener Pfarrers und Magisters Johann Mercker (1659–1728).[173]

Der Soester Subkonrektor Johann Gottfried Kopstadt war 1681 zunächst Rektor und ein Jahr später dann auch Zweiter lutherischer Pfarrer in Essen geworden. Das war nicht ungewöhnlich, denn beide Städte, das seit 1670 als eine fürstliche Freistadt unter der Schutzherrschaft Brandenburgs geltende, vormals reichsunmittelbare Essen und das seit der Erbhuldigung von 1669 ebenfalls Brandenburg unterstellte Soest, ein „Nebenquartier" der Mark, unterhielten enge Kontakte. Ihre politischen, intellektuellen und geistlichen Eliten waren vielfältig miteinander verflochten.[174]

Obwohl er in Soest noch nicht als Pietist hervorgetreten war, brachte Kopstadt schon 1681, soeben als Rektor nach Essen berufen, seinerseits Nungesser als Rektor für Dortmund in Vorschlag. Seit dieser Zeit hielt er zusammen mit dem Ersten Lu-

---

173 Bauks, Pfarrer (wie Anm. 14), S. 327 (Nr. 4116). – Rosenkranz, Pfarrer (wie Anm. 169), S. 330. – Gruch, Pfarrer 3 (wie Anm. 169), S. 334 (Nr. 8490). – Literatur zu Johann Mercker und den durch ihn ausgelösten Streitigkeiten (in chronologischer Reihenfolge): Walch, Johann Georg: Historische und Theologische Einleitung in die Religions-Streitigkeiten in der Evangelisch-Lutherischen Kirche I, Jena 1733² (ND Stuttgart-Bad Cannstatt 1972), S. 772–777 (§ LXXXVI) und V.1, Jena 1739 (ND Stuttgart-Bad Cannstatt 1985), S. 121–136 (§ XLVII–XLIX). – Bährens, Ehregott Friedrich Wilhelm: Geschichte der evangelisch-lutherischen Gemeinde und ihrer Schulen zu Essen, Essen 1813 (passim). – Goebel, Geschichte des christlichen Lebens 2 (wie Anm. 56), S. 616–631 (§ 23). – Ritschl, Albrecht: Geschichte des Pietismus in der lutherischen Kirche des 17. und 18. Jahrhunderts. Bd. 2: Der Pietismus in der lutherischen Kirche des 17. und 18. Jahrhunderts. Erste Abteilung, Bonn 1884 (ND Berlin 1966), S. 208–210, 286 und 445. – Zur Nieden, Religiöse Bewegungen (wie Anm. 10), S. 11 f. – Rotscheidt, Wilhelm: Pastor Johannes Mercker in Essen 1659–1728. Ein Kapitel aus der Geschichte des rheinischen Pietismus, in: MRKG 17 (1923), S. 65–78. – Overmann, Karl: Die Geschichte der Essener höheren Lehranstalten im 17. und 18. Jahrhundert mit besonderer Berücksichtigung des Evangelisch-Lutherischen Gymnasiums und seines Direktors Johann Heinrich Zopf, in: Beiträge zur Geschichte von Stadt und Stift Essen 46 (1928), S. 3–196, besonders S. 25 ff. – Wittmütz, Volkmar: Kirchenstreit in Essen. Pfarrer Johannes Mercker und der Rat der Stadt Essen 1691–1705, in: De Buhr, Hermann/Küppers, Heinrich/Wittmütz, Volkmar (Hg.): Kirche im Spannungsfeld von Staat und Gesellschaft (FS Günther van Norden), Köln 1993, S. 29–45. – Peters, Pietismus in Essen und Dortmund (wie Anm. 63), S. 11–44. – Ders.: Johann Mercker (1659–1728), in: Basse, Michael u. a. (Hg.): Protestantische Profile. Fünfhundert Lebensbilder aus fünf Jahrhunderten. Ruhr 2010. Kulturhauptstadt Europas, Kamen 2009, S. 94 f.

174 Gerade an der Familie Kopstadt lässt sich das eindrücklich belegen: Kopstadts Sohn Johann Heinrich („Johann Henricus Kopstadius, Essend[iensis]-Westphal[us]") besuchte 1698 das Soester Gymnasium. Vogeler, Archigymnasiums IV (wie Anm. 9), S. 4. Er wurde später Essener Bürgermeister. Kleiner Michels (wie Anm. 14), S. 614. Eine seiner Nichten, Anna Elsaben Koppstatt († 1715), erscheint schon 1691 als Jungfer im Hohen Hospital. Soest StA/StB, Bestand A, Nr. 8337. – Dazu: Kleiner Michels (wie Anm. 14), S. 615.

ten Programm zu privaten Vorlesungen ein.[165] Ein Jahr später beantragte der brandenburgische „Hofgerichtsadvokat Dr. Jean Solm" offiziell das Recht, am Gymnasium die Iura lehren zu dürfen.[166] Wie das Verfahren endete, ist ungewiss. Solms jedenfalls blieb in Soest, wo er vor dem 19. August 1739 verstarb.[167]

1.5 Johann Mercker (1659–1728) und der radikale Pietismus

Dass der inzwischen zu einem jungen Mann herangewachsene Johann Nikolaus Sybel (* 1690) diese Konflikte in seinem engsten Umfeld (Familie und Schule) miterlebt, wenn auch gewiss nicht in allem durchschaut hat, darf vorausgesetzt werden. Kaum weniger brisant war allerdings, dass schon etwas früher auch der radikale Pietismus auf das Schul- und Kirchenwesen Soests überzugreifen versucht hatte. Maßgeblich war auch hier ein Lehrer des Gymnasiums gewesen, der Rostocker Magister[168] Johann Gottfried Kopstadt (Kaufstatt; 1650–1717),[169] ein Altersgenosse und früherer Subkonrektor (1678–1681) des eigenen Vaters.[170] Das wog umso schwerer, als auch Kopstadts Vater, Johann Kopstadt († 1684),[171] bereits Lehrer am Gymnasium gewesen war (so ab 1647) und der Stadt später in noch weit wichtigeren Funktionen gedient hatte, nämlich zunächst als Kammerschreiber (ab 1649) und später dann als Zweiter Stadtsekretär (ab 1667).[172] Aber auch in sich war der Vorgang brisant gewesen. Über Kopstadt war damals nämlich die Theologie eines Man-

---

165 Programma quo nobilissimis iurium cultoribus [...], philosophiam cum iurisprudentia iugendam suadet, iuxtimque ad audiendas lectiones in iure privatas [...] invitat [...], Soest: Hermanni 1711; 3.24 Johann Solms Nr. 10 (1711).
166 Soest StA/StB, Bestand A, Nr. 10 448 („Akten betr. das Gesuch des Hofgerichtsadvokaten Dr. Jean Solms, am Soester Gymnasium Iura lehren zu dürfen. 1712.").
167 Das Datum ergibt sich aus der Sterbedatum der Witwe (19. August 1739). Kleiner Michels (wie Anm. 14), S. 405 und 567.
168 De natura praedicationis in genere [...], Rostock: Keil 1672. – De aeternitate Dei [...], Rostock: Keil 1673; 3.11 Johann Gottfried Kopstadt Nr. 1 (1702) und Nr. 2 (1703).
169 Kleiner Michels (wie Anm. 14), S. 614. – Dazu: Vogeler, Archigymnasium IV (wie Anm. 9), S. 4. – Rosenkranz, Albert: Das Evangelische Rheinland. Ein rheinisches Gemeinde- und Pfarrerbuch. II. Band: Die Pfarrer (SVRKG 7), Düsseldorf 1958, S. 273. – Gruch, Jochen, im Auftrag der Evangelischen Kirche im Rheinland und des Vereins für Rheinische Kirchengeschichte (Bearb.): Die evangelischen Pfarrerinnen und Pfarrer im Rheinland von der Reformation bis zur Gegenwart (SVRKG 175), Bd. 1: A–D, Bonn 2011; Bd. 2: E–J, Bonn 2013; Bd. 3: K–R, Bonn 2018 und Bd. 4: S–Z, Bonn 2020; hier: Bd. 2, S. 142 (Nr. 7014).
170 Nachgewiesen ist aus dieser Zeit aber lediglich eine einzige, unter Kopstadts Vorsitz geführte Disputation: De accidente praedicabili [...], Soest: Utz 1678; 3.11 Johann Gottfried Kopstadt Nr. 4 (1678).
171 Kleiner Michels (wie Anm. 14), S. 613 f.
172 Zur Verankerung der Familie in der Soester Stadtgesellschaft siehe ebd., S. 407 f. und 613–615. – Deus, Herren von Soest (wie Anm. 60), S. 409.

1.4 Schüler des Archigymnasiums in unruhigen Zeiten

rich Ostermann (1687–1747).[161] Ostermann studierte später in Jena die Rechte, musste wegen eines Totschlags im Duell dieses Studium aber abbrechen. Er trat in den Dienst Zar Peters des Großen (reg. 1682–1725) und machte unter dessen vier Nachfolgern, den Zaren Katharina I. (reg. 1725–1727), Peter II. (reg. 1727–1730), Anna I. (reg. 1730–1740) und Iwan VI. (reg. 1740–1741), eine glänzende Karriere im russischen Staatsdienst (Diplomat und Großadmiral). Obwohl man ihn 1730 sogar erblich geadelt hatte, standen am Ende seines Weges ein nicht minder tiefer Fall und die Deportation nach Sibirien.

Doch zurück nach Westfalen: Für Harhoff und seine Schule war die durch Solms herbeigeführte Situation unerträglich. Im Oktober 1705 beantragten die Soester Scholarchen, den renitenten Mann zu entlassen. Man warf ihm schwere Dienstvergehen vor.[162] Solms indes, inzwischen nach dem Vorbild des Thomasius mit einer Minderjährigen liiert, zeigte sich unbeeindruckt. Er blieb noch bis 1707 und ging auch danach nicht etwa unter Zwang, sondern freiwillig – und um sich in Gießen im Zivilrecht zu promovieren, was ihm zwei Jahre später dann auch gelang.[163]

1711 war Solms, der sich nun französisch „Jean" nannte und inzwischen auch standesgemäß verheiratet war,[164] dann wieder in Soest und lud mit einem gedruck-

---

ieren' […] Das Ergebnis der Untersuchung war, wie es in dem Urteil vom 13. Februar 1702 heißt, daß jene Studiosen dergestalt in integrum restituieret wurden, daß ‚ihnen die anmaßlich beschehene Relegation weder an ihren Ehren, noch künftiger Beförderung einigermaßen hinder-, schäd- oder nachtheilig sein sollte'. Auch wurde dem M[agister Johann] Solms und den Studiosen erlaubt, ferner collegia privata zu halten. Das Verbot dieser war, wie es scheint, von dem Rektor Harhoff veranlaßt worden, denn in dem Schreiben, wodurch Solms seine Schüler auffordert, zu seinen lectiones privatas philosophicotheologicas zurückzukehren, sagt er, er habe ‚ad fremitus motus Harhoffianos sedandos' es für nötig gehalten, seine Vorlesungen auf eine andere Zeit zu verlegen." Vogeler, Archigymnasium IV (wie Anm. 9), S. 8.

161 Richter, Archigymnasiasten in Rußland (wie Anm. 9), S. 84–89 (vorwiegend zu Ostermanns Zeit in Soest, auch aufgrund eines von dessen Vater geführten Tagebuches). – Klueting, Harm/Klueting, Edeltraud: Heinrich Graf Ostermann. Von Bochum nach St. Petersburg, 1687 bis 1747 (Schriftenreihe des Archivs Haus Laer in Bochum 6), Bochum 1976 (zu Ostermanns Soester Zeit hier besonders S. 19f.). – Ders.: Artikel „Andrej Ivanovič Graf von", in: NDB 19 (1999), S. 619f. – Wagner, Johannes Volker/Bonwetsch, Bernd/Eggeling, Wolfgang (Hg.): Ein Deutscher am Zarenhof. Heinrich Graf Ostermann und seine Zeit 1687–1747, Essen 2001.

162 Edition Nr. 17. – Dazu: Vogeler, Archigymnasium IV (wie Anm. 9), S. 8.

163 Methodicum perspicuum et accuratum iuris civilis breviarium […], Gießen: Vulpius 1709; 3.24 Johann Solms Nr. 9 (1709). – Dazu: Vogeler, Archigymnasium IV (wie Anm. 9), S. 8.

164 Er hatte wohl noch vor seinem Weggang aus Soest geheiratet. Seine Frau Maria Elsaben Grimmaeus (1690–1739) war die Tochter eines „auf dem Schwanen", einer Soester Weinwirtschaft, lebenden Offiziers und gebar ihm drei Kinder: 1. Anna Clara Florentine Solms (* 1709), 2. Johanna Margrete Solms (* 1712) und 3. Johann Solms (junior) (* 1717). Kleiner Michels (wie Anm. 14), S. 405 und 567.

guter Freunde und nach vorhergehender Erkenntnis seines Verbrechens, auch gelobter Besserung wieder recipiert [so im April 1701]".[158]

Solms, hinter dem neben seiner immer noch großen und einflussreichen Familie wohl schon bald auch der brandenburgische Großrichter als Vertreter des Landesherrn stand, konfrontierte die Soester damit erstmals mit einer ihr angestammtes Schulsystem grundsätzlich in Frage stellenden Opposition. Das glich in Manchem dem, was schon 1689 auch die sogenannten „Leipziger Magister" um August Hermann Francke getan hatten.[159] Es dürfte im Kern aber weniger religiös als vielmehr bewusst antiorthodox-frühaufklärerisch motiviert gewesen sein.

Schon bald scharte der umtriebige Magister dann auch einen Kreis unruhiger Köpfe um sich,[160] darunter den Bochumer Pfarrerssohn Johann Heinrich Fried-

---

158 Vogeler, Archigymnasium IV (wie Anm. 9), S. 8. Der Restitution von 1701 direkt vorausgegangen war eine Disputation, bei der Solms, der in Jena in dieser Hinsicht ja schon reiche Erfahrungen hatte sammeln können, erstmals auch in Soest den Vorsitz innegehabt hatte: Examen primum de prolegomenis […], Soest: Utz 1701; 3.24 Johann Solms Nr. 7 (1701). – Für die Position des Rektors (Harhoff) und seines Vertreters (Marci) war dieser Schritt gewiss prekär. Es lässt aber wohl die wirklichen Machtverhältnisse erkennen.

159 Peters, Christian: „Daraus der Lärm des Pietismi entstanden". Die Leipziger Unruhen von 1689/90 und ihre Deutung durch Spener und die hallischen Pietisten, in: PuN 23 (1997), S. 103–130.

160 Namentlich genannt werden: (1) Johann Goes († 1711) aus Breckerfeld. Goes war erst in der Secunda ans Soester Gymnasium gekommen und wurde 1705 Vikar und Rektor in Breckerfeld (Bauks, Pfarrer [wie Anm. 14], S. 158 [Nr. 2011]; Kuhlmann, Schülerverzeichnis [wie Anm. 109], S. 275); (2) Wilhelm Christian Wirth aus Eckenhagen. Er hatte das Soester Schulsystem schon seit der Quarta durchlaufen (ebd., S. 299); (3) Johann Heinrich Friedrich Ostermann (1687–1747). Er war der Sohn des Bochumer Pfarrers Johann Konrad Ostermann (1647–1712; Bauks, Pfarrer [wie Anm. 14], S. 372 [Nr. 4620]), zu dieser Zeit noch sehr jung, in Soest aber sogleich in die Tertia aufgenommen worden (Kuhlmann, Schülerverzeichnis [wie Anm. 109], S. 286) sowie (4) und (5) die Gebrüder Ludwig Philipp und Theodor Henrich Vethake (1677–1751) aus Brechten, die, ursprünglich vom Gymnasium Dortmund kommend, beide in Soest sogleich in die Secunda aufgenommen worden waren (ebd., S. 298). Der deutlich ältere der beiden, Theodor Henrich Vethake, war zu dieser Zeit aber längst auch schon in Jena eingeschrieben. Er war also lediglich besuchsweise nach Soest gekommen und ging schon im Mai 1702 nach Wittenberg. Er wurde zunächst Konrektor in Lüdenscheid (1708), dann „Proponent" (unklar) in Amsterdam, 1714 Zweiter Pfarrer in Petershagen und schließlich Zweiter (1718), dann Erster Pfarrer in Windheim (1730). Bauks, Pfarrer (wie Anm. 14), S. 523 (Nr. 6495). – Alle Fünf waren Anfang 1702 Gegenstand einer schroffen Disziplinierung. Sie wurden „in perpetuum relegiert, weil sie wider des Magistrats und der Scholarchen Gebot bei M[agister Johann] Solms collegia [privata] gehört und die Schule nicht mehr hatten besuchen wollen. Auf ihre Beschwerde beauftragte die clevische Regierung den brandenburgischen Großrichter Schmitz in Soest, die Sache gründlich zu untersuchen, und wenn die 5 Relegierten ‚ein Mehreres nicht peccirt hätten, dieselben in integrum zu restitu-

1.4 Schüler des Archigymnasiums in unruhigen Zeiten

Abb. 23: Christian Thomasius (1655–1728). Kupferstich, nicht bezeichnet, wohl von Martin Bernigeroth (1670–1733), tätig in Leipzig, undatiert. (Sammlung Christian Peters)

Konrektors Marci vorbehalten sein –, blieben wirkungslos. Der Streit eskalierte. Harhoff wollte Solms disziplinieren, stieß dabei aber auf beharrlichen Widerstand:

„Wegen vilfältiger gestifteter Unruhen […] wurde er [Solms] zweimal ab officio suspendirt, einmal [im Oktober 1700] sogar removirt,[157] doch auf Intercession

---

157 Solms Vater, der Soester Inspektor Johannes Solms (1630–1700; wie Anm. 20), war im Juni 1700 verstorben. Dies weckte wohl Hoffnungen, den aufmüpfigen Sohn nun endlich doch noch in den Griff bekommen zu können.

Der Grund dafür war Marcis fast zehnjähriger Streit (1698–1707) mit dem von den Scholarchen übergangenen Magister Johann Solms.[151] Er war zugleich ein Streit mit einer nicht mehr religiös rückgebundenen Aufklärung und erschütterte das Soester Schulleben bis in dessen Grundfesten.

Solms war nach seiner Rückkehr aus Jena (September 1698)[152] nun, da die ursprünglich ihm zugedachte Konrektorenstelle mit Marci besetzt war, zunächst Lehrer der Tertia (also der zweitobersten Klasse[153]) geworden. Darüber hinaus hatte man ihn zum Subkonrektor ernannt und so mit einem Amt abzufinden versucht, das es damals eigentlich gar nicht mehr gab. Die Position war nämlich schon seit 1681 unbesetzt gewesen und ihre Pflichten auf den Konrektor, in diesem Falle also den frisch berufenen Johann Gottfried Marci übergegangen.[154] Für Solms, der als Soester Stadtkind und Sohn des bis 1700 amtierenden Inspektors Johannes Solms mit großem Selbstbewusstsein auftrat (und sich schon als Knabe überdies auch recht gewandt im Kreise der Schüler Johann Georg Nungessers bewegt hatte[155]), war von Anfang an klar, dass sein Konkurrent sein Amt widerrechtlich inne hatte. Und er war nicht bereit, das hinzunehmen.

Schon bald begann er dann auch, neben seinem Unterricht bezahlte collegia privata anzubieten, die, da sie auf Resonanz stießen, rasch den Lehrbetrieb des Gymnasiums beeinträchtigten. Alle Versuche Harhoffs, Solms private Collegia, wie in dessen Anstellungsvertrag verfügt,[156] auf die Philologie („oratoria, epistolica, similia") zu beschränken – die Philosophie („logica, ethica") sollte den Collegia des

      nisi Christus crucifixus [...], Soest: Hermanni 1723. – Consultatio de studiis biblicis occasione actus oratorii instituta [...], Soest: Hermanni 1725. – Aestimium historiae biblicae occasione actus oratorii pensitatum [...], Soest: Hermanni 1726; 3.15 Johann Gottfried Marci Nr. 12 (1710), Nr. 13 (1713), Nr. 14f. (1714), Nr. 16 (1715), Nr. 17f. (1716), Nr. 19 (1717), Nr. 20 (1719), Nr. 21 (1720), Nr. 22f. (1722), Nr. 24 (1723), Nr. 25 (1725) und Nr. 26 (1726).

151   Johann Solms (1673–vor August 1739). Wie Anm. 138.
152   Für Solms Zeit in Jena (bis September 1698) nachgewiesen sind folgende drei, allesamt unter seinem Vorsitz geführte Disputationen: Dissertationum academicarum de moralitate votorum prior [...], Jena: Müller 1696. Der Respondent dieser Disputation, Thomas Forstmann (1674–1727; wie Anm. 334), wurde der Vater Johann Gangolf Wilhelm Forstmanns (1706–1759; wie Anm. 335), der später als Pfarrer in Hemer und Solingen zum wichtigsten Förderer der Herrnhuter in der Grafschaft Mark werden sollte. Eine zweite Disputation (De moralitate votorum secunda) ist nicht nachgewiesen. – Duae decades positionum ex logica et metaphysica selectiorum [...], Jena: Müller 1697. – Fasciculus thesium philosophicarum [...], Jena: Gollner 1698; 3.24 Johann Solms Nr. 4 (1696) und Nr. 6 (1698).
153   Als Prima galt die Universität.
154   Kuhlmann, Schülerverzeichnis (wie Anm. 109), S. 294.
155   Beleg hierfür sind die drei folgenden Gratulationsschriften des im ersten Fall (1682) gerade erst einmal neunjährigen Solms: Gratulor hunc primum [...], Soest: Utz 1682. – Praeceptor quoque de [....], Soest: Utz 1683. – Noctes atque dies [...], Soest: Utz 1692; 3.24 Johann Solms Nr. 1 (1682) und Nr. 3 (1692).
156   Vogeler, Archigymnasium IV (wie Anm. 9), S. 7 (Text).

1.4 Schüler des Archigymnasiums in unruhigen Zeiten

zu leiden hatten. Diese aber waren traditionell einer der wichtigsten Absatzmärkte der für das Gedeihen der Stadt so entscheidenden Metall- und Textilindustrie.

Auch das war aber wohl noch nicht alles: Schon in seiner ersten Disputation[145] setzte Marci sich nämlich mit einem zentralen Spenerthema auseinander, der „Hoffnung besserer Zeiten".[146] Das indes dürfte gerade 1699, also in einem Jahr, das unter den Pietisten aller Couleur lebhafteste Endzeiterwartungen ausgelöst hatte und noch auslösen sollte, kaum zufällig geschehen sein.

Zwischen 1700 und 1702 folgten dann drei anspruchsvolle Disputationen zur Affektenlehre, einem damals vor allem durch den Hallischen Philosophen Christian Thomasius (1655–1728, Abb. 23)[147] neu forcierten Thema („Einleitung in die Sittenlehre" [1692], „Ausübung der Sittenlehre" [1696]).[148] Dem schlossen sich bis 1704 zwei weitere Disputationen zu damals „modernen" ethischen Problemen an, so etwa dem des Eides.[149] Danach aber klafft eine fast fünfjährige Lücke. Und nach 1710 hielt Marci offenkundig nur noch Festreden.[150] Wie ist das zu erklären?

---

145 Atheaton to[o]n christiano[o]n orato[o]n s[eu] invisibile Christianorum visibile ab Apostolo c[apitulo] IIX potissimum a v[ersu] 18. & seq[uentes] ad Rom[anos] omnibus piis maxime commendatum […], Soest: Utz 1699; 3.15 Johann Gottfried Marci Nr. 5 (1699).

146 Krauter-Dierolf, Heike: Die Eschatologie Philipp Jakob Speners. Der Streit mit der lutherischen Orthodoxie um die „Hoffnung besserer Zeiten" (BHTh 131), Tübingen 2005.

147 Sparn, Walter: Artikel „Thomasius, Christian", in: RGG⁴ 8 (2005), Sp. 380f. (Literatur).

148 Disputatio prima de affectibus […], Soest: Utz 1700. – Disputatio secunda de affectibus […], Soest: Utz 1701. – Disputatio tertia de affectibus […], Soest: Utz 1702; 3.15 Johann Gottfried Marci Nr. 6f. (1700) und Nr. 9 (1702). – Dazu: Hellekamps/Musolff, Zwischen Schulhumanismus und Frühaufklärung (wie Anm. 9), besonders S. 158 und 165.

149 De simulatione et dissimulatione […], Soest: Utz 1703. – De iure iurando, eiusque sanctimonia […], Soest: Utz 1704; 3.15 Johann Gottfried Marci Nr. 10 (1703) und Nr. 11 (1704).

150 Für diese Zeit nachgewiesen sind folgende Drucke: Jesu patientis memoria anniversaria in Archi-Gymnas[io] Susatensi 1710 […], Soest: Utz 1710. – Fridericus primus Rex Borussiae denatus in Friderico Wilhelmo secundo Friderici I. Filio […] renatus […], Soest: Hermanni 1713. Dazu: Vogeler, Archigymnasium IV (wie Anm. 9), S. 7 Anm. 2. – De enthymematibus seu reservationibus mentalibus […], Soest: Hermanni 1714. – Profunditas homologumenos megalu mysteriu sive mysterii filii dei in forma servili a multis non satis aestumati pensitata […], Soest: Hermanni 1715. – Profunditas homologumenos megalu mysteriu sive mysterii filii dei in forma servili altera vice pensitata […], Soest: Hermanni 1716. – Melioris vitae exercitium vindicatum et illustratum […], Soest: Hermanni 1716. – Absconditus Deus salvator ac vindex ecclesiae […], Soest: Hermanni 1717. – Kosmokrator seu Deus et mundi princeps […], Soest: Hermanni 1719. – Speculum irae divinae Jesus patiens […], Soest: Hermanni 1720. – Speculum virtutum Jesus patiens […], Soest: Hermanni 1722. – Sanctitas principis occasione actus oratorii in Archi-Gymn[asio] Susatens[i] […], Soest: Hermanni 1722. – De veritate religionis christianae, cuius fundamentum nullum aliud

Abb. 22: Johannes Praetorius (1634–1705). Gemälde eines unbekannten Künstlers, um 1675. Praetorius war von 1668 bis 1675 Rektor des Soester Gymnasiums. (Soest StA/StB, CDR 19–8782)

1.4 Schüler des Archigymnasiums in unruhigen Zeiten

Halle gewechselt und dort inzwischen zum Rektor der Universität aufgestiegen – überraschend einen zweiten Kandidaten in Vorschlag. Dabei handelte es sich um den aus Halle (Saale) stammenden Magister Johann Gottfried Marci (1667–1729).[141] Zwar weilte auch Marci damals noch in Jena. Er wurde nun aber an Johann Solms vorbei berufen. Marci reiste an, wurde eingestellt und blieb dann über 30 Jahre lang im ebenso konflikt- wie arbeitsreichen Amt des Soester Konrektors.[142]

Marci einzuordnen, ist inzwischen leichter geworden: Der Mann war Cartesianer. Die beiden weltlichen Scholarchen, ein Jurist und ein Mediziner, hatten ihn präferiert, um die Attraktivität des Soester Gymnasiums auch für solche Schüler zu steigern, die nicht primär an der Theologie interessiert waren.[143] Wie Sybels Vater, seit kurzem einer der zwei geistlichen Scholarchen, votiert hatte, ist unklar. Vielleicht hatte aber auch er Vorbehalte gegen den Neffen. Überdies lag der mit dessen Vater ausgefochtene Konflikt um die neuen Collegia ja erst zwei Jahre zurück.

Dass das Ganze auch ein Richtungsstreit gewesen ist, darf also angenommen werden. Er wurde noch zusätzlich dadurch befeuert, dass die Frequenz der Schule schon seit Jahren sank. In Soest wurden immer weniger Kinder geboren. Dazu kam die Verunsicherung durch den Spanischen Erbfolgekrieg (1701–1714),[144] eine gesamteuropäische Auseinandersetzung, unter der vor allem die nahen Niederlande

---

Die unter Praetorius eingetretene Blüte der Soester Schule war aber nur von kurzer Dauer gewesen, denn wenig später hatten Soest die Wirren des Französisch-niederländischen Kriegs (1672–1678) erreicht (die Stadt war von 1672 bis 1674 französisches Hauptquartier gewesen). 1675 wechselte Praetorius daher an das Gymnasium in Halle (Saale). Vogeler, Archigymnasium III (wie Anm. 9), S. 8–10.

141 Kleiner Michels (wie Anm. 14), S. 499.
142 Marci war seit dem 13. Juli 1697 Lehrer der III. Vogeler, Archigymnasium IV (wie Anm. 9), S. 6 f.
143 Hellekamps/Musolff, Zwischen Schulhumanismus und Frühaufklärung (wie Anm. 9), S. 155–173.
144 Der Spanische Erbfolgekrieg war ein Kabinettskrieg, der von 1701 bis 1714 um das Erbe des letzten, kinderlos verstorbenen spanischen Habsburgers, Karl II. von Spanien († Ende 1700), geführt wurde. Er führte zum Aufstieg des von Karl II. noch kurz vor seinem Tode zum Erben eingesetzten Philipp V. von Spanien (1683–1746), eines Enkels des „Sonnenkönigs" (Ludwigs XIV. von Frankreich; 1638–1715), und verbunden damit zur Etablierung der Dynastie der Bourbonen. Viele europäische Mächte (so besonders Österreich, England und die Niederlande) stellten diese die innereuropäischen Kräfteverhältnisse klar zu ihren Ungunsten verschiebende Erbfolge in Frage. Sie schlossen sich in der Haager „Großen Allianz" mit Kaiser Leopold I. von Österreich (1640–1705) und dem Reich zusammen. Kurköln, Savoyen und und das Kurfürstentum Bayern standen zeitweilig auf der Seite Frankreichs (respektive Spaniens). Die Auseinandersetzung erschütterte auch Teile Osteuropas (schwere Aufstände in Ungarn und Siebenbürgen) und strahlte sogar bis nach Nordamerika aus („Queen Anne's War"; zweiter der sogenannten vier britischen „Franzosen- und Indianerkriege"; 1702–1713). Vgl. dazu noch jüngst Schnettger, Matthias: Der Spanische Erbfolgekrieg 1701–1713/14, München 2014 (Literatur).

Schaarschmidts Orthodoxie, sondern rückte seinen Gegner auch gezielt in die Nähe des schlesischen Mystikers und Theosophen Jakob Böhme (1575–1624).[135]

Schraders Memorial war eine scharfe Abrechnung mit dem Phänomen des „Pietismus". Es lässt erkennen, wie die noch vor Nungesser und danach unter Harhoff ausgebildeten Absolventen des Soester Gymnasiums in dieser Hinsicht dachten, und wird daher im Editionsteil wiedergegeben. Die darauf entbrennende Auseinandersetzung war hart und endete erst mit Schraders Tod im Juni 1699.[136]

Doch zurück nach Soest: Nach dem Abzug Andreas Dietrich Schraders nach Lemgo 1697 sollte zunächst ein Sohn des Soester Inspektors Johannes Solms (1630–1700),[137] also einer der vielen älteren Cousins des kleinen Johann Nikolaus Sybel, in die freigewordene Konrektorenstelle nachrücken. Der dafür ins Auge gefasste Kandidat, der Magister Johann Solms (1673–vor August 1739),[138] war wie sein Vorgänger ein Schüler Nungessers gewesen. Er studierte zu dieser Zeit aber noch in Jena.[139] In dieser Situation brachte ein weiterer, an sich völlig unbeteiligter früherer Rektor des Soester Gymnasiums, der Magister Johannes Praetorius (1634–1705, Abb. 22),[140] – er hatte die Schule von 1668 bis 1675 geleitet, war anschließend nach

---

135 Van Ingen, Ferdinand: Artikel „Böhme, Jakob", in: RGG⁴ 1 (1998), Sp. 1668f. (Literatur).

136 Richter, Archigymnasiasten in Rußland (wie Anm. 9), S. 82–84. – Ein weiterer Bruder des Soester Konrektors, der bereits erwähnte Philipp Christoph Schrader (1669–1724; wie Anm. 83), auch er ein Schüler Nungessers, nahm einen deutlich unauffälligeren Lebensweg: Er wurde 1696 Pfarrer in Neuengeseke in der Ostbörde.

137 Johannes Solms (1630–1700). Wie Anm. 20.

138 Kleiner Michels (wie Anm. 14), S. 566f. – Solms Schulweg am Soester Archigymnasium war ausgesprochen zügig verlaufen: 7. Mai 1685 in V.; 4. Mai 1686 nach IV.; 16. Oktober 1688 nach III.; 4. November 1690 nach II. Kuhlmann, Schülerverzeichnis (wie Anm. 109), S. 294.

139 Vogeler, Archigymnasium IV (wie Anm. 9), S. 6. – Johann Solms sollte wohl auch deshalb so zügig untergebracht werden, weil er mehrere ältere Brüder hatte, die damals ebenfalls noch unversorgt waren: Johann Anton Solms (* 1665, aber vielleicht schon als Kind verstorben), Johann Georg Solms (* 1667), Johann Anton Solms (* 1668), Johann Meinolf Solms (* 1669) und Johann Christoph Solms (* 1671). Kleiner Michels (wie Anm. 14), S. 566.

140 Praetorius stammte aus Quedlinburg. Er war Adjunkt der Philosophischen Fakultät in Jena gewesen und dem Soester Rat durch einen Sohn des Zweiten Pfarrers an St. Petri, des vormaligen Rektors Magister Gerhard Henrich Heinechius (1643–1680; Bauks, Pfarrer [wie Anm. 14], S. 193 [Nr. 2456]; dazu: Kleiner Michels [wie Anm. 14], S. 587), empfohlen worden, der Praetorius als Student in Jena erlebt hatte. Inzwischen war der aber längst Prinzenerzieher in Gotha gewesen, wo man ihn nur ungern ziehen ließ (zu den Feierlichkeiten aus Anlass seiner Einführung in Soest [1668] Müller, Musikpflege [wie Anm. 37], S. 70f.). 1670 war unter Praetorius dann mit großem Aufwand die erste Säkularfeier des stattlichen Schulgebäudes gefeiert worden. Und noch im selben Jahr hatte der neue Rektor in Leipzig unter Jakob Thomasius (1622–1684), dem Lehrer Gottfried Wilhelm Leibniz' (1646–1716) und Vater des Christian Thomasius (1655–1728), disputiert („De ritu veterum Christianorum precandi versus orientem").

1.4 Schüler des Archigymnasiums in unruhigen Zeiten

Abb. 21: Joachim Justus Breithaupt (1658–1732). Kupferstich, nicht bezeichnet, wohl von Martin Bernigeroth (1670–1733), tätig in Leipzig, undatiert, zwischen 1709 und 1724. (Sammlung Christian Peters)

ratet) auch innergemeindlich unter Druck stand.[133] Beides ließ ihn dem deutlich jüngeren, charismatischen Pietisten gegenüber rasch in die Defensive geraten.

Als man dann 1699 versuchte, Schaarschmidt auch offiziell zum Zweiten Pfarrer seiner Gemeinde zu machen, platzte Schrader der Kragen. Er verfasste ein zwölfseitiges „Memorial an den Präses, die Ältesten, Vorsteher etc. der evangelischen Gemeinde auf der deutschen Sloboda vor Moskau".[134] In ihm bezweifelte er nicht nur

---

133 Halle (Saale) AFSt, Bestand H C 296:154.
134 Ebd., Bestand H C 491:60. – Vgl. auszugsweise Edition Nr. 3.

Abb. 20: August Hermann Francke (1663–1727). Kupferstich, nicht gezeichnet, wohl von Martin Bernigeroth (1670–1733), tätig in Leipzig, undatiert, nach 1715.
(Sammlung Christian Peters)

Das Verhältnis beider Männer war von Anfang an schwierig, denn Schrader, ein hochgebildeter Orthodoxer,[131] tat sich schwer in Moskau. Die Leitung der Pioniergemeinde durch einflussreiche Laien war ihm ein Dorn im Auge.[132] Dazu kam, dass er wegen seiner zerrütteten Ehe (Schrader hatte noch in Archangelsk 1689 Agatha Kellermann, die Tochter einer alten russlanddeutschen Kaufmannsfamilie, gehei-

haupt (1658–1732). Aspekte von Leben, Wirken und Werk im Kontext (Friedenstein-Forschungen 8), Stuttgart 2011.
131 Vgl. dazu seine Ausführungen in Halle (Saale) AFSt, Bestand H C 296:151a.
132 Halle (Saale) AFSt, Bestand H C 296:152a/b.

1.4 Schüler des Archigymnasiums in unruhigen Zeiten

In Soest hatte Schrader unter anderem über die Rechte der Obrigkeit im Blick auf die Kirche disputieren lassen („Magistratuum necessitas" bzw. „Ius magistratus civilis circa religionem et sacra")[125] und damit schon vor seinem Rektor (Harhoff) ein Thema angeschnitten, das gerade damals hochbrisant war und namentlich in den eng mit Soest befreundeten Städten Essen und Dortmund schon bald schwerste Konflikte mit radikalen Schülern Speners auslösen sollte.[126]

Auch unter Schraders Geschwistern waren die Spannungen der Zeit deutlich zu spüren gewesen. Das hatte sich vor allem bei seinem älteren Bruder gezeigt, dem Magister Franz Lorenz Schrader (1661–1699).[127] Franz Lorenz Schrader hatte das Soester Gymnasium bereits vor dem Eintreffen Nungessers verlassen und ab 1680 in Jena und Gießen studiert. 1686 hatte er sich dann in Hamburg für den Dienst in Russland ordinieren lassen und war hier bis 1695 Pfarrer der deutschen lutherischen Gemeinde in Archangelsk am Weißen Meer gewesen. Von dort war er an die neue lutherische Kirche in Moskau gewechselt, wo kurz darauf Justus Samuel Schaarschmidt (Scharschmid; 1664–1724)[128] eingetroffen war. Schaarschmidt hatte zuvor mehrere Jahre lang in Halle studiert. Er wies empfehlende Briefe seiner Lehrer August Hermann Francke (1663–1727)[129] und Joachim Justus Breithaupt (1658–1732)[130] vor und wurde daraufhin Hauslehrer der Kinder des Gemeindepräses (des Sprechers des Gemeindevorstands).

    exemti […] die III. Julii M DC XCVII […] esse voluit sacrum lugens & obsequentissimum gymnasiique Lemgovianum et panegyricum lugubrem […] invitat […], Lemgo: Meyer 1697. – Triumphum pacis in gymnasio Lemgoviano publice celebrandum indicit, et […] sedecim supremae classis alumnos de pace, Germaniae per tractatus Riswicenses die 30. Octobris anni M DC XCVII reddita […] rogitat […], Lemgo: Meyer 1698. – Stipendiarias lacrumas super festinatio […] Joannae Elisabethae […] Friderici Adolphi, regentis Comitis […] in Lippia […] conjugis […] Amaliae, […] Simonis Henrici, regentis Comitis […] in Lippia, relictae viduae […] ac […] Casimiri Comitis […] in Lippia obitu in Gymnasii Lemgoviensis […] ad […] XXXI. martii M DCC […] lugentes fundent, ad quas invitantur […], Lemgo: Meyer 1700; 3.23 Andreas Dietrich Schrader Nr. 18 f. (1697), Nr. 20 (1698) und Nr. 21 (1700).

125 Magistratuum necessitas […], Soest: Utz 1694. – Ius magistratus civilis circa religionem et sacra diss[ertatione] politica assertum […], Soest: Utz 1695; 3.23 Andreas Dietrich Schrader Nr. 15 (1694) und Nr. 16 (1695).

126 Vgl. unten Kapitel 1.5.

127 Richter, Archigymnasiasten in Rußland (wie Anm. 9), S. 83 f. – Dazu: Kleiner Michels (wie Anm. 14), S. 605.

128 Kramer, Gustav: August Hermann Francke. Bd. 1, Halle (Saale) 1880, S. 87 und 169 ff. – Ders.: August Hermann Francke. Bd. 2, Halle (Saale) 1882, S. 53 ff. – Rosenfels, Günter: August Hermann Franckes erster Sendbote in Rußland – Justus Samuel Scharschmid, in: Donnert, Erich (Hg.): Europa in der Frühen Neuzeit (FS Günter Mühlpfordt). Bd. 3: Aufbruch zur Moderne, Weimar 1997, S. 1–23 (Literatur).

129 August Hermann Francke (1663–1727). Wie Anm. 88.

130 Sträter, Udo: Artikel „Breithaupt, Joachim Justus", in: RGG⁴ 1 (1998), Sp. 1744 (Literatur). – Lindauer-Huber, Reimar/Lindner, Andreas (Hg.): Joachim Justus Breit-

zwei weitere, dezidiert pietistische Pfarrer folgen sollten. Auch als Prediger und Trauerredner war Johann Goswin Friederici hoch geschätzt gewesen.[118]

Nach Friederici war dann im Juni 1689 der Magister Andreas Dietrich Schrader (1663–1722)[119] Konrektor geworden. Er war ein Sohn des Helmstädter Magisters Ernst Eberhard Schrader (1624–1681),[120] der von 1658 bis 1666 zunächst Soester Gymnasiarch und danach Pfarrer an der Wiesenkirche (St. Mariae zur Wiese) gewesen war.[121] Schrader, ein Schüler Nungessers, hatte wie zuvor auch schon sein Amtsvorgänger Johann Goswin Friederici ab 1685 unter Johann Wilhelm Baier in Jena studiert[122] und hier 1687 dann auch den Magistergrad erworben. Der hochbegabte und offenkundig auch sehr fleißige Mann[123] ging 1697 als Rektor ins lutherische Lemgo.[124]

> Für sein vorhergehendes Studium in Rostock (ab 1720) nachgewiesen ist die nachfolgende Disputation: Disputatio theologica circularis theses recentius controversas de articulis fidei exponens [...], Rostock: Adler 1724. Der Wechsel an die pietistische Universität in Halle war seit langem gewünscht gewesen, scheiterte aber zunächst am Widerstand des streng orthodoxen Soester Rektors Jost Wessel Rumpaeus (1676–1730; wie Anm. 345; zu ihm ausführlich unten Kapitel 1.9), der ja der Vorgesetzte von Marcis Vater, dem Soester Konrektor Johann Gottfried Marci, war.

118 Grosse Sünde und Unglückseligkeit derer, die in Creuz und Noht bey Teuffels-Bannern Hülffe suchen [...], Soest: Utz 1694. – Die Todten-Baare bey der Wiegen/ Verwandelt alle Freud'/In Schmertz und Hertzeleid [...], Soest: Utz 1695; 3.4 Johann Goswin Friederici Nr. 14 (1694) und Nr. 15 (1695).

119 Vogeler, Archigymnasium IV (wie Anm. 9), S. 6 mit Anm. 2. – Dazu: Kleiner Michels (wie Anm. 14), S. 605. – Kuhlmann, Schülerverzeichnis (wie Anm. 109), S. 291.

120 Bauks, Pfarrer (wie Anm. 14), S. 453 (Nr. 5603). – Dazu: Kleiner Michels (wie Anm. 14), S. 605. – Vogeler, Archigymnasium III (wie Anm. 9), S. 8.

121 Ein Fragment seines Grabsteins ist in der Wiesenkirche erhalten. Schwartz, Denkmäler 3 (wie Anm. 11), S. 119 (Nr. 13).

122 De sacrificio missae: disp[utatio] XXI [...], Jena: Oehrling 1686; 3.23 Andreas Dietrich Schrader Nr. 6 (1686).

123 Aemulatio publica disputatione descripta [...], Soest: Utz 1691. – Aemulatio sacra ex loco I. Cor. XII. ult[imo] publica disputatione descripta [...], Soest: Utz 1692. – M[agister] Andreas Dietericus Schrader gymnasii, quod Lemgoviae Guestphalorum floret. vocatus rector inclytae patriae suae patribus, ecclesiarum et gymnasii antistitibus, et d[omi]n[is] collegis et quibuscunque fautoribus suis, officiosam salutem dicit [...], Soest: Utz [1696]; 3.23 Andreas Dietrich Schrader Nr. 13 (1691), Nr. 14 (1692) und Nr. 17 (1696).

124 Niemöller, Heinrich: Die Direktoren und Lehrer am Archigymnasium 1534–1934, in: Festausgabe der Berichte der Vereinigung ehemaliger Schüler, Soest 1934, S. 25. – Aus seiner dortigen Zeit nachgewiesen sind mehrere Einladungen zu Festakten: Rector gymnasii Lemgoviani m[agister] Andr[eas] Dieter[icus] Schrader [...] celsiss[imos] et illustriss[imos] d[omi]n[os] Comites Lippiacos. etc [...] ad actum declamatorium in Gymnasii Lemgov[iani] auditorio maiori die veneris D.D. qui erit XIX. Martii, horis ante-meridianis benevole audiendum [...] invitat [...], Lemgo: Meyer 1697. – Aeternum cultus et luctus monumentum aeternitati, memoriae et beatissimis manibus illustrissimi [...] Simonis Henrici dum viveret regentis comitis [...] de Lippia [...] vivis

1.4 Schüler des Archigymnasiums in unruhigen Zeiten

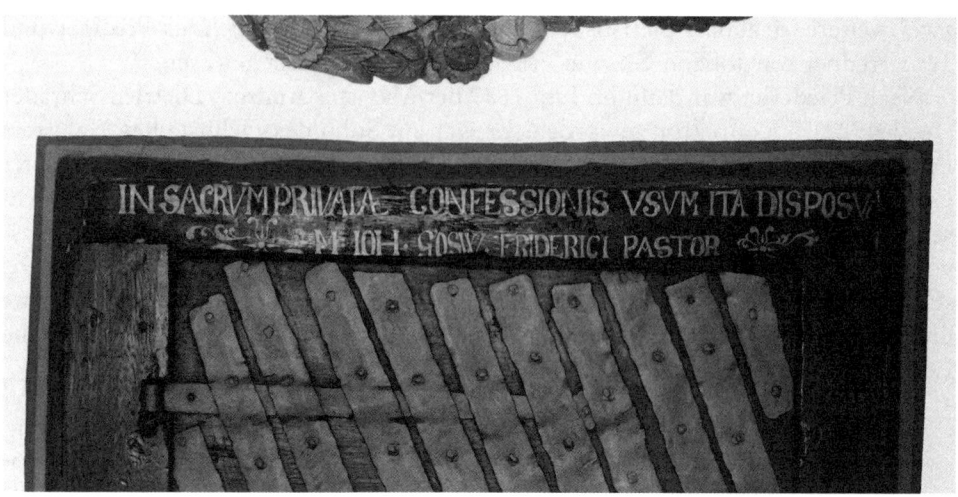

*Abb. 18 (oben): Borgeln, Tür zur Sakristei, Anfang 18. Jahrhundert. Inschrift: „IN SACRVM PRIVATAE CONFESSIONIS VSVM ITA DISPOSVI/ [Ranke] M[agister] * IOH[ann] * GOSW[in] * FRIDERICI PASTOR [Ranke]". – Abb. 19 (unten): Borgeln, Gedenkstein zur Erinnerung an den Um- und Erweiterungsbau, 1712. Querrechteckiger Stein mit ovaler, leichtgebauchter Kartusche, darauf Inschrift: „CVRA ET APPROBATIONE/MAGNIFICI MAGISTRATVS SVSATENSIS/PROMOTIONE AC DIRECTIONE/M[agistri] * IOH[annis] * GOSW[ini] FRIDERICI PASTORIS,/HAEC, RVINAM MINANS, TEMPLI PARS SVPREMA/IN HONOREM DEI TRINVNIVS/ REAEDIFICATA ET AMPLIATA/ANNO MDCCXII./PR[ovisores erant] * J. JÜNGELING & J. WINDHÜVEL *". (Beide Abbildungen: Evangelische Kirchengemeinde Niederbörde, Dorfkirche in Borgeln; Fotos: Ulrich Althöfer)*

1. Johann Nikolaus Sybel

Abb. 17: Johann Goswin Friederici (Friderici; 1654–1727). Ölgemälde eines unbekannten Künstlers, undatiert. Der Dargestellte war von 1689 bis 1727 Pfarrer in Borgeln. (Evangelische Kirchengemeinde Niederbörde, Dorfkirche in Borgeln; Foto: Ulrich Althöfer)

Friederici hatte dem Pietismus nahe gestanden. Er war 1689 Pfarrer in Borgeln geworden,[115] wo ein Porträt in Öl erhalten ist und ihm mit seinem Sohn Thomas Johann Gerwin (Goswin) Friederici (1690–1729)[116] und dem Sohn seines noch vorzustellenden zweiten Nachfolgers im Konrektorenamt Johann Gottfried Marci, Johann Georg Marci (1701–1734; er hatte ab 1725 in Halle studiert),[117] später noch

115 Zu seiner dortigen Wirksamkeit und den von ihm angelegten Kirchen- (ab 1689) und Lagerbüchern (ab 1693) siehe noch jüngst: Götz, Friederici (wie Anm. 109), S. 43–56.
116 Bauks, Pfarrer (wie Anm. 14), S. 140 (Nr. 1797). – Dazu: Kleiner Michels (wie Anm. 14), S. 468. – Schwartz, Denkmäler 5 (wie Anm. 11), S. 38 (Nr. 4) (Grabplatte). – Götz, Friederici (wie Anm. 109), S. 56–58 (Wahl und kurze Tätigkeit in Borgeln).
117 Bauks, Pfarrer (wie Anm. 14), S. 314 (Nr. 3949). – Dazu: Kleiner Michels (wie Anm. 14), S. 499. – Schwartz, Denkmäler 5 (wie Anm. 11), S. 38 f. (Nr. 5) (Grabplatte). –

1.4 Schüler des Archigymnasiums in unruhigen Zeiten

Den Anfang hatte hier seit 1685 der vormalige Adjunkt der Philosophischen Fakultät in Jena, der Magister Johann Goswin Friederici (Friderici; 1654–1727),[109] gemacht.[110] Auch Friederici war noch unter Sybel zur Schule gegangen.[111] Später hatte er dann in Jena unter Johann Wilhelm Baier (1647–1695)[112] promoviert,[113] einem milden Orthodoxen und beharrlichen Verteidiger Johann Arndts (1555–1621),[114] der zuletzt auch noch kurz nach Halle gewechselt war.

---

109 Bauks, Pfarrer (wie Anm. 14), S. 140 (Nr. 1796). – Dazu: Kleiner Michels (wie Anm. 14), S. 468. – Vogeler, Archigymnasium IV (wie Anm. 9), S. 6. – Kuhlmann, Richard: Ein altes Schülerverzeichnis des Archigymnasiums von Soest 1685–1708, in: Westfalen 21 (1936), S. 259–356, hier S. 274. – Schwartz, Denkmäler 5 (wie Anm. 11), S. 38 (Nr. 3) (Grabplatte). – Götz, Roland: Die Familie Friderici: Schüler und Lehrer am Archigymnasium und Pfarrer in Borgeln im 17. und 18. Jahrhundert, in: SZ 133 (2021), S. 39–59.

110 Positiones miscellaneae […], Soest: Utz 1686. – Asina Bileami loquens sive exemplum causae obedientialis efficientis […], Soest: Utz 1686. Zum Respondenten dieser Disputation Michael Blech (Bleek, Bleck; 1669–1730) siehe oben Anm. 76. – Programma ad actum oratorium Christi, salvatoris nostri, natalem […], Soest: Utz 1686. – [Beiträger in:] Diemel, Thomas: Coelestis Fidelium Fiducia: Himmels-süsse Freudigkeit der Gläubigen auff Erden […], Soest: Utz 1688. – De actione morali humana, in: Ders. [gemeinsam mit Sperlbaum, Goswin Reinhard und Dornseiffen, Theodor (Dietrich) Ernst]: Disputationes philosophicae de actione morali humana […], Soest: Utz 1688. Die hier zusammengefassten Disputationen fanden teilweise auch unter dem Vorsitz von Goswin Reinhard Sperlbaum und Theodor (Dietrich) Ernst Dornseiffen statt: Goswin Reinhard Sperlbaum (Sperlebom; 1668–1724) war seit 1696 Zweiter, dann ab 1722 Erster Pfarrer an Soest St. Petri und zugleich inspector ministerii. Bauks, Pfarrer (wie Anm. 14), S. 482 (Nr. 5972). – Schwartz, Denkmäler 2 (wie Anm. 11), S. 152 (Nr. 42) (Grabplatte; nicht mehr vorhanden). – Theodor (Dietrich) Ernst Dornseiffen († 1734) stammte aus Kierspe. Er hatte ab 1685 das Gymnasium in Soest besucht und in Gießen studiert (1690). Seit 1694 war er dann zunächst Adjunkt und ab 1696 Pfarrer in Sprockhövel. Bauks, Pfarrer (wie Anm. 14), S. 102 (Nr. 1308). – Kleiner Michels (wie Anm. 14), S. 510. – 3.4 Johann Goswin Friederici Nr. 8–10 (1686), Nr. 11 f. (1688) und Nr. 13 (1689).

111 Aus dieser Zeit erhalten sind zwei Gratulationsschriften Friedericis: Henckeni, en tibi […], Soest: Utz 1674. – Perplures quamvis sint […], Soest: Utz 1677; 3.4 Johann Goswin Friederici Nr. 1 (1674) und Nr. 2 (1677).

112 Bautz, Friedrich Wilhelm: Artikel „Baier, Johann Wilhelm", in: BBKL 1 (1975, 1990²), Sp. 347 f. (Literatur).

113 Auch für diese Zeit (1683–1685) sind drei Disputationen nachgewiesen: Jonathan merens, cuius occasione de causae merentis natura ac definitione, eiusque essentialibus et genuinis requisitis distinctius disquiritur […], Jena: Werther 1683. – Christus merens, hoc est usus causae merentis in controversiis theologicis […], Jena: Gollner 1684. – De pietate naturali erga Deum disputatio prima […], Jena: Gollner 1685; 3.4 Johann Goswin Friederici Nr. 4 (1683), Nr. 5 (1684) und Nr. 6 (1685).

114 Schneider, Hans: Artikel „Arndt, Johann", in: RGG⁴ 1 (1998), Sp. 788 f. (Literatur).

war, zeigen auch die unter seinem Vorsitz geführten Disputationen.[103] Sie waren sorgfältig ausgearbeitet und atmeten den Geist einer hochentwickelten Orthodoxie.[104] Eben in diesem Rahmen befasste sich Harhoff aber auch mit wichtigen Zeitfragen, so etwa dem als höchst bedrohlich empfundenen „Atheismus"[105] und (kurz darauf aufbrechende Konflikte in der Region[106] damit quasi vorausahnend) dem angespannten Verhältnis von „Staat und Kirche".[107] Noch in den aus Anlass seines Todes erschienenen Trauergedichten wird seiner Verdienste in allerhöchsten, aber selbst für die Zeitgenossen wohl nur schwer erträglichen Tönen gedacht.[108]

Unter dieser sorgsam gepflegten Oberfläche indes rumorte es seit langem. Das hatte sich vor allem auf der Ebene der nun rasch wechselnden Konrektoren gezeigt. Auch sie stammten in der Regel aus Soest, hatten an ihren Studienorten aber sehr unterschiedliche Prägungen erfahren.

103 De theologia in genere [...], Soest: Utz 1686. – De sacrae scripturae quidditate [...], Soest: Utz 1687. – De sacrae scripturae qualitate [...], Soest: Utz 1688. – De Deo essentialiter spectato [...], Soest: Utz 1690. – De notitia Dei naturali [...], Soest: Utz 1690. – De praedestinatione Dei aeterna [...], Soest: Utz 1692. – De sacrosancto Trinitatis mysterio [...], Soest: Utz 1693. – De personis sacrosanctae Trinitatis [...], Soest: Utz 1693. – De creatione mundi [...], Soest: Utz 1695. – Quaestionum philosophicarum triga [...], Soest: Utz 1696. – De causa efficiente tum in genere tum in specie de causa per se et per accidens [...], Soest: Utz 1697. – De angelorum natura [...], Soest: Utz 1699. – De peccato generatim considerato [...] ex prima Iohannis epistola, cap. 3, v. 4 [...], Soest: Utz 1701. – De mystica fidelium cum Deo unione [...], Soest: Utz 1701. – De summa patientis Salvatoris desertione ex dicto Matth. XXVII. v. 4.6 concinnata [...], Soest: Utz 1704; 3.5 Johann Wilhelm Harhoff Nr. 14 (1686), Nr. 16 (1687), Nr. 17 (1688), Nr. 18f. (1690), Nr. 20 (1692), Nr. 21f. (1693), Nr. 23 (1695), Nr. 24 (1696), Nr. 25 (1697), Nr. 26 (1699), Nr. 28f. (1701) und Nr. 30 (1704).

104 Zur damaligen Frequenz des Soester Gymnasiums vgl. Vogeler, Archigymnasium IV (wie Anm. 9), S. 9.

105 Virulentissimum praesentis seculi venenum atheismus, Soest: Utz 1686; 3.5 Johann Wilhelm Harhoff Nr. 15 (1686). – Zur komplexen frühneuzeitlichen Füllung des Begriffes „Atheismus" vgl. Dietz, Walter R.: Artikel „Atheismus II. Kirchengeschichtlich", in: RGG⁴ 1 (1998), Sp. 875–877, hier Sp. 875 (Literatur).

106 Vgl. unten Kapitel 1.5.

107 Politicorum forma [...], Soest: Utz 1676. – De cura sacrorum etiam magistratibus civitatum aliorum superioritati subiectarum suo modo competente [...], Soest: Utz 1701. – De nobilitate eiusdem insigniis sive armis [...], Soest: Utz 1704; 3.5 Johann Wilhelm Harhoff Nr. 7 (1676), Nr. 27 (1701) und Nr. 31 (1704).

108 „Es ist der Herr Rektor ein Ausbund der Tugend, / Der Alten Kron und Preis, ein Führer unsrer Jugend / Ein Kron der Glährsamkeit, der durch des Todes Macht / Nun allbereits, in Tellus Schoos gebracht." Tellus (lateinisch „Erde") ist in der römischen Mythologie die Gottheit der mütterlichen Erde, daher auch oft Terra Mater genannt, und entspricht der griechischen Gaia. „Wilhelme jaces, rector celeberrimus Harhoff, / Qui studiosorum decorasti Pallade lautum" (Johann Peter Büren [† 1755]; wie Anm. 4433). „O mansises musarum tu aeternus Apollo." Vogeler, Archigymnasium IV (wie Anm. 9), S. 6 Anm. 1.

1.4 Schüler des Archigymnasiums in unruhigen Zeiten

zum „Großen Teich" hin gelegen) war nur kurz. Er führte in eine scheinbar wohlgeordnete Welt. Und auch das Schulhaus selbst dürfte, allen immer noch nicht völlig beseitigten Kriegsschäden zum Trotz, weiterhin ziemlichen Eindruck gemacht haben.[96]

Rektor war hier schon seit 1685 der Magister Johann Wilhelm Harhoff (1643–1708).[97] Auch er war ein Stadtkind (Sohn des Prokurators Bertram Matthias), stammte aber nicht aus einer der großen Familien. Harhoff hatte in Gießen studiert (1667–1670),[98] wo er sich im Schülerkreis Balthasar Mentzers d. J. (1614–1679)[99] bewegt hatte, und später vier Jahre lang das undankbare Amt des Soester Subkonrektors innegehabt. Da man ihn halten wollte, hatte man ihm Hoffnung auf das Rektorenamt gemacht. Er hatte deshalb sogar einen auswärtigen Ruf ausgeschlagen. Als der Rat dann tatsächlich einen neuen Rektor brauchte (1678), war die Wahl aber doch nicht auf ihn gefallen. Statt dessen hatte man sich für Sybels Vater entschieden, was Harhoff tief verletzt haben muss.[100] Dennoch war er, nun Konrektor, fortan ein unermüdlicher Disputator gewesen.[101]

Erst acht Jahre später hatte der Rat Harhoff dann doch noch zum Rektor gemacht – und damit bewusst auf „Nummer Sicher" gesetzt. Entscheidend dafür dürfte neben Harhoffs Erfahrung auch seine unbedingte Loyalität gewesen sein. Tatsächlich erfüllte der erfahrene Schulmann dann auch alle in ihn gesetzten Erwartungen: Er überarbeitete, erneuerte und vermehrte die alten Soester Schulgesetze („Leges quaedam didascaliae nostrae renovatae et auctae", 1702).[102] Wie tüchtig er

---

96 Vogeler, Archigymnasium IV (wie Anm. 9), S. 10–12. Zu den schweren Beschädigungen des Schulgebäudes während des Krieges: Ders., Archigymnasium II, S. 3f.

97 Kleiner Michels (wie Anm. 14), S. 590. – Dazu: Vogeler, Archigymnasium IV (wie Anm. 9), S. 6. – Richter, Einfluß (wie Anm. 9), S. 86.

98 De indifferentismo morali […], Gießen: Hampel 1667. – De communicatione idiomatum, statu item exinanitionis et exaltationis […], Gießen: Hampel 1669. – Impietas jesuitica, in probabilismo morali elucens […], Gießen: Utz und Karger 1670. – Metaphysica procemialis […], Gießen: Karger 1670. – [Beiträger in:] Siricius, Michael: Collegium theologicum publicum, in qua orthodoxa fides iuxta seriem articulorum fidei consuetam asseritur […], Gießen: Hampel 1670; 3.5 Johann Wilhelm Harhoff Nr. 1f. (1667), Nr. 3 (1669) und Nr. 4–6 (1670).

99 Mahlmann, Theodor: Artikel „Mentzer, Balthasar II.", in: BBKL 5 (1993), Sp. 1285–1291 (Literatur).

100 Vogeler, Archigymnasium III (wie Anm. 9), S. 11.

101 De bono transcendentali meletema metaphysicum […], Soest: Utz 1678. – Thesium miscellanearum satura […], Soest: Utz 1680. – Positionum logicarum disquisitio prima de natura logices […], Soest: Utz 1680. – Positionum logicarum disquisitio secunda de terminis eorumque divisione priori […], Soest: Utz 1682. – Positionum logicarum disquisitio tertia eaque de terminorum divisione posteriori prior […], Soest: Utz 1683. – Positionum logicarum disquisitio quarta eaque de terminorum divisione posteriori altera […], Soest: Utz 1684; 3.5 Johann Wilhelm Harhoff Nr. 8 (1678), Nr. 9f. (1680), Nr. 11 (1682), Nr. 12 (1683) und Nr. 13 (1684).

102 Vogeler, Archigymnasium IV (wie Anm. 9), S. 15–17.

Abb. 16: Tausendjähriger Weißdorn im Garten der Ressource. Hier lag der Friedhof von St. Georgii. Postkarte aus dem frühen 20. Jahrhundert. (Soest StA/StB, A 2535–1). Siehe dazu Schwartz, Denkmäler 1 (wie Anm. 11), S. 181–183.

nun bereits die zweite Klasse (VII.).[94] Der Weg des Jungen vom elterlichen Pfarrhaus[95] zur Schulpforte am Vreithof (dem „Friedhof"; hier in nördlicher Richtung

niors des Soester Predigerministeriums Thomas Diemel (Dömeling; 1633–1696; wie Anm. 60). Vogeler, Archigymnasium IV (wie Anm. 9), S. 3 f. – Zur Einrichtung des Scholarchenamtes: Kindervater, Joseph Wilhelm: Die Stadtbibliothek in Soest, in: SZ 63 (1951), S. 5–36, hier S. 7 f.

94 Die schulischen Fortschritte Johann Nikolaus Sybels sind präzise nachzuverfolgen: 23. April 1695 aufgenommen in VIII.; 12. Mai 1696 versetzt nach VII.; 19. Oktober 1697 versetzt nach VI.; 17. Oktober 1699 versetzt nach V.; 21. Oktober 1702 versetzt nach IV.; 18. Oktober 1704 versetzt nach III. Soest StA/StB, Sammlung Glebe (wie Anm. 14), Nr. 11.

95 Es lag in der Brüderstraße an der Ecke zur Sandwelle. Deus, Wolf-Herbert: Kleine Soziologie der Soester zur Zeit Friedrichs des Großen, in: SZ 64 (1952), S. 5–58, hier S. 30.

Lemgoer Rektor[82]; Philipp Christoph Schrader (1669–1724), der seit 1692 in Jena studierte und 1696 Pfarrer in Neuengeseke wurde[83]; ferner Johann Georg und Johann Christoph Solms,[84] zwei der vielen Söhne des Soester Inspektors Solms[85] (und damit zugleich ältere Cousins Johann Nikolaus Sybels), die Nungesser dann auch ausdrücklich als ihren „verehrten Praeceptor" bezeichnen.[86] Der in dieser Aufzählung an erster Stelle genannte Michael Blech stand ebenso wie sein älterer Amtsnachbar Franz Bilstein († 1712),[87] seit 1662 Pfarrer in Linden, schon seit 1697 in brieflichem Austausch mit Speners wichtigstem Schüler August Hermann Francke (1663–1727)[88] und dessen engerem Kollegenkreis in Halle.[89]

1.4 Schüler des Archigymnasiums in unruhigen Zeiten

Für den kleinen, erst 1690 geborenen Johann Nikolaus Sybel dürfte all dies – wenn er denn überhaupt davon erfuhr – aber längst ferne Vergangenheit gewesen sein. Anderes war wichtiger und gewiss auch ungleich imponierender: Im Mai 1696 kam es zu einem Großbrand in der Soester Innenstadt. Auch der Kirchturm und das Dach von St. Georgii gingen in Flammen auf. Die Hitze war so groß, dass die Glocken schmolzen.[90] Der Wiederaufbau war schwierig. Er mobilisierte aber auch neue Kräfte: Eine Sammlung in der Gemeinde brachte stolze 1.051 Taler und 34 Stüber ein. Dazu kamen erhebliche Naturalspenden (Roggen, Gerste, Flachs u. a. m.).[91]

Das nahe Gymnasium war zum Glück verschont geblieben.[92] Im Mai 1697 wurde der Vater hier nun auch noch Scholarch. Er fungierte damit fortan als eines der beiden geistlichen Mitglieder der bereits Ende 1602 geschaffenen, gemischtbesetzten Schulbehörde des Rates.[93] Während dessen kam auch der Sohn voran: Er besuchte

82 Kleiner Michels (wie Anm. 14), S. 605. Zu ihm ausführlich unten S. 48 f. sowie 3.23 Andreas Dietrich Schrader.
83 Bauks, Pfarrer (wie Anm. 14), S. 453 (Nr. 5604). – Dazu: Kleiner Michels (wie Anm. 14), S. 605.
84 Johann Georg Solms (* 1667). Ebd., S. 566; Johann Christoph Solms (* 1671). Ebd., S. 566.
85 Johannes Solms (1630–1700). Wie Anm. 20.
86 So in zwei Grußschriften in der De imagine Dei disputatio [prima] (wie Anm. 74) vom 18. August 1683; 3.19 Johann Christoph Nungesser Nr. 9 (1683).
87 Bauks, Pfarrer (wie Anm. 14), S. 38 (Nr. 485).
88 Sträter, Udo: Artikel „Francke, August Hermann", in: RGG⁴ 3 (2000), Sp. 209–211 (Literatur).
89 Wotschke, Geschichte des westfälischen Pietismus 1 (wie Anm. 10), S. 66 f. (Nr. 7a).
90 Von Sybel, Nachrichten (wie Anm. 14), S. 19.
91 Soest StA/StB, Bestand A, Hs. 67, S. 226 f. – Dazu: Von Sybel, Nachrichten (wie Anm. 14), S. 19 (mit zum Teil leicht abweichenden Zahlen).
92 Vogeler, Archigymnasium IV (wie Anm. 9), S. 9.
93 Von Sybel, Nachrichten (wie Anm. 14), S. 19. – Er trat hier an die Stelle des kurz zuvor verstorbenen Ersten Pfarrers an St. Petri, Stipendienstifters und langjährigen Se-

Abb. 15: Philipp Ludwig Hanneken (1637–1706). Kupferstich des Johann Christoph Sysang (1703–1757), tätig in Leipzig, entstanden 1756. (Wolfenbüttel HAB, A 8799)

Kemper (1663–1723), der ab 1684 in Jena studierte, später war er Vikar und Rektor in Schwerte (1688), dann ab 1701 Pfarrer in Dinker[79]; Johann Bernhard Mentz, Sohn des Lütgendortmunder Pfarrers gleichen Namens (1634–1703), der von 1690 bis 1702 zugleich Generalinspektor der lutherischen Gemeinden der Grafschaft Mark war[80]; Heinrich Ambrosius Moll (1662–1737), der 1684 in Gießen und 1689 in Jena studierte, 1690 wurde er Zweiter Pfarrer in Schwelm und war seit 1695 mit Anna Elisabeth Husemann, einer Tochter des Bürgermeisters von Unna, verheiratet[81]; Andreas Dietrich Schrader (1663–1722), der spätere Soester Konrektor und

---

79 Ebd., S. 247 (Nr. 3128). – Kleiner Michels (wie Anm. 14), S. 499.
80 Bauks, Pfarrer (wie Anm. 14), S. 326 (Nr. 4102).
81 Ebd., S. 339 (Nr. 4263).

1.3 Johann Christoph Nungesser und seine Schüler

aufnehmen gesucht, daran iren genügen gehabt. Die sonst so wilde jugend hat sich dergestalt geändert, daß, da sie sonst wie unbändige kälber geraset, gleich wie schafe sich gehorsamlich submittiret hat. Wie kan ichs aber ändern, ich muß das mittel ergreiffen, das [mir die] göttl[iche] vorsehung an die hand gibt, und da arbeiten, wohin sie mich bestellt. Der liebe Gott offenbahre uns nur seinen willen und gebe uns krafft, so wollen wir denselben gerne thun. Das ist aber allemahl in solchen rebus facti so schwehr, seinen willen von unserm eigenen zuunterscheiden!"[73]

Wer aber waren die jungen Leute, die Nungesser hier vor Augen hatte? – Aufschluss darüber gewähren vor allem jene vier Disputationen, denen Nungessers als Soester Rektor vorgesessen hatte.[74] Sie bildeten die Basis seiner eigenen, noch im gleichen Jahr in Gießen erfolgenden Promotion[75] und sind mit einer Fülle von Gedichten und Grußadressen aller Art versehen. Als Soester „Schüler Nungessers" erscheinen damit besonders folgende Theologen: Michael Blech (auch Bleek oder Bleck; 1669–1730), der schon bald die Schola in Halle besuchte und dort seit 1692 auch studierte, später wurde er zunächst Pfarrer in Niederwenigern (ab 1695), dann Frühprediger und Rektor in Bochum (so seit 1701)[76]; Hermann Eberhard Brockhaus (ca. 1668–1707), der 1686 in Gießen und 1689 in Jena studierte, er war ab 1690 Rektor in Altena und wirkte danach als Pfarrer in Plettenberg[77]; Johann Heinrich Hencke (auch Henneke; 1664–1731), der seit 1685 in Gießen studierte und danach zunächst Feldprediger, seit 1703 Pfarrer in Barop war, hier heiratete er in die Soester Familie Forstmann ein, die sich später für die Herrnhuter engagierte[78]; Georg

73 Edition Nr. 1.
74 De imagine Dei disputatio [prima] […], Soest: Utz 1683. – De imagine Dei disputatio altera […], Soest: Utz 1683. – De providentia divina disputatio prima […], Soest: Utz 1684. Das in Soest StA/StB erhaltene Exemplar stammt aus dem Besitz von Johann Georg Sybel. – De providentia divina disputatio [secunda] […], Soest: Utz 1684. – Dazu kommt die leider undatierte Programmschrift: Programma omnibus ebrietatis sosoribus […], Soest: Utz 1684; 3.19 Johann Christoph Nungesser Nr. 9f. (1683) sowie Nr. 11f. und Nr. 14 (1684).
75 De providentia divina […], Gießen: Müller 1684; 3.19 Johann Christoph Nungesser Nr. 13 (1684). Der Praeses dieser Disputation, Philipp Ludwig Hanneken (1637–1706, Abb. 15), war seit 1683 Superintendent und Erster Professor in Gießen. Hier geriet er ab 1689 in eine Auseinandersetzung mit seinem Kollegen Johann Heinrich May (1653–1719; wie Anm. 185), dem er ursprünglich freundschaftlich verbunden gewesen war. Eine fürstliche Kommission untersagte ihm schon bald, sich negativ über die Pietisten und deren Collegia zu äußern. Man belegte Hanneken mit einer hohen Geldstrafe, worauf dieser ins orthodoxe Wittenberg auswich. Beyreuther, Erich: Artikel „Hanneken, Philipp Ludwig", in: NDB 7 (1966), S. 620 f. (Literatur). – Kohnle, Armin/Kusche, Beate (Hg.): Professorenbuch der Theologischen Fakultät der Universität Wittenberg 1502 bis 1815/17 (Leucorea – Studien zur Geschichte der Reformation und der lutherischen Orthodoxie 27), Leipzig 2015, S. 65 f.
76 Bauks, Pfarrer (wie Anm. 14), S. 41 (Nr. 533).
77 Ebd., S. 60 (Nr. 772).
78 Ebd., S. 198 (Nr. 2510).

Abb. 14: Johann Daniel Arcularius (1650–1710). Kupferstich von Pieter Schenk dem Älteren (1660–1711), in Amsterdam tätig, nach 1686. (Amsterdam, Rijksmuseum, RP-P-1915-1405)

in Soest verfasster Brief Nungessers an Spener vom 13. April 1684. Der angefeindete, kurz vor seinem Wechsel nach Dortmund stehende Rektor hatte darin betrübt auf seine Zeit in Soest zurückgeblickt. Er hatte aber auch von einem Aufbruch innerhalb der reiferen Schülerschaft des Gymnasiums berichtet:

> „[…] Es thut mit zwar leyd vor die [Soester] schul, dann [ich habe] alles in so kurzer zeit, dem lieben Gott sey danck, in einen gantz andern stand gebracht, daß männiglich, einige wenige malcontenten[71] außgenommen, die ex ruinis Troiae[72] ihr

71 Einige Nörgler.
72 Aus den Trümmern Trojas/aus den Denk- und Lehrtraditionen einer überholten Orthodoxie.

1.3 Johann Christoph Nungesser und seine Schüler

z. B. auch Johann Jakob Glaser (1671–1744),⁶⁶ seit 1713 Pfarrer in Schwerte, der später als lutherischer Generalinspektor (1724–1727) zum wichtigsten Fürsprecher des Pietismus in der Grafschaft Mark werden sollte.⁶⁷ Noch 1698, zwei Jahre vor seinem Tod, mischte sich Nungesser jedenfalls selbstbewusst und engagiert in die mit großer Heftigkeit geführten chiliastischen Debatten der Zeit ein („Spes desperata meliorum temporum", Frankfurt am Main 1698)⁶⁸ und musste dafür schon bald neuerliche Anfeindungen ertragen.⁶⁹ Auch seine alten Kontakte zu Speners Umfeld in Frankfurt am Main blieben offenbar noch längere Zeit eng.⁷⁰

Obwohl Nungessers Wirken am Soester Gymnasium nur von kurzer Dauer gewesen war, hatte es hier aber wohl doch Spuren hinterlassen. Darauf deutet ein noch

Rühl 1698. Zum Respondenten dieser Disputation, Jost Wessel Rumpaeus (1676–1730; wie Anm. 345), ausführlich unten Kapitel 1.9. – De propositionibus concretivis idiomaticis primi generis communicationis idiomatum, Christus est passus et Deus est passus […], Dortmund: Rühl 1700; 3.19 Johann Christoph Nungesser Nr. 16 (1685), Nr. 17f. (1687), Nr. 19f. (1688), Nr. 22 (1689), Nr. 23–25 (1690), Nr. 26f. (1691), Nr. 28f. (1692), Nr. 31f. (1693), Nr. 33f. (1694), Nr. 38 (1696), Nr. 39 (1697), Nr. 40 und 42 (1698) und Nr. 43 (1700).

66   Bauks, Pfarrer (wie Anm. 14), S. 154 (Nr. 1962).
67   Rothert, Kirchengeschichte der Mark III (wie Anm. 10), S. 107f. – Peters, Pietismus in Westfalen (wie Anm. 1), S. 201.
68   Spes desperata meliorum temporum [prima] […], Dortmund: Rühl 1695. – Spes desperata meliorum temporum [secunda] […], Dortmund: Rühl 1695. – Spes desperata meliorum temporum: Ex Lucae XVIII. v[ersus] 8./demonstrata […], Frankfurt am Main: Stock 1698. Das Exemplar des Soester Stadtarchivs stammt aus dem Besitz des späteren Hagener Pfarrers Balthasar Ludolph Rumpaeus (1678–1736; wie Anm. 4287), der 1700 unter Nungesser disputiert hatte. 3.19 Johann Christoph Nungesser Nr. 36f. (1695), Nr. 41 (1698) und Nr. 43 (1700).
69   Stübel, Andreas: Confessio spei certae et indubitatae, opposita d[octori] Joh[anni] Christophoro Nungessero, superintendenti Dortmundano […], Frankfurt am Main: Zunner 1698. – Brügmann, Johann Caspar: Deliramenta Stifeliana. Id est refutatio confessionis spei certae et indubitatae M[agistri] Andreae Stifelii s[eu] Stübelii […], Dortmund: Rühl 1699. Der Verfasser, Johann Caspar Brügmann (Brüggemann; 1645–1705; wie Anm. 4293), damals Erster Pfarrer an St. Marien in Dortmund, identifizierte Stübel mit dem schillernden Theologen und Mathematiker Michael Stifel (1487–1567), einem Weggefährten Luthers, der gegen dessen eindringliche Warnungen den Untergang der Welt für den 19. Oktober 1533, 8 Uhr morgens, vorausberechnet und damit nicht nur in seiner Lochauer Gemeinde erhebliche Unruhe gestiftet hatte. Peters, Christian: Artikel „Stifel, Michael", in: Lexikon für Theologie und Kirche³ 9 (2000), Sp. 1000f. – Stübel, Andreas: Novissima Antipietistarum […], [ohne Ort, ohne Drucker] 1700 [dazu mindestens zwei Nachdrucke im gleichen Jahr]; 3.19 Johann Christoph Nungesser Erwiderungen/Gegenschriften Nr. 1 (1698), Nr. 2 (1699) und Nr. 3–5 (1700).
70   [Beiträger in:] Arcularius, Johann Daniel (Abb. 14): Rettung ausz der Noth Und Erquickung im Tod […], Frankfurt am Main: Friedgen 1689. – De civitate et cive […], Dortmund: Rühl 1692; 3.19 Johann Christoph Nungesser Nr. 21 (1689) und Nr. 30 (1692).

Predigerministerium gehabt. 1694 war Nungesser dann sogar selbst Dortmunder Superintendent geworden. Er sollte dieses Amt bis zu seinem Tode innehaben.[64]

Inwieweit sich Nungesser auch in Dortmund als Pietist hervorgetan hat, müsste dringend anhand der zahlreichen, in Dortmund unter seinem Vorsitz geführten Disputationen überprüft werden, die nicht nur in der Region, sondern auch in Halle oder in Darmstadt gesammelt wurden.[65] Unter seinen Schülern war dort nämlich

ge zur rheinischen und westfälischen Kirchengeschichte (Religion in der Geschichte. Kirche, Kultur und Gesellschaft 16), Bielefeld 2007, S. 11–44, hier S. 33 f.

64 Halle (Saale) AFSt, Bestand H C 307:7: Johann Georg Joch (1677–1731; wie Anm. 192), Rektor des Dortmunder Gymnasiums, zugleich Zweiter Pfarrer an St. Marien in Dortmund und Superintendent, an August Hermann Francke (1663–1727; wie Anm. 88), Pfarrer an St. Ulrich in Halle, Professor an der dortigen Theologischen Fakultät und Direktor der Stiftungen, Dortmund, 19. Januar 1719: Segenswünsche zum neuen Jahr; Wiederholung der Bitte Jochs, dem von ihm an Francke empfohlenen Präzeptor die Teilnahme an einem Freitisch des Waisenhauses zu gewähren und eine Informatorentätigkeit zu ermöglichen; Übersendung der Abschrift der Berufungsurkunde des verstorbenen Superintendenten Johann Christoph Nungesser; Informationen zur Besoldung Jochs in Dortmund. Anlage: Abschrift der Berufungsurkunde für den Superintendenten Johann Christoph Nungesser, Dortmund, 23. Dezember 1694, mit Randbemerkungen von Johann Georg Joch. – Zu Nungessers Tod siehe die posthum erschienenen Schriften: Camenae lugubres in funere viri summe reverendi, amplissimi, atque excellentissimi domini Johannis Christoph[ori] Nungesseri [Nachrufe], Dortmund: Rühl 1700 und Barop, Johann Caspar: Ad laudes […] domini d[octoris] Johan[nis] Christophori Nungesseri [Leichenpredigt], Dortmund: [ohne Drucker] 1701; 3.19 Johann Christoph Nungesser Dedikationen/Widmungen/Leichenpredigten und Nachrufe Nr. 1 (1700) und Nr. 2 (1701).

65 De peccato in genere […], Dortmund: Rühl 1685. – De lapsu Adami primi […], Dortmund: Rühl 1687. – De lapsu Adami primi [disputatio secunda] […], Dortmund Rühl 1687. – De lapsu Adami primi disp[utatio] tertia […], Dortmund: Rühl 1688. – De peccato originis […], Dortmund: Rühl 1688. – Peccatum originis pro disputatione publica […], Dortmund: Rühl 1689. – De moralitate sabbati [disputatio prima] […], Dortmund: Rühl 1690. – De moralitate sabbati: Disputatio secunda […], Dortmund: Rühl 1690. – [Commentatio dicti Christi Luc. XVII- v(ersus) 10.] De servo inutili […], Dortmund: Rühl 1690. – [Commentationis dicti Christi Luc. XVII- v(ersus) 10.] De servo inutili continuatio […], Dortmund: Rühl 1691. – De peccato actuali […], Dortmund: Rühl 1691. – De peccati actualis speciebus variis […], Dortmund: Rühl 1692. – De peccato in Spiritum S[anctum] et in filium hominis […], Dortmund: Rühl 1692. – De peccato in Spiritum S[anctum] et in filium hominis [continuatio] […], Dortmund: Rühl 1693. – De peccato in filium hominis […], Dortmund Rühl 1693. – [Continuatio disputationis de peccati actualis divisionibus, in specie] De peccato regnante et in Spiritum S[anctum] […], Dortmund: Rühl 1694. – De peccato actuali, eiusque variis divisionibus ultima […], Dortmund: Rühl 1694. Die Anzahl der vorlaufenden Disputationen zum gleichen Thema ist nicht nachgewiesen. – De libero hominis arbitrio […], Dortmund: Rühl 1696. – De libero hominis arbitrio […], Dortmund: Rühl 1697. – De principio theologiae sacra scriptura […], Dortmund: Rühl 1698. – De praedicationibus inusitatis – personalibus ecclesiasticis […], Dortmund:

1.3 Johann Christoph Nungesser und seine Schüler

Abb. 13: Stadtansicht Dortmund. Kupferstich, aus: Matthäus Merian, Topographia Westphaliae, 1647. (Sammlung Christian Peters)

wohl seit 1673) dessen Beichtvater war, hatte dem neuen Rektor nicht weiterhelfen können.[61]

Schon im Frühjahr 1684 war Nungesser daher als Rektor nach Dortmund[62] gewechselt, wo man Spener und der durch ihn vertretenen neuen Frömmigkeit freundlicher gesonnen war.[63] Hier war er 1685 zugleich Zweiter Pfarrer an St. Marien geworden und hatte damit – anders als in Soest – auch Sitz und Stimme im

> von Soest. Die Stadtverfassung im Spiegel des Ratswahlbuches von 1417 bis 1751 (FS Hubertus Schwartz) (Soester wissenschaftliche Beiträge 10), Soest 1955, S. 385. – Schwartz, Denkmäler 2 (wie Anm. 11), S. 152 (Nr. 40) (Grabplatte; nicht mehr vorhanden).
> 61 Edition Nr. 1.
> 62 Zur Geschichte der freien Reichsstadt Dortmund im 17. und 18. Jahrhundert vgl. (immer noch) Winterfeld, Luise von: Geschichte der freien Reichs- und Hansestadt Dortmund, Dortmund 1957³ (1981⁷), S. 139–146 sowie Reimann, Norbert: Dortmund und Preußen im 17. und 18. Jahrhundert. Stadtrepublik und Großmacht zwischen Abgrenzung und Annäherung, in: Beiträge zur Geschichte Dortmunds und der Grafschaft Mark 78 (1987), S. 7–29.
> 63 Bereits ein Vorgänger Nungessers, der aus Kahla in Thüringen stammende Christian Grübel (* 1646) – er war von 1678 bis 1681 Rektor des Dortmunder Gymnasiums gewesen –, hatte Philipp Jakob Spener nahe gestanden. Er ging später nach Minden, wo er in Kontakt zu Franckes unglücklicher älterer Schwester Anna Elisabeth Hoyer (1656–1710/11) getreten war. Grübels 1680 in Dortmund geborener Sohn Zacharias studierte später in Halle und war von 1706 bis 1709 Hauslehrer des jungen Nikolaus Ludwig Graf von Zinzendorf (1700–1760), der damals bei seiner Großmutter, der von vielen verehrten Freiherrin Henriette Catharina von Gersdorff (1648–1726), in Großhennersdorf lebte. Peters, Christian: Pietismus in Essen und Dortmund, in: Hey, Bernd/Wittmütz, Volkmar (Hg.): Evangelische Kirche an Ruhr und Saar. Beiträ-

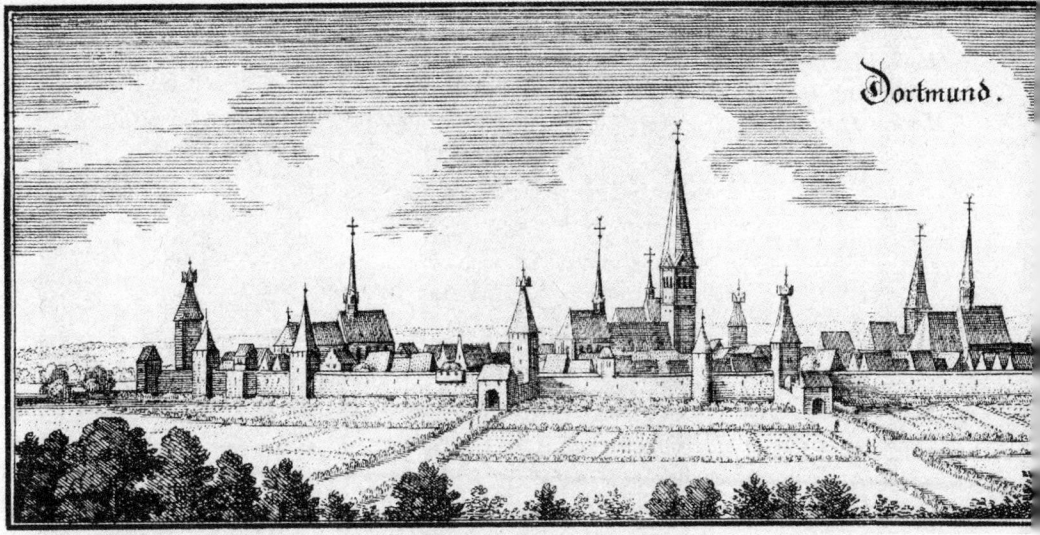

Nungesser besaß eine große Bibliothek, deren Fracht nach Soest erhebliche Kosten verursacht hatte.[57]

In Soest war Nungesser,[58] der aus seiner Parteinahme für Spener und den Pietismus keinen Hehl machte, schon bald Nachstellungen von seiten der Pfarrerschaft ausgesetzt gewesen. Man hatte seine Orthodoxie in Zweifel gezogen und ihm das angeblich allein den auf das Soester Corpus Doctrinae von 1593[59] Ordinierten zustehende Recht strittig gemacht, über die Predigt hinaus auch den feierlichen Schlusssegen zu sprechen. Selbst der Erste Pfarrer an St. Petri, Thomas Diemel (Dömeling; 1633–1696),[60] der Nungesser schätzte und als Senior der Soester Pfarrer (so

    mann, Johannes: Artikel „Petersen, Johann Wilhelm", in: RGG[4] 6 (2003), Sp. 1154 (Literatur).

57 Soest StA/StB, Bestand A, Hs. 76, S. 93 (§ 159; nach dem „alten Scholarchenbuch"). Die Kosten für den Transport seines Hausstandes und seiner Bibliothek nach Soest beliefen sich demnach auf stattliche 48 Taler.

58 Der Soester Rat hatte offenbar zunächst verlangt, dass Nungesser, der bereits Lizentiat der Heiligen Schrift war, vor seinem Dienstantritt auch noch den theologischen Doktorgrad erwürbe, war später von dieser Bedingung aber wieder abgerückt. Der neue Rektor erhielt das gleiche Gehalt wie sein Vorgänger und bezog eine eigens für ihn angemietete Dienstwohnung. Die Urteile der Zeitgenossen über Nungesser waren durchweg positiv. Er bringe „bei einer deutlichen Kürze des Ausdrucks nützliche Belesenheit an". Vogeler, Archigymnasium IV (wie Anm. 9), S. 5.

59 Peters, Corpus Doctrinae (wie Anm. 11), S. 89–137 (mit Abdruck aller relevanten Texte).

60 Thomas Diemel (Dömeling; 1633–1696) stammte aus Soest. Er war Pfarrer in Borgeln gewesen (ab 1657) und wirkte nun schon seit 1673 als Erster Pfarrer und senior ministerii an St. Petri. Bauks, Pfarrer (wie Anm. 14), S. 97 (Nr. 1246). – Dazu: Kleiner Michels (wie Anm. 14), S. 381. – Zur Familie: Deus, Wolf-Herbert: Die Herren

Abb. 12: Johann Wilhelm Petersen (1649–1727). (Sammlung Markus Matthias)

– Zum radikalen Pietismus: Schneider, Hans: Der radikale Pietismus im 17. Jahrhundert, in: Brecht, GdP 1 (wie Anm. 51), S. 391–437. – Ders.: Der radikale Pietismus im achtzehnten Jahrhundert, in: Brecht/Deppermann, GdP 2 (wie Anm. 51), S. 107–197. – Ders.: Artikel „Separatisten/Separation", in: TRE XXXI (2000), S. 153–160 (Literatur). – Für die Region auch an dieser Stelle weiterhin unverzichtbar: Goebel, Max: Geschichte des christlichen Lebens in der rheinisch-westphälischen Kirche (3 Bände), Koblenz 1849–1860, hier Bd. 2: Das siebenzehnte Jahrhundert oder die herrschende Kirche und die Sekten, Koblenz 1852 (ND 1900) sowie Bd. 3: Die niederrheinische reformierte Kirche und der Separatismus in Wittgenstein und am Niederrhein im achtzehnten Jahrhundert, Koblenz 1860 (ND 1900). – Zu Johann Wilhelm Petersen: Matthias, Markus: Johann Wilhelm und Johanna Eleonora Petersen: Eine Biographie bis zur Amtsenthebung Petersens im Jahre 1692 (AGP 30), Göttingen 1993. – Wall-

Abb. 11: Johanna Eleonora Petersen, geb. von und zu Merlau (1644–1724). (Sammlung Markus Matthias)

Nungesser hatte in Gießen, Straßburg, Jena und Wittenberg studiert und war 1670 Stadtpfarrer in Erbach (Hessen) geworden. Hier hatte er schon vor 1679 in Kontakt mit Philipp Jakob Spener gestanden, der damals Senior – also Vorsteher des Predigerkollegiums – in Frankfurt am Main gewesen war. Überdies hatte sich Nungesser für Johanna Eleonora von Merlau (1644–1724) eingesetzt, die spätere Ehefrau des bekannten radikalen Pietisten Johann Wilhelm Petersen (1649–1727).[56]

56 Zu Johanna Eleonora von Merlau: Guglielmetti, Prisca (Hg.): Johanna Eleonora Petersen, geb. von und zu Merlau: Leben, von ihr selbst mit eigener Hand aufgesetzt. Autobiographie (KTP 8), Leipzig 2003. – Albrecht, Ruth: Johanna Eleonora Petersen. Theologische Schriftstellerin des frühen Pietismus (AGP 45), Göttingen 2005.

*Abb. 10:
Philipp
Jakob Spener
(1635–1705).
Kupferstich des
Bartholomäus
Kilian (1630–
1696), tätig
in Augsburg,
nach einem
Gemälde des
Johann Georg
Wagner, 1683.
(Tübingen
UB, Portrait-
sammlung,
OS14000_A0_
B8_mG)*

(1640–1700)[53] gefolgt.[54] Der jedoch war ein früher Korrespondent und treuer Gewährsmann eben Philipp Jakob Speners gewesen.[55]

---

53 Bauks, Pfarrer (wie Anm. 14), S. 367 (Nr. 4568).
54 Die Scholarchen hatten Nungesser am 12. Oktober 1683 als Rektor in Vorschlag gebracht. Bestätigt wurde er aber erst am 14. November 1683. Vogeler, Archigymnasium IV (wie Anm. 9), S. 5.
55 Ob man das auch in Soest gewusst hat, ist ungewiss. Die Zeitgenossen sahen in Nungesser „virum ob singularem et eruditionem et gravitatem et pietatem [quem] apud interos [unter den Kundigen] bene nominatur [einen guten Ruf genießt]". Ebd., S. 5.

aus der Predigt über den Katechismus examinieren u[nd dann] die Behtstunde anfangen."⁴⁹

Dass der Inspektor Solms, besorgt um den Ruf des Ministeriums und unter Verweis auf zu befürchtende negative Reaktionen des reformierten brandenburgischen Landesherrn, die von seinem Schwager angeregte zusätzliche Veranstaltung mit den neuen Gemeinschaftsformen des Pietismus (collegium pietatis) in Verbindung brachte, lässt aufhorchen. Hatte sich also auch Sybel dem Pietismus geöffnet? – Die Quellen lassen es nicht eindeutig erkennen. Doch wie dem auch gewesen sein mag: Am Ende des Streits gab es in Soest eine neuartige „Betstunde", die nicht mit der üblichen Katechismuspredigt am Nachmittag identisch war. Der Zulauf war beachtlich, was sich auch in einer starken Zunahme des Spendenaufkommens niederschlug.⁵⁰

1.3 Johann Christoph Nungesser (1640–1700) und seine Schüler

Die Besorgnis des Inspektors kam nicht von Ungefähr. Tatsächlich war man in Soest nämlich schon sehr früh mit dem Pietismus,⁵¹ einer im Bereich des Luthertums vor allem durch Philipp Jakob Spener (1635–1705, Abb. 10)⁵² geprägten, neuen Frömmigkeitsbewegung, der wichtigsten seit der Reformation des 16. Jahrhunderts, in Berührung gekommen – und das ausgerechnet im Raum des doch als streng lutherisch-orthodox geltenden Gymnasiums. Unmittelbar auf Johann Georg Sybel selbst, der sein Rektorenamt auch nach seiner Wahl zum Pfarrer von St. Georgii noch fast zwei Jahre lang weitergeführt hatte, war hier nämlich im November 1683 der aus Bickenbach in Hessen stammende Magister Johann Christoph Nungesser

49 Von Sybel, Nachrichten (wie Anm. 14), S. 19f.
50 „Die zum Beßten der Kirche in der Kirche gehaltenen Sammlungen, welche schon 1674 in der Kirchenrechnung vorkommen und damals nur zwei r[eichstaler] 52 s[tü]b[er] einbrachten, waren während seiner Amtsführung 1697 zu 72 r[eichs]t[alern] 47 st[übern] gestiegen." Soest StA/StB, Bestand A, Hs. 67, S. 227. – Dazu: Von Sybel, Nachrichten (wie Anm. 14), S. 19.
51 Brecht, Martin/Deppermann, Klaus/Gäbler, Ulrich/Lehmann, Hartmut (Hg.): Geschichte des Pietismus [fortan: GdP]. Bd. 1–4, Göttingen 1993–2004. Darin im Einzelnen: Brecht, Martin (Hg.): Der Pietismus vom siebzehnten bis zum frühen achtzehnten Jahrhundert (GdP 1), Göttingen 1993. – Ders./Deppermann, Klaus (Hg.): Der Pietismus im achtzehnten Jahrhundert (GdP 2), Göttingen 1995. – Gäbler, Ulrich (Hg.): Der Pietismus im neunzehnten und zwanzigsten Jahrhundert (GdP 3), Göttingen 2000. – Lehmann, Hartmut (Hg.): Glaubenswelt und Lebenswelten (GdP 4), Göttingen 2004. – Wallmann, Johannes: Der Pietismus (Die Kirche in ihrer Geschichte, Bd. 4, O 1), Göttingen 1990 und 2005² (auch: UTB 2598). – Schicketanz, Peter: Der Pietismus von 1675 bis 1800 (Kirchengeschichte in Einzeldarstellungen III/1), Leipzig 2001.
52 Wallmann, Johannes: Artikel „Spener, Philipp Jakob", in: RGG⁴ 7 (2004), Sp. 1564–1566 (Literatur).

1.2 Familie und Hintergrund

Sieben Jahre später – der kleine Johann Nikolaus war inzwischen fünf Jahre alt geworden und besuchte die unterste Klasse (Octava) des Gymnasiums – kam es dann aber zu einem heftigen Konflikt mit den übrigen Stadtpfarrern, dem ministerium urbanum. Auslöser war ein Vorstoß Sybels, der sein gottesdienstliches Angebot noch an einer zweiten Stelle erweitern wollte und damit auch in die Belange seiner beiden Kollegen an der nahen Ratskirche St. Petri übergriff:

> „Im Sommer 1695 ließ M[agister Johann Georg] Sybel ad St. Georgii das Ministerium convociren u[nd] stellte vor, wie seine Pfarrkinder von ihm verlanget hätten, noch ein Predigt [einen Gottesdienst] am Sonntag zu verrichten, weil sie in St. Petri[39] nicht Raum zum Sitzen halten [hätten]."

Der Inspektor Solms,[40] Sybels Schwager, war empört und wurde ausfällig: „Quia hoc tempore de pietistis[41] groß geschrey [sei],[42] als[o] dörfte [auch] auf das Soestische Ministerium suspicio fallen des pietismi,[43] welches [welcher?] doch von allen Universitäten declenirt werde".[44] Dazu sei mit harten Folgen zu rechnen: „Wenn auf eigenen willen in [rebus] ecclesiasticis[45] eine Veränderung vorgenom[m]en werden sollte, dürfte elector Brandenburgicus[46] sich dessen annehmen."[47] Sybel indes ließ nicht locker:

> „Nach etlichen Wochen ist endlich decidirt [worden], daß um halb drei Uhr [nachmittags] nach der St. Petri Predigt[48] der Gottesdienst [in St. Georgii] angehen sollte. Herr M[agister] Sybel wolle [solle/sollte?] eine halbe Stunde predigen u[nd]

---

39 Hier amtierten damals als Erster Pfarrer Thomas Diemel (Dömeling; 1633–1696; wie Anm. 60), zugleich seit 1673 senior ministerii (vgl. Schwartz, Geschichte der Reformation [wie Anm. 11], S. 463 f. [Nr. 38: Die Superintendenten (inspectores ministerii) der Soestischen Kirche], mit Lücke für die Zeit von 1678 bis 1685), und als Zweiter Pfarrer dessen Schwiegersohn, der Magister Johann Möller (Müller, Mollerus; 1646–1722; Bauks, Pfarrer [wie Anm. 14], S. 335 [Nr. 4213]; Kleiner Michels [wie Anm. 14], S. 395), nachmals von 1712 bis 1722 inspector ministerii.
40 Johannes Solms (1630–1700). Wie Anm. 20.
41 Weil gegenwärtig wegen der (sogenannten) „Pietisten".
42 Dass sich ein solches damals auch in Soest erhoben hatte, belegt Edition Nr. 2.
43 Dürfte das Ministerium in den Verdacht geraten, dem (von vielen spätorthodoxen Theologen als eine neue Ketzerei geschmähten) „Pietismus" zuzuneigen.
44 Verworfen/zurückgewiesen werde.
45 In kirchlichen Angelegenheiten.
46 Der Kurfürst von Brandenburg als Stadtherr Soests.
47 Offenbar befürchtete Solms, dass der reformierte brandenburgische Großrichter, auch in kirchlichen Dingen seit langem der „Pfahl im Fleisch" der Soester Autonomie, die Neuerung unverzüglich nach Wesel (bzw. Berlin) melden und hier zum Skandal (Eigenmächtigkeit des Rates von Soest und seiner Kirche) hochspielen würde.
48 Nach Beendigung des Gottesdienstes in St. Petri. Eine Konkurrenz war damit vermieden.

*Abb. 9: Die Marktkirche St. Georgii in Soest, Ansicht von Nordwesten.
Kolorierte Federzeichnung (Rekonstruktion) des Hubertus Schwartz (1883–1966), undatiert.
(Soest StA/StB, P1.497)*

1.2 Familie und Hintergrund

Nachdem man ihn Anfang 1682 zum Pfarrer der Marktkirche St. Georgii gewählt hatte,[34] war Sybel aber rasch auch zu einem geschätzten Prediger geworden. Die neue, durchaus repräsentative Tätigkeit kam ihm entgegen.[35] Sie stellte aber auch neue Ansprüche, denn das geistliche Leben in der an großen mittelalterlichen Kirchen so überreichen Stadt, die sich erst mühsam und nicht ohne neue Rückschläge[36] von den harten Verlusten und Einbrüchen des Dreißigjährigen Krieges (1618–1648) erholte, begann wieder reger zu werden.

Das zeigte sich auch im Leben der Kirche: Dem ersten Soester Gesangbuch (1674; 1676) war nämlich schon bald ein erweitertes zweites gefolgt (1683),[37] das rasch auch in den Gemeinden der Grafschaft Mark Absatz fand. Und auch im gottesdienstlichen Bereich gab es erfreuliche neue Bedürfnisse: 1688 sprach das Predigerministerium Sybel eine Zulage von vier Talern zu, für die er freitags eine zusätzliche Lesung „vor dem Altar" halten sollte.[38] Als Zielgruppe im Blick waren dabei neben den Soester Bürgern die auswärtigen Marktbesucher. Auch für Sybel war dies wichtig, denn seine kleine Gemeinde konnte ihn nur mit Mühe finanzieren.

---

34 Die Bestätigung durch den Rat erfolgte am 9. Januar 1682. Soest StA/StB, Bestand A, Hs. 67, S. 225 (Wortlaut der Urkunde). Die Ordination erfolgte am 22. Januar. Ebd., S. 226. Das bei dieser Gelegenheit an Sybel gezahlte Handgeld (Rechtsakt) betrug 10 Reichstaler. Allerdings war der Vorgang auch für ihn selbst mit erheblichen Kosten verbunden gewesen: „Die Confirmation der Wahl [durch den Rat] kostete 40 Stüber, die Ordination in der Petrikirche für die Läuter 30, für den Küster und Cantor 30 und für den Organisten ebenfalls 30 Stüber, für Musik ein Reichsthaler, für den Bälgetreter [an der Orgel von St. Petri] 15 Stüber, das Tuch zum neuen Predigerrock kostete 12 Reichsthaler 45 Stüber, die Sammetmütze 1 Reichsthaler." Sybel, Nachrichten (wie Anm. 14), S. 18. Ab 1729 war die Anschaffung des Predigerrockes Sache der Kirchengemeinde. Vgl. Edition 2.3, § 41.

35 1684 wurde auf Betreiben Sybels die Sakristei von St. Georgii erneuert. Dabei wurde über deren Tür die folgende Inschrift angebracht: „Promotore pastore Mag[istro] Joh[anne] Georgio Sybelio provisore Theodore Schutten sacrarium hoc ecclesiae renovatum et pristino usui confessionibus sacris [der Abnahme der Beichte] restitutum anno reparatae salutis 1684." Von Sybel, Nachrichten (wie Anm. 14), S. 19. – Rothert, Ehrenreiche Stadt (wie Anm. 11), S. 164.

36 Im Französisch-niederländischen Krieg (1672–1678), einem gesamteuropäischen Konflikt (früher: „Zweiter Raubkrieg Ludwigs XIV."), war Soest zeitweilig (1672–1674) Hauptquartier der französischen Truppen unter dem späteren „Marschall von Frankreich" Henri de La Tour d'Auvergne, vicomte de Turenne (1611–1675, Abb. 8). Die wichtigsten Akten dazu in Soest StA/StB, Bestand A, Nr. 10657, 10694 und 10854. – Zu den übergeordneten Zusammenhängen zuletzt Jean Bérenger: Turenne, Paris 1987 (Register).

37 Nelle, Heinrich Friedrich Wilhelm: Die evangelischen Gesangbücher der Städte Dortmund, Essen, Soest, Lippstadt und der Grafschaft Mark, in: JVEKGW 3 (1901), S. 86–201, hier S. 90f. und JVEKGW 4 (1902), S. 39–76 (Fortsetzung). – Rothert, Ehrenreiche Stadt (wie Anm. 11), S. 164. – Müller, Wilhelm: Geschichtliche Entwicklung der Musikpflege in Soest (Diss. phil., Marburg 1938), Emsdetten 1938, hier S. 86f.

38 Soest StA/StB, Bestand A, Hs. 67, S. 226.

Der Vater, Johann Georg Sybel, hatte nach seinem Schulbesuch in Soest (zu dessen Abschluss er wie üblich auch erstmals öffentlich disputiert hatte[29]) ab dem Sommer 1669 in Jena studiert[30] und dann 1673, auch hierin die Tradition der Familie fortsetzend, die Anwartschaft auf eine der drei oberen Stellen am Soester Gymnasium erworben. Als dort die Stelle des Konrektors frei wurde, rückte er nach und schlug dafür eine ihm nahezu zeitgleich angetragene Pfarrstelle in Borgeln, einem wohlhabenden Dorf der Börde, gut sieben Kilometer westlich von Soest, aus.[31]

Als Konrektor des Gymnasiums war Sybel nun vor allem für die Organisation des Schulbetriebs zuständig gewesen. Er hatte philosophische Ethik gelehrt und den Vorsitz bei mehreren Disputationen gehabt.[32] 1678 zum Rektor ernannt, hatte sich seine Zuständigkeit dann ganz in den Bereich der Dogmatik verlagert. Erhalten sind immerhin vier unter seinem Vorsitz geführte (und demnach auch von ihm formulierte) Disputationen zu Fragen der Erlösungslehre („de sacrificio Christi initerabili resp[ective] An mors et meritum Christi sit causa physica, an v[ero causa] moralis justificationis et salutis nostrae?"), zur Lehre von der Sünde, respektive Erbsünde („de peccato in genere et peccato originali") und zum längst zu einem eigenständigen Lehrthema gewordenen Amtsbegriff („de legitima ministrorum ecclesiarum Augustanae Confessioni addictarum vocatione").[33] Sie verraten sein Bemühen, das von ihm geleitete Soester Gymnasium als einen Ort unzweifelhafter Orthodoxie auszuweisen.

    Sybelius at non / Cum cinere hoc gelido cuncta sepulta jacent / In natis nomen, librisque et ore bonorum / In Christi vivit mens renovata manu." Ebd., S. 18.

29 De angelis in genere […], Dortmund: Rühl 1668; 3.28 Johann Georg Sybel Nr. 1 (1668).

30 De contingentia sive libertate operationum, substantiarum intellectualium, creaturarum […], Jena: Krebs 1670; 3.28 Johann Georg Sybel Nr. 3 (1670).

31 Soest StA/StB, Bestand A, Hs. 67, S. 225. – Dazu: Von Sybel, Nachrichten (wie Anm. 14), S. 18 mit Stammtafel E (zweite Ehe). – Löer, 450 Jahre Archi-Gymnasium (wie Anm. 9), S. 41.

32 [Disputatio philosophica] Qua expenditur quaestio annon implicet dari et existere actu et extra ideam in homine tale summum bonum, quale Aristoteles in Ethicis descripsit? […], Soest: Utz 1674. – Programm zum[!] actum oratorium de hybernis ciconarum et hirundinum […], Soest: Utz 1675. – Viros literatos quos Susatum habet, ad exercitium oratorium Reipublicae fundamentum exhibens […] amice et decenter invitat […], Soest: Utz 1675. – De conscientia, tanquam proxima actionum moralium regula prima […], Soest: Utz 1677; 3.28 Johann Georg Sybel Nr. 5 (1674), Nr. 6 (1675) und Nr. 8 (1677).

33 De sacrificio Christi initerabili […], Soest: Utz 1679. – De causa physica et morali, qua simul excutitur quaestio: An mors et meritum Christi sit causa physica, an v[ero causa] moralis justificationis et salutis nostrae? […], Soest: Utz 1680. – De peccato in genere et peccato originali […], Soest: Utz 1681. – De legitima ministrorum ecclesiarum Augustanae Confessioni addictarum vocatione […], Soest: Utz 1682; 3.28 Johann Georg Sybel Nr. 9 (1679), Nr. 10 (1680), Nr. 11 (1681) und Nr. 12 (1682).

1.2 Familie und Hintergrund

Abb. 8:
Henri de
La Tour
d'Auvergne,
vicomte de
Turenne
(1611–1675).
Undatierter
Kupferstich,
nicht bezeichnet,
zwischen 1643
und 1675.
(Sammlung
Christian
Peters)

HENRICVS DE LA TOUR ET DE TURENNE etc. REGIS GAL
liarum Christianissimi Consiliarius, Franciæ Marescallus;
Regiæq; Majestatis apud exercitum in Germania Lo:
cumtenent Generalis.

Sybel lehrte die universale Verstehbarkeit und Vernunftgemäßheit des Glaubens, ein altes Grundanliegen der lutherischen Orthodoxie. Die erst jüngst aufgezeigte Modernität und Leistungsfähigkeit seines Ansatzes dürfte in Soest selbst aber allenfalls im Kollegenkreis wahrgenommen worden sein.[27] Gleichwohl war der Mann geschätzt. Er galt als Retter und Erneuerer des vom Krieg ruinierten Gymnasiums. Beleg dafür ist Sybels Grabstein in St. Pauli.[28]

27 Vogeler, Archigymnasium III (wie Anm. 9), S. 7. – Hellekamps/Musolff, Zwischen Schulhumanismus und Frühaufklärung (wie Anm. 9), S. 50 und 65.
28 Von Sybel, Nachrichten (wie Anm. 14), S. 17f. – Sybels Grabstein trug die Aufschrift: „A[nno] D[omini] 1658. 2 Aprilis vir clarissimus et spectabilis[simus] M[agister] Joh[annes] Sybel, gymnasii hujus urbis rector fidelissimus in domino ex-[s]piravit aet[ate] 53. [Wappen: Sybel-Herdring; darunter:] Hoc tegitur saxo rector

Abb. 7:
Petrus Ramus (Pierre de la Ramée; 1515–1572). Kupferstich des oder nach Theodor de Bry (1528–1598), entstanden nach 1597. (Amsterdam, Rijksmuseum, RP-P-1910-4265)

ten Hälfte des 17. Jahrhunderts an vielen Schulen verbotenen, unbeschadet dessen aber breit rezipierten Denkformen des französischen Humanisten Pierre de la Ramée (Petrus Ramus; 1515–1572, Abb 7)[24] mit traditionell aristotelischen Inhalten kombiniert und so auch neue metaphysische Akzente gesetzt.[25] Wegweisend wurde vor allem die von ihm verfasste Enzyklopädie, das „Philosophiae breviarium" von 1656.[26]

24   Ohst, Martin: Artikel „Ramus, Petrus", in: RGG⁴ 7 (2004), Sp. 33 f. (Literatur).
25   Denningmann, Susanne: Aneignung und Kritik des Ramismus in Soest. Logikunterricht am Archigymnasium im 17. Jahrhundert, in: SZ 117 (2005), S. 76–98, besonders S. 80–84.
26   Sybel, Johannes: Philosophiae breviarium in usum gymnasii Susatensis […], Dortmund: Rühl 1656; 3.27 Johannes Sybel Nr. 28 (1656).

1.2 Familie und Hintergrund

Abb. 6: Kirche St. Thomae in Soest, das sogenannte „Reformatorenabendmahl". Gemälde eines unbekannten Künstlers aus dem Altaraufsatz von 1668, zerstört 1945. Einige der Apostel tragen Züge von Reformatoren: Links von Christus sitzen Martin Luther (1483–1546) und der Thomaepfarrer Johannes Solms (1630–1700), rechts Philipp Melanchthon (1497–1560). Von den auf der gegenüberliegenden Tischseite sitzenden Personen werden zwei als Huldrych Zwingli (1484–1531) und Johannes Calvin (1509–1564) angesprochen. (Foto: Soest StA/StB, D 71-77)

ner Gemeinde dann auch noch jahrhundertelang aus dem von ihm (mit)finanzierten Altarbild von St. Thomae, dem „Reformatorenabendmahl", entgegen.[22]

Nicht anders stand es auch an St. Pauli, denn hier war schon seit 1678 ein weiterer Onkel und jüngerer Bruder des Vaters, der Magister Johann Heinrich Sybel (1651–1711),[23] Pfarrer. Auch er sollte später noch Inspektor werden (1708–1711), was dem Neffen noch sehr von Nutzen war.

Das geistig-geistliche Umfeld, in dem der Knabe aufwuchs, war ein dezidiert spätorthodox-lutherisches. Der Großvater, Johannes Sybel, war ein bedeutender Gelehrter gewesen. Im Logikunterricht des Gymnasiums hatte er die in der ers-

---

22 Rothert, Ehrenreiche Stadt (wie Anm. 11), S. 165.
23 Bauks, Pfarrer (wie Anm. 14), S. 503 (Nr. 6241). – Dazu: Kleiner Michels (wie Anm. 14), S. 451f. – Von Sybel, Nachrichten (wie Anm. 14), S. 24 mit Stammtafel E. – Schwartz, Denkmäler 3 (wie Anm. 11), S. 67 (Nr. 41) (Grabplatte in St. Pauli) und (Nr. 42) (Grabplatte der Ehefrau).

Abb. 5:
Johannes Sybel
(1605/06–1658),
Gemälde eines
unbekannten
Künstlers.
(Soest StA/StB,
Foto: Thomas
Ijewski)

Kinder (drei Mädchen, vier Jungen), die alle zwischen 1678 und 1692 geboren worden waren. Johann Nikolaus war ihr zweitjüngster Sohn.[19]

Die Sybels zählten zu den wichtigsten Pfarrerfamilien der Stadt. Sie waren hier mit allen und jedem verwandt. Eine ältere Schwester des Vaters, Anna Elisabeth Sybel († 1678), hatte 1664 den Pfarrer von St. Thomae, den Magister Johannes Solms (1630–1700)[20], geheiratet.[21] Solms, der von 1663 bis 1700 gleichzeitig inspector ministerii war, muss ein sehr selbstbewusster Mann gewesen sein. Streng blickte er sei-

19   Kleiner Michels (wie Anm. 14), S. 449 f.
20   Bauks, Pfarrer (wie Anm. 14), S. 480 (Nr. 5950) und 448. – Dazu: Kleiner Michels (wie Anm. 14), S. 566. – Schwartz, Denkmäler 2 (wie Anm. 11), S. 179 (Nr. 18) (Grabplatte in St. Thomae; nicht mehr vorhanden).
21   Kleiner Michels (wie Anm. 14), S. 448.

5) Mag. Johann Heinrich,
* 4. Mai 1651, † 13. Nov. 1711, Pfarrer an St. Pauli, Inspector Ministerii, ∞ 31. Juli 1680 Maria Elisabeth, Tochter des Pfarrers Diemel in Borgeln, † 21. März 1738

6) Anna Margareta,
* 21. Okt. 1653, † 12. Dez. 1683, ∞ 1682 Georg Oelemann

7) Anna Katharina,
* 25. Febr. 1658

---

1) Margarete Katharina,
* 7. Okt. 1682, † 22. Juni 1708, ∞ 11. Jan. 1701 Adolf Heinrich Brockhaus, Pfarrer an St. Thomä in Soest

2) Mag. Joh. Christoph
* 1690, † 29. Juli 1733, Pfarrer an St. Pauli in Soest ∞ Margareta v. Steinen aus Frömmern
Kinder: Maria Elisabeth, * 25. Sept. 1729, ∞ 11. Juni 1748 Joh. Heinrich Stuve, Pfarrer an St. Nikolai in Lippstadt; Anna Dorothea, * 10. März 1732

3) Joh. Heinrich, Kaufmann, an der Georgskirche in Soest wohnhaft, † 26. Juni 1763, ∞ I Anna Klara Bötemann, † 24. Nov. 1735, ∞ II 4. Juni 1736 Katharina Elisabeth Kemper, † 4. Apr. 1762

4) Johannes, Zweiter Pfarerr an St. Petri in Soest, * 1699, † 2. Jan 1750, ∞ Margareta v. Steinen, † 4. Jan. 1759

5) Anna Dorothea, ∞ 3. Juli 1725 Gerhard Goswin Andreae, Pfarrer in Neuen-Gesecke

---

Kinder aus erster Ehe:
1) Joh. Heinrich,
* 25. Febr. 1717, wohnt in Frankfurt am Main
2) Anna Maria Elisabeth,
* 14. Nov. 1718
3) Christina Elisabeth,
* 25. Okt. 1719
4) Johannes,
* 7. Febr. 1721
5) Joh. Christoph,
* 18. Jan. 1723
6) Joh. Gerhard,
* 15. Febr. 1729
7) Joh. Laurenz,
* 17. Juli 1734,
† 18. Juli 1734

Kinder aus zweiter Ehe:
1) Maria Margareta
* 6. März 1737, ∞ 29. Sept. 1754 Paul Christian Busch, Pfarrer in Dinker, † 17 Aug. 1788
2) Maria Magdalena,
* 15. Okt. 1739
3) Joh. Heinrich,
* 11. Mai 1742
† 15 Okt. 1758
4) Wilhelmine Henriette Katharina Maria,
* 13. Juli 1756

1) Anna Maria Elisabeth,
* 14. Jan. 1727, ∞ Joh. Theodor Steinen, Schulkollege, † 6. Juni 1772
2) Johannes, * 14. Sept. 1728, Schulkollege, † 12. Sept. 1762, ∞ Schmidt
3) Joh. Heinrich,
* 7. Sept. 1730
4) Joh. Friedrich Cyriakus,
* 12. Nov. 1732, † 1761
5) Anna Katharina Dorothea, * 23. Dez. 1734, † 14. Juni 1737
6) Joh. Maria Katharina,
* 7. Mai 1737, Hospitalsjungfrau, ∞ Overbeck
7) Christine Maria,
* 18. Sept. 1739, Hospitalsjungfrau
8) Joh. Diderich Arnold,
* 21. Mai 1742,
† 29. Okt. 1759

Mag. Johannes Sybel, Nachkommen aus zweiter Ehe

1) Anna Elisabeth, † 4. Aug. 1678, ∞ 13. Mai 1664 M. Joh. Solms, Pfarrer an St. Thomä

2) M. Joh. Georg, * 1647, † 1. Okt. 1712, Pfarrer an St. Georgii, ∞ Anna Margareta, Tochter des Pfarrers Müller an der Wiesenkirche, * 3. März 1654, † 14. Dez. 1736

3) Katharina Amalia, * 4. März 1649, ∞ 7. Mai 1669 Julius Achilles, Freigraf und Notarius

4) Conrad Christoph, zu Osthofen (Soest), * 26. Jan. 1656, † 14. Sept. 1702, ∞ N. N. Mackenbrock aus Lippstadt, † 27. Juli 1722

1) Christine Margarete, * 22. Juni 1678, † 1719, ∞ 28. Febr. 1696 Georg Heinrich Meier, Pfarrer in Dinker
2) Mag. Georg Andreas * 10. Apr. 1676, † 16. Dez. 1750, ∞ 16. Aug. 1707 N. N. Brockhaus, Witwe Hüpken aus Unna, † 4. Dez. 1778

3) Joh. Heinrich, * 27. Nov. 1680
4) Anna Maria, * 25. Sept. 1683, † 8. März 1761
5) Katharina Sophia Dorothea, * 15. Juni 1686, † 16. Sept. 1688

6) Mag. Joh. Nikolaus, * 1. Jan. 1690, † 1. Febr. 1759, Pfarrer an St. Georgii, Inspector, Scholarch
7) Johann Florens, * 26. Apr. 1692, † 19. Febr. 1754, Kaufmann in Essen, drei Söhne, eine Tochter heiratet Dr. Brüning in Essen

1) Hermann Diederich, * 8. Feb. 1710, unverheiratet
2) Ein Sohn, in Livorno, später Amsterdam
3) Ein Sohn, Apotheker in Amsterdam
4) Johann Julius, wohnt in der Brüderstraße, † 3. März 1732, ∞ I Margarete Elise Ballhorn, † 13. Febr. 1730, ∞ II 23. Juli 1730 Anna Elisabeth Dunker
Kinder aus erster Ehe: Friedrich Wilhelm, * 5. Febr. 1715; Anna Sophia Florentina Johanna, * 25. Sept. 1721, † 19. Nov. 1721
5) Katharina Margareta, * 15. Juli 1690, † 20. Dez. 1700
6) Maria Elisabeth, * 9. Febr. 1693
7) Gertrud Christina, * 3. Juni 1694, ∞ 20. Febr. 1724 Joh. Georg den Kurländer
8) Marg. Elisabeth, * 25. Juni 1696
9) Johann Adolf, * 15. Juli 1701, † 20. Dez. 1706

1) Heinrich Ludolf, * 16. Juli 1708, † 5. Febr. 1709
2) Margareta Justina * 11. Juli 1709, † 24. Febr. 1771, ∞ Diederich Möllenhof, Pfarrer zu Mark
3) Christina Elisabeth, * 9. Sept. 1710
4) Maria Charlotte, * 29. Febr. 1712, † 23. Juni 1763, ∞ I 13. Juli 1741 Julius Peter Hackenberg, Lector auf Quarta, ∞ II 14. März 1752 Heinrich Ludolf Stute, Pfarrer in Lohne

5) Johann Nikolaus, * 13. Juli 1713, † 17. Febr. 1720
6) Heinrich Florens * 18. Aug. 1715, † 25. Sept. 1784, Pfarrer, Superintendent in Kleve, ∞ Katharina Beerings, † 1761, hat eine Tochter Clara Christina Henriette, * 26. Juni 1755
7) Gottlieb Christoph, * 3. März 1719, † 24. Aug. 1725

1.2 Familie und Hintergrund

In diese Welt hinein wurde am 1. Januar 1690 der kleine Johann Nikolaus Sybel (1690–1759)[14] geboren. Sein Vater, der Magister Johann Georg Sybel (1647–1713),[15] war der Pfarrer der Marktkirche St. Georgii und ebenso wie zuvor auch schon sein eigener Vater, der Magister Johannes Sybel (1605/06–1658),[16] von 1678 bis 1682 Rektor des Archigymnasiums gewesen. Ein stattliches, erst unlängst im Kunsthandel aufgetauchtes und inzwischen von der Stadt Soest angekauftes Porträt des Großvaters zierte die dortige Rektorengalerie (Abb. 5).

Die Mutter des Knaben, Anna Margaretha Möller (1654–1736),[17] war eine Tochter des damals längst verstorbenen Pfarrers der Wiesenkirche (St. Mariae zur Wiese), des Magisters Johann(es) Möller (1615–1666).[18] Das Paar hatte insgesamt sieben

Abb. 4 (folgende Doppelseite): Nachkommen des Johannes Sybel aus zweiter Ehe. (Vorlage: von Sybel, Nachrichten [wie Anm. 14], Blatt E)

14   Bauks, Friedrich Wilhelm: Die evangelischen Pfarrer in Westfalen von der Reformationszeit bis 1945 (BWFKG 4), Bielefeld 1980, S. 503 (Nr. 6244). – Dazu: Soest StA/StB, Sammlung Glebe, Archigymnasium Schüler 1685–1709, Nr. 11. – Michels, Franz Goswin von: Genealogien Soester Geschlechter, umgeschrieben von Deus, Wolf-Herbert (Soester wissenschaftliche Beiträge 11), Soest 1955, S. 7–379 (Teil 1: Der „große Michels") und S. 381–670 (Teil 2: Der „kleine Michels"), hier: Kleiner Michels, S. 450. – Bädeker, Franz Gotthelf Heinrich Jakob (fortgeführt von Heppe, Heinrich): Geschichte der evangelischen Gemeinden der Grafschaft Mark und der benachbarten Gemeinden von Dortmund, Soest, Lippstadt, Essen etc., Iserlohn 1870, S. 445. – Von Sybel, Friedrich Ludwig Karl: Nachrichten über die Soester Familie Sybel 1423–1890, München 1890, S. 20–22.

15   Bauks, Pfarrer (wie Anm. 14), S. 503 (Nr. 6240). – Dazu: Soest StA/StB, Bestand A, Hs. 67, S. 225–227. – Kleiner Michels (wie Anm. 14), S. 449. – Von Sybel, Nachrichten (wie Anm. 14), S. 18–20. – Vogeler, Archigymnasium IV (wie Anm. 9), S. 3f. – Schwartz, Denkmäler 2 (wie Anm. 11), S. 198f. (Grabplatte aus St. Georgii; heute im Keller der Ressource; beschädigt).

16   Johannes Sybel war von 1649 bis 1658 Rektor des Gymnasiums gewesen. Schon während des Krieges hatte er als Konrektor (so seit 1643) – dabei viele Jahre lang ohne reguläres Gehalt – die Reorganisation des Schulbetriebes eingeleitet. Erst 1650 wurden ihm die aufgelaufenen Zinsen für diese Rückstände ausgezahlt. 1653 zog Sybel alle Benefizien der von ihm geleiteten Schule in einen einheitlichen Fond zusammen. Vgl. unten Edition 2.3, § 184. Erstmals wurden die klammen Schulräume nun auch wieder geheizt. Bis zum Ende seiner Amtszeit kletterten die Schülerzahlen rasch auf den Höchststand seit der Schulgründung. Kleiner Michels (wie Anm. 14), S. 444. – Vogeler, Archigymnasium III (wie Anm. 9), S. 7f. – Von Sybel, Nachrichten (wie Anm. 14), S. 16–18. – Schwartz, Denkmäler 3 (wie Anm. 11), S. 79 (Nr. 4) (Grabplatte in St. Thomae; nicht mehr vorhanden).

17   Kleiner Michels (wie Anm. 14), S. 398.

18   Bauks, Pfarrer (wie Anm. 14), S. 334 (Nr. 4209). – Dazu: Kleiner Michels (wie Anm. 14), S. 395.

Allerdings ist man nicht wirklich „Herr" im eignen Hause, denn Landesherr ist der reformierte Kurfürst von Brandenburg.[12] Er nutzt die Stadt als Garnison und funkt über einen sogenannten „Großrichter" beharrlich in deren innere Belange hinein. Die mitten im großen Krieg errichtete reformierte Gemeinde ist winzig klein.[13] Sie wird aber reichlich alimentiert (wovon die die deutliche Mehrheit der Stadtbevölkerung ausmachenden Lutheraner mit ihren zerfallenden Kirchen nur träumen können). Ihre Angehörigen besetzen innerstädtische Schlüsselfunktionen.

Die Dörfer im Soester Landgebiet, der fruchtbaren Soester Börde, sind zum Teil durchaus wohlhabend, rechtlich aber ohne jeden Einfluss. Das gilt auch für ihre Kirchengemeinden. Ihre Pfarrer bilden das ministerium suburbanum. Die eigentlichen „Bischöfe" (und so geben sie sich nach außen hin auch) sind die sieben Stadtpfarrer, unter ihrem vom Rat eingesetzten Inspektor, dessen Befugnisse als „Superintendent" aber streng limitiert sind.

Westfalen, Soest 1887. – Ders.: Zur Kirchengeschichte der „ehrenreichen" Stadt Soest, Gütersloh 1905. – Schwartz, Hubertus: Geschichte der Reformation in Soest, Soest 1932. – Ders.: Soest in seinen Denkmälern (5 Bände); Erster Band: Profane Denkmäler (Soester wissenschaftliche Beiträge 14), Soest 1955; Zweiter Band: Romanische Kirchen (Soester wissenschaftliche Beiträge 15), Soest 1956; Dritter Band: Gotische Kirchen. Ergänzungen (Soester wissenschaftliche Beiträge 16), Soest 1957; Vierter Band: Der Abbildungen erster Teil. Stadtbild – Profanes (Soester wissenschaftliche Beiträge 17.1), Soest 1958; Der Abbildungen zweiter Teil. Kirchliche Baukunst – Bildhauerei (Soester wissenschaftliche Beiträge 17.2), Soest 1959; Der Abbildungen dritter Teil. Malerei – Kleinkunst (Soester wissenschaftliche Beiträge 17.3), Soest 1960 sowie Fünfter Band: Die Kirchen der Soester Börde (Soester wissenschaftliche Beiträge 20), Soest 1961. – Peters, Christian: Vom Wormser Edikt (1521) bis zum Augsburger Religionsfrieden (1555). Der Beitrag der Prädikanten zur Soester Stadtreformation, in: Widder u. a. (Hg.), Soest 3 (wie Anm. 6), S. 179–248. – Ders.: Die Soester Kirche und der Westfälische Frieden, in: JWKG 93 (1999), S. 65–103. – Ders.: Corpus Doctrinae Susatense. Zur Rezeption der Konkordienformel im klevischen Westfalen, in: JWKG 95 (2000), S. 89–137. – Ders.: Neues aus Soest. Die „Strenae" des Johannes Schwartz (1565–1632) und die Soester Kirchenordnung von 1628, in: JWKG 113 (2017), S. 117–225. – Ders.: „Gesprecke Eines truwen Bichtuaders mit einem boethferdigen Bichtkinde" (1575). Die niederdeutsche Beichtanleitung des Soester Superintendenten Simon Musaeus (1529–1576), in: JWKG 115 (2019), S. 145–174. – „Dies abschreiben und den Kollegen zustellen". Der Soester Superintendent Magister Johannes Schwartz (1565–1632) lädt zum 100-jährigen Reformationsjubiläum seiner Vaterstadt ein, in: JWKG 116 (2020), S. 61–73.

12 Kohl, Rolf Dieter: Absolutismus und städtische Selbstverwaltung. Die Stadt Soest und ihre Landesherren im 17. Jahrhundert, Diss. phil., Münster 1974. – Pechel, Johannes: Die Umgestaltung der Verfassung von Soest im Zeitalter Friedrich Wilhelms I. und Friedrichs II. 1715–1752, Diss. phil., Göttingen 1905. – Günther, Ralf: Städtische Autonomie und fürstliche Herrschaft – Politik und Verfassung im frühneuzeitlichen Soest, in: Widder u. a. (Hg.), Soest 3 (wie Anm. 6), S. 17–123.

13 Köhn, Gerhard: Zur Geschichte der reformierten Gemeinde in Soest, in: Inventarverzeichnisse des Stadtarchivs Soest. Bestand Nb: Reformierte Gemeinde Soest 1666–ca. 1975 (Veröffentlichungen des Stadtarchivs Soest 17), Soest 1992.

1.1 Die Stadt Soest und ihre Börde

Laurenz von Brachum († 1586), ist inzwischen aber fast zur Ruine geworden: Die Fenster sind zerschlagen, das Dach undicht und das Gebäude selbst nicht mehr zu beheizen. Für die Stadt ist das bitter, denn die Soester Schule fungiert immer noch als eine „Ersatzuniversität" für viele lutherische Gemeinden, besonders in der Grafschaft Mark,[10] aber auch in Nordhessen. Die von dort kommenden Schüler sind Kostgänger, bringen Geld in die Stadt. Wer seine Söhne hierher schickt, will vor allem eines: soliden Unterricht in den alten Sprachen und den Grunddisziplinen der Philosophie und ein auch andernorts über jeden Zweifel erhabenes streng lutherisches Bekenntnis. Es ist ein Standortfaktor, längst Teil der städtischen Identität, und damit auch für den Rat, das Oberhaupt der alten „Soester Kirche"[11], unaufgebbar.

ums zu Soest, 1570–1821, in: SZ 60 (1943), S. 56–66. – Schwartz, Denkmäler 1 (wie Anm. 11), S. 147–153 (1955). – Richter, Gerhard: Zur Geschichtsschreibung des Archigymnasiums, in: SZ 71 (1958), S. 30–42. – Ders., Soester Archigymnasiasten in Rußland vom 16. bis zum 19. Jahrhundert, in: SZ 76 (1962), S. 81–92. – Ders.: Zum Einfluß des hallischen Pietismus auf das kirchliche und schulische Leben in Soest in der ersten Hälfte des 18. Jahrhunderts, in: SZ 77 (1963), S. 84–95. – Löer, Ulrich: Zu Lehrplan und Lehrmethode am Archigymnasium zu Soest um 1730, in: SZ 91 (1979), S. 65–71. – Ders.: 450 Jahre Archi-Gymnasium Soest. Im Spiegel der „Allgemeinen Deutschen Biographie" (1875–1912), in: Heimatkalender des Kreises Soest, Soest 1984, S. 66–68. – Ders.: Das Archigymnasium. Von der schola Susatensis zum preußischen Gymnasium, in: Widder u. a. (Hg.), Soest 3 (wie Anm. 6), S. 475–522. – Hellekamps, Stephanie/Musolff, Hans-Ulrich (Hg.): Zwischen Schulhumanismus und Frühaufklärung. Zum Unterricht an westfälischen Gymnasien 1600–1750 (WiV 3), Münster 2009.

10   Übergreifende Literatur zur Kirchengeschichte der Grafschaft Mark vom 16. bis zum 18. Jahrhundert (in chronologischer Reihenfolge): Niemöller, Heinrich/Rothert, Hugo: Zu den Reformationsjubiläen in der Grafschaft Mark 1717 und 1730, in: JVEKGW 10 (1908), S. 121–149. – Zur Nieden, Heinrich Wilhelm: Die religiösen Bewegungen im 18. Jahrhundert und die lutherische Kirche der Grafschaft Mark, in: JVEKGW 11/12 (1909/10), S. 1–72. – Steinecke, Otto: Die Diaspora der Brüdergemeine in Deutschland. III. Süd- und Westdeutschland, Halle (Saale) 1911. – Rothert, Hugo: Die Kirchengeschichte der Grafschaft Mark. Teil II: Die Neuzeit. III. Die Reformation, in: JVEKGW 14 (1912), S. 1–175; Die Kirchengeschichte der Grafschaft Mark. Teil III: Das innere Leben der Kirche, in: JVEKGW 15 (1913), S. 1–133. – Wotschke, Theodor: Zur Geschichte des westfälischen Pietismus 1, in: JVWKG 32 (1931), S. 55–100; Zur Geschichte des westfälischen Pietismus 2, in: JVWKG 34 (1933), S. 39–103. – Schunke, Siegfried: Die Beziehungen der Herrnhuter Brüdergemeine zur Grafschaft Mark, Diss. theol. masch., Münster 1949 (Exemplar im Institut für Westfälische Kirchengeschichte, Münster). – Göbell, Walter: Die evangelischlutherische Kirche in der Grafschaft Mark. Verfassung, Rechtsprechung und Lehre. Kirchenrechtliche Quellen von 1710 bis 1800. Vorbereitet, durchgearbeitet und kommentiert. I. Band: Acta Synodalia von 1710 bis 1767, Bethel 1961.

11   Literatur zur Kirchengeschichte Soests vom 16. bis zum 18. Jahrhundert (in chronologischer Reihenfolge): Vogeler, Eduard: Beiträge zur Soester Kirchengeschichte, in: SZ 12 (1893/94), S. 110–137 und in: SZ 20 (1902/03), S. 76–91. – Rothert, Hugo: Das Kirchspiel von St. Thomae zu Soest. Zur Geschichte einer evangelischen Gemeinde in

Abb. 3: Das Gymnasial-Gebäude zu Soest in den Jahren 1570 bis 1821. Lithographie des Josef Winterhoff in Soest, zweites Drittel des 19. Jahrhunderts. (Soest StA/StB, A 2511–5 neu)

Abb. 1 (vorige Seite oben): Stadtansicht Soest. Kupferstich aus: Matthaeus Merian: Topographia Westphaliae, 1647. – Abb. 2 (vorige Seite unten): Stadtansicht Soest. Kupferstich, aus: Georg Braun/Franz Hogenberg: Civitates orbis terrarum, Lib. 3, 1581. (Beide Abbildungen: Sammlung Christian Peters)

Soest.

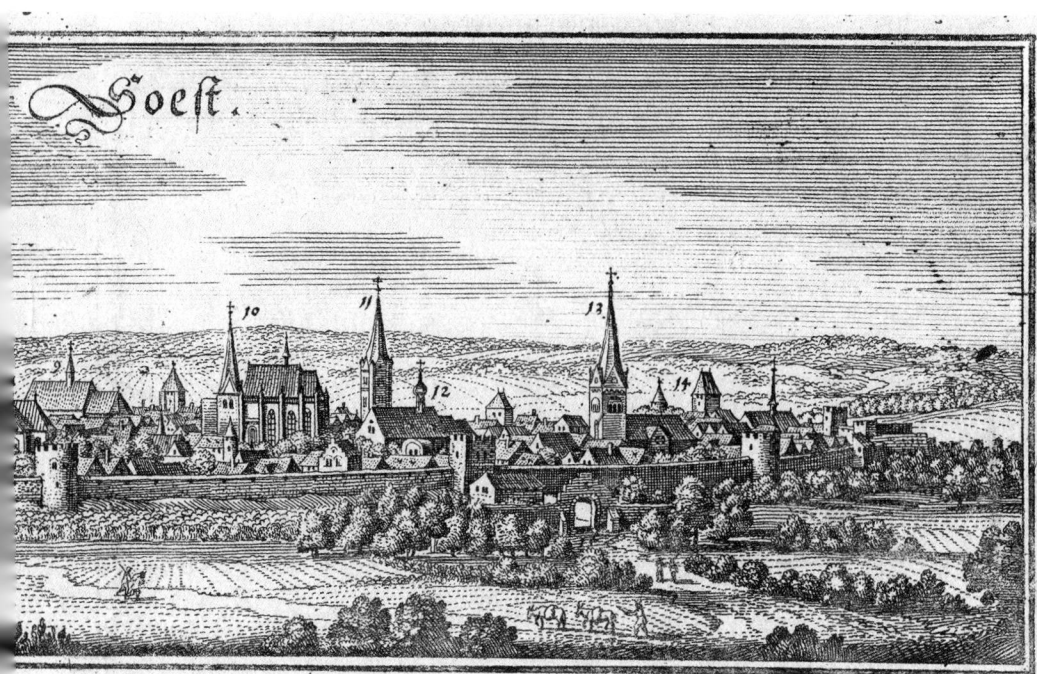

11. D. Virginis in altis par.   13. S. Thomæ par.   15. Porta der Grandweg.
12. ad Minores.   14. Porta Orientalis.   16. Porta Mellerich.

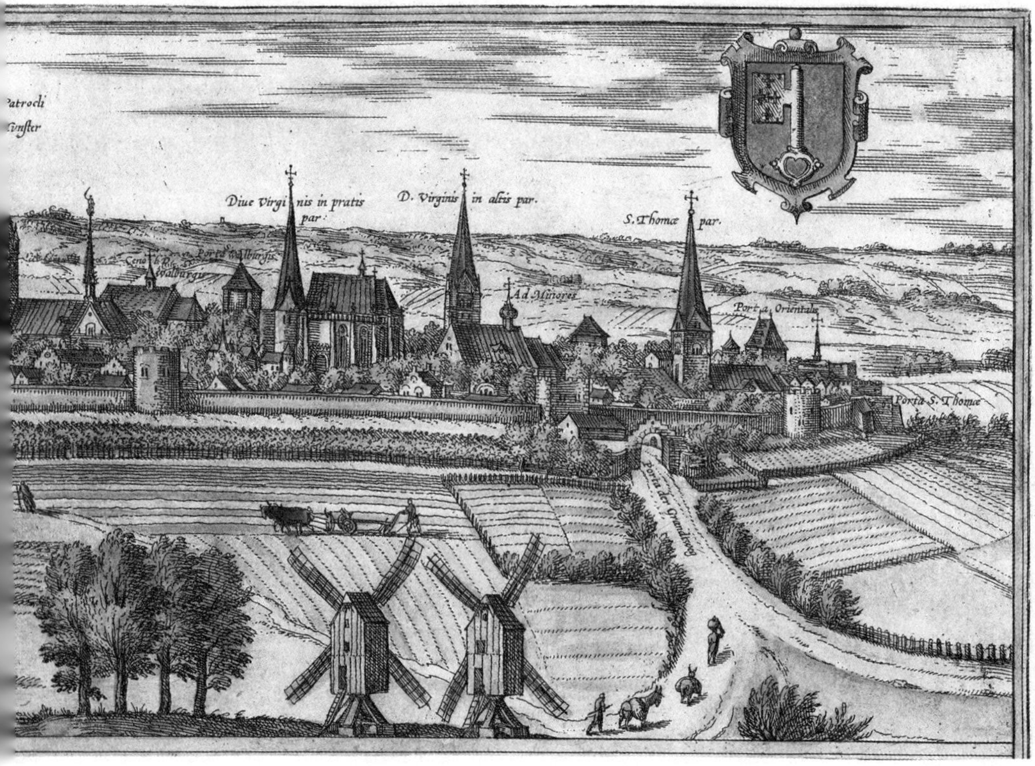

SVSATUM.

1. Porta D. Iacobi.   3. S. Pauli par.   5. Hospital Virg.   7. S. Georgij Par.   9. S. V
2. Porta de Notten.   4. Predicatores.   6. S. Petri.   8. Das Münster.   10. D. V

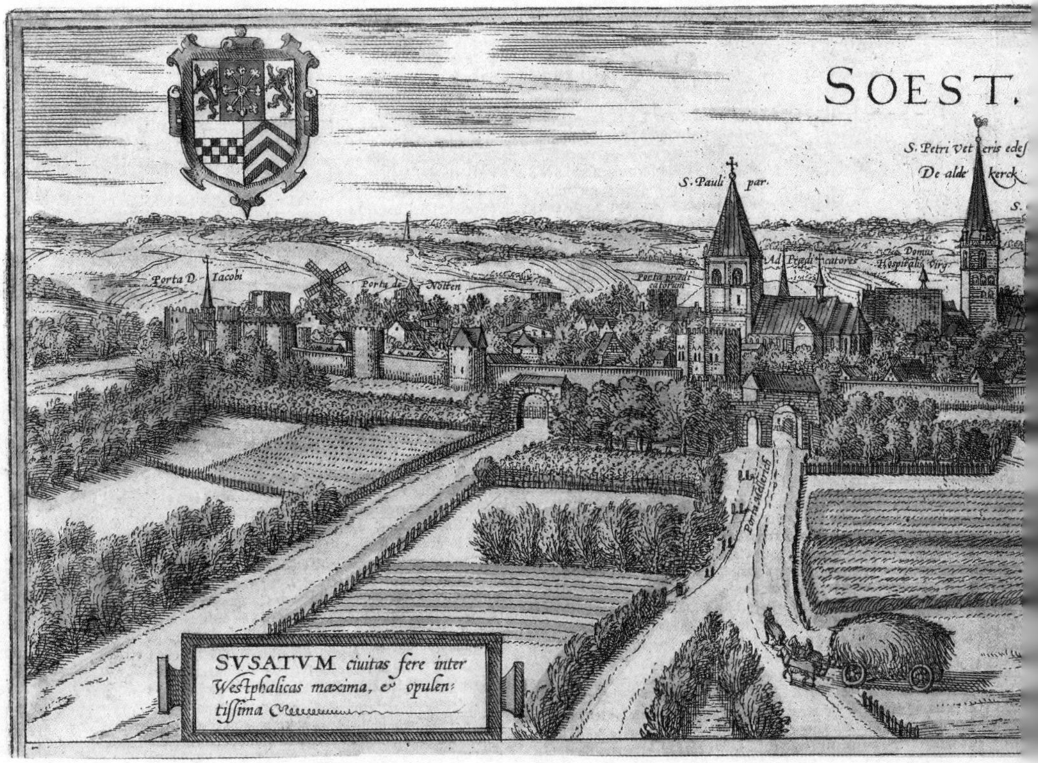

SOEST.

S. Pauli par.
S. Petri vet eris eccles
De alde kerck
Porta D. Iacobi
Porta de Notten
Ad Predicatores
Domus Hospitalis Virg

SVSATVM ciuitas fere inter Westphalicas maxima, & opulentissima

1. Johann Nikolaus Sybel (1690–1759)

1.1 Die Stadt Soest und ihre Börde

Die Abbildung 1 auf der folgenden Doppelseite zeigt oben Matthaeus Merians d. Ä. (1593–1650) um 1647 entstandene Darstellung der Stadt Soest.[6] Zwar ist die Kulisse immer noch imposant. Schon der üppige Baumbestand zeigt aber, dass die Besiedlung dünner geworden ist als noch im späten 16. Jahrhundert – wie die darunter stehende Abbildung 2 von Braun-Hogenberg aus dem Jahr 1581 belegt. Im Verlauf des Dreißigjährigen Krieges (1618–1648)[7] sind die Bevölkerungszahl und die Wirtschaftskraft drastisch herabgesunken. Zur Zeit des Friedensschlusses ist die Stadt nur noch ein Schatten ihrer selbst.[8] Der Niedergang betrifft auch das Archigymnasium.[9] Es residiert in einem repräsentativen Bau des Vaters der Lipperenaissance

6 Schmitt, Michael: Soest – Kein Bildthema für Druckgraphik und Malerei? Die Überlieferung 1581–1900, in: Widder, Ellen, in Verbindung mit Ehbrecht, Wilfried und Köhn, Gerhard (Hg.): Soest. Geschichte der Stadt. Band 3: Zwischen Bürgerstolz und Fürstenstaat. Soest in der frühen Neuzeit (Soester Beiträge 54), Soest 1995, S. 421–165, hier besonders S. 438 f.

7 Köhn, Gerhard: Soest und die Soester Börde in den kriegerischen Auseinandersetzungen 1543–1648, in: Widder u. a. (Hg.), Soest 3 (wie Anm. 6), S. 687–864. – Ders. (Hg.): Der Dreißigjährige Krieg in Stadt und Land – zum Beispiel in Soest/Westfalen und in der Soester Börde. Mit vielen Bildern und Dokumenten. Begleitbuch zur gleichnamigen Ausstellung des Stadtarchivs vom 13. September 1998 bis zum 31. März 1999 zur Erinnerung an den Abschluß des Westfälischen Friedens vor 350 Jahren, Soest 1998.

8 Widder, Ellen: Soester Wirtschaft in der frühen Neuzeit (16.–18. Jahrhundert), in: Widder u. a. (Hg.), Soest 3 (wie Anm. 6), S. 125–177. – Ilisch, Peter: Münz- und Währungsgeschichte der Stadt Soest, in: ebd., S. 249–268. – Jakob, Volker: Die topographische Entwicklung Soests vom 16. bis zum 19. Jahrhundert, in: ebd., S. 271–293. – Michels, Hubertus: Zur Entwicklung des Hausbaus und der Wohnweisen in Soest von 1530 bis 1800, in: ebd., S. 295–371.

9 Literatur zur Geschichte des Soester Archigymnasiums (in chronologischer Reihenfolge): Bertling, Georg Friedrich: Geschichte des Archigymnasiums zu Soest (Gymnasialprogramm des Archigymnasiums), Soest 1819. – Vogeler, Eduard: Geschichte des Soester Archigymnasiums. I. Teil (Wissenschaftliche Beilage zum Jahresbericht des Archigymnasiums zu Soest für das Schuljahr 1882/83), Soest 1883, S. 2–16. – Ders.: Geschichte des Soester Archigymnasiums. II. Teil, in: Jahresbericht über das Archigymnasium zu Soest am Schlusse des Schuljahres von Ostern 1884 bis dahin 1885, Soest 1885, S. 3–34. – Ders.: Geschichte des Soester Archigymnasiums. III. Teil, in: Jahresbericht über das Archigymnasium zu Soest am Schlusse des Schuljahres von Ostern 1886 bis dahin 1887, Soest 1887, S. 3–30. – Ders.: Geschichte des Soester Archigymnasiums. IV. Teil, in: Jahresbericht über das Archigymnasium zu Soest am Schlusse des Schuljahres von Ostern 1889 bis dahin 1880, Soest 1890, S. 3–52. – Ders.: Beiträge zur Geschichte des Soester Archigymnasiums, in: SZ 20 (1902/03), S. 5–7. – Bertling, Georg Friedrich/Schwartz, Hubertus: Das Schulhaus des Archigymnasi-

und Kirchenordnungen, für die Bewohner des Waisenhauses bestimmten Spruchkatechismen und gewaltigen agendarischen Sammlungen.

Vertreten waren hier nicht nur Philipp Jakob Spener (1635–1705) und die Zentralgestalten des hallischen Pietismus, sondern auch deren spätorthodoxe Gegner, wie Johann Friedrich Mayer (1650–1712) in Greifswald, Ernst Salomo Cyprian (1673–1745) in Gotha oder Valentin Ernst Löscher (1673–1749) in Dresden. Nicht weniger prominent waren aber auch die Vertreter des radikalen Pietismus bzw. der frommen Aufklärung, darunter Johann Mercker (1659–1728), Johann Konrad Dippel (1673–1734), Gottfried Arnold (1666–1714) oder Renatus Andreas Kortum (1674–1747), und des von den Hallensern mit großem Misstrauen beäugten Herrnhutertums. Das so eindrücklich Begegnende spielte zwischen British Georgia in Nordamerika und Archangelsk am Weißen Meer im fernen Osten. Vieles davon wird in diesem Buch erstmals vorgestellt und ediert.

Was erwartet den Leser? Ein Gang durch die Kirchengeschichte Soests zwischen 1650 und 1750. Ich versuche zu zeigen, dass dort letztlich alle Spielarten des Pietismus nachzuweisen sind. Gleichzeitig beleuchte ich aber auch die Widerstände, die der neuen Frömmigkeit von der bestens vernetzten lutherischen Spätorthodoxie um den Soester Rektor Jost Wessel Rumpaeus (1676–1730) entgegengesetzt wurden, bis man schließlich, und zwar nunmehr in einem engen Bündnis miteinander, zwei übermächtigen Gegnern erlag: der wolffschen Aufklärung und dem preußischen Staat, der allen Eigenwegen der Soester und ihrer stolzen Kirche ein Ende setzte.

Das Buch umfasst drei Teile: eine biographische Skizze, einen Quellenteil und ein Verzeichnis der Druckschriften all jener Personen der Zeit, die vorwiegend lokal oder regional agierten (also in Soest und dessen Börde, in Dortmund und der Grafschaft Mark sowie den angrenzenden Gebieten und befreundeten Städten) und in der Skizze und im anschließenden Quellenteil eine qualifizierte Erwähnung finden. Das Ganze lädt bewusst zum Lesen ein und entführt den, der sich darauf einzulassen bereit ist, in eine – nicht nur ihm – so bisher völlig unzugängliche Welt.

Im Mittelpunkt des ersten Teiles steht dabei der Soester Pfarrer Johann Nikolaus Sybel, und damit ein Mann, in dessen Vita sich fast alle der hier wichtigen Entwicklungen, Ereignisse, aber auch Probleme in einer so nur selten begegnenden Art und Weise überschneiden und verbinden.

Einleitung

Dass die Geschichte des Pietismus in Westfalen eine kontinuierliche und dabei ungemein reiche gewesen ist, ist erst in den vergangenen drei Jahrzehnten deutlicher erkennbar geworden.[1] Manche älteren Urteile[2] konnten damit widerlegt werden. Aber nur am Rande und gleichsam nebenbei tauchte dabei auch Soest auf,[3] was bei einer Stadt dieser Größe und Bedeutung auch für die Region schon an sich irritierend war. Hatte es das alles in Soest also gar nicht gegeben?

Überraschende Funde, im Archiv der Franckeschen Stiftungen in Halle (Saale)[4] schon vor Jahren gemacht, vermitteln hier ein durchaus anderes Bild. Zusammen mit dem reichen, noch weithin unerschlossenen Material des Soester Stadtarchivs[5] erlauben sie es, eine Geschichte zu erzählen, die des Erzählens wert ist: Die Geschichte des Pietismus in der Stadt Soest und ihrer Börde.

Dies zu tun, hatte ich eigentlich schon seit zwanzig Jahren vor. Schon das in Soest liegende Material war aber so umfänglich, dass man darin schier ertrinken konnte. Hinzu kam ein darstellerisches Problem: Das Fehlen einer Zentralgestalt in der Soester Pfarrerschaft. Dies änderte sich erst, als ich in Halle (Saale) auf zwei Ordner mit Briefen August Hermann (1663–1727) und Gotthilf August Franckes (1696–1769) stieß. Sie stammten von Johann Nikolaus Sybel (1690–1759), einem Pfarrer an Soest St. Georgii, und überspannten einen Zeitraum von nahezu 40 Jahren. Das Verhältnis war achtungsvoll, so beim älteren Francke, wurde bei dessen Sohn aber immer vertrauter und war am Ende sogar ausgesprochen herzlich.

Von diesen Briefen ausgehend, entwickelte sich alles Weitere: Ich stieß auf Korrespondenzen der orthodoxen Gegenseite, fand aber auch Texte ganz anderer Art, vom polemischen Gedicht, über das satirische Theaterstück bis zu großen Schul-

---

1 Ein Überblick bis zum Jahr 2009 bei Peters, Christian: Das Projekt „Pietismus in Westfalen". Der Pietismus des 17. und 18. Jahrhunderts in seiner Ausstrahlung auf die Region, in: JWKG 105 (2009), S. 191–217.

2 Neuser, Wilhelm: Evangelische Kirchengeschichte Westfalens im Grundriß (BWFKG 22), Bielefeld 2002, S. 11: „Der westfälische Pietismus besaß einige beachtenswerte Vertreter, aber seine Ausbreitung war gering", hier im Rekurs auf Rothert, Hermann: Westfälische Geschichte. Band 3: Absolutismus und Aufklärung, Gütersloh 1951, S. 368: „Bis in die zweite Hälfte des 18. Jahrhunderts hinein ruhte eine selten gestörte Friedhofsstille über dem geistigen Leben des Landes, kaum berührt von dem, was die Gemüter draußen bewegte und vorwärts trieb […]."

3 Peters, Pietismus in Westfalen (wie Anm. 1), S. 193 f., 197 und 200.

4 Im Folgenden: Halle (Saale) AFSt. – Den Mitarbeitenden des Archivs der Franckeschen Stiftungen („Studienzentrum August Hermann Francke"), insbesondere aber Frau Dr. Britta Klosterberg (Leitung) und Herrn Dr. Jürgen Gröschl, sei an dieser Stelle noch einmal ausdrücklich gedankt.

5 Im Folgenden: Soest StA/StB. – Einmal mehr habe ich hier Herrn Dirk Elbert zu danken, der meinen Bitten und Wünschen wie stets geduldig, kompetent und freundlich nachgekommen ist.

Vorwort

Anders als das 16. Jahrhundert haben mich das 17. und 18. Jahrhundert auch in Soest lange Zeit kaum interessiert. Aus der Reformationsgeschichte kommend, schienen sie mir wenig konturiert und in vielem auch schlicht sekundär zu sein. Nicht zuletzt endeten sie ja in der Aufhebung der Eigenstaatlichkeit Soests und seiner bis dahin weithin unabhängigen lutherischen Landeskirche.

Dass bei dieser Sicht etwas nicht stimmen konnte, ist mir erst später aufgegangen. Und mehr und mehr wuchs damit auch der Respekt vor der Leistung, die dieses Bewahren gewachsener Strukturen in Kirche und Gesellschaft eben auch darstellt. Denn hier wurden nicht nur alte und oft repressive Verhältnisse festgeschrieben. Hier wurden auch Räume bewahrt, die den in ihnen lebenden Menschen Sicherheit boten und das sogar über das Ende der eigenen Existenz hinaus.

Im Stillen war diese Einsicht allerdings seit langem vorbereitet. Niemand wird ohne Folgen unter der Borgeler Kanzel konfirmiert, besucht das traditionsreiche Archigymnasium, lernt Hebräisch in einem Einecker Wohnzimmer voller barocker Plastiken und hält seine erste Predigt im Angesicht des Weslarner Orgelprospektes. Und so habe ich dann auch vielen Menschen zu danken: meinem Vater Otto Peters, einst Lehrer der einklassigen Volksschule in Brockhausen, meinen Lehrern am Archigymnasium und auf den Kanzeln der Börde, die dann später nicht selten zu lieben Kollegen und Freunden wurden. Nicht vergessen seien hier aber auch die Mitarbeitenden des Stadtarchivs, das für mich nicht nur zum archivischen Urerlebnis wurde, sondern über die Jahre hinweg stets auch ein Stück Heimat war. Es ist mir eine Freude, dass dieses auch mit ihrer Hilfe entstandene Buch nun just zu dessen 750. Jubiläum erscheinen kann.

Im Verein für Westfälische Kirchengeschichte gilt mein Dank vor allem den Kolleginnen und Kollegen im Vorstand, besonders Dietrich Kluge, Johannes Burkardt und Frank Stückemann. Sie haben geduldig gelesen oder Türen anderer Art geöffnet. Dazu kamen Freunde aus der Ferne wie Dietrich Blaufuß in Erlangen. Ulrich Althöfer vom Bielefelder Landeskirchenamt der Evangelischen Kirche in Westfalen (EKvW, Bau-, Kunst- und Denkmalpflege) hat mir eine Fülle von Bildern zur Verfügung gestellt. Sie lassen dieses Buch auch zu einem Bildband werden. Den Weg zur Drucklegung hat dann nicht zuletzt Mechthild Black-Veldtrup, die Vorsitzende der Historischen Kommission für Westfalen, geebnet. Bei den Realisation durfte ich mich der geduldigen Hilfe von Burkhard Beyer, des Geschäftsführers der Kommission, erfreuen.

Nicht vergessen seien an dieser Stelle aber auch die Mitarbeitenden im Institut für Westfälische Kirchengeschichte an der Evangelisch-Theologischen Fakultät, Mareike Mengel, Alyssa Baatz und Tilmann Marek. Dazu kommen unsere Studierenden und ihr Lächeln, wenn ich in unseren kirchenhistorischen Seminaren immer wieder einmal auch ein Beispiel „aus der schönsten Stadt Westfalens" brachte.

Münster, am Gedenktag der Reformation 2023 *Christian Peters*

4. Anhang

4.1	Gedruckte Quellen	903
4.2	Hilfsmittel	918
4.3	Sekundärliteratur	920
4.4	Abkürzungen	940
4.5	Register der Personen	942
4.6	Register der Orte	963

3.	Schriftenverzeichnisse	749
3.1	Johann Caspar Barop (1663–1708)	751
3.2	David Sigismund Bohnstedt (1685–1756)	755
3.3	Adolph Heinrich Brockhaus (ca. 1672–1724)	761
3.4	Johann Goswin Friederici (Friderici, 1654–1727)	761
3.5	Johann Wilhelm Harhoff (1643–1708)	765
3.6	Johann Thomas Hermanni (1685–1747)	771
3.7	Johann Christian Jocardi (1697–1749)	773
3.8	Johann Georg Joch (1677–1731)	778
3.9	Johannes Karthaus (1679–1748)	791
3.10	Johann Daniel Kluge (1701–1768)	795
3.11	Johann Gottfried Kopstadt (Kaufstatt, 1650–1717)	819
3.12	Renatus Andreas Kortum (1674–1747)	822
3.13	Peter Mahler († 1728)	827
3.14	Johann Georg Marci (1701–1734)	828
3.15	Johann Gottfried Marci (1667–1729)	828
3.16	Johann Mercker (1659–1728)	831
3.17	Joachim Henrich Möllenhoff (1687–1746)	838
3.18	Georg Friedrich Movius (1701–1754)	839
3.19	Johann Christoph Nungesser (1640–1700)	841
3.20	Reinhard Heinrich Rolle (Rollius; 1683–1768)	852
3.21	Jost Wessel Rumpaeus (1676–1730)	871
3.22	Justus Arnold Scheibler (1658–1729)	883
3.23	Andreas Dietrich Schrader (1663–1722)	884
3.24	Johann Solms (1673–vor August 1739)	889
3.25	Johann Peter Stute (1688–1734)	891
3.26	Georg Andreas Sybel (1676–1750)	892
3.27	Johannes Sybel (1605/06–1658)	894
3.28	Johann Georg Sybel (1647–1713)	898
3.29	Johann Ludolf Florenz Sybel (1736–1823)	900
3.30	Johann Nikolaus Sybel (1690–1759)	902

Inhalt

Vorwort 9

Einleitung 11

1. **Johann Nikolaus Sybel (1690–1759)**
   1.1 Die Stadt Soest und ihre Börde 13
   1.2 Familie und Hintergrund 19
   1.3 Johann Christoph Nungesser (1640–1700) und seine Schüler .. 30
   1.4 Schüler des Archigymnasiums in unruhigen Zeiten 41
   1.5 Johann Mercker (1659–1728) und der radikale Pietismus ... 60
   1.6 Studium in Gießen und erste Dienstjahre als Pfarrer an St. Georgii 72
   1.7 Einsatz für das Soester Waisenhaus 81
   1.8 Bemühungen zur Intensivierung des religiösen Lebens 97
   1.9 Jost Wessel Rumpaeus (1676–1730) 111
   1.10 Umgestaltung des Gymnasiums 132
   1.11 Arbeit an einer „neuen" Kirchenordnung und der „Soestischen Kirchen Agenden" 140
   1.12 Bibliothekar, Reformationshistoriker und Sammler von Spenerpredigten 150
   1.13 Treuer Gewährsmann Halles und aufmerksamer Beobachter der Herrnhuter 161
   1.14 Inspektor der Soester Kirche 169
   1.15 Rückblick und Ausblick 176

2. **Edition**
   2.1 Vorbemerkungen 179
   2.2 Quellen Nr. 1 bis 200 180
   2.3 Die „neue" Soester Kirchenordnung 467
   2.4 Vorbemerkungen zur „Soestischen Kirchen Agenden" 590
   2.5 Die „Soestische Kirchen Agenden" 595

2.3 Die „neue" Soester Kirchenordnung

wo er die änderung nützlich zu sein vermeinet, seine einsichten und desideria[2375] dem consistorio communiciren. Weil es aber sehr gemein ist, daß einfältige an den äußeren ceremonien bekleben bleiben,[2376] so wird von deren absicht und gebrauch der gemeine zu öftern unterricht zu geben, auch zu zeigen seyn, warum in unserer evangelischen kirchen nicht allenthalben noch zu allen zeiten einerley ceremonien gebräuchlich seyn[2377].

II. *Von dem consistorio.*

§ 6. Die nähere direction der äußerlichen kirchen-verfassung und die aufsicht auf der kirchen und schul bedienten lehrer amt und wandel, wie auch die sorge für die erbauung des Reichs Christi [S. 363] überhaupt, nebst der remedirung derer geführten klagen[2378] ist von dem magistrat, damit es nicht nöthig sey, inter strepitum rerum forensium[2379] die nöthige deliberation bey wichtigen fällen zu übereilen,[2380] dem collegio consistoriali, welches aus 2. ev[angelisch] Lutherischen politicis[2381] und, nebst dem inspectore, noch einem prediger[2382] bestehen und auf der kleinen raht stube wöchentlich conventum haben soll, aufgetragen worden, damit, was ein jeder in [rebus] ecclesiasticis[2383] vorzuschlagen oder zu klagen hat, [vor]gebracht werden könne, maßen sich vor demselben auf geschehene abladung ein jeder, er sey weltlich oder geystlich, sistiren soll,[2384] wie es[2385] den[n] befugt und verbunden ist, wann auch keine klage geschiehet,[2386] prediger und zuhörer, da es nötig befunden wird, zu vernehmen, zu [ver]warnen und zu bestraffen.[2387]

2375 Seine Anliegen/Verbesserungsvorschläge. Vgl. aber natürlich auch Speners „Pia desideria" (1675).
2376 Dass sie nur auf die äußeren Formen sehen/bedacht sind.
2377 Der einfachen Menschen wegen brauchte es klare liturgische Formen. Dennoch bestand in den evangelisch-lutherischen Gemeinden (anders als in den römisch-katholischen) kein Formzwang (ordo missae). Was man liturgisch tat, war der Gemeinde deshalb regelmäßig zu erläutern. – Dazu Gotthilf August Francke im Herbst 1736 (vgl. Edition 2.2, Nr. 103): Ad § 5. könnte post verba: *dem consistorio communiciren* noch beygefüget werden: und dessen verordnung darüber erwarten. – Das Konsistorium sollte nicht nur anhören, sondern auch entscheiden.
2378 Einschließlich der Abstellung festgestellter Mängel.
2379 Im Getriebe der Stadtpolitik.
2380 Nicht die erforderliche Muße für die angemessene Beratung wichtiger Angelegenheiten zu finden.
2381 Zwei Mitgliedern/(weltlichen) Beauftragten des Rates.
2382 Dem vom Rat eingesetzten Inspektor (Superintendenten) und einem weiteren Pfarrer.
2383 In den Angelegenheiten der „Soester Kirche".
2384 Sich einfinden/vorstellig werden soll.
2385 Das Konsistorium.
2386 Auch ohne dass es von außen ausdrücklich dazu aufgefordert wird.
2387 Dazu Gotthilf August Francke im Herbst 1736 (vgl. Edition 2.2, Nr. 103): Ad § 6. wäre der passus post verba: *von dem magistrat* wol etwas deutlicher abzufassen, und

§ 7. Wie aber unsere alleinige absicht bey anordnung dieses collegii ist, die ehre Gottes und die ewige seeligkeit derer theuer erkaufften seelen[2388] unserer unterthanen so viel glücklicher zu befodern, so ist unser ernster befehl an dessen von uns benante membra,[2389] daß sie mit hinansetzung aller fleischlichen absichten *alle treue beweisen* wollen, über den kirchen staat[2390] unserer bottmäßigkeit sorgfältig zu wachen und denselben [S. 364] weißlich und heilig zu regieren, wie sie es dermahleines vor dem thron Gottes und auf jeden fall vor S[eine]r Königl[ichen] Maje[stät] und [vor] uns[2391] werden verantworten können, des endes sie sich göttlichen beystand zu erbitten und wöchentlich genugsahme zeit, wie zur überlegung, also [zur] decidirung vorkommender fälle,[2392] nehmen, allenfalls bey uns nähere instruction suchen und sonst bey abgehendem einem membro[2393] an dessen statt ein anderes, das zu einem so wichtigem werck die benöhtigte capacität und treue habe, wieder anzuwehlen und uns zur confirmation präsentiren sollen.[2394]

III. *Von denen predigern und zwarn*
A. *deren beruff, ordination und installation.*

§ 8. Weil der kirchen Christi so gar viel daran gelegen ist, was sie für lehrer und hirten habe, so befehlen wir allen, die bei einer *prediger-wahl* auf einigerley weise etwas zu sagen haben, diese wichtige sache auf ihr gewissen, daß sie sich dabey in heiliger furcht Gottes bewahren und bedencken wollen, es sey nun darum allein zu thun, daß Gottes güthiger raht und welchen mann er zu seinem dienst an ihr bestimmt habe, offenbahr werde. Daher wir alles lauffen, bettelen, handeln und kauffen oder andere dergleichen unredliche wege oder weise dabey schlechthin verbot-

      lasse ich [Gotthilf August Francke] dahin gestellet seyn, ob nicht die worte: *damit es nicht nöthig sey, inter strepitum rerum forensium die nöthige deliberation bey wichtigen fälen zu übereilen* gar weg gelassen werden möchten, weil solche [gestrichen: künftig] zu ein oder ander disput anlaß könten. – Der Passus sollte nicht als eine indirekte Kritik an der Sorgfalt des Rates ausgelegt werden können.

2388 Vgl. 1. Kor 6, 20: „Denn ihr seid teuer erkauft; darum preist Gott mit eurem Leibe" sowie 1. Kor 7, 23: „Ihr seid teuer erkauft; werdet nicht der Menschen Knechte."
2389 Die vom Rat auf Vorschlag des Konsistoriums ernannten Mitglieder desselben.
2390 Über die „Soester Kirche" als durch diese Ordnung verfassten Rechtskörper.
2391 Vor dem Soester Rat.
2392 Nicht nur zur Beratung, sondern auch zur Entscheidung der ihm vorgelegten Rechtsfragen.
2393 Wenn eines seiner Mitglieder ausscheidet/verstirbt.
2394 Dazu Gotthilf August Francke im Herbst 1736 (vgl. Edition 2.2, Nr. 103): Ad § 7. [gestrichen: ist] hab mans nicht eigentlich abzusehen, vormahls, wer unter den worten: *Vor uns* verstanden werden soll, weil die confirmation der kirchen-ordnung in Ihro Königl[ichen] Majest[ät] namen ertheilet werden soll [gestrichen über 5 Zeilen, dafür über der Zeile:] indessen hat man dergleichen im folgenden mehr mahlen observiret, über[…] es aber […] denen, welchen dies project nach denen vorstanden und […] stylo curiae einzurichten, zu kommet. – Die abschließende Ratifizierung der neuen Ordnung durch den König stand demnach weiterhin aus.

2.3 Die „neue" Soester Kirchenordnung

ten wissen [S. 365] wollen, dergestalt daß, wo ein candidat durch dergleichen wege sich einzudringen suchen würde, er als ineligibile angesehen, die unterhänder[2395] dem fisco[2396] übergeben und die votanten,[2397] so sich corrumpiren lassen oder die ihrige[n] einzudringen gesuchet [haben], ihres voti[2398] hinführo verlustig erkläret und nach befinden wohl gar eine neue wahl von dem consistorio verfüget werden soll.

§ 9. Damit aber, so viel möglich, allen unordnungen unter Gottes seegen vorgebeuget werde, soll bey erfolgter vacantz die gemeine und die vorseyende wahl bey allen andern gemeinen auf darüber geschehenes außschreiben des inspectoris, dem von den vorstehern die erfolgte vacantz gleichbald bekandt zu machen ist, in dem öffentlichen *kirchen gebeth* Gott demüthigst vorgetragen und allen zur privat andacht empfohlen werden. Sonderlich soll die gemeine von denen nach des inspectoris anweisung sie bedienenden übrigen predigern zu solchem gebeth ernstlich erwecket und den wehlenden die eigenschafften und kennzeichen eines rechtschaffenen sehlen-hirten erkläret und nachdrücklich *vorgestellet werden,* wie an jenem Tage[2399] die übrige eingepfarrete, ja, ihre und deren nachkommen sie entweder hoch verklagen oder über sie Gott preisen werden, je nach dem sie sich treu oder untreu bey der wahl bewiesen, welches bey der *wahl-predigt,* die das collegium provisorum zu rechter zeit [S. 366] begehren mus, besonders eingeschärffet werden soll. Gleichwie auch ein jeder prediger, sonderlich der, welcher sein ende herannahen siehet, seine zuhörer zu *präpariren* hat, daß sie nach seinem todte einen getreuen arbeiter von dem Herrn der Erndte zu erhalten begierig seyn.[2400]

§ 10. Die wahl bleibet denen evangelisch-Lutherischen patronen[2401] und eingepfarreten derer gemeinen auf die weise, wie ihnen solche von der zeit der Reformation bis hieher belassen ist, so lang sie sich ihrer freyheit durch unordentlichen mißbrauch nicht selbst verlustig machen. Doch ist das *consistorium* befugt, nach befinden durch 2. deputatos[2402] bey dem wahl-actu *gegenwärtig zu seyn,* wie dann dem praesidi desselben die zur wahl bestimmte zeit von denen provisoribus derer stadt-gemeinen vorher bekandt gemacht werden soll. Die gemeinen auf dem lande aber sollen von dem consistorio sich den termin der wahl bestimmen lassen und dessen deputatos dazu abholen,[2403] die dan in unserer nahmen zum besten der

---

2395 Das Bestechungsgeld/das belastende Material.
2396 Dem Stadtkämmerer (von lat. „fiscus", Geldkorb).
2397 Die Stimmberechtigten/die Mitglieder des Wahlgremiums.
2398 Ihrer Stimme/ihres Stimmrechtes.
2399 Am Jüngsten Tag/vor dem Gericht Gottes.
2400 Vgl. Mt 9, 38: „Darum bittet den Herrn der Ernte, dass er Arbeiter in seine Ernte sende."
2401 Den (diversen) Trägern des Benennungsrechtes (Rat, Adel, kirchliche Korporationen etc.).
2402 Vertreter/Beauftragte.
2403 Die Reisekosten waren durch die Kirchengemeinde zu tragen.

gemeine aller unordnung und uneinigkeit wehren sollen, so wie es Gott von uns dereinst fordern wird.[2404]

§ 11. Wie billig keine andere als mit heiligungs- und ampts-gaben gnugsam außgerüstete *subjecta*[2405] *in die wahl gebracht* werden sollen, so ermahnen wir die provisores und übrige wehlende, welche selbst darüber nicht gnugsam urtheilen können, daß sie mit andern erleuchteten männern, sonderlich aus der gemeine oder dem consistorio und ministerio,[2406] raht pflegen wollen. Es ist aber auch [S. 367] von denen candidaten, die in die wahl gebracht werden sollen, ein von dem inspectore ihnen gegebenes *zeugnis* ihrer capacität[2407] zu fordern, ohne welches keiner elegibile geachtet werden kan[n].[2408] Wenn aber an dem *gymnasio* zum predig amt begabte leuthe stehen, sollen solche bey denen wahlen für [vor] allen anderen in consideration gezogen werden und, welche bey gedachtem gymnasio nicht informiert haben, zu jener nachtheil nicht auf die wahl gebracht, noch für eligible gehalten werden.[2409] Es kan auch ein prediger *von einer andern gemeine* unserer bottmäßigkeit gewehlet werden, wenn er zwey jahr bey derselben gestanden oder widrigen fals ihr[2410] die bey dessen Anwehlung aufgewandte[n] kosten rescindiret werden.[2411] Dem prediger aber achten wir alle activität und bewerbung um eine einträglichere pfarre unanständig zu sein.[2412]

§ 12. Damit man aber bey vorfallenden vacantien *an capablen subjectis keinen mangel habe*, sollen die eltern, welcher kinder besondere capacität und neigung zum predig-ampt von sich spühren lassen, durch den rectorem oder die scholarchen, selbige zu dem studio theologico zu wiedmen, ermahnet und, dafern sie die mittel dazu nicht haben, ihnen vor andern an die collatores[2413] derer stipendien *recommendation* gegeben werden, darauf den[n] auch diese sonderlich sehen werden.

2404 Dazu Gotthilf August Francke im Herbst 1736 (vgl. Edition 2.2, Nr. 103): Ad § 10. Circa finem mögte post verba: *und uneinigkeit wehren* wol noch beygefüget werden können: und dahin sehen sollen, daß mit der wahl ordentlich und gebührend verfahren und nicht nach gunst oder nach andern unrichtigen absichten, sondern in der furcht Gottes gehandelt und allein auf der gemeinde bestes gesehen werde, so, wie es dereinst auch vor dem richter-stuhl Gottes zu verantworten sey. – Der erfahrene Organisator hatte die ganze Fülle möglicher Probleme im Blick.
2405 Personen/Kandidaten.
2406 Neben das Konsistorium traten auch weiterhin die Versammlungen der Stadt- bzw. der Bördepfarrer (ministerium urbanum bzw. suburbanum) als traditionelle, unter sich aber immer noch nicht völlig gleichrangige und auch rechtlich ungeregelte Gremien der Soester Kirche.
2407 Ihrer persönlichen wie fachlichen Eignung.
2408 Als wählbar gelten/für das Amt in Betracht gezogen werden kann.
2409 Die Kandidaten sollten nach Möglichkeit nicht nur Stadtkinder sein, sondern zuvor auch dem (erweiterten) Lehrkörper des Soester Gymnasiums angehört haben.
2410 Der Gemeinde, bei der der Prediger bislang gestanden hatte.
2411 Zurückerstattet/ersetzt werden.
2412 Eigen- oder Initiativbewerbungen sollten tunlichst vermieden werden.
2413 Die Stifter/die Geldgeber der Studienfonds.

Wenn dann studiosi theologiae *von der academie zurück kommen*, sollen sie bey dem inspectore sich melden und einschreiben lassen,[2414] der so dan auf sie aufsicht haben und ihnen [S. 368] nicht nachsehen soll, daß sie in müßigang, verdächtigen und unanständigen compagnien, faulen geschwätz und andern üppigen wesen leben, sondern sie warnen soll, daß sie durch einen eitelen wandel andere[n] ja nicht ärgerlich, noch sich [selbst] an weiterer erleuchtung des Heil[igen] Geistes hinderlich sein, sondern wie ihr licht vor andern leuchten lassen,[2415] also ihre studia, sonderlich in den Schrifften der Propheten und Apostel, noch besser gründen sollen. Wie denn diese verbunden seyn sollen, auf erfordern dem inspectori *rechenschafft von ihren studien* zu geben und von ihm raht, erinnerung und bestraffung anzunehmen, wess endes ein jeder, was er anstößiges an einem candidato wahrnimmt, dem inspectori hinterbringen soll. Es sollen sich auch die candidati *mit denen predigern* bekant machen und so wohl von ihrem umgang und exempel sich erbauen, als bey ihnen gelegenheit suchen, im predigen, catechisiren und besuchung der krancken *sich zu üben*. Sie sollen auch, wo sie gelegenheit dazu finden, beym gymnasio hieselbst oder sonst privat-informationes übernehmen, wenigstens [S. 369] in ihren hospitiis[2416] mit denen hauß genossen das gebeth und privat-handlung göttlichen worths treiben, so dann [sie], besonders wenn sie bey hiesigem gymnasio gestanden, für[2417] allen andern elegible[2418] gehalten werden sollen.[2419]

§ 13. Vorher aber müssen sich candidati dem von dem inspectore unentgeltlich[2420] erforderten *examini* sistiren,[2421] wovon wir uns deß[en] versehen wollen, daß der inspector und übrige prediger dabey in der furcht Gottes ohne alle neben absichten gewissenhafft verfahren werden. Daher wir bey harter a[h]ndung verbieten, daß keinem candidato von einem prediger die cantzel geöffnet werden solle, der nicht in solchem examine wohl bestanden und auf vorzeigung der ersten predigt licentiam, selbige zu halten, erlangt, auch davon ein zeugnis des inspectoris vorzeigen kan.[2422] Es soll aber der inspector, wie der candidat in dem examine befunden worden, auf

2414 Sich in eine Warteliste aufnehmen lassen.
2415 Vgl. Mt 5, 16: „So lasst euer Licht leuchten vor den Leuten, damit sie eure guten Werke sehen und euren Vater im Himmel preisen."
2416 Herbergen/Unterkünften.
2417 Vor.
2418 Für wählbar/ernsthaft in Betracht zu ziehen.
2419 Auch der Wartestand der „Kandidaten des Predigtamtes" war bereits Teil des kirchlichen Systems. Die Kandidaten unterstanden dem Inspektor, waren zur Weiterbildung verpflichtet und wurden zu Hilfsdiensten in den Gemeinden, aber auch im Bereich der Schule herangezogen.
2420 Eine Prüfungsgebühr sollte nicht erhoben werden (wohl um Bestechungsversuche auszuschließen).
2421 Sie müssen zu dem vom Inspektor angesetzten Examen erscheinen/sich diesem stellen.
2422 Die Zulassung (Licentia) zum (vertretungsweisen) Predigtdienst in den Bördekirchen erfolgte erst nach einer gesonderten Prüfung durch den Inspektor und das ministerium urbanum.

der bibliothec anzeichnen, damit, wenn eine gemeine ihn in die wahl bringen wolte, von seiner capacität [S. 370] ein wahrhaftes zeugnis aus solcher annotation[2423] gegeben werden könne, welches aber nicht geschehen soll, es habe denn der candidatus ein curriculum vitae, in lateinischer sprache gesetzt, exhibiret[2424] und darinn unter andern bezeuget, er habe auf einer Königlichen universität studiret. Wie er denn von denen dortigen theologischen facultäten wegen lehr, lebens und wandels ein guthes zeugnis beyzubringen hat, welches er auch von den orten haben mus, wo er sich nach absolvirtem academischen studiren in information oder sonst aufgehalten hat.[2425] Es kan auch der inspector mit dem candidato nach befinden vorher ein neues examen vor dem ministerio oder allein anstellen.[2426]

§ 14. *Wie viel und welche* in die wahl gebracht werden sollen, darüber mögen sich die wehlende[n] allenfalls durch ordentliches umstimmen vergleichen, es wäre denn, daß einer etwas wieder ein von den meisten vorgeschlagenes subjectum zu [S. 371] erinnern hätte. Wer dann in der ordentlich angestellten wahl *die meisten stimmen* gehabt, soll als rechtmäßig erwehlter prediger sofort vor denen in dem schif der kirche sich befindenden eingepfarreten *proclamiret*[2427], und mithin von uns[2428] die *confirmation* und vocation des neo-electi[2429] begehret werden, die wir nach befinden entweder gleich verfügen oder den electum vorher e suggestu[2430] vor der gemeine proclamiren lassen wollen. Dafern vor oder nach der wahl darüber unter denen wehlenden oder auch übrigen gliedern der gemeine *streit* erwachsen solte, mus solches zur gütlichen composition[2431] vom inspectori sofort bekant ge-

---

2423 Aus dem diesbezüglichen Aktenvermerk/dem darüber angefertigten Protokoll.
2424 Vorgelegt/eingereicht.
2425 Das entsprach der damals in ganz Preußen geübten Praxis.
2426 Diese Ausnahmeregelung (besser: Öffnungsklausel) war wohl der Winzigkeit der Soester Verhältnisse geschuldet. Sie ermöglichte Quereinstiege. – Dazu Gotthilf August Francke im Herbst 1736 (vgl. Edition 2.2, Nr. 103): [Am Rande ergänzt:] Ad § 13. möchte wohl post verba: *und darinnen unter anderm bezeuget* beygefüget und das nachfolgende folgender gestalt abgefasset werden: daß er nach Unsern [des Königs] derentwegen ergangenen verordnungen nicht in Wittenberg, sondern, wofern er auf andern universitäten studiret hätte, seine studia wenigstens zwey jahr auf der universität Halle fortgesetzet haben [soll], wie er denn von der dortigen theologischen facultät wegen lehre etc., denn dieses ist der neuesten Königl[ichen] verordnung gemäß, nach welcher auch die Preussischen lands-kinder [gestrichen: 1 bis] 2 jahr alhie studiren und von der hiesigen theologischen facultät ein zeugniß beybringen müssen.* – Der Bann über das orthodoxe, vor allem aber nichtpreußische Wittenberg sowie das damit einher gehende zweijährige Pflichtstudium in Halle sollten also, so Francke, expressis verbis festgeschrieben werden.
2427 Bekannt gemacht/verkündet werden.
2428 Dem Soester Rat.
2429 Des neu Erwählten.
2430 Vorschlagsweise/der Empfehlung gemäß.
2431 Zur gütlichen Beilegung des Streites.

machet und, da [wenn] dessen bemühung nichts verfänget,[2432] vor das consistorium gebracht werden, welches sein guthachten uns[2433] praesentiren wird, zur schleunigen endigung der sache.

§ 15. Die gemeine oder deren patronen und vorsteher sind nicht befugt, den neoelectum durch neuerliche, der vocation eingerückte clausuln, noch durch einen ab[ge]forderten revers[2434] ihn, es gehe das ampt oder das salarium an, näher einzuschränken, wie denn der gleychen contract allenfalls für null und nichtig erkläret seyn soll.[2435]

§ 16. Wo die vacante stelle von einer *collation* dependiret,[2436] soll selbige gleich nach der wahl debite[2437] gesuchet werden. Dafern aber der collator,[2438] wieder altes herkommen, ein beneficium weigern oder auch anderer gestalt nicht als vermittelst erlegung ungewöhnlicher geld-summen, reservation sicherer canonum oder auch sonst anderwärtigen verschmählerung der dazu gehörigen ländereyen, renthen und anderen gefälle conferiren wolte, so soll uns davon gebührlich nachricht gegeben werden, worauf wir, nach befinden, die ordination und antrettung des dienstes doch verfügen wollen, ohne die collation zu erwarten.[2439]

§ 17. Auf daß hiesiges ministerium der capacität[2440] seines neuen mitglieds versichert werde, soll ein vocirter candidat sich von demselben und nirgends anders ordiniren lassen.[2441] Es suchen aber die ordination nebst dem vocato deputati von der gemeine bey dem inspectore [nach],[2442] welchem sie die vocation und confirmation oder auch collation vorzeigen, [S. 373] worauf dieser terminum ansetzet, da der candidat [vor] dem convocirten gesammten ministerio urbano compariren soll,[2443] um, nach abermahls demselben praesentirten, obbenennten documentis, sich die zeit zur prob-predigt, welche in St. Petri Kirchen,[2444] mittags um 12 Uhr, gehalten wird,

2432 Erfolglos bleibt/nicht zum Erfolg führt.
2433 Dem Soester Rat.
2434 Eine unter Druck zustande gekommene Zusatzvereinbarung.
2435 Dazu Gotthilf August Francke im Herbst 1736 (vgl. Edition 2.2, Nr. 103): [gestrichen: Ad § 15. Möchte wohl der passus post verba:]
2436 Wenn die zu besetzende Stelle von einer Stiftung/einem Patron abhängt/vergeben wird.
2437 Verpflichtend/unbedingt und sofort.
2438 Der Stifter/Inhaber des Vergaberechtes.
2439 Der Rat konnte sich also notfalls auch über die Verweigerung des Kollators hinwegsetzen, um die Rechte und die Versorgung der Gemeinde sicherzustellen.
2440 Der Eignung.
2441 Die Ordination des Neu-Gewählten war Sache des ministerium urbanum. Dieses fungierte dabei als Vertretung aller auf das Soester Corpus Doctrinae verpflichteten Amtsträger in Kirche und Schule. Das Konsistorium als eine gemische Behörde trat an dieser Stelle zurück.
2442 Der Antrag auf die Ordination konnte demnach nur im Verbund mit der Gemeinde gestellt werden.
2443 Vor dem gesamten Ministerium erscheinen soll.
2444 Der Kirche des Soester Rates.

so dan[n zu] dem nachmahligen examine und der ordination, wie auch den text, der in der ordinations-predigt erkläret werden soll, benennen zu lassen. Worauf der candidat einen jeden der prediger besonders besuchen soll, damit diese, ihn auch nach seinem inwendigen zustande zu prüfen, gelegenheit haben, ob er nemlich in der buße und lebendigen glauben stehe und was er hirvon für kennzeichen von sich geben könne? Wie er sein leben von jugend auf geführet? Wie er zu Gott bekehret worden? Welche *specimina providentiae divinae* er an sich erfahren? Wie er zu dem ampt [ge]kommen? Ob bey ihm oder bey denen wehlenden [S. 374] unlautere absichten untergelauffen? Wie er das ampt im predigen, catechisiren und übrigen verrichtungen zu führen gedencke? Ob er einige mängel angemercket in kirchen und schul-sachen oder mittel zur beßerung wisse? Ob er seines vorigen lebens halber anfechtungen empfinde? Mit welchen frommen christen oder predigern er bekandt sey? U[nd] d[er]g[leichen]. Bey einem derer prediger, nach guth befinden des inspectoris, soll der candidat mit etlichen kindern eine *catechetische übung* anstellen, einen *locum Scripturae* oder *theologiae* kurtz und ausführlich, doch *populariter* vortragen, die ordnung des heyls daraus zeigen und *catechisando* mit denen kindern durchgehen, alles aber mit gebeth anfangen und beschließen, damit seine *gaabe* im bethen und catechisiren bekandt werde.[2445]

§ 18. Wann darauf das *solenne examen*, wozu so wohl als [zu] der ordination auch zweene prediger von der börde, so wie sie in der [S. 375] ordnung folgen,[2446] zu invitiren seyn, auf hiesiger bibliothec der hergebrachten ordnung nach vorgenommen werden soll, ist davon denen *membris politicis* des consistorii nachricht zu geben, als welche so wohl als einige glieder der gemeine, wo sie wollen, dabey *gegenwärtig* seyn können. Der inspector machet dazu den anfang mit einer lateinischen rede und dem gebeth. Worauf der candidat seine gehaltene *prob-predigt* als ein zeugnis seiner lehre schrifftlich übergeben mus, daß sie von einem jeden examinatore gelesen und censiret und auf der bibliothec *ad acta* beygeleget werden könne. Die examinatores müssen sich vorher vereiniget haben, daß ein jeder eine *besondere materie* vor sich nehme, z[um] e[xempel] einer *theologiam theticam* und *polemicam*, der andere *moralem, casuisticam, pastoralem* oder auch *historiam ecclesiasticam, antiquitates Biblicas* und was von einem lehrer sonst erfordert werden mögte.[2447]

2445 Dazu Gotthilf August Francke im Herbst 1736 (vgl. Edition 2.2, Nr. 103): Ad § 17. post verba: *bey einem der prediger nach gutbefinden des inspectoris* gebe ich [Gotthilf August Francke] zu bedencken, ob nicht die catechetische übung entweder bey dem inspectore selbst oder doch in dessen gegenwart anzustellen sey, wie auch. – Der obrigkeitliche Akt sollte nicht delegiert werden können.
2446 Demnach wohl die zwei ältesten, das heißt: am längsten im Amt stehenden Kollegen.
2447 Dazu Gotthilf August Francke im Herbst 1736 (vgl. Edition 2.2, Nr. 103): Ad § 18. ob nicht der candidat die gehaltene prob-predigt wenigstens ein paar tage vor dem examine zu übergeben habe, damit selbige von sämtl[ichen] membris des consistorii vorher gelesen werden könne, als [gestrichen: dazu] welches die zeit bey dem examine wohl nicht zulassen möchte.

§ 19. Es soll aber kein examinator dem candidato *vorher sagen,* was er tractiren will, ihm auch nicht einhelffen, sondern ihn vielmehr auf das [S. 376] gegentheil führen, um zu erfahren, wie feste er gegründet sey.[2448] Es sollen auch die examinatores im examine nicht predigen, *discuriren* und ihre gelehrsamkeit sehen lassen, sondern allein bei dem fragen bleiben und, da die candidati solche nicht verstünden, sie verändern und erfahren, wie sie die wahrheit bestätigen oder verantworten können. Es soll sich auch kein examinator *mit dem andern in ein disput einlassen,* vielweniger einer dem andern *contradiciren* oder ihn refutiren.[2449]

§ 20. Die haupt-absicht dieses examinis[2450] soll seyn, daß die examinatores erkundigung einziehen, ob der candidatus von den vornehmsten articuln der christlichen lehre, sonderlich auch von denen practischen materien, als [von] der erleuchtung, bekehrung, wieder geburth, der rechtfertigung, erneurung u[nd] s[olchem] m[ehr] *die thesin recht inne haben,* analogiam fidei verstehen und oeconomiam und ordinem salutis wohl gefaßet [habe], wie nemlich die [S. 377] grund wahrheiten der H[eiligen] Schrifft aus dem göttlichen gnaden bunde fliessen und also aneinander hangen, daß keine ohne die andere bestehen könne. Z[um] e[xempel:] keine vergebung der sünden ohne glauben, kein glaube ohne buße, kein glaube ohne liebe und gemeinschafft mit Christo und seinem Geiste u[nd] s[o] f[ort], deßgleichen, worinnen der unterscheid des gesetzes und evangelii bestehe, u[nd] s[olches] m[ehr].

§ 21. Hiernächst müssen sie auch erfahren, ob der candidat seine *thesin*[2451] mit den haupt-sprüchen des Alten und Neuen Testaments, die er im grund-text anführen und verstehen mus, *beweisen,* den grund des beweises aus den sprüchen selbst zeigen, den in der haupt-sprache liegenden nachdruck eruiren und die gebührende anwendung finden könne? Imgleichen, wo in denen recipirten *Symbolischen Büchern* davon gehandelt werde, ob er die historiam [S. 378] sacram gefaßet [habe], *im studio Biblico* wohl versiret sey, die summam und scopum[2452] jedes [biblischen] buchs wisse und, wann ihm ein text vorgegeben würde, solchen ex tempore[2453] analysiren, disponiren, das vornehmste noth dürfftig erklären und die usus herauß ziehen könne?

2448 Der Kandidat sollte sich auch mit Gegenpositionen auseinandersetzen müssen.

2449 Niemand sollte einem anderen Kollegen widersprechen oder dessen Voten/Äußerungen als irrig zurückweisen dürfen. – Eine derartige „Sicherungsklausel" lässt vermuten, dass es an dieser Stelle in der Vergangenheit immer wieder Probleme gegeben hatte.

2450 Hier (§ 20) und im Folgenden (§ 21–22) wurde der Stoffplan des Examens abgesteckt: Dogmatik und pastorale Applikation derselben (Poimenik), Exegese und bekenntnistheologische Reflexion derselben (Kontroverstheologie), Seelsorge und Ausrichtung des eigenen Lebens mit Blick auf die Gemeinde (Lebensführung).

2451 Die von ihm vertretene Position/Lehrmeinung.

2452 Die Hauptaussage/das Hauptanliegen.

2453 Spontan/ohne größere Vorbereitung.

§ 22. Endlich, da auch ad officium pastorale und curam animarum gehöret,[2454] daß ein candidatus auf unterschiedliche *casus*,[2455] die vorzufallen pflegen, zu antworten wisse, so sollen die examinatores auch hierauf ihr examen einrichten, wie er sich im beichtstuhl zu verhalten habe, wie mit angefochtenen und sterbenden, wie mit krancken und so mehr [weiter] zu verfahren, und wie er sich bey der tauffe und dem heiligen abend mahl, ja, überall zu beweisen habe, daß sein ampt jederman erbaulich seyn möge.

§ 23. Solte der candidatus in diesem examine zum lehr ampt *untüchtig befunden werden*, [S. 379] so soll er nicht ordiniret werden, und kan ihm das von dem inspectore erhaltene zeugnis, ja, die wahl, confirmation und vocation dabey keinen vorschub thun.[2456] Vielmehr soll man ihn so lange ab- und zurück weisen, bis er von seiner wahren besserung und tüchtigkeit zum ampte genugsahme proben ablegen könne, gleichwie auch denen, welche *noch einiger maßen bestehen können*, die erinnerung gegeben werden soll, daß sie ihre gaaben mehr anfeuren und in dem ampt die studia fein fortsetzen sollen.[2457] Des endes der candidat nach geendigtem examine einen abtritt nimmt,[2458] da denn der inspector gewissenhaffte vota unter denen examinatoribus darüber colligiret.[2459]

§ 24. Wenn der candidatus der ordination würdig erkant werden mus [kann], hat der inspector von ihm zu fordern, ob er dem ministerio mit mund [S. 380] und hand als vor Gottes angesicht und an aydes statt versprechen wolle, daß er 1. bey der reinen *lehre* der Lutherischen kirchen bis an sein ende beharren und dieselbe seiner gemeine unverfälscht vortragen wolle. 2. daß er auch die *heil[igen] sacramenta*, samt dem binde- und löse-*schlüssel* gewissenhafft administriren und 3. ein unanstößiges und erbauliches *leben* führen wolle, welches er nachmahls auch am ende der ordinations-predigt und abermahl[s] bey dem actu ordinationis verspre-

---

2454 Weil zum Amt eines Pfarrers auch die Seelsorge gehört.
2455 Konkrete Beispiele aus dem Bereich der Seelsorge/Seelsorgefälle.
2456 Das ministerium urbanum als Vertretung sämtlicher auf das Soester Corpus Doctrinae verpflichteten Amtsträger hatte an dieser Stelle ein Vetorecht.
2457 Schwache Kandidaten konnten demnach ausdrücklich zur Weiterbildung verpflichtet werden.
2458 Den Ort der Prüfung (auf der Empore von St. Petri) verlässt/zu verlassen hat.
2459 Alle Mitglieder der Prüfungskommission durften demach eigene Voten einbringen. – Dazu Gotthilf August Francke im Herbst 1736 (vgl. Edition 2.2, Nr. 103): Ad § 23. ist wol nicht gut, wenn die confirmation [hier: Bestätigung im neuen Amt] ertheilet würde, ehe mit dem candidato das letzte examen vorgenommen [gestrichen: worden] und derselbe in solchem zu dem lehr-amt tüchtig befunden worden [wäre]. Besser wäre es, wenn die confirmation erst nach diesem letztem examine ertheilet und als denn [dann] zur ordination geschritten würde, welches also in der projectirten Kirchenordnung deutlich zu exprimiren wäre: denn sonst möchten nach erhaltener confirmation allerhand disputen erreget werden und nur weitläuftigkeit daraus erstehen, welche aber dadurch abgeschnitten werden kan [können], wenn die confirmation erst nach gehaltenem letzten examine und nachdem der candidatus in selbigem zum lehr-amt tüchtig erfunden worden [ist], ertheilet wird.

Abb. 82: Evangelische Kirchengemeinde Niederbörde, Dorfkirche St. Othmari in Dinker. Nordwestportal mit Inschrift: „Exstructum 1745". Die Inschrift entstand in Zusammenhang mit dem Neubau des Langhauses. (Foto: Ulrich Althöfer)

Abb. 83: Evangelische Emmaus-Kirchengemeinde Soest, Kirche St. Mariae zur Höhe (Hohnekirche). Orgelprospekt des Johannes Lohoff, datiert 1679. (Foto: Ulrich Althöfer)

Abb. 84: Evangelische Kirchengemeinde Ostönnen. Orgelprospekt des Mertin Möller (Müller; Soester Bürger 1696–1724), datiert 1722. Die Orgel selbst wurde im 15. Jahrhundert für St. Thomae in Soest gebaut und 1721/22 nach Ostönnen verkauft. (Foto: Ulrich Althöfer)

Abb. 86 (oben): Evangelische Kirchengemeinde Weslarn, Dorfkirche St. Urbani in Weslarn, Orgelprospekt, datiert 1702.

Abb. 85 (gegenüberliegende Seite): Evangelische Kirchengemeinde Niederbörde, Dorfkirche St. Albani und Cyriaki in Welver. Orgelprospekt des Johann Patroklus Möller (Müller; 1698–1772 in Soest), datiert 1733, 1825 aus der ehemaligen Stiftskirche St. Walburgis in Soest übernommen. (Fotos: Ulrich Althöfer)

Abb. 87: *Evangelische Kirchengemeinde Niederbörde, Dorfkirche St. Severini in Schwefe, Brüstungsfragment mit Apostelbildern des Arnold Barels(?), 1652. Die zehn hochrechteckigen Bilder zeigen Christus und die elf Apostel, zum Teil einzeln, zum Teil in Doppelporträts. Über den Bildern querrechteckige Felder mit dem Text des Credo, unterhalb der Gemäldefelder die Namen von Diakonen und Lohnherren der Gemeinde als den Stiftern der Bilder. (Foto: Ulrich Althöfer)*

Abb. 88 (folgende Seite): *Evangelische Kirchengemeinde Niederbörde, Dorfkirche St. Severini in Schwefe, Provisorenstuhl von 1696. Auf der Lehne rot hervorgehobene Inschrift: „Johann Busman zu Einker-Holsen/provisor diesser Kierchen 1696". (Foto: Ulrich Althöfer)*

Abb. 89 und 90: St. Petri-Pauli Kirchengemeinde Soest, Stadtkirche St. Petri, Abdeckung des Taufsteines aus dem 18. Jahrhundert, Seitenansicht und Aufsicht. Darstellung der Taufe Jesu, darunter Inschrift: „Johannes hat mit Wasser getaufft ihr aber solt mit dem Heiligen Geist getauft werden Apo 1 [, 5]". (Foto oben: Ulrich Althöfer, Foto unten: Bildarchiv LKA der EKvW)

Abb. 91: Evangelische Kirchengemeinde Niederbörde, Dorfkirche St. Severini in Schwefe, Taufe, datiert 1682. Auf dem Rand umlaufende Inschrift mit Initialen: „ANNO / 1682 / de 7 DECEMBE / MIHP / TIL / IRL / HSL / GGC". (Foto: Ulrich Althöfer)

Abb. 92: Evangelische Emmaus-Kirchengemeinde Soest, Stadtkirche St. Mariae zur Höhe (Hohnekirche), Sakristeitür, undatiert. (Foto: Ulrich Althöfer)

*Abb. 93: Evangelische Kirchengemeinde Bad Sassendorf, Dorfkirche St. Pantaleonis in Lohne, Sakristeitür, um 1700. Inschrift: „ Georg * Rademacher * Past[or] * h[oc] * l[oco]". Georg Gottfried Rademacher (Rotarius; 1634–1709) war von 1673 bis 1709 Pfarrer in Lohne. (Foto: Ulrich Althöfer)*

Abb. 94: Evangelische Kirchengemeinde Neuengeseke und Möhnesee, Dorfkirche St. Johannis des Täufers in Neuengeseke, spätgotisches Gewände um die Tür zur Sakristei. Darüber Inschrift im Türsturz: „ANDREAS Büser PASTOR *A[NN]O * 1684". Andreas Büser (1640–1695) war von 1683 bis 1695 Pfarrer in Neuengeseke. (Foto: Ulrich Althöfer)

Abb. 95 (folgende Seite oben): Evangelische Kirchengemeinde Niederbörde, Dorfkirche in Borgeln, Gestühl mit Namen der Sitzberechtigten (Höfe), nach 1712. Mit nachträglichen Übermalungen von 1953 und 1984/88. (Foto: Ulrich Althöfer)

Abb. 96 (folgende Seite unten): Evangelische Kirchengemeinde Niederbörde, Dorfkirche St. Othmari in Dinker, gekennzeichnete Kirchenbänke, 1750er Jahre. Die Gesangbuchablagen tragen die Namen der ehemals Sitzberechtigten, darunter wohl zahlreiche Stifter für den Neubau des Langhauses. (Foto: Ulrich Althöfer)

Abb. 97 und 98 (diese Doppelseite): Evangelische St. Petri-Pauli Kirchengemeinde Soest, Stadtkirche St. Petri, Kanzel des Johann Sasse (1640–1706) aus Attendorn, 1692/93. Die figürlichen Schnitzereien zeigen die Evangelisten, Petrus und die Tugenden. Diese Seite: Lesepult am Kanzelkorb, 1693. Drehbarer Arm mit durchbrochener Messingplatte, darauf graviert: „Thomas Stute/Anno 1693". Der Stifter, ein Soester Großkaufmann, soll das Pult aus Amsterdam mitgebracht haben. (Foto links: Ulrich Althöfer; Foto oben: Bildarchiv LKA der EKvW)

Abb. 99 und 100 (diese Doppelseite): Evangelische Kirchengemeinde Niederbörde, Dorfkirche in Borgeln, Kanzel von 1733, Gesamtansicht und Kanzelkorb. Fünfseitiger Korb mit seitlichem Zugang und Brüstung, reich mit floralem, ornamentalen und figürlichen Schnitzwerk versehen. Figuren: Moses, Christus, vier Evangelisten, Lamm Gottes, Evangelistensymbole und Engelsköpfchen. Auf dem Schalldeckel mit Namen bezeichnete Propheten und ein Pelikan. Detail: Unterhalb der Christus-Mose-Gruppe am Korb Inschrift: „Das Gesetz ist durch/Moses gegeben, die Gnad/u. Wahrheit ist durch Jesum/Christum worde Joh. [1, 17]", Medaillon mit Inschrift: „JOHANNES FRIDERICI PASTOR/M[agister]". Johann Goswin Friederici (Friderici; 1654–1727) war von 1689 bis 1727 Pfarrer in Borgeln. (Fotos: Ulrich Althöfer)

Abb. 101: Evangelische Kirchengemeinde Niederbörde, Dorfkirche St. Othmari in Dinker, Kanzelaltar, 1749–1755. Einheitliches, reiches Werk der Rokokozeit, einziges seiner Art im Altkreis Soest. Darüber die Orgel des Meisters Isvording (Isferding; Iserding) von 1755. (Foto: Ulrich Althöfer)

Abb. 102: Evangelische Kirchengemeinde Bad Sassendorf, Dorfkirche St. Pantaleonis in Lohne, Kanzel auf kleiner romanischer Säulenbasis des 12. Jahrhunderts, um 1670. (Foto: Ulrich Althöfer)

Abb. 103: Evangelische Kirchengemeinde Neuengeseke und Möhnesee, Dorfkirche St. Johannis des Täufers in Neuengeseke, Kanzel des Mertin Möller (Müller; Soester Bürger 1696–1724), 1712. (Foto: Ulrich Althöfer)

Abb. 104: Evangelische Kirchengemeinde Niederbörde, Dorfkirche St. Severini in Schwefe, Korb der Kanzel des Mertin Möller (Müller; Soester Bürger 1696–1724), 1709. (Foto: Ulrich Althöfer)

Abb. 105 (diese Seite): Evangelische Kirchengemeinde Niederbörde, Dorfkirche St. Othmari in Dinker, Taufe, um 1750. (Foto: Ulrich Althöfer)

Abb. 106 (folgende Seite): Evangelische Kirchengemeinde Neuengeseke und Möhnesee, Dorfkirche St. Johannis des Täufers in Neuengeseke, Taufe, datiert 1691. Inschrift: „ANNO BENEDI / CTIONIS PARTAE / 1691". (Foto: Ulrich Althöfer)

Abb. 107: Evangelische Kirchengemeinde Niederbörde, Dorfkirche St. Albani und Cyriaci in Welver, Taufe, 1636. (Foto: Ulrich Althöfer)

Abb. 108: Evangelische Kirchengemeinde Bad Sassendorf, Dorfkirche St. Simonis und Judae Thaddäi, Altaraufsatz mit Gemälde, 1650er Jahre. Hauptgeschoss: Kreuzigung Jesu. Unter dem Kreuz steht unter anderem der Pfarrer Johann Konrad Draudius († 1660), seit 1642 Adjunkt in Sassendorf und ab 1643 zugleich Pfarrer in Lohne. Predella: Drei Kartuschen, in der Mitte die Einsetzung des Heiligen Abendmahls, links und rechts die Einsetzungsworte. (Foto: Ulrich Althöfer)

Abb. 109 und 110: Evangelische Kirchengemeinde Neuengeseke und Möhnesee, Dorfkirche St. Johannis des Täufers in Neuengeseke, Altarretabel mit Vorbau. Im Hauptgeschoss: Darstellung der Kreuztragung, Gemälde von Henning Strodtmann (Stratmann) in Arnsberg, wohl eines Nachfahren des Arnsberger Barockmalers Heinrich Stratmann (vor 1600–um 1654), 1661 (1667?). Im Obergeschoss: Darstellung der Auferstehung. Detailfoto oben: Drei Kartuschen im Untergeschoss. In der Mitte die Einsetzung des Heiligen Abendmahles, links und rechts die Einsetzungsworte. Auf dem Sockel die Inschrift: „Ioannes Georgius Hecker Pastor, et Provisores Iohan Hoppe, et Iohan Suthuser […] 1661 […]". Johann Georg Hecker (1621–1683) war von 1648 bis 1683 Pfarrer in Neuengeseke. (Fotos: Ulrich Althöfer)

Detailfoto folgende Seite: Kartusche des Altarvorbaus.

Abb. 111: Evangelische Kirchengemeinde Neuengeseke und Möhnesee, Dorfkirche St. Johannis des Täufers in Neuengeseke, Altarvorbau mit ornamental bemalter Holztafel, 1693. In der Kartusche: Darstellung der Mannalese und des Quellwunders als Abendmahlsallegorie. (Foto: Ulrich Althöfer)

Abb. 112: Evangelische Kirchengemeinde Meiningsen, Dorfkirche St. Matthiae, Altaraufsatz mit dem Gemälde eines unbekannten Künstlers nach Livio Agresti (ca. 1510–1579), 1643. Einsetzung des Heiligen Abendmahles. (Foto: Bildarchiv LKA der EKvW)

Abb. 113 (oben): Evangelische Kirchengemeinde Niederbörde, Dorkirche St. Severini in Schwefe, Predella des Altars von 1520/30, zweite Hälfte 17. Jahrhundert. (Foto: Ulrich Althöfer)

Abb. 114 (folgende Seite): Evangelische Kirchengemeinde Ostönnen, Dorfkirche St. Andreae in Ostönnen, Gemälde. Rest eines Altaraufsatzes mit Darstellung der Einsetzung des Heiligen Abendmahles, 1683. (Foto: Ulrich Althöfer)

Abb. 115: Evangelische Kirchengemeinde Niederbörde, Dorfkirche in Borgeln, Truhe mit gebogenem Deckel, 1751. Am vorderen Rand des Deckels die Inschrift: „G. W. 1751 ALLES WAS WIR SEH(EN) MUS ZERFALLEN UND VERGEHEN NUR DER HIMMEL KAN BESTEHEN". (Foto: Ulrich Althöfer)

Abb. 116 (folgende Seite): Evangelische Kirchengemeinde Bad Sassendorf, Dorfkirche St. Pantaleonis in Lohne, Brautkrone mit silbernem Haarpfeil, 1711. (Foto: Ulrich Althöfer)

Abb. 117: Evangelische St. Petri-Pauli Kirchengemeinde Soest, Stadtkirche St. Petri, Opferstock, 18. Jahrhundert. (Foto: Bildarchiv LKA der EKvW)

Abb. 118: Evangelische Emmaus-Kirchengemeinde Soest, Stadtkirche St. Mariae zur Höhe (Hohnekirche), Opferstock, 18. Jahrhundert. (Foto: Ulrich Althöfer)

Abb. 119: Evangelische Kirchengemeinde Niederbörde, Dorfkirche St. Othmari in Dinker, Opferstock, 18. Jahrhundert. (Foto: Ulrich Althöfer)

Abb. 120: Evangelische Emmaus-Kirchengemeinde Soest, Stadtkirche St. Mariae zur Wiese (Wiesenkirche), Opferstock, 18. Jahrhundert. (Foto: Ulrich Althöfer)

Abb. 121: Evangelische Kirchengemeinde Bad Sassendorf, Dorfkirche St. Pantaleonis in Lohne, Opferstock, 18. Jahrhundert. (Foto: Ulrich Althöfer)

Abb. 122: Evangelische Kirchengemeinde Niederbörde, Dorfkirche St. Albani und Cyriaci in Welver, Opferstock, 18. Jahrhundert. (Foto: Ulrich Althöfer)

Abb. 123 (oben): Evangelische Kirchengemeinde Niederbörde, Dorfkirche St. Severini in Schwefe, Opferstock, 18. Jahrhundert. (Foto: Ulrich Althöfer)

Abb. 124 und 125 (folgende Seite): Evangelische St. Petri-Pauli Kirchengemeinde Soest, Stadtkirche St. Petri, Zähl- bzw. Sammelbretter, Vorder- und Rückseite. Links: Sammel- bzw. Zählbrett, 1749(?), auf der Vorderseite: Petrusfigur mit Schlüssel, Kopf abgebrochen, auf der Rückseite: Inschrift mit Namen und den Jahreszahlen „1749" und „1794". Rechts: Sammel- bzw. Zählbrett, 1690, auf der Vorerseite: Petrusfigur(?) ohne Schlüssel, auf der Rückseite: Namen und Jahreszahl „1690". (Fotos: Bildarchiv LKA der EKvW)

Abb. 126: Evangelische Emmaus-Kirchengemeinde Soest, Stadtkirche St. Mariae zur Höhe (Hohnekirche), Sammel- bzw. Zählbrett, um 1700. Auf der Vorderseite: Maria mit Kind im Strahlenkranz, umrahmt von Wolken und Engelsköpfchen. (Foto: Ulrich Althöfer)

Abb. 127: Evangelische Emmaus-Kirchengemeinde Soest, Stadtkirche St. Mariae zur Wiese (Wiesenkirche), Sammel- bzw. Zählbrett, Anfang 18. Jahrhundert. (Foto: Ulrich Althöfer)

Abb. 128: Evangelische St. Petri-Pauli Kirchengemeinde Soest, Stadtkirche St. Petri, Kronleuchter von 1762. Inschrift auf der Kugel: „Fr. Stute & A. G. Stute 1762". (Foto: Ulrich Althöfer)

Abb. 129 (folgende Seite): Evangelische Kirchengemeinde Bad Sassendorf, Dorfkirche St. Pantaleonis in Lohne. Wandnische mit Tür, wohl zur Aufbewahrung der Vasa sacra, um 1700. (Foto: Ulrich Althöfer)

Abb. 130 (oben): Evangelische Emmaus-Kirchengemeinde Soest, Stadtkirche St. Johannis, „Hermanni-Kelch". Ursprünglich in der Kirche St. Pauli. Kelch des Goswin Schönberg in Soest, 1701 (?). Unter einer Zunge die Inschrift: „I. HERMANNI / A. C. STEINBICKER / >E+ L+ dd<". (Foto: Ulrich Althöfer)

Abb. 131 (unten): Evangelische St. Petri-Pauli Kirchengemeinde Soest, Stadtkirche St. Pauli, Patene des Goswin Sybel, 1709. Dritter einer Serie von ursprünglich wohl vier flachen Tellern. Unter der Fahne Inschrift: „4 ALB(ert) GOSW(in) SIBEL / ANNO 1709". Albert Goswin Sybel („auf dem Alten Kirchhof"; †1713) hatte 1698 die Witwe des Pfarrers von Borgeln geheiratet; er war – wie Johann Nikolaus Sybel selbst – ein Enkel des Soester Rektors Johannes Sybel (1605/06–1658), stammte jedoch aus dessen erster Ehe. (Foto: Bildarchiv LKA der EKvW)

Abb. 132 und 133: Evangelische St. Petri-Pauli Kirchengemeinde Soest, Stadtkirche St. Petri, Kelch und Patene, 1685. Detailfoto: Sechspassfuß mit Tatzenkreuz, darunter die Jahreszahl „1685". (Fotos: Ulrich Althöfer)

Abb. 134: Evangelische Kirchengemeinde Niederbörde, Dorfkirche in Borgeln, Kelch und Patene, Mitte des 18. Jahrhunderts. Aus der Werkstatt des Gerhard Peter Broelemann (1704–1766) in Soest, Teil eines doppelten Satzes. (Foto: Ulrich Althöfer)

Abb. 135 (folgende Seite oben): Evangelische Kirchengemeinde Niederbörde, Dorfkirche St. Othmari in Dinker, Hausabendmahlsgerät aus der Werkstatt des Johann Christian Deventer (1687–1736), 1727. Kelch mit Inschrift „DINCKER 1727", mit originalem hölzernen Klappfutteral. (Foto: Ulrich Althöfer)

Abb. 136 (folgende Seite unten): Evangelische Kirchengemeinde Bad Sassendorf, Dorfkirche St. Pantaleonis in Lohne, Kelch von 1697. Inschriften auf den Fußzungen: „Ao: / 1697 / HIC DISPOSI / TIONE GEORG / RADEMACHERS PAST[oris] / CURA[que] DIACONORVM / EX AERARIO LOHN[ense] / CONFECTVS", am Rand über die einzelnen Zungen hinweg graviert: „NEHMT HIN DEN KELCH DES / HERN ALLHIE IN SEINEM / HAVS VND TRINCKT DAS / WAHRE(!) BLVT DES LAMMES / GOTTS DARAVS". Georg Gottfried Rademacher (Rotarius; 1634–1709) war von 1673 bis 1709 Pfarrer in Lohne. (Foto: Ulrich Althöfer)

Abb. 137: Börde: Evangelische Kirchengemeinde Weslarn, Dorfkirche St. Urbani in Weslarn, Fuß eine Kelches von 1686. Auf den oberen Stufen der Pässe folgende Inschrift: „ANNO M.DC.L. XXXVI DIE 21 OCTOBRIS GERHARDUS HETFELD h[oc] l[oco] PASTOR SUMPTIBUS PAROCHIANORUM ME FIERI FECIT." Gerhard Heitfeld (Hedfeld; 1657–1716) war von 1678 bis 1716 Pfarrer in Weslarn. (Foto: Ulrich Althöfer)

Abb. 138 und 139 (folgende Seiten): Evangelische Kirchengemeinde Niederbörde, Dorfkirche St. Albani und Cyriaki in Welver, Rokokokanzel. An der Innenseite des Korbes Inschrift: „Wenckel, Insp[ector] Orph[anotrophii]/fec[it] 1785/Kleine Illuminavit/1786 d[ie] 6. Oct[obris]". N. Wenckel (wohl aus Berlin; † nach 1788) war seit 1777 Inspektor des Soester Waisenhauses. Die Kanzel stammt aus der 1823 abgerissenen Kirche St. Georgii in Soest. Detailaufnahme: Eidechse am stützenden Palmenstamm. (Fotos: Ulrich Althöfer)

chen mus, welcher actus von dem inspectore in St. Petri Kirchen zu gewöhnlicher zeit nach gehaltener erwecklicher ordinations-rede mit bezeugtem vielen ernst und unter andächtigem gebeth nach anweisung der Agenden[2460] geschehen soll. Und da der candidatus damit einen neuen bund seines ampts halber mit Gott aufrichtet und göttlicher gnade und seegens dabey näher versichert zu werden bedarf, so soll er bey dem actu ordinationis vor der gemeinne die *heil[ige] communion* genießen und darauf, wie gewöhnlich, das Corpus Doctrinae und diese Kirchenordnung *unterschreiben* und von dem inspectore weitere instruction erwarten.[2461]

[S. 381] § 25. Wann ein *bereits ordinirter prediger* bey einer gemeine unserer bottmäßigkeit vociret wird, mus er doch dem ministerio wie die vocation, also [auch] ein zeugnis und dimissoriale[2462] von seiner vorigen gemeine vorzeigen und in einer prob-predigt von seiner lehre und künfftiger amts-treue öffentliche erklärung thun.[2463]

§ 26. *Die installation* eines neuen predigers, sonderlich bey denen gemeinen auf der Boerde, verrichtet der inspector, und [es] assistiren die consistoriales politici als deputati magistratus dem actui, darinn der neue prediger der gemeine vorgestellet, selbigem auch die gemeine ans hertz geleget und beyde ihrer pflichten erinnert, sonderlich aber Gott um seegen über die gemeine und den prediger angeruffen wird.[2464]

§ 27. Alle *kosten,* welchen die vocation, collation, confirmation und installation erfordern, wenn [S. 382] auch vocatus von entlegenen orten hergehohlet würde, müssen die eingepfarrete[n] oder deren patroni tragen, wogegen jener[2465] verbunden ist, wenigstens *zwey jahr* in seiner function auszuhalten. Wir versehen uns aber zu denen predigern,[2466] daß sie mit keinem *eingangs-convivio*[2467] den neuen prediger beschweren werden, als welches gänzlich verbotten bleibt.

2460 Der noch im Entstehen begriffenen „Soestischen Kirchen Agenden" (1539). Siehe Edition 2.5.
2461 Neben den „Taufbund" (mit der „Taufgnade") trat damit ein diesen ergänzender „Amtsbund" (mit einer entsprechenden „Amtsgnade"). Er fand seine Manifestation in einer gemeinsamen Feier des Heiligen Abendmahls und der eigenhändigen Unterschrift unter das Corpus Doctrinae.
2462 Einen Entlass-Schein/ein Zeugnis seiner Freigabe.
2463 Ein bereits andernorts ordinierter Prediger wurde demnach nicht neu ordiniert. Er brachte Zeugnisse vor, hielt eine Probepredigt und versprach öffentlich, sein Amt treu und gewissenhaft zu führen.
2464 Die Amtseinführung des neuen Pfarrers war Sache des städtischen Inspektors, der dabei durch die weltlichen Mitglieder des Konsistoriums unterstützt wurde.
2465 Der neue Pfarrer.
2466 Den übrigen, bereits im Amt stehenden Pfarrern.
2467 Einem vom neu erwählten Prediger auszurichtenden, kostspieligen Festmahl.

B. *Von der prediger ampt und wandel.*

§ 28. Wie das ampt derer prediger *darinnen bestehet,* daß sie als Gottes botten[2468] an dessen statt denen menschen allein seinen rath von ihrer seeligkeit bekant mache[n], mithin von ihrem natürlichen elend sie überzeugen, den reichthum der gnade Gottes in Christo ihnen anpreisen, die sünde und die eitelkeit der welt ihnen verleiden, folglich zur busse und [zum] glauben sie anführen und dadurch zur [S. 383] gemeinschafft und nachfolge Christi sie befordern sollen, zur außbreitung seines Reichs, also erinnern wir sie alles ernsts, daß sie mit verleugnung alles gesuchs einer ehre, nutzens und vergnügens diesen grossen zweck ihres ampts stets *vor augen* haben, sich immermehr dazu bereiten, darauf alles ihr vornehmen richten, was sie daran hindern könte, vermeiden und unsere hülffe,[2469] wo es nöthig ist, suchen wollen; damit *ja nichts versäumet* werde, was denen theuren seelen,[2470] davon sie einst rechenschafft werden geben müßen, zu ihrem heyl hätte beförderlich seyn können.

§ 29. Wir wollen daher, daß unsere prediger sich ihrem wichtigen ampt *gantz widmen* und wie des müssiggangs, fürwitzes, unnöthigen reisens und eitler gesellschafften,[2471] also [auch] weltlicher händel, bürgerlicher nahrung und weitläufftiger oeconomien[2472] sich entschlagen, damit ihr gemüth nicht distrahiret werde, sondern theils im geheimen umgange mit Gott in andächtigem [S. 384] gebeth und in fleissiger betrachtung des worts mehrerer gnaden gaaben des H[eiligen] Geistes theilhafftig werden, theils stets fertig seyn, aus dem guthen schatz ihres hertzens[2473] lehre, rath, ermahnung und trost hervorzugeben, des endes wir auch wollen, daß die prediger ordentlicher weise mit vormundschafften und curatel[2474] verschonet bleiben sollen.

§ 30. Und da es höchst nöthig ist, daß ein seelen-hirte seine schaffe *kenne,* so wollen wir uns dessen zu denen predigern versehen, daß sie auf ihrer zuhörer wandel achtung geben, bey andern darüber nachfrage thun, sie fleissig besuchen und sich bey ihnen erkundigen werden, wie das öffentlich gepredigte worth anschlage, ob unwissende, ungebrochene und hallstarrige vorhanden seyn, ob gerührte und aufgeweckte seelen weitern rath und stärckung, betrübte aber trost bedürfen, wie die haußkirche[2475] in übung des worts, gebeths und gesanges bestellet sey, was sie

---

2468 Als Apostel. Das entsprach dem neuartigen Missionsbegriff der Hallenser (Sendungsmission).
2469 Die Unterstützung des Soester Rates als ihrer zwar nur niederen, in kirchlichen Dingen aber doch (nach eigenem Verständnis) maßgeblichen Obrigkeit.
2470 Vgl. 1. Kor 6, 20: „Denn ihr seid teuer erkauft; darum preist Gott mit eurem Leibe" sowie 1. Kor 7, 23: „Ihr seid teuer erkauft; werdet nicht der Menschen Knechte."
2471 Hier spiegelt sich die Ablehnung der erweiterten Horizonte im kulturellen Leben des 18. Jahrhunderts.
2472 Aufwendiger Nebenerwerbe, wohl insbesondere großer Landwirtschaften.
2473 Vgl. Mt 12, 35: „Ein guter Mensch bringt Gutes hervor aus seinem guten Schatz; und ein böser Mensch bringt Böses hervor aus seinem bösen Schatz."
2474 Der Sorge für Mündel und andere (noch) nicht rechtsfähige Personen.
2475 Die Hausgemeinde im Gegenüber zur gottesdienstlichen Versammlung.

nebst der Bibel für erbauliche bücher haben und lesen, ob unter ehe gatten und nachbahrn friede und einigkeit walte, wie kinder zucht getrieben [S. 385] werde und von statten gehe, ob das gesinde sich christlich bezeuge, wozu specielle fragen in denen Agenden[2476] an die hand gegeben werden sollen, und möchte ein jeder prediger annotation darüber halten, wie er die zuhörer jedes mahl in solcher visitation[2477] befunden habe. Wir hoffen dabey, daß alle zuhörer diese fürsorge ihres predigers wohl aufnehmen und von selbst willig seyn werden, von allein demselben nöthige nachricht zu geben. Allenfalls ist unser befehl, daß wen[n] der prediger *die visitation vorher intimiret hat*,[2478] welches jährlich, wenn es am bequemsten geachtet werden mögte, wenigstens einmahl geschehen soll, ein jeder gehalten sein soll, [sich] mit denen seinigen zu hause finden zu lassen und dem prediger seinen zweck zu erleichtern, welcher sich zuweilen von einem derer vorsteher begleiten lassen könte.[2479]

§ 31. Es müssen aber die prediger durch ihr freundliches bezeigen, verschwiegenheit u[nd] d[er] g[leichen] bey ihren zuhörern das *vertrauen gegen sich zu erwecken* suchen, daß sie auch von selbst zu ihnen kommen, von ihrem [S. 386] seelen-zustande mit ihnen sich zu besprechen und der ihrigen oder anderer eingepfarreten sünden oder anders anliegen ihnen bekant zu machen begehren.

§ 32. Nachdem aber der zuhörer nun bekanter zustand es erfordert, wird der prediger durch sein gebeth, privat-zuspruch und die darauf gerichtete öffentliche ermahnung, auch wohl durch anderer prediger oder christlicher eingepfarreten beystand, ihnen zu helffen sich angelegen seyn lassen und darinn einen heiligen ernst und eifer für [die] göttliche ehre mit einer lautern begierde nach der zuhörer sehligkeit vergesellschafftet von sich spühren lassen, damit ihm sein gewissen das zeugnis gebe, er habe auch *an einem jeden* besonders sein ampt nach vermögen gethan, wie er denn absonderlich bald daran seyn mus, daß, wo zwist unter den eingepfarreten entstanden, sölcher beygeleget und anderen sich äußerenden ärgernissen gesteuret werde. Es soll auch ein jeder prediger, bey aller gegebenen gelegenheit, den saamen des worts auszustreuen und denen, bey welchen [S. 387] er ist, erbaulich zu seyn, sich angelegen seyn lassen, damit es nicht das ansehen gewinne, ob [als] sey da[s] lehrampt nur an die cantzel oder kirche gebunden.

§ 33. Wenn der ordentliche prediger nicht beyhanden oder kranck ist, soll ein jeder von denen übrigen predigern verbunden seyn, *ihn zu subleviren*.[2480] Sonst aber mus [darf] keiner *in des andern ampt* greiffen oder ihm nicht zustehende actus pastorales, worunter doch die besuchung der krancken nicht mit begriffen seyn soll,[2481]

2476 Der damals im Entstehen begriffenen „Soestischen Kirchen Agenden" (1539). Siehe Edition 2.5.
2477 Bei seinen Hausbesuchen.
2478 Seinen Hausbesuch angekündigt/in Aussicht gestellt hat.
2479 Hier sollte eine neue, klar geregelte Besuchspraxis installiert werden.
2480 Ihn zu vertreten/seine Amtsaufgaben mit zu übernehmen.
2481 Der Krankenbesuch galt demnach als eine allgemeine, nicht an die Parochie gebundene Pflicht.

in des andern gemeine erxerciren. Sonderlich sollen sich alle prediger vorsehen, daß sie dem *feld-prediger* in ansehung der guarnison keinen eintrag thun.[2482]

§ 34. Damit der verdacht des eigensinnes und ungehorsams vermieden werde, mus ein jeder prediger in seinem ampt sich vorsehen, daß er dieser *Kirchen-Ordnung* und der Observantz[2483] nicht zu wieder handle. Wobey ihm doch unverwehret bleibet, was er weiter bey der gemeine erbaulich zu seyn erkennet, mit derselben, wo sie sich willig dazu [S. 388] verstehet, zu treiben, als worinn ihn das consistorium nicht nur nicht hindern, sondern vielmehr alle förderung thun, auch, wo es nützlich befunden wird, aus seinen vorschlägen verordnungen machen wird.[2484]

§ 35. Jemehr auf der prediger *leben und wandel* von guthen und bösen acht gegeben wird, und jemehr durch einen exemplarischen wandel gebessert, durch ärgerliches leben derer prediger aber geschadet werden kan[n], desto behuthsahmer sollen sie sich darin beweisen. Wie wir es denn aufs schärfeste ahnden würden, wenn ein prediger mit trunckenheit, zenckerey, geitz, ungerechtigkeit, lügen, verleumdung, schelten und schmähen, weltliche[n] eitelkeiten, schertz und narrentheidungen u[n]d d[er]g[leichen] andern zum anstoß werden solte. Wir wünschen aber, daß alle unsere prediger sich allenthalben, auch wo sie auf gastmahlen oder in andern *gesellschaften* sich finden lassen, als diener Gottes beweisen und den sinn Christi in allen ihren worten und wercken von sich leuchten lassen mögen,[2485] um ihre[n] zuhörer[n] an sich eben das sehen zu lassen, was sie von ihnen hören. Wir recommendiren dazu denen predigern insbesondere die fleißige [S. 389] besuchung der sontäglichen nachmittags- und derer wochen predigten, wie auch die öffentliche communion.[2486]

2482   Sich nicht in dessen Rechte und Pflichten gegenüber den (stadtfremden) Soldaten mengen. – Dazu Gotthilf August Francke im Herbst 1736 (vgl. Edition 2.2, Nr. 103): Ad § 33. circa finem ist zwar wol erinnert, daß die prediger den[en] feldpredigern in ansehung derer garnisonen keinen eintrag thun sollen. Es wäre aber zu wünschen, daß dergleichen auch nicht von der andern seite geschehen möchte, und stelle ichs [Gotthilf August Francke] dahin, ob es thunlich [wäre], daß alhie noch mit angehänget würde: als dergleichen wir auch diesen nicht gestatten wollen. Wiewol ich zweifele, daß hirinnen etwas zu ändern seyn möchte, weil das project [gestrichen: zugleich] schon revidiret ist. – „Revidiret ist": Weil die zur Erprobung freigegebene Soester Kirchenordnung dem Berliner Oberkonsistorium bereits in dieser Form vorgelegen hatte.

2483   Der alten Oemekenschen Kirchenordnung von 1532 (Arend, EKO 22 [wie Anm. 1527]). Die dortigen Regelungen wurden im Interesse der behaupteten alten Rechtstradition bewusst nicht außer Kraft gesetzt.

2484   Was die konkreten Regelungen und Abläufe anbelangte, bestand dem Konsistorium gegenüber damit ein individuelles Vorschlagsrecht. Die Pfarrer sollten es freimütig in Anspruch nehmen.

2485   Vgl. Mt 5, 16: „So lasst euer Licht leuchten vor den Leuten, damit sie eure guten Werke sehen und euren Vater im Himmel preisen."

2486   Hatten sie nicht selbst Gottesdienst zu halten, sollten die Pfarrer die Gottesdienste ihrer Kollegen besuchen und dort auch das Heilige Abendmahl empfangen (keine

Da auch prediger, *ihre häuser* göttlich zu regieren,[2487] vor andern befehliget sind, also sollen sie denen ihrigen keinen muthwillen, fluchen und schweren, verachtung des wortes Gottes, entheiligung des feyertages, kleider-pracht, leichtfertigkeit etc. gestatten.

§ 36. Zu dieser ampts-treu und erbaulichem wandel sollen sich [die] prediger *untereinander* in ihren ordentlichen conventen und sonst *erwecken* oder auch erinnern und brüderlich bestraffen. Desendes wir ihnen untereinander eine wahrhafftige *einigkeit des Geistes* anpreisen.

C. *Von derer prediger censur.*

§ 37. Wann ein prediger in seiner lehr und leben unerbaulich oder *ärgerlich* wird, sein ampt versaumet, seinen eingepfarreten beschwerlich ist, mit ihnen oder seinen amts-brüdern [S. 390] oder auch sonsten jemanden in streit lebet, so soll ein jedes glied der gemeine, sonderlich aber die vorsteher verbunden seyn, dafern die privat-erinnerung nicht rahtsam oder unfruchtbar gewesen, *dem inspectori davon nachricht zu geben,* welcher allein oder in gegenwarth ein und andern mitbruders oder auch vor dem gesammten ministerio ihn ernstlich warnen und zur besserung ermahnen soll.[2488]

§ 38. Dafern aber solche vermahnung nichts verfangen oder auch nicht angenommen werden wolte, soll der inspector, wenn er dem anstössigen prediger zeit zur besserung gegeben, *dem consistorio davon nachricht ertheilen.* Welchem wir[2489] alles ernstes befehlen, nachdrückliche weitere vorstellung an denselben zu thun und ihm nochmahlige bedenckzeit zu praefigiren, da denn, wenn er [S. 391] sich bessert, sein ampt darüber nicht verachtet, noch ihm über seinen fall von jemandem ein vorwurff geschehen soll.

§ 39. Bey fortwährender hallstarrigkeit aber soll das consistorium ohne partheyligkeit und unzeitiges schonen sein collegialisches guthachten mit dem protocollo uns[2490] übergeben; da wir denn das ampt des unordentlichen manns nicht ansehen, sondern vielmehr, dasselbe von einem schand-flecken zu befreyen, seine excesse schärffer als anderer unterthanen unart *bestraffen,* auch wohl gar des ampts ihn ein

---

      Autokommunion: Niemand sollte sich das Heilige Abendmahl selbst reichen; es musste auch ihm gereicht werden).
2487 Vgl. 1. Tim 3, 1b–5: „Wenn jemand ein Bischofsamt erstrebt, begehrt er eine hohe Aufgabe. Ein Bischof aber soll untadelig sein, Mann einer einzigen Frau, nüchtern, besonnen, würdig, gastfrei, geschickt im Lehren, kein Säufer, nicht gewalttätig, sondern gütig, nicht streitsüchtig, nicht geldgierig, einer, der seinem eigenen Haus gut vorsteht und gehorsame Kinder hat, in aller Ehrbarkeit. Denn wenn jemand seinem eigenen Haus nicht vorzustehen weiß, wie soll er für die Gemeinde Gottes sorgen?"
2488 Das hier fixierte Beschwerderecht reichte also – zumindest in der Theorie – bis an die Basis der Gemeinde herab.
2489 Der Soester Rat.
2490 Dem Soester Rat.

zeit lang oder auf bestendig entsetzen werden. In andern civil-sachen mus sich sonst der prediger vor den ordentlichen foris stellen.[2491]

D. *Von derer prediger unterhalt wie auch ihren und ihrer wittwen privilegien.*

§ 40. Damit es denen predigern an ihrem nöthigen unterhalt nicht fehle, soll das *salarium,* wie es ihre antecessores genossen,[2492] von der gemeine oder deren patronen ihnen ungeschmählert [S. 392] zu rechter zeit und also, daß die zahlung ihnen nicht schwer gemacht werde, entrichtet oder angewiesen werde. Wo es aber zu gering ist, soll [es] nach und nach für hinlängliche verbesserung möglichst gesorget werden, damit die prediger, in erlassung derer accidentien,[2493] gegen die dürftigere desto freygebiger seyn können. Sonsten, da kein prediger die *accidentien* zu mehren oder zu erhöhen befugt ist, sollen ihm auch selbige nicht vorenthalten werden. Wie wir denn die uns bekant gemachte undanckbahre debitores zur ungesaumten zahlung anhalten werden. Es were denn, daß eine gemeine für [anstelle] der accidentien eine andere vergütung mit vorwissen des consistorii dem prediger zulegen könte. Gleichwie aber die gewöhnliche[n] *dienste und fuhren*[2494] unter solchen accidentien mit begriffen seyn, also sollen auch selbige unweigerlich abgestattet werden, ohne daß der prediger verbunden sey, ein *gastmahl* dafür in seinem hause anzustellen, als wobey [S. 393] die excessen nicht leicht verhütet werden würden.

§ 41. Die gemeine mus auch dem prediger den hieselbst gewöhnlichen *habit*[2495] verschaffen und für eine ihm bequeme wohnung sorgen. Der magistrat aber hat nach maßgebung allergnädigster Königlicher verordnung bey das predigt ampt das bürger recht und die *freyheit von bürgerlichen lasten* geleget,[2496] auch bey S[eine]r Königl[ichen] Maye[stät] befordert, daß die accise denen predigern vergütet wird.[2497]

§ 42. Da ein prediger alters oder auch anderer schwachheit halber seinen dienst nicht länger verwalten könte, soll er oder die gemeine dem consistorio davon nach-

---

2491 Das kirchliche Disziplinar- und das Zivilrecht wurden damit bewusst voneinander getrennt.
2492 Rückstufungen im Blick auf das Grundgehalt waren also vorderhand nicht zulässig. Auch angesichts der allgemeinen Geldentwertung war dies eine wichtige Sicherungsmaßnahme.
2493 Ohne dass ihre sonstigen Einnahmen (Akzidentien/Gebühren bei Amtshandlungen) dabei mit in die Rechnung einbezogen werden.
2494 Die sogenannten „Hand- und Spanndienste".
2495 Die für die Soester Pfarrer typische Amtstracht.
2496 Mit der Amtsübernahme war demnach nicht nur die Verleihung des Soester Bürgerrechtes (bei stadtfremden Personen), sondern auch eine Befreiung von den kommunalen Steuern verbunden.
2497 Die an die Krone zu zahlenden Verbrauchssteuern wurden dem Pfarrer durch den Rat nachträglich erstattet. Dazu Gotthilf August Francke im Herbst 1736 (vgl. Edition 2.2, Nr. 103): Ad § 48. [fälschlich statt: Ad § 41.] scheinet [gestrichen: nach denen worten] in dem passu: *der magistrat aber bey das predigt-amt* usq[ue] ad verba *verkündigt [gütet] wird* etwas ausgelassen [worden] zu seyn.

richt geben, welches darüber erkennen und zur wahl eines *adjuncti*,[2498] womit sich nicht anders, als auch sonsten bey dem beruff eines predigers geschiehet, zu verfahren gebühret, beförderung geben, aber auch dafür sorgen soll, daß der emeritus zeit seines lebens den respect, titul und nahmen eines predigers bey dem adjuncto und der gemeine behalte und von den [S. 394 ungezählt] kirchen mitteln oder der gemeine zuschuß mit nöthigen unterhalt versehen werde. Nach seinem tode soll der adjunctus, wenn er seine dienste jederzeit treulich versehen und die gemeine sich nicht aus erheblichen ursachen über ihn vor dem consistorio zu beschweren hat, in dem ampte billig succedieren.[2499]

§ 43. Wann ein prediger verstirbt, so besorget die gemeine dessen *begräbniß*, und damit die wittwe durch ein theil des *nach-jahrs* erfreuet werde, bedienen die übrigen prediger, bis die wahl erfolgt, wo sie nicht anders zu lang aufgeschoben wird, die vacirende gemeine, wie auch zu solchem zweck der nun erwehlte[r] successor sich nicht we[i]gern darf, ein zeitlang unentgeltlich zu arbeiten. Es wird aber in der stadt des nachjahrs halben also gehalten: 1. die wittwe und kinder des verstorbenen predigers geniessen a die mortis 13 wochen-lang[2500] die accidentien. 2. das salarium, worunter korn- und die cantzel-rechte mitzubegreifen sind, wird in vier gleiche quartale eingetheilet, deren termine [S. 395 ungezählt] seyn Michaelis, Weynachten, Ostern, Johannis.[2501] 3. man siehet aber die portion des quartals, in welchem der prediger verstorben [ist], solte er auch nur einen tag darin erlebet haben, als ein deservitum[2502] an. Zum nachjahr werden die 2 folgende quartale gerechnet. 4. desendes das korn als auf Michaelis fällig geachtet wird. Auf der börde geniesset die wittwe oder [die] kinder des verstorbenen predigers 1. die accidentia des ersten viertheil jahres 2. das salarium eines gantzen jahrs, 3. haben sie das pastorat hauß und [den] hof cum pertinentiis[2503] ein volles jahr und 6. wochen darüber zu bewohnen und zu nutzen. Jedoch mus neoelecto pastori[2504] eine studirstube und schlafzimmer eingeräumt werden. 4. die in den ländereyen und gärten befindliche fett[2505] und besserungen[2506] werden der witwen und [den] kindern des antecessoris bezahlet, denenselben auch 5. gereichet, was ein und anders orts noch sonsten etliche kleinigkeiten halber beständig hergebracht. Wenn aber ein prediger auf erlangten anderwärtigen beruf

---

2498   Eines Hilfspredigers/eines jüngeren Kollegen zu seiner Unterstützung/Entlastung.
2499   Mit der Adjunktur verbunden war demnach zumindest prinzipiell auch eine Anwartschaft auf die Nachfolge.
2500   Ein Vierteljahr nach dem Todestag.
2501   Die „Schnittstellen" der vier Quartale waren Michaelis (29. September), Weihnachten, Ostern und Johannis (24. Juni).
2502   Eine feste Verpflichtung/als verbindlich.
2503   Mit allem, das dazu gehört (Äcker, Wiesen, Teiche, Wald etc.).
2504   Dem Amtsnachfolger.
2505   Die Geflügel- und Viehbestände.
2506   Die durch den Pfarrer vorgenommenen/in Auftrag gegebenen Verbesserungen im Bereich der zu seiner Stelle gehörenden Gebäude und Liegenschaften.

seine gemeine verlässet, kan [S. 394] er kein nachjahr praetendiren,[2507] wann er auch solches des antecessoris witwen belassen hat.[2508]

§ 44. So lange *prediger wittwen* in dem wittwen-stande unverrückt verbleiben und sich ehrlich und untadelich darinnen verhalten, werden sie bey der immunität und freyheit, welche ihre ehemänner gehabt, geschützet und gehandhabet werden. Wir wollen aber auch überdem nach möglichkeit uns bemühen, eine anzurichtende *wittwen cassam* für sie [zu] befordern.[2509]

E. *Von dem collegio und denen conventibus derer prediger.*

§ 45. Die prediger in der stadt und auf dem lande machen *ein corpus* aus,[2510] und [es] kan sich keiner davon dismembriren,[2511] sondern, wie billig alle in wahrer einigkeit als brüder stehen sollen, also fordern wir, daß sie mit zusammen gesetzten kräfften dem Reiche des Satans abbruch thun und Christi Reich zu bauen sich angelegen seyn lassen und darüber in der furcht Gottes miteinander fleissig *conferiren*. Wie sie denn auch der gemeinen kirchen-sachen sowohl als der angelegenheit einer besondern gemeine und des ampts eines mitbruders *sich gesammtlich annehmen* sollen.

[S. 395] § 46. Und dahin mit ausschliessung weltlicher, die kirche und das predig ampt nicht eigentlich betreffender sachen sollen alle *conventus* ministeriales speciales und generales[2512] abgesehen seyn, wozu der inspector seine amts brüder, so oft es die noth erfordert, sonsten aber wenigstens alle quartal auf den Donnerstag nach dem Quartal-Bußtage,[2513] vor- und, wo es nöthig ist, auch nach-mittages durch eine missiv *invitiren* soll.[2514] Und mag er, wo wichtige sachen proponiret werden sollen, dieselbe in der verschlossenen schedula invitatoria zur vorläufigen privat überlegung confratribus bekandt machen.[2515] Solchen auf hiesiger bibliothec[2516] anzustellenden conventen sollen ordentlich alle invitati zu bestimmter zeit *beywoh-*

2507 Fordern/geltend machen. Eine solche Forderung hätte die Nachfolge erschwert.
2508 Das galt also auch dann, wenn er selbst der Witwe seines Vorgängers ein Nachjahr gewährt hatte.
2509 Ein Grundanliegen des damaligen Pfarrstandes. In Soest wurde eine solche Kasse aber erst sehr spät, nämlich erst unter dem Inspektorat Sybels ab 1754 realisiert. Vgl. Edition Nr. 114 und 193.
2510 Nämlich: die „Soester Kirche" als die dem Rat unterstehende Landeskirche der Stadt Soest und ihrer Börde. In sich selbst gliederte sich diese Kirche allerdings auch weiterhin in zwei „Ministerien", das ministerium urbanum (Stadt) und das diesem nachgeordnete, ja ihm in vielen Belangen (Aufsicht, Visitation etc.) sogar direkt unterstellte ministerium suburbanum (Börde).
2511 Sich von ihm trennen/sich (eigenmächtig) aus dem Verbund dieser Gemeinden lösen.
2512 Die Teilkonvente beider Ministerien und die Vollkonvente der Pfarrer aller Gemeinden.
2513 Die „Schnittstellen" der vier Quartale waren auch hier Michaelis (29. September), Weihnachten, Ostern und Johannis (24. Juni). Vgl. § 43.
2514 Durch ein besonderes Schreiben/schriftlich einladen soll.
2515 Hier war offenbar an die vorausgehende Versendung einer Tagesordnung gedacht.
2516 Dem Sitzungsraum im hinteren Teil der Empore der Ratskirche St. Petri.

nen und von denen *actis* durch den jüngsten prediger in der stadt[2517] ein ordentliches *protocollum* geführt werden, damit solches allenfalls dem *consistorio praesentiret* werden könne.

[S. 396] § 47. *Auf dem ordinairen convent* soll der inspector, nach geschehener aufmunterungs-rede und verrichtetem ernsten gebeth zu Gott, zuforderst veranlassen, daß ein theil dieser *Kirchen-Ordnung* verlesen werde, worauf er um zu fragen hat, ob jemand bekant sey, daß derselben zuwieder gehandelt werde, oder wie er meine, das selbige durch neue von dem magistrath zu begehrende verordnungen weiter erläutert werden könne.[2518] Hiernechst sollen die *acta prioris conventus*[2519] verlesen und, wie die *conclusa* zu werck gerichtet seyn, von dem *inspectore* nachgefraget werden,[2520] welcher darauf zu *proponiren* hat, was jetzt besonders in deliberation gezogen zu werden *meritire*, und von denen *confratribus* zu begehren, daß sie ihre *casus, observationes, dubia, querelas, desideria*[2521] ordentlich und kurtz vortragen wollen.[2522]

§ 48. Weil alle *ministeriales* billig bedencken sollen, daß sie als Gottes diener vor seinem angesicht und unter seinem höchsten *praesidio* [S. 397] zum dienst der kirchen versammlet seyn, von jedem convent und dessen frucht auch dereinst rechenschafft zu geben haben, so mus der inspector das *collegium*, wo es noth ist, *zur stille* und ehrfurcht vor Gott vermahnen und nicht zu geben, daß durch unnöthiges geschwätz die zeit verderbet oder einem andern in der rede vorgegriffen oder streit und disput geführt werde. Hergegen, wenn die proposition[2523] von dem *scriba*[2524] protocolliret ist und inspector seyn *votum* vorgebracht hat, soll ein jeder nur, wann ihn die ordnung trifft,[2525] seine meinung offenhertzig und bescheidentlich mit denen habenden *rationibus*, doch kürtzlich, offenbahren. Wiedrigen fals hat der inspector alles ernstes *censuram* zu *exerciren*[2526] oder, wo selbige nicht verfangen will, conventum aufzuheben und das consistorium von der unordnung zu benachrichtigen.

2517   Den als letzten in sein Amt gekommenen Stadtpfarrer.
2518   Das war das in Soest schon seit Jahrhunderten übliche Verfahren im Umgang mit wichtigen Rechtstexten. Die Rechtstradition wurde regelmäßig erinnert, zur Aussprache gestellt und im Zuge dessen neu in Kraft gesetzt.
2519   Das Protokoll der vorausgegangenen Sitzung.
2520   Es wurde überprüft, ob die beim vorausgegangenen Konvent getroffenen Beschlüsse in der Zwischenzeit umgesetzt worden waren. Die Verantwortung dafür trug der Inspektor.
2521   Ihre Beobachtungen, Bedenken, Beschwerden und Anliegen.
2522   Der Inspektor berichtete über den aktuellen Zustand der von ihm geleiteten Kirche, markierte die hier bestehenden Fragen und Probleme und sammelte die Anträge der versammelten Pfarrer.
2523   Die gemeinschaftlich vereinbarte Tagesordnung.
2524   Dem an anderen Orten zumeist eigens gewählten Schriftführer. In Soest aber vielleicht auch schlicht: dem als letzten in sein Amt gekommenen Stadtpfarrer. Vgl. § 46.
2525   In der Reihenfolge der Wortmeldungen bzw. auf ausdrückliche Aufforderung.
2526   Die Vortragenden zur Ordnung zu rufen.

Es stehet sonst bey dem inspectore, ob singula vota oder nur der schluß jedesmahls ad protocollum referiret werden sollen.[2527]

[S. 398] § 49. Wo nicht erhebliche ursachen es verhindern, soll ein jeder *das ende des convents* abwarten, die acta verlesen hören und auf erfordern des inspectoris eigenhändig unterschreiben[2528] und das schluß gebeth mit verrichten. Nachmahls aber soll niemand von demjenigen, was in conventu vorgefallen und verhandelt worden [ist], zur ungebühr etwas *außschwatzen,* noch den ältern und neuern conclusis, welche besonders verzeichnet werden sollen,[2529] zuwieder handeln.

F. *Von dem inspectore.*

§ 50. Der inspector soll aus mittel der stadt-prediger[2530] von dem consistorio in unserm nahmen[2531] *erwehlet* und so dan uns[2532] zur confirmation praesentiret werden. Es hat aber das gesamte ministerium freyheit, zween oder drey stadt-prediger zu solchem ampt *vorzuschlagen* und zu begehren, daß ihnen daraus ein inspector vorgesetzet werde.[2533] Dem erwehlten inspectori sind alle übrige[n] prediger ehre und folgsamkeit schuldig, und [es] darf ohne sein mitwissen und [seine] einstimmung in kirchen-sachen nichts haupt-sachliches beschlossen und neuerlich vorgenommen werden.

[S. 399] § 51. Allermaßen wir demselben die wache und *aufsicht über die kirchen* unserer jurisdiction also auf sein gewissen legen, daß, wo prediger in lehr und leben ihre pflicht aus den augen setzen oder ärgerniß geben, imgleichen, wo sonst dieser Kirchen-ordnung nicht nachgelebet wird und er dargegen nicht geeifert, noch unsere[r] Hülffe gesuchet hat, wir es nicht nur von jenen, sondern auch von ihm fordern und ihn dafür ansehen werden. Wir belassen ihm daher auch die ihm angewiesene *visitation* derer gemeinen, sonderlich auf dem lande.[2534] Er soll aber jedes-

---

2527 Ob ein Verlaufs- oder nur ein Ergebnisprotokoll geführt wird.
2528 Die Richtigkeit des verlesenen Protokolls musste demnach von allen Erschienenen bezeugt werden.
2529 Die getroffenen Beschlüssen waren auch noch einmal separat zu erfassen/archivieren.
2530 Aus dem Kreis der Stadtpfarrer.
2531 Im Namen des Soester Rates.
2532 Dem Soester Rat.
2533 Der das gesamte Soester Kirchenordnungsprojekt auslösende Verfassungskonflikt (vor den König gebrachte Kritik der Bördepfarrer [ministerium suburbanum] an ihrer Unterordnung unter die Pfarrer der Stadtgemeinden [ministerium urbanum], konkret: ihrem Ausschluss von der Wahl des Inspektors) wurde damit folgendermaßen zu überbrücken versucht: Zwar sollte der Inspektor auch weiterhin aus dem Kreis der Stadtpfarrer genommen werden. Anders als in der Vergangenheit (wo dies lediglich für die Mitglieder des ministerium urbanum gegolten hatte) sollten aber fortan auch die Bördepfarrer vorschlags- und (zumindest aktiv) wahlberechtigt sein.
2534 Die Aufsichts- und Visitationspflichten des Inspektors bezogen sich demnach vor allem auf die Landgemeinden und deren Pfarrer. In der Stadt waren die Verhältnisse weniger klar.

mahl mit dem consistorio überlegen, wo und wann dieselbige als nöthig angesehen werden könne, da sie denn in beyseyn eines membri politici aus dem consistorio nach maaßgebung einer auszufertigenden visitations-instruction und articuln,[2535] auch unserer alten Kirchen ordnung[2536] angestellet und ernstlich besorget werden soll, daß [damit] der zweck zur ehre Gottes [S. 400] und erbauung der kirchen völlig erreichet werden möge, mit hin[t]ansetzung aller menschen-furcht und anderer fleischlichen absichten. Imgleichem kömmt dem inspectori über hiesige druckerey[2537] die aufsicht zu, und verbieten wir dem drucker bey arbitrairer[2538] straffe, nichts abzudrucken, welches nicht dem inspectori vorher *zur censur* zugeschicket worden [ist], der den[n] nicht nur ärgerlichen, sondern auch unnützen schrifften die censur versagen und dem drucker anweisung geben soll, was er sonst zum besten der kirchen Christi auflegen könne.[2539] Die *actus* ecclesiastici *solenniores*,[2540] so vorkommen möchten, sollen gleichfals dem inspectori überlassen werden.

IV. *Von denen übrigen kirchen bedienten.*

§ 52. Die übrige kirchen bediente sollen nicht anders als mit vorwissen derer prediger *erwehlet* werden, es sey nun hergebracht, daß sie dabey ein votum haben oder nicht; wie denn, wo prediger ratione vitae et morum[2541] an denen, die in vorschlag gebracht werden, etwas erhebliches außzusetzen haben, selbige nicht erwehlet werden können.

[S. 401] § 53. Sonderlich sollen die *cüster,* als die denen predigern vornemlich dienen müssen, ihnen wieder willen nicht aufgedrungen werden; und wo selbige[2542] die schule haben, müssen die, so sich dazu angeben,[2543] von dem inspectore ein *zeugnis* darüber vorzeigen, daß sie den Catechismum verstehen und daraus denen kindern die grund wahrheiten der christlichen lehre und die ordnung des heyls[2544] zu er-

---

2535 Hier sollte die damals noch im Entstehen begriffene „Soestische Kirchen Agenden" (1539) schon bald reichhaltiges Material zur Verfügung stellen. Vgl. Edition 2.5.
2536 Hier wohl weniger der Oemekenschen Kirchenordnung von 1532 (Arend, EKO 22 [wie Anm. 1527]) als der Schwartzschen Predigerordnung von 1628. Abdruck bei Peters, Neues aus Soest (wie Anm. 11), S. 193–210.
2537 Die Druckerei Hermanni.
2538 Ernster/spürbarer.
2539 Der Inspektor hatte, was das Sortiment der Druckerei anbelangte, also nicht nur ein Zensur-, sondern auch ein Vorschlagsrecht.
2540 Die übergreifenden Gedenk- und Festakte der „Soester Kirche".
2541 Im Blick auf ihre Lebensführung.
2542 Die Küster.
2543 Die sich auf eine solche Stelle bewerben.
2544 Die pietistische Vorstellung von der Erlösung des einzelnen Christen nach Gottes besonderem Heilsplan.

klären tüchtig seyn, als worüber dieser ein *examen* mit zuziehung des pastoris loci anstellen soll.[2545]

§ 54. Wann die cüster angenommen werden, müssen ihnen die prediger *ihre pflicht* in gegenwarth derer kirchen vorsteher *vorstellen* und von ihnen die erklärung fordern, daß sie alle treue in ihrem ampt erweisen wollen.[2546] Wie sie den[n] verbunden seyn, dem prediger in sachen, welche die gemeine und sein amt angehen, *gehorsam* und dienstfertig zu seyn. Sie müssen auch denen heiligen handlungen, es werden selbige in- oder ausserhalb der kirchen [S. 402] verrichtet, selber zu rechter zeit andächtig *beywohnen* und, was ihnen dabey zu verrichten obliget, sorgfältig in acht nehmen. Daher sie sich fleissig *zu hause* halten und ohne vorwissen und erlaubnis ihrer prediger nicht außreisen dürfen, damit sie ihrer jeder zeit gewis in allen vorfallenden amts-verrichtungen bey tag und nacht mächtig seyn können. Ausser verrichtung des gottesdienstes sollen sie die kirche fleissig *verschliessen,* auch, wie die kirchen schlüssel allein bey sich behalten, so die auf- und zuschliessung durch keine fremde verrichten lassen, damit nicht da etwas von kirchen geräthe und sonst entwendet werden solte, einer mit dem andern sich zu entschuldigen anlaß finde[n], sondern man die cüster allein zu besprechen und des erlittenen schadens an denen sich zu erhohlen haben möge. Das *register* derer gebohrnen, getrauten und verstorbenen[2547] sollen sie richtig continuiren, zur *einmachung*[2548] derer kirchen- und armen-güther sich munter beweisen und die *kirchen-geräthe* und zirathen rein und sauber halten, auf die *uhr,* dafern nicht solche zu besorgen dem todten gräber oder jemandem anders anbefohlen worden [ist], acht haben und, was ihnen sonst angewiesen ist, beobachten.

[S. 403] § 55. Es sollen sich auch die cüster eines *gottseeligen* und erbaulichen *wandels* befleissigen und daher auf den bier-bäncken sich nicht finden lassen, vielweniger daselbst und auf gastmahlen aufspiehlen; und wie sie mit unnöthigem aufwarten auf *gastmahlen* zu verschonen seyn, also sollen sie, wo sie als gäste darzu erbethen werden, sich früh so wohl als ihre prediger nach hause begeben. Ihnen soll auch nicht erlaubt seyn, *wirtschafft* zu treiben und geläger zu setzen,[2549] alles bey unausbleiblicher straffe und, nach befinden, [des] verlust[es] ihres dienstes.

2545 Dazu Gotthilf August Francke im Herbst 1736 (vgl. Edition 2.2, Nr. 103): Ad § 53. circa finem mögte wol nachdrücklich beyzufügen seyn: daß kein küster, der schule hält, und kein schul-meister admittiret [zugelassen] und angenommen werden solle, der von dem inspectore dazu nicht tüchtig erfunden worden [ist] und von demselben ein zeugniß erhalten habe: indem wegen versäumung [am Rande ergänzt:] man allerhand leute einzuschieben trachtet und gleichwohl*, daß die schulen auch auf dem lande wohl bestellet werden.

2546 Das Folgende war letztlich eine Ordnung für den Dienst der Küster, eine Dienstanweisung.

2547 Die Tauf-, Trau- und Beerdigungsregister.

2548 Zum Einzug/zur Einnahme/zur Einlagerung.

2549 Einige Küster unterhielten offenbar nebenher Schankwirtschaften oder spielten bei Festen auf.

2.3 Die „neue" Soester Kirchenordnung

§ 56. Ihr *gehalt und* [die] *accidentien*[2550] sollen ihnen ungeschmählert zu rechter zeit [zuteil] werden, und wie sie von bürgerlichen lasten *frey* seyn [sind], so sollen ihre *wittwen*, bis sie sich [wieder] verheyrathen, gleichfals die freyheit geniessen.[2551]

§ 57. Die *organisten* sollen die orgel selber und nicht durch andere bey dem gottes-dienste bedienen und demselben bis ans ende beywohnen, nicht aber unter der predigt, andern zum ärgernis, herauslauffen, vielweniger an sonn- und fest-tagen denen heiligen trachten nachlauffen oder sonst bey dem päpstischen gottesdienst die music versehen,[2552] auch sollen sie auf der orgel sich mehr befleissigen, die andacht der gemeine zu beforderen, als ihre kunst hören zu lassen.[2553]

§ 58. Die *todten-gräber* sollen immer bereit seyn, nicht nur, wenn gräber zu verfertigen sind, wenn auch mehr leichen in einem tage vorfielen und [sie; gestrichen: sich] allenfals sich anderer [S. 404] todten gräber hülffe bedienen müsten, sondern auch, wenn die kirchen-vorsteher sie in kirchen sachen zu gebrauchen haben, sonderlich sollen sie unter dem gottes-dienst den muthwillen der bösen buben in und ausser der kirchen steuren, die hunde heraus treiben und die *kirch-höfe* als derer verstorbenen schlaf- und ruhe kammeren rein bewahren und die mauren und plancken oder zäune im stande erhalten, damit das vieh davon zurück gehalten werde.[2554]

§ 59. Die *leuter* sollen nicht durch muthwillige jungen, sondern selber das geleut verrichten und wann sie der gemeine dadurch ein zeichen zur versammlung gegeben, solcher auch mit beywohnen, sonsten aber des abends nach acht uhr weder bey einer leichen begängniße, noch bey erwehlung und einführung derer lohn-herren leuten,[2555] bey straffe der hafft, und wo nicht besondere erlaubnis von uns gegeben werden wird, soll bey keiner leiche länger als eine stunde lang vor und wiederum eine stunde lang nach der leich-predig[t] geleutet werden. Massen wir den mißbrauch der glocken in dem unmässigen geleuth gäntzlich abgeschaffet wissen wollen.

[S. 405] § 60. Wie die bisherigen limiten derer parochien[2556] billig beybehalten werden, also soll 1. ein jeder, der ein erb haus bewohnet, von der Zeit an, da er es

---

2550 Das ihnen bei der Anstellung zugesagte feste Gehalt und alle Nebeneinkünfte, zum Teil auch in Naturalien.
2551 Als Bedienstete der Kirche genossen auch die Küster Steuerfreiheit. Von ihnen gezahlte Verbrauchssteuern (Akzise) wurden durch den Soester Rat erstattet.
2552 Die evangelischen Organisten waren als professionelle Kirchenmusiker demnach auch in den römisch-katholischen Gemeinden für Prozessionen und Gottesdienste gefragt. Hier hatte man solches wohl nur selten oder konnte es sich in Anbetracht der geringeren Gemeindegrößen einfach nicht leisten.
2553 Aufgrund der damaligen Entwicklung der Orgelmusik profilierte sich diese wohl zunehmend auch als eigene Kunstgattung. Der Gottesdienst sollte darüber aber nicht zum Konzert werden.
2554 Die Totengräber waren zugleich auch Pedell und Hausmeister der Friedhofsanlage und ihrer diversen Einbauten (Grabmäler, Schuppen etc.).
2555 Ein solches nächtliches Läuten konnte als Brandläuten missdeutet werden.
2556 Die Gemeindegrenzen inner- und außerhalb der Stadt. Sie waren auch fiskalische Grenzen.

beziehet, solte es auch nur ein Tag z[um] e[xempel] vor seiner proclamation[2557] seyn, zu der gemeine sich halten, dazu das haus gerechnet wird, wovon nur die kirchen und schul-bedienten wie auch deren wittwen außgenommen sind.[2558] 2. Ingleichen, wenn ein kind für seinen pröperlichen antheil[2559] das elterliche erb haus besitzet, bleibt dasselbe auch nach der eltern tode bey der gemeine. Da sonst 3. *ledige personen,* deren eltern noch leben, mit ihren freunden und herrschafften, dabey sie sich aufhalten, die communion in einer andern gemeine geniessen können, wenn sie nur die proclamation und [die] copulation[2560] bey dem beicht vater ihrer eltern suchen. 4. Die kinder *der verstorbenen eltern* können sich, ausser [im unter] N[r.] 2. benennten casu, mit welcher gemeine sie wollen gäntzlich commembriren,[2561] nur müssen sie, wo sie sich in der stadt oder in der börde aufgehalten haben, die proclamation und copulation daselbst suchen, wo sie bisher *jahr und tag* communiciret haben.[2562] 6. Die aber in *heuer häusern* [S. 406] wohnen und also [deshalb] ihre wohnung oft mutiren müssen, haben die freyheit, eine gemeine nach ihrem gefallen zu wehlen, doch sollen sie auch nicht leicht ohne ursache eine *änderung* vornehmen, und damit besagte freyheit nicht gemißbrauchet werde zu gäntzlicher enthaltung von der h[eiligen] communion und christlichen versammlung, sollen jährlich in conventu auf veranlassung des inspectoris alle prediger *beybringen,* welche in ihrer parochie wohnen und sich doch bey ihnen zur kirche und abendmahl nicht einfinden, um so zu erfahren, ob sie sich auch zu anderen confessionariis halten.[2563]

§ 61. Welche sich von ihrer gemeine eigenwillig *absondern,* sollen von keinem andren prediger angenommen und von dem inspectore ihres unfugs[2564] halber erinnert werden, dafern aber jemand gegründete *aversion* für [vor] seinem ordinario[2565] zu haben vermeinte, so soll er sich darüber bey dem inspectore melden, der dann

---

2557 Der Bekanntgabe des Besitzwechsels.
2558 Sie genossen ja auch sonst eine Freiheit von den bürgerlichen und kirchlichen Lasten.
2559 Den ihm aufgrund des Kindschaftsverhältnisses zustehenden Anteil am Erbe.
2560 Proklamiert und getraut wurde also stets durch den für die Eltern zuständigen Pfarrer. Ihm standen daher auch die Stolgebühren (Abgaben für die Amtshandlung) zu.
2561 Sich verbinden/sich dieser Gemeinde anschließen.
2562 Bei Waisen ging dieses Recht (Proklamation und Trauung) damit auf den Pfarrer über, in dessen Gemeinde sie seit mehr als einem Jahr das Heilige Abendmahl empfangen hatten.
2563 Die besitzlosen und daher nichtständigen Gemeindeglieder (Knechte, Mägde, Gesellen, Dienstboten etc.) und ihre Familien sollten das kirchliche System weder pastoral noch steuerlich unterlaufen können. – Dazu Gotthilf August Francke im Herbst 1736 (vgl. Edition 2.2, Nr. 103): Ad § 60. circa initium, weiß ich [Gotthilf August Francke] nicht, ob es nicht einige unordnung nach sich ziehen möchte, wenn kirchen- und schul-bediente und deren witben sich nicht zu einer gewissen gemeine zu halten schuldig seyn sollen.
2564 Der Unzulässigkeit ihres Verhaltens/der Unhaltbarkeit der von ihnen eingenommenen Position. – Dies schloss wohl auch den Fall der theologisch begründeten Separation mit ein (radikaler Pietismus, Spiritualismus, Freidenkertum etc.).
2565 Eine begründete Abneigung gegen den für ihn zuständigen Gemeindepfarrer.

einen versuch thun wird, entweder den kläger zu befriedigen und mit dem beicht vater in einen verstand zu bringen, oder denselben zu bewegen, daß er das beicht kind ad tempus[2566] einem andern beicht vater *überlasse*. Wenn aber beydes nicht verfangen will, ist die sache vor das consistorium [S. 407] zu bringen, welches nach befinden dem eingepfarreten einen beicht vater *bestimmet*;[2567] es mus aber jener zu seiner gemeine sich wenigstens so dan[n] wieder halten, wenn der prediger, wofür er aversion hatte, *verstirbet*.[2568]

§ 62. Ein jeder eingepfarreter soll auch ordentlicher weise dem *gottes-dienst bey seiner gemeine* beywohnen, damit dieselbe und der beicht vater versichert seyn, daß er die öffentliche versammlung nicht verlasse. Imgleichen soll ein jeder seinem *seelsorger sich folgsam* beweisen, damit er sein ampt an ihm mit freuden thue und nicht mit seufftzen. Die sich aber an ihrem prediger durch spötterey, verleumdung, schelten und schmähen vergreiffen, die werden wir,[2569] andern zum exempel, wenn auch der prediger keine klage führt, auf das empfindlichste bestraffen. Es sollen auch so wohl die, welche der prediger *zu sich fordern lässet,* um mit ihnen amts halber zu sprechen, bey ihm sich einfinden, als ihn die mit sanftmuth hören sollen, *bey welchen er einspricht,* um von ihrem seelenzustande [S. 408] mit ihnen in Gottes nahmen zu handeln.

§ 63. Wir fordern auch von allen unsern evangelisch Lutherischen unterthanen, daß sie dem evangelio würdiglich *wandeln* und ein geruhiges und stilles Leben führen in aller gottsehligkeit und ehrbahrkeit,[2570] massen [weil] wir nicht zusehen wollen, daß durch truncknheit und unkeuschheit, wie auch dazu verführende üppige zechen, liederliches spielen und tantzen, ungerechtigkeit und betrug, hader und zanck, lästern und verleumden, entheiligung des feyertages, verachtung des worts Gottes, mißbrauch und lästerung seines nahmens und dergleichen ohotisches wesen[2571] die unter uns wohnende irr- und ungläubige geärgert und der name Gottes und unserer kirchen reiner lehre darüber gelästert werde.[2572] Vielmehr wollen wir, daß ein jeder sein licht vor selbigen leuchten lasse, damit darüber Gott gepreiset und die wiedersacher ohne wort gewonnen werden können,[2573] absonderlich preisen wir

---

2566 Für eine gewisse Zeit/vorübergehend.
2567 Kein evangelisch-lutherischer Christ sollte/durfte demgemäß ohne Beichvater leben.
2568 Das hier Beschriebene betraf also in erster Linie konkrete Streitfälle zwischen einzelnen Pfarrern und ihren Gemeindegliedern. Die Struktur selbst blieb davon unberührt.
2569 Der Soester Rat.
2570 Vgl. 1. Tim 2, 1f.: „So ermahne ich nun, dass man vor allen Dingen tue Bitte, Gebet, Fürbitte und Danksagung für alle Menschen, für die Könige und für alle Obrigkeit, damit wir ein ruhiges und stilles Leben führen können in aller Frömmigkeit und Ehrbarkeit."
2571 Bedeutung ungewiss. Vielleicht: Skandalöses/allgemeines Aufsehen erregendes Verhalten.
2572 Die Heiligung des Einzelnen war keine Privatangelegenheit. Sie entschied über das Ansehen der Stadt und ihrer Kirche.
2573 Vgl. Mt 5, 16: „So lasst euer Licht leuchten vor den Leuten, damit sie eure guten Werke sehen und euren Vater im Himmel preisen."

des endes denen eltern und hauß vättern die *kinder zucht,* davon der kirchen wohlfahrt sonderlich dependiret, mit dem *hauß-gottes-dienst,* wie auch die aufsicht auf das christenthum des gesindes und also gesamter haußgenossen an, als wovon sie wegen des ihnen durch Christum erworbenen[2574] und in der evangelischen kirchen wieder angewiesenen rechts des *geistl[ichen] priesterthums*[2575] an jenem tage rechenschafft werden geben müssen. Es müssen daher eltern und hauß vätter angeben, wo [wenn] [S. 409] sie ihre kinder und gesinde nicht zwingen können, damit durch das zucht hauß[2576] ihnen hülffe geleistet werden könne.

VI. *Von denen provisoribus und diaconis bey denen gemeinen.*

§ 64. Das collegium provisorum[2577] mus nicht nur wachsame *aufsicht* haben auf die kirchen-gebäude, pastorat haus, küsterey, schule etc. und deren erhaltung in baulichen würden, wie auch auf die kirchen-güther und die administration der armen mittel, imgleichen bezahlung der kirchen bediente u[nd] s[o] w[eiter], sondern anbey stehet ihm grösten theils[2578] die wahl der prediger zu, welchen sie auch ihr ampt erleichtern müssen durch *anzeigung* der unordnungen und ärgernissen unter der gemeine, davon selbige sonst nichts wissen würden, durch ertheilung benöthigten raths und beweisung eines heiligen *eifers* wieder die faulen glieder ihrer gemeine. Wes endes sie denn auf begehren des predigers sich versammlen und diejenige, welche ihres ärgerlichen lebens und wandels, als etwa fluchens, gottes-lästerens, verübten oder auch gesuchten segen sprechens und teuffels-bannerey,[2579] imgleichen muthwilliger versäumung und verachtung des gottes dienstes und heil[igen] abendmahls, entheiligung des sabbaths, ungehorsams und verachtung der eltern, öffentlichen feindsehligkeit, trunckenheit und völlerey, scheltens [S. 410] und schmähens, auch sonsten anderer sünden halber öffentlich beschrien, auch solcher halb von

---

2574 Vgl. Apg 20, 28: „So habt nun acht auf euch selbst und auf die ganze Herde, in der euch der Heilige Geist eingesetzt hat zu Bischöfen, zu weiden die Gemeinde Gottes, die er durch sein eigenes Blut erworben hat."

2575 Vg. 1. Petr 2, 5 und 9: „Und auch ihr als lebendige Steine erbaut euch zum geistlichen Hause und zur heiligen Priesterschaft, zu opfern geistliche Opfer, die Gott wohlgefällig sind durch Jesus Christus […] Ihr aber seid ein auserwähltes Geschlecht, ein königliches Priestertum, ein heiliges Volk, ein Volk zum Eigentum, dass ihr verkündigen sollt die Wohltaten dessen, der euch berufen hat aus der Finsternis in sein wunderbares Licht." – Der Begriff markiert zugleich ein zentrales Motiv des spenerschen Pietismus. Vgl. Speners „Pia Desideria" (1675). Köster, Beate (Hg.): Philipp Jakob Spener: Pia Desideria. Deutsch-lateinische Studienausgabe, Gießen/Basel 2005 (zweiter Reformvorschlag) und dann natürlich Derselbe: Das Geistliche Priesterthum/Auß Göttlichem Wort Kürtzlich beschrieben/und mit einstimmenden Zeugnüssen Gottseliger Lehrer bekräfftigt […], Frankfurt am Main: Zunner und Friedgen 1677 (VD17 3:308709E).

2576 In diesem Falle wohl das Soester Waisen- und Arbeitshaus.

2577 Die Lohnherren/die Ältesten/die Verwalter der Kirchenkasse und des Armenfonds.

2578 An den meisten Orten/in den meisten Kirchengemeinden.

2579 Damals offenbar weitverbreiteten Manifestationen der Volksreligiosität.

2.3 Die „neue" Soester Kirchenordnung

denen predigern, jedoch vergeblich, schon zur rede gesetzt seyn, *vor sich fordern*, sie nebst denen predigern zur besserung anmahnen und die gefahr ihrer seelen ihnen vorstellen, und, wie sie auf den fall der hallstarrigkeit und bey fortwährenden solchen sünden sie in ihrer gemeine und besonders bey dem heil[igen] abendmahl nicht dulden können, ihnen bedeuten sollen.[2580] Wer vor diesem collegio auf erforderen *nicht zu erscheinen* begehret, kan für kein glied der gemeine weiter gehalten werden. Wenn aber in dem collegio diese und andere zur erbauung der kirchen gehörige sachen vorkommen, sollen alle als vor Gottes angesicht sich in der *stille* bewahren und alles unnöthigen geschwätzes sich enthalten, auch bey arbitrairer straffe, was deliberiret und gehandelt worden [ist], *nicht austragen*.

§ 65. Des endes unser ernster wille ist, daß nur die aus der gemeine zu provisoren mit wissen des predigers *erwehlet werden* sollen, welche vor andern den ruhm der weisheit und gottsehligkeit haben und mithin, was zum bau der kirchen Christi beforderlich sey, [S. 411] so wohl verstehen als auch eifrigst zu werck zu richten begehren. Da denn keiner von unseren bürgern diese ihm angetragene aufsicht auf die gemeine, darinnen er wohnt, *auszuschlagen* begehren wird.[2581] Wir sehen [sähen] auch gern, daß die anzahl dieses collegii, damit es so viel mehr autorität habe, nicht zu weitlaufig werde und folglich, bis ein oder ander mit tode ab[ge]gangen [ist], einer von ihnen abermahl[s] zum worthaltenden lohn herren[2582] wieder gewehlet werde.

§ 66. Der worthaltende lohnherr soll bey dem ende seines jahres die rechnung über die einnahme und außgabe vor dem collegio ablegen, und [es] mus uns[2583] davon nochmahls eine copey überreichet werden. Solte vor verfließung zweyer jahre der erwehlte provisor sterben, so mus sein antecessor[2584] an seine statt tretten und die rechnung nochmahls führen, auf welche weise es auch bey dem absterben eines zeitigen diaconi[2585] gehalten werden soll.

§ 67. Zu *diaconis* sollen ebenmässig männer von guthem gerüchte,[2586] zu deren liebe gegen die armuth man viel vertrauen haben kan, *erwehlet* werden; [S. 412] da denn auch kein glied der gemeine ohne wichtige und rechtlich vom consistorio erkandte ursache der ihm aufgetragenen fürsorge für die arme sich entbrechen kan.[2587]

2580 Die Provisoren sollten (im Verein mit dem von ihnen gewählten) Pfarrer die Hauptträger der innergemeindlichen Kirchenzucht sein.
2581 Die Wahl in das mit erheblichen Mühen verbundene Ehrenamt (Kirchenzucht) löste also wohl doch nicht bei jedem Freude aus.
2582 Dem Sprecher der Lohnherren/dem Kirchmeister.
2583 Dem Soester Rat.
2584 Sein Amtsvorgänger.
2585 Des für das Armenwesen der Gemeinde zuständigen Lohnherren.
2586 Vgl. Apg 6, 3: „Darum, liebe Brüder, seht euch um nach sieben Männern in eurer Mitte, die einen guten Ruf [Luther: Gerücht] haben und voll Geistes und Weisheit sind, die wollen wir bestellen zu diesem Dienst."
2587 Die Sorge für das Armenwesen berührte gleichermaßen den kirchlichen wie den bürgerlichen Bereich. Einspruchsgremium konnte deshalb auch nur das (gemischtbe-

Es müssen aber die Diaconi denen *reguln* sich gemäß verhalten, welche ihnen jährlich vorgelesen werden;[2588] die wir denn auch hiemit bestättiget haben wollen, als wenn sie [hier] literlich[2589] mit eingerücket wären.

§ 68. Beydes, lohn herren und diaconi, müssen sich bey dem antritt ihres ampts und bey der rechnung unserer verordnung, die *gastmahle* betreffend, conformiren,[2590] bey vermeidung darinnen benennter straffe, wenn aber jemand beliebte, auch des darinn erlaubten gastmahls überhoben zu seyn und dafür lieber der kirchen ein proportionirliches aequivalent zu verehren, soll ihm solches frey stehen und dieses von den übrigen provisoren mit danck angenommen werden.[2591]

VII. *Von denen Sonn-, Fest- und Buß-tagen.*

§ 69. Der Sontag, wie auch übrige hieselbst eingeführte *Fest- und Buß-tage* sollen in aller stille durch besuchung des öffentlichen gottes-dienstes und privatübung [S. 413] des worthes und gebeths begangen werden, wozu die prediger ihre zuhörer fleissig erinnern [gestrichen:] dabey* und die besuchung der brantwein, bier und wein schencken, wie auch anderer eitler geselschaften, müssiges herumlaufen und sorgen der nahrung ihnen verleiden, dabey aber sie für [vor] dem opere operato[2592] treulich warnen, hergegen aber anweisung geben sollen, wie sie *in einem inneren Sabbath* von ihrem thun ablassen und Gotte ihr hertz übergeben müssen, daß er sein werck darinnen haben könne, imgleichen, wie sie sich an den geheimen umgang mit Gott gewehnen, wie sie die vornehmsten wohlthaten desselben an den Feyertagen erwegen und in welcher ordnung sie sich deren zu theile machen und demnächst dafür danckbahr beweisen müssen. Des endes solche *materien* an denen Fest tagen öffentlich vorzutragen sind, wodurch der zweck derselben am besten zu erreichen steht; auch sollen die Fest-tage vorher *intimiret* werden[2593] und von der vorbereitung auf dieselbe erinnerung geschehen; besonders mus in der *Advent- und Fasten-zeit* das geheimnis der menschwerdung und des leydens Christi [S. 414] reichlich, gründlich und beweglich[2594] vorgestellet werden, damit die zuhörer nach seiner gemeinschafft begierig gemachet und auf die beyde folgende große Feste[2595] recht vorbereitet werden.

setzte) Konsistorium sein.
2588 Die dann jeweils aktuell in Geltung stehende, durch den Rat erlassene Armenordnung bzw. Ordnung des Diakonenamtes.
2589 Buchstäblich/von Wort zu Wort.
2590 Die dann jeweils aktuell in Geltung stehende, durch den Soester Rat erlassene Ordnung der Amtsköste einhalten.
2591 Das den bürgerlichen Konventionen entsprechende Gastmahl bei An- oder Abtritt blieb damit zwar erlaubt. Als anzustrebender Idealfall galt aber dessen Kompensation zugunsten der Armenkasse.
2592 Der Annahme der Wirksamkeit eines rein äußerlichen Vollzugs dieser Vorgaben.
2593 Ins Bewusstsein gerufen/in den Blick gerückt werden.
2594 Das Herz anrührend.
2595 Das Christfest (Weihnachten) und Ostern.

2.3 Die „neue" Soester Kirchenordnung

§ 70. Es soll denn auch an denen Feyertagen alles, was die andacht hindern und stören kan, mithin alle hand und roß-*arbeit*[2596] auf dem felde und in den häusern, alle *handlung* und gewerbe, alles weitläufftige *gastiren*, tantzen, alle *zusammenkünffte* der innungen und handwercke, das krantzgen reiten,[2597] scheiben-schiessen,[2598] trimsen tragen[2599] u[nd] d[er] g[leichen] verbotten seyn, nach maßgebung derer hievon emanirten[2600] allergnädigsten Königlichen edicten und unßeren verordnungen,[2601] welche jährlich vor der gemeine verlesen werden sollen, wie wir daraus auch alhier wiederhohlen, daß, welche vor oder unter dem gottes-dienste inn oder außer[halb] der stadt *brantwein* verschencken oder sich schencken lassen, vor endigung der abend-bethstunden sich in die wirths-häuser zu gelage begeben oder darinn abends nach 8. uhr am *Samstage* und andern heiligen abenden aufhalten[2602] oder mit regal-spielen,[2603] karten und dobeln[2604] [S. 415] den Feyertag entheiligen oder, nachdem [wenn] ein marckt auf den Samstag oder vor einem Festtage gehalten ist, am folgenden tage oder besonders am andern Pfingsttage in Welver mit *denen waaren öffentlich außzustehen* sich gelüsten lassen,[2605] mit unausbleiblicher straffe beleget werden sollen, allermassen dann der fiscus[2606] überall vigiliren und durch die diener verdächtige orte *visitiren* lassen soll. Die prediger werden auch erinnert, was sie ärgerliches erfahren, demselben zu denunciiren.

§ 71. Unter solche Fest-tage werden auch mit begriffen die bis an den mittag zu feyernde *drey Freytage* vor Pfingsten, gestalt daran die gemeine zu erwecken ist, Gott über die früchte des feldes fleissig anzuruffen,[2607] wie an dem Sontage, der dem Michaelis tage[2608] am nächsten ist, ihm gebührend gedancket werden soll für den das jahr bescherten feld-seegen.[2609] An dem Sontage aber, der dem 31. Octob[er] der nächste ist, mus auch die gemeine von der *wohlthat der Reformation* unterwie-

---

2596 Mithilfe von Pferdegespannen verrichtete Arbeiten (Spanndienste).
2597 Ein Osterbrauch. Das Überbringen gesegneter Kränze durch die Hoferben bzw. Großknechte auf von den Bauern gestellten Pferden.
2598 Wohl die sommerlichen Veranstaltungen der Schützengesellschaften.
2599 Ein Erntebrauch. Die „Trimse" (Tremse) ist der alte Name der Kornblume.
2600 Publizierten/erlassenen.
2601 Den Verordnungen des Soester Rates.
2602 Die Verhängung dieser Sperrstunden zeigt, dass in diesem Bereich wohl doch erheblicher Regelungsbedarf bestand bzw. ein solcher seitens des Soester Rates erkannt/unterstellt wurde.
2603 Mit Brettspielen.
2604 Mit Karten- und Würfelspielen
2605 Der Markt am Zisterzienserinnenkloster in Welver mit seiner Pfarr- und Klosterkirche St. Bernhardi war nicht nur religiös verdächtig. Er lag auch außerhalb der Steuerhoheit des Soester Rates.
2606 Der Stadtkämmerer (von lat. „fiscus", Geldkorb).
2607 Es handelte sich hier also um drei Erntebitttage.
2608 Dem 29. September (Gedenktag des Erzengels Michael). Der Sonntag nach Michaelis war in der Börde noch lange der übliche Erntedanktag.
2609 Das Erntedankfest.

sen und zum danck dafür ermuntert werden.[2610] [S. 416] Wenn das gedächtnis eines *Apostels* auf einen Sontag einfällt, ist das darauf gelegte evangelium in der circular-predigt zu erklären, welches, wenn der gedächtnis-tag in der wochen einfällt, in der kirchen geschiehet, worin so dan die wochen-predigt gehalten wird.[2611] Die Marien- und Johannis-feste[2612] wie auch der *Krönungs-tag* werden an dem nächsten Sonn- oder Feyertage mit einer nachmittags-predigt gefeyert. Wenn in der woche, *da der Buß-tag*[2613] einfällt, zugleich ein Fest zu feyren ist, wird jener in dieses mit einge-schlossen, insbesondere wenn er in die Beth-woche fällt, soll er am Himmelfahrts-tage, und wenn er auf den Mittwochen vor Pfingsten oder in die Pfingst-woche fällt, an dem 2. Pfingst-tage gefeyret werden.

IIX. *Von dem öffentlichen gottes dienst an Feyer- und Werck-tagen.*

§ 72. In allen kirchen um und ausser der stadt soll an Sonn- und Fest-tagen so wohl *vor- als nach-mittages* öffentlicher gottes dienst gehalten werden.[2614] *In der Wochen* aber soll in der stadt alle morgen nach eingeführter ordnung in einer oder zween kirchen zum gottes dienst eingeleutet[2615] und auf den [S. 417] dörfern einmahl, wenn es am bequemsten seyn wird, wo nicht eine predigt, [so] doch eine catechisation oder beth-stunde gehalten und von den eingepfarreten fleissig besuchet werden.[2616] Ohne hohe noth und so lang der prediger nicht selbst durch kranckheit gehindert wird oder [nachträglich ergänzt:] sonst* abwesend ist [und] jemand für sich sub-stituiren kan, soll durchaus keine versammlung *eingestellet* werden,[2617] wie den[n] auch, wo ein Fest-tag am Sontage eingeschaltet ist, in folgender woche wenigstens eine catechisation oder beth-stunde an statt der in der stadt zu haltenden wochen predigt zu gewöhnlicher stunde geschehen soll.[2618]

2610 Neben den Gedenktag der Einführung der Reformation in Soest (21. Dezember; Thomas-Tag) war bereits seit 1617 ein allgemeiner Gedenktag der Reformation (31. Oktober) getreten.
2611 Die Soester Kirchenordnung von 1532 führte diese nicht im Einzelnen auf. Arend, EKO 22 (wie Anm. 1527), S. 446f.
2612 Die Soester Kirchenordnung von 1532 benannte als solche Tage nur „Marien berch-gank [2. Juli], Marien vorku(o)ndinge [25. März]" und „Joannis Baptiste [24. Juni]". Arend, EKO 22 (wie Anm. 1527), S. 446.
2613 Die traditionellen, vierteljährlichen Bußtage.
2614 Dass dies ein zwar theologisch programmatisches, vor allem auf dem Land aber nur schwer umzusetzendes Maximalprogramm war, wird später durchaus ersichtlich. Vgl. besonders § 98.
2615 Die Wochengottesdienste in den Stadtkirchen sollten nach einer festen Ordnung reihum gefeiert werden.
2616 In den Bördekirchen sollte (anstelle der in der Stadt reihum gehaltenen Wochengot-tesdienste) zumindest einmal in der Woche eine Katechismusauslegung oder eine Betstunde stattfinden.
2617 Ausfallen/unterbleiben.
2618 Wohl eine Regelung für die Landgemeinden: Fiel ein kirchlicher Feiertag auf den Sonntag, war zur Kompensation eine zusätzliche Katechisation oder eine Betstunde

§ 73. Es soll zu denen predigten und bethstunden allemahl *zu bestimmter zeit* und nicht früher noch später eingeläutet werden, und, wie billig gleich nach dem geläute angefangen wird, also wollen wir uns zu jederman versehen, daß er sich früh einstellen und bis zum ende aushalten werde; gestalt denn auch der gottes-dienst nimmer über die gewöhnliche zeit wehren soll.[2619]

§ 74. In der kirchen und um dieselbe soll alles unter wehrendem gottes dienst *ruhig und stille* seyn; [S. 418] massen wir das kirchen-plaudern, derer knaben muthwillen und andere ärgerniße ernstlich ahnden werden; wie wir aber hoffen, ein jeder werde sich die liebe zu göttlichem worte und dienste, wie auch die ermahnungen des predigers bewegen lassen, der kirchlichen versammlung *fleissig beyzuwohnen*, also erwarten wir auch, daß ein jeder, der zur kirchen kommt, es sich um seiner *erbauung* ernstlich zu thun seyn lassen und zum dienste Gottes im geist und in der wahrheit[2620] sich darstellen werde.

§ 75. Die von den prediger[n] angezeigte[n] *gesänge* sollen von den cüstern angeschrieben[2621] und so wohl von ihnen als der gantzen gemeine langsam und andächtig gesungen werden.[2622] In das Gesang buch aber soll der drucker ohne guth befinden und approbation des consistorii keine *neue gesänge* einrücken noch zum anhange beyfügen.[2623]

§ 76. Das *chor* soll unter der aufsicht des cantoris oder directoris musices[2624] die vocal- und instrumental-music vornemlich zur beförderung der andacht einrichten, worauf es vor den thüren fernerhin die collecte behalten soll,[2625] der praefectus[2626] aber mus [S. 419] allen muhtwillen und wüstes wesen verhühten bey verlust seiner praefectur.

in der Woche zu halten.
2619 In Anbetracht der zum Teil weiten Wege (vor allem auf dem Land) sollten alle Gottesdienste pünktlich beginnen und nicht übermäßig ausgedehnt werden (Rückkehr noch bei Tageslicht).
2620 Vgl. Joh 4, 24: „Gott ist Geist, und die ihn anbeten, die müssen ihn im Geist und in der Wahrheit anbeten."
2621 Das setzte die nahezu allgemeine Verbreitung eines städtischen Gesangbuches sowie die von Lettnern, Tafeln o.ä. für die Anzeige der dortigen Liednummern voraus.
2622 Der protestantische Choral entstammte zu weiten Teilen der weltlichen Tanzmusik, die erst durch zunehmende Langsamkeit „hoffähig" wurde. Schnelles Tanzen galt als obszön.
2623 Das Problem war gerade im Bereich des Soester Gesangbuches immer wieder aufgetreten. Wie oben Anm. 342. Anders als bei der Zensur der Druckwerke, die der Inspektor übte (§ 51), war hier aber das Konsistorium, die gemischtbesetzte Kirchenbehörde des Soester Rates, die zuständige Instanz.
2624 Zu den Verhältnissen an der Ratskirche St. Petri vgl. Edition 2.2, Nr. 40 (1717).
2625 Die Finanzierung des Chors erfolgte demnach (auch) über die Ausgangs- oder Türkollekten.
2626 Der Chorleiter.

§ 77. Vor dem altar werden an Sonn- und Feste tagen die *epistel* und das *evangelium* vor und nach dem haupt-gesange[2627] *divisim*[2628] verlesen, es wäre denn, daß es vormittags erbaulicher geachtet würde, an statt des evangelii, welches doch nachmahls verlesen und erklärt wird,[2629] die epistel zu lesen und an dieser statt[2630] *ein gebeth* zu thun, darinnen Gott um seegen zu der andacht der versammlung und des gantzen tages angeruffen würde. Vor denen wochen-predigten ist ein capitul aus der *Bibel* oder besonders ein *Psalm* Davids vor dem altar zu lesen.

§ 78. Wie die predigten in der stadt auch von denen *candidaten*,[2631] welche sich dem inspectori ad examen sistiret haben,[2632] verrichtet werden können, so mögen auch die zum studio theologico gewidmete *alumni des hiesigen gymnasii* auf denen dörfern, um ihre dona zu exploriren, zuweilen predigen, nur daß sie zum ersten mahl dem inspectori ein zeugnis von dem rectore und das concept der predigt praesentiren und, nachdem auch selbiger ihre profectus untersuchet, einen permissionsschein von ihm aufweisen können;[2633] [S. 420] alle folgende mahl aber müssen sie von dem rectore ein neues zeugnis ihres fortwehrenden christlichen wandels und das concept der predigt pastori loci[2634] vorzeigen. Wir sehen es aber für rahtsam an, daß die alumni *nicht oft* zu predigen zu gelassen werden.[2635]

§ 79. In denen *früh-predigten* soll der Catechismus, wann nicht fest-materien vorzutragen seyn, nach der ordnung jahr aus jahr [nachträglich ergänzt:] ein* einfältig erkläret werden. In denen *haupt-predigten* ist das evangelium zum grunde der predigt zu legen, doch können zuweilen auch andere biblische texte erwehlet werden. Die *circular-predigt*, welcher sich kein prediger, wen[n] ihn die recipirte ordnung trift, entziehen kan,[2636] wird ordentlich ausser der fasten zeit, da *passions-*

2627 Dem späteren Wochenlied.
2628 Von einander getrennt/je für sich.
2629 Nämlich im Hauptgottesdienst eines jeden Sonntags.
2630 Anstelle des Evangeliums.
2631 Den nach ihrem Studium nach Soest zurückgekehrten, nun auf eine Anstellung wartenden Kandidaten der Theologie.
2632 Die sich der Prüfung durch den Inspektor gestellt/unterzogen haben.
2633 Die Predigterlaubnis für die sich auf ein Theologiestudium vorbereitenden älteren, oftmals nicht aus der Stadt stammenden Schüler (alumni) des Gymnasiums gehörte traditionell mit zum Portfolio dieser Schule (Standortfaktor). Sie erstreckte sich aber lediglich auf die Bördekirchen und war überdies an ein Votum des Rektors und ein positives Zeugnis des Inspektors gebunden.
2634 Dem Ortspfarrer/dem Pfarrer der Gemeinde. Die predigenden Alumni partizipierten an dessen Ordinationsrechten.
2635 Die manchem Bördepfarrer möglicherweise verlockend erscheinende, aber gewiss nur schlecht vergütete Vertretungform sollte auf zustimmungspflichtige Ausnahmefälle begrenzt bleiben.
2636 Die Zirkular- oder Wechselpredigt (am Sonntagnachmittag) war eine Form des geordneten Kanzeltausches und wurde in Soest erst 1809 abgeschafft.

texte zu erklären seyn, über die sontägliche episteln gehalten,[2637] wie die fest-episteln in jeder kirchen besonders zu mittage erkläret werden, es wäre denn, daß man es nützlicher befünde, zuweilen aus andern texten die fest-materien vorzustellen. In denen *wochen-predigten* können biblische Bücher[2638] zum grunde geleget und denen zuhörern zur lesung und betrachtung der Bibel in ihrem zusammenhang ein muster gegeben werden.

[S. 421] § 80. Auf die einfältige[n] mus in allen predigten am meisten gesehen werden, daher selbige deutlich und ordentlich mit redens-arten, die in der Schrifft gegründet oder daraus genommen seyn,[2639] abzufassen und auf den *haupt-zweck* zu richten seyn, daß Christus in den seelen verkläret und die zuhörer in erkäntniß ihres tieffen verderbens angeführet werden, seine gnade zu ihrer versühnung und heiligung im glauben begierig zu ergreiffen und dafür sich danckbahr zu beweisen. Es sollen dann die prediger den text gründlich, aber kurtz *erklären* und daraus die glaubens-lehren,[2640] sonderlich das geheimnis von Christo und so gemeine als besondere lebens-pflichten[2641] vortragen, auch darzwischen zuweilen einige kern sprüche[2642] aus der *Bibel* zu mehrerer überzeugung öffentlich *verlesen*, aber anbey ihren zuhörern wohl einbilden, daß es nicht gnug sey, die wahrheit, die da ist zur gottsehligkeit,[2643] [zu] erkennen, wo sie nicht in busse, glauben und h[eiligem] wandel *zur übung* gebracht wird. Und wie in allen predigten auf eine wahrhaffte *änderung des hertzens*, die vom glauben nicht abgesondert werden kan, gedrungen werden mus, damit nicht die zuhörer bey einer äussern erbahrkeit es bewenden

---

2637 Das Evangelium war bereits im vormittäglichen Hauptgottesdienst ausgelegt worden.

2638 Hier war möglicherweise an eine fortlaufende Lesung (lectio continua) gedacht, durch die der ansonsten doch nur recht schmale Bestand an Predigttexten (in der Regel nur Evangelium und Epistel) sinnvoll erweitert wurde.

2639 Die Forderung nach einer schlichten, am Wortlaut der Bibel orientierten Predigtsprache wollte wohl der (immer noch weitverbreiteten) Formalisierung und Akademisierung der Predigt wehren.

2640 Auch hier stand die spenersche Theologie im Hintergrund. Vgl. Spener, Philipp Jakob: Die Evangelische GlaubensLehre: In einem jahrgang der Predigten Bey den Sonn und Festtäglichen ordenlichen Evangelien/auß heiliger Göttlicher schrifft/In der ChurFürstlichen Sächsischen schloßcapell zu Dreßden Anno 1687 [...] vorgetragen [...], Frankfurt am Main: Zunner 1688 (VD17 1:021076K).

2641 Vgl. Speners „Ethik": Spener, Philipp Jakob: Die Evangelische LebensPflichten In einem Jahrgang der Predigten Bey den Sonn und FestTäglichen ordenlichen Evangelien Auß H[eiliger] Göttlicher Schrifft: In der ChurSächsischen HoffCapelle zu Dreßden vom 1. Advent 1687. biß den 24. nach Trinit[atis] 1688. in der Furcht des Herrn vorgetragen [...], Frankfurt am Main: Zunner 1692 (VD17 39:135760T).

2642 Zu festen Redewendungen gewordene Zentralstellen der Bibel, in der Luther-Bibel oft fett gedruckt.

2643 Vgl. Tit 1, 1: „Paulus, Knecht Gottes und Apostel Jesu Christi, nach dem Glauben der Auserwählten Gottes und der Erkenntnis der Wahrheit, die der Frömmigkeit [Luther: Gottseligkeit] gemäß ist."

lassen, also sollen prediger die leutseligkeit und [S. 420] freundlichkeit Gottes in Christo nebst dem reichthum der uns in ihm bereiteten heyls-güther[2644] so lieblich vorstellen, daß die seelen aus *recht-evangelischem grunde* ihrem Heyland willig und frölich dienen, nicht aber in gesetzlicher unlust und ängstlichkeit bestehen bleiben. Sonderlich soll in der *anwendung* grosser ernst bewiesen werden, um darinn nicht nur die kennzeichen der bekehrten und unbekehrten deutlich anzuweisen, mithin diesen den greuel der sünden und ihre unsehligkeit in demselben, jenen aber ihre grosse glückseligkeit vorzuhalten, sondern auch beyderley zuhörern gründlichen unterricht davon zu geben, wie sie es in ihren verschiedenen stuffen,[2645] versuchungen und umständen anzugreiffen haben, daß sie der gnade Gottes theilhaftig und bey deren genuß erhalten werden.

§ 81. Hierzu zeit zu gewinnen, soll dann in denen predigten alles bey seite gesetzet werden, was nur die ohren füllen oder allein von des predigers gelehrsamkeit zeugen könte, als die anführung vieler meinungen, unnöthige critiquen, wiederlegung alter kätzereyen, historien, anführung heidnischer scribenten und w[as] d[er]g[leichen ist].

§ 82. Wenn aber nach veranlassung des texts oder erfordern anderer umstände nebst der reinen lehre auch derer gegenstehenden *irrthümer* gedacht und deren ungrund [S. 421] gewiesen werden mus,[2646] so sollen dabey nicht nur alle anzügliche[n] und schimpfliche[n] redens arten vermieden werden, sondern der prediger mus auch jederman sehen und hören lassen, daß er in wahrhaffter liebe gegen die fremden und in begierde nach ihrem heyl stehe, mithin, daß es ihm in seinem eifer nur um bestättigung der wahrheit und verwahrung seiner zuhörer für denen irrthümern zu thun sey.[2647] Dergleichen affect soll auch an den tag geleget werden, wenn *öffentliche ärgerniße* öffentlich bestraffet werden müssen. Dafern aber ein prediger fremd feuer eines fleischlichen bittern affects an heilige städte bringen[2648] und unter dem schein des geübten straff-amts andern wehe zu tun sich gelüsten lassen oder doch durch unbehutsahmes schmähen und poltern die gemüther mehr erbittern als bes-

---

2644   Der Begriff war zu dieser Zeit bereits ein pietistischer terminus technicus. Vgl. z. B.: Porst, Johann: Theologia Viatorum Practica: Oder Die Göttliche Führung Der Seelen Auf dem Wege zur seligen Ewigkeit; Darinnen gezeiget, Wie der Mensch in der Sicherheit hingehet, daraus aufgewecket, vielfältig versucht, in die Busse geleitet, und im Glauben zum Genuß aller Gnaden und HeylsGüter gebracht wird […], Halle: Waisenhaus 1725² (VD18 10929428).
2645   Den Phasen/Graden innerhalb des Prozesses der Heiligung.
2646   Vgl. die Verwerfungslisten des Soest Corpus Doctrinae von 1593, das auch zu dieser Zeit noch von jedem unterschrieben werden musste, der in Soest ein Amt übernehmen wollte. Peters, Corpus Doctrinae (wie Anm. 11), S. 121–135.
2647   Auch dies war ganz im Sinne Speners gedacht. Vgl. schon dessen „Pia Desideria" (1675; Köster, Pia Desideria [wie Anm. 2575]), hier als vierter Reformvorschlag.
2648   Vgl. 3. Mose 10, 1: „Und Aarons Söhne Nadab und Abihu nahmen ein jeder seine Pfanne und taten Feuer hinein und legten Räucherwerk darauf und brachten so ein fremdes Feuer vor den HERRN, das er ihnen nicht geboten hatte."

2.3 Die „neue" Soester Kirchenordnung

sern würde, so würden wir solches, nebst dem, daß Gott dergleichen entheiligung seines worts und amts nicht ungestraffet lassen wird,[2649] scharff ahnden.

§ 83. Gleichwie nun ein jeder getreuer prediger sich selbst gedrungen finden wird, Gott um weisheit, das wort der wahrheit[2650] recht zu theilen, und um eine ernste begierde nach seiner zuhörer seeligkeit *anzuruffen,* [S. 422] also erfordern wir, daß auch zeit und fleis gnug auf die *meditation* einer jeden predigt verwendet und selbige, wo möglich, wenigstens dem haupt-inhalt nach concipiret werde, als wodurch so viel eher gehindert werden wird, daß nicht durch viele tautologien und weitläufftige außschweifungen bey denen zuhörern ein eckel und verdruß erwecket werde. Des endes wir auch nochmahls ernstlich verordnen, daß an Sonn- und Festtagen nie über eine *stunde,* in der Wochen aber nur drey viertheil stunde geprediget werde. Wir[2651] wollen auch, daß, zu künfftiger nachricht, hinführo in jeder sacristej ein buch liegen solle, darein nach geendigter predigt die, von welchen sie gehalten [worden] ist, sofort eigenhändig annotiren sollen, welchen text sie erkläret, was sie daraus vorgestellet, welches die haupt-abtheilungen gewesen, was sie dazu für einen eingang gebrauchet und welche nutz anwendung sie hinzugefügt haben.[2652]

§ 84. Das von Seiner Königlichen May[estät] vorgeschriebene kirchen-gebeth soll in der haupt predigt[2653] unausgesetzt[2654] verlesen, sonst aber ein auf die predigt sich schickendes gebeth gebrauchet werden.[2655] [S. 423] An den Buß wie auch [den] wochentlichen Beth-tagen, ingleichen Samstags in der vesper,[2656] könte zuweilen Manahsis gebeth[2657] oder sonst eine *gemeine beichte* vorgelesen und darauf, kraft

---

2649 Vgl. 3. Mose 10, 2: „Da fuhr ein Feuer aus von dem HERRN und verzehrte sie, dass sie starben vor dem HERRN."
2650 Vgl. 2. Kor 6, 7: „[…] in dem Wort der Wahrheit, in der Kraft Gottes, mit den Waffen der Gerechtigkeit zur Rechten und zur Linken" sowie 2. Tim 2, 15: „Bemühe dich darum, dich vor Gott zu erweisen als ein angesehener und untadeliger Arbeiter, der das Wort der Wahrheit recht vertritt."
2651 Der Soester Rat.
2652 Auch über die Predigt und deren Inhalte (das Konzept/die Disposition) sollte demnach regelmäßig Protokoll geführt werden.
2653 Im sonntäglichen Hauptgottesdienst.
2654 Allsonntäglich/an jedem einzelnen Sonntag.
2655 Hierzu sollte die „Soestische Kirchen Agenden" (1539) schon bald reichhaltiges Material an die Hand geben. Vgl. Edition 2.5.
2656 Das heißt: Zur Vorbereitung auf den Empfang des Heiligen Abendmahls am nächsten Morgen.
2657 Das Gebet des Manasse (Oratio Manassis) ist eine Spätschrift des Alten Testaments. Das erstmals im 3. Jahrhundert bezeugte, 15 Verse umfassende Gebet, ein aus dem hellenistischen Judentum stammendes Sündenbekenntnis, wird dem König Manasse in den Mund gelegt (vgl. 2. Chr 33, 11–19). Die erste deutsche Übersetzung findet sich in Martin Luthers Schrift „Ein kurz Unterweisung, wie man beichten soll" (1519; WA 2, S. [57 f.] 59–65, hier 64 f.) und geht wahrscheinlich auf Georg Spalatin (1484–1545) zurück. Luther fügte das Gebet Manasses hinter den Apokryphen als Schlussgebet ganz am Ende des Alten Testaments ein.

des löse und binde schlüssels, denen bußfertigen sündern zu trost *die absolution* von denen predigern öffentlich gesprochen [werden], hingegen aber auch denen unbußfertigen zu ihrer warnung und besserung mit verkündigung schweren und unerträglichen göttlichen zorns ihre sünde bis zu rechtschaffener busse und bekehrung an Gottes statt *vorbehalten* werden. Sonst aber werden erwecklihe buß-gebethe und die litaneiy[2658] gebrauchet, welches auch in denen *beth-stunden* geschehen und dafür von denen predigern gesorget werden soll, wie sie selbige der gemeine am erbaulichsten machen können. Wie aber die prediger ihrer gemeine auch im gebeth ein vorbild seyn sollen, so ermahnen wir sie, alles öffentlich verlesene oder mit eignen worten recitirte[s] gebeth deutlich, langsam, andächtig und aus brünstigem geist zu thun, zu dergleichen devotion die gemeine auch besonders zu erwecken ist, bey der öffentlichen, besonderen fürbitte und dancksagung, die auf begehren oder auch sonst geschiehet.

[S. 424] § 85. Zufolge allergnäd[igster] Königl[icher] verordnung wollen wir die prediger und ihre gemeinde mit unnöthigen *publicationen* allerley civil-verordnungen nicht beschweren. Wo wir aber die verlesung eines mandats nöthig finden, werden sich prediger derselben so wenig als der bestimmten wiederhohlung einiger Königl[icher] edicten entziehen.[2659] Es soll aber der cüster in ein buch verzeichnen, welche edicta und wann sie publiciret seyn, auch dafern es von predigern nöthig erachtet würde, selbige literlich[2660] oder dem inhalt nach in solches buch referiren.[2661]

IX. *Von der tauff-handlung.*

§ 86. Die eltern sollen ihrer kinder tauffe aus keinerley ursache *lang aufschieben,*[2662] sondern nach deren leiblichen geburth wenigstens am dritten oder vierten tage für ihre wiedergeburth sorgen und sie des endes in dem bad[2663] der h[eiligen] tauffe Christo zu führen. Sie sollen auch selbst oder doch durch einen christlichen freund die tauff-handlung tags vorher von dem prediger *begehren* und die ersehene[n] tauff zeugen *bekant machen.*

2658 Wahrscheinlich die Nachdichtung Luthers von 1529 (AWA 4, S. [101–105] 250–273).
2659 Die Verlesung von Verordnungen und Publikanden aller Art sollte auf ein Mindestmaß beschränkt bleiben.
2660 Buchstäblich/von Wort zu Wort.
2661 Alle im Wortlaut verlesenen oder auch nur kurz zusammengefassten Publikanden sollten demnach in ein Protokollbuch aufgenommen werden. In Soest wird diese Praxis tatsächlich greifbar, nämlich in Gestalt der beiden Amtsbücher Soest StA/StB Bestand A Nr. 6156a und 6156b.
2662 So auch schon in der Oemekenschen Kirchenordnung von 1532 (dort noch in Abgrenzung zum Täufertum, hier nun im Rahmen eines neuen Konzeptes von Geburt und Wiedergeburt). Vgl. Arend, EKO 22 (wie Anm. 1527), S. 394–402.
2663 Vgl. Tit 3, 5: „[…] machte er uns selig – nicht um der Werke willen, die wir in Gerechtigkeit getan hätten, sondern nach seiner Barmherzigkeit – durch das Bad der Wiedergeburt und Erneuerung im Heiligen Geist."

2.3 Die „neue" Soester Kirchenordnung

§ 87. Es sollen aber *gottes-fürchtige pathen* auserlesen werden, die sich so wohl bey der tauffe als auch hernach durch [S. 425] ihre fürbitte, aufsicht und christliche erinnerung des kindes treulich anzunehmen begehren. Ruchlose und ärgerliche leute aber, verächter des heil[igen] abendmahls oder die davon suspendiret sind,[2664] wie auch spötter und feinde der wahrheit und kinder, welche die wichtigkeit des h[eiligen] sacraments noch nicht verstehen, sollen bey der tauffe als zeugen nicht admittiret werden, welches denen eltern bey zeiten zu bedeuten ist. Ordentlicher weise sollen *nur drey* pathen admittiret werden, und weilen um des *pathen-geldes* willen[2665] deren sonst so viele pflegen erbethen zu werden, so wollen wir, daß selbiges nur denen dürftigen und keinen andern gegeben werden solle.[2666]

§ 88. Die tauff handlung soll nach anweisung der Agenden[2667] und zwarn ordentlich *in der kirchen* verrichtet werden, wo sie aber ja privat begehret wird, soll[en] denen armen 40 st[ü]b[er] gegeben werden.[2668] Wenn es sich thun lässet, soll die tauffe auf die nächste *öffentliche* versammlung nach der predigt[2669] oder nach der beth-stunde verschoben werden, damit die gemeine im gebeth das kind Gott vortragen und ein jeder seines tauff bundes sich oft zu erinnern und denselben zu erneuren anlas habe. So wohl der prediger als [S. 426] die pathen und alle, so der tauffe beywohnen, sollen als vor Gottes angesicht stehend sich *andächtig* und ehrerbietig beweisen in betrachtung der wichtigkeit dieser handlung.

§ 89. Wann ein kind zur tauffe praesentiret wird, so *ausser der ehe* erzielet worden, soll vatter und mutter oder, wenn man sie beyde nicht erfahren kan, die mutter angezeichnet und nach befinden, zufolge König[licher] allergnäd[igster] verordnung, zur kirchen-busse angehalten werden, daher von geschehener inquisition von der camerey[2670] ein schein gebracht werden soll.[2671] Dafern aber solche inquisition sich verzögerte oder auch des kindes schwachheit es erforderte, soll die tauffe sofort verrichtet und darauf die inquisition fortgesetzet werden.

§ 90. Die *zigeuner* kinder wie auch fündlinge werden nur dann getaufet, wenn man keine gewisse nachricht ihrer tauffe halber nach allerfleissigster erkundigung

---

2664 Durch einen formellen Akt der Kirchenzucht ausgeschlossen sind.
2665 Weil man ein Geldgeschenk der zu/als Paten gebetenen Personen erwartete.
2666 Über die (von der Stadtgesellschaft sicherlich gewünschte) Zulassung auch römisch-katholischer Paten fiel (darin die alten Traditionen der Soester Kirche fortsetzend) auch weiterhin kein Wort.
2667 Der noch im Entstehen begriffenen „Soestischen Kirchen Agenden" (1539). Siehe Edition 2.5.
2668 Die in der Haustaufe manifest werdende, an sich unerwünschte Abgrenzung von der eigenen Kirchengemeinde wurde durch eine diese stützende Kompensation (Zahlung an den Armenfonds) ausgeglichen.
2669 Nach dem Ende des Gottesdienstes.
2670 Vom Stadtkämmerer.
2671 Die Taufe eines nicht-ehelich geborenen Kindes markierte nicht nur ein soziales bzw. pastorales Problem. Sie hatte auch Folgen für die Stadt-/Dorfgesellschaft (rechtlich, fiskalisch).

erfahren kan.[2672] Wenn *mißgebuhrten* ans tages licht kommen, mus der tauffe halber mit dem inspectore rath gepflogen werden.

§ 91. Wenn eine *noth-tauffe* von einem [einer] christlichen manns- oder weibspersohnen geschehen ist, soll nach anweisung der Kirchen Agenden[2673] in gegenwarth aller, die dabey gewesen, nachgefraget werden, ob die substantialia der tauffe[2674] richtig observirt [worden] seyn, worauf dieselbe [Nottaufe] bestättiget und das kind als ein mittglied der kirchen im gebeth Gott andächtig vorgetragen werden soll. Ehe eine hebamme in eyd und pflicht genommen wird, soll sie an den inspectoren [S. 427] des endes verwiesen werden, damit [sie] von selbigem der noht-taufe halber unterricht empfange.

§ 92. Erwachsene Juden, heyden oder andere ungläubige sollen nicht eher getauffet werden, bis sie zuvor in christlicher religion unterwiesen seyn [sind], auch proben einer wahren änderung bey sich haben verspühren lassen, da denn bey dem actu öffentlich die wahrheit bekennet und dem unglauben abgesaget werden soll. Über denen ceremonien ist mit dem inspectore zu conferiren.

§ 93. Das *tauff-wasser* ist so forth nach verrichteter tauffe außzuschütten. Wo aber selbiges in dem tauff-stein der gewohnheit nach stehen bleibet, soll derselbe verschlossen gehalten werden, damit allem abergläubischen mißbrauch des wassers vorgebeuget werde.[2675] Es mus aber so dann wenigstens viermahl des jahrs von dem cüster der taufstein gereiniget und mit frischem wasser versehen werden.[2676]

§ 94. Der täufflings-nahme ist mit benennung der pathen so fort dem kirchenbuche einzuverleiben,[2677] woraus alle jahr die *anzahl* der getauften [Kinder] aufs raht hauß zu liefern ist. Es mus aber die zahl der unehlich gebohrnen besonders specificiret werden.[2678]

[S. 428] § 95. Wie vor der tauff-handlung *kein brantwein* geschencket werden soll, also müssen keine grosse und, fals die taufe am Son- oder Feyer-tagen geschehen müste, gar keine *gastmahle* nach der tauffe angerichtet werden, nach maßgebung unserer darüber publicirten verordnung.[2679]

2672 Dies sollte wohl einer unberechtigten, mehrfachen Anforderung des Patengeldes vorbeugen.
2673 Der noch im Entstehen begriffenen „Soestischen Kirchen Agenden" (1539). Siehe Edition 2.5.
2674 Die Einsetzungsworte und das dreimalige Übergießen mit Wasser.
2675 Das Taufwasser sollte nicht nachträglich für magische Praktiken (Segnung des Viehs u. a.) missbraucht werden können.
2676 Im römisch-katholischen Bereich erfolgte eine solche Reinigung in der Regel nur einmal im Jahr und mit Weihwasser.
2677 Er sollte nicht etwa (z. B. bei Mehrfachtaufen) vergessen oder verwechselt werden können.
2678 Auch hier griffen die Interessen von Kirche und Rat wieder unmittelbar ineinander.
2679 Nach den dann jeweils aktuell in Geltung stehenden, durch den Soester Rat erlassenen Ordnungen (Taufzeugenordnung, Taufköstordnung etc.).

§ 96. Desgleichen, wo die sechswöch[n]erinnen ihren *kirch-gang* halten,[2680] sollen sie ihren gefreundinnen weder vor dem gottes dienst brantwein schencken, noch sie nach dem gottes dienst zur mahlzeit behalten. Sie sollen auch früh bey dem gottes dienst erscheinen, um Gott ernstlich zu dancken für die ihnen in ihrer entbindung erzeigte hülffe und wieder erstattete kräfte, demnach sich oder auch ihre leibesfrüchte ihm aufs neue zu seinem preis und dienste aufzuopfern.

X. *Von derer kinder catechisation und confirmation.*

§ 97. Nachdem derer erwachsenen unwissenheit und ruchlosigkeit grösten theils von ihrer übeln erziehung herrühret und nur dann aufs künfftige in allen ständen rechtschaffene christen erwartet werden können, wenn die jugend bey zeiten zur erkentnis und furcht Gottes treulich [S. 429] angewiesen werden wird,[2681] als[o] sollen nach Königl[icher] allergnädig[ster] verordnung alle prediger inn- und ausser der stadt öffentliche und besondere *catechisationes* aus liebe zu dem H[err]n Jesu und der kinder zarten seelen fleissig halten. Und wie alle eltern, vormunder, herrschaften, lehr-herren etc. verbunden seyn, die jugend, darüber sie aufsicht haben, bis sie ihr bekentnis gethan,[2682] bestendig zu solchen *catechisationen zu schicken*, also sollen prediger die ausbleibende[n] kinder bemercken [vermerken], um ihnen und ihren vorgesetzten entweder die nutzbahrkeit und nothwendigkeit der catechetischen unterweisung vorzuhalten oder, wo dadurch nichts auszurichten stehet, bey dem fisco[2683] darüber klage zu führen, wie sie den[n] am ende der catechisation einen *catalogum derer kinder,* die gegenwärtig seyn solten, zuweilen verlesen können.[2684]

§ 98. Es sollen aber auch die *erwachsene* gehalten seyn, zu ihrer eignen erbauung und denen kindern zum guten exempel *die öffentliche catechisationes* mit zu besuchen, und sähen wir[2685] es gern, wenn alle prediger einige erwachsene bewegen könten, sich zuweilen aus denen predigten fragen zu lassen, wie es bey [S. 430] einige[n] gemeinen bereits eingeführt ist.[2686] Es sollen sonst diese öffentliche[n] ca-

---

2680 Wenn die jungen Mütter sechs Wochen nach der Entbindung erstmals wieder am Gottesdienst teilnehmen.
2681 Das war der alte Ansatz Luthers. Vgl. schon dessen Ratsherrenschrift (1524; WA 15, S. [9] 27–53).
2682 Bis sie das ihrer Konfirmation (Einsegnung) vorausgehende Bekenntnis abgelegt haben.
2683 Beim Stadtkämmerer. Im Sprachgebrauch des 18. Jahrhunderts war dies die Androhung einer strafrechtlichen Verfolgung.
2684 Der regelmäßige Besuch der Katechisationen war präzise nachzuhalten. Er war im Interesse des Gemeinwesens und konnte im Falle einer notorischen Verweigerung darum auch mit dessen Ordnungsinstrumenten (Bußgeldern etc.) durchgesetzt werden.
2685 Der Soester Rat.
2686 Derartige „Vorbildkatechesen" dürften indes eher die Ausnahme gewesen und geblieben sein.

techisationes auf der börde, wo keine nachmittages-predigt ist,[2687] auch den *winter* durch continuiret, in der stadt aber so lang gehalten werden, als es ungehindert der nachmittages-predigten *bey tage* geschehen kan.[2688] Sie müssen [sollen] aber über eine *stunde* nie wehren und so eingerichtet werden, daß den sommer über auf dem lande die kinder, so zum vieh-hüten gebraucht werden, nach der catechisation dazu noch zeit gnug haben. Wie wir denn auch wollen, daß nicht vor oder unter, sondern nach der catechisation allererst das *vieh ausgetrieben* werden soll.

§ 99. Weil ohne dem die meisten prediger die *privat-catechisationes* wochentlich mehr als einmahl halten, so mögten die kinder nützlich getheilet werden können, um die kleinern nach ihrer fähigkeit an einem besondern tage zu unterweisen, die grössern aber wieder auf einem andern tage, und zwar *jahr aus jahr ein* zu weiteren [S. 431] erkändnis zu befordern.[2689] Wozu den[n] auf den dörfern gleichfals *solche stunden* zu erwehlen wären, da ohne dem das vieh-hühten und die meiste fuß-arbeit[2690] cessiret. Bey grossen gemeinen mögte es auch dienlich seyn, die kinder einmahl versammlet werden zu lassen, daß sie vom aufschreiben der predigten und von ihrem privat-Bibel-lesen rechenschaft geben, so dan auch recitiren müssen, was ihnen aus dem Catechismo und von den sprüchen, bey vorhabendem penso auswendig zu lernen, angewiesen ist, wobey darauf acht zu geben wäre, daß die kinder alles langsam, deutlich und accurat aufsagen müsten.

§ 100. In allen catechisationen soll sonderlich der *Catechismus Lutheri* zum grunde geleget und in pensa[2691] also eingetheilet werden, daß er öffentlich einmahl und privatim mit den grössern kindern wenigstens einmahl, mit den kleinern zweymahl *alle jahr zu ende gebracht werde*.[2692] Und wie prediger den verstand der außwendig zu lernenden worte desselben denen kleinen kindern durch frag und antwort beyzubringen haben, also werden sie dabey in catechisirung derer grössern [Kinder] die nöthigsten lehren, sonderlich die zur ordnung des heyls gehören, anzubringen, zu erklären und aus zeugnißen der H[eiligen] Schrifft zu bewehren, die sprüche auswendig zu lernen anzuweisen, mithin zum *aufschlagen* [S. 432] der *Bibel* sie

---

2687 Das sollte es eigentlich nirgends geben (§ 72), dürfte in den Bördedörfern aber Gang und Gäbe, ja, vielerorts sogar der Normalfall gewesen sein.

2688 In der erst nach dem Nachmittagsgottesdienst beginnenden Katechisation kamen ledige Personen beiderlei Geschlechts zusammen. Daher sollte sie möglichst noch bei Tageslicht enden.

2689 Schon hier wurden die Katechumenen (Anfänger) und die Konfirmanden (Fortgeschrittene) also bewusst von einander getrennt. Der Unterricht erfolgte jahrgangsweise/nach dem Lernstand.

2690 Mit Fußmärschen verbundene Arbeiten (Viehtrieb, Gatterdienste, Botengänge etc.).

2691 Lehr- und Lernstücke. – Wohl in Anlehnung an die fünf „Hauptstücke" dieses Werkes (Zehn Gebote, Glaubensbekenntnis, Vaterunser, Heilige Taufe und Heiliges Abendmahl).

2692 Während die Katechumenen im Wesentlichen nur auswendig lernten und repetierten (zweimaliger Durchgang durch den Katechismus), wurde das Angeeignete bei den Konfirmanden später noch einmal langsamer und das Verständnis sichernd memoriert (ein einziger Durchgang).

2.3 Die „neue" Soester Kirchenordnung

anzuführen wissen. Doch sollen auch die *fest-materien* gründlich getrieben und die kinder zum erkäntnis des geheimnis Christi bey zeiten angeführt werden. Besonders müssen die kinder mit hintansetzung dessen, was zur ersten gründung des glaubens nicht gehöret, als z[um] e[xempel] vieler streit fragen, auf die *anwendung* zum trost und gottseligen leben gewiesen und folglich zu würcklicher *übung* der busse, des glaubens, der liebe, des gebeths u[nd] s[o] w[eiter] angeführet werden.[2693]

§ 101. Damit nun diese wichtige arbeit desto glücklicher und fruchtbahrer von statten gehen möge, werden prediger sich darauf allemahl durch gebeth und meditation *vorbereiten,* am anfang und ende denen kindern im *gebeth* vorgehen oder sie bethen lassen, der deutlichkeit, ordnung und kürtze sich befleissigen, freundlich und gedultig sich gegen sie beweisen, am ende, was vorgetragen, noch mahl *wiederhohlen* und kurtze bewegliche *ermahnungen* wie einstreuen also zuletzt hinzufügen.

§ 102. Es werden sich auch die prediger ohne unser erinnern verbunden achten, nach der *kinder aufführung* außer der catechisation bey den eltern, bey andern kindern, in der schule, auf der gasse u[nd] s[o] w[eiter] [S. 433] nachzufragen und sie zum privat-Biebel-lesen, aufschreiben der predigt u[nd] d[es] g[leichen] anzuführen.[2694]

§ 103. Die *anwachsende kinder,* so wenigstens das gantze jahr durch die catechisationes unausgesetzt besuchet und darin einen guthen grund des christenthums geleget haben, daß sie nicht nur von dem grunde ihres glaubens rede und antwort geben können, sondern auch einen wahrhafften ernst, den tauff bund[2695] zu erneuren, und eine begierde, näher mit Christo vereiniget zu seyn, von sich spühren lassen, sollen zu ihrem öffentlichen bekäntnis, sonderlich in der Fasten, privat *täglich näher zubereitet* und so dann dom[inica] Quasimodogeniti oder an einem andern bequemen tage der gemeine vorgestellet, über die gantze ordnung des heyls oder den inhalt derer fünf haupt-stücke des Catechismi befraget und zur erneurung des tauff-bundes vor der gemeine unter andächtigem gebeth zu Gott angeführet werden,[2696] bey welchem *actu der confirmation,* davon die Agenden[2697] nähere anweisung geben [wird], die gemeine häufig[2698] erscheinen und der prediger grossen ernst beweisen soll, damit die kinder davon so viel mehrern eindruck haben und auf

---

2693 Der Unterricht zielte – darin ganz pietistisch – auf die individuelle religiöse Praxis ab.
2694 Das setzte nicht nur den Besitz von Bibeln (§ 1), sondern auch eine erhebliche Lese- und Schreibfähigkeit voraus („Die Bibel als Fibel").
2695 Das Bündnis, das jeder Getaufte bei seiner Taufe mit Gott geschlossen hat.
2696 Nachdem die zur Konfirmation anstehenden Kinder in der Fastenzeit täglich zu einem letzten, intensivierten Unterricht zusammengerufen worden waren, folgten möglichst am 1. Sonntag nach Ostern (Quasimodogeniti) und in einen einzigen Gottesdienst zusammengezogen deren Vorstellung, die Prüfung vor der versammelten Gemeinde und deren feierliche Einsegnung (Konfirmation).
2697 Die noch im Entstehen begriffene „Soestische Kirchen Agenden" (1539). Siehe Edition 2.5.
2698 Zahlreich/möglichst vollzählig.

ihr lebenlang [S. 434] trost, erbauung daraus schöpffen können. Welche kinder aber die kinder-lehren versäumet und daher noch kein gnugsames erkentnis haben oder doch bey derer erkäntnis in ihrer aufführung von sich mercken lassen, daß es ihnen an dem lebendigen glauben und bisherigen ernst, sich zum würdigen gebrauch des h[eiligen] abendmahls recht anzuschicken,[2699] fehle, können zwarn zu der nähern vorbereitung,[2700] nicht aber *zu dem bekäntnis*[2701] *zugelassen* werden, wenn sie gleich erwachsen wären und ihre eltern es begehrten. Wie dann überhaupt in das unzeitige eilen der eltern mit der communion ihrer kinder nicht gehehlet[2702] werden soll.[2703]

XI. *Von der beicht und absolution.*

§ 104. Die hieselbst eingeführte *privat beichte und absolution* soll des nutzens halber, welchen sonderlich einfältige und bekümmerte sehlen davon zu ihrem unterricht, rath und trost schöpfen können, fernerhin beybehalten werden. Die prediger aber sollen vor der gemeine und in denen catechisationen oft von deren eigentlichen *zweck* handeln, um theils das abergläubische vertrauen auf die äussere handlung zu verhindern, theils auch die zuhörer zu gewehnen, wie sonst also im beichtstuhl ihren besonderen seehlen-zustand aufzudecken.[2704]

[S. 435] § 105. Damit nun einem jeden beicht kinde insbesondere nothdürftige zeit gewidmet werden könne, sollen die prediger nicht morgens vor der predigt, sondern *tages vorher* beicht hören, wo [wie] denn alle Samstag-mittags nach der vesper oder auch, wo es nöthig ist, vormittags dieselbe bereit seyn sollen.[2705]

§ 106. Wie die beicht zur vorbereitung auf das h[eilige] abendmahl hauptsächlich abgesehen ist, also sollen sich die confitenten[2706] zu ihrem vorhaben einige zeit vorher *wohl anschicken*, so viel fleissiger bey dem gehör göttlichen worths, auch in denen wochen-predigten, besonders in der stadt in der dazu angeordneten Sams-

2699 Die Konfirmation war zugleich die öffentliche Zulassung zum Heiligen Abendmahl.
2700 Dem intensivierten, auf die Konfirmation vorbereitenden Unterricht.
2701 Dem Bekenntnisakt vor der Einsegnung (Konfirmation).
2702 Wohl: Nicht verhehlt. Das heißt: Die Missbilligung sollte klar zum Ausdruck kommen.
2703 Die Verweigerung der Konfirmation war möglich und der Elternwille dabei nicht entscheidend.
2704 Dass man der oft stark formalisierten Einzelbeichte inzwischen vielerorts kritisch gegenüber stand („Berliner Beichtstuhlstreit"), war dem Verfasser/den Verfassern bewusst. Man tat sich aber schwer, diese durch eine offenere Formen zu ersetzen (vgl. oben Anm. 237). Auch verwies man mit Recht auf die tröstende Wirkung des direkten Zuspruchs der Absolution. Aus dieser Spannung erwuchs ein umfassender pastoraler Auftrag: Die Gläubigen waren über das Wesen der Einzelbeichte und der daraufhin erteilten Absolution zu unterrichten und daran zu gewöhnen, beide auch außerhalb des Beichtstuhles zu üben/in Anspruch zu nehmen.
2705 Der Samstag war für den Pfarrer demnach komplett für das Beichtehören vorzusehen.
2706 Die zur Einzelbeichte erscheinenden, sich auf den Empfang des Heiligen Abendmahls (am nächsten Morgen) vorbereitenden Gemeindeglieder.

2.3 Die „neue" Soester Kirchenordnung

tags-predigt²⁷⁰⁷ sich einfinden und dabey, wie auch sonst in denen beth stunden, sich andächtig erweisen, so viel sorgfältiger für eitler gesellschafft und anderer zerstreuung sich bewahren, mithin die wirths-häuser und sauff-geläger meiden, hergegen daheim sich halten, eines nüchteren und mässigen lebens sich befleissigen, auch durchs gebeth und gottsehlige betrachtungen die nöthige gewissens-prüfung und übrige buß übungen befordern [befördern].

§ 107. Fremde oder die sich zuerst mit einer gemeine commembriren²⁷⁰⁸ sollen sich vorher bey dem prediger *anmelden* [S. 436] und ihm ein zeugnis auch dimissoriales von vorigem *confessionario*²⁷⁰⁹ vorzeigen und dem prediger gelegenheit geben, ihr erkäntnis und übrigen sehlen-zustand zu erforschen, gleichergestalt sollen alle junge leute gehalten seyn, wo sie abermahl sich samstages im beichtstuhl einfinden wollen, innerhalb der drey ersten tage in selbiger woche dem prediger ihr vorhaben selber anzuzeigen. Die übrige werden wenigstens schriftlich oder mündlich durch ihre haußgenossen dem prediger von ihrem vorhaben nachricht geben, damit er, wo es nöthig erachtet wird, sie zu sich veranlassen²⁷¹⁰ oder zu ihnen kommen könne, um nach erfordern ihres zustandes desto ausführlicher mit ihnen zu handeln, auch denen, welche in offenbahrer unbußfertigkeit stehen, lieber privat zu rathen, daß sie sich der h[eiligen] communion annoch enthalten wollen.²⁷¹¹

§ 108. Wenn am Samstage zur *vesper* eingeleutet wird, müssen sich die confitenten so gleich zur kirchen verfügen, um das bus-lied mit zu singen oder auch von dem prediger durch eine an alle gerichtete aufmunterung oder mit denen gegenwärtigen jungen leuten angestellete catechisation oder durch ein andächtig vorgesprochenes gebeth um gnade zur busse, vergebung der sünden und würdigen gebrauch des h[eiligen] abendmahls sich erbauen zu lassen.²⁷¹²

2707 Einem eigenen, auf die Beichte vorbereitenden Gottesdienst. Nach § 108 fand dieser in jeder einzelnen Kirchengemeinde separat und zumeist in der Form der Vesper statt.
2708 Personen, die in einer für sie neuen Kirchengemeinde erstmals das Heilige Abendmahl empfangen möchten.
2709 Ihrem früheren/vorherigen Beichtvater.
2710 Sie zu sich einladen kann.
2711 Die Abendmahlsgemeinde war eine geschlossene, anmeldungsgebundene Gemeinde. – Dazu Gotthilf August Francke im Herbst 1736 (vgl. Edition 2.2, Nr. 103): Ad § 107. Halte ich [Gotthilf August Francke] für nöthig, daß auch erwachsene und alte leute sich [am Rande:] sonderlich auf dem lande* einige tage vor der beichte und, welches am schicklichsten [wäre], den Sonntag vorher bey dem prediger [ihrer Kirchengemeinde] selbst zur beicht angeben müssen, damit [d]er zeit habe, ein oder den andern privatim zubesprechen, auch [um], wie an manchen orten geschiehet, in der woche eine vorbereitung mit ihnen anzustellen. Wenn die leute, sonderlich auf dem lande, freyheit haben, sich durch ihre haußgenossen bey dem prediger [an]melden zu lassen, so wird es offt vergessen oder mit fleiß [absichtlich] unterlassen und hernach mit der vergessenheit entschuldiget, welches denn denen predigern mancherley [gewissens] noth verursachet.
2712 Die äußere Form konnte hier demnach eine sehr unterschiedliche sein.

[437] § 109. Die gegenwärtige confitenten sollen, wenn einer in die sacristey²⁷¹³ hineingehet, nicht nahe *vor der thür* derselben, sondern etwas entfernet stehen, damit das beicht kind nicht scheu gemachet werde, *besondern raths* zur gründung und beförderung des thätigen christenthums bey dieser gelegenheit sich zu erhohlen, und daß der prediger desto freyer seinen unterricht, ermahnung und trost auf eines jeden *besondern zustand* einrichten oder durch frage und antwort die lehre von busse und glauben wie auch dem nutzen des h[eiligen] abendmahls wiederhohlen, zur prüfung des gewissens anlas geben und, wo ein böses gerücht von dem beichtkinde entstanden, es darüber befragen, auch nach derer haußgenossen, nachbahrn oder anderer bekandten eingepfarreten leben und wandel sich erkündigen könne.

§ 110. Weil nun der prediger daselbst an Gottes statt als dessen diener mit dem beicht kinde zu handelen hat, so soll er sich mit göttlichem sinne bewapnen und in ernstem gebeth und andächtiger meditation, sonderlich in absicht auf die, welcher gegenwarth [S. 438] er zu erwarten hat, sich *darauf bereiten*, damit sein gemüth von andern ideen leer sey, die ordnung des heyls aber und den zustand derer beicht kinder vor augen habe und mit wahrer begierde nach ihrer seeligkeit erfüllet sey. So dann soll er gewissenhafft und *ernstlich* so wohl mit ungebrochenen und heuchlern, als auch [mit] bußfertigen seelen *handlen*, diesen den reichen schatz des evangelischen trostes aufzuschliessen und zuzueignen, auch sie zur fortsetzung des angefangenen lauffs aufzumuntern, jenen aber ihre gewisse gefahr oder die sorge, so er über ihren zustand habe, ungescheuet vorzustellen. Die von jungen leuthen *zum ersten mahl* zum beicht stuhl kommen, müssen dem prediger nachmahl mit hand und mund die erklärung wiederhohlen, welche sie bey ihrem öffentlichen bekäntniße²⁷¹⁴ vor der gemeine gethan.

§ 111. Wenn jemand vor der beichte oder in derselben seine *grobe unwissenheit oder unbußfertigen sinn* deutlich an den tag legte, so kan und soll der prediger ihm den trost der absolution nicht zusprechen, sondern ihm rathen, von der communion sich noch ein zeit lang zu enthalten und wenigstens des consistorii außspruch vorher zu erwarten,²⁷¹⁵ welchen rath sich keiner zum schimpf [S. 439] ausdeuten soll, obwohl auch der prediger sich hüten mus, daß er nicht anders als weißlich und heilig hiebey verfahre, denen aber, welcher unbußfertigkeit *gar wahrscheinlich ist*, ob sie sich gleich bußfertig zu sein bezeugen, mus der prediger vorhalten, wie die absolution bedingt sey und ihnen nichts helffe, wenn sie anders gesinnet seyn, als ihre beichte lautet. Auf ihr verantwortung aber mag er ihnen die absolution

---

2713 In Soest und der Börde wurde die Sakristei einer Pfarrkirche daher noch lange (z. T. bis in die erste Hälfte des 20. Jahrhunderts hinein) als die „Bichtekamer" (Beichtkammer) bezeichnet.
2714 Bei dem ihrer Einsegnung (Konfirmation) vorausgehenden Bekenntnisakt.
2715 Im Zweifel konnte der Pfarrer demnach an das Konsistorium appellieren. Eine aufschiebende Wirkung im Blick auf den beabsichtigten Abendmahlsgang hatte dieser Einspruch jedoch nicht.

sprechen und sie zur h[eiligen] communion admittiren, aber nachmahls auf ihren wandel desto mehr achtung geben, um sie daraus zu überzeugen.[2716]

§ 112. Was aber auf diese oder dergleichen weise zwischen dem prediger und beicht kinde privatim gehandelt ist, daß soll weder jener noch dieser *außtragen*, bey vermeidung ernster straffe.

XII. *Von dem h[eiligen] abend mahl.*

§ 113. Von dem geheimnis des sacraments des leibes und bluts Christi und besonders von dessen würdigem gebrauch und herrlichen nutzen soll der gemeine Gottes, wie sonst oft, also absonderlich am *Palm-sontage* [S. 440] und Grünen donner[s]tage gründlicher unterricht gegeben und sie erwecket werden, beydes[2717] zum öftern, doch nur auf sorgfältige vorbereitung dieses gnaden mittels sich zu gebrauchen.

§ 114. Und wie uns solches nicht nur zu näherer gemeinschafft mit Christo führet, sondern auch ein band der gemeinschafft der gläubigen unter einander ist und dan[n] in dessen gebrauch ein öffentliches glaubens bekäntnis abgeleget werden soll, so heben wir die einreissende, unnöthige *privat-communion* gar auf, als wodurch man sich auch um den nutzen der besondern fürbitte der gemeine bringet und sich zur ungebühr davon distinguiret,[2718] wogegen wir die, so dieselbe bisher beliebet haben,[2719] ermahnen, daß sie hinführo durch gemeinschafftlichen gebrauch dises sacraments mit der gemeine andern ein erbauliches exempel geben. Es soll auch die gantze gemeine der h[eiligen] handlung bis zu ende *beywohnen*.[2720]

§ 115. Welche dann zur h[eiligen] communion kommen, die sollen bedencken, daß sie bey des Herren tische erscheinen und daher auch äußerlich allen kleiderpracht, stoltz [S. 441] in gebehrden, begierde des vorgehens[2721] [und] leichtsinniges umhergaffen *vermeiden*, damit sie nicht andern zum anstoß dienen und selbst das sacrament zum gericht empfangen.[2722] Damit aber die andacht dabey desto grösser seyn möge, soll vor der consecration eine kurtze, aber ernste aufmunterung und *er-*

2716 Der einzelne Pfarrer hatte nicht das Recht, vom Heiligen Abendmahl auszuschließen (kleiner Bann). Er konnte nur raten, vor den Folgen eines unwürdigen Abendmahlsempfangs warnen (1. Kor 11, 29) und als Zeichen seines Protests eine nurmehr „bedingte" Absolution aussprechen.
2717 Des würdigen Gebrauchs wie des herrlichen Nutzens.
2718 Absondert/fern hält.
2719 Hier war wohl vor allem an die Angehörigen des Patriziats oder des Landadels zu denken.
2720 Da nicht alle Besucher des Gottesdienstes kommunizierten, verließ ein Teil der Gemeinde diesen schon vor dem Abschlusssegen.
2721 Drängelei/Ungestüm.
2722 Vgl. 1. Kor 11, 29: „Denn wer isst und trinkt und nicht bedenkt, welcher Leib es ist, der isst und trinkt sich selber zum Gericht."

mahnung an die communicanten geschehen, unter derselben aber mit communion- oder passions liedern die gemeine erbauet und zuletzt eine reitzung zum danck und zur beständigkeit in dem mit Gott nun wieder erneuerten bunde[2723] nebst einem danck gebeth hinzugefüget werden, wovon das sonderlich zu gebrauchende formular denen Agenden einverleibet werden soll;[2724] wobey der prediger selbst seine andacht, ehrerbietigkeit und ernst denen anwesenden zum exempel an den tag legen mus.

§ 116. Es soll der cüster achtung geben, daß *so viel hostien* bey zu bereitung des altars aufgeleget und *wein* eingeschencket werde, als zu der handlung das mahl[2725] wird erfordert werden. [S. 442] Auf den fall aber, da etwas mangeln solte, mus noch immer etwas brod und wein in vorrath seyn, worüber den[n] die worthe der einsetzung und das gebeth des Herrn aufs neue in der stille gesprochen werden sollen.[2726]

§ 117. Wenn *taube und stumme, schwach- oder wahnsinnige* sich in einer gemeine befinden, soll der prediger des inspectoris meinung darüber vernehmen, ob sie wenigstens zuweilen im stande seyn, sich selber gebührend zu prüfen und ob sich ein funcken des wahren glaubens an ihnen mercken lasse, mithin, ob sie zur h[eiligen] communion zu admittiren seyn,[2727] gleicher gestalt mus es mit dem inspectore überleget werden, wie *außätzigen* und mit andern gefährlichen, ansteckenden kranckheiten behafteten das h[eilige] abendmahl administriret werden solle?

§ 118. Welche sich aus ruchlosigkeit, nachlässigkeit oder andern ursachen[2728] *des h[eiligen] sacraments enthalten* oder es selten gebrauchen, die sollen zwar nicht dazu gezwungen werden, die prediger müssen aber an ihnen treulich arbeiten und denen ruchlosen aus der verachtung [des] sacraments den mangel des lebens, daß [das] aus Gott ist, die gefahr, worinnen ihre seele stecket, unter [S. 443] augen stellen, denen übrigen aber ihre *scrupel* durch gründlichen unterricht benehmen, allenfals des inspectoris, ihrer collegen oder auch des consistorii hülffe sich dazu ausbitten. Wenn am ende des jahrs vom consistorio einige verächter des h[eiligen] abendmahls und andere ärgerliche einwohner dieser stadt denen groß-richt-leuten[2729] oder auch [den] richt-leuten der ämter[2730] bekandt gemachet werden, sollen selbige weder bey rath noch bey ämtern zu ehren stellen[2731] eligibel seyn, noch

---

2723 Dem durch die eigenen Sünden inzwischen gebrochenen/geschwächten „Taufbund".
2724 Der „Soestischen Kirchen Agenden" (1539), die hier deutlich als ein noch unabgeschlossenes Projekt erscheint. Siehe Edition 2.5.
2725 Bei dieser Feier des Heiligen Abendmahls/diesem Durchgang.
2726 Die noch benötigten zusätzlichen Gaben (Elemente) sollten nachkonsekriert werden.
2727 Über die Zulassung entschied hier die (unterstellte) angemessene Fähigkeit zur Selbstprüfung.
2728 Das heißt wohl: als Ausdruck einer bewussten Separation von der Gemeinde.
2729 Als den Vertretern des Landesherrn.
2730 Als den Vertretern der Kommune/der Bürgerschaft.
2731 Innerstädtischen Ämtern/Funktionen.

auch zu keinen amts kösten²⁷³² eingeladen, sondern bey ihren collegiis²⁷³³ in bann gethan werden.²⁷³⁴

XIII. *Von der proclamation und copulation derer verlobten.*

§ 119. Gleichwie die prediger nicht unterlassen werden, ihre gemeinen oft zu *belehren*, wie der ehestand als eine heilige ordnung Gottes nach dessen willen mit dem gebeth und in seiner furcht gottsehlig *anzufangen* und zu führen sey, so wollen wir auch, daß sie in der predigt oder durch verlesung der Königl[ichen] Ehe-Constitution²⁷³⁵ oder dieser Kirchen Ordnung bekandt machen, was einer vorhabenden ehe vollenziehung²⁷³⁶ hindern könne?

[S. 444] § 120. Allermassen wir auch hiedurch setzen und ordnen, daß sich niemand mit einer *ungetauften,* noch *nicht confirmirten* oder auch excommunicirten persohn verheyrathen solle, bis die ungetaufte vorhero das bekäntnis ihres glaubens gethan²⁷³⁷ und durch die h[eilige] tauffe in die gemeine Gottes aufgenommen worden [ist], die noch nicht confirmirte sich nothdürfftig unterrichten lassen und also bey dem tisch des Herren sich eingefunden habe, die excommunicirte aber zuvor der kirchen zucht gemäs sich mit der gemeine versühnet [habe], wie denn die, so zum ersten mahl in den ehe standt tretten wollen, von dem prediger *examiniret* werden sollen, damit bey wahrgenommenen mangel des erkäntnißes vor der proclamation, die so lang zu differiren wäre, ihnen nothdürftiger unterricht gegeben werden könne.²⁷³⁸

§ 121. Wir wollen auch, daß keiner von denen seinigen zum ehestande *gezwungen* werden solle. Es sollen aber auch keine kinder, wes alters sie seyn, ohne wissen und *willen ihrer eltern* und, da [wenn] die nicht mehr vorhanden [sind], ihrer großeltern oder auch derer [S. 445] vormünder sich nicht ehelich versprechen, gestalt den[n] alle *heimliche verlöbniße* verbotten und keine andere[n] gültig seyn sollen, als welche in christlicher freunde gegenwarth, in der furcht Gottes und unter andächtigem

---

2732 Öffentlichen Gastmählern aus Anlass von Amtsübertragungen oder Festakten aller Art.
2733 Innerhalb ihrer Standesvertretungen, Zünfte etc.
2734 Das Fernbleiben vom Heiligen Abendmahl war kaum nur ein Unterschichtsphänomen. Hier manifestierte sich bei manchen wohl auch der Widerstand gegen das kirchliche System und dessen Zugriff auf die eigenen Lebensvollzüge. Mit der Aufklärung verstärkte sich dies schnell.
2735 Des preußischen (landesherrlichen) Ehestatuts in seiner dann jeweils aktuellen Fassung.
2736 Einen beabsichtigten Eheschluss.
2737 Das der Konfirmation (Einsegnung) vorausgehende öffentliche Bekenntnis abgelegt hat.
2738 Die Zulassung von Bewerbern zur Trauung setzte das Bestehen einer uneingeschränkten Kirchengemeinschaft voraus (volle Gemeindezugehörigkeit: Heilige Taufe, Konfirmation, Zulassung zum und Teilnahme am Heiligen Abendmahl).

gebeth zu ihm geschlossen seyn.[2739] Welche sich nun gelüsten lassen werden, die kinder hinter der eltern rücken zu *verkuppeln,* die sollen ernstlich angesehen und gestraffet werden. Dafern aber eltern ihren consens, so sie geziemend darum ersuchet werden, zu einer anständigen heyrath ihre[r] kinder aus blossem eigensinn ohne erhebliche ursachen versagen wolten, wollen wir,[2740] wo güthige vorstellung nichts verfänget und die sache vor dem consistorio untersuchet ist, nach dessen eingenommenen guth achten allenfals den consens suppliren.[2741]

§ 122. Es müssen die *gradus prohibiti*[2742] hiernächst sorgfälig vermieden werden, da nemlich 1. keine ehe unter bluts-freunden in linea recta in infinitum,[2743] in linea collaterati[2744] aber bis an der geschwister kinder excluslue und 2. unter verschwägerten *in primo* [S. 446] *genere affinitatis,*[2745] eben solche grade, solte auch gleich das matrimonium, daher die schwägerschafft entstehet, noch nicht vollenzogen, sondern nur *per sponsalia*[2746] geschlossen gewesen seyn. Wie auch 3., wo respectus parentelae[2747] dazu kommt, die ehe unter verschwägerten in quarto gradu und weiter[2748] verbotten bleibt, desgleichen 4. *in secundo genere affinitatis*[2749] die ehen durch den respectum parentelae unzulässig gemachet werden. Und da 5. S[eine] Königl[iche] May[estät] bey 20 bis 100 r[eichstalern] straffe nicht gestatten wollen, daß eine *dispensation*[2750] gesuchet werde in fällen, die in göttlichen rechten[2751] ausdrücklich verbotten sind, und daß privati[2752] bey 10 bis 20 r[eichtalern] straffe in denen casibus, die nicht ausdrücklich benennet [sind], aber in denen doch paritas rationis[2753] waltet, dispensation suchen, als[o] ordnen wir 6., daß welche um dispensation bey S[einer]

2739 Das Eheversprechen (Verlöbnis) war ein die ganze Gemeinschaft betreffender Rechtsakt und bedurfte darum der Öffentlichkeit.
2740 Der Soester Rat.
2741 Leisteten Eltern grundlos oder nur aus Eigensinn Widerstand gegen den an sich zulässigen Eheschluss ihrer Kinder, konnte der Rat die Trauung (nach vorausgehender Prüfung des Falles durch das Konsistorium) notfalls seinerseits freigeben.
2742 Die einen Eheschluss prinzipiell unmöglich machenden Verwandtschaftsverhältnisse (Grade).
2743 In direkter Linie (Großeltern – Eltern – Kinder) unbegrenzt.
2744 In angrenzender Linie/unter Geschwistern.
2745 Im ersten Verwandtschaftsgrad.
2746 Durch von den Eltern für ihre (oft selbst noch zu jungen) Kinder geleistete Eheversprechen.
2747 Unter dem „respectus parentelae" versteht das römische Recht das Verhältnis derjenigen Seitenverwandten (Onkel, Tanten), die nur einen Grad von dem gemeinschaftlichen Verwandten entfernt sind, zu denjenigen (Neffen, Nichten), die mehrere Grade von jenem entfernt stehen.
2748 Bis zum vierten Grad.
2749 Bei einer Verwandtschaft zweiten Grades.
2750 Eine Aufhebung der Ehehindernisse/Freigabe des Eheschlusses.
2751 Durch die Bibel.
2752 Bürgerliche, nicht-adlige Personen.
2753 Bei einer analogen, dementsprechenden Anwendung.

2.3 Die „neue" Soester Kirchenordnung

König[lichen] May[estät] allerunerthänigste ansuchung thun wollen, von unserem consistorio den casum aufsetzen lassen und beylegen sollen.[2754]

[S. 447] § 123. Welche ein *öffentliches verlöbnis* gehalten haben, können selbiges eigenmächtig, auch mutuo consensu,[2755] nicht *rescindiren*.[2756] Wo sich aber darauf jemand dennoch anderwärtig einzulassen erkühnet hätte, der soll nicht nur zu der ersten parthey verwiesen, sondern auch exemplarisch gestraffet werden.[2757]

§ 124. Prediger möchten auch öffentlich und insbesondere unter anführung bündiger gründe ernstlich wieder rathen, daß keine ehe mit *persohnen von andern religionen* getroffen werden. Ingleichen haben sie christliche gemüther zu warnen, daß sie sich nicht *mit ruchlosen* persohnen, davon sie verführet werden könten, einlassen, noch dabey solche *professionen* erwehlen, die sie wieder vereiteln mögten.[2758] Dafern aber dergleichen heyrathen ja geschlossen würden, mögen prediger auf ihre schaffe so viel sorgfältiger acht geben und ihnen mit rath zu hülffe kommen.

§ 125. Der erbahrkeit halber soll ein *wittwer* vor verfliessung eines halben jahres und eine wittwe vor verfliessung 3. viertheil jahrs nicht wiederum heyrathen.[2759] Wenn aber aus erheblichen ursachen bey S[eine]r Königl[ichen] [S. 448] Maye[stät] darüber *dispensation* gesuchet werden wolte, mus von dem consistorio ein zeugnis gesuchet werden, um es beyzulegen.[2760] Wo kinder vorhanden sind, darf die anderwärtige ehe nicht vollenzogen werden, *bis vormundere* bestellet und der theilung wegen richtigkeit gemachet worden [ist],[2761] worüber dem prediger vor der copulation ein[en] schein von hiesiger camerey[2762] eingeliefert werden soll.

§ 126. Es sollen die prediger keine, welches standes sie auch seyn (ausser, wenn soldaten auf den march seyn und der commandirende officier die copulation vermittelst einlieferung eines wohl aufzuhebenden[2763] trau-scheins forderte), in den h[eiligen] ehestand einsegnen, es sey[e]n denn ihre nahmen und vornahmen drey

---

2754 Anträge an den König waren in jedem Fall über das Konsistorium als die kirchliche Zentralbehörde des Rates zu stellen.
2755 Selbst im Falle einer beiderseitigen Zustimmung.
2756 Aufheben/ungültig machen. – Die Proklamation (das heißt: die öffentliche Bekanntgabe des Eheversprechens) setzte Recht und war daher nicht ohne Weiteres rückgängig zu machen.
2757 Streng und in abschreckender Weise bestraft werden. – Hier waren wohl vor allem die Rechte der verlassenen Verlobten (Bräute) im Blick.
2758 Bestimmte Bevölkerungs- oder Berufsgruppen (Abdecker etc.) galten als „nicht ehrbar". Hier sollten Eheschlüsse (Einheiraten) nach Möglichkeit unterbleiben.
2759 Im Falle des Mannes musste rascher geheiratet werden können, da oftmals noch Kinder aus erster Ehe zu versorgen waren. Im Falle der Frau sollte eine möglicherweise noch aus der ersten Ehe herrührende Schwangerschaft abgewartet werden, um die Rechte der so Geborenen zu sichern.
2760 Auch hier hatte die Antragstellung über das Konsistorium zu erfolgen.
2761 Das heißt: Bis die Erbansprüche der Kinder aus erster Ehe ermittelt, eindeutig dokumentiert und eventuell auch bereits abgegolten worden sind.
2762 Der Dienststelle des Stadtkämmerers.
2763 Einer verlässlich zu den Akten zu nehmenden Bescheinigung.

sontage nacheinander von der cantzel vorhin öffentlich *verkündiget*[2764] und also Gott der Herr als der stifter dieses standes um eine gesegnete ehe von gantzer gemeine in andächtigem gebeth zugleich mit angeruffen [worden sein], wes wegen diese verkündigung hinführo nicht nach, sondern [S. 449] vor dem gebeth des Herrn geschehen soll.[2765] Und da an einem Sontage zur verkündigung der anfang gemachet worden, soll selbige am nächst folgenden Sontage, es wäre dann solches von uns inhibiret worden, unverrückt *continuiret* werden. Wann [wenn] die verlobte[n] zu unterschiedenen gemeinen inn oder ausser der stadt, wäre es auch an entfernten orten und unter andern religionen, gehören, soll die verkündigung an beyden orten geschehen,[2766] es wäre denn, daß sie über jahr und tag sich in hiesigem territorio[2767] aufgehalten [hätten] oder mit einer andern gemeine commembriret gewesen [wären], da es nach obiger verordnung § 60. N[r.] 5. gehalten werden müste, die prediger aber sollen die nicht proclamiren, bey welchen sie obbenente impedimenta[2768] in geschehener *nachfrage* angetroffen haben, daher auch nicht erlaubt ist, die proclamation eher anzufangen als etwa 14 tage vor endigung der zur trauer denen witwern und witwen bestimten zeit,[2769] sonst müssen [sollen] sie der überflüssigen *titul* bey der proclamation sich enthalten.[2770] Wer dan[n] erhebliche ursachen zu haben vermeint, warum die ehe zwischen proclamatis oder proclamandis[2771] nicht vollzogen werden könne, der hat darüber bey zeiten an das consistorium vorstellung zu thun.[2772]

§ 127. Bis nach geschehener copulation sollen die verlobte[n] *sich nicht in einem hause aufhalten* und dafern [S. 450] die prediger erfahren solten, daß sie sich vor der einsegnung fleischlich vermischet haben, müssen sie ihnen darüber ernstliche vorstellung thun.

§ 128. Zur copulation folgt hieselbst der *bräutigam der braut*,[2773] nur daß zufolge S[eine]r Königl[ichen] Maye[stät] verordnung, wenn ein feld-prediger bey dem in hiesiger gegend einquartirten regiment ist, derselbe die copulation aller derer, so zum regiment gehören, hat, an welchen dann unsere prediger auf vorhergegange-

2764 Der Vorgang der dreimaligen Abkündigung hatte ein ununterbrochener zu sein. Er stellte die erweiterte Öffentlichkeit der dann später in kleinerem Kreise vollzogenen Trauung sicher.
2765 Im Vaterunser wurde auch die Fürbitte der versammelten Gemeinde für die Traubewerber laut.
2766 Hier wie dort sollte damit die Möglichkeit des Einspruchs geboten werden.
2767 In der Stadt Soest und ihrer Börde.
2768 Ehehindernisse, wohl insbesondere frühere, bislang verschwiegene Verlöbnisse.
2769 Die vorzeitige Proklamation galt als eine unzulässige Einschränkung der „Sperrzeiten" nach § 125.
2770 Der Rechtsakt sah bewusst nicht auf den Stand der Bewerber.
2771 Bereits abgekündigten oder noch abzukündigenden Personen.
2772 Das Konsistorium fungierte hier als Ehegericht und nahm so zugleich seine älteste Funktion wahr. Vgl. Barth, Thomas: Artikel „Konsistorium", in: RGG[4] 4 (2001), Sp. 1617 (Literatur).
2773 Die Trauung wurde in der Gemeinde der Braut durch deren Beichtvater vollzogen.

ne proclamation die *dimissoriales*[2774] willig ertheilen sollen.[2775] Denen proclamirten soll aber nicht freystehen, die copulation nach der proclamation länger *als 14. tage aufzuschieben,* wenn auch sterbe-fälle derer angehörigen darzwischen kämen, wie denn die prediger den verzug dem consistorio anzuzeigen haben.[2776] Auch mus bey zeiten verhütet werden, daß die copulationes derer, welche ein hochzeits mahl anrichten wollen, nicht in die *Fasten- oder Adventszeit* fallen, als worin wir[2777] keine gastmähle[r] verstatten wollen.[2778]

§ 129. Weil wir evangelisch Lutherischen prediger in der stadt von geschehener proclamation einander mündlich [S. 451] benachrichtigen können, geben sie unter sich keine dimissoriales aus. Sonst aber soll keine copulation geschehen ohne erhaltene *dimissoriales* von des bräutigams beicht vatter.[2779] Solten selbige unbefugt geweigert werden, so mus dem consistorio davon nachricht gegeben werden.

§ 130. Die copulation soll mit denen ceremonien, die unsere Agenden[2780] anweisen, ordentlicher weise *in der kirchen*[2781] geschehen und sind alle, welche gegenwärtig seyn, verbunden, in der stille der rede des predigers andächtig zuzuhören und für die angehende[n] eheleuthe mit zu bethen. Denen bauren-knechten ist dabey gäntzlich verbotten, weder in der kirchen, noch auf dem kirch-hofe, dem bräutigam *stockschläge* zu geben. So soll auch aller anderer tumult und unordnung dabey vermieden oder hart bestraffet werden.[2782] Dafern [Falls] jemand[em] aus erheblichen ursachen die *privat-copulation* ausser der kirchen von dem consistorio erlaubet würde, sollen gleichwohl davon der kirchen zwey r[eichs]th[a]l[er] gezahlet werden.[2783]

2774 Die Entlassscheine/Freigaben.
2775 Bei der Trauung mit Militärangehörigen, das heißt nicht dem Rat unterstehenden Personen, gingen die Rechte der Ortspfarrer (einschließlich des Anspruchs auf alle Gebühren) auf die durch den König ernannten Feldprediger über.
2776 Auf die an drei aufeinander folgenden Sonntagen verlesene Abkündigung hatte spätestens nach zwei Wochen die Trauung zu erfolgen.
2777 Der Soester Rat.
2778 In den kirchlichen Bußzeiten (Advent und Fasten) sollte, wenn überhaupt, nur schlicht und ohne Hochzeitsmahl geheiratet werden.
2779 Der Beichtvater des Bräutigams musste schriftlich auf seine Rechte an der Trauung verzichten, was vor allem bei Trauungen mit Nicht-Soestern (andere Ortstraditionen) vor Konflikten bewahrte.
2780 Die noch im Entstehen begriffene „Soestische Kirchen Agenden" (1539). Siehe Edition 2.5.
2781 Also nicht (wie an manchen anderen Orten damals noch gebräuchlich) vor der Kirchentür oder im Haus/Elternhaus der Braut.
2782 Demnach gab es in Soest und der Börde ein die Trauungen mitunter doch stark beeinträchtigendes, robustes begleitendes Brauchtum, das auch vor dem Brautpaar selbst nicht halt machte.
2783 Wurde die Trauung nicht öffentlich vollzogen, war der der Gemeinschaft (Gemeinde) geschehende „Verlust" – ähnlich wie im Fall der (nicht erwünschten) Haustaufe (§ 88) – finanziell zu kompensieren.

§ 131. Wenn *hochzeits-mahle,* die aber am Sontage gar nicht gehalten werden dürffen,[2784] angerichtet würden, mus solches nach inhalt unserer darüber ertheilten verordnung [S. 452] geschehen und jene so viel müglich eingeschräncket werden,[2785] gestalt niemahls über 12 pa[a]r gäste erbeten werden dürfen, und wie von denenselben keiner vormittags um essen und trincken in das gast haus[2786] kommen, noch am dritten tage sich wieder einfinden soll, also bleiben auch alle küchen steuern[2787] und geschencke dabey so wohl als bey andern gastmahlen schlechthin verbotten, auch ist dabey alles *schiessen*[2788] bey arbitrairer straffe einzustellen. Prediger haben auch überdem die hochzeiter[e] und ihre eltern, so denn auch die gäste zu erinnern, daß sie sich in heiliger furcht Gottes bewahren, alle unmäßigkeit und üppigkeit vermeiden und überhaupt sich hüten, damit sie nicht durch das wüste und unordentliche wesen, welches bey denen hochzeiten so gemein ist, Gottes seegen von sich treiben.

§ 132. Die getrauete[n] müssen in das *Kirchen-Buch* ordentlich angezeichnet werden, damit daraus auf jeden fall ein *copulations-schein*[2789] extrahiret und jahrlich jener *anzahl*[2790] uns vorgezeiget werden könne.

[S. 453] XIV. *Von besuchung derer krancken.*

§ 133. Welche Gott mit leibes oder gemüths-*kranckheit*[2791] heimgesucht hat, die sollen ihrem seel-sorger *davon bald nachricht geben* und sich seines raths und trosts bedienen. Und wie prediger verbunden seyn, sich so bald möglich bey dem patienten, der ihrer begehret, einzufinden, also sollen sie auch die willig besuchen, welche sie nicht zu sich fordern lassen, von deren kranckheit sie aber *sonst gehört* haben. Sie sollen auch so viel fleissiger die besuchung *wiederhohlen* und so viel gefäßeter zu der krancken erweckung und aufmunterung zu seyn sich befleissigen, weil sie befahren müssen, daß sie ihr amt nicht lang mehr werden an ihnen verrichten können,[2792] des endes sie jener zustand untersuchen und ihnen zur prüfung ihrer selbst anlas geben, auch nach erfordern *ihres zustandes* mit ihnen handeln müssen.

§ 134. *Die h[eilige] communion* soll den krancken ordentlicher weise nicht gereichet werden, es haben denn die prediger mit ihnen bereits vorher von ihrer *vor-*

2784 Diese Mahle hätten die Nachmittagsgottesdienste beeinträchtigt und die Festruhe gestört.
2785 Der jeweils aktuellen, vom Rat erlassenen „Ordnung der Brautköste".
2786 In das Haus, in dem die Hochzeit gefeiert wird.
2787 Teilnahmegebühren (Beisteuern) der Hochzeitsgäste, wohl auch in Form von Naturalien.
2788 Die Abgabe von Salutschüssen.
2789 Eine Trauurkunde.
2790 Die Anzahl der in jeder Kirchengemeinde vollzogenen Trauungen.
2791 Mit den Fortschritten der Medizin war hier schon seit der 2. Hälfte des 16. Jahrhunderts auch pastoral eine neue Sensibilität entstanden (Literatur für den Umgang mit Melancholikern/Depressiven).
2792 Das nahende Lebensende des Beichtkindes hatte dessen Seelsorger zusätzlich zu motivieren.

bereitung, auch dem gebrauch dieses gnaden-mittels geredet. Vor der h[eiligen] handlung soll der prediger bey dem krancken *allein gelassen werden,* damit er zu dessen nöthig [S. 454] befundener privat gewissens-rührung raum habe,[2793] nach dem genuss des sacraments müssen die prediger die besuchung der krancken bis zur genesung oder bis sie abgefordert werden[2794] unermüdet fortsetzen. Wenn *verächter des h[eiligen] abendmahls,* andere offenbahre sünder oder auch excommunicirte gleichwohl auf dem krancken bette auf bezeugte, ernstliche busse die h[eilige] communion zur versicherung der gnade Gottes begehren, soll ihnen solche nur *in gegenwarth christlicher zeugen,* die ihr bekentniss mit anhören, gereichet werden.[2795]

§ 135. Die prediger sind verbunden, vermögende krancke und sterbende zu erinnern, daß sie von ihrem zeitlichen guth *armen, kirchen und schulen* bedencken wollen.

§ 136. Wenn *maleficanten* inhaftiret sind oder auch abgethan werden sollen,[2796] müssen ihnen ihre beicht vätter[2797] getreulich beystehen, damit ihre seele zur busse befordert und zum ewigen Leben erhalten werde. Fals sie aber fremde sind,[2798] hat sie der prediger zu St. Georgii zum tode zu bereiten und bey der außführung zu begleiten.[2799]

XV. *Von beerdigung derer verstorbenen.*

§ 137. Alle verstorbene[n] müssen bey jeder gemeine *angeschrieben* und uns jährlich derer anzahl praesentiret werden.[2800] Wenn einer *über 90. jahr* alt verstirbt, mus es uns sofort [S. 455] bekand gemacht werden, damit wir es an S[eine]r Königl[ichen] Maye[stät] zufolge allergnädigsten verordnung berichten können. Ingleichen mus von den predigern uns[2801] angemeldet werden, wenn unmündige kinder *vatter und mutter lose weysen* werden.

§ 138. Die todten gräber sollen kein *grab* eignes gefallens *eröfnen,* es sey den[n] erst dem prediger und stehenden kirchen provisoren davon nachricht gegeben worden.[2802] Sie sollen aber zusehen, daß sie die gräber gross und tief gnug machen, wie

---

2793   An die Stelle der Einzelbeichte in der Sakristei trat das seelsorgerliche Gespräch am Krankenbett.
2794   Von Gott abberufen werden/versterben.
2795   Die Wiederaufnahme in die Abendmahlsgemeinschaft war ein die ganze Kirchengemeinde betreffender Akt. Er bedurfte deshalb auch einer zumindest eingeschränkten Öffentlichkeit.
2796   Wenn Straftäter inhaftiert oder im Extremfall sogar zum Tode verurteilt worden sind.
2797   Die Pfarrer der Gemeinden, aus denen sie stammen.
2798   Falls sie nicht aus Soest oder dessen Börde stammen.
2799   Das war damals Johann Nikolaus Sybel. Er schrieb sich hier also selbst die Dienstanweisung.
2800   Fortan sollten in allen Gemeinden Sterberegister geführt werden.
2801   Dem Soester Rat.
2802   Der Auftrag zum Ausheben der Grube (Tag, Ort etc.) sollte demnach nur durch den Pfarrer/die Kirchenältesten, nicht aber durch Dritte (Familie/Freunde etc. des Ver-

wir dan arbitraire straffe,[2803] auch wohl die absetzung vom dienst, darüber verfügen würden, wenn die einsenckung des sarcks nicht fort geschehen, sondern in gegenwart des leichen comitats[2804] noch weiter an dem grabe gearbeitet werden müste oder das sarg nicht wenigstens [Leerraum] schuch in die erde zu stehen käme.[2805]

§ 139. Die todten sollen ordentlicher weise bey der kirche begraben werden, dabey sie in ihrem leben eingepfarret gewesen. Wenn aber eingepfarrete einer andern gemeine oder auch einer andern religion zugethane in einer ev[angelisch] Lutherischen kirchen oder auf deren kirchhoff begraben werden sollen, müssen *die jura* [S. 456] denen bedienten bey solchen kirchen nicht anders, als wenn sie[2806] eingepfarret gewesen wären, abgetragen werden,[2807] nur dass, [ergänzt:] wo* die leiche [gestrichen:] die* aus einer ev[angelisch] Luth[erischen] gemeine in die andere getragen würde, die iura für die leichen-predigt dem ordinario bleiben.[2808]

§ 140. Die *abend-begräbniße* sollen zwarn niemand gewähret werden,[2809] doch sollen dabey weder die amts-glocken gezogen, noch sonst ohne unsere specielle erlaubnis geleutet werden,[2810] auch müssen [dürfen] denen kirchen und schul bedienten zur verschmählerung ihrer einkünfte die *gewöhnliche jura* nicht abgeschwacket werden,[2811] gestalt es ferner dabey bleibet, daß wen[n] jemand eine *parentation*,[2812] welche nicht einem jeden ohn unterschied, sondern nur denen *familiis nobilioribus*,[2813] denen vom großen rath und denen *literatis*[2814] gehalten werden sollen, geschiehet oder ihm eine trauer-*music* bestellet ist oder er *in die kirche* begraben oder sechs Wochen das *bolltuch*[2815] aufgeleget worden [ist], die jura für

storbenen) erteilt werden.
2803   Eine spürbare/ernstliche Strafe.
2804   Der Trauergemeinde/des Leichenzuges.
2805   Das solches nötig wurde, weil nicht ordentlich gearbeitet worden war, kam offenbar vor.
2806   Die verstorbenen Personen.
2807   Die Gebührenordnung galt demnach auch bei der Bestattung gemeindefremder Personen.
2808   Die Stolgebühren verblieben beim Beichtvater (Gemeindepfarrer) des Verstorbenen.
2809   Die abendlichen Begräbnisse erfolgten im kleinen Kreise. Das ließ sie im Blick auf das Verhältnis des Verstorbenen zur Kirchengemeinde als problematisch erscheinen (vgl. § 88 und 130). Der abendliche Leichenschmaus brachte weitere Probleme mit sich.
2810   Das nächtliche Läuten konnte sonst leicht als Brandläuten missdeutet werden.
2811   Abgezwackt werden. – Auch bei den abendlichen Begräbnissen fielen sämtliche Gebühren an.
2812   Eine im Stehen und frei gehaltene, die Verdienste des Verstorbenen rühmende Leichenrede.
2813   Den Angehörigen des städtischen Patriziats/den ratsfähigen Familien.
2814   Dem Lehrkörper des Gymnasiums.
2815   Ein auf einen Wagen zu Transportzwecken gespanntes Tuch.

die ganze schule, und wen das boltuch 3 wochen oder nachmals ein *leichen stein* aufgeleget worden [ist],[2816] die halbe schule unweigerlich bezahlet werden soll.[2817]

[S. 457] § 141. Wenn das begräbnis *öffentlich und bey tage geschiehet,* soll nicht nach belieben, sondern oben angezeigter massen geleutet werden.[2818]

§ 142. Weil es sich geziemet, daß ein jeder bey vorkommenden todes-fällen sich seiner sterblichkeit erinnere, also soll nicht nur die so genandte *todten-wache*[2819] abgeschaffet seyn, sondern auch aller tumult und muthwille, der bey abends- und bey öffentlichen begräbnißen vorgehen möchte, scharff bestraffet werden. Nicht weniger hat man alle *schmausereyen* dabey zu vermeiden und schlechthin nach dem gemachten reglement zu verfahren.[2820] Da aber denen *trägern* wein oder bier vorgesetzet zu werden pfleget, sollen sich selbige bey vermeidung arbitrairer straffe damit nicht überladen.

§ 143. In denen *leichen-predigten* sollen die prediger des übermässigen rühmens wie auch vieler titul derer verstorbenen sich enthalten und [diese] nur im eingang [nennen] und [die] personalien melden, was der gemeine von selbiger fatis[2821] bekand zu machen oder aus ihrer äusseren und innern führung zum preise Gottes und von ihrem leben zum exempel der nachfolge vorzustellen seyn möchte.[2822] So sollen auch die irrthümer irriger religionen darinn [S. 458] sparsamer und also vorgestellet werden, daß, wo einige denselben zugethane zuhörer gegenwärtig seyn möchten, selbige nicht erbittert, sondern überzeuget und gebauet [auferbauet] werden.[2823] Überhaupt soll dahin der gantze vortrag gerichtet werden, daß die lebende[n] sich auf einen sehligen tod in der ordnung der busse anzuschicken ermuntert, in ihrem leyden getröstet und gegen die furcht des todes bewapnet werden mögen, welches auch der haupt-zweck bey denen *abdanckungs-reden*[2824] seyn soll.

§ 144. Wenn *arme* sterben, soll der sarg aus gemeinen armen mitteln,[2825] der träger und des todten gräbers gebühr aus der diaconie, wozu sie gehöret haben,[2826] genom-

---

2816 Eine Grabplatte über das (im Boden befindliche Grab) gedeckt worden ist.
2817 Besondere Dienstleistung bei der Bestattung (eine vokale oder instrumentale Trauermusik) und ehrende Akte im Anschluss an dieselbe (Bolltuch, Abdeckung des Grabes mit einem Leichenstein) waren kostenpflichtig. Das dafür entrichtete Geld kam dem Gymnasium zugute.
2818 Vgl. § 140.
2819 Eine Ehrenwache der Nachbarn im Sterbehaus bzw. am Aufbahrungsort?
2820 Der jeweils aktuellen, vom Rat erlassenen „Ordnung der Leichenschmäuse".
2821 Von ihren Schicksalen/den äußeren Stationen ihres Lebensweges.
2822 Von deren geistlicher Biographie/deren Bekehrungsgeschichte (die dann eventuell auch vorbildgebend auf die Hörer/die Trauergesellschaft wirkt).
2823 Dies dürfte sich nicht nur auf die in Soest lebenden römisch-katholischen Christen, sondern auch auf die – oft einflussreichen – Mitglieder der dortigen reformierten Gemeinde bezogen haben.
2824 Den Nachrufen/den Gedenkreden.
2825 Der Armenkasse des Soester Rates. Vgl. § 145.
2826 Den Mitteln des „Diakoniefonds" der Kirchengemeinde, der sie im Leben angehört haben. Vgl. § 67 f. und 153.

men, sonst aber keine *jura*[2827] für sie gezahlet werden. Wie es mit dem begräbniße derer, so *excommuniciret* gewesen oder die excommunication durch offenbahre verachtung göttlichen worts und der h[eiligen] sacramenten wie auch andere grobe sünden verdienet gehabt, sonderlich derer, die *sich selbst ermordet* haben oder in sünden, so jederman vor augen liegen, verstorben sind, gehalten werden solle, wird jedesmahls auf geschehene vorstellung des consistorii von uns beordet werden.[2828]

[S. 459] XVI. *Von verpflegung derer armen.*[2829]

§ 145. Nachdem von zeit zu zeit zu der so ernstlich von Gott befohl[e]nen und in jeder christlichen republique nöthigen verpflegung der armen ein ansehnliches auf verschiedene weise von dem magistrat und andern milden wohlthätern gewiedmet ist, also haben wir die generale aufsicht auf die ausspendung *der gemeinen armenmittel* denen her[re]n directoribus des waysenhauses aufgetragen, welche dabey gewissenhafft verfahren sollen, daß der auf die versorgung der armen glieder Christi gelegte seegen über unsere stadt kommen möge.

§ 146. In das *waysenhaus* sollen aufgenommen werden zuforderst die kinder, welcher eltern verstorben sind und ihnen kein erbe hinterlassen haben oder, so sie noch leben, doch nicht gegenwärtig oder nicht im stande sind, dieselbe[n] recht zu erziehen, demnechst auch ledige alte oder kräncklige mannes und weibes-personen, die sich selbst nicht versorgen noch pflegen können, für dieselbe[n] sollen dann die directores sorgen, daß sie bey gesunden und krancken tagen nothdürfftig[2830] verpfleget und sonderlich im christenthum unterwiesen, erwecket und geübet werden. Des endes sie beydes, den oeconomum[2831] und [S. 460] [den] informatorem,[2832] wie auch übrige bediente am waysenhause[2833] zur betrachtung ihrer pflicht anhalten müssen. Sie sollen auch wochentlich im waysenhause erscheinen und sich von dem gegenwärtigen zustande desselben nachricht geben lassen, auch genugsahme zeit auf überlegung dessen, was zur aufnahme und forderung der armen-anstalten dienet, wiedmen.

§ 147. Die übrige[n] arme[n], so in das waysenhaus nicht aufgenommen werden können, sollen durch *wochentliche portiones*[2834] von denen diaconis aus den armen-

2827 Im Übrigen für gewöhnlich anfallende Gebühren.
2828 Angeordnet/bestimmt werden. – Die Exkommunikation, die Bestrafung offener Sünden (Sittlichkeit) und die Selbsttötung rangierten damit faktisch auf einer Ebene. Das Konsistorium hatte zu votieren. Der Rat behielt sich aber in jedem einzelnen Falle die Entscheidung vor (die hier ja nicht selten konfliktträchtig war).
2829 Das im Folgenden Gebotene präzisierte die Ausführungen einer scharfen „Verordnung wegen des Gassen-Bettelns", die der Soester Rat am 25. Juli 1731 erlassen hatte. Unkommentierter Abdruck in: SZ 12 (1893/94), S. 19f. (Nr. 3; Eduard Vogeler).
2830 Hinreichend.
2831 Den Wirtschafter/Verwalter.
2832 Den Präzeptor (Lehrer und Prediger).
2833 Vgl. Edition Nr. 71.
2834 Ihnen wöchentlich ausgeteilte/zugewiesene Deputate (Geld und Naturalien).

2.3 Die „neue" Soester Kirchenordnung

mitteln der gemeine, wozu sie gehören, mit wissen derer directoren versorget werden. Dafern aber eine gemeine mehr armen hätte, als sie verpflegen kan, und bey einer andern gemeine zu wenig wären, mögen die directores jene übrige zu dieser gemeine verweisen, da denn die diaconi verbunden seyn sollen, sie anzunehmen.[2835] Die cüster aber müssen auf erfordern der directorum quartaliter eine liste derer armen, so jetz bey ihrer gemeine verpfleget werden, einliefern, auch wen[n] eines derselben abgehen solte [S. 461] und in der gemeine keiner wäre, dem an dessen statt die portion wieder angewiesen werden könte, solches zugleich anzeigen.[2836] Welche aber auch auf diese weise nicht versorget werden können, die sollen alle *acht oder viertzehn tage am waysenhause* sich melden, ihre nothdurft vorstellen und, auf vorzeigung eines attests ihres beicht vatters von ihrer dürftigkeit und christlicher aufführung, den nöthigen unterhalt erwarten.[2837] Gleichwie auch diesen und andern, welche einer *ausserordentlichen beysteuer* bedürfen, frey stehet, bey denen directoribus sich täglich darüber zu melden. Welche arme[n] aber begüterte eltern, kinder und *anverwandte* haben, die sollen von denenselben versorget werden.

§ 148. Es sollen aber die arme[n], sonderlich, welche sich durch verschwendung, müssiggang und unordentliches hauß halten muthwillig in armuth gestürtzet haben, bey dem genuss der armen-mittel, so viel sie können, *arbeiten,* wozu ihnen auch gelegenheit gegeben werden mus [soll].[2838]

[S. 462] § 149. Keinem armen aber soll freystehen, in der stadt oder auf [der] börde *zu betteln,* und [es] müssen die prächer-vögte[2839] in der stadt die gassen fleissig visitiren und die auf fangen, welche sich gelüsten lassen, vor den thüren zu gehen.[2840] Auf den dörfern sollen solches die führer[2841] thun. Dafern aber dieselbe darinnen saumsehlig seyn oder mit den bettlern colludiren[2842] solten, werden wir sie ernstlich darüber ansehen.

2835 Die Armenfürsorge war demnach zwar an die Kirchengemeinde des Bedürftigen gebunden. Was hier geschah, sollte aber möglichst bald auch an die Direktoren gemeldet werden, damit diese im Fall der Überlastung einer Kirchengemeinde für einen inneren Lastenausgleich sorgen konnten.

2836 Die Hausarmen jeder Kirchengemeinde waren in einer eigenen Liste zu erfassen, deren Führung und Aktualisierung Aufgabe der Küster war. Ihr Addressat waren die Vorsteher des Waisenhauses.

2837 In Empfang nehmen. – Von der Kirchengemeinde nicht zu versorgende Härtefälle durften sich demnach auch direkt an das Waisenhaus wenden. Sie brauchten aber eine besondere Bescheinigung ihres Beichtvaters.

2838 Nämlich: In der Manufaktur, das heißt dem Zucht- und Arbeitshaus des Waisenhauses.

2839 Das niederdeutsche Wort „Pracher" ist ein alter Ausdruck für (zudringliche) Bettler aller Art (in der Mehrzahl dann mit Umlaut). Der „Prachersack" ist der Bettelsack.

2840 An den Haustüren zu betteln.

2841 Die Wegewärter.

2842 Mit diesen gemeinsame Sachen machen.

§ 150. *Fremde collectanten* und *bettler,* wie sie nahmen haben mögen,[2843] die vertriebene wegen der religion allein ausgenommen,[2844] sollen in die stadt nicht gelassen, noch auf den dörfern geduldet werden; es sei den[n], daß sie von S[eine]r Königl[ichen] Maye[stät] permission, welche doch selbige nur auf ein jahr lang gelten lassen wollen, vorzeigen können,[2845] diese aber sollen nicht, von hause zu hauß zu gehen, erlaubnis haben, sondern sich damit begnügen, was ihnen für die gantze stadt von denen directoribus assigniret wird.[2846]

§ 151. Wir verbieten auch allen unsern unterthanen, daß sie keinem bettler *an den thüren almosen geben,* sondern was ein jeder[2847] der armuth gewiedmet hat, [S. 463] mag er fordersamst an die diaconos seiner gemeine oder in die monatliche sammlung oder sonst ans waysenhaus schicken. Worin nunmehr billig so viel mehrere freygebigkeit bewiesen werden soll, weil man von der last derer vor den thüren ehedem gesehenen bettler entnommen ist.

§ 152. Es haben darum auch die *prediger* bey ihren zuhörern öffentlich und insbesondere die armen anstalten[2848] zu recommendiren, auch die *hauß arme* denen reichen anzuweisen oder, da selbige nicht gern kund seyn wollen,[2849] ihnen von diesen und aus der diaconie dennoch eine hinlängliche beysteuer zu befordern. Die übrige müssen sie an die directores *recommendiren,* sonderlich aber *auf das christenthum* derer armen, wie auch auf *die erziehung* ihrer kinder achtung geben, gestalt sie die, so ein liederliches leben führen, die versammlungen[2850] versäumen und das worth Gottes verachten, der h[eiligen] communion sich enthalten u[nd] s[o] w[eiter] denen directoribus anzuzeigen haben, damit ihnen von selbigen nach befinden nicht nur die almosen genommen, sondern sie auch wohl auf einige zeit zum zuchthause condemniret werden können. Auch müssen sie besorgen, daß über [S. 464] ihren portionen[2851] ihnen *bücher für die kinder* aus denen armen mitteln gegeben und diese frey zur schule gehalten werden.[2852] Sonst aber müssen die prediger *kein zeugnis* an die armen, wenn es auch verbrandte wären,[2853] außgeben, welche zum collectiren und betteln gemißbrauchet werden könten.

2843 Wie immer diese sich auch nennen.
2844 Das entsprach der Toleranzpolitik des preußischen Staates (vgl. die Aufnahme der Salzburger).
2845 Hier war zum Beispiel an frühere Soldaten (Kriegsinvaliden) zu denken.
2846 Anstelle der Kirchengemeinde trat hier der Rat selbst in Gestalt der von ihm ernannten Direktoren des Waisenhauses in die Pflicht. Sie verteilten Wertgutscheine/Lebensmittelcoupons.
2847 Ergänze: bisher.
2848 Das heißt wohl vor allem das städtische Waisenhaus.
2849 Anders als „professionelle" Bettler schämten sich viele Hausarme ihrer Bedürftigkeit.
2850 Die Gottesdienste und die Erbauungsstunden des Waisenhauses.
2851 Über die ihnen zugeteilten Deputate (Naturalien und Geld) hinaus.
2852 Mit zur Unterstützung der Armen gehörten demnach auch die Versorgung mit Schulbüchern und der kostenlose Besuch der Elementarschule ihrer Kirchengemeinde.
2853 Selbst wenn es sich dabei um Menschen handelt, die (nach eigenem Bekunden) bei einem Brand nicht nur ihr Hab und Gut, sondern auch alle persönlichen Dokumente

2.3 Die „neue" Soester Kirchenordnung

§ 153. Die armen-mittel *bey jeder gemeine* sollen wie bisher unter der aufsicht derer prediger von denen diaconis administriret werden, welche dabey die ihnen jährlich vorgelesene[n] *leges*[2854] zu beobachten haben.[2855] Ins besondere müssen sie die wochentliche[n] *sammlungen* in der kirchen und die monathliche[n] an den thüren wie auch die durch außsetzung der becken für auswärtige[2856] einzunehmende[n] *collecten* unverdrossen beobachten und die eingesamlete[n] gelder respective an das waysenhaus oder rahthaus [zu] liefern,[2857] die *zinsen* jährlich beytreiben, daß sie den armen zum schaden nicht auflauffen, die abgelegte[n] *capitalia* nicht zu sich ins hauß nehmen, sondern in den kasten legen und mit wissen des predigers dieselbe[n] nicht selbst, so lange sie den armen vorstehen, auszunehmen [S. 465] die freyheit haben,[2858] sondern nur an andere gegen eine ordentlich versiegelte obligation, darinnen eine specielle hypothec eines stück landes oder gartens, nicht aber [eines] hauses[2859] angesetzet und zweene wahrbürgen benennet seyn, ausleihen, und zwarn ohne die debitores zu obligiren, von dem zehlen bey annehmung und ablegung des capitals ihnen etwas zu geben,[2860] wie auf die noth und dürftigkeit, also auf das christenthum und [die] gantze auffführung der armen *achtung* geben, sie zum gebeth und zur liebe göttlichen worths aufmuntern und jährlich über der außgabe und einnahme für den prediger richtige *rechnung* ablegen, die nachmahls dem collegio derer kirchen provisorum und demnegst uns[2861] vorgezeiget werden soll.[2862]

§ 154. Wan[n] [wenn] von denen armen mitteln verpflegte *arme versterben* und noch einige habsehligkeit hinterlassen, aber keine leibes erben haben, soll das pium corpus, daraus sie ordentliche almosen genossen [haben],[2863] gantz erben. Sonst wen[n] kinder vorhanden seyn, soll denen, da sie es begehren, eine dimidia, die an-

---

eingebüßt haben.
2854 Die jeweils aktuellen, das Problem berührenden Ordnungen des Soester Rates.
2855 Das Folgende war faktisch eine Dienstordnung für die „Diaconi" der Kirchengemeinden.
2856 Das heißt: Nicht zur Kirchengemeinde gehörende Personen wie Marktbesucher, Durchreisende, Soldaten etc. Sie kollektierten separat, weil sie im Gegenzug ja auch nicht in den Genuss von Leistungen der jeweiligen Kirchengemeinde kamen.
2857 Entrichten/abführen.
2858 Das Geld der Kirchengemeinde sollte in jedem Fall getrennt aufbewahrt und verwaltet werden.
2859 Der Schuldner sollte im Falle seiner Insolvenz nicht obdachlos werden und so die mit dem Hausbesitz verbundenen Rechte und Pflichten verlieren können.
2860 Gedacht war wohl an Vermittlungsgebühren bei der Anlage der Gelder (Ausgabeaufschläge).
2861 Dem Soester Rat.
2862 Das Gegenüber der Rechnungslegung bildeten demnach nicht nur der Prediger und die Provisoren der Kirchengemeinde, sondern auch der Rat selbst (als nach außen hin absichernde Instanz).
2863 Der Armenfonds jener Kirchengemeinde, der sie selbst zu Lebzeiten angehört haben.

dere [Hälfte] dem pio corpori außgefolget werden, wogegen auch keine dispositio statt hat.[2864]

[S. 466] XVII. *Von verwaltung derer kirchen güther.*

§ 155. Die würckliche administration der kirchen-güther[2865] sollen die provisores sorgfältig und treulich führen, also daß *die prediger,* so viel möglich [ist], damit verschonet bleiben, doch werden auch diese, der kirchen zum besten, gern guthen rath geben, wie sie denn von keiner deliberation gäntzlich außgeschlossen werden sollen, inmassen ihnen und ihren nachkommen sonderlich daran liegt, wie die einkünffte der kirchen besorget werden.[2866]

§ 156. Der kirchen wie auch armen und schulen-*brieffschafften*[2867] sollen ordentlich inventarisiret seyn und das dazu gewiedmete Lager-buch, wovon eine copia bey dem worthaltenden provisore[2868] liegen kan [soll], nebst denen documenten in der kirchen an einem feuer freyen orthe aufbehalten werden. Es soll sich dabey auch eine richtige anweisung auf kirchen-stühle und begräbnisse[n], die, wo ein kauf und verkauff derselben vorgehet, allemahl geändert werden soll, wie auch die *rechnungen* von [vom] vorigen jahr finden. Damit aber gedachte anweisung auf die kirchen stüle und begräbniße mit dem darauf befindlichen zeichen harmonire, soll keiner befugt seyn, ohne vorwissen des worthaltenden provisoris auf einen kirchen stuhl oder begräbnis seinen nahmen setzen zu lassen.[2869]

[S. 467] § 157. Kein erb-stück[2870] soll ohne unser vorwissen von denen provisoren veräussert werden und, wo solches in vorigen zeiten geschehen [ist], soll jetziges collegium befugt und gehalten seyn, selbiges wieder herbey zu fordern; kein capital soll ausgethan werden ohne vorwissen des gantzen collegii und ohne eine beym magistrat oder gericht confirmirte obligation, sichere hypothec und burgschaft, allerdings auf die weise, wie von denen armen-mitteln [in] § 153. reguliret ist.[2871]

2864 Die hälftige Teilung konnte in einem solchen Fall also nicht abgelehnt oder blockiert werden.
2865 Die Kassengeschäfte/die praktische Verwaltung des Vermögens der Kirchengemeinde (Kapitalien, Rechte und Liegenschaften).
2866 Eine Misswirtschaft der Provisoren minderte die Versorgung der Pfarrer und ihrer Familien (respektive: ihrer Hinterbliebenen).
2867 Die Urkunden/Akten/Verschreibungen.
2868 Dem Kirchmeister.
2869 Die von den einzelnen Familien genutzten Kirchenbänke (durch Zeichen oder Inschriften markiert) und die von ihnen beschickten Erbbegräbnisse in und an der Kirche (namentlich gekennzeichnete Grablegen, Grüfte etc.) waren turnusmäßig neu zu erwerben. Hier musste von Jahr zu Jahr Rechnung gelegt werden. Die Anbringung des Zeichens an der Bank war ein Rechtsakt.
2870 Von Gemeindegliedern bezahltes/gestiftetes Stück der Kirchenausstattung.
2871 Kreditaufnahmen bei der Gemeinde waren demnach nur einvernehmlich möglich. Sie bedurften der obrigkeitlichen Sicherung, die allerdings nicht den Hausbesitz des Schuldners berühren durfte.

§ 158. Wann debitores oder pfächtiger die zinse[n] und [die] pfacht [Pacht] nicht ordentlich entrichten oder sonst des capitals halber gefahr besorget werden mus, soll ihnen dasselbe oder das unterhabende stück *denunciiret*[2872] werden, welches auch geschehen mus, wen man die einkünfte verbessern kan. Wo hiebey etwas zum schaden der kirchen versäumet wird, werden wir die schuldigen anhalten, die kirche zu indemniziren.[2873]

§ 159. Keine *processe* sollen über kirchen wie auch armen und schulen-güther angefangen werden ohne unsere genehmhaltung, wie uns den[n] facti species mit den anlagen vorher präsentiret werden mus.[2874]

[S. 468] § 160. Die *kirchen bediente* sollen zu rechter zeit besoldet und das *kirchen-gebäude*, pastorat-haus, cüsterey, schule in baulichen würden sorgfältig erhalten, der kirchhoff aber mit mauren, staketen oder zeunen[2875] versehen werden. Von der vor dem collegio jährlich abzulegenden *rechnung* mus uns[2876] eine gedoppelte copey überreichet werden.

§ 161. Wenn die kirchen mittel *nicht zu langen*,[2877] die jährliche außgabe zu bestreiten, müssen die eingepfarrete[n] oder deren patrone[n] eine zulage thun.

§ 162. Auf dem lande mus, wo ein prediger antritt, richtig verzeichnet werden, wie er die *pastorat-güther* [vorge]gefunden habe, und [es] möchte [soll] von ihm auch ein revers darüber gefordert werden.[2878]

XVIII. *Von der kirchen-zucht.*

§ 163. Nebst dem, daß die prediger, wo in ihren gemeinen *öffentliche ärgernisse* vorgehen, in ihren predigten gelegentlich derselben greuel gründlich und beweglich vorstellen müssen, sollen auch die, so durch das [S. 469] ärgernis die gemeine Gottes betrübet und den[en] feinden der wahrheit zum lästern anlass gegeben haben, von dem gebrauch des h[eiligen] abendmahls so lang excludiret werden, biss ihre reue und busse der gemeine bekand und also das ärgernis gehoben worden.

§ 164. Das urtheil darüber, ob jemand von dem h[eiligen] abendmahl zu suspendiren sey, mus [darf] sich der prediger allein nicht ausser [in] dem [in] § 111.

2872 Soll (das Recht oder) das Stück von ihnen zurückgefordert werden.
2873 Der Kirchengemeinde den entstandenen Schaden zu ersetzen.
2874 In Vermögensfragen der Gemeinden konnte nur mit Zustimmung des Rates prozessiert werden. Dieser sah zuvor die Akten ein.
2875 Angespitzten Pfosten/Bretterzäunen zum Schutz vor dem Vieh der Nachbarn, Ablagerung von Schutt und Abfällen etc.
2876 Dem Soester Rat.
2877 Nicht ausreichen/den Bedarf nicht decken.
2878 Einem Nachfolger gegenüber konnten anhand dieses Verzeichnisses/Registers nicht nur die Verhältnisse bei Amtsübernahme, sondern auch später auf eigene Kosten vorgenommene Verbesserungen/Einbauten nachgewiesen werden, die von diesem dann natürlich abzugelten waren.

angeführten fall [her]außnehmen.²⁸⁷⁹ Er hat aber dafür zu sorgen, daß die *gradus admonitionis* vorher wohl observiret werden,²⁸⁸⁰ um dem ärgernisse entweder vorzubeugen oder die ärgerliche[n] desto unentschuldbahrer und die nothwendigkeit der kirchen-zucht jederman desto mehr offenbahr zu machen. Diesem nach mus er mit denen, welcher zustand ihm verdächtig vorkommt oder davon ein böses gerücht entstehet, allein ernstlich und überzeugend²⁸⁸¹ handeln und, da solches nichts fruchtet, mit zuziehung *zweener oder dreyer* gottes fürchtiger männer aus der gemeine oder des inspectoris und eines andern predigers dieselbe vorstellung wiederhohlen. Da aber auch solches vergebens wäre, ihn zu eben dem zweck vor das *collegium* der[er] [S. 470] *vorsteher* oder das ministerium (dem sich ein jeder vorgeforderter der observantz nach sistiren oder durch den camerarium dazu angehalten werden soll) bringen, endlich aber, wo er doch halstarrig in seinem unwesen fortfähret, dem *consistorio* von bisherigen bemühungen nachricht geben, damit dasselbe nach abermahls an ihn²⁸⁸² gewendeten fleiss urtheilen könne, ob er als ein ärgerlicher mensch bis zur offentlichen kirchen busse von dem abendmahl zurückgehalten werden solle. Nach maßgebung der Königl[ichen] allergnädigsten verordnung und declaration von der kirchen busse.²⁸⁸³

§ 165. Es sollen aber dabey diese cautelen²⁸⁸⁴ wohl observiret werden[:] 1. Wo ein beicht kind dem prediger aus trieb seines gewissens eine schwere sünde *ins geheim bekennete,* so mag zwarn derselbe sein ampt zu weiterer beforderung der busse, so dann aber zum trost des sünders und dessen befestigung in dem guthen vorsatz dabei privat thun, sonst aber mus [soll] er die sünde bis in die grube verschwiegen halten. Imgleichen 2. wenn durch andere solche grobe sünde dem prediger kund gemachet [würden], sonst aber *zum öffentlichen ärgernisse* [S. 471] *noch nicht gedien wären,* und der beschuldigte auf geschehene privat-erinnerung die that leugnete

2879 Auch dort wurde eine solche Verhängung des kleinen Bannes allerdings nur unzureichend geregelt (nicht aufschiebender Appell an das Konsistorium, Figur der „bedingten" Absolution).
2880 Vgl. Mt 18, 15–18: „Sündigt aber dein Bruder, so geh hin und weise ihn zurecht zwischen dir und ihm allein. Hört er auf dich, so hast du deinen Bruder gewonnen. Hört er nicht auf dich, so nimm noch einen oder zwei zu dir, damit jede Sache durch zweier oder dreier Zeugen Mund bestätigt werde. Hört er auf die nicht, so sage es der Gemeinde. Hört er auch auf die Gemeinde nicht, so sei er für dich wie ein Heide und Zöllner. Wahrlich, ich sage euch: Alles, was ihr auf Erden binden werdet, soll auch im Himmel gebunden sein, und alles, was ihr auf Erden lösen werdet, soll auch im Himmel gelöst sein."
2881 Zur Umkehr/Besserung bewegend.
2882 Das betreffende Gemeindeglied.
2883 Tatsächlich verhängt werden konnte der kleine Bann damit nur durch das Konsistorium, die gemischtbesetzte Kirchenbehörde des Rates, das dabei aber an die königlichen Verordnung gebunden blieb (die solches im Grunde ausschlossen, weil es die bürgerlichen Rechte berührte). – Zur historischen Einordnung des Problems: Kluge, Kirchenbuße (wie Anm. 487), S. 51–62.
2884 Vorsichtsmaßregeln.

und davon, mithin von seiner unbußfertigkeit, nicht überzeuget werden könte oder im gegentheil die bestraffung annähme, sich bußfertig bezeugete und besserung verspräche, so würde der prediger dabey nichts weiter zu thun haben, als daß er bey dem ersten fall das beicht kind an Gottes allsehendes auge erinnere [und] aus Davids exempel[2885] den schaden, welchen man von dem leugnen und entschuldigen der sünde zu erwarten habe, ihm vorstelle und [ihm] bedeute, auf seine eigene gefahr[2886] werde er angenommen, bey dem andern fall aber, sothanen sünder in seinem guthen und christlichen vorsatz zu stärcken, sich äußerst müste [sollte] angelegen seyn lassen. Also 3. wo ein sünder *an einem andern orte*, da er sich vorher aufgehalten, ein ärgerniß gegeben [hätte], jetz aber ein unsträflich leben führete, so muste seine sünde, welche die gemeine, dazu er sich jetz hält, geärgert hat, vor derselben durch öffentliches bekäntnis nicht gereiniget werden,[2887] es wäre dann, daß seine sünde überall bekandt und also nöthig wäre, von aussühnung mit der eigentlich geärgerten gemeine ein zeugnis ihm abzufordern, [S. 472] und 4. welche wegen ihrer groben missethaten *des landes verwiesen* werden oder sonst nach gegebenem ärgernisse aus unserer bottmässigkeit freywillig sich wegmachen, die können nur als den[n] zu der öffentlichen außsühnung mit der gemeine verbunden werden, wenn sie zurück kommen und als glieder derselben wieder angesehen werden wollen.[2888] 5. Insbesondere, wo sich verlobte vor geschehener priesterlichen copulation durch gar *zu frühzeitigen beyschlaff* vergangen oder wo sich [solche] durch einen beyschlaff versündiget haben, welche einander die ehe nicht versprachen, nachmahls aber sich zu heyrathen entschliessen, sollen ihnen die prediger ihres fehltrits halber nur privat vorstellung thun und sie auf bezeugte reue ohne weitere auflage zum h[eiligen] abendmahl zu lassen.[2889]

§ 166. Hingegen soll das consistorium von dem heil[igen] abendmahl bis auf die öffentliche außsühnung, und zwrn ohne ansehen der persohn, wes standes, ehren oder geschlechts sie seyn mag, außschliessen, *nicht nur*, welche durch das laster der hurerey, ehebruchs u[nd] d[er] g[leichen] wieder das sechste gebott sich versündiget haben, *sondern auch,* die durch groben mißbrauch des allerheiligsten nahmens Got-

---

2885 Vgl. 2. Sam 11, 1–12, 14, hier 12–14: „Da sprach David zu Nathan: Ich habe gesündigt gegen den HERRN. Nathan sprach zu David: So hat auch der HERR deine Sünde weggenommen; du wirst nicht sterben. Aber weil du die Feinde des HERRN durch diese Sache zum Lästern gebracht hast, wird der Sohn, der dir geboren ist, des Todes sterben."

2886 Auf der Basis einer nurmehr „bedingten" Absolution („Wenn du dich in deinem Gewissen nicht daran gehindert fühlst …").

2887 Durch die Sünde beleidigt bzw. beschädigt worden war also zunächst einmal die Kirchengemeinde, der der Sünder zur fraglichen Zeit angehört hatte.

2888 Der Landesverweis oder die eigenmächtige Entfernung (nach einem öffentlich bekannt gewordenen Verstoß gegen die guten Sitten) hoben auch die Gemeindegliedschaft auf.

2889 Vorehelicher Geschlechtsverkehr hatte bei Bekanntwerden also lediglich eine Rüge, nicht aber den Ausschluss aus der Abendmahlsgemeinschaft zur Folge.

tes [S. 473] und dessen lästerung, meyneid, gottes lästerliche[s] fluchen, ruchlose schändung des sabbaths, diebstahl, fresserey, völlerey, saufferey, ungehorsam gegen eltern und ober herren, öffentliche huren-wirtschafft, kuppeley mit beforderung der völlerey, liederlichen spielens und leichtfertigen tantzens in denen wirths häusern und dergleichen öffentliches ärgernis gegeben haben.[2890]

§ 167. Doch soll niemand zur kirchen busse eigentlich *gezwungen* werden.[2891] Es müssen aber prediger anfangs allein, nachmahls mit hülffe des inspectoris oder auch sonst christlicher männer, zuletzt des consistorii an dem ärgerlichen sünder arbeiten, um ihn von der schwere seines falls, von der gefahr seiner seelen und von der nothwendigkeit wahrer busse zu überzeugen, mithin zu derselben ihn würcklich[2892] zu befordern, wie sie ihn den[n] auch die art der wahren busse, die nicht ohne wehmüthige reue über die sünde seyn könne und durch rechtschaffene früchte bewehret werden müsse, unterrichten, sonst aber *ohne ziemliche proben der wahren änderung* seines [S. 474] hertzens zur öffentlichen kirchen busse, wenn er sich auch dazu willig bezeugte, ihn nicht zu admittiren haben. Darauf müssen sie ihm auch von der nothwendigkeit und nutzbahrkeit des öffentlichen bekentnisses in der kirchenbusse überzeugen, und wo er denn so wohl mit göttlicher traurigkeit über seine sünde erfüllet, als auch willig ist, seinen fall öffentlich zu bekennen und dadurch das ärgernis abzuthun, so mag er mit trost aufgerichtet und aufs vorderlichste der gemeine vorgestellet und folgendes zur h[eiligen] communion zugelassen werden.

§ 168. Es soll aber bey der außsühnung mit der gemeine *dieser unterschied* gehalten werden, daß, welche sich vorher eines ehrbaren und christlichen wandels beflissen und darauf zum ersten mahl z[um] e[xempel] zur unzucht und hurerey verleitet worden [sind], nicht selbst vor der gemeine ihre erklärung zu thun angehalten werden, sondern nur durch den prediger in der fürbitte ohne nahmen ihrer gedacht und *an ihrer statt* bey der gemeine um vergebung des gegebenen [S. 475] ärgernisses ansuchung geschehe, nach dem dazu vorgeschriebenen formular.[2893] Welche aber bereits vorhin ein liederliches, berüchtigtes und unzüchtiges leben geführet [haben] und solcher gestalt zu falle gekommen [sind], wenn es gleich das erste mahl ist, imgleichen welche des lasters der hurerey zu wiederhohlten mahlen sich schuldig gemacht und die gemeine dadurch geärgert [haben], nicht weniger auch die offenbahre[n] ehebrecher, bluthschänder, Gotteslästerer, huren wirthe, kuppler, kupplerinnen und andere obbemelte ruchlose sünder sollen so lang vom gebrauch des h[eiligen] abendmahls außgeschlossen bleiben, bis sie willig seyn [sind],

---

2890 Die aufgeführten Vergehen wurden allesamt als Akte der Gotteslästerung begriffen. Die Durchsetzbarkeit des kleinen Bannes erscheint dabei aber durchweg fraglich.
2891 Solches war durch die Verordnungen des Königs inzwischen auch längst ausgeschlossen.
2892 Wirksam.
2893 Nach dem vom König für solche Fälle verordneten, die Bürger- und Persönlichkeitsrechte der Betroffenen wahrenden Ritus? Oder: Nach dem dafür bestimmten Formular der damals noch im Entstehen begriffenen „Soestischen Kirchen Agenden" (1539)? Siehe Edition 2.5.

ihre wahre reue und leyd öffentlich vor Gott und der gemeine *selber* auf die ihnen vorgesprochene[n] fragen zu bezeugen.

§ 169. Weil [von] rechts wegen keine andere als mühselige und beladene seelen[2894] zur kirchen-busse admittiret werden [sollen], so sollen die prediger bey vermeidung nachdrücklicher ahndung bey dem actu keine *schmäh- und schelt-worte* wieder den sünder gebrauchen, noch ihm den fehltrit schimpflich vorrücken, vielmehr sollen sie ihm in der anrede [S. 476] mit sanftmuth und liebe begegnen und mit hertzlicher freude über die güthe Gottes, welcher solchem sünder das hertz gerühret und ihn wieder auf den rechten weg gebracht [hat], [diesen] in die gemeine wieder auf- und annehmen. Es soll auch alles, was den schein *einer straffe oder schimpfs* haben könte, bey dem actu cessiren.[2895] Daher auch die strafe des zu tragenden weißen lackens der kirchen busse[2896] praemittiret werden soll,[2897] und wer der kirchen busse halber jemandem einen *vorwurf* machen wird, der soll ernstlich darüber bestraffet werden.

§ 170. Welche ärgerliche[n] sünder sich ohnerachtet aller vorstellung *der kirchen-disciplin nicht unterwerffen*, sondern sich mehr der busse als der begangenen sünde schämen oder doch ruchloß und sicher dahin gehen, die sollen, wenn sie der gemeine *zur fürbitte* ein zeitlang anbefohlen seyn [worden sind], auf verordnung des consistorii und [auf] unsere darüber gegebene approbation endlich per excommunicationem majorem als faule glieder abgeschnitten und mithin allen (den [die] ehegatten und kinder ausgenommen) untersaget werden, mit ihnen *umzugehen*, und wan ein solcher unbusfertiger sünder und verächter Gottes in solcher zeit, da er von der gemeinschafft der christlichen kirchen außgeschlossen ist, *versterben* [S. 477] solte, so soll er nicht auf dem kirchhofe, viel weniger in der kirchen begraben werden.[2898]

§ 171. Wie aber die prediger ihr ampt an dergleichen sündern, *so lang sie leben*, nach vermögen und ihnen übrig gelassener gelegenheit thun sollen, also sind sie auch verbunden, selbige auf ihrem *krancken bette* zu besuchen und ihnen ernstlich zu zureden. Wann sie aber auch eine ernste reue bezeugen, so können sie ihnen in gegenwarth christlicher zeugen, vor welchen sie ihre buss-erklärung thun müssen, obgemeldeter massen die h[eilige] communion reichen, es mus aber, wo sie versterben, wenigstens hernach der gemeine von ihrer bekehrung *nachricht* gegeben wer-

---

2894 Vgl. Mt 11, 28–30: „Kommt her zu mir, alle, die ihr mühselig und beladen seid; ich will euch erquicken. Nehmt auf euch mein Joch und lernt von mir; denn ich bin sanftmütig und von Herzen demütig; so werdet ihr Ruhe finden für eure Seelen. Denn mein Joch ist sanft, und meine Last ist leicht."
2895 Es soll bei der Handlung vermieden/unterlassen werden.
2896 Wohl eines besonderen Büßerhemdes, vielleicht in Analogie zu den „weißen Gewändern" der Neu-Getauften („Weißer Sonntag"/Quasimodogeniti).
2897 Es soll fallengelassen/abgeschafft werden.
2898 In besonders krassen Fällen konnte das Konsistorium mit Zustimmung des Rates also auch weiterhin einen „großen Bann" (die vollständige Exkommunikation) mit allen Rechtsfolgen für das kirchliche und bürgerliche Leben verhängen.

den, und wo sie wieder genesen, bleiben sie zu der kirchen busse annoch [dennoch] verbunden, wo zu sie auch bey ihrer bezeugten reue sich willig bezeugen müssen.[2899]

§ 172. Die prediger sollen zuweilen, als z[um] e[xempel] dom[inica] III. und XI. post trinit[atem],[2900] in denen predigten wie auch in den kinder lehren gelegenheit nehmen, der gemeine von der kirchen busse nachricht zu geben, damit ein jeder begreiffe, was die dabey gehegte absicht und wie sie vor Gott und erleuchteten seelen angesehen sey.

[S. 478] XIX. *Von den[en] ev[angelisch] Lutherischen schulen.*

§ 173. Damit die schulen nur mit tüchtigen und in der lehre der ev[angelisch] Lutherischen kirchen gegründeten subiectis[2901] besetzt werden, sollen alle die, welche so wohl bey dem gymnasio als auch bey denen teutschen schulen in und ausser der stadt[2902] in vorschlag gebracht werden, vor dem inspectore, der dazu confratres zu convociren hat,[2903] über ihr erkäntnis der reinen lehre wie auch der fähigkeit, die jugend darin zu unterweisen, *examiniret,* die untüchtigen abgewiesen, denen tüchtigen aber ein testimonium gegeben, niemand aber, der solches nicht hat, die vocation ertheilet werden. Es sollen aber bey sölchem examine die cautelen,[2904] so weit sie applicable seyn, in acht genomen werden, welche vorher von dem examine candidatorum ministerii gegeben seyn.[2905]

§ 174. Ausser denen *kinder-schulen für* die gantz kleine[n] kinder[2906] sollen in denen gemeinen denen cüstern und ordentlichen schul meistern zum nachtheil keine *neben-schulen* geduldet werden, es wäre denn, daß jene[2907] offenbahr ungeschickt wären und [sie] durch allen fleis derer prediger nicht in ordnung gebracht und [ihnen] aufgeholffen werden könte[n], worüber das consistorium zu urtheilen haben wird.[2908] Wo aber [S. 479] ein dorf, welches einen besondern schulmeister halten

---

2899 Auch die mit dem großen Bann belegten Personen blieben für den Pfarrer Gegenstand seiner Seelsorge. Bekehrten sie sich, galt für sie, was für alle Gemeindeglieder galt (Bußritus etc.).
2900 Die Auswahl dürfte mit den sonntäglichen Propria zusammenhängen: 3. Sonntag nach Trinitatis: Evangelium/Predigttext Lk 6, 36–42 (Vom Umgang mit dem Nächsten). – 11. Sonntag nach Trinitatis: Evangelium/Predigttext Lk 18, 9–14 (Der Pharisäer und der Zöllner).
2901 Amtsträgern/Lehrpersonen.
2902 Den Elementarschulen der einzelnen Kirchengemeinden (in Stadt und Börde).
2903 Seine Amtsbrüder (die Pfarrer der beiden Ministerien) zusammenzurufen hat.
2904 Die Vorsichtsmaßnahmen.
2905 Alle für die Geistlichen geltenden Vorgaben galten letztlich auch für die Lehrer, und das bis zu den Elementarschulen der einzelnen Kirchengemeinden hinab.
2906 Wohl Nachbarschaftsschulen („Kindergärten").
2907 Die von den Küstern oder offiziell angestellten Schulmeistern geleiteten Elementarschulen der einzelnen Kirchengemeinden.
2908 Eine direkte Konfrontation zwischen dem Pfarrer und dem Küster sollte in einem solchen Fall also möglichst umgangen werden.

könte, solchen noch nicht gehabt [hat], soll auch in demselben fordersamst eine schule angeleget werden.

§ 175. Die cüster und schul-meister sollen *selber* schule halten und diese wichtige arbeit nicht ihren weibern oder denen größern knaben überlassen, bey verlust ihres dienstes, gestalt [ebenso wie] ihnen auch verbotten seyn soll, eine solche profession zu treiben, welche sich in den neben stunden[2909] nicht bloshin üben lässet.[2910] Es soll aber die schule auch auf den dörffern, so wohl des *sommers,* als des winters, vormittags von 7 bis 10 und nachmittags von 12 bis 3 uhr gehalten werden, wenn auch [und das selbst dann, wenn] nur wenige oder nur die kleinere[n] kinder herzukommen solten.[2911]

§ 176. Doch sollen auch [die] *eltern* bey nachdrücklicher straffe gehalten seyn, *ihre kinder,* welche noch nicht genugsam im lesen, schreiben, rechnen und dem erkäntnis der lehre des Catechismi geübet sind, gegen einen stüber wochentlichen schul geldes von jedem kinde im winter täglich und im sommer, wenn die eltern der kinder bey [S. 480] ihrer wirthschafft benöthiget sind, zum wenigsten ein oder zweymahl die woche, daß sie dasjenige, was im winter erlernet worden [ist], nicht gäntzlich vergessen mögen, *in die schule zu schicken.*[2912] Fals aber die eltern das vermögen nicht hätten, soll das schul geld aus denen armen mitteln bezahlet werden,[2913] damit man aber wissen könne, welche kinder nicht in die schule geschicket werden, soll ein jeder seine kinder *nach der schulen seiner parochie*[2914] gehen lassen und dabey beständig bleiben, wo nicht die faulheit, ungeschicklichkeit und unart des ordentlichen schulmeisters ein anders erfordert, worüber auch allenfals des consistorii urtheil gehöret werden soll. Solcher gestalt können die schulmeister dem prediger alle vier wochen *eine liste der kinder,* so in die gemeine gehören und zu ihnen in die schule nicht kommen, einhändigen, damit derselbe zu erst darüber erinnerung thun und, wo dadurch nichts außgerichtet worden, des fisci[2915] hülffe sich bedienen könne, gestalt derselbe die armen sonst anhalten, die bemittelte[n] aber condemniren wird,[2916] das schul geld auch von der zeit, da die kinder [S. 481] zu hause behalten seyn [worden sind], an den schulmeister zu bezahlen.

§ 177. Die prediger haben *die aufsicht* über die schulen in ihrer gemeine und müssen selbige, wo möglich, wochentlich *visitiren,* auch zuweilen einen andern prediger oder einen provisorem mit sich nehmen. Sie könten auch jährlich ein oder zwey-

---

2909 In der freien Zeit (nach Erledigung sämtlicher Amtspflichten).
2910 Etwa eine umfänglichere Landwirtschaft oder einen Schankbetrieb.
2911 Ältere Kinder, die als Mitarbeitende in der Landwirtschaft benötigt wurden, konnten durch ihre Eltern während dieser Zeiten nur schwer freigestellt werden.
2912 Trotz aller organisatorischen Probleme war der Schulbesuch also verpflichtend. Wer seine Kinder schuldhaft nicht zur Schule schickte, musste mit Bestrafung rechnen.
2913 Hier trat dann der Armenfonds ihrer Kirchengemeinde ein.
2914 Regelschule war demnach die Schule der Kirchengemeinde, der die betreffende Familie angehörte.
2915 Des Stadtkämmerers.
2916 Sie dazu verdammen/obrigkeitlich nötigen wird.

mahl in der kirchen vor denen provisoren ein examen mit den schülern anstellen. Wie nun den[en] predigern obliegt, dem schulmeister eine guthe methode in seiner information zu zeigen und ihm darinn wohl vorzugehen, also soll selbiger ihrer verordnung, rath und anweisung *folgen* und die erinnerungen willig annehmen oder ernste straffe von uns[2917] erwarten.[2918]

§ 178. In der stadt soll in denen teutschen schulen *die lateinische grammatic* mit keinem kinde getrieben werden, worüber sonst die andern kinder versäumet werden würden.[2919] Es sollen aber die kinder zum accuraten *buchstabiren* und deutlichen *lesen,* [S. 482] zu netten zügen der buchstaben *im schreiben,* zum fertigen *memoriren* der worte des Catechismi Lutheri und derer von dem prediger angewiesenen sprüche[n] der H[eiligen] Schrifft, so dann zum einfältigen *verstande* des Kleinen Catechismi und derer bekantesten kern sprüche, endlich auch zum *gebeth* (wie denn mit gebeth und gesang allemahl angefangen und geschlossen werden soll), *zum lesen der H[eiligen] Schrifft,* zur wiederhohlung und aufzeichnung derer *predigten* und dergleichen gottseligen übungen sorgfältig angeführet werden. Des endes die schulmeister selber auf *die öffentliche catechisation* des predigers achtung zu geben haben, damit sie dessen methode imitiren und, was vorgetragen ist, mit denen kindern wiederhohlen könne[n].[2920] Sie sollen auch nachfragen, wie sich die kinder *ausser der schulen* aufführen, und die, so muthwillen auf den gassen und in der kirchen getrieben [haben], ernstlich *bestraffen.* Wobey sie gleichwohl behuhtsam verfahren müssen [sollen], [S. 483] daß nicht durch geübten bittern affect auch die kinder zum zorn und unwillen gereitzet, sondern vielmehr von der nothwendigkeit der bestraffung und der darunter gehegten intention, sie zu bessern, überzeuget werden.[2921]

§ 179. Damit die gegenwärtige[n] oder neu anzusetzende[n] schulmeister subsistiren können, soll ihnen nicht nur das *schul-geld* richtig abgetragen, sondern auch, da kein fixum[2922] vorhanden ist, *jedem hause* nach proportion[2923] von uns angewiesen werden, wie viel es jährlich zu erhaltung der schule abtragen solle.

§ 180. Die aufsicht auf das gymnasium bleibet dem *collegio scholarchum*[2924] aufgetragen, welches aus zweyen ev[angelisch] Lutherischen membris politicis[2925] und

---

2917   Dem Soester Rat.
2918   Die Aufsichtspflicht der Pfarrer war eine umfassende. Sie reichte von den Fragen der äußerlichen Ordnung, über die methodische Schulung der unterrichtenden Küster bis zur Kontrolle des Lernerfolges.
2919   Die Deutschen Schulen hatten Elementarwissen zu vermitteln und dabei nicht mit dem städtischen Gymnasium zu konkurrieren.
2920   Die Schule bereitete damit letztlich auf den katechetischen Unterict des Pfarrers vor und verstärkte so zugleich dessen Wirkung.
2921   Das Ziel war hier die Einwilligung in die verdiente Strafe.
2922   Ein vertraglich festgesetztes Grundgehalt.
2923   Nach seiner wirtschaftlichen Leistungskraft.
2924   Der alten, dem Rat unterstehenden Aufsichtsbehörde für das Gymnasium.
2925   In der Regel: Mitgliedern des Rates.

2.3 Die „neue" Soester Kirchenordnung

zweenen predigern bestehet und zuforderst bey erfolgten vacanzen solche collegas nach bestem wissen und gewissen wieder anwehlen mus [soll], die alle benöthigte[n] eigenschafften eines guten schulmannes an sich haben, solten sie auch von andern [S. 484] orten hergehohlet werden müssen,[2926] massen sie nicht nur ein zeugnis von der orthodoxie derer candidatorum zu fordern, darauf [in] § 172. [recte: § 173.] gewiesen ist, sondern anbey von der übrigen capacität derselben durch ein angestelletes ernstes examen oder anderer eingeholten rath sich vorhero zu versichern [haben], ehe sie zur wahl schreiten. Die erwehlte[n] subjecta sollen uns[2927] zur confirmation fordersamst angezeiget werden. Hiernächst müssen die scholarchen auf die schul-anstalten und -arbeit *achtung geben,* auch daher nicht nur denen actibus publicis und examinibus semestralibus[2928] *beywohnen,* sondern auch wenigstens durch einen aus ihren mittel[2929] alle vier Wochen die classen *visitiren,* die information anhören und bemercken, ob docentes und discentes der besonders gedruckten und von uns approbirten *Didascalie*[2930] sich gemäs verhalten, imgleichen ob auch sonst in denen anstalten eine nützliche änderung und *besserung* getroffen werden könne. Nicht weniger sollen die scholarchen, auf die fähigkeit *der jugend,* mit denen docentibus zu sehen, sich angelegen seyn lassen, und mithin denen fähigen ingeniis[2931] die [S. 485] studia zu continuiren rathen, auch wenn ihre eltern dürftig seyn, ihnen zu *denen stipendiis beforderlich seyn,* denen gantz untüchtigen aber bey zeiten rathen, von studiis abzulassen, und sie, nachdem sie im christenthum, lesen, schreiben und rechnen einen guten grund geleget haben, zu einer andern profession verweisen,[2932] keines weges aber verstatten, daß schüler über etlich und zwanzig jahr alt, dem publico[2933] und ihnen selbst zur last, denen informatoren aber zur verkleinerung und denen studiis zur verachtung, es sey dann [denn] in ausser ordentlichen fällen, auf der schulen erfunden werden.[2934]

§ 181. Der *rector und [die] collegae* sollen nach maaßgebung der Didascalie der[er] *scholarchen* verordnungen sich folgsam beweisen, *untereinander* in einigkeit leben, von dem gegenwärtigen zustande der schulen und wie selbiger verbessert werden möchte, oft conferiren, sonst aber in ihrem ampte sich *treu* [S. 486] *und fleissig* beweisen in betrachtung, daß sie sich nicht nur an der jugend, sondern auch an dem gemeinen wesen und der kirchen Christi hart versündigen und von Gott harte straffe zu erwarten haben würden, wo sie daß ihnen anbefohlene werck des

---

2926 Der Idealfall war die Besetzung mit wohlgebildeten und -vorbereiteten Stadtkindern.
2927 Dem Soester Rat.
2928 Den öffentlichen Festakten (Redeübungen) und den halbjährlichen Examina.
2929 Aus ihrer Mitte.
2930 Dem 1721 nach Halle übersandten Lehrplan und der ihm entsprechenden Methodik. Vgl. Anm. 9.
2931 Den Begabten/den klugen Köpfen.
2932 Sie sollten diesen einen anderen Berufsweg nahelegen.
2933 Dem Gemeinwesen als Träger des Gymnasiums.
2934 Auch im Blick auf die Schüler selbst sollte regelmäßig evaluiert werden.

Herrn nachlässig treiben[2935] und die jugend versäumen wolten. Dem rectori sollen übrige collegae als ihrem vorgesetzen allen respect beweisen und von ihm consilia didactica[2936] wie auch nöthig befundene erinnerungen annehmen, wie er denn täglich acht geben mus, ob die collegae ihrem amte recht vorstehen. Und weil es der folgenden classe allemahl zum schaden gereichet, wo die jugend *in der untern* nicht recht unterwiesen oder zu früh daraus dimittiret wird, so soll nechst dem rectore auch ein jeder collega verbunden seyn, an die scholarchen zu bringen, was darinnen versehen werden möchte, und wie wir in dem *examine* innen werden können, ob zufolge der Didascalie oder näherer anordnung der scholarchen die lectiones publicae fleissig getrieben werden, also soll der rector in der umgeschickten schedula invitatoria[2937] vor dem [S. 487] examine von denen beyden obern classen melden, was in den collegiis privatis das verflossene halbe jahr über getrieben [worden] sey oder auch in nächst folgendem halben jahr getrieben werden solle, da denn solcher zetul auf unsere kosten gedruckt werden kan.[2938] Alle docentes aber sollen auch für ihrer discipulorum *christenthum* sorgen und sie zur wahren furcht Gottes anführen, des endes auch auf ihre gantze aufführung in und ausser der schulen achtung zu geben, ja, auch bey denen eltern und hospitibus[2939] nachfrage darüber zu thun verbunden seyn, welches besonders dem rectori in ansehung derer, so die freye[n] *hospitia haben* und auf die kinder achtung zu geben bestellet seyn,[2940] oblieget, und da von diesen und dergleichen pflichten erwehnte Didascalie nähere anweisung gibt, selbe aber nächstens von denen scholarchis mit einiger erläuterung wieder herausgegeben werden wird,[2941] so achten wir es nicht [für] nöthig, daraus hieselbst specialia zu wiederhohlen, sondern bestätigen selbe nebst angeführter erläuterung einiger puncten dermassen, [S. 488] als wenn sie litterlich[2942] in diese Kirchen Ordnung mit eingerücket wäre.

§ 182. Die geringe[n] *salaria* derer collegarum sollen ihnen nicht nur richtig bezahlet werden, wir[2943] wollen auch auf alle mögliche weise dazu beforderlich seyn, daß sie nach und nach verbessert werden, gestalt wir von denen predigern fordern, daß sie bey wohlhabenden einwohnern unserer stadt, sonderlich in ihren kranckheiten und bey herannahendem lebens ende, das gymnasium dieserhalb bestens

---

2935 Vgl. Jer 48, 10a: „Verflucht sei, wer des HERRN Werk lässig tut!"
2936 Der Rektor hatte die von ihm geleitete Schule auch in didaktischer und methodischer Hinsicht auf der Höhe der Zeit zu erhalten.
2937 In der an alle versandten schriftlichen Einladung/im Programm.
2938 Hier kündigten sich bereits die späteren jährlichen „Schulprogramme" an.
2939 In den Familien, die auswärtige Schüler (Alumni) aufgenommen haben und diese gegen eine Gebühr beherbergen.
2940 Bei jenen Schülern der oberen Klassen, die parallel zu ihrem Schulbesuch die Kinder wohlhabender Familien (Patrizier, Kaufleute) unterrichten und dafür dort freie Kost und freies Logis erhalten.
2941 Auch hier hatten sich inzwischen also Aktualisierungsbedarfe ergeben.
2942 Buchstabengetreu/von Wort zu Wort.
2943 Der Soester Rat.

recommendiren. Das *didactrum*,[2944] nebst übrigen *accidentien,* soll ihnen auch so wohl zu rechter zeit entrichtet werden, als ihnen ihre übrigen privilegien, die sie mit den[en] predigern allerdings gemein haben, confirmiret bleiben. Wegen des *nach jahres* der[er; ihrer] wittwen, die gleich den[en] prediger wittwen von lasten frey gelassen werden sollen, bleibt es bey der von den scholarchen einmahl gemachten und bey ihnen schrifftlich aufgehobenen Verordnung, welche als eine beylage der Didascalie hiemit nochmahls ratihabiret wird.[2945]

[489] § 183. Über den[en; die] straffen, welche die Didascalie denen faulen und unartigen alumnis[2946] dictiret, soll selbigen bey dem abzuge auf die academie kein *testimonium* oder [ein] solches nur nach ihren profectibus[2947] und übriger conduite[2948] ertheilet, auch nach befinden an die universitäten, dahin sie sich begeben, von ihren unfug und ignorantz nachricht überschrieben werden. Wie denn nur solchen alumnis, sonderlich, wann sie dem studio theologico gewiedmet sind oder von dem schul-wesen profession zu machen gedencken,[2949] *auf die universität zu ziehen* erlaubet und ihnen ein zeugnis mitgegeben werden soll, welche wenigstens das latein wohl verstehen, das Novum Testamentum in fontibus absque interprete[2950] lesen und vertiren können,[2951] den Codicem Ebraeum[2952] zu lesen angefangen haben, auch in der teutschen ortho- und calligraphie wohl geübt seyn und in solcher ihnen gemeinsten sprache rein, deutlich und verständlich etwas vortragen können und so dan in der geographie, historia civili et [490] ecclesiastica[2953] denen praeceptis oratoriae[2954] und denen disciplinis philosophicis[2955] sich haben instruiren lassen.

§ 184. Die den[en] dürftigen studiosis zu nutz gestifftete *stipendia* sollen nicht untergeschlagen noch verdunckelt oder geschmählert werden, gestalt [weshalb] die scholarchen vigiliren sollen, daß selbige jährlich nach [der] darüber a[nno] 1653 gemachten verordnung[2956] denen bürger kindern, die ihrer am meisten bedürffen und an welchen sie zum besten angewendet seyn, ausgezahlet werden.[2957]

2944 Das Hörergeld/die Gebühr für die Teilnahme am Unterricht.
2945 In ihrer Gültigkeit bestätigt wird. – Die Prediger und die Lehrer waren einander damit weitestgehend gleichgestellt (Akzidentien, Steuerfreiheit, Nachjahr der Witwen). Beide zusammen bildeten den Lehrstand der „Soester Kirche".
2946 Den oft nur schwer zu kontrollierenden auswärtigen, in Familien untergebrachten Schülern.
2947 Nach deren Lernfortschritten.
2948 Nach ihrem Betragen/ihrer Aufführung.
2949 Die in den Schuldienst eintreten wollen.
2950 Im griechischen Urtext, ohne Übersetzungshilfen.
2951 Ins Deutsche übersetzen.
2952 Die Hebräische Bibel/das Alte Testament.
2953 In der allgemeinen und in der Kirchengeschichte.
2954 Den bei der Gestaltung einer öffentlichen Rede anzuwendenden Regeln.
2955 In den Teildisziplinen der Philosophie.
2956 Einem Text des eigenen Großvaters Johannes Sybel (1605/06–1658; wie Anm. 16).
2957 Die für bedürftige Kinder errichteten Stipendienfonds wurden damit bestätigt.

2.4 Vorbemerkungen zur „Soestischen Kirchen Agenden" (1739)

Evangelische Kirchengemeinde Niederbörde, Dorfkirche in Borgeln, Inventar Nr. III^c. 4. („Borgelsches Kirchenbuch 1"). Fragment, insgesamt 472 Seiten, im Schlussregister abbrechend, letzte Seite(n) verloren. Schlichte, dunkelbraune Lederbindung der Zeit, leichte Randprägungen, Goldschnitt, erkennbare Benutzungsspuren und gelegentliche Eintragungen von weiteren Händen. Einziges bekanntes Exemplar, in Anbetracht der in einem zweiten Band zusammengebundenen, ausgiebig herangezogenen Literatur (s.u.) offenbar aus dem Besitz Johann Nikolaus Sybels.

Sybels Werk greift bei einer Vielzahl der von ihm gebotenen Gebete (in Teil II) auf ältere Agenden zurück. Als derartige Quellen sicher zu identifizieren und teilweise sogar in Gestalt des von ihm benutzten Exemplars erhalten sind dabei (in chronologischer Reihenfolge):

1. Eine zeitgenössische Ausgabe der sogenannten „Herzog-Heinrich-Agende" von 1539/40:[2958] Agenda, Das ist, Kirchen-Ordnung, Wie sich die Pfarrherren und Seelsorger in ihren Aemtern und Diensten verhalten sollen: Für die Diener der Kirchen Jn Hertzog Heinrich zu Sachsen,[2959] V. G. H. Fürstenthum gestellet, Jetzo auffs neue aus Chur-Fürst Augusti[2960] Kirchen-Ordnung[2961] gebessert, Auch mit etlichen Collecten der Superintendenten vermehret, Leipzig: Lanckisch 1712 (VD18 11347902). – Das von Sybel benutzte Exemplar ist erhalten: Archiv der Evangelischen Kirchengemeinde Niederbörde, Dorfkirche in Borgeln, Inventar 3^r. 3 („Borgelsches Kirchenbuch 2").

2958 Gemeint ist die durch Herzog Heinrich den Frommen von Sachsen (1473–1541; wie Anm. 2959) 1539 eingeführte Agende für das bis zu diesem Zeitpunkt formal katholische albertinische Sachsen: Kirchenordnunge zum anfang, fur die Pfarherrn in Hertzog Heinrichs zu Sachsen v. g. h. Furstenthum […], Wittenberg: Lufft 1539 (VD16 ZV 200). – Die Agende erschien schon im Jahr darauf nochmals deutlich erweitert unter dem Titel: AGENDA. Das ist Kyrchenordnung, wie sich die Pfarrherrn vnd Seelsorger in jren Ampten vnd diensten halten sollen, Fur die Diener der Kyrchen in Hertzog Heinrichen zu Sachsen V. G. H. Furstenthumb gestellet […], Leipzig: Wolrab 1540 (VD16 A 744).

2959 Herzog Heinrich (der Fromme) von Sachsen (1473; reg. 1539–1541). Werl, Elisabeth: Artikel „Heinrich der Fromme", in: NDB 8 (1969), S. 391–393.

2960 Kurfürst August von Sachsen (1526, reg. 1553–1586). Bruning, Jens: August (1553–1586), in: Kroll, Frank-Lothar (Hg.): Die Herrscher Sachsens. Markgrafen, Kurfürsten, Könige. 1089–1918, München 2007, S. 110–125 (Literatur).

2961 DEs Durchlauchtigsten Hochgebornen Fürsten vnd Herrn, Herrn Augusten, Hertzogen zu Sachsen, des heiligen Römischen Reichs Ertzmarschalln vnd Churfürsten […] Ordnung, Wie es in seiner Churf[ürstlichen] G[naden] Landen, bey den Kirchen, mit der lehr vnd Ceremonien, deßgleichen in derselben beiden Vniuersitaten, Consistorien, Fürsten vnd Particular Schulen, Visitation, Synodis, vnd was solchem allem mehr anhanget, gehalten werden sol […], Leipzig: Steinmann 1580 (VD16 ZV 16323).

2.4 Vorbemerkungen zur „Soestischen Kirchen Agenden"

2. Eine Ausgabe der „Pfalz-Neuburgischen Kirchenordnung" von 1554.[2962] Erstmals gedruckt als: Kirchen-Ordnung. Wie es mit der Christlichen lehre, heiligen Sacramenten vn(d) Cerimonien in […] Herrn Otthainrichs Pfaltzgrauen bey Rhein[2963] Hertzogen in Nidern vnd Obern Bayrn (et)c. Fürstenthumb gehalten wirdt […] Nürnberg: Vom Berg und Neuber 1554 (VD16 P 2251). – Das von Sybel benutzte Exemplar ist nicht nachgewiesen.

3. Die erstmals 1571 erschienene „Christliche Kirchen Agenda" des Rostocker Professors David Chytraeus (1530–1600):[2964] Chytraeus, David: Christliche Kirchen Agenda: Wie die bey den zweyen Ständen der Herrn vnd Ritterschafft im Ertzhertzogthumb Oesterreich vnter der Enns gebraucht wirdt […], Rosenburg am Kamp: Grabner 1571 (VD16 A 734). Sybel benutzt die Ausgabe: Chytraeus, David: Der Fürnemsten Heubstuck Christlicher Lehr Nützliche und kurtze Erklerung sampt einer Christlichen Kirchen Agenda […], Rostock: Lucius 1578 (VD 16 C 2545). – Das von Sybel benutzte Exemplar ist erhalten: Soest StA/StB.

4. Die 1575 gedruckte niederdeutsche Beichtanleitung des früheren Soester Superintendenten Simon Musaeus (1529–1576):[2965] Musaeus, Simon: Gesprecke Eines truwen Bichtuaders mit einem boethferdigen Bichtkinde begrepen in folgende Frage vnd Antwort gestellet Dorch Simonem Musaeum der hilligen Schrifft Doctor […], Dortmund: Sartor 1575 (VD16 M 5032). – Das von Sybel benutzte, heute wohl letzte greifbare Exemplar ist erhalten: Soest StA/StB. Zu einer ersten Edition s. Peters, Gesprecke (wie Anm. 11), S. 166–174.

5. Ein Druck der sogenannten „Grubenhagischen Kirchenordnung" von 1581.[2966] Erstmals gedruckt als: DEs Durchlauchtigen, Hochgebornen Fu(e)rsten vnd Her-

---

2962 Sie folgte im wesentlichen der „Großen Württembergischen Kirchenordnung" von 1553: Kirchen ordnung, wie es mit der Leere vnd Ceremonien im Fürstenthumb Wirtemberg angericht vnd gehalten werden soll […], Tübingen: Morhart 1553 (VD16 W 4491). – Ihr beigefügt war aber auch Philipp Melanchthons (1497–1560; wie Anm. 2982) „Examen Ordinandorum", das erstmals mit der gleichfalls von diesem verfassten „Mecklenburgischen Kirchenordnung" von 1552 herausgekommen war (EKO 13, 26.104f. Einführungsmandat): Kirchenordnung: Wie es mit Christlicher Lere, reichung der Sacrament, Ordination der Diener des Euangelij, ordenlichen Ceremonien in den Kirchen, Visitation, Consistorio vnd Schulen Jm Hertzogthumb zu Mecklenburg etc. gehalten wird […], Wittenberg: Lufft 1552 (VD16 M 1829).

2963 Ottheinrich von der Pfalz (1502, 1522/1556–1559), zunächst Pfalzgraf von Pfalz-Neuburg, später Pfalzgraf-Kurfürst von der Pfalz. Edel, Andreas: Artikel „Ottheinrich", in: NDB 19 (1999), S. 655f. (Literatur).

2964 David Chytraeus (1530–1600). Kaufmann, Thomas: Artikel „Chyträus (Kochhaf[e]), David", in: RGG⁴ 2 (1999), Sp. 377f. (Literatur).

2965 Simon Musaeus (1529–1576). Wie Anm. 1626.

2966 „Für den agendarischen Teil [dieser Kirchenordnung] und die Kollektensammlung sind die sächsische Kirchenordnung von 1580 [wie Anm. 2961] sowie die Mansfelder Kirchenagende von 1580, auch Luthers Formulare und das schon vorher im Fürstentum gebräuchliche ‚cantional oder missal des alten herrn Johan Spangenbergers' von 1545 herangezogen" (EKO 6, 2,1041–1102). Sprengler-Ruppenthal, Anneliese: Arti-

ren, Herrn Wolffgangen, Hertzogen zu Braunschweig vnd Lu(e)neburgk etc.[2967] Christliche Ordnung vnd Befehl. Wes sich Prediger vnd Zuho(e)rer in Seiner F[ürstlichen] G[naden] Lande auff ju(e)ngstgeschehene Visitation hinfu(e)ro verhalten sollen [...], Eisleben: Gaubisch 1581 (VD16 B 7262. Weitere Nummern: VD16 A 698, VD16 L 5148 u.a.). – Das von Sybel benutzte Exemplar ist nicht nachgewiesen.

6. Ein „altes niederdeutsches Gebetbuch" (mit zahlreichen Gebeten der Kirchenväter) im Stile von: Ein Nye Christlick unde nütte Bedeboeck: Uth den olden Lehrers der Kercken, Alse: Augustino, Ambrosio, Cypriano, Cyrillo, Bernhardo, Chrysost[omo] [et]c. thosamende getagen; In allerley Anfechtingen unde Nöden tho bedende, sehr denstlick unde tröstlick. Nu wedderümme up dat nye mit flyte auersehen, unde noch mit andern schönen unde tröstliken Gebeden vormehret und gebetert [...], Hamburg: Meyer/Wegener 1612 (VD17 28:727267N). – Das von Sybel benutzte Exemplar ist nicht nachgewiesen.

Dass Derartiges in Soest in Gebrauch war, belegt aber z.B. auch das in Soest StA/StB erhaltene, äußerst seltene Exemplar von: Münsinger von Frundeck, Joachim:[2968] Ein Christlick vnde sehr schön Bedeboeck, vull Godtsaliger Betrachtingen vnde gebeden [...] thosamen gedragen vnde am ende mit schönem Trost vnd Gebeden, voor de Seeuarenden vnde Wanderslüde, gemehret vnde gebetert, Genamen vth M[agister] Stephani Praetorij[2969] Seeuarer Trost [...], Magdeburg: Gehne 1598 (VD 16 M 7431).

kel „Kirchenordnungen II/1 f.", in: TRE XVIII (1989), S. 670–707, hier S. 684. – Bei den genannten Werken handelt es sich um (1) [die] Kirchen(n)Agenda, Darinnen(n) Tauff, einsegen vnd Trawbu(e)chlein, Communion, sampt den teglichen Collecten, welche in der Kirchen gebraucht werden. Fu(e)r die Prediger in der Graff- vnd Herrschafft Mansfeld. Jtzunder auffs newe vbersehen vnd [...] vermehret [...], Eisleben: Gaubisch 1580 (VD16 ZV 195); sowie (2) Spangenberg, Johann: CANTIONES ECCLESIASTICAE LATINAE, DOMINICIS ET FESTIS DIEBVS, IN COMmemoratione Cenae Domini, per totius anni circulum cantandae. Per Ioannem Spangenbergum Herdessianum, Ecclesiae Northusianae Ecclesiasten, Collectae & in ordinem redactae. KJrchengesenge Deudsch auff die Sontage vnd fu(e)rnemliche Feste durchs gantze Jar, zum Ampt, so man das hochwirdige Sacrament des Abendmals Christi handelt, auffs kurtzest [...], Magdeburg: Lotter 1545 (VD16 S 7762).

2967 Wolfgang von Braunschweig-Grubenhagen (1531, reg. 1567–1595). Zimmermann, Paul: Das Haus Braunschweig-Grubenhagen, Wolfenbüttel 1911 (Register).
2968 Joachim Münsinger von Frundeck (1514–1588), Dichter und Jurist, Kanzler des Fürstentums Braunschweig-Wolfenbüttel. Schumann, Sabine: Joachim Mynsinger von Frundeck (1514–1588). Herzoglicher Kanzler in Wolfenbüttel, Rechtsgelehrter, Humanist. Zur Biographie eines Juristen im 16. Jahrhundert (Wolfenbütteler Forschungen 23), Wiesbaden 1983.
2969 Stephan Prätorius (1536–1603), von 1569 bis zu seinem Tode Pfarrer an der Katharinenkirche in Salzwedel. Düker, Eckhard: Freudenchristentum. Der Erbauungsschriftsteller Stephan Praetorius (AGP 38), Göttingen 2003.

2.4 Vorbemerkungen zur „Soestischen Kirchen Agenden"

7. Die damals aktuelle deutsche Übersetzung des „Book of Common Prayer"[2970] in der Fassung der Oxforder Ausgabe von 1687: Die Englische Liturgie, Oder Das allgemeine Gebeth-Buch: Wie auch die Handlung der H[eiligen] Sacramenten und anderer Kirchen-Ceremonien; Sambt denen XXXIX. Glaubens-Articuln der Englischen Kirchen. Wobey auch Die Psalmen Davids […], Frankfurt (Oder): Schrey und Hartmann 1704 (VD18 90788168; VD18 11074469 u. a.). – Das von Sybel benutzte Exemplar ist nicht nachgewiesen.

8. Das sogenannte „Leipziger Kirchenbuch" von 1707: Vollständiges Kirchenbuch: darinnen die Evangelia und Episteln auf alle Fest-, Sonn- und Apostel-Tage durchs gantze Jahr, […] Die Historien von dem schmertzlichen Leiden und der frölichen Aufferstehung des Herrn Christi […], Die drey Haupt-Symbola und Augspurgische Confeßion, Und Viele Collecten […] Wie auch Der kleine Catechißmus Lutheri, Die Kirchen-Agenda, Ehe-Ordnung, und allgemeinen Gebet […] enthalten, Anietzo von neuest […] übersehen und mit einer besondern Vorrede heraus gegeben [von F(riedrich) S(imon) Loefler[2971]], Leipzig: Lanckisch 1707. Vgl. auch die (erweiterten) Ausgaben von 1697 (VD17 3:306083Q) und 1731 (VD18 12839000). – Das von Sybel benutzte Exemplar ist erhalten: Archiv der Evangelische Kirchengemeinde Niederbörde, Dorfkirche in Borgeln, Inventar 3[r.] 3 („Borgelsches Kirchenbuch 2").

9. Das in Stade bei Hamburg entstandene: Manuale Ecclesiasticum Oder Kirchen-Hand-Buch: Darin enthalten 1. Lutheri Catechismus ohn und mit der Auslegung, nebst nachgesetzten Collecten. 2. Sonn- und Fest-Tages Episteln und Evangelien, mit zugehörigen Collecten. 3. Die Geschichte des Leidens und Sterbens Jesu Christi, aus den IV. Evangelisten zusammen gezogen. 4. Die Historie von der Auferstehung Jesu Christi, bis zu seiner Himmelfahrt. 5. Die Geschicht der Zerstörung der Stadt Jerusalem. 6. Absonderliche Episteln-Fest- und Feyer-Tages, auch bey gewissen Fällen nötige Collecten. 7. Agenda, oder Art und Weyse Sacramenta zu administriren und zu copuliren; Alles also eingerichtet, Daß es in allen Evangelischen Kirchen kan gebrauchet werden, Nebst Einer Vorrede H[er]rn Diederici von

---

[2970] Die mehrfach überarbeitete Agende der (englischen) Anglikanischen Kirche (Hauptstufen waren 1549 die Erstfassung des Thomas Cranmer u. a., 1559 das Elisabethanische Buch und 1662 das klassische Buch der Church of England). Diese Agende bietet u. a. Ordnungen für das Morgen- und das Abendgebet (Morning Prayer, Evening Prayer), die Heilige Taufe, das Heilige Abendmahl, die Konfirmation und die Trauung, die Bestattung und die Ordination. Allison, Christopher FitzSimons: Artikel „Book of Common Prayer", in: RGG⁴ 1 (1998), Sp. 1691–1694 (Literatur).

[2971] Friedrich Simon Loeffler (1669–1748), Theologe und Schriftsteller in Leipzig. Er war ein Neffe und der spätere Erbe des Gottfried Wilhelm Leibniz (1646–1716). Jöcher, Christian Gottlieb (Hg.): Artikel „Loeffler (Fried. Simon)", in: Allgemeines Gelehrten-Lexicon 2, Leipzig 1750, S. 2439.

Staden,[2972] Königl[ich] Schwed[ischen] Consistorial-Secretarii [...], Stade: Brummer 1710 (VD18 10002170). – Das von Sybel benutzte Exemplar ist nicht nachgewiesen.

10. Eine zeitgenössische Ausgabe von Luthers „Kleinem Katechismus" (1529): Der kleine Catechismus, Ohne und mit der Auslegung, nebenst den Frag-Stücken und Hauß-Tafeln für die Christliche Gemeine, gestellet durch D[oktor] Martin Luthern [...], Leipzig: Lanckisch 1712 (VD18 10236422). – Das von Sybel benutzte Exemplar ist erhalten: Archiv der Evangelischen Kirchengemeinde Niederbörde, Dorfkirche in Borgeln, Inventar 3^r· 3 („Borgelsches Kirchenbuch 2").

11. Das sogenannte „Rostockische Hand- und Kirchenbuch" von 1722: Neu-Vermehrtes Rostockisches Hand- und Kirchen-Buch: In welchem zu finden: I. Ein Vollständiges Geistreiches Gesang-Buch, sampt einer Tafel derer Gesänge, wie sie sich auff die ordentliche Sonn- und Fest-Tage schicken II. Die ordentliche Evangelia und Episteln, auff alle Sonn-, Fest-, Apostel- und Buß-Tage, sampt beygefügten öffentlichen Kirchen-Gebetern. III. Eine ausführliche Historie des Leydens, Sterbens, Aufferstehung und Himmelfahrt Jesu Christi, wie auch die Zerstöhrung Jerusalems. IV. Die Collecten auf die hohen Fest- und Son[n]tage [...] V. Der Catechismus D[oktor] M[artin] L[uthers] Nebst den drey Haupt-Symbolis, Sampt einer Vorrede Eines Ehrwürdigen Ministerii in Rostock, Rostock: Schwiegerau 1722 (VD18 10924515). – Das von Sybel benutzte Exemplar ist nicht nachgewiesen.

12. Eine der späteren Ausgaben von Johann Anastasius Freylinghausens (1670–1739)[2973] „Ordnung des Heils", so z.B.: Freylinghausen, Johann Anastasius: Ordnung Des Heils: Nebst einem Verzeichniß Der wichtigen Kern-Sprüche H[eiliger] Schrift, darinn die fürnehmsten Glaubens-Articul gegründet sind Wie auch einem so genannten Güldenen A, B, C, und Gebetlein, Denen Einfältigen und Unerfahrnen zum Besten heraus gegeben [...], Halle: Waisenhaus 1726^5 (VD18 10761942). – Das von Sybel benutzte Exemplar ist nicht nachgewiesen.

Alle nachweislich oder nachgewiesen fremden Werken entnommenen Texte bleiben im Folgenden ohne Abdruck. Das gilt nicht für die etwa zehn Gebete eines bislang unbekannten „Soestischen Collectenbüchleins", das in seiner schlichten Diktion/Theologie wohl doch einer deutlich früheren Zeit zuzurechnen ist (spätes 16. oder frühes 17. Jahrhundert).[2974]

Der zeitgenössische Anmerkungsapparat ist mit eingeklammerten Kleinbuchstaben gekennzeichnet. Die Nachweise befinden sich jeweils am Ende des Abschnitts. Kursiv hervorgehobene Abschnitte sind in der Vorlage unterstrichen.

2972 Der Germanist Dietrich von Stade (1637–1718) war von 1668 bis 1711 (nur unterbrochen durch die Jahre der braunschweigischen Besetzung von 1675 bis 1680) königlich schwedischer Consistorialsecretär in Stade und ein wichtiger Erforscher der Geschichte der Lutherbibel und ihres Wortbestandes mit intensiven Kontakten zu August Hermann Francke (1663–1727; wie Anm. 88) in Halle (Saale). Schröder, Edward: Artikel „Stade, Dietrich von", in: ADB 35 (1893), S. 353–355.
2973 Johann Anastasius Freylinghausens (1670–1739). Wie Anm. 448.
2974 Vgl. Edition 2.5, Nr. 186f., 195, 197, 208, 236, 258 und 282.

2.5 Die „Soestische Kirchen Agenden" (1739)

[Titel] Soestische Kirchen Agenden,
darinnen nebst beschreibung der gewöhnlichen kirchlichen handlungen
die dabey gebräuchliche formulare enthalten sind
MDCCXXXIX.
[Die 472 ursprünglich ungezählten Seiten des Manuskriptes erscheinen im Folgenden mit einer neuen, nachträglichen Zählung; so nun auch im Original]

[S. 1] Vorbericht.

§ 1. Diese collection der Agenden für die Soestische kirchen mit benehmhaltung eines hochachtbahren magistrats vorzunehmen,[2975] hat der wahrgenommene unterschied der bey den gemeinen recipirten formularen veranlaßet. Welcher unterschied guten theils daher den ursprung gehabt [hat], daß obwohl bey der Reformation unserer stadt und bothmäßigkeit anno 1531 die Kirchen Verfaßung und Agenden der stadt Braunschweig[2976] zum grunde geleget worden [ist], wie die von Gerhard Oemeken[2977] auf begehren hiesigen magistrats allhier aufgesetzte und folgenden jahrs mit einer vorrede Urbani Rhegii[2978] zu Lübeck gedruckte Soestische Kirchen-[S. 2] Ordnung[2979] ausweiset,[2980] dennoch, als die hohe gegenwart des Chur-Fürsten zu Sachsen in Soest dazu anlaß gegeben, im jahr 1535 den 26. Februar die Sächsischen Agenden[2981] hirher begehret worden [ist] (a). Wozu kam, daß die von Philippo Me-

---

2975   Das Werk war also zumindest mit ausdrücklicher Zustimmung des Soester Rates entstanden.
2976   Die von Johannes Bugenhagen (1485–1558) verfasste Braunschweiger Kirchenordnung von 1528: Der Erbarn Stadt Brunswig Christlike ordeninge, to denste dem hilgen Euangelio, Christliker lèue, tucht, freede vnde eynicheit: Ock dar vnder veele Christlike le(e)re vor de borgere/Dorch Joannem Bugenhagen Pomern(n) bescreuen [...], Wittenberg: Klug 1528 (VD16 B 7237). – Edition: EKO 6, I, 1, S. 348–455. – Müller, Gerhard: Artikel „Bugenhagen, Johannes", in: RGG⁴ 1 (1998), Sp. 1852 f. (Literatur).
2977   Gerhard Oemeken (Omeken, Omken, Oemichen; ca. 1500–1562). Wie Anm. 1615.
2978   Urbanus Rhegius (1489–1541). Wie Anm. 1619.
2979   Der Erbaren Erenriker Stadt Sost Christlike Ordenunge, tho denste dem hilgen Euangelio, Gemenem vre(e)de vnd eindracht, ouergesen dorch D. Vrbanum Regium, vnd mit ener des su(e)lfftigen latinschen Commendation. Dorch Gerdt Omeken van Kamen, beschreuen [...], Lübeck: Balhorn 1532 (VD16 ZV 14492). – Edition: Arend, EKO 22 (wie Anm. 1527), S. 370–373, 385–459.
2980   Neben der Braunschweiger Ordnung von 1528 waren aber auch deren Bearbeitungen für Hamburg (1529) und Lübeck (1531) mit hinzugezogen worden. Dazu detailliert Arend, ebd., S. 372 mit Anm. 45.
2981   Gemeint waren a) der „Unterricht der Visitatoren" (1528; WA 26, S. [175] 195–240) und b) die „Wittenberger Kirchenordnung" (1533; EKO 1, 700–710). Die Ergänzung der Soester Kirchenordnung von 1532 durch diese beiden Texte stellte theologisch

lanchtone²⁹⁸² entworffene Pfältzische Kirchen-Ordnung²⁹⁸³ in der nachbahrschaft angenommen²⁹⁸⁴ und nicht minder als die Zellische und Grubenhagische²⁹⁸⁵ von einigen predigern gebrauchet worden [ist], sonderlich von denen, die anders woher hirhin vociret worden [sind] oder auch von Sächsischen Agenden kein exemplar bey handen gehabt [haben].

(a) Seckendorff hist. Luth. libr. III. § 25. addit. 1. lit. p. p. 68. a.²⁹⁸⁶

§ 2. Nun ist zwar von anfang der Reformation nicht nöthig, noch vortheilhaft gehalten worden, an allen orten einerley kirchen-gebräuche einzuführen, wie [S. 3] Lutherus nicht wünschte, daß die Wittenbergische Ordnung in allen orten Teutsch-Landes angenommen werden mögte, wogegen er raeht, bey jeder gemeine nach erforderen der umstände die caerimonien zu reguliren (b). Und dieses darum, damit die einfalt²⁹⁸⁷ desto deutlicher sehe, in den äußeren dingen bestehe das wesen der religion und das haupt-merck des christenthums nicht. Welcher wahn sonst leicht geheget und dabey der kraft des glaubens in verleugnung sein[er] selbst und der welt, in begierigem suchen der gnade Gottes in Christo und in annehmung seines sinnes und nachahmung seines exempels versäumet wird. Wie auch Jo[hann; Giovanni] Bona,²⁹⁸⁸ ein päpstischer scribent, solches nicht leugnen kan (c). Daher Lutheri und anderer theologorum rath ist, daß die also in mißbrauch gezogene[n] [S. 4] caerimonien zuweilen geändert und dabei die erste apostolische einfalt vornehmlich zum muster erwehlet [werden sollten], sonst aber oft eingeschärffet werden mögte, welches die eigentliche absicht und der vornehmste zweck der kirchen-gebräuche sey: Wovon auch in der Apologie der Augspurgischen Confession ein bekändniß abgeleget wird (d). Doch lieget es auch am tage, daß sich nicht alle darein finden können, wenn sie wahrnehmen, daß glieder eines ministerii nicht auf einerley weise in kirchlichen handlungen verfahren. Welchem anstoß zu begegnen, auch Lutherus urtheilet, es wäre fein, wo in einer jeglichen herrschaft der gottes-dienst auf einerley

allerdings auch kein Problem dar, hatte sich diese doch auch schon selbst auf Luthers „Taufbüchlein" (1526) und den „Unterricht" (1528) bezogen.
2982 Philipp Melanchthon (1497–1560). Scheible, Heinz: Artikel „Melanchthon, Philipp", in: RGG⁴ 5 (2002), Sp. 1002–1012 (Literatur).
2983 Wie Anm. 2962.
2984 Woran Sybel an dieser Stelle konkret denkt, ist ungewiss.
2985 Wie Anm. 2966.
2986 Zitiert wird die in Soest StA/StB erhaltene Ausgabe: Seckendorff, Veit Ludwig von: Commentarius historicus et apologeticus de Lutheranismo, sive de reformatione religionis [...], Frankfurt am Main und Leipzig: Gleditsch 1688 (VD17 23:230357Y).
2987 Die einfachen Menschen/die Ungebildeten.
2988 Der geistliche Schriftsteller und nachmalige Kardinal Giovanni Bona (SOCist, 1609–1674), ein Zisterzienser der italienischen Feuillanten-Kongregation, war ein wichtiger Pionier der neuzeitlichen Liturgiewissenschaft. Vgl. zu ihm zuletzt Maurer, Pius: Kardinal Giovanni Bona. Cistercienser, geistlicher Schriftsteller und Pionier der Liturgiewissenschaft, in: Analecta Cisterciensia 59 (2009), S. 3–166 (Literatur). – In Soest StA/StB sind mehrere Werke aus seiner Feder erhalten.

weise gienge und die umliegende[n] städtlein und dörfflein mit einer stadt gleich bardeten (e).

(b) Tom. Jenens. III. p. 277.[2989]

(c) Opp. p. 922. Prudentis sacerdotis [S. 5] munus est, docere populum, ut sit in ipsis exterioribus observantiis sitam non esse pietatem et religionem animadvertant.[2990]

(d) Apolog. c. VIII. p. 269.[2991]

(e) c[itato] l[oco].[2992]

§ 3. Man hat denn beliebet, die bey uns befindliche[n] formulare zu conferiren,[2993] den unterscheid anzumercken und [das], was bey den meisten gemeinen gebräuchlich ist, beyzubehalten, zuweylen auch aus einigen, denen meist recipirten [Formularen] etwas zu inseriren oder ein gedoppeltes formular einzurücken; ja, auch aus andern Agenden[2994] unseren defect derer formularen zu suppliren, auf den schlag, wie ehedem Gregorius M[agnus][2995] dem Engelländischen ertz-bischoffe den rath gab, aus verschiedenen liturgien, die [S. 6] anderwärtig recipiret waren, in Engelland [das] einzuführen, was er [als] Gotte gefällig und erbaulich erachte (f). Es ist auch zum theil am rande angezeiget, woher ein jedes stück der Agenden genommen sey.[2996]

(f) Oper. fol. CCCXLIX. Novit fraternitas tua Romanae ecclesiae consuetudinem, in qua se meminit enutritam, sed mihi placet, ut sive in Romana, sive in Gallicanorum, seu in qualibet ecclesia aliquid invenisti, quod plus omnipotenti Deo possit placere, sollicite elligas et in Anglorum ecclesia, quae adhuc ad fidem nova est, institutione praecipua, quae de multis ecclesiis colligere potuisti, infundas. Non enim pro locis res, sed pro bonis rebus loca amanda sunt. Ex singulis ergo quibusque ecclesiis, [S. 7] quae pia, quae reli-

---

2989 „Denn es nicht meyne meynunge ist, das gantze deutsche Land so eben mu(e)ste unser Wittembergische ordnung an nemen." WA 19, S. 73, Z. 3f. (Vorrede zur „Deutschen Messe", 1526).

2990 Bona, Giovanni: Rerum liturgicarum libri duo (Rom 1671). Von Sybel zitiert wird die bis heute in Soest StA/StB erhaltene Ausgabe Köln: Friessem 1674 (VD17 1:047343R).

2991 Im Blick war an dieser Stelle wohl vor allem der Satz: „Die Christen aber mügen allerley weltliche ordnung so frey brauchen, als sie der lufft, speis, tranck, gemeins liechts brauchen. Denn gleich wie himel, erde, Sonn, Mond und sternen Gottes ordnung sind und von Gott erhalten werden, also sind Politien und alles, was zur politey gehöret, Gottes ordnung und werden erhalten und beschützt von Gott widder den Teuffel." Dingel, BSELK (wie Anm. 876), S. 422, Z. 8–12 (AC VIII [„Was die Kirche sei"]).

2992 „Sondern feyn were es, wo ynn eyner iglichen hirschafft der Gottesdienst auff eynerley weyse gienge und die umbligende stedlin und do(e)rffer mit eyner stadt gleych bardeten". WA 19, S. 73, Z. 6–8 (Vorrede zur Deutschen Messe, 1526).

2993 Zusammenzutragen und zu vergleichen.

2994 Vgl. im Einzelnen oben S. 590–594.

2995 Papst Gregor I., der Große (um 540–604). Wie Anm. 1234.

2996 Die entsprechenden, klar gekennzeichneten Stücke bleiben im Folgenden aus Raumgründen ungedruckt.

giosa, quae recta sunt elige et haec quasi in fasciculum collecta apud Anglorum mentes in consuetudinem depone.[2997]

§ 4. Gleichwohl soll hiedurch weder künftiger vermehrung oder beßerung der Agenden ein ziel gesetzet, noch jemandes gabe also gebunden werden, daß nicht zuweilen, nach denen umständen und der erweckung eines lehrers, bey denen kirchlichen handlungen mit einiger aenderung verfahren werden dürfte, welches auch dem sinn unserer Reformatorum und der praxi folgender theologorum[2998] entgegen seyn würde; davon in der anno 1536[2999] von Justo Jona,[3000] Georgio Spalatino,[3001] Caspare Creutzigern,[3002] Friederico Milenio,[3003] Justo Menio[3004] und Johannes Webern unterschriebenen [S. 8] vorrede zu den Agenden für die Diener der Kirchen Hertzogs Heinrich zu Sachsen,[3005] welche auch in Chur-Fürsten Augusti[3006] Kirchen-Ordnung[3007] eingerücket seyn und sich also [deshalb] in vielen kirchen bey uns finden, diese erinnerung an die prediger gegeben wird.[:] Wollet euch derohalben, lieben Herren und Brüder in Christo, zu einem anfang, biß Gott weiter gnade verleyhet, in euren pfarren gebrauchen,[3008] und zuletzt heißet es daselbst (g): Am ende soll jedermann wißen, daß diese Kirchen-Ordnung also gestellet ist, nicht der meinung, als müße es aus noth alles eben also gehalten werden, wie bisher unter dem pabst-

2997 Gregorius Magnus, Epistolarum liber XI, ep. LXIV (ad Augustinum Anglorum episcopum). PL 77, S. 1183–1200, hier S. 1186f. – Die von Sybel benutzte Ausgabe ist nicht nachgewiesen.
2998 Der Theologen der Zeit seit 1580 (Konkordienbuch; Kirchenordnung Augusts von Sachsen).
2999 Recte: 1539! Das falsche Datum „1536" begegnet aber z. B. auch schon in: AGENDA. Das ist/Kirchenordnũng/wie sich die Pfarrherrn vnd Seelsorger in jren Ampten vnd diensten halten sollen/Fur die Diener der Kirchen in Hertzog Heinrichen zu Sachssen V.G.H. Furstenthumb gestellet. Auffs new gebessert mit etzlichen Collecten der Superintendenten […], Leipzig: Rambau d. Ä. 1564 (VD16 A 748).
3000 Justus Jonas der Ältere (1493–1555), Humanist, Reformator und Jurist. Zschoch, Hellmut: Artikel „Jonas, Justus", in: RGG[4] 4 (2001), Sp. 569f. (Literatur).
3001 Georg Spalatin (Burkhardt; 1484–1545), Humanist, Theologe und Historiker. Beyer, Michael: Artikel „Spalatin, Georg", in: RGG[4] 7 (2004), Sp. 1533f. (Literatur).
3002 Caspar Cruciger der Ältere (1504–1548), Humanist, Theologe und Reformator. Jung, Martin H.: Artikel „Cruciger, Caspar", in: RGG[4] 2 (1999), Sp. 501 (Literatur).
3003 Friedrich Myconius (1490–1546), Theologe und Reformator. Scheible, Heinz: Artikel „Myconius, Friedrich", in: RGG[4] 5 (2002), Sp. 1632f. (Literatur).
3004 Justus Menius (1499–1558), Theologe und Reformator. Beyer, Michael: Artikel „Menius, Justus", in: RGG[4] 5 (2002), Sp. 1037f. (Literatur).
3005 Herzog Heinrich von Sachsen (1473–1541). Wie Anm. 2959.
3006 Kurfürst August von Sachsen (1526, reg. 1553–1586). Wie Anm. 2960.
3007 Wie Anm. 2961.
3008 „Wo(e)llet euch derhalben/lieben Herren vnd Bru(e)der in Christo/zu einem anfang/bis Gott weiter Gnad verleihet/jnn ewren Pfarrhen/Ambten vnd diensten/diser einfeltigen/vn(d) doch in Go(e)ttlicher schrifft wolgegru(e)ndten Ordnung vn(d) Form/an stat der Papistischen Agenda eintrechtiglich gebrauchen" (Agenda 1540 [wie Anm. 2958], hier Bij.).

2.5 Die „Soestische Kirchen Agenden"

thum der [die] gewißen mit menschen-lehren und gebotten verstricket sind, sondern allein darum, daß die einfältigen pfarr-herren, so sich selbst nicht wißen darin zu schicken, eine form und weise [S. 9] hätten, wie sie sich in ihrem ambt und handlung der sacramenten halten mögen, damit [womit aber] niemandem gewehret noch benommen [sei], [es,] wer es für sich selber beßer weiß, [auch besser] zu machen. Doch sollen auch andere pfarr-herren und prediger vermahnet seyn, daß sie sich wolten mit denen anderen, so viel möglich, gleichförmig und einträchtig halten.* In welchem sinn man[3009] sich dessen versiehet, daß nicht nur anfänger und die für sich nicht sehr expedit[3010] seyn dieser sammlung sich bedienen, sondern auch geübte und begabte männer ordentlicher weise, wo nicht den worten nach, [so] doch in dem haupt-wercke, die recipirten formuln beybehalten werden.

(g) P. m. 160.[3011]

§ 5. Die abtheilung ist also gemacht, daß zu erst die kirchlichen handlungen beschrieben [S. 10] werden[3012] und darauf die dazu gehörige formularen in harmonirender ordnung vorkommen,[3013] wie beygefügtes register des innhalts[3014] weiset.

§ 6. Gott laße den gebrauch dieser collection allemahl gesegnet seyn und gebe bey allen pastorat-handlungen uns predigern andacht und ererbietigkeit vor ihm, unseren zuhörern aber erweckung und erbauung durch dieselbe, um Christi willen. Amen. [S. 11]

I. Beschreibungen der kirchlichen handlungen.

A. Von dem öffentlichen gottes-dienste.

§ 1. An denen *Sonntagen* wird in der stadt viermahl nacheinander,[3015] an *Festtagen* dreymahl,[3016] an denen *Bußtagen* zweymahl[3017] geprediget.[3018] Auf denen dörffern

---

3009 Gemeint war hier natürlich nicht zuletzt auch Sybel selbst.
3010 Gebildet/erfahren.
3011 „AM end soll jederman wissen/das diese Kyrchenordnung also gestellet ist/nicht der meinung/als mu(e)ste es aus not alles eben also gehalten werden/wie bisher vnter dem Bapstumb die gewissen mit menschen Leren vnd Geboten verstricket sind/Sondern allein darumb/das die einfeltigen Pfarrher/so sich selbst nicht wissen drein zu schicke(n)/ein Form vnd weise hetten/wie sie sich in jrem ampt und handlung der heiligen Sacrament/halten mo(e)gen/Damit niemand gewehret noch benomen/wer es fur sich selbs besser weis zu machen. Doch sollen auch andere Pfarrher vnd Prediger vermanet sein/das sie sich wolten mit den andern/so viel mu(e)glich/ gleichfo(e)rmig vnd eintrechtiglich halten" (Agenda 1540 [wie Anm. 2958], hier Sij aa).
3012 Teil I.
3013 Teil II.
3014 Im Text S. 459–471.
3015 Das meinte die Früh-, die Haupt-, die Mittags- und die Nachmittagspredigt (§ 2–5).
3016 Hier entfielen die Frühpredigten.
3017 Das meinte die Haupt- und die Nachmittagspredigt (§ 7).
3018 Gottesdienst gefeiert.

Abb. 140: St. Walburgis-Stiftskirche in Soest, Rekonstruktion des Zustandes vor der Profanierung 1822. Aquarellierte Tuschezeichnung von Hubertus Schwartz (1883–1966), undatiert. (StA Soest, A 2543-35)

ist ordentlich[3019] zewymahl gottes-dienst, also daß nachmittages wenigstens kinderlehre oder bättstunde gehalten werde.[3020]

§ 2. Die *frühpredigt* wird alle Sonn- und Fest-tage in St. Petri und der Marien-Kirche zur Wiese, an den großen Fest-tagen auch auf einigen dörffern gehalten. Der anfang [S. 12] des gottes-dienstes wird um 6. uhr gemachet mit einem morgenliede, worauff man das Te Deum Laudamus singet, nach deßen endigung Sonntages zweene schüler ein haupt-stück des Catechismi Lutheri aufsagen, wie einer[3021] an den Fest-tagen die epistel und in der Fasten ein stück aus der Passions-historie[3022]

3019 Wo immer dies möglich ist.
3020 An die Stelle des (eigentlich erwünschten) Nachmittagsgottesdienstes traten hier wohl doch nur die Kinderlehre oder die Betstunde. Angesichts der oft weiten Wege war anderes aber auch schwer zu realisieren. Die abendliche Stallarbeit wartete.
3021 Ein Schüler.
3022 Möglicherweise anhand einer der weitverbreiteten „Passions-Harmonien", etwa der des von Sybel benutzten „Vollständigen Kirchenbuchs" (1707). Wie Anm. 2971.

verlieset.³⁰²³ Wenn darauf der haupt-gesang³⁰²⁴ abgesungen ist, folget so fort die predigt über den Catechismum oder über die fest-materien. Nach dem eingang wird ein kurtzes lied oder daraus ein oder anderer verß gesungen, welches auch in den übrigen predigten geschiehet.³⁰²⁵

§ 3. Zur haupt-predigt wird in allen kirchen um halb 8. uhr eingeläutet (nur daß in St. Walburg[is], weil darinnen die Reformirten das simultaneum haben, der vorige termin auf [S. 13] 7. uhr bleibet). Der anfang wird um 8. uhr mit dem Veni Sancte Spiritus verteutscht³⁰²⁶ gemachet, worauf in denen kirchen, wo keine früh-predigt ist,³⁰²⁷ das Te Deum Laudamus, in allen [aber] das Kyrie und Gloria In Excelsis Deo gesungen wird. Demnächst lieset der prediger die epistel oder an deren statt ein gebät zum anfange des gottes-dienstes (II. N[r.] 1.)³⁰²⁸ vor dem altar; wie auch nach dem haupt-gesange, nebst einer collecte, das evangelium oder, wenn es vorher nicht geschehen [ist], dafür nun die epistel vorgelesen wird. So dann singet man den Glauben,³⁰²⁹ und folget die predigt über das evangelium, nach welcher das ordentliche Berlinische Kirchen-Gebät³⁰³⁰ mit beygefügter speciellen fürbitte gesprochen und communion gehalten oder sonst mit einer collecte³⁰³¹ und dem segen der gottes-dienst beschloßen wird.³⁰³²

§ 4. Die mittags-predigt, wozu an [S. 14] Sonn- und Fest-tagen in St. Walburg[is] um 12.³⁰³³ und in St. Petri wie auch in denen übrigen kirchen an den Fest-tagen um halb 1. uhr eingeläutet wird, ist zur erklärung der epistel ordentlicher weise gewiedmet, die auch nach einem lob-liede und dem haupt-gesange vor dem altar verlesen wird. Wenn aber an denen Sonntagen ein Fest eingeschloßen wird, erkläret man das fest-evangelium.

§ 5. Die *nachmittags-predigt* wird nur in St. Georgs Kirchen um halb 3. uhr Sonntags gehalten³⁰³⁴ über den Catechismum oder arbitraire texte.³⁰³⁵ Vor dem altar wird

---

3023 Hier wurde die Praxis in St. Petri beschrieben, wo man auf die älteren Schüler des Gymnasiums zurückgreifen konnte. Auf den Dörfern fand solches wohl kaum statt.
3024 Das Wochenlied.
3025 Die Frühgottesdienste richteten sich vor allem an die Jugend und das Gesinde.
3026 „Komm, Heiliger Geist, Herre Gott" (Martin Luther 1524). AWA 4, S. [73f.] 205–209. EG 125.
3027 Das hieß: In allen Stadtkirchen, mit Ausnahme von St. Petri und St. Mariae zur Wiese.
3028 Das entsprechende Rüstgebet sollte also wohl doch öffentlich verlesen werden.
3029 Das Glaubensbekenntnis/Credo.
3030 Die durch den Landesherrn verbindlich gemachte Fürbitte.
3031 Einem allgemeinen Fürbittengebet.
3032 Die Hauptpredigt/der Hauptgottesdienst folgte demnach dem Muster der „Deutschen Messe" (1526).
3033 Eine weitere Folge des den Reformierten in dieser Kirche zugestandenen Simultaneums.
3034 Die Erbauungsstunde in der Marktkirche (das dortige Collegium pietatis) stand allen offen. Sie konnte auch unabhängig von den übrigen Gottesdiensten besucht werden.
3035 Die Formulierung schillert. Es kamen wohl auch nichtbiblische Texte zur Verlesung.

nichts verlesen, wie auch zwischen der predigt nicht gesungen und nach derselben sofort kinder-lehre und im winter bät-stunde gehalten wird.

§ 6. In denen übrigen kirchen wird die [S. 15] *kinder-lehre* um 3. oder 4. uhr den sommer durch gehalten und die Litaney[3036] oder ein ander gebät darauf an statt des abend-gebäts verlesen. Des winters wird nur *bät-stunde* gehalten[3037] und darinnen nach einem lob-liede die Litaney[3038] nebst einem gebät, so auf das evangelium zuschläget,[3039] gesprochen und nach einem kurtzen liede mit einer collecte beschlossen.

§ 7. An denen Buß-tagen[3040] wird vor- und nachmittags an statt der lection ein buß-psalm[3041] vor dem altar verlesen und an statt des glaubens[3042] ein buß-lied gesungen, nach der predigt aber nebst dem gewöhnlichen buß-gebet die gemeine beichte und absolution der gemeine vorgesprochen.[3043]

§ 8. In den wochen-predigten wird nach einem morgen-liede und dem hauptgesange [S. 16] ein Psalm Davids oder sonst ein capitel aus der Bibel vor dem altar gelesen. Jede woche hat man bei einer gemeine per circulum[3044] einen Bät-tag, da die lehre vom gebät tractiret und die Litaney[3045] oder dergleichen gebät verlesen wird.[3046]

§ 9. Die *wochentliche bät-stunden* werden des Freytags in St. Walburg[is] um 2. uhr,[3047] in denen übrigen kirchen des sommers um 5., des winters um 4. oder 3. uhr gehalten. Es wird darinnen nach dem gesänge das ordentliche und andern [andere] buß-gebäter (II. n[r.] 295.) nebst einem buß-psalm oder anderen gebät gesprochen, worauf abermahls gesungen und nebst einer collecten[3048] der segen gesprochen wird.

§ 10. In der vesper, die um 1. uhr des tages vor den Sonn- und Feyer-tagen gehalten [S. 17] wird,[3049] singet der küster mit denen schülern einen buß-gesang oder fest-

---

3036 Wahrscheinlich die Nachdichtung Luthers von 1529 (AWA 4, S. [101–105] 250–273).
3037 Das Gesinde und die Kinder wurden in der dunklen Jahreszeit schon früher für die abendliche Stallarbeit gebraucht. Wahrscheinlich sollten auch unsichere Heimwege vermieden werden.
3038 Wahrscheinlich die Nachdichtung Luthers von 1529 (AWA 4, S. [101–105] 250–273).
3039 Abgestimmt ist.
3040 Das hieß: an den vier Quartalsbußtagen.
3041 Einer der kirchlichen Bußpsalmen (Ps 6, 32, 38, 51, 102, 130 und 143).
3042 Des gesungenen Glaubensbekenntnisses/Credos.
3043 Hier erfolgte der Bußakt demnach in Gestalt der offenen Schuld mit anschließender Lossprechung.
3044 In fester Reihenfolge/reihum.
3045 Wahrscheinlich die Nachdichtung Luthers von 1529 (AWA 4, S. [101–105] 250–273).
3046 Neben den großen Quartalsbußtagen hielt man demnach auch allwöchentlich besondere Bettage (oder strebte dies zumindest an).
3047 Eine Folge des den Reformierten in dieser Kirche zugestandenen Simultaneums.
3048 Einer Fürbitte.
3049 Zur Vorbereitung auf den Empfang des Heiligen Abendmahls am darauf folgenden Sonntag.

lied,³⁰⁵⁰ worauf, wenn beichte gehalten wird, die worte der einsetzung aus 1. Cor. XI.³⁰⁵¹ oder die epistel³⁰⁵² verlesen oder auch dabey ein gebät gesprochen [werden], demnächst: Schaffe in mir Gott etc.³⁰⁵³ oder das Magnificat³⁰⁵⁴ gesungen wird.

B. Von öffentlicher und privat-administration der h[eiligen] tauffe.

§ 11. Wie der prediger dafür sorget, daß die tauffe der kinder nicht lang nach deren geburt *aufgeschoben* werde,³⁰⁵⁵ also erkundiget er sich, wo dieselbe begehret wird, nach denen paten, damit, wo bey deren anzahl und wahl etwas zu bedencken wäre, eine aenderung ohne weitläuftigkeit geschehen könne.³⁰⁵⁶

§ 12. In das ordentliche tauff-formular (II. [S. 18] N[r.] 297.) werden die hinzugefügte[n] clausuln, wenn der darüber angezeigte casus sich ereignet (II. N[r.] 311. seq[uentes]), eingerücket.

§ 13. Dafern der prediger selbst die *noth-tauffe* verrichtet und das kind noch bey leben bleibet, nimt er post aspersionem³⁰⁵⁷ noch das ordentliche formular oder deßen innhalt mit den gegenwärtigen zeugen vor, dancket Gotte, daß er das kind in den gnaden-bund aufgenommen [hat], und bittet um bestättigung der tauff-gnade (II. N[r.] 317.).³⁰⁵⁸ Wenn aber die tauffe von einer andern christlichen manns oder weibes-person verrichtet [worden] ist, nimt darauf der prediger in der kirchen bey dem tauf-stein oder in dem hause der kind-betterinnen die zeugen vor, nach anweisung des formulares (II. N[r.] 321.), und wo keine gewißheit erhalten werden könte, daß die taufe richtig mit [S. 19] beybehaltenen worten der einsetzung geschehen [ist], schreitet er nach geschehener anzeige von denen vorgefallenen umständen zu einem ordentlichen tauff-actu.³⁰⁵⁹ Die nachricht von dergleichen tauffe wird in das kirchen-buch gebracht.³⁰⁶⁰

3050 Hier kam wohl der Schulchor der gemeindlichen Elementarschule zum Einsatz.
3051 Vgl. 1. Kor 11, 23–25: „Denn ich habe von dem Herrn empfangen, was ich euch weitergegeben habe: Der Herr Jesus, in der Nacht, da er verraten ward, nahm er das Brot, dankte und brach's und sprach: Das ist mein Leib für euch; das tut zu meinem Gedächtnis. Desgleichen nahm er auch den Kelch nach dem Mahl und sprach: Dieser Kelch ist der neue Bund in meinem Blut; das tut, sooft ihr daraus trinkt, zu meinem Gedächtnis."
3052 Die Epistel des bevorstehenden Sonn- oder Feiertages.
3053 Ps 51, 12. Hier sollte also eine Vertonung des vierten der kirchlichen Bußpsalmen gesungen werden.
3054 Eine Vertonung von Lk 1, 46–55 (Marias Lobgesang).
3055 Taufaufschübe sollten möglichst unterbunden werden.
3056 Die diversen, an dieser Stelle anstehenden Fragen (Anzahl der Paten, Sittlichkeit, Leumund, Konfession etc.) waren konfliktträchtig. Sie sollten deshalb möglichst frühzeitig geklärt werden.
3057 Nach der Besprengung/Benetzung mit dem Taufwasser.
3058 Die in der akuten Notlage nicht mögliche Vergatterung wurde später nachgeholt.
3059 Auch die Nottaufe durch Dritte sollte unbedingt einsetzungsgemäß geschehen. Blieben an dieser Stelle Unsicherheiten, war notfalls erneut zu taufen.
3060 In das Taufregister der jeweiligen Kirchengemeinde aufgenommen.

§ 14. Die *tauffe der erwachsenen* wird billig solenner[3061] verrichtet und dazu eine zeit genommen, da in der stadt das gesammte ministerium,[3062] auf dem lande einige vicini[3063] gegenwärtig seyn können.[3064]

C. Von öffentlicher und privat-catechisation der kinder wie auch deren confirmation.

§ 15. Wenn der prediger der catechisation nicht selber ein gebät, so auf das vorhaben überhaupt oder die abzuhandelnde materie insbesondere gerichtet ist, praemittiret[3065] und [S. 20] damit wiederum beschließet, läßet er die kinder ein ihnen vorgegebenes gebäth sprechen. Siehe II. N[r.] 325.[3066]

§ 16. Diejenige[n] kinder, welche übers jahr *confirmiret* zu werden begehren, schreibet der prediger als candidatos der h[eiligen] communion an[3067] und gibt durchs gantze jahr so viel mehr acht auf ihre gegenwart, aufmercksamkeit, zunehmen in erkäntniß und bezeugen in ihrem wandel. Wenn es gegen die fasten gehet,[3068] wiederhohlet er nochmahls mit selbigen in täglich angestelleter catechisation den gantzen Catechismum und schärffet ihnen demnächst sonderlich die Ordnung des Heyls ein, woraus sie vor der gemeine befragt werden sollen.[3069] Nachdem er ihnen daheim von dem zweck und nutzen der confirmation unterricht gegeben [hat] und mit einem jeden kinde besonders über [S. 21] seinem innerem zustand gehandelt ist, nimmet er den actum confirmationis nach vorher an die gemeine geschehener anzeige entweder nachmittages anstatt der gewöhnlichen catechisation vor, oder es werden die kinder nach einer haupt-predigt an einem Sonn- oder Fest-tage sowohl examiniret als auch sofort zur h[eiligen] communion admittiret (II. N[r.] 327). Die übrige[n] kinder wie auch die eltern erinnert der prediger dabey an ihre pflicht.[3070] In der nächstfolgenden privat-catechisation wird denen confirmatis die sache nochmahls eingeschärffet, mit beygefügter ermahnung zur beständigkeit in dem erneuerten tauffbunde. Es wird ihnen auch von dem beicht-stuhl unterricht gegeben.[3071]

3061 In feierlicherer/liturgisch komplexer ausgestalteter Form.
3062 Die Pfarrer der Stadtkirchen.
3063 Pfarrer benachbarter Kirchengemeinden/Dörfer.
3064 Der Fall trat in Soest und der Börde wohl nur selten ein.
3065 Vorausschickt/vorausgehen lässt.
3066 Der erwünschte Fall war das vom Prediger spontan gesprochene Herzensgebet, am besten in freier Applikation auf das in der folgenden Stunde behandelte Thema.
3067 Die Konfirmanden/Abendmahlsbewerber wurden in eine besondere Liste aufgenommen.
3068 Zu Beginn der Fastenzeit.
3069 Bei ihrer der Zulassung vorausgehenden Prüfung in Gegenwart der versammelten Gemeinde.
3070 Der Pflicht zu eigener, sorgfältiger Vorbereitung.
3071 Die Zulassung zum Heiligen Abendmahl blieb demnach auch nach der Konfirmation an die vorausgehende Beichte gebunden, die in der ersten Zeit unbedingt in Form der Einzelbeichte erfolgen sollte.

2.5 Die „Soestische Kirchen Agenden"

§ 17. Wo besondere umstände [es] erforderen, daß ein catechumenus zur h[eiligen] communion, ohne die öffentliche confirmation abzuwarten, [zu]gelaßen werde, wird die erneuerung des tauff-bundes privat erfordert.[3072] [S. 22]

D. Von der beichte und absolution.

§ 18. Die sich zur communion *anmelden*, werden geprüfet nach ihrem erkändniß und gantzen seelen-zustande, mithin zu würdiger vorbereitung und folgender fruchtbahrkeit in guten wercken erwecket. Welche von anderen orten kommen, werden nach einem *communion-schein*[3073] befragt. Denen confirmatis wird zum muster des bekäntnißes eine *beicht-formul* (II. N[r.] 346.) und deren innhalt angewiesen.

§ 19. Das *beicht-verhör* geschiehet nach der sonn-abends vesper (§ 10.), worinnen der prediger nebst denen worten der einsetzung zuweilen die daraus [ab]geleitete ermunterung verlieset und ein gebät spricht (II. N[r.] 341.). Die *vorbereitung auf die absolution* wird entweder in fragen und antwort oder in einem kurtzen vortrage [S. 23] von buße, glauben, gutem vorsatz, dem nutzen des h[eiligen] abendmahls, denen pflichten der communicanten u.s.w. gemachet und, so viel möglich [ist], auf den besondern seelen-zustand derer confitenten gerichtet, dieselbe[n] zu prüfen und zu erwecken oder in der andacht zu unterhalten.

§ 20. Von denen, welche nach ihrer catechisation *zuerst*[3074] *in den beicht-stuhl kommen*, wird nochmahls die erneuerung des tauff-bundes und der verspruch,[3075] in demselben zu beharren, gefordert; zu deßen versicherung sie dem prediger die hand reichen, wie auch von denen, welcher *böses gerüchte* vor den prediger [ge]kommen ist oder deren unordentliches leben und sündhaftes verfahren offenbahr [ge]worden ist, eine erklärung begehret wird. Denen aber, welcher zustand dem prediger *verdächtig* [ge]worden [ist], wird vorgehalten, die absolution geschehe [S. 24] unter der bedingung wahrer buße und werde auf das bekändniß in der beicht gerichtet.[3076]

E. Von der h[eiligen] communion.

§ 21. Wenn communion gehalten werden soll und derer communicanten in der *fürbitte* gedacht ist (II. N[r.] 281.), wird nach der predigt *gesungen*: Schaffe in mir Gott etc.[3077] oder: O Lamm Gottes etc.[3078] oder: Christe, du Lamm Gottes.[3079] Der

---

3072 In diesen Fällen (z. B. Hausabendmahl am Sterbebett naher Verwandter) sollte also eine häusliche Einzelbeichte des noch nicht konfirmierten Kindes vorausgehen.
3073 Einer Bescheinigung des Pfarrers ihrer Heimatkirchengemeinde.
3074 Zum ersten Mal nach ihrer Konfirmation.
3075 Das Versprechen.
3076 In diesen Fällen wurde eine nurmehr „bedingte" Absolution ausgesprochen.
3077 „Schaff in mir Gott ein reines Herz" (Johann Anastasius Freylinghausen [1670–1739; wie Anm. 448] Halle 1714).
3078 „O Lamm Gottes unschuldig" (Nikolaus Decius 1523). EG 190.1.
3079 „Christe, du Lamm Gottes" (Martin Luther 1525/28). AWA 4, S. [99] 246.

prediger selber legt darauf vor der gemeine die hostien auf die paten³⁰⁸⁰ und gießet den wein in den kelch. Wo nicht zwey prediger das sacrament austheilen, werden nach der anrede an die communicanten und dem gebät die worte der einsetzung *divisim*³⁰⁸¹ verlesen. Bey denen Worten: Das ist mein leib; das ist der kelch, rühret der prediger die paten und den kelch an, und wen[n] er [S. 25] spricht: Solches thut zu meinem gedächtniß, schläget er über die symbola ein *creutz-zeichen,* wie auch vor jedem communicanten bey austheilung der gesegneten hostie ein solches creutz-zeichen geschlagen wird.

§ 22. *Krancke,* welche die h[eilige] communion begehren, werden darauf durch ein- und andermahlichen besuch ordentlich praepariret. Bey vorgehender *beichte* begehret der prediger, mit dem patienten allein gelaßen zu werden. Wo selbiger die beicht-formul nicht wohl sprechen kan, läßet man ihn die fragen von der reue, dem glauben und dem guten vorsatz bejahen.³⁰⁸² Vor der handlung werden bey den einfältigen die zehen gebotte und der apostolische glaube wiederholet. Insgemein gibt der prediger vorher anlaß zur prüfung des gantzen lebens und gegenwärtigen [S. 26] zustandes, er wecket reue über die sünde, begierde nach der gnade und vertrauen auf Christi verdienst, lehret auch, auf den tod sich näher [zu] bereiten und in der kranckheit sich geduldig [zu] beweisen.

§ 23. Denen, welche *im bann seyn* [sind] und ohne vorhergehende öffentliche kirchen-buße nicht sollen zur h[eiligen] communion gelaßen werden, ingleichen denenjenigen, welche vor der obrigkeit über groben sünden in *inquisition* gezogen [worden] sind, wird nur dann das abendmahl gereichet, wann [wenn] die kranckheit sehr gefährlich ist und vermuthlich mit ihnen es sich zum ende nahet, da denn das bekändniß, so jene vor zeugen abgelegt [haben], der gemeine bekand gemacht (II. N[r.] 281.b.), diesen aber bedeutet wird, dafern sie schuldig wären und der obrigkeit die wahrheit nicht bekenneten, sey ihre buße nicht rechtschaffen. [S. 27]

F. Von der proclamation und copulation.

§ 24. Wenn der prediger von dem bräutigam und einem der angehörigen der braut,³⁰⁸³ welche die *proclamation* bestellen, versicherung erhalten [hat], daß die eltern und vormünder ihren consens ertheilet und weder nahe anverwandschafft, noch ein anderwärtiges verlöbniß hinderniß mache, wo auch die verlobte witwer oder witwen sind, daß terminus luctus³⁰⁸⁴ vorbey und wegen der theilung³⁰⁸⁵ mit etwa vorhandenen vorkindern richtigkeit gemachet sey, geschiehet drey sonntage

---

3080 Die Patene, den Teller/das Distributionsschälchen des Abendmahlsgerätes.
3081 Einzeln/getrennt voneinander.
3082 Notfalls durch ein Nicken oder ein anderes Zeichen der Zustimmung (Augen).
3083 Das Aufgebot sollte durch beide Familien bestellt werden.
3084 Die in der Kirchenordnung festgesetzte Trauerzeit (Sperrzeit bis zu einer neuerlichen Ehe).
3085 Der Erbfolge/Erbteilung.

2.5 Die „Soestische Kirchen Agenden"

nach ein ander[3086] gedachte *proclamation*[3087] vor dem gebät,[3088] ohngefehr auf die art, wie die *formul* (II. N[r.] 287.) ausweiset. Widrigen falls schiebt der prediger dieselbe auf biß zu erlangter gewißheit oder *dispensation*;[3089] wie er auch die, so noch [S. 28] nicht zu den[en] in rechten gesetzten jahren ihres alters gekommen [sind],[3090] gar unwißend[3091] oder *excommuniciret* sind,[3092] zurückhält.

§ 25. Die *copulation* (welche nicht über 3. wochen nach der letzten *proclamation* *differiret* werden darf[3093]) verrichtet der braut beicht-vatter ordentlicher weise in der kirchen, es sey denn, daß der kirchen für [die] freygegebene *privat-copulation* das bestimmte *quantum* bezahlet worden [ist].[3094] Dem gewöhnlichen *formular* (II. N[r.] 372.) wird eine kurtze *rede* von der einsetzung und zweck des ehestandes, von denen pflichten derer, die in denselben tretten wollen und darinnen leben, von dem creutz in der ehe und dem trost dagegen *praemittiret*. Bey einfältigen und unwißenden werden auch aus der schrifft die *pericopae* verlesen (II. N[r.] 375.). Die *ringe* legen *copulandi* auf [S. 29] des predigers-buch,[3095] der die verwechselung[3096] also verrichtet, daß er der braut des bräutigams ring zuerst an den finger thut. Wenn die worte gesprochen werden: Im namen Gottes des Vatters, des Sohnes und des H[eiligen] Geistes, wird ein *creutz-zeichen* vor den hochzeitern gemacht. Bey dem gebät läßet er dieselben knien.

§ 26. Wenn *frühzeitiger beyschlaff* bekand wird und wenn [über der Zeile ergänzt: auf] befehl der obrigkeit die *copulation* verrichtet wird, obgleich ein theil unwillig ist, die getroffene ehe zu vollziehen, werden die *clausuln* (II. N[r.] 376. 377.) dem *formular* *inserirt*.

G. Von begräbnüßen.

§ 27. Bey dem bisher gewöhnlichen *öffentlichem* begräbniß wird ordentlich unter der einsenckung[3097] gesungen: Nun laßet uns den etc.[3098] [S. 30] Wenn aber der

---

3086 In ununterbrochener Abfolge.
3087 Die öffentliche Bekanntmachung/Abkündigung.
3088 Vor dem Fürbittengebet, in das die Ehebewerber dann mit eingeschlossen wurden.
3089 Einer Freigabe durch den Magistrat/den Landesherrn, vertreten durch das Konsistorium.
3090 Personen, die noch minderjährig waren.
3091 Personen, die (noch) nicht rechtsfähig/entmündigt waren.
3092 Personen, die nicht zum Heiligen Abendmahl zugelassen waren (kleiner Bann).
3093 Dies sollte dem Eintreten neuerlicher Ehehindernisse vorbeugen.
3094 Bei Haustrauungen mussten besondere Gebühren entrichtet werden.
3095 Die Agende des die Trauung vollziehenden Pfarrers.
3096 Den Ringtausch.
3097 Beim Herablassen des Sarges.
3098 „Nun lasst uns den Leib begraben" (Martin Luther [1531] 1540). AWA 4, S. [120–122] 309f. Vgl. EG 520.

verstorbene[r] im leben ärgerlich gewesen [ist], singet man dafür ein anderes lied, z[um] e[xempel] Ach, wie elend ist unser Zeit.[3099]

§ 28. Nur im eingang der leichen-predigt wird des verstorbenen ordentlich gedacht, durch die predigt aber die application auf ihn gemachet, wenn sein exempel ausnehmend [gut] gewesen [ist].

H. Von dem kirchen-bann und der kirchen-buße.

§ 29. Wenn jemand nach dem erkäntniß des consistorii von dem h[eiligen] abendmahl excludiret ist und durch des predigers und anderer zureden sich zur beßerung nicht bewegen läßet, geschiehet die öffentliche fürbitte für ihn (II. N[r.] 286.).

§ 30. Wenn und wie *excommunicatio* major[3100] vorgenommen werden solle, wird vom [S. 31] collegio[3101] besonders reguliret und das formular darüber entworffen.

§ 31. Die kleinere *kirchen-buße* geschiehet durch bezeugung der buße deßen, der aergerniß gegeben [hat], bey der fürbitte für die communicanten (II. N[r.] 382.).[3102] Die größere kirchen-buße geschiehet gerade nach Königl[icher] verordnung (II. N[r.] 378.). Darnach die handlung mit dem bußfertigen eingerichtet wird, wenn er vor dem collegio provisorum[3103] das aergerniß abthun wil.

I. Von der wahl/ordination und installation der prediger.

§ 32. So bald eine prediger-stelle inner- oder außerhalb der stadt vacant ist, geschiehet die *fürbitte* für eine gesegnete wahl (II. N[r.] 292.).

§ 33. Wenn der termin der wahl inspectori wie auch dem prediger, der in circulo[3104] [S. 32] die gemeine so denn bedienet, vorher bekand gemacht ist, richtet dieser die *predigt* darnach ein, und jener thut vor dem altar eine ernste erinnerung an die wählende[n], spricht auch vorher und nach der wahl ein *gebät* (II. N[r.] 384.). Worauf sofort und nachmahls noch 3. Sonntage nach einander[3105] der erwählte proclamiret und bekand gemachet wird (II. N[r.] 386.).

§ 34. Acht tage vor der ordination wird electo[3106] der *text* zur ordinations-predigt aufgegeben; die *probe-predigt* hält er mittages zur zeit der circular-predigt.[3107] Das

---

3099 „Ach wie elend ist unsre Zeit" (Johannes Gigas, erstmals: Nürnberg 1566). Kreuz- und Trostlied über den 90. Psalm in drei Strophen.
3100 Die völlige und dauerhafte Exkommunikation/der große Bann.
3101 Der Versammlung aller Stadtpfarrer/Pfarrer der Bördekirchspiele.
3102 Die Buße war in diesem Fall die Voraussetzung für eine Wiederzulassung zum Sakrament.
3103 Den Kirchenältesten/Vorstehern der Kirchengemeinde, der er zugehört hatte/wieder zugehören wollte und die als die unmittelbar beleidigte/geschädigte Instanz galt.
3104 Im Zuge der von den benachbarten Pfarrern reihum zu leistenden Vertretung.
3105 Ohne Unterbrechung.
3106 Dem erwählten Kandidaten.
3107 Dies machte auch den benachbarten Pfarrern ein Anhören der Probepredigt möglich.

2.5 Die „Soestische Kirchen Agenden"   609

examen wird ein oder anderen tag vor dem actu ordinationis³¹⁰⁸ (II. N[r.] 387.) gehalten.

§ 35. In dem eingang der ordinations-predigt wiederholet ordinandus sein *bekändniß* 1. Von seiner zu führenden lehre, 2. übriger [S. 33] ambts-treue und 3. exemplarischen wandel. Zum beschluß richtet er auch darauf das *gebät*.

§ 36. Die vor dem altar zu verlesende *collecte* (II. N[r.] 390.) verlieset der inspector. Nach geendigter predigt wird das Veni Sancte Spiritus³¹⁰⁹ gesungen und von dem inspectore eine an die prediger zusammen gerichtete *rede* gehalten; der [gemeint: der Inspektor] dann den actum mit den parastatis³¹¹⁰ verrichtet (II. N[r.] 391.) und die communion ordinato³¹¹¹ reichet (II. N[r.] 396.).

§ 37. Die *prob-predigt* hält auch der, welcher von einer anderen gemeine vociret und also bereits ordiniret ist,³¹¹² darinnen er ausführet, daß er von seinem bisherigen coetu³¹¹³ gütig *dimittiret* sey und aus was ursachen er diese vocation angenommen und die dimission gesuchet habe. [S. 34]

§ 38. In der *antritts-predigt* thut der prediger die erklärung, wie er seine heerde zu weyden gedencke, welche ihm in der *installation* noch besonders ans hertz geleget wird (II. N[r.] 397.).

K. Von der kirchen-visitation, wie dieselbe anno 1737. bey einigen kirchen gehalten worden [ist].

§ 39. Nachdem sonntags vorher der *tag,* welcher zur visitation vom magistrat beliebet worden, der gemeine *intimiret* [worden] war,³¹¹⁴ ist zum gottes-dienste, wie an Sonn- und Fest-tagen geschihet, eingeläutet und derselbe mit dem liede Komm Heiliger Geist, Herre Gott³¹¹⁵ angefangen [worden], worauf an statt des hauptgesanges [das Lied] Es woll uns Gott gnädig sein³¹¹⁶ angestimmet und vom pastore loci³¹¹⁷ die *predigt* über einen von dem inspectore recommendirten [S. 35] oder auch arbitrairen text³¹¹⁸ gantz kurtz gehalten [wurde];³¹¹⁹ nach der predigt aber [wurden]

3108 Der feierlichen Ordinationshandlung.
3109 „Komm, Heiliger Geist, Herre Gott" (Martin Luther 1524). AWA 4, S. [73 f.] 205–209. EG 125.
3110 Den weiteren, ihm assistierenden Pfarrern.
3111 Dem bereits Ordinierten die Abendmahlsgaben reicht.
3112 Der Pfarrstellenwechsel und die erste Wahl in eine Pfarrstelle waren hier gleichzusetzen.
3113 Seiner früheren Kirchengemeinde.
3114 Bekannt gemacht/ans Herz gelegt worden war.
3115 „Komm, Heiliger Geist, Herre Gott" (Martin Luther 1524). AWA 4, S. [73 f.] 205–209. EG 125.
3116 „Es wollt uns Gott gnädig sein" (Martin Luther 1524). AWA 4, S. [66–68] 184–187. EG 280.
3117 Dem Pfarrer der visitierten Kirchengemeinde.
3118 Einen vom Inspektor vorgeschlagenen oder für passend erachteten Text.
3119 Es waren also tatsächlich mehrere Kirchengemeinden visitiert worden.

abgesungen die letzten verse aus: Zeuch ein zu deinen etc.,[3120] deren anfang ist: Beschirm die Policeyen etc.[3121]

§ 40. Darauf ist der inspector vor den altar getreten, und nach einer kurtzen rede von der beschaffenheit und [vom] nutzen der kirchen-visitation, von deren praxi zu denen zeiten der Apostel und dem erfolgten verfall,[3122] wie auch von deren einführung in Sachsen nach der Reformation anno 1527, wodurch der aufsatz des Kleinen Catechismi Lutheri veranlasset und demnächst 1538. [recte: 1528] die Instruction an die Visitatores mit deßen vorrede zum druck befordert worden [sei],[3123] hat er angeführet, wie durch die alte Kirchen-Ordnung sie [die Visitation] hieselbst in gang gebracht und länger als durch ein ganz seculum continuiret [worden] sey, [S. 36] bis sie bey gewißer veranlaßung ein zeit lang differiret worden [sei];[3124] jetzt aber gebe ein neues Königliches rescript dem magistrat und inspectori anlaß, sie zu reassumiren[3125] und so wohl bey dem prediger als der gemeine nachfrage zu thun, wie es in loco um das kirchliche wesen stehe, damit man erfahre, ob zur ehre Gottes und zum glücklicheren bau des Reiches Christi von dem magistrat in einem und anderem eine aenderung gemachet oder der guten intention hülfreiche hand gebotten werden könne, nebst beygefügtem *wunsch* zu Gott, daß er das wohlgemeinete heylsahme vorhaben mit vielem segen crönen wolle, darüber er [der Inspektor] auch das *vatter unser* gesprochen [hat].

§ 41. Hiernächst hat der inspector begehret, daß pastor loci[3126] eine *catechetische* [S. 37] übung mit der jugend anstellen mögte, zur wiederholung der predigt und nach einem angezeigten stück des Catechismi, damit der visitation bekand werde, welche methode in unterweisung der jugend gebrauchet und wie weit dieselbe[3127] in dem [der] erkändtniß der lehre der wahrheit, die da ist zur gottseligkeit,[3128] gebracht sey. Es hat auch [der] inspector selbst einige kinder den *Catechismum* recitiren la-

---

3120 „Zeuch ein zu deinen Toren" (Paul Gerhardt, 1653, Pfingstlied). EG 133.
3121 „Beschirm die Obrigkeiten,/richt auf des Rechtes Thron,/steh treulich uns zur Seiten;/schmück wie mit einer Kron/die Alten mit Verstand,/mit Frömmigkeit die Jugend,/mit Gottesfurcht und Tugend/das Volk im ganzen Land." EG 133, 10.
3122 Im Verlauf des Mittelalters.
3123 Die Rolle und Bedeutung des „Unterrichts der Visitatoren" (1528) und der Katechismen Luthers (1529) wurden damit klar erfasst.
3124 Nach den Ordnungstexten des Johannes Schwartz (1565–1632; wie Anm. 528) und den durch ihn eingeleiteten Ordnungsmaßnahmen war in Soest und der Börde also wohl doch kaum mehr visiert worden. – Dem präzisen historische Rückblick auf die Geschichte des Institutes der „Visitation" (von dessen allerersten Anfängen bis ins frühe 17. Jahrhundert) wurde an dieser Stelle damit zentrale Bedeutung beigemessen. Die 1737 erneuerte Praxis sollte umfassend legitimiert werden.
3125 Wieder aufzunehmen/neu in Anwendung zu bringen.
3126 Der Pfarrer der visitierten Kirchengemeinde.
3127 Die Jugend.
3128 Vgl. Tit 1, 1: „Paulus, Knecht Gottes und Apostel Jesu Christi, nach dem Glauben der Auserwählten Gottes und der Erkenntnis der Wahrheit, die der Frömmigkeit gemäß ist […]."

ßen und über einige[n] stücke[n], z[um] e[xempel] den dritten articul, catechisiret und nebst der erklärung beweiß aus sprüchen der Schrifft gefordert. Auch hat der schulmeister eine probe seiner information machen müßen, worauf die jugend überhaupt, sonderlich die anwachsende und zur communion praeparirte catechumenen, ernstlich erinnert worden [sind]. Doch hat auch inspector dieses an theils orten[3129] bis auf den nachmittag differiren und mit dem schul-meister und kindern *in der schulen* allein [ver]handeln wollen.[3130] [S. 38]

§ 42. Der prediger hat dann eine *collecte*[3131] verlesen und nach gesprochenem *segen* erinnert, es möchten die frauen und [die] junge[n] leute abtreten, die geseßene eingepfarrete[3132] aber bleiben. Worauf deputati magistratus[3133] und [der] inspector als visitatores sich um den auf dem chor stehenden *tisch* gesetzet und zuforderst pastori loci die *visitations-articuln,* siehe form[ular] N[r.] 406., vorgelesen und aus der antwort auf die vom inspectore vorgebrachte interrogatoria[3134] das nothigste aufgeschrieben und nach befinden erinnerung gethan.

§ 43. Nachdem der prediger darauf in die sacristey oder hinter das altar getretten [war], ist der *küster,* der vorher von dem chor gegangen war, hergefordert und vorgenommen worden, ob er über etwas zu klagen habe, es geht [gehe] das salarium und accidentia[3135] oder sein [S. 39] ambt an, besonders die hülffe, so ihm der prediger in besuchung der schulen, in reitzung der eltern und bestraffung der kinder, die träg oder widerspenstig und lasterhaft sind, zu leisten hat u.s.w. imgleichen die hinderung, so ihm[en] der eltern zärtlichkeit, saumseligkeit und ruchlosigkeit machen, dabey die interrogatoria ad artic[ulos] V. [und] VI. vorgenommen [worden] sind.[3136]

§ 44. Hirmit ist auch der schulmeister (küster) dimittiret [worden], und sind die *provisores* aufs chor, die übrigen glieder der gemeine aber näher zu demselben gefordert [worden], denen dann articuli visitatorii[3137] vorgelesen und erinnerung gegeben [worden] ist, auf die darüber formierte interrogatoria nach dem gewißen, zu Gottes ehr, ohne furcht die wahrheit auszusagen, wie sie solches dereinst vor Gott zu verantworten sich [S. 40] getrauen [würden], weil bey dem vorhaben alles nur allein auf die wohlfarth der gemeine und deren erbauung abgesehen sey. Die aussagen sind denn auch nach nothdurfft protocolliret worden und, wo etwas in des pastoris außsage es erfordert [hat], erinnerungen an die vorsteher und [die] gemeine gegeben, als aus welcher nach befinden ein und anderer auch vorgefordert und zu seiner pflicht angewiesen [worden] ist.

3129 An einigen Orten/in einigen der besuchten Kirchengemeinden.
3130 Demnach war Sybel wohl auch selbst Mitglied der Visitationskommission gewesen.
3131 Ein Fürbittengebet.
3132 Die mit Landbesitz ausgestatteten männlichen Gemeindeglieder.
3133 Die vom Rat benannten Mitglieder der Kommission.
3134 Die Visitationsfragen.
3135 Sein Gehalt und alle Nebeneinkünfte (bei Amtshandlungen anfallende Gebühren etc.).
3136 Vgl. § 46 [recte: § 47].
3137 Die Visitationsfragen.

§ 45. Von den[en] übrigen puncten ist darauf in gegenwarth des wieder herzu gerufenen predigers gehandelt [worden] und, was sofort nicht [hat] entschieden werden können, ad deliberandum³¹³⁸ angenommen [worden] und darüber vom magistrat nach eingelieferter relation³¹³⁹ ein decretum zu befordern, versprochen [worden] ist. [S. 41]

§ 46. Es ist demnächst der inspector wieder vor den altar getreten und hat namens eines hochachtbahren magistrats, S[eine]r Königl[ichen] Maj[estät], ja, des großen Gottes selber zufordest pastori die gemeine wiederum ans hertze geleget und ihn vermahnet, dieselbe als durch Christi theures blut erkauft³¹⁴⁰ werth zu halten und dahin alle sorge, kräfte, fleiß und arbeit anzuwenden, daß er diesen ihm anvertrauten schatz dem Heylande wohl bewahre, auf daß er an jenem tage sagen könne: Hie bin ich und die seelen, die du mir zu unterrichten, zu führen und zu weyden anvertrauet hast, des endes auch in seine[r] fürbitte sie einschließe und in seinem wandel ihnen vorleuchte. Die vorsteher und die gemeine sind auch ermahnet [worden], ihrem lehrer in dem innigen³¹⁴¹ zu folgen, was er ihnen aus Gottes wort öffentlich und ins besondere vorhalte, daß sie ihm nicht [S. 42] durch ungehorsam sein ambt sauer, sondern vielmehr freude machen durch liebe göttlichen worts und einen christlichen wandel. Und so ist die handlung mit dem gebät (form[ular] N[r.] 407.) beschloßen und nach gesprochenem segen die gemeine dimittiret, mit dem prediger aber noch näher[e] unterredung gepflogen [worden]. Den bericht hat der inspector an den magistrat schrifftlich abgestattet und zur remediirung wargenommener defecte³¹⁴² vorschläge gethan.

§ 46. [recte: § 47.] Interrogatoria,³¹⁴³

so der inspector bey einer gemeine über die vom magistrat entworffene arcticulos visitatorios formiret, bey anderen zum theil ausgelaßen oder contrahiret, auch dilatiret hat.³¹⁴⁴

3138 Zur weiteren Beratung.
3139 Nach Fertigstellung/Vorlage des Visitationsberichtes.
3140 Vgl. 1. Petr 1, 18 f.: „[…] denn ihr wisst, dass ihr nicht mit vergänglichem Silber oder Gold erlöst seid von eurem nichtigen Wandel nach der Väter Weise, sondern mit dem teuren Blut Christi als eines unschuldigen und unbefleckten Lammes." Siehe aber auch 1. Kor 6, 20; 2. Petr 2, 1 und Offb 5, 9.
3141 In demjenigen.
3142 Zur Abstellung der festgestellten Mängel.
3143 Fragenkatalog.
3144 Der ja nur recht schlichte Katalog des Rates (vgl. Edition 2.5, Nr. 407) war von Sybel also an die jeweiligen örtlichen Verhältnisse angepasst worden.

Ad artic[ulum] I.

Wie es bishero mit dem gottesdienst gehalten sey an Sonn-, Fest- und Buß-tagen mit administration [S. 43] der h[eiligen] sacramenten, mit öffentlicher catechisation, haltung der schule und informirung der jugend?

1. Zu welcher zeit der gottes-dienst ordentlich winters und sommers angehe?
2. Ob an Fest- und Buß-tagen zweymahl geprediget oder nachmittages kinder-lehre oder nur bätstunde gehalten werde?
3. Ob das gantze jahr durch, und also auch des winters, am Sonntage zu nachmittage zufolge Königl[icher] verordnung catechisiret werde?
4. Wie oft communion gehalten werde?
5. Ob sonntags vor der predigt dem prediger [das] beicht-verhör zur ungebühr wolle aufgebürdet werden?
6. Wie es sambstages mit der vesper gehalten werde?
7. Ob der prediger eine annotation von denen communicanten führe, daß er wißen [S. 44] könne, ob und wie oft die eingepfarrete[n] jährlich des abendmahls sich bedienen?
8. Ob er das register der eingepfarreten nach der situation der häuser oder nach dem alphabeth eingerichtet habe?[3145] Und solches oft durchgehe, um sich des besonderen zustandes der beicht-kinder zu erinnern und darnach seine ambts-verrichtungen, besonders auch die fürbitte einzurichten?
9. Wie es mit den[en] kindern gehalten werde, die zum erstenmahl die communion genießen, ob sie zusammen oder eintzeln, und also: ob sie zu einer jahrs-zeit oder wie sie sich melden unterwiesen werden? Mithin wie lang und wie oft sie zum prediger kommen müßen?
10. Welche fragen aus dem Catechismo mit ihnen sonderlich getrieben oder ob ihnen nebst dem Catechismo die Ordnung des [S. 45] Heyls erkläret werde und welcher aufsatz[3146] dazu gebrauchet werde?
11. Ob die öffentliche confirmation eingeführet und wie es dabey in dem examine und ritibus gehalten werde?[3147] Item: Ob solche nur nachmittags an statt der kinder-lehre oder vormittags vorgenommen und also damit die communion vergesellschaftet werde?
12. Worauf er sehe, wenn er die kinder, welche er zulaßen oder zurückhalten will, sortiret? Ob er auch nebst dem erkäntniß einige proben einer rechten begierde nach der gemeinschaft Christi und des vorsatzes, ihm zu folgen, mithin, den taufbund in der wahrheit zu erneuern, fordere? Und darauf so wohl insgemein vor denen kindern dringe, als auch mit einem jeden darüber zur prüfung und reitzung besonders handele? [S. 46]

3145 Nach der Lage der Häuser (geographisch) oder in alphabetischer Reihenfolge.
3146 Welches Lehrbuch/Unterrichtswerk.
3147 Die Konfirmation war also auch zu dieser Zeit noch nicht überall eingeführt worden.

13. Ob er nebst der öffentlichen sonn- und fest-tägigen catechisation auch in der wochen kleine und große kinder privat das jahr durch catechisire, und welche tage dazu gewidmet seyen?[3148]

14. Welcher Catechismus zu grunde geleget, und inerhalb welcher zeit er durchgebracht werde?

15. Ob er die kinder zum Bibel-aufschlagen und zum erweiß der lehre aus derselben anführe, dabey auch nach dem privat-Bibel-lesen in der ordnung, wie auch dem predigt-aufschreiben frage?

16. Ob bey jedem stück die anwendung zum fleiß in der heiligung und zum troste angezeiget und eingeschärffet [werde]; ob auf besondere unter der jugend und im gemeinen leben sich ereignende fälle zuweilen die application gemacht [werde]; [S. 47] ob die hinderniße und beförderungs-mittel in der ubung des christenthums nebst denen vorrechten der gläubigen oft angezeiget [würden]; item: ob mit dem gebät angefangen und geschloßen [werde], die kinder auch zur ubung des gebäts aus dem hertzen angeführt werden?

17. Ob zur wochentlichen privat-catechisation die mittags-stunde genommen werde, da die kinder vom viehe-hüten zurück gekommen sind, oder ehe sie wieder austreiben?

18. Ob ein register der kinder beyhanden sey, um jedesmahls die abwesende anzumercken und sich zu erkundigen: ob sie gültige hinderniße gehabt [hätten]?

19. Ob die tauffe ordentlich in der kirchen verrichtet werde? Ob solche auch zu lang aufgeschoben, ob zu viel gevattern[3149] dazu erbeten werden? Ob von den getaufften [S. 48] ein ordentlich register gehalten [werde] und selbiges vorgezeigt werden könne?

20. Ob bey copulationen unordnungen vorgehen mit schießen, stockschlägen u[nd] d[er]g[leichen];[3150] item: Ob copulirte in das kirchen-buch eingeschrieben werden?

21. Ob bey allen leichen, alten und jungen, leich-predigten gehalten und die verstorbene[n] richtig annotiret werden?

22. Wie in der leich-predigt von denen geredet werde, deren geführtes leben anstößig und die vorbereitung schlecht gewesen [seien]?

23. Welche Kirchen-Agenden bisher gebrauchet [worden] seyn?

§ 48. Ad artic[ulum] II.

Ob die gemeine, junge[n] und alte[n], mit Bibeln und Gesang-Büchern und mit dem Catechismo versehen?

[S. 49] 1. Ob der prediger zum öfftern die eingepfarrete[n] in ihren häusern besuche und nachfrage halte nach dem seelen-zustande, der ubung des christenthums,

---

3148 Hier war wohl an Formen des Hausunterrichts bei abgelegen Wohnenden gedacht.
3149 Patinnen und Paten.
3150 Vgl. Anm. 2782.

dem hauß gottes-dienst, dem verhalten der haußgenoßen,[3151] item: Ob er sich erkundige, was sie von [an] büchern im hauß haben, deren sie sich zu ihrer erbauung gebrauchen?

2. Ob besonders in allen häusern Bibeln seyen? Und ob die eltern sich disponiren laßen,[3152] den[en] kindern Bibeln und andere nöthige bücher zu geben? Ob den[en] be]dürftigen kindern aus denen armen-mitteln solche bücher angeschaffet werden?

3. Ob bereits viele den neuen abdruck des Gesang-Buchs in händen haben?[3153] Ob der küster die neuen melodeyen einiger gesänge sich bekant gemachet [habe] und diese in der schulen mit den[en] kindern gesungen werden?[3154] [S. 50]

4. Ob vermögende hauß-väter eine Postille,[3155] Arnds Christenthum,[3156] das Paradieß-Gärtlein,[3157] ein Communion- oder andere Gebät-Bücher sich angeschaffet und besonders Lutheri,[3158] Müllers,[3159] Schrivers,[3160] Francken[3161] Postillen vorhanden oder auch diese [und] dergleichen erbauliche bücher den[en] heylsbegierigen vom prediger geliehen werden?[3162]

§ 49. Ad. artic[ulum] III.

Ob die prediger ihren gemeinen mit reiner lehre und untadelichen wandel vorgehen?

1. Ob der prediger mit lesen in der H[eiligen] Schrifft und andern theologischen büchern anhalte und seine predigten nach und unter ernstlicher meditation concipire, daß er die concepten erforderten falls vorzeigen könne?

2. Ob die eingepfarrte[n] mit dem prediger in ansehung seiner lehre und leben zufrieden [S. 51] seyn können oder darüber zu klagen haben?

3. Ob sie bey allen seinen ambts-verrichtungen verspüren können, daß er mit andacht erfüllet und es ihm dabey ein ernst sey, Gottes ehre zu befordern und die seelen zu erbauen?

4. Ob er seine predigten so einrichte, daß sie daraus genugsahmen unterricht im glauben und leben haben und dadurch erwecket und getröstet werden können?

3151 Wohl insbesondere des Gesindes.
3152 Sich dazu/dahingehend bewegen lassen.
3153 Gemeint war das pietistische Soester Gesangbuch von 1740. Wie Anm. 341 (mit Abb. 43).
3154 Der Chor der Gemeindeschule (Deutschen Schule) sollte wo immer möglich auch im Gottesdienst mitwirken.
3155 Eine Sammlungen von Musterpredigten (für die Gestaltung der häuslichen Andacht).
3156 Johann Arndts „Bücher vom wahren Christentum". Wie Anm. 603.
3157 Johann Arndts „Paradiesgärtlein". Wie Anm. 603.
3158 Martin Luthers „Betbüchlein" (1522). WA 10, S. [331–375] 375–501.
3159 Wallmann, Johannes: Artikel „Müller, Heinrich", in: RGG[4] 5 (2002), Sp. 1570 (Literatur).
3160 Wallmann, Johannes: Artikel „Scriver, Christian", in: RGG[4] 7 (2004), Sp. 1083f. (Literatur).
3161 August Hermann Francke (1663–1727). Wie Anm. 88.
3162 Das setzte die Existenz einer Pfarr- und vielleicht sogar die einer Leihbibliothek voraus.

Abb. 141: Johann Arndt (1555–1621), Kupferstich, nicht gezeichnet, 18. Jahrhundert. (Sammlung Christian Peters)

5. Ob er ohne noth abwesend sey und, wo er ja selber nicht predigen kan, ob er jemand[en] substituire oder etwas verlesen laße? Welche Postille solchen falls gebrauchet werde? Ob eingepfarrete dabey andacht gnug finden oder lieber sähen, daß der prediger allen falls einen candidatum oder studiosum bestelle?[3163]

6. Ob der prediger die vorfallende[n] aergernisße [S. 52] und im schwange gehende[n] sünden mit ernst und überzeugen bestraffe und die sünder in gutem eyfer beweglich warne und erinnere, oder ob er bey ubung des straf-ambts affecten verspüren laße und wohl eigne privat-sachen auf die cantzel bringe?

7. Ob er auch im beicht-stuhl gute lehre, erinnerung, rath und trost liebreich und ernstlich ans hertze lege und dabey nach der beicht-kinder erkändtniß und zustand sich erkundige und richte?

3163 Zu diesen Kandidaten- oder Schülerpredigten vgl. Anm. 299.

Abb. 142: Heinrich Müller (1631–1675), Kupferstich des Pierre (Petrus) Aubry (1610–1686) in Straßburg („Strasb[urg] bey Johan Tscherning. Auf S. Tomas Plan"), um 1667. (Sammlung Christian Peters)

8. Ob er auch sonst insbesondere mit den[en] eingepfarreten von ihrem seelenzustande und der ubung des christenthumbs rede und des endes sie zu sich kommen laße oder zu ihnen gehe? Ob er bey allem umgang mit ihnen gelegenheit nehme, sie zu erbauen, vorige erinnerungen [S. 53] und rath einzuschärffen und, wie dem nachgekommen oder welche hinderniße angetroffen [worden] seyn, nachzufragen?

9. Ob er auch unfreundlich, störrig und herrschsüchtig sich bezeuge gegen die, welche zu ihm kommen oder zu welchen er kömmet, mithin, ob sie liebe gegen sich und sorge für ihre seelen bey ihm verspüren und zu ihm das vertrauen tragen können, ihren zustand und [ihre] anliegen ihm getrost auffzudecken?

10. Ob er auf gastmahlen unanstößig und erbaulich in geführten gottseligen gesprächen sey?

11. Ob er fleiß anwende, die etwa unter hauß-genoßen, anverwandten, nachbarn und anderen eingepfarreten entstandene[n] mißhälligkeiten bey zeiten beyzulegen?

Abb. 143: Christian Scriver (1629–1693), Kupferstich, nicht gezeichnet, wohl Johann Andreas Pfeffel der Ältere (1674–1748) tätig in Augsburg, undatiert. (Sammlung Christian Peters)

12. Ob er sich mit seinen einkünften begnügen [S. 54] laße oder neuerungen wegen der accidentien und sonsten mache?[3164] Ad hoc, worinnen es [gemeint: die Neuerung] bestehe? Wie es ehedem gehalten sey? Ob nicht dem Prediger gewillfahret werden könne? Ob er nicht den armen die jura stolae nachlaße?[3165]

13. Ob er in seinem eigenem hause mit den seinigen exemplarisch und erbaulich lebe?

3164 Ob er von der bisherigen Gebührenordnung bei den Amtshandlungen abwiche?
3165 Ob er den Bedürftigen die Gebühren bei den Amtshandlungen erlasse?

§ 50. Ad artic[ulum] IV.
Ob sie die krancken fleißig besuchen?

1. Ob der prediger auch un[auf]gefordert, wenn er von der kranckheit der eingepfarrete[n] nachricht hat, zuspreche?[3166]
2. Ob er auch ein und anders mahl vorher die krancken besuche, erwecke und vorbereite, ehe er ihnen die h[eilige] communion reichet?
3. Ob er nach der communion bis zur [S. 55] genesung des patienten mit dem besuch continuire?
4. Dafern er selber nicht zusprechen könte, ob er einen benachbahrten prediger veranlaße, an seiner statt hinzugehen?
5. Ob er seinen unterricht, rath und trost auf den besondern seelen-zustand der patienten hinlänglich richte?

§ 51. Ad artic[ulum] V.
Ob der küster und [der] schulmeister ihr ambt fleißig verrichten?

1. Ob der schulmeister (küster) selber allemahl an der schulen gegenwärtig sey oder wohl anderen geschäfften mit versäumung der schul-arbeit nachgehe?
2. Um welche stunde er die schule ordentlich anfange und endige?
3. Ob er auch den sommer durch wenigstens [S. 56] mit denen kleinen kindern schule halte?[3167] Oder wie lange dieselbe zustehe? Und ob nicht darinnen eine aenderung zu treffen sey?
4. Ob die kinder wohl zunehmen im lesen, schreiben, memoriren der sprüche und des Catechismi?
5. Ob der küster der kinder muthwillen in der kirchen steure und ihre unart, doch mit vernunfft bestraffe?
6. Ob er sonst sein amt zu des predigers und der gemeine vergnügen verrichte und der ihm besonders ertheilten instruction gemäß[3168] sich verhalte?
7. Ob er auch den[en] kindern irgendwo ärgerlich sey und z[um] e[xempel] auf gastmahlen sich unordentlich bezeige?
8. Ob er sonderlich gute oder sehr böse kinder anzeigen könne, damit jene ermuntert, [S. 57] diese aber beschämt und gewarnet werden können?

§ 52. Ad art[iculum] VI.
Ob die kinder in der gemeine fleißig zur schulen gehalten werden?

1. Ob auch kinder über 6. jahr vorhanden, die Königl[icher] verordnung zuwieder zur schulen noch nicht geschicket [werden] und also dazu angehalten werden müßen?

3166 Ob er auch unaufgefordert Haus- und Krankenbesuche mache?
3167 Die älteren Kinder wurden für die Feldarbeit gebraucht.
3168 Seiner Dienstordnung entsprechend.

2. Ob die [solche] kinder aus der schulen genommen seyn, die noch nicht lesen können, den Kleinen Catechismum noch nicht auswendig gelernet, einen gesang [im Gesangbuch] oder [einen] spruch in der Bibel noch nicht aufschlagen können?

3. Ob der küster zuweilen ein[en] register derer kinder in der gemeine, so zur schulen nicht kommen, dem prediger einreiche? [S. 58]

4. Ob die kinder, so zur schulen bestellet sind, frühe gegenwärtig seyen und sich ohnausgesetzt einfinden?

5. Ob auch von den[en] eltern der disciplin halber dem schul-meister ohne ursache hinderung gemachet werde?

6. Ob der prediger die schule fleißig besuche und auf die information[3169] achte, auch zu deren beforderung rath und anweisung gebe, dem schulmeister auch auctorität bey der jugend verschaffe?

§ 53. Ad artic[ulum] VII.

Ob viel arme bey der gemeine befindlich [sind] und wie es mit deren versorgung gehalten werde?

1. Welche die arme[n] namentlich seyn?

2. Was und wieviel ein jeder wochentlich empfange? Ob sie damit auskommen können? Wo nicht, ob nicht ein mehrers ihnen beygelegt werden könne? [S. 59]

3. Was die armen für liegende gründe oder capitalien haben?[3170]

4. Ob der prediger sonderlich wohlhabende auf dem krancken-bette erinnere, der armuth eingedenck zu seyn?

5. Ob auch ein und ander aus der gemeine ohne noth aufs betteln und herumlauffen sich [ver]lege?

6. Ob viele frembde bettler sich einfinden, und wie es damit gehalten werde?

7. Wenn arme versterben, ob ihre verlassenschafft [Hinterlassenschaft] nach Königl[icher] verordnung den armen-vorstehern zu handen komme?

§ 54. Ad artic[ulum] VIII.

Ob etwa streit zwischen [dem] pastorem, küstern, schulmeistern oder gemeine vorhanden, und worinnen solcher bestehe?

1. Ob auch einige vorhanden [sind], so sich von der [S. 60] gemeine separiret [haben]? Welche solche namentlich seyen? Wohin sie sich jetzt halten? Wann und warum sie sich abgesondert [haben]? Ob und wie sie sich füglich wieder commembriret werden können?[3171]

3169 Den Unterricht.
3170 Welche Einkünfte aus Verpachtungen oder der Verzinsung ausgeliehener Gelder dem kirchengemeindlichen Armenfonds zufließen?
3171 Der Kirchengemeinde wieder eingegliedert werden können.

2. Ob dem prediger dienste und fuhren³¹⁷² wie auch andere accidentia richtig abgestattet werden, oder welche sich deßen weigeren?
3. Ob auch der schul-meister und küster beschwerde zu führen habe?

§ 55. Ad artic[ulum] IX.
*Wie es mit denen sammlungen*³¹⁷³ *gehalten werde?*

1. Ob alle Sonntage für die armen oder zum theil für das kirchen-gebäude gesamlet werde?
2. Ob das gesamlete [Geld] sofort gezählet oder in den kasten geschüttet werde, zu folgender überzählung?³¹⁷⁴ [S. 61]
3. Ob die summ[e] allemahl angeschrieben werde, und wie hoch sich selbige gewöhnlich das jahr durch belauffe?
4. Wer den empfang und ausgabe habe? Und ob dabey etwas zu erinnern sey?
5. Ob der uberschuß voriger rechnung in die folgende referiret werde? Und wozu der uberschuß verwendet werde?
6. Ob die letzte rechnung vorgezeiget werden könne?
7. Ob die quitungen von der Hällischen collecte und andern extraordinairen sammlungen beyhanden seyn?³¹⁷⁵

§ 56. Ad artic[ulum] X.
Wie es mit verwaltung der kirchen-güter gehalten werde? Ob dieselbe verpfachtet und das gewinn-geld davon bezahlet werde?

1. Ob fundationes³¹⁷⁶ oder nachricht von [S. 62] vermächtnißen und schenckungen der kirchen- und armen-güter und einkünffte vorhanden seyen, und ob davon copeyen an die visitation gelieffert werden können?
2. Ob copia der specification der einkünffte vorhanden [seien], wie sie nach Cleve geschicket werden müßen?³¹⁷⁷
3. Was der prediger in summa einzunehmen am gelde oder korn, und was er an ländereyen, gärten, heu- und holtz-gewachs in gebrauch habe?
4. Was dem küster, schul-meister, organisten etc. beygeleget und angewiesen seye?
5. Was die kirche noch sonst von ländereyen und anderen stücken habe? Ob diese der kirchen zum besten besaamet werden und unter welcher ordnung? Oder [S. 63] ob sie ausgethan seyen und gegen welche pflicht? Item: Für welches gewinn und

3172 Die ihm zustehenden Hand- und Spanndienste.
3173 Den Kollekten.
3174 Die Kollekten sollten sofort nach dem Gottesdienst gezählt werden.
3175 Die für die Freitische zu sammelnde Kollekte war unbeliebt und sollte deshalb möglichst korrekt nachgehalten werden.
3176 Stiftungen.
3177 Auch hier ging es wohl vor allem um die Kollekten für die Freitische in Halle (Saale).

auf wie viel jahre? Und ob nach deren verfließung dieselbe nicht höher ausgebracht werden können durch aufforderung des meist-bietenden?

6. Ob von verdunckelten oder abgesplißenen stücken[3178] nachricht da sey oder muthmaßung geheget werde?

7. Ob capitalia ausgethan und ob die obligationes gerichtlich und sonst legal [seien], auch wo selbige verwahrlich beygeleget seyen, nebst übrigen documenten und brieffschafften?[3179]

8. Ob die kirchen-rechnungen in ein buch geschrieben [würden]? Item: Ob die von 1620, 1701, 1703 vorhanden seyen?[3180]

9. Wie der uberschuß verwendet werde, und ob bisher die kirchen-güter haben verbeßert [S. 64] werden können?

10. Ob die kirche processe habe? Worauf sie ankommen und wie sie beygeleget werden könten?[3181]

11. Ob auch von Catholiquen eingriffe geschehen [wären]?[3182]

12. Welche [die] stehende[n] provisores[3183] seyen? Ob selbige abgelegte capitalia und die fällige revenues in händen haben und dafür caution stellen können?

13. Wieviel jährlich bey den rechnungen verzehret werde?[3184]

§ 57. Ad artic[ulum] XI.

Ob die kirche und dazu gehörige gebäude, pastorat-hauß, küsterey und schule im stande erhalten werden?

1. Ob der küster auch acht gebe auf den thurn und [das] kirchen-tach, damit die träufen bey zeiten repariret werden? [S. 65]

2. Ob aus kirchen-mitteln oder auf kosten der gemeine besagte gebäude unterhalten und gebeßert werden?

3. Ob auch bei ersterem fall die mittel hinreichend gewesen?

4. Ob auch unnöthige bau-kosten angewendet worden [seien]?

5. Ob jetzt etwas zu repariren nöthig sey?

§ 58. Ad artic[ulum] XII.

Ob mängel in kirchen-sachen und hinderungen im christenthum angemercket worden, oder zu beßerer einrichtung des gottes-dienstes und zur aufnahme der kirchen und schulen vorschläge vom pastore oder vorsteheren zu thun [seien]?

3178 Dem widerrechtlichen Gebrauch von Kirchenbesitz.
3179 Die Kirchengemeinde erschien hier zugleich auch als Kapitalgeber.
3180 Während dieser Jahre war es also zumindest örtlich zu Rechnungsprüfungen gekommen.
3181 Derartige Prozesse waren eigentlich nur mit Zustimmung des Rates erlaubt.
3182 Das betraf wohl vor allem mögliche Fremdpatronate.
3183 Die Kirchmeister.
3184 Wie hoch die Bewirtungskosten bei den Zusammenkünften der Lohnherren seien?

1. Ob [die] hauß-vätter mit ihren haußgenoßen das gebät fleißig treiben, den Catechismum aufsagen laßen und einschärffen, [S. 66] die predigten wiederholen und die ihrigen sonst zum guten ermahnen?

2. Ob die kinder und [das] gesinde zu denen catechisationen gehalten oder daran unordentlich gehindert werden?

3. Ob [die] provisores und andere eingepfarrete dem prediger die vorgehende excessen und unordnungen insgeheim bekand machen, damit er die sünder zu rede stellen und bestraffen könne?

4. Ob der prediger zu einer und der anderen guten anstalt, die er gern befordert sehen mögte, des magistrats hülffe bedürffe?

5. Ob es nicht thunlich sey, in der woche einen publiquen gottes-dienst wenigstens zur catechisation oder [zur] erbaulich eingerichteten bät-stunde zu befangen? [S. 67]

6. Ob sich die, so communiciren wollen, solten disponiren laßen, Sonntags vorher nach der predigt sich bey dem prediger zu melden, damit er, wo ers nöthig erachtete, ihnen, [gestrichen: durch] noch eine stunde zu bestimmen, gelegenheit gebe, da er in ihrem oder seinem hause mit ihnen näher reden könne?

§ 59. Ad artic[ulum] XIII.

Ob der prediger über seine zuhörer, was ihr leben und [ihren] wandel betrifft, gegründete klage zu führen habe? Und ob hass, feindschafft oder ruchloses leben in der gemeine verspüret werde?

1. Ob in der gemeine sich jemand finde, der die versammlung[3185] versäume und die h[eilige] communion in langer zeit nicht zu gebrauchen begehret [habe]?

2. Ob sonst ärgerliche leute angegeben [S. 68] werden können, welche [die] visitatores vorzunehmen hätten, als gottes-lästerer und flucher, verächter und spötter des worts und der h[eiligen] sacramenten, die mit segen-sprechen und aberglauben sich versündiget,[3186] die in hurerey und ehebruch kundbahr leben, die mit diebstahl und ungerechtigkeit sich vergriffen [hätten], die in streit und unversöhnlichkeit beharren, sonderlich von eheleuten, die ihren eltern ungehorsahm seyen und sie betrüben, die der truncknheyt und völlerey ergeben seyen?

3. Wie es auf gastmahlen hergehe, ob auch dieselbe[n] weitläufftiger eingerichtet und länger gehalten werden, als es magistratus erlaubt hat? Ob dabey unordnung und unmäßigkeit vorgehe? Ob wüstes geschrey und das eitele tantzen dabey [S. 69] getrieben und die dagegen geschehene öffentliche und privat-erinnerungen nicht verfangen wolle[n]?

4. Ob diejenige[n], so der prediger vor sich fordert oder sonst erinnert, sich auch ungehorsahm und wiederspänstig bezeigen?

3185 Den Gemeindegottesdienst.
3186 Hier kam die (wohl doch recht ausgeprägte) Volksreligiosität in den Blick.

5. Ob auch grobe aergernißse vorgefallen [seien], [so] daß die thäter zur kirchen-buße verwiesen werden müßen, und wie sich selbige nach der öffentlichen aussöhnung mit der gemeine betragen?

6. Ob auch jetzt welche vorhanden [seien], die von der communion suspendiret werden müßen?

7. Ob der prediger an einigen eingepfarreten über ausnehmende[n] proben der wirckung göttlichen Worts, des wachsthums im christenthum und der ubung im guten freude und anlaß zum lobe Gottes habe?[3187] [S. 70]

§ 60. Ad artic[ulum]. XIV.

Ob die Sonn-, Fest- und Bät-tage gehörig gefeyert und nicht durch arbeit, freßen und sauffen und anderes liederliches leben entheiliget werden?

1. Ob [die] eingepfarrete[n] sich fleißig und früh zum gottes-dienst einfinden, oder unter dem gesänge auf dem kirch-hofe stehen bleiben?

2. Ob die kinder-lehre nachmittages auch von denen alten besuchet werde?

3. Ob auch in der kirchen plauderer, schläfrige sich selbst und andere[n] an der erbauung hinderlich seyen?

4. Ob auch sonntags bier und brandte-wein in der nähe geschencket werde?

5. Ob an Sonn- und Feyer-tagen kind-tauffen und andere gaste-mahle angestellet werden? [S. 71]

6. Ob auch knechte an heiligen tagen ihr korn dreschen, die mägde flachs gäten und bereiten?

7. Ob auch das vieh unter der predigt ausgetrieben und gehütet werde?

8. Ob an Sonn- und Fest-tagen schießen, kegeln und andere spiel-ubungen getrieben werden?

9. Ob die hauß-vätter an Sonn- und Fest-tagen mit den ihrigen den hauß-gottesdienst mit lesen, bäten, singen und wiederholung der predigt fleißig treiben?

10. Ob der prediger zuweilen solchem hauß-gottes-dienste an denen heiligen tagen beywohne, [um] die eingepfarrete[n] darinnen zu [be]stärcken und ihnen dabey mit rath behülfflich zu seyn? [S. 72]

L. Von der hauß-visitation.

§ 61. Es nimmet der prediger zuweilen in denen predigten wie auch catechisationen anlaß zu erwehnen, daß der zweck (welchen doch ein seel-sorger auch bey allem übrigen zuspruch bey denen eingepfarreten vor augen behält) der[er] eigentlichen[3188] hauß-visitationen sey, den zustand der gemeyne kennen zu lernen, wie daß öffentlich verkündigte wort anschlage und wie die ubungen des christenthums getrieben werden, [und] nachzufragen und zu vernehmen: Ob jemand besonderen unterrichtes, bestraffung, erweckung und trostes bedürffe?

3187 Erweckungen galten als Zeichen eines segensvollen Wirkens der Pfarrer.
3188 Besonderen.

§ 62. Der prediger nimmet dieselbe allein oder nach befinden in gesellschafft eines christlichen mannes, zu dem andere auch vertrauen tragen, vor, zu der zeit, die er dazu [S. 73] ihm [als sich] und den eingepfarreten am bequemsten achtet, und zwar so, daß er wenigstens im jahre den circulum seiner parochie absoluiret,[3189] wiewohl er bey einigen dieselbe [die Hausvisitation] mehrmahls wiederholet. Er kömmet zuweilen unangemeldet, ordentlicher weyse machet er vorher kund auf der cantzel oder durch den schul-meister, an welchem tage und zu welcher tages-zeit er in jedem hause sich einfinden werde.

§ 63. Es läßet denn alle haußgenoßen bey einander kommen, spricht mit ihnen ein gebät, darinn das hauß und die seelen darinnen Gotte zum segen anbefohlen und gnade begehret wird zu dem vorhaben. Wenn darauf kinder und gesinde abtretten, wird dem hauß-vatter und der hauß-mutter anlaß gegeben, des amts des predigers sich zu bedienen durch allerley an sie gebrachte fragen, [S. 74] davon sich der prediger ein[en] register zur erinnerung zu machen pfleget, wie hier nächst[3190] davon eine probe gegeben wird.[3191] Nächst dem läßet er die kinder und gesinde kommen und redet in gegenwarth der eltern und herrschaften mit ihnen. Wo er mit einem von denselben allein sprechen wil, bestimmet er ihm ein zeit, da er zu ihm kommen solle.

§ 64. Nach der handlung läßet sich der prediger das mahl nicht aufhalten noch ihm gütlich thun.[3192] Daheim schreibt er an, wie er es angemercket [hat], was ihm auf geschehener erkundigung einer von dem andern glaubwürdig referiret hat.

§ 65. Register einiger fragen, daraus anlaß genommen wird, bey der hauß-visitation zu handelen.

I. Mit hauß vätteren und hauß mütteren. [S. 75]

1. Ob und wieviel *kinder* sie haben und wie alt dieselbe, auch wo sie seyn?
2. Ob sie in die schule geschicket werden, wie lange sie darinn gegangen, wie weit sie gekommen [sind]? Ob sie nach deren verhalten bey dem schul-meister sich erkundigen und sie daheim sich üben laßen?
3. Ob die kinder mit zur kirchen genommen werden, ob sie wißen, wo sie darinnen stehen?[3193] Ob sie etwas aus der predigt und kinder-lehre anführen müßen?
4. Ob die kinder von dem herumlauffen und [dem] muthwillen auf der gaßen zurück gehalten werden, ob sich auch sonst an denselben laster und boßheiten mercken laßen, darüber sie erinnert werden müsten?

3189 Alle Glieder seiner Kirchengemeinde/sämtliche Häuser seiner Pfarrei/seines Pfarrbezirks besucht.
3190 Im Folgenden/im folgenden Paragraphen.
3191 Vgl. § 65.
3192 Der Visitator sollte möglichst nicht zu üppig bewirtet werden oder gar bei/mit seinem Besuch auf eine solche Bewirtung abzielen.
3193 Hier ging es um die Aufsichtspflicht.

5. Ob sie zum morgen- und abend-gebät dieselbe[n] ernstlich anhalten und fleißig für sie bäten? [S. 76]

6. Ob sie knechte und mägde haben? Ob selbige unserer religion zugethan seyen?[3194] Ob sie einiges erkäntniß im christenthum haben?

7. Ob sie mit selbigen zufrieden seyen oder über deren untreu, zänckerey, unzucht, uppigkeit, gesöff, fluchen und schweren zu klagen haben?

8. Ob *sie selbst* dem gesinde und kindern mit gutem exempel vor[an]gehen und sie mit sanftmuth und liebe regieren?

10. Ob sie eine Bibel im hause haben? Wann und wie sie dieselbe lesen? Ob etwas schweres darinnen vorgekommen sey, darüber sie erklärung bedürffen?[3195] Ob sie sich sonst der [die] H[eilige(n)] Schrifft zu ihrer erbauung zu nutz zu machen wißen?

11. Ob sie überdis noch andere erbauliche [S. 77] bücher haben und gebrauchen; als: eine Postille, Arnds Christenthum, ein Gebät- und Communion-Buch?[3196] Wo selbige seyen?

12. Ob man die predigten verstehen und daraus zu hauß etwas wiederholen könne? Ob man zuweilen mercke, daß man getroffen sey,[3197] und sich solches zur beßerung dienen laße?

13. Wie sonntags die übrige zeit nach dem öffentlichen gottes-dienst zugebracht werde?

14. Ob man eine rechte umkehr und veränderung des hertzens bey sich wahrgenommen [habe]? Bey welcher gelegenheit und wie solches geschehen [sei]? Ob man darunter vielen schmertz und reue über die sünde verspüret [habe]? Welchen entschluss man dabey im gemüthe gefaßet [habe]?

15. Ob man am ersten trachte nach dem Reiche [S. 78] Gottes und deßen gerechtigkeit, versichert, das andere werde [einem] schon zufallen?[3198] Ob ein hertzlicher[3199] haß wieder alle sünde, dadurch das gewißen beflecket werden könte, im hertzen sey?

16. Welche versuchungen man verspüre? Welche hinderniß im christenthum man am gefährlichsten finde, und ob man sich dagegen bewapne und sie vermeide?

17. Ob man das gebät im hause miteinander thue und dabei alle geschäffte gäntzlich bey seiten setze? Ob man auch allein bäte, und was sonderlich in solchem gebät gesuchet werde?

18. Welche proben göttlicher besonderen fürsorge, segens, trostes etc. man verspüret, und was dieselbe für eine frucht an den hertzen geschaffet [habe]?

3194 Im Blick waren hier wohl besonders römisch-katholische Knechte/Mägde aus dem Umland.
3195 Das Bibelstudium konnte durchaus auch verunsichernd wirken/Gewissensskrupel auslösen.
3196 Vgl. Anm. 603.
3197 Dass man die Ausführungen des Predigers auch auf sich selbst beziehen müsse.
3198 Vgl. Mt 6, 33: „Trachtet zuerst nach dem Reich Gottes und nach seiner Gerechtigkeit, so wird euch das alles zufallen."
3199 Von Hertzen kommender/tief empfundener.

19. Ob unter ihnen, den[en] ehegatten, einigkeit [S. 79] sey? Ob sie mit den nachbahrn und andern in gutem vernehmen stehen? Wie sie gegen die beleidiger sich betragen?

20. Ob an göttliche allgegenwart und allwissenheit fleißig gedacht und oft eine prüfung angestellet [worden] sey, wie man den tag hingebracht [habe]?[3200]

21. Wie die vorbereitung auf das h[eilige] abendmahl angestellet und welche frucht davon verspüret werde?

22. Ob sie auch im handel und wandel nicht nur vor menschen, sondern auch vor Gott ein gut gewißen zu behalten sich befleissigen?

23. Ob sie ihr auskommen haben und wie sie bey schaden und verlust, wie auch anderm creutz sich bezeigen?

§ 66. II. Mit denen kindern.

1. Ob sie *getauft* worden [wären]?[3201] Was sie dabey angelobet [S. 80] [hätten]? Ob sie dem gelübde nach[ge]kommen [seien]? In welchen stücken sie darwider gehandelt [hätten]? Was sie damit verdienet [hätten]?

2. Ob sie früh aufstehen? Was sie am ersten gedencken? Ob sie ohne aufschub ihr *gebät* verrichten? Was sie alsdenn sonderlich mit Gott reden? Ob sie in gegenwart der eltern oder allein beten?

3. Wie ihre gebäts-formuln lauten? Ob sie auch mit eigenen worten zuweilen beten?[3202] Ob sie auch beten, wenn sie keine sonderliche lust dazu verspüren? Ob sie auch wohl morgends und abends das gebät versäumen und es ohne andacht thun?

4. Ob sie auch für ihre eltern, geschwister, lehrmeistere, prediger etc. beten? Ob sie den tag durch zuweilen zum gebät bey seiten gehen? Ob solches stehend oder kniend geschehe? [S. 81]

5. Ob sie auch morgens und abends etwas in der *Bibel* oder vom [Neuen] Testament[3203] lesen, vorher aber Gott um seinen Geist anruffen, etwas daraus behalten und sich darnach im glauben und leben richten?

6. Ob sie in die *schule* gehen, die [den] lehr-meister lieben, von ihm sich ermahnen und züchtigen laßen und, was er aufgibt, lernen? Warum sie fleißig lernen?[3204]

7. Was sie zwischen denen schul-stunden thun? Ob sie die lectiones wiederholen? Und wo sie den[en] eltern dienen müßen, ob es willig und ohne murren geschehe?

8. Ob sie in die *kirche* gehen, fleißig darinn zuhören, daraus etwas behalten und solches zu hause anführen? Ob sie vor der predigt um andacht bitten und nach

---

3200 Für diese Selbstbeobachtung empfahl sich nicht zuletzt auch das Führen eines Tagebuches.
3201 Das wurde natürlich vorausgesetzt, sollte durch diese Frage aber bewusst gemacht werden.
3202 Dies wurde angestrebt („Herzensgebet").
3203 Statt einer Vollbibel war in vielen Familien wohl nur ein Neues Testament finanzierbar.
3204 Wenn eben möglich, sollte das kindliche Lernen religiös motiviert sein.

derselben Gott dancken? Ob sie früh gegenwärtig seyn und die Gesänge andächtig [S. 82] singen? Wie sie nachhero den tag hinbringen?

9. Ob sie die *eltern* lieben und ihnen gerne freude machen? Mit dem, was ihnen die eltern an speise und kleidung[en] geben, zufrieden seyen? Oder wohl etwas wegnaschen und entwenden?

10. Ob sie mit ihren *geschwistern* und andern kindern [sich] wohl vertragen können, und wie sie es halten, wo [wenn] sie beleidigt werden?

11. Ob sie auch durch anderer *böses exempel* oder anführung sich zur sünde verleiten laßen? Was sie gedencken, wo sie andere fluchen hörten, trunckene leute sähen, bey zänckereyen zugegen wären, die entheyligung des feyertages wahrnähmen?

12. Ob sie auch an *lügen* sich gewöhnen? Wo sie andere beleidiget, mit denselben sich *versöhnen,* die beleidigung in geduld [S. 83] übernehmen und *vergeben,* das etwa entwendete *wiedergeben?*

13. Ob sie allein *schlafen?* Ob ihnen graue, wofür und worum? Ob sie abends wohl nachdenken, wie sie den tag hingebracht [hätten] und was ihnen daran begegnet [wäre]?

§ 67. III. Mit dem gesinde.

1. Woher sie gebürtig [wären]? Ob und wo sie in die schule gegangen [seien]? Wer sie zur h[eiligen] communion zuerst praepariret [habe]? Wo sie sonst gewohnt [hätten]? Wenn [wann] und bey wem sie zuletzt communiciret [hätten]?[3205]

2. Ob sie den Catechismum Lutheri noch können? Aus der catechisation, denen predigten und dem unterricht in dem beicht-stuhl etwas verstehen können? Ob sie ihre pflichten aus der hauß-tafel[3206] wißen?

3. Ob sie mit ihrem stande zufrieden [seien] und [S. 84] den dienst erträglich, die herrschaft auch billig befinden? Ob sie Gott für die gesundheit und kräffte, so sie haben, dancken und erwegen, daß sie nicht nur menschen für lohn, sondern darin Gott in gehorsahm gegen seinen beruf dienen?

4. Ob sie unter ihrer arbeit daran gedencken, daß Gott zugegen sey und auf sie sehe? Ob sie so treulich ihr werck thun, als gehe es sie selber alleine an, und ob sie also des hauses beste[s] suchen, wie sie wünschen, wo sie hinführo [selbst] gesinde halten solten, daß solches von demselben ihnen geschehe?

5. Ob sie sich hüten, die herrschaft nicht zu erzürnen? Ob sie allen schaden abwehren und sich fürsehen, daß sie den[en] kindern kein aergerniß geben? [S. 85]

6. Ob sie von böser gesellschaft in wirts-häusern, auf kirchmeßen, scheibenschießen etc. sich enthalten [und] für leichtfertigkeit, zotten, possen, völlerey und

---

[3205] Die Mobilität des Gesindes (Anstellungswechsel zu Michaelis) barg in religiöser Hinsicht durchaus Risiken (etwa beim Wechsel in/aus katholischen Familien/Herrschaften).

[3206] Einem der Anhänge des „Kleinen Katechismus" Martin Luthers.

üppigen tantzen auf gastmahlen sich hüten, unter sich und mit anderen einigkeit haben?

7. Ob sie täglich das gebät mit andacht verrichten, zur predigt und catechisation sonntags kommen und nach dem, was sie behalten, sich recht verhalten, auf den Sonntag und besonders den gebrauch des h[eiligen] abendmahls sich vorbereiten etc.?

8. Ob sie gegründete hoffnung ihres gnaden-standes haben und derselben unter der beschwerde ihres standes sich getrösten?

9. Ob sie auch wohl darüber sorge haben, woher sie in ihrem alter, wenn sie nicht mehr sollen dienen können, ihr brod nehmen wollen? [S. 86]

II. Formulare. der[er] anreden und gebäte[r].

A. Beym öffentlichen gottesdienste.

I. Gebät beym anfang des gottes-dienstes zu sprechen.

(a) An den Sonntagen.

[Nr.] 1. Dreyeiniger Gott, Gott Vatter, Sohn und H[eiliger] Geist, der du zu aller zeit willig bist, deiner gnade uns theilhaftig zu machen und von unsern händen den dienst als ein opfer anzunehmen, welchen wir dir im Geist und in der wahrheit[3207] leisten, doch aber insbesondere darzu den ruhe-tag geordnet hast,[3208] daß du dein werck in uns habest und von deiner gemeine in der versammlung mit vereinigter [S. 87] andacht verehret werdest. Wir sagen dir demühtigen danck, daß du uns abermahl[s] einen Sonntag erleben und zu deinen vorhöffen[3209] bey äußerer ruhe und frieden [hast] kommen laßen. Ach, heilige uns nun, daß wir diesen deinen tag recht heiligen können, zu deinem preiß und unserer erbauung. Erwecke unsere hertzen zur andacht, daß wir in ererbietiger betrachtung deiner herrlichkeit dich loben und für alle deine wohltaten, die du, unser Schöpfer, Erlöser und Heiligmacher, uns an seele und leib erwiesen hast und noch erweisest, dir dancken, aber auch in fernerem segen an diesem orte, da du deines namens gedächtniß gestiftet [hast],[3210]

3207 Vgl. Joh 4, 23 f.: „Aber es kommt die Stunde und ist schon jetzt, dass die wahren Anbeter den Vater anbeten werden im Geist und in der Wahrheit; denn auch der Vater will solche Anbeter haben. Gott ist Geist, und die ihn anbeten, die müssen ihn im Geist und in der Wahrheit anbeten."

3208 Vgl. besonders 2. Mose 16, 23a: „Und er sprach zu ihnen: Das ist's, was der Herr gesagt hat: Morgen ist Ruhetag, heiliger Sabbat für den Herrn."

3209 Vgl. besonders Ps 84, 3.11a: „Meine Seele verlangt und sehnt sich nach den Vorhöfen des Herrn; mein Leib und Seele freuen sich in dem lebendigen Gott. […] Denn ein Tag in deinen Vorhöfen ist besser als sonst tausend."

3210 Vgl. 2. Mose 20, 24b: „An jedem Ort, wo ich meines Namens gedenken lasse, da will ich zu dir kommen und dich segnen."

für uns und alle deine gläubige[n], ja, für die gantze werthe christenheit dich anflehen können. Erhöre dann auch unser gebät und laß es ein angenehmes opfer für dir seyn.[3211] Gib auch, daß dein wort in beweisung des Geistes und der kraft[3212] [S. 88] von unsern lehrern also vorgetragen werde, daß unser[e] seelen dadurch erwecket, geweydet und erquicket werden. Erleuchte dadurch die unwißenden, ermuntere aus ihrem schlummer die sicheren, reitze die trägen, stärcke die schwachen, tröste die traurigen, und die dir treu sind, die wollest du im glauben, liebe und hofnung[3213] erhalten und stärcken. Mache uns alle tüchtig, durch diese gantze woche, ja, durch unser übriges leben, dir wohlgefällige früchte der gerechtigkeit[3214] zu bringen.

(Und da auch dein liebes-mahl unter uns gehalten werden wird, so wollest du alle, die daßelbe genießen, als würdige gäste der kraft deßelben zur versicherung der vergebung der sünden und zur nährung des geistlichen lebens theilhaftig werden laßen. Uns übrige aber[3215] wollest du durch geistliche genießung des leibes und blutes unsers Erlösers im glauben [S. 89] erquicket und gestärcket werden laßen.)

Laß uns auch nebst deinem öffentlichen dienst, mit deinem segen begleitet, unsere hauß-andacht heute fortsetzen,[3216] zur heiligung deines namens, zur ausbreitung deines Reiches und [zur] vollbringung deines willens. Amen.

(b) An den Fest-tagen.

[Nr.] 2. Hoher und erhabener Gott, wir, deine unwürdige[3217] knechte und mägde, preisen darüber in dieser versammlung deine güte, daß du über unsere evangelische kirche, besonders in unserer stadt und bottmäßigkeit,[3218] mit deinem gnädigen schutz also gewaltet [hast], daß wir in aller gewißens-freiheit zu deinem öffentlichen dienste uns allhier versammlen und, das Fest N. N. zu begehen, in ruhe und friede den anfang machen können. Ach, laß uns solches also feyern, daß du dadurch verherrlichet und wir reichlich erbauet werden. Steure dem [S. 90] Satan, der an denen heiligen tagen am geschäftigsten ist, aergernuß anzurichten und dein werck zu

---

3211 Vgl. besonders 1. Petr 2, 5: „Und auch ihr als lebendige Steine erbaut euch zum geistlichen Hause und zur heiligen Priesterschaft, zu opfern geistliche Opfer, die Gott wohlgefällig sind durch Jesus Christus."

3212 Vgl. 1. Kor 2, 4: „[...] und mein Wort und meine Predigt geschahen nicht mit überredenden Worten der Weisheit, sondern im Erweis des Geistes und der Kraft."

3213 Vgl. 1. Kor 13, 13: „Nun aber bleiben Glaube, Hoffnung, Liebe, diese drei; aber die Liebe ist die größte unter ihnen."

3214 Vgl. Phil 1, 11: „[...] erfüllt mit Frucht der Gerechtigkeit durch Jesus Christus zur Ehre und zum Lobe Gottes."

3215 Gemeint waren diejenigen, die in diesem Gottesdienst nicht kommunizierten.

3216 Dies blickte auf den (in dieser Gestaltung erhofften) Nachmittag voraus.

3217 Das Wort war klar mit dem Heiligen Abendmahl konnotiert. Vgl. 1. Kor 11, 27.

3218 Bezugsgröße waren also primär die Stadt und ihre Börde.

verhindern. Gib uns den Geist der Weisheit und der Offenbahrung und erleuchtete augen unsers verständnißes,³²¹⁹ daß wir in deinem licht lebendig erkennen.³²²⁰

(Wie groß, o Vatter! deine liebe sey gegen die welt, da du ihr deinen Sohn gegeben und in der fülle der zeit denselben mensch werden und von einem weibe *gebohren* werden laßen,³²²¹ damit alle, die an ihn glauben, nicht verlohren werden, sondern das ewige leben haben.³²²²)

(Wie tröstlich uns die *beschneidung* deines Sohnes sey, darinnen er die ersten bluts-tropffen für uns vergoßen und ihm [sich] dadurch den heylwärtigen Jesus-namen erworben, mithin sich unter das gesetz gethan [hat], auf dass die, so unter dem gesetz waren, erlöset würden und wir die kindschafft empfingen.³²²³)

[S. 91] (Wie du deines eigenen Sohnes nicht verschonet, sondern ihn in den *tod des creutzes* dahin gegeben [hast],³²²⁴ daß wir, von der sünde, dem tode und der gewalt des Satans³²²⁵ erlöset, an seinem Reiche antheil haben könten.)

(Wie du deinen Sohn nach vollendetem wercke der erlösung durch deine herrlichkeit *von den todten auferwecket* und ihn als unsern Mittler mit preiß und ehren gecrönet [hast],³²²⁶ daß wir der uns erworbenen gerechtigkeit versichert und in der hoffnung unserer künftigen auferstehung gegründet werden mögten.³²²⁷)

(Wie du diesen deinen H[eiligen] Geist über die erstlinge der christenheit sichtbahr ausgeoßen habest³²²⁸ und noch bereit seyest, deßen heiligende gaben uns allen mitzutheilen.)

3219 Vgl. Eph 1, 17f.: „dass der Gott unseres Herrn Jesus Christus, der Vater der Herrlichkeit, euch gebe den Geist der Weisheit und der Offenbarung, ihn zu erkennen. Und er gebe euch erleuchtete Augen des Herzens, damit ihr erkennt, zu welcher Hoffnung ihr von ihm berufen seid, wie reich die Herrlichkeit seines Erbes für die Heiligen ist […]."

3220 Vgl. Ps 36, 10: „Denn bei dir ist die Quelle des Lebens, und in deinem Lichte sehen wir das Licht." – Die folgenden Einschübe entfalteten die Propria jener Feiertage, an denen dieses Gebet gesprochen werden sollte: Christfest, Beschneidung des Herrn, Karfreitag, Ostern und Pfingsten.

3221 Vgl. Gal 4, 4: „Als aber die Zeit erfüllt war, sandte Gott seinen Sohn, geboren von einer Frau und unter das Gesetz getan."

3222 Joh 3, 15.

3223 Gal 4, 5.

3224 Vgl. Röm 8, 32a: „Der auch seinen eigenen Sohn nicht verschont hat, sondern hat ihn für uns alle dahingegeben […]."

3225 Vgl. Apg 26, 18b: „[…] dass sie sich bekehren von der Finsternis zum Licht und von der Gewalt des Satans zu Gott […]."

3226 Vgl. Hebr 2, 7: „Du hast ihn eine kleine Zeit niedriger sein lassen als die Engel; mit Herrlichkeit und Ehre hast du ihn gekrönt."

3227 Vgl. Kol 1, 23: „wenn ihr nur bleibt im Glauben, gegründet und fest, und nicht weicht von der Hoffnung des Evangeliums, das ihr gehört habt und das gepredigt ist allen Geschöpfen unter dem Himmel."

3228 Vgl. Röm 8, 23: „Nicht allein aber sie, sondern auch wir selbst, die wir den Geist als Erstlingsgabe haben […]."

Gib unsern lehrern mund und weisheit, die [S. 92] geheimniße des evangelii als aus dir, vor dir und in Christo Jesu mit neuen zungen unter uns also zu verkündigen, daß unsere selen in der andacht erhalten werden und ein fettes mahl vor sich haben, dadurch für das gantze jahr süßiglich gelabet, im glauben gestärcket, zu deinem lobe ermuntert, zum danckbahren gehorsahm gegen deinen uns geoffenbahrten willen gereitzet, zur verleugnung unserer selbst und der welt, wie auch zum kampf, der uns verordnet ist, willig und muthig gemachet und mit süßem trost gegen alles leiden dieser zeit[3229] erfüllet werden, biß du uns dort vor deinen thron bringen und uns bey dir die wunder deiner liebe ohne unvollkommenheit feyerlich biß in alle ewigkeit begehen laßen wirst, um Jesu Christi, deines Sohnes und unsers Herrn, willen. Amen. [S. 93]

II. Collecten:

AA. Auf besondere zeiten gerichtet.

1. Auf die Fest-tage.

(a) Zur Advents-zeit.

α) *Von der zukunfft Christi ins fleisch* siehe N[r.] 44.
   [Nr.] 3. Leipz[iger] Agenden. p. 145.
   [Nr.] 4. Grubenhag[ische] K[irchen]O[rdnung]. p. 330. [S. 94] [...]

β) *Von der zukunfft Christi zum jüngsten gericht* siehe N[r.] 86. 183.
   [Nr.] 5. Engl[ische] Liturgie. p. 50. [S. 95] [...]

(b) Auf Weyhnachten.
   [Nr.] 6. Leipz[iger] Agend[e]. p. 145.
   [Nr.] 7. Ibid[em]. [S. 96]
   [Nr.] 8. Stad[e] man[uale] eccl[esiasticum]. p. 363.
   [Nr.] 9. Ibid[em]. p. 364. [S. 97] [...]

(c) Auf das Fest der Beschneidung Christi, oder Neu-jahr.
   [Nr.] 10. Stad[e] man[uale] eccl[esiasticum]. p. 366. [S. 98] [...]

Vom namen Jesu.
   [Nr.] 11. Stad[e] man[uale] eccl[esiasticum]. p. 367.

Von der Beschneidung Christi.
   [Nr.] 12. Ibid[em]. p. 378. [S. 99] [...]

(d) Auf das Fest der Erscheinung Christi.
   [Nr.] 13. Leipz[iger] Ag[ende]. p. 146. [S. 100] [...]
   [Nr.] 14. Stad[e] man[uale] eccl[esiasticum]. p. 369. [S. 101]

3229 Vgl. Röm 8, 18: „Denn ich bin überzeugt, dass dieser Zeit Leiden nicht ins Gewicht fallen gegenüber der Herrlichkeit, die an uns offenbart werden soll."

(e) In der Fasten-zeit.
  [Nr.] 15. Leipz[iger] Ag[ende]. p. 142.
  [Nr.] 16. Leipz[iger] Ag[ende]. p. 149.
  [Nr.] 17. Stad[e] man[uale] eccl[esiasticum]. p. 374. [S. 102] […]
  [Nr.] 18. Stad[e] man[uale] eccl[esiasticum]. p. 378. [S. 103] […]
  [Nr.] 19. Alt[es] nieder[deutsches] Geb[et] Buch. fol. XXXVII.

Von der creutzigung Christi.
  [Nr.] 20. Stad[e] man[uale] eccl[esiasticum]. [p.] 383. [S. 104] […]
  [Nr.] 21. Aus Cypriano niedert[eutsches] Gebät B[uch]. f[ol.] XXVIII.b [S. 105] […]

Vom tode und begräbniß Christi.
  [Nr.] 22. Stad[e] man[uale] eccl[esiasticum]. p. 377. [S. 106]

Vom tode Christi.
  [Nr.] 23. Stad[e] man[uale] eccl[esiasticum]. p. 385.

Vom begräbniß Christi.
  [Nr.] 24. Stad[e] man[uale] eccl[esiasticum]. p. 387. [S. 107] […]

(f) Auf Ostern.
  [Nr.] 25. Leipz[iger] Ag[ende]. p. 150. [S. 108] […]
  [Nr.] 26. Leipz[iger] Ag[ende]. p. 150.
  [Nr.] 27. Chytraei K[irchen] Ag[ende]. f. 279.b. [S. 109] […]
  [Nr.] 28. Pfältz[ische] K[irchen] O[rdnung]. f. 61.b. [S. 110]
  [Nr.] 29. Grubenhag[ische] K[irchen]O[rdnung]. p. 474.

(g) Auf Christi Himmelfahrt.
  [Nr.] 30. Stad[e] man[uale] eccl[esiasticum]. p. 393. [S. 111] […]
  [Nr.] 31. Grubenhag[ische] K[irchen]O[rdnung]. p. 343.

(h) Auf Pfingsten.
  [Nr.] 32. Leipz[iger] Ag[ende]. p. 151. [S. 112]
  [Nr.] 33. Leipz[iger] Ag[ende]. p. 152.
  [Nr.] 34. Leipz[iger] Ag[ende] D[ominica] Cant[ate]. [S. 113] […]
  [Nr.] 35. Niedert[eutsches] Geb[et] B[uch]. fol. LIX.a.
  [Nr.] 36. Niedert[eutsches] Geb[et] Buch. f. LIX.b. [S. 114] […]
  [Nr.] 37. Niedert[eutsches] Geb[et] B[uch]. f. LX.a.

(i) Auf Trinitatis.
  [Nr.] 38. Niedert[eutsches] Geb[et] B[uch]. f. LXIV.a. [S. 115] […]

(k) Auf Michaelis siehe N[r.] 184.
  [Nr.] 39. Leipz[iger] Ag[ende]. p. 155.
  [Nr.] 40. Pfältz[ische] K[irchen]O[rdnung]. f. 63.a. [S. 116] […]

(l) Auf Mariä Reinigung.
  [Nr.] 41. Stad[e] man[uale] eccl[esiasticum]. p. 370. [S. 117] […]
  [Nr.] 42. Stad[e] man[uale] eccles[iasticum]. p. 371.
  [Nr.] 43. Braunschw[eigische] K[irchen]O[rdnung]. p. 135.
  [S. 118] […]

(m) Auf Mariä Verkündigung siehe N[r.] 3.4.6.
  [Nr.] 44. Leipz[iger] Ag[ende]. p. 148. [S. 119]
  [Nr.] 45. Stad[e] man[uale] eccl[esiasticum]. p. 372.

(n) Auf Mariä Heimsuchung.
  [Nr.] 46. Leipz[iger] Ag[ende]. p. 154. [S. 120] […]
  [Nr.] 47. Grubenh[agische] K[irchen]O[rdnung]. p. 348. [S. 121] […]

(o) Am Tage Johannis des Täuffers.
  [Nr.] 48. Sächs[ische] Ag[ende]. p. 153.
  [Nr.] 49. Grubenhag[ische] K[irchen] O[rdnung]. p. 346. [S. 122] […]

(p) Auf die Apostel-tage.
  [Nr.] 50. Stad[e] man[uale] eccl[esiasticum]. p. 407. [S. 123] […]
  [Nr.] 51. Grubenh[agische] K[irchen] O[rdnung]. p. 401. [S. 124]

2. Auf die sonntägige und fest-episteln.

Am 1. Sonntag des Advents.
  [Nr.] 52. Stad[e] m[anuale] e[cclesiasticum]. p. 295.

Am 2. Sonntag des Advents.
  [Nr.] 53. Stad[e] m[anuale] e[cclesiasticum]. p. 296. [S. 125] […]

Am 3. Sonntag des Advents.
  [Nr.] 54. St[ade] m[anuale] e[cclesiasticum]. p. 296. [S. 126] […]

Am 4. Sonntag des Advents.
  [Nr.] 55. St[ade] m[anuale] e[cclesiasticum]. p. 297. [S. 127] […]

Am h[eiligen] Christ-tag.
  [Nr.] 56. St[ade manuale ecclesiasticum]. p. 298. [S. 128]

Am S[ank]t Stephani-tag.
  [Nr.] 57. St[ade manuale ecclesiasticum]. p. 299. [S. 129]
  [Nr.] 58. Engl[ische] Lit[urgie]. p. 52.

Am Sonntag nach dem Christ-tag.
  [Nr.] 59. St[ade manuale ecclesiasticum]. p. 300. [S. 130] […]

Am Sonntag nach dem Neu-jahrs-tag.
  [Nr.] 60. St[ade manuale ecclesiasticum]. p. 301. [S. 131]

Am Tage der Erscheinung Christi.
   [Nr.] 61. St[ade manuale ecclesiasticum]. p. 302.

Am 1. Sonntag nach der Erscheinung Christi.
   [Nr.] 62. Ibid[em]. [S. 132] […]

Am 2. Sonntag nach der Erscheinung Christi.
   [Nr.] 63. St[ade manuale ecclesiasticum]. p. 303. [S. 133] […]

Am 3. Sonntag nach der Erscheinung Christi.
   [Nr.] 64. St[ade manuale ecclesiasticum]. p. 304. [S. 134] […]

Am 4. Sonntag nach der Erscheinung Christi.
   [Nr.] 65. St[ade manuale ecclesiasticum]. p. 305. [S. 135] […]

Am 5. Sonntag nach der Erscheinung Christi.
   [Nr.] 66. St[ade manuale ecclesiasticum]. p. 306. [S. 136]

Am 6. Sonntag nach der Erscheinung Christi.
   [Nr.] 67. St[ade manuale ecclesiasticum]. p. 306.

Am Sonntag Septuagesimae.
   [Nr.] 68. St[ade manuale ecclesiasticum]. p. 307. [S. 137] […]

Am Sonntag Sexagesimae.
   [Nr.] 69. St[ade manuale ecclesiasticum]. p. 308. [S. 138] […]

Am Sonntag Quinquagesimae.
   [Nr.] 70. St[ade manuale ecclesiasticum]. p. 309. [S. 139] […]

Am Sonntag Invocavit.
   [Nr.] 71. St[ade manuale ecclesiasticum]. p. 310. [S. 140] […]

Am Sonntag Reminiscere.
   [Nr.] 72. St[ade manuale ecclesiasticum]. p. 311. [S. 141] […]

Am Sonntag Oculi.
   [Nr.] 73. St[ade manuale ecclesiasticum]. p. 311. [S. 142] […]

Am Sonntag Laetare.
   [Nr.] 74. St[ade manuale ecclesiasticum]. p. 312.

Am Sonntag Judica.
   [Nr.] 75. St[ade manuale ecclesiasticum]. p. 313. [S. 143] […]

Am Palm-sonntag.
   [Nr.] 76. St[ade manuale ecclesiasticum]. p. 313. [S. 144] […]

Am h[eiligen] Oster-tag.
   [Nr.] 77. St[ade manuale ecclesiasticum]. p. 316. [S. 145]

Am Oster-montag.
[Nr.] 78. St[ade manuale ecclesiasticum]. p. 317.

Am Sonntag Quasimodogeniti.
[Nr.] 79. St[ade manuale ecclesiasticum]. p. 319. [S. 146] […]

Am Sonntag Misericordias Domini.
[Nr.] 80. St[ade manuale ecclesiasticum]. p. 319. [S. 147] […]

Am Sonntag Jubilate.
[Nr.] 81. St[ade manuale ecclesiasticum]. p. 320. [S. 148] […]

Am Sonntag Cantate.
[Nr.] 82. St[ade manuale ecclesiasticum]. p. 321. [S. 149]

Am Sonntag Rogate.
[Nr.] 83. St[ade manuale ecclesiasticum]. p. 322.

Am Himmelfahrts-tag.
[Nr.] 84. St[ade manuale ecclesiasticum]. p. 322. [S. 150] […]

Am Sonntag Exaudi.
[Nr.] 85. St[ade manuale ecclesiasticum]. p. 323. [S. 151] […]

Am h[eiligen] Pfingst-tag.
Siehe numer[o] 32.

Am Pfingst-montag.
[Nr.] 86. St[ade manuale ecclesiasticum]. p. 325. [S. 152]

Am Sonntag Trinitatis.
[Nr.] 87. St[ade manuale ecclesiasticum]. p. 326.

Am 1. Sonntag nach Trinitat[is].
[Nr.] 88. St[ade manuale ecclesiasticum]. p. 327. [S. 153] […]

Am 2. Sonntag nach Trintat[is].
[Nr.] 89. St[ade manuale ecclesiasticum]. p. 328.

Am 3. Sonntag nach Trinitat[is].[3230]
[Nr.] 90. [Ohne Quelle] Heiliger und gerechter Gott, barmhertziger [S. 154] und gnädiger Vatter! wir dancken dir, wie für allen schutz für [vor] dem leidigen Satan und trost unter unserm leiden, also für alle warnung und erinnerung, rath und unterricht. Wir bitten dich: Mache du selbst uns deinem willen gleichförmig und deinen befehlen gehorsam. Erwecke uns zur nüchternheit und wachsahmkeit. Bewahre uns für [vor] unnöthigen sorgen und erfülle uns mit demuth vor dir, durch Jesum Christum, deinen Sohn und unsern Herrn. Amen.

3230 Epistel: 1. Petr 3, 8–15a (Mahnungen an die ganze Gemeinde).

Am 4. Sonntag nach Trinitat[is].
[Nr.] 91. St[ade manuale ecclesiasticum]. p. 329. [S. 155] [...]

Am 5. Sonntag nach Trinitat[is].
[Nr.] 92. St[ade manuale ecclesiasticum]. p. 330.

Am 6. Sonntag nach Trinitat[is].
[Nr.] 93. St[ade manuale ecclesiasticum]. p. 330. [S. 156] [...]

Am 7. Sonntag nach Trinitat[is].
[Nr.] 94. St[ade manuale ecclesiasticum]. p. 331. [S. 157] [...]

Am 8. Sonntag nach Trinitat[is].
[Nr.] 95. St[ade manuale ecclesiasticum]. p. 332. [S. 158] [...]

Am 9. Sonntag nach Trinitat[is].
[Nr.] 96. St[ade manuale ecclesiasticum]. p. 333.

Am 10. Sonntag nach Trinitat[is].[3231]
[Nr.] 97. [Ohne Quelle] Herr Gott, himmlischer Vatter! wir dancken dir, daß du in deiner kirchen die mannigerley gaben deines Geistes weißlich austheilest. Ach, nimm dieselbe um unsers undancks und mißbrauchs willen nicht von uns, sondern gib uns vielmehr gnade, dieselbe zu deinen ehren, gemeinem nutzen und unserer selbst eigenen zeitlichen und ewigen wohlfarth recht zu gebrauchen, um Jesu Christi, deines lieben Sohns und unsers Herrn, willen. Amen. [S. 159]

Am 11. Sonntag nach Trinitat[is].[3232]
[Nr.] 98. [Ohne Quelle] Wir dancken dir, Herr Gott, himmlischer Vatter! daß du uns durch das wort des evangelii das geheimniß Christi geoffenbahret hast und noch verkündigen läßest. Gib uns dazu deines H[eiligen] Geistes gnade, daß wir daßelbe im glauben wohl annehmen, darinn bestehen und dadurch selig werden. Amen.

Am 12. Sonntag nach Trinitat[is].[3233]
[Nr.] 99. [Ohne Quelle] Lieber himmlischer Vatter! wir dancken dir, daß du das ambt des Geistes in deiner kirchen noch immer erhältest und dazu deine diener mit tüchtigkeit und treue ausrüstest. Segne solche deine ordnung und dienst an deiner gemeine, daß, wo das gesetz durch die predigt der verdamniß die seelen zur reue geführt hat, die predigt der gerechtigkeit im evangelio [sie] mit lebendigem trost und kraft zum guten erfülle. Amen.

3231 Epistel: 1. Kor 12, 1–11 (Viele Gaben – ein Geist).
3232 Epistel: 1. Kor 15, 1–10 (Das Zeugnis von der Auferweckung Christi).
3233 Epistel: 2. Kor 3, 4–9 (Die Herrlichkeit des Dienstes im neuen Bund).

Am 13. Sonntag nach Trintat[is].³²³⁴

[Nr.] 100. [Ohne Quelle] Herr Gott, himmlischer Vatter! wir dancken dir, [S. 160] daß du den verheißenen saamen Abrahä, in welchem alle völker auf erden gesegnet werden sollen, in der fülle der zeit hergesendet und durch seinen tod uns das erbe bestätiget hast. Schencke uns den Geist des Glaubens, daß wir nicht als aus dem gesetz und durch deßen wercke die seligkeit suchen, sondern selbige als ein durch die verheyßung des evangelii frey geschencktes gut annehmen, wenn wir vorher zum erkäntniß und gefühl der sünden durchs gesetz geführet seyn, durch denselben deinen Sohn Jesum Christum, unsern Herrn. Amen.

Am 14. Sonntag nach Trinitat[is].
[Nr.] 101. St[ade manuale ecclesiasticum]. p. 336. [S. 161] […]

Am 15. Sonntag nach Trinitatis.
[Nr.] 102. Siehe. N[r.] 262. [S. 162] […]

Am 16. Sonntag nach Trinitat[is].³²³⁵

[Nr.] 103. [Ohne Quelle] Herr Gott, himmlischer Vatter! wir dancken dir, daß du dein heilig wort durch das leiden der zeugen der wahrheit [hast] versiegeln laßen, und bitten dich: Du wollest durch daßelbe uns nicht nur zu deinen kindern neugebohren seyn laßen, sondern uns auch nach dem reichthum deiner herrlichkeit kraft geben, starck zu werden durch deinen Geist an dem inwendigen menschen, und Christum, zu wohnen durch den glauben in unseren hertzen, und durch die liebe eingewurtzelt und gegründet zu werden, auf daß wir begreiffen mögen mit allen heiligen, welches da sei die breite und die länge und die tieffe und die höhe, auch erkennen, daß Christum lieb haben viel beßer ist, denn alles wißen,³²³⁶ auf daß wir erfüllet werden mit aller Gottes fülle. Dir aber, der du überschwenglich thun kanst über alles, was wir bitten und verstehen, nach der [S. 163] kraft, die da in uns wircket, sey ehre in der gemeine, die in Christo Jesu ist, zu aller zeit, von ewigkeit zu ewigkeit. Amen.

Am 17. Sonntag nach Trinitat[is].
[Nr.] 104. St[ade manuale ecclesiasticum]. p. 339.

Am 18. Sonntag nach Trinitat[is].³²³⁷

[Nr.] 105. [Ohne Quelle] Wir dancken dir, lieber himmlischer Vatter! [S. 164] für die gnade, die uns in unsern kirchen gegeben ist, daß wir sein durch Christum in allen stücken reich gemachet, an aller lehre und in aller erkäntniß. Wir bitten dich: Laß [uns] nun auch die predigt von Christo in uns allen kräftig werden, daß wir keinen mangel haben an irgend einer gaben und in freudiger hoffnung warten

---

3234 Epistel: Gal 3, 15–22 (Die Gerechtigkeit aus Glauben/Der Sinn des Gesetzes).
3235 Epistel: Eph 3, 13–21 (Die Fürbitte des Apostels für die Gemeinde).
3236 Vgl. Eph 3, 19: „auch die Liebe Christi erkennen könnt, die alle Erkenntnis übertrifft, damit ihr erfüllt werdet, bis ihr die ganze Fülle Gottes erlangt habt."
3237 Epistel: 1. Kor 1, 4–9 (Dank für Gottes reiche Gaben in Korinth).

können auf die auferstehung unseres Herren Jesu Christi, welcher uns nach seiner verheißung gern vest behalten wird bis ans ende, daß wir unsträflich seyn auf seinen tag.³²³⁸ Du bist ja treu, durch welchen wir beruffen seyn zur gemeinschaft deines Sohnes, Jesu Christi, unsers Herrn. Hallelujah. Amen.

Am 19. Sonntag nach Trinitat[is].³²³⁹

[Nr.] 106. [Ohne Quelle] Lieber himmlischer Vatter, erwecke uns durch deinen H[eiligen] Geist, daß wir stets gefällig seyn, den alten menschen, der durch lüste in irrthum sich verderbet, immer mehr von uns abzulegen und hergegen uns zu erneuern im geist unsers gemüths, daß wir [S. 165] den neuen menschen, der nach Gott geschaffen ist in rechtschaffener gerechtigkeit und heiligkeit, anziehen und in vermeidung aller lügen, überwindung des zorns und ausübung der gerechtigkeit und gutthätigkeit gegen die dürftige die früchte der gerechtigkeit dir bringen,³²⁴⁰ durch Jesum Christum, deinen lieben Sohn, unsern Herrn. Amen.

Am 20. Sonntag nach Trinitat[is].³²⁴¹

[Nr.] 107. [Ohne Quelle] Lieber himmlischer Vatter! du läßest uns sehen und hören, daß es böse zeit sey. Laß uns denn durch deines Geistes gnade zusehen, wie wir fürsichtiglich wandeln und uns in die zeit schicken. Mache uns verständig, was dein wille an uns sey. Bewahre uns für unmäßigkeit, daraus ein unordig [unordentliches] wesen folget. Mache uns aber so voll Geistes, daß wir untereinander gerne reden von psalmen und lobgesängen und geistlichen liedern, ja, singen und spielen dir in unserm hertzen mit dancksagen allezeit für alles [S. 166] dir, unserm Vatter, im Namen unsers Herren Jesu Christi. Amen.

Am 21. Sonntag nach Trinitat[is].
[Nr.] 108. St[ade manuale ecclesiasticum]. p. 341.

Am 22. Sonntag nach Trinitat[is].
[Nr.] 109. St[ade manuale ecclesiasticum]. p. 342. [S. 167] […]

Am 23. Sonntag nach Trinitat[is].
[Nr.] 110. St[ade manuale ecclesiasticum]. p. 343. [S. 168] […]

3238 Vgl. 1. Kor 1, 8: „Der wird euch auch fest machen bis ans Ende, dass ihr untadelig seid am Tag unseres Herrn Jesus Christus."
3239 Epistel: Eph 4, 22–32 (Der alte und der neue Mensch/Weisungen für das neue Leben).
3240 Vgl. Phil 1, 11: „[…] erfüllt mit Frucht der Gerechtigkeit durch Jesus Christus zur Ehre und zum Lobe Gottes"; Hebr 12, 11: „Jede Züchtigung aber, wenn sie da ist, scheint uns nicht Freude, sondern Schmerz zu sein; danach aber bringt sie als Frucht denen, die dadurch geübt sind, Frieden und Gerechtigkeit" sowie Jak 3, 18: „Die Frucht der Gerechtigkeit aber wird gesät in Frieden für die, die Frieden stiften."
3241 Epistel: Eph 5, 15–21 (Das Leben im Licht/Die Ordnung des Hauses).

Am 24. Sonntag nach Trinitat[is].[3242]

[Nr.] 111. [Ohne Quelle] Herr Gott, himmlischer Vatter! wir dancken dir, daß du bereit bist, uns tüchtig zu machen zu dem erbtheil der heiligen im licht und errettest uns in der ordnung der buße von der obrigkeit der finsterniß, daß du uns durch dein wort und sacramenten versetzest in das Reich deines lieben Sohns, an welchem wir haben die erlösung durch sein blut, nemlich die vergebung der sünden. Wir bitten dich: Erfülle uns mit erkäntniß deines willens in allerley geistlicher weisheit und verstand, daß wir wandelen würdiglich dir, unserm Herrn, zu allem gefallen und fruchtbahr seyn [S. 169] in allen guten wercken und wachsen in der erkäntniß Gottes und gestärcket werden mit aller kraft nach deiner herrlichen macht in aller geduld und langmüthigkeit mit freuden, durch deinen lieben Sohn, Jesum Christum, unsern Herrn. Amen.

Am 25. Sonntag nach Trinitat[is].
[Nr.] 112. St[ade manuale ecclesiasticum]. p. 344. [S. 170]

Am 26. Sonntag nach Trinitat[is].
[Nr.] 113. St[ade manuale ecclesiasticum]. p. 345.

Am 27. Sonntag nach Trinitatis[3243]

[Nr.] 114. [Ohne Quelle] Allmächtiger und ewiger Gott! der du deinen gerichtstag plötzlich wirst einbrechen laßen, um uns für sicherheit zu bewahren. Gib uns gnade, daß wir stets nüchtern seyn und wachen, angethan mit dem krebs des glaubens und der liebe, und mit dem helm der hofnung zur seligkeit,[3244] der du uns nicht gesetzet zum zorn, sondern die seligkeit zu besitzen, durch unsern Herrn Jesum Christum, welchem samt dir und dem H[eiligen] Geiste sey ehr und preiß in ewigkeit.[3245] Amen. [S. 171]

3. Auf die sonntägige und fest-evangelien.

Am 1. Sonntag des Advents.
[Nr.] 115. Leipz[iger] Ag[ende].

Am 2. Sonntag des Advents.
[116.] Leipz[iger] Ag[ende]. [S. 172] […]

3242 Epistel: Kol 1, 9–14 (Dank und Fürbitte für die Gemeinde).
3243 Epistel: 2. Petr 3, 3–14 (Gewissheit über das Kommen des Herrn).
3244 Vgl. 1. Thess 5, 8: „Wir aber, die wir Kinder des Tages sind, wollen nüchtern sein, angetan mit dem Panzer des Glaubens und der Liebe und mit dem Helm der Hoffnung auf das Heil."
3245 Vgl. 1. Tim 1, 17: „Aber Gott, dem ewigen König, dem Unvergänglichen und Unsichtbaren, der allein Gott ist, sei Ehre und Preis in Ewigkeit! Amen."

2.5 Die „Soestische Kirchen Agenden"

Am 3. Sonntag des Advents.[3246]
[Nr.] 117. [Ohne Quelle] Lieber himmlischer Vatter! wir dancken dir, daß du deinen Sohn durch so herrliche wunder verkläret und uns versichert hast, wir können auf ihn als den verheißenen Meßiam die hofnung unserer seligkeit bauen und bedürfen keines andern zu erwarten. Wircke in uns den glauben an seinen namen und bewahre uns für allem aergerniß an seiner lehre, leben und leiden, daß wir weder durch lust noch furcht von ihm uns abwendig machen laßen, [S. 173] sondern vest und unbeweglich seyn und ihm getreu bleiben bis in den tod. Amen.

Am 4. Sonntag des Advents.
[Nr.] 118. Stad[e manuale ecclesiasticum]. p. 43.

Am h[eiligen] Christ-tag.
Siehe N[r.] 6. seq[uentes].

Am S[ank]t Stephani tag
[Nr.] 119. Leipz[iger] Ag[ende]. [S. 174] […]

Am Tag S[ank]t Johannis des Evangelisten.
[Nr.] 120. Leipz[iger] Ag[ende]. [S. 175]

Zum beschluß des h[eiligen] Christ-festes.[3247]
[Nr.] 121. [Ohne Quelle] Ewiger, allmächtiger, barmhertziger Gott und Vatter! wir dancken dir von hertzen, daß du uns in diesem zu ende gehenden feste das wort von der geheimniß-vollen menschwerdung und geburth deines Sohnes, unseres Heylandes, und dabey den gantzen rath von unserer seligkeit bey leiblicher gesundheit und fortwährendem äußeren frieden abermahls hast verkündigen lassen. Vergib uns aus lauter barmhertzigkeit alle sündliche gedancken, worte und wercke, womit wir in diesem feste dich beleidiget und uns selbst geschadet haben. Laß das angehörte und daheim betrachtete wort in gesegnetem und fruchtbahrem andencken bey uns bleiben, nicht nur jetzt in diesem jahr, sondern auch durch unser gantzes leben. Besonders laß uns durch die kraft der leiblichen geburth deines Sohnes, unsers Heylandes, wiedergebohren werden zu neuen menschen und zu deinen kindern. Bewahre uns auch, daß wir unsere in der menschwerdung unsers Erlösers so hoch geadelte natur mit muthwilligen sünden nicht verunehren, bis wir [S. 176] in dein himmlisches Reich zur feier eines ewigen freuden-festes aufgenommen werden. Amen.

Am Sonntag nach dem Christ-tag.
[Nr.] 122. Leipz[iger] Ag[ende]. [S. 177]

3246 Evangelium: Mt 11, 2–10 (Die Frage des Täufers/Jesu Zeugnis über den Täufer).
3247 Ein Gebet gleichen Typs begegnet jeweils auch zum Abschluss der übrigen Hochfeste (vgl. Edition 2.5, Nr. 144 [Ostern] und Nr. 152 [Pfingsten]).

Am Neujahrs-tag.
 [Nr.] 123 siehe N[r.] 10 seq[uentes].

Am Sonntag nach dem Neujahrs-tag.
 [Nr.] 124. Leipz[iger] Ag[ende]. [S. 178] […]

Am Tage der Erscheinung Christi siehe N[r.] 13. s[e]q[uentem].
 [Nr.] 125. Leipz[iger] Ag[ende]. [S. 179] […]

Am 1. Sonntag nach der Erscheinung Christi.
 [Nr.] 126. Grubenh[agische] K[irchen] O[rdnung].

Am 2. Sonntag nach der Erscheinung Christi.
 [Nr.] 127. Stad[e] m[anuale] e[cclesiasticum]. p. 65. [S. 180] […]

Am 3. Sonntag nach der Erscheinung Christi.
 [Nr.] 128. Grubenh[agische] K[irchen]O[rdnung]. [S. 181] […]

Am 4. Sonntag nach der Erscheinung Christi.
 [Nr.] 129. St[ade manuale ecclesiasticum]. p. 68.

Am 5. Sonntag nach der Erscheinung Christi.
 [Nr.] 130. Leipz[iger] Ag[ende]. [S. 182] […]

Am 6. Sonntag nach der Erscheinung Christi.
 [Nr.] 131. Leipz[iger] Ag[ende]. [S. 183] […]

Am Sonntag Septuagesimae.[3248]
 [Nr.] 132. [Ohne Quelle] Allmächtiger Herr Gott! der du von dem morgen des Neuen Testaments bis hieher zu deinem weinberg arbeiter in dem lehr-ambt ausgesendet und selbigen ihren gnaden-lohn durch Christum, den großen schaffner, in deinem hause treulich entrichtet hast. Wir bitten dich: Fahre fort, deines weinbergs zu warten und seine fruchtbarkeit zu befordern, um deines lieben Sohns Jesu Christi willen. Amen.

Am Sonntag Sexagesimae.
 [Nr.] 133. Nied[er] teutsch[es] Geb[et] Buch. fol. LXXII.a. [S. 184] […]

Am Sonntag Quinquagesimae.
 [Nr.] 134. St[ade manuale ecclesiasticum]. p. 80. [S. 185]

Am Sonntag Invocavit.
 [Nr.] 135. Leipz[iger] Ag[ende].

Am Sonntag Reminiscere.
 [Nr.] 136. St[ade manuale ecclesiasticum]. p. 85. [S. 186] […]

3248 Evangelium: Mt 20, 1–16a (Von den Arbeitern im Weinberg).

Am Sonntag Oculi.
[Nr.] 137. Leipz[iger] Ag[ende].

Am Sonntag Laetare.[3249]
[Nr.] 138. [Ohne Quelle] Allmächtiger und ewiger Gott, barmhertziger und gnädiger Vatter, du Schöpfer und Erhalter aller [S. 187] dinge, dem es gleich gilt, durch wenig oder vieles zu helffen, an deßen segen alles gelegen ist.[3250] Wir dancken dir, daß du noch immer deine milde hand aufthust und sättigest alles, was lebet, mit Wohlgefallen.[3251] Gib uns auch dazu deines H[eiligen] Geistes gnade, daß wir in allem mangel auf deine macht, weisheit und güte unser vertrauen setzen und versichert leben, du werdest uns nicht verlaßen noch versäumen, durch Jesum Christum, deinen lieben Sohn und unsern Herrn. Amen.

Am Sonntag Judica.[3252]
[Nr.] 139. [Ohne Quelle] Herr Gott himmlischer Vatter! der du deinen Sohn deinen vättern zu ihrem trost verheißen und sie im glauben seinen tag mit freuden [hast] sehen laßen, in der zeit aber ihn im fleisch offenbar werden und ihn in seiner unschuld und göttlichen herrlichkeit gerechtfertiget und verkläret hast. Wir bitten dich: Erhalte uns in dem glauben an seinem namen und im gehorsam gegen sein [S. 188] wort, daß wir den tod nicht sehen ewiglich, durch denselben deinen Sohn Jesum Christum, unsern Herrn. Amen.

Am Palm-sonntag.
[Nr.] 140. Leipz[iger] Ag[ende].

Am h[eiligen] Oster-tag.
[Nr.] 141. Stad[e manuale ecclesiasticum]. p. 101. [S. 189] [...]

Am Oster-montag.
[Nr.] 142. Leipz[iger] Ag[ende]. [S. 190] [...]

Am Oster-dienstag.
[Nr.]143. Stad[e manuale ecclesiasticum]. p. 106.

Zum beschluß des h[eiligen] Osterfestes.
[Nr.] 144. [Ohne Quelle] Ewiger, allmächtiger, barmhert[z]iger Gott und Vatter! wir dancken dir von hertzen, daß du uns in diesem zu ende gehenden feste das wort von der auferstehung unseres Erlösers von den todten, wohin er sich um unserer sünden willen begeben hatte, und dabey den gantzen rath von unserer [S. 191] seligkeit bey leiblicher gesundheit und äußerer ruhe [hast] abermahls verkündigen laßen. Vergib uns aus lauter barmhertzigkeit alle sündliche gedancken, worte und wercke, womit wir in diesem feste dich beleidiget und uns selbst geschadet haben.

3249 Evangelium: Joh 6, 1–15 (Die Speisung der Fünftausend).
3250 Ps 127 (Überschrift).
3251 Ps 145, 16.
3252 Evangelium: Joh 8, 46–59 (Der Streit um Jesu Ehre).

Laß das angehörte und daheim betrachtete wort in gesegnetem und fruchtbahrem andencken bey uns bleiben, nicht nur in diesem jahr, sondern durch unser noch übriges gantzes leben. Besonders laß uns aus solcher auferstehung unsers Heylandes unserer völligen versöhnung mit dir versichert und kraft derselben zum neuen geistlichen leben auferwecket in demselben bis an unser ende zu wandeln und der künftigen auferstehung unserer leiber zum ewigen leben vergewißert werden, bis wir in dein Himmel-Reich zur feier eines ewigen freuden-festes aufgenommen werden. Amen.

Am Sonntag Quasimodogeniti.
[Nr.] 145. Leipz[iger] Ag[ende]. [S. 192] […]

Am Sonntag Misericord[ias] Domini.
[Nr.] 146. Leipz[iger] Ag[ende]. [S. 193] […]

Am Sonntag Jubilate.
[Nr.] 147. St[ade manuale ecclesiasticum]. p. 113. [S. 194] […]

Am Sonntag Cantate.
[Nr.] 148. St[ade manuale ecclesiasticum]. p. 115.

Am Sonntag Rogate.
[Nr.] 149. St[ade manuale ecclesiasticum]. p. 117. [S. 195] […]

Am Himmelfahrts-tag.
[Nr.] 150. Grubenhag[ische] K[irchen] O[rdnung]. [S. 196] […]

Am Sonntag Exaudi.
[Nr.] 151. Grubenhag[ische] K[irchen] O[rdnung]. [S. 197] […]

Am h[eiligen] Pfingst-tag.[3253]
[Nr.] 152. [Ohne Quelle] Herr Jesu Christe! wir dancken dir, daß du uns die versicherung giebest, du wollest mit deinem Vatter zu denen, die dich lieben und dein wort halten, kommen und die wohnung bey ihnen machen. Wir bitten dich, gib uns deinen H[eiligen] Geist, daß er uns in deinem erkäntniß und dem glauben an dich stärcke, damit die liebe gegen dich brünstig, der gehorsam gegen deine gebotte willig und die nachfolge deines exempels sorgfältig werde und wir hier deines friedes, dort deiner herrlichkeit theilhaftig werden mögen. Amen.

Am Pfingst-montag.[3254]
[Nr.] 153. [Ohne Quelle] Wir dancken dir, o gütiger und barmhertziger Gott! daß du der welt deinen eingebohrnen Sohn zu einem Erlöser gegeben, daß wir nicht mögten verlohren, sondern durch den glauben selig werden. Wir bitten dich hertz-

---

3253 Evangelium: Joh 14, 23–31a (Die Verheißung des Heiligen Geistes/Der Friede Christi).
3254 Evangelium: Joh 3, 16–21 (Jesus und Nikodemus).

lich: Du wollest unsere hertzen durch deinen H[eiligen] Geist erleuchten, [S. 198] daß wir ja die finsterniß nicht mehr als das licht lieben und also unter dem zorn Gottes bleiben, sondern daß wir deinen Sohn, der in die welt [ge]kommen ist, uns zu erlösen und zu erleuchten, im glauben annehmen, ihm nachfolgen und also zur ewigen seligkeit gelangen, um deßelben deines lieben Sohns Jesu Christi willen. Amen.

Am Pfingst-dienstag.
 [Nr.] 154. Leipz[iger] Ag[ende]. [S. 199]

Zum beschluß des h[eiligen] Pfingst-festes.
 [Nr.] 155. [Ohne Quelle] Ewiger, allmächtiger, barmhertziger Gott und Vatter! wir dancken dir von hertzen, daß du uns in diesem zu ende gehenden feste das wort von der sendung deines H[eiligen] Geistes, wie nicht nur selbige auf eine außerordentliche weise über die erstlinge der gläubigen Neuen Testaments geschehen ist, sondern auch, wie wir desselben noch durch dein wort und heilige sacramenten theilhaftig werden können, und dabey den gantzen rath von unserer seligkeit bey leiblicher gesundheit und fortwährender äußerlichen ruhe abermahls verkündigen laßen. Vergib uns aus lauter barmhertzigkeit alle sündliche gedancken, worte und wercke, womit wir in diesem feste dich beleidiget und uns selbst geschadet haben. Laß das angehörte und daheim betrachtete wort in gesegnetem und fruchtbahrem andencken bey uns bleiben, nicht nur in diesem jahre, sondern das gantze noch übrige lebens [hin]durch, besonders laß uns der gaben des H[eiligen] Geistes [S. 200] in reichem maaß gewürdiget werden zu unser mehreren erleuchtung, erweckung, stärckung und tröstung, bis wir in dein himmlisches Reich zur feyer eines ewigen freuden-festes aufgenommen werden. Amen.

Am Sonntag Trinitatis.
 [Nr.] 156. Stad[e] m[anuale] e[cclesiasticum]. p. 129. [S. 201]

Am 1. Sonnt[ag] nach Trinit[atis].
 [Nr.] 157. Sächs[ische] Ag[ende].

Am 2. Sonntag nach Trinitat[is].
 [Nr.] 158. St[ade manuale ecclesiasticum]. p. 134. [S. 202]

Am 3. Sonntag nach Trinitat[is].[3255]
 [Nr.] 159. [Ohne Quelle] Herr Gott, himmlischer Vatter! wir dancken dir, daß du den großen Hirten der Schaafe, unsern Herrn Jesum, zu uns gesand hast, daß er uns als verlohrne schaafe suche und sammle, und bitten dich: Fahre fort, an uns zu arbeiten, daß du uns herum holest aus dem verderben und uns mit dem licht der lebendigen erleuchtest. Gib uns folgsahme hertzen, daß wir uns zu dir sammeln laßen und in deiner gemeinschaft uns bewahren, biß wir deinen heiligen Engeln, die sich über unsere buße freuen, zugesellet werden. Amen.

3255 Evangelium: Lk 15, 1–10 (Vom verlorenen Schaf/Vom verlorenen Groschen).

Am 4. Sonntag nach Trinitat[is].
[Nr.] 160. St[ade manuale ecclesiasticum]. p. 138. [S. 203] […]

Am 5. Sonntag nach Trinitat[is].
[Nr.] 161. Sächs[ische] Ag[ende]. [S. 204]

Am 6. Sonntag nach Trinitat[is].
[Nr.] 162. St[ade manuale ecclesiasticum]. p. 142.

Am 7. Sonntag nach Trinitat[is].[3256]
[Nr.] 163. [Ohne Quelle] Allmächtiger Herr Gott, lieber himmlischer Vatter, der du deinen kindern dargibst reichlich allerley zu genießen und ihnen nebst dem geistlichen segen in himmlischen gütern die nothdürftige [S. 205] nahrung des leibes nicht versagest. Wir bitten dich, lehre uns erst trachten nach dem Reiche Gottes und deßen gerechtigkeit, damit uns in dieser ordnung von deiner hand das zeitliche zufalle[3257] und zum segen werden möge um Jesu Christi, deines Sohnes und unsers Herrn, willen. Amen.

Am 8. Sonntag nach Trinitat[is].[3258]
[Nr.] 164. [Ohne Quelle] Heiliger und gerechter Gott, der du mit einem guten schein und äußeren mund-bekäntniß nicht zu frieden bist, sondern, wie du hertzen und nieren prüfest,[3259] also eine hertzliche aufrichtigkeit von uns forderst. Wir bitten dich: Gib uns deinen H[eiligen] Geist, daß wir durch seine gnade zu fruchtbahren bäumen gemachet und gelehret werden, deinen h[eiligen] willen zu thun, damit wir aus solcher frucht des glaubens ein zeugniß der kindschaft zur versicherung des antheils an deines Sohnes Himmelreich haben mögen. Amen. [S. 206]

Am 9. Sonntag nach Trinitat[is].[3260]
[Nr.] 165. [Ohne Quelle] Allmächtiger Herr Gott! der du uns alle zu haußhaltern über deine mannigfaltige gaben bestellet hast. Vergib uns alle unsere in verwaltung deiner güter bewiesene untreue und laß hinführo die klugheit der gerechten uns regieren, damit wir dereinst in die ewige hütte aufgenommen werden können, um Jesu Christi, deines Sohnes und unsers Herren, willen. Amen.

3256 Evangelium: Mk 8, 1–9 (Die Speisung der Viertausend).
3257 Vgl. Mt 6, 33: „Trachtet zuerst nach dem Reich Gottes und nach seiner Gerechtigkeit, so wird euch das alles zufallen."
3258 Evangelium: Mt 7, 15–21 (Warnung vor den falschen Propheten).
3259 Vgl. Ps 7, 10: „Lass enden der Gottlosen Bosheit, den Gerechten aber lass bestehen; denn du, gerechter Gott, prüfest Herzen und Nieren" und Jer 11, 20: „Aber du, Herr Zebaoth, du gerechter Richter, der du Nieren und Herzen prüfst, lass mich deine Rache an ihnen sehen; denn dir habe ich meine Sache befohlen."
3260 Evangelium: Lk 16, 1–9 (Vom ungerechten Verwalter).

2.5 Die „Soestische Kirchen Agenden" 647

Am 10. Sonntag nach Trinitat[is].[3261]

[Nr.] 166. [Ohne Quelle] Barmhertziger und gnädiger Gott! der du nicht gefallen hast am tode des sünders, sondern wilst, daß er sich bekehre und lebe.[3262] Wir bitten dich: Du wollest nicht ablaßen, uns in gnaden heimzusuchen und uns bedencken lehren, was zu unserm frieden dienet, damit das wolverdiente verderben von uns abgewendet werde und wir in deiner gemeinschaft alles segens uns getrösten können, um Jesu Christi, deines Sohns und unsers Herrn, willen. Amen. [S. 207]

Am 11. Sonntag nach Trinitat[is].[3263]

[Nr.] 167. [Ohne Quelle] Barmhertziger und gnädiger Gott! der du ansiehest den elenden und der zerbrochenen geistes ist und der sich fürchtet für [vor] deinem Wort.[3264] Wir bitten dich, bewahre uns für die vermeßenheit und vertrauen auf uns selbst. Lehre uns aber in erkäntniß, bereuung und bekändtniß der sünden uns selbst erniedrigen und im glauben deine gnade begierig und zuversichtiglich suchen, damit wir der gerechtigkeit, die vor dir gilt, theilhaftig seyn und bleiben können. Amen.

Am 12. Sonntag nach Trinitat[is].[3265]

[Nr.] 168. [Ohne Quelle] Allmächtiger Gott, lieber himmlischer Vatter! der du uns die zunge vornehmlich zu deinem lob und preiß und die ohren, dein wort zu hören, gegeben hast. Wir bitten dich, du wollest die darin uns bewiesene wohlthat uns mit danck erkennen laßen und gnade geben, solche und alle deine gaben nach deinem willen recht zu gebrauchen, um deines Sohns Jesu Christi willen. Amen.

[S. 208] Am 13. Sonntag nach Trinitat[is].

[Nr.] 169. Stad[e manuale ecclesiasticum]. p. 157.

Am 14. Sonntag nach Trinitat[is].

[Nr.] 170. St[ade manuale ecclesiasticum]. p. 159. [S. 209] [...]

Am 15. Sonntag nach Trinitat[is].[3266]

[Nr.] 171. [Ohne Quelle] Allmächtiger, ewiger Gott! der du bist ein erhalter und versorger aller deiner geschöpffe. Wir bitten dich: Stärcke uns im vertrauen auf deine vorsorge und bewahre unsere hertzen für [vor] aller unvergnügten und mißtrauischen bauch-sorge, damit wir nach deinem Reiche und deßen gerechtigkeit

---

3261 Evangelium: Lk 19, 41–48 (Jesus weint über Jerusalem/Die Tempelreinigung).

3262 Vgl. Hes 18, 23: „Meinst du, dass ich Gefallen habe am Tode des Gottlosen, spricht Gott der Herr, und nicht vielmehr daran, dass er sich bekehrt von seinen Wegen und am Leben bleibt?"

3263 Evangelium: Lk 18, 9–14 (Der Pharisäer und der Zöllner).

3264 Vgl. Jes 66, 2b: „Ich sehe aber auf den Elenden und auf den, der zerbrochenen Geistes ist und der erzittert vor meinem Wort."

3265 Evangelium: Mk 7, 31–37 (Die Heilung eines Tauben).

3266 Evangelium: Mt 6, 24–34 (Vom Schätzesammeln und Sorgen).

ungehindert trachten und dir im Geist und in der wahrheit³²⁶⁷ allein dienen können, durch Jesum Christum, deinen Sohn und unsern Herrn. Amen.

Am 16. Sonntag nach Trinitat[is].³²⁶⁸

[Nr.] 172. [Ohne Quelle] Lebendiger und allmächtiger Gott! der du die todten auferweckest und machest sie lebendig und [S. 210] deinem Sohn gegeben hast, das leben zu haben in ihm selber, daß er als der Fürst des Lebens³²⁶⁹ lebendig machen kan, welche er wil. Wir bitten dich: Verkläre durch deinen H[eiligen] Geist in unsere hertzen deinen Sohn als die auferstehung und das leben, daß wir an ihn glauben und in solchem glauben leben, ob wir gleich sterben,³²⁷⁰ und durch ihn dereinst zum ewigen leben auferwecket werden, um des willen, daß sein Geist in uns gelebet.³²⁷¹ Amen.

Am 17. Sonntag nach Trinitat[is].

[Nr.] 173. Stad[e manuale ecclesiasticum]. p. 165. [S. 211] […]

Am 18. Sonntag nach Trinitat[is].³²⁷²

[Nr.] 174. [Ohne Quelle] Allmächtiger und ewiger Gott, der du uns ein gebott gegeben [hast], daß wir glauben sollen an den namen deines Sohns und liebe üben gegen dich und unsern nächsten. Wir bitten dich: Gib uns deinen H[eiligen] Geist, den Geist des Glaubens und der Liebe, daß er deinen Sohn in uns verkläre, damit wir ihn als Dawids Sohn und Herrn, als tief erniedriget und zu deiner rechten erhöhet, ansehen und alles unser vertrauen auf ihn setzen, aber auch von ihm lernen mögen, dich von gantzem hertzen, von gantzer seelen und von gantzem gemüth und unsern nächsten als uns selbst [zu] lieben, um deßelben deines Sohns und unsers Herrn willen. Amen.

Am 19. Sonntag nach Trinitat[is].

[Nr.] 175. Stad[e manuale ecclesiasticum]. p. 169. [S. 212] […]

Am 20. Sonntag nach Trinitat[is].³²⁷³

[Nr.] 176. [Ohne Quelle] Allmächtiger Gott, barmhertziger und gnädiger Vatter, der du zu deinem abendmahl und zum genuss der gnaden-güter deines Reichs nebst deinem volcke Israel auch die heyden und mit denselben uns [hast] einladen

---

3267 Vgl. Joh 4, 24: „Gott ist Geist, und die ihn anbeten, die müssen ihn im Geist und in der Wahrheit anbeten."

3268 Evangelium: Lk 7, 11–16 (Der Sohn der Witwe zu Nain).

3269 Vgl. Apg 3, 15: „[…] aber den Fürsten des Lebens habt ihr getötet. Den hat Gott auferweckt von den Toten; dessen sind wir Zeugen."

3270 Vgl. Joh 11, 25: „Jesus spricht zu ihr: Ich bin die Auferstehung und das Leben. Wer an mich glaubt, der wird leben, ob er gleich stürbe."

3271 Vgl. 2. Makk 7, 9b: „[…] aber der König der Welt wird uns, die wir um seiner Gesetze willen sterben, wieder erwecken in der Auferstehung zum ewigen Leben."

3272 Evangelium: Mt 22, 34–46 (Die Frage nach dem höchsten Gebot/Der Sohn Davids).

3273 Evangelium: Mt 22, 1–14 (Die königliche Hochzeit).

laßen. Ach, bewahre uns, daß wir uns durch nichts von dem gehorsam gegen deinem gnaden-beruf abhalten laßen, sondern als hungrig und durstig nach dir und deinem heyl uns vor dir einfinden. Bekleide uns aber auch mit dem hochzeitlichen kleide der [S. 213] gerechtigkeit deines Sohns und eines göttlichen sinnes, damit wir hier leben und volles gnüge bey deiner tafel finden, bis du uns zur hochzeit des lammes[3274] in jener herrlichkeit einführen wirst, um deßelben deines Sohnes Jesu Christi willen. Amen.

Am 21. Sonntag nach Trinitat[is].[3275]
[Nr.] 177. [Ohne Quelle] Allmächtiger und ewiger Gott! der du den königlichen durch deine zucht-ruthe zu deinem Sohn geführet hast, damit er nebst seinem gantzen hause durch den glauben an denselben selig würde. Wir dancken dir, daß du uns alle je und je geliebet hast und uns noch zu dir und unserm Seligmacher ziehest aus lauter güte.[3276] Ach gib uns dazu deines Geistes gnade, daß wir deinem zuge willig folgen, und wenn du darinnen nach deinem weisen rath des creutzes dich bedienest, so laß uns deiner hand stille halten, damit du den zweck zu deinem preiß und unserer seligkeit erreichest. Verwirf uns nicht um der schwachheit unsers glaubens, sondern mehre und läutere denselben, [S. 214] um deines Sohnes Jesu Christi, unsers Herren, willen. Amen.

Am 22. Sonntag nach Trinitat[is].[3277]
[Nr.] 178. [Ohne Quelle] Allmächtiger Gott, lieber himmlischer Vatter! der du uns, deinen knechten, alle unsere sünden-schuld um deines Sohnes willen, der dafür bezahlet und gnug gethan [hat], gerne erläßest, wenn wir in buße und glauben vor dich tretten und dich um gnade anflehen. Wir bitten dich: Du wollest uns durch deines Geistes straff-ambt die menge und größe unserer sünden zu unser demüthigung recht unter augen stellen, damit wir nach der gnädigen erlaßung unserer sünden desto begieriger werden. Versichere uns dann auch unserer rechtfertigung und gib uns danckbahre hertzen, die um deinet willen bereit seyn, auch unserm bruder seine fehle zu vergeben, um Jesu Christi willen. Amen.

Am 23. Sonntag nach Trinitat[is].[3278]
[Nr.] 179. [Ohne Quelle] Allmächtiger Gott! du König aller Könige [S. 215] und Herr aller Herren,[3279] der du den obrigkeitlichen stand unter dem menschlichen

---

3274 Vgl. Offb 19, 7a: „Lasst uns freuen und fröhlich sein und ihm die Ehre geben; denn die Hochzeit des Lammes ist gekommen."
3275 Evangelium: Joh 4, 47–54 (Die Heilung des Sohnes eines königlichen Beamten).
3276 Vgl. Jer 31,3: „Der Herr ist mir erschienen von ferne: Ich habe dich je und je geliebt, darum habe ich dich zu mir gezogen aus lauter Güte."
3277 Evangelium: Mt 18, 23–35 (Von der Vergebung [Der Schalksknecht]).
3278 Evangelium: Mt 22, 15–22 (Die Frage nach der Steuer [Der Zinsgroschen]).
3279 Vgl. 1. Tim 6, 15: „[…] welche uns zeigen wird zu seiner Zeit der Selige und allein Gewaltige, der König aller Könige und Herr aller Herren"; Offb 17, 14: „Die werden gegen das Lamm kämpfen, und das Lamm wird sie überwinden, denn es ist der Herr

geschlecht angeordnet, demselben dein bild angehänget [hast], durch ihn uns gutes thust und in ihm wilst geehret seyn. Wir bitten dich: Laß uns solchen deinen heiligen willen über diesem stande recht erkennen und unserer obrigkeit geben, was wir ihr schuldig sind, sonderlich in ehrerbietigkeit, liebe, gehorsam und fürbitte. Lehre uns aber auch dabey dir geben, was dir gebühret, daß wir dich über alles fürchten und lieben und unser vertrauen auf dich setzen,[3280] durch deinen lieben Sohn, Jesum Christum, unsern Herrn, in kraft des H[eiligen] Geistes. Amen.

Am 24. Sonntag nach Trinitat[is].
[Nr.] 180 Stad[e manuale ecclesiasticum]. p. 179. [S. 216] […]

Am 25. Sonntag nach Trinitat[is].
[Nr.] 181. Stad[e manuale ecclesiasticum]. p. 181. [S. 217] […]

Am 26. Sonntag nach Trinitat[is].
[Nr.] 182. Stad[e manuale ecclesiasticum]. p. 185.

Am 27. Sonntag nach Trinitat[is].
[Nr.] 183. St[ade manuale ecclesiasticum]. p. 189. [S. 218] […]

Auf Mariä Reinigung.
Siehe numer[is] 41. 42. 43.

Auf Mariä Verkündigung.
Siehe numer[is] 44. 45.

Auf Mariä Heimsuchung.
Siehe numer[is] 46. 47.

Am Tage Johannis des Täuffers.
Siehe numer[is] 48. 49.

Auf Michaelis.
[Nr.] 184. St[ade manuale ecclesiasticum]. p. 234. [S. 219] […]

---

aller Herren und der König aller Könige, und die mit ihm sind, sind die Berufenen und Auserwählten und Gläubigen" sowie Offb 19, 16: „[…] und trägt einen Namen geschrieben auf seinem Gewand und auf seiner Hüfte: König aller Könige und Herr aller Herren."

3280 Eine Anspielung auf Luthers berühmte Formel im „Kleinen Katechismus" („fürchten, lieben und vertrauen").

2.5 Die „Soestische Kirchen Agenden"   651

4. Auf besondere bey uns gebrauchliche oder sonst vorfallende Feyer-tage.

(a) Auf Buß- und Bät-tage.
Siehe numer[o] 232.

(b) Auf Hagel-feyer.
Siehe num[eris] 197. 259. [Nr.] 185. Leipz[iger] Ag[ende]. Dom[inica] Laetare. [S. 220] [...]

(c) Zum Crönungs-tag.
Siehe numer[o] 267.

5. Auf allerley theils fröliche/theils gefährliche und trüb-sählige zeit-umbstände.

(a) Zu krieges-zeiten um den frieden.
[Nr.] 186. [Am Rand: Soest(isches) Collect(en) Büchlein N(r.) 7.] Herr Gott, himmlischer Vatter! wir bekennen alle vor dir, daß wir durch unsere mißethat und langen ungehorsahm den krieg und allerley strafen wohl verdienet haben. Aber doch bitten wir dich: Du wollest um deines heiligen namens willen unser gnädiglich schonen, in unserer noth deine barmhertzigkeit und deines lieben Sohnes genugthuung für uns ansehen und dem land-verderblichen [S. 221] krieg mächtig steuren und wehren und deiner christenheit neben uns[3281] einen allgemeinen, beständigen frieden geben und dabey erhalten, auf daß dein wort in frieden weiter ausgebreitet werde, wir uns daraus beßern und im rechten gehorsam zu dir wandeln mögen, durch denselben deinen lieben Sohn, Jesum Christum, unsern Herrn. Amen.

[Nr.] 187. [Am Rand: Soest(isches) Coll(ecten) Büchl(ein) N(r.) 8.] Ewiger, allmächtiger Gott! ein König der Ehren[3282] und ein Herr Himmels und der Erden, durch welches Geist und versehung alle dinge regieret werden, der du bist ein Gott des Friedes, von dem alle einigkeit zu uns kommt. Wir bitten dich hertzlich: Du wollest uns unsere sünden vergeben, das gebät und schreyen der armen und elenden im lande erhören[3283] und den blutigen und land-verderblichen krieg gnädig abwenden und uns einen heylsahmen, allgemeinen und beständigen frieden vätterlich geben, damit [wir] in gewünschter landes-ruhe, in häusern des friedes[3284] dir in [S. 222] deiner furcht dienen, zu lob und preiß deines heiligen namens und unsers

---

3281 Mit uns zusammen.
3282 Vgl. Ps 24, 7–10: „Machet die Tore weit und die Türen in der Welt hoch, dass der König der Ehre einziehe! Wer ist der König der Ehre? Es ist der Herr, stark und mächtig, der Herr, mächtig im Streit. Machet die Tore weit und die Türen in der Welt hoch, dass der König der Ehre einziehe! Wer ist der König der Ehre? Es ist der Herr Zebaoth; er ist der König der Ehre. SELA."
3283 Vgl. Hi 34, 28: „[...] sodass das Schreien des Armen vor ihn kommen musste und er das Schreien der Elenden hörte."
3284 Vgl. Jes 32, 18: „[...] dass mein Volk in friedlichen Auen wohnen wird, in sicheren Wohnungen und in sorgloser Ruhe."

nächsten mehreren nutz und wohlfarth, um Jesu Christi, unsers einigen Mittlers und Friede-fürsten[3285], willen. Amen.

(b) Bey besorgter krieges-unruhe, um beybehaltung des friedes.
    [Nr.] 188. Chytr[aeus Kirchen] Ag[ende]. p. 278.a.
    [Nr.] 189. Sächs[ische] Ag[ende]. p. 63. [S. 223] […]
    [Nr.] 190. Sächs[ische] Ag[ende]. p. 130.
    [Nr.] 191. Sächs[ische] Ag[ende]. p. 160.

(c) Bey grassirenden kranckheiten.
    [Nr.] 192. Sächs[ische] Ag[ende]. p. 159. [S. 224] […]
    [Nr.] 193. Chytraei [Kirchen] Ag[ende]. f. 280. [S. 225] […]
    [Nr.] 194. Stad[e manuale ecclesiasticum]. p. 442.
    [Nr.] 195. [Am Rand: Soest(isches) Coll(ecten) Büchl(ein) N(r.) 9.] Unsterblicher ewiger Gott! der du bist ein Herr unsers Lebens und nicht lust hast an der menschen [S. 226] verderben.[3286] Wir bekennen vor dir, daß wir mit unsern vielen und schweren sünden allerley seuche, kranckheiten und andere land-strafen wohl verdienet haben. Wir rufen aber zu dir aus der tiefe unsers elends mit bußfertigem hertzen: Erbarme dich über uns nach deiner großen barmhertzigkeit, wende in gnaden von uns diese schädliche seuche N. N., tröste uns wieder mit deiner hülffe und heile uns. Nimm uns in deinen schutz und schirm und gib uns friedliche und gesunde zeiten, auf daß wir durch deine gnade unser leben beßern und dir wohlgefällig dienen, durch Jesum Christum, deinen lieben Sohn, unsern Herrn. Amen.

(d) Bey theurer zeit und hungers-noth.
    [Nr.] 196. Stade [manuale ecclesiasticum]. p. 438. [S. 227] […]

(e) Um fruchtbar wetter.
    Siehe numer[is] 185. 259. [Nr.] 197. [Am Rand: Soest(isches) Coll(ecten) Büchl(ein) N(r.) 10.] Herr, allmächtiger Gott! Schöpfer und Erhalter Himmels und der Erden, der du alles, was da ist, regierest und ernehrest, ohne welches gnade nichts geschehen kan. Vergib uns unsere sünde und nimm gnädiglich weg das vielschädliche (naße, dürre) wetter und gib uns, deinen kindern, lieber Vatter im Himmel, ein gnädiges und fruchtbahres gewitter, auf daß unser land durch deinen segen mit früchten erfüllet werde und die gewächse auf dem felde, in gärten und auf den bäumen wohl gerathen mögen und wir dich also in allen deinen wohlthaten als un-

---

3285 Vgl. Jes 9, 5: „Denn uns ist ein Kind geboren, ein Sohn ist uns gegeben, und die Herrschaft ist auf seiner Schulter; und er heißt Wunder-Rat, Gott-Held, Ewig-Vater, Friede-Fürst […]."

3286 Vgl. Weish 1, 13: „Denn Gott hat den Tod nicht gemacht und hat kein Gefallen am Untergang der Lebenden […]."

sern gnädigen Gott und Vatter erkennen [S. 228] und loben, durch Jesum Christum, deinen lieben Sohn, unsern Herrn. Amen.[3287]

(f) Um bequemes erndte-wetter.
[Nr.] 198. [Ohne Quelle] [Am Rand: Am Erndte danck feste] Herr, Gott, himmlischer Vatter! du milder Versorger deiner kinder auf erden. Wir dancken dir für den segen, welchen du uns auf den feldern sehen läßest. Befordere nun auch nach dem reichthum deiner güte die früchte der erde zu völliger zeitigung und reiffe, bescher bequeme witterung, daß wir die gabe deiner hand im trockenen einsammlen und dieselbe in ruhe, bey guter gesundheit und mit dancksagung genießen können, um Jesu Christi, deines Sohns, unsers Herrn willen. Amen.

(g) Bey heftigem wind-sturm.
[Nr.] 199. Stad[e manuale ecclesiasticum]. p. 437. [S. 229] […]

(h) Dancksagung nach abgewendeten land-plagen.
[Nr.] 200. Stad[e manuale ecclesiasticum]. p 448. [S. 230]

6. Bey anderem zeitwechsel.

(a) Des morgens.
[Nr.] 201. Sächs[ische] Ag[ende]. p. 133.

(b) Des abends.
[Nr.] 202. Sächs[ische] Ag[ende]. p. 134.

[S. 231] BB. Nach der ordnung des Kleinen Catechismi, auf die darinn enthaltene materien eingerichtet.

1. Zur einleitung in den Catechismum.

(a) Von dem worte Gottes.
   Siehe numer[is] 67. 105. 133.
   [Nr.] 203. Sächs[ische] Ag[ende]. p. 134.
   [Nr.] 204. Sächs[ische] Ag[ende]. p. 138. [S. 232] […]
   [Nr.] 205. Engl[ische] Lit[urgie]. p. 50.
   [Nr.] 206. Niedert[eutsches] Geb[et] B[uch]. fol LXXII.a. [S. 233] […]
   [Nr.] 207. Niedert[eutsches] Geb[et] B[uch]. f. LXXIII.b.

(b) Vom gesetz und evangelio.
[Nr.] 208. [Am Rand: Soest(isches) Coll(ecten) Büchl(ein). N(r.) 3.] Wir dancken dir, Herr Gott, himmlischer Vatter! daß du uns neben deinem heiligen gesetz dein heilig evangelium gegeben und uns dein vätterliches hertz [S. 234] [hast] erkennen

---

3287 Auch auf dem Vorsatzblatt und dem Titel des in Borgeln erhaltenen „Kleinen Katechismus". Vgl. S. 594.

laßen. Wir bitten deine barmhertzigkeit: Du wollest solches selige licht deines wortes gnädig bey uns erhalten und allen irrgeistern und verfolgern der wahrheit kräftig steuern, wollest auch durch deinen H[eiligen] Geist uns also regieren und führen, daß wir [nachträglich ergänzt: dieses] dein wort gern und fleißig hören, darnach selig glauben, christlich leben und geduldig leiden, auch dadurch zum ewigen leben gestärcket und erhalten werden mögen durch Jesum Christum, deinen lieben Sohn, unsern Herrn. Amen.

(c) Zur kinder-lehre.
[Nr.] 209. Stad[e manuale ecclesiasticum]. p. 416. [S. 235] [...]

2. Zum ersten haupt-stück des Catechismi.

(a) insgemein.
Vom gesetze Siehe numer[o] 48. [Nr.] 210. Stad[e manuale ecclesiasticum]. p. 32. [S. 236] [...]

(b) Bey der ersten tafel.
1. Von der liebe Gottes.
Siehe numer[o] 89. [Nr.] 211. Niedert[eutsches] Geb[et] B[uch]. f. CXV.b. [S. 237]

2. Von der liebe des Herrn Jesu.
Siehe numer[is] 120. 153. [Nr.] 212. Niedert[eutsches] Geb[et] B[uch]. f. CXVI.b.

3. Von der verläugnung sein selbst und der welt.
Siehe numer[o] 157. [S. 238] [Nr.] 213. Niedert[eutsches] Geb[et] B[uch]. f. CXVI.a.

4. Vom sabbath.
[Nr.] 214. Sächs[ische] Ag[ende]. p. 132. [S. 239] [...]

(c) Bey der andern tafel.
1. Von der liebe des nächsten.
Siehe numer[o] 65. [Nr.] 215. Engl[ische] Lit[urgie]. p. 59.

2. Von der einträchtigkeit.
Siehe numer[o] 104.

3. Von der sanftmuth.
Siehe numer[is] 53. 92. 160. [S. 240]

4. Von der liebe der feinde.
Siehe numer[o] 64. [Nr.] 216. Stad[e manuale ecclesiasticum]. p. 430.

5. Von der versöhnlichkeit.
[Nr.] 217. Niedert[eutsches] Geb[et] B[uch]. fol. CCXXXVIII.a. [S. 241] [...]

6. Von der mäßigkeit und keuschheit.
Siehe numer[is] 72. 73. [Nr.] 218. Engl[ische] Lit[urgie]. p. 60. [S. 242] [...]

7. Von dem fleiß in der berufs-arbeit.
Siehe numer[o] 171.

8. Wieder die sorgen.
Siehe numer[o] 171.

(d) Bey dem beschluß der zehn gebotte.
Von der straffe und frucht der sünden.
Siehe numer[o] 257. [Nr.] 219. Niedert[eutsches] Geb[et] B[uch]. f. CLXXIX.b.

3. Zum zweiten haupt-stück.

(a) überhaupt. [S. 243]

1. Von der H[eiligen] Dreyeinigkeit.
Siehe numer[o] 38. [Nr.] 220. Sächs[ische] Ag[ende]. p. 152.
[Nr.] 221. Stad[e manuale ecclesiasticum]. p. 399. [S. 244] […]

2. Von der allwißenheit Gottes.
Siehe numer[o] 87.

3. Vom evangelio.
Siehe numer[is] 61. 98. 100. 208.

4. Vom glauben.
[Nr.] 222. Sächs[ische] Ag[ende]. p. 135. [S. 245]
[Nr.] 223. Sächs[ische] Ag[ende]. p. 139.
[Nr.] 224. Sächs[ische] Ag[ende]. p. 143.

(b) Bey dem ersten artickul.

1. Von dem ebenbilde Gottes.
Siehe numer[o] 66.

2. Von den bösen geistern.
Siehe numer[is] 108. 135. 136. [S. 246]

3. Von der vorsorge Gottes.
Siehe numer[o] 171. [Nr.] 225. Sächs[ische] Ag[ende] Dom[inica] VII. [post] Trin[itatem].

4. Von der erhaltung.
Siehe numer[o] 163. [Nr.] 226. Engl[ische] Lit[urgie]. p. 21. [S. 247] […]

(c) Bey dem andern articul.

1. Von der menschwerdung Christi.
Siehe numer[is] 1. 6. 44.

2. Von denen ständen Christi.
   Siehe numer[is] 15. 25. 76.

3. Von der erlösung.
   Siehe numer[o] 75.

(d) Bey dem dritten articul.

1. Von denen gaben des H[eiligen] Geistes.
   Siehe numer[is] 32. 97. 101. 148.

2. Von der kirche.
   Siehe num[eris] 132. 204.
   [Nr.] 227. Sächs[ische] Ag[ende]. p. 121. [S. 248]
   [Nr.] 228. Sächs[ische] Ag[ende]. p. 144.
   [Nr.] 229. Stade [manuale ecclesiasticum]. p. 415.
   [Nr.] 230. Engl[ische] Lit[urgie]. p. [fehlt] [S. 249] […]
   [Nr.] 231. Bonnische Agenden pl. [drei Punkte] III.[3288]

3. Von dem beruf.
   Siehe num[eris] 125. 158. 159. 166. 176. [S. 250]

4. Von der erleuchtung.
   Siehe numer[is] 32. 56. 109.

5. Von der buße.
   Siehe numer[o] 159. [Nr.] 232. Sächs[ische] Ag[ende]. p. 140.
   [Nr.] 233. Stad[e manuale ecclesiasticum]. p. 410. [S. 251] […]
   [Nr.] 234. Niedert[eutsches] Geb[et] B[uch] ex Augustino: fol. LXXXI.b. [S. 252]
   […]

6. Von der wiedergeburth.
   Siehe numer[o] 156.

7. Von der rechtfertigung.
   [Nr.] 235. Sächs[ische] Ag[ende]. p. 137.

8. Von der kindschaft Gottes.
   Siehe numer[o] 59.

9. Von der einwohnung Gottes in der seelen.
   Siehe numer[o] 152.

3288 Möglicherweise die von Hermann Bonnus (1504–1548) für die Stadt Osnabrück verfasste „Christliche Kirchenordnung" von 1543: Christlcke Kercken-Ordenungh. Der Statt Ossenbrügge Dorch M. Hermannum Bonnum verfatet. […], [ohne Ort, ohne Drucker] 1543 (VD16 ZV 21277).

10. Von der heiligung.
Siehe numer[is] 66. 81. 101. 106. 164. [S. 253] [Nr.] 236. [Am Rand: Soest(isches) Coll(ecten) Büchl(ein) N(r.) 5.] Allmächtiger Herr Gott, der du bist ein beschützer aller, die auf dich trauen, ohne welches gnade niemand nichts vermag, noch etwas vor dir gilt, laß deine barmhertzigkeit uns vielfach wiederfahren, auf daß wir durch dein heiliges eingeben gedencken, was recht und dir wohlgefällig ist, durch dessen kraft auch daßelbige vollbringen und durch ihn in wahrem glauben und christlichem lebens-wandel beständig verharren bis an unser ende um Jesu Christi, deines Sohns, unsers Herrn willen. Amen.
[Nr.] 237. Sächs[ische] Ag[ende]. p. 141.
[Nr.] 238. Niedert[eutsches] Geb[et] B[uch]. fol. CXV.a. ex Augu[stino]. [S. 254] […]

11. Vom christenthum.
[Nr.] 239. Sächs[ische] Ag[ende]. p. 144. [S. 255] […]

12. Von der nachfolge des Herrn Jesu.
[Nr.] 240. Engl[ische] Lit[urgie]. p. 70.

13. Vom wachsthum im gutten.
Siehe numer[o] 103.

14. Von der fürsichtigkeit im wandel.
Siehe numer[is] 107. 165.

15. Von dem geistlichen kampf.
Siehe numer[is] 79. 108. 135. 137.

16. Von der freyheit der kinder Gottes.
Siehe numer[o] 74. [S. 256]

17. Von dem geistlichen priesterthum.
Siehe num[ero] 101.

18. Von der beharrlichkeit im guten.
Siehe num[ero] 96.

19. Von dem creutz.
Siehe num[ero] 147. [Nr.] 241. [Am Rand: Soest(isches) Coll(ecten) B(üchlein). N(r.) 6.] Allmächtiger, ewiger Gott und Vater! der du aus väterlicher wohlmeinung uns, deine kinder, allhie auf erden unter das creutz stellest und allerley trübsahl über uns kommen läßest, der sünde damit zu wehren und uns zur bußfertigkeit, glauben, hofnung und emsigen gebät zu reitzen. Wir bitten dich, du wollest uns in aller anfechtung und noth durch deinen H[eiligen] Geist stärcken, trösten, geduld verleyhen, unser gebät erhören und uns gnädige hülffe widerfahren laßen, auf daß wir nicht von dir weichen und verzagen, sondern deine vätterliche gnade und bey-

stand im leyden erkennen, durch viel trübsahl endlich in [S. 257] dein Reich gehen und dich mit allen heiligen in ewigkeit loben und preisen durch Jesum Christum, deinen lieben Sohn, unsern Herrn. Amen.

20. Gegen die anfechtungen.
   Siehe numer[o] 136.

21. Bey verfolgungen.
   Siehe numer[is] 151. 204.

22. Um geduld.
   Siehe numer[is] 17. 80. 91.

23. Um trost.
   [Nr.] 242. Niedert[eutsches] Geb[et] B[uch]. fol. CXCI.a. ex Luther[o]. [S. 258] […]

24. Vom tode.
   [Nr.] 243. Sächs[ische] Ag[ende]. p. 156.
   [Nr.] 244. Stade [manuale ecclesiasticum]. p. 445. [S. 259] […]
   [Nr.] 245. Chytr[aeus Kirchen] Ag[ende]. f. 279.b. [S. 260] […]

25. Bey begräbnißen.

a) insgemein.
   [Nr.] 246. Stade [manuale ecclesiasticum]. p. 444. [S. 261]

Bey dem begräbniß b) eines kindes.
   [Nr.] 247. Stad[e manuale ecclesiasticum]. p. 446.

26. Von der auferstehung der todten.
   Siehe numer[is] 112. 29. 172.
   [Nr.] 248. Sächs[ische] Ag[ende]. p. 155. [S. 262] […]

27. Vom jüngsten gericht.
   Siehe numer[is] 113. 114. 116. [Nr.] 249. Leipz[iger] Ag[ende]. Dom[inica] XXVI. [post] Trinitat[em]. [S. 263]

4. Zum dritten haupt-stück.

(a) Vom gebät.
   Siehe numer[o] 149.
   [Nr.] 250. Sächs[ische] Ag[ende]. p. 131.
   [Nr.] 251. Sächs[ische] Ag[ende]. p. 140. [S. 264]
   [Nr.] 252. Niedert[eutsches] Geb[et] B[uch]. plag. A. VII.b.
   [Nr.] 253. Grubenh[agische] K[irchen] O[rdnung]. p. 377. [S. 265] […]
   [Nr.] 254. Engl[ische] Lit[urgie]. p. 71.

(b) Bey dem beschluß der bät-stunden.
[Nr.] 255. Engl[ische] Lit[urgie]. p. 30 aus Chrysostom[o]. [S. 266]

(c) Von gemeiner noth.
Siehe numer[o] 251. [Nr.] 256. Sächs[ische] Ag[ende]. p. 61.
[Nr.] 257. Sächs[ische] Ag[ende]. p. 62. [S. 267] […]
[Nr.] 258. [Am Rand: Soest(isches) Coll(ecten) Büchl(ein). N(r.) 11.] Herr Gott, himmlischer Vatter! der du gnädig und barmhertzig bist und uns durch deinen Sohn verheißen hast, du wollest dich unser in allerley noth gnädig annehmen. Wir bitten dich: Wende gnädiglich von uns ab krieg, pestilentz, theure zeit und andere landverderbliche drangsahlen und gib uns dagegen aus gnaden friedliche, fruchtbahre und gesunde zeiten. Gib uns dabey deinen H[eiligen] Geist, der uns bey deinem schutz und segen regiere und anführe, daß wir deine gnaden-heimsuchung mit danck erkennen, in deiner furcht leben, dich als unsern gnädigen Gott und Vatter loben und dem nächsten die schuldige[n] wercke der liebe beweisen durch denselben, deinen lieben Sohn, Jesum Christum, unsern Heyland und Seligmacher. Amen.

(d) Für die früchte der erden.
Siehe numer[is] 185. 197. [Nr.] 259. Pfältz[ische] K[irchen] O[rdnung]. p. 66. [S. 268] […]

(e) Um danckbahrkeit.
[Nr.] 260. Sächs[ische] Ag[ende]. p. 136. [S. 269] […]

(f) Allgemeine dancksagung.
[Nr.] 261. Engl[ische] Lit[urgie]. p. 160. [S. 270]

(g) Für die irrende[n].
Siehe numer[o] 102. [Nr.] 262. Stade [manuale ecclesiasticum]. p. 429.

(h) Für die feinde.
Siehe numer[o] 191. [Nr.] 263. Stad[e manuale ecclesiasticum]. p. 430. [S. 271]

5. Zum vierten und fünfften haupt-stück.

(a) Von der h[eiligen] tauffe.
Siehe numer[is] 7. 60. 93. 94. 156. [Nr.] 264. Stade [manuale ecclesiasticum]. p. 34.

(b) Von dem h[eiligen] abendmahl.
[Nr.] 265. Sächs[ische] Ag[ende]. p. 118. 149. [S. 272] […]

Zur haus-tafel.

(a) Von den dreyen haupt-ständen.
[Nr.] 266. Stad[e manuale ecclesiasticum] p. 419.

(b) Von obrigkeiten und unterthanen.

Siehe numer[o] 179. [S. 273] [Nr.] 267. Engl[ische] Lit[urgie]. p. 22.
[Nr.] 268. Stade [manuale ecclesiasticum]. p. 423. [S. 274] [...]
[Nr.] 269. Niedert[eutsches] Geb[et] B[uch]. f. CCLIII.b. [S. 275]

(c) Für die lehrer.
Siehe num[eris] 99. 132.
[Nr.] 270. Engl[ische] Lit[urgie]. p. [fehlt]
[Nr.] 271. Stade [manuale ecclesiasticum]. p. 408.
[Nr.] 272. Ibidem. [S. 276] [...]

(d) Vom hauß-stande.
Siehe numer[is] 161. 127. [Nr.] 273. Stade [manuale ecclesiasticum]. p. 425.
[Nr.] 274. Ibid[em]. [S. 277] [...]

(e) Für die kinder.
Siehe num[eris] 54. 126.

III. Gebäter, nach denen sonn-, fest- und wochen-tags-predigten zu gebrauchen, stehen in der collection der gebäter, so das ministerium [S. 278] 1736 placidiret[3289] und davon ein extract dem ordentlichen Gesang-Buch angehänget worden [ist].[3290] Noch ein gebräuchliches gebät, nach der wochen-predigt zu verlesen, ist hier numer[o] 306 eingerücket, dazu komt aber zu zeiten

AA. Ein inserat, als:

1. Bey vorseyenden hohen vermählungen.[3291]
[Nr.] 275. [Ohne Quelle] Und da unter deiner gnädigen providentz und weisen regierung eine erwünschte vermählung zwischen N. N. getroffen ist, so dancken auch wir unseren orts deiner vätterlichen güte für die dem Königlichen hause und gantzem lande dadurch bereitete freude und bitten dich inbrünstig: Du wollest die

---

3289 Gebilligt/freigegeben hat.
3290 In der 1777 erschienenen Ausgabe des Soester Gesangbuches (Soest: Ebersbach 1777; Sammlung Peters) trägt dieser Anhang den Titel: Geistreiches Gebaet-Buch. Worin man angewiesen wird, I. Alle Morgen und Abend II. An Sonn- und Festtagen III. Bey Beicht- und Buß-Andachten IV. Vor, bey und nach dem Gebrauche des H[eiligen] Abendmahls. V. Auch in besonderen Anliegen, Noht und Tod sich mit GOtt zu unterreden. – Er umfasst 90 Seiten mit eigener Zählung. Gemeint ist hier Teil II.
3291 Die folgenden vier Gebete sind wohl nicht nur als ein Werben um die Gunst des Landesherren zu verstehen. Hier drücken sich auch eigene Wünsche der Soester Lutheraner aus. Man ersehnt friedliche Zeiten unter einer die Rechte der Stadt wahrenden, starken Obrigkeit. Bei Sybel selbst schwingen dabei gewiss auch noch theologiepolitische Hoffnungen mit (zügige Neuordnung des Soester Kirche im Sinne eines bewusst lutherischen [hallischen] Pietismus).

hohen vermählten deiner segenreichen gnade empfohlen seyn laßen und diese neue alliance wie zu deines namens ruhm, also zu weiterem flor der Königlichen familie gedeyen laßen und daraus unserem vatterlande mannigerley vortheile zufließen laßen. [S. 279]

2. Bey hoher schwangerschaft.

[Nr.] 276. [Ohne Quelle] Nachdem es dir, o grundgütiger Gott, auch in gnaden gefallen [hat], die N. N. abermahls mit leibesfrucht zu segnen, so bringen wir dir für die dadurch dem Königlichen hause zubereitete gute hofnung unser schuldiges danck-opfer dar und bitten deine barmhertzigkeit, du wollest die N. N. bey gegenwärtigen umständen in deine fernere obsicht dir empfohlen seyn laßen, für allem, was ihr schädlich seyn könte, sie mächtig bewahren und zu rechter zeit durch eine glückliche entbindung das Königliche (und N. N.) haus erfreuen, mit vielen descendenten zieren und es überhaupt zum segen setzen bis zur offenbahrung deines herrlichen und ewigen Reichs.

3. Nach erfolgter hoher entbindung.

[Nr.] 277. [Ohne Quelle] Und nachdem, o gütiger Vatter! du das gebät, so bisher in unsern landen vor deinen thron gebracht worden [ist], in gnaden erhöret und N. N. eine glückliche entbindung gegönnet und das Königl[iche] (wie auch N. N.) [S. 280] haus mit einem/einer wohlgestalten N. N. erfreuet hast, so preysen wir darüber deine güte und bitten demütiglich, daß du mit deiner gnade über dem/der jungen N. N. walten, zu deßen/deren wachsthum und erziehung dein göttliches gedeyen bescheren und das Königliche haus zum trost und hülfe des landes in beständigem flor erhalten wollest, um deines namens willen.

4. Bey hohen todesfällen.

[Nr.] 278. [Ohne Quelle] Nachdem es aber dir, o erhabener Gott! nach deinem weisen und heiligem rath gefallen [hat], das Königliche hauß und das gantze land durch absterben N. N. in tiefe trauer gerathen zu lassen, so bitten wir dich von hertzen, du wollest mit deinem reichen trost S[eine]r (Ihro) Königl[ichen] Majest[ät] und die gantze Königl[iche] familie mit deinem reichen trost aufrichten und sie gesamtlich nebst uns lehren, deiner allezeit anbätens würdigen regierung in geduld und gelaßenheit stille zu halten. Bewahre aber auch sie (und unser land) für ferneren betrübten und nachtheiligen [S. 281] sterbe-fällen und bereit ihnen (und uns) anderwärtige so viel reichere freude. Besonders walte über S[eine]r Königlichen Majestät und allen Königl[ichen] sproßen und angehörigen des Königl[ichen] hauses mit deiner fürsorge und segen und laß deine güte täglich in neuen wohlthaten sich an ihnen verherrlichen nach dem wunsch und gebät so vieler getreuen unterthanen, die dir dafür mit uns in zeit und ewigkeit danck und ruhm darbringen werden.

5. Bey vorseyender raths-wahl.

[Nr.] 279. [Ohne Quelle] Und da in dieser woche die jährliche raths-veränderung wieder vorgenommen werden wird, so bitten wir dich, Herr, unser Gott, der du die hertzen der menschen in deiner hand hast und leitest sie wie waßer-bäche,[3292] du wollest die vorseyende wahl, daran so wohl kirchen und schulen in unserer stadt und bottmäßigkeit, als auch dem gemeinen wesen viel gelegen ist, deiner gütigen aufsicht und so weisen als mächtigen regierung empfohlen [S. 282] seyn laßen. Lencke die stimmen der wählenden auf solche personen, die du treu und tüchtig gemacht hast, mit hindansetzung unlauterer absichten auf eignen nutzen und ehre für das geistliche und leibliche wohl der unterthanen zu steuren und zu wehren, fried und ruhe zu unterhalten, den unterdrückten zu helfen und heylsahme anstalten zu befordern. Erfülle dann ihre hertzen bey der wahl mit deiner heiligen furcht, daß sie auf deinen winck acht geben und deinen mund vornehmlich fragen. Bewahre sie in gnaden, daß sie nicht wieder ihren so theuren eyd handeln, worin sie sich vor deinem angesicht verbindlich machen, nicht nach freundschaft, gunst und gaben, sondern also zu wählen, wie sie begreiffen, dem gemeinen wesen am zuträglichsten zu seyn. Segne dann die gute intention derer, welche es treu meynen, und mache alle gefährliche[n] anschläge und bemühungen zu nichte, daß auch dismahl in guter einigkeit und ruhe eine obrigkeit [S. 283] nach deinem hertzen gewählet werde und wir, dafür deinem namen lob und danck zu sagen, ursache haben mögen.

6. Nach vollenzogener raths-wahl.

[Nr.] 280. [Ohne Quelle] Nachdem auch die raths-wahl in unserer stadt in ruhe und einigkeit vollenzogen ist, so bringen wir dir, o gütiger Vatter! dafür ein schuldiges danck-opfer und bitten dich, du wollest fortfahren, uns mit gnaden und reichem segen anzusehen. Vergilt denen abgehenden herren[3293] alle treue, so sie in handhabung des rechts und der gerechtigkeit an unserer stadt und bottmäßigkeit bewiesen, erquicke sie für alle beschwerden, so sie unter ihrer regierung den unterthanen zum besten übernommen haben. Sey nun auch mit den antrettenden und neuerwehlten herrn bürgermeistern und raths-verwandten und segne ihr regiment. Schencke ihnen ein neues maaß des Geistes, der weisheit und deiner furcht, daß sie als deines Reiches ambt-leute[3294] verfahren und nicht ihre, sondern [S. 284] deine ehre suchen. Erfülle sie mit liebe gegen ihre unterthanen, daß sie nur für das gemeine besten[!] sorgen, dem geitz und eigen-nutz aber feynd seyn. Gib ihnen muth und freudigkeit, die bösen zu bestraffen und aller unordnung zu wehren. Neige auch die hertzen der einwohner unserer stadt und bottmäßigkeit zur ehrfurcht und gehorsahm gegen ihre vorgesetzte obrigkeit, damit also ruhe und friede in unsern mauren[3295] erhalten, schade und unlust von unsern gräntzen abgewendet und wir, dir so viel freudiger zu dienen, erwecket werden.

3292 Vgl. Spr 21, 1: „Des Königs Herz ist in der Hand des Herrn wie Wasserbäche; er lenkt es, wohin er will."
3293 Den Mitgliedern des alten Rates.
3294 Auch die weltliche Obrigkeit ist Teil des göttlichen Regimentes.
3295 Hier wird bewusst „Stadttheologie" betrieben.

7. Bey dem anfang der lectionum in unserem gymnasio.

[Nr.] 281. [Ohne Quelle] Und da morgenden tages die ordentlichen schul-lectiones in unserem gymnasio wieder werden befangen werden, so bitten wir dich, Herr, unser Gott! du wollest beydes, lehrenden und [gestrichen: lehr] lernenden, deinen H[eiligen] Geist dazu mittheilen, daß er mit ihnen sey und mit ihnen arbeite. Erfülle die lehrer mit wahrer [S. 285] liebe gegen die jugend, an deren rechten erziehung und anführung der kirchen Christi und dem gemeinen wesen so gar viel gelegen ist. Schencke ihnen benöthigte weisheit, die gaben ihrer untergebenen gebührend zu erwecken und sie wie zur wahren gottes-furcht anzuführen, also in nützlichen sprachen, künsten und wißenschaften zu unterweisen. Laß sie unter ihrem pflantzen und begießen[3296] dein göttliches gedeyen reichlich verspüren und die jugend zu werck-zeugen deiner ehre in allen ständen zu befordern glücklich zubereiten. Gib auch den schülern lehrbegierige, fähige und folgsahme hertzen, bewapne sie gegen die im schwange gehenden aergernißen und bewahre sie für verführung. Lencke auch die hertzen derer eltern zur getreuen fürsorge für die erziehung ihrer kinder. Laß sie die schulen für eine wohlthat und theure gabe deiner hand ansehen und willig seyn, dazu die jugend herzuschicken.

8. Nach vollendeter erndte.

[Nr.] 282. [Ohne Quelle] Wir sagen dir auch, o unser Vatter im Himmel! [S. 286] hie öffentlich in der gemeine mit zusammen gesetzter andacht demüthigen danck, daß du in diesem jahr wiederum zu unserer versorgung den ackerboden gesegnet und die früchte des feldes, wie auch in gärten und auf den bäumen [hast] wohlgerathen laßen. Wir hätten durch unsere sünden wohl verdient gehabt, daß du uns mit mißwachs, hagelschlag und anderem unheil und schaden (mehr) hättest straffen können. Du aber hast nach dem reichthum deiner gnade uns gleichwohl deinen guten schatz aufgethan[3297] und uns vom himmel zur saat und erndte, regen, sonnenschein und übrige fruchtbahre und bequeme witterung bescheret, daß wir deinen segen bey guter gesundheit nunmehr im trockenen einsammlen können. Lob sey dafür deiner vätterlichen barmhertzigkeit. [Gekennzeichneter Einschub aus dem „Soestischen Collecten Buch": Segne aber und behüte nun auch ferner die eingesammlete frucht in unseren häusern. Behüte uns für schrecklichen feuers-brünsten, feindlichen Überfällen, Plünderungen und andern landverwüstenden plagen. Laß deine h(eiligen) Engel um unsere stadt und bottmäßigkeit (S. 287) eine wagenburg schlagen,[3298] auf daß wir in unsern häusern in liebe, friede und gesundheit mit

---

3296 Vgl. 1. Kor 3, 6–8: „Ich habe gepflanzt, Apollos hat begossen; aber Gott hat das Gedeihen gegeben. So ist nun weder der etwas, der pflanzt, noch der begießt, sondern Gott, der das Gedeihen gibt. Der aber pflanzt und der begießt, sind einer wie der andere. Jeder aber wird seinen Lohn empfangen nach seiner Arbeit."

3297 Vgl. 1. Tim 6, 19: „[…] und sich selbst einen Schatz sammeln als guten Grund für die Zukunft, damit sie das wahre Leben ergreifen."

3298 Vgl. Lk 19, 43: „Denn es wird eine Zeit über dich kommen, da werden deine Feinde um dich einen Wall aufwerfen, dich belagern und von allen Seiten bedrängen."

dancksagung unser tägliches brod empfangen und in deiner furcht deßen wohlvergnüglich und gedeylich genießen (mögen). Regiere uns, lieber Vatter, durch deinen H(eiligen) Geist, daß wir solche deine vätterliche fürsorge, schutz und segen allezeit mit schuldigem danck erkennen und preisen, auch der lieben früchte und anderer deiner gaben nicht mißbrauchen durch geitz, ubermuth, schwelgerey, schändlichen hoffarth und andern sündlichen lüsten, sondern daß wir dieselbe in deiner furcht allzeit recht gewinnen, besitzen und wohl anwenden zu deines h(eiligen) namens ehre, unserer nothdurft und pflege, dem nächsten zu dienst, zu mit-unterhaltung der armen und dürftigen. Behüte uns, daß unser hertz nicht beschweret werde mit sorgen der nahrung, auf daß wir das hertz nicht an das zeitliche hangen, dem mammon dienen[3299] und also deine gnade und die ewige seligkeit verlieren. Herr, laß dein antlitz leuchten über uns und sey uns gnädig.[3300] Es segne uns (S. 288) Gott, unser Gott, es segne uns Gott und jedermann fürchte ihn.[3301] Er führe uns endlich aus diesem elenden, dürftigen leben zum reichthum seiner herrlichkeit,[3302] auf daß wir da, bey ihm, das leben und volle genüge haben mögen[3303] in der seligen ewigkeit um Jesu Christi, unsers einigen Erlösers willen.]

9. Bey jährlicher erinnerung an die wohlthat der reformation.

[Nr.] 283. [Ohne Quelle] Und da wir an diesem tage das gedächtniß der um diese jahres-zeit durch den dienst Lutheri[3304] befangenen [angefangenen] Reformation des unter dem pabstthum verderbten kirchen-wesens wieder zu erneuren pflegen,[3305] so dancken wir dir, o gütiger Gott! für alle der gesamten evangelischen kirchen, und besonders unserer stadt und bottmäßigkeit, von selbiger zeit her erwiesene gnade in ausbreitung der evangelischen lehre, in deren beschützung und in beförderter frucht derselben zur heiligung und trost der seelen. Wir bitten dich aber auch, vergib uns alle unsere sünden [S. 289] und nimm nicht von uns den leuchter deines so hell unter uns scheinenden worts[3306] um des undancks derer willen, die solche wohlthat nicht achten und dem evangelio nicht würdiglich wandeln, ja, durch ihre sicherheit und ruchlosigkeit die lehre unserer kirchen bey anderen partheyen[3307]

3299 Vgl. Mt 6, 24: „Niemand kann zwei Herren dienen: Entweder er wird den einen hassen und den andern lieben, oder er wird an dem einen hängen und den andern verachten. Ihr könnt nicht Gott dienen und dem Mammon."
3300 4. Mose 6, 24.
3301 Ps 67, 7f.
3302 Vgl. Röm 9, 23: „[…] auf dass er den Reichtum seiner Herrlichkeit kundtue an den Gefäßen der Barmherzigkeit, die er zuvor bereitet hatte zur Herrlichkeit."
3303 Vgl. Joh 10, 10b: „Ich bin gekommen, damit sie das Leben haben und volle Genüge."
3304 Er ist zu dieser Zeit längst ein eigener Topos der lutherischen Dogmatik.
3305 Die Feier des Reformationstages (31. Oktober) ist zu dieser Zeit in Soest längst üblich.
3306 Vgl. Mt 5, 15: „Man zündet auch nicht ein Licht an und setzt es unter einen Scheffel, sondern auf einen Leuchter; so leuchtet es allen, die im Hause sind."
3307 Den anderen Religionsparteien/den römisch-katholischen und den reformierten Christen.

lästern machen. Fahre fort, um uns zu graben und uns zu bedüngen,[3308] daß dir von vielen die früchte des glaubens, die du suchest, zu deinem preiß gebracht werden. Schütze uns ferner gegen des pabsts anschläge und unternehmungen. Erwecke uns immer pfleger und säug-ammen[3309] an christlichen potentaten und halte durch sie den verfolgungs geist zurück, daß unsere wiedersacher, mit uns friedlich und sanftmüthig zu leben, wenigstens genöthiget werden,[3310] um deines namens willen.

BB. Ein appendix, als:

1. Die ordentliche fürbitte für krancke und noth-leidende.

[Nr.] 284. [Ohne Quelle] Hierauf schließen wir mit dem gebät des [S. 290] Herrn und wollen in demselben zugleich Gotte mit vortragen alle krancke[n] und betrübte[n], angefochtene[n], elende[n] und notleidende[n], welche in dieser und andern gemeinen unserer besonderen fürbitte bedürfen oder dieselbe auch begehret haben. Besonders gedencken wir eines N. N. Gott wolle sich dieser und aller andern patienten in gnaden erbarmen, buße, glauben und geduld in ihnen wircken und erhalten, das theure verdienst des Herren Jesu ihnen jetzt sonderlich zu gute kommen laßen, ihre sünden ihnen vergeben, mit dem trost des H[eiligen] Geistes sie erquicken, durch ihr leiden die heiligung ihrer seelen befordern, ihre not, angst und schmertzen ihnen lindern und es überhaupt mit ihnen so fügen und lencken, wie es zu seiner ehre und ihrer seligkeit am erspriesslichsten seyn wird. Und dafern es seiner weisheit wohl gefiele, sie zur gesundheit wieder zu befordern, wolle er ihnen danckbahre hertzen schencken und sie an dem vorsatz und gelübde, so sie [S. 291] in ihrer noth vor sein angesicht gebracht, zu deßen erfüllung kräftig erinnnern. Wenn er aber in seinem rath beschloßen haben solte, sie durch den zeitlichen tod in die ewigkeit zu versetzen, wolle er sie die noch übrige zeit zur geheiligten vorbereitung auf einen seligen abschied sich recht zubereiten und also in friede dahin fahren laßen zu seinem ewigen Reiche, um Christi willen.

2. Dancksagung für die genesung eines patienten.

[Nr.] 285. [Ohne Quelle] Und nachdem es deiner vätterlichen güte wohl gefallen [hat], einen bisherigen patienten von seiner ausgestandenen kranckheit wieder genesen zu laßen, so sagen wir dir dafür und für alle ihm auf seinem krancken-lager an seele und leib erwiesene wohlthat auch hier in dieser versammlung mit ihm demüthigen danck und bitten dich, du wollest ihn zu völligen kräften wieder befördern, die gesundheit dauerhaft seyn und ihn dieselbe und sein gantzes noch übriges leben nach deinem [S. 292] willen, zu deiner ehre und dienst, wie auch zu seinem wahren heyl anwenden laßen, durch deines H[eiligen] Geistes gnade, um Christi willen.

3308 Vgl. Lk 13, 8: „Er aber antwortete und sprach zu ihm: Herr, lass ihn noch dies Jahr, bis ich um ihn herum grabe und ihn dünge […]."
3309 Vgl. Jes 49, 23a: „Und Könige sollen deine Pfleger und ihre Fürstinnen deine Ammen sein."
3310 In Soest ist man sich seiner politisch-militärischen Schwäche also durchaus bewusst.

3. Fürbitte für die schwangere[n].

[Nr.] 286. [Ohne Quelle] Die mit leibes-frucht gesegnete frauen wolt Gott ferner segnen, auf ihren wegen und stegen sie geleiten, für unfall gnädiglich bewahren, zu rechter zeit glücklich entbinden und zu frölichen kinder-müttern machen und den kindern die Heilige Taufe wiederfahren laßen,[3311] um seines namens willen.

4. Dancksagung für die entbindung.

[Nr.] 287. [Ohne Quelle] Und da er eine derselben ihrer bisherigen leibes-bürde entbunden hat, so preisen wir darüber seine güte und bitten, daß er die kindbetterin zu vorigen kräften wiederum befordern und alle beschwerliche und gefährliche zufälle von ihr abwenden, dem kindlein aber die Heilige Taufe wiederfahren laßen, die bundes-gnade[3312] ihm bestättigen und allerley geistlichen und leiblichen segen wie [S. 293] ihm also auch, ihm zum besten, den eltern zuwenden wolle, um Christi willen.

5. Dancksagung für eine ihren kirch-gang haltende sechs-wöch[n]erin.[3313]

[Nr.] 288. [Ohne Quelle] Nachdem auch Gott einer kindbetterin[nen] so weit wieder geholfen [hat], daß sie heut ihren kirchgang [hat] halten können, so sagen wir in dieser öffentlichen versammlung mit ihr seiner güte dafür demüthigen danck, mit beygefügter hertzlichen bitte, daß er über mutter und kind fernerhin seine gnade walten, das kindelein unter seinem segen wohlgedeyen und den eltern zur freud und trost und zu seines namens ruhm und preiß aufwachsen laßen, den eltern auch weisheit und treue zu deßelben christlicher erziehung schencken wolle, damit es bey zunehmenden jahren die tauf-gnade durch muthwillige sünden nicht verschertzen, sondern bis an sein seliges ende bewahren möge, um Christi willen. [S. 294]

6. Wenn das kind vorher verstorben oder nicht lebend zur welt gekommen ist.

[Nr.] 289. [Ohne Quelle] Nachdem auch Gott eine[r] kindbetterin[ne] so weit wieder zu kräften [hat] kommen laßen, daß sie heut ihren kirch-gang [hat] halten können, seinem unerforschlichen, doch allezeit heiligen und weisen rath aber gefallen [hat], ihrer getragenen leibes-bürde vor/in der geburth (vor/bald nach der h[eiligen] taufe) das leben wieder zu nehmen, so preisen wir seinen heiligen namen hier öffentlich in der gemeine, dancken ihm für die der kind-betterin[nen] erwiesene hülffe und bitten, daß er über dieselbe seine gnade ferner walten laße, in zufriedenheit und gelaßenheit sie bewahren und ihr mit den ihrigen auf andere, ihm gefällige weise so viel mehr freude zubereiten wolle.

3311 Das heißt: Sie nicht vorzeitig und so vielleicht noch ungetauft versterben lassen.
3312 Die Gnade des Taufbundes mit Gott.
3313 Die niedergekommenen Frauen (Wöchnerinnen) kamen nach der Geburt sechs Wochen lang nicht zur Kirche, waren also auch bei der Taufe ihres Kindes in der Regel nicht zugegen gewesen.

2.5 Die „Soestische Kirchen Agenden"

7. Fürbitte für die communicanten.

[Nr.] 290. [Ohne Quelle] Wir gedencken auch der christlichen communicanten, die sich an diesem sonntage bereitet haben, das abendmahl des Herrn zu halten. Der H[eilige] Geist wircke [S. 295] in ihnen allen kräftig, daß sie als würdige gäste bey des Herren tische erscheinen und keiner das theure sacrament unwürdig zu seinem gericht empfangen möge.[3314] Er mache sie aus betrachtung und unter der empfindung ihres natürlichen elendes begierig nach der artzney des leibes und blutes Christi.[3315] Er gebe ihnen gnade, deßen tod zu verkündigen[3316] und sein verdienst im glauben sich zuzueignen, wie auch sich zum danck-opfer im guten vorsatz ihm darzustellen. Er laße sie in die gemeinschaft Christi näher eindringen und in ihm versicherung der vergebung der sünden, so dann stärckung im geistlichen leben finden. Schaffe du in ihnen, Gott, ein reines hertz und gib ihnen einen neuen gewißen geist; verwirf sie nicht von deinem angesicht und nimm deinen H[eiligen] Geist nicht von ihnen; tröste sie wieder mit deiner hülfe und dein freudiger Geist enthalte [erhalte] sie dir.[3317]

(a) Wenn unter den[en] communicanten eine person ist, welche der gemeine ein aergerniß durch einen schwerden fall gegeben [hat], [S. 296] wird aus Königl[icher] verordnung das formular gebrauchet, welches unten dem process von der öffentlichen kirchen-buße beygefüget ist: numer[o] 383.

(b) Wenn unter denen communicanten eine person ist, die von einer anderen religion[3318] zu uns übertritt:

[Nr.] 291. [Ohne Quelle] Und da unter denen jetzigen communicanten eine person sich befindet, die bisher der Römischen (einer andern) kirchen zugethan gewesen [ist] und sich nun in die gemeinschaft unserer evangelisch-Lutherischen kirchen begibt, so rufen wir Gott über dieselbe demüthigst an, er wolle ihr durch seines H[eiligen] Geistes gnaden-wirckungen ein lauteres und aufrichtiges hertz schencken, daß es ihr bey dieser veränderung um den sichersten und nächsten weg zur seligkeit allein zu thun sey. Er laße sie auch nicht nur zum hinlänglichen und überzeugenden erkäntniß seines gütigen und heiligen raths von unserm heyl in Christo

---

3314 Vgl. 1. Kor 11, 27–29: „Wer also unwürdig von dem Brot isst oder von dem Kelch des Herrn trinkt, der wird schuldig sein am Leib und Blut des Herrn. Der Mensch prüfe aber sich selbst, und so esse er von diesem Brot und trinke von diesem Kelch. Denn wer isst und trinkt und nicht bedenkt, welcher Leib es ist, der isst und trinkt sich selber zum Gericht."

3315 Vgl. Lk 5, 31: „Und Jesus antwortete und sprach zu ihnen: Die Gesunden bedürfen des Arztes nicht, sondern die Kranken."

3316 Vgl. 1. Kor 11, 26: „Denn sooft ihr von diesem Brot esst und von dem Kelch trinkt, verkündigt ihr den Tod des Herrn, bis er kommt."

3317 Vgl. Ps 51, 12–14: „Schaffe in mir, Gott, ein reines Herz und gib mir einen neuen, beständigen Geist. Verwirf mich nicht von deinem Angesicht, und nimm deinen heiligen Geist nicht von mir. Erfreue mich wieder mit deiner Hilfe, und mit einem willigen Geist rüste mich aus."

3318 Aus einer anderen christlichen Konfession.

gelangen, sondern erwecke sie anbey, seine gnade mit bußfertigem [S. 297] hertzen begierig zu suchen und zuversichtiglich zu ergreiffen und anzunehmen, mithin ihm dafür in der wahrheit danckbahr zu werden, so wohl in sorgfältiger Vermeidung alles deßen, was ihm zuwieder und an seiner gemeinschaft hinderlich ist, als auch in fleißiger und williger vollbringung seines willens, damit sie in dieser ordnung[3319] aus der evangelischen lehre versicherung von ihrer gnaden-kindschaft und dem himmlischen erbe, mithin trost und kraft in aller versuchung und kampf, ja, in noth und tod finden und genießen möge, um Christi willen.

8. Fürbitte für vorseyende prediger-wahlen.

[Nr.] 292. [Ohne Quelle] Und da in unserer stadt (bottmäßigkeit) eine erledigte prediger-stelle wieder besetzet werden soll, so rufen wir den Herrn der Erndte an, daß er denen, so die wahl zu führen haben, einen getreuen arbeiter ausweisen wolle.[3320] Er bewahre die wählenden gesämtlich für unlauteren absichten, daß sie nicht jemand zum brod zu befordern, sondern der gemeine [S. 298] zu einem getreuen hirten zu verhelfen trachten und nur die ehre seines h[eiligen] namens und die erbauung des Reiches Christi ihren zweck seyn laßen. Er laße sie nur dem die stimme zu geben begehren, an dem sie die meiste treue und tüchtigkeit, so zu dem wercke des ambts erfordert wird, zu finden hoffen können und dem sie zutrauen, daß er das meiste werde beytragen können zur erweckung, erleuchtung, bekehrung und heiligung der seelen, wie auch zum trost und stärckung der bußfertigen und elenden bey solcher gemeine. Er laße sie denn auch einen solchen mann nach seinem hertzen treffen und die wahl in ruhe und einigkeit vollenzogen werden.

9. Dancksagung nach vollenzogener prediger-wahl.

[Nr.] 293. [Ohne Quelle] Nachdem auch eine prediger-wahl in dieser stadt (auf dem lande) in ruhe und friede (glücklich) vollenzogen ist, so preisen wir darüber den namen des Herren und bitten ihn, daß er auf den neuerwehlten ein neues maaß der benöthigten gaben seines Geistes legen und ihm weisheit, ernst, muth und kraft [S. 299] schencken wolle, das wort der wahrheit öffentlich und ins besondere als aus Gott vor Gott und Christo Jesu zu treiben, solches recht zu theilen und einem jeden sein gebühr daraus zu geben.[3321] Er erfülle ihn mit liebe gegen die gemeine und mit einer heiligen begierde, ihm die seelen zuzuführen und derselben zu pflegen, wie es recht ist. Dagegen erwecke er auch bei der gemeine vertrauen gegen ihn und gebe zu allem seinem pflantzen und begießen[3322] bey jungen und alten sein göttliches

---

3319 Im Rahmen der für verbindlich und normativ gehaltenen „Heilsordnung".
3320 Vgl. Mt 9, 37 f.: „Da sprach er zu seinen Jüngern: Die Ernte ist groß, aber wenige sind der Arbeiter. Darum bittet den Herrn der Ernte, dass er Arbeiter in seine Ernte sende."
3321 Vgl. 1. Kor 12, 1–11 (Viele Gaben – ein Geist).
3322 Vgl. 1. Kor 3, 6–8: „Ich habe gepflanzt, Apollos hat begossen; aber Gott hat das Gedeihen gegeben. So ist nun weder der etwas, der pflanzt, noch der begießt, sondern Gott, der das Gedeihen gibt. Der aber pflanzt und der begießt, sind einer wie der andere. Jeder aber wird seinen Lohn empfangen nach seiner Arbeit."

gedeyen, daß vielen seelen durch seinen dienst geholfen werde, um seines namens willen.

10. Bey anhaltender schädlichen witterung.
[Nr.] 294. [Ohne Quelle] Da uns auch bisher anhaltende witterung in sorge und furcht setzet, daß die früchte des feldes davon schaden nehmen mögten, so befehlen wir dieselbe so viel ernstlicher der fürsorge Gottes mit demühtigster bitte, er wolle sie uns erhalten, für [vor] mißwachs und theurung unsere stadt und land bewahren und nach seinem gnädigen willen ein fruchtbahres und gedeyliches [S. 300] wetter erfolgen laßen, um seines namens willen.

11. Wenn das ungeziefer im felde schaden thut.
[Nr.] 295. [Ohne Quelle] Und da bisher das ungeziefer (die mäuse) in unsern feldern auf dein verhängniß an den früchten der erden vielen schaden gethan, so bitten wir deine barmhertzigkeit, du wollest nicht mit uns nach unserm verdienst handeln, noch unsere an felder und gärten verwendete mühe und arbeit vergebens seyn laßen, sondern uns von dieser plage wieder befreyen und uns ferner unser täglich brod mit dancksagung von deiner hand empfangen laßen, um deines namens willen.

12. Bey grassirenden gefährlichen kranckheiten.
[Nr.] 296. [Ohne Quelle] Und da die grassirende seuche N. N. sich mehr und mehr ausbreitet (noch immer anhält), so rufen wir dich an, allmächtiger und gütiger Gott! der du gesagt hast: Ich bin dein artzt,[3323] du wollest unserer schonen, dem würg-engel befehlen, daß er fürüber [S. 301] gehe,[3324] und uns wieder gesunde zeiten verleyhen. Nimm dich auch aller patienten in gnaden an, die du mit dieser schweren ruthen heimgesuchet hast, daß sie in buße, glauben und geduld sich zu dir wenden, unter deine gewaltige hand sich in geduld demühtigen und deine[r] hülfe, es sey zu leiblicher genesung oder zur einführung in dein himmlisches Reich, zu rechter zeit sich erfreuen können.[3325]

13. Fürbitte für einen ruchlosen und verstockten sünder.
[Nr.] 297. [Ohne Quelle] Da sich in dieser gemeine (stadt) ein mensch befindet, der nicht nur zu seinem eigenen schaden die gnade Gottes versäumet, sondern auch durch verachtung der gnaden-mittel und sein fortwährendes ruchloses leben andern zum aergerniß dienet, an welchem bisher alle überzeugung, bestraffung und ermahnung unfruchtbar gewesen [sind]: So nehmen wir unsere zuflucht zu dem gemeinen kirchen-gebät und bitten [gestrichen: dich] demühtigst, daß der Herr

3323 Vgl. Lk 5, 31: „Und Jesus antwortete und sprach zu ihnen: Die Gesunden bedürfen des Arztes nicht, sondern die Kranken."
3324 Vgl. 2. Mose 12, 23: „Denn der Herr wird umhergehen und die Ägypter schlagen. Wenn er aber das Blut sehen wird am Türsturz und an den beiden Pfosten, wird er an der Tür vorübergehen und den Verderber nicht in eure Häuser kommen lassen, um euch zu schlagen."
3325 Vgl. 1. Petr 5, 6: „So demütigt euch nun unter die gewaltige Hand Gottes, damit er euch erhöhe zu seiner Zeit."

[S. 302] nach dem reichthum seiner geduld und langmuth ihm noch raum und frist zu seiner buße geben und ferner durch seines Geistes zucht an ihm arbeiten wolle. Wie er steinharte hertzen zermalmen und erweichen, die sicheren aufwecken, ja, den todten das leben wiedergeben kan: So wolle er auch diesem armen menschen ins hertz greiffen, ihn durch einen mächtigen strahl seines lichts zum erkäntniß des gefährlichen zustandes, darin er stehet,[3326] und zum gefühl seines gerechten zorns wieder die sünde befordern, mithin in ein heiliges [er]schrecken und in göttliche traurigkeit[3327] über sein bisheriges unwesen ihn setzen, damit er nach seiner gnade in Christo begierig werde, ihm in demuth und reue zu fuße falle, die gnaden-mittel gebührend gebrauche und als ein brand aus dem feuer errettet werde.[3328] So lang er aber seinem Geist zu wiederstreben fortwehret, verhindere er in gnaden, daß nicht andere durch ihn geärgert werden. Er verschaffe vielmehr gnade, daß sich [S. 303] andere an diesem menschen spiegeln und wahrnehmen, wohin es endlich mit der sünden kommen könne, wo man ihr nicht bey zeiten steuert. Er treibe auch die, so bäten können, an, in ihre[r] privat-andacht den menschen Gotte ferner anzubefehlen, und erhöre unser flehen, um der fürbitte Christi willen.

14. Die proclamation derer, die in den ehestand tretten wollen.

[Nr.] 298. [Ohne Quelle] Es wollen sich in den stand der heiligen ehe begeben, begehren christliche fürbitte und werden auffgeruffen zum – mahl[3329] N. N. Wer nun etwas einzuwenden wüste, warum diese personen nicht ehelich beysammen wohnen können, der wolle solches bey zeiten anmelden, nachmahls aber aller einrede sich enthalten. Gott, der den ehestand eingesetzet und gesegnet hat, laße ihm [sich] ihr vorhaben wohl gefallen und gebe ihnen gnade, ihren neuen stand heilig und in seiner furcht anzufangen und fortzusetzen. Er erhalte unter ihnen liebe und friede, verleyhe ihnen gesundheit [S. 304] und allen übrigen ehe- und haus-segen, den er ihnen erkennet ersprieslich zu seyn, sonderlich laße er sie zum gebät und seinem dienst sich stets vereinigen und in ihrer ehe ein bild der geistlichen vermählung der seelen mit Christo[3330] vor augen haben, bis sie zu jener herrlichen hochzeit des lammes[3331] eingeführet werden.

3326 Vgl. Apg 9, 3: „Als er aber auf dem Wege war und in die Nähe von Damaskus kam, umleuchtete ihn plötzlich ein Licht vom Himmel […]."
3327 Vgl. 2. Kor 7, 10: „Denn die Traurigkeit nach Gottes Willen wirkt zur Seligkeit eine Umkehr, die niemanden reut; die Traurigkeit der Welt aber wirkt den Tod."
3328 Vgl. Am 4, 11: „Ich richtete unter euch Zerstörung an, wie Gott Sodom und Gomorra zerstörte, dass ihr wart wie ein Brandscheit, das aus dem Feuer gerissen wird; dennoch seid ihr nicht umgekehrt zu mir, spricht der Herr" sowie Sach 3, 2: „Und der Herr sprach zum Satan: Der Herr schelte dich, du Satan! Ja, der Herr schelte dich, der Jerusalem erwählt hat! Ist dieser nicht ein Brandscheit, das aus dem Feuer gerettet ist?"
3329 Zum ersten, zweiten oder dritten Mal (in ununterbrochener Folge).
3330 Der Grundgedanke der „unio mystica".
3331 Vgl. Offb 19, 7: „Lasst uns freuen und fröhlich sein und ihm die Ehre geben; denn die Hochzeit des Lammes ist gekommen, und seine Frau hat sich bereitet."

2.5 Die „Soestische Kirchen Agenden"

15. Die Intimation der Feyer-tage.
[Nr.] 299. [Ohne Quelle] An N. N. tage wird einfallen:
das erfreuliche *Weyhnachts-fest,* daran wir das gedächtniß der heylwärtigen menschwerdung und geburth des Herrn Jesu feyerlich begehen werden. Wie nun darauf der grund aller unserer hofnung beruhet:[3332] also wird Ew[er] Christl[ichen] Liebe erinnert, auf dieses h[eilige] fest sich wohl vorzubereiten, in christlicher versammlung sich fleißig einzufinden, dem himmlischen Vatter für die sendung seines Sohns hertzlich zu dancken und unsern Heyland im glauben gebührend auf- und anzunehmen.

Das Fest der *Beschneidung* Christi, darinn er die erste bluts-tröpflein für uns vergoßen und das angeld [S. 305] der in seinem leyden und sterben darzubringenden völligen erlösung des menschlichen geschlechts seinem himmlischen Vatter bezahlet [hat]. Ew[er] Christl[ichen] Liebe wird erinnert, solchen namens-tag unsers Seligmachers andächtig zu begehen mit hertzlicher dancksagung für alle durch ihn und um seinet willen in vorigem jahr uns erwiesenen geistlichen und leiblichen wohltaten.

Das Fest der *Erscheinung* Christi, woran wir uns erinnern, wie er in den weisen aus Morgen-Land sich auch den heyden zu offenbahren angefangen.[3333] Gleichwie nun uns, die wir in unsern vorfahren auch heyden gewesen,[3334] daran viel gelegen ist, daß wir die versicherung haben, er sey nicht nur zum preiß seines Volcks Israel, sondern auch als ein licht, zu erleuchten die heyden, in die welt gesand,[3335] also wird Ew[er] Christl[ichen] Liebe erinnert, das exempel der weisen zum trost und zur nachfolge sich an solchem tage vorstellen zu laßen.

Das Fest der *Empfängniß* Christi, woran wir uns der englischen verkündigung, daß er vom H[eiligen] Geist im [S. 306] keuschen leibe der Jungfrauen Marien unser fleisch und blut nunmehr annehmen wolle,[3336] zu erinnern und ihm zu dancken haben, daß er unsere sündhafte empfängnüß dadurch heiligen wolle. Ew[er] Christl[ichen] Liebe wird sich denn zum gehör des göttlichen worts einzufinden wißen.

Das Fest des *Todes Christi* oder der so genandte Char-freytag. Wie nun daran die vollendung des großen erlösungs-werckes betrachtet werden soll, da unser grosser

---

3332 Vgl. 1. Petr 3, 15b: „[...] Seid allezeit bereit zur Verantwortung vor jedermann, der von euch Rechenschaft fordert über die Hoffnung, die in euch ist [...]."
3333 Mt 2, 1–12 (Die Weisen aus dem Morgenland).
3334 Vgl. 1. Kor 12, 2: „Ihr wisst: Als ihr Heiden wart, zog es euch mit Macht zu den stummen Götzen" sowie Eph 2, 11: „Darum denkt daran, dass ihr, die ihr einst nach dem Fleisch Heiden wart [...]."
3335 Vgl. Lk 2, 32: „[...] ein Licht zur Erleuchtung der Heiden und zum Preis deines Volkes Israel."
3336 Vgl. Lk 1, 35: „Der Engel antwortete und sprach zu ihr: Der Heilige Geist wird über dich kommen, und die Kraft des Höchsten wird dich überschatten; darum wird auch das Heilige, das geboren wird, Gottes Sohn genannt werden."

Hoher-priester³³³⁷ seinem himmlischen Vatter sich als das Lamm Gottes, das der welt sünde trug,³³³⁸ selber dargebracht [hat] zur gabe und [zum] opfer des süßen geruchs.³³³⁹ So wird Ew[er] Christl[ichen] Liebe erinnert, in hertzlicher reue über die sünde, welche unsern Seligmacher ans creutz gebracht [hat], in begieriger und gläubiger zueignung seines bittern leidens und sterbens und in hertzlicher danckbarkeit für seine uns darinn erwiesene[r] liebe diesen großen Versöhnungs-tag³³⁴⁰ hinzubringen und einen neuen vorsatz zu faßen, in kraft seines todes das fleisch immer mehr zu creutzigen, samt den lüsten und begierden,³³⁴¹ und ihm [S. 307] in der geduld unter allem leyden nachzufolgen.

Das erfreuliche Fest der *Auferstehung* Christi, daran er sein leben, das er für unsere sünde gelaßen hatte, zur versicherung des nunmehr völlig ausgeführten erlösungs-wercks und der uns wiederhergestelleten vollkommenen und in göttlichem gericht allein geltenden gerechtigkeit wieder angenommen [hat], mithin in den stand getreten [ist], da er uns der frucht seines verdienstes theilhaftig [hat] machen können, zu unserer wiedergeburth, versühnung, heiligung und verherrlichung. Ew[er] Christl[ichen] Liebe wird erinnert, über solcher seiner siegreichen auferstehung seinen namen zu preisen, daraus im vertrauen auf ihn sich mehr zu gründen und zur erweckung und stärckung des geistlichen lebens sich ihm darzustellen.

Das Fest der *himmelfarth* Christi, wodurch er für uns den himmel eingenommen [hat],³³⁴² [um] uns die stätte darinn zu bereiten³³⁴³ und uns von seinem himmlischen Vatter, zu deßen rechten er sich gesetzet [hat],³³⁴⁴ schutz und segen, besonders die gaben des H[eiligen] Geistes herabzusenden. Ew[er] Christl[ichen] Liebe [S. 308] wird erinnert, das andencken solcher erhöhung unsers Heylandes, des Königs der

---

3337 Vgl. Hebr 4, 14: „Weil wir denn einen großen Hohenpriester haben, Jesus, den Sohn Gottes, der die Himmel durchschritten hat, so lasst uns festhalten an dem Bekenntnis."

3338 Vgl. Joh 1, 20: „Am nächsten Tag sieht Johannes, dass Jesus zu ihm kommt, und spricht: Siehe, das ist Gottes Lamm, das der Welt Sünde trägt!"

3339 Vgl. Eph 5, 2: „[…] und wandelt in der Liebe, wie auch Christus uns geliebt hat und hat sich selbst für uns gegeben als Gabe und Opfer, Gott zu einem lieblichen Geruch."

3340 Vgl. 3. Mose 23, 27: „Am zehnten Tage in diesem siebenten Monat ist der Versöhnungstag. Da sollt ihr eine heilige Versammlung halten und fasten und dem Herrn Feueropfer darbringen."

3341 Vgl. Gal 5, 24: „Die aber Christus Jesus angehören, die haben ihr Fleisch gekreuzigt samt den Leidenschaften und Begierden."

3342 Vgl. Apg 3, 21: „Ihn muss der Himmel aufnehmen bis zu den Zeiten, in denen alles wiederhergestellt wird, wovon Gott geredet hat durch den Mund seiner heiligen Propheten von Anbeginn."

3343 Vgl. Joh 14, 2: „In meines Vaters Hause sind viele Wohnungen. Wenn's nicht so wäre, hätte ich dann zu euch gesagt: Ich gehe hin, euch die Stätte zu bereiten?"

3344 Vgl. besonders Hebr 1, 3: „Er ist der Abglanz seiner Herrlichkeit und das Ebenbild seines Wesens und trägt alle Dinge mit seinem kräftigen Wort und hat vollbracht die Reinigung von den Sünden und hat sich gesetzt zur Rechten der Majestät in der Höhe."

2.5 Die „Soestische Kirchen Agenden" 673

Ehren,[3345] andächtig und ehrerbietig zu begehen und sich von ihm immer mehr in das himmlische wesen versetzen zu laßen.

Das erfreuliche *Pfingst-fest*, an welchem unser Heyland den H[eiligen] Geist in außerordentlichen gaben über seine Apostel nach seiner himmelfahrt reichlich ausgeoßen und sie zu werck-zeugen bereitet hat, durch welche er seine kirche auch unter die heyden [hat] ausbreiten können,[3346] und womit er uns die versicherung ertheilet [hat], es werde uns sein himmlischer Vatter die gabe des H[eiligen] Geistes nicht versagen, wenn wir ihn darum bitten.[3347] Ew[er] Christl[ichen] Liebe wird dann erinnert, auf dis hochfeyerliche fest sich wohl anzuschicken und dem H[eiligen] Geist das hertz zu übergeben, daß er darinn ihm [sich] einen tempel und [eine] werck-stätte zubereite, zur erleuchtung, heiligung und trost der seelen.

Das Engel- oder sogenandte *Michaelis-Fest*, woran wir uns der durch den dienst der h[eiligen] Engel uns [S. 309] bisher erwiesenen göttlichen wohlthaten zu erinnern haben. Ew[er] Christl[ichen] Liebe wolle dann nicht nur zum gehör göttlichen wortes sich fleißig einfinden, sondern auch ein gebührendes danck-opfer dem Herrn der Heerscharen für den bisherigen schutz der heiligen Engel darbringen und ihn demüthigst anflehen, daß er den[en]selben ferner über uns befehlen wolle, schaden und gefahr von uns abzuwenden.

IV. Die gemeine beichte und absolution an den[en] Buß-tagen, vormittags nach der predigt zu sprechen:

Anrede:

[Nr.] 300. [Ohne Quelle] Nachdem wir nun das wort von der buße und der darauf gesetzten verheißung wiederum angehöret [haben]: So laßet uns mit bußfertigen und gläubigen hertzen auch noch in dieser versammlung den barmhertzigen Gott um gnädige vergebung unserer sünde anrufen.

Ein jeder beuge in wahrer demuth die knie seines hertzens[3348] und bringe aus zerschlagenem und zerknirschtem geist seine [S. 310] beichte vor das angesicht Gottes, nehme auch die tröstliche absolution in glaubiger zuversicht als von ihm selber nach seinem wort verkündiget an.

3345 Vgl. Ps 24, 7–10: „Machet die Tore weit und die Türen in der Welt hoch, dass der König der Ehre einziehe! Wer ist der König der Ehre? Es ist der Herr, stark und mächtig, der Herr, mächtig im Streit. Machet die Tore weit und die Türen in der Welt hoch, dass der König der Ehre einziehe! Wer ist der König der Ehre? Es ist der Herr Zebaoth; er ist der König der Ehre. SELA."
3346 Dies dürfte wohl auch ein Reflex auf die neue hallische Sendungsmission sein.
3347 Vgl. Apg 2, 38 f.: „Petrus sprach zu ihnen: Tut Buße, und jeder von euch lasse sich taufen auf den Namen Jesu Christi zur Vergebung eurer Sünden, so werdet ihr empfangen die Gabe des Heiligen Geistes. Denn euch und euren Kindern gilt diese Verheißung und allen, die fern sind, so viele der Herr, unser Gott, herzurufen wird."
3348 Vgl. Geb.Ma 11: „Nun aber beuge ich die Knie meines Herzens und bitte dich um deine Gnade."

Beichte:[3349]

[Nr.] 301. [Ohne Quelle] Heiliger und gerechter, aber auch barmhertziger Gott. Ich armer, elender sünder klage und bekenne dir mit betrübtem hertzen, daß ich nicht allein von natur ein kind des zorns[3350] und der sünden bin, sondern auch mit vielen würcklichen sünden in gedancken, worten und wercken meinem tauf-bund zuwieder gehandelt [habe], der ich nach dem trieb meines verfinsterten und verkehrten hertzens das böse wieder die erste und andere tafel der heiligen zehn gebotte so oft vollbracht und so manniges gute unterlaßen oder doch nicht also, wie du es erforderst, gethan habe. Wodurch ich dann deinen gerechten zorn und allerley strafen, die du den übertrettern deines gesetzes als ein eifriger Gott gedrohet hast, wohl verdienet habe.

Da mir aber durch deine gnade alle meine sünde, wie ich sie von jugend an bis hieher begangen [habe], hertzlich [S. 311] leid seyn und es mich sehr gereuet, daß ich mich gegen dich, meinen Schöpfer, Erlöser und Tröster, so vielmahls undanckbahr bewiesen habe: So bitte ich dich demüthiglich durch deine große barmhertzigkeit und durch das unschuldige und bittere leyden und sterben deines lieben Sohns Jesu Christi, du wollest mir armen sunder gnädig seyn, meine große sünden-schuld mir vergeben und derselben wohlverdiente[n] strafen erlaßen.

So wil ich durch deine gnade hinkünftig mein leben beßern und dir dancken, hier zeitlich und dort ewiglich. Ach, schencke mir zu dem in mir gewirckten wollen auch das vollbringen,[3351] daß ich darinn ein zeugniß der versühnung mit dir haben möge. Amen.

3349 Im Hintergrund dieser Beichte steht das weitverbreitete, bis heute als „Luthers Beichtgebet" laufende, tatsächlich – nach ersten Vorformen (Naumburg [Saale] 1537/38) – vollständig aber erst 1581 in Dresden nachweisbare Beichtbekenntnis: „Allmächtiger Gott, barmherziger Vater! Ich armer, elender, sündiger Mensch, bekenne dir alle meine Sünde und Missethat, damit ich dich jemals erzürnet und deine Strafe zeitlich und ewiglich wohl verdienet habe. Es sind mir aber meine Sünden von Herzen leid und reuen mich sehr und bitte dich durch deine grundlose Barmherzigkeit und durch das heilige, bittere, unschuldige Leiden und Sterben deines Sohnes Jesu Christi, an den ich von Herzen glaube, du wollest mir armen, sündhaften Menschen gnädig sein und mir alle meine Missethat vergeben durch Christi Blut. Ich gelobe dir auch durch die Kraft des Heiligen Geistes, ich will mich hinfort ernstlich bessern, ich will entsagen dem Teufel und allem seinem Wesen und allen seinen Werken, ich will verleugnen die Welt und die weltlichen Lüste und das ungöttliche Wesen und züchtig, gerecht und gottselig leben in dieser Welt, zu deines heiligen Namens Ehre. Amen." Evangelisches Gesangbuch (EG). Ausgabe für die Landeskirchen Rheinland, Westfalen und Lippe (RWL), hier Nr. 847.

3350 Vgl. Eph 2, 3: „Unter ihnen haben auch wir alle einst unser Leben geführt in den Begierden unsres Fleisches und taten den Willen des Fleisches und der Vernunft und waren Kinder des Zorns von Natur wie auch die andern."

3351 Vgl. Phil 2, 13: „Denn Gott ist's, der in euch wirkt beides, das Wollen und das Vollbringen, nach seinem Wohlgefallen."

Absolution:
[Nr.] 302. [Ohne Quelle] Auf solchen euren glauben, bekändtniß und bitte verkündige ich euch allen, die ihr eure sünden in der wahrheit bereuet, an Jesum Christum von hertzen glaubet und den guten und beständigen vorsatz habt, durch kraft des H[eiligen] Geistes euer sündliches leben zu beßern und immer frömmer zu werden, ja, euch verkündige ich kraft meines ambts und [S. 312] nach dem befehl des Herrn Jesu, da er gesagt: Welchen ihr die sünde erlaßet, denen sind sie erlaßen,³³⁵² als ein berufener und verordneter diener des worts die gnade Gottes und vergebung aller eurer sünden, im namen Gottes des Vatters, Gottes des Sohnes und Gottes des H[eiligen] Geistes. Amen.

Der Gott aber des Friedes, der von den todten ausgeführet hat den großen Hirten der Schaafe durch das blut des ewigen testaments, unsern Herrn Jesum, versichere euch selbst durch das innere zeugniß des H[eiligen] Geistes³³⁵³ seiner Gnade und mache euch fertig, in allem guten wercke zu thun seinen willen. Er schaffe in euch, was vor ihm gefällig ist, durch Jesum Christ, welchem sey ehre von ewigkeit zu ewigkeit. Amen.³³⁵⁴

Der binde-schlüßel:
[Nr.] 303. [Ohne Quelle] Dahingegen verkündige ich allen sichern und unbußfertigen, sie seyn offenbahre gott- und ruch-lose oder in äußerlicher ehrbarkeit lebende heuchler, im namen und auf befehl Gottes und nach der verordnung des Herrn Jesu, da er gesagt: welchen ihr die sünde behaltet, denen sind sie behalten,³³⁵⁵ seinen gerechten zorn und ungnade, und dass [S. 313] er sie zeitlich und ewig straffen werde, wo sie sich nicht von hertzen bekehren und wahre buße thun. Wozu sie der Herr auch anjetzo ernstlich ermahnet und rufet. Er erbarme sich ihrer und gebe ihnen noch fernere frist zur bekehrung, biß durch die überschwengliche größe seiner kraft³³⁵⁶ ihre ins eitle zerstreute[n] und harte[n] hertzen endlich gesammlet und zur wahren buße erweichet werden, um Jesu Christi willen. Amen.

Anrede:
[Nr.] 304. [Ohne Quelle] Laßet uns hierauf auch die noth der gantzen christenheit und unserer selbsteigen in der Teutschen Litaney³³⁵⁷ Gott vortragen und also beten: etc. etc.

3352 Joh 20, 23a.
3353 Vgl. Röm 9, 1: „Ich sage die Wahrheit in Christus und lüge nicht, wie mir mein Gewissen bezeugt im Heiligen Geist […]."
3354 „Der Gott des Friedens aber, der den großen Hirten der Schafe, unsern Herrn Jesus, von den Toten heraufgeführt hat durch das Blut des ewigen Bundes, der mache euch tüchtig in allem Guten, zu tun seinen Willen, und schaffe in uns, was ihm gefällt, durch Jesus Christus, welchem sei Ehre von Ewigkeit zu Ewigkeit! Amen" (Hebr 13, 20).
3355 Joh 20, 23b.
3356 Vgl. Eph 1, 19: „[…] und wie überschwänglich groß seine Kraft an uns ist, die wir glauben durch die Wirkung seiner mächtigen Stärke."
3357 Wahrscheinlich die Nachdichtung Luthers von 1529 (AWA 4, S. [101–105] 250–273).

V. Gebät, so zu zeiten in denen bät-stunden verlesen wird.

[Nr.] 305. [Ohne Quelle] O ewiger, heiliger, gerechter, aber auch barmhertziger Vatter in Christo Jesu, unserm Erlöser! Wir arme, elende sünder, die wir sind staub, erde und asche,[3358] haben uns verwunden mit dir, unserem Herrn, zu reden. Wir dancken [S. 314] dir von hertzen, daß du uns in deinem lieben Sohn freyheit gegeben [hast], unser anliegen und noth dir fürzutragen und hülfe und rath zu suchen,[3359] so lang deine gnaden-thür in diesem leben noch offen stehet. Ach Herr! Herr! wir erkennen und bekennen, daß unsere noth viel größer sey, als wir dirs klagen können. Wir selbst können auch unser elend nicht gnug fühlen, einsehen und erkennen. Wir sind in sünden empfangen und gebohren[3360] und haben uns verlustig gemachet deines theuren ebenbildes. Das gift der leidigen erb-sünde machet uns scheußlich vor deinem allerheiligsten angesicht. Unser verstand ist verfinstert, daß wir weder dich noch deinen rath von unserer seligkeit erkennen. Unser wille ist dir wiederspänstig und alle kräfte leibes und der seelen sind von dir abgewand. Diese wunden unserer seelen haben wir leider größer gemacht durch unser[e] würckliche sünden und übertrettungen. Wieder dein heiliges gesetz haben wir mit gedancken, worten und wercken, mit unterlaßung des guten und begehung des bösen unzehlig gesündiget. Unserer sünden sind mehr, denn haar auf unseren häuptern,[3361] ja, sand am meer.[3362] So du wilt [S. 315] sünde zu rechnen, ach Herr! Wer kan bestehen?[3363] Auf tausend können wir dir nicht ein einiges antworten.[3364] Du hast dein heiliges wort unter uns reichlich predigen laßen und deinen gnädigen willen von unserer seligkeit uns reichlich geoffenbahret, aber wir haben den reichthum deiner güte,[3365] leider, wenig geachtet, deinen unterricht haben wir nicht angenommen, deine vermahnungen nicht zu hertzen gezogen und alle deine drohungen uns nicht erschrecken laßen. Du hast bishero friedliche und gesunde zeiten verliehen und uns im leiblichen unzehliche wohlthaten erwiesen, aber wir und unsere vätter müßen uns schämen,[3366] daß

3358 Die klassische Bestattungsformel.
3359 Vgl. Joh 14, 13 f.: „Und was ihr bitten werdet in meinem Namen, das will ich tun, auf dass der Vater verherrlicht werde im Sohn. Was ihr mich bitten werdet in meinem Namen, das will ich tun."
3360 Vgl. Ps 51, 7: „Siehe, in Schuld bin ich geboren, und meine Mutter hat mich in Sünde empfangen."
3361 Vgl. Ps 40, 13b: „[…] Meine Sünden haben mich ereilt; ich kann sie nicht überblicken. Ihrer sind mehr als Haare auf meinem Haupt […]."
3362 Vgl. Geb.Ma 9a: „Ich habe ja gesündigt, unzählbar wie der Sand am Meer sind meine Missetaten […]."
3363 Ps 130, 3.
3364 Vgl. Hi 9, 3: „Hat er Lust, mit ihm zu streiten, so kann er ihm auf tausend nicht eines antworten."
3365 Vgl. Röm 2, 4: „Oder verachtest du den Reichtum seiner Güte, Geduld und Langmut? Weißt du nicht, dass dich Gottes Güte zur Buße leitet?"
3366 Vgl. Dan 9, 8: „Ja, Herr, wir, unsre Könige, unsre Fürsten und unsre Väter müssen uns schämen, dass wir uns an dir versündigt haben."

wir so undanckbahr gewesen gegen diese deine große liebe. Du hast durch creutz und trübsahl öfters uns erweichen wollen, aber unsere hertzen sind felsen gewesen, daß wir deine vätterliche[n] züchtigungen zu heylsahmer aenderung unserer wege nicht betrachtet [haben]. Ach Herr! wo sollen wir hinfliehen vor deinem Geist?[3367] und wo sollen wir bleiben zur zeit, wo unser gewißen vor deinem gericht überzeuget wird? Du hast unzehlige menschen von deinem heiligen angesicht zur ewigen höllen-pein verstoßen, die dich nicht mehr als wir beleidiget haben. [S. 316]

Aber Herr! Herr Gott, barmhertzig, geduldig und von großer güte,[3368] der du vergiebst mißethat, übertrettung und sünde.[3369] Wir wenden uns von deiner strengen gerechtigkeit zu dem thron deiner göttlichen gnade,[3370] welche du vorgestellet hast in Christi Jesu, deines lieben Sohns, blutigen verdienst. Ach Vatter! diesen bürgen siehe an und um seines blutes und todes willen sey gnädig deinem volck. Wir liegen vor dir mit unserem gebät und verlaßen uns nicht auf unsere eigene gerechtigkeit,[3371] so da ist wie ein beflecktes tuch, sondern auf deine grundlose gnade und barmhertzigkeit. Erhöre uns um unsers Mittlers und Versühners Jesu Christi willen. Seinen gehorsam laß die bezahlung und genugtuung seyn für unsern ungehorsahm. Sein[e] wunden laß sein unsere fels-löcher,[3372] darinn wir uns für deinem zukünftigen zorn verbergen können.[3373] Erhalte in uns das lichtlein unsers glaubens, daß wir diesen unsern Jesum aus unsern hertzen nimmermehr verlieren. Reinige unsere seelen von alle dem, so deinen allerheiligsten augen an uns mißfället. Bekehre uns, o Herr! so werden wir bekehret.[3374] Würcke in uns eine göttliche [S. 317] traurigkeit, so da wircket eine reue zur seligkeit, die niemand gereuet[3375] und einen beständigen haß gegen die leidige sünde. Ach laß uns bedencken, daß du dieselbe straffen wilst mit einem Feuer, so nimmer verlöschen wird.[3376]

3367 Vgl. Ps 139, 7: „Wohin soll ich gehen vor deinem Geist, und wohin soll ich fliehen vor deinem Angesicht?"

3368 „Barmherzig und gnädig ist der Herr, geduldig und von großer Güte" (Ps 103, 8).

3369 Vgl. 2. Mose 34, 7: „[...] der da Tausenden Gnade bewahrt und vergibt Missetat, Übertretung und Sünde [...]."

3370 Vgl. Hebr 4, 16: „Darum lasst uns freimütig hinzutreten zu dem Thron der Gnade, auf dass wir Barmherzigkeit empfangen und Gnade finden [...]."

3371 Dan 9, 18b.

3372 Vgl. Jes 2, 21: „damit er sich verkriechen kann in die Felsspalten und Steinklüfte vor dem Schrecken des Herrn und vor seiner herrlichen Majestät, wenn er sich aufmachen wird, zu schrecken die Erde."

3373 Vgl. Mt 3, 7: „Als er nun viele Pharisäer und Sadduzäer sah zu seiner Taufe kommen, sprach er zu ihnen: Ihr Otterngezücht, wer hat euch gewiss gemacht, dass ihr dem künftigen Zorn entrinnen werdet?"

3374 Vgl. Jer 31, 18b: „Bekehre du mich, so will ich mich bekehren; denn du, Herr, bist mein Gott!"

3375 Vgl. 2. Kor 7, 10a: „Denn die Traurigkeit nach Gottes Willen wirkt zur Seligkeit eine Umkehr, die niemanden reut [...]."

3376 Vgl. Mk 9, 43: „Wenn dich aber deine Hand verführt, so haue sie ab! Es ist besser für dich, dass du verkrüppelt zum Leben eingehst, als dass du zwei Hände hast und fährst

Wir erneuren hiemit in dieser versammlung unsern theuren tauff-bund und wollen niemahls mit vorsetzlichen sünden deine Majestät beleidigen. Ach, laß uns als deine erlösete[n] nicht mehr uns selbst leben, sondern dir und deinem Sohn zu ehren, der für uns gestorben und wieder auferstanden ist. Ertödte in uns den alten menschen,[3377] daß der neue leben möge. Laß deine gnade uns züchtigen, daß wir verleugnen das ungöttliche wesen und heilig, gerecht und züchtig vor dir leben in dieser welt bis an unser ende.[3378]

Und da du, o Herr! lust hast am leben und ungern verdirbest dein geschöpf, so beugen und neigen wir die knie unserer hertzen vor dir, verschone unser ferner, wie du bisher durch deine langmuth uns getragen [hast]. Behüte uns gnädiglich für krieg, theurung, pestilentz und andern ansteckenden seuchen. Laß deine heiligen Engel um uns und die unserigen eine wagen-burg [S. 318] schlagen, daß unsere feinde keine macht an uns finden.[3379] Siehe in gnaden an deine werthe christenheit, absonderlich dein evangelisches Zion, heile deßen brüche,[3380] laß dein Reich unter uns vermehret, des Teufels reich aber zerstöret werden, daß deiner glaubigen mögen viel auf erden seyn. Segne das ambt des Geistes und sende treue arbeiter in deinen weinberg,[3381] rüste sie aus mit deiner kraft, daß sie in heilsahmer lehr und heiligem leben vorbilder deiner heerde seyn. Laß dein wort reichlich unter uns wohnen,[3382] rufe wieder zurück die verirreten schaafe, so von deiner heerde sich [ab]gesondert [haben][3383] und bringe sie wieder zu deinem schaaf-stall.[3384] Stärcke, was wancken wil und mache in diesen letzten zeiten Zion herrlich auf erden.[3385] Nimm in deinen gnädigen schutz alle christliche obrigkeit, Ihro Römische Kayserliche Majestät, alle Könige, Churfürsten, Fürsten und Stände des Römischen Reichs, absonderlich unsern aller-gnädigsten König und landes-vatter. Setze auch deßen gesamtes hohes

in die Hölle, in das Feuer, das nie verlöscht."
3377 Vgl. Röm 6, 6: „Wir wissen ja, dass unser alter Mensch mit ihm gekreuzigt ist, damit der Leib der Sünde vernichtet werde, sodass wir hinfort der Sünde nicht dienen."
3378 Vgl. Tit 2, 12: „und erzieht uns, dass wir absagen dem gottlosen Wesen und den weltlichen Begierden und besonnen, gerecht und fromm in dieser Welt leben […]."
3379 Vgl. Lk 19, 43: „Denn es wird eine Zeit über dich kommen, da werden deine Feinde um dich einen Wall aufwerfen, dich belagern und von allen Seiten bedrängen […]."
3380 Vgl. Ps 60, 4: „[…] der du die Erde erschüttert und zerrissen hast, heile ihre Risse; denn sie wankt."
3381 Vgl. Mt 9, 38: „Darum bittet den Herrn der Ernte, dass er Arbeiter in seine Ernte sende."
3382 Kol 3, 16a.
3383 Vgl. Lk 15, 3–7 (Vom verlorenen Schaf).
3384 Vgl. Joh 10, 1a: „Wahrlich, wahrlich, ich sage euch: Wer nicht zur Tür hineingeht in den Schafstall […]."
3385 Vgl. Jes 60, 1–3: „Mache dich auf, werde licht; denn dein Licht kommt, und die Herrlichkeit des Herrn geht auf über dir! Denn siehe, Finsternis bedeckt das Erdreich und Dunkel die Völker; aber über dir geht auf der Herr, und seine Herrlichkeit erscheint über dir. Und die Völker werden zu deinem Lichte ziehen und die Könige zum Glanz, der über dir aufgeht."

Königliches hauß zum segen bis zum einbruch deines ewigen Königreichs. Segne unser stadt-regiment, daß wir unter unserer obrigkeit schutz [S. 319] ein geruhiges und stilles leben führen mögen in aller gottseligkeit und ehrbarkeit.[3386] Erfülle mit gnade und reichem segen den haus-stand. Gib gedeyen zur christlichen kinder-zucht. Segne den acker-bau und laß wohl gerathen die früchte der erde, damit wir aus deiner segens-hand zur nothdurft unser tägliches brod mit dancksagung empfahen.

Endlich führe uns zur rechten zeit durch einen seligen tod aus diesem mühseligen leben in dein Reich, da freude die fülle und liebliches wesen zu deiner rechten ist, immer und ewiglich.[3387] Behüte uns für einem bösen, schnellen tod. Nimm unsere seele in deine hände, wenn sie vom leibe scheiden soll. Laß unser letztes wort seyn, das dein Sohn am creutz zuletzt geredet hat,[3388] und bereite uns durch deinen Geist zur seligen friede-fahrt. Lehre uns bedencken, daß wir sterben müssen, auf daß wir klug werden.[3389] Laß uns in unserer letzten stunde in den wunden Jesu unsere ewige gnaden-wahl erblicken.[3390] Treibe von uns alle furcht des todes und gib, daß wir lust haben, abzuscheiden und bey Christo zu seyn.[3391] Dies[es] unser gebät wollest du gnädig erhören und laßen vor dich kommen das geschrey deiner kinder auf erden, um Jesu Christi blutigen verdiensts und theuren vorbitte willen. Amen. [S. 320]

VII. Gebät, das zu zeiten nach der wochen-predigt verlesen wird.

[Nr.] 306. [Ohne Quelle] O Herr Jesu Christe! du ewiges wort des Vatters,[3392] der du uns dein heiliges evangelium aus dem schooß und hertzen deines himmlischen Vatters hervorgebracht und geoffenbahret hast. Wir dancken dir von hertzen, daß du auch anjetzo uns solches hast predigen und deinen göttlichen willen von unserer seligkeit vorstellen laßen. Vergib uns um deines theuren verdienstes willen, wann wir auch in dieser predigt[3393] mit sündlichen und eitlen gedancken oder andern sünden dich beleidigt haben. Es ist ja dein wort ein theures, werthes wort, der edelste

---

3386 Vgl. 1. Tim 2, 1 f.: „So ermahne ich nun, dass man vor allen Dingen tue Bitte, Gebet, Fürbitte und Danksagung für alle Menschen, für die Könige und für alle Obrigkeit, damit wir ein ruhiges und stilles Leben führen können in aller Frömmigkeit und Ehrbarkeit."
3387 Vgl. Ps 16, 11b: „Vor dir ist Freude die Fülle und Wonne zu deiner Rechten ewiglich."
3388 Vgl. Lk 23, 46: „Und Jesus rief laut: Vater, ich befehle meinen Geist in deine Hände! Und als er das gesagt hatte, verschied er."
3389 Ps 90, 12.
3390 Die Vorstellung ist zu dieser Zeit bereits deutlich herrnhutisch konnotiert.
3391 Vgl. Phil 1, 23b: „Ich habe Lust, aus der Welt zu scheiden und bei Christus zu sein [...]."
3392 Vgl. Hebr 7, 28: „Denn das Gesetz macht Menschen zu Hohenpriestern, die Schwachheit an sich haben; dies Wort aber des Eides, der nach dem Gesetz gesagt ist, setzt den Sohn ein, der ewig und vollkommen ist."
3393 In diesem Gottesdienst.

schatz, die höchste weisheit, welche auch die Engel gelüstet anzuschauen.[3394] Ach, so vergib uns dann solche unsere unachtsahmkeit und verachtung deines seligmachenden worts und wende gnädiglich von uns ab die strafe, die du dräuest allen denen, die dein wort nicht lieb haben: Laß deinen himmlischen saamen auf dem guten acker unserer durch dich wohlbereiteten hertzen hundertfältige frucht bringen[3395] an weisheit, heiligung, stärckung und trost. Ach, befruchte das dürre Erdreich[3396] unserer [S. 321] von natur unfruchtbahren hertzen mit dem göttlichen thau und segen deines H[eiligen] Geistes, daß dein wort in unseren hertzen bekleibe und nicht leer wieder zu dir komme,[3397] sondern uns grünend und blühend macht in deiner liebe, in deiner furcht, in deinem verdienst, in allen christlichen tugenden und alles ausrichte, dazu du es gesand hast, daß es als dein göttlicher und unverweßlicher saame uns zu neugebohrnen kindern Gottes macht, daß du, o Gott Vatter, Sohn und H[eiliger] Geist, durch dein wort zu uns kommest und wohnung bey uns machest.[3398] Ach, gib, daß wir aus deinem worte dich und uns selbst recht erkennen, unser elend und deine barmhertzigkeit, unsere sünde und deine gnade, unsere armuth und deinen reichthum, unsere schwachheit und deine stärcke. Ach, Herr Jesu! laß uns das beste theil erwehlen und mit Maria zu deinen füßen sitzen, dein wort anzuhören.[3399] Regiere uns durch deinen Geist, daß wir das angehörte wort nimmer vergessen, sondern im schatz des gedächtnißes ewiglich behalten. Absonderlich aber verleihe deine gnade, daß wir unser gantzes leben nach deinem wort anstellen, in glauben, liebe, hofnung und geduld.[3400] Erhalte alle evangelische[n] gemeinden bey deinem [S. 322] wahren und reinen worte bis zu dem einbruch deines Ehren-Reiches und nimm nicht weg den leuchter des evangelii um unserer undanckbahrkeit willen, wie vielen Landen und Königreichen, da du selbst in hoher person und deine theure[n] Propheten und Apostel geprediget haben, um ihres schnöden undancks geschehen ist.[3401] Laß in dieser gemeinde allezeit herrliche dinge geprediget werden

---

3394 Vgl. 1. Petr 1, 12b: „[…] die euch das Evangelium verkündigt haben durch den Heiligen Geist, der vom Himmel gesandt ist, – was auch die Engel begehren zu schauen."

3395 Vgl. Mt 13, 8: „Anderes fiel auf das gute Land und brachte Frucht, etliches hundertfach, etliches sechzigfach, etliches dreißigfach."

3396 Vgl. Mt 13, 6: „Als aber die Sonne aufging, verwelkte es, und weil es keine Wurzel hatte, verdorrte es."

3397 Vgl. Jes 55, 11: „so soll das Wort, das aus meinem Munde geht, auch sein: Es wird nicht wieder leer zu mir zurückkommen, sondern wird tun, was mir gefällt, und ihm wird gelingen, wozu ich es sende."

3398 Vgl. Joh 14, 23: „Jesus antwortete und sprach zu ihm: Wer mich liebt, der wird mein Wort halten; und mein Vater wird ihn lieben, und wir werden zu ihm kommen und Wohnung bei ihm nehmen."

3399 Vgl. Lk 10, 39: „Und sie hatte eine Schwester, die hieß Maria; die setzte sich dem Herrn zu Füßen und hörte seiner Rede zu."

3400 Vgl. Gal 5, 22: „Die Frucht aber des Geistes ist Liebe, Freude, Friede, Geduld, Freundlichkeit, Güte, Treue, Sanftmut, Keuschheit; gegen all dies steht kein Gesetz."

3401 Hier ist die Expansion des Islam im Vorderen Orient, Griechenland und in Nordafrika im Blick.

2.5 Die „Soestische Kirchen Agenden"

und erhalte alle lehrer bey heylsahmer lehre und heiligem leben, daß sie vorbilder deiner heerde werden. Nimm auch in deinen gnädigen schutz alle christliche[n] obrigkeiten, absonderlich laß deine barmhertzigkeit groß werden über unsern allergnädigsten König und landes-vatter. Segne auch unsern stadt-magistrat, damit wir unter unserer obrigkeit schutz ein geruhiges und stilles leben führen können in aller gottseligkeit und ehrbarkeit.[3402] Letztlich erzeige dich, o Herr! als der rechte tröster und helfer aller betrübten und angefochtenen, sey ein beschirmer der bedrängten, ein erretter der verfolgten, eine zuflucht der vertriebenen, ein erlöser der unschuldig gefangenen, ein richter der witwen und waysen, ein ernährer der armen [S. 323] und dürftigen, ein artzt der schwachen und krancken, ein bewahrer der schwangern und säugenden, ein geleiter der reisenden, ein licht der irrenden, das leben der sterbenden, ein Heyland aller menschen, sonderlich deiner gläubigen, die neben uns deinen namen anrufen. Ach, Herr Jesu! raffe unsere seelen nicht hin mit den sündern durch einen bösen und schnellen tod, mache uns aber zu aller zeit und stunde bereit und erlöse uns durch ein seliges ende aus allem elende. Ach, erhöre uns und bitte für uns, Herr Jesu, nun und in unserer letzten stunde. Laß dieses unser gebät und flehen vor dich kommen, so wollen wir deinen namen allzeit lieben, loben und preisen, hier in der zeit und dort in ewigkeit. Amen.

B. Bey offentlicher und privat-administration der h[eiligen] tauffe.
I. Das ordinaire tauff-formular.[3403]

[Nr.] 307. Lieben freunde in Christo! Wir hörens alle tage aus Gottes wort, erfahrens auch beyde, an unserem leben und sterben, daß wir von Adam her allesamt in sünden empfangen [S. 324] und gebohren werden,[3404] darin wir unter Gottes zorn in ewigkeit verlohren und verdammt seyn müsten, wo [wenn] uns nicht durch den eingebohrnen Sohn Gottes, unsern lieben Herrn Jesum Christum, daraus geholfen [worden] wäre.

Weil dann dieses gegenwärtige kindlein (diese gegenwärtige[n] kinder) in seiner (ihrer) natur mit gleichen sünden wie wir auch vergiftet und verunreiniget ist (sind), deswegen es auch (sie auch) des ewigen todes und verdamniß seyn und bleiben müste (müsten), und aber Gott, der Vatter aller Gnaden und Barmhertzigkeit,[3405] seinen Sohn Christum Jesum der gantzen welt und also den kindlein nicht weniger als den

---

3402 Vgl. 1. Tim 2, 2: „für die Könige und für alle Obrigkeit, damit wir ein ruhiges und stilles Leben führen können in aller Frömmigkeit und Ehrbarkeit."
3403 Das hier gebotene Taufformular begegnet auch auf 12 ungezählten Seiten am Schluss von Evangelische Kirchengemeinde Niederbörde, Dorfkirche in Borgeln, Inventar 3ʳ· 3 („Borgelsches Kirchenbuch 2").
3404 Vgl. Ps 51, 7: „Siehe, in Schuld bin ich geboren, und meine Mutter hat mich in Sünde empfangen."
3405 Vgl. 2. Kor 1, 3: „Gelobt sei Gott, der Vater unseres Herrn Jesus Christus, der Vater der Barmherzigkeit und Gott allen Trostes […]."

alten verheißen und gesandt hat, welcher auch der gantzen welt sünde getragen³⁴⁰⁶ und die armen kinder nicht weniger als die alten von sünde, tod und verdamniß erlöset und befohlen [hat], man solle sie ihm zutragen, daß sie gesegnet werden, die er auch aufs allergnädigste annimt und ihnen das Himmelreich verheißet,³⁴⁰⁷ so wollet aus christlicher liebe dieses gegenwärtigen armen kindes vor Gott dem Herrn euch mit ernst annehmen, daßelbe dem Herrn Christo [S. 325] vortragen, auch, daß es ins Reich der Gnaden und Seligkeit angenommen werde, erbitten helfen, in der ungezweiffelten zuversicht, unser lieber Herr Jesus Christus werde solch euer werck christlicher liebe gegen dieses arme kind, erwiesen in allen gnaden von euch, annehmen, auch euer gebät gewislich erhören, sintemahl er die kinder ihm zuzuführen selbst befohlen und, sie in sein Reich aufzunehmen, verheißen hat.

Denn so lautet es im evangelio Marci am X. capitul: Und sie brachten die kindlein zu Jesu, daß er sie anrührete, die Jünger aber fuhren die an, die sie trugen. Da es aber Jesus sahe, ward er unwillig und sprach zu ihnen: Lasset die kindlein zu mir kommen und wehret ihnen nicht, dann [denn] solcher ist das Reich Gotttes. Wahrlich ich sage euch. Wer das Reich Gottes nicht empfahet als ein kindlein, der wird nicht hinein kommen, und er empfing sie, legte die Hände auf sie und segnete sie.³⁴⁰⁸

Gleiche liebe wird der Herr Jesus auch gegen dieses kind beweisen, so wir es ihm darbringen, wie in unserem gebät, also auch durch beförderung der tauffe deßelben, wodurch [S. 326] es in sein Reich und die gemeinschaft der güter deßelben eingeführet werden wird, wie die Israeliten, da sie unter Mosen getauffet [worden] waren mit der wolcken und dem meer,³⁴⁰⁹ in das Gelobte Land eingingen.

Diese thür zur christlichen kirche weiset unser Heyland an, da er vor seiner himmelfahrt seinen Aposteln den befehl gibt, Matthäi am XXVIII. capitul: Gehet hin in alle Welt und lehret oder machet zu Jüngern alle Völker und taufet sie im namen des Vatters und des Sohnes und des H[eiligen] Geistes.³⁴¹⁰ Welche verordnung nicht weniger die kinder als die erwachsenen angehet, wie der gnaden-bund beydes, denen eltern und ihren kindern, gewidmet ist, daher auch die Apostel gantze haushaltungen und darinnen ohne zweifel kinder getauft haben,³⁴¹¹ so wohl als die

3406 Vgl. Joh 1, 29b: „Siehe, das ist Gottes Lamm, das der Welt Sünde trägt!"
3407 Vgl. Mk 10, 14 f.: „[...] Lasset die Kinder zu mir kommen und wehret ihnen nicht, denn solchen gehört das Reich Gottes. Wahrlich, ich sage euch: Wer das Reich Gottes nicht empfängt wie ein Kind, der wird nicht hineinkommen."
3408 Mk 10, 13–16 (Die Segnung der Kinder).
3409 Die bekannten Geschichten des Exodus: 2. Mose 13, 13–22 (Die Wolken- und Feuersäule) sowie 2. Mose 14, 1–30 (Israels Durchzug durchs Schilfmeer).
3410 Mt 28, 19.
3411 Vgl. besonders Apg 16, 15: „Als sie aber mit ihrem Hause getauft war, bat sie uns und sprach: Wenn ihr anerkennt, dass ich an den Herrn glaube, so kommt in mein Haus und bleibt da"; Apg 16, 31–34: „Sie sprachen: Glaube an den Herrn Jesus, so wirst du und dein Haus selig! Und sie sagten ihm das Wort des Herrn und allen, die in seinem Hause waren. Und er nahm sie zu sich in derselben Stunde der Nacht und wusch ihnen die Striemen. Und er ließ sich und alle die Seinen sogleich taufen und führte sie in sein Haus und bereitete ihnen den Tisch und freute sich mit seinem ganzen Hause,

kinder Alten Testaments durch die beschneidung in den bund mit Gott aufgenommen wurden.³⁴¹²

Erinnert euch aber auch aus diesen worten der einsetzung der Heiligen Tauffe, daß dabei die Heilige Dreyfaltigkeit auf gantz besondere weise sich gegenwärtig beweisen [S. 327] und durch des dieners hand selbst tauffen wolle. Erwecket euch auch so viel mehr zur andacht durch betrachtung des großen nutzens, den die tauffe mit sich führet, denn so lautet das wort und die verheißung Gottes, Marci am XVI. capitul: Wer da glaubet und getauft wird, der wird selig werden;³⁴¹³ wie sie denn wircket vergebung der sünden, erlöset vom tod und Teuffel und gibt die ewige seligkeit, weil wir dadurch Christum anziehen³⁴¹⁴ und in seinen tod, ja, in die gemeinschaft seines gantzen verdienstes getauft werden und zu unserer wiedergeburth und erneuerung den H[eiligen] Geist darinn reichlich empfangen und in den gnadenbund mit Gott angenommen werden.³⁴¹⁵

Anrede an die gevattern.³⁴¹⁶

[Nr.] 308. Die zu diesem liebes-werck ersuchte[n] gevattern wollen sich hierbey ihres ambts erinnern, warum sie hier zu sein ersuchet und erbeten worden, als:

Erstlich, daß sie vor Gottes angesicht dieses unmündigen kindes wort an statt seiner eltern thun, in bekändtniß der christlichen glaubens-lehre und in ablegung der [S. 328] tauff-zusage, damit männiglich höre, worauf das kind getaufet werde.

Zum andern, wenn es nun erwächset, daß sie hernächst können zeugniß geben, daß es nach Christi befehl getaufft und daß sie deßelben paten [ge]worden seyn [sind], sollens dann auch zu fleißiger fürbitte und sorgfältigen aufsicht sich empfohlen seyn laßen, an die ihm geschenckte tauf-gnade es erinnern und durch wort und wandel es ermahnen und reitzen, dasjenige zu halten, was sie an deßen statt jetzt werden angeloben, damit es nicht durch muthwillige sünde wiederum falle aus dem gnaden-bunde, welchen Gott in der Heiligen Tauffe mit ihm aufgerichtet [hat], sondern Gotte dem Vatter, dem Sohn und [dem] H[eiligen] Geist im glauben und leben treu verbleibe.

---

dass er zum Glauben an Gott gekommen war" sowie 1. Kor 1, 16: „Ich habe aber auch Stephanas und sein Haus getauft; sonst weiß ich nicht, ob ich noch jemanden getauft habe."

3412 Vgl. 2. Mose 4, 25: „Da nahm Zippora einen scharfen Stein und beschnitt ihrem Sohn die Vorhaut und berührte damit seine Scham und sprach: Du bist mir ein Blutbräutigam."

3413 Vgl. Mk 16, 16a: „Wer da glaubt und getauft wird, der wird selig werden […]."

3414 Vgl. Gal 3, 27: „Denn ihr alle, die ihr auf Christus getauft seid, habt Christus angezogen" sowie Röm 13, 14a: „[…] sondern ziehet an den Herrn Jesus Christus […]."

3415 Vgl. Röm 6, 3f.: „Oder wisst ihr nicht, dass alle, die wir auf Christus Jesus getauft sind, die sind in seinen Tod getauft? So sind wir ja mit ihm begraben durch die Taufe in den Tod, auf dass, wie Christus auferweckt ist von den Toten durch die Herrlichkeit des Vaters, so auch wir in einem neuen Leben wandeln."

3416 Die Patinnen und Paten.

Zum dritten, wenn etwa dieses kind durch todes oder andern unfall, welches Gott lange in gnaden verhüten wolle, seiner lieben eltern beraubet würde, sie als denn wollen daran seyn, damit daßelbe in der wahren furcht Gottes wohl auferzogen, in der lehre des heiligen Catechismi fleißig [S. 329] unterwiesen, auch zur gottseligkeit, ehrbarkeit und anderen christlichen tugenden angehalten werde.

Das wollet ihr ja alles nach vermögen gern thun? Antwort: Ja.

Hierauf gebet dem kinde einen christlichen namen: N. N.

N. N. Nimm hin das zeichen des heiligen creutzes, beydes an deiner stirn † und an deiner brust †, zur gläubigen erinnerung, daß alle kraft des creutz-todes Christi zu deiner versühnung und zur creutzigung deines fleisches und bluts auf dein gantzes leben dir geschencket sey, du aber auch, deinem Heyland dein creutz nachzutragen, beruffen werdest.

Laßet uns beten:

[Nr.] 309. O allmächtiger, ewiger Gott, Vatter unsers Herrn Jesu Christi! Wir rufen dich an über diesen deinen diener (dienerin) N. N.,[3417] für welchen (welche) diese zeugen deiner taufe gabe [er]bitten und deine ewige gnade durch die geistliche wiedergeburth begehren. Nimm ihn (sie) auf, Herr! und wie du gesaget hast: Bittet, so werdet ihr nehmen, suchet, so werdet ihr finden, klopfet an, so wird euch [S. 330] aufgethan,[3418] so reiche diesem kindlein das gute, so ihm vor grundlegung der welt bestimmet, durch deinen Sohn theuer erworben und in dem worte des evangelii verheißen [worden] ist, daß es deinen ewigen segen dieses himmlischen bandes erlange und das verheißene Reich deiner gnaden-gaben empfangen möge durch Jesum Christum, unsern Herrn. Amen.

Laßet uns ferner beten:[3419]

[Nr.] 310. Allmächtiger, ewger Gott! der du hast durch die sündfluth nach deinem gestrengen gericht die ungläubige welt gestraffet und den gläubigen Noah selb acht nach deiner großen barmhertzigkeit erhalten,[3420] den verstockten Pharao aber mit allen [den] seinen im Rothen Meer ersäuft und dein Volck Israel trocken durchhin geführet,[3421] damit dieses bad deiner Heiligen Tauffe zukünftig bezeichnet und durch die tauffe deines lieben kindes, unsers Herrn Jesu Christi, den Jordan[3422] und alle waßer zur seligen sündfluth und reichlicher abwaschung der sünden geheiliget und eingesetzt [hast]. Wir bitten durch dieselbe deine grundlose barmhertzigkeit, du wollest auch anjetzt [S. 331] dieses waßer zu solchem seligen zweck gereichet

---

3417 Das Kind galt also bereits hier als „Diener/in Christi", das heißt: als eine in der Nachfolge stehende Person.

3418 „Bittet, so wird euch gegeben; suchet, so werdet ihr finden; klopfet an, so wird euch aufgetan. Denn wer da bittet, der empfängt; und wer da sucht, der findet; und wer da anklopft, dem wird aufgetan" (Mt 7, 7 f.).

3419 Es folgt das damals schon traditionelle „Sintflutgebet".

3420 Die biblische Erzählung von der Sintflut (1. Mose 6–8).

3421 Vgl. 2. Mose 14, 1–30 (Israels Durchzug durch das Schilfmeer).

3422 Vgl. Mt 3, 13–17 (Jesu Taufe).

seyn laßen und unter deßen ausgießung über diesen täuffling deinen H[eiligen] Geist reichlich ausgießen, den glauben in ihm anzünden, ihn zu deiner gnadenkindschafft und in den gnaden-bund aufnehmen, durch das blut Christi von sünden ihn reinigen und ihm allerley deiner göttlichen kraft zum neuen leben mittheilen. Laß durch diese heilige sündfluth an ihm ersäuft werden und untergehen alles, was ihm von Adam angebohren ist (und er selbst darzu bereits getan haben mag), daß er, aus der unwiedergebohrnen zahl gesondert [und] in der heiligen archen der christenheit trocken und sicher behalten, allzeit brünstig im geist, frölich in hofnung, deinem namen diene³⁴²³ und er mit allen gläubigen deiner verheißung, ewiges leben zu erlangen, würdig werde durch Jesum Christum, unseren Herrn. Amen.

Laßet uns auch beten das gebät, so unser Herr Jesus Christus selbst gelehret und zu bäten befohlen, auch nicht allein unserer und des kindes nothdurft darin begriffen, sondern auch damit uns gewißlich zu erhören, verheißen [hat]: [S. 332] [Nr.] 311. Vatter unser, der du bist in dem himmel, geheiliget werde dein name, zukomme dein Reich, dein wille geschehe, wie im himmel, also auch auf erden, unser tägliches brod gib uns heute, und vergib uns unsere schuld, als auch wir vergeben unsern schuldigern, und führe uns nicht in versuchung, sondern erlöse uns vom Bösen, dann dein ist das Reich und die kraft und die herrlichkeit in ewigkeit. Amen.

Hierauf wird dem kinde die hand aufs haupt geleget mit den worten:
[Nr.] 312. N. N., der Herr behüte deinen eingang und ausgang von nun an biß in ewigkeit,³⁴²⁴ daß du, in die gemeine Gottes aufgenommen, jederzeit vor Gott wandelst und von ihm geleitet, geschützet und gesegnet werdest.

Anrede an die paten und übrige anwesende, wenn das kind, da die tauffe in der kirche geschiehet, näher an die tauffe gebracht und der prediger hinter den tauffstein getretten ist:
[Nr.] 313. Lieben freunde in Christo! Nachdem ihr von wegen [S. 333] dieses kindes begehret [habt], daß es im namen Jesu Christi getauft und durch die tauffe in die heilige gemeine Gottes angenommen und einverleibet werde, so ist euch, als christen, unverborgen, daß wer sich zur christlichen kirchen thut, der begibt sich in einen geistlichen kampf, darin wir nicht allein mit fleisch und blut, sondern auch mit den bösen geistern³⁴²⁵ die tage unseres lebens zu kämpfen haben, welchen streit wir ohne rechten glauben an Gott Vatter, Sohn und H[eiligen] Geist nicht vollführen mögen. Hierauf, die weil ihr euch aus christlicher liebe und freundschaft dieses unmündigen kindes jetzt angenommen habt und vertrettet daßelbe in dieser christlichen handlung, so wollet mir an deßen statt antworten, worauf es getauft werde.

3423 Vgl. Röm 12, 11 f.: „Seid nicht träge in dem, was ihr tun sollt. Seid brennend im Geist. Dient dem Herrn. Seid fröhlich in Hoffnung, geduldig in Trübsal, beharrlich im Gebet."
3424 Ps 121, 8.
3425 Vgl. Eph 6, 12: „Denn wir haben nicht mit Fleisch und Blut zu kämpfen, sondern mit Mächtigen und Gewaltigen, mit den Herren der Welt, die über diese Finsternis herrschen, mit den bösen Geistern unter dem Himmel."

N. N. Entsagest du dem Teufel und allen deßen wercken und allem seinem wesen?[3426]

N. N. Glaubest du an Gott Vatter, allmächtigen Schöpfer himmels und der erde?[3427]

N. N. Glaubest du an Jesum Christum, seinen eingebohrnen Sohn, unsern Herrn, der empfangen ist vom H[eiligen] Geiste, [S. 334] gebohren von Maria, der Jungfrauen, gelitten unter Pontio Pilato, gecreutziget, gestorben und begraben, niedergefahren zur höllen, am dritten tage wieder auferstanden von den todten, aufgefahren gen himmel, sitzet zur rechten hand Gottes, von dannen er kommen wird, zu richten die lebendigen und die todten?

N. N. Glaubest du an den H[eiligen] Geist, eine heilige christliche kirche, die gemeinschafft der heiligen, vergebung der sünden, auferstehung des fleisches und ein ewiges leben?

N. N. Wilt du auf diesen glauben und bekändtniß getaufet seyn? (und wollet ihr als paten dieses täuflinges davon hinführo zeugniß geben, daß ihm die tauf-gnade wiederfahren sey unter der zusage, daß er mit dem Satan und allen deßen wercken und wesen keine gemeinschaft haben, sondern dem Dreyeinigen Gott im glauben beständig anhangen sollt, in ihm die seligkeit zu suchen und ihm zu dienen)?

Nach einem über das waßer geschlagenen creutz-zeichen wird das entblößete haupt des kindes dreymahl damit besprenget unter der benennung der drey Personen der [S. 335] H[eiligen] Dreyfaltigkeit in diesen worten:

[Nr.] 314. N. N. Ich taufe dich im namen Gottes, des Vatters und des Sohnes und des H[eiligen] Geistes. Amen.

Der wunsch Ambrosii: [dazu am Rand: L(ib[er]) II de sacr(amentis) c(apitulum) 7[3428]]

[Nr.] 315. Der allmächtige Gott und Vatter unsers Herrn Jesu Christi, der dich wiedergebohren hat durchs waßer und den H[eiligen] Geist und hat dir alle deine sünde vergeben, der stärcke dich mit seiner gnade im H[eiligen] Geist zum ewigen leben. Amen.

Anrede an die anwesenden:

[Nr.] 316. Ihr lieben in Christo, dieweil der allmächtige Gott dies kindlein zur taufe unsers Herrn Jesu Christi gnädiglich hat kommen laßen, sollen wir ihm lob und danck sagen und bitten, daß er ihm [sich] wolle dis kind in allen gnaden befohlen seyn laßen, sprechet demnach also:

Gebät:

[Nr.] 317. Allmächtiger, barmhertziger Gott und Vatter! Wir sagen dir lob und danck, daß du deine christliche kirche gnädiglich erhältest und vermehrest, auch diesem kinde verliehen hast, daß es durch die h[eilige] tauffe wiedergebohren und deinem [S. 336] lieben Sohne, unserm Herrn Jesu Christo, einverleibet, dein kind

---

3426 Die traditionelle Formel des „Exorzismus".
3427 Im Folgenden werden die drei Artikel des Apostolikums abgefragt.
3428 Wie Anm. 3435.

und ein erbe deiner himmlischen güter und gaben worden ist. Wir bitten dich gantz demüthig, daß du dies kind, so nunmehr dein kind [ge]worden ist, bey der empfangenen gutthat gnädiglich bewahren, [dazu am Rand: Siehe am ende lit(era) B.B. num(eris) 323. sequ(entes)] seinen eltern und andern vorgesetzten weisheit und sorgfalt verleyhen und darzu viel gelegenheit zeigen, auch deinen segen schencken wollest, daß es von ihnen nach alle deinem wohlgefallen aufs treulichste und gottseligste auferzogen werden könne und also ein lebendiges glied[3429] und [eine] rebe an Christo sey und bleibe,[3430] viele früchte der gerechtigkeit bringe und nach vollendetem glaubens-kampf dereinst das versprochene erbe im himmel mit allen heiligen empfangen möge durch denselben deinen Sohn und unsern Herrn, Jesum Christum. Amen.

Empfanget hierauf den segen des Herrn:
[Nr.] 318. Der Herr segne euch und behüte euch, der Herr erleuchte sein angesicht über euch und sey euch gnädig, der Herr erhebe sein angesicht auf euch und gebe euch frieden. Amen. †[3431] [S. 337]

Inserat

AA. Bey der dritten frage an die paten.

1. Wenn fremder oder durchreisender eltern kinder getauft werden.[3432]
[Nr.] 319. Und da dieses kind anderwärtig von seinen eltern wird erzogen werden, sie selbiges wenigstens Gott in ihrem gebät oft vortragen und darinn wünschen wollen, daß es in der wahren furcht Gottes wohl etc.

2. Wenn vatter oder mutter bereits verstorben wären.
[Nr.] 320. Und da es dem Höchsten gefallen [hat], dieses kindes vattern vor seiner geburth (mutter gleich in [nach] der geburth) in die ewigkeit abzufordern und es so früh in den waysen-orden[3433] zu setzen, sie der betrübten mutter (dem vatter) so viel treulicher beystehen und mit dafür sorgen wollen, daß es, sonderlich wenn es auch solches überbliebenen theiles durch den zeitlichen tod, welches Gott lange in gnaden verhüten wolle, beraubet würde, in der wahren furcht Gottes wohl etc. etc.

3. Wenn ein fündling getauft wird.
[Nr.] 321. Und da dieses kind von seinen unartigen eltern [S. 338] verlaßen ist, sie destomehr sich deßelben annehmen, Gotte es anbefehlen und daran seyn wollen, daß es in der wahren furcht Gottes wohl etc. etc.

3429 Vgl. Eph 5, 30: „Denn wir sind Glieder seines Leibes."
3430 Vgl. Joh 15, 5: „Ich bin der Weinstock, ihr seid die Reben. Wer in mir bleibt und ich in ihm, der bringt viel Frucht; denn ohne mich könnt ihr nichts tun."
3431 4. Mose 6, 24f.
3432 Dieser Einschub erschien wohl nötig, weil die taufende Kirchengemeinde den Zugang zu dem in ihr getauften Kind wahrscheinlich verlieren würde.
3433 Hier wohl im Sinne von „Waisenstand" (der ja biblisch vielfältig positiv konnotiert ist).

4. Wenn es ein unehelich erzeugtes kind wäre.

[Nr.] 322. Und da dieses kind seiner unordentlichen eltern, von deren schande es zeugen muß, segens-fürbitte und christlicher erziehung sich wenig mögte zu erfreuen haben, sie so vielmehr daran seyn wollen, daß daßelbe in der wahren furcht Gottes wohl. etc. etc.

BB. Bey dem schluß-gebät.

1. Wenn das kind sehr schwach ist.

[Nr.] 323. Und da das kindlein sehr schwach ist, so bitten wir dich, wenn du es bald nach seiner geburth aus der welt wieder abzufordern beschloßen hättest, daß du den eltern benöthigten trost darreichen und sie zufrieden und willig machen wollest, dir gehorsamst wiederzugeben, was du, sie als deinen segen nur auf kurtze zeit sehen zu laßen, gut befunden [hast]. Wäre es aber dein gnädiger wille, durch erhaltung des kindes die eltern zu erfreuen, so wollest du ihnen und [S. 339] andern vorgesetzten deßelben weisheit und treue verleihen etc. etc.

2. Wenn das kind ungestalt ist.[3434]

[Nr.] 324. Und da du nach deinem wunderbahren rath dieses kind mangelhaft [hast] gebohren werden laßen, so bitten wir dich, du wollest den eltern gnade verleyhen, deinem allzeit heiligen schicksal in gedultiger gelaßenheit sich zu unterwerfen und versichert zu seyn, daß du darunter eine weise absicht hegest, darüber sie deinen namen dereinst werden preisen können. Du wollest dir aber auch das kind so vielmehr zur vätterlichen aufsicht empfohlen seyn laßen um Jesu Christi, deines lieben Sohns und unsers Herrn, willen. Amen.

II. Etwanige formul der noth-taufe, die der prediger eilfertig verrichtet.

[Nr.] 325. Ihr lieben! Da dieses kind sein sich noch zeigendes schwache[s] leben dem ansehen nach bald verlieren wird, so laßet uns zu deßen tauffe so fort schreiten und es Gotte dazu in dem gebäte des Herrn befehlen: [S. 340] *Vatter unser, der* etc. etc.

Wie soll das kind heißen?

Es ist ja der eltern und euer begehren, daß dies kind auf den apostolischen glauben getauffet werde? Ja.

Ihr entsaget ja in deßen namen dem Teuffel und allen deßen wercken und wesen? Ja.

N.N. Ich taufe dich im namen Gottes des Vatters und des Sohnes und des H[eiligen] Geistes. Amen. †

Der wunsch Ambrosii.

Der allmächtige Gott und Vatter unseres Herrn Jesu Christi, der dich etc.[3435]

3434 Eine körperliche Behinderung hat.
3435 Wie Anm. 3428.

*Anrede an die anwesende[n].*³⁴³⁶

Nun, nachdem Gott dieses kindlein zur tauffe unsers Herrn Jesu Christi gnädiglich hat kommen laßen, sollen wir ihm lob und danck sagen und bitten, daß er ihm dasselbe in allen gnaden wolle empfohlen seyn laßen. Sprecht demnach also:

*Gebät:*³⁴³⁷

[Nr.] 326. Allmächtiger, barmhertziger Gott! Wir sagen [S. 341] dir lob und danck, daß du deine christliche kirche gnädiglich erhältest und vermehrest, auch diesem kinde verliehen hast, daß es durch die Heilige Tauffe wiedergebohren und deinem lieben Sohn, unserm Herrn Jesu Christo, einverleibet, dein kind und ein erbe deiner himmlischen güter und gaben worden ist. Wir bitten dich gantz gehorsahmlich, daß du dies kind, so nunmehr dein kind worden ist, bey der empfangenen gutthat gnädiglich bewahren wollest, und da daßelbe sehr schwach ist, so bitten wir dich, wenn du es bald nach seiner geburth aus der welt wieder abzufordern beschloßen hättest, daß du den eltern benöthigten trost darreichen und sie zufrieden und willig machen wollest, dir gehorsamst wiederzugeben, was du, sie als deinen segen nur auf kurze zeit sehen zu laßen, gut befunden [hast]. Wäre es aber dein gnädiger wille, durch erhaltung des kindes seine eltern zu erfreuen, so wollest du ihnen und andern vorgesetzten weisheit und sorgfalt verleyhen, damit es nach allen deinem wohlgefallen von ihnen aufs treulichste und gottseligste erzogen werde und also ein lebendiges glied und erbe an Christo sey und bleibe, [S. 342] viele früchte und gerechtigkeit bringe und nach vollendetem glaubens-kampf dereinst das versprochene erbe im himmel mit allen heiligen empfangen möge durch denselben deinen Sohn und unsern Herrn Jesum Christum. Amen.

*Anrede an die anwesende[n]:*³⁴³⁸

[Nr.] 327. Geliebte[n] freunde in Christo. Erinnert euch wohl, wie dies kind auf den namen des dreyeinigen Gottes nach Christi einsetzung und verordnung getauft sey, damit ihr, wenn es bey leben erhalten werden solte, ihm zeugnüß geben könnet, daß es in die gemeine Gottes durch das waßerbad im worte aufgenommen sey.

Laßet uns noch hören, wie bereitwillig der Herr Jesus sey, die kinder, die ihm zugeführet werden, anzunehmen und zu segnen. So lautet davon das Evangelium Marci[:] Und sie brachten die kindlein zu Jesu, daß er sie anrührte, die Jünger aber fuhren die an, die sie trugen, da es aber Jesus sahe, ward er unwillig und sprach zu ihnen: Laßet die kindlein zu mir kommen und wehret ihnen nicht, denn solcher ist das Reich Gottes. Wahrlich ich sage euch: Wer das Reich Gottes nicht [S. 343] empfähet als ein kindlein, der wird nicht hinein kommen, und er empfing sie, legte die Hände auf sie und segnete sie.³⁴³⁹

3436 Die sonst vorausgehende Befragung der Eltern und Paten wurde im Folgenden in Gestalt einer ausführlichen Bestätigung nachgeholt.
3437 Vgl. Edition 2.5, Nr. 317.
3438 Vgl. Edition 2.5, Nr. 308 ff.
3439 Mk 10, 13–16 (Die Segnung der Kinder).

Höret auch an den befehl von der Heiligen Taufe samt der verheißung von deren nutzen: So spricht Christus Matthäei am letzten: Gehet hin in alle welt und lehret oder machet zu Jüngern alle völcker und taufet sie im namen des Vatters und des Sohnes und des H[eiligen] Geistes;[3440] und im letzten capitul Marci sagt er: Wer glaubet und getauft wird, wird selig werden.[3441]

Laßet uns auch sprechen den Apostolischen glauben, darauf dieses kind getauft ist: Ich glaube an Gott, den Vatter, allmächtigen Schöpffer himmels und der erden. Und an Jesum Christum, seinen einigen Sohn, unsern Herrn, der empfangen ist vom H[eiligen] Geist, gebohren von Maria, der Jungfrauen, gelitten unter Pontio Pilato, gecreutziget, gestorben und begraben, niedergefahren zu der höllen, am dritten tage wieder auferstanden von den todten, aufgefahren gen himmel, sitzend zur rechten hand Gottes, von dannen er kommen wird, zu richten die lebendigen und die todten. Ich glaube an den H[eiligen] Geist, eine [S. 344] heilige, christliche kirche, die gemeinschaft der heiligen, vergebung der sünden, auferstehung des fleisches und ein ewiges leben. Amen.

Nun ihr thut ja das bekäntniß, daß auf solchen glauben gegenwärtiges kind getauft sey? Laßet uns daßelbe nochmahls Gott befehlen in einem andächtigen *Vatter unser* etc.

Empfanget hierauf den segen des Herrn:
Der Herr segne euch und behüte euch, der Herr erleuchte sein angesicht über euch, der Herr erhebe sein angesicht auf euch und gebe euch frieden. Amen. †[3442]

III. Formular, die von andern verrichtete noth-tauffe öffentlich oder daheim zu bestättigen.[3443]

[Nr.] 328. Geliebte in dem Herrn! Wir sind hier vor Gottes angesicht erschienen, die eilfertig verrichtete noth-tauffe dieses kindes zu seinem künfttigen trost[3444] zu untersuchen, selbige nach befinden zu bestättigen, das kind durch andächtiges gebet Gott ferner zu befehlen und es in den schoß der [S. 345] christlichen kirchen willig aufzunehmen. Gott laße ihm [sich] diese handlung in gnaden gefallen, um Christi willen.

Zuförderst sehe ich mich dann nach euch um, die ihr die noth-tauffe verrichtet habt und dabei gegenwärtig gewesen [seid], und frage euch:

Ist das kind würcklich und nach Christi einsetzung getaufft worden?
Wer hat die tauf-handlung verrichtet?

3440 Mt 28, 19f.
3441 Mk 16, 16a.
3442 4. Mose 6, 24f.
3443 Im Folgenden wurden zunächst die äußeren Umstände der Nottaufe rekonstruiert. War diese eine rite vollzogene Taufe gewesen?
3444 Zielpunkt/Skopus war die spätere Gewissheit des Getauften.

Könnet ihr euch denn auch erinnern, wie ihr in dem heiligen wercke verfahren [seid]?

Habt ihr auch vorher den namen Gottes angerufen und gebetet?

Ist auch gemeines, natürliches waßer beyhanden gewesen?

Wißet ihr, mit welchen worten ihr getaufft und daß ihr nach Christi befehl im namen des Vatters und des Sohnes und des H[eiligen] Geistes getauft habt?

Welche sind dabey gegenwärtig gewesen?

Könnet ihr denn davon zeugen, daß auf solche weise des kindes tauffe geschehen sey?

Wie ist das kind genennet worden?

(So gebet denn jetzt dem kinde einen christlichen namen).[3445] [S. 346]

Anrede an alle anwesende[n].[3446]

[Nr.] 329. Geliebte in dem Herrn! Ihr seyd dann deßen zeuge, wie diese christliche[n] personen zuverläßige nachricht davon ertheilet haben, daß nicht nur dieses kind getauft sey, sondern es auch dabey an keinem wesentlichen stück gemangelt habe. Ich kan daher namens der christlichen kirchen als ein diener derselben die erklärung vor euch thun, daß dieses kind als nach Christi einsetzung im namen Gottes des Vatters und des Sohnes und des H[eiligen] Geistes getauft angesehen und für ein glied der christlichen kirchen gehalten werden solle, daher wir daßelbe Gotte zur bestättigung des mit ihm aufgerichteten taufbundes, mithin zu allem geistlichen und leiblichen segen, nur noch zu befehlen haben.

Laßet uns hören, wie bereitwillig der Herr Jesus sey, die kinder, so ihm zugeführt werden, anzunehmen und zu segnen. So lautet davon das evangelium Marci: Und sie brachten die kindlein zu Jesu, daß er sie anrührete, die Jünger aber fuhren die an, die sie trugen. Da es aber Jesus sahe, ward er unwillig und sprach zu ihnen: [S. 347] Laßet die kindlein zu mir kommen und wehret ihnen nicht, denn solcher ist das Reich Gottes. Wahrlich ich sage euch: Wer das Reich Gottes nicht empfähet als ein kindlein, der wird nicht hinein kommen. Und er empfing sie, legte die hände auf sie und segnete sie.[3447] Höret auch an den befehl von der taufe und die verheißung von deren nutzen: So spricht Christus Matthäi am letzten: Gehet hin in alle welt und lehret [gestrichen: alle Völcker] oder machet zu Jüngern alle Völcker und tauffet sie im namen Gottes des Vatters und des Sohnes und des H[eiligen] Geistes,[3448] und im letzten capitul Marci spricht er: Wer glaubet und getauft wird, der wird selig werden.[3449]

3445 Für den Fall, dass zwar getauft wurde, aber kein Name zugesprochen worden ist.
3446 Die sonst vorausgehende Befragung der Eltern und Paten wurde im Folgenden in Gestalt einer ausführlichen Bestätigung nachgeholt.
3447 Mk 10, 13–16.
3448 Mt 28, 19f.
3449 Mk 16, 16a.

[Nr.] 330. Wiederholet denn auch das bekändtniß, worauf wir ordentlich getauft werden:

N. N. Entsagest du³⁴⁵⁰ nochmals dem Teuffel und allen deßen wercken und wesen?

N. N. Glaubst du an Gott Vater etc.

N. N. Glaubst du an Jesum Christum, seinen etc.

N. N. Glaubst du an den H[eiligen] Geist, eine etc.

N. N. Wilt du in diesem glauben beständig seyn und im taufbunde getreu verbleiben? [S. 348]

Nun der allmächtige Gott und Vatter unsers Herrn Jesu Christi, der dich wiedergebohren hat durchs waßer und den H[eiligen] Geist und dir alle deine sünde vergeben [hat], der stärcke dich mit seiner gnade im H[eiligen] Geist zum ewigen Leben. Amen

Laßet uns beten das gebät des Herrn: *Vater unser etc.*

Laßet uns ferner beten:

[Nr.] 331. Barmhertziger und gnädiger Gottt! lieber himmlischer Vatter! Wir sagen dir in Christo, deinem Sohn, durch den H[eiligen] Geist demüthigen danck, daß du deine christliche kirche noch immer erhältest und vermehrest und das bad der h[eiligen] taufe darzu gewiedmet und gesegnet hast, daß wir, in sünden empfangene und gebohrne menschen, zu deinen kindern neugebohren, unserm Erlöser einverleibet und mit deines H[eiligen] Geistes gaben gesalbet werden sollen. Dir sey auch danck gesagt, daß du dieses kind bald nach seiner leiblichen geburth durch die empfangene h[eilige] tauffe in deine gemeine aufgenommen und uns [S. 349] an jetzt³⁴⁵¹ von der richtigkeit der eilfertig geschehenen tauf-handlung versichert hast. Wir bitten dich: Du wollest dies kind, das dadurch dein kind [ge]worden ist, bey der empfangenen wohltat gnädiglich bewahren: Laß es wohl gedeyen und nach deinem gnädigen willen seinen eltern zur freude aufwachsen, aber auch von denselben in der zucht und ermahnung zu dir also erzogen werden, daß es dereinst das versprochene erbe im himmel mit allen heiligen empfangen möge durch Jesum Christum, deinen Sohn und unsern Herrn. Amen.

Empfanget hierauf den Segen des Herrn:

Der Herr segne euch und behüte euch, der Herr erleuchte sein angesicht über euch und sey euch gnädig, der Herr erhebe sein angesicht auf euch und gebe euch frieden. Amen. †³⁴⁵²

3450 Hier sprachen die Paten stellvertretend für den Getauften.
3451 Heute/im Vollzug dieser Befragung.
3452 4. Mose 6, 24 f.

2.5 Die „Soestische Kirchen Agenden"

C. Bey öffentlicher und privat-catechisation der kinder, wie auch deren confirmation.

I. Gebät vor der catechisation zu sprechen.[3453]

[Nr.] 332. Ewiger und allmächtiger Gott, barmhertziger und gnädiger Vatter in Christo Jesu, der du uns vornehmlich dazu [S. 350] mit verstand und willen begabet hast, daß wir dich und deinen willen erkennen und dir im gehorsam dienen sollen. Wir sagen dir hertzlich danck, daß du dein geoffenbahrtes wort anfangs gegeben [hast] und solches in deiner christenheit noch jetzt verkündigen läßest, auch ins besondere unter uns die anstalten bis hieher erhalten hast, daß wir von kindheit an die H[eilige] Schrift lernen und daraus unterwiesen werden können zur seligkeit.[3454] Wir bitten dich: Segne alle handlung deines worts bey jungen und alten und laß uns auch in dieser stunde deines H[eiligen] Geistes kräftigen beystand und mitwirkung genießen, daß diesen kindern dein rath von ihrer seligkeit und ihre pflicht deutlich, überzeugend und erwecklich vorgetragen werde[n] und sie aufmercksahm und begierig seyn, dich und den du gesandt hast, Jesum Christum, recht zu erkennen. Gib ihnen auch erleuchtete augen ihres verständnißes,[3455] zu begreifen, welches da sey die hofnung ihres berufs und in welcher ordnung[3456] sie deiner gnade sich versichern können, auch wie sie dir dafür dancken [S. 351] müßen. Rühre ihre hertzen und mache sie willig, der erkandten lehre der wahrheit, die da ist zur gottseligkeit,[3457] zu gehorsamen[3458] im glauben und [im] leben um Jesu Christi, deines lieben Sohns und unsers Herrn, willen. Amen.

II. Gebät nach der catechisation zu sprechen.

[Nr.] 333. Herr Gott, himmlischer Vatter! Dir sey danck, daß du auch diesesmahl einen guten saamen auf die hertzen unser[er] kinder [hast] ausstreuen laßen.[3459] Gib dann auch zu allem pflantzen und begießen[3460] dein göttliches gedeyen zu vieler fruchtbarkeit. Erwecke den funcken des glaubens, den du in der h[eiligen] tauffe bey ihnen angezündet und bisher noch erhalten hast. Laß auch denselben durch eine warhafte liebe gegen dich und ihren nächsten thätig werden. Bewahre sie für [vor] des Satans betrieglichen nachstellungen und den vielen verführischen aerger-

---

3453 Ein Rüstgebet des unterrichtenden Geistlichen.
3454 Die Gelegenheit zu einer geordneten Unterweisung galt aus Ausdruck göttlicher Gnade.
3455 Vgl. Eph 1, 18: „Und er gebe euch erleuchtete Augen des Herzens, damit ihr erkennt, zu welcher Hoffnung ihr von ihm berufen seid, wie reich die Herrlichkeit seines Erbes für die Heiligen ist […]."
3456 Im Rahmen welcher für verbindlich und normativ erachteten „Heilsordnung"?
3457 Vgl. Tit 1, 1: „[…] und der Erkenntnis der Wahrheit, die der Frömmigkeit gemäß ist […]."
3458 Gehorsam zu sein.
3459 Vgl. Mt 13, 3b–9 (Vom Sämann).
3460 Vgl. 1. Kor 3, 6–8: „Ich habe gepflanzt, Apollos hat begossen; aber Gott hat das Gedeihen gegeben. So ist nun weder der etwas, der pflanzt, noch der begießt, sondern Gott, der das Gedeihen gibt. Der aber pflanzt und der begießt, sind einer wie der andere. Jeder aber wird seinen Lohn empfangen nach seiner Arbeit."

nißen der welt. Erfülle sie mit deiner heiligen furcht und stelle ihnen deine allgegenwart stets vor augen. Laß sie nicht bald vergeßen, was sie von deinem willen und wohlthaten gehöret haben, erinnere sie vielmehr durch deinen [S. 352] H[eiligen] Geist wieder daran. Erleuchte und heilige sie immer mehr, daß sie thun nach deinem wohlgefallen. Du bist ja ihr Gott, dein guter Geist führe sie auf ebener bahn,[3461] daß sie in der nachfolge ihres Erlösers bis an ihr ende bewahret bleiben.[3462] Amen.

III. Die confirmation der anwachsenden kinder.
  Anrede an die gemeine.
  [Nr.] 334. Geliebte in dem Herrn! Es erscheinen allhier vor Gottes angesicht und dieser christlichen gemeine einige kinder, namentlich: N. N. N., welche nun zu den jahren [ge]kommen sind, daß sie sich selbst prüfen können,[3463] und nachdem sie bißher in den nöthigsten stücken christlicher lehre und besonders der ordnung des heils[3464] unterrichtet [worden] sind, davon ein öffentliches bekändtniß ablegen, demnächst auch den mit Gott in ihrer tauffe aufgerichteten theuren bund erinnern wollen. Ew[er] Christl[ichen] Liebe hat ursache, mit den kindern Gotte für die denselben bisher erwiesene gnade zu dancken und sie ihm zur väterlicher [S. 353] aufsicht und führung ferner zu befehlen. Ein jeder nehme auch gelegenheit, in der glaubens-lehre sein eigenes hertz aufs neue zu stärcken und für sich den tauf-bund zu erneuern.[3465] Laßet uns also beten.

  Gebät.
  [Nr.] 335. Allmächtiger und ewiger Gott, barmhertziger und gnädiger Vatter! der du den befehl gegeben hast: Weiset meine kinder und das werck meiner hände zu mir.[3466] Theuerster Erlöser und Heyland Christo Jesu, der du in den tagen deines wandels auf erden die kinder willig aufgenommen, gesegnet und ihnen das Reich Gottes zuerkant hast.[3467] Herr Gott, H[eiliger] Geist, der du dich auch auf die kinder in der h[eiligen] tauffe willig außgießest, sie wiederzugebähren[3468] und aus

---

3461 Vgl. Ps 143, 10: „Lehre mich tun nach deinem Wohlgefallen, denn du bist mein Gott; dein guter Geist führe mich auf ebner Bahn."
3462 Vgl. Jak 1, 4: „Die Geduld aber soll zu einem vollkommenen Werk führen, damit ihr vollkommen und unversehrt seid und keinen Mangel habt."
3463 Ad annos discretionis/in die Pubertät/zur Geschlechtsreife.
3464 Der für verbindlich und normativ erachteten „Heilsordnung".
3465 Jede miterlebte Konfirmation war ein Aufruf zur Erneuerung des eigenen Taufbundes.
3466 Vgl. besonders Jes 45, 11: „So spricht der Herr, der Heilige Israels und sein Schöpfer: Wollt ihr mich zur Rede stellen wegen meiner Söhne? Und wollt ihr mir Befehl geben wegen des Werkes meiner Hände?"
3467 Vgl. Mk 10, 14f.: „[…] Lasset die Kinder zu mir kommen und wehret ihnen nicht, denn solchen gehört das Reich Gottes. Wahrlich, ich sage euch: Wer das Reich Gottes nicht empfängt wie ein Kind, der wird nicht hineinkommen."
3468 Vgl. Tit 3, 5: „machte er uns selig – nicht um der Werke willen, die wir in Gerechtigkeit getan hätten, sondern nach seiner Barmherzigkeit – durch das Bad der Wiedergeburt und Erneuerung im Heiligen Geist […]."

ihrem munde dir ein lob bereitest.³⁴⁶⁹ O Dreyeiniger Gott! Wir tragen dir in unserm gebet diese kinder vor, die du zu deinem preise erschaffen, aus der gewalt des Satans erlöset und zu deiner gnaden-kindschaft geheiliget hast. Habe danck für allen geistlichen und leiblichen segen, so du ihnen lebenslang bis hieher bescheret hast. Laß es ihnen [S. 354] aber auch jetzt an deiner gnade nicht fehlen. Sie sind bereit, ein bekändniß abzulegen von der wahrheit, dadurch sie selig zu werden hoffen, und mithin ihren tauff-bund zu erneuren. Ach, so gib ihnen rechte andacht und deine heilige furcht ins hertz, daß es ihnen hiebey ein ernst sey und von hertzen gehe, was sie mit dem munde bekennen. Laß sie gedencken, daß sie vor deinem angesicht stehen und mit dir selbst es zu thun haben, der du das hertz prüfest und dem aufrichtigkeit angenehm ist.³⁴⁷⁰ Mache sie begierig, der gnade, die du ihnen in der tauffe mitgetheilet hast, aufs neue versichert zu werden. Erfülle sie mit einem abscheu und wiederwillen wieder alles, was sie um solchen theuren schatz wieder bringen könte. Lehre sie demselben in der wahrheit absagen³⁴⁷¹ und sich beständig dafür hüten. Erinnere sie in ihrem gantzen leben wieder an dieses bekändniß und laß sie solches fleißig wiederhohlen. Treibe sie an, des ends dein wort zu lieben und das gebät fleißig zu treiben. Mache sie andern zum muster der nachfolge ihres Erlösers und fahre fort, deiner kirchen viele [S. 355] zuzuführen, die dem evangelio würdig wandeln³⁴⁷² und durch daßelbe selig werden. Gib auch uns übrigen aufmercksahme hertzen und laß uns unsern tauff-bund bey uns selbst erneuren. Ach! daß doch keiner aus dieser versammlung gehen mögte, der nicht darin erweckt sey, zu sagen: Ich schwere und wil es halten, daß ich die rechte deiner gerechtigkeit halten wil.³⁴⁷³ Amen! Vatter unser, der du bist etc.

1. Das bekändniß der lehre nach vorhergehendem examine.

Anrede an die kinder.

[Nr.] 336. Nun, liebe kinder! Ihr werdet denn erstlich antwort zu geben haben von der christlichen glaubens-lehre und der ordnung des heyls,³⁴⁷⁴ wie sie aus der H[eiligen] Schrift in unsern evangelischen Kirchen getrieben wird und euch bisher bekant gemachet [worden] ist. Seyd fein aufmercksam und gesammlet in euerm gemüth, eingedenck, daß es göttliche wahrheiten seyn, darüber ihr befraget werdet. Rufet auch mit mir den himmlischen Vater um des H[eiligen] Geistes [S. 356] licht und gnade demüthig an, und sprechet also:

3469 Vgl. Mt 21, 16b: „Jesus sprach zu ihnen: Ja! Habt ihr nie gelesen (Ps 8,3): ‚Aus dem Munde der Unmündigen und Säuglinge hast du dir Lob bereitet'?"
3470 Vgl. 1. Chr 29, 17a: „Ich weiß, mein Gott, dass du das Herz prüfst, und Aufrichtigkeit ist dir angenehm."
3471 Auch die bei der Taufe durch die Patinnen und Paten geleistete Absage an den Teufel war von den zur Konfirmation anstehenden Kindern also zu erneuern.
3472 Vgl. Phil 1, 27a: „Wandelt nur würdig des Evangeliums Christi, […]."
3473 Vgl. Ps 119, 106: „Ich schwöre und will's halten: Die Ordnungen deiner Gerechtigkeit will ich bewahren."
3474 Der für verbindlich und normativ erachteten „Heilsordnung".

Gebet [Nr.] 337. Lieber himmlischer Vatter! Dir sagen wir danck, daß du in deinem wort uns geoffenbahret hast, was wir glauben und wie wir leben sollen, daß du auch uns von unserer kindheit an gelegenheit gegeben [hast], die Heilige Schrift zu lernen und daraus zur seligkeit unterwiesen zu werden. Wir bitten dich: Erhalte und beforder in uns zu weiterer erleuchtung unserer hertzen das [die] erkäntniß, so du uns geschencket [hast], und da wir jetzt ein bekäntniß von dem glauben, worinn wir unterrichtet sind, thun sollen, so gib uns deines H[eiligen] Geistes gnade zur erweckung und erhaltung der andacht. Laß uns nicht blos hin aus dem gedächtniß die uns beygebrachte antwort wiederholen,[3475] sondern in deinem licht das licht der wahrheit sehen[3476] und aus kräftiger überzeugung unserer hertzen zu göttlicher gewisheit dein wort bekennen. Bewahre uns für selbst-gefälligkeit und ruhm-sucht bey diesem examine und gib, daß wir ohne absicht und menschen [S. 357]furcht als vor deinem angesicht unsere erklärung thun. Laß uns die erkante wahrheit recht hoch achten, dabey beständig bleiben und sie in uns fruchtbahr werden laßen, um Jesu Christi willen. Amen. [Nachträglich ergänzt:] Admon[itio]: Wohlan, so erweckt eure aufmercksamkeit, öffnet euren mund mit freudigkeit, legt ein bekan(n)tnis [ab].[3477]

EXAMEN.

Nach dem examine aus der ordnung des heyls[3478] geschiehet wieder auf diese und dergleichen weise eine anrede an die kinder.

[Nr.] 338. Nun, lieben kinder! Ihr habt Gott zu dancken für den anfang des [der] erkäntniß[es] göttlicher lehre der wahrheit, die da ist zur gottseligkeit.[3479] Seyd auch erkäntlich gegen eure eltern und vorgesetzte dafür, daß sie euch zur schule und catechisation sorgfältig gehalten oder auch selbst mit unterrichtet und angeführt haben.[3480] Bewahret aber die gute beylage, die euch gegeben ist, und bauet ferner auf den in euch gelegten grund.[3481] Dencket nicht, daß ihr nun ausgelernet habt. Wachset vielmehr in der gnade und dem [der] erkäntniß des Herrn Jesu.[3482] Forschet darum in der Schrift[3483] und habt göttliches wort lieb. Bleibt auch beständig bey der

3475 Ein bloßes Repetieren auswendig gelernter Formeln galt als unzureichend.
3476 Vgl. Ps 36, 10: „Denn bei dir ist die Quelle des Lebens, und in deinem Lichte sehen wir das Licht."
3477 Auch die Prüfung selbst sollte damit bereits Bekenntnischarakter haben.
3478 Der für verbindlich und normativ erachteten „Heilsordnung".
3479 Vgl. Tit 1, 1: „[...] und der Erkenntnis der Wahrheit, die der Frömmigkeit gemäß ist [...]."
3480 Bei der Vorbereitung auf die Prüfung sollten damit auch die Eltern und Lehrherren mitwirken.
3481 Vgl. 1. Kor 3, 11: „Einen andern Grund kann niemand legen außer dem, der gelegt ist, welcher ist Jesus Christus."
3482 Vgl. 2. Petr 3, 18a: „Wachset aber in der Gnade und Erkenntnis unseres Herrn und Heilands Jesus Christus."
3483 Vgl. Joh 5, 39a: „Ihr sucht in den Schriften, denn ihr meint, ihr habt das ewige Leben darin [...]."

erkandten evangelischen lehre [S. 358] und bringet in die übung, was ihr wißet beydes, in glaubiger annehmung des Herrn Jesu und in einem heiligen leben.

Damit nun diese christliche gemeine höre und wiße, daß solches euer sinn und meynung sey, so antwortet mit einem deutlichen Ja auf diese

Fragen:

1. Haltet ihr das alles, darüber ihr euer bekändtniß gethan [habt] und was ihr sonst aus Heiliger Schrift gelehret werdet, *für eine* lautere, untriegliche und annehmens-würdige *wahrheit*, bey welcher ihr bis an euer ende *beständig verbleiben* und euch davon nichts abwendig machen zu laßen begehret?

2. Wollet ihr dann zufolge dieser lehre in erkäntniß und bereuung eures natürlichen elendes, unvermögens und unwürdigkeit *allein in Christo durch den glauben*[3484] *eure seligkeit suchen*?

3. Gedencket ihr auch, solche lehre der wahrheit, die da ist zur gottseligkeit,[3485] und den glauben, auf dieselbe gegründet, in verläugnung euer selbst, der welt und ihrer eitelkeit *mit einem heiligen leben* in allen stücken *zu zieren*?[3486] [S. 359]

Anrede an die kinder.

Nun, der getreue Hirte der Schaafe und Bischoff unserer Seelen[3487] sey denn ferner selbst euer lehrer und führer, daß ihr nicht nur fest und unbeweglich haltet ob dem wort der wahrheit,[3488] sondern auch seinem evangelio würdiglich wandelt[3489] als rechte evangelische christen.

2. Die erneuerung des tauf-bundes.

Anrede an die kinder.

[Nr.] 339. Da aber nicht nur euer verstandt im [in der] erkäntniß der bekandten wahrheit befestiget [worden ist], sondern vornehmlich der wille im gehorsahm gegen dieselbe confirmiret zu werden bedarf, so erwecket denn auch eure hertzen zur erneurung des taufbundes mit Gott, darzu ihr sonderlich hervorgetretten seyd. Achtet es für eine theure wohlthat, daß ihr bald nach eurer sundhaften geburth durch das bad der wiedergeburth und erneuerung des H[eiligen] Geistes Christo[3490] einverleibet seyd und vergebung eurer sünden, wie auch erlösung vom tode

---

3484 Hatte Frage 1 das „sola scriptura" zum Inhalt, so folgten nun das „solus Christus" und das „sola fide".

3485 Vgl. Tit 1, 1: „[…] und der Erkenntnis der Wahrheit, die der Frömmigkeit gemäß ist […]."

3486 Hier folgte – als pietistisches Kernanliegen – die Forderung nach einer umfassenden Heiligung des Lebens in allen seinen Bezügen.

3487 Vgl. 1. Petr 2, 25: „Denn ihr wart wie irrende Schafe; aber ihr seid nun umgekehrt zu dem Hirten und Bischof eurer Seelen."

3488 Vgl. 2. Kor 6, 7a: „in dem Wort der Wahrheit, in der Kraft Gottes […]."

3489 Vgl. Phil 1, 27a: „Wandelt nur würdig des Evangeliums Christi, […]."

3490 Vgl. Tit 3, 5b: „[…] durch das Bad der Wiedergeburt und Erneuerung im Heiligen Geist […]."

und der gewalt des Satans, dahingegen aber als kinder Gottes das recht zur ewigen seligkeit erlanget habt. Glaubet auch, daß [S. 360] Gott bisher um des mit euch in der tauffe aufgerichteten bundes willen so viel langmuth und geduld an euch bewiesen und so manniges gutes an leib und seele euch erzeiget habe. Ihr könnet euch auch aufs künftige noch so viel mehreren segens versichern, wenn ihr geflißen sein werdet, treulich zu halten, was eure paten für euch versprochen haben, und wenn ihr die tauf-gnade unter würdigem gebrauch des heiligen abendmals euch werdet aufs neue bestättigen laßen. Es ist euch aber hiebey des H[eiligen] Geistes beystand nöthig. Rufet denn den himmlischen Vatter um das licht, den trieb, die kraft und freudigkeit solches eures geistes demüthigst an und bittet, daß er selber durch dieses siegel und pfand des erbes euch confirmiren und euer hertz vest machen wolle im glauben, liebe, gehorsahm, geduld und hofnung.

Gebät.

[Nr.] 340. Lieber himmlischer Vatter, der du durch deinen Sohn verheißen hast, den H[eiligen] Geist zu geben allen, die dich darum bitten; durch diesen Geist der kindschafft,[3491] davon wir die erstlinge in unserer tauffe empfangen haben,[3492] rufen [S. 361] wir dich um ein reicheres maaß seiner uns so nöthigen gnaden-gaben hertzlich an. Wir haben vor, nunmehro dir vor deiner gemeine selber zu versprechen, was in unserer kindheit unsere paten für uns dir angelobt haben, und die von ihnen an unserer statt angenommene bundes-gnade uns von dir durch deinen diener bestättigen zu laßen und solche in glaubiger zueignung anzunehmen. Ach, schencke unsern seelen zu diesem wichtigen werck große kraft und vielen ernst. Erfülle uns mit inniger hochachtung der tauffe und der uns dadurch geschenckten gnade. Wircke in uns eine göttliche traurigkeit[3493] und wahrhafte reue über allen undanck und untreue, wieder unser tauf-gelübde begangen. Vergib es uns, daß wir weder der uns geschenckten seligkeit uns recht angenommen, noch dich als unsern Vatter, wie wir gesolt, geliebet und gefürchtet [haben], sondern oft das uns gefallen laßen, dem wir doch abgesagt haben. Da wir aber nun dir eine neue zusage von unserer treue thun wollen, im vertrauen auf deine gnädige hülfe, so laß dir solches unser vorhaben in gnaden gefallen und gib uns zu dem wollen auch das vermögen,[3494] vest und unbeweglich [S. 362] zu seyn und immer zuzunehmen in deinem werck um Jesu Christi, unsers Erlösers, willen. Amen.

3491 Vgl. Gal 4, 5: „[…] auf dass er die, die unter dem Gesetz waren, loskaufte, damit wir die Kindschaft empfingen."

3492 Vgl. Röm 8, 23: „Nicht allein aber sie, sondern auch wir selbst, die wir den Geist als Erstlingsgabe haben, seufzen in uns selbst und sehnen uns nach der Kindschaft, der Erlösung unseres Leibes."

3493 Vgl. 2. Kor 7, 10: „Denn die Traurigkeit nach Gottes Willen wirkt zur Seligkeit eine Umkehr, die niemanden reut; die Traurigkeit der Welt aber wirkt den Tod."

3494 Vgl. Phil 2, 13: „Denn Gott ist's, der in euch wirkt beides, das Wollen und das Vollbringen, nach seinem Wohlgefallen."

Hierauf antwortet mit Ja auf diese fragen:
[Nr.] 341. 1. Haltet ihr es denn genehm und *laßet es euch lieb sein,* daß eure paten mit euren eltern bey der heiligen taufe euch an Gott ergeben und zu seiner kirchen geführet, auch für euch dem Teuffel gantz abgesagt und alle treue im glauben und leben Gotte versprochen haben?

2. *Thuts euch auch von hertzen leyd,* was ihr wieder den tauff-bund bis hiehin gethan [habt], also daß ihr Gott in Christo um vergebung solcher untreu ernstlich anflehet?

3. *Entsagt ihr denn* aufs künftige *abermahls dem Teufel* und allem sünden-dienst, also daß ihr darinnen nimmer willigen, sondern, den willen Gottes im glauben und leben zu vollbringen, allzeit möglichsten fleiß, alle kräfte und sorge anwenden wollet? (Zum äußerlichen zeichen, daß es euch ein ernst sey, diese zusage unverbrüchlich zu halten, reichet mir als Gottes diener darauf eure hand.) [S. 363]

Anrede an die kinder.

[Nr.] 342. Nun, so werde ich allzeit, ja, auch dereinst vor dem richter-stuhl Christi Jesu[3495] ein zeuge seyn müßen, diese christliche gemeine wird davon zeugen, die heiligen Engel, die in der versammlung der christen gegenwärtig seyn, sind des zeugen,[3496] daß ihr heute Gott aufs neue zu einem Vatter angenommen und euch ihm zu gehorsahmen kindern ergeben habt, daß ihr dem Herren Jesu zur vermählung mit ihm und zu seiner nachfolge das ja-wort gegeben, daß ihr dem H[eiligen] Geiste zur einwohnung und folgsahmkeit gegen seinen trieb und regierung euer hertz aufgethan haben wollet. Ach, bleibt diesem Dreyeinigen Gott getreu bis in den tod[3497] und werdet nicht wieder bundbrüchig. Laßet euch den Satan, die welt und euer eigenes fleisch und blut nicht zurückziehen zur augen-lust, fleisches-lust und hoffärtigen wesen. Beweiset in allem euren wandel, daß ihr nun nicht euch selbst leben wollet, sondern daß Christus in euch leben, wohnen und wircken solle.[3498] Ins besondere laßet seinen sinn hervorleuchten in heiligem eifer für seine ehre, in liebe und hochachtung seines worts, in lust und andacht zum gebät, in gehorsam und ererbietigkeit [S. 364] gegen eure eltern und vorgesetzte, in sanftmuth und demuth, in mäßigkeit und keuschheit, in gerechtigkeit, aufrichtigkeit und wahrheit, daß, wenn man also euer licht leuchten siehet, der Vatter im himmel darüber gepriesen[3499] und andere an und durch euch erbauet werden.

3495 Vgl. 2. Kor 5, 10: „Denn wir müssen alle offenbar werden vor dem Richterstuhl Christi, auf dass ein jeder empfange nach dem, was er getan hat im Leib, es sei gut oder böse."
3496 Der irdische Gottesdienst ist mit dem himmlischen verbunden.
3497 Vgl. Offb 2, 10c: „Sei getreu bis an den Tod, so will ich dir die Krone des Lebens geben."
3498 Vgl. Gal 2, 20: „Ich lebe, doch nun nicht ich, sondern Christus lebt in mir. Denn was ich jetzt lebe im Fleisch, das lebe ich im Glauben an den Sohn Gottes, der mich geliebt hat und sich selbst für mich dahingegeben."
3499 Vgl. Mt 5, 16: „So lasst euer Licht leuchten vor den Leuten, damit sie eure guten Werke sehen und euren Vater im Himmel preisen."

3. Die versicherung von der tauf-gnade.

[Nr.] 343. Es versichert euch aber nunmehr auch der Dreyeinige Gott, daß sein bund des friedens[3500] euch confirmiret sey[n] und [selbst], wenn berge weichen und hügel hinfallen,[3501] derselbe euch doch vest stehen solle. Habt denn ein gut vertrauen zu Gott als eurem Bundes-Gott in Christo und versehet euch alles guten zu ihm. Getröstet euch der gnädigen vergebung der sünden, seines schutzes und alles wahrhaften segens für seel und leib, in der hofnung des ewigen lebens:

(Wie ich denn als Gottes diener nach dem exempel der heiligen Apostel euch die hand auflege und euch damit Gotte als ein geheiligtes opfer darstelle, über euch seinen namen ausruffe, die gnaden-verheißungen des evangelii euch zueigne und euch der schützenden und mildthätigen hand Gottes empfehle.) [S. 365]

Votum.

[Nr.] 344. Nehmet hin kraft aus der höhe,[3502] schutz und schirm für allem argen, hülfe und stärke zu allem guten von der gnädigen und allmächtigen hand Gottes des Vatters, des Sohns und des H[eiligen] Geistes Amen. †

4. Aufnahme der kinder in eine nähere gemeinschaft der gläubigen.

[Nr.] 345. Lieben kinder! Ihr werdet denn auch in die gemeinschaft der kirchen näher aufgenommen und zum genuß aller privilegien und vorrechte derselben, besonders zum gebrauch des heiligen abendmahls, zum zeugniß bey der tauff-handlung und zur übung des rechts des geistlichen priesterthumbs[3503] zugelaßen. Gleichwie euch auch dagegen der gehorsahm gegen die bekändniße, verordnungen und gebräuche der evangelischen kirchen, die fürsorge und fürbitte für ihre wohlfahrt und [die] beybehaltung der ruhe und des friedes in derselben bestens empfohlen und noch besonders gerathen wird, daß wenn ihr das heilige abendmahl genießen wollet, ihr wenigstens im ersten jahr (in den ersten zwey jahren) solches etliche tage vorher eurem beicht-vatter anzeiget. [S. 366]

Memoriale.

[Nr.] 346. Damit ihr endlich destobeßer an diesen tag euch erinnern könnet, wil ich euch noch aus der Heiligen Schrift ein und andern denck-spruch aufschlagen laßen,[3504] als:

3500 Vgl. 4. Mose 25, 12: „Darum sage: Siehe, ich gebe ihm meinen Bund des Friedens."
3501 Vgl. Jes 54, 10: „Denn es sollen wohl Berge weichen und Hügel hinfallen, aber meine Gnade soll nicht von dir weichen, und der Bund meines Friedens soll nicht hinfallen, spricht der Herr, dein Erbarmer."
3502 Vgl. Lk 24, 49b: „[…] bis ihr angetan werdet mit Kraft aus der Höhe."
3503 Vgl. 1. Petr 2, 5.9: „Und auch ihr als lebendige Steine erbaut euch zum geistlichen Hause und zur heiligen Priesterschaft, zu opfern geistliche Opfer, die Gott wohlgefällig sind durch Jesus Christus […] Ihr aber seid ein auserwähltes Geschlecht, ein königliches Priestertum, ein heiliges Volk, ein Volk zum Eigentum […]." – Das war ein wichtiges Motiv Philipp Jakob Speners (1635–1705). Wie Anm. 52.
3504 Der Gedenkspruch wurde also – im Beisein der versammelten Gemeinde – durch jeden Konfirmanden selbst in der Bibel aufgeschlagen und danach wohl auch laut

2.5 Die „Soestische Kirchen Agenden"

1. Eine warnung, aus etc.
2. Eine ermunterung, aus etc.
3. Einen guten rath und vortheil im christenthum, aus etc.
4. Einen trost, aus
5. Einen wunsch, aus etc.

Anrede an die gemeine:

[Nr.] 347. Hierauf wende ich mich wieder zu dieser christlichen gemeine mit der ermahnung, über diese kinder nochmahls ernstlich zu beten um alle benöthigte gnade des H[eiligen] Geistes zu einer innern confirmation und bevestigung ihrer hertzen. Sprechet demnach also:

Gebät.

[Nr.] 348. Allmächtiger, ewiger Gott, barmhertziger Vatter! der du alles gutes in uns anfängst, bestättigest und vollendest. Wir rufen dich an über diese angehende pflantzen der [S. 367] gerechtigkeit, welche du deiner kirchen geschencket, durch die heilige tauffe wiedergeborhen und nun so weit erleuchtet hast, daß sie diese deine gnade und güte und ihre erlösung in Christo, deinem Sohn, unserem Herrn, auch selbst erkennen und vor der gemeine bekandt haben. Ach, erhalte und voll[en]führe dein werck, das du in ihnen angefangen hast.[3505] Mehre in ihnen die gaben deines Geistes, schencke ihnen den Geist der Weisheit und des Verstandes, den Geist des Raths und der geistlichen Stärcke, den Geist der Erkäntniß und der wahren Gottesfurcht,[3506] auf daß sie sowohl in lebendiger erkäntniß und erfahrung reicher, als auch in deiner liebe und dienst immer eifriger werden mögen. Ach, reinige sie von aller befleckung des fleisches und des geistes und laß sie fortfahren mit der heiligung in deiner furcht. Ja, lieber Vatter! mache sie fertig zu allem guten werck, zu thun deinen willen, und schaffe in ihnen, was vor dir gefällig ist.[3507] Bewahre sie vor irriger lehre, daß sie weder durch die lockende, noch [durch die] schreckende stimme und gestalt der welt dazu verführet werden. Laß sie nicht in die eitelkeit der welt verwickelt, noch in die sclaverey der sünden [S. 368] gestürtzet werden, sondern von allem vorsatz zu sündigen unbefleckt bleiben. Steure dem Satan, daß er an ihnen keine macht habe, denn sie sind dein, Herr Jesu! und du hast sie mit deinem blute erkaufet.[3508] Wenn sie aber künftig strauchlen solten, so richte sie wieder gnädig auf

---

verlesen.

3505 Vgl. Phil 1, 6: „[...] und ich bin darin guter Zuversicht, dass der in euch angefangen hat das gute Werk, der wird's auch vollenden bis an den Tag Christi Jesu."

3506 Vgl. Jes 11, 2: „Auf ihm wird ruhen der Geist des Herrn, der Geist der Weisheit und des Verstandes, der Geist des Rates und der Stärke, der Geist der Erkenntnis und der Furcht des Herrn."

3507 Vgl. Hebr 12, 28: „Darum, weil wir ein Reich empfangen, das nicht erschüttert wird, lasst uns dankbar sein und so Gott dienen mit Scheu und Furcht, wie es ihm gefällt."

3508 Vgl. besonders Offb 5, 9b: „[...] denn du bist geschlachtet und hast mit deinem Blut Menschen für Gott erkauft aus allen Stämmen und Sprachen und Völkern und Nationen [...]."

und habe gedult mit ihrer schwachheit, und dein guter Geist treibe sie stets zum guten an. Ja, heilige sie durch und durch, daß ihr geist, gantz sambt der seel und leib, unsträflich behalten werde bis auf deine herrliche zukunft.³⁵⁰⁹ Amen, Herr Jesu, in deinem namen. Amen.

Laßet uns hierauf singen: Sey lob und ehr mit hohem etc. etc.³⁵¹⁰

D. Bey der privat-beicht.
I. Anrede an die beicht-kinder.
[Nr.] 349. Geliebte in dem Herrn! höret an, was S[ank]t Paulus von dem h[eiligen] abendmahl an die Corinthier schreibet am XI. capitul des ersten briefes.

Ich habe es von dem Herrn empfangen, das ich euch gegeben habe, denn der Herr Jesus, in der nacht, da er verrathen [S. 369] ward, nahm er das brod, danckete und brachs und sprach: Nehmet, eßet, das ist mein leib, der für euch gebrochen wird. Solches thut zu meinem gedächtniß. Deßelbigen gleichen [nahm er] auch den kelch nach dem abendmahl und sprach: Dieser kelch ist das Neue Testament in meinem blut. Solches thut, so oft ihrs trincket, zu meinem gedächtniß. Denn so oft ihr von diesem brod eßet und von diesem kelche trincket, sollt ihr des Herren tod verkündigen, bis daß er kommt. Welcher nun unwürdig von diesem brod ißet oder von dem kelch des Herren trincket, der ist schuldig an dem leib und blut des Herren. Der mensch prüfe aber sich selbst, und also eße er von diesem brod und trincke von diesem kelch. Denn welcher unwürdig ißet und trincket, der ißet und trincket ihm [sich] selber das gerichte, damit daß er nicht unterscheidet den leib des Herrn, darum sind auch so viel schwache und krancke unter euch und ein gut theil schlaffen. Denn so wir uns selber richteten, so würden wir nicht gerichtet. Wenn wir aber gerichtet werden, so werden wir von dem Herrn gezüchtiget, auf daß wir nicht sambt der welt verdammet werden.³⁵¹¹ [S. 370]

Wir vernehmen hieraus, geliebte in dem Herrn! wie behutsam das heilige abendmahl gebraucht werden müße, und wie gefährlich es sey, ohne rechtschaffene vorbereitung deßelben sich zu bedienen. Da ihr dann vorhabens seyd, bey dem tisch des Herrn morgendes tages³⁵¹² zu erscheinen, so gehet ja nicht hinzu mit unbereitetem hertzen, bloshin aus gewohnheit oder im vertrauen auf das äußerliche werck, sondern kommt als krancke zu dem artzt[en].³⁵¹³ Laßet euch eure noth treiben, die-

---

3509 Vgl. 1. Thess 5, 23: „Er aber, der Gott des Friedens, heilige euch durch und durch und bewahre euren Geist samt Seele und Leib unversehrt, untadelig für das Kommen unseres Herrn Jesus Christus."

3510 Wohl: „Sei Lob und Ehr dem höchsten Gut" (Lob- und Danklied nach 5. Mos 32, 3 in 9 Strophen; Text: Johann Jakob Schütz 1675; Melodie: Johann Crüger 1653). EG 326.

3511 1. Kor 11, 23–32.

3512 Hier war die Vorabendbeichte im Blick. Sich erfolgte für gewöhnlich im Rahmen der Vesper.

3513 Vgl. Lk 5, 31: „Und Jesus antwortete und sprach zu ihnen: Die Gesunden bedürfen des Arztes nicht, sondern die Kranken."

se theure artzney zu gebrauchen, wenn ihr die schwachheit des geistlichen lebens fühlet und gewahr werdet, daß ihr mehreren trostes und [mehrerer] erweckung bedürfet, als euch die tägliche nahrung der geistlichen genießung Christi im glauben bisher gegeben [hat].³⁵¹⁴ Laßet euch auch die freundliche einladung und herrliche verheißung des Heylandes begierig machen nach seinem leibe und blut und nach aller kraft dieses heiligen sacraments. Schicket euch dazu recht an und räumet alle hindernißen der andacht aus dem wege. Setzet alle irdischen sorgen und geschäfte so lange bey seiten, richtet eure sinnen und gedancken auf das große [S. 371] werck, das ihr vorhabt, und gebet dabey auf die wirckungen des H[eiligen] Geistes an eurem hertzen acht. Gebrauchet euch auch dazu des in unsern kirchen eingeführten beicht-stuhls.³⁵¹⁵

Sonderlich prüfet euch vorher, ob ihr in wahrer buße stehet, und erweckt euch, alle stücke derselben anjetzt aufs fleißigste zu üben. Denn nur allein die bußfertige[n] sind würdige gäste bey dem tisch des Herrn und der absolution fähig. Prüfet euch denn, ob euer hertz so beschaffen sey, wie eure beichte lauten wird, und ob ihr in der wahrheit sagen könnet: Meine sünden, ja, alle meine sünden sind mir leid, ob ihr recht begierig seyd nach der gnade Gottes in Christo Jesu, sowohl der vergebung eurer sünden versichert, als auch in der heiligung eurer seelen gefördert zu werden; ob ihr das in dem worte des evangelii euch angebottene verdienst Christi des endes euch zuversichtlich zueignet; ob ihr den vorsatz in der wahrheit gefaßet habt, nicht nur einen und anderen tag stiller und eingezogener zu leben, sondern auch lebens-lang für [vor] allen wißentlichen sünden euch zu hüten, mit furcht und zittern eure seligkeit zu [S. 372] schaffen³⁵¹⁶ und Gotte nach bestem vermögen zu dienen, zufolge des in der tauffe mit ihm aufgerichteten bundes und nach der vorschrift seines heiligen wortes. Solte jemand sein, dem es auch nur an einem dieser stücke fehlete, der sey in Christi namen erinnert, sich so lang des heiligen abendmahls zu enthalten, biß er sich dazu weiter vorbereiten laße. Ja, er opfere sich jetzt dem H[eiligen] Geiste auf mit dem vorsatz, sich zur ungeheuchelten buße durch ihn führen zu laßen.

Ihr aber, die ihr das wahrhafte zeugniß eures gewißens vor Gott findet, daß ihr zur reue und [zum] glauben geführet seyd, versichert euch, daß euer Heyland auch eure sünden gebüßet und deren vergebung, das recht der kindschaft,³⁵¹⁷ den H[eiligen] Geist und das ewige leben auch euch erworben habe und euch zur annehmung und [zum] genuß solcher seligkeit einlade. Eignet euch denn zu, was Christus gethan und gelitten hat, als wenn ihr solches selbst gethan und gelitten hättet, versehet euch denn auch um seinet willen zu eurem himmlischen Vatter alles guten und genießet

---

3514 Das Feiern eines Gottesdienstes ohne Heiliges Abendmahl.
3515 In Soest und seiner Börde zumeist in Gestalt der Sakristei („Bichtekamer").
3516 Vgl. Phil 2, 12: „Also, meine Lieben, – wie ihr allezeit gehorsam gewesen seid, nicht allein in meiner Gegenwart, sondern jetzt noch viel mehr in meiner Abwesenheit – schaffet, dass ihr selig werdet, mit Furcht und Zittern."
3517 Vgl. Gal 4, 5: „[…] auf dass er die, die unter dem Gesetz waren, loskaufte, damit wir die Kindschaft empfingen."

das heilige abendmahl als ein pfand und siegel [S. 373] der gnade Gottes, der gemeinschaft mit Christo und des trostes des H[eiligen] Geistes.

Damit aber durch das ambt der versühnung euch die vergebung der sünden nach Christi befehl besonders zugeeignet werden möge,[3518] so komt in den beicht-stuhl und thut ein bekändtniß von eurem seelen-zustande, nehmet dann auch die absolution als von Christo selbst durch seinen diener gesprochen an.

Erinnert euch aber auch hinführo fleißig an das versprechen von beßerung eures Lebens, die [das] ihr nicht dem prediger allein, sondern Gotte selbst thut. Bestrebet euch, demselben nachzukommen und seyd gewis, das heilige abendmahl werde euch die dazu benöthigte kraft mittheilen.

Betet aber noch vorher also:

II. Gebät vor der beicht.
Siehe im Gesangbuch N[r.] 39 darin aber eine kleine veränderung bei der recitirung zu machen ist.[3519]

III. Beicht-formul für die neu-confirmirte[n].
Würdiger herr beicht-vatter! [S. 374]
[Nr.] 350. Ich komme an diesen ort, um mich zum gebrauch des heiligen abendmahls anzumelden und vorher ein bekändtniß von dem zustande meiner seelen, wie [ich] sie in angestellter prüfung befunden [habe], abzulegen. Ich bitte, er wolle kraft tragenden ambts[3520] mir die den[en] bußfertigen verheißene vergebung der sünden in Gottes namen ankündigen.

Heiliger und gerechter, aber auch barmhertziger und gnädiger Gott! du hast mich nach anweisung deines worts erkennen und empfinden laßen, wie groß die natürliche verderbniß meines hertzens sey, als welches von allem dir gefälligem guten abgeneigt und dazu untüchtig, zum bösen aber gantz willig und fertig ist. Es klagt mich auch mein gewißen darüber an, daß ich [nachträglich ergänzt: von] dieser mir angeerbten unart mich so oft [nachträglich ergänzt: habe] verleiten laßen, deine furcht und liebe aus den augen zu setzen und würcklich zu unterlaßen, was ich nach deinem willen hätte thun sollen und können, und dagegen in sündhaften gedancken, worten und wercken zu vollbringen, was du verbotten hast. Ach, Herr! Es thut mir nicht nur wehe, daß ich dadurch [S. 375] deinen zorn und fluch in zeitlichen und ewigen strafen verdienet habe, sondern ich beklage es auch und beschäme mich, daß ich gegen dich, meinen liebreichen und gütigen Vatter, so undanckbahr mich bewiesen [habe]. Ich wünsche auch, noch mehr reue über meine sünde hegen zu können, und bitte dich: Du wollest sie mir ferner unter augen stellen und mein hertz zerschlagen und zerknirschen, daß es ein dir recht gefälliges opfer werde und die begierde nach deiner gnade sich vermehre. Stille aber auch solchen in mir er-

---

3518 Vgl. 1. Kor 5, 18: „Aber das alles ist von Gott, der uns mit sich selber versöhnt hat durch Christus und uns das Amt gegeben, das die Versöhnung predigt."
3519 Wie Anm. 339.
3520 Der Beichtvater als ordentlich beauftragter Diener der Kirche.

weckten hunger und durst nach der vor dir geltenden gerechtigkeit und sprich zu meiner seelen: Sey getrost, dir sind deine sünden vergeben.[3521] Siehe an, nicht was ich werth bin, sondern was dein eingebohrner Sohn, mein Erlöser und Seligmacher, für mich gethan und gelitten hat, deine gnade mir zu erwerben. Gedencke nicht der sünden meiner jugend, noch aller meiner übertrettung. Gedencke aber mein nach solcher deiner grossen barmhertzigkeit um deiner güte willen.[3522] Schencke mir durch deines H[eiligen] Geistes zeugniß von der kindschafft wiederum freudigkeit zu dir, als meinem ausgesöhnten Vatter, [S. 376] alles guten mich zu versehen und von dir das himmlische erbe zu erwarten. Lehre mich aber auch in solcher hofnung, mich [zu] reinigen von aller befleckung des fleisches und des geistes und fortzufahren mit der heiligung in deiner furcht.[3523] Du hast dazu den wunsch und vorsatz in mir gewircket, ach! laß es mir nun an kraft und beständigkeit nicht fehlen, mein gelübde dir zu bezahlen[3524] und dir bis in den tod getreu zu seyn.[3525] Bewapne mich selbst wider alle versuchungen des fleisches, der welt und des Satans und laß mich im kampf wider die sünde und verleugnung meiner selbst einen sieg nach dem anderen davon tragen. Segne auch dazu an meiner seelen deines dieners wort und den vorhabenden genuß deines heiligen abendmahls.

Ein andere.

[Nr.] 351. [Am Rand: Freylingh(ausen) Ordnung des Heils.][3526] […] [S. 377] […]. [S. 378]

IV. Die absolutions-formul.

[Nr.] 352. [Am Rand: Lutheri Klein(er) Catechi(smus)] […].

Ein andere.

[Nr.] 353. [Am Rand: Sim(on) Musaeus im gespräche eines beicht-vatters[3527]] Und ich als ein unwürdiger diener spreche dich aus seinem befehl und verdienst quit, ledig und loß von allen deinen sünden im namen des Vatters, des Sohns und des H[eiligen] Geistes. Amen. Der Friede Gottes sey mit dir, gehe hin und beßere dich.[3528]

3521 Mt 9, 2c.
3522 Ps 25, 7.
3523 Vgl. 1. Thess 4, 3: „Denn das ist der Wille Gottes, eure Heiligung, dass ihr meidet die Unzucht […]."
3524 Vgl. Ps 50, 14: „Opfere Gott Dank und erfülle dem Höchsten deine Gelübde […]."
3525 Vgl. Offb 2, 10c: „Sei getreu bis an den Tod, so will ich dir die Krone des Lebens geben."
3526 Wie Anm. 2973.
3527 Wie Anm. 2965.
3528 Peters, Gesprecke (wie Anm. 11), S. 174.

Eine andere.

[Nr.] 354. [Am Rand: Rostock(ische) K(irchen)O(rdnung). f. 104.³⁵²⁹ Wirtemb(ergische) K(irchen)O(rdnung), p. 24.] [...].³⁵³⁰ [S. 379]

Eine andere.

[Nr.] 355. [Am Rand: Sächs(ische) Agenden, p. 29.] [...]

Eine andere.

[Nr.] 356. In der hofnung (dem vertrauen), daß euer hertz [S. 380] also beschaffen sey, wie eure beichte gelautet hat, verkündige ich euch als ein verordneter diener Jesu Christi, daß, wie allen bußfertigen die vergebung der sünden verheißen und zugesagt ist, also auch eure sünden euch vergeben sein sollen im namen Gottes des Vatters und des Sohnes und des H[eiligen] Geistes. Amen. †

(der Gott des friedes heilige euch durch und durch- und euer geist, gantz samt seel und leib, müße unsträflich behalten werden biß auf den tag Christi.³⁵³¹ Amen.

Oder: So gehet dann hin in frieden und segen des Herrn. Er regire euch durch seinen Geist, bewahre euch für sünden und bringe euch endlich zum ewigen seligen leben. Amen.)

E. Bey öffentlicher und privat-administration des heiligen abendmahls.

I. Anrede an die communicanten.

1. Die bisher in der stadt gebrauchet ist. [S. 381]

Lieben freunde in Christo!

[Nr.] 357. Es soll durch Gottes gnade anjetzo wiederum gehalten werden das abendmahl unsers Herrn Jesu Christi, darinnen er uns in, mit und unter dem gesegneten brod seinen leib zu eßen und sein blut in, mit und unter dem gesegneten wein zu trincken darreichet.³⁵³² So unterscheidet dann dieses heilige mahl und erwecket eure hertzen zur andacht und ehrerbietigkeit, sowohl die ihr dasselbe zu genießen herzugetretten, als die ihr nur dabey gegenwärtig seyd.

(Die ihr nur gegenwärtig seyd, helfet euren mit-brüdern und mit-schwestern, alle benöthigte gnade zum würdigen gebrauch dieses sacraments [zu] erbitten, und ver-

---

3529 Wie Anm. 2964.
3530 Eine nicht sicher zu identifizierende württembergische Kirchenordnung, möglicherweise die auch in Norddeutschland weit verbreitete: KirchenOrdnung/Wie es mit der Lehr und Ceremonien im Hertzogthumb Würtemberg angerichtet und gehalten werden soll [...], Stuttgart: Rößlin 1657 (VD17 1:083294W).
3531 1. Thess 5, 23.
3532 Die Konkordienformel (SD VII, 35) fasste die lutherische Position 1577 in der Aussage zusammen, dass die Gläubigen den Leib und das Blut Jesu Christi „in, mit und unter" Brot und Wein zu sich nehmen, was häufig im Sinne einer Konsubstantiation (reale Präsenz Christi bei gleichzeitigem Fortbestehen der Brotsubstanz) gedeutet wird.

einiget euch mit ihnen, daß ihr auf geistliche weise mit dem munde des glaubens die kraft des leibes und blutes Christi zu euer versicherung und heiligung empfahet.)³⁵³³

Ihr, die ihr vorhabens seyd, bey dieser tafel euch anjetzt zu laben, sehet zu, daß ihr würdige gäste seyn möget. [S. 382]

Erinnert euch der nachdrücklichen ermahnung des Apostels: Der mensch prüfe sich selbst und also eße er von diesem brod und trincke von diesem kelche, denn welcher unwürdig hinzugehet, der ißet und trincket ihm [sich] selber das gericht, damit daß er nicht unterscheidet den leib des Herrn.³⁵³⁴

Gehet also nochmahls in euch und prüfet euch: Ob ihr sowohl euer natürliches verderben recht einsehet, als auch erkennet, daß ihr wieder Gott auf mannigerley weyse würckliche sünde begangen habt und euch solches von hertzen leid seyn laßet. Prüfet euch: Ob ihr nach der vergebung eurer sünden euch hertzlich sehnet und dieselbe bey dem himmlischen Vatter suchet allein im vertrauen auf das verdienst Christi, euch auch versichert haltet, daß er um deßent willen euch alle eure sünde zu vergeben bereit sey? Prüfet euch: Ob ihr den vesten vorsatz gefaßet habt, hinführo von allen wissentlichen und muthwilligen sünden [S. 383] abzulaßen, hingegen aber Gott zu dienen in einem heiligen und gottseligen wandel (und ob ihr also vestiglich halten wollet, was ihr nicht nur bey eurer tauffe und bey dem erstmahligen gebrauch des h[eiligen] abendmahls, sondern auch diesmahl in der beichte vor Gottes angesicht angelobet habt).

Prüfet euch also ernstlich, denn das allsehende auge Gottes wandelt unter uns,³⁵³⁵ [um] euch, die gäste, zu besehen und allein diejenige[n], die in wahrer buße stehen, können würdige gäste bey diesem tische seyn.

Ach, so gehe doch niemand hinzu mit einem ungebrochenen und unglaubigen hertzen, denn ein solcher, als ein unwürdiger, ißet und trincket ihm [sich] selber das gericht.³⁵³⁶

Rufet vielmehr Gott an, daß er euch durch seinen Geist recht vorbereiten und aus euch wegräumen wolle, was ihm an euch noch mißfällig ist, dagegen aber in euch wircke, was ihm wohlgefällt.

(Euren zweck bey dem gebrauch dieses theuren sacraments laßet diesen seyn, daß ihr, [als] dadurch von der liebe [S. 384] und gnade Gottes gegen euch und der daraus fließenden vergebung der sünden von neuem versichert[e], demnach³⁵³⁷ in dem geistlichen leben mehr gestärcket werden und also im stande seyn möget, künftig der sünden euch zu erwehren und Christo in der wahrheit zu dienen.)

3533 Ein Teil der Gemeinde feierte den Gottesdienst demnach mit, ohne selbst die Gaben des Heiligen Abendmahls zu empfangen. Das schuf mancherlei Probleme (Art der Teilhabe am gefeierten Sakrament, Störungen, vorzeitiges Auslaufen etc.).
3534 1. Kor 11, 28f.
3535 Eine Vorstellung, die eigentlich nur Ängste auslösen konnte, zumal wenn sie, wie hier, zur Disziplinierung der Gemeinde während der Abendmahlsfeier bemüht wurde.
3536 1. Kor 11, 29.
3537 Fortan/in Zukunft.

In solcher bereitschaft eurer seelen gehet dann hinzu in freudiger zuversicht, wie denn der Heyland selbst euch aufs freundlichste einladet.

Verkündiget aber dabey seinen tod und erinnert euch mit danckbahrem gemüthe seines bittern leydens und sterbens, als wodurch alle euer sünde gebüßet und alles heyl und seligkeit euch erworben ist.

Betet aber vorher also: etc.

2. Anrede, die auf einigen dörffern gebrauchet wird.
Lieben freunde in Christo!

[Nr.] 358. Weil ihr jetzo zum tische des Herrn tretten und das abendmahl unsers Herrn und Heylandes Jesu Christi halten und empfangen wollet, soll ein jeglicher wohl in [S. 385] acht nehmen, was Paulus sagt: So oft ihr von diesem brod eßet und von diesem kelche trincket, sollt ihr des Herrn tod verkündigen,[3538] das ist[:] ihr sollet euch des leydens und sterbens eures Heylandes Jesu Christi erinnern, deßen euch von hertzen trösten, auch ihm, eurem Erlöser, dafür dancken.

Dabeneben aber müßen wir seiner dabey gesetzten vermahnung nachleben, und da er ferner also spricht: Der mensch aber prüfe sich selbst, und also eße er von diesem brod und trincke von diesem kelche, denn welcher [gestrichen: ißet] unwürdig ißet und trincket, der ißet und trincket ihm [sich] selber das gericht, damit daß er nicht unterscheidet den leib des Herrn.[3539]

Dies prüfen aber gehet nun also zu, daß der mensch seine sünde zuvor muß erkennen und bekennen, auch deroselben vergebung um Christi willen bey Gott von hertzen suchen und bitten, auch einen beständigen vorsatz faßen und behalten, sein leben mit göttlicher hülfe zu beßeren und frömmer zu werden.

Damit ihr nun dem[en]selben also getreulich möget nachkommen, [S. 386] so erhebet eure hertzen zu Gott im himmel und sprechet mir nach und bete ein jeder von grund des hertzens mit mir also:

[Nr.] 359. Ich armer, sündhaffter mensch bekenne vor dir, o allmächtiger Gott! meinem Schöpfer, Erlöser und Heiligmacher, daß ich leider vielfältiglich gesündiget [habe], nicht allein mit bösen gedancken, worten und wercken, sondern daß ich auch von natur sündig und unrein bin, in sünden empfangen und gebohren. Ich habe aber zuflucht zu deiner grundlosen barmhertzigkeit, suche und begehre gnade um des Herrn Jesu Christi willen, an den ich glaube, daß er mich erlöset von sünden, deßen allein tröste ich mich. Ach, Gott! sey mir armen sünder gnädig. Amen.[3540]

Laßet uns ferner miteinander also beten:

3538 1. Kor 11, 26.
3539 1. Kor 11, 27.
3540 Eine Form der offenen Schuld, die wohl in der Regel an die Stelle der auf dem Land nur schwer umzusetzenden Vorabendbeichte trat.

2.5 Die „Soestische Kirchen Agenden"

II. Die consecration mit der dancksagung.

1. Das gebät.
(a) aus der Sächsischen Agenden.
   [Nr.] 360. […] [S. 387] […] [nachträglich ergänzt:] Vater unser.

(b) Welches in der stadt gebrauchet wird.
   [Nr.] 361. Wir dancken Dir, Herr Jesu Christe! für deine unaussprechliche liebe gegen uns, daß du für uns mensch geworden und in angenommener menschlichen natur für uns das gesetz erfüllet und gelitten hast, auch gestorben bist, um uns von sünden, tod, Teufel und hölle zu erlösen und uns die ewige seligkeit zu erwerben. Insonderheit dancken wir dir auch, daß du zu deßen kräftigen [kräftiger] versicherung deinen in den tod für uns gegebenen leib und dein für uns vergoßenes blut im sacrament des h[eiligen] abendmahls zu eßen und [S. 388] zu trinken verordnet hast. Und da wir anjetzo nach deiner einsetzung dieses theure mahl halten wollen: so bitten wir dich, du wollest gegenwärtige mittel des brods und weins segnen, daß sie seyn eine gemeinschaft deines leibes und bluts.[3541] Du wollest auch heiligen unsere leiber und seelen, daß wir in hertzlicher andacht, wahrer buße und glaubiger zuversicht hinzutretten und dieses theure pfand deines leibes und blutes nicht zum gericht, sondern zum leben empfahen mögen, also daß wir, [als] von der vergebung unserer sünden versichert[e], im heiligen leben gestärcket und in der hofnung des ewigen lebens bevestiget werden mögen. Amen. [Nachträglich ergänzt:] Vater unser etc.

(c) Welches auf einigen dörfern gebraucht wird.
   [Nr.] 362. Allmächtiger, ewiger Gott, lieber himmlischer Vatter, der du deines lieben Sohns nicht verschonet, sondern denselben für uns und alle dahin in den tod gegeben hast.[3542] Wir bitten dich demüthiglich, du wollest uns unsere sünde vergeben, wollest uns auch deinen H[eiligen] Geist geben, der in uns einen wahren glauben, rechtschaffene buße und beßerung des lebens erwecke und vermehre, auf daß wir durch deine gnade die [S. 389] seligkeit und das ewige leben erlangen mögen, um deßelben deines lieben Sohns, unsers Herrn und Heylandes Jesu Christi, willen. Amen. [Nachträglich ergänzt:] Vater U[nser].

2. Die Worte der einsetzung mit der austheilung.
   [Nr.] 363. Vernehmet hirauf mit fleiß die worte der stiftung des h[eiligen] abendmahls, wie uns dieselbe[n] beschrieben haben die heiligen Evangelisten Matthäus, Marcus, Lucas und S[ankt] Paulus:[3543]

3541 Vgl. 1. Kor 10, 16: „Der Kelch des Segens, den wir segnen, ist der nicht die Gemeinschaft des Blutes Christi? Das Brot, das wir brechen, ist das nicht die Gemeinschaft des Leibes Christi?"

3542 Vgl. Röm 8, 32: „Der auch seinen eigenen Sohn nicht verschont hat, sondern hat ihn für uns alle dahingegeben – wie sollte er uns mit ihm nicht alles schenken?"

3543 Es folgt ein kirchlich gebräuchlicher Mischtext.

Unser Herr Jesus Christus, in der nacht, da er verrathen ward, nahm er das brod, dancket und brachs und gab es seinen Jüngern und sprach: Nehmet hin, eßet, das ist mein leib, der für euch gegeben wird, solches thut zu meinem † gedächtniß.

Austheilung:
Nehmet hin und eßet, das ist der wahre leib[3544] eures Heylandes Jesu Christi, für euch in den tod gegeben, der erwecke, stärcke und erhalte euch in wahrem glauben zum heiligen und seligen leben. Amen. †

Deßselben gleichen nahm er auch den kelch nach dem abendmahl, dancket und gab ihnen den und sprach: Nehmet hin und trincket alle daraus: Dieser kelch ist das Neue Testament [S. 390] in meinem blut, das für euch vergoßen wird zur vergebung der sünden. Solches thut, so oft ihrs trincket, zu meinem † gedächtniß.

Austheilung:
Nehmet hin und trincket, das ist das wahre blut[3545] eures Erlösers Jesu Christi, für eure sünde vergoßen, das erwecke, stärcke und erhalte euch in wahrem glauben zum heiligen und seligen leben. Amen. †

III. Erinnerung.
[Nr.] 364. So freuet euch denn, die ihr mit bußfertigen, begierigen, zuversichtlichen und dankbahren hertzen das abendmahl des Herrn würdig empfangen habt. Ja, freuet euch der gnade des Vatters, der gemeinschaft mit Christo, des trostes und der kraft des H[eiligen] Geistes. Dancket auch eurem Heylande für die euch geschenckte theure gabe und saget zu eurer seelen: Lobe den Herrn, meine seele, und was in mir ist seinen heiligen namen, lobe den Herrn, meine seele, und vergiß nicht, was er dir gutes getan hat, der dir alle deine sünde vergibt und heilet alle deine gebrechen.[3546] Erinnert [S. 391] euch öfters an diesen euren ehren-tag,[3547] daran ihr mit Christo genau vereiniget seyd, und sehet dahin, daß ihr euch in seiner gemeinschaft bewahret. Laßet ihn allein in euch leben, wircken und herrschen. Haltet vest an seiner lehre; folget seinem trieb zum guten; habt sein exempel immer vor augen, damit ihr demselben von tag[en] zu tag[en] ähnlicher werden möget (Gehet mit ihm im gebät fleißig um; fahret fort, seinen tod euch und andern zu verkündigen;[3548] trettet

---

3544 Man beachte die Betonung der Realpräsenz.
3545 Man beachte auch hier die Betonung der Realpräsenz.
3546 Ps 103, 1–3.
3547 Die Formulierung lässt vermuten, dass die Frequenz des Abendmahlsempfanges bei vielen – auch in Anbetracht der hohen Anforderungen an die Selbstprüfung – nicht eben hoch war.
3548 Vgl. 1. Kor 11, 26: „Denn sooft ihr von diesem Brot esst und von dem Kelch trinkt, verkündigt ihr den Tod des Herrn, bis er kommt."

in die gemeinschaft seines leydens³⁵⁴⁹ und nehmet euer creutz geduldig auf euch;³⁵⁵⁰ wie ihr auch alle eines brods theilhaftig [ge]worden [seid],³⁵⁵¹ so vereiniget euch auch als glieder eines leibes untereinander durch das band der vollkommenheit, der Liebe³⁵⁵²).

Versichert euch dabey, daß nun allerley seiner göttlichen kraft, was zum leben und göttlichem wandel und zur beharlichkeit im glauben dienet, euch geschencket sey, daß ihr mit freuden warten könnet auf seine zukunft;³⁵⁵³ sprechet aber noch ferner also:

IV. Dancksagung.

1. Aus der Sächsischen Agenden.
[Nr.] 365. […] [S. 392] […].

2. Welche in der stadt gebrauchet wird.
[Nr.] 366. Wir sagen dir, Herr Jesu Christe! von hertzen lob und danck, daß du uns in der evangelischen kirchen nach deiner einsetzung das sacrament des h[eiligen] abendmahls bis hiehin in ruhe und friede [hast] genießen laßen und auch jetzo uns diese gnade [ge]geben [hast], daß wir mit deinem leibe und blute wiederum gespeiset und geträncket [worden] sind. Wir bitten dich, du wollest uns hiedurch in dem glauben an dich mehr gestärcket, in unserm gewißen durch versicherung der vergebung der sünden getröstet, zur liebe gegen dich und [gegen] unsern nächsten erwecket, zu deinem willigen gehorsahm gereitzet, in der geduld erhalten und in der hofnung des ewigen lebens weiter bevestiget werden laßen. Ach! laß [S. 393] uns nun mit dir und in dir mit deinem himmlischen Vatter und dem werthen H[eiligen] Geiste stets vereinigt bleiben. Mache uns in kraft dieser speise himmlisch gesinnet und heilige dadurch unsere gedancken, begierden, worte und wercke in unserm gantzen leben, bis wir dort in deinem Reiche nach dem vor[ge]schmack zum volligen genuss des heyls in dir gelangen werden. Amen.

Der Herr segne euch und behüte euch; der Herr erleuchte sein angesicht über euch und sey euch gnädig; der Herr erhebe sein angesicht auf euch und gebe euch seinen frieden. Amen.³⁵⁵⁴ †

3549 Vgl. Phil 3, 10: „Ihn möchte ich erkennen und die Kraft seiner Auferstehung und die Gemeinschaft seiner Leiden und so seinem Tode gleich gestaltet werden […]."
3550 Vgl. Lk 14, 27: „Wer nicht sein Kreuz trägt und mir nachfolgt, der kann nicht mein Jünger sein."
3551 Vgl. 1. Kor 10, 17: „Denn ein Brot ist's. So sind wir, die vielen, ein Leib, weil wir alle an einem Brot teilhaben."
3552 Vgl. Kol 3, 14: „Über alles aber zieht an die Liebe, die da ist das Band der Vollkommenheit."
3553 Vgl. 2. Petr 3, 12a: „[…] die ihr das Kommen des Tages Gottes erwartet und ihm entgegeneilt […]."
3554 4. Mose 6, 24 f.

V. Die communion der krancken.

[Nr.] 367. Ermuntert euch denn zur andacht und begierde nach dem genuß des leibes und blutes eures Erlösers und Seligmachers:

(Höret des endes an die verheißung von dem nutzen der gemeinschaft mit Christo im glauben, dazu der würdige gebrauch des heiligen abendmahls beförderlich ist. So spricht der Herr Jesus: Ich bin ein rechter weinstock und mein Vatter ein weingärtner; bleibet in mir und ich in euch. Gleichwie der rebe kan keine [S. 394] Frucht bringen von ihm selber, er bleibe dann [denn] am weinstock: also auch ihr nicht, ihr bleibet denn an mir. Ich bin der weinstock, ihr seyd die reben. Wer in mir bleibet und ich in ihm, der bringet viel frucht, denn ohne mich könnet ihr nichts thun.[3555] Und abermahl[s] sagt er: Ich bin das brod des lebens. Wer zu mir kömt, der wird nicht hungern, und wer an mich gläubet, den wird nimmermehr dürsten.[3556] Wer mein fleisch ißet und trincket mein blut, der hat das ewige leben, und ich werde ihn am jüngsten tage auferwecken, denn mein fleisch ist die rechte speise und mein blut ist der rechte tranck. Wer mein fleisch ißet und trincket mein blut, der bleibet in mir und ich in ihm.[3557])

Verkündiget aber bey diesem sacrament seinen tod und betet um würdigen gebrauch des h[eiligen] abendmahls also:

[Nr.] 368. Allmächtiger Gott, himmlischer Vatter! ich dancke dir wie für alle von dir empfangene[n] wohlthaten, also sonderlich für die schenckung deines Sohns und deßen verordnung zu meinem Mittler und Versühner, ohne deßen gnugthuung ich dir nicht gefallen könte, sondern in meinen sünden sterben [S. 395] müste. Ich bitte dich durch deine grundlose barmhertzigkeit, laß mir die gemeinschaft seines theuren verdienstes auch jetzt durch den gebrauch des h[eiligen] abendmahls zu meinem trost angedeyen. Heilige dazu meinen leib und seele und gib mir deinen Geist, daß ich wie in hertzlicher reue über alle sünden meines gantzen lebens, also in glaubiger begierde und wahrer danckbahrkeit dieses sacrament also empfangen möge, daß ich dadurch deiner ewigen güte und liebe gegen mich abermahls versichert und an dem inwendigen menschen gestärcket, die noch übrige zeit meines Lebens dir wohlgefällig hinbringe, und wenn meine stunde kommen wird, so viel freudiger aus der welt abscheiden könne durch Jesum Christum, deinen lieben Sohn und unsern Herrn. Amen!

[Nr.] 369.[3558] Vernehmet hirauf mit fleiß die worte der stiftung des h[eiligen] abendmahls, wie uns dieselbe beschrieben haben die heiligen Evangelisten Matthäus, Marcus, Lucas und S[ankt] Paulus:

Unser Herr Jesus Christus, in der nacht, da er verrathen ward, nahm er das brod, dancket und brachs und gab es seinen Jüngern und sprach: Nehmet hin, eßet, das ist mein leib, der für euch [S. 396] gegeben wird. Solches thut zu meinem † gedächtniß.

3555 Joh 15,1–5 (Der wahre Weinstock).
3556 Joh 6, 35.
3557 Joh 6, 54–56.
3558 Vgl. oben Edition 2.5, Nr. 363.

Nehmet hin und eßet, das ist der wahre leib eures Heylandes Jesu Christi, für euch in den tod gegeben, der stärcke und erhalte euch in wahrem glauben zum heiligen und seligen leben. Amen. †

Deßelbigen gleichen nahm er auch den kelch nach dem abendmahl, dancket und gab ihnen den und sprach: Nehmet hin und trincket alle daraus, dieser kelch ist das Neue Testament in meinem blut, das für euch vergoßen wird zur vergebung der sünde. Solches thut, so oft ihrs trincket, zu meinem † Gedächtniß.

Nehmt hin und trincket, das ist das wahre blut eures Erlösers Jesu Christi für eure sünde vergoßen, das stärcke und erhalte euch in wahrem glauben zum heiligen und seligen leben. Amen. †

[Nr.] 370. Dancket denn hierauf eurem Erlöser für die empfangene theure gabe und sprechet also:

Ich dancke dir, Herr Jesu Christe! für dein bitteres leyden und sterben, deßen gedächtniß du mich im h[eiligen] abendmahl [S. 397] hast begehen laßen und darinn durch die heylsahme gabe deines leibes und blutes in dieser kranckheit meine seele erquicket hast. Ich bitte nun auch deine barmhertzigkeit, daß du mir solches gedeyen laßest zu starkem glauben gegen dich, zur liebe gegen alle menschen, auch die mich beleidiget haben mögten, zur geduld unter meynem leyden, zur treue in dem kampfe, den du mir noch bestimmet hast, und zum willigen gehorsam im leben und sterben, ja, zur bevestigung der hofnung des ewigen lebens, der du mit Gott, dem Vatter, in einigkeit des H[eiligen] Geistes lebest und regierest in ewigkeit. Amen.

[Nr.] 371. Ermuntert noch ferner eure seele zum freudigen lobe Gottes und sprecht:

Lobe den Herrn, meine seele, und, was in mir ist, seinen heiligen namen. Lobe den Herrn, meine seele, und vergiß nicht, was er dir gutes gethan hat, der dir alle deine sünden vergibt und heilet alle deine gebrechen, der dein leben vom verderben erlöset, der dich crönet mit gnade und barmhertzigkeit, der deinen mund frölich machet, daß du wieder jung wirst wie ein adler. Der Herr schaffet gerechtigkeit und [S. 398] gericht allen, die unrecht leyden. Er hat seine wege Mose wißen laßen, die Kinder Israel sein thun. Barmhertzig und gnädig ist der Herr, geduldig und von großer güte. Er wird nicht [für] immer hadern, noch ewiglich zorn halten, er handelt nicht mit uns nach unsern sünden und vergilt uns nicht nach unserer Mißethat, denn so hoch der himmel über der erden ist, läßt er seine gnade walten über die, so ihn fürchten. So fern der morgen ist vom abend läßet er unser ubertrettung von uns seyn. Wie sich ein vatter über kinder erbarmet: so erbarmet sich der Herr über die, so ihn fürchten. Denn er kennet, was für ein gemächt wir sind, er gedenket daran, daß wir staub sind. Ein mensch ist in seinem leben wie graß; er blühet wie eine blume auf dem felde. Wenn der wind darüber gehet, so ist sie nimmer da und ihre stätte kennet sie nicht mehr. Die gnade aber des Herrn währet von ewigkeit zu ewigkeit über die, so ihn fürchten, und seine gerechtigkeit auf kindes-kind bey denen, die seinen bund halten und gedencken an seine gebote, daß sie darnach thun. Der Herr [S. 399] hat seinen stuhl im himmel bereitet und sein Reich herschet über alles. Lobet den Herrn, ihr seine Engel, ihr starcken helden, die ihr seinen befehl ausrichtet, daß man höre die stimme seines worts. Lobet den Herrn, alle seine heerscharen, seine diener, die ihr seinen willen thut. Lobet den Herrn, alle seine wercke, an allen orten seiner herrschaft. Lobe den Herrn, meine seele. A[men].[3559]

Empfanget hierauf den segen des Herrn.

Der Herr segne euch und behüte euch; der Herr erleuchte sein angesicht über euch und sey euch gnädig; der Herr erhebe sein angesicht auf euch und gebe euch frieden. †. Amen.[3560]

F. Bey der einsegnung zum ehestande.

I. Das proclamations-formular.
Siehe numer[o] 298.

II. Das ordinaire formular der copulation.

[Nr.] 372. Hierauf schreiten wir nun im namen der H[eiligen] Hochgelobten Dreyeinigkeit zu vorhabender ehe-einsegnung. [S. 400]

Es sind nehmlich allhier vor Gottes angesicht und diesem christlichen umstand[3561] erschienen eines theils N. N. als bräutigam, ander[n] theils aber N. N. als braut, [um] ihre mit Gotte angefangene (und durch dreymahlige abkündigung der gemeine Gottes bekandt gemachte) ehe zu vollziehen und bestättigen zu laßen.

Weil sich dann keine wiederrede gefunden hat, so wende ich mich zu euch, N. N., als [dem] bräutigam, dieweil ihr euch mit dieser gegenwärtigen braut N. N. in ein christlich ehe verlöbniß habt eingelaßen und seyd jetzunder hier erschienen, solche angefangene ehe zu vollenziehen und bestättigen zu laßen.

Als[o] frage ich euch an Gottes statt, ob dieses auch noch sey und bleybe euer beständige hertzens-meynung, daß ihr diese eure an der seiten stehende braut N. N. begehret zu einer ehelichen hauß-frauen, mit derselben ehelich und friedlich zu leben, creutz und wiederwärtigkeit geduldig mit ihr auszustehen, sie in keiner noth zu verlaßen, euch auch von derselben nicht [S. 401] zu scheiden, es geschehe denn nach Gottes willen zu seiner zeit durch den zeitlichen tod; so bekräftiget dieses vor Gottes angesicht und diesem christlichen umstand mit einem deutlichen, zuverläßigen Ja.

Ad sponsam:

Dieweil ihr dann auch, N. N., als braut mit diesem gegenwärtigen bräutigam N. N. in ein christlich ehe-verlöbniß euch habt eingelaßen und seyd jetzunder hier erschienen, [um] solche angefangene ehe zu vollziehen und bestättigen zu laßen,

als[o] frage ich euch an Gottes statt, ob dieses auch noch sey und bleibe euer beständige hertzens-meynung, daß ihr diesen euren an der seiten stehenden bräutigam N. N. begehret zu eurem ehe-mann, mit demselben ehelich und friedlich zu

---

3559 Ps 103, 1–22.
3560 4. Mose 6, 24 f.
3561 Im Kreis der Umstehenden/hier Versammelten

leben, creutz und wiederwärtigkeit geduldig mit ihm auszustehen, ihn in keiner not zu verlaßen, euch auch von demselben nicht zu scheiden, es geschehe denn nach Gottes willen zu seiner zeit durch den zeitlichen tod, so bekräftiget dieses vor Gottes angesicht und diesem christlichen [S. 402] umstande mit einem deutlichen, zuverlässigen Ja.

Darauf gebet einander die trau-ringe und hände.

Annulis commutatis porro inquit Pastor:[3562]
[Nr.] 373. Weil ihr dann [als] bräutigam und braut einander zur ehe begehret und solches vor Gottes angesicht und diesem christlichen umstande mit einem deutlichen Ja bekennet, darauf auch einander die trau-ringe und hände gegeben [habt], als[o] spreche ich euch hierauf als ein verordneter diener Gottes ehelich zusammen im namen Gottes des Vatters, Gottes des Sohnes und Gottes des H[eiligen] Geistes. † Amen.

Was Got zusammen gefüget hat, das soll der mensch nicht scheiden.[3563] [Nachträglich von fremder Hand ergänzt:] Kniet nieder.

Laßet uns miteinander also beten:
[Nr.] 374. Herr Gott, himmlischer Vatter! der du von anfang der creatur[3564] mann und weib erschaffen und zum heiligen ehe-stand verordnet, auch diese jetzt angehende[n] eheleute [S. 403] darzu berufen und ordentlich zusammen gefüget hast. Wir bitten dich, du wollest dieselbe mit deinem H[eiligen] Geist regieren, daß sie diesen stand als kinder der heiligen in zucht und ehrbarkeit anfangen, glücklich fortsetzen und selig beschliessen mögen. Laß sie an [nachträglich gestrichen:] und von* einander hülffe finden zur erleuchterung[!] der beschwerden dieses lebens und zur erlangung des ewigen heyls, [von späterer Hand gestrichen:] damit sie in ihrer ehe ein bild der geistlichen vermählung zwischen Christo und seiner gemeine vor sich haben. Beschere ihnen gesundheit, nahrung und segen und alle gedeyliche wohlfahrt an seele und leib. Wehre dem unruhigen höllischen Asmodeo,[3565] daß er

3562 Nachdem die Ringe ausgetauscht wurden, fährt der Pfarrer fort.
3563 Mt 19, 6b.
3564 Der Schöpfung.
3565 Ein Dämon der hebräischen Mythologie. Im apokryphen Tobias-Buch verhindert er wiederholt die Eheschließung der Sara. Hier heißt es zu ihm: „Man hatte sie [Sara] nämlich sieben Männern nacheinander zur Frau gegeben, aber ein böser Geist, Aschmodai genannt, hatte sie alle getötet, sobald sie mit ihr das Lager teilen wollten, wie es Brauch ist. Und die Magd sagte zu ihr: Du bist es, die deine Männer tötet! Siehe, schon sieben Männern wurdest du gegeben, doch nach keinem von ihnen bist du benannt!" (Tob 3, 8) Tobias erhielt vom Erzengel Raphael den Rat, das Herz und die Leber eines Fisches zu verbrennen, um den Dämon zu bannen. Der Bann wirkte und Aschmodai wurde nach Ägypten getrieben, wo er von Engeln aufgegriffen und gefesselt wurde. Im „Hexenhammer" (1486) des Heinrich Kramer (um 1430–um 1505) heißt es zu ihm: „der eigentliche Dämon der Hurerei und der Fürst jeder Unflätigkeit heißt Asmodeus". In diesem Sinne wird der Begriff wohl auch hier verwandt. Die Volksreligion kannte ihn also gut.

nicht durch sich selbst oder seine unruhige[n] werck-zeuge unkraut einsäe³⁵⁶⁶ und sie gegen einander verbittere. Ordne ihnen vielmehr zu deine liebe[n] heilige[n] Engel, die sie aus und ein begleiten und auf allen ihren wegen behüten*,³⁵⁶⁷ [dafür nachträglich am rechten Rand mit Bleistift ergänzt: damit sie in gottseligkeit, in friede u(nd) vernunft die tage ihres lebens zubringen mögend],³⁵⁶⁸ und wenn sie dermahleins ihr leben sollen beschließen, so nimm sie zu dir in dein ewiges Reich, der du mit Jesu Christo, deinem Sohn, und dem hochwerthen H[eiligen] Geist lebest und regirest in ewigkeit. Amen! [Von späterer Hand mit Bleistift ergänzt:] Empfanget nun den segen des Herrn.

Der Herr segne euch und behüte euch; der Herr erleuchte [S. 404] sein angesicht über euch und sey euch gnädig; der Herr erhebe sein angesicht auf euch und gebe euch frieden.³⁵⁶⁹ † Amen.

1. Inserat nach numer[o] 373, wo in der ordinations-sermon³⁵⁷⁰ nicht viel vor[ge]kommen wäre vom ehestande und den pflichten der eheleute oder wo gar einfältige³⁵⁷¹ copuliret werden:

[Nr.] 375. Dieweil ihr euch dann [denn] in den heiligen ehe-stand im namen Gottes begeben [wollt], damit ihr denselben so viel höher zu achten und euch darinn recht zu verhalten erinnert werdet, so vernehmet

zum I. Wie der eheliche stand von Gott ist eingesetzet worden.

Denn also stehet geschrieben: Und Gott der Herr sprach: Es ist nicht gut, daß der mensch allein sey. Ich wil ihm eine gehülfin machen, die sich zu ihm halte. Da ließ Gott der Herr einen tieffen schlaf fallen auf den menschen, und [dies]er entschlief, und [er] nahm seiner ribben eine und schloß die stätte zu mit fleisch. Und Gott der Herr bauete ein weib aus der ribbe, die er von dem menschen nahm, und [S. 405] brachte sie zu ihm. Da sprach der mensch: Das ist doch bein von meinen beinen und fleisch von meinem fleisch. Man wird sie männin heißen, darum daß sie vom mann genommen ist. Darum wird ein mann seinen vatter und mutter verlaßen und an seinem weibe hangen, und sie werden seyn ein fleisch.³⁵⁷²

Zum II. so höret an das gebott Gottes über diesem stande, wie ihr euch in demselben gegeneinander verhalten sollet:

So spricht S[ank]t Paulus: Ihr männer, liebet eure weiber, gleich wie Christus geliebet hat die gemeine und hat sich selbst für sie gegeben, auf daß er sie heiligte, und hat sie gereinigt durch das waßer-bad im wort, auf daß er sie ihm [sich] selbst

---

3566 Vgl. Mt 13, 7: „Anderes fiel unter die Dornen; und die Dornen wuchsen empor und erstickten's."
3567 Vgl. Ps 91, 11: „Denn er hat seinen Engeln befohlen, dass sie dich behüten auf allen deinen Wegen [...]."
3568 Einem Späteren war diese schillernde Formel wohl schon bald anstößig gewesen.
3569 4. Mose 6, 24 f.
3570 In der Traupredigt.
3571 Schlichte, in religiösen Dingen weniger unterrichtete Menschen.
3572 1. Mose 2, 18. 21–24 (Der Garten Eden).

zurichtete [als] eine gemeine, die herrlich sey, die nicht habe einen flecken oder runtzel oder des etwas; sondern, daß sie heilig sey und unsträflich. Also sollen auch die männer ihre weiber lieben als ihre eigenen leiber. Wer sein weib liebt, der liebet sich selbst, denn niemand hat jemahls sein eigen fleisch gehaßet, sondern er nähret es und pfleget sein, gleichwie auch der Herr die gemeine.[3573] [S. 406]

Die weiber seyen unterthan ihren männern als den herrn, denn der mann ist des weibes haupt, gleichwie auch Christus ist das haupt der gemeine, und er ist seynes leibes Heyland. Aber wie nun die gemeine ist Christo unterthan [sein soll], also auch die weiber ihren männern in allen dingen.[3574]

Zum III. [ge]höret auch das creutz, so Gott nach dem fall[3575] um der sünden willen auf diesen stand wohlmeinend geleget hat:

So sprach Gott zum weibe: Ich wil dir viel schmertzen schaffen, wenn du schwanger wirst, du solt mit schmertzen kinder gebähren und dein will[e] soll deinem manne unterworffen seyn. Und zum manne sprach Gott: Dieweil du hast gehorchet der stimme deines weibes und [ge]ßen von dem baum, davon ich dir gebot, du solt nicht davon eßen, verflucht sey der acker um deinet willen, mit kummer solt du dich darauf nähren, dein lebenlang. Dorn[en] und disteln soll er dir tragen, und [du] solt das kraut auf dem felde eßen, im schweiß deines angesichts sol[s]t du dein brod eßen, bis daß du wieder zur erden werdest, davon du genommen bist. Denn du bist erden und sol[s]t zu erden werden.[3576] [S. 407]

Zum IV. So ist das euer trost, daß ihr wißet und gläubet, wie euer stand vor Gott angenehm und gesegnet ist. Denn also stehet geschrieben: Gott schuf den menschen ihm [sich] selbst zum bilde, zum bilde Gottes schuf er ihn, und schuf sie ein männlein und [ein] fräulein; und Gott segnete sie und sprach zu ihnen: Seyd fruchtbar und mehret euch und füllet die erden und machet sie euch unterthan und herrschet über die fische im meer und über die vögel unter dem himmel und über alles [ge]thier, das auf erden kreucht; und Gott sahe an alles, was er gemacht hatte, und siehe da, es war alles sehr gut.[3577] Hievon sagt auch David im 128. Psalm: Wohl dem, der den Herrn fürchtet und auf seinen wegen gehet. Du wirst dich nähren [von] deiner hände arbeit, wohl dir, du hasts gut. Dein weib wird seyn wie ein fruchtbahr weinstock um dein hauß herum, deine kinder wie oel-zweige um deinen tisch her. Siehe also wird gesegnet der mann, der den Herrn fürchtet. Der Herr wird dich segnen aus Zion, daß du sehest das glück, Jerusalem, dein leben lang und sehest deiner kinder kinder, friede über Israel.[3578]

3573 Eph 5, 25–29 (Die Ordnung des Hauses [Die christliche Haustafel]).
3574 Eph 5, 22–24 (Die Ordnung des Hauses [Die christliche Haustafel]).
3575 Dem Sündenfall.
3576 1. Mose 3, 16–19 (Der Sündenfall).
3577 1. Mose 1, 27–31 (Die Schöpfung).
3578 Ps 128, 1–6 (Ein Wallfahrtslied).

Darum spricht auch Salomo: Wer eine ehe-frau findet, der [S. 408] findet was gutes und schöpfet segen vom Herrn.[3579]

Nun laßet uns beten für diese neue[n] eheleute: Siehe num[ero] 374.

2. Formul des gebäts über die hochzeiter, deren frühzeitiger beyschlaf bekant [ge]worden [ist].

[Nr.] 376.[3580] Herr Gott, himmlischer Vatter, der du von anfang der creatur mann und weib erschaffen und zum ehestand verordnet hast und denselben ehrlich gehalten wißen wilt. Wir bitten dich, du wollest diesen angehenden eheleuten wie alle ihre in dem ledigen stande begangene sünden, also, was sie in dem anfange ihrer ehe versehen haben, gnädiglich vergeben und ihnen darum deinen segen nicht entziehen.[3581] Regiere sie durch deinen H[eiligen] Geist, daß sie diesen stand als kinder der heiligen in deiner furcht führen. Beschere ihnen gesundheit, nahrung und alle gedeyliche wohlfarth an seele und leib. Wehre dem unruhigen, höllischen Asmodeo, daß er nicht durch sich selbst oder seine unruhige[n] werckzeuge unkraut einsäe und sie gegen einander verbittere. Ordne ihnen [S. 409] vielmehr zu deine liebe[n] heiligen Engel, die sie aus und ein begleiten und auf allen ihren wegen behüten, und wenn sie dermahleins ihr leben sollen beschließen, so nimm sie zu dir in dein ewiges Reich, der du mit Jesu Christo, deinem Sohn, und dem hochwerthen H[eiligen] Geist lebest und regierest in ewigkeit. Amen.

3. Formular der ehe-einsegnung, welche auf befehl der obrigkeit geschiehet, wenn ein theil wiederrechtlich zurücktretten und zur copulation nicht [hat] erscheinen wollen.[3582]

[Nr.] 377. Hierauf schreiten wir nun im namen Gottes zu der von der obrigkeit recht erkandten ehe-einsegnung.

Es ist nemlich allhier vor Gottes angesicht und diesem christlichen umstand erschienen N. N. als braut (bräutigam) und solte [darüber ergänzt: hat] auch nach erkäntniß der obrigkeit [nachträglich ergänzt: von] rechts wegen hier erscheinen [nachträglich ergänzt: müssen] N. N. als bräutigam (braut) [über der Zeile ergänzt: nachdem ihr ehel(iches) vorhaben durch 3malige abkündigung der gemeine (…) ohne widerrede bekandt gemacht worden], da aber dieser (diese) zur ungebühr die einmahl geschloßene ehe zu vollentziehen sich weigert, so ist [nachträglich ergänzt: er] von der obrigkeit gegenwärtiger ihr bediener freund (freundinne)[3583]

3579 „Wer eine Frau gefunden hat, der hat etwas Gutes gefunden und Wohlgefallen erlangt vom Herrn" (Spr 18, 22).

3580 Vgl. oben Edition 2.5, Nr. 374.

3581 Die Applicatio fiel vergleichsweise milde aus. Der Fall war demnach gesellschaftlich kaum geächtet (zumal auf dem Lande, wo es die Hofesnachfolge sicherzustellen galt).

3582 Hier wurde der „guten Ordnung" gehuldigt und eine problematische Praxis installiert, die sich – wie die Eingriffe in den Text verraten – im Alltag dann auch nur schwer oder gar nicht durchhalten ließ.

3583 Eine in Diensten des Rates/der Stadt stehende Person.

2.5 Die „Soestische Kirchen Agenden"

[nachträglich ergänzt: an dieser gerichtsstätte,³⁵⁸⁴ wiewohl gezwungen] bestellet, in [nachträglich ergänzt: sein] [S. 410] seinem (ihrem) namen das vor zeugen gegebene [nachträglich ergänzt: (gegebene)s] jawort zu wiederholen.

Ich wende mich denn zuerst zu euch, N. N., als [nachträglich ergänzt: freywillig] gegenwärtigem theil und frage euch als an Gottes statt: Habt ihr euch mit dem (der) abwesenden [nachträglich ergänzt: an(wesenden)] N. N. in ein ordentlich ehe-verlöbniß eingelaßen und seyd ihr auch noch des vorhabens, so viel an euch ist, mit demselben (derselben) als eurem ehemann (eurer ehelichen hauß-frauen) ehelich und friedlich zu leben, creutz und wiederwärtigkeit geduldig mit ihm (ihr) auszustehen, ihn (sie) in keiner noth zu verlaßen, euch auch von demselben (derselben) nicht zu scheiden, es geschehe denn nach Gottes willen zu seiner zeit durch den zeitlichen tod, so bekräftiget solches vor Gottes angesicht und diesem christlichen umstand mit einem deutlichen Ja!

Demnächst frage ich euch, N. N., habt ihr von der obrigkeit befehl zu bezeugen, daß zu recht erwiesen sey, wie N. N. sich mit gegenwärtiger (gegenwärtigem) N. N. in ein ordentliches ehe-verlöbniß eingelaßen und er [nachträglich ergänzt:] (sie)* schuldig erkand worden [ist], daßelbe zu vollenziehen, so bezeuget solches, so wie [S. 411] es euch anbefohlen ist, mit einem deutlichen Ja!

Dieweil dann [denn] gegenwärtige braut (gegenwärtiger bräutigam) N. N. abwesenden (die abwesende) [nachträglich ergänzt: an(wesenden), aber unwilligen] N. N. noch zur ehe begehret und solches vor Gottes angesicht und diesem christlichen umstand mit einem deutlichen Ja bekennet [hat], der abwesende [nachträglich ergänzt: an(wesende)] (die abwesende) N. N. auch die gegenwärtige (den gegenwärtigen) N. N. zum ehegenoßen einmahl angenommen und durch entscheidung der obrigkeit schuldig erkant [worden] ist, das geschloßene ehe-verlöbniß zu vollentziehen, als[o] spreche ich euch hierauf als ein verordneter diener Gottes ehelich zusammen im namen Gottes des Vatters, Gottes des Sohnes und Gottes des H[eiligen] Geistes †. Amen.

Was Got zusammen gefüget hat, das soll der mensch nicht scheiden.³⁵⁸⁵

So unterhaltet denn in eurem hertzen eine wahrhaftig eheliche liebe gegen euren abwesenden [nachträglich ergänzt: an(wesenden)] ehegatten und traget seinen unwillen mit geduld, faßet den vorsatz, mit ihm in friede und einigkeit zu leben, wenn auch Gott sein (ihr) hertz wieder zu euch lencken wolte; betet indeßen fleißig für ihn. [S. 412]

Laßet uns auch anjetzo beten.

[Nr.] 378.³⁵⁸⁶ Herr Gott, himmlischer Vatter, der du von anfang der creatur mann und weib erschaffen und zum ehestand verordnet hast und den getroffenen ehelichen bund unverbrüchlich gehalten wißen wilt; wir bitten dich, du wollest auch diese jetzt ehelich zusammen gesprochene[n] personen durch deinen H[eiligen] Geist

---

3584 Also nicht in der Pfarrkirche, sondern an einem „obrigkeitlichen" Ort.
3585 Mt 19, 6b.
3586 Vgl. oben Edition 2.5, Nr. 374.

regieren und den abwesenden, jetzt unwilligen theil dahin lencken, daß er seinen unfug[3587] erkenne, die wiedrigkeit gegen seinen einmahl erwehlten ehegatten ablege und mit ihm einig und friedlich zu leben sich ergebe.[3588] Steure dem Satan,[3589] der durch sich selbst und durch seine unruhige[n] werck-zeuge gern unkraut aussäet und die gegen einander verbittert, die sich in Liebe begehen [nachträglich korrigiert: begegnen] solten. Beweise du, daß deine kraft, die hertzen zu lencken, mächtig genug sey, alle deines Feindes tücke zu schanden zu machen. Gib auch dem treu bleibenden theil gnade, weislich und christlich sich hiebey zu betragen, und laß deinen segen auf ihm ruhen, bis er zu dir in dein ewiges Reich eingeführet werde, der du mit Jesu Christo, deinem Sohn und dem H[eiligen] Geist lebest und regierst in ewigkeit. Amen.

Der Herr segne euch und behüte euch; der Herr erleuchte sein angesicht über euch und sey euch gnädig; der Herr erhebe sein angesicht auf euch und gebe euch frieden.[3590] Amen. [S. 413]

G. Zur kirchen-buße gehoerend etc.

I. Die fürbitte für einen ruchlosen und verstockten sünder.
   Siehe numer[o] 297.

II. Das formular, so bey der größern kirchen-buße gebrauchet wird.
   Erste anrede an die christliche gemeine nach geendigter predigt.[3591]
   [Nr.] 379. Geliebte in Christo! Allhier wird euch eine person mit namen N. N. vorgestellet, welche durch des unreinen (bösen) Geistes und des verdorbenen fleisches verführung mit hurerey (ehebruch) (gottes-lästerung) (meineyd) (ungehorsahm gegen die eltern) wieder das – – – gebott sich schwerlich versündiget hat. Weil aber die begangene sünde ihr durch Gottes gnade leyd ist, maßen[3592] sie auch solche jetzo vor Gott, seinen heiligen Engeln und dieser christlichen gemeine öffentlich bekennet, um vergebung und versöhnung mit Gott und seiner kirchen inständig bittet; als[o] wollen wir den erbarmenden himmlischen Vatter für diesen gefallenen und bußfertigen mit-bruder (mit-schwester) [S. 414] sämtlich anflehen, daß er ihm (ihr) den begangenen – – – und alle andere[n] sünden verzeihen und zur beßerung des lebens die gnade und den beystand seines H[eiligen] Geistes verleihen wolle, damit solche buß-bezeigung zu seiner ehre, eurer erbauung und des hier tief gedemüthigten sünders trost, heil und seligkeit gereichen möge. Amen.

3587 Die Unhaltbarkeit der von ihm eingenommenen Rechtsposition.
3588 Die Applicatio war scharf und erlaubte praktisch keinerlei Ausflüchte oder Entschuldigungen.
3589 Hier anstelle des Dämonen Asmodeus.
3590 4. Mose 6, 24 f.
3591 Der Akt hatte seinen Ort damit zwischen der Predigt und der dann später auch den Pönitenten einschließenden Fürbitte der versammelten Gemeinde.
3592 Und in Anbetracht des Umstandes, dass sie …

Fragen an den bußfertigen:
[Nr.] 380. 1. Ich frage dich (euch) demnach: Ob du (ihr) Gott dem Allerhöchsten und dieser seiner gemeine mit hertz und mund bekennest, daß du (ihr) das − − − gebott durch die (den) begangene hurerey (ehebruch) (gotteslästerung) (meineyd) (ungehorsahm gegen die eltern) (diebstahl) übertretten, den heiligen namen unsers Gottes und seine religion verunehret (deinen leib, der ein tempel des H[eiligen] Geistes sein soll,[3593] beflecket und geschändet, die glieder Christi zu huren-gliedern gemachet[3594]), die schwachen geärgert und die Frommen betrübet hast?
Antwort: Ja.
2. Trägest du (ihr) denn auch über solche begangene sünde der unzucht (gotteslästerung) (meineyd) (ungehorsahms) [S. 415] (diebstahls) von hertzen leyd und begehrest du (ihr), mit dem dadurch erzürnten Gott und seiner deshalb geärgerten und betrübten gemeine durch diese öffentliche abbitte wieder versöhnet zu werden?
Antwort: Ja.
3. Bist du (ihr) auch in deiner seelen veste versichert, daß der allgütige Gott, welches barmhertzigkeit kein ende hat,[3595] Jesum Christum, seinen einigen Sohn, in diese welt gesandt hat, zu suchen und selig zu machen, das verlohren ist?[3596] Und nimmest du (ihr) die gnade des lebens, welches er durch seinen creutz-tod erworben [hat], mit gläubigem hertzen an?
Antwort: Ja.
4. Hast du dir (ihr euch) auch ernstlich fürgenommen, dein bisheriges ruchloses leben, wie in allen stücken, also auch in dem von dir (euch) begangenen und hier öffentlich bekandten Laster − − − mit Gottes hülfe und beystand des H[eiligen] Geistes rechtschaffen zu beßern und deine bekehrung mit guten Früchten zu bewahren und zu bevestigen?
Antwort: Ja. [S. 416]

Absolution.
[Nr.] 381. Nun, der ewig erbarmende Gott, der keinen gefallen hat am tode des sünders, sondern [daran], daß er sich bekehre von seinem wesen und lebe,[3597] sey dir gnädig und barmhertzig und vergebe dir alle deine sünde und heile deine verwunde-

---

3593 Vgl. 1. Kor 6, 19: „Oder wisst ihr nicht, dass euer Leib ein Tempel des Heiligen Geistes ist, der in euch ist und den ihr von Gott habt, und dass ihr nicht euch selbst gehört?"
3594 Vgl. 1. Kor 6, 15: „Wisst ihr nicht, dass eure Leiber Glieder Christi sind? Sollte ich nun die Glieder Christi nehmen und Hurenglieder daraus machen? [...]."
3595 Vgl. Klgl 3, 22: „Die Güte des Herrn ist's, dass wir nicht gar aus sind, seine Barmherzigkeit hat noch kein Ende."
3596 Vgl. Lk 19, 10: „Denn der Menschensohn ist gekommen, zu suchen und selig zu machen, was verloren ist."
3597 Vgl. Apg 3, 26: „Für euch zuerst hat Gott seinen Knecht erweckt und hat ihn gesandt, euch zu segnen, dass sich ein jeder abwende von seinen bösen Taten."

te seele, um Jesu Christi willen, er regiere und führe dich auch hinfort durch seinen guten Geist auf ebener bahn,³⁵⁹⁸ damit du hinführo bewahret werdest für sünden und schanden.

Hierauf nehme ich als ein ordentlicher diener Gottes dich (euch) wieder auf in den schooß dieser gemeine und zur gemeinschaft und freyheit, das heilige abendmahl zu[r] stärckung deines glaubens und versiegelung deiner hofnung zu gebrauchen, im namen Gottes des Vatters und des Sohnes und des H[eiligen] Geistes. Amen.

Dieweil du dann gesund worden bist, so siehe zu, sündige hinfort nicht mehr, auf daß dir nicht was ärgers wiederfahre.³⁵⁹⁹

Anrede an die gemeine.

[Nr.] 382. Geliebte in dem Herrn! ihr habt angehöret und gesehen, [S. 417] wie diese person ihre begangene sünde öffentlich bekandt und bereuet hat, um gnade und vergebung in Christo angesuchet [hat], auch derselben [dieselbe] aus Gottes wort versichert und mit dieser gemeine wieder versöhnet [worden] ist, wobey ihr euch dann zu erinnern und zu bedencken habt:

1. Die allgemeine menschliche schwachheit und gebrechlichkeit, damit wir allesamt umgeben sind, auch die große tyranney und feindschafft des leidigen Teuffels, der uns aller orten nachschleichet, uns zu hintergehen und das gute in uns zu verderben suchet,³⁶⁰⁰ da es denn bald um uns gethan ist, wenn Gott seine hand abzeucht.³⁶⁰¹ Darum sollet ihr euch vor bösen gesellschaften und euren fleischlichen lüsten und anreitzung zur sünde hüten und diesen traurigen fall euch zum besten dienen laßen. Wer sich düncken läßet, daß er stehe, mag wohl zusehen, daß er nicht falle.³⁶⁰² Demnächst und zum

2. vermahnen wir euch, daß ihr diesen bußfertigen und mit Gott und der christlichen gemeine versöhnten mit-bruder (mit-schwester) seines (ihres) falls halber nicht verachten, vielweniger denselben ihm (ihr) ins künftige verweißlich [S. 418] aufrücken [sollt/dürft], sondern nach dem vorbilde des barmhertzigen Gottes mitleyden mit ihm (ihr) haben und nach dem exempel der lieben heiligen Engel über diesen bußfertigen sünder eine freude bezeigen³⁶⁰³ und Gott dem Herrn für deßen wiederbringung von hertzen dancken, auch bedencken sollt, wie wir alle für Gottes reinen augen arme sünder seyn, die des ruhms mangeln, den wir billig haben

---

3598 Vgl. Ps 143, 10: „Lehre mich tun nach deinem Wohlgefallen, denn du bist mein Gott; dein guter Geist führe mich auf ebner Bahn."

3599 Vgl. Joh 5, 14: „Danach fand ihn Jesus im Tempel und sprach zu ihm: Siehe, du bist gesund geworden; sündige nicht mehr, dass dir nicht etwas Schlimmeres widerfahre."

3600 Vgl. 1. Petr 5, 8: „Seid nüchtern und wacht; denn euer Widersacher, der Teufel, geht umher wie ein brüllender Löwe und sucht, wen er verschlinge."

3601 Vgl. z. B. 1. Kön 8, 57: „Der Herr, unser Gott, sei mit uns, wie er mit unsern Vätern gewesen ist. Er verlasse uns nicht und ziehe die Hand nicht ab von uns."

3602 1. Kor 10, 12.

3603 Vgl. Lk 15, 7: „Ich sage euch: So wird auch Freude im Himmel sein über einen Sünder, der Buße tut, mehr als über neunundneunzig Gerechte, die der Buße nicht bedürfen."

2.5 Die „Soestische Kirchen Agenden" 723

solten.³⁶⁰⁴ Da aber, dem ohngeachtet, jemand so liebloß sein und sich durch vorwurf an dieser person vergehen solte, der soll wißen, daß er wieder Gottes wort gröblich handelt und in der weltlichen obrigkeit straffe verfallen ist.

Der allgütige Gott, welcher ein treuer Hüter Israels ist, der halte über uns und unsere kinder seine rechte hand in gnaden,³⁶⁰⁵ damit wir nicht fallen in sünde und schande. Er regiere und führe uns durch sein wort und [seinen] Geist zu einem dem evangelio würdiglichen wandel³⁶⁰⁶ und durch Jesum Christum zum ewigen leben. Amen.

III. Das formular der kleineren kirchenbuße.

[S. 419] [Nr.] 383. In unser gebät schließen wir mit ein diejenigen communicanten, welche sich jetzo zum tisch des Herren einfinden werden.³⁶⁰⁷ Der Herr erleuchte sie insgesamt, daß sie in bußfertiger erkäntniß ihrer sünden und in einem heiligen hunger und durst nach Jesu Christo und seiner gnade herzutreten und den wahren leib und das wahre blut ihres Heylandes Jesu Christi würdiglich genießen, damit sie der versicherung der vergebung ihrer sünden und aller seiner güter theilhaftig werden. Er würcke aber auch in ihnen, daß sie ihm die früchte der danckbarkeit treulich bringen, in der kraft des todes Christi allen sünden absterben, seinen fuß-stapfen in verläugnung ihrer selbst nachfolgen, seinem bilde ähnlich werden und ihn mit heiligem leben und gottseligem wandel preisen.

Und weil auch unter denselben sich – – – person finden, welche sich wieder das – – – gebott an Gott und menschen sehr versündiget und dadurch auch der gemeine ein groß ärgerniß gegeben [hat], dieselbe[n] aber auch ihre sünden bußfertig erkennet, sie (ihrem bekäntniß nach) [S. 420] hertzlich bereuet und mit einem zerschlagenen hertzen gnade bey Gott suchet, so bittet sie, die ganze christliche gemeine wolle ihr das gegebene aergerniß vergeben, sich an ihrem fall nicht stoßen, ihr auch denselben ins künftige nicht vorwerffen. Wie wir nun hohe ursach haben, Gott hertzlich zu dancken und uns zu freuen, wenn er einen gefallenen sünder wiederum aufgerichtet [hat], so sind wir auch verbunden, diese zu Christo und seiner gemeine sich hoffentlich mit ernst wieder wendende und ihren taufbund in der wahrheit erneurende person in unser gebät, liebe und gemeinschaft aufzunehmen, wünschende,³⁶⁰⁸ daß sie hinführo dem Satan und der sünden desto feinder seyn und so viel mehr ihren Heyland lieben möge, je mehr sünden er ihr zu vergeben gehabt

---

3604 Vgl. Röm 3, 20: „Sie sind allesamt Sünder und ermangeln des Ruhmes, den sie vor Gott haben sollen, [...]."

3605 Vgl. Ps 121, 4 f.: „Siehe, der Hüter Israels schläft noch schlummert nicht. Der Herr behütet dich; der Herr ist dein Schatten über deiner rechten Hand [...]."

3606 Vgl. Phil 1, 27: „Wandelt nur würdig des Evangeliums Christi, damit ich – ob ich komme und euch sehe oder abwesend bin – von euch erfahre, dass ihr in einem Geist steht und einmütig mit uns kämpft für den Glauben des Evangeliums [...]."

3607 Die Aufhebung des kleinen Bannes manifestierte sich im erneuten Empfang des Heiligen Abendmahls.

3608 Als solche, die wünschen/mit dem Wunsch.

[hat]. Wir mögen aber auch hiebey anlaß nehmen zu einem neuen vorsatz, daß wir über unsere hertzen wachen und in heiliger behutsahmkeit wandeln wollen, damit uns der Arge[3609] nicht fälle und in solche und andere sünden uns stürtze. Der Herr erhalte uns selbst durch seine starcke hand und helfe uns aus zu seinem ewigen und himmlischen Reich.[3610] Ihm sey ehre von ewigkeit zu ewigkeit.[3611] Amen. [S. 421]

IV. Intimation.
  Wenn eine vom h[eiligen] abendmahl suspendirte person in der kranckheit vor zeugen ihr bekäntniß gethan [hat].
  [Nr.] 384. Es wird hiebey Ew[er] Christl[ichen] Liebe bekandt gemachet, daß eine zu dieser gemeine gehörende person, welche sich wieder das – – – gebott an Gott und menschen sehr versündiget und dadurch auch der gemeine ein groß aergerniß gegeben [hatte], solche ihre sünde auf ihrem krancken-lager bekennet und mit bezeugter reue gnade begehret [hat], solcher auch durch die h[eilige] absolution und den gebrauch des h[eiligen] abendmahls (vor ihrem abschiede aus der welt) sich habe versichern laßen. Sie hat mir aber auch aufgetragen, Ew[er] Christl[ichen] Liebe zu bitten, daß sie ihr das gegebene aergerniß vergeben, an ihrem fall sich nicht stoßen (ihr solches auch künftig nicht vorwerfen [werden]), sondern vielmehr über ihre[r] buße sich freuen und Gott preisen wolle. Ew[er] Christl[ichen] Liebe wird dabey sich getrieben finden, hertzlich zu wünschen [(nachträglich in eckige Klammern gesetzt:) daß Gott den mit-bruder (die mit-schwester) in buße und glauben erhalten und derselbe (dieselbe) durch einen so viel behut-sahmeren wandel die wahrheit seiner (ihrer) bekehrung bezeugen möge] [(nachträglich in eckige Klammern gesetzt:) die abgeschiedene seele der frucht der buße vor seinem throne froh werden laßen wolle]. Uns allen aber gebe er gnade, einen neuen vorsatz zu faßen, daß wir über unser hertz wachen, damit uns der Arge nicht fälle und, in solche oder andere sünden uns zu stürtzen, raum finde. Ja, er erhalte uns selbst durch seine starcke hand und helfe uns aus zu seinem ewigen und himmlischen Reiche.[3612] Ihm sey ehre von ewigkeit zu ewigkeit.[3613] Amen. [S. 422]

H. Bey bestellung des predigt-amts.
I. Die fürbitte bey vorseyender [bevorstehender] prediger-wahl.
  Siehe numer[o] 292.

3609 Der Teufel.
3610 Vgl. Kol 1,13: „Er hat uns errettet aus der Macht der Finsternis und hat uns versetzt in das Reich seines geliebten Sohnes […]."
3611 Vgl. besonders Röm 11, 36; Gal 1, 5; Eph 3, 21; 1. Tim 1, 17; 1. Petr 5,11 und Hebr 13, 21.
3612 Vgl. Kol 1,13: „Er hat uns errettet aus der Macht der Finsternis und hat uns versetzt in das Reich seines geliebten Sohnes […]."
3613 Vgl. besonders Röm 11, 36; Gal 1, 5; Eph 3, 21; 1. Tim 1, 17; 1. Petr 5,11 und Hebr 13, 21.

II. Gebät vor dem wahl-actu zu sprechen.

[Nr.] 385. Allmächtiger Gott, lieber himmlischer Vatter, der du dich unter dem bilde des haus-vatters, der selber ausgieng, arbeiter zu miethen in den weinberg, [hast] vorstellen laßen[3614] und darum wilt angeruffen seyn als der Herr der Erndte, daß du getreue und tüchtige arbeiter aus[gestrichen: -stoßest; dafür nachträglich:] -sonderst.[3615] Getreuer Heyland, Jesu Christe, der du in eigener person das lehr-ambt auf erden verwaltet, deine Apostel zu deßen gesegneten führung zubereitet, diese dazu ausgesendet, mit ihnen gewircket und durch sie wiederum andere zu hirten und lehrern bestellet hast, auch, damit biß an das ende der welt fortzufahren, verheißen hast.[3616] Herr Gott, H[eiliger] Geist, der du mit deinen gaben diejenigen ausrüsten wilt, welche das amt des Geistes bei der gemeine Christi, die er durch sein eigen blut erworben hat, führen sollen, und daher derselben erwehlung gern regierest. Dreyeiniger Gott, der du es dir [hast] wohl gefallen [S. 423] laßen, daß die gläubige[n] über der wahl Matthiä rath gepflogen [haben], und dabey auf ihr gebät den ausschlag gegeben hast.[3617] Wir rufen dich hertzlich an, du wollest auch diese vorhabende prediger-wahl, die in deinem namen und nach deiner ordnung vorgenommen wird, mit deinem segen crönen. Ach, Herr! es soll dein diener erwehlet und deiner gemeine ein lehrer und führer zugegeben werden, der deinen rath den schaafen deiner heerde bekant mache und die von dir bereitete weide ihnen vorlege. So weise du denn selbst, wen du zu diesem großen wercke gebrauchen wollest, und laß die stimmen der wählenden uns deinen gnädigen willen offenbahren. Erfülle diese mit deiner furcht und laß sie auf deinen winck achtung geben. Bewahre sie nicht nur für allen fleischlichen absichten auf freundschaft, gunst [gestrichen: und], menschen-gefälligkeit und geschencke, sondern gib ihnen auch gnade, auf den in deinem namen zu stimmen, davon sie hoffen können, er habe das rechte maß der erläuterung im erkäntniß der geheimniß deines Reichs,[3618] des eifers in heiliger begierde, die seelen zur gemeinschaft ihres Erlösers zu führen, wie auch der weisheit, des muths und der kraft, das [S. 424] reich des Satans anzugreiffen, aus deßen gewalt die seelen zu erretten und sie dafür zu bewahren. Laß denn auch bei dieser lautern absicht denjenigen würcklich getroffen werden, welchem du dein wort an diesem orte in den mund [zu] legen, durch welchen, als deine hand, du an diesem ort dein

---

3614 Vgl. Mt 20, 1: „Denn das Himmelreich gleicht einem Hausherrn, der früh am Morgen ausging, um Arbeiter anzuwerben für seinen Weinberg."
3615 Vgl. Mt 9, 38 „Darum bittet den Herrn der Ernte, dass er Arbeiter in seine Ernte sende."
3616 Vgl. Mt 28, 19f.: „Darum gehet hin und lehret alle Völker: Taufet sie auf den Namen des Vaters und des Sohnes und des Heiligen Geistes und lehret sie halten alles, was ich euch befohlen habe. Und siehe, ich bin bei euch alle Tage bis an der Welt Ende."
3617 Apg 1, 15–26 (Die Nachwahl des zwölften Apostels).
3618 Vgl. Mt 13, 11: „Er antwortete und sprach zu ihnen: Euch ist's gegeben, zu wissen die Geheimnisse des Himmelreichs, diesen aber ist's nicht gegeben."

Reich [zu] bauen und zu deßen pflantzen und begießen³⁶¹⁹ du segen und gedeyen zu geben in gnaden beschloßen hast, zu deinem ewigen preiß. Amen.

*Vatter unser,*³⁶²⁰ *der du bist im Himmel, geheiliget werde dein Name* auch bey dieser vorhabenden wichtigen handlung, *zu uns komme dein Reich,* ja, laß dein Reich durch den zu erwehlenden lehrer unter uns gebauet werden, *dein* gnädiger und guter *wille geschehe* hiebey, *wie* er *im himmel* ohne alles dir gemachte hinderniß geschicht, *also auch auf erden, unser tägliches brod gib uns heute,* versorge uns auch immer an unsern seelen mit dem brodt des lebens,³⁶²¹ *und vergib uns unser schuld,* wodurch wir sonst deines segens uns unwerth gemacht haben, *als auch wir vergeben unsern schuldigern, und führe uns* auch bey dieser sache *nicht in versuchung, sondern erlöse uns von allem bösen,* das von dem Satan [S. 425] hiebey gesuchet werden mögte. *Denn dein ist das Reich,* welches du uns stärcken wollest, denn es ist dein werck, *dein ist die kraft* und dir ists ein leichtes, uns unsers wunsches zu gewähren, *dein ist die herrlichkeit,* du solt darüber von uns gerühmet und gepriesen werden *in* zeit und *ewigkeit.* Amen.

III. Danksagung nach der wahl.

[Nr.] 386. Nachdem also die wahl eines predigers an diesem orte in ruhe durch Gottes gnade vollenzogen ist, so laßet uns auch seinen namen darüber preisen und also beten:

Habe danck, lieber himmlischer Vatter, daß du deine kirche auf erden bis hieher gegen des Satans anschläge erhalten,³⁶²² dein seligmachendes wort darin verkündigen und die heiligen sacramenta [hast] ausspenden laßen, auch dazu das lehr-amt angeordnet und bis auf diese stunde für deßen beybehaltung gesorget hast. Habe danck, daß du in unserer stadt und bottmäßigkeit, besonders auch in dieser gemeine, das licht des evangelii [hast] aufgehen laßen³⁶²³ und die von irrthum und aberglauben gereinigte lautere lehre unserer evangelischen kirchen durch deine werckzeuge bis hiehin [hast] predigen laßen. Habe danck, [S. 426] daß nachdem hiesige

3619 Vgl. 1. Kor 3, 6–8: „Ich habe gepflanzt, Apollos hat begossen; aber Gott hat das Gedeihen gegeben. So ist nun weder der etwas, der pflanzt, noch der begießt, sondern Gott, der das Gedeihen gibt. Der aber pflanzt und der begießt, sind einer wie der andere. Jeder aber wird seinen Lohn empfangen nach seiner Arbeit."

3620 Beachte die folgende, ganz bewusste Applikation des Vaterunsers, hier auf die Wahlsituation.

3621 Vgl. Joh 6, 35: „Jesus aber sprach zu ihnen: Ich bin das Brot des Lebens. Wer zu mir kommt, den wird nicht hungern; und wer an mich glaubt, den wird nimmermehr dürsten."

3622 Vgl. 2. Kor 10, 4 f.: „Denn die Waffen unsres Kampfes sind nicht fleischlich, sondern mächtig im Dienste Gottes, Festungen zu zerstören. Absichten zerstören wir und alles Hohe, das sich erhebt gegen die Erkenntnis Gottes, und nehmen gefangen alles Denken in den Gehorsam gegen Christus."

3623 Vgl. Kor 4, 4: „[…] den Ungläubigen, denen der Gott dieser Welt den Sinn verblendet hat, dass sie nicht sehen das helle Licht des Evangeliums von der Herrlichkeit Christi […]."

prediger-stelle erledigt worden [war], die wahl eines neuen seelen-hirten in ruhe und einigkeit anjetzt [hat] vollzogen werden können. Drücke aber nun auch, o Herr! dein göttliches siegel auf diese wahl in einem glücklichen fort- und ausgang. Mache den erwehlten willig, ja, begierig, die seelen zu weiden, wie es recht ist, die ihm nunmehr angewiesen werden. Erwecke auch bey der gemeine durchgehends ein gut vertrauen gegen ihn. Steure und wehre dem Satan, daß er nicht mißverständniß und unruhe jetzt oder künftig erwecken könne. Lege nun ein neues maaß der gaben deines Geistes dem neu-erwehlten bey. Erfülle ihn mit hochachtung der so theuer erkauften seelen und lehre ihn, die wichtigkeit des ihm anzutragenden ambts [zu] treiben, daß er nicht, was sein, sondern, was Jesu Christi ist, sucht, in allen seinen amts-verrichtungen und mit verleugnung der ehre, des nutzens und der bequemlichkeit alles vermögen sorgfältig und wachsam anzuwenden, begehre, das reich des Satans zu zerstören und dein Reich zu bauen. Gib ihm weisheit, das wort der wahrheit recht zu theilen und [S. 427] als ein treuer und kluger haushalter daraus einem jeden hirvon zu langen,[3624] was seinem zustande gemäß ist.[3625] Gib ihm viel rauchwerck zur fürbitte für seine heerde und laß ihn die namen seiner beicht-kinder auf seiner brust und schulter tragen, wenn er vor dir erscheinet.[3626] Sey mit ihm in allem seinem meditiren, sowohl bey öffentlichem, als [auch] besondern vortrage des worts,[3627] ja, unter aller seiner berufs-arbeit und in allem aus- und eingehen bey seiner heerde. Gib zu seinem pflantzen und begießen dein göttliches gedeyen[3628] und laß durch seinen dienst bey dieser gemeine die unwißende[n] unter alten und jungen unterwiesen, die sichern selig geschrecket, die niedergeschlagenen aufgerichtet, die betrübten getröstet, die schwachen gestärcket und die, so wohl lauffen,[3629] zur beständigkeit ermuntert werden, daß an keinem sein dienst unfruchtbar sey, um Jesu Christi willen. Amen.

Vater unser etc. Der Herr segne etc.

3624 Zu reichen/auszurichten.
3625 Vgl. 1. Petr 4, 10: „[…] Und dienet einander, ein jeder mit der Gabe, die er empfangen hat, als die guten Haushalter der mancherlei Gnade Gottes: […]."
3626 Hier ist wohl an die Gebetsriemen (Teffilin) des frommen Juden gedacht. Vgl. 5. Mose 6, 4–9: „Höre, Israel, der Herr ist unser Gott, der Herr ist einer. Und du sollst den Herrn, deinen Gott, lieb haben von ganzem Herzen, von ganzer Seele und mit all deiner Kraft. Und diese Worte, die ich dir heute gebiete, sollst du zu Herzen nehmen und sollst sie deinen Kindern einschärfen und davon reden, wenn du in deinem Hause sitzt oder unterwegs bist, wenn du dich niederlegst oder aufstehst. Und du sollst sie binden zum Zeichen auf deine Hand, und sie sollen dir ein Merkzeichen zwischen deinen Augen sein, und du sollst sie schreiben auf die Pfosten deines Hauses und an die Tore."
3627 In der Einzelunterweisung/im seelsogerlichen Gespräch.
3628 Vgl. 1. Kor 3, 6–8: „Ich habe gepflanzt, Apollos hat begossen; aber Gott hat das Gedeihen gegeben. So ist nun weder der etwas, der pflanzt, noch der begießt, sondern Gott, der das Gedeihen gibt. Der aber pflanzt und der begießt, sind einer wie der andere. Jeder aber wird seinen Lohn empfangen nach seiner Arbeit."
3629 Vgl. Gal 5, 7a: „Ihr lieft so gut."

IV. Proclamation des neu erwehlten.

[Nr.] 387. Es wird einer christlichen gemeine hierselbst bekandt [S. 428] gemachet, zum – mahl,³⁶³⁰ daß an statt des abgelebten (von hier wegberufenen) predigers zum nachfolger im lehr-amt von denen vorstehern unter anruffung göttlichen namens ordentlich wieder erwehlet sei He[rr] N. N., gebürtig aus (dieser stadt)³⁶³¹ N. N., davon vermuthet werden kann, daß er die erhaltene vocation annehmen werde. Ew[er] Christl[iche] Liebe wird aber vorher erinnert, vor Got gewißenhaft zu prüfen, ob sie gegen ihm als ihrem seelen-hirten vertrauen tragen können oder etwas erhebliches an seiner lehre, gaben und bisherigen wandel auszusetzen haben. Welche dazu fug zu haben vermeinen, die wollen sich bey dem he[rr]n inspectore dieserhalb bey zeiten melden. Wir rufen Gott an, daß er ferner offenbahren wolle, ob er ihm [sich] diesen zu seinem diener hieselbst ausersehen habe, und salbe³⁶³² ihn solchen fals mit seines Geistes benöthigten gaben³⁶³³ zu einem klugen und treuen haushalter über seine geheimniße,³⁶³⁴ erwecke in ihm eine rechtschaffene liebe gegen diese gemeine, laße auch dieselbe gegen ihm vertrauen behalten und cröne sein amt und alle arbeit in demselben mit reichem segen um Christi, des großen Hirten der Schaafe³⁶³⁵ und Ertz-bischoffen unserer Seelen,³⁶³⁶ willen. Amen! [S. 429]

V. Rituale examinis ordinandorum.
Oratio examini ordinandorum praemittenda.³⁶³⁷

[Nr.] 388. Omnipotens et misericors Fili Dei, Jesu Christe, qui unicus magister humani generis nobis audiendus voce coelitus delata commendatus es, qui doctrinam euangelii ab omni humana ratione tacitam absconditamque ex aeterni patris sinu protulisti, qui puer adhuc annorum duodecim disputationi colloquioque docentium te medium inferre, tuisque divinis quaesitis et admirandis responsis, quid de his congressibus sentires, evidenter ostendere non es dedignatus.³⁶³⁸

3630 Wie bei Eheschließungen sollte auch hier an drei unmittelbar aufeinander folgenden Sonntagen abgekündigt werden.
3631 Der angestrebte/ideale Fall war sichtlich der einer Berufung aus der eigenen Kirche.
3632 Salbung als Ritual der Inthronisation.
3633 Vgl. Apg 2, 38: „Petrus sprach zu ihnen: Tut Buße, und jeder von euch lasse sich taufen auf den Namen Jesu Christi zur Vergebung eurer Sünden, so werdet ihr empfangen die Gabe des Heiligen Geistes."
3634 Vgl. 1. Kor 4,1 : „Dafür halte uns jedermann: für Diener Christi und Haushalter über Gottes Geheimnisse."
3635 Vgl. Hebr 13, 20: „Der Gott des Friedens aber, der den großen Hirten der Schafe, unsern Herrn Jesus, von den Toten heraufgeführt hat durch das Blut des ewigen Bundes […]."
3636 Vgl. 1. Petr 2, 25: „Denn ihr wart wie irrende Schafe; aber ihr seid nun umgekehrt zu dem Hirten und Bischof eurer Seelen."
3637 Es folgte ein in der Stadt wohl schon seit langem eingeführtes lateinisches Formular. Quelle nicht nachgewiesen.
3638 Lk 2, 41–52 (Der zwölfjährige Jesus im Tempel).

Te rogamus et precamur toto pectore, ut huic quoque colloquio praeses et gubernator adsis et institutum nostrum sanctum coelesti tua benedictione foecundes, largire nobis et in corda nostra effunde spiritum tuum sanctum, cuius fulgore mentes nostrae illustratae verbi tui salutarem doctrinam unice cognoscant, cognitam firmo adsensu amplectantur ac apprehensam in corde puro [S. 430] illibatam semper conservent. Sanctifica nos, quaesumus in veritate tua, sermo tuus veritas est.[3639] Dirige linguas ac corda nostra, ut quae nunc proponentur non ad ullum finem, quam tui sacrosancti nominis gloriam et agnitionem illustrandam unice spectent atque nos hinc ad incrementum ecclesiae tuae propriamque salutem erudiamur et aedificemur. Amen.

Pater noster, qui es in coelis, sanctificetur nomen tuum, adveniat regnum tuum, fiat voluntas tua sicut in coelo et in terra, panem nostrum quotidianum da nobis hodie, et dimitte nobis debita nostra, sicut et nos dimittimus debitoribus nostris. Et ne nos inducas in tentationem; sed libera nos a malo. Quia tuum est regnum et potentia et gloria in secula seculorum. Amen.[3640]

Gratiarum actio.

[Nr.] 389. Agimus tibi gratias, aeterne ac vive Deus! pater domini nostri Jesu Christi, conditor omnium rerum et conservator ac opitulator cum filio tuo coaeterno [S. 431] domino nostro Jesu Christo patefacto in Jerusalem et Spiritu Sancto tuo effuso in Apostolos,[3641] quod te patefecisti nobis immensa bonitate, certis et illustribus testimoniis, et quod condidisti nos et collegisti tibi ecclesiam perpetuam et voluisti filium tuum dominum nostrum Jesum Christum fieri pro nobis victimam. Te, domine Jesu Christe, Fili Dei vivi, crucifixe pro nobis et resuscitate, omnis generis honore, laude et gratitudine prosequimur, quod sancto tuo sanguine redemisti nos a potestate Satanae et mortis et nos contra omnes hostes defendis et conservas; et tibi, Spiritus Sancte, vivificator effuse in Apostolos, agimus gratias, quod accendis lucem tuam in mentibus nostris, regis, doces, mones et iuvas nos consilio tuo et dirigis labores vocationis nostrae. Tibi, inquam, Trinune Deus, agimus gratias, qui huic colloquio praefuisti nobisque voluntatem tuam de hoc praesenti negotio in scripturis patefecisti, siquidem lucerna pedum nostrorum verbum tuum est.[3642] Te aeterne, vere et vive Deus rogamus, ut oculos nostros illumines [S. 432] et gressus dirigas in verbi tui semita propter filium tuum Jesum Christum Dominum nostrum et petimus, ut Spiritu tuo nos regas deinceps et in perpetuum. Amen. Pater noster etc.

Ad candidatum:
Discedat paulisper![3643]

3639 Joh 17, 17.
3640 Mt 6, 9–13.
3641 Vgl. Apg 2, 1–13.
3642 Ps 119, 105.
3643 „Entfernt Euch für kurze Zeit!" (der Kandidat hatte den Raum zu verlassen).

Ad confratres:

[Nr.] 390. Iam superest, ut deliberemus de qualitate nostri ordinandi, an dignus habeatur, vel censeri debeat, ut tuto ei manus imponere queamus:

Quilibet pro conscientia iudicium suum ferat:

Mihi videtur, quod pro digno haberi possit,

(sub spe certa futurae ulterioris qualificationis.)[3644]

Ad revertentem ordinandum:[3645]

Domine ordinande! Nos iam deliberavimus de tua qualitate et capacitate. Vota collegi et percepi,[3646] quod (certa ratione) dignus censeri possis, cui sacri ordines [S. 433] conferantur,

(quod sacro muneri initiari debeas, sub spe ulterioris qualificationis, pro maiore tui et ecclesiae emolumento.)

(quod gratius nobis accidisset, si dona tua magis excitata uberioremque et solidiorem rerum divinarum cognitionem in te deprehendere potuissemus, admoveri tamen sacro officio debeas sub hac spe, fore, ut gnauiter sacram scripturam, libros symbolicos et doctorum ecclesiae systemata evoluendo, piisque meditationibus defectus tuos suppleturus sis.)

Superest, ut rite et dextre pro candore mentis et cordis sui edat confessionem fidei.[3647]

Quaero itaque nomine praesentis venerandi ministerii:

An pro regula ac norma fidei ac vitae agnoscat Biblia, Scripturam Sacram Veteris et Novi Testamenti, scripta Mosis et Prophetarum, Apostolorum et Euangelistarum, postmodum Libros Symbolicos ecclesiae nostrae Lutheranae 1. Tria Symbola Oecumenica, Apostolicum, [S. 434] Nicaenum, Athansianum; 2. Invariatam Augustanam Confessionem cum eiusdem Apologia, 3. Articulos Smalcaldicos, 4. Utrumque Catechismum Lutheri, Maiorem et Minorem; 5. Formulam Christianae Concordiae?

Item:[3648]

An intendat pure et sincere verbum diuinum docere?

3644 Unter der Auflage der späteren Weiterbildung (zur Abstellung festgestellter Schwächen).

3645 Zu dem zurückkehrenden Kandidaten.

3646 Das folgende Notenspektrum war breit, bewegte sich aber ganz im positiven Bereich. Das trug dem Umstand Rechnung, dass die Wahl durch die Kirchengemeinde/deren Vertreter/den Patron zu diesem Zeitpunkt ja bereits erfolgt, eine grundsätzliche Zurückweisung des Erwählten, dessen Bereitschaft zur Lehrverpflichtung vorausgesetzt, also zu diesem Zeitpunkt kaum noch möglich/durchsetzbar war. Vgl. unten Edition 2.5, Nr. 392.

3647 Es folgte die feierliche Lehrverpflichtung. Sie umfasste die Bibel und sämtliche Schriften des Konkordienbuches (1580), einschließlich der Konkordienformel von 1577.

3648 Die folgende Absichtserklärung („intendat") betraf die Verkündigung und die Verwaltung der Sakramente (Heilige Taufe, Heiliges Abendmahl, Beichte und Absoluti-

Sacramenta secundum institutionem Christi legitime administrare?

Clavem solventem ac ligantem debite et caute usurpare, moestas solari animas sibi concreditas omnes et singulas fideliter pascere, vitam denique exemplarem coram Deo et grege ducere?

Ac de caetero constitutionibus ecclesiasticis conformiter functiones officii vitamque omnem instituere?

Hoc ipsum, ut firmiter promittat, sincero corde et manu coram facie Dei eiusque ministerio iuramenti loco promittat, hoc est, quod adhuc desideramus. Aff.

Subiungitur gratulatio. Monetur, ut confessionarium eligat.[3649] [S. 435]

VI. Collecte vor der ordinations-predigt nebst der epistel.

[Nr.] 391. Heiliger Gott, lieber himmlischer Vatter! dir sey hertzlich danck gesagt, daß du deiner kirchen bisher noch allezeit diener und lehrer gegeben hast. Erhalte auch künftig das von dir eingesetzte predigt-amt. Rüste diejenige[n], welche du darin gesetzet hast, immer reichlicher aus mit deines Geistes gaben und bereite die, welche du dazu ferner bestimmet [hast], weiter zu, daß sie treu und tüchtig erfunden werden, deine gemeine zu weiden mit lehre und weisheit. Befreye hingegen deine heerde von bauchdienern,[3650] mietlingen[3651] und bösen arbeitern,[3652] daß ihr nicht von denselben schade zuwachse. Auch gib besonders und jetzt und allezeit lehrer nach deinem hertzen und laß uns dich in ihnen hören und deiner stimme folgen, damit wir also beyderseits, lehrer und zuhörer, selig werden um Jesu Christi willen. Amen.

1. Timoth. III.1–7. Das ist je gewislich wahr, so jemand ein bischoffs-amt [S. 436] begehret, der begehret ein köstlich werck. Es soll aber ein bischoff unsträflich seyn, eines weibes mann, nüchtern, mäßig, sittig, gastfrey, lehrhaftig, nicht ein weinsäuffer, nicht pochen, nicht unehrliche handthierung treiben, sondern gelinde, nicht haderhaftig, nicht geitzig, der seinem eigenen hause wohl vorstehe, der gehorsahme kinder habe mit aller ehrbarkeit. So aber jemand seinem eigenen hause nicht weiß vorzustehen, wie wird er die gemeine Gottes versorgen? Nicht ein neuling, auf daß er sich nicht aufblase und dem lästerer ins urtheil falle. Er muß aber auch ein gut zeugniß haben von denen, die draußen sind, auf daß er nicht falle dem lästerer in die schmach und stricke.

---

on), die Einhaltung aller äußeren Amtspflichten sowie die Achtung der innerkirchlichen Ordnungen aller Art.

3649 Persönlicher Beichtvater des Pfarrers musste also nicht in jedem Fall der Superintendent sein.

3650 Vgl. Röm 16, 18: „Denn solche dienen nicht unserm Herrn Christus, sondern ihrem Bauch; und durch süße Worte und prächtige Reden verführen sie die Herzen der Arglosen."

3651 Vgl. Joh 10, 12: „Der Mietling, der nicht Hirte ist, dem die Schafe nicht gehören, sieht den Wolf kommen und verlässt die Schafe und flieht – und der Wolf stürzt sich auf die Schafe und zerstreut sie [...]."

3652 Vgl. Mt 20, 10–16 (Von den Arbeitern im Weinberg).

VII. Ordinations-formul.

[Nr.] 392. Hierauf wenden wir uns zu dem herrn ordinando N.N. Denn als durch seliges absterben (anderwärtigen beruf) des (weiland) Tit[ulatur] N.N. die prediger-stelle bey gedachter gemeine vacant [ge]worden [ist], so haben die aeltesten und vorsteher ob[en] wohl gedachter gemeine für sich und namens der sämtlichen eingepfarrten an des (seligen) [S. 437] her[r]n N.N. stelle nach vorhergegangenem andächtigen gebät durch einmüthige (mehriste) stimmen rechtmäß erwehlet und beruffen den gegenwärtigen herrn ordinandum N.N., welcher die in handen habende vocation[3653] einem ehrwürdigen ministerio vorgezeiget [hat] und [im Blick auf den] die ordination von denen her[re]n provisoribus besagter kirchen geziemend gesuchet [erbeten] worden [ist],[3654] wozu auch daßelbe gantz willig sich verstanden und gestern des endes ein tentamen theologicum[3655] mit her[r]n ordinando vorgenommen [hat], in welchem er aber so bestanden [hat], daß er uns ein sattsahmes[3656] genügen geleistet [hat], und wir also, da er [für] tüchtig erkandt worden [ist], mit gutem gewißen ihm die hände auflegen können, sonderlich, wenn er treulich daßelbe uns halten wird, was er von gesunder lehre und unärgerlichem leben mit hand und mund zugesagt hat, wie wir dann auch keinesweges daran zweiffelen.

[Nr.] 393. Weil[en] aber vieler seelen wohlfarth hieran haftet und damit wir desto behutsahmer und sicherer in unserm amte gehen mögen, so frage ich euch nochmahls, herr ordinande:[3657] [S. 438]

1. Ob ihr auch in eurem künftigen amte eine reine und gesunde lehre, wie dieselbe in den Canonischen Schrifften Alten und Neuen Testaments, in den dreyen allgemeinen Hauptsymbolis, als [dem] Apostolico, [dem] Nicaeno und [dem] Athanasiano, in der unveränderten Augspurgischen Confession und deren wahren Apologie,[3658] in der Formula Concordiae und deren Anhang,[3659] in den Schmalcaldischen Articuln, in den beiden Catechismis Lutheri, dem Kleinen nemlich und dem

---

3653 Die erfolgte Wahl wurde dem Erwählten in Form eines Zeugnisses bescheinigt.
3654 Die Ordination wurde also nicht durch den Ordinanden, sondern durch die Gemeinde erbeten.
3655 Eine theologische Prüfung.
3656 Das Wort schloss das ganze Notenspektrum ein, ohne dabei eine konkrete Note zu nennen.
3657 Sämtliche vor dem Ministerium abgegebenen Erklärungen wurden also auch noch einmal vor der Gemeinde abgefragt. Der Vorgang diente der Entlastung des Ministeriums.
3658 Gemeint sind die lateinische „Apologie des Augsburger Bekenntnisses" vom April/Mai 1531 und die deutsche Übertragung derselben vom Herbst 1531 (Justus Jonas) im Unterschied von den späteren Fassungen. Sie waren jene Texte dieser lutherischen Bekenntnisschrift, die sich seit 1584 in sämtlichen Ausgaben des Konkordienbuches von 1580 fanden. Peters, Christian: Artikel „Apologie des Augsburger Bekenntnisses", in: RGG⁴ 1 (1998), Sp. 632 (Literatur).
3659 Das meinte die „Epitome" der Konkordienformel und deren Erklärung, die „Solida Declaratio".

2.5 Die „Soestische Kirchen Agenden"

Grössern, und so fort nicht nur dem buchstaben, sondern auch der gesunden folge nach³⁶⁶⁰ gegründet ist, allerdings zu führen gedencket?

Wiederum und zum 2. frage ich euch, herr ordinande! ob ihr mit den beiden sacramenten, tauf und abendmal, gewißenhaft umgehen und dieselbe[n] allein nach Christi wort und einsetzung austheilen, auch des endes sorgfältig den binde- und löse-schlüßel gebrauchen wollet, und zwar den bindeschlüßel gegen die unbußfertige[n], den löse-schlüßel aber gegen die bußfertige sünder?

Und denn 3. frage ich euch nochmahlen, herr ordinande! [S. 439] ob ihr ein christlich exemplarisches leben in eurer gemeine zu führen gedencket nach der ersten und [der] andern tafel des gesetzes, damit ihr nicht andern prediget und selbst verwerflich werdet?³⁶⁶¹

Nun ist solches annoch³⁶⁶² eures hertzens wille und meinung, so bekräftiget es allhier vor Gottes angesicht und einem umstehenden wohlehrwürdigen ministerio mit einem öffentlichen Ja!

[Nr.] 394. Dem so vorgangen³⁶⁶³, so ordinire, setze und erkläre ich euch, N.N., namens der kirchen und des umstehenden wohlehrwürdigen ministerii zu einem ordentlichen und rechtmäßigen seelsorger und prediger (pastore adiuncto³⁶⁶⁴) der kirchen und gemeine N.N., daß ihr als ordentlicher pastor daselbst sollet macht haben, das wort Gottes ordentlich zu lehren, zu straffen, zu vermahnen, zu trösten und die wiederwärtigen, wiewohl bescheidentlich,³⁶⁶⁵ zu wiederlegen. [Ihr] sollet auch macht haben, die beyden sacramenta, als tauffe und abendmahl, nach Christi wort und einsetzung auszuspenden; auch des endes sollet [ihr] macht haben, [S. 440] den binde- und löse-schlüßel, wiewohl mit gebührender sorgfalt,³⁶⁶⁶ zu gebrauchen, damit also Gottes ehre je länger, je mehr ausgebreitet und eure und eurer anvertrauten zuhörer seelen wohlfahrt, hier zeitlich und dort ewig, befordert werde, und das alles im namen Gottes des Vattes, des Sohns und des H[eiligen] Geistes. Amen!

Noli negligere donum, quod in te est, et quod tibi datur per impositionem manuum presbyterii.³⁶⁶⁷ Laßet uns beten: Vatter unser, der du bist etc.

Laßet uns ferner also beten:

[Nr.] 395. Barmhertziger Gott, lieber himmlischer Vatter! du hast durch den mund deines lieben Sohns, unsers Herren Jesu Christi, zu uns gesagt: Die erndte ist groß, aber wenig sind der arbeiter. Bittet den Herrn der Erndte, daß er treue ar-

---

3660 In logischer Konsequenz daraus.
3661 Vgl. 1. Kor 9, 27: „sondern ich schinde meinen Leib und bezwinge ihn, dass ich nicht andern predige und selbst verwerflich werde."
3662 Auch weiterhin.
3663 Nachdem dies so geschehen ist …
3664 Dem Stellvertreter des Pfarrers (mit der Anwartschaft auf dessen Nachfolge).
3665 Eine sichernde Einschränkung.
3666 Eine sichernde Einschränkung.
3667 Die Ordination (Handauflegung) übertrug demnach eine besondere, quasisakramentale Gabe.

beiter in seine erndte sende.³⁶⁶⁸ Auf solchen deinen göttlichen befehl bitten wir von hertzen, du wollest diesem deinem diener samt uns und allen, die zu deinem wort berufen sind, deinen H[eiligen] Geist reichlich [S. 441] geben, daß wir mit großem haufen³⁶⁶⁹ deine evangelischen seyn und vest verbleiben, wieder den Teuffel, die welt und fleisch, damit dein name geheiliget, dein Reich gemehret und dein wille vollenbracht werde. Wollest auch dem leidigen greuel des Mahomets und allen andern feinden deiner christen, so deinen namen lästern, dein Reich zerstören, deinem willen wiederstreben, endlich steuren und ihnen ein ende machen. Solch unser gebät, weil du es selbst geheißen [nachträglich korrigiert zu: verheißen],³⁶⁷⁰ wollestu gnädiglich erhören, wie wir glauben und trauen durch deinen Sohn, unsern Herrn Jesum Christum, der mit dir und dem H[eiligen] Geiste lebet und regiert, jetzt und in Ewigkeit. Amen!

[Nr.] 396. So gehet nun hin, herr ordinate! und weidet die heerde Christi, so euch befohlen ist, und sehet wohl zu, nicht gezwungen, sondern willig, nicht um schändlichen gewins willen, sondern von hertzen[s]-grund, nicht als die über das volck herschen, sondern werdet ein vorbild der heerde, so werdet ihr, wenn der Erz-hirte erscheinen wird, die unverwelckliche crone der ehren empfangen.³⁶⁷¹

Benedicat vobis Dominus, ut faciatis fructum multum.³⁶⁷² Amen.

[S. 442] [Nr.] 397.³⁶⁷³ Weilen auch herr ordinatus gesinnet, auf vorhergegangene beichte und absolution das h[eilige] abendmahl zu empfahen, damit nemlich er in seinem nunmehr angehenden amte um so viel desto mehr versichert sey der gnädigen mitwirckung und [des] beystandes des H[eiligen] Geistes, so wollen wir zu einsegnung des h[eiligen] abendmahls also beten:

O Herr Jesu Christe, du Sohn des lebendigen Gottes! der du uns bey diesem h[eiligen] sacrament deines leidens zu gedencken und davon zu reden befohlen hast.³⁶⁷⁴ Verleihe diesem deinem diener die gnad und kraft deines H[eiligen] Geistes, auf daß er dieses deines h[eiligen] leibes und blutes sacrament also anjetzo würdig gebrauchen möge, daß er dadurch im glauben gestärcket, im leben gebeßert, mit nöthigen amts-gaben als dein theures werck-zeug vom himmel ausgerüstet und denn zur ewigen seligkeit versiegelt werden möge, um deines theuren bluts und todes willen. Amen. Vatter unser etc.

Recitentur verba institutionis: Unser Herr etc.

3668 Mt 9, 37 f.
3669 Vgl. Lk 23, 27a: „Es folgte ihm aber eine große Volksmenge und viele Frauen […]."
3670 Vgl. Mt 7, 7: „Bittet, so wird euch gegeben; suchet, so werdet ihr finden; klopfet an, so wird euch aufgetan."
3671 1. Petr 5, 2.
3672 Vgl. Joh 15, 8b: „[…] dass ihr viel Frucht bringt und werdet meine Jünger."
3673 Zur Handauflegung trat hier als zweiter Akt der erste Abendmahlsempfang[!] des Ordinierten.
3674 Vgl. 1. Kor 11, 26: „Denn sooft ihr von diesem Brot esst und von dem Kelch trinkt, verkündigt ihr den Tod des Herrn, bis er kommt."

[S. 443] Gratiarum actio:

Wir dancken dir, Herr Gott, himmlicher Vatter! daß du diesen deinen diener durch die heylsame gabe des leibes und blutes deines Sohns hast erquicket, und [wir] bitten deine grundlose barmhertzigkeit, daß du ihm solches gedeyen laßest zu starckem glauben gegen dir, zu brünstiger liebe gegen seinen nächsten, zur begierde, dein Reich, besonders bey seiner gemeine, zu bauen, und zur versicherung deines kräftigen beystandes und der regierung des H[eiligen] Geistes, mithin zur beforderung deines h[eiligen] namens ehre und seiner ewigen seligkeit um Jesu Christi, deines lieben Sohnes, unsers Herrn, willen. Amen! Der Herr segne etc.

VIII. Investitur-formul bey der introduction eines neuen predigers.

[Nr.] 398. So schreiten wir nun im namen der H[eiligen] Drey-Einigkeit zu der installation des neuen predigers.

Es stehet allhier vor des allgegenwärtigen Gottes und der versammleten gemeine angesicht der wohlehrwürdige etc. N. N., [S. 444] welcher vor wenigen tagen von einem wohlehrwürdigen ministerio nach altem apostolischen brauch mit auflegung der hände[3675] zum pastore (adiuncto) dieser gemeine ordiniret worden [ist], so daß nichts mehr übrig [bleibt], als daß er installiret und als ein seelen-hirte der gemeine vorgestellet werde.

So setze ich dann [denn] an statt und namens eines hochachtbahren magistrats[3676] euch, N. N., in das amt, das euch befohlen ist, und gebe euch volle macht und gewalt, in diesem gottes-hause als pastor (adiunctus) das wort Gottes zu predigen, kinder zu tauffen, beicht zu hören, das h[eilige] abendmahl nach Christi einsetzung auszutheilen, angehende eheleute durch priesterliche einsegnung zu copuliren, den selig[3677] verstorbenen leichen-predigten zu halten und dergleichen actus sacros[3678] zu exerciren, ohne daß euch jemand, so lang ihr euer amt treulich verwaltet, daran hindern solle oder möge.

[Nr.] 399. Wie dann an euch alle, die ihr vorsteher oder sonsten glieder dieser gemeine seyd, eines hochachtbahren [S. 445] magistrats ernstlicher befehl ergehet, daß ihr gegenwärtigen herrn N. N. für euren prediger und seelsorger erkennen und ihn ehren und lieben, auch für allen dingen ihm folgen und gehorsahmen [gehorsam sein] sollet, wenn er euch aus Gottes wahrem wort zu allem guten anweiset und unterrichtet, wie ihr es dermahleins am jüngsten tage vor dem Richter alles Fleisches[3679] zu verantworten gedencket. Denn das ist der ernste wille und [die] meinung des großen Gottes, der uns diener des worts an seines Sohns Jesu Christi statt,

---

3675 Man wusste sich beim Kernritus (impositio manuum) damit ganz in der Tradition der Apostel. Vgl. Peters, Christian: Artikel „Ordination. III. Kirchengeschichtlich", in: RGG⁴ 6 (2003), Sp. 619–622 (Literatur).
3676 Er war der Inhaber der Kirchenhoheit.
3677 Im Zustand uneingeschränkter Kirchengemeinschaft.
3678 Heilige Handlungen/Amtshandlungen.
3679 Vgl. Apg 10, 42: „Und er hat uns geboten, dem Volk zu predigen und zu bezeugen, dass er von Gott bestimmt ist zum Richter der Lebenden und der Toten."

sein wort zu predigen, verordnet hat, wie S[ank]t Paulus klärlich schreibet (1. Cor. IV): Dafür halte uns jedermann, nemlich für Christus diener und haushalter über Gottes geheimniße;[3680] und 2. Cor. V. schreibet er: Wir sind bottschafter an Christus statt, denn Gott vermahnet durch uns;[3681] und an die Hebräer am XIII. heißet es: Gehorchet euren lehrern und folget ihnen, denn sie wachen über eure seele, als die da rechenschaft dafür geben sollen, auf daß sie das mit freuden thun und nicht mit seufftzen, denn das ist euch nicht gut.[3682] Ja, Christus selber zeuget Luc. X.[:] Wer euch höret, der höret mich, und wer euch verachtet, der verachtet mich. Wer aber mich verachtet, [S. 446] der verachtet den, der mich gesandt hat.[3683] Das sollet ihr fein bedencken und euch für verachtung und ungehorsam hüten.

Ihr sollt auch hiernächst diesem eurem pastoren für seine treue arbeit alle das einkommen, [ge]fälle und gerechtigkeiten, die einem prediger von alters her allhier zustehen, gebühren und gehören, gern und willig zu rechter zeit gönnen, reichen und geben, ohn alle verkürtzung, schmälerung und hinterhaltung, denn die Schrift zeuget Matth. X.[:] Ein Arbeiter sey seines lohnes wert.[3684] Ja, der Herr Christus selber hat befohlen, daß die das evangelium verkündigen, sollen sich vom evangelio nähren 1. Cor. IX.[3685] Darum auch Paulus ermahnet: Der aber unterrichtet wird, theile mit allerley gutes dem, der ihn unterrichtet, an die Galat[er] am VI. capit[el].[3686]

[Nr.] 400. Und ihr, herr pastor (adiuncte)! nachdem ihr durch schickung des allerhöchsten Gottes zum kirchen-dienst dieses orts ordentlich beruffen und bestättiget [worden] seyd, so sollet ihr wiederum auch auf eurer seiten mit sonderbahrem [S. 447] fleiß oft und viel bey euch hertzlich erwegen und bedencken:

Einmahl, mit was großer sorge, mühe und fleiß ihr euch dieser eurer kirchen anzunehmen und euer ambt bey eurer gemeine zu verrichten habt. Denn es ist wahrlich darum kein schertz oder kinder-spiel; sondern die werthe kirche ist eine liebe braut des Sohnes Gottes,[3687] welche er so feurig und inbrünstig liebet, einet und meinet, daß er, ihr das ewige Leben zu erlangen, vom himmel kommen und mensch [ge]worden [ist], auch sein eigen göttlich blut vergoßen und für sie den allerschmählichsten und schmertzlichsten creutzes-tod gelitten [hat], damit er sie vom tod errettete. Darum sollet und müßet ihr euren besten möglichsten fleiß anwenden, daß ihr die kirche und gemeine nicht mit menschen-träumen und altvettelischen fabeln abspeiset, sondern [sie] mit göttlicher, himmlischer Lehre unterrichtet, damit sie durch den H[eiligen] Geist erwecket werde, dem Herrn Jesu, ihrem

---

3680 1. Kor 4, 1.
3681 2. Kor 5, 20a.
3682 Hebr 13, 17.
3683 Lk 10, 16.
3684 Mt 10, 10c.
3685 1. Kor 9, 14.
3686 Gal 6, 6.
3687 Vgl. Offb 21, 9c: „Komm, ich will dir die Braut zeigen, die Frau des Lammes."

Seelenbräutigam,³⁶⁸⁸ treue und glauben zu halten und darinn unverrückt und unbefleckt zu verfahren, daß ihr euch mit dem Apostel Paulo in der wahrheit rühmen könnet: Ich habe [S. 448] euch einem Manne vertrauet, daß ich eine reine jungfrau Christo zubrächte 2. Cor. XI.³⁶⁸⁹ Und aber mahl: Ich habe euch nichts verhalten, daß ich euch nicht verkündiget hätte alle den rath Gottes, Ap[ostel] Gesch[ichte] XX.³⁶⁹⁰

[Nr.] 401. In ansehung deßen lege ich namens des großen Hirtens der Schaafe³⁶⁹¹ diese gemeine euch an das hertz, daß ihr sie, als durch sein blut theur erkauft und von ihm zur seligkeit gewidmet, lieb und werth haltet, ernstlich für ihr heyl sorget, über sie wachet, eure gabe ihr zu dienste ferner anfeuret, mit lesen im wort anhaltet und in fleißigem zunahen zu dem Herrn Jesu und andächtigem meditiren weide für sie suchet, sowohl bey vorhabendem öffentlichen vortrag, als auch im besondern umgang mit den seelen, daß ihr euch dabey weisheit von Gott ausbittet, das wort recht zu theilen³⁶⁹² und einem jeden nach seinem besondern zustande das seine daraus vorzulegen, mithin das gesetz den sicheren zum seligen schrecken einzuschärfen, das evangelium aber den niedergeschlagenen zu trost vorzuhalten, daß ihr des endes nach solchem ihrem besondern seelenzustande [S. 449] und den verschiedenen stuffen des verderbens und der gnade,³⁶⁹³ wie auch den vielfachen versuchungen euch erkundiget, des endes auch ein gut vertrauen gegen euch erwecket und unterhaltet, und also freundlich und liebreich, aber auch ernstlich und ohne dienern Gottes unanständige menschen-furcht freudig, muthig und getrost mit ihnen handelt und überall von euch mercken laßet, daß es euch um nichts anders als um die ehre eures Gottes, die erbauung des Reiches Christi und das heyl der seelen, die euch anvertrauet sind, zu thun sey, sonderlich bedienet euch zu diesem zweck des bey uns gebräuchlichen beicht-stuhls, daß ihr da nach allem vermögen, so euch Gott darreicht, in die hertzen eindringet und sie zum erkäntniß ihres zustandes führt, mit rath und trost ihnen andienet und sie zur vereinigung mit Christo und seiner nachfolge begierig und willig machet. Erwecket euch denn dazu vorher selbst und sammlet euer gemüth, daß ihr bey euren beicht-kindern an dem ort und zu der zeit, da sie am lenckbahrsten seyn, eures Ober-hirten mund seyn möget. Wie ihr euch denn befleißigen sollet, alle heilige[n] amts-verrichtungen [S. 450] in wahrer andacht als vor Gott, ja, durch Gott und in seinem namen zu verrichten. Laßet euch

---

3688 Möglicherweise eine Anspielung auf den gleichnamigen Choral von Adam Dreese (1620–1701), ein Jesuslied in 15 Strophen (erstmals: Halle [Saale] 1697).
3689 2. Kor 11, 2.
3690 Apg 20, 27.
3691 Vgl. Hebr 13, 20: „Der Gott des Friedens aber, der den großen Hirten der Schafe, unsern Herrn Jesus, von den Toten heraufgeführt hat durch das Blut des ewigen Bundes […]."
3692 Vgl. 2. Tim 2, 15: „Bemühe dich darum, dich vor Gott zu erweisen als ein angesehener und untadeliger Arbeiter, der das Wort der Wahrheit recht vertritt."
3693 Auch hier stand natürlich die Vorstellung von einer festen und normativen „Heilsordnung" im Hintergrund.

auch sonderlich die liebe jugend, von deren erziehung der wohlstand der kirchen dependiret, empfohlen seyn, daß ihr in fleißiger besuchung der schule und erwecklichem catechisiren derselben euch vätterlich und hertzlich annehmet. Vegeßet auch der armen nicht und beweiset an den krancken desto mehr treue, je weniger Zeit ihr übrig habt, euer amt an ihnen zu thun.[3694]

[Nr.] 402. Uberhaupt sollet ihr selbs mit großem ernst erwegen, wo etwas durch eure fahrläßigkeit und unvorsichtigkeit der gemeine zum ärgerniß, schaden und nachtheil muthwillig eingeführet oder versäumet werden solt, wie wir doch nicht hoffen wollen, daß solchen fals unser Herr Gott aller und jeder verwahrloseten seelen blut von euren händen fordern und es ewig an euch rächen und straffen werde, wie er zu zweymahlen überaus schrecklich gedräuet hat. Denn so stehet Ezech. am III. Du, menschen-kind! ich habe dich zum wächter gesetzt über das Haus Israel, [S. 451] du solt aus meinem munde das wort hören und sie von meinetwegen warnen. Wenn ich dem gottlosen sage: Du must des todes sterben und du warnest ihn nicht und sagst ihm nicht, damit sich der gottlose für [vor] seinem gottlosen wesen hüte, auf daß er lebendig bleibe, so wird der gottlose um seiner sünde willen sterben, aber sein blut wil ich von deiner hand fordern,[3695] welches im 33. capit[el] wiederholet wird.[3696]

[Nr.] 403. Hiernächst sollet ihr, herr pastor, in allen euren lehren und predigten die Canonischen Schriften Alten und Neuen Testaments, wie auch die Symbolische[n] Bücher unser[er] kirchen laßen die eintzige regul und richtschnur seyn, daß ihr davon nicht abweichet, weder zur rechten, noch zur lincken,[3697] wie ihr solches einem wohlehrwürdigen ministerio mit hand und mund an eydes statt habt versprochen und angelobet.

[Nr.] 404. Alldieweilen aber auch ferner das amt und [der] beruf eines kirchendieners erheischet, daß er seiner gemeine nicht nur mit reiner gesunder lehre, sondern auch mit einem heiligen, exemplarischen leben vorleuchte, so ist allerdings nothwendig, daß ihr hinführo euer leben durch Gottes gnade [S. 452] also anstellet, daß nicht allein alle eure geschäfte und vornehmen, sondern auch eure reden, conversation[3698] und wandel eine lehre und tugend seyn, damit ihr nicht, was ihr mit einer hand bauet, mit der andern wieder abreißet,[3699] und die kirche mit strafbahren lastern, mit ärgerlichem exempel gefährlich verderbet; in erwegung, daß uns predigern vor allen andern gesagt worden [ist]: Wehe dem Menschen, durch welchen aergerniß kommet, denn wer ärgert der geringsten einen, die an mich gläuben, dem [für den] wäre beßer, daß ein mühlstein an seinen halß gehänget und er ersäuffet

---

3694 Insbesondere, wenn deren Zustand ein baldiges Ableben erwarten ließ.
3695 Hes 3, 17 f.
3696 Hes 33, 7 f.
3697 Vgl. 5. Mose 5, 32: „So habt nun acht, dass ihr tut, wie euch der Herr, euer Gott, geboten hat, und weicht nicht, weder zur Rechten noch zur Linken […]."
3698 Hier war natürlich auch das facettenreicher gewordene gesellschaftliche Leben im Blick.
3699 Vgl. Sir 34, 23a: „Der eine baut, und der andre reißt ein […]."

würde im meer, da es am tieffsten ist. Matth am XVIII.[3700] Zu dem ende sollet ihr aufs fleißigste lesen und oft repetiren die Episteln Pauli an den Timotheum und Titum, daraus ihr genugsahm zu ersehen habt, wie ihr beydes, im lehren und leben, euch halten, ja, auch euer eignes hauß regiren und erbauen müßet.

[Nr.] 405. Endlich, da alles gedeyen zu eurem pflantzen und begießen von oben kommen muß[3701] und ihr den gläubigen wie in andern pflichten, also im gebät ein vorbild seyn müßet, [S. 453] so solltet ihr euch das gebät bey euren amts-verrichtungen und für eure gemeine so wohl überhaupt, als auch für einen jeden nach seinen besondern geistlichen und leiblichen umständen befohlen seyn laßen und euch in dem stande zu bewahren suchen, da ihr eine wohnung und werckstatt des H[eiligen] Geistes, des Geistes der Gnaden und des Gebäts, seyn und also ohn unterlaß beten könnet, wie daheim, also bey eurem aus und eingehen, unter der gemeine und [bei] aller bedienung des ambts. Und weil wir nach des Apostels ermahnung für alle menschen und also für die gesamte kirche, besonders aber für die Könige und alle obrigkeit, bitte, gebät, fürbitte und dancksagung zu thun schuldig seyn,[3702] so sollet ihr nicht nur daheim, sondern auch in öfentlicher versamlung für die hohe landes-obrigkeit und hiernächst für einen hochachtbahren magistrat unser[er] stadt andächtig beten, damit wir unter dero regiment, schutz und schirm ein geruhiges und stilles leben führen mögen in aller gottseligkeit und ehrbarkeit.[3703]

Wenn nun dieses, herr pastor, eure hertzliche und beständige willens-meinung ist, daß ihr gesinnet seyd, dieses [S. 454] alles durch Gottes gnade nach eußerstem vermögen zu thun, so verpflichtet euch dazu vor dem angesicht des allwissenden Gottes, eines hochachtbahren magistratis in [Gestalt von] deßen deputatis[3704] und der gesamten gemeine mit einem deutlichen, zuverläßigen Ja!

Hierauf laßet uns also beten:

[Nr.] 406. Barmhertziger Gott, himmlischer Vatter! der du uns durch deinen heiligen Apostel Paulum vätterlich getröstet und zugesaget hast, daß es dir wohlgefalle, durch die thörichte predigt von Christo, dem Gecreuzigten, selig zu machen alle

---

3700 Vgl. Mt 18, 6: „Wer aber einen dieser Kleinen, die an mich glauben, zum Bösen verführt, für den wäre es besser, dass ein Mühlstein um seinen Hals gehängt und er ersäuft würde im Meer, wo es am tiefsten ist."

3701 Vgl. 1. Kor 3, 6–8: „Ich habe gepflanzt, Apollos hat begossen; aber Gott hat das Gedeihen gegeben. So ist nun weder der etwas, der pflanzt, noch der begießt, sondern Gott, der das Gedeihen gibt. Der aber pflanzt und der begießt, sind einer wie der andere. Jeder aber wird seinen Lohn empfangen nach seiner Arbeit."

3702 Vgl. 1. Tim 2, 1f.: „So ermahne ich nun, dass man vor allen Dingen tue Bitte, Gebet, Fürbitte und Danksagung für alle Menschen, für die Könige und für alle Obrigkeit […]."

3703 Vgl. 1. Tim 2, 2b: „[…], damit wir ein ruhiges und stilles Leben führen können in aller Frömmigkeit und Ehrbarkeit."

3704 Vor den Vertretern des Soester Rates als Kirchenobrigkeit.

die, so daran glauben.³⁷⁰⁵ Wir bitten dich hierauf von hertzen[s]-grund, du wollest diesen deinen diener, den du zu solchem heiligen und hochwürdigen predigt-ambt beruffen hast, mit deiner göttlichen gnade begaben und ihm deinen H[eiligen] Geist reichlich mittheilen, durch deßen kraft er gestärcket wieder alle anfechtung des Teuffels bestehen und deine geliebte heerde, [die] durch das blut unsers Herrn Jesu Christi, deines Sohns, so theuer erkauffet und erworben [worden ist], mit deynem heylsahmen und unverfälschten wort nach deinem göttlichen Willen und [S. 455] wohlgefallen weiden und leiten möge, zu lob und preiß deines allerheiligsten namens und zur erweiterung der christlichen kirchen, wie auch vieler menschen heyl und seligkeit, durch deinen lieben Sohn Jesum Christum, unsern einigen Herrn und Heyland. Amen! Der Herr segne euch etc.

J. Von der kirchen-visitation.

I. Articuli visitatorii, die magistratus anno 1737. den abgeordneten visitatoribus³⁷⁰⁶ zur instruction mitgegeben [hat].³⁷⁰⁷

[Nr.] 407. 1. Wie es bisher mit dem gottes-dienst gehalten sey an Sonn-, Fest- und Buß-tagen, mit administration der heiligen sacramenten, mit öffentlicher catechisation, haltung der schule und informirung der jugend?

2. Ob die gemeine, junge und alte, mit Bibeln und Gesang-Büchern und mit dem Catechismo versehen?

3. Ob die prediger ihren gemeinen mit reiner lehr und untadelichem wandel vorgehen? [S. 456]

4. Ob sie die krancken fleißig besuchen?

5. Ob cüster und schulmeister ihr amt fleißig verrichten?

6. Ob die kinder in der gemeine fleißig zur schulen gehalten werden?

7. Ob viel arme bey der gemeine befindlich, und wie es mit deren versorgung gehalten werde?

8. Ob etwa streit zwischen pastoren, cüstern, schulmeistern oder gemeine vorhanden, und worin solcher bestehe?

9. Wie es mit den sammlungen gehalten werde?

3705 Vgl. 1. Kor 1, 18–21: „Denn das Wort vom Kreuz ist eine Torheit denen, die verloren werden; uns aber, die wir selig werden, ist es Gottes Kraft. Denn es steht geschrieben (Jes 29,14): ‚Ich will zunichtemachen die Weisheit der Weisen, und den Verstand der Verständigen will ich verwerfen.' Wo sind die Klugen? Wo sind die Schriftgelehrten? Wo sind die Weisen dieser Welt? Hat nicht Gott die Weisheit der Welt zur Torheit gemacht? Denn weil die Welt durch ihre Weisheit Gott in seiner Weisheit nicht erkannte, gefiel es Gott wohl, durch die Torheit der Predigt selig zu machen, die da glauben."

3706 Den vom Rat beauftragten Visitatoren, zu denen wohl auch Sybel selbst gezählt hatte.

3707 Älterer unkommentierter Abdruck bei Vogeler, Beiträge zur Soester Kirchengeschichte (1902/03; wie Anm. 9), S. 85. Der hier gebotene, relativ schmale Fragenkatalog war durch Sybel offenbar später (in seinem Sinne) umfassend und zielgruppenorientiert erweitert worden. Vgl. oben Edition 2.5, § 61–69.

10. Wie es mit verwaltung der kirchen-güter gehalten werde? Ob dieselbe verpfachtet und das gewinn davon bezahlet werde?

11. Ob die kirche und dazu gehörige gebäude, pastorat-hauß, cüsterey und schule im stande erhalten werden?

12. Ob mängel in kirchen-sachen und hinderungen im christenthum angemercket worden [seien] oder zu beßerer einrichtung des gottesdienstes und zur aufnahme der kirchen und schule vorschläge vom pastore oder vorstehern zu thun [sind]?

[S. 457] 13. Ob der prediger über seine zuhörer, was ihr leben und [ihren] wandel betrifft, gegründete klage zu führen habe? Und ob haß, feindschaft oder ruchloses leben in der gemeine verspüret werde?

14. Ob die Sonn-, Fest- und Bet-tage gehörig gefeyert und nicht durch arbeit, freßen und sauffen und anderes liederliches leben entheiliget werden?

II. Gebät, welches nach der visitation zum beschluß gesprochen [worden] ist.[3708]

[Nr.] 408. Wir dancken dir, lieber Herr Gott, himmlischer Vatter! daß du noch immer fortfährest, für deine kirche zu sorgen und ihr nicht nur hirten und lehrer zuordnest, die sie weyden mit lehr und weisheit, sondern auch die obrigkeit erweckest, deine gemeine zu schützen, den aergernißen zu steuren und gute anstalten zu befordern und zu erhalten. Ins besondere preisen wir darüber deine güte, daß du an unserm theuersten Könige deiner evangelischen kirchen einen sorgfältigen aufseher, getreuen vorstand und mächtigen beschützer gegeben und ihn angetrieben hast, für die reinigung deines hauses[3709] [S. 458] zu sorgen und auf das lehr-amt in kirchen und schule genaue achtung zu geben. Wir bitten dich, erhalte ihn bey leben und gesundheit, befordere das werck seiner hände und thue deinem Zion durch ihn ferner wohl. Segne auch unsern magistrat für die bereitwilligkeit, nach Königlicher intention den wohlstand des Reiches Christi unter uns zu befordern.[3710] Laß dir überhaupt unsere stadt und bottmäßigkeit in gnaden empfohlen [sein]. Gib, daß darinn dein wort lauffe und wachse.[3711] Besonders laß in dieser gemeine allzeit herrliche dinge gepredigt werden. Gib dem prediger hieselbst viel gnade, das wort der wahrheit recht zu theilen, das amt der schlüßel nach deinem wohlgefallen freudig und tröstlich zu verwalten und die h[eiligen] sacramenta fruchtbarlich auszuspenden. Erfülle ihn mit hertzlicher liebe und hochachtung deiner heerde, gib ihm ein reiches maaß des Geistes, der gnaden und des gebäts, für seine schaafe zu beten, und laß keine sorge, meditation und arbeit, die er an jungen und alten treibet, verlohren seyn. Erwecke gegen ihn bey den zuhörern viel vertrauen und mache sie zu folgsa-

---

[3708] Das folgende Gebet war wohl nach jeder der durchgeführten Gemeindevisitationen gesprochen worden. Auch hier hat man es demnach mit einem Nukleus zu tun, aus dem bei Sybel dann später reichere Formulare erwachsen waren.

[3709] Vgl. Mk 11, 15–19 parr. (Jesus im Tempel [Tempelreinigung]).

[3710] Der Impuls zur Wiederaufnahme der Visitation war von der preußischen Regierung ausgegangen. Der Rat hatte lediglich umgesetzt, was der König angeordnet hatte.

[3711] Vgl. 2. Thess 3, 1: „Weiter, ihr Brüder und Schwestern, betet für uns, dass das Wort des Herrn laufe und gepriesen werde wie bei euch […]."

men schaafen, die er als seine crone und ehre an jenem tage vor deinem thron darstellen könne durch Jesum Christum, deinen Sohn, in kraft des H[eiligen] Geistes. Amen! Der Herr segne euch etc.

[S. 459] Inhalt.
I. Beschreibung der kirchlichen handlungen.
- A. Von dem öffentlichen gottes-dienste. § 1.
- B. Von öffentlicher und privat-administration der h[eiligen] tauffe. § 11.
- C. Von öffentlicher und privat-catechisation der kinder wie auch deren confirmation. § 15.
- D. Von der beichte und absolution. § 18.
- E. Von der h[eiligen] communion. § 21.
- F. Von der proclamation und copulation. § 24.
- G. Von begräbnüßen. § 27.
- H. Von dem kirchen-bann und kirchen-buße. § 29.
- I. Von der wahl, ordination und installation der prediger. § 32.
- K. Von der kirchen-visitation, wie dieselbe anno 1737. bey einigen kirchen gehalten worden [ist]. § 39.
- L. Von der hauß-visitation. § 61. [S. 460]

II. Formulare der anreden und gebäter.
- A. Beym öffentlichen gottes-dienste.
  I. Gebät beym anfang des gottes-dienstes. Num[ero] 1.
  II. Collecten.
- AA. auf besondere zeiten gerichtet.
  1. Auf die Festtage.
     a. Zur Advents-zeit. [Nr.] 3.
     b. Auf Weyhnachten. [Nr.] 6.
     c. Auf das Fest der Beschneidung Christi. [Nr.] 10.
     d. Auf das Fest der Erscheinung Christi. [Nr.] 13.
     e. In der Fasten-zeit. [Nr.] 15.
     f. Auf Ostern. [Nr.] 25.
     g. Auf Christi Himmelfahrt. [Nr.] 30.
     h. Auf Pfingsten. [Nr.] 32.

2.5 Die „Soestische Kirchen Agenden"

   i. Auf Trinitatis. [Nr.] 38.
   k. Auf Michaelis. [Nr.] 39.
   l. Auf Mariä Reinigung. [Nr.] 41. [S. 461]
   m. Auf Mariä Verkündigung. [Nr.] 44.
   n. Auf Mariä Heimsuchung. [Nr.] 46.
   o. Am Tage Johannis des Täuffers. [Nr.] 48.
   p. Auf die Apostel-tage. [Nr.] 50.
2. Auf die sonntägige und fest-episteln. [Nr.] 52.
3. Auf die sonntägige und fest-evangelien. [Nr.] 115.
4. Auf besondere bey uns gebräuchliche oder sonst vorfallende Feyer-tage.
   a. Auf Buß- und Bättage. [Nr.] 232.
   b. Auf Hagel-feyer. [Nr.] 185.
   c. Am Crönungs-tage. [Nr. 267].
5. Auf allerley theils fröhliche, theils gefährliche und trübsählige zeit-umbstände.
   a. Zu krieges-zeiten um den frieden. [Nr.] 186.
   b. Bey besorgter krieges-unruhe um beybehaltung des friedes. [Nr.] 188.
   c. Bey grassirenden kranckheiten. [Nr.] 192.
   d. Bey theurer zeit und hungers-noth. [Nr.] 196.
   e. Um fruchtbar wetter. [Nr.] 197. [S. 462]
   f. Um bequemes erndte-wetter. [Nr.] 198.
   g. Bey heftigem wind-sturm. [Nr.] 199.
   h. Auf abgewendeten land-plagen. [Nr.] 200.
6. Bey anderem zeyt-wechsel.
   a. Des morgens. [Nr.] 201.
   b. Des abends. [Nr.] 202.

BB. Nach der ordnung des Kleinen Catechismi, auf die darinn enthaltene[n] materien eingerichtet.
1. Zur einleitung in den Catechismum.
   a. Von dem worte Gottes. [Nr.] 203.
   b. Vom gesetz und evangelio. [Nr.] 208.
   c. Zur kinder-lehre. [Nr.] 209.
2. Zum ersten haupt-stück.
   a. Insgemein vom gesetze. [Nr.] 210.
   b. Bey der ersten tafel.
      1. Von der liebe Gottes. [Nr.] 211.
      2. Von der liebe des Herrn Jesu. [Nr.] 212.
      3. Von der verläugnung sein[er] selbst und der welt. [Nr.] 213.
      4. Vom Sabbath. [Nr.] 214. [S. 463]

c. Bey der andern tafel.
    1. Von der liebe des nächsten. [Nr.] 215.
    2. Von der einträchtigkeit. [Nr.] 104.
    3. Von der sanftmuth. [Nr.] 53.
    4. Von der liebe der feinde. [Nr.] 216.
    5. Von der versöhnlichkeit. [Nr.] 217.
    6. Von der mäßigkeit und keuschheit. [Nr.] 218.
    7. Vom fleiß in der berufs-arbeit. [Nr.] 161.
    8. Wieder die sorgen. [Nr.] 171.
d. Bey dem beschluß der zehen gebotte.
    Von der straffe und frucht der sünden. [Nr.] 219.
3. Zum zweyten haupt-stück.
    a. Überhaupt.
        1. Von der H[eiligen] Dreyeinigkeit. [Nr.] 220.
        2. Von der allwißenheit Gottes. [Nr.] 87.
        3. Vom evangelio. [Nr.] 61.
        4. Vom glauben. [Nr.] 222.
    b. Bey dem ersten articul.
        1. Vom ebenbilde Gottes. [Nr.] 66. [S. 464]
        2. Von den bößen geistern. [Nr.] 108. 135. 136.
        3. Von der vorsorge Gottes. [Nr.] 225.
        4. Von der erhaltung. [Nr.] 226.
    c. Bey dem andern articul.
        1. Von der menschwerdung Christi. [Nr.] 1. 6. 44.
        2. Von den beyden ständen Christi. [Nr.] 15. 25. 76.
        3. Von der erlösung. [Nr.] 75.
    d. Bey dem dritten articul.
        1. Von den gaben des H[eiligen] Geistes. [Nr.] 32. 97. 101. 148.
        2. Von der kirchen. [Nr.] 227.
        3. Von dem gnaden-beruf. [Nr.] 125. 158. 159. 166. 176.
        4. Von der erleuchtung. [Nr.] 32. 56. 109.
        5. Von der buße. [Nr.] 232.
        6. Von der wiedergebuhrt. [Nr.] 156.
        7. Von der rechtfertigung. [Nr.] 235.
        8. Von der kindschafft Gottes. [Nr.] 59.
        9. Von der einwohnung Gottes in den seelen. [Nr.] 152.
        10. Von der heiligung. [Nr.] 236.
        11. Vom christenthum. [Nr.] 239. [S. 465]
        12. Von der nachfolge des Herrn Jesu. [Nr.] 240.
        13. Von dem wachsthum im guten. [Nr.] 103.
        14. Von der fürsichtigkeit im wandel. [Nr.] 107. 165.
        15. Von dem geistlichen kampf. [Nr.] 79. 108. 135. 137.
        16. Von der freyheit der kinder Gottes. [Nr.] 74.

17. Von dem geistlichen priesterthum. [Nr.] 101.
18. Von der beharrlichkeit im guten. [Nr.] 96.
19. Von dem creutz. [Nr.] 241.
20. Von den anfechtungen. [Nr.] 136.
21. Bey verfolgungen. [Nr.] 151. 204.
22. Um geduld. [Nr.] 17. 80. 91.
23. Um trost. [Nr.] 242.
24. Vom tode. [Nr.] 243.
25. Bey begräbnißen insgemein. [Nr.] 246.
  Besonders eines kindes. [Nr.] 247.
26. Von der auferstehung der todten. [Nr.] 248.
27. Vom jüngsten gericht. [Nr.] 249.

4. Zum dritten haupt-stück.
  a. Vom gebät. [Nr.] 250. [S. 466]
  b. Bey dem beschluss der bät-stunden. [Nr.] 255.
  c. Von gemeiner noth. [Nr.] 256.
  d. Für die früchte der erden. [Nr.] 259.
  e. Um danckbahrkeit. [Nr.] 260.
  f. Allgemeine dancksagung. [Nr.] 261.
  g. Für die irrende. [Nr.] 262.
  h. Für die feinde. [Nr.] 263.

5. Zum vierten und fünften haupt-stück.
  a. Von der h[eiligen] tauffe. [Nr.] 264. 60.
  b. Von dem h[eiligen] abendmahl. [Nr.] 265.

6. Zur haus-tafel.
  a. Von den dreyen haupt-ständen. [Nr.] 266.
  b. Von obrigkeiten und unterthanen. [Nr.] 267.
  c. Für die lehrer. [Nr.] 270.
  d. Vom haus-stande. [Nr.] 273.
  e. Für die kinder. [Nr.] 54. 126.

III. Gebätte nach den sonn-, fest- und wochentags-predigten stehen im Soestischen Gebät-Buch, da zu kommen verschiedene inserat und appendices. [S. 467]

AA. Inserat.
  1. Bey vorseyenden hohen vermählungen. [Nr.] 275.
  2. Bey hoher schwangerschaft. [Nr.] 276.
  3. Nach erfolgter hoher entbindung. [Nr.] 277.
  4. Bey hohen todesfällen. [Nr.] 278.
  5. Bey vorseyender raths-wahl. [Nr.] 279.
  6. Nach vollzogener raths-wahl. [Nr.] 280.
  7. Bey dem anfange der lectionum in unserem gymnasio. [Nr.] 281.

8. Nach vollendeter erndte. [Nr.] 282.
9. Bey jährlicher erinnerung an die wohlthat der Reformation. [Nr.] 283.

BB. Appendix.
1. Die ordentliche fürbitte für krancke und nothleidende. [Nr.] 284.
2. Dancksagung für die genesung eines patienten. [Nr.] 285.
3. Fürbitte für die schwangere[n] frauen. [Nr.] 286.
4. Dancksagung für die entbindung. [Nr.] 287.
5. Dancksagung für eine ihren kirchgang haltende sechs-wöchnerin. [S. 468]
6. Wenn das kind vorher verstorben oder nicht lebend zur welt kommen ist. [Nr.] 289.
7. Fürbitte für die communicanten. [Nr.] 290.
   a. Wenn darunter eine person, die ein aergerniß gegeben durch einen schweren fall. [Nr.] 383.
   b. Wenn darunter ein person, die von einer andern religion zu uns übertritt. [Nr.] 291.
8. Fürbitte für vorseyende prediger-wahlen. [Nr.] 292.
9. Dancksagung nach vollzogener prediger-wahl. [Nr.] 293.
10. Bey anhaltender schädlichen witterung. [Nr.] 294.
11. Wenn das ungeziefer im felde schaden thut. [Nr.] 295.
12. Bey grassirenden gefährlichen kranckheiten. [Nr.] 296.
13. Fürbitte für einen ruchlosen u[nd] verstockten sünder. [Nr.] 297.
14. Die proclamation derer, die in den ehestand tretten wollen. [Nr.] 298.
15. Die intimation der Feyer-tage. [Nr.] 299.

IV. Die gemeine beichte und absolution. [Nr.] 300.

V. Gebät, so zu zeiten in denen bät-stunden verlesen wird. [Nr.] 305.

VI. Gebät, das zu zeiten nach der wochen-predigt verlesen wird. [Nr.] 306. [S. 469]

B. Bey öffentlicher und privat-administration der h[eiligen] taufe.
    I. Das ordinaire tauf-formular. [Nr.] 307. nebst inserat.

AA. Bey der dritten frage an die paten.
1. Wenn frembder oder durchreisender eltern kinder getauft werden. [Nr.] 319.
2. Wenn vatter oder mutter bereits verstorben wären. [Nr.] 320.
3. Wenn ein fündling getauft wird. [Nr.] 321.
4. Wenn es ein unehelich erzeugtes kind wäre. [Nr.] 322.

BB. Bey dem schluß-gebät.
   1. Wenn das kind sehr schwach ist. [Nr.] 323.
   2. Wenn das kind ungestalt ist. [Nr.] 324.

   II. Etwanige formul der noth-taufe, die der prediger eilfertig
       verrichtet. [Nr.] 325.
   III. Formular, die von andern verrichtete noth-taufe öffentlich
        oder daheim zu bestätigen. [Nr.] 328.

C. Bey öffentlicher und privat-catechisation der kinder wie
   auch deren confirmation. [S. 470]
   I.   Gebät vor der catechisation. [Nr.] 332.
   II. Gebät nach der catechisation. [Nr.] 333.
   III. Die confirmation der anwachsenden kinder. [Nr.] 334.
        1. Das bekändtniß der lehre nach vorhergehendem examine.
           [Nr.] 336.
        2. Die erneuerung des tauf-bundes. [Nr.] 339.
        3. Die versicherung von der tauf-gnade. [Nr.] 343.
        4. Aufnahme der kinder in eine nähere gemeinschaft der
           gläubigen. [Nr.] 345.

D. Bey der privat-beicht.
   I.   Anrede an die beicht-kinder. [Nr.] 349.
   II. Gebät vor der beichte.
   III. Beicht-formul für die neu-confirmirte[n]. [Nr.] 350.
   IV. Die absolutions-formul. [Nr.] 352.

E. Bey öffentlicher und privat-administration des h[eiligen] abendmahls.
   I.   Anrede an die communicanten.
        1. Die bisher in der stadt gebräuchlich ist. [Nr.] 357.
        2. Die auf einigen dörfern gebraucht wird. [Nr.] 358.
        [S. 471]
   II. Die consecration.
        1. Das gebät.
           a. Aus der Sächsischen Agenden. [Nr.] 360.
           b. Welches in der stadt gebraucht wird. [Nr.] 361.
           c. Welches auf einigen dörfern gebraucht wird. [Nr.] 362.
        2. Die worte der einsetzung mit der austheilung. [Nr.] 363.
   III. Erinnerung. [Nr.] 364.
   IV. Dancksagung.
        1. Aus der Sächsischen Agenden. [Nr.] 365.
        2. Welche in der stadt gebrauchet wird. [Nr.] 366.
   V.   Die kommunion der krancken. [Nr.] 367.

F. Bey der einsegnung zum ehe-stande.
  I. Das proclamations-formular. [Nr.] 298.
  II. Das ordinaire formular der copulation. [Nr.] 372. dabey
    1. Inserat, wo in der ordinations-sermon nicht viel vorkommen wäre vom ehestand und pflichten der eheleute. [Nr.] 375.
    2. Formul des gebäts über hochzeiter, deren frühzeitiger beyschlaf bekand [ge]worden [ist]. [Nr.] 376.
    3. Formular der ehe-einsegnung, welche auf befehl der obrigkeit [S. 472] geschiehet, wenn ein theil wieder rechtlich zurücktretten und zur copulation nicht erscheinen wollte. [Nr.] 377.

G. Zur kirchen-buße gehörend.
  I. Die fürbitte für einen ruchlosen und verstockten sünder. [Nr.] 297.
  II. Das formular, so bey der größeren kirchen-buße gebraucht wird. [Nr.] 379.
  III. Das formular der kleineren kirchen-buße. [Nr.] 383.
  IV. Intimation, wenn eine vom h[eiligen] abendmahl suspendirte person in der kranckheit vor zeugen ihre bekändtniß gethan. [Nr.] 384.

H. Bey bestellung des predigt-amts.
  I. Die fürbitte bey vorseyender prediger-wahl. [Nr.] 292.
  II. Gebät, vor dem wahl-actu zu sprechen. [Nr.] 385.
  III. Dancksagung nach der wahl. [Nr.] 386.
  IV. Proclamation des neu-erwehlten. [Nr.] 387.
  V. Rituale examinis ordinandorum. [Nr.] 388.
  VI. Collecte vor der ordinations-predigt nebst der epistel. [Nr.] 391.
    [Blattverlust(e)]
  VII. Ordinations-formul. [Nr.] 392.
  VIII. Investitur-formul bey der introduction eines neuen predigers. [Nr.] 398.

J. Von der kirchen-visitation.
  I. Articuli visitatorii, die magistratus anno 1737. den abgeordneten visitatoribus zur instruction mitgegeben [hat]. [Nr.] 407.
  II. Gebät, welches nach der visitation zum beschluß gesprochen ist. [Nr.] 408.

3. Schriftenverzeichnis

In diesem Verzeichnis erfasst werden ausschließlich die lokal und regional handelnden Personen der Zeit (Soest und dessen Börde, Dortmund und die Grafschaft Mark, angrenzende Gebiete und befreundete Städte, wie Essen oder Lippstadt). Grundlage der Erfassung dieser Personen ist deren qualifizierte Erwähnung innerhalb der Darstellung (Teil 1) und/oder der anschließenden Edition (Teil 2). Die einzelnen Titel werden nach deren Erscheinungsjahr aufgeführt. Innerhalb jeden Jahres rangieren die datierten/datierbaren Texte dabei stets vor den undatierten. Alle Titel werden möglichst präzise aufgeführt. Nur bei der Groß- bzw. Kleinschreibung innerhalb der lateinischen Titel wird konsequent auf die Kleinschreibung umgestellt. Wo immer möglich, wird ein Nachweis über VD17 bzw. VD18 geboten. Allerdings hat sich gezeigt, dass viele Texte dort bislang unerfasst geblieben sind. Hier wird auf andere Verzeichnisse (OCoLC; GBV) oder Erfassungsprotokolle (HT; CT) verwiesen. Dabei kommen die folgenden Siglen zum Einsatz:

Aschaffenburg HofB	Hofbibliothek und Stiftsbibliothek Aschaffenburg
Bamberg BMetropolitank	Bibliothek des Metropolitankapitels/Priesterseminars Bamberg
Berlin SBB-PK	Staatsbibliothek zu Berlin – Preußischer Kulturbesitz
Berlin UB FU	Universitätsbibliothek der Freien Universität Berlin
Bielefeld BLKA	Bibliothek des Landeskirchenamtes in Bielefeld
Bonn ULB	Universitäts- und Landesbibliothek Bonn
Braunschweig StB	Stadtbibliothek Braunschweig
Coburg LB	Landesbibliothek Coburg
Darmstadt ULB	Universitäts- und Landesbibliothek Darmstadt
Detmold LLB	Lippische Landesbibliothek Detmold
Dortmund StLB	Stadt- und Landesbibliothek Dortmund
Dresden SLUB	Sächsische Landesbibliothek – Staats- und Universitätsbibliothek zu Dresden
Düsseldorf ULB	Universitäts- und Landesbibliothek Düsseldorf
Duisburg UB	Universitätsbibliothek Duisburg
Essen StB	Stadtbibliothek Essen
Freiburg UB	Universitätsbibliothek Freiburg
Gießen UB	Universitätsbibliothek Gießen
Göttingen SUB	Niedersächsische Staats- und Universitätsbibliothek Göttingen
Greifswald UB	Universitätsbibliothek Greifswald
Halle (Saale) HFSt	Hauptbibliothek der Franckeschen Stiftungen zu Halle

Halle (Saale) ULB	Universitäts- und Landesbibliothek Sachsen-Anhalt in Halle (Saale)
Hamburg SUB	Staats- und Universitätsbibliothek Hamburg
Jena ThULB	Thüringer Universitäts- und Landesbibliothek Jena
Kiel UB	Universitätsbibliothek Kiel
Köln DomB	Erzbischöfliche Diözesan- und Dombibliothek Köln
Köln UStB	Universitäts- und Stadtbibliothek Köln
Marburg LAV	Hessisches Landesarchiv Marburg (Dienstbibliothek)
Maulbronn EvS	Maulbronn Evangelisches Stift
München BSB	Bayerische Staatsbibliothek in München
Münster IWKG	Institut für Westfälische Kirchengeschichte in Münster
Münster ULB	Universitäts- und Landesbibliothek Münster
Offenbach DWD	Deutscher Wetterdienst Offenbach (meteorologische Bibliothek)
Oldenburg LB	Landesbibliothek Oldenburg (LBO)
Regensburg SB	Staatliche Bibliothek Regensburg
Rostock UB	Universitätsbibliothek Rostock
Senden-Bösensell BN	Bibliothek Nünning (Jodokus Hermann Nünning) in Senden-Bösensell
Soest StA/StB	Wissenschaftliche Stadtbibliothek Soest (Stadtarchiv)
Stade BStM	Hansestadt Stade, Bibliotheken des Stadtarchivs und der Museen Stade
Stuttgart WLB	Württembergische Landesbibliothek in Stuttgart
Trier StA/StB	Wissenschaftliche Bibliothek der Stadt Trier/Stadtarchiv
Weimar HAAB	Herzogin Anna Amalia Bibliothek in Weimar
Wolfenbüttel HAB	Herzog August Bibliothek in Wolfenbüttel

3.1   Johann Caspar Barop (1663–1708)[3712]

1687 [Nr. 1] Quaestio moralis: An iuramenta per falsos deos vera sint iuramenta?/ [Praeses:] Hunoldt, Matthias,[3713] [Respondent:] Barop, Johann Caspar [Leipzig, Univ., Diss. phil., 3. September 1687], Leipzig: Götze 1687 (VD17 14:026951D; ohne Widmung).

[Nr. 2] [Weitere Ausgabe zu Nr. 1] Quaestio moralis: An iuramenta per falsos deos vera sint iuramenta?/[…], Leipzig: Götze 1687 (VD17 1:664566U).

1696 [Nr. 3] De infelici modernorum fanaticorum in extirpanda philosophia conditione [prima]/[Praeses:] Barop, Johann Caspar, [Respondent:] Meyer, Hermann Richard[3714] [Dortmund, Archigymn., Diss. phil., 28. März 1696], Dortmund: Rühl 1696 (HT007442759). Exemplar: Soest StA/StB.

[Nr. 4] De infelici modernorum fanaticorum in extirpanda philosophia conditione [secunda]/[Praeses:] Barop, Johann Caspar, [Respondent:] Vethake, Johann Theodor[3715] [Dortmund, Archigymn., Diss. phil., 5. September 1696], Dortmund: Rühl 1696 (HT007442799). Exemplar: Soest StA/StB.

1697 [Nr. 5] De infelici modernorum fanaticorum in extirpanda philosophia conditione. Disp[utatio] tertia et ultima/[Praeses:] Barop, Johann Caspar, [Respondent:] Mentz, Johann Friedrich[3716] [Dortmund, Archigymn., Diss. phil., 13. März 1697], Dortmund: Rühl 1697 (HT007442805). Exemplar: Soest StA/StB.

[Nr. 6] De moralitate fidei servandae et non servandae/[Praeses:] Barop, Johann Caspar, [Respondent:] Schultz, Johann Theodor [Dortmund, Archigymn., Diss. phil., 4. September 1697], Dortmund: Rühl 1697 (HT012764748). Exemplar: Soest StA/StB.

1700 [Nr. 7] Synopsis brevissima historiae ecclesiasticae Vet[eris] et N[ovi] Testamenti […], Dortmund: Rühl 1700 (OCoLC 248197353). Exemplar: Hamburg SUB.

1701 [Nr. 8] Ad laudes […] domini d[octoris] Johan[nis] Christophori Nungesseri[3717] [Leichenpredigt auf Johann Christoph Nungesser, gehalten am 1. Januar 1701], Dortmund: [ohne Drucker] 1701 (HT012782837). Exemplar: Soest StA/StB.

3712   Wie Anm. 196.
3713   Der Pädagoge Matthias Hunoldt (1670–1701) stammte aus Tangermünde in der Altmark. Er studierte seit 1685 in Leipzig (1686 Magister) und wirkte ab 1689 zunächst als Subrektor der Saldrischen Schule in Alt-Brandenburg, dann ab 1699 als Konrektor in Cottbus. DNB zu Hunoldt: https://d-nb.info/gnd/120815567 [23.08.2023].
3714   Hermann Richard Meyer (1673–1739) stammte aus Altena. Er hatte die Schule in Lüdenscheid besucht und immatrikulierte sich 1697 in Leipzig. Von 1698 bis 1739 war er dann Pfarrer in Hemmerde. Bauks, Pfarrer (wie Anm. 14), S. 319 (Nr. 4026).
3715   Johann Theodor Vethake (1674–1739). Wie Anm. 360.
3716   Johann Friedrich Mentz (1673–1749). Wie Anm. 360.
3717   Johann Christoph Nungesser (1640–1700). Wie Anm. 53.

[Nr. 9] De termino vitae humanae/[Praeses:] Barop, Johann Caspar, [Respondent:] Schragmüller, Wilhelm Georg (Lennepa-Montanus)[3718] [Dortmund, Archigymn., Diss. phil., (ohne Datum) 1701], Dortmund: Rühl 1701 (HT016445767). Exemplar: Bonn ULB.

1704 [Nr. 10] De necessaria ministrorum ecclesiae constitutione/[Praeses:] Barop, Johann Caspar, [Respondent:] Schmid, Johann Heinrich[3719] [Dortmund, Archigymn., Diss. theol., 27. Februar 1704], Dortmund: Rühl 1704 (HT012798809).[3720] Exemplare: Bonn ULB und Soest StA/StB.

[Nr. 11] De vocatione et excitatione megalandri nostri Lutheri ad opus Reformationis/[Praeses:] Barop, Johann Caspar, [Respondent:] Revelmann, Johann Konrad[3721] [Dortmund, Archigymn., Diss. theol., 3. September 1704], Dortmund: Rühl 1704 (HT007443022). Exemplar: Soest StA/StB.

[Nr. 12] Apologia orthodoxae assertionis de necessaria ministrorum ecclesiae constitutione, Dortmund: Rühl 1704 (HT007442698).[3722] Exemplar: Soest StA/StB.

1705 [Nr. 13] De extrema provocatione ad iustissimum tribunal Jesu Christi [...] disputatio tertia et ultima/[3723][Praeses:] Barop, Johann Caspar, [Respondent:]

3718 Wilhelm Georg Schragmüller (1681–1734) stammte aus Lennep. Er war von 1707 bis 1711 zunächst Erster Pfarrer in Schermbeck, dann ab 1711 Zweiter Pfarrer in Lennep und zuletzt ab 1719 Erster Pfarrer in Remscheid. Gruch, Pfarrer 4 (wie Anm. 169), S. 162 (Nr. 11925; Literatur).

3719 Johann Heinrich Schmid (1680–1748) stammte aus Esslingen. Er studierte in Straßburg, war danach wahrscheinlich Feldprediger im Ansbachischen Dragonerregiment Nr. 1 und wurde 1712 Erster Pfarrer in Götterswickerhamm (Rheinland). Gruch, Pfarrer 4 (wie Anm. 169), S. 109 (Nr. 11506).

3720 Jöcher (Abb. 144)/Adelung, Ergänzungsband 1 (wie Anm. 1124), Sp. 1448: „wider Jo[hann] Merker".

3721 Johann Konrad Revelmann (ca. 1685–1749) stammte aus Volmarstein und studierte in Leipzig und Halle (ab 1706). Danach wurde er zunächst Adjunkt (1714) und später (ab 1726) Pfarrer in Volmarstein. Bauks, Pfarrer (wie Anm. 14), S. 406 (Nr. 5032; vorläufiges Schriftenverzeichnis). Innerhalb der Synode der Grafschaft Mark war Revelmann später hoch angesehen. Vgl. besonders Ders.: Des von Gott gelehrten Davids andächtiger Seufftzer üm göttlichen Beystand im Alter [...] Als der Weyland [...] Henrich Wilhelm Emminghauß [...] Pastor zu Hagen, und [...] Inspector der Evangelisch-Lutherischen Kirchen, in der Königlich-Preussischen Graffschafft Marck, Den 23. December 1720. [...] durch einen sanfften Todt [...] abgefordert [...] [Leichenpredigt auf Henrich Wilhelm Emminghaus (1638–1720; wie Anm. 551)], Dortmund: Rühl 1721 (CT005024089; HT003573379). Exemplar: Münster ULB sowie Ders.: Die Übergabe der unsterblichen Seele [...] [Leichenpredigt auf Johannes Karthaus (1679–1748; wie Anm. 315)], Dortmund: [ohne Drucker] 1748 (HT006475919; 3.9 Johannes Karthaus Dedikationen/Widmungen/Trauerschriften/Nachrufe Nr. 7 [1748]). Exemplar: Soest StA/StB.

3722 Jöcher/Adelung, Ergänzungsband 1 (wie Anm. 1124), Sp. 1448: „in qua ad Merckeri tr[actatum] Germ[anicum] abermalige Rettung der Lehr-Freyheit [3.16 Johann Mercker Nr. 11 (1704)] modeste respondetur".

3723 Die beiden vorigen Disputationen zum gleichen Thema sind nicht nachgewiesen.

Abb. 144: Christian Gottlieb Jöcher (1694–1758). Kupferstich des Johann Martin Bernigeroth („M[artini] B[ernigerothi] fil[ius]"; 1713–1767) in Leipzig nach einem Gemälde von Elias Gottlob Hausmann (1695–1774) in Leipzig, nach 1733. (Sammlung Christian Peters)

Wiesman, Lutter Henrich[3724] [Dortmund, Archigymn., Diss. theol., 18. März 1705], Dortmund: Rühl 1705 (OCoLC 917521288). Exemplare: Berlin UB FU und Soest StA/StB.

1707 [Nr. 14] Prodromus, D[as] i[st] Vorläuffige kurtze Abfertigung Eines von einem Päbstischen Stereoroso Tenebrione, oder Lichtscheuenden Dreck-Kocher gegen des H[err]n Revelmanni[3725] Disputation[3726] heraussgegebenen [...] Dreck-Charteqs, intituliret: Handgreifflicher Beweis der Unmöglichkeit, dass der Geist Gottes [...] durch Lutherum was Gutes habe wircken können [...], Dortmund: Rühl 1707 (HT007442972).[3727] Exemplar: Soest StA/StB.

3724 Lutter Henrich Wiesmann (1686–1729) stammte aus Ümmingen, immatrikulierte sich 1706 in Jena und war ab 1712 Pfarrer in Grimberg. Bauks, Pfarrer (wie Anm. 14), S. 558 (Nr. 6940).
3725 Johann Konrad Revelmann (ca. 1685–1749). Wie Anm. 3721.
3726 3.1 Johann Caspar Barop Nr. 11 (1704).
3727 3.1 Johann Caspar Barop Erwiderungen/Gegenschriften Nr. 2 (1707).

1708 [Nr. 15] De die solis/[Praeses:] Barop, Johann Caspar, [Respondent:] Romberg, Peter[3728] [Dortmund, Archigymnasium, Diss. theol., 14. März 1708], Dortmund: Rühl 1708 (HT007442820). Exemplar: Soest StA/StB.

[Nr. 16] Kurtze Introduction und nachrichtliche Anleitung zu einer Dortmundischen Kirchen- und Reformations-Historie mit e[inem] Anh[ang] derjenigen Herren Pastorum […], welche in hiesigen vier Parochial-Kirchen […] geprediget haben, Dortmund: Rühl 1708 (HT007442831). Exemplar: Dortmund StLB.[3729]

Erwiderungen/Gegenschriften

1704 [Nr. 1] Johann Mercker:[3730] Abermahlige[3731] Rettung Der Lehr-Freyheit: Wider eine Theologische Disputation, Welche Herr Johannes Henricus Schmidius,[3732] Unter dem Praesidio des Woledlen Herrn M[agistri] Joh[annis] Casp[ari] Baropii […] Von der nothwendigen Bestellung der Kirchen-Diener gehalten,[3733] [ohne Ort, ohne Drucker] 1704 (VD18 13095854).

1707 [Nr. 2] Weber, Melchior[3734] und Schmitz, Franz: Handgreifflicher Beweiß Der Unmöglichkeit Daß der Geist Gottes jemahlen Durch Lutherum Was guts habe wircken können […], Dortmund: Megalander [1707] (VD18 1354084X).[3735]

1708 [Nr. 3] Weber, Melchior: Libellus controversiarum oppositus doctrinae d[omini] M[agistri] Joan[nis] Casp[ari] Baropii pro-rectoris Tremoniensis, propositae per discipulum Joan[nem] Conr[adum] Revelmann,[3736] in disp[utatione] de vocatione et excitatione Lutheri ad Reformationem ecclesiae:[3737] In tractatus duos divisus, in quorum primo reiiciuntur praetensa Lutheri vocatio, et excitatio, in secundo eiusdem dogmata ut non evangelica […], Köln: Rommerskirchen 1708 (OCoLC 837907172). Exemplar: Dortmund StLB.

[Nr. 4] Weber, Melchior: Manuale controversiarum fidei catholicae: In quo clarè & succinctè demonstratur dogmata Lutheranorum non esse evangelica:

3728   Peter Romberg (†1725) stammte aus Dortmund und war später von 1714 bis 1725 Pfarrer in Rellinghausen (Rheinland). Gruch, Pfarrer 3 (wie Anm. 169), S. 630 (Nr. 10819).
3729   Baedeker, Dortmund 1700–1740 (wie Anm. 992), S. 9f.
3730   Johann Mercker (1659–1728). Wie Anm. 173.
3731   Hier gab es keine direkt gegen Barop gerichtete Vorläuferschrift. Als die erste „Rettung" galt Mercker offenbar seine kurz zuvor erschienene Schrift: Rettung Der Lehr-Freyheit: Wider Herrn [Bernhard Ludolf] Hauseman, Lutherisch-Evangelischen Prediger zu Mengde […], [ohne Ort, ohne Drucker] 1704 (VD18 13096818). 3.16 Johann Mercker Nr. 11 (1704).
3732   Johann Heinrich Schmid (1680–1748). Wie Anm. 3719.
3733   Die Schrift war eine Replik auf 3.1 Johann Caspar Barop Nr. 10 (1704).
3734   Melchior Weber (†1713), ein Franziskanerobservant in Hagen. DNB zu Weber: https://d-nb.info/gnd/1052478948 [23.08.2023].
3735   3.1 Johann Caspar Barop Nr. 11 (1704).
3736   Johann Konrad Revelmann (ca. 1685–1749). Wie Anm. 3721.
3737   3.1 Johann Caspar Barop Nr. 11 (1704).

Praetensa(m) doctrina(m) de vocatione & excitatione Lutheri reiecta et catholicorum contra calumnias d[omini] M[agistri] Joan[nis] Casp[ari] Baropii prorectoris Tremoniensis, eiusque discipipuli vindicata(m) […], Köln: Rommerskirchen 1708 (VD18 13610953).

1709 [Nr. 5] [Weitere Ausgabe zu Erwiderungen/Gegenschriften Nr. 2] Weber, Melchior: Handgreiflicher Beweis der Unmöglichkeit, daß der Geist Gottes jemahlen durch Lutherum […] Was Guts […] gewircket habe […], Düsseldorf: [ohne Drucker] 1709 [1728²] (VD18 14403706).

[Nr. 6] Revelmann, Johann Konrad:[3738] Erforderte Abfertigung, Des seiner Ehemahligen Disputation de Vocatione Lutheri &c. entgegen gestellten so genandten Hand-greifflichen Beweises Der Unmöglichkeit, daß der Geist Gottes durch Lutherum jemahlen was Gutes habe bewircken können &c./[3739] Abgefasset In Form eines Brieffs, An den Unbenandten und Unbekandten H[err]n Autorem […], Dortmund: Rühl 1709 (VD18 13124951).

1711 [Nr. 7] Revelmann, Johann Konrad: Triumphus reformationis evangelicae adversus desperatus papatus causam […], Dortmund: Hageböck 1711 (HT003573405). Exemplar: Soest StA/StB.

1714 [Nr. 8] Revelmann, Johann Konrad: Abgefertigte Missive An H[err]n P[rediger] Melchior Webern, Franciscaner-Mönchen […] in Hagen, Worinnen Er demselben bedeutet, Daß Er dessen, wieder seinen Triumphum Reformationis, unter dem Titul einer zerschnittenen Secte[3740] neulich edirtes Buch, wohl empfangen: Zugleich […] vor Augen leget, daß Er selbiges, Als eine Abscheuliche Läster-Schrifft […] befunden habe, Dortmund: Rühl/Ziesen/Hageböck [1714] (VD18 13124943).

3.2 David Sigismund Bohnstedt (1685–1756)[3741]

1707 [Nr. 1] De spiritu moderationis/[Praeses:] Anton, Paul,[3742] [Respondent:] Bohnstedt, David Sigismund [Halle, Univ., Diss. theol., 24. September 1707], Halle: Henckel 1707 (VD18 1481367X).

1715 [Nr. 2] Die Erbauliche Visite, Der Jungfrau Mariä, So sie der Elisabeth gegeben, Zum Exempel der Nachfolge, Aus dem gewöhnlichen Evangelio, Am Tage der Heimsuchung Mariä [2. Juli] Anno 1715. In öffentlicher Predigt vorge-

---

3738 Johann Konrad Revelmann (ca. 1685–1749). Wie Anm. 3721.
3739 3.1 Johann Caspar Barop Erwiderungen/Gegenschriften Nr. 2 (1707).
3740 Nicht nachgewiesen.
3741 Wie Anm. 1124.
3742 Vgl. zu ihm erst jüngst Blaufuß, Dietrich: Halle – „eine neu angelegte academie". Philipp Jakob Speners Programm des Theologiestudiums und Paul Antons *Elementa homiletica*, in: Marti, Hanspeter/Marti-Weissenbach, Karin (Hg.): Traditionsbewusstsein und Aufbruch. Zu den Anfängen der Universität Halle, Wien/Köln/Weimar 2019, S. 111–150 (Literatur).

stellet [...] Nebst Irenangeli zweyen Sendschreiben 1. wider fleischliche Visiten, 2. Trostschreiben wider die Verzweiflung [...], Essen: Kauffmann 1715 (VD18 13126229).

1716 [Nr. 3] Die bald verwelckende Und Immer grünende Stämme Fürstlicher und Gecrönter Wolte Auß den Sprüch[en] Salom[onis] XXVIII, 2[3743] Als Ihro Römische Kayserl[iche] und Catholische Majestät Carolus VI. mit dem am 13. April des MDCCXVI. Jahrs gebohrnen Erb-Printzen Nahmens Leopoldus, Joannes [...] Ertz-Hertzog von Oesterreich und Printz von Asturien Von dem Herrn beschencket [...], In öffentlicher Predigt vorstellen [...], Dortmund: Rühl 1716 (VD18 13097172).

[Nr. 4] Die Gleichheit des menschlichen Lebens mit denen Blumen [...] Nach Anleitung Psalm 103, 15.16[3744] Als Des HochEdlen und Hochgelahrten Herrn Herrn Arnold Krupps[3745] [...] Bürgermeisters [...] der Stadt Essen [...] Töchterlein Nahmens Maria Helena Den 5. Maji 1715 in dem Herrn entschlaffen, und [...] in der Kirche S[ankt] Gertrud zu Essen [...] beygesetzet worden Denen Betrübten zum Trost [...] vorgestellet [...], Dortmund: Rühl 1716 (CT005024087; HT007437679). Exemplar: Münster ULB.

[Nr. 5] [Beiträger in:] Joch, Johann Georg:[3746] Die Hoffnung der Gerechten Aus 2. Tim. IV, 18.[3747] bey Beerdigung Der [...] Frauen Annen Catharinen von Friedeborn [...] Herrn Peter Mahlers[3748] Treu-verdienten Pastoris zu Derne in der Graffschafft Marck [...] Ehe-Genoßin: In einer Gedächtnüß-Predigt Den 18. Jun[ii] 1716. In der Kirche zu Derne [...] vorgestellet [...], Dortmund: Rühl 1716 (VD18 10451536).

[Nr. 6] Briefliche Antwort und Erklärung auf etliche Lehr-Puncte, So in der von ihm auf die Geburt des Kayserl[ichen] Erb-Printzen gehaltenen und herausgegebenen Predigt berühret [...] Und von einigen benachbahrten Predigern als irrig und verdächtig angeklaget worden, Als: I. Daß Ehebrecherischen und Hurischen auch gäntzlich verstockten Eltern ihre Kinder keine Gnade-Gaben und eigentliche Geschencke Gottes seyn [...][3749] nebst einer Vorrede Herrn D[oktor] Johann Georg Jochs,[3750] Theol[ogi] P[astoris] P[rimarii] Der Kayserl[ichen] Fr[eien]

3743   „Um des Landes Sünde willen wechseln häufig seine Herren; aber durch einen verständigen und vernünftigen Mann gewinnt das Recht Bestand" (Spr 28, 2).

3744   „Ein Mensch ist in seinem Leben wie Gras, er blüht wie eine Blume auf dem Felde; wenn der Wind darüber geht, so ist sie nimmer da, und ihre Stätte kennet sie nicht mehr" (Ps 103, 15 f.).

3745   Arnold Krupp (ca. 1660–1734), Dr. jur., war von 1703 bis 1734 Bürgermeister der Stadt Essen. DNB zu Krupp: https://d-nb.info/gnd/120622068 [23.08.2023].

3746   Johann Georg Joch (1677–1731). Wie Anm. 192.

3747   „Der Herr aber wird mich erlösen von allem Übel und mich retten in sein himmlisches Reich. Ihm sei Ehre von Ewigkeit zu Ewigkeit! Amen" (2. Tim 4, 18).

3748   Peter Mahler († 1728). Wie Anm. 203.

3749   3.2 David Sigismund Bohnstedt Nr. 3 (1716).

3750   Johann Georg Joch (1677–1731). Wie Anm. 192.

Reichs-Stadt Dortmund und dazu gehöriger Graffschaft Superintend[entis] und des Archi-Gymnasii Direct[oris], Essen: Kauffmann 1716 (CT005024088; HT007438468). Exemplar: Münster ULB.

1719 [Nr. 7] [Weitere Ausgabe zu Nr. 1] De spiritu moderationis, Halle: Henckel (3. Auflage[3751]) 1719 (VD18 12937053).

1722 [Nr. 8] Des Lehr-Ampts höchstnöthiges Zeugniß von der Welt Eitelkeit, und des Evangelii Seeligkeit, aus Es. XL. 6–8[3752] In einer Jubel- und Antritts-Predigt, Anno MDCCXXI [...] Der [...] Gemeine [in Kleve; ...] vorgestellet In einer Abschieds-Predigt [...] An die Evangelisch-Lutherische Gemeine [in Essen; ...] gehalten worden [...] II. Das Vergnügen rechtschaffener Lehrer über die Frucht und Wirckung ihres treu-geführten Lehr-Ampts [...], Dortmund: Schlösser/ Kleve: Silberling (lateinische Schule) 1722 (CT005024098; HT008405975 und HT007442014). Exemplare: Münster ULB und Soest StA/StB.

1724 [Nr. 9] Gründliche Anweisung Zur wahren Selbst-Verleugnung: Auf Begehren eines vornehmen und thätigen Liebhabers derselben, Aus und nach der Heil[igen] Schrifft aufgesetzet und zum Druck befördert [...] Nebst einer Vorrede Tit. Herrn Johann Gustav Reinbeck, Past[or] Praep[ositus] und Inspect[or] zu Cölln an der Spree[3753] [...], Berlin: Gedicke 1724 (VD18 11373911).

1725 [Nr. 10] Theologische Gedancken; I. Vom schweren Gericht Gottes über die schwere Sünde der Hurerey und Ehebruchs, und der möglichen Errettung davon: II. Von Mißgeburten, Ob und wie ferne dieselbe als ein Straff-Ubel anzusehen etc. III. Von der Monstrueusen Ehe der Vielweiberey [...] Bey Gelegenheit eines in Cleve gebohrnen Monstri (dessen Kupfferstich und Beschreibung hiebey nach der Vorrede, zu finden.) [...], Frankfurt am Main/Leipzig: Böttiger 1725 (VD18 12672270).

[Nr. 11] No(e)thiges und nu(e)tzliches Hausbuch fu(e)r christliche Eheleute, Minden 1725.[3754]

1726 [Nr. 12] Abbildung Eines bey Gott Gnade suchenden Sünders: Wobey zugleich von wahrer Busse, von der Rechtfertigung des Sünders vor Gott, von der

---

3751 2. Auflage nicht nachgewiesen.
3752 „Ich bot meinen Rücken dar denen, die mich schlugen, und meine Wangen denen, die mich rauften. Mein Angesicht verbarg ich nicht vor Schmach und Speichel. Aber Gott der Herr hilft mir, darum werde ich nicht zuschanden. Darum hab ich mein Angesicht hart gemacht wie einen Kieselstein; denn ich weiß, dass ich nicht zuschanden werde. Er ist nahe, der mich gerecht spricht; wer will mit mir rechten? Lasst uns zusammen vortreten! Wer will mein Recht anfechten? Der komme her zu mir!" (Jes 50, 6–8).
3753 Johann Gustav Reinbeck (1683–1741) aus Blumlage bei Celle, ein einflußreicher lutherischer Theologe, Konsistorialrat und Propst. Straßberger, Andres: Artikel „Reinbeck, Johann Gustav", in: BBKL 29 (2008), Sp. 1149–1164. – Kunowski, Harald: Friedrich Wilhelm I., Friedrich der Große und der Aufklärungstheologe Johann Gustav Reinbeck, Baden-Baden 2016 (Literatur).
3754 Nachweis: Jöcher/Adelung, Ergänzungsband 1 (wie Anm. 1124), Sp. 1989.

allgemeinen, besondern und ausserordentlichen Gnade, von der Freyheit Gottes, vom Mißbrauch und rechtem Gebrauch des Gesetzes, vom Gnaden-Gefühl und dessen Mangel, etc. Besonders von dem Sinn Des IX. Capitels an die Römer, gehandelt Und alles mit D[oktor] Martin Luthers nachdrücklichen Zeugnissen erläutert wird/Nebst einer Vorrede Herrn D[oktor] Joh[ann] Henr[ich] Michaelis[3755] […], Halle: Krebs 1726 (VD18 10425985).

[Nr. 13] [Weitere (Teil-)Ausgabe zu David Sigismund Bohnstedt (2) (1715):] Wahrer Christen Erbauliche Visiten: Nach dem Muster Der Erbaulichen Visite Der Jungfrau Mariä, So Sie der Elisabeth gegeben, Beschrieben; Nebst Irenangeli Warnungs-Schreiben Wider Fleischliche Visiten und Compagnien […], Halle: Krebs (2. Auflage, vermehrt) 1726 (VD18 10314261).

1727 [Nr. 14] Oratio synodalis de custodienda veritate, seu de Pauli effato: Non possumus quicquam adversus veritatem, sed pro veritate: 2. Corinth. XIII, 8.[3756] Habita Vesaliae d[ie] XXXI. Maji, anni MDCCXXV […], Halle: Krebs 1727 (VD18 14408201).

[Nr. 15] [Weitere (Teil-)Ausgabe zu David Sigismund Bohnstedt (2) (1715):] Irenangeli Trostschreiben wider die Verzweiflung […], Halle u. a.: Krebs 1727 (VD18 14644096).

1729 [Nr. 16] Die vor Gott in der Demu(e)thigung groß gemachte Seele, Jena: [ohne Drucker] 1729.[3757]

1736 [Nr. 17] Schriftmäßige und Erbauliche Erörterung Wichtiger Gewissens-Fragen, Die so wol Insgemein das Christenthum, als auch insonderheit das Lehr-Amt betreffen; Meist aus eigener, zum Theil aber aus anderer Christlichen Lehrer Meditation zusam[m]en getragen; Nebst einer Zuschrift Von dem Vorzug eines guten Gewissens vor allen Ehren-Aemtern in der Welt: Wie auch einer Vorrede Herrn Johann Georg Walchs,[3758] Der H[eiligen] Schrift Doctoris und Professoris P[rimarii] Ordinarii, Hochfürstl[ich] S[achsen-] Eisenachischen Kirchen-Raths, und der zu Jena studierenden Eisenachischen Landes-Kinder Inspectoris […], Jena: Ritter 1736 (VD18 12092819).

1737 [Nr. 18] Vier Trostschreiben Wieder die ängstliche Sorge Wegen vermeintlich Begangener Sünde in den Heil[igen] Geist: Wobey unterschiedliche andere wichtige Gewissensknoten/Die mit dieser Anfechtung pflegen verknüpft zu seyn, Schriftmäßig und trostreich aufgelöset werden. Nebst einem Anhange Von

---

3755 Johann Heinrich Michaelis (1668–1738), Professor der griechischen und morgenländischen Philologie in Halle und dort zeitweilig Leiter der Universitätsbibliothek. Stephan, Christian: Die stumme Fakultät. Biographische Beiträge zur Geschichte der theologischen Fakultät der Universität Halle, Halle (Saale) 2005, S. 45. DNB zu Michaelis: https://d-nb.info/gnd/117016683 [23.08.2023].

3756 „Denn wir vermögen nichts wider die Wahrheit, sondern nur etwas für die Wahrheit" (2. Kor 13, 8).

3757 Nachweis: Jöcher/Adelung, Ergänzungsband 1 (wie Anm. 1124), Sp. 1989.

3758 Johann Georg Walch (1693–1775). Wie Anm. 359.

der den Regenten u[nd] Politicis hochnöthigen Gabe des H[eiligen] Geistes […], Leipzig: Walther 1737 (VD18 12992917).

1739 [Nr. 19] [Gemeinsam mit Schmid, Konrad[3759] und Zopf, Johann Heinrich:[3760]] Eines Evangelisch-Lutherischen Ministerii der Kayserlichen Reichs-Stadt Essen Schrift-mässige Gedancken von dem heutigen weltüblichen Tantzen wobey zugleich erörtert wird, wie sich ein Prediger zu verhalten habe […] gegen hartnäckige Liebhaber des Tantzens; Besonders wie der darüber entstandene Streit der Gemeine zu Sprockhövel in der Graffschaft Marck heilsamlich abzuthun sey […], Essen: Wiessmann 1739 (VD18 12853577).

[Nr. 20] Das Wohlgeknüpfte Band Der Einigkeit; I. Zwischen wahren Christen II. Zwischen Collegen im Lehr-Amte III. Zwischen dem Obrigkeitlichen und Lehr-Stande. Nebst einem Anhang Von der Nothwendigkeit des Gewissenhaften Verfahrens der Obrigkeit in ihrem Amte. Wobey zugleich wichtige Gewissens-Fragen erörtert, und viele Stellen der Heil[igen] Schrift, besonders das Gesichte Ezech[ielis] I.[3761] gründlich und erbaulich erkläret werden […], Jena: Ritter 1739 (VD18 1137392X).

1742 [Nr. 21] [Weitere Ausgabe zu Nr. 9] Gründliche Anweisung zur wahren Selbst-Verleugnung auf Begehren eines vornehmen und thätigen Liebhabers derselben, aus und nach der H. Schrift aufgesetzet […] Und bey dieser zweyten Auflage Mit angehängter Widerlegung der Einbildung, als könne das Christenthum mit allerley Ständen und Lebens-Arten der Welt nicht bestehen, Wie auch Mit Biblischer Vertheidigung der Gleichnis-Rede D. Luthers: Ein Fürst, Graf, Edelmann ist Wildprät im Himmel, Jena: Ritter 1742 (VD18 11404779).

[Nr. 22] Ministerii sacri lingua orthodoxa: Des Lehr-Ampts lautere Lehr-Zunge […], [ohne Ort, ohne Drucker] 1742.

1743 [Nr. 23] [Weitere (Teil-)Ausgabe zu David Sigismund Bohnstedt (2) (1715):] Die Gestalt Theils erbaulicher, theils fleischlicher Visiten und Compagnien: Wie auch Die entlarvete Eitelkeit Der Welt-üblichen Comödien/Zur allgemeinen Besserung der Kirche entworfen […], Jena: Ritter 1743 (VD18 10156879).

1748 [Nr. 24] Das Hauptwerck in Schulen Bey Lehrenden und Lernenden; Wie dazu gehöre I. Eine Pflantzung guter Lehrer und guter Schüler in Schulen, II. Die Verherrlichung Gottes, III. Die zum Schulwesen hochnöthige Gnade Gottes, IV. Die Erwehlung des Einen Nothwendigen in Schulen, V. Die in Schulen hochnöthige Demuth. Christlichen Eltern, Schul-Lehrern und Jugend zur Unterweisung und Trost, In fünf Introductions-Reden […], Jena: Ritter 1748 (OCoLC 869867514). Exemplare: München BSB und Regensburg SB.

[Nr. 25] Haus-Visitations-Wahrheiten, die den Kern des Christenthums und die wahre Glückseligkeit eines Volcks in sich fassen […]; nebst angehängter 1. Besänftigung der ungleichen Affecten, welche der sogenannte Clarmundus Cle-

---

3759 Konrad Schmid (†1766). Wie Anm. 570.
3760 Johann Heinrich Zopf (1691–1774). Wie Anm. 445.
3761 Vgl. Hes 1, 4–28.

ricus³⁷⁶² [...] aufwallen lassen, 2. Vernünftigen Beschämung, des so genannten Freundes heiliger Bemühungen [...], Essen: Straube 1748 (VD18 12877042).

[Nr. 26] Schrifftmäßige und erbauliche Erörterung der Frage: Ob der keusche Ort der Menschwerdung Christi mit einem Nest zu vergleichen sey?: nebst angehängter vernünftigen und christlichen Uberzeugung von den Unfugen, womit den Autoren beschweren wollen 1. Herr Carl Ludewig August Clasen³⁷⁶³ in einer so genannten schließlichen Beantwortung [...] 2. Herr Friedrich Herman Becker³⁷⁶⁴ [...] in den so titulirten Gedancken von den Ubereilungen der Menschen [...], Essen: Straube 1748 (VD18 12877034).

1749 [Nr. 27] Wahre Freudigkeit I. der Christen im Leben und Sterben, II. der Lehrer im Lehr-Amte [...] Entworfen von David Sigismund Bohnstedt [...] Nebst dessen Anmerckungen ueber angehaengte Antwort eines evangelisch-lutherischen Ministerii zu Essen auf die Frage: ob die Vorstellung der aeussersten Ohnmacht der Menschen, aus ihrem Suenden-Elend sich zu erreten, aus Ezech. 16, 6.³⁷⁶⁵ papistisch, pelagianisch und fanatisch sey? [...], Stettin: Kunckel 1749 (VD18 13959417).

Dedikationen/Widmungen

1716 [Nr. 1] Stein[en], Dietrich Reinhard von:³⁷⁶⁶ Spott-Vogels und Fried-Engels Gespräch Von der wunderlichen Heyraht des Mannes Gottes Mosis, Gehalten Am Tage der Hochzeit ([...] 23.te Jun[ii] [...] 1716. [...]) [...] Herrn David Sigismundi Bohnstedts Evang[elischen] Pastoris zu Eßen, Und [...] Catharinen Elisabeth von Steinen Herrn Dieterich Reinhard von Steins Evang[elischen] Pastoris zu Frömbern [...] Tochter [...] dem Herrn Bräutigam und der Jung-

---

3762 [Claßen (Clasen), Carl Ludwig August:] Kurze Abfertigung jenes Förderers der Essendischen Zeitungen in seinen Desiderandis Num[ero] 96. Essend[ischer] Nachrichten, die Herrnhuter betreffend, nebst einem kleinen Vorbericht an die Leser gestellet von Clarmundus Clericus [...], Dortmund: Bädeker 1747 (HT007389116). Exemplar: Essen StB.

3763 Carl Ludwig August Claßen (Clasen; 1707–1786) stammte aus Seedorf (Brandenburg). Er hatte das Gymnasium in Dortmund besucht und ab 1724 in Halle studiert. 1730 wurde er zunächst Feldprediger des Regiments von Schliewitz in Hamm, dann 1734 Pfarrer in Lütgendortmund. Bauks, Pfarrer (wie Anm. 14), S. 76 (Nr. 985).

3764 Friedrich Hermann Becker (1717–1754) stammte aus Steele. Er hatte seit 1737 in Halle studiert und war 1744 Adjunkt in Königssteele geworden. Von hier wechselte er 1747 als Pfarrer nach Wetter. Bauks, Pfarrer (wie Anm. 14), S. 26 (Nr. 321)

3765 „Ich aber ging an dir vorüber und sah dich in deinem Blut strampeln und sprach zu dir, als du so in deinem Blut dalagst: Du sollst leben! Ja, zu dir sprach ich, als du so in deinem Blut dalagst: Du sollst leben" (Hes 16, 6).

3766 Dietrich Reinhard von Steinen (1667–1727) stammte aus Frömern, besuchte das Gymnasium in Soest und studierte ab 1687 in Jena. Seit 1693 war dann zunächst Adjunkt und ab 1701 Pfarrer in Frömern. Bauks, Pfarrer (wie Anm. 14), S. 490 (Nr. 6070).

fer Braut Zur Erweckung und Trost Aufgezeichnet und praesentiret Von dero vertrautesten Freunde Fried-Engeln [...], Dortmund: Rühl 1716 (CT005024082; HT003820954). Exemplare: Münster ULB und Soest StA/StB.

Erwiderungen/Gegenschriften

1718 [Nr. 1] Möllenhoff, Joachim Henrich:[3767] Bescheidene Untersuchung Einiger Verdächtigen Lehr-Sätze [...] Herr[n] David Sigismund Bohnstedt[s], Evangelischen Predigers in Essen Jn Wahrheit und Liebe angestellet [...], Unna: Romberg 1718 (CT005024083; HT004437846).[3768] Exemplare: Münster ULB und Soest StA/StB.

3.3 Adolph Heinrich Brockhaus (ca. 1672–1724)[3769]

1710 [Nr. 1] Gott-geheiligte Kinder-Lehre oder kurtze Vorstellung, wie der Catechismus Lutheri in uns[erer] evangel[ischen] Kirchen zu S[ankt] Thomae allhie erkläret worden [...], Soest: Grave 1710 (HT008400806). Exemplar: Soest StA/StB.

1718 [Nr. 2] Der Glaubigen Trost in Todes-Noht: Bey Volckreicher Leich-Begängniß Des Weyland Wohl-Edlen [...] Herrn, H[e]r[r]n Heinrich Geßman/[3770] Bey Leb-Zeiten gewesenen Wohl-meritirten Renthmeistern/und Cammerarij dieser Stadt/Bürger-Capitains der Thomaner-Hofe/auch Lohn-Herrn der Kirchen zu S. Thomae, Welcher den 8. Augusti 1718. in seinem Erlöser sanfft [...] einschlieff/ und darauff den 11. Aug[ust] [...] in der Evangelischen Kirchen zu S[ankt] Thomae offentlich zur Erden bestattet wurde [...], Soest: Hermanni 1718 (VD18 90819519).

1729 [Nr. 3] In cathedram scandis [...]. [Gratulationsschrift in:] De imagine divina/ [...], Soest: Hermanni 1729 (HT003636398).[3771] Exemplar: Soest StA/StB.

3.4 Johann Goswin Friederici (Friderici; 1654–1727)[3772]

1674 [Nr. 1] Henckeni, en tibi [...]. [Gratulationsschrift in:] Disputatio philosophica qua expenditur quaestio annon implicet dari et existere actu et extra ideam

---

3767 Joachim Henrich Möllenhoff (1687–1746). Wie Anm. 405.
3768 3.17 Joachim Henrich Möllenhoff Nr. 10 (1718).
3769 Wie Anm. 303.
3770 Kleiner Michels (wie Anm. 14), S. 571.
3771 3.21 Jost Wessel Rumpaeus Nr. 66 (1729).
3772 Wie Anm. 109.

in homine tale summum bonum, quale Aristoteles in Ethicis descripsit?/[...], Soest: Utz 1674.[3773] Exemplar: Soest StA/StB.

1677 [Nr. 2] Perplures quamvis sint [...]. [Gratulationsschrift in:] De Deo quatenus ex lumine naturae et scripturae cognosci potest/[Praeses:] Hencke, Gerhard Heinrich,[3774] [Respondent:] Burggrafe, Heinrich[3775] [Soest, Archigymn., Diss. theol., 2. März 1677], Soest: Utz 1677 (HT006399458).[3776] Exemplar: Soest StA/StB.

1678 [Nr. 3] De creatione/[Praeses:] Weise, Johann,[3777] [Respondent:] Friederici, Johann Goswin [Jena, Univ., Diss. phil., (ohne Tag) Januar 1678], Jena: Bauhöfer 1678 (VD17 23:620597R).

1683 [Nr. 4] Jonathan merens, cuius occasione de causae merentis natura ac definitione, eiusque essentialibus et genuinis requisitis distinctius disquiritur/[Praeses:] Friederici, Johann Goswin, [Respondent:] Tesch, Michael-Theophil (Weischizio-Misnicus) [Jena, Univ., Diss. phil., 8. Dezember 1683], Jena: Werther 1683 (VD17 1:055321G).

1684 [Nr. 5] Christus merens, hoc est usus causae merentis in controversiis theologicis/[Praeses:] Baier, Johann Wilhelm,[3778] [Respondent:] Friederici, Johann Goswin [Jena, Univ., Diss. theol., (ohne Tag) Juli 1684], Jena: Gollner 1684 (VD17 12:169191Q).[3779]

1685 [Nr. 6] De pietate naturali erga Deum disputatio prima/[Praeses:] Friederici, Johann Goswin, [Respondent:] Korten, Nikolaus (Essendiensi Guestphalus) [Jena, Univ., Diss. phil., 7. März 1685], Jena: Gollner 1685 (VD17 32:667521T).

[Nr. 7] De pietate naturali erga Deum disputatio secunda/[Praeses:] Friederici, Johann Goswin, [Respondent:] Korten, Nikolaus (Essendiensi Guestphalus) [Jena, Univ., Diss. phil., 4. April 1685], Jena: Gollner 1685 (VD17 32:667529D).

3773 3.28 Johann Georg Sybel Nr. 5 (1674).
3774 Gerhard Henrich Heinechius (1643–1680). Wie Anm. 140.
3775 Aus Bielefeld. Vgl. zu dieser Familie Bauks, Pfarrer (wie Anm. 14), S. 70 (Nr. 898).
3776 Übersetzung des Gedichtes (36 Verse im Paarreim in Jamben und Daktylen): Götz, Friderici (wie Anm. 109), S. 41.
3777 Johann Weise (1642–1717) stammte aus Camburg. Er besuchte das Gymnasium in Naumburg, studierte in Jena und wurde dort schließlich Adjunkt der Philosophischen Fakultät. Ab 1683 folgten verschiedene kirchliche Ämter an Naumburg-St. Wenzel (1683 Subdiakon, 1699 Mesidiakon und 1709 Archidiakon). DNB zu Weise: https://d-nb.info/gnd/12275056X [23.08.2023].
3778 Johann Wilhelm Baier (1647–1695) war seit 1689 Professor der Theologie in Halle und erster Prorektor der Universität. Nach Spannungen mit August Hermann Francke (1663–1727; wie Anm. 88) wechselte er 1695 nach Weimar, wo er kurz darauf verstarb. Bautz, Friedrich Wilhelm: Artikel „Baier, Johann Wilhelm", in: BBKL 1 (1975/1990²), Sp. 347f. – DNB zu Baier: https://d-nb.info/gnd/116040149 [23.08.2023].
3779 Zu dieser Disputation: Götz, Friderici (wie Anm. 109), S. 42.

1686 [Nr. 8] Positiones miscellaneae/[Praeses:] Friederici, Johann Goswin, [Respondent:] Münter, Georg Gobelius (Göbel)[3780] [Soest, Archigymn., Diss. phil., 27. März 1686], Soest: Utz 1686 (HT006772191). Exemplar: Soest StA/StB.[3781]

[Nr. 9] Asina Bileami loquens sive exemplum causae obedientialis efficientis/ [Praeses:] Friederici, Johann Goswin, [Respondent:] Blech (Bleek, Bleck), Michael[3782] [Soest, Archigymn., Diss. theol., 13. September 1686], Soest: Utz 1686 (HT006772181). Exemplar: Soest StA/StB.

[Nr. 10] Programma zum [!; ad] actum oratorium Christi, salvatoris nostri, natalem [Soest, Archigymn., Einladung, Weihnachten 1686], Soest: Utz 1686 (HT006772232). Exemplar: Soest StA/StB.

1688 [Nr. 11] [Beiträger in:] Diemel, Thomas:[3783] Coelestis Fidelium Fiducia: Himmels-süsse Freudigkeit der Gläubigen auff Erden. Welche/auß dem Hertz-erquickendem Macht-Spruch Joh. 3. v. 16.[3784] auffsuchen: Und In Volckreicher Versamlung Als die […] Frau Catharina Andreae Des […] Herrn Alberti Petri,[3785] Wolverdienten Lectoris IV. Classis, hiesigen belobten Gymnasii […] gewesene Hertzgeliebte Ehefrau/Am 11. Novembr[ris] […] des Jahrs 1688. im 71sten Jahr ihres Alters […] zur ewigen Himmels-Freude eingangen/und dero hinterbliebener Leichnam/am […] 15. Nov[ember] in S[ankt] Georgii Kirchen/hieselbst zu Soest/zur Grabes-Ruhe befordert wurde/In offentlicher Leich-Sermon zeigen […], Soest: Utz 1688 (VD17 1:039379M).

[Nr. 12] De actione morali humana [prior]/[Praeses:] Friederici, Johann Goswin, [Respondent:] Sperlbaum (Sperlebom), Goswin Reinhard[3786] [Soest, Archigymn., Diss. phil., 2. April 1688], in: Ders. [gemeinsam mit Sperlbaum (Sperlebom), Goswin Reinhard und Dornseiffen, Theodor (Dietrich) Ernst[3787]]: Disputationes philosophicae de actione morali humana […], Soest: Utz 1688 f. (HT006772032). Exemplar: Soest StA/StB.

1689 [Nr. 13] De actione morali humana [posterior]/[Praeses:] Friederici, Johann Goswin, [Respondent:] Dornseiffen, Theodor (Dietrich) Ernst[3788] [Soest, Archigymn., Diss. phil., 12. Mai 1689], in: Ders. [gemeinsam mit Sperlbaum, Goswin

---

3780 Aus Soest. Er war der Verfasser einer Gratulationsschrift in: De theologia in genere/ […], Soest: Utz 1686 (3.5 Johann Wilhelm Harhoff Nr. 14 [1686]). – Eine Verwandte hatte 1672 in die Soester Pfarrerfamilie Müller/Mollerus eingeheiratet. Kleiner Michels (wie Anm. 14), S. 402.

3781 Zu dieser Disputation: Götz, Friederici (wie Anm. 109), S. 42 f.

3782 Michael Blech (Bleek, Bleck; 1669–1730). Wie Anm. 76.

3783 Thomas Diemel (Dömeling; 1633–1696). Wie Anm. 60.

3784 „Denn also hat Gott die Welt geliebt, dass er seinen eingeborenen Sohn gab, auf dass alle, die an ihn glauben, nicht verloren werden, sondern das ewige Leben haben" (Joh 3, 16).

3785 Kleiner Michels (wie Anm. 14), S. 390 und 462.

3786 Goswin Reinhard Sperlbaum (Sperlebom; 1668–1724). Wie Anm. 110.

3787 Theodor (Dietrich) Ernst Dornseiffen († 1734).Wie Anm. 110.

3788 Theodor (Dietrich) Ernst Dornseiffen († 1734). Wie Anm. 110.

Reinhard und Dornseiffen, Theodor (Dietrich) Ernst]: Disputationes philosophicae de actione morali humana [...] Soest: Utz 1688 f. (HT006772052). Exemplar: Soest StA/StB.

1694 [Nr. 14] Grosse Sünde und Unglückseligkeit derer, die in Creuz und Noht bey Teuffels-Bannern Hülffe suchen. Circular-Predigt, [am] 9. Sonntag n[ach] Trin[itatis] [5. August 1694] über Ep[istola] 1. Cor. 10[3789] in der evang[elischen] Hauptkirchen [St. Petri] zu Soest [...], Soest: Utz 1694 (HT006772218). Exemplar: Soest StA/StB.

1695 [Nr. 15] Die Todten-Baare bey der Wiegen/Verwandelt alle Freud'/In Schmertz und Hertzeleid: An dem Traurigen Exempel/Der [...] Frauen/Catharinen Elisabeten Fürstenows/[3790] Tit: Herrn M[agistri] Thomae Mülleri,[3791] des berühmten Gymnasii zu Hervord [...] Rectoris Hertz-geliebtesten Ehe-Liebsten/Welche/ Nachdem Sie/diesen ihren Ehe-Herrn/durch die Geburt einer jungen Tochter hertzlich erfreuet hatte/Denselben/durch ihren/den 6. April/dieses 1695ten Jahrs [...] erfolgten/frühzeitigen Tod [...] betrübete [...] Auß mittleidendem Schwägerlichem Gemühte/[3792] kürtzlich/gezeiget/Von M[agister] Joh[ann] Gosw[in] Friderici, Pastore zu Borgeln [...], Soest: Utz 1695 (VD17 1:036603Y).

Dedikationen/Widmungen

1681 [Nr. 1] [Widmungsempfänger in:] Disputatio inauguralis medica de haemoptysi/quam [...] facultatis medicae in inclyta universitate Altorffina pro gradu doctoratus summisq[ue] in arte medica honoribus et privilegiis rite et solenniter consequendis sine praeside ad diem 9. Iunii anni M.D.C.LXXXI. [...] publico iatrosophōn examini proponit Goswinus Schooff/[3793] Susato-Westphalus hactenus urbis ac praefecturae ducalis Hilperhusanae physicus ord[inarius] [...], Altdorf: Schönnerstädt 1681 (VD17 39:158062Q).[3794]

3789   Epistel: 1. Kor 10, 1–13 (Das warnende Beispiel Israels).
3790   Katharina Elisabeth Müller (1662–1695) war eine Tochter Johannes Fürstenaus (Fürstenows; 1647–1717), der seit 1687 Zweiter Pfarrer am Herforder Münster gewesen war. Bauks, Pfarrer (wie Anm. 14), S. 143 (Nr. 1829).
3791   Thomas Müller (1661–1719). Kleiner Michels (wie Anm. 14), S. 399.
3792   Friederici war mit einer Schwester des Witwers verheiratet (Maria Margaretha Möller [Müller, Mollerus]). Kleiner Michels (wie Anm. 14), S. 400.
3793   Er starb 1696. Schwartz, Denkmäler 3 (wie Anm. 11), S. 79 (Nr. 7) (Grabplatte in St. Pauli; nicht mehr vorhanden). – Zur Familie Kleiner Michels (wie Anm. 14), S. 560–564.
3794   Als weitere Widmungsempfänger aus/in Soest erscheinen Johannes Schoof (Kleiner Michels [wie Anm. 14], S. 560) und Thomas Diemel (Dömeling; 1633–1696). Wie Anm. 60.

3.5 Johann Wilhelm Harhoff (1643–1708)[3795]

1667 [Nr. 1] De indifferentismo morali/[Praeses:] Richard, Jacob,[3796] [Respondent:] Harhoff, Johann Wilhelm [Gießen, Univ., Diss. phil., (ohne Tag) März 1667], Gießen: Hampel 1667 (VD17 27:731085B).

[Nr. 2] [Weitere Ausgabe zu Nr. 1] De indifferentismo morali […], Gießen: Hampel 1667 (VD17 547:647257L).

1669 [Nr. 3] De communicatione idiomatum, statu item exinanitionis et exaltationis/ [Praeses:] Siricius, Michael,[3797] [Respondent:] Harhoff, Johann Wilhelm [Gießen, Univ., Diss. theol., (ohne Datum) 1669], Gießen: Hampel 1669 (HT003771095). Exemplar: Soest StA/StB.

1670 [Nr. 4] Impietas jesuitica in probabilismo morali elucens/[Praeses:] Harhoff, Johann Wilhelm, [Respondent:] Chunius, Daniel (Beurensi-Hassus) [Gießen, Univ., Diss. phil., 16. April 1670], Gießen: Utz und Karger 1670 (VD17 12:164408D).

[Nr. 5] Metaphysica procemialis/[Praeses:] Harhoff, Johann Wilhelm, [Respondent:] Kummer, Martin[3798] [Gießen, Univ., Diss. phil., 20. August 1670], Gießen: Karger 1670 (HT006347958). Exemplar: Soest StA/StB.

[Nr. 6] [Beiträger in:] Siricius, Michael:[3799] Collegium theologicum publicum, in qua orthodoxa fides iuxta seriem articulorum fidei consuetam asseritur, et contra heterodoxos antiquos et recentiores defenditur […], Gießen: Hampel 1670 (VD17 39:131229R).[3800]

3795 Wie Anm. 97.
3796 Er stammte aus Memmingen und war zunächst Rektor in Korbach, später Professor in Gießen. DNB zu Richard: https://d-nb.info/gnd/124531245 [23.08.2023].
3797 Der streng lutherische Hochschullehrer und mächtige Kirchenpolitiker Michael Siricius (1628–1685; Abb. 145) stammte aus Lübeck. Er hatte in Helmstedt, Leipzig, Wittenberg und zuletzt Gießen studiert, wo er 1652 zunächst den Magistergrad und 1657 dann auch den Grad eines Lizentiaten der Theologie erworben hatte. Damit begann eine steile Karriere (1658 Prediger der Stadtkirche und ordentlicher Professor der Kirchengeschichte in Gießen, 1668 Prorektor der Universität). Ab 1670 war Siricius dann Geistlicher Rat Gustav Adolfs von Mecklenburg-Güstrow. Nachdem er 1675 einen Ruf an die Universität Rostock angenommen hatte, war er hier zugleich Assessor des herzoglichen Konsistoriums, Superintendent des Rostocker Kirchenkreises und (ab 1681) Hofprediger in Güstrow. In dieser Machtfülle hatte der junge Harhoff ihn kennengelernt. Grewolls, Wer war wer in Mecklenburg?, Rostock 2011, S. 9464.
3798 Ein Schüler Kilian Rudraufs (1627–1690). Wie Anm. 886. – Beiträger in: Ders.: Philosophia theologica, vel Agar Sarae exemplaris: Recognita, aucta & emendata. In usus philosophicos per receptam articulorum fidei seriem […], Gießen: Karger 1676 (VD17 39:130542N).
3799 Michael Siricius (1628–1685). Wie Anm. 3797.
3800 Der Band ist Balthasar Mentzer d. J. (1614–1679) gewidmet, der 1651 Professor in Gießen wurde und ab 1652 zugleich Oberhofprediger und Superintendent in Darmstadt war. Mahlmann, Theodor: Artikel „Mentzer, Balthasar II.", in: BBKL 5 (1993),

Abb. *145: Michael Siricius (1628–1685). Kupferstich des Wolfgang Philipp Kilian (1654–1732) in Augsburg, nach 1685. (Berlin SBB-PK, Handschriftenabt., Porträtslg./Slg. Hansen/Luther. Theologen/Bd. 21/Nr. 44)*

1676 [Nr. 7] Politicorum forma repraesentata […], Soest: Utz 1676 (HT014392666). Exemplar: Bonn ULB.
1678 [Nr. 8] De bono transcendentali meletema metaphysicum/[Praeses:] Harhoff, Johann Wilhelm, [Respondent:] Sohn, Johann Hermann[3801] [Soest, Archigymn., Diss. theol., (ohne Tag) Juli 1678], Soest: Utz 1678 (HT006347051). Exemplar: Soest StA/StB.

> Sp. 1285–1291 (Literatur). – DNB zu Mentzer: https://d-nb.info/gnd/116885963 [23.08.2023].
> 3801 Zur Familie des Respondenten (Meinerzhagen, Hagen, Schwelm, Lippstadt und Iserlohn), die in Johann Christoph Sohn (1681–1740) später sogar einen Generalsuperintendenten der lutherischen Gemeinden der Grafschaft Mark (1739–1740) stellen sollte, vgl. Bauks, Pfarrer (wie Anm.14), S. 480 (Nr. 5944–5947; hier Nr. 5944).

1680 [Nr. 9] Thesium miscellanearum satura/[Praeses:] Harhoff, Johann Wilhelm, [Respondent:] Becker, Johann Ernst[3802] [Soest, Archigymn., Diss. phil., 27. März 1680], Soest: Utz 1680 (HT006349421).[3803] Exemplar: Soest StA/StB.

[Nr. 10] Positionum logicarum disquisitio prima de natura logices/[Praeses:] Harhoff, Johann Wilhelm, [Respondent:] Weber, Heinrich [Soest, Archigymn., Diss. phil., 6. September 1680], Soest: Utz 1680 (HT006348153). Exemplar: Soest StA/StB.

1682 [Nr. 11] [Positionum logicarum] disquisitio secunda de terminis eorumque divisione priori/[Praeses:] Harhoff, Johann Wilhelm, [Respondent:] Thöne, Anton[3804] [Soest, Archigymn., Diss. phil., 13. März 1682], Soest: Utz 1682 (HT006349304).[3805] Exemplar: Soest StA/StB.

1683 [Nr. 12] Positionum logicarum disquisitio tertia eaque de terminorum divisione posteriori prior/[Praeses:] Harhoff, Johann Wilhelm, [Respondent:] Alefeld, Johann Leopold[3806] [Soest, Archigymn., Diss. phil., 3. September 1683], Soest: Utz 1683 (HT006347594).[3807] Exemplar: Soest StA/StB.

1684 [Nr. 13] Positionum logicarum disquisitio quarta eaque de terminorum divisione posteriori altera/[Praeses:] Harhoff, Johann Wilhelm, [Respondent:] Hencke, Johann Heinrich[3808] [Soest, Archigymn., Diss. phil., 1. September 1684], Soest: Utz 1684 (HT006347622). Exemplar: Soest StA/StB.

1686 [Nr. 14] De theologia in genere/[Praeses:] Harhoff, Johann Wilhelm, [Respondent:] Lemmer, Panthaleon Abraham[3809] [Soest, Archigymn., Diss. theol., 8. März 1686], Soest: Utz 1686 (HT006349376). Exemplar: Soest StA/StB.

3802 Der Respondent war später Notar in Soest. Vgl. Edition Nr. 12.
3803 Mit Gratulationsschrift von Franz Lorenz Schrader (1661–1699; wie Anm. 127) u.a.
3804 Anton Thöne († 1721) war ab 1690 Pfarrer in Lippstadt (Jakobi) und zugleich seit 1696 Stiftsprediger in Cappel. Bauks, Pfarrer (wie Anm. 14), S. 509 (Nr. 6310).
3805 Mit Gratulationsschriften von Johann Solms (1673–vor August 1739; wie Anm. 138) u.a.
3806 Johann Leopold Alefeld († 1733) stammte aus Neustadt (Bergneustadt). Er studierte in Gießen und war ab 1688 Zweiter Pfarrer in Wiedenest. Gruch, Pfarrer 1 (wie Anm. 169), S. 87 (Nr. 107). Nach ihm sollte auch noch sein Bruder Johann Melchior [† 1733] in Soest zur Schule gehen: 14. Mai 1686 nach III. aufgenommen; 8. Mai 1688 nach II. versetzt. Kuhlmann, Schülerverzeichnis (wie Anm. 109), S. 265.
3807 Mit Gratulationsschriften von Andreas Dietrich Schrader (1663–1722; wie Anm. 119) u.a.
3808 Johann Henrich Hencke (Hennecke; 1664–1731) stammte aus Elsey und studierte ab 1685 in Gießen. Danach war er zunächst Feldprediger, dann Vikar in Herbede (1700), und zugleich ab 1703 bis längstens 1708 Pfarrer in Barop. Bauks, Pfarrer (wie Anm. 14), S. 198 (Nr. 2510).
3809 Panthaleon Abraham Lemmer stammte aus Meinerzhagen (Mark) und wurde am 7. Mai 1685 in die Sekunda des Soester Archigymnasiums aufgenommen. Kuhlmann, Schülerverzeichnis (wie Anm. 109), S. 283. Lemmer war ein Sohn des Vikars in Meinerzhagen und nachmaligen Pfarrers in Unna Johann Engelbert Lemmer (1638–1707). Bauks, Pfarrer (wie Anm. 14), S. 296 (Nr. 3716).

[Nr. 15] Virulentissimum praesentis seculi venenum atheismus, Soest: Utz 1686 (HT006349661). Exemplar: Soest StA/StB.

1687 [Nr. 16] De Sacrae Scripturae quidditate/[Praeses:] Harhoff, Johann Wilhelm, [Respondent:] Dieckmann, Theodor Adam[3810] [Soest, Archigymn., Diss. theol., (ohne Tag) März 1687], Soest: Utz 1687 (HT006349270). Exemplar: Soest StA/StB.

1688 [Nr. 17] De Sacrae Scripturae qualitate/[Praeses:] Harhoff, Johann Wilhelm, [Respondent:] Matthaei, Johann Heinrich[3811] [Soest, Archigymn., Diss. theol., 10. September 1688], Soest: Utz 1688 (HT006349045). Exemplar: Soest StA/StB.

1690 [Nr. 18] De Deo essentialiter spectato/[Praeses:] Harhoff, Johann Wilhelm, [Respondent:] Polmann, Johann Hermann Kaspar[3812] [Soest, Archigymn., Diss. theol., 24. August 1690], Soest: Utz 1690 (HT006347313). Exemplar: Soest StA/StB.

[Nr. 19] De notitia Dei naturali/[Praeses:] Harhoff, Johann Wilhelm, [Respondent:] Hengstenberg, Johann[3813] [Soest, Archigymn., Diss. theol., (ohne Datum) 1690], Soest: Utz 1690 (HT006348640). Exemplar: Soest StA/StB.

1692 [Nr. 20] De praedestinatione Dei aeterna/[Praeses:] Harhoff, Johann Wilhelm, [Respondent:] Hempel, Johann Joachim[3814] [Soest, Archigymn., Diss. theol., 21. März 1692], Soest: Utz 1692 (HT006348989).[3815] Exemplar: Soest StA/StB.

1693 [Nr. 21] De sacrosancto Trinitatis mysterio/[Praeses:] Harhoff, Johann Wilhelm, [Respondent:] Schrage, Nikolaus Wilhelm[3816] [Soest, Archigymn., Diss.

[3810] Theodor Adam Dieckmann stammte aus Soest und hatte hier auch die Schule besucht (Nungesser: 1683 in III.; 14. Mai 1685 nach II. aufgenommen. Kuhlmann, Schülerverzeichnis [wie Anm. 109], S. 272). Er war ein älterer Bruder von Johann Detmer Dieckmann (1682–1726). Bauks, Pfarrer (wie Anm. 14), S. 96 (Nr. 1238).

[3811] Johann Heinrich Matthaei († 1706) war seit 1696 Vikar/Rektor in Bochum und wechselte von hier 1701 als Rektor und Zweiter Pfarrer nach Kleve. Bauks, Pfarrer (wie Anm. 14), S. 316 (Nr. 3981). – Gruch, Pfarrer 3 (wie Anm. 169), S. 310 (Nr. 8300).

[3812] Johann Hermann Kaspar Polmann (ca. 1671–1727) stammte aus Herscheid (Kreis Altena), er wurde am 3. November 1685 nach III. aufgenommen; am 19. Oktober 1686 nach II. versetzt. Kuhlmann, Schülerverzeichnis (wie Anm. 109), S. 287. Er war seit 1695 Pfarrer in Herscheid. Bauks, Pfarrer (wie Anm. 14), S. 389 (Nr. 4834).

[3813] Johann Hengstenberg (1666–1727); wie Anm. 421. Hengstenberg wurde am 26. Oktober 1686 nach II. aufgenommen; Kuhlmann, Schülerverzeichnis (wie Anm. 109), S. 278. Er war später zunächst Adjunkt, dann Pfarrer in Ohle (bei Neuenrade) und ab 1700 Pfarrer in Dortmund.

[3814] Johann Joachim Hempel (ca. 1666–1741) aus Fröndenberg. Am 17. Mai 1685 in IV.; 20. Oktober 1685 nach III. versetzt; 18. Oktober 1687 nach II. versetzt. Kuhlmann, Schülerverzeichnis (wie Anm. 109), S. 278. Er war dann seit 1696 Pfarrer in Berge. Bauks, Pfarrer (wie Anm. 14), S. 197 (Nr. 2504).

[3815] Mit Gratulationsschriften von Johann Solms (1673–vor August 1739; wie Anm. 138) und Johann Christoph Solms (*1671; Kleiner Michels [wie Anm. 14], S. 566) u. a.

[3816] Nikolaus Wilhelm Schrage (1670–1746) aus Rönsahl wurde am 29. April 1689 nach III. aufgenommen; am 5. Mai 1691 nach II. versetzt. Kuhlmann, Schülerverzeichnis (wie Anm. 109), S. 291. Er war später Adjunkt, dann seit 1718 Pfarrer in Rönsahl. Bauks, Pfarrer (wie Anm. 14), S. 454 (Nr. 5615). Während seines Studiums in Gie-

theol., 21. August 1693], Soest: Utz 1693 (HT006347979). Exemplar: Soest StA/StB.

[Nr. 22] De personis sacrosanctae Trinitatis/[Praeses:] Harhoff, Johann Wilhelm, [Respondent:] Becker, Johann Heinrich[3817] [Soest, Archigymn., Diss. theol., 4. September 1693], Soest: Utz 1693 (HT006348731). Exemplar: Soest StA/StB.

1695 [Nr. 23] De creatione mundi/[Praeses:] Harhoff, Johann Wilhelm, [Respondent:] Plange, Johann Peter[3818] [Soest, Archigymn., Diss. theol., 9. März 1695], Soest: Utz 1695 (HT006347207). Exemplar: Soest StA/StB.

1696 [Nr. 24] Quaestionum philosophicarum triga/[Praeses:] Harhoff, Johann Wilhelm, [Respondent:] Sybel, Georg Andreas[3819] [Soest, Archigymn., Diss. phil., 27. Juni 1696], Soest: Utz 1696 (HT006349626).[3820] Exemplar: Soest StA/StB.

1697 [Nr. 25] De causa efficiente tum in genere tum in specie de causa per se et per accidens/[Praeses:] Harhoff, Johann Wilhelm, [Respondent:] Quadbach, Johann Wilhelm[3821] [Soest, Archigymn., Diss. theol., 25. März 1697], Soest: Utz 1697 (HT006347162). Exemplar: Soest StA/StB.

1699 [Nr. 26] De angelorum natura/[Praeses:] Harhoff, Johann Wilhelm, [Respondent:] Bock, Johann Caspar[3822] [Soest, Archigymn., Diss. theol., 27. März 1699], Soest: Utz 1699 (HT006348118). Exemplar: Soest StA/StB.

1701 [Nr. 27] De cura sacrorum etiam magistratibus civitatum aliorum superioritati subiectarum suo modo competente/[Praeses:] Harhoff, Johann Wilhelm, [Re-

ßen sollte er 1694 zusammen mit dem gleichfalls aus Soest stammenden (Hermann) Andreas Möllenhoff (1666–1754; seit Ende 1702 Lehrer am Soester Gymnasium und seit 1709 mit Margret Elisabeth Sybel [†1751] verheiratet. Kleiner Michels [wie Anm. 14], S. 393 und 444; Soest StA/StB, Bestand A, Hs. 76, S. 96 [§ 167]; Kuhlmann, ebd., S. 285) offen für den von den radikalen Pietisten um Johann Christoph Bilefeld (1664–1727) attackierten, streng orthodoxen Rhetorikprofessor Heinrich Phasian (1633–1697) eintreten. Peters, Clauder (wie Anm. 136), S. 19f. Anm. 48.

3817 Johann Heinrich Becker (1670–1742) stammte aus Wahlscheid im Aggertal. Er wurde am 18. Oktober 1688 nach III. aufgenommen; am 5. Mai 1691 nach II. versetzt. Kuhlmann, Schülerverzeichnis (wie Anm. 109), S. 266. Er studierte in Gießen und war ab 1699/1701 Pfarrer in Wahlscheid. Gruch, Pfarrer 1 (wie Anm. 196), S. 146 (Nr. 634).

3818 Johann Peter Plange stammte aus Soest (Nungesser: 1683 in VI.; 7. Mai 1685 in V.; 18. Oktober 1687 nach IV. versetzt; 15. April 1690 nach III. versetzt; 18. Oktober 1692 nach II. versetzt. Kuhlmann, Schülerverzeichnis [wie Anm. 109], S. 287). Wahrscheinlich handelte es sich bei ihm um den späteren (unglücklichen) Waisenhauspräzeptor (wie Anm. 259).

3819 Georg Andreas Sybel (1676–1750). Wie Anm. 349.

3820 3.26 Georg Andreas Sybel Nr. 1 (1696).

3821 Johann Wilhelm Quadbach stammte aus Hagen. Er wurde am 15. Mai 1692 nach III. aufgenommen; am 16. Oktober 1694 nach II. versetzt. Kuhlmann, Schülerverzeichnis (wie Anm. 109), S. 287.

3822 Johann Caspar Bock stammte aus Bottendorf in Hessen im Kreis Frankenberg. Er wurde am 23. April 1695 nach III. aufgenommen; am 27. April 1697 nach II. versetzt. Kuhlmann, Schülerverzeichnis (wie Anm. 109), S. 267.

spondent:] Schelckmann, Johann Andreas[3823] [Soest, Archigymn., Diss. phil., 15. Januar 1701], Soest: Utz 1701 (HT006347260). Exemplar: Soest StA/StB.

[Nr. 28] De peccato generatim considerato […] ex prima Iohannis epistola, cap. 3, v. 4/[3824] [Praeses:] Harhoff, Johann Wilhelm, [Respondent:] Schelckmann, Johann Andreas [Soest, Archigymn., Diss. theol., 31. August 1701], Soest: Utz 1701 (HT006348697). Exemplare: Bonn ULB und Soest StA/StB.

[Nr. 29] De mystica fidelium cum Deo unione/[Praeses:] Harhoff, Johann Wilhelm, [Respondent:] Leverks, Anton[3825] [Soest, Archigymn., Diss. theol., 14. September 1701], Soest: Utz 1701 (HT006349641; HT006349653). Exemplar: Soest StA/StB.

1704 [Nr. 30] De summa patientis Salvatoris desertione ex dicto Matth. XXVII. v. 4.6[3826] concinnata/[Praeses:] Harhoff, Johann Wilhelm, [Respondent:] Schreiber, Johann Bernhard (Hattnega Marcanus)[3827] [Soest, Archigymn., Diss. theol., 29. Februar 1704], Soest: Utz 1704 (VD18 14228645).

[Nr. 31] De nobilitate eiusdem insigniis sive armis/[Praeses:] Harhoff, Johann Wilhelm, [Respondent:] Von Galen, Johann Ehrenreich[3828] [Soest, Archigymn.,

---

3823 Johann Andreas Schelckmann (†1729), der spätere Küster an St. Petri. Wie Anm. 1122. – Kleiner Michels (wie Anm. 14), S. 646. – Er stammte aus Soest. Am 7. Mai 1688 wurde er nach VIII. aufgenommen; am 30. April 1689 nach VII. versetzt; 21. Oktober 1690 nach VI. versetzt; 11. April 1693 nach V. versetzt; 22. Oktober 1695 nach IV. versetzt; 19. Oktober 1697 nach III. versetzt; 17. Oktober 1699 nach II. versetzt; 22. Juli 1702 zum Lektor der VIII. ernannt. Kuhlmann, Schülerverzeichnis (wie Anm. 109), S. 290.

3824 „Wer Sünde tut, der tut auch Unrecht, und die Sünde ist das Unrecht" (1. Joh 3, 4).

3825 Anton Leverks (1680–1728) stammte aus Soest. Er wurde am 20. Oktober 1691 nach VII. aufgenommen; 18. Oktober 1692 nach VI. versetzt; 7. Mai 1694 nach V. versetzt; 12. Mai 1696 nach IV. versetzt; 19. Oktober 1697 nach III. versetzt; 17. Oktober 1699 nach II versetzt. Kuhlmann, Schülerverzeichnis (wie Anm. 109), S. 283. Er war seit 1717 Feldprediger in Hamm, dann ab 1726 Pfarrer in Hennen. Bauks, Pfarrer (wie Anm. 14), S. 298 (Nr. 3738).

3826 „und sprach: Ich habe gesündigt, unschuldiges Blut habe ich verraten. Sie aber sprachen: Was geht uns das an? Da sieh du zu! […] Aber die Hohenpriester nahmen die Silberlinge und sprachen: Es ist nicht recht, dass wir sie in den Tempelschatz legen; denn es ist Blutgeld" (Mt 27, 4.6).

3827 Aus Hattingen. Er wurde am 13. Mai 1702 nach II. aufgenommen. Kuhlmann, Schülerverzeichnis (wie Anm. 109), S. 291.

3828 Johann Ehrenreich von Galen stammte aus Kleve. Er wurde am 15. Mai 1702 nach III. aufgenommen; am 8. November 1703 nach II. versetzt. Kuhlmann, Schülerverzeichnis (wie Anm. 109), S. 275. – Vgl. zu ihm auch: Ders.: Musarum soboles dictus […] [Gratulationsschrift in:] Dissertatio moralis de iure iurando […]/Soest: [ohne Drucker] 1704 (HT013412692). Exemplar: Soest StA/StB. 3.15 Johann Gottfried Marci Nr. 11 (1704); Ders.: Verum enkōmion ad nobilissimum ac doctissimum dominum, huius disputationis defensorem […], in: Summermann, Caspar Theodor (Caspar Theodor Summermann [1674–1752], wie Anm. 196): Disputatio iuridica secunda, exhibens vera iurisprudentiae praecognita […]/[Praeses:] Summermann, Caspar Theodor, [Respondent:] Harcort, Bernhard Theodor (Hagena-Marcanus)

Diss. phil., 12. September 1680 (!)], Soest: Utz 1704 (HT006348558). Exemplar: Soest StA/StB.

3.6 Johann Thomas Hermanni (1685–1747)[3829]

1701 (sechzehnjährig) [Nr. 1] Te navare operam […]. [Gratulationsschrift in:] Disputatio secunda de affectibus/[…], Soest: Utz 1701 (HT013405847).[3830] Exemplar: Soest StA/StB.
1704 [Nr. 2] Was hilffts, wenn einer […]. [Gratulationsschrift in:] Dissertatio moralis de iure iurando, eiusque sanctimonia/[…], Soest: Utz 1704 (HT013412709).[3831] Exemplar: Soest StA/StB.
1706 [Nr. 3] [Beiträger in:] Dissertationem apologeticam pro Westfalia, qua castigatur dicterium hospitium vile, gross Brod, du(e)nne Bier, lange Mile sunt in Westfalia, si non vis credere, loop da […]/[Praeses:] Forstmann, Thomas,[3832] [Respondent:] Römer, Georg Christian (Erfurto-Thuringus) [Duisburg, Univ., Diss. phil., (ohne Tag) März 1706], Dortmund: Rühl 1706 (VD18 11488050).
1709 [Nr. 4] [Beiträger in:] Des Königes Davids und aller Christen Trost in ihrem Elend Bey […] Leich-Begängnüß des […] Herrn Dietrich Hermann Overbecks J[uris] V[triusque] Studiosi, Buertig von Altena in der Marck in Westphalen, Welcher den 8. Sept[ember] des 1709. Jahrs Auf der […] Universität Jena […] enttschlaffen: […] Leich-Predigt/vorgestellet […] von Michael Zülich, der H[eiligen] S[chrift] Doct[or][3833] […], Jena: Müller 1709 (VD18 13195131).[3834]
1710 [Nr. 5] Neueröffneter Bettempel für gläubige und andächtige Seelen […], Soest: Hermanni 1710. Exemplar: Soest StA/StB.
1722 [Nr. 6] Der christlichen Jugend Bieblisches Zeit-Vertreib […; Nebst einem Anhang:] Ob Jesus der wahre Messias sey? Soest: Hermanni 1722 (HT006388291). Exemplar: Soest StA/StB.

[Duisburg, Univ., Diss. iur, [ohne Datum] 1705], Duisburg: [ohne Drucker] 1705 (HT010401007). Exemplar: Duisburg UB – sowie Ders.: Heus academia! Teutopolis memorabile nomen […] [Gratulationsschrift in:] Naendorff, Johannes: De Fructibus […]/, Duisburg: [ohne Drucker] 1706 (HT006860162). Exemplar: Duisburg UB.

3829 Wie Anm. 263. Am 15. Oktober 1694 nach VII. aufgenommen; 22. Oktober 1695 nach VI. versetzt; 27. April 1697 nach V. versetzt; 14. Mai 1700 nach IV. aufgenommen [!]; 28. April 1703 nach III. versetzt. Kuhlmann, Schülerverzeichnis (wie Anm. 109), S. 278.
3830 3.15 Johann Gottfried Marci Nr. 8 (1701).
3831 3.15 Johann Gottfried Marci Nr. 11 (1704).
3832 Thomas Forstmann (1674–1727). 7. Mai 1685 in VI.; 4. Mai 1686 nach V. versetzt; 8. Mai 1688 nach IV. versetzt; 17. Oktober 1693 nach II. versetzt. Kuhlmann, Schülerverzeichnis (wie Anm. 109), S. 274. Wie Anm. 334.
3833 Michael Zülich (1653–1721) aus Manow, damals Superintendent und Konsistorialrat in Jena. DNB zu Zülich: https://d-nb.info/gnd/124702791 [23.08.2023].
3834 Mit einem weiteren Beitrag von Thomas Forstmann (1674–1727). Wie Anm. 334.

1726 [Nr. 7] [Weitere Ausgabe zu Nr. 5] Neueröffneter Bettempel für gläubige und andächtige Seelen […], Soest: Hermanni 1722. Exemplar: Soest StA/StB.

1730 [Nr. 8] Die Freude auff dem Berge Zion in denen Soestischen Wiesen, bey d[em] evangel[ischen] Jubel-Fest wegen der 1530 übergebenen Augspurgischen Confession 1730 […], Soest: Hermanni 1730 (HT006388283). Exemplar: Soest StA/StB.

1731 [Nr. 9] Da bey dem Evangelischen Jubel-Jahr Der Stadt Soest So auff St. Thomae Tag [21. Dezember] 1531. das Licht des Evangelii völlig angenommen, das gesegnete Gedächtniß […] im Advent dieses 1731. Jahres eingefallen, Wolte Seinen künfftigen Jahr-Gang […] Der Christlichen Jugend bey der Gemeine zur Wiesen […] entwerffen […], Soest: Hermanni 1731 (HT012019156). Exemplar: Soest StA/StB.

1737 [Nr. 10] Prata rident et regenerant! Zu der In denen Soestischen Wiesen bevorstehenden Solennen Tauff-Handlung, Eines verlohrnen und wiedergefundenen Schafes von dem Hause Israel, An der Person Noä Abrahams Eines gebohrnen Judens von Franckfurth am Mayn,[3835] so durch den erwählten schönen Namen Christian Gottlieb Leberecht Künfftigen Sonntag, dem unglaubigen Judenthum wird völlig absagen, und nach abgelegten Examine, und Probe seiner Wissenschaft,[3836] durch die Heil[ige] Tauffe, als ein Mit-Glied der Christlichen Kirche, bey der Gemeine zur Wiese, soll angenommen werden/Wolte in die Marien-Kirche zur Wiese freundlichst hiedurch einladen […], Soest: Hermanni 1737 (VD18 90810627).

1738 [Nr. 11] Geopfferte Farren der Lippen in einem geistreichen Communionbuche […], Soest: Hermanni 1738 (VD18 13670972).

1745 [Nr. 12] [Weitere Ausgabe zu Nr. 5] Neu-Eröffneter Beth Tempel Für Gläubige und Bethende Kinder Gottes. Darinnen sie I. Auff alle Tage in der Wochen. II. An Fest- und Feyer-Tagen. III. Bey der Busse, Beicht und Abendmahl […] Jhre Hertzen für Gott ausschütten können […] Nebst M[agister] Caspar Neumanns[3837] Kern aller Gebethe.[3838] Vorjetzo bey der fünfften [!] Aufflage in vielem verbessert, nebst einer Vorrede […], Soest: Hermanni 1745⁵ (CT005021411; HT007752495). Exemplar: Münster ULB.

1774 [Nr. 13] [Weitere Ausgabe zu Nr. 5] Neu-Eröffneter Beth-Tempel für Gläubige und Bethende Kinder Gottes: Darinnen sie I. Auf alle Tage in der Wochen. II. An Fest- und Feyer-Tagen. III. Bey der Busse, Beicht und Abendmahl. IV. In jedem Stand und Anliegen. V. Auf der Reise zu Wasser und zu Lande. VI.

3835 Wohl identisch mit der in Edition Nr. 91 genannten Person.

3836 Seines Glaubenswissens.

3837 Caspar Neumann (1648–1715). Wie Anm. 323.

3838 Neumann, Caspar: Kern aller Gebete/In wenig Worten: Für alle Menschen/In allem Alter/In allen Ständen/Zu allen Zeiten/Und Demnach statt eines Morgen-Segens/Abend-Segens/Kirchen-Gebets/Und aller andern Bet-Andachten dienlich […], Hamburg: Wolff 1680 (VD17 23:332542A). – Der Erstdruck (Breslau 1680?) ist nicht nachgewiesen.

In Krankheit und Sterben. Ihre Herzen für Gott ausschütten können […] Bey dieser neuen Auflage verbessert nebst einer Vorrede, Hagen: Voigt 1774 (VD18 1373668X). Exemplar: Düsseldorf ULB.

Dedikationen/Widmungen

1714 [Nr. 1] [Widmungsempfänger in:] Obsequium Deo, naturae, et patriae praestandum in auspicatissimis nuptiis viri […] Johannis Thomae Hermanni […] ecclesiae Divae Mariae Sacrae […] pastoris meritissimi […] nec non virginis […] Mar[iae] Margarethae[3839] […] Joannis Sasse,[3840] civis, ac mercatoris apud Susatenses […] filiae […] anno aerae christianae: […] Die 27. mensis Novembris […] celebrandis […] adumbravit amicus Hammonensis, Soest: Hermanni 1714 (HT012737849). Exemplar: Soest StA/StB.

[Nr. 2] [Widmungsempfänger in:] Forstmann, Thomas:[3841] Den wohlvergnügten Hirten der Soestischen Wiesen, wolte als […] Herr Joh[ann] Thomas Hermanni […] Pastor […] zur Wiese in Soest […] und […] Jungfer Maria Margaretha Sel[igen] Herrn Johann Sassen […] Kauff-Herren […] in Soest […] Tochter, Den 27. Novembr[is] […] 1714. ihr Hochzeitliches Freuden-Fest begiengen, Mit glückwünschender Feder vorstellen M[agister] Thomas Forstmann, der Philosophischen Facultät zu Jehna Adjunctus und des Iserlöhnischen Lycei Rector […], Soest: Hermanni 1714 (HT012737886). Exemplar: Soest StA/StB.

[Nr. 3] [Widmungsempfänger in:] Als […] Herr Joh[ann] Thomas Hermanni […] Prediger der Marien-Kirchen zur Wiese […] Sich mit […] Jungfer Maria Margaretha H[er]rn Johann Sassen […] Kauff- und Handelsmann […] Tochter, Den 27. Novembr[is] 1714. Ehelich verbinden ließ Wolte […] seine Schuldigkeit ablegen Ein Wohlmeinender Nachbar, Soest: Hermanni 1714 (HT012737826). Exemplar: Soest StA/StB.

3.7   Johann Christian Jocardi (1697–1749)[3842]

1728 [Nr. 1] Die eitele und wahre Versicherung von dem Gnaden-Stande bey Gott […], Soest: Hermanni 1728 (HT006256150).[3843] Exemplar: Soest StA/StB.

1730 [Nr. 2] Christliche Jubel-Predigt […]: Zum Andencken der Augsburg[ischen] Confession […], Gardelegen: [ohne Drucker] 1730 (VD18 11760567).

1734 [Nr. 3] Gardelegischer Abschied und Berlinischer Antritt, Wurde in Zweyen Predigten am Ersten Sonntage des Advents [29. November], in Gardelegen, und

---

3839   Maria Margaretha Sasse (1694–1757). Kleiner Michels (wie Anm. 14), S. 523f.
3840   Der Kaufmann Johann Sasse (1660–1712). Ebd., S. 522.
3841   Thomas Forstmann (1674–1727). Wie Anm. 334.
3842   Wie Anm. 520.
3843   Mit einem Widmungsbrief an Johann Nikolaus Sybel (1690–1759). Wie Anm. 14. S. Edition Nr. 73.

am Ersten Heil[igen] Christ-Tage [25. Dezember], in Berlin, im Jahr 1733 gehalten und auf Verlangen dem Druck übergeben […], Berlin: Nicolai 1734 (VD18 10002499).

1736 [Nr. 4] Wie Verächter des heiligen Abendmahls ohnmöglich für wahre Christen gehalten werden können: Wurde am Grünen Donnerstage 1736. [29. März] aus I. Cor. XI, 23. seq[uentes][3844] Der Christlichen Gemeine auf dem Friedrichs-Werder in Berlin vorgestellet Und auf Verlangen dem Druck übergeben […], Berlin: Rüdiger 1736 (VD18 11913622).

[Nr. 5] Die durch Christum eröffnete Himmels-Pforte, Wurde in einer Predigt, Am Feste der Himmelfahrt Jesu Christi 1736. [10. Mai] Aus dem ordentlichen Evangelio Marc. XVI, 14. seq[uentes][3845] Der Christlichen Gemeine auf dem Friderichswerder in Berlin vorgestellet, Und selbige auf Begehren dem Druck übergeben […], Berlin: Rüdiger 1736 (VD18 11913614).

[Nr. 6] Der Reichthum der Gnade für Arme Sünder, Wurde in einer Predigt, Am dritten Pfingst-Feyertage 1736. [22. Mai] aus Johannis X. v. 11.[3846] der Christlichen Gemeine auf dem Friederichs-Werder in Berlin vorgestellet […], Berlin: Rüdiger 1736 (VD18 1001540X).

[Nr. 7] Von den Eyd-Schwüren: Predigt […], Berlin: [ohne Drucker] 1736 (VD18 11760524).

[Nr. 8] Das Band der Liebe: Predigt […], Berlin: [ohne Drucker] 1736 (VD18 11760516).

[Nr. 9] Die Abscheulichkeit der Sünden Der Unkeuschheit, Und die Heiligkeit Des Ehe-Standes Wurden in zwoen Nachmittags-Predigten Uber das Sechste Gebot Gottes 2. Buch Mos. 20, 14.[3847] Den Christlichen Gemeinen auf dem Werder und der Dorotheen-Stadt in Berlin 1736 Vorgestellet Und auff Begehren dem Druck übergeben […], Berlin: Nicolai 1736 (VD18 10166211).

1737 [Nr. 10] Ein wahrer Christ, Wurde Am Sonntage Oculi. 1737 [24. März] Aus dem ordentlichen Evangelio Luc. XI, 14–29 [recte: 28].[3848] Der Christl[ichen] Gemeine auf dem Friederichs-Werder in Berlin In einer Predigt vorgestellet: Und selbige, auf Verlangen, dem Druck übergeben […], Berlin: Haude 1737 (VD18 11698721).

[Nr. 11] Wer, und was, Christus sey? Wurde in einer Predigt Am Feste der Verkündigung Mariä 1737 [25. März] Der Christl[ichen] Gemeine auf dem Friederichs-Werder, in Berlin, Aus dem ordentlichen Fest-Evangelio Luc. I. 26. seq[uentes][3849] vorgestellet: und selbige, auf ernstliches Verlangen, dem Druck übergeben […], Berlin: Haude 1737 (VD18 1016622X).

3844 1. Kor 11, 23–32 (Vom Abendmahl des Herrn).
3845 Mk 16, 14–20 (Erscheinung des Auferstandenen und Himmelfahrt).
3846 „Ich bin der gute Hirte. Der gute Hirte lässt sein Leben für die Schafe" (Joh 10, 11).
3847 „Du sollst nicht ehebrechen" (2. Mose 20, 14).
3848 Lk 11, 14–28 (Jesus und die Dämonen/Zweierlei Seligpreisungen).
3849 Lk 1, 26–38 (Die Ankündigung der Geburt Jesu).

Abb. 146: Johann Bödiker (1641–1695). Kupferstich des Johann Christoph Böcklin (1657–1709) in Leipzig, nach 1695.
(Berlin SBB-PK, Handschriftenabt, Porträt-Slg./Slg. Hansen/Philos., Dichter/Bd. 3/Nr. 13)

[Nr. 12] Die Mühe, so der Heilige Geist anwendet, In Zurechtbringung der Menschen Wurde in einer Predigt, Am Sonntage Cantate 1737 [19. Mai] aus dem ordentlichen Evangelio Joh. XVI, 5. seq[uentes][3850] Der Christlichen Gemeine auf dem Friederichs-Werder in Berlin vorgestellet, Und selbige, auf Verlangen, dem Druck übergeben […], Berlin: Nicolai 1737 (VD18 11698691).

1740 [Nr. 13] Die Hefftigkeit in dem Affecte des Zorns: Predigt […], Berlin: [ohne Drucker] 1740 (VD18 11760540).

1743 [Nr. 14] Die Gute Sache der Christlichen Religion in einigen öffentlichen Predigten vorgestellet und zum Druck befördert […], Berlin: Haude 1743 (VD18 11698705).

3850 Joh 16, 5–15 (Das Werk des Heiligen Geistes).

1744 [Nr. 15] Die Freyheit zu beten […] ein Vorrecht der Kinder Gottes: Predigt […], Berlin: [ohne Drucker] 1744 (VD18 11760532).

1745 [Nr. 16] Ein göttliches Muster eines würdigen Danck- und Sieges-Festes wurde am 3ten Pfingst-Tage 1745 [8. Juni] als am allergnädigst anbefohlnem Danck- und Sieges-Feste für den von S[eine]r Königl[ichen] Majest[ät] in Preussen am 4ten Junii über die Oesterreicher und Sachsen, bey [Hohen]Friedberg zwischen Jauer und Strigau[3851] glücklich erhaltenen herrlichen Sieg der christlichen Versammlung auf dem Friedrichs-Werder vorgestellet und auf Erfordern dem Druck übergeben […], Berlin: Henning 1745 (VD18 11688068).

[Nr. 17] Denckmahl der göttlichen Güte als dieselbe den Königl[ichen] Preußischen und Churfürstl[ich] Brandenburgischen Grentzen, nach schwerem und blutigem Kriege, krafft des zu Dreßden, am 25. Decemb[er] 1745. getroffenen Tractats[3852] den höchsterwünschten Landes-Frieden geschencket […] in dreyen Predigten aufgerichtet, Berlin: Henning 1745 (OCoLC 249202799). Exemplar: Münster ULB.

[Nr. 18] Catechetische Sammlung der unentbehrlichsten Wahrheiten des Christenthums: zur Erleichterung einer gründlichen Fassung der Christlichen und Evangelischen Religion […], Berlin: Haude 1745 (VD18 14020807).

1746 [Nr. 19] [Gemeinsam mit Roßkämmer, Johann Ernst:] Eine kurtze Nachricht von dem Anfang, Vermehrung, Einrichtung und Nutzen der Dorotheen-Städtischen Currende: in welcher mehrentheils Vater- oder Mutter-lose Waysen, armer Bürger- oder Tagelöhner-Kinder, Evangelisch-Reformirter- und Lutherischer Religion, von dieser Stadt, aufgenommen werden […], Berlin: Michaelis 1746 (VD18 14020807).

1759 [Nr. 20] [Weitere Ausgabe zu Nr. 18] Catechetische Sammlung der unentbehrlichsten Wahrheiten des Christenthums: zur Erleichterung einer gründlichen Fassung der Christlichen und Evangelischen Religion […], Berlin und Leipzig: Haude und Spener 1759 (VD18 10569715).

Die Anzahl der zu Jocardis Lebzeiten einzeln gedruckten Predigten muss noch deutlich größer gewesen sein.[3853]

3851 Die Schlacht bei Hohenfriedeberg fand am 4. Juni 1745 statt (Zweiter Schlesischer Krieg).
3852 Der Frieden von Dresden war ein am 25. Dezember 1745 in Dresden unterzeichneter Friedensvertrag zwischen Preußen, Österreich und Sachsen. Er beendete den Zweiten Schlesischen Krieg.
3853 Jöcher/Adelung, Ergänzungsband 2 (wie Anm. 1124), Sp. 2291: „Und noch viele einzeln gedruckte Predigten."

Dedikationen/Widmungen/Nachrufe/Auktionskataloge

1746 [Nr. 1] [Widmungsempfänger in:] Bödiker, Johann[3854] und Wippel, Johann Jakob:[3855] Grundsäze Der Teutschen Sprache/Mit Dessen eigenen und Johann Leonhard Frischens[3856] vollständigen Anmerkungen. Durch neue Zusäze vermehret von Johann Jacob Wippel. Nebst nöthigen Registern, Berlin: Nicolai, 1746 (VD18 10746676).

1749 [Nr. 2] Baumgarten, Nathanael:[3857] Die Freudigkeit eines Evangelischen Predigers bis in den Tod: bey der den 23ten des Jenners im Jahr 1749. erfolgten seeligen Auflösung des […] Herrn Johann Christian Jocardi, Ihro Königl[ichen] Maj[estät] der Regier[enden] Königin, und Ihro Königl[ichen] Hoheit, der Printzeßin von Preussen gewesenen Beicht-Vaters, wie auch Königl[ich] Preuß[ischen] Inspectors und ersten Predigers auf dem Friedrichs-Werder und der Dorotheen-Stadt etc., Berlin: Michaelis 1749 (VD18 11934956).

[Nr. 3] [Auktionskatalog:] Catalogus librorum theologicorum viri […] doctissimi Joh[annis] Christian[i] Jocardi, inspectoris et pastoris primar[ii] ad templum in Neopoli Berolinensi, pie defuncti, qui die XXVII. Oct[obris] a[nni] c[urrentis] consuetis dierum horis plurimum pretii repraesentantibus publica auctionis lege addicentur […], Berlin: Henning 1749 (VD18 90302001).

3854 Johann Bödiker (1641–1695; Abb. 146), ein bedeutender Pädagoge und Autor (nachgewiesen sind über 250 Einzeltitel), stammte aus der Nähe von Stettin. Er wurde zunächst Pfarrer in Parstein (1665) und war danach bis zu seinem Lebensende (Kon)-Rektor des Gymnasiums in Cölln an der Spree. Wendt, Eckhard: Stettiner Lebensbilder (VHKP Reihe V, Band 40), Köln/Weimar/Wien 2004, S. 78–80. – DNB zu Bödiker: https://d-nb.info/gnd/118660578 [23.08.2023].

3855 Johann Jakob Wippel (1714–1765), seit 1743 zunächst Konrektor, dann ab 1759 Rektor des Berliner Gymnasiums zum Grauen Kloster. Winter, Agnes: Das Gelehrtenschulwesen der Residenzstadt Berlin in der Zeit von Konfessionalisierung, Pietismus und Frühaufklärung (1574–1740) (Quellen und Forschungen zur brandenburgischen und preußischen Geschichte, 34), Berlin 2008 (Register). – DNB zu Wippel: https://d-nb.info/gnd/12496849X [23.08.2023].

3856 Johann Leonhard Frisch (1666–1743), ein bedeutender Sprach- und Naturforscher, Entomologe und Kuperstecher, war seit 1727 Rektor des Berliner Gymnasiums zum Grauen Kloster. Winter, Eduard: Artikel „Frisch, Johann Leonhard", in: NDB 5 (1961), S. 616. – DNB zu Frisch: https://d-nb.info/gnd/118536095 [23.08.2023].

3857 Nathanael Baumgarten († 1763), ein jüngerer Bruder Siegmund Jakob Baumgartens (1706–1757; wie Anm. 574), wurde Oberkonsistorialrat in Berlin und war hier geistlicher Berater der Königin und der Prinzessin von Preußen. DNB zu Baumgarten: https://d-nb.info/gnd/117578126 [23.08.2023].

3.8 Johann Georg Joch (1677–1731)[3858]

1697 [Nr. 1] De singularibus ac mirandis conceptionis Christi/[Praeses:] Posner, Caspar,[3859] [Respondent:] Joch, Johann Georg [Jena, Univ., Diss. phil., 16. Juni 1697], Jena: Müller 1697 (VD17 39:154995P).

[Nr. 2] De singularibus ac mirandis quae in corporis Christi formatione et animatione evenerunt/[Praeses:] Posner, Caspar, [Respondent:] Joch, Johann Georg [Jena, Univ., Diss. phil., 23. Juni 1697], Jena: Müller 1697 (VD17 32:717653U).

1700 [Nr. 3] [Weitere Ausgaben zu Nr. 1–2] Casparis Posneri[3860] […] physiologia conceptionis atque nativitatis Christi, nec non singularium ac mirandorum quae illo tempore in natura evenerunt publicis lectionibus proposita, et postmodum aliquot disputat[ionibus] in Academia Ienensi, ventilata […], Jena: Oehrling [um 1700] (VD17 3:605853R).

1701 [Nr. 4] De singularibus ac mirandis quae circa modum partus Christi evenisse dicuntur/[Praeses:] Joch, Johann Georg, [Respondent:] Eckhart (von), Johann Georg (Langenzenna-Franco.)[3861] [Jena, Univ., Diss. phil., 30. April 1701], Jena: Müller 1701 (VD18 11524685).

1702 [Nr. 5] De foeminis barbatis/[Praeses:] Joch, Johann Georg, [Respondent:] Söhnlein, Johann Georg (Moeno-Francofurtensis) [Jena, Univ., Diss. phil., 10. Juni 1702], Jena: Werther 1702 (VD18 14878283). Exemplar: Soest StA/StB.

3858 Wie Anm. 192.

3859 Caspar Posner (Poßner, Possner; 1626–1700) aus Gera, ein deutscher Physiker und Mediziner in Jena. Er war mehrfach Dekan der philosophischen Fakultät und 1659, 1677 sowie 1697 Rektor der Universität. Poggendorff, Johann Christian: Biographisch-literarisches Handwörterbuch zur Geschichte der exacten Wissenschaften. Band 2, Leipzig, 1863, S. 507. – DNB zu Posner: https://d-nb.info/gnd/100808778 [23.08.2023].

3860 Wie Anm. 3859.

3861 Johann Georg (von) Eckhart (1674–1730) studierte in Leipzig und war zwei Jahre lang Korrektor in der Offizin des bekannten Juristen und Kirchenliederdichters Ahasver Fritsch (1629–1701) in Rudolstadt. In dieser Zeit machte er die Bekanntschaft von Gottfried Wilhelm Leibniz (1646–1716; wie Anm. 140) und wurde schon bald Sekretär bei Jakob Heinrich von Flemming (1667–1728), dem einflussreichsten Minister und Armeechef Augusts des Starken (1670–1733). Nachdem er 1700 nach Hannover umgesiedelt war, wurde Eckhart 1706 auf Empfehlung von Leibniz Professor für Geschichte in Helmstedt. Ab 1713 war er erneut Mitarbeiter von Leibniz, Historiograph am Hof von Hannover und ab 1717 auch Leibniz' direkter Nachfolger als Bibliothekar in Hannover. Hier wurde er seiner genealogischen Forschungen wegen 1719 in den Adelsstand erhoben. Nachdem er 1723 aus Hannover geflohen war, konvertierte (von) Eckhardt 1723 zum Katholizismus. Er starb als fürstbischöflicher Historiograph und Bibliothekar des Hochstifts und der Universität in Würzburg. DNB zu Eckhart: https://d-nb.info/gnd/118958461 [23.08.2023].

1704 [Nr. 6] Die Hornungs-Blume ein Bild Menschlichen Lebens bey ansehnlicher Beerdigung Des […] Herrn M[agisters] Georg Ludwig Rückers,[3862] Bürtig aus der Kayserl[ichen] Freyen Reichs-Stadt Windsheim in Franken, In einer Leich-Rede den 3. Febr[uar] Anno 1704. in der Collegien-Kirche, eben an der Stelle, da er vor wenig Monden zum Doctore der Weltweißheit öffentlich erkläret wurde/ betrachtet […], Jena: Öhrling 1704 (VD18 10457232).

[Nr. 7] De notis veterum criticis in censendis auctoribus dissertatio/[Praeses:] Joch, Johann Georg, [Respondent:] Müller, Johann Peter (VVindesheimensi-Franco.) [Jena, Univ., Diss. phil., 21. Juli 1704], Jena: Nisius 1704 (VD18 10225633).

[Nr. 8] [Herausgeber:] Borrichius (Borch), Olaus:[3863] De causis diversitatis linguarum dissertatio/[ursprünglich: Kopenhagen, Univ., Diss. phil., (ohne Datum) 1675] [mit Widmung an Johann Franz Buddeus (1667–1729); wie Anm. 316], Jena: Oehrling und Krebs 1704 (VD18 11443448). Exemplar: Soest StA/StB.

[Nr. 9] [Weitere Ausgabe zu Nr. 8; Herausgeber:] Borrichius (Borch), Olaus: De causis diversitatis linguarum dissertatio […], Quedlinburg: Strunz 1704 (VD18 10868275).

1705 [Nr. 10] Clementem Romanum atque Irenaeum non favere missae pontificiae dissertatione historico-theologica viro clarissimo Io[hanni] Ernesto Grabio[3864] opposita/[Praeses:] Buddeus, Johann Franz,[3865] [Respondent:] Joch, Johann

---

3862 Georg Ludwig Rücker (1683–1704) studierte seit 1701 in Jena die orientalischen Sprachen und wurde dort am 3. November 1703 Magister der Philosophie. Die Familie gehört in die direkte Verwandtschaftslinie von Johann Wolfgang Goethe und Gottfried Wilhelm Leibniz. Sein jüngerer Bruder Johann Conrad Rücker (auch: Jan Coenraad Rukker, Johannes Konrad Rucker; 1691–1778) wurde 1734 Professor der Rechtswissenschaft in Leiden. Van Kuyk, J.: Artikel „Rücker (Joannes Conradus)", in: Petrus Johannes Blok/Molhuysen, Philipp Christiaan (Hg.): Nieuw Nederlandsch Biografisch Woordenboek. Teil 2, Amsterdam 1974, Sp. 1240 f. – DNB zu Rücker: https://d-nb.info/gnd/102990638 [23.08.2023].

3863 Ole Borch (auch: Oluf Borch, Olaf Borch, Olaus Borrichius; 1626–1690), ein dänischer Arzt, Chemiker, Botaniker und Universalgelehrter. Er war Anhänger der Iatrochemie und königlicher Leibarzt. Larsen, Børge Riis: Ole Borch (1626–1690): En dansk renæssancekemiker, Kopenhagen 2006. – DNB zu Borch: https://d-nb.info/gnd/117621455 [23.08.2023].

3864 Johannes Ernst Grabe (1666–1711) aus Königsberg war ein zunächst lutherischer, dann ab 1697 anglikanischer Theologe. Seine scharfe Kritik am Kultus des Luthertums (Fehlen eines Priestertums mit apostolischer Weihe; Abendmahlslehre) brachte ihn zeitweilig in Haft (Pillau, Königsberg). Unter den Gutachtern die sich auf Befehl des Kurfürsten mit seinen „Dubia" (Nachweis von fünf Häresien Luthers; 1694) befassen mussten, war auch Philipp Jakob Spener (1635–1705; wie Anm. 52), der Grabe den Übertritt zur anglikanischen Kirche empfahl. Grabe lebte und forschte später hoch angesehen in Oxford (Patristik). Er wurde ein Bahnbrecher der Septuagintaforschung. Bertram, Georg: Artikel „Grabe, Johannes Ernst", in: NDB 6 (1964), S. 696–698.

3865 Johann Franz Buddeus (1667–1729). Wie Anm. 316.

Georg [Jena, Univ., Diss. theol., 23. Juni 1705], Jena: Bailliar und Nisius 1705 (VD18 14864401).

[Nr. 11] [Weitere Ausgabe zu Nr. 10] Clementem Romanum atque Irenaeum non favere missae pontificiae/[…], [ohne Ort, ohne Drucker] 1705 (VD18 11285109).

[Nr. 12] De origine missae pontificiae, speciatim, quod ei non faveant Clemens Romanus atque Irenaeus, contra virum clarissimum Io[hannem] Ernestum Grabium/[…], in: Buddeus, Johann Franz: Primitiae Ienenses in quibus exhibentur commentatio ad I. Tim. VI. vers[us] XX.[3866] de falso nominata scientia, oratio de veritatis et pietatis nexu necessario […], Jena: Bailliar und Nisius 1705 (VD18 14412535).

[Nr. 13] [Weitere Ausgabe zu Nr. 12] De origine missae pontificiae […], [ohne Ort, ohne Drucker] 1705 (VD18 90497643). Exemplar: Soest StA/StB.

[Nr. 14] [Weitere Ausgabe zu Nr. 12] De origine missae pontificiae […], [ohne Ort, ohne Drucker] 1705 (VD18 90211820).

[Nr. 15] Prodromus bibliothecae politicae praemissus, quo de bibliotheca politica ordinanda, scriptoribus bibliothecarum, itemque methodorum studii politici agitur […], Jena: Oehrling 1705 (VD18 11524669).

1707 [Nr. 16] De augmento rationalis philosophiae dissertatio/[Praeses:] Joch, Johann Georg, [Respondent:] Corvinus, Georg Conrad [Jena, Univ., Diss. phil., 18. Juni 1707], Jena: Müller 1707 (VD18 11527870).

[Nr. 17] Vitae theologorum eruditione et scriptis insignium collectae et editae cum praefatione […; mit Beiträgen von William Bates,[3867] Nicolas Bernard (Barnard),[3868] Johannes Hoornbeek[3869] u. a.], Frankfurt am Main: Bailliar 1707 (VD18 11524650).

3866 „O Timotheus! Bewahre, was dir anvertraut ist, und meide das ungeistliche lose Geschwätz und das Gezänk der fälschlich so genannten Erkenntnis" (1. Tim 6, 20).

3867 Der britische Theologe William Bates (1625–1699) promovierte 1661 in Cambridge und war danach zunächst Vikar an London-St. Dunstan's-in-the-West, dann presbyterianischer Pfarrer in Hackney. DNB zu Bates: https://d-nb.info/gnd/138701040 [23.08.2023]. In deutscher Übersetzung erschien von ihm nur Weniges, so etwa 1697: Bates, William: Die Schuldigste Pflicht der Gottgelassenheit/und Ergebung seines Willens im Creutz in den Willen Gottes/Nach dem Exempel unsers Seligmachers Matth. 26,39. gezeiget/und in Englischer Sprache heraus gegeben […], Leipzig: Groß 1697 (VD17 29:735378B) .

3868 Nicolas Bernard (Barnard; 1628–1661) war ein englischer Geistlicher und Pamphletist. DNB zu Bernard: https://d-nb.info/gnd/1026069653 [23.08.2023].

3869 Der reformierte Theologe Johannes Hoornbeek (Hoornbeeck, Horenbeek; 1617–1666) war ein überzeugter Schüler des Gisbert Voetius (1589–1676) und seit 1639 zunächst Prediger in Mülheim am Rhein, dann in Utrecht, wo er zugleich als Professor an der dortigen Universität (1650/51 Rektor) wirkte (orientalische Sprachen, Dogmatik und Auslegung des Neuen Testaments). Als Professor der Theologie in Leiden (1654; 1664/65 Rektor) war der streng orthodoxe Mann später ein entschiedener Gegner von Johannes Coccejus (1603–1669) und Abraham Heidanus (1597–1678) und in zahlreiche innerreformierte Debatten verwickelt. Van Itterzon, P.: Artikel

1708 [Nr. 18] Peri tēs polypragmosynēs/[Praeses:] Joch, Johann Georg, [Respondent:] Seyffart, Achatius (Rotenburgensis)[3870] [Jena, Univ., Diss. phil., 15. September 1708], Jena: Werther 1708 (VD18 10356223).

1709 [Nr. 19] Gast-Predigt Vom Unterscheid der Gerechten und Gottlosen den 14. May 1709. Jn der Haupt-Kirche zu S[ankt] Jacob in […] Rotenburg ob der Tauber bey volckreicher Versammlung gehalten […], Jena: Werther 1709 (HT006256329). Exemplar: Münster ULB.

[Nr. 20] De mortibus persecutorum Ioannis Baptistae/[Praeses:] Foertsch, Michael,[3871] [Respondent:] Joch, Johann Georg [Jena, Univ., Diss. theol., 21. August 1709], Jena: Werther 1709 (VD18 14958589). Exemplar: Soest StA/StB.

[Nr. 21] De praemiis bene ministrantium ex I Tim III comm XIII[3872] […], [Dortmund, Archigymn., Antrittsvorlesung, 22. Oktober 1709], Dortmund: Rühl 1709 (VD18 10015426).

[Nr. 22] Die Perlen an der Crone der Heiligen Auß dem 11. Capitel der Offenbahrung Johannis […] Der Gemeinde […] bey der […] Kirche zu S[ankt] Nicolai in […] Dortmund Bey der Leiche des weyland HochEhrwürdigen […] Johann Heinrich Melmanns[3873] […] Pfarrers […] zu S[ankt] Nicolai Als derselbe den 8. Nouemb[er] […] 1709 […] seelig eingeschlafen […], Dortmund: Rühl 1709 (CT005024080; HT006256577). Exemplar: Münster ULB.

1711 [Nr. 23] De stola alba neophytorum in veteri ecclesia/[Praeses:] Joch, Johann Georg, [Respondent:] Feldmann, Theodor Hennig (Heinrich)[3874] [Dort-

---

„Hoornbeek (Hoornbeeck, Horenbeek), Johannes", in: Biografisch lexicon voor de geschiedenis van het Nederlandse protestantisme. Band 2, Kampen, 1983, S. 259–261. DNB zu Hoornbeek: https://d-nb.info/gnd/123625505 [23.08.2023].

3870 Nach eigener Angabe war er 1727 Doktor der Medizin und der Philosophie. Vgl. zu ihm 3.8 Johann Georg Joch Erwiderungen/Gegenschriften/Verteidigungsschriften Nr. 3 (1713). DNB zu Seyffart: https://d-nb.info/gnd/102751376X [23.08.2023]. – Dazu sind zwei weitere Schriften nachgewiesen: Seyffart, Achatius: Klar und deutliche Erörterung dreyer curieusen Fragen […], Leipzig: Strauß 1723 (VD18 14713314). Exemplar: Soest StA/StB – und Ders.: Pneumatologia Physico-Medica, Das ist: Kurtze und Naturgemäße Betrachtung der Geister, So wie dieselbe einem Medico zu seiner Profession Beydes nach der Thorie [!] und Praxi zu wissen nöthig/Bey müßigen Stunden entworffen Von Achatius Seyffart, Phil. & Med. Doctore […], Frankfurt am Main: [ohne Drucker] 1727 (VD18 11014792).

3871 Michael Förtsch (Foertsch; 1654–1724). Wie Anm. 1026.

3872 „Welche aber ihren Dienst gut versehen, die erwerben sich selbst ein gutes Ansehen und viel Freimut im Glauben an Christus Jesus" (1. Tim 3, 13).

3873 Johannes Heinrich Mellmann (1661–1709) war nach seinem Studium in Gießen, 1682 zunächst Zweiter, dann 1708 Erster Pfarrer an Dortmund-St. Nicolai geworden. Seine Frau Anna Elisabeth Mahler (ca. 1665–1729) war eine Tante des unruhigen Radikalpietisten Peter Mahler († 1728; wie Anm. 203). Bauks Pfarrer (wie Anm. 14), S. 325 (Nr. 4084).

3874 Theodor Hennig (!) Feldmann (1688–1743) hatte in Jena studiert und wurde später zunächst Vierter (1721), dann Dritter (1729; Diakonus) und zuletzt Zweiter Pfar-

mund, Archigymn, Diss. theol., 18. April 1711], Dortmund: Rühl 1711 (VD18 10928820).

[Nr. 24] Abgenöthigte Schutz-Schrifft wider die abscheuliche Schmähe-Schrifft, mit welcher Jost Arnold Scheibler[3875] Ihn für der gantzen Welt zu beschmutzen gesuchet […], Dortmund: Rühl 1711 (HT006256687). Exemplar: Soest StA/StB.

1713 [Nr. 25] [Weitere Ausgabe zu Nr. 10] Clementem Romanum atque Irenaeum non favere missae pontificiae/[…], in: Buddeus, Johann Franz: Dissertationum theologicarum syntagma […], Jena: Gollner 1713 (VD18 11448598).

[Nr. 26] Von der Möglichkeit des thätigen Christenthums, [Vorrede in:] Francke, August Hermann: Kurtze und einfältige jedoch gründliche Anleitung zum Christenthum, Dortmund: [ohne Drucker] 1713.[3876]

1714 [Nr. 27] De politicis idealibus/[Praeses:] Joch, Johann Georg, [Respondent:] Loe, Philipp Theodor von[3877] [Dortmund, Archigymn., Diss. phil., 29. August 1714], Dortmund: Rühl 1714 (VD18 12262137). Exemplar: Soest StA/StB.

[Nr. 28] De peccatis per participationem/[Praeses:] Joch, Johann Georg, [Respondent:] Schultze, Christoph Bernhard[3878] [Dortmund, Archigymn., Diss. theol., 6. September 1713], Dortmund: Rühl 1714 (HT006256533).[3879] Exemplar: Soest StA/StB.

[Nr. 29] De peccatis per participationem/[Praeses:] Joch, Johann Georg, [Respondent:] Syberberg, Johann Alexander[3880] [Dortmund, Archigymn., Diss. theol., 14. März 1714], Dortmund: Rühl 1714 (HT006256538). Exemplar: Soest StA/StB.

---

rer (1733; Archidiakonus) an Dortmund-St. Reinoldi. Bauks, Pfarrer (wie Anm. 14), S. 128 (Nr. 1635).

3875 Justus Arnold Scheibler (1658–1729). Wie Anm. 388.
3876 Nachweis: Esser, Joch (wie Anm. 192), S. 207.
3877 Er stammte wohl aus dem alten westfälischen Adelsgeschlecht Loë, auch Loe (gesprochen „Loh"). Die Herren von Loë gehörten zum Uradel im Vest Recklinghausen. Schumacher, Martin: Artikel „Loë, von (westfälische Adelsfamilie)", in: NDB 15 (1987), S. 13 (Literatur).
3878 Ein Sohn des damaligen Pfarrers von Langendreer Wilhelm Schultze (um 1673–1723), der seit 1700 mit Lucretia Margareta Nungesser, einer Tochter Johann Christoph Nungessers (1640–1700; wie Anm. 53) verheiratet war. Bauks, Pfarrer (wie Anm. 14), S. 462 (Nr. 5724).
3879 Erwähnt in Edition Nr. 29.
3880 Johann Alexander Syberberg (1689–1736) aus Hattingen. Seine Mutter war eine Verwandte des Nungesserschülers Michael Blech (Bleek, Bleck; 1669–1730; wie Anm. 76), eines frühen Korrespondenten August Hermann Franckes (1663–1727; wie Anm. 88) und seit 1701 Frühprediger und Rektor in Bochum. Syberberg studierte von 1714 bis 1716 in Halle und war danach zunächst Konrektor (1716), dann Rektor (1725) in Hattingen. Hier gehörte er zugleich zu den Unterstützern Peter Mahlers († 1728; wie Anm. 203). Bauks, Pfarrer (wie Anm. 14), S. 504 (Nr. 6250).

1715 [Nr. 30] De synodo Tremoniensi sub Henrico II habita/[Praeses:] Joch, Johann Georg, [Respondent:] Schulz (Schulte, Schultz), Johann Bernhard[3881] [Dortmund, Archigymn., Diss. theol., 23. März 1715], Dortmund: Rühl 1715 (VD18 12985813).

[Nr. 31] [Weitere Ausgabe zu Nr. 10] Clementem Romanum atque Irenaeum non favere missae pontificiae/[…], in: Buddeus, Johann Franz: Dissertationum Theologicarum Syntagma […], Jena: Bielcke 1715 (VD18 10209565).

[Nr. 32] [Vorrede in:] Allerneuestes und vollständigstes Dortmundisches Gesang- und Handbuch […], Dortmund: [ohne Drucker] 1715.[3882]

1716 [Nr. 33] Patres primitivae ecclesiae et spec[iatim] Ignatius/[Praeses:] Joch, Johann Georg, [Respondent:] vom Berge, Dietrich (Theodor) Heinrich[3883] [Dortmund, Archigymn., Diss. theol., 11. März 1716], Dortmund: Rühl 1716 (VD18 12951471). Exemplar: Soest StA/StB.

[Nr. 34] Die Hoffnung der Gerechten Aus 2. Tim. IV, 18.[3884] bey Beerdigung Der […] Frauen Annen Catharinen von Friedeborn […] Herrn Peter Mahlers[3885] Treu-verdienten Pastoris zu Derne in der Graffschafft Marck […] Ehe-Genoßin: In einer Gedächtnüß-Predigt Den 18. Jun[ii] 1716. In der Kirche zu Derne […] vorgestellet […], Dortmund: Rühl 1716 (VD18 10451536).[3886]

[Nr. 35] De actuali fidelium in Regno Gratiae beatitudine […]/ [Praeses:] Joch, Johann Georg, [Respondent:] Goesmann, Gottfried Christoph (Wickeda Marcanus) [Dortmund, Archigym., Diss. theol., 1. August 1716], Dortmund: Rühl 1716 (OCoLC 549128401). Exemplar: Halle (Saale) HFSt.

[Nr. 36] [Vorrede in:] David Sigismund Bohnstedt:[3887] Briefliche Antwort und Erklärung auf etliche Lehr-Puncte, So in der von ihm auf die Geburt des Kayserl[ichen] Erb-Printzen gehaltenen und herausgegebenen Predigt berühret […],[3888] Essen: Kauffmann/Dortmund: Rühl 1716 (CT005024088; HT007438468). Exemplar: Münster ULB.

3881 Johann Bernhard Schult (Schulte, Schultz; 1685–1750) studierte ab Juni 1715 in Jena und wurde 1724 Kirchspielsvikar in Lütgendortmund. Bauks, Pfarrer (wie Anm. 14), S. 463 (Nr. 5734).

3882 Nachweis: Esser, Joch (wie Anm. 192), S. 207.

3883 Dietrich (Theodor) Heinrich vom Berge (Berger; †1735). Er wurde 1720 zunächst Adjunkt in Crange, dann dort Pfarrer (1729) und war fortan zugleich Vikar in Herne. Bauks, Pfarrer (wie Anm. 14), S. 32 (Nr. 403).

3884 „Der Herr aber wird mich erlösen von allem Übel und mich retten in sein himmlisches Reich. Ihm sei Ehre von Ewigkeit zu Ewigkeit! Amen" (2. Tim 4, 18).

3885 Peter Mahler (†1728). Wie Anm. 203.

3886 Als weitere Beiträger erscheinen hier Renatus Andreas Kortum (1674–1747; wie Anm. 203), Johannes Kayser (1682–1743, Meinerzhagen; Bauks, Pfarrer [wie Anm. 14], S. 245 [Nr. 3096]), der Arzt Johann Philipp Maul (Maulius; 1662–1727; wie Anm. 964), David Sigismund Bohnstedt (1685–1756; wie Anm. 1124) und Peter Mahler (†1728; wie Anm. 203).

3887 David Sigismund Bohnstedt (1685–1756). Wie Anm. 1124.

3888 3.2 David Sigismund Bohnstedt Nr. 3 (1716).

1717 [Nr. 37] De exitu ex Babele: cuius partem priorem in memoriam secundi repurgatae ecclesiae iubilaei […]/[Praeses:] Joch, Johann Georg, [Respondent:] Empsychovius (Emsinghoff), Johann Christoph (Aquisgranensis Iuliacus)[3889] [Dortmund, Archigym., Diss. theol., 2. November 1717], Dortmund: Rühl 1717 (OCoLC 962409003). Exemplar: Weimar HAAB.

[Nr. 38] [Weitere Ausgabe zu Nr. 37] De exitu ex Babele: cuius partem priorem in memoriam secundi repurgatae ecclesiae iubilaei […], Dortmund: Rühl 1717 (OCoLC 258603653). Exemplare: Halle (Saale) HFSt und Jena ThULB.

[Nr. 39] [Herausgeber:] Panvinio, Onofrio:[3890] De ritu sepeliendi mortuos apud veteres christianos et eorundem coemeteriis liber, iterum editus cum praefatione […], Frankfurt am Main und Leipzig: Bailliar 1717 (VD18 1015941X). Exemplar: Soest StA/StB.

1718 [Nr. 40] [Trauergedicht in:] Wüllner, Zacharias Johannes:[3891] Das mit dem Leidens-Joch auff Erden verwechselte Und Im Himmelreich wiederum gefundene Freuden-Reich: Bey ansehnlicher Leich-Bestattung Der Weyland […] Fr[au] Charlotten Wilhelminen Jochin gebohrnen Freudenreichin Des […] H[err]n Joh[ann] Georg Jochs […] geliebtesten Ehe-Genoßin [19. Mai 1718], Dortmund: Rühl 1718 (HT004257546). Exemplare: Dortmund StLB und Münster ULB.

[Nr. 41] De exitu ex Babele: continuatio I […]/[Praeses:] Joch, Johann Georg, [Respondent:] Dornseiffen, Friedrich Wilhelm (Sprockhövela Marcanus)[3892] [Dortmund, Archigym., Diss. theol., 23. März 1718], Dortmund: Rühl 1718 (OCoLC 962409253). Exemplare: Weimar HAAB.

1720 [Nr. 42] De non iterando baptismo […] anabaptistis praesertim recentioribus opposita/[Praeses:] Joch, Johann Georg, [Respondent:] Regenhertz, Johann Heinrich[3893] [Dortmund, Archigym., Diss. theol., 28. August 1720], Dortmund: Rühl 1720 (VD18 13477455). Exemplar: Soest StA/StB.

3889 Zur Familie Bauks, Pfarrer (wie Anm. 14), S. 117 (Nr. 1495 f.).
3890 Der aus Verona stammende Augustinereremit Onofrio Panvinio (1530–1568) war ein bedeutender Kirchenhistoriker und Altertumsforscher („Antiquar") und dabei zugleich einer der ersten, der die literarischen Quellen der christlichen und vorchristlichen Antike bewusst mit den epigraphischen und archäologischen Funden verband. Heid, Stefan: Onofrio Panvinio, in: Ders./Dennert, Martin (Hg.): Personenlexikon zur Christlichen Archäologie. Forscher und Persönlichkeiten vom 16. bis zum 21. Jahrhundert. Band 2, Regensburg 2012, S. 988–990.
3891 Zacharias Johann Wüllner († 1725) stammte aus Dortmund und war seit 1715 Diakonus (Zweiter Pfarrer) an Dortmund-St. Petri. Bauks, Pfarrer (wie Anm. **14**), S. 573 (Nr. 7115).
3892 Friedrich Wilhelm Dornseiffen († 1755) stammte aus Sprockhövel und studierte ab 1720 in Halle. Er war zunächst Hausprediger in Wischlingen, dann Adjunkt (1724) und zuletzt Pfarrer in Stiepel (so ab 1745). Bauks, Pfarrer (wie Anm. **14**), S. 102 (Nr. 1309).
3893 Johann Heinrich Regenhertz (1701–1743). Er studierte in Jena, wurde 1721 Hausgeistlicher in Wischlingen und danach zunächst Zweiter (1729), dann Erster Pfarrer (1731) an Dortmund-St. Petri. Bauks, Pfarrer (wie Anm. **14**), S. 401 (Nr. 4972).

1722 [Nr. 43] Programma I de meritis iuris consultorum speciatim Jacobi Gothofredi[3894] in historiam ecclesiasticam [...], Erfurt: Grosch 1722 (VD18 14878291). Exemplar: Soest StA/StB.

[Nr. 44] [Vorrede zu:] Schade, Johann Caspar:[3895] Gespräch vom Beichtstuhl (wahrscheinlich: Die schändliche Praxis des Beichtstuhls) und Francke, August Hermann: Vom Mißbrauch des Beichtstuhls), [ohne Ort: ohne Drucker] 1722.[3896]

1724 [Nr. 45] [Vorrede zu und erneuter Hg. von:] Diec[k]mann, Johann Detmer:[3897] Entwurff unvorgreifflicher Gedancken von der Privat-Communion [...], Erfurt und Leipzig: Weinmann 1724 (VD18 1301871X). Exemplar: Soest StA/StB.

1726 [Nr. 46] Johann Georg Jochs Vormahls allhier gewesenen P[rofessoris] P[rimarii] Studii Theol[ogici] [...] Herrlichkeit der Glaubigen, Welche Er in seiner Am H[ohen] Dreyeinigkeits-Feste 1726 [16. Juni] gehaltenen Abschieds-Predigt Einer Volckreichen christlichen Versammlung in der Evangelischen Kirche zum [!] Kauffmännern erbaulicj [!] vorgestellet Und Mit vergiessung vieler Trähnen abgehandelt [...], Erfurt: Jungnicol 1726 (VD18 11527773).

[Nr. 47] De spiritu Attico: Ad Actor[um] XVII comm. XXI[3898] [...] [Wittenberg, Univ., Antrittsvorlesung, 5. Juli 1726], Wittenberg: Knoch 1726 (VD18 1152779X).

1727 [Nr. 48] De conservanda doctrinae evangelicae puritate/[Praeses:] Joch, Johann Georg, [Respondent:] Zimmermann, Christian[3899] [Wittenberg, Univ., Diss. theol., (ohne Tag) März 1727], Wittenberg: Gaebert 1727 (VD18 11524677). Exemplar: Soest StA/StB.

3894 Der Genfer Jurist und Politiker Jacques Godefroy (Iacobus Gothofredus; 1587–1652) war ein bedeutender Rechtshistoriker. Seine wichtigste Arbeit war die Herausgabe eines kritischen und kommentierten Textes des „Codex Theodosianus", d.h. jener Gesetzessammlung, die zur Grundlage des Rechtswesens in den Nachfolgestaaten des Römischen Reiches geworden war. Die gedruckte Ausgabe in vier Bänden erschien erstmals 1665 in Lyon. Dufour, Alfred: Artikel „Jacques Godefroy", in: Historisches Lexikon der Schweiz, https://hls-dhs-dss.ch/de/articles/016282/2005-06-10/ [23.08.2023]. – DNB zu Godefroy: https://d-nb.info/gnd/118974041 [23.08.2023].

3895 Johann Caspar Schade (1666–1698). Wie Anm. 235.

3896 Nachweis: Esser, Joch (wie Anm. 192), S. 208.

3897 Johann Detmer Dieckmann (1682–1726) hatte das Gymnasium in Soest besucht: 9. Mai 1691 nach VII. aufgenommen; 18. Oktober 1692 nach VI. versetzt; 7. Mai 1694 nach V. versetzt; 20. Oktober 1696 nach IV. versetzt; 4. Mai 1699 nach III. versetzt. Kuhlmann, Schülerverzeichnis (wie Anm. 109), S. 272. Seit 1702 studierte er in Jena. Er war ab 1709 Pfarrer in Lohne. Bauks, Pfarrer (wie Anm. 14), S. 96 (Nr. 1238).

3898 „Alle Athener nämlich, auch die Fremden, die bei ihnen wohnten, hatten nichts anderes im Sinn, als etwas Neues zu sagen oder zu hören" (Apg 17, 21).

3899 Christian Zimmermann († 1741) war ein deutsch-lettischer Theologe aus Mitau (Kurland). Er studierte in Wittenberg, wurde 1732 ordiniert und anschließend Pfarrer in Lösern (Liezēre). Von 1741 an wirkte er dann als Pastor in Schwanenburg (Gulbene) und Aahof. DNB zu Zimmermann: https://d-nb.info/gnd/1014866545 [23.08.2023].

[Nr. 49] De studio verbi Divini epist[ola] ad Coloss. cap. III comm. XVI.[3900]/[Praeses:] Joch, Johann Georg, [Respondent:] Jantzen, Johann Jakob[3901] [Wittenberg, Univ., Diss. theol., 4. April 1727], Wittenberg: Gaebert 1727 (VD18 90544390). Exemplar: Soest StA/StB.

[Nr. 50] [Weitere Ausgabe zu Nr. 49] De studio verbi Divini epist[ola] ad Coloss. cap. III comm. XVI. […], Wittenberg: Gaebert 1727 (VD18 1487833X).

[Nr. 51] De Spiritu precum […] [Wittenberg, Univ., Einladung, [ohne Datum; Pfingsten (1. Juni) 1727], Wittenberg: Zimmermann 1727 (VD18 10393757).

[Nr. 52] [Weitere Ausgabe zu Nr. 10] Clementem Romanum atque Irenaeum non favere missae pontificiae/[…], in: Buddeus, Johann Franz: Miscellanea sacra sive dissertationum aliarumque commentationum […] collectio: In tres partes distincta cum indicibus necessariis […], Jena: Bielcke 1727 (VD18 10232982).[3902]

[Nr. 53] [Hg.:] B[eati] Martini Lutheri methodus studii theologici interprete Hieronymo Wellero:[3903] Subiectae sunt notae et appendix de studio biblico aevi apostolici […], Wittenberg: Gaebert 1727 (VD18 13415522).

1728 [Nr. 54] De studio gloriae fidei impedimento ad Iohann[em] cap. V. comm. XLVI.[3904]/[Praeses:] Joch, Johann Georg, [Respondent:] Kellner, Johann Friedrich (Isnaco-Thuringus) [Wittenberg, Univ., Diss. theol., 27. September 1728], Wittenberg: Gaebert 1728 (VD18 90537874). Exemplar: Soest StA/StB.

[Nr. 55] [Weitere Ausgabe zu Nr. 54] De studio gloriae fidei impedimento ad Iohann[em] cap. V. comm. XLVI./ […], Wittenberg: Gaebert 1728 (VD18 14878321).

1729 [Nr. 56] [Beiträger in:] Lob- und Trauer-Gedichte Auf das Absterben Des Hoch-Würdigen, Magnifici, in Gott andächtigen und Hochgelahrten Herrn, Herrn Gottlieb Wernsdorffs,[3905] Der Heiligen Schrifft Hochberühmten Doctoris/Von Abwesend und gegenwärtigen Gönnern u[nd] Freunden gestellet, Und itzo aufs neue zusammen gedruckt, Wittenberg: Schlomach 1729 (VD18 11393424).

3900 „Lasst das Wort Christi reichlich unter euch wohnen: Lehrt und ermahnt einander in aller Weisheit; mit Psalmen, Lobgesängen und geistlichen Liedern singt Gott dankbar in euren Herzen" (Kol 3, 16).

3901 Johann Jakob Jantzen (1677–1738/39) war ein Theologe und Lehrer aus Hamburg und um 1723 Pfarrer in Dommitzsch. DNB zu Jantzen: https://d-nb.info/gnd/122307526 [23.08.2023].

3902 Unter den zahlreichen Beiträgern erscheint auch Gotthilf August Francke (1696–1769). Wie Anm. 452.

3903 Hieronymus Weller (Weller von Molsdorff; 1499–1572) war ein enger Mitarbeiter der Wittenberger Reformatoren. Er war ein einflussreicher Pädagoge und der Reformator Freibergs. Müller, Georg: Artikel „Weller von Molsdorf, Hieronymus", in: ADB 44 (1898), S. 472–476.

3904 „Wenn ihr Mose glaubtet, so glaubtet ihr auch mir; denn er hat von mir geschrieben" (Joh 5, 46).

3905 Gottlieb Wernsdorff (1668–1729). Wie Anm. 197.

1730 [Nr. 57] Rector Academiae Vitembergensis [...] [Lebenslauf des Johannes Paul Schröter (1663–1729)[3906]], [Wittenberg, Univ., Gedenkrede, 9. November 1730], Wittenberg: Gerdes 1730 (HT014302238). Exemplar: Bonn ULB.

1731 [Nr. 58] Ex auctoritate caesarea regia atque electorali rectore Academiae Vitembergensis magnifico [...] domino Iohanne Georgio Iochio theologiae doctore et professore publico ordinario [et; ...] domino Iohanni Christiano Gotthelff Budaeo[3907] Budissa-Lusato iurium licentiato dignissimo summos et doctorales [...] d[ie] VI. Febr[uarii] A. O. R. MDCCXXXI. [invitat/invitant; ...] [Wittenberg, Univ., Einladung, 6. Februar 1731], Wittenberg: Eichsfeld 1731 (VD18 90645898).

[Nr. 59] Rector Academiae Vitembergensis Io[annes] Georgius Iochius theologiae doctor et professor publicus ordinarius [...] civibus academicis salutem plurimam dicit eosdemque ad devotam cum Christo synegersin decenter invitat [...] [Wittenberg, Univ., Einladung, Ostern (25. März) 1731], Wittenberg: Eichsfeld 1731 (VD18 10774726).

[Nr. 60] [Beiträger in:] Berger, Johann Wilhelm:[3908] Commentationes academicae vel ipsius vel magistratus academici nomine conscriptae [...], Wittenberg: Creusig 1731 (VD18 11425318).

Einige weitere, zum Teil heute nicht mehr nachweis-, bzw. sicher datierbare Publikationen (Programme, Predigten, Traktate und Abhandlungen) bei Ranf(f)t, Michael: Leben und Schrifften aller chursächsischen Gottesgelehrten, die mit der Doctor-Würde geprangt und in diesem ietztlauffenden Jahrhundert das Zeitliche geseegnet [...] in 2 Theilen [...], Leipzig 1742 (Register) (VD18 80158714/ VD18 80158722).

Dedikationen Widmungen/Nachrufe/Trauerschriften

1731 [Nr. 1] Als Der Magnificus Hoch-Ehrwürdige, in Gott andächtige und Hochgelahrte Herr, Herr Johann Georg Joch Der Heiligen Schrifft Hochberühmter Doctor, und Professor Publ[icus] Ordinar[ius] des Consistorii Hochverord-

---

3906 Der königlich-polnische und kurfürstlich-sächsische Appellationsrat Johann Paul Schröter (1663–1729) war Stadtsyndikus zu Wittenberg. Seine Ehefrau Anna Maria geb. Wendler (so seit 1685) war eine Tochter des Wittenberger Theologieprofessors Michael Wendler (1610–1671) (aus dem Druck).

3907 Der spätere kursächsische Hofrat und Stadtschreiber zu Camenz Johann Christian Gotthelf Buddeus (Budäus; 1702–1770) war ein Sohn des Johann Franz Buddeus (1667–1729; wie Anm. 316). DNB zu Buddeus: https://d-nb.info/gnd/122703472 [23.08.2023].

3908 Der Wittenberger Professor der Rhetorik Johann Wilhelm von Berger (1672–1751) galt als einer der größten Redner seiner Zeit. Er stammte aus Halle (Saale) und lehrte neben der Rhetorik auch Philosophie und Weltgeschichte. Kathe, Heinz: Die Wittenberger Philosophische Fakultät 1502–1817 (MDF 117), Köln/Weimar/Wien 2002 (Register). – DNB zu Berger: https://d-nb.info/gnd/100033768 [23.08.2023].

neter Assessor und der Schloß-Kirchen Hochverdienter Praepositus Auf der Weltberühmten Universität Wittenberg Nach ausgestandner schweren Kranckheit Den 1. Octobr[is] 1731. In seinem Erlöser sanfft und seelig entschlief Und darauf den 4. Octobr[is] Unter ansehnlicher Leichen-Begleitung in hiesiger Schloß-Kirche beygesetzet wurde Wolte Uber diesen schmertzlichen Verlust Ihres Höchstschätzbaren Ehgemahls Durch nachfolgende wehmüthige Zeilen Ihr gerechtes Betrübniß entdecken Desselben Hinterlassene höchstbetrübte Wittwe Wilhelmina Christina Jochin gebohrne Kellnerin,[3909] Wittenberg: Eichsfeld 1731 (VD18 9045135X).

[Nr. 2] Sterbens-Gedancken Bey dem Seligen Abschiede Herrn Johann Georg Joch, Zu Wittenberg Der heiligen Schrifft Doctor Professor Publicus Ord[inarius] des Consistorii Assessor und bey der Schloß-Kirchen Probst Welcher den 1. Octobr[is] 1731. Nach des Höchsten heiligen Willen erfolget In der Wahrheit Mitleydig abgefasset Von Innen bemeldeten Anverwandten Zu Eisenach Dessen Wahl-Spruch Betrübtes Scheiden kräncket Aber Frohes Wiederkommen tröstet. Es. 35. v. 10.[3910], Wittenberg: Boetius 1731 (VD18 90451295).

[Nr. 3] Inexspectatum obitum viri magnifici, summe venerabilis […] domini Ioannis Georgii Iochii s[ancti]s[simae] theologiae doctoris […] A. MDCCXXXI ipsis Calendis [1. Oktober] Octobr[ibus] […] defuncti quum funus ipsius ad IV. Nonas Octobr[es] [4. Oktober; …] duceretur non sine magno dolore prosequuntur patroni, collegae, amici, Wittenberg: Eichsfeld 1731 (VD18 90451767).

[Nr. 4] Piis manibus viri summe reverendi […] domini Io[hannis] Georgii Iochii s[ancti]s[simae] theologiae doctoris […] ipsis Calend[ibus] Octob[ribus] [1. Oktober] anni MDCCXXXI. vita beate defuncti, hoc, quicquid est, humillime dat, dicat, mareschallici convictus societas […], Wittenberg: Gerdes 1731 (VD18 90451783).

[Nr. 5] Munus parentale viri summe venerandi […] domini Ioannis Georgi Iochii s[ancti]s[simae] theologiae doctoris […] ipsis Calendis Octobribus […] MDCCXXXI [1. Oktober] aestu febrili rebus humanis erepti manibus dedicat veterumque megan epitaphion agōna pie canit ordo theologorum in academia Vitembergensi […], Wittenberg: Koberstein 1731 (VD18 90451775).

[Nr. 6] Wehmüthiger Nachruf Bey Dem tödlichen Hintrit Eines Hochgeehrtesten und Hertzlichgeliebtesten respective Herrn Vaters und Schwieger-Vaters Nemlich Des Weiland Magnifici Hochwürdigen in Gott Andächtigen und Hochgelahrten Herrn Johann George Joch Der Heil[igen] Schrift Hochberühmten Doctoris auf der Universität Wittenberg bisherigen Professoris Theologiae Publ[ici] Ord[inarii] des Hochlöblichen Consistorii Hochansehnlichen Assesso-

---

3909 Jochs zweite Ehefrau (1720) Wilhelmine Christine Keller, die Tochter des (verstorbenen) fürstlichen Vizekanzlers in Eisenach. Bauks, Pfarrer (wie Anm. 14), S. 234 (Nr. 2976).

3910 „Die Erlösten des Herrn werden wiederkommen und nach Zion kommen mit Jauchzen; ewige Freude wird über ihrem Haupte sein; Freude und Wonne werden sie ergreifen, und Schmerz und Seufzen wird entfliehen" (Jes 35, 10).

ris und der Schloß-Kirche Hochverdienten Praepositi etc. Als Derselbige Am 1. Octobr[is] im Jahr 1731. In Jesu sanft und selig entschlief Aus kindlicher Pflicht Unter vielen Seufftzen und Thränen entworffen Von M[agister] Johann Friedrich Kellner Hoch-Fürstl. Sächsischen Stifts-Prediger in Eisenach und Christiana Sophia Kellnerin gebohrner Jochin,[3911] Jena: Horn 1731 (VD18 90451368).

[Nr. 7] Als Der weiland Magnificus Hoch-Würdige in Gott andächtige und Hochgelahrte Herr, Herr Johann Georg Joch, Der heiligen Schrifft hochberühmter Doctor auf der Universitaet Wittenberg Professor Theologiae Ordinarius, des hochlöblichen Consistorii hochansehnlicher Assessor und der Schloß-Kirche hochverdienter Probst, Den 1. Octobr[is] 1731. nach dem Willen seines Jesu das Zeitliche mit dem Ewigen verwechselte, Wolte Hierdurch Des Wohlseligen Rühmliches Andencken bey zubehalten suchen Dessen verschwägerter Wilhelm Andreas Kellner, Med[icinae] Doct[or] Fürstl[ich] Sächß[ischer] Eisenachis[cher] Land-Physicus und der Käyserl[ichen] Academiae Nat[urae] Curios[itatum] Mitglied, Eisenach: Boetius 1731 (VD18 90451333).

[Nr. 8] Epicedia in beati viri memoriam ab exteris patronis et amicis transmissa [Beiträge ex Academia Hallensi, ex Academia Jenensi, ex Erfordia, Isenaco et aliis], [ohne Ort, ohne Drucker] 1731 (VD18 90451791).[3912]

Erwiderungen/Gegenschriften/Verteidigungsschriften

1711 [Nr. 1] Scheibler, Justus Arnold:[3913] Das schnöde Laster der Heucheley […], Dortmund: Rühl 1711 (HT003674892). Exemplar: Soest StA/StB.

[Nr. 2] Ders.: Kurtze Anmerkungen über die so genannte Schutzschrifft J[ohann] G[eorg] Jochs wider die Predigt vom schnöden Laster der Heucheley […], [ohne Ort, ohne Drucker] 1711.[3914]

1713 [Nr. 3] Seyffart, Achatius:[3915] Rechtmässige Ansprach der Liebe an A[lbert Johann] Veltgen[3916] u[nd Johann] F[ranz] Vogten[3917] über d[ie] Fehltritte u[nd]

3911 Die Tochter und der Schwiegersohn des Verstorbenen.
3912 Mit Beiträgen von Joachim Justus Breithaupt (1658–1732; wie Anm. 130), Johann Heinrich Michaelis (1668–1738; wie Anm. 3755), Joachim Lange (1670–1744; wie Anm. 384), Christian Benedikt Michaelis (1680–1764; wie Anm. 3944), Johann Anastasius Freylinghausen (1670–1739; wie Anm. 448), Johann Heinrich Callenberg (1694–1760; wie Anm. 453), Ludwig Christian Vockerodt (1705–1736; Gotha; wie Anm. 440) und vielen weiteren.
3913 Justus Arnold Scheibler (1658–1729). Wie Anm. 388.
3914 Nachweis: Gruch, Pfarrer 4 (wie Anm. 169), S. 376 (Nr. 13593).
3915 Wie Anm. 3870.
3916 Johann Albert Veltgen (1654–1719) aus Eckenhagen. Er war zunächst Hilfsprediger in Leichlingen (so seit 1678), dann Pfarrer in Seelscheid (1679) und zuletzt Erster Pfarrer in Remscheid (so seit 1680). Rosenkranz, Pfarrer (wie Anm. 169), S. 532. – Gruch, Pfarrer 4 (wie Anm. 169), S. 376 (Nr. 13593).
3917 Der aus Dortmund stammende Johann Franz Vogt (1661–1736) hatte in Kiel studiert und war seit 1690 zunächst Zweiter, dann seit 1710 Erster Pfarrer in Lennep. Rosen-

Abweichungen vom rechten u[nd] guten Weg in ihren Schrifften gegen D[oktor] Joch […], [ohne Ort, ohne Drucker] 1713 (HT003741845). Exemplar: Soest StA/StB.

1717 [Nr. 4] Freund, wie bist du herein kommen? Oder Zurück-Weisung H[err]n D[oktor] Jochs, Superintendenten in Dortmund, Aus dem Märckischen Ministerio: Als er Darin einige Actus verrichtet, die Prediger zu Unna in ihrem Synodo generali Erinnerung darüber gethan, und von ihm […] übel angegriffen worden […], Unna: Romberg 1717 (CT005024085; HT006773614). Exemplar: Münster ULB.

[Nr. 5] Freund, wie bist du herein kommen? Oder Zurückweisung D[oktor] Jochs aus dem Märckischen Ministerio von jetzigen Predigern der Ev[angelisch]-luth[erischen] Gemeine zu Unna […], Soest: Hermanni 1717 (HT006773579). Exemplar: Soest StA/StB.

[Nr. 6] [Anonymus:] Wichtige und Wohlbegründete Ursachen/Warumb H[er]r D[okto]r Johann Georg Joch/Superintendens und Gymnasiarcha in Dortmundt/etc. Gar nicht nöhtig habe/Denen Zween auffgeblasenen und schwülstigen darbey Stock-blinden Pharisäern im Unterbergischen Lande/H[err]n Albert [Johann] Veltgen/[3918] Pastoren zu Remscheid/und H[err]n [Johann] Frantz Vogten/[3919] Pastoren zu Lennep/Auff ihre Zanck-süchtige Hader-Schrifften/das geringste zu antworten/Oder über seiner guten und wohl verthädigten Sache/Gegen H[er]rn Jost Arnold Scheiblern/[3920] Diaconum bey St. Reinoldi Kirchen zu Dortmund/sich in einigen Schrifft-Wechsel einzulassen, [ohne Ort, ohne Drucker] 1717 (VD18 13129368). Exemplar: Soest StA/StB.

1726 [Nr. 7] Frisius, Peter:[3921] De quaestione a Jo[hanne] Georg[io] Jochio perverse proposita et perperam decisa: Anne regenitus iam inde a regenerationis tempore usque ad beatam mortem sese ab omni pro[h]aeretico peccato semper continere possit […], [ohne Ort, ohne Drucker] 1726 (VD18 11745207).

[Nr. 8] [Günther, Johann Christian:[3922]] Das zu dem Herrn Jesu Christo, Wider die eindringende Pietistische Schwermer, um Hülffe und Errettung Flehende Wittenberg […], [ohne Ort, ohne Drucker] 1726 (VD18 11962607).

---

kranz, Pfarrer (wie Anm. 169), S. 539. – Gruch, Pfarrer 4 (wie Anm. 169), S. 393 f. (Nr. 13733).

3918 Johann Albert Veltgen (1654–1719). Wie Anm. 3916.
3919 Johann Franz Vogt (1661–1736). Wie Anm. 3917.
3920 Justus Arnold Scheibler (1658–1729). Wie Anm. 388.
3921 Ein unbekannter Pamphletist (Villaco-Carinthio). In VD 18 nachgewiesen sind mehrere nicht auf Joch bezogene Titel aus dem Jahr 1722.
3922 Die Zuschreibung erfolgte offenbar posthum/pseudonym: Der aus Schlesien stammende Lyriker und „poeta laureatus Caesareus" (1716) Johann Christian Günther (1695–1723) hatte, von seinem Vater dazu gedrängt, 1715 ein Medizinstudium in Wittenberg aufgenommen. Sein bald darauf geäußerter Wunsch, seinen Lebensunterhalt als Dichter zu bestreiten, wurde von demselben aber energisch zurückgewiesen. Am Ende war Günther deshalb sogar im Schuldgefängnis gelandet (1717). Stüben, Jens

1727 [Nr. 9] [Anonymus:] Bedencken Einiger Wittenbergischen Studenten Uber die Jochische Gar schlecht abgelauffene Disputation [...], [ohne Ort, ohne Drucker] 1727 (VD18 13386093).

1729 [Nr. 10] [Edzardus, Sebastian:[3923]] Uber den tödtlichen Hintritt Des Mannes Gottes Herrn D[oktor] Gottlieb Wernsdorffs,[3924] Condolentz-Schreiben an seine Pietistische Collegen [Johann Georg] Joch und [...] [Johann Kaspar] Haferung:[3925] Nebst beygefügter Abfertigung eines indiferentistischen Carminificis [...], [ohne Ort, ohne Drucker] 1729 (VD18 10009922).

1733 [Nr. 11] Diaskepsis de desperatione salutari, ad vindicandam orthodoxiam et innocentiam [...] Jo[hannis] Georgii Jochii, s[ancti]s[simae] theol[ogiae] prof[essore,] publice exposita a Iusto Theodoro Scribalio[3926] [...], [ohne Ort, ohne Drucker] 1733 (VD18 11649313).

3.9 Johannes Karthaus (1679–1748)[3927]

1702 [Nr. 1] [Beiträger in:] De his quae in fraudem legis fiunt/[Praeses:] Streit, Johann Philipp,[3928] [Respondent:] Schwartz, Johann Theodor (Altena-Marcanus)[3929] [Erfurt, Univ., Diss. iur., 14. Oktober 1702], Erfurt: Kindleb 1702 (VD18 10424814).

1707 [Nr. 2] [Beiträger in:] Wohlverdientes Denck- und Ehren-Mahl, Welches Dem Weiland Wohl-Edlen [...] Claudio Moritzen, Bey hiesiger Policey Wohlverordneten Vormundschaffts-Beamten, Der Löblichen Bürgerschafft [...] Haupt-

---

(Hg.): Johann Christian Günther (1695–1723). Oldenburger Symposium zum 300. Geburtstag des Dichters (Schriften des Bundesinstituts für Ostdeutsche Kultur und Geschichte, 10), München 1997.

3923 Sebastian Edzardus (Edzard; 1672/73–1736). Wie Anm. 541.
3924 Gottlieb Wernsdorff (1668–1729). Wie Anm. **197**.
3925 Johann Kaspar Haferung (1669–1744), ein milder Orthodoxer und lebenslänger Verehrer Philipp Jakob Speners (1635–1705; wie Anm. 52), wurde 1713 Archidiakon an der Stadtkirche in Wittenberg. Hier war er zunächst außerordentlicher, dann ordentlicher Professor an der theologischen Fakultät (1726) und zweimal Rektor der Leucorea (1736 und 1742). DNB zu Haferung: https://d-nb.info/gnd/122687442 [23.08.2023].
3926 Der aus Meißen stammende Johann David Schreber (Schreiber, Scribalius; 1669–1731) hatte ab 1686 in Leipzig und Kiel studiert. Er wurde 1698 zunächst Lehrer, dann 1705 Konrektor an der Fürstenschule in Meißen. Von hier wechselte er 1716 als Rektor nach Schulpforta. DNB zu Schreber: https://d-nb.info/gnd/129153907 [23.08.2023].
3927 Wie Anm. 315.
3928 Der Jurist Johann Philipp Streit (1653–1738) war zunächst Assessor der juristischen Fakultät in Erfurt gewesen und wirkte dort später als ordentlicher Professor und Regierungsrat. DNB zu Streit: https://d-nb.info/gnd/104334983 [23.08.2023].
3929 Auch er hatte das Soester Gymnasium besucht: Am 13. April 1693 nach IV. aufgenommen; am 22. November 1695 nach III. versetzt. Kuhlmann, Schülerverzeichnis (wie Anm. 109), S. 292.

mann, Wie auch Bey hiesigem Xenodochio Treufleißigen Inspectori, So […] den 16. Jul[ii] des ietztlauffenden 1707ten Jahres alhier in Erffurdt […] im Herrn entschlaffen […], Erfurt: Limprecht 1707 (VD18 90479270).

1714 [Nr. 3] Hauskirche, mit einem Auszuge, aus Joh[ann] Heinr[ich] Behrens[3930] Unterricht von der Kinderzucht[3931] […], Erfurt 1714.[3932]

1717 [Nr. 4] Unterricht von dem Abschiede eines Sterbenden aus der Zeit in die Ewigkeit. Ein Geschenk an seine Gemeinde, beym Abschied in Erfurt […], Erfurt 1717.[3933]

1718 [Nr. 5] Gründliche Anweisung, wie ein evangel[ischer] Christ bey seiner Religion beständig bleiben könne […] [mit einer Vorrede von Johann Franz Buddeus[3934]] […], Jena: Gollner 1718 (HT007213031). Exemplar: Soest StA/StB.

1720 [Nr. 6] Epistola, qua […] domino Henrico Wolfgango Fratzschero,[3935] ministerii evangelici candidato […] summos in philosophia honores, d[ie] 13. Nov[embris] A. MDCCXX. in academia Gerana, eidem conferendos gratulatur […], Dortmund: Rühl 1720 (VD18 13459678).

[Nr. 7] [Weitere Ausgabe zu Nr. 5] Gründliche Anweisung, wie ein Evangelischer Christ bey seiner Religion Beständig bleiben, Gottselig leben, Getrost und selig sterben könne: nebst einer Vorrede Herrn Jo[hannis] Franc[isci] Buddei […], Jena: Gollner (2. Auflage, verbessert und vermehrt) 1720 (VD18 13218026).

1722 [Nr. 8] [Weitere Ausgabe zu Nr. 5] Gru(e)ndliche Anweisung, wie ein Evangelischer Christ bey seiner Religion Besta(e)ndig bleiben, Gottselig leben, Getrost und selig sterben ko(e)nne […] [mit einer Vorrede von Johann Franz Buddeus], Soest: Wolschendorff 1722 (HT007213041). Exemplar: Soest StA/StB.

1723 [Nr. 9] [Weitere Ausgabe zu Nr. 4] Von dem Abschied einer Sterbenden, [ohne Ort, ohne Drucker] 1723.[3936]

[Nr. 10] Christliche Heurathsvorschla(e)ge, vor alle, die eine gute Parthie im Heurathen treffen und glu(e)cklich in der Ehe seyn wollen […], Erfurt 1723.[3937]

1729 [Nr. 11] Biblischer Spruch-Katechismus […], [ohne Ort, ohne Drucker] 1729 [?].[3938]

3930 Johann Heinrich Behrens (1661–1743), Pastor Primarius in Diepholz. DNB zu Behrens: https://d-nb.info/gnd/120254603 [23.08.2023].
3931 Nicht nachgewiesen.
3932 Nachweis: Jöcher/Adelung, Ergänzungsband 3 (wie Anm. 1124), Sp. 117.
3933 Ebd.
3934 Johann Franz Buddeus (1667–1729). Wie Anm. 316.
3935 Heinrich Wolfgang Fratzscher (1694–1757) hatte in Halle (1711) und in Erfurt (hier 1720 Magister) studiert und wirkte ab 1722 als Pfarrer in Marbach. Von hier ging er 1728 als Oberpfarrer an die Thomaskirche in Erfurt und war dort zugleich außerordentlicher Professor der Philosophie. – DNB zu Fratzscher: https://d-nb.info/gnd/121867498 [23.08.2023].
3936 Nachweis: Jöcher/Adelung, Ergänzungsband 3 (wie Anm. 1124), Sp. 117.
3937 Ebd.
3938 Ebd.

1737 [Nr. 12] Pyrographia sacra, d[as] i[st], theologischer Unterricht von Feuersbru(e)nsten, nebst einer biblischen Anweisung zum glu(e)cklichen und dauerhaften neuen Ha(e)userbau [...], Erfurt (2. Auflage) 1737.[3939]

1742 [Nr. 13] [Weitere Ausgabe zu Nr. 5] Gru(e)ndliche Anweisung, wie ein Evangelischer Christ bey seiner Religion Besta(e)ndig bleiben, Gottselig leben, Getrost und selig sterben ko(e)nne [...] [mit einer Vorrede von Buddeus, Johann Franz] [...], Soest: [Wolschendorff] (4. Auflage, verbessert und vermehrt) 1742 (VD18 1172997X).

1747 [Nr. 14] Erste Zuschrift eines Vaters an seinen lieben Sohn [...] Christian Henrich Carthaus[3940] [...] als derselbe von Wetter nach [...] der Stadt Hagen [...] 1747 [...] erwählet und berufen [...], Dortmund: Baedeker 1747 (HT007213629). Exemplar: Soest StA/StB.

[Nr. 15] Betrübtes Nachsehen eines alten Vaters [...] [Gratulationsschrift zur Hochzeit von Johann Diederich Franz Ernst von Steinen[3941] und Johanna Sophia Charlotta Karthaus, 24. Oktober 1747], Dortmund: Baedeker 1747 (HT007213241). Exemplar: Soest StA/StB.

Die Anzahl der zu Karthaus Lebzeiten erschienenen Schriften etc. muss noch deutlich größer gewesen sein.[3942]

Dedikationen/Widmungen/Nachrufe/Trauerschriften

1699 [Nr. 1] [Widmungsempfänger in:] Ros Mellis, Non Ros, Nec Mellis Ros, der ungleich angegebene Honig-Thau/[Praeses:] Tromsdorff, Johann Samuel,[3943] [Respondent:] Wieffel, Johann (Gummerspachio-Marcano-Westphalus) [Erfurt, Univ., Diss. med., 30. August 1699], Erfurt: Müller 1699 (VD17 1:060952Y).

1705 [Nr. 2] [Gefeierter in:] Chartacea honoris domus [...] domino Johanni Karthaus, Lennepâ-Mont[ano] Westphalo, r[everendi] ministerii evang[elici] candi-

---

3939   Ebd.
3940   Der noch in Erfurt geborene Christian Heinrich Karthaus (1717–1774) hatte in Halle studiert und ging 1742 als Pfarrer nach Wetter. Von hier wechselte er 1747 als Erster Pfarrer nach Hagen. Bauks, Pfarrer (wie Anm. 14), S. 245 (Nr. 3088).
3941   Johann Dietrich Franz Ernst von Steinen (1724–1797) war seit 1759 Pfarrer in Frömern und ab 1766 zugleich Generalsuperintendent der lutherischen Synode der Grafschaft Mark. Seine Frau Johanna Sophie Charlotte Karthaus, eine Tochter des Johannes Karthaus (1679–1748; wie Anm. 315), starb bereits 1748. Bauks, Pfarrer (wie Anm. 14), S. 490 (Nr. 6075).
3942   Vgl. Jöcher/Adelung, Ergänzungsband 3 (wie Anm. 1124), S. 117: „Verschiedene Lieder, Disputationen und andere kleine Abhandlungen."
3943   Johann Samuel Trommsdorff (Tromsdorf; 1676–1713) hatte erst zwei Jahre zuvor den Magistertitel erworben. Er wurde 1699 zunächst Diakon, dann 1703 Pfarrer der Andreaskirche in Erfurt. Billig, Wolfgang: Thüringische Pastoren VI: Johann Samuel Tromsdorf, 1699–1713 Pfarrer an St. Andreas zu Erfurt, in: MFK, Band 25 (1984), S. 554–559 und Band 28 (1987), S 552–553. – DNB zu Trommsdorff: https://d-nb.info/gnd/124973868 [23.08.2023].

dato et philosophiae magistrando dignissimo, cum eidem die 22. Aprilis anni currentis 1705. in perantiqua hac Erffurtensium Universitate summus in philosophia gradus doctoralis, quem vulgo magisterium vocant, publice et solenniter conferretur [...], Erfurt: Grosch 1705 (VD18 90477472).

[Nr. 3] [Gefeierter in:] Statua honoris marmorea: Cum praestantissimus [...] juvenis Johannes Carthaus a spectabili in Alma Gerana Philosophorum Collegio iura ac privilegia magisterialia [...] multa cum laude obtineret [22. April 1705] erecta et [...] gratulationibus exornata per patronos fautores amicos [...], Erfurt: Müller 1705 (VD18 90477480).

1712 [Nr. 4] [Widmungsempfänger in:] De Proverbiis Salomonis/[Praeses:] Michaelis, Christian Benedikt,[3944] [Respondent:] Fratzscher, Heinrich Wolfgang[3945] [Halle, Univ., Diss. theol., (ohne Tag) August 1712], Halle: Henckel 1712 (VD18 90127099). Exemplar: Soest StA/StB.

[Nr. 5] [Weitere Ausgabe zu Dedikationen/Widmungen/Trauerschriften/Nachrufe Nr. 4] [Widmungsempfänger in:] De Proverbiis Salomonis/[...], Halle: Henckel 1712 (VD18 15028445).

1748 [Nr. 6] Hüttemann, Johann Caspar:[3946] Der unsterbliche Ruhm [...] [Leichenpredigt auf Johannes Karthaus, 23. August 1748], Dortmund: [ohne Drucker] 1748 (HT006475923). Exemplar: Soest StA/StB.

[Nr. 7] Revelmann, Johann Konrad:[3947] Die Übergabe der unsterblichen Seele [...] [Leichenpredigt auf Johannes Karthaus, 23. August 1748], Dortmund: [ohne Drucker] 1748 (HT006475919). Exemplar: Soest StA/StB.

3944 Christian Benedikt Michaelis (1680–1764) war ein einflussreicher Orientalist in Halle (1708 Adjunkt der Philosophische Fakultät, dort 1713 zunächst außerordentlicher, dann 1715 ordentlicher Professor der Philosophie und Leiter der Universitätsbibliothek, 1731 Professor der Theologie und zugleich ab 1738 Professor der orientalischen Sprachen). Siegfried, Carl Gustav Adolf: Artikel „Michaelis, Christian Benedikt", in: ADB 21 (1885), S. 676f.

3945 Heinrich Wolfgang Fratzscher (1694–1757). Wie Anm. 3935.

3946 Johann Caspar Hüttemann (1696–1756) hatte ab 1715 in Jena studiert und war 1718 Pfarrer in Solingen geworden. Von hier war er dann 1722 als Pfarrer nach Voerde gewechselt. Bauks, Pfarrer (wie Anm. 14), S. 227 (Nr. 2895).

3947 Johann Konrad Revelmann (ca. 1685–1749). Wie Anm. 3721.

3.10 Johann Daniel Kluge (1701–1768)[3948]

1720 [Nr. 1] De somnio uxoris Pilati, occasione verborum Matth. XXVII. comm. 19.[3949]/[Praeses:] Leo, Johann Gottfried,[3950] [Respondent:] Kluge, Johann Daniel (Leucopetr. Misn. Alumnus Ducalis) [Weißenfels, Gymn., Diss. theol., 3. April 1720], Halle: Hiliger 1720 (VD18 14998661). Exemplar: Soest StA/StB.

1721 [Nr. 2] Diatribe […] qua sitim in cruce languentis Jesu ex Ioann[em] XIX. comm. XXIIX.[3951] […] sistit auctor/[Praeses:] Leo, Johann Gottfried, [Respondent:] Kluge, Johann Daniel [Weißenfels, Gymn., Diss. theol., 16. April 1721], Weißenfels: Leg 1721 (VD18 14998653).

[Nr. 3] De undecies mille virginibus/[Praeses:] Leo, Johann Gottfried, [Respondent:] Kluge, Johann Daniel [Weißenfels, Gymn., Diss. phil., 18. November 1721], Weißenfels: Leg 1721 (VD18 14998718).

1722 [Nr. 4] De Paulo Nasiraeo/[Praeses:] Reineccius, Christian,[3952] [Respondent:] Kluge, Johann Daniel [Weißenfels, Gymn., Diss. phil., 26. März 1722], Weißenfels: Leg 1722 (VD18 15069842).

1728 [Nr. 5] [Gemeinsam mit Neumeister, Erdmann:[3953]] Herrn M[agister] Adam Bernds[3954] Bisherigen Catecheten und Predigers bey Der Peters-Kirche in Leipzig Abweichungen Von denen Von ihm theuer beschworenen Symbolischen Bü-

---

3948 Wie Anm. 533.
3949 „Und als er auf dem Richterstuhl saß, schickte seine Frau zu ihm und ließ ihm sagen: Habe du nichts zu schaffen mit diesem Gerechten; denn ich habe heute viel erlitten im Traum um seinetwillen" (Mt 27, 19).
3950 Johann Gottfried Leo (Löwe; 1689–1747) hatte in Leipzig studiert und war 1717 fürstlicher Mittagsprediger und Gymnasialprofessor in Weißenfels geworden. Dem folgten dort schon bald weitere Funktionen (1718 Hofdiakon, 1728 Konsistorialrat, 1737 Hauptpastor/Superintendent). – DNB zu Leo: https://d-nb.info/gnd/102451303 [23.08.2023].
3951 „Danach, als Jesus wusste, dass schon alles vollbracht war, spricht er, damit die Schrift erfüllt würde: Mich dürstet" (Joh 19, 28).
3952 Der Hebraist, Theologe und Pädagoge Christian Reineccius (1667–1752) hatte von 1688 bis 1690 in Helmstedt studiert und war danach Prediger in Magedeburg gewesen. Dieser Tätigkeit waren weitere Studien in Rostock (1692) sowie Leipzig (1694) und Halle gefolgt. Zeitweilig als Privatdozent in Leipzig lebend, war Reineccius dann 1721 Rektor des Gymnasium Augusteum in Weißenfels geworden. Er sollte dieses Amt bis zu seinem Tode innehaben. Siegfried, Carl Gustav Adolf: Artikel „Reineccius, Christian", in: ADB 28 (1889), S. 15–17. – DNB zu Reineccius: https://d-nb.info/gnd/124039057 [23.08.2023].
3953 Erdmann Neumeister (1671–1756). Wie Anm. 534.
3954 Adam Bernd (Christianus Melodius; 1676–1748) hatte seit 1699 in Leipzig studiert und war dort 1712 Oberkatechet an der Peterskirche geworden. Wegen seiner Kritik am orthodoxen Luthertum wurde er dann aber (auch auf Betreiben Neumeisters) 1728 suspendiert. Rommel, Otto: Artikel „Bernd, Adam", in: NDB 2 (1955), S. 106. – Zimmermann, Hildegard: Adam Bernd, in: Dies.: Caspar Neumann und die Entstehung der Frühaufklärung. Ein Beitrag zur schlesischen Theologie- und Geistes-

chern; Aus Dessen Anno 1727. edirtem Unterscheide der Morale Christi Und der Pharisäer[3955] Jhm selbst zu ungeheuchelter Besserung Allen redlich-gesinnten Lutheranern Zu nöthiger Warnung und wachsamer Fürsichtigkeit Jn der Furcht des Herrn Angezeiget […], [ohne Ort, ohne Drucker] 1728 (VD18 12398861).

1729 [Nr. 6] Iuveni optimae indolis magnaeque spei domino Christiano Wincklero[3956] Lipsiensi natalem nonum decimum congratulatur et simul consilium syntagmatis confessionum ecclesiae Lutheranae Latini et Germanici […], Hamburg: Benekius 1729 (VD18 11534664).

[Nr. 7] [Hebräische Übersetzung des 1. Teils der Confessio Augustana:] Torat ha-emunah: ele rishon: asher hevi'uah mi- etsat arim e-'arim le-melekh gadol [C]arolus ha- amishi be-'edat rashe memlekhet ha- odesh be-Augsburg e-asher lo nehefakh bah me-uma […]/ e-he'etik et kol eleh mi-leshon Ashkenaz bi-leshon odesh Yo anan Daniyel [K]lug min ha-'ir ayzenfels; e-nosaf ha-shir ha-maśkil et kol rashe ha-Torah ha-zot asher 'aśah bi-devar adoni śar u-gedol be-Yiśra'el Kris iyanus pa at [sic] Saksoniyah a-go. Yo anan Da[v]id Shiferde[ck]er z.l.[3957] […], Hamburg: Stromer [489 = 1728 oder 1729] (Hebräisch und Deutsch auf gegenüberliegenden Spalten) (OCoLC 246389778). Exemplare: Rostock UB und Wolfenbüttel HAB.[3958]

[Nr. 8] [Gemeinsam mit Neumeister, Erdmann:[3959]] Herrn D[oktor] Bernhard Walther Marpergers[3960] Ober-Hof-Predigers, Kirchen-Raths und Ober-Consistorial-Assessoris zu Dreßden Abweichungen Von denen Von Ihm theuer beschwornen Symbolischen Büchern; Aus dessen zwo Predigten Von der Quelle der

---

geschichte im Zeitalter des Pietismus, Witten 1969, S. 130–139. – DNB zu Melodius: https://d-nb.info/gnd/1077798164 [23.08.2023].

3955 Bernd, Adam: Unterscheid der Morale Christi, und der Pharisäer; samt einem Summarischen Entwurff des Jahrganges, das Leichte und Schwere im Christenthum, genandt […], Leipzig: Heinsius 1727 (VD18 13954849).

3956 Er studierte in Leipzig und erscheint 1727 als Respondent einer hebraistischen Disputation unter dem Vorsitz des Philologen Franz Woken (1685–1734). DNB zu Winckler: https://d-nb.info/gnd/143006290 [23.08.2023].

3957 Johann David Schieferdecker (1672–1721), ein versierter Liederdichter, 1690 Student in Leipzig, 1692 dort Magister, danach Dozent für orientalischen Sprachen in Leipzig und von 1698 bis 1721 Professor der Theologie am Gymnasium Weißenfels (Nachfolger seines Vaters). Von Liliencron, Rochus: Artikel „Schieferdecker, Johann David", in: ADB 31 (1890), S. 179.

3958 Nachweis: Jöcher/Adelung, Ergänzungsband 3 (wie Anm. 1124), S. 532. – Als Zielgruppe kommen bei diesem Unternehmen eigentlich nur jüdische Gelehrte in Betracht.

3959 Erdmann Neumeister (1671–1756). Wie Anm. 534.

3960 Bernhard Walther Marperger (1682–1746) stammte aus Hamburg. Er wurde 1705 Pfarrer in Nürnberg und war dann seit 1724 Oberhofprediger des sächsischen Kurfürsten August des Starken und in dieser Funktion oberster sächsische Kirchenrat und Oberkonsistorialassessor. L.u.: Artikel „Marperger, Bernhard Walter", in: ADB 20 (1884), S. 405. – DNB zu Marperger: https://d-nb.info/gnd/11678881X [23.08.2023].

Reinigkeit[3961] Und Der Quelle alles Guten[3962] Jngleichen aus Dem ersten Theile des Lehr-Elenchi[3963] Jhm Selbst zu ungeheuchelter Besserung Allen redlich-gesinnten Lutheranern Zu nöthiger Warnung und wachsamer Fürsichtigkeit in der Furcht des Herrn Angezeiget, [ohne Ort, ohne Drucker] 1729 (VD18 12285471).

[Nr. 9] Unverändertes Bekänntniß des Glaubens, welches einige Fürsten und Städte Kaiser Carl V. 1530 zu Augsburg übergeben. Der erste Theil. Nebst einem Liede, so auf Befehl Herrn Christian, Herzogs zu Sachsen, von weyland Dr. Joh[ann] Dav[id] Schieferdeckern[3964] verfertiget worden und den Gehalt der gantzen Augspurgischen Confession in sich fasset; aus dem Teutschen Ebräisch übersetzet, Hamburg: [ohne Drucker] 1729.[3965]

1730 [Nr. 10] Causam autographi germanici Augustanae Confessionis in tabulario Moguntino hodieque superstitis disceptat […] [Dortmund, Archigymn., Antrittsrede, 8. November 1730], Dortmund: Froberg 1730 (VD18 14970309).

[Nr. 11] Mutationem Augustanae Confessionis privato Philippi Melanchthonis ausu temere susceptam 1 [von 4]/[Praeses:] Kluge, Johann Daniel, [Respondent:] Barop, Hermann Zacharias[3966] [Dortmund, Archigymn., Diss. theol., (ohne Datum) 1730], Dortmund: Froberg 1730 (OCoLC 258001353). Exemplare: Göttingen SUB und Halle (Saale) ULB.

[Nr. 12] [Gemeinsam mit Neumeister, Erdmann:[3967]] Herrn D. Joh[ann] Gottlob Pfeiffers[3968] Abweichungen von den von ihm theuer beschworenen symbolischen Büchern, aus derjenigen Vorrede, welche er der Scheiblerischen aurifodinae vorgesetzet,[3969] ihm selbst zu ungeheuchelter Besserung, allen redlich gesinnten

---

3961 Marperger, Bernhard Walther: Die Quelle der Reinigkeit: Bey der Sonntags-Andacht, Ihrer Majestät, der Königin in Pohlen, und Churfürstin zu Sachsen, Domin[ica] XIV. p[ost] Trinit[itatem] [2. September 1725] im Kayser Carls-Bad, gewiesen […], Dresden/Leipzig: Mieth 1725 (VD18 11197935).

3962 Marperger, Bernhard Walther: Die Quelle Alles Guten, Bey der Sonntags-Andacht, Ihrer Majest[ät,] der Königin in Pohlen, und Churfürstin zu Sachsen, Domin[ica] XV. p[ost] Trin[itatem] [9. September 1725], im Käyser Carls-Bad, gewiesen/[…], Dresden/Leipzig: Mieth 1725 (VD18 11555165).

3963 Vgl. Neumeister, Erdmann: Beweis, daß die Marpergerische so genannte Schrifftmäßige Betrachtung des Lehr-Elenchi nicht Schrifftmäßig sey/[…], [ohne Ort, ohne Drucker] 1727 (VD18 11428112).

3964 Johann David Schieferdecker (1672–1721). Wie Anm. 3957.

3965 Nachweis: Jöcher/Adelung, Ergänzungsband 3 (wie Anm. 1124), S. 532. – Esser, Kluge (wie Anm. 533), S. 267 (Nr. 3).

3966 [Stammbucheintrag]: Jena: 15. April 1735; in: Stammbuch Georg Gottlieb Preu (1710–1758), [ohne Ort, 1733–1740], S. 276. Exemplar: Weimar HAAB.

3967 Erdmann Neumeister (1671–1756). Wie Anm. 534.

3968 Johann Gottlob Pfeiffer (1667–1740). Wie Anm. 1675.

3969 Christophori Scheibleri, Weyland um die Kirche JEsu Christi hochverdienten Theologi […] Aurifodina Theologica, Oder Theologische und geistliche Gold-Grube, Das ist: Teutsche Theologia Practica: Darinnen […] zu finden, was sowohl einem Studioso Theologiae und angehenden Prediger […] von der Glaubens- Sitten- und Trost-

Lutheranern zu nöthiger Warnung und wachsamer Vorsichtigkeit angezeigt, [ohne Ort, ohne Drucker] 1730 (VD18 11780312).[3970]

1731 [Nr. 13] Vita, in: Weidner (Weidener), Johann Joachim:[3971] Einladung zur nachfolgenden Disputation, Rostock: [ohne Drucker] 1731, S. 7–15.[3972]

[Nr. 14] Visitationes visitatoriorum quatuor Articulorum Saxonicorum ad evincendum Lutheranorum et Reformatorum: In iisdem fundamentalem consensum dissensumque praeter fundamentalem ab Samuel Strimesio[3973] infeliciter tentatae/ quarum primam De persona Christi dissertatione inaugurali[3974] […]/[Praeses:] Weidner (Weidener), Johann Joachim, [Respondent:] Kluge, Johann Daniel [Rostock, Univ., Diss. theol., 18. April 1731], Rostock: Adler 1731 (VD18 10995773).

[Nr. 15] [Weitere Ausgabe zu Nr. 14] Visitationes visitatoriorum quatuor Articulorum Saxonicorum […] Rostock: Adler 1731 (VD18 11018879).

[Nr. 16] Mutationem Augustanae confessionis privato Philippi Melanchthonis ausu temere susceptam 2 [von 4]/[Praeses:] Kluge, Johann Daniel, [Respondent:] Quitmann, Johann Friedrich[3975] [Dortmund, Archigymn., Diss. theol., (ohne Datum) 1731], Dortmund: Froberg 1731 (OCoLC 258001853). Exemplare: Göttingen SUB und Halle (Saale) ULB.

[Nr. 17] Mutationem Augustanae confessionis privato Philippi Melanchthonis ausu temere susceptam 3 [von 4]/[Praeses:] Kluge, Johann Daniel, [Respondent:]

Lehre, zu wissen von nöthen […]; Und mit Unterschiedlichen sehr nützlichen Registern, Wie auch Mit einem Anhange etlicher Trauer- Leichen- und Buß-Predigten herausgegeben/Nunmehro aber nach Abgang der ersten Auflage […] zum andern mahl dem Druck überlassen, und mit einer Neuen Vorrede versehen/Von Johann Gottlob Pfeiffern, der Heil[igen] Schrifft Doctore und Professore Publico in Leipzig, Leipzig: Lanckisch und Rothe 1727 (VD18 11595175).

3970 Esser, Kluge (wie Anm. 533), S. 267 (Nr. 2b).
3971 Johann Joachim Weidner (Weidener; 1672–1732) hatte in Rostock studiert und dort auch seine akademischen Grade erworben (1696 Magister; 1706 Doktor der Theologie). Seit 1715 Pfarrer an Rostock-St. Marien, wurde er dort schließlich 1716 auch ordentlicher Professor der Theologie. Ab 1721 Senior der Fakultät, war er bald mehrfach Rektor der Universität und zugleich Direktor des geistlichen Ministeriums (so ab 1727). DNB zu Weidner: https://d-nb.info/gnd/104197412 [23.08.2023].
3972 Esser, Kluge (wie Anm. 533), S. 266 (Nr. 6a).
3973 Der in Königsberg geborene reformierte Theologe Samuel Strimesius (Strimes; 1648–1730; Abb. 147) hatte in Frankfurt (Oder) studiert und war dort seit 1672 zunächst außerordentlicher Professor der Philosophie, dann seit 1673 ordentlicher Professor der Physik gewesen. Von hier wechselte er 1696 auf eine ordentliche Professor der Theologie. Tschackert, Paul: Artikel „Strimesius, Samuel", in: ADB 36 (1893), S. 595f. – DNB zu Strimesius: https://d-nb.info/gnd/117676772 [23.08.2023].
3974 De persona Christi, contra Sam[uelem] Strimesium, diss[ertatio] inaugur[alis] […], Rost[ock] 1731. Jöcher/Adelung, Ergänzungsband 3 (wie Anm. 1124), Sp. 532.
3975 Der Arzt Johann Friedrich Quitmann (ca. 1710–1764) stammte aus Hattingen. Er wirkte später in Halle (Franckesche Stiftungen) und starb in Iserlohn. DNB zu Quitmann: https://d-nb.info/gnd/1055538852 [23.08.2023].

Abb. 147: Samuel Strimesius (Strimes; 1648–1730). Kupferstich des Martin Bernigeroth (1670–1733), in Leipzig tätig, 1707. (Wien ÖNB, Bildarchiv und Grafiksammlung, PORT_00133731_01)

Borberg, Karl Nikolaus[3976] [Dortmund, Archigymn., Diss. theol., (ohne Datum) 1731], Dortmund: Froberg 1731 (OCoLC 258001008). Exemplare: Göttingen SUB und Halle (Saale) ULB.

[Nr. 18] Mutationem Augustanae confessionis privato Philippi Melanchthonis ausu temere susceptam 4 [von 4]/[Praeses:] Kluge, Johann Daniel, [Respondent:] Fley, Johann Franz[3977] [Dortmund, Archigymn., Diss. theol., (ohne Datum)

3976 Karl Nikolaus Borberg (1707–1737) stammte aus Dahl. Er studierte seit 1732 in Gießen und wurde 1734 nach Dahl berufen, bestand aber das (noch abzulegende) Examen nicht. Da der König die Wiederholung ablehnte, konnte er die Stelle nicht antreten. Bauks, Pfarrer (wie Anm. 14), S. 50 (Nr. 657).

3977 Johann Franz Fley (1708–1759) stammte aus Dortmund. Er studierte ab 1732 in Rostock und wurde Hausprediger in Wischlingen. 1739 in Halle unter Gewaltanwendung zum Militärdienst gepresst, diente er acht Jahre lang als Soldat im Anhaltischen

1731], Dortmund: Froberg 1731 (OCoLC 258001028). Exemplare: Göttingen SUB und Halle (Saale) ULB.

[Nr. 19] Primitiae Tremonienses Programma (de autographo Germanico Augustanae Confessionis hodieque superstite) et Orationem [...] [Dortmund, Archigymn., Programm, (ohne Datum) 1731], Hamburg: Kissner 1731 (VD18 14970341).

[Nr. 20] [Weitere Ausgabe zu Nr. 19] Programma de autographo Germanico Augustanae Confessionis hodieque superstite [...], Hamburg: [ohne Drucker] 1731 (VD18 14970295). Exemplar: München BSB.

[Nr. 21] Augustana Confessio cum symbolis oecumenicis de principatu contendens [...] Oratio inaug[uralis] [...], Hamburg: [ohne Drucker] 1731 (VD18 14970317).[3978]

[Nr. 22] Ecloga in pericopen epistolicam primae, secundae, tertiae, quartae diei dominicae Adventus [...]/[Dortmund, Archigymn., Schulprogramme, (ohne Datum) 1731], Dortmund: Froberg 1731 ff. [bis mindestens 1743] (VD18 11025174).

[Nr. 22.1] Ecloga in pericopen epistolicam primae diei dominicae Adventus [2. Dezember]/[Praeses:] Kluge, Johann Daniel, [Respondent:] Starmann, Johann Ludolph (Ludwig)[3979] [Dortmund, Archigymn., Diss. theol., (ohne Datum) 1731], Dortmund: Froberg 1731 (OCoLC 254885143). Exemplar: Göttingen SUB.

[Nr. 22.2] Ecloga in pericopen epistolicam secundae diei dominicae Adventus [9. Dezember]/[Praeses:] Kluge, Johann Daniel, [Respondent:] Wiesmann, Johann Friedrich[3980] [Dortmund, Archigymn., Diss. theol., (ohne Datum) 1731], Dortmund: Froberg 1731 (OCoLC 254885856). Exemplar: Göttingen SUB.

1732 [Nr. 22.3] Ecloga in pericopen epistolicam tertiae diei dominicae Adventus [14. Dezember]/[Praeses:] Kluge, Johann Daniel, [Respondent:] Landmann, Henrich (Luna-Marcanus)[3981] [Dortmund, Archigymn., Diss. theol., (ohne Datum) 1732], Dortmund: Froberg 1732 (OCoLC 254885988). Exemplar: Göttingen SUB.

[Nr. 22.4] Ecloga in pericopen epistolicam quartae diei dominicae Adventus [21. Dezember]/[Praeses:] Kluge, Johann Daniel, [Respondent:] Middendorf, Franz

---

Regiment. Vom König freigelassen, wurde er 1747 Feldprediger dieses Regiments. Bauks, Pfarrer (wie Anm. 14), S. 133 (Nr. 1710).

3978 Esser, Kluge (wie Anm. 533), S. 267 (Nr. 3b; mit falscher Datierung).

3979 Johann Ludolph (Ludwig) Starmann (1713–1764) stammte aus Herbede. Er immatrikulierte sich 1732 in Halle und wurde 1741 Pfarrer in Wellinghofen. Bauks, Pfarrer (wie Anm. 14), S. 486 (Nr. 6033).

3980 Johann Friedrich Wiesmann stammte aus Stiepel († 1779). Er studierte seit 1733 in Rostock und war von 1747 bis 1749 Pfarrverweser in Ründeroth. Später wurde er Garnisonspfarrer (Namur) und wirkte zugleich ab 1770 als Vikar an Hattingen-St. Stephani. Bauks, Pfarrer (wie Anm. 14), S. 558 (Nr. 6942).

3981 Henrich Landmann (1711–1755) aus Lünen. Er studierte in Jena (1733) und Halle und wurde 1737 Zweiter Pfarrer in Lünen. Bauks, Pfarrer (wie Anm. 14), S. 290 (Nr. 3628).

Gisbert[3982] [Dortmund, Archigymn., Diss. theol., (ohne Datum) 1732], Dortmund: Froberg 1732 (OCoLC 254886095). Exemplar: Göttingen SUB.

[Nr. 22.5] Ecloga in pericopen epistolicam primae diei dominicae post Epiphania [12. Januar]/[Praeses:] Kluge, Johann Daniel, [Respondent:] Schäffer, Kaspar Heinrich[3983] [Dortmund, Archigymn., Diss. theol., (ohne Datum) 1732], Dortmund: Froberg 1732 (OCoLC 254887119). Exemplar: Göttingen SUB.

[Nr. 22.6] Ecloga in pericopen epistolicam secundae diei dominicae post Epiphania [19. Januar]/[Praeses:] Kluge, Johann Daniel, [Respondent:] Davidis, David[3984] [Dortmund, Archigymn., Diss. theol., (ohne Datum) 1732], Dortmund: Froberg 1732 (OCoLC 254886493). Exemplar: Göttingen SUB.

[Nr. 22.7] Ecloga in pericopen epistolicam tertiae diei dominicae post Epiphania [26. Januar]/[Praeses:] Kluge, Johann Daniel, [Respondent:] Mellinghaus, Johann Heinrich[3985] [Dortmund, Archigymn., Diss. theol., 31. Januar 1732], Dortmund: Froberg 1732 (OCoLC 254888034). Exemplare: Dortmund StLB und Göttingen SUB.

[Nr. 22.8] Ecloga in pericopen epistolicam quartae diei post Epiphania [2. Februar]/[Praeses:] Kluge, Johann Daniel, [Respondent:] Stolle, Johann Gottlieb[3986] [Dortmund, Archigymn., Diss. theol., 6. Februar 1732], Dortmund: Froberg 1732 (OCoLC 254887396). Exemplare: Dortmund StLB und Göttingen SUB.

[Nr. 22.9] Ecloga in pericopen epistolicam dominicae diei quae vulgo audit Septuagesima [8. Februar]/[Praeses:] Kluge, Johann Daniel, [Respondent:] Michels, Christoph (Amstelodamensis)[3987] [Dortmund, Archigymn., Diss. theol., (ohne Datum) 1732], Dortmund: Froberg 1732 (OCoLC 254888131). Exemplar: Göttingen SUB.

[Nr. 22.10] Ecloga in pericopen epistolicam dominicae diei quae vulgo audit Sexagesima [15. Februar]/[Praeses:] Kluge, Johann Daniel, [Respondent:] Erben,

---

3982 Franz Gisbert Middendorp (Middendorff; 1712–1774) sollte schon bald in Jena (1733) und in Halle (1735) studieren. Er wurde 1736 Zweiter Pfarrer der lutherischen Gemeinde in Lennep, hier aber rasch in einen vielbeachteten Zeremonienstreit verwickelt und darum seines Dienstes enthoben. Ab 1742 war er Erster Pfarrer in Werden, wechselte von hier dann 1744 nach Remlingrade und kehrte erst 1751 wieder nach Lennep zurück (1751 Zweiter Pfarrer; 1759 Erster Pfarrer). Rosenkranz, Pfarrer (wie Anm. 169), S. 336. – Gruch, Pfarrer 3 (wie Anm. 169), S. 352 (Nr. 8642).

3983 Kaspar Heinrich Schäffer (ca. 1711–1755) aus Dortmund war seit 1739 Pfarrer in Ende. Bauks, Pfarrer (wie Anm. 14), S. 430 (Nr. 5333).

3984 David Davidis (1713–1792) stammte aus Aplerbeck. Er studierte ab 1734 in Halle und wurde 1736 Pfarrer in Wengern. Bauks, Pfarrer (wie Anm. 14), S. 90 (Nr. 1163).

3985 Vgl. zu ihm auch 3.10 Johann Daniel Kluge Nr. 22.31 (1732).

3986 Johann Gottlieb Stolle (ca. 1712–1779) stammte aus Eckenhagen. Er war von 1738 bis 1779 Pfarrer in Lieberhausen. Gruch, Pfarrer 4 (wie Anm. 169), S. 289 (Nr. 12903).

3987 Vgl. zu ihm auch 3.10 Johann Daniel Kluge Nr. 22.33 (1732), Nr. 22.42 (1733) und Nr. 27.1 (1734).

Johann Theodor[3988] [Dortmund, Archigymn., Diss. theol., (ohne Datum) 1732], Dortmund: Froberg 1732 (OCoLC 254887689). Exemplar: Göttingen SUB.

[Nr. 22.11] Ecloga in pericopen epistolicam dominicae diei quae vulgo audit Quinquagesima [22. Februar]/[Praeses:] Kluge, Johann Daniel, [Respondent:] Vogt, Friedrich Helfrich[3989] [Dortmund, Archigymn., Diss. theol. (ohne Datum) 1732], Dortmund: Froberg 1732 (OCoLC 254054593). Exemplar: Göttingen SUB.

[Nr. 22.12] Ecloga in pericopen epistolicam dominicae diei quae vulgo audit Palmarum [6. April]/[Praeses:] Kluge, Johann Daniel, [Respondent:] Mallinckrodt, Heinrich Rüdiger (Rötger)[3990] [Dortmund, Archigymn., Diss. theol., (ohne Datum) 1732], Dortmund: Froberg 1732 (OCoLC 254054987). Exemplar: Göttingen SUB.

[Nr. 22.13] Ecloga in pericopen epistolicam Diei Viridium [10. April]/[Praeses:] Kluge, Johann Daniel, [Respondent:] Neumeister, Erdmann Gottlieb[3991] [Dortmund, Archigymn., Diss. theol., (ohne Datum) 1732], Dortmund: Froberg 1732 (OCoLC 254055063). Exemplar: Göttingen SUB.

[Nr. 22.14] Ecloga secunda in pericopen epistolicam Diei Viridium [10. April]/[Praeses:] Kluge, Johann Daniel, [Respondent:] Rurmann (Ruhrmann), Johann Heinrich[3992] [Dortmund, Archigymn., Diss. theol., (ohne Datum) 1732], Dortmund: Froberg 1732 (OCoLC 254055178). Exemplar: Göttingen SUB.

[Nr. 23] Ieiunium quadragesimale papaeum/[Praeses:] Kluge, Johann Daniel, [Respondent:] Landmann, Henrich (Luna-Marcanus)[3993] [Dortmund, Archigymn., Diss. theol, 13. April 1732], Dortmund: Froberg 1732 (VD18 11021012).

[Nr. 22.15] Ecloga in pericopen epistolicam dominicae diei quae vulgo audit Quasimodogeniti [20. April]/[Praeses:] Kluge, Johann Daniel, [Respondent:] Schäffer, Kaspar Theodor[3994] [Dortmund, Archigymn., Diss. theol., 23. April 1732], Dortmund: Froberg 1732 (OCoLC 254056742). Exemplar: Dortmund StLB.

3988 Johann Theodor Erben (1712–1757). Wie Anm. 421.
3989 Wohl ein weiterer Sohn des als einer der schärfsten Gegner Johann Georg Jochs (1677–1731; wie Anm. 192) hervorgetretenen Lenneper Pfarrers Johann Franz Vogt (1661–1736; wie Anm. 3917).
3990 Heinrich Rüdiger (Rötger) Mallinckrodt (1714–1748) stammte aus Dortmund. Er studierte ab 1734 in Leipzig und wurde 1744 Zweiter Pfarrer (Diakonus) an Dortmund-St. Marien. Bauks, Pfarrer (wie Anm. 14), S. 313 (Nr. 3936).
3991 Erdmann Gottlieb Neumeister (1715–1742) war ein Sohn Erdmann Neumeisters (1671–1756; wie Anm. 534). Er war ab 1739 Diakon an Hamburg-St. Jakobi. DNB zu Neumeister: https://d-nb.info/gnd/115352740 [23.08.2023])
3992 Johann Heinrich Rurmann (Ruhrmann; 1712–1767) stammte aus Witten. Er studierte ab 1734 in Halle und war seit 1739 Zweiter Pfarrer in Herdecke. Bauks, Pfarrer (wie Anm. 14), S. 424 (Nr. 5258).
3993 Henrich Landmann (1711–1755). Wie Anm. 3981.
3994 Aus Dortmund. Wohl ein Bruder Kaspar Heinrich Schäffers (ca. 1711–1755). Wie Anm. 3983. – Vgl. zu ihm auch: De homine in imagine divina creato/[Praeses:] Pilger, Martin, [Respondent:] Schäffer, Kaspar Theodor [Dortmund, Archigymn., Diss. theol., 12. März 1733], Dortmund: Froberg 1733. Exemplar: Dortmund StLB – so-

[Nr. 22.16] Ecloga in pericopen epistolicam dominicae diei quae vulgo audit Misericordias Domini [27. April]/[Praeses:] Kluge, Johann Daniel, [Respondent:] Brökelmann, Werner Wilhelm[3995] [Dortmund, Archigymn., Diss. theol., (ohne Datum) 1732], Dortmund: Froberg 1732 (OCoLC 254058009). Exemplar: Göttingen SUB.

[Nr. 22.17] Ecloga in pericopen epistolicam dominicae diei quae vulgo audit Iubilate [4. Mai]/[Praeses:] Kluge, Johann Daniel, [Respondent:] Neumeister, Erdmann Gottlieb[3996] [Dortmund, Archigymn., Diss. theol., (ohne Datum) 1732], Dortmund: Froberg 1732 (OCoLC 254058628). Exemplar: Göttingen SUB.

[Nr. 22.18] Ecloga in pericopen epistolicam dominicae diei quae vulgo audit Rogate [18. Mai]/[Praeses:] Kluge, Johann Daniel, [Respondent:] Glaser, Gottlieb[3997] [Dortmund, Archigymn., Diss. theol., (ohne Datum) 1732], Dortmund: Froberg 1732 (OCoLC 254163406). Exemplar: Göttingen SUB.

[Nr. 22.19] Ecloga in pericopen epistolicam dominicae diei quae vulgo audit Exaudi [25. Mai]/[Praeses:] Kluge, Johann Daniel, [Respondent:] Withaus (Wiethaus), Caspar Theodor[3998] [Dortmund, Archigymn., Diss. theol., (ohne Datum) 1732], Dortmund: Froberg 1732 (OCoLC 254161510). Exemplar: Göttingen SUB.

[Nr. 22.20] Ecloga in pericopen epistolicam primae diei Festae Pentecostes [1. Juni]/[Praeses:] Kluge, Johann Daniel, [Respondent:] Mering, Peter Engelbert[3999] [Dortmund, Archigymn., Diss. theol., (ohne Datum) 1732], Dortmund: Froberg 1732 (OCoLC 254164227). Exemplar: Göttingen SUB.

[Nr. 22.21] Ecloga in pericopen epistolicam primae diei dominicae post Festum Trinitatis [15. Juni]/cuius partem priorem […]/[Praeses:] Kluge, Johann Daniel, [Respondent:] Zur Löwen, Jacob Johann Arnold[4000] [Dortmund, Archigymn., Diss. theol., (ohne Datum) 1732], Dortmund: Froberg 1732 (OCoLC 254164441). Exemplar: Göttingen SUB.

wie: De speciebus rerum immaterialium innumeris/[Praeses:] Pilger, Martin, [Respondent:] Schäffer, Kaspar Theodor [Dortmund, Archigymn., Diss. theol., 14. September 1733], Dortmund: Froberg 1733. Exemplar: Dortmund StLB.

3995 Ein Sohn Wilhelm Brökelmanns (1667–1733), damals seit 1710 Erster Pfarrer an Dortmund-St. Nikolai. Bauks, Pfarrer (wie Anm. 14), S. 61 (Nr. 785). Vgl. zu ihm auch Johann Daniel Kluge Nr. 22.40 (1732).
3996 Erdmann Gottlieb Neumeister (1715–1742). Wie Anm. 3991.
3997 Gottlieb Glaser (1714–1790) stammte aus Dortmund und studierte ab 1735 in Halle. Er wurde zunächst Vikar (1737), dann 1745 Zweiter Pfarrer in Valbert und wechselte von hier 1757 als Erster Pfarrer nach Essen. Bauks, Pfarrer (wie Anm. 14), S. 154 (Nr. 1965). – Gruch, Pfarrer 2 (wie Anm. 169), S. 199 (Nr. 4007).
3998 Zur Familie Bauks, Pfarrer (wie Anm. 14), S. 559 (Nr. 6948–6952). Demnach entweder aus Unna oder aus Schwerte. Vgl. Gruch, Pfarrer 4 (wie Anm. 169), S. 502 (Nr. 14611).
3999 Zur Familie Bauks, Pfarrer (wie Anm. 14), S. 327f. (Nr. 4121f.). Demnach wohl aus Dortmund.
4000 Zur Familie Bauks, Pfarrer (wie Anm. 14), S. 302 (Nr. 3791–3793).

[Nr. 22.22] Ecloga in pericopen epistolicam primae diei dominicae Post Festum Trinitatis [15. Juni]/cuius partem posteriorem [...]/[Praeses:] Kluge, Johann Daniel, [Respondent:] Frantzen, Konrad Rudolph[4001] [Dortmund, Archigymn., Diss. theol., (ohne Datum) 1732], Dortmund: Froberg 1732 (OCoLC 254164441). Exemplar: Göttingen SUB.

[Nr. 22.23] Ecloga in pericopen epistolicam primae diei dominicae post Festum Trinitatis [15. Juni]/cuius partem tertiam [...]/[Praeses:] Kluge, Johann Daniel, [Respondent:] Hagemann, Wilhelm Theodor[4002] [Dortmund, Archigymn., Diss. theol., (ohne Datum) 1732], Dortmund: Froberg, 1732 (OCoLC 254199241). Exemplar: Göttingen SUB.

[Nr. 22.24] Ecloga in pericopen epistolicam primae diei dominicae post Festum Trinitatis [15. Juni]/cuius partem quartam [...]/[Praeses:] Kluge, Johann Daniel, [Respondent:] Moes, Johann Friederich[4003] [Dortmund, Archigymn., Diss. theol., (ohne Datum) 1732], Dortmund: Froberg, 1732 (OCoLC 254199346). Exemplar: Göttingen SUB.

[Nr. 22.25] Ecloga in pericopen epistolicam primae diei dominicae post Festum Trinitatis [15. Juni]/cuius partem quintam [...]/[Praeses:] Kluge, Johann Daniel, [Respondent:] Schäffer, Kaspar Heinrich[4004] [Dortmund, Archigymn., Diss. theol., (ohne Datum) 1732], Dortmund: Froberg 1732 (OCoLC 254199431). Exemplar: Göttingen SUB.

[Nr. 22.26] Ecloga in pericopen epistolicam primae diei dominicae post Festum Trinitatis [15. Juni]/cuius partem sextam [...]/[Praeses:] Kluge, Johann Daniel, [Respondent:] Dornseiffen, Kaspar Ernst[4005] [Dortmund, Archigymn., Diss. theol., (ohne Datum) 1732], Dortmund: Froberg 1732 (OCoLC 254199867). Exemplar: Göttingen SUB.

[Nr. 22.27] Ecloga in pericopen epistolicam primae diei dominicae post Festum Trinitatis [15. Juni]/cuius partem septimam [...]/[Praeses:] Kluge, Johann Daniel, [Respondent:] Landmann, Henrich (Luna-Marcanus)[4006] [Dortmund, Archigymn., Diss. theol., (ohne Datum) 1732], Dortmund: Froberg 1732 (OCoLC 254200068). Exemplar: Göttingen SUB.

[Nr. 22.28] Ecloga in pericopen epistolicam primae diei dominicae post Festum Trinitatis [15. Juni]/cuius partem octavam [...]/[Praeses:] Kluge, Johann Daniel, [Respondent:] Middendorp (Middendorff), Franz Gisbert[4007] [Dortmund, Ar-

4001 Vgl. zu ihm auch 3.10 Johann Daniel Kluge Nr. 22.45 (1733).
4002 Vgl. zu ihm auch 3.10 Johann Daniel Kluge Nr. 22.44 (1733).
4003 Johann Friedrich Moes (1714–1788) stammte aus Leuscheid. Er studierte in Jena (1735), später in Halle (1747) und war von 1747 bis 1788 Pfarrer in Menzerath. Gruch, Pfarrer 3 (wie Anm. 169), S. 363 (Nr. 8737). Vgl. zu ihm auch 3.10 Johann Daniel Kluge Nr. 22.43 (1733).
4004 Kaspar Heinrich Schäffer (ca. 1711–1755). Wie Anm. 3983.
4005 Ein Sohn Theodor (Dietrich) Ernst Dornseiffens († 1734). Wie Anm. 110. Vgl. zu ihm auch 3.10 Johann Daniel Kluge Nr. 22.54.
4006 Henrich Landmann (1711–1755). Wie Anm. 3981.
4007 Franz Gisbert Middendorp (Middendorff; 1712–1774). Wie Anm. 3982.

chigymn., Diss. theol., (ohne Datum) 1732], Dortmund: Froberg 1732 (OCoLC 254201397). Exemplar: Göttingen SUB.

[Nr. 22.29] Ecloga in pericopen epistolicam primae diei dominicae post Festum Trinitatis [15. Juni]/cuius partem nonam [...]/[Praeses:] Kluge, Johann Daniel, [Respondent:] Davidis, David[4008] [Dortmund, Archigymn., Diss. theol., (ohne Datum) 1732], Dortmund: Froberg 1732 (OCoLC 254202000). Exemplar: Göttingen SUB.

[Nr. 22.30] Ecloga in pericopen epistolicam primae diei dominicae post Festum Trinitatis [15. Juni]/cuius partem decimam [...]/[Praeses:] Kluge, Johann Daniel, [Respondent:] Kagenbusch, Dietrich (Theodor) Bertram[4009] [Dortmund, Archigymn., Diss. theol., (ohne Datum) 1732], Dortmund: Froberg 1732 (OCoLC 254200501). Exemplar: Göttingen SUB.

[Nr. 22.31] Ecloga in pericopen epistolicam primae diei dominicae post Festum Trinitatis [15. Juni]/cuius partem undecimam [...]/[Praeses:] Kluge, Johann Daniel, [Respondent:] Mellinghaus, Johann Heinrich[4010] [Dortmund, Archigymn., Diss. theol., (ohne Datum) 1732], Dortmund: Froberg 1732 (OCoLC 254202480). Exemplar: Göttingen SUB.

[Nr. 22.32] Ecloga in pericopen epistolicam primae diei dominicae post Festum Trinitatis [15. Juni]/cuius partem duodecimam [...]/[Praeses:] Kluge, Johann Daniel, [Respondent:] Wever, Kaspar Christian[4011] [Dortmund, Archigymn., Diss. theol., (ohne Datum) 1732], Dortmund Froberg 1732 (OCoLC 254204333). Exemplar: Göttingen SUB.

[Nr. 22.33] Ecloga in pericopen epistolicam primae diei dominicae post Festum Trinitatis [15. Juni]/cuius partem tertiam decimam [...]/[Praeses:] Kluge, Johann Daniel, [Respondent:] Michels, Christoph (Amstelodamensis)[4012] [Dortmund, Archigymn., Diss. theol., (ohne Datum) 1732], Dortmund: Froberg 1732 (OCoLC 254204433). Exemplar: Göttingen SUB.

[Nr. 22.34] Ecloga in pericopen epistolicam primae diei dominicae post Festum Trinitatis [15. Juni]/cuius partem quartam decimam [...]/[Praeses:] Kluge, Johann Daniel, [Respondent:] Erben, Johann Theodor[4013] [Dortmund, Archigymn., Diss. theol., (ohne Datum) 1732], Dortmund: Froberg 1732 (OCoLC 254220931). Exemplar: Göttingen SUB.

[Nr. 22.35] Ecloga in pericopen epistolicam primae diei dominicae post Festum Trinitatis [15. Juni]/cuius partem quintam decimam [...]/[Praeses:] Kluge, Jo-

---

4008 David Davidis (1713–1792). Wie Anm. 3984.
4009 Dietrich (Theodor) Bertram Kagenbusch (1710–1740) stammte aus Dortmund. Er studierte 1736 in Halle und wurde 1739 Pfarrer in Wellinghofen. Bauks, Pfarrer (wie Anm. 14), S. 242 (Nr. 3059).
4010 Wie Anm. 3984.
4011 Ein Sohn des Westhofener Pfarrers Kaspar Wever (1660–1734). Bauks, Pfarrer (wie Anm. 14), S. 553 (Nr. 6880).
4012 Wie Anm. 3987.
4013 Johann Theodor Erben (1712–1757). Wie Anm. 421.

hann Daniel, [Respondent:] Vogt, Friederich Helfrich[4014] [Dortmund, Archigymn., Diss. theol., (ohne Datum) 1732], Dortmund: Froberg 1732 (OCoLC 254221046). Exemplar: Göttingen SUB.

[Nr. 22.36] Ecloga in pericopen epistolicam primae diei dominicae post Festum Trinitatis [15. Juni]/cuius partem sextam decimam [...]/[Praeses:] Kluge, Johann Daniel, [Respondent:] Feldmann, Zacharias[4015] [Dortmund, Archigymn., Diss. theol., (ohne Datum) 1732], Dortmund: Froberg 1732 (OCoLC 254221736). Exemplar: Göttingen SUB.

[Nr. 22.37] Ecloga in pericopen epistolicam primae diei dominicae post Festum Trinitatis [15. Juni]/cuius partem postremam/[Praeses:] Kluge, Johann Daniel, [Respondent:] Mallinckrodt, Heinrich Rüdiger (Rötger)[4016] [Dortmund, Archigymn., Diss. theol., (ohne Datum) 1732], Dortmund: Froberg 1732 (OCoLC 254222111). Exemplar: Göttingen SUB.

[Nr. 24] Ieiunium quadragesimale papaeum [...] altera/[Praeses:] Kluge, Johann Daniel, [Respondent:] Middendorp (Middendorff), Franz Gisbert[4017] [Dortmund, Archigymn., Diss. theol., 16. September 1732], Dortmund: Froberg 1732 (VD18 11005440).

[Nr. 22.38] Ecloga in pericopen epistolicam decimae sextae diei dominicae post Festum Trinitatis [28. September]/[Praeses:] Kluge, Johann Daniel, [Respondent:] Neumeister, Erdmann Gottlieb[4018] [Dortmund, Archigymn., Diss. theol., (ohne Datum) 1732], Dortmund: Froberg 1732 (OCoLC 254222664). Exemplar: Göttingen SUB.

[Nr. 22.39] Ecloga in pericopen epistolicam vigesimae diei dominicae post Festum Trinitatis [26. Oktober]/[Praeses:] Kluge, Johann Daniel, [Respondent:] Glaser, Gottlieb[4019] [Dortmund, Archigymn., Diss. theol., (ohne Datum) 1732], Dortmund: Froberg 1732 (OCoLC 254241985). Exemplar: Göttingen SUB.

[Nr. 22.40] Ecloga in pericopen epistolicam tertiae vigesimae diei dominicae post Festum Trinitatis [16. November]/[Praeses:] Kluge, Johann Daniel, [Respondent:] Brökelmann, Werner Wilhelm[4020] [Dortmund, Archigymn., Diss. theol., (ohne Datum) 1732], Dortmund: Froberg 1732 (OCoLC 254242215). Exemplar: Göttingen SUB.

[Nr. 22.41] Ecloga in pericopen epistolicam secundae diei dominicae Adventus [7. Dezember]/[Praeses:] Kluge, Johann Daniel, [Respondent:] Wiesmann, Johann Friedrich[4021] [Dortmund, Archigymn., Diss. theol., (ohne Datum) 1732], Dortmund: Froberg 1732. Exemplar: Göttingen SUB.

4014 Wie Anm. 3989.
4015 Ein Sohn von Theodor Hennig Feldmann (1688–1743). Wie Anm. 3874.
4016 Heinrich Rüdiger (Rötger) Mallinckrodt (1714–1748). Wie Anm. 3990.
4017 Franz Gisbert Middendorp (Middendorff; 1712–1774). Wie Anm. 3982.
4018 Erdmann Gottlieb Neumeister (1715–1742). Wie Anm. 3991.
4019 Gottlieb Glaser (1714–1790). Wie Anm. 3997.
4020 Wie Anm. 3995.
4021 Johann Friedrich Wiesmann († 1779). Wie Anm. 3980.

1733 [Nr. 22.42] Ecloga tertia in pericopen epistolicam Diei Viridium [2. April]/[Praeses:] Kluge, Johann Daniel, [Respondent:] Michels, Christoph (Amstelodamensis)[4022] [Dortmund, Archigymn., Diss. theol., (ohne Datum) 1733], Dortmund: Froberg 1733 (OCoLC 254243016). Exemplar: Göttingen SUB.

[Nr. 22.43] Ecloga in pericopen epistolicam secundae diei Festae Pentecostes [25. Mai]/[Praeses:] Kluge, Johann Daniel, [Respondent:] Moes, Johann Friedrich[4023] [Dortmund, Archigymn., Diss. theol., (ohne Datum) 1733], Dortmund: Froberg 1733 (OCoLC 254243642). Exemplar: Göttingen SUB.

[Nr. 22.44] Ecloga in pericopen epistolicam tertiae diei Festae Pentecostes [26. Mai]/[Praeses:] Kluge, Johann Daniel, [Respondent:] Hagemann, Wilhelm Theodor[4024] [Dortmund, Archigymn., Diss. theol., (ohne Datum) 1733], Dortmund: Froberg 1733 (OCoLC 254243908). Exemplar: Göttingen SUB.

[Nr. 22.45] Ecloga in pericopen epistolicam diei Festae Trinitatis [31. Mai]/[Praeses:] Kluge, Johann Daniel, [Respondent:] Frantzen, Konrad Rudolph[4025] [Dortmund, Archigymn., Diss. theol., (ohne Datum) 1733], Dortmund: Froberg 1733 (OCoLC 254240356). Exemplar: Göttingen SUB.

[Nr. 22.46] Ecloga in pericopen epistolicam secundae diei dominicae post Festum Trinitatis [14. Juni]/[Praeses:] Kluge, Johann Daniel, [Respondent:] Schragmüller, Johann Konrad[4026] [Dortmund, Archigymn., Diss. theol., (ohne Datum) 1733], Dortmund: Froberg 1733 (OCoLC 254267759). Exemplar: Göttingen SUB.

[Nr. 22.47] Ecloga in pericopen epistolicam tertiae diei dominicae post Festum Trinitatis [21. Juni]/[Praeses:] Kluge, Johann Daniel, [Respondent:] Becker, Heinrich Bernhard Hildebrand[4027] [Dortmund, Archigymn., Diss. theol., (ohne Datum) 1733], Dortmund: Froberg 1733 (OCoLC 254267933). Exemplar: Göttingen SUB.

[Nr. 22.48] Ecloga in pericopen epistolicam tertiae diei dominicae post Festum Trinitatis [21. Juni]/[Praeses:] Kluge, Johann Daniel, [Respondent:] Wulner (Wüllner), Johann Christoph[4028] [Dortmund, Archigymn., Diss. theol., (ohne Datum) 1733], Dortmund: Froberg 1733 (OCoLC 254268377). Exemplar: Göttingen SUB.

4022 Wie Anm. 3987.
4023 Johann Friedrich Moes (1714–1788). Wie Anm. 4003.
4024 Wie Anm. 4002.
4025 Wie Anm. 4001.
4026 Ein Sohn Johann Konrad Schragmüllers (1678–1730), der seit 1703 Erster Pfarrer in Lünen gewesen war. Bauks, Pfarrer (wie Anm. 14), S. 454 (Nr. 5616).
4027 Zur Familie Bauks, Pfarrer (wie Anm. 14), S. 26 (Nr. 319–321).
4028 Ein Sohn Zacharias Johann Wüllners (1693–1725), der seit 1715 Zweiter Pfarrer (Diakonus) an Dortmund-St. Petri gewesen war. Bauks, Pfarrer (wie Anm. 14), S. 573 (Nr. 7115).

[Nr. 22.49] Ecloga in pericopen epistolicam diei Festae Visitationis Mariae [2. Juli]/ [Praeses:] Kluge, Johann Daniel, [Respondent:] Bülbering, Johann Kaspar[4029] [Dortmund, Archigymn., Diss. theol., (ohne Datum) 1733], Dortmund Froberg 1733 (OCoLC 254268245). Exemplar: Göttingen SUB.

[Nr. 22.50] Ecloga in pericopen epistolicam quintae diei dominicae post Festum Trinitatis [5. Juli]/[Praeses:] Kluge, Johann Daniel, [Respondent:] Buddeus, Johann Philipp [Dortmund, Archigymn., Diss. theol., (ohne Datum) 1733], Dortmund: Froberg 1733 (OCoLC 254268583). Exemplar: Göttingen SUB.

[Nr. 22.51] Ecloga in pericopen epistolicam sextae diei dominicae post Festum Trinitatis [12. Juli]/[Praeses:] Kluge, Johann Daniel, [Respondent:] Forstmann, Rüdiger Johannes[4030] [Dortmund, Archigymn., Diss. theol., (ohne Datum) 1733], Dortmund: Froberg 1733 (OCoLC 254337425). Exemplar: Göttingen SUB.

[Nr. 22.52] Ecloga in pericopen epistolicam septimae diei dominicae post Festum Trinitatis [19. Juli]/[Praeses:] Kluge, Johann Daniel, [Respondent:] Glaser, Nikolaus[4031] [Dortmund, Archigymn., Diss. theol., (ohne Datum) 1733], Dortmund: Froberg 1733 (OCoLC 254336974). Exemplar: Göttingen SUB.

[Nr. 22.53] Ecloga in pericopen epistolicam octavae diei dominicae post Festum Trinitatis [26. Juli]/[Praeses:] Kluge, Johann Daniel, [Respondent:] Vogt, Wilhelm Georg[4032] [Dortmund, Archigymn., Diss. theol., (ohne Datum) 1733], Dortmund: Froberg 1733 (OCoLC 254337608). Exemplar: Göttingen SUB.

[Nr. 22.54] Ecloga in pericopen epistolicam nonae diei dominicae post Festum Trinitatis [2. August]/[Praeses:] Kluge, Johann Daniel, [Respondent:] Dornseiffen, Kaspar Ernst[4033] [Dortmund, Archigymn., Diss. theol., (ohne Datum) 1733], Dortmund: Froberg 1733 (OCoLC 254338946). Exemplar: Göttingen SUB.

[Nr. 22.55] Ecloga in pericopen epistolicam nonae diei dominicae post Festum Trinitatis [2. August]/[Praeses:] Kluge, Johann Daniel, [Respondent:] Mering, Peter Engelbert[4034] [Dortmund, Archigymn., Diss. theol., (ohne Datum) 1733], Dortmund: Froberg 1733 (OCoLC 254338165). Exemplar: Göttingen SUB.

[Nr. 22.56] Ecloga in pericopen epistolicam decimae diei dominicae post Festum Trinitatis [9. August]/[Praeses:] Kluge, Johann Daniel, [Respondent:] Davidis,

---

4029 Johann Kaspar Bülbering (1716–1746) stammte aus Herdecke und und wurde 1742 Pfarrer in Herbede. Bauks, Pfarrer (wie Anm. 14), S. 67 (Nr. 870).
4030 Ein Sohn Thomas Forstmanns (1674–1727). Wie Anm. 334.
4031 Nikolaus Glaser (ca. 1717–1774) stammte aus Halver. Er studierte in Halle und war ab 1745 zunächst Vikar in Herscheid, dann ab 1753 Zweiter Pfarrer (Vikar) in Altena. Bauks, Pfarrer (wie Anm. 14), S. 154 (Nr. 1966).
4032 Wilhelm Georg Vogt (Vogdt; 1713–1760), ein weiterer Sohn Johann Franz Vogts (1661–1736; wie Anm. 3917) in Lennep, studierte in Jena und war ab 1736 Pfarrer in Radevormwald, wurde aber 1750 nach obrigkeitskritischen Äußerungen des Landes verwiesen. Er ging als Erster Pfarrer nach Halver (1751). Bauks, Pfarrer (wie Anm. 14), S. 528 (Nr. 6557). – Gruch, Pfarrer 4 (wie Anm. 169), S. 389f (Nr. 13701).
4033 Wie Anm. 4005.
4034 Wie Anm. 3999.

David[4035] [Dortmund, Archigymn., Diss. theol., (ohne Datum) 1733], Dortmund: Froberg 1733 (OCoLC 254338808). Exemplar: Göttingen SUB.

[Nr. 22.57] Ecloga in pericopen epistolicam undecimae diei dominicae post Festum Trinitatis [16. August]/[Praeses:] Kluge, Johann Daniel, [Respondent:] Kagenbusch, Dietrich (Theodor) Bertram[4036] [Dortmund, Archigymn., Diss. theol., (ohne Datum) 1733], Dortmund: Froberg 1733 (OCoLC 254339917). Exemplar: Göttingen SUB.

[Nr. 25] De Iesu Christo lumine vero omnes homines illuminante ad illustrandum Ioann[em] I,9.[4037]/[Praeses:] Kluge, Johann Daniel, [Respondent:] Schäffer, Kaspar Heinrich[4038] [Dortmund, Archigymn., Diss theol., 3. September 1733), Dortmund: Froberg 1733 (VD18 10123458).

[Nr. 26] [Vorrede zu:] Erdm[ann] Neumeisters[4039] Nachklangs 2. Theile:[4040] was von neuen Liedern zu halten? Auch eine Vorrede zu dessen festgegru(e)ndeten Beweise, daß der Mensch, wenn er vor Gott gerecht wird, keine guten Werke, sondern allein den Glauben habe[4041] […], Dortmund: [ohne Drucker] 1733.[4042]

1734 [Nr. 27] Spiritus erroris in recentissimo Berlenburgensium Bibliorum Opere duce Spiritu Veritatis cognitus […], Dortmund: Froberg 1734(–1736) (VD18 11025131). Exemplar: Göttingen SUB. Darin:

[Nr. 27.1] Spiritus erroris in recentissimo Berlenburgensium Bibliorum opere […] cognitus/ specimen primum/[Praeses:] Kluge, Johann Daniel, [Respondent:] Michels, Christoph (Amstelodamensis)[4043] [Dortmund, Archigymn., Diss. theol., 2. September 1734], Dortmund: Froberg 1734 (VD18 90132149).

4035 David Davidis (1713–1792). Wie Anm. 3984.
4036 Dietrich (Theodor) Bertram Kagenbusch (1710–1740). Wie Anm. 4009.
4037 „Das war das wahre Licht, das alle Menschen erleuchtet, die in diese Welt kommen" (Joh 1, 9).
4038 Kaspar Heinrich Schäffer (ca. 1711–1755). Wie Anm. 3983.
4039 Erdmann Neumeister (1671–1756). Wie Anm. 534.
4040 Neumeister, Erdmann: Evangelischer Nachklang: Das ist: Neue Geistreiche Gesänge über die ordentlichen Sonn- und Festtags-Evangelia aufs gantze Jahr: Zur Erweckung und Beförderung Heil[iger] Andacht in Gottseligen Hertzen zusammen getragen […], Hamburg: Gennagel 1719–1729 (VD18 13156438).
4041 Neumeister, Erdmann: Abgenöthigte Rettung Der Wahrheit und Ehre: Wieder H[e]r[rn] Johann David Brügmann/Pastoren zu St. Marien, [et]c. in Dortmund, als derselbe Eine Predigt, Darinnen vorgetragen, und in öffentlichem Drucke wiederhohlet worden: Festgegründeter Beweis, daß der Mensch, wenn er vor Gott gerecht wird, keine guten Wercke, sondern allein den Glauben habe; nicht auf Priesterliche Weise angetastet hatte/ihm zu sehr nöthiger Erkänntnis vorgehalten […], [ohne Ort, ohne Drucker] 1734 (VD18 13334131). – Johann David Brügmann (1679–1743) stammte aus Herne. Er hatte in Jena studiert (Promotion Leipzig 1703) und war 1705 Adjunkt an Dortmund-St. Marien geworden. Noch im selben Jahr wurde er dort dann Erster Pfarrer. Bauks, Pfarrer (wie Anm. 14), S. 63 (Nr. 810).
4042 Nachweis: Jöcher/Adelung, Ergänzungsband 3 (wie Anm. 1124), S. 532.
4043 Wie Anm. 3987.

[Nr. 28] Neumeister, Erdmann Gottlieb:[4044] Herrn D[oktor] Johann Daniel Klugens Des Dortmundischen Archigymnasii Gymnasiarchae Und Prof[essoris] Theol[ogiae] Ecloga Aus der Epistel des siebenden Sonntags Nach dem Fest der heiligen Dreyeinigkeit [in diesem Falle: 19. Juli 1733][4045] Von der Frage Ob die guten innerlichen Wercke Hoffnung und Liebe Im Handel der Rechtfertigung gegenwärtig seyn müssen/Welche von Demselben Den 18. Iulii 1733 Zu öffentlicher Untersuchung ans Licht gestellet Nun aber […] In die teutsche Sprache übersetzt Und samt beygefügtem Lateinischen Text Auch einigen von dem Herrn Verfasser hinzugethanen Zeugnissen der Reformirten In den Druck gegeben worden […], Osnabrück: Kiesling/Dortmund: Freudel 1734 (VD18 10894993).

[Nr. 29] D[oktor] Johann Daniel Klugens Schrifftmässige Weihnacht-Predigt [in diesem Falle: 25. Dezember 1733] welche er von Drey wunderlichen Dingen An dem neugebohrnen Jesu Zu Dortmund […] gehalten […] Nebst kurzem Beweis Daß Herr Johann David Brügmann[4046] […] durch lauter Unwahrheiten und Lästerungen Unverantwortlichen Unfug getrieben, Osnabrück: Kisling 1734 (VD18 13334115).

[Nr. 30] Commentatio de Mart[ini] Chemnitii[4047] auctoritate commentitiae bonor[um] operum in actu justificationis praesentiae, falso praetexta, [Osnabrück:] [ohne Drucker] 1734.[4048]

1735 [Nr. 22.58] Ecloga in pericopen epistolicam quintae diei dominicae post Epiphania [13. Februar]/[Praeses:] Kluge, Johann Daniel, [Respondent:] Buscher, Theodor Christoph (Silva Ducis Belga)[4049] [Dortmund, Archigymn., Diss. theol., (ohne Datum) 1735], Dortmund: Froberg 1735 (OCoLC 254340053). Exemplar: Göttingen SUB.

[Nr. 22.59] Ecloga secunda in pericopen epistolicam quintae diei dominicae post Epiphania [13. Februar]/[Praeses:] Kluge, Johann Daniel, [Respondent:] Siberg (Syberberg), Johann Christoph[4050] [Dortmund, Archigymn., Diss. theol., (ohne Datum) 1735], Dortmund: Froberg 1735 (OCoLC 254340604). Exemplar: Göttingen SUB.

[Nr. 22.60] Ecloga in pericopen epistolicam sextae diei dominicae post Epiphania [20. Februar]/[Praeses:] Kluge, Johann Daniel, [Respondent:] Feldhoff (Velt-

---

4044 Erdmann Gottlieb Neumeister (1715–1742). Wie Anm. 3991.
4045 Epistel: Röm 6, 19–23 (Taufe und neues Leben).
4046 Johann David Brügmann (1679–1743). Wie Anm. 4041.
4047 Martin Chemnitz (1522–1586), einer der maßgeblichen lutherischen Dogmatiker des späten 16. Jahrhunderts. Mahlmann, Theodor: Artikel „Chemnitz (Kemnitz, Chemnitius), Martin", in: RGG⁴ 2 (1999), Sp. 127f. (Literatur).
4048 Nachweis: Jöcher/Adelung, Ergänzungsband 3 (wie Anm. 1124), S. 532.
4049 Vgl. zu ihm auch 3.10 Johann Daniel Kluge Nr. 22.64 (1735) sowie Nr. 31 (1736).
4050 Ein Sohn Johann Alexander Syberbergs (1689–1736). Wie Anm. 3880.

hoff), Johann Adolph⁴⁰⁵¹ [Dortmund, Archigymn., Diss. theol., (ohne Datum) 1735], Dortmund: Froberg 1735 (OCoLC 254341893). Exemplar: Göttingen SUB.

[Nr. 27.2] Spiritus erroris in recentissimo Berlenburgensium Bibliorum opere [...] cognitus/specimen secundum/[Praeses:] Kluge, Johann Daniel, [Respondent:] Neumeister, Erdmann Gottlieb⁴⁰⁵² [Dortmund, Archigymn., Diss. theol., 9. März 1735], Dortmund: Froberg 1735 (VD18 90132165).

[Nr. 22.61] Ecloga in pericopen epistolicam diei Festi Adscensionis Christi [19. Mai]/[Praeses:] Kluge, Johann Daniel, [Respondent:] Hiltrop, Friedrich Wilhelm⁴⁰⁵³ [Dortmund, Archigymn., Diss. theol., (ohne Datum) 1735], Dortmund: Froberg 1735 (OCoLC 254341441). Exemplar: Göttingen SUB.

[Nr. 22.62] Ecloga in pericopen epistolicam duodecimae diei dominicae post Festum Trinitatis [28. August]/[Praeses:] Kluge, Johann Daniel, [Respondent:] Becker, Heinrich Bernhard Hildebrand⁴⁰⁵⁴ [Dortmund, Archigymn., Diss. theol., (ohne Datum) 1735], Dortmund: Froberg 1735 (OCoLC 254373047). Exemplar: Göttingen SUB.

[Nr. 22.63] Ecloga in pericopen epistolicam diei Festi Joannis Baptizatoris [29. August]/[Praeses:] Kluge, Johann Daniel, [Respondent:] Böcking, Johann Peter⁴⁰⁵⁵ (Tremonianus) [Dortmund, Archigymn., Diss. theol., (ohne Datum) 1735], Dortmund: Froberg 1735 (VD18 11654007).

[Nr. 22.64] Ecloga in pericopen epistolicam decimae quartae diei dominicae post Festum Trinitatis [11. September]/[Praeses:] Kluge, Johann Daniel, [Respondent:] Buscher, Theodor Christoph (Silva Ducis Belga)⁴⁰⁵⁶ [Dortmund, Archigymn., Diss. theol., (ohne Datum) 1735], Dortmund: Froberg 1735 (OCoLC 254375770). Exemplar: Göttingen SUB.

[Nr. 22.65] Ecloga in pericopen epistolicam decimae quartae diei dominicae post Festum Trinitatis [11. September]/[Praeses:] Kluge, Johann Daniel, [Respondent:] Feldhoff (Velthoff), Johann Adolph⁴⁰⁵⁷ [Dortmund, Archigymn., Diss. theol., (ohne Datum) 1735], Dortmund: Froberg 1735 (OCoLC 254373705). Exemplar: Göttingen SUB.

4051 Johann Adolph Feldhoff (Velthoff; †1794) stammte aus Dortmund. Er wurde später zunächst Zweiter (Diakonus; 1743), dann 1749 Erster Pfarrer (Pastor) an Dortmund-St. Petri. Bauks, Pfarrer (wie Anm. 14), S. 128 (Nr. 1634).
4052 Erdmann Gottlieb Neumeister (1715–1742). Wie Anm. 3991.
4053 Ein Sohn Kaspar Anton Hiltrops (1663–1738), damals seit 1694 Pfarrer in Harpen. Bauks, Pfarrer (wie Anm. 14), S. 209 (Nr. 2659). – Gruch, Pfarrer 2 (wie Anm. 169), S. 381 (Nr. 5443).
4054 Wie Anm. 4027.
4055 Zur Familie Bauks, Pfarrer (wie Anm. 14), S. 45 (Nr. 582). – Gruch, Pfarrer 1 (wie Anm. 169), S. 203f. (Nr. 1165–1173).
4056 Wie Anm. 4049.
4057 Johann Adolph Feldhoff (Velthoff; †1794). Wie Anm. 4051.

1736 [Nr. 22.66] Ecloga in pericopen epistolicam diei dominicae post Natalem Christi [1. Januar]/[Praeses:] Kluge, Johann Daniel, [Respondent:] Kellinghusen, He(i)nrich[4058] [Dortmund, Archigymn., Diss. theol., (ohne Datum) 1736], Dortmund: Froberg 1736 (OCoLC 254376601). Exemplar: Göttingen SUB.

[Nr. 22.67] Eclogae duae in pericopas totidem epistolicas diei dominicae post Festum Circumcisionis Christi [7. Januar]/[Praeses:] Kluge, Johann Daniel, [Respondent:] Neumeister, Erdmann Gottwerth[4059] [Dortmund, Archigymn., Diss. theol., (ohne Datum) 1736], Dortmund: Froberg 1736 (OCoLC 254376916). Exemplar: Göttingen SUB.

[Nr. 22.68] Ecloga tertia in tertiam pericopen epistolicam diei dominicae post Festum Circumcisionis [7. Januar]/[Praeses:] Kluge, Johann Daniel, [Respondent:] Böddinghaus, Christian Bertram Burghard[4060] [Dortmund, Archigymn., Diss. theol., (ohne Datum) 1736], Dortmund: Froberg 1736 (OCoLC 254376198). Exemplar: Göttingen SUB.

[Nr. 22.69] Ecloga in pericopen epistol[icam] dominiciae diei, quae vulgo audit Invocavit [18. Februar]/[Praeses:] Kluge, Johann Daniel, [Respondent:] Holte, Johann Kaspar [Dortmund, Archigymn., Diss. theol., (ohne Datum) 1736], Dortmund: Froberg 1736 (VD18 14970325).

[Nr. 22.70] Ecloga in pericopen epist[olicam] dominicae diei, quae vulgo audit Reminiscere [25. Februar]/[Praeses:] Kluge, Johann Daniel, [Respondent:] Brökelmann, Nikolaus Johann[4061] [Dortmund, Archigymn., Diss. theol., (ohne Datum) 1736], Dortmund: Froberg 1736 (VD18 14970333).

[Nr. 27.3] Spiritus erroris in recentissimo Berlenburgensium Bibliorum opere […] cognitus/specimen tertium/[Praeses:] Kluge, Johann Daniel, [Respondent:] Kellinghusen, He(i)nrich[4062] [Dortmund, Archigymn., Diss. theol., 6., 7., 8. März 1736], Dortmund: Froberg 1736 (VD18 90132173).

[Nr. 27.4] Spiritus erroris in recentissimo Berlenburgensium Bibliorum opere […] cognitus/specimen quartum/[Praeses:] Kluge, Johann Daniel, [Respondent:] Neumeister, Erdmann Gottwerth[4063] [Dortmund, Archigymn., Diss. theol., 12., 13., 14. März 1736], Dortmund: Froberg 1736 (VD18 90132181).

[Nr. 31] Num Lutherus morem in dispensanda coena sacra vinum aqua diluendi retinuerit in Maiore Catechismo/[Praeses:] Kluge, Johann Daniel, [Respondent:]

4058 Vgl. zu ihm auch 3.10 Johann Daniel Kluge Nr. 27.3 (1736).
4059 Erdmann Gottwerth Neumeister (1718–1771). Ein weiterer Sohn Erdmann Neumeisters (1671–1756). Wie Anm. 534.
4060 Christian Bertram Burghard Böddinghaus (1717–1761) stammte aus Holpe. Er besuchte die Universität Gießen und war von 1739/45 bis 1761 Pfarrer in Holpe. Gruch, Pfarrer 1 (wie Anm. 169), S. 204 (Nr. 1175).
4061 Ein weiterer Sohn Wilhelm Brökelmanns (1667–1733), der seit 1710 Erster Pfarrer an Dortmund-St. Nikolai gewesen war. Bauks, Pfarrer (wie Anm. 14), S. 61 (Nr. 785).
4062 Wie Anm. 4058.
4063 Erdmann Gottwerth Neumeister (1718–1771). Wie Anm. 4059.

Buscher, Theodor Christoph (Silva Ducis Belga)[4064] [Dortmund, Archigymn., Diss. theol., 4. September 1736], Dortmund Froberg 1736 (VD18 1102514X).

[Nr. 32] Historischer Beweis, daß an dem 23. Februar 1737 das 200 ja(e)hrige Geda(e)chtniß der Schmalkaldischen Artikel feyerlich zu begehen sey […], Dortmund: [ohne Drucker] 1736.[4065]

1737 [Nr. 33] Nimiam acerbitatem in pontificem Romanum et sacra papaea Smalcaldicis Articulis iusto liberius obiectam prima dissertatione saeculari epistolica quam fieri potest modestissime diluit: Ac viro venerabili Erdmanno Neumeistero[4066] antistiti sacrorum de grege Hamburgensi Iacobaeo aeque ac tota re publica Lutherana optime promerenti socero sanctissime colendo natalem diem septimum et sexagesimum Ad D. IIII. Id. Mai. anni saecularis MDCCXXXVII/pie gratulatur […], Osnabrück: Kisling 1737 (VD18 12962848; hier 1).

[Nr. 34] Nimiam acerbitatem in pontificem Romanum et sacra papaea Smalcaldicis Articulis iusto liberius obiectam altera dissertatione saeculari epistolica quam fieri potest modestissime diluit: Ac viro magnifico et summopere venerando Ioanni Gottlob Carpzovio[4067] doctori theologo incomparabili sacrorum Lubecensium praesuli spectatissimo Lutherani iuxta et litterati orbis decori praeceptori patronoque divinis immortalibusque meritis insigni lustricaeque sponsionis necessitudine coniuncto uno verbo patri religiose observando annum aetatis nonum et quinquagesimum Ad D. VI. Cal. Octobr. anni saecularis MDCCXXXVII./ feliciter […] congratulatur, Osnabrück: Kisling 1737 (VD18 12962848; hier 2).

1738 [Nr. 35] De Scriptura Sacra/[Praeses:] Kluge, Johann Daniel, [Respondent:] Munter, Heinrich Martin (Hamburgensis) [Dortmund, Archigymn., Diss. theol. 18. März 1738], Dortmund: Baedeker 1738. (VD18 11020547).

[Nr. 36] Utrumnam Jesus Christus liberator optimus maximus pro incredulitate finali satisfecerit/[Praeses:] Kluge, Johann Daniel, [Respondent:] Neumeister, Erdmann Gottwerth[4068] [Dortmund, Archigymn., Diss. theol., 22. März 1738], Dortmund: Baedeker 1738 (VD18 11021020).

1740 [Nr. 37] Den unschätzbaren Verlust […] [Trauergedicht auf Kaiser Karl VI., †20. Oktober 1740; Festakt der Reichsstadt Dortmund], Dortmund: Baedeker 1740.[4069] Exemplar: Gießen UB.

[Nr. 38] Archigymn[asium] Tremoniense civibus clarissimis illustre […] [Dortmund, Archigymn., Rede zu einem Festakt, (ohne Datum) 1740], Dortmund: [ohne Drucker] 1740.[4070]

1741 [Nr. 39] [Weitere Ausgabe zu Nr. 14] Visitationes visitatoriorum quatuor Articulorum Saxonicorum […], Rostock: Adler 1741. Exemplar: Bielefeld BLKA.

4064 Wie Anm. 4049.
4065 Nachweis: Jöcher/Adelung, Ergänzungsband 3 (wie Anm. 1124), S. 533.
4066 Erdmann Neumeister (1671–1756). Wie Anm. 534.
4067 Johann Gottlob Carpzov (1679–1767). Wie Anm. 417.
4068 Erdmann Gottwerth Neumeister (1718–1771). Wie Anm. 4059.
4069 Nachweis: Jöcher/Adelung, Ergänzungsband 3 (wie Anm. 1124), S. 532.
4070 Ebd., S. 533.

1742 [Nr. 22.71] Ecloga in pericopen epistolicam dominicae diei quae vulgo audit Oculi [25. Februar]/[Praeses:] Kluge, Johann Daniel, [Respondent:] Müller, Johann Adam[4071] (Neostadiensis) [Dortmund, Archigymn., Diss. theol., 5. September 1742], Dortmund: Baedeker 1742 (OCoLC 254450016). Exemplare: Dortmund StLB und Göttingen SUB.

[Nr. 22.72] Ecloga in pericopen epistolicam dominicae diei quae vulgo audit Laetare [4. März]/[Praeses:] Kluge, Johann Daniel, [Respondent:] Fran(c)ke, Johann Daniel[4072] [Dortmund, Archigymn., Diss. theol., (ohne Datum) 1742], Dortmund: Baedeker 1742 (OCoLC 254450837). Exemplar: Göttingen SUB.

1743 [Nr. 40] Viro sacri ordinis dignitate, morum castimonia doctrinae studio apprime commendabili Erdmanno Gottwerth Neumeistero[4073] […] vere gratulaturus interpretem voluntatis […] ex 1 Tim. VI, 20, 21.[4074] Laudat Joannes Daniel Kluge D[octor] ad d[iem] XVIIII. Kal. Ianuar. Anni M D CCXXXXIII […], Dortmund: Baedeker, 1743 (VD18 90132424).

[Nr. 22.73] Ecloga in pericopen epistolicam dominicae diei quae vulgo audit Iudica [31. März]/[Praeses:] Kluge, Johann Daniel, [Respondent:] Fran(c)ke, Johann Daniel[4075] [Dortmund, Archigymn., Diss. theol., (ohne Datum) 1743], Dortmund: Baedeker 1743 (OCoLC 254450478). Exemplar: Göttingen SUB.

[Nr. 22.74] Ecloga in pericopen epistolicam dominicae diei quae vulgo audit Cantate [12. Mai]/[Praeses:] Kluge, Johann Daniel, [Respondent:] Kuithan, Heinrich Kaspar[4076] [Dortmund, Archigymn., Diss. theol., (ohne Datum) 1743], Dortmund: Baedeker 1743(OCoLC 254450921). Exemplar: Göttingen SUB.

[Nr. 22.75] Ecloga secunda in pericopen epistolicam dominicae diei quae vulgo audit Rogate [19. Mai]/[Praeses:] Kluge, Johann Daniel, [Respondent:] Sunten,

---

4071 Johann Adam Müller (1724–1754) stammte aus Walbach (Ründeroth, Rheinland). Er studierte in Halle und war ab 1752 Vikar in Valbert. Bauks, Pfarrer (wie Anm. 14), S. 342 (Nr. 4293).

4072 Johann Daniel Francke (1724–1808) war ein Sohn Daniel Christian Franckes (1690–1775), der damals seit 1720 Rektor in Lennep war. Bauks, Pfarrer (wie Anm. 14), S. 137 (Nr. 1754). Er war ab 1759 bis zu seinem Tode Pfarrer in Remlingrade. Gruch, Pfarrer 2 (wie Anm. 169), S. 135 (Nr. 3478). Vgl. zu ihm auch 3.10 Johann Daniel Kluge Nr. 22.73 (1743).

4073 Erdmann Gottwerth Neumeister (1718–1771). Wie Anm. 4059.

4074 „O Timotheus! Bewahre, was dir anvertraut ist, und meide das ungeistliche lose Geschwätz und das Gezänk der fälschlich so genannten Erkenntnis, die einige verkünden; sie sind vom Glauben abgeirrt. Die Gnade sei mit euch!" (1. Tim 6, 20f.).

4075 Johann Daniel Francke (1724–1808). Wie Anm. 4072.

4076 Kaspar Heinrich Kuithan (1724–1798) stammte aus Dortmund. Er studierte in Halle und wurde rasch nacheinander Vierter (Dritter Diakonus; 1748), Dritter (Zweiter Diakonus; 1749) und Zweiter Pfarrer (Archidiakonus; 1750) an Dortmund-St. Reinoldi. Bauks, Pfarrer (wie Anm. 14), S. 286 (Nr. 3575).

Johann Kaspar⁴⁰⁷⁷ [Dortmund, Archigymn., Diss. theol., (ohne Datum) 1743], Dortmund: Baedeker 1743 (OCoLC 254450992). Exemplar: Göttingen SUB.

[Nr. 41] Immortalis Dei auspicio et publica imperatoriae ac liberae Imperii Romani civitatis Tremoniae senatus […] auctoritate sacra saecularia illustris Archigymnasii ducentesimo primo natali eiusdem pridie Divi Bartholomaei [24. August] et proximis diebus anni […] MDCCXXXXIII pio festoque ritu faciunda decentissme indicit […], [Dortmund, Archigymn., Einladung zum zweihundertjährigen Schuljubiläum, 24.–27. August 1743], Dortmund: Baedeker 1743 (VD18 11914521).

[Nr. 42] Ad orationes publicas quindecim studiosorum ornatissimorum solemni saeculari secundo illustris Archigymnasii Tremoniensis ad d[iem] XXVI. et XXVII. Augusti anni […] M D CCXXXXIII […] cives hospitesque litteratos et archigymnasii felicitati vere congratulantes humanissime invitat […] [Dortmund, Archigymn., Einladung zu den Redeübungen aus Anlass des zweihundertjährigen Schuljubiläums, 26. und 27. August 1743], Dortmund: Baedeker 1743 (VD18 13375431).

[Nr. 43] An dem zweyhundertesten Geburtstage des Archigymnasii der kaiserlichen und freyen Reichsstadt Dortmund [26. und 27. August 1743] machte den Anfang der öffentlichen Vorlesungen mit einer Ermunterung seiner geliebtesten Zuhörer zu den Jubelpflichten […], Dortmund: [ohne Drucker] 1743.⁴⁰⁷⁸

[Nr. 44] Viro perquam reverendo, amplissimo, doctissimo Erdmanno Gottwerth Neumeistero⁴⁰⁷⁹ […] de connubii lectissimi cum elegantissima sponsa […] virgine Susanna Caecilia […] d[ie] III. Non. Decembres anni […] M D CCXXXXIII […] congratulatur […], Dortmund: Baedeker 1743 (VD18 90132432).⁴⁰⁸⁰

[Nr. 45] Studia humanitas ornamenta religionis praesidiaque […] [Dortmund, Archigymn., Rede zu einem Festakt [zweihundertjähriges Schuljubiläum?], (ohne Datum) 1743], Dortmund: Baedeker 1743 (HT006209766). Exemplar: Detmold LLB.⁴⁰⁸¹

1744 [Nr. 46] De fabulis argutis 2 Petr. I., 16:⁴⁰⁸² In memoriam sacrorum saeculariuum secundorum illustris archigymnasii Tremoniensis/[Praeses:] Kluge, Johann

---

4077 Johann Kaspar Sunten (1727–1774) stammte aus Ümmingen. Er studierte in Halle (Saale) und wurde 1752 zunächst Zweiter Pfarrer (Diakonus) an Dortmund-St. Nicolai. Von hier wechselte er 1762 als Zweiter Pfarrer (Diakonus) an Dortmund St.-Marien, wo er 1765 dann auch noch Erster Pfarrer (Pastor) wurde. Ab 1770 war er zugleich Professor und Gymnasiarch am Gymnasium. Bauks, Pfarrer (wie Anm. 14), S. 502 (Nr. 6227).
4078 Esser, Kluge (wie Anm. 533), S. 267 (Nr. 11a).
4079 Erdmann Gottwerth Neumeister (1718–1771). Wie Anm. 4059.
4080 Esser, Kluge (wie Anm. 533), S. 267 (Nr. 14).
4081 Ebd., S. 267 (Nr. 11b).
4082 „Denn wir sind nicht ausgeklügelten Fabeln gefolgt, als wir euch kundgetan haben die Kraft und das Kommen unseres Herrn Jesus Christus; sondern wir haben seine Herrlichkeit mit eigenen Augen gesehen" (2. Petr 1, 16).

Daniel, [Respondent:] Müller, Johann Adam[4083] [Dortmund, Archigymn, Diss. theol., 11. März 1744], Dortmund: Baedeker 1744 (VD18 10996974).

[Nr. 47] De antiquissimorum hominum christianorum precibus solemnibus pro mora finis ad illustrandum Tertulliani Apologeticum cap. XXXVIIII/[Praeses:] Kluge, Johann Daniel, [Respondent:] Ringebrock, Georg Theodor[4084] (Unnensis) [Dortmund, Archigymn., Diss. theol., 10. September 1744], Dortmund: Baedeker 1744 (VD18 11025123).

[Nr. 48] [Vorrede in:] Forstmann, Johann Gangolf Wilhelm:[4085] Goettliche Wahrheiten der heiligen evangelisch lutherischen Religion in Fragen und Antworten […], Dortmund: Baedeker 1744 (VD18 13347462).

1745 [Nr. 49] Nach dem Am 20. Jenners. 1745 Zu München geschehenen Allerbedauerlichsten Ableben Des allerdurchlauchtigsten, großmächtigsten und unüberwindlichsten Fürstens und Herrns Herrns Carls Des Siebentens Erwählten Römischen Kaisers, zu allen Zeiten Mehrers des Reichs Königs in Germanien und Böhmen […], Besang Die grossen Bayerischen Kaiser Ludewig den Vierten und Carl den Siebenten Glorreichster Gedächtnis Jm Namen Der kaiserlichen und des heiligen Röm[ischen] Reichs freyen Stadt Dortmund […] Vor der Am 23. Hornungs [Februar], des gedachten Jahres Jm grössern Hörsaale des Archigymnasiums Angestellten Ansehnlichen Trauerversammlung Mit allertieffster Wehmuth Johann Daniel Kluge, D. Hochfürstlicher Sachsen-Querfurtischer Kirchenrath, öffentlicher Lehrer der Gottesgelahrtheit und Gymnasiarch […], [Dortmund, Archigymn., Trauerakt der Reichstadt Dortmund, 23. Februar 1745], [Dortmund] [ohne Drucker] 1745 (HT010506415). Exemplar: Köln UStB.

[Nr. 50] Eine Unterweisung Jesu, des Sohnes Davids Zu beten: zeigte in einer Gastprädigt […] In der hochfürstlichen Schloßkirche zu Dornburg Aus dem evangelischen Texte Am Sonntage Rogate[4086] Dem 23. May, 1745. […], Dortmund: Bädeker 1745 (VD18 13333917).

[Nr. 51] Divinitatem legitimae vocationis ad obeundum in Lutherano Christi coetu ministerium sacrum: Ab intemperiis personati veritatum innocentium auctoris vindicatam/[Praeses:] Kluge, Johann Daniel, [Respondent:] Ennichmann, Immanuel Friedrich (Gemunda Iuliacensis) [Dortmund, Archigymn., Diss. theol., 15. Juli 1745], Dortmund: Baedeker 1745 (VD18 11018526).

[Nr. 52] Von Drey Pflichten Eines evangelischen Prädigers Der Sein Amt redlich ausrichten will/Prädigte Aus dem evangelischen Texte Am fünften Sonntage nach dem Feste der heiligen Dreyeinigkeit Dem 18. Heumonats [Juli], 1745[4087]

4083 Johann Adam Müller (1724–1754). Wie Anm. 4071.
4084 Gerhard Theodor Ringebrock (um 1725–1756) aus Unna. Er wechselte schon bald auf das Gymnasium in Soest und war ab 1750 Pfarrer in Schwefe. Bauks, Pfarrer (wie Anm. 14), S. 409 (Nr. 5079).
4085 Johann Gangolf Wilhelm Forstmann (1706–1759). Wie Anm. 335.
4086 Evangelium: Joh 16, 23b–30 (Trauer und Hoffnung bei Jesu Abschied).
4087 Evangelium: Lk 5, 1–11 (Der Fischzug des Petrus).

[…] Nebst […] Herrns Wilhelm Bernhard Wiskotts[4088] Einsegnungsrede […], Dortmund: Bädeker 1745 (VD18 13334379).

[Nr. 53] Den Von Jesu Mit Jerusalem Gemachten Abschied: Betrachtete Nach dem evangelischen Texte Am zehenten Sonntage nach dem Feste der Dreyeinigkeit Dem 22. Augustmonats, 1745.[4089] In der Kirche des heiligen Nikolaus Und machte zugleich Mit seinem lieben Dortmund Abschied […], Dortmund: Bädeker 1745 (VD18 13333909).

[Nr. 54] D[oktor] Johann Daniel Klugens Heilige Erstlinge Gottgeweihter Früchte des Auf göttlichen und hochfürstlichen gnädigsten Beruf Zu Zerbst Im Segen des Herrns Angetretenen zwiefältigen Praedigamts […], Zerbst: Göckingen 1745 (VD18 13334387).

[Nr. 55] [Weitere Ausgabe zu Nr. 48] [Vorrede in:] Forstmann, Johann Gangolf Wilhelm: Goettliche Wahrheiten […], Leipzig und Görlitz: Richter 1745 (VD18 11699450).

1746 [Nr. 56] Von den Reichen Gütern Eines Lutherischen Gotteshauses/Redete Im Namen des Herrns Bey der Auf hochfürstlichen gnädigsten Befehl Geschehenen Christfeierlichen Einweihung Der neuen Kirche in Hundeluft Am Feste der Heiligen Dreyeinigkeit Dem 5. Brachmonats [Juni], 1746. Nach Anleitung des evangelischen Festtextes[4090] […], Zerbst: Göcking 1746 (VD18 13333925).

1747 [Nr. 57] In der Hochfürstlichen Schloßkirche Zu Zerbst Gehaltene Hochfürstliche Gedächtnispredigt D[oktor] Johann Daniel Klugens, in: Unverwelklich grünende Palmen Unsterblicher Tugenden und Verdienste Auf dem Grabe Des weiland durchlauchtigsten Fürstens […] Christian Augusts Regierenden Fürstens zu Anhalt […] Nach Seiner hochfürstlichen Durchlauchtigkeit Am 16. März 1747. auf Dero Residenz zu Zerbst Geschehenem Höchstbedauerlichen Ableben […], Zerbst: Bernuth 1747 (VD18 11528567).

[Nr. 58] In locum 1. Timoth. 3, 11[4091] […], Dortmund: [ohne Drucker] 1747.[4092]

1748 [Nr. 59] [Weitere Ausgabe zu Nr. 51] Divinitatem legitimae vocationis ad obeundum in Lutherano Christi coetu ministerium sacrum […], Dortmund: [ohne Drucker] 1748.[4093]

4088 Wilhelm Bernhard Wiskott (1695–1747) hatte in Leipzig studiert. Er war zunächst Zweiter Pfarrer (Diakonus) an Dortmund-St. Nikolai gewesen (so ab 1718), dann 1729 Erster Pfarrer an Dortmund-St. Reinoldi geworden und fungierte damals gleichzeitig als Prorektor des Archigymnasiums. Bauks, Pfarrer (wie Anm. 14), S. 567 (Nr. 7044).
4089 Evangelium: Lk 19, 41–48 (Jesus weint über Jerusalem/Die Tempelreinigung).
4090 Evangelium: Joh 3, 1–15 (Jesus und Nikodemus).
4091 „Desgleichen sollen ihre Frauen ehrbar sein, nicht verleumderisch, nüchtern, treu in allen Dingen" (1. Tim 3, 11).
4092 Nachweis: Jöcher/Adelung, Ergänzungsband 3 (wie Anm. 1124), S. 533.
4093 Ebd., S. 532.

1751 [Nr. 60] Kurzer Begriff der christl[ichen] Lehre, zur Confirmation [...], Zerbst: [ohne Drucker] 1751.[4094]

1753 [Nr. 61] [Herausgeber/Vorrede:] Neuvermehrtes zerbstisches Gesangbuch [...] zum Gebrauche der evangelisch-lutherischen Kirchen im Fürstenthume Anhalt-Zerbst [...], Zerbst: Zimmermann 1753. (OcoLC 256870219). Exemplar: Kiel UB.

1757 [Nr. 62] [Weitere Ausgabe zu Nr. 61] Neuvermehrtes Zerbstisches Gesangbuch: In welchem Nebst D[oktor] Martin Luthers Und andern schon bekannten Liedern Noch viele neue zu finden Auf Hochfürstlichen gnädigsten Befehl Zusammen getragen [...], Zerbst: Zimmermann 1757 (VD18 13056263).

[Nr. 63] [Weitere Ausgabe zu Nr. 61] Neuvermehrtes Zerbstisches Gesangbuch [...] Grösserer Druck [...], Zerbst: Zimmermann 1757 (VD18 12993565).

[Nr. 64] [Weitere Ausgabe zu Nr. 61] Neuvermehrtes Zerbstisches Gesangbuch [...], Zerbst: Zimmermann 1757 (VD18 11155434).

Ohne Jahr [Nr. 65] Theologisches Gutachten wegen Heyrathung der verstorbenen Frauen Schwester [...], in: Hamb[urgische] vermischte Biblioth[ek] II. Band pag[ina] 366.[4095]

Drei weitere, aber nicht sich nachweisbare Predigten bei Esser, Kluge (wie Anm. 533), S. 268 (Nr. 1, 2 und 10).

Dedikationen/Widmungen

1731 [Nr. 1] [Geehrter in:] Seelen, Johann Heinrich von:[4096] De prudentis coniugis origine a deo: ad Prov. XIX, 14[4097] dissertatio epistolica [Gratulationsschrift zur Hochzeit von Johann Daniel Kluge und Ernestina Mariamne Neumeister am 6. Mai 1731], Lübeck: Green 1731 (OCoLC1227677108). Exemplar: Oldenburg LB.

1745 [Nr. 2] [Widmungsempfänger in:] Nitzsch, Wilhelm Ludwig:[4098] De Christo Philarētōi kai Chorēgōi Aretēs ad locum Athanasii Alexandrini altero In Arianos

---

4094 Nachweis: Jöcher/Adelung, Ergänzungsband 3 (wie Anm. 1124), S. 533. Esser, Kluge (wie Anm. 533), S. 268 (Nr. 16)

4095 Jöcher/Adelung, Ergänzungsband 3 (wie Anm. 1124), S. 533: „Zehn einzelne Predigten."

4096 Johann Heinrich von Seelen (1688–1762) aus Drochtersen-Assel, ein ungemein schreibfreudiger Philologe, Theologe und Historiker. Damals Konrektor am Gymnasium in Flensburg und später Rektor in Stade und Lübeck. DNB zu Seelen: https://d-nb.info/gnd/11744443X [23.08.2023].

4097 „Haus und Habe vererben die Eltern; aber eine verständige Frau kommt vom Herrn" (Spr 19, 14).

4098 Der Hymnologe Wilhelm Ludwig Nitzsch (1704–1758) stammte aus Eutin. Er wurde 1729 Pfarrer von Apollensdorf (bei Wittenberg). Von hier wechselte er 1750 als Vierter Diakon an die Stadtkirche in Wittenberg und stieg hier 1758 dann auch noch in das Dritte Diakonat auf. Er war der Vater von Karl Ludwig Nitzsch (1751–1831). DNB zu Nitzsch: https://d-nb.info/gnd/130054186 [23.08.2023].

[…] [Gratulationsschrift für Johann Daniel Kluge zum Amtsantritt in Zerbst], Zerbst: Laegelius 1745 (VD18 11648678).

[Nr. 3] [Weitere Ausgabe zu Nr. 2] Nitzsch, Wilhelm Ludwig: De Christo Philaretōi kai Chorēgōi Aretēs ad locum Athanasii Alexandrini altero In Arianos […], Zerbst: Laegelius 1745 (VD18 15118037).

1746 [Nr. 4] [Widmungsempfänger in:] De successione momentorum in ipsa aeternitate/[Praeses:] Köselitz, Johann Augustin,[4099] [Respondent:] Gerstenbergk, Christian Ludwig (Ronneburgo-Osterl.) [Leipzig, Univ., Diss phil., 23. Juli 1746], Leipzig: Breitkopf 1746 (VD18 14976129).

Erwiderungen/Gegenschriften/Verteidigungsschriften

[Nr. 1] Neumeister, Erdmann Gottlieb:[4100] Abgenöthigte Rettung Der Wahrheit und Ehre: Wieder H[er]r[n] Johann David Brügmann/[4101] Pastoren zu St. Marien, [et]c. in Dortmund, als derselbe Eine Predigt, Darinnen vorgetragen, und in öffentlichem Drucke wiederhohlet worden: Festgegründeter Beweis, daß der Mensch, wenn er vor Gott gerecht wird, keine guten Wercke, sondern allein den Glauben habe; nicht auf Priesterliche Weise angetastet hatte/ihm zu sehr nöthiger Erkänntnis vorgehalten […], [ohne Ort, ohne Drucker] 1734 (VD18 13334131).

3.11 Johann Gottfried Kopstadt (Kaufstatt; 1650–1717)[4102]

1672 [Nr. 1] De natura praedicationis in genere/[Praeses:] Wolf, Franz,[4103] [Respondent:] Kopstadt, Johann Gottfried [Rostock, Univ., Diss. phil., 17. September 1672], Rostock: Keil 1672 (VD17 28:721953N).

1673 [Nr. 2] De aeternitate Dei/[Praeses:] Schröder, Lukas,[4104] [Respondent:] Kopstadt, Johann Gottfried [Rostock, Univ., Diss. phil., 13. August 1673], Rostock: Keil 1673 (VD17 28:721971L).

4099 Johann Augustin Köselitz (1721–1790) stammte aus Wittenberg. Er wurde 1755 zunächst Pfarrer in Köselitz, dann 1765 in Zerbst und stieg hier später auch noch zum Superintendenten auf. DNB zu Köselitz: https://d-nb.info/gnd/104164913 [23.08.2023].
4100 Erdmann Gottlieb Neumeister (1715–1742). Wie Anm. 3991.
4101 Johann David Brügmann (1679–1743). Wie Anm. 4041.
4102 Wie Anm. 169.
4103 Franz Wolf (Wolff; 1644–1710) hatte in Jena studiert und hier später auch als Adjunkt der Philosophischen Fakultät gewirkt. 1672 erhielt er einen Ruf nach Rostock (Professor für Logik und Theologie) und ging von hier 1697 als Pfarrer an Hamburg-St. Nikolai. DNB zu Wolf: https://d-nb.info/gnd/124530680 [23.08.2023].
4104 Lukas Schröder (1649–1720) hatte in Rostock (1660), Wittenberg (1668) und Jena (1670) studiert (hier 1672 Magister). 1676 war er dann Pfarrer in Güstrow geworden und wirkte seit 1701 als Pfarrer und Superintendent an Stralsund-St. Nicolai. Er genoss die stete Förderung Johann Friedrich Mayers (1650–1712; wie Anm. 382) und

1677 [Nr. 3] Nil conscire sibi [...]. [Gratulationsschrift in:] De conscientia, tanquam proxima actionum moralium regula prima [...] [Soest, Archigymn., Diss. theol., (ohne Datum) 1677], Soest: Utz 1677 (HT003863616).[4105] Exemplar: Soest StA/StB.

1678 [Nr. 4] De accidente praedicabili/[Praeses:] Kopstadt, Johann Gottfried, [Respondent:] Gummersbach, Heinrich Bernhard[4106] [Soest, Archigymn., Diss. theol., 7. Sept. 1678], Soest: Utz 1678 (HT006207875). Exemplar: Soest StA/StB.

1684 [Nr. 5] [Gemeinsam mit Mercker, Johann:[4107]] Abgenoehtigte Und Warhaffte Erzehlung Des von hiesigem Jesuiten [Johannes] Senero[4108] Begehrten Colloquii: Dem neulich außgestreueten Nahmenlosen Lügen-Brieff,[4109] Entgegen gesetzet [...], Dortmund: Rühl 1684 (OCoLC 247051212). Exemplar: Halle (Saale) HFSt.

1685 [Nr. 6] [Gemeinsam mit Mercker, Johann:] Christliche Lehr- Und Ehren-Verthätigung Des Schmähesüchtigen Jesuiten [Johannes] Seneri Jüngsthin außgegebener [...] Warheit[4110] [...], Dortmund: Rühl 1685 (OCoLC 837907600). Exemplar: Halle (Saale) HFSt.

1695 [Nr. 7] [Beiträger in:] Die Gefürstete Fürstenövin:[4111] Als die [...] Frau Catharina Elisabetha Fürstenovs/Des [...] Herrn Thomae Müllern/[4112] Des weitberühmten Gymnasii zu Herford wolverdienenden Rectoris Hertzgeliebte Ehe-Liebste/[4113]den 30. April dieses 1695. Jahrs [...] verblichen/und den 5. Maii darauff [...] beerdiget worden/[...], Dortmund: Rühl 1695 (VD17 1:036596Z).[4114]

1704 [Nr. 8] Abgenöhtigter und Warhafftiger Gegen-Bericht dem Von Herren Johannes Mercker[4115] aufgesetzten und titulirten abgenötigten und warhafftigen Bericht[4116] entgegen gesetzet und Jn selbigem die vielfältige Unwarheiten/Calumniose Bezüchtigungen/auch muhtwillige verdrey- und verfälschunge angezeiget [...], Duisburg: Sas 1704 (OCoLC 935092199). Exemplar: Jena ThULB.

[Nr. 9] Vest-stehende Unschuld wieder die Von Herren Johannes Mercker titulirte Rettung der Unschuld:[4117] Anweisend Daß er in seinem vorigen so genandten

---

promovierte unter diesem 1702 in Greifswald zum Doktor der Theologie. DNB zu Schröder: https://d-nb.info/gnd/122572300 [23.08.2023].

4105 3.28 Johann Georg Sybel Nr. 8 (1677).
4106 Ein Sohn Heinrich Gummersbachs (†1692), der damals seit 1672 Pfarrer in Unna war. Bauks, Pfarrer (wie Anm. 14), S. 172 (Nr. 2189).
4107 Johann Mercker (1659–1728). Wie Anm. 173.
4108 Johann Senerus (S.J.), später Rektor des Jesuitenkollegs in Münstereifel. Wie Anm. 180.
4109 Nicht nachgewiesen.
4110 3.11 Johann Gottfried Kopstadt Erwiderungen/Verteidigungsschriften Nr. 1 (1685).
4111 Gemeint: Tochter des Johannes Fürstenau (Fürstenow; 1647–1717). Wie Anm. 4273.
4112 Thomas Müller (1661–1719). Wie Anm. 3791.
4113 Katharina Elisabeth Müller (geb. Fürstenau; 1662–1695). Wie Anm. 3790.
4114 3.19 Johann Christoph Nungesser Nr. 35 (1695).
4115 Johann Mercker (1659–1728). Wie Anm. 173.
4116 3.11 Johann Gottfried Kopstadt Erwiderungen/Gegenschriften Nr. 2 (1704).
4117 3.11 Johann Gottfried Kopstadt Erwiderungen/Gegenschriften Nr. 3 (1704).

warhafftigen Bericht Der warheit warhafftig verschonet/und ein wiedriges in dieser titulirten Unschuld Noch nicht erwiesen habe [...], Duisburg: Sas 1704 (OCoLC 935089834). Exemplar: Jena ThULB.

1708 [Nr. 10] [Weitere Ausgabe zu Nr. 9] Vest-stehende Unschuld wieder die Von Herren Johannes Mercker titulirte Rettung der Unschuld [...], [ohne Ort ohne Drucker] 1708.[4118]

1715 [Nr. 11] Eitelkeit des Menschlichen Lebens Nebenst angehencktem Trost Aller Christlichen Eltern, wegen des frühzeitigen Absterbens [...] des [...] jungen Töchterleins Anna Maria Gerdruth Hüissen, Des [...] Arnold Hüissen [...] Chur-Pfaltzischen Hoff-Raths [...] wie auch der Stadt Essen ältern Bürgermeisters [...] Und dann der [...] Maria Juliana von Aussen, Ehelich gezeugten Kindes, Als Es den 15. Maji 1715. nach abgelebten 5. Jahren, 2. Monathen und 12. Tagen gestorben, den 18. dito [...] in unser S. Gerdruths-Kirchen [...] hingeleget worden [...], Dortmund: Rühl 1715 (CT005024084; HT006207935). Exemplar: Münster ULB.

Dedikationen/Widmungen

[Nr. 1] [Widmungsempfänger in:] De viribus/[Praeses:] Ruperti, Christoph Heinrich,[4119] [Respondent:] Gerling, Gerhard[4120] [Erfurt, Univ., Diss. med., 26. März/ 5. April 1675], Erfurt: Hertz 1675 (VD17 39:158486E).

Erwiderungen/Gegenschriften/Verteidigungsschriften

1685 [Nr. 1] Senerus, Johannes: Gründliche Warheit der also genanter abgenöhtigter warhaffter, in der Warheit aber ohnnötiger, unwahr- und lügenhaffter Erzehlung Kopfstadii Lutherischen essendischen Magistri [...] entgegen gesetzt [...], Coesfeld: Todt 1685 (HT003773220). Exemplar: Trier StA/StB.

1704 [Nr. 2] Mercker, Johann:[4121] Abgenöthigter und Warhafftiger Bericht Von den Händeln/Welche wegen der Sauff-Gelächer/Processe/und freyer Christlicher Versamlungen in Essen vorgegangen sind [...], [ohne Ort, ohne Drucker] 1704 (VD18 13096001).

[Nr. 3] Mercker, Johann: Rettung Der Unschuld: Wider Herrn M[agister] Kopstadts So genandten abgenöthigten Gegen-Bericht [...], [ohne Ort, ohne Drucker] 1704 (OCoLC 935089498). Exemplar: Jena ThULB.

4118 Nachweis: Walch, Historische und Theologische Einleitung V.1 (wie Anm. 173).
4119 Christoph Heinrich Ruperti stammte aus Altenau, hatte in Jena studiert und war damals Professor der Medizin in Erfurt. DNB zu Ruperti: https://d-nb.info/gnd/121602389 [23.08.2023].
4120 Der Mediziner Gerhard Gerling (*1651) studierte in Jena, Erfurt und Leiden und war ab 1699 Arzt und akademischer Lehrer in Rostock. DNB zu Gerling: https://d-nb.info/gnd/12164748X [23.08.2023].
4121 Johann Mercker (1659–1728). Wie Anm. 173.

3.12 Renatus Andreas Kortum (1674–1747)[4122]

1708 [Nr. 1] Das Buch Hiob: aus dem Hebräischen Grund-Text auffs neue getreulich ins teutsche übersetzt, Nebst einer Paraphrasi, Worinne nicht nur der eigentliche Wort-Verstand angewiesen, und die allegorischen Reden ausgewickelt werden; sondern auch der Nachdruck jeder Rede, wie nicht weniger der nervus argumenti gezeiget wird [...], Leipzig: Fritsch 1708 (VD18 11408065).

1709 [Nr. 2] Die Weissagungen Jesajah: aus dem Hebräischen Grund-Text auffs neue getreulich ins deutsche übersetzt, nebst einer Paraphrasi, worinn der eigentliche wort-verstand untersucht und mit der geschicht der zeiten genau conferiret wird [...] samt kurtzen anmerckungen und einer dienlichen land-taffel, wie auch einem anhange, darinn die in diesem propheten vorkommende fremde nahmen der menschen, landschafften, städte, flüsse, wälder und götzen erläutert werden [...], Leipzig: Fritsch 1709 (VD18 11408081).

1710 [Nr. 3] Das selige Ende eines Gerechten, bey Beerdigung Des Weyland, WohlEdlen, und Hochweisen Herrn Jacob Tidemanns, bey den Aschersleibischen Stadt-Regiment wohlverdienten Ober-Reitherrn, welcher Den 14. Maji 1710. im 65. Jahr seines Alters selig verschied [...], [ohne Ort, ohne Drucker] 1710 (VD18 11537523).

1714 [Nr. 4] Prüfung einer Schrift wider die Übersetzung des Buches Hiob [...], Dortmund: [ohne Drucker] 1714.[4123]

1715 [Nr. 5] Die billige und rechtmäßige Todten-Klage Auff der Grufft Des Weyland HochWohlgebohrnen Herrn Herrn Friederich Otto Sigismund FreyHerrn von Heiden[4124] Designirten DomHerrn zu Magdeburg/wie auch Rittern des löblichen deutschen Ordens der Balley Utrecht Als derselbe im 19. Jahr seines Alters den 4. Febr. 1715. auff der Academie zu Utrecht in dem Herrn entschlieff und von dannen nach dem Frey-Adelichen Stamm-Hauße Bruch[4125] auch folgends in die Pfarr-Kirche zu Hatteneggen [Hattingen] gebracht und daselbst den 16. eiusdem Standesmäßig [...] in das Frey-Herrliche Erb-Begräbniß beygesetzet wurde [...], Dortmund: Rühl 1715 (VD18 90313682).

[Nr. 6] Einleitung in den Hesekielschen Tempel, oder Erklährung der neun letzten schwersten Capitel dieses Propheten [...], in: Freywilliger Heb-Opfer Von aller-

---

4122 Wie Anm. 203.
4123 Nachweis: Jöcher/Adelung, Ergänzungsband 3 (wie Anm. 1124), S. 759.
4124 Heyden (Heiden) ist der Name eines westfälischen Adelsgeschlechts, das sich bis in die Niederlande und nach Russland ausbreiten konnte. Zu seiner Bedeutung für die Region siehe bereits Von Steinen, Johann Dietrich: Westfälische Geschichte mit vielen Kupfern. Band 4, Lemgo 1760, S. 743–758.
4125 Das Haus Bruch (Broich) war ein Rittergut bei Hattingen am linken Ufer der Ruhr, nahe der Einmündung des Sprockhöveler Bachs. Sombart, Anton Ludwig: Haus Bruch und seine Umgebung, in: Jahrbuch des Vereins für Heimatpflege im Kreise Hattingen 2/3 (1923/24), S. 150–159.

hand in die Theologie lauffenden Materien, Berlin: Rüdiger, 1715–1728, hier: Bd. 5 (1715), S. 416–466 (GBV747324395). Exemplar: Göttingen SUB.

1716 [Nr. 7] Ein Welt-verschmähendes und nach dem Himmel sich sehnendes Christen-Hertz Wurde bey der Leich-Bestattung Der [...] Fr[au] Annen Catharinen gebohrnen von Friedeborn Tit. Herrn Petri Mahlers[4126] Pastoris zu Derne Ehe-Liebsten Nach Anleitung des von Deroselben gottselig geführten Lebens und Wandels in einem Leich-Sermon vorgestellt [...], in: Joch, Johann Georg:[4127] Die Hoffnung der Gerechten Aus 2. Tim. IV, 18. [...], Dortmund: Rühl 1716 (VD18 10451536).[4128]

[Nr. 8] Die Psalmen und Lieder Davids: Aus dem Hebräischen Grund-Text auffs neue getreulich ins Deutsche übersetzt, nebst einer Paraphrasi, Worinnen der buchstäbliche Verstand nach der Geschicht und den Umständen eines ieden Psalms angewiesen, die emphasis der Wörter ausgedruckt und der adsect deutlich bemercket wird [...], Frankfurt am Main: Hocker 1716 (VD18 11407565). Exemplar: Soest StA/StB.

1717 [Nr. 9] Das besungene Heyl Gottes in der Wiederherstellung des Evangelii durch die Reformation Lutheri bey dem zweyten solennen Jubel-Fest der Evangel[isch]-Luth[erischen] Kirche i[m] J[ahr] 1717, den 31. October [...], Dortmund: Romberg 1717 (VD18 12967297). Exemplar: Soest StA/StB.

[Nr. 10] Das Verkehrte Zeugniß und falsche Urtheil Welches Ein Lichtscheuender so genanter MitHelffer zu Unna in Westphalen In einer anzüglichen und übelgerathenen Schrifft Wieder die 1708. zum Privat-Gebrauch edirte neue Ubersetzung und Paraphrasin des Buchs Hiob Aus angemaßter Autorität und untheologischen Eiffer angegeben und ausgesprochen [...] Entdeckt [...], Essen: Kauffmann/Dortmund: Rühl 1717 (VD18 10928693).[4129] Exemplar: Soest StA/StB.

1719 [Nr. 11] [Weitere Ausgabe zu Nr. 9] Das besungene Heyl Gottes in der Wiederherstellung des Evangelii durch die Reformation Lutheri [...], Dortmund: Rühl/Essen: Kauffmann 1719 (HT006215884). Exemplare: Trier StA/StB und Weimar HAAB.

[Nr. 12] De parallelismo scripturae exegetico, oder Von der rechtmäßigen Verbindung der Sprüche Heiliger Schrifft: eine Untersuchung zur Prüfung vorgestellet [...], in: Freywilliger Heb-Opfer Von allerhand in die Theologie lauffenden Materien, Berlin: Rüdiger, 1715–1728, hier: Bd. 22 (1719), S. 3–43 (GBV748884602). Exemplar: Göttingen SUB.

1720 [Nr. 13] Das Lob der Schulen In Vorstellung deren Nothwendigkeit, Nutz und Einrichtung Nach der Beschaffenheit ihres End-Zwecks So da ist Die Gemüths-

---

4126 Peter Mahler (†1728). Wie Anm. 203.
4127 Johann Georg Joch (1677–1731). Wie Anm. 192.
4128 3.8 Johann Georg Joch Nr. 34 (1716).
4129 Erwiderung auf 3.12 Renatus Andreas Kortum Erwiderungen/Gegenschriften (5) (1716).

Cultur Der Nach wahrer Weißheit strebenden und zuerziehenden Jugend; Bey Gelegenheit der [...] MDCCXX zu Hatthneggen [Hattingen] In der Graffschaft Marck Erbaueten neuen Schule Mit Poetischer Feder entworffen und zu einer gemeinen Betrachtung auffgeführt [Hattingen, Gymn., Programm, (ohne Datum) 1720], Dortmund: Rühl 1720 (CT005024094; HT006215749). Exemplare: Detmold LLB und Münster ULB.

1723 [Nr. 14] Der durch die Tugend verdoppelte Glantz des Adels Wurde Bey dem Hoch-Adelichen Leichen-Gedächtnüß Der [...] Frauen Magdalenen Elisabeth gebohrnen von der Marwitz [...] Zum Denck-Mahl [...] Vorgestellet, in: Händtschky, Georg Gottlieb:[4130] Die mit Jesu erhöhete und herrlich gemachte Magdalena Ward in einer beliebten Gedächtnüß-Predigt, Welche Der Weyl[and] Hoch-Wohlgebohrnen Frauen/Frauen Magdalena Elisabeth von Dallwitz, gebohrnen von der Marwitz, Frauen auf Starzedel [...] zu Ehrenvollem Andencken Den 12. Febr[uar] 1723. in der Kirche zu Starzedel gehalten wurde [...], Frankfurt (Oder): Schwartze 1723 (GBV687534534). Exemplar: Berlin SBB-PK.

1727 [Nr. 15] Das Ehren-Denckmahl, Welches Dem nunmehro in Gott ruhenden, Weyland Hochwürdigen und um die Kirche Christi Hoch-verdienten Herrn, Herrn August Hermann Francken,[4131] Theologiae Professori Ordinario und Pastori an der Ulrichs-Kirche, auch Directori des Paedagogii Regii und ersten Stifftern des Wäysen-Hauses zu Halle an der Saale, Als Seinem vormahlig gewesenen treuen Lehrer und Vater in Christo, [hat] aufrichten und leisten wollen [...], Frankfurt (Oder): Schwartze 1727 (VD18 10778373).

1728 [Nr. 16] Erörterung der Frage: Ob in denen Sprüchen Salomonis eine intendirte Connexion und wahre Verbindung sey? Vorgeleget Zu einer Prüffung Und vorläuffigen Anzeige Eines ans Licht zustellenden völligen Wercks; Bestehend In einer nach dem Hebräischen Grund-Text Eingerichteten beständigen Paraphrasi oder Erklärung des gemeldten Buchs, Worauf der Antrag gemacht/und zugleich Eine Probe durch ein gantzes Capitell dargestellet wird, so da in sich fasset Die rechtmäßige Behandlung der Moral-Weißheit [...], Frankfurt (Oder): Conradi 1728 (VD18 12824607). Exemplar: Soest StA/StB.

1729 [Nr. 17] Die Moralisirende Zeit oder Moralische Aufführung Derer Zwölff Jahr-Monden Durch so viel Madrigale nebst einigen dazu gehörigen Betrachtungen [...], Frankfurt (Oder): Schrey, 1729 (OCoLC 756374154). Exemplar: Dresden SLUB.

1731 [Nr. 18] Die Salomonische Moral Welche in sich hält Die Gemüths- und Lebens-Anrichtung zu einem Gott-ähnlichen, standfesten und glückseligen Wesen; Oder Auflösung der Sinn-Sprüche Salomo aus ihrem aenigmatischen und verdeckten Proverbial-Vortrage: Durch eine Beständige Paraphrasin und Erklärung; Mittelst welcher die einzeln allgemein lautende Sprüche [...] Grund-

---

4130 Um diese Zeit Pfarrer in Starzedel und Ambtitz (Bezirk Gruben; Niederlausitz). DNB zu Händtschky: https://d-nb.info/gnd/1020122803 [23.08.2023].

4131 August Hermann Francke (1663–1727). Wie Anm. 88.

Ursachen der moralischen Wahrheiten deutlich angezeiget werden […], Leipzig: Conradi 1731 (VD18 11408073).

1735 [Nr. 19] [Weitere Ausgabe zu Nr. 18] Die Salomonische Moral Oder Lebens-Lehre Das ist Auflösung der Sprüchwörter Salomo: Nach ihrer innern Connexion und wahren Verbindung; Durch eine Beständige Paraphrasin Samt der analytischen Ordnung und Beweiß-Probe […] Die Zweyte Edition, Leipzig/Görlitz: Marche 1735 (VD18 13219677).

[Nr. 20] [Weitere Ausgabe zu Nr. 18] Auflösung der Sprüchwörter Salomons; Proverbia; nach ihrer inneren Connexion durch eine beständige Paraphrasin, Leipzig/Görlitz: [ohne Drucker] 1735 (VD18 12336017).

1736 [Nr. 21] [Weitere Ausgabe zu Nr. 18] Die Salomonische Moral Oder Lebenslehre Das ist Auflösung der Sprüchwörter Salomo Nach ihrer innern Connexion und wahren Verbindung Durch eine beeständige Paraphrasin Samt der analytischen Ordnung und Beweiß-Probe […] Die Zweyte Edition, Leipzig/Görlitz: Marche 1736 (VD18 13234110).

1739 [Nr. 22] Anecdota oder einzelne Nachrichten von der in Teutschland und besonders in den brandenburgischen Landen ergangenen Evangelischen Reformation, wobey die Befugniß und Rechtmaeßigkeit derselben deutlich erwiesen, mithin der gegenseitige Vorwurff, ob waeren wir von der alten wahren Kirche abfaellig worden wiederleget wird […], Frankfurt (Oder): Conradi 1739 (VD18 14498537).

[Nr. 23] [Weitere Ausgabe zu Nr. 22] Anecdota oder einzelne Nachrichten […], Frankfurt (Oder): Conradi 1739 (VD18 11534680).

[Nr. 24] [Weitere Ausgabe zu Nr. 22] Anecdota oder einzelne Nachrichten […], Frankfurt (Oder): Conradi 1739 (VD18 11534680).

[Nr. 25] Prudentia in adversis Die kluge Standhafftigkeit im Unglück, oder Anweisung, wie sich ein Mensch bei seinen Leiden und Unfällen weislich verhalten und sein Gemüth befriedigen solle, nach Gelegenheit der sinnreichen Lehr-Geschicht von dem so genannten ungerechten oder vielmehr unglücklichen Haußhalter[4132] […] zu gemeiner Erbauung überreichet […], Frankfurt (Oder) und Leipzig: Conradi 1739 (VD18 13122452).

1740 [Nr. 26] Historische Nachricht von dem alten Bischoffthum Lebus: Wie es seinen Anfang aus Pohlen genommen, und hernach der Marck Brandenburg einverleibet worden, Wobey der itzige Zustand der Lebusischen Landschafft beydes nach der Religion und dem Civil-Wesen zusamt denen natürlichen Merckwürdigkeiten und Alterthümern mit gehörigen Reflexionen auf die Erleuterung historischer Wahrheiten vorgestellet, Und nebst einer richtigen Land-Charte der gesammten Gegend überreichet wird […], Frankfurt (Oder): Conradi 1740 (VD18 14498545).

[Nr. 27] Continuation oder Zusatz der Lebusischen Geschicht: angehend das alte Bischoffthum und itziges Königl[ich] Preuss[isch] gesamte Amt Lebus be-

---

4132 Lk 16, 1–8 (Vom ungerechten Verwalter).

sonders nach dessen natürlichen Merckwürdigkeiten und Alterthümern […], [Frankfurt (Oder): Conradi] 1740 (VD18 10032754).

1741 [Nr. 28] Die Betrachtung der Güte Gottes von oben zur Linderung der Bekü[m]erniß des Hertzens bey schweren Leiden und Zufällen: Hat am XV. [Sonntag nach] Trinitatis [10. September] aus dem Evangelio Matth. VI. 24–34.[4133] seiner den 7. Maji 1741. abgebrandten und in eine klägliche Verwüstung gesetzten Gemeine zu einer Aufrichtung öffentllich vorgestellet […], Frankfurt (Oder): Conradi 1741 (VD18 11699469).

1743 [Nr. 29] Der Mensch, Die glückseligste Creatur, Wenn er nur will; Oder Gründliche Anzeige, Wie ein Mensch […] allezeit ein vergnügt und zufriedenes Hertz in Gott haben und behalten könne: Zum Lobe des grosen Schöpfers […] Nach Anleitung der H[eiligen] Schrift und Natur-Lehre erwogen […], Breslau/Leipzig: Korn 1743 (VD18 10164634).

Ohne Jahr [Nr. 30] Hauptgründe der Wahrheit christlicher Religion.[4134]
[Nr. 31] Buchstäbliche Erklärung des Evangelii vom Heimgange zum Vater.[4135]
Kortums literarische Produktion muss noch deutlich umfänglicher gewesen sein.[4136]

Erwiderungen/Gegenschriften

1710 [Nr. 1] Adversus d[omi]n[um] Renatum Andream Cortumium, contortum Jesaiam metaphrasi sua Jesaiana orbi christiano exhibentem examine quinque locorum classicorum instituta/[Praeses:] Beck, Michael,[4137] [Respondent:] Wollaib, Marcus [Ulm, Gymnasium, Diss. theol., (ohne Tag) August 1710], Ulm: Kühn 1710 (VD18 14835169).

[Nr. 2] Beck, Michael: Specimen vindiciarum Jesaianarum, exhibens pentadem locorum classicorum: Cap. VI. v. 3.[4138] […] contra reverendum et clarissimum virum d[omi]n[um] Renatum Andream Cortumium, pastorem Aschersleviens[em] Contortum Jesaiam nova & metaphrasi & paraphrasi […], Ulm: Kühn 1710 (VD18 1158873X).

1712 [Nr. 3] Deß Ulmischen Jesaias-Predigers gehabte gröste Amts-Sorge, und besten Amts-Trost, stellete bey Volckreicher […] Leich-Bestattung Deß Weyland Wohl-Ehrwürdigen […] Herrn M[agisters] Michael Beckens, Geweßten Wohlverdienten Predigers im Münster, […] S[ancti]S[simae] Theol[ogiae] Prof[essoris]

4133 Mt 6, 24–34 (Vom Schätzesammeln und Sorgen).
4134 Nachweis: Jöcher/Adelung, Ergänzungsband 3 (wie Anm. 1124), S. 759.
4135 Ebd.
4136 Jöcher/Adelung, Ergänzungsband 3 (wie Anm. 1124), Sp. 760: „Er hinterließ mehrere Manuscripte."
4137 Michael Beck (Beccius; 1653–1712) hatte in Jena studiert. Er war Prediger am Ulmer Münster und zugleich Professor der morgenländischen Sprachen am Ulmer Gymnasium und Lehrer am dortigen theologischen Seminar. DNB zu Beck: https://d-nb.info/gnd/122076605 [23.08.2023].
4138 „Und einer rief zum andern und sprach: Heilig, heilig, heilig ist der Herr Zebaoth, alle Lande sind seiner Ehre voll!" (Jes 6, 3).

Publ[ici] Ord[inarii] auch Eleemosynarii, und deß Löbl[ichen] Gymnasii Visitatoris, &c. Auß den Worten Jesaiä, Cap. 49. vers. 4.[4139] vor/ M[agister] David Algöwer, Prediger im Münster [...] 1712. den 14. Martii, Montags nach Judica [...], Ulm: Wagner 1712 (VD18 13936433).

1715 [Nr. 4] Einige Scrupel wider des Herrn Kortums Einleitung zum Hesekielischen Tempel-Bau [...], in: Freywilliger Heb-Opfer Von allerhand in die Theologie lauffenden Materien, Berlin: Rüdiger 1715–1728, hier: Bd. 10 (1715), S. 894–906 (GBV747329885). Exemplar: Göttingen SUB.

1716 [Nr. 5] [Haver, Thomas:[4140]] Der Kortümische Hiob gegen Doct[or] Martin Luthern Zum Vortrab und einiger Probe im Teutschen und Hebräischen Vorgenommen und abgehöret zu Unna in Westphalen: Dabey gemercket, Daß der Kortümische viel mehr Einbildung als Erweisung der Klar- und Wahrheit in der Ubersetzung, auch der Net- und Fertigkeit in den Sprachen in sich fasse, Wie dessen Die Liebhaber und Kündiger der Sprachen, daß sie mit und weiter untersuchen, Andere gottselige Bibel-Leser aber, daß sie ihnen die Ubersetzung Lutheri nicht lassen unwerth und verdächtig machen, [hat] Vermittelst öffentlichen Drucks, auß angelegenen Ursachen erinnern wollen/Ein MiTHelffer [...], Unna: Romberg/Dortmund: Rühl 1716 (VD18 10284761).

3.13 Peter Mahler († 1728)[4141]

1696/97 [Nr. 1] De libero hominis arbitrio [1/2]/[Praeses:] Nungesser, Johann Christoph,[4142] [Respondenten:] Velleuer (Weller), Gottfried (Asselâ-Marcanus)[4143]/Mahler, Peter (Sprockhövelâ-Marcanus) [Dortmund, Archigymn., Diss. theol., 29. August 1696/ (ohne Datum) 1697], Dortmund: Rühl 1696f. (HT016449950 und HT016450623).[4144] Exemplare: Bonn ULB und Soest StA/StB.

4139 „Ich aber dachte, ich arbeitete vergeblich und verzehrte meine Kraft umsonst und unnütz. Doch mein Recht ist bei dem Herrn und mein Lohn bei meinem Gott" (Jes 49, 4).
4140 Thomas Haver († 1726). Wie Anm. 1079.
4141 Wie Anm. 203.
4142 Johann Christoph Nungesser (1640–1700). Wie Anm. 53.
4143 Die Familie war in Asseln (heute ein östlicher Stadtteil von Dortmund [Brackel]) ansässig. Litzinger, Martin: Die Familien Schulte Röchling und Röchling in (Dortmund-)Wickede im 17./18. Jahrhundert, in: Beiträge zur westfälischen Familienforschung 53 (1995) S. 241–252; digital verfügbar unter: https://www.lwl.org/westfaelische-geschichte/txt/beitrwff-16237.pdf [23.08.2023].
4144 3.19 Johann Christoph Nungesser Nr. 38 (1696) und Nr. 39 (1697).

1716 [Nr. 2] [Beiträger in:] Joch, Johann Georg:[4145] Die Hoffnung der Gerechten Aus 2. Tim. IV, 18. […], Dortmund: Rühl 1716 (VD18 10451536).[4146]

3.14 Johann Georg Marci (1701–1734)[4147]

[Nr. 1] Disputatio theologica circularis theses recentius controversas de articulis fidei exponens/[Praeses:] Aepinus, Franz Albert,[4148] [Respondent:] Marci, Johann Georg (Susato-Westphalus) [Rostock, Univ., Diss. theol. (ohne Tag) März 1724], Rostock: Adler 1724 (VD18 12399140).

3.15 Johann Gottfried Marci (1667–1729)[4149]

1690 [Nr. 1] Quanti momenti sit coniucta cum meditatione exercitatio/[Praeses:] Bechmann, Friedemann,[4150] [Respondenten:] Zahlreiche Namen, darunter: Marci, Johann Gottfried (Hallensis) [Jena, Univ., Programm (Ankündigung von Disputationen), 9. November 1690], Jena: Werther 1690 (GBV374048258). Exemplar: Jena ThULB.

1693 [Nr. 2] [Stammbucheintrag:] [Jena,] 29. Juli 1693/Johann Gottfried Marci. Enthalten in: [Stammbuch Veit Ulrich Güntzler] [ohne Ort] [1690–96], hier: Bl. 140ᵛ. Exemplar: Weimar HAAB.

1696 [Nr. 3] Rudolphus I. Imp[erator] augustissimae Austriacorum domus conditor […] in compendio descriptus/quo de […] Joan[nes] Gottfridus Marci (Halla-Saxo) et Henricus Neubaur (Soltquell. Palaeo. March[anus]) […] d[ie] [ohne Tag] Septembr[is] M.DC.XCVI. publice disputabunt […]/[ohne Praeses], Jena: Werther 1696 (VD17 14:052867T).

[Nr. 4] [Weitere Ausgabe zu Nr. 3] Rudolphus I. Imp[erator] augustissimae Austriacorum domus conditor […], Jena: Werther 1696 (VD17 12:137343Q).

4145   Johann Georg Joch (1677–1731). Wie Anm. 192.
4146   3.8 Johann Georg Joch Nr. 34 (1716).
4147   Wie Anm. 117. Am 22. Oktober 1707 nach VII. versetzt (!). Kuhlmann, Schülerverzeichnis (wie Anm. 109), S. 283.
4148   Franz Albert Aepinus (1673–1750). Wie Anm. 1263.
4149   Wie Anm. 141. Am 13. Juli 1697 zum Lehrer der III. und zum Konrektor ernannt. Kuhlmann, Schülerverzeichnis (wie Anm. 109), S. 283.
4150   Friedemann Bechmann (1628–1703) studierte in Jena (1649 imm., 1651 Magister) und wurde danach auf Schloss Friedenstein bei Gotha von dem Abessinier Abba Gorgoryos (um 1595–1658) in der äthiopischen Sprache unterrichtet. Fortan wirkte er als Professor in Jena (1656 Prof. phil. und 1668 Prof. theol.) und war dort zwischen 1671 und 1698 auch mehrfach Rektor. DNB zu Bechmann: https://d-nb.info/gnd/100030378 [23.08.2023].

1699 [Nr. 5] Atheaton tōn christianōn oratōn s[eu] invisibile Christianorum visibile ab Apostolo c[apitulo] IIX potissimum a v[ersu] 18. & seq[uentes] ad Rom[anos] omnibus piis maxime commendatum, exercitatione philologica ad vers[us] 19–22[4151] eiusd[em] cap[ituli]/[Praeses:] Marci, Johann Gottfried, [Respondent:] Coester, Johann Christoph[4152] [Soest, Archigymn., Diss. theol., 20. März 1699], Soest: Utz 1699 (HT004348026). Exemplar: Soest StA/StB.

1700 [Nr. 6] De affectibus [prima]/[Praeses:] Marci, Johann Gottfried, [Respondent:] Wenckenbach, Johann Christoph[4153] [Soest, Archigymn., Diss. phil., 19./29. (?) März 1700], Soest: Utz 1700. (HT004347538). Exemplar: Soest StA/StB.

[Nr. 7] [Weitere Ausgabe zu Nr. 6] De affectibus [prima] [...], Soest: Utz 1700 (HT004352707). Exemplar: Bonn ULB.

1701 [Nr. 8] Disputatio secunda de affectibus/[Praeses:] Marci, Johann Gottfried, [Respondent:] Hecker, Heinrich Bernhard[4154] [Soest, Archigymn., Diss. phil., (ohne Tag) März 1701], Soest: Utz 1701 (HT004347765). Exemplar: Soest StA/StB.

1702 [Nr. 9] Disputatio tertia de affectibus/[Praeses:] Marci, Johann Gottfried, [Respondent:] Neuhaus, Johann Christian[4155] [Soest, Archigymn., Diss. phil., 8. September 1702], Soest: Utz 1702 (HT004347812). Exemplar: Soest StA/StB.

1703 [Nr. 10] De simulatione et dissimulatione/[Praeses:] Marci, Johann Gottfried, [Respondent:] Jellinghaus, Heinrich Kaspar[4156] [Soest, Archigymn., Diss. phil.,

---

4151 „Denn ich bin überzeugt, dass dieser Zeit Leiden nicht ins Gewicht fallen gegenüber der Herrlichkeit, die an uns offenbart werden soll. Denn das ängstliche Harren der Kreatur wartet darauf, dass die Kinder Gottes offenbar werden. Die Schöpfung ist ja unterworfen der Vergänglichkeit – ohne ihren Willen, sondern durch den, der sie unterworfen hat –, doch auf Hoffnung; denn auch die Schöpfung wird frei werden von der Knechtschaft der Vergänglichkeit zu der herrlichen Freiheit der Kinder Gottes. Denn wir wissen, dass die ganze Schöpfung bis zu diesem Augenblick seufzt und in Wehen liegt" (Röm 8, 18–22).

4152 Der spätere Schulkollege? Dessen Vater? Vgl. Bauks, Pfarrer (wie Anm. 14), S. 78 (Nr. 1010).

4153 Er erscheint noch 1747 als Widmungsempfänger einer Gießener Disputation: Historiae ecclesiasticae exercitatio De Christiano non achresto, qua paganorum opprobrium in veteres Christianos coniectum refellitur/ [Praeses:] Benner, Hermann, [Respondent:] Wenckenbach, Philipp Christian [Gießen, Univ., Diss. theol., 31. August 1747), Gießen: Müller 1747 (VD18 14837560).

4154 Der Großvater des Respondenten, Johann Georg Hecker (1621–1683), war seit 1648 Pfarrer in Neuengeseke gewesen. Bauks, Pfarrer (wie Anm. 14), S. 189 (Nr. 2398). – Schwartz, Denkmäler 5 (wie Anm. 11), S. 79 (Nr. 2) (Grabplatte).

4155 Der Respondent stammte aus Gummersbach. Am 30. Oktober 1700 wurde er nach II. aufgenommen. Kuhlmann, Schülerverzeichnis (wie Anm. 109), S. 285.

4156 Heinrich Kaspar Jellinghaus (1684–1749) studierte in Rostock und war später zunächst Adjunkt, dann seit 1730 Vikar in Lünern. Bauks, Pfarrer (wie Anm. 14), S. 232f. (Nr. 2959).

14. September 1703], Soest: Utz 1703 (HT004348458). Exemplar: Soest StA/StB (drei Exemplare).

1704 [Nr. 11] De iure iurando, eiusque sanctimonia/[Praeses:] Marci, Johann Gottfried, [Respondent:] Neuhaus, Johann Moritz[4157] [Soest, Archigymn., Diss. phil., 7. März 1704], Soest: Utz 1704[4158] (HT004348183). Exemplar: Soest StA/StB.

1710 [Nr. 12] Jesu patientis memoria anniversaria in Archi-Gymnas[io] Susatensi 1710 [...] [Soest, Archigymn., Rede zu einem Festakt, (Passionszeit) 1710], Soest: Utz 1710 (HT004329804). Exemplar: Soest StA/StB.

1713 [Nr. 13] Fridericus primus Rex Borussiae denatus in Friderico Wilhelmo secundo Friderici I. Filio [...] renatus uterque ea [...] submissione adoratus ab urbe Susato, eiusque Archi-Gymnasio, d[ie] 2. Jun[ii] MDCCXIII [...] [Soest, Archigymn., Festrede aus Anlass des Regierungsantritts König Friedrich Wilhelms I. (1688; reg. 1713–1740) in Preußen, 2. Juni 1713], Soest: Hermanni 1713 (HT012740982). Exemplar: Soest StA/StB.

1714 [Nr. 14] De enthymematibus seu reservationibus mentalibus/[Praeses:] Marci, Johann Gottfried, [Respondent:] Husemann, Theodor Balthasar[4159] [Soest, Archigymn., Diss. phil., 14. September 1714], Soest: Hermanni 1714 (HT004348106). Exemplar: Soest StA/StB.

[Nr. 15] [Weitere Ausgabe zu Nr. 14] De enthymematibus seu reservationibus mentalibus [...], Soest: Hermanni 1714 (HT004343317). Exemplar: Soest StA/StB.

1715 [Nr. 16] Profunditas homologumenos megalu mysteriu sive mysterii filii dei in forma servili a multis non satis aestumati pensitata [...] [Soest, Archigymn., Rede zu einem Festakt, 4. April 1715], Soest: Hermanni 1715 (HT004329822). Exemplar: Soest StA/StB.

1716 [Nr. 17] Profunditas homologumenos megalu mysteriu sive mysterii filii dei in forma servili altera vice pensitata [...] [Soest, Archigymn., Rede zu einem Festakt, 16. März 1716], Soest: Hermanni 1716 (HT004329824). Exemplar: Soest StA/StB.

[Nr. 18] Melioris vitae exercitium vindicatum et illustratum [...] [Soest, Archigymn., Rede zu einem Festakt, 11. September 1716], Soest: Hermanni 1716 (HT004329786). Exemplar: Soest StA/StB (drei Exemplare).

1717 [Nr. 19] Absconditus Deus salvator ac vindex ecclesiae [...] [Soest, Archigymn., Rede zum Reformationsjubiläum 1717], Soest: Hermanni 1717 (HT004329776). Exemplar: Soest StA/StB.

4157 Johann Moritz Neuhaus († 1738) stammte aus Neustadt (Bergneustadt). Er hatte die Schule in Soest besucht: 2. November 1699 nach IV. aufgenommen; 22. Oktober 1701 nach III. versetzt; 7. Mai 1703 nach II. aufgenommen (!). Kuhlmann, Schülerverzeichnis (wie Anm. 109), S. 285. Er war zunächst Hausgeistlicher in Stockum, seit 1716 Pfarrer in Kamen. Bauks, Pfarrer (wie Anm. 14), S. 354 (Nr. 4431).

4158 Mit einem Beitrag von Johann Thomas Hermanni (1685–1747). Wie Anm. 263.

4159 Er erscheint zwei Jahre später auch noch als Verfasser eines Gratulationsgedichtes zur Disputation De notitia Dei naturali [...]. 3.21 Jost Wessel Rumpaeus Nr. 49 (1716).

1719 [Nr. 20] Kosmokrator seu Deus et mundi princeps [...] [Soest, Archigymn., Rede zu einem Festakt, 7. September 1719], Soest: Hermanni 1719 (HT004329792). Exemplar: Soest StA/StB.

1720 [Nr. 21] Speculum irae divinae Jesus patiens [...] [Soest, Archigymn., Rede zu einem Festakt, 12. März 1720], Soest: Hermanni 1720 (VD18 12772313). Exemplar: Soest StA/StB.

1722 [Nr. 22] Speculum virtutum Jesus patiens [...] [Soest, Archigymn., Rede zu einem Festakt, 19. März 1722], Soest: Hermanni 1722 (HT004333303). Exemplar: Soest StA/StB.

[Nr. 23] Sanctitas principis occasione actus oratorii in Archi-Gymn[asio] Susatens[i] [...] [Soest, Archigymn., Rede zu einem Festakt, (ohne Datum) Herbst 1722], Soest: Hermanni 1722 (HT004329945). Exemplar: Soest StA/StB.

1723 [Nr. 24] De veritate religionis christianae, cuius fundamentum nullum aliud nisi Christus crucifixus [...] [Soest, Archigymn., Rede zu einem Festakt, (ohne Datum) Passionszeit 1723], Soest: Hermanni 1723 (HT004333364). Exemplar: Soest StA/StB.

1725 [Nr. 25] Consultatio de studiis biblicis occasione actus oratorii instituta [...] [Soest, Archigymn., Rede zu einem Festakt, (ohne Datum) 1725], Soest: Hermanni 1725 (HT007343076). Exemplar: Soest StA/StB.

1726 [Nr. 26] Aestimium historiae biblicae occasione actus oratorii pensitatum [...] [Soest, Archigymn., Rede zu einem Festakt, (ohne Datum) 1726], Soest: Hermanni 1726 (HT009424356). Exemplar: Soest StA/StB.

Marcis literarische Produktion muss noch deutlich umfänglicher gewesen sein.[4160]

3.16 Johann Mercker (1659–1728)[4161]

1684 [Nr. 1] [Gemeinsam mit Kopstadt, Johann Gottfried:[4162]] Abgenoehtigte Und Warhaffte Erzehlung Des von hiesigem Jesuiten [Johannes] Senero Begehrten Colloquii: Dem neulich außgestreueten Nahmenlosen Lügen-Brieff, Entgegen gesetzet [...], Dortmund: Rühl 1684 (GBV623752409).[4163] Exemplar: Halle (Saale) HFSt.

4160 Jöcher/Adelung, Ergänzungsband 4 (wie Anm. 1124), S. 667f. (hier allerdings den Vater mit dem Sohn verwechselnd): „In Jacob Christian Lehmanns Einladungsschrift zur Jubelfeier dieser Schule [des Soester Archigymnasiums], Soest 1770. Fol. wird von ihm und seinen Schriften Nachricht gegeben, ich kann sie aber nicht nachschlagen." Gemeint ist: Lehmann, Jacob Christian: Zu der zwoten Jubelfeyer des Archigymnasiums ladet ein und zeigt zugleich die Reden an [...], Soest: Eberbach 1770. Exemplar: Soest StA/StB (zur Zeit nicht auffindbar).
4161 Wie Anm. 173.
4162 Johann Gottfried Kopstadt (Kaufstatt; 1650–1717). Wie Anm. 169.
4163 3.11 Johann Gottfried Kopstadt (Kaufstatt) Nr. 5 (1684).

1685 [Nr. 2] [Gemeinsam mit Kopstadt, Johann Gottfried:⁴¹⁶⁴] Christliche Lehr- Und Ehren-Verthätigung Des Schmähesüchtigen Jesuiten [Johannes] Seneri Jüngsthin außgegebener [...] Warheit [...], Dortmund: Rühl 1685 (OCoLC 837907600).⁴¹⁶⁵ Exemplar: Halle (Saale) HFSt.

1690 [Nr. 3] [Beiträger in:] Immergrühnende Cypressen: Auff die Ruhestätte Des [...] Herrn, M[agisters] Johann Scheiblers,⁴¹⁶⁶ Weitberühmten Evangelischen Theologi, und vormahls [...] Professoris auff der Hochlöbl[ichen] Universität Giessen [...] Als er den 8. Octobr[is] des Jahrs 1689. [...] beygesetzet wurde. Auffgestecket von Denen Predigern der ungeänd[erten] Augspurg[ischen] Conf[ession] in besagten Fürstenthumben Gülich und Bergen [...], [ohne Ort, ohne Drucker] 1690 (VD17 1:048843X).⁴¹⁶⁷

1696 [Nr. 4] Christliche Leich-Predigt [...] [Leichenpredigt auf den Essener Pfarrer Heinrich Kauffmann,⁴¹⁶⁸ †9. November 1696], Dortmund: Rühl 1696 (HT004437775). Exemplar (Kopie): Essen StB.

1703 [Nr. 5] Christliche Unterweisung Von Der Freyheit zu lehren, Und von Dem Schrifft-mässigen Verstand des Bind- und Löse- Schlüssels [...], [ohne Ort, ohne Drucker] 1703 (VD18 13138421).

[Nr. 6] Christliche Unterweisung Von der Gemeinschafft der Heiligen, Wie auch Von den Ceremonien, Philosophia, und Processen [...], [ohne Ort, ohne Drucker] 1703 (VD18 11201614).

[Nr. 7] Christliche Unterweisung Von den Unmittelbahren Offenbahrungen, Enthusiasmo, Handlungen der Sacramenten, Frucht des Heil[igen] Abendmahls, Sabbath, Zustand der Wiedergebohrnen nach dem Tode, und ewiger Verdamnues [...], [ohne Ort, ohne Drucker] 1703 (VD18 1155973X).

4164 Johann Gottfried Kopstadt (Kaufstatt; 1650–1717). Wie Anm. 169.

4165 3.11 Johann Gottfried Kopstadt (Kaufstatt) Nr. 6 (1685).

4166 Johannes Scheibler (1628–1689), ein Sohn des bekannten Gießener Professors und späteren Dortmunder Superintendenten Christoph Scheibler (1589–1653; wie Anm. 1685), war 1650 außerordentlicher Professor der Kirchengeschichte in Gießen geworden. Er hatte in konfliktreichen Zeiten in Lennep (Erster Pfarrer 1654; abgesetzt), Dortmund-St. Marien (Erster Pfarrer; 1657f.) und wieder Lennep (Erster Pfarrer 1658ff.) gewirkt und war ab 1664 zugleich Generalsuperintendent der lutherischen Synode in Jülich und Berg gewesen. Bauks, Pfarrer (wie Anm. 14), S. 433 (Nr. 5367). – Gruch, Pfarrer 4 (wie Anm. 169), S. 77f. (Nr. 11258; vorläufiges Schriftenverzeichnis und Literatur).

4167 Mit Beiträgen zahlreicher Pfarrer aus Dortmund und der lutherischen Synoden von Jülich und Berg, ein „Who is who?" der Region, in dem offenbar auch der junge Mercker nicht fehlen wollte.

4168 Heinrich Kauffmann (1627–1696) hatte nach Schulbesuch in Dortmund in Rinteln studiert. Er war von 1650 bis 1691 3. lutherischer Pfarrer in Essen gewesen. Rosenkranz, Pfarrer (wie Anm. 169), S. 249. – Gruch, Pfarrer 3 (wie Anm. 169), S. 62 (Nr. 6381). – Kauffmann hatte im Verein mit Merckers Vater die ersten Collegia in Essen gehalten. Als der Sohn 1691 aus Mülheim am Rhein nach Essen zurückkehrte, trat er in den Ruhestand.

1704 [Nr. 8] Verthädigung Der Lehr-Freyheit: Wider eine Theologische Dissertation, Welche Herr Gottlieb Wernsdorff/[4169]Theol[ogiae] Doctor und Professor Publicus Extraord[inarius] auff der Universität zu Wittenberg/von dem so genanten Libertinismo gehalten [...],[4170] [ohne Ort, ohne Drucker] 1704 (VD18 13096885).

[Nr. 9] Rettung Der Lehr-Freyheit: Wider Herrn [Bernhard Ludolf] Hauseman,[4171] Lutherisch-Evangelischen Prediger zu Mengde [...], [ohne Ort, ohne Drucker] 1704 (VD18 13096818).

[Nr. 10] Verthädigung Des recht-erklärten Bischöfflichen Amptes/Und der Freyheit zu lehren: Wider Herrn Bernhardt Ludolff Hausemans/Predigers zu Mengede/ So genandte Gründliche Verthädigung des absonderlichen Prediger-Beruffs[4172] [...], [ohne Ort, ohne Drucker] 1704 (VD18 13096826).

[Nr. 11] Abermahlige Rettung Der Lehr-Freyheit: Wider eine Theologische Disputation, Welche Herr Johannes Henricus Schmidius,[4173] Unter dem Praesidio des Woledlen Herrn M[agisters] Joh[annis] Casp[ari] Baropii,[4174] Prorectoris des Archigymnasii zu Dortmundt/Von der nothwendigen Bestellung der Kirchen-Diener gehalten [...],[4175] [ohne Ort, ohne Drucker] 1704 (VD18 13095854).

[Nr. 12] Neue argumente vor die allgemeine Lehrfreyheit, [ohne Ort, ohne Drucker] 1704 [?].[4176]

[Nr. 13] Rettung Der Kurtzen und Einfältigen Justitz: Wieder die Disputation/welche der Hoch-Edle Herr Casparus Theodorus Summermannus.[4177] Doctor und Professor Juris Publicus auff der Königl[ich] Preüssischen Universität zu Düißburg/Von der Nothwendigkeit und Nutzbarkeit der Juristerei oder Rechtsgelehrtheit[4178] gehalten [...], [ohne Ort, ohne Drucker] 1704 (VD18 13096877).

4169 Gottlieb Wernsdorff (1668–1729). Wie Anm. 197.
4170 3.16 Johann Mercker Erwiderungen/Gegenschriften Nr. 1 (1703).
4171 Bernhard Ludolf Hausemann (1661–1720). Wie Anm. 196. – Vgl. zu ihm auch: Nuclei Theologici Dissertatio Quadragesima Quarta, Quae est Nona De Jesu Christo Theanthropo/[Praeses:] Dresing, Bernhard, [Respondent:] Hausemann, Bernhard Ludolf [Dortmund, Archigymn., Diss. theol., 2. September 1682], Dortmund: Rühl 1682 (HT007127531). Exemplar: Münster ULB.
4172 3.16 Johann Mercker Erwiderungen/Gegenschriften Nr. 4 (1704).
4173 Johann Heinrich Schmid (1680–1748). Wie Anm. 3719.
4174 Johann Caspar Barop (1663–1708). Wie Anm. 196.
4175 3.16 Johann Mercker Erwiderungen/Gegenschriften Nr. 5 (1704).
4176 Nachweis: Jöcher/Adelung, Ergänzungsband 4 (wie Anm. 1124), S. 1496.
4177 Caspar Theodor Summermann (1674–1752). Wie Anm. 196. – Zur Vorgeschichte dieser Auseinandersetzung vgl. Ders.: Qui cupit esse pius caussis doctusque Patronus [...], in: Märcker (Mercker), Johann Friedrich: Disputatio Inauguralis Iuridica De Advocato Legali/ Publicae ventilationi subjicit [...], Duisburg: [ohne Drucker] 1701 (HT007077687). Exemplar: Duisburg UB.
4178 3.16 Johann Mercker Erwiderungen/Gegenschriften Nr. 2 (1703).

[Nr. 14] Abermahlige Rettung der Kurtzen und Einfältigen Justiz: Wider die Anweisung des Ungrunds und Unfugs[4179] Des Hoch-Edlen Herrn Caspari Theodori Summermanni, Doctoris und Professoris auff der Königl[ich] Preussischen Universität zu Duißburg […], [ohne Ort, ohne Drucker] 1704 (VD18 1309694X).

[Nr. 15] Abgenöthigter und Warhafftiger Bericht Von den Händeln/Welche wegen der Sauff-Gelächer/Processe/und freyer Christlicher Versamlungen in Essen vorgegangen sind […], [ohne Ort, ohne Drucker] 1704 (VD18 13096001).

[Nr. 16] Kurtzer und Einfältiger Unterricht/Was von den jenigen zu halten sey/ welche nicht zur Kirchen gehen/sondern absonderliche Versamlungen ausser der Kirchen halten; Wie auch die Nothwendigkeit der Kinder-Tauffe auß heiliger Schrifft erwiesen werden könne […], [ohne Ort, ohne Drucker] 1704 (VD18 13095986).

[Nr. 17] [Vorwort in:] Dippel, Johann Konrad:[4180] Weg-Weiser Zum verlohrnen Liecht und Recht: Oder Entdecktes Geheimnüß, Beydes der Gottseligkeit/und der Boßheit: In einer schrifft-mäßigen Abbildung Der Gemeine des neuen Bundes/nach ihrer Jnnern und äussern Beschaffenheit/und des ihr entgegen gesetzten Abfalls in dem Reich des Anti-Christens/Samt einer Vorrede, Worinnen Herrn Johannes Merckers/Lutherisch-Evangelischen Predigers zu Essen/dem Autori überschickte zwey Tractätlein: 1. Christliche Unterweisung von der Freyheit zu lehren/und von dem Schrifftmäßigen Verstand des Bind- und Löse-Schlüssels.[4181] 2. Christliche Unterweisung von der Gemeinschaft der Heiligen/[4182] etc. Summarisch repetiret/und deren unpartheyische Warheits-Gründe dem bescheidenen Leser bestens recommendiret werden […] außgefertigt/durch Christianum Democritum […], [ohne Ort, ohne Drucker] 1704 (OCoLC 311642139 [Teil 1] und OCoLC 311642160 [Teil 2]). Exemplar: Soest StA/StB.

[Nr. 18] Mercker, Johann: Rettung Der Unschuld: Wider Herrn M[agister] Kopstadts So genandten abgenöthigten Gegen-Bericht […],[4183] [ohne Ort, ohne Drucker] 1704 (OCoLC 935089498). Exemplar: Jena ThULB.

1705 [Nr. 19] [Weitere Ausgabe zu Nr. 17] [Vorwort in:] Dippel, Johann Konrad: Weg-Weiser Zum verlohrnen Licht und Recht: oder Entdecktes Geheimnüß […], [ohne Ort, ohne Drucker] 1705 (VD18 90566688).

[Nr. 20] [Weitere Ausgabe zu Nr. 17] [Vorwort in:] Dippel, Johann Konrad: Weg-Weiser Zum verlohrnen Licht und Recht: oder Entdecktes Geheimnüß […], [ohne Ort, ohne Drucker] 1705 (VD18 15496538).

1706 [Nr. 21] Streitige Lehrsätze […], in: Acta Essendiensia […], Mülheim am Rhein: Proper 1706 (VD18 10483152).

4179 3.16 Johann Mercker Erwiderungen/Gegenschriften Nr. 7 (1704).
4180 Johann Konrad Dippel (1673–1734). Wie Anm. 181.
4181 3.16 Johann Mercker Nr. 5 (1703).
4182 3.16 Johann Mercker Nr. 6 (1703).
4183 3.16 Johann Mercker Erwiderungen/Gegenschriften Nr. 9 (1704).

1708 [Nr. 22] Einfältiger Tractat Von der Wiederbringung Aller Dinge, Wie auch von Dem Zustande, in welchem die Seelen der Gläubigen, nach dem Tode, sich befinden: Mit angehängter Einleitung zum rechten Verstande der Offenbahrung Johannis zu gelangen: Wider die so genante Untersuchung der Gründe[4184] Herrn D[octo]ris Johan[n] Wilh[elm] Petersen[4185] [...], Mülheim am Rhein: Proper (Witwe) 1708 (VD18 10961119).

Dedikationen/Widmungen

1682 [Nr. 1] [Widmungsempfänger in:] Rudrauf, Kilian:[4186] Formulae Concordiae vel Librorum Symbolicorum, utpote I. Aug[ustanae] Confessionis, de anno 1530. d[ie] 25. Iun[ii]. II. Apologiae adv[ersus] Confutat[ionem] papisticam. III. Articulorum Smalcaldicorum Lutheri de an[no] 1537. IV. Utriusque Catechismi eiusdem Luth[eri] de a[nno] 1529. Nec non V. Libri vel Form[ulae] Concordiae stricte dictae, Torgae conscriptae 1576. in coenobio Bergensi revisae 1577 & anno 1580. Dresdae publicatae. Id est epitomes credendorum [...] controversiae praecipuae/ad disputandum propositae/[Gießen, Univ., Sammlung von unter dem Vorsitz von Rudrauf geführten Disputationen, „anno 1682. per semestre aestivum"], Gießen: Karger 1682 (VD17 39:132305G).

Erwiderungen/Gegenschriften/Verteidigungsschriften

1703 [Nr. 1] Dissertatio theologica, qua libertinismum docendi, a Jo[hanne] Merckero ex instituto defensum/[Praeses:] Wernsdorff, Gottlieb,[4187] [Respondent:] Senff, Johann Andreas[4188] [Wittenberg, Univ., Diss. theol., 21. Dezember 1703], Wittenberg: Gerdes 1703 (VD18 11617772). Exemplar: Soest StA/StB.
[Nr. 2] Necessitas atque utilitas iurisprudentiae in vita humana contra inique eam traducentes asserta/[Praeses:] Summermann, Caspar Theodor,[4189] [Respondent:] Tielemann, Wilhelm Theodor [Duisburg, Univ. Diss. iur., (ohne Datum) 1703], Duisburg: [ohne Drucker] 1703 (VD18 11618825).
[Nr. 3] Fri(e)be(n), David: Drey Zur Erbauung in der Gottseligkeit dienende Schrifften, Worunter die Vorrede Lutheri über die Epistel an die Römer, und Zwey Andere, von Fruchtbarlicher Lesung der Heil[igen] Schrifft: Nebst einer Vorrede, von dem Zweck derselben, gegen einige Verlaeumbdungen [...]/Auff-

---

4184 3.16 Johann Mercker Erwiderungen/Gegenschriften Nr. 13 (1705).
4185 Johann Wilhelm Petersen (1649–1727). Wie Anm. 56.
4186 Kilian Rudrauf (1627–1690). Wie Anm. 886. – Auch der junge Mercker war demnach wohl ein Schüler dieses strengen Lutheraners gewesen.
4187 Gottlieb Wernsdorff (1668–1729). Wie Anm. 197.
4188 Johann Andreas Senff (1677–1761), ein sächsischer Pfarrer. DNB zu Senff: https://d-nb.info/gnd/122596528 [23.08.2023].
4189 Caspar Theodor Summermann (1674–1752). Wie Anm. 196.

gesetzet von M[agister] David Friben, [ohne Ort, ohne Drucker] 1703 (VD18 10174524). Exemplar: Soest StA/StB.

1704 [Nr. 4] Hausemann, Bernhard Ludolf:[4190] Gründliche Verthädigung des absonderlichen Prediger-Beruffs.[4191]

[Nr. 5] De necessaria ministrorum ecclesiae constitutione/[Praeses:] Barop, Johann Caspar,[4192] [Respondent:] Schmid, Johann Heinrich[4193] [Dortmund, Archigymn., Diss. theol., 27. Februar 1704], Dortmund: Rühl 1704 (HT012798809). Exemplar: Soest StA/StB.

[Nr. 6] Barop, Johann Caspar: Apologia orthodoxae assertionis de necessaria ministrorum ecclesiae constitutione, Dortmund: Rühl 1704 (HT007442698).[4194] Exemplar: Soest StA/StB.

[Nr. 7] Summermann, Caspar Theodor:[4195] Anweisung des Ungrunds und Unfugs.[4196]

[Nr. 8] Beckmann, Theodor (Dietrich) Matthias:[4197] Gründlicher Gegen-Bericht Und Beantwortung Herrn Joh[ann] Merckers mit höchster Unfuge außgetreueten Läster-Buchs, Abgenötigter Bericht genant, Betreffend Seine H[err]n Merckers gethane Procedur wieder den Magistrat der Stadt Essen in puncto der Sauff-Geläger, Processen und angestellten so genannten Collegiorum Pietatis oder freyer besondern Versam[m]lungen […], Dortmund: Rühl, 1704 (VD18 13095404).

[Nr. 9] Kopstadt, Johann Gottfried:[4198] Abgenöhtigter und Warhafftiger Gegen-Bericht dem Von Herren Johannes Mercker aufgesetzten und titulirten abgenötigten und warhafftigen Bericht entgegen gesetzet und Jn selbigem die vielfältige Unwarheiten/Calumniose Bezüchtigungen/auch muhtwillige verdrey- und verfälschunge angezeiget […], Duisburg: Sas 1704 (OCoLC 935092199).[4199] Exemplar: Jena ThULB.

[Nr. 10] Kopstadt, Johann Gottfried: Vest-stehende Unschuld wieder die Von Herren Johannes Mercker titulirte Rettung der Unschuld: Anweisend Daß er in seinem vorigen so genandten warhafftigen Bericht Der warheit warhafftig verscho-

---

4190 Bernhard Ludolf Hausemann (1661–1720). Wie Anm. 196.
4191 Nachweis: Walch, Historische und Theologische Einleitung V.1 (wie Anm. 173).
4192 Johann Caspar Barop (1663–1708). Wie Anm. 196.
4193 Johann Heinrich Schmid (1680–1748). Wie Anm. 3719. – Er begegnet nahezu zeitgleich auch als Beiträger zu der Disputation: De nobilitate eiusdem insigniis sive armis […], 3.5 Johann Wilhelm Harhoff Nr. 31 (1704).
4194 Dazu Jöcher/Adelung, Ergänzungsband 1 (wie Anm. 1124), S. 1448: „in qua ad Merckeri tr[actatum] Germ[anicum] abermalige Rettung der Lehr-Freyheit [3.16 Johann Mercker Nr. 11 (1704)] modeste respondetur."
4195 Caspar Theodor Summermann (1674–1752). Wie Anm. 196.
4196 Erschlossen aus 3.16 Johann Mercker Nr. 14 (1704).
4197 Theodor (Dietrich) Matthias Beckmann, der spätere Essener Bürgermeister. Wie Anm. 176.
4198 Johann Gottfried Kopstadt (Kaufstatt; 1650–1717). Wie Anm. 169.
4199 3.11 Johann Gottfried Kopstadt Nr. 8 (1704).

net/und ein wiedriges in dieser titulirten Unschuld Noch nicht erwiesen habe […], Duisburg: Sas 1704 (OCoLC 935089834).[4200] Exemplar: Jena ThULB.

[Nr. 11] Fri(e)be(n), David:[4201] Schrifft-mässiger Sinn Derer Librorum Symbolicorum: Von Freyheit des Sabbaths/Kirchlichen Beruffs/Und Beichte/Erläutert Von M[agister] David Friben, Gymn[asii] Essend[iensis] Rect[or], [ohne Ort, ohne Drucker] 1704 (VD18 12165557).

1705 [Nr. 12] Vorläuffiger Bericht Von der Eygentlichen Beschaffenheit, Und Warhafften Ursachen Des in der Stadt Essen von seinem Prediger-Dienst removirten Pastoris Herrn Johannis Merckers: Sampt einer Kurtzen Erzählung, In welchem Zustand die in der Gemeine daselbst entstandene Irrungen anjetzo beruhen; Auß Befehl Eines Hoch-Achtbahren Magistrats gemelter Stadt Essen, Am 12. Junij 1705 […], Mülheim am Rhein: Proper 1705 (VD18 10510281).

[Nr. 13] Petersen, Johann Wilhelm:[4202] Untersuchung Der Gründe, Die ein Prediger zu Essen, Gegen den mittlern Zustand der Seelen nach dem Tode, Und gegen die Wiederbringung aller Dinge herbeygebracht […], [ohne Ort, ohne Drucker] 1705 (VD18 11436441). Exemplar: Soest StA/StB.

1706 [Nr. 14] Acta Essendiensia: Worinnen enthalten: I. Die Veranlassung des in der Evangelisch-Lutherischen Gemeine der Stadt Essen Anno 1701. entstandenen und biß ins Jahr 1705. continuirten Kirchen-Streits. II. Die von H[errn] Johanne Mercker, Pastor daselbst, vorgetragene streitige Lehr-Sätze, Mülheim am Rhein: Proper 1706 (VD18 10483152).

1707 [Nr. 15] Beckmann, Theodor (Dietrich) Matthias:[4203] Freundliche Einladung Zum friedlichen liebreichen Gespräch und Untersuchung der Prophezeyungen Alten Testaments/Von der Juden bald bevorstehenden so leiblicher als geistlicher Erlösung: Womit verlanget wird mit ihren Rabbinen friedlich und in aller Liebe zu untersuchen […], [ohne Ort, ohne Drucker] 1707 (VD18 12929530).

1708 [Nr. 16] Kopstadt, Johann Gottfried:[4204] Unschuld wider die von Herrn Johann Mercker titulierte Rettung der Unschuld, anweisend, daß er in seinem vorigen sogenannten warhaftigen Bericht der Wahrheit wahrhaftig verschonet und ein Widriges in dieser titulierten Unschuld noch nicht erwiesen habe, [ohne Ort, ohne Drucker] 1708.[4205]

1722 [Nr. 17] [Weitere Ausgabe zu Erwiderungen/Gegenschriften Nr. 1] Dissertatio theologica qua libertinismum docendi a Jo[hanne] Merckero ex instituto defensum/[…], Wittenberg: Gerdes (3. Auflage) 1722 (VD18 11329009).

Wie die unter Edition Nr. 4, 7 bis 10 und 13 bis 16 gebotenen Texte erkennen lassen, gelangte wohl nur ein Teil der von Mercker und seinen Gegnern verfassten Texte in den Druck. Hier ist auch künftig mit neuen Funden zu rechnen.

4200 3.11 Johann Gottfried Kopstadt Nr. 9 (1704).
4201 Der Essener Rektor David Fri(e)be(n). Wie Anm. 203
4202 Johann Wilhelm Petersen (1649–1727). Wie Anm. 56.
4203 Theodor (Dietrich) Matthias Beckmann. Wie Anm. 176.
4204 Johann Gottfried Kopstadt (Kaufstatt; 1650–1717). Wie Anm. 169.
4205 Nachweis: Walch, Historische und Theologische Einleitung V.1 (wie Anm. 173).

3.17 Joachim Henrich Möllenhoff (1687–1746)[4206]

1711 [Nr. 1] De legibus divinis positivis universalibus aphorismos generaliores/ [Praeses:] Klausing, Johann Heinrich,[4207] [Respondent:] Möllenhoff, Joachim Henrich [Wittenberg, Univ., Diss. phil., 8. April 1711], Wittenberg: Schultz 1711 (VD18 11648147). Exemplar: Soest StA/StB.

[Nr. 2] De legibus divinis positivis universalibus aphorismi specialiores/[Praeses:] Möllenhoff, Joachim Henrich, [Respondent:] Wever, Friedrich Hermann (Iserlohnia-Westphalus)[4208] [Wittenberg, Univ., Diss. phil., 8. April 1711], Wittenberg: Schultz 1711 (VD18 11648775). Exemplar: Soest StA/StB.

[Nr. 3] De legibus divinis positivis universalibus [dissertationum tertia]/[Praeses:] Möllenhoff, Joachim Henrich, [Respondent:] Klärich, Johann Martin (Guelpherbito-Brunovicens[is]) [Wittenberg, Univ., Diss. phil., 19. September 1711], Wittenberg: Schultz 1711 (VD18 12413666). Exemplar: Soest StA/StB.

1714 [Nr. 4] Wohlmeynende Vorschläge, Wie Christliche Eltern, die ihre Kinder in die Schule schicken, denen Praeceptoribus sorgfältig beystehen können, daß absonderlich die Erziehung der lieben Jugend zur Gottseligkeit […] von statten gehe […], Dortmund: Rühl 1714 (CT005024079; HT004438006). Exemplar: Soest StA/StB.

[Nr. 5] [Weitere Ausgabe zu/Zusammenfassung von Nr. 1–3] Meditationes posteriores de nonnullis legibus divinis positivis universalibus […], Dortmund: Rühl 1714 (HT004437831). Exemplar: Soest StA/StB.

1715 [Nr. 6] Ob man nicht im Vaterlande gewisse Zusammenkünfte der Gelehrten errichten könnte, darin von allerley gelehrten Sachen discutirt würde […], Dortmund: [ohne Drucker] 1715.[4209]

[Nr. 7] [Programm Unna], Dortmund: Rühl 1715. Exemplar: Soest StA/StB.[4210]

1717 [Nr. 8] Programma von der Unnaischen Reformations Historie […], Soest: Hermanni 1717.[4211]

[Nr. 9] [Möglicherweise identisch mit Joachim Henrich Möllenhoff Nr. 8 (1717):] [Einladung zum Reformationsjubiläum 1717 in Unna], Soest: Hermanni 1717. Exemplar: Soest StA/StB.[4212]

4206 Wie Anm. 405.
4207 Johann Heinrich Klausing (1675–1745). Wie Anm. 361.
4208 Ein Sohn des Westhofener Pfarrers Kaspar Wever (1660–1734). Bauks, Pfarrer (wie Anm. 14), S. 553 (Nr. 6880). Er hatte zuvor das Gymnasium in Soest besucht (20. April 1706 nach II. aufgenommen; 14. Mai 1707 nach II. versetzt. Kuhlmann, Schülerverzeichnis [wie Anm. 109], S. 299).
4209 Nachweis: Bauks, Pfarrer (wie Anm. 14), S. 333 (Nr. 4194).
4210 Gegenwärtig nicht auffindbar.
4211 Nachweis: Bauks, Pfarrer (wie Anm. 14), S. 333 (Nr. 4194).
4212 Gegenwärtig nicht auffindbar.

1718 [Nr. 10] Bescheidene Untersuchung Einiger Verdächtigen Lehr-Sätze [...] Herr[n] David Sigismund Bohnstedt[s],[4213] Evangelischen Predigers in Essen Jn Wahrheit und Liebe angestellet [...], Unna: Romberg 1718 (CT005024083; HT004437846).[4214] Exemplar: Soest StA/StB (zwei Exemplare).

1744 [Nr. 11] Zufällige Gedanken von der Andacht im Gebet und Gottesdienst, Dortmund: [ohne Drucker] 1744.[4215]

3.18 Georg Friedrich Movius (1701–1754)[4216]

1731 [Nr. 1] De litterarum studiis ingenio accommodandis oratio [...] [Soest, Archigymn., Antrittsrede, (ohne Datum) 1731], Soest: Hermanni 1731 (HT014246100). Exemplar: Bonn ULB.

[Nr. 2] De imaginatione eius viribus atque regimine/[Praeses:] Movius, Georg Friedrich, [Respondent:] Glaser, Friedrich Jakob[4217] [Soest, Archigymn., Diss. phil., 26. November 1731], Soest: Hermanni 1731 (VD18 10148922). Exemplar: Soest StA/StB.

1732 [Nr. 3] De prudentia circa theologiam polemicam in scholis/[Praeses:] Movius, Georg Friedrich, [Respondent:] Henckel, Johann Konrad [Soest, Archigymn., Diss. theol., 8. September 1732], Soest: Hermanni 1732 (HT004557793).[4218] Exemplar: Soest StA/StB.

1733 [Nr. 4] De philosophiae naturalis in theologia utilitate/[Praeses:] Movius, Johann Georg, [Respondent:] Schuch, Johann Heinrich [Soest, Archigymn., Diss.

4213 David Sigismund Bohnstedt (1685–1756). Wie Anm. 1124.
4214 3.2 David Sigismund Bohnstedt Erwiderungen/Gegenschriften Nr. 1 (1718).
4215 Nachweis: Bauks, Pfarrer (wie Anm. 14), S. 333 (Nr. 4194).
4216 Wie Anm. 457.
4217 Friedrich Jakob Glaser († 1750) war ein Sohn des Schwerter Pfarrers Johann Jakob Glaser (1671–1744; wie Anm. 66), der von 1724 bis 1727 zugleich Generalinspektor der Grafschaft Mark gewesen war. Er wurde 1736 zunächst Hilfsprediger, dann 1737 Erster Pfarrer in Wiedenest (Bergneustadt). Rosenkranz, Pfarrer (wie Anm. 169), S. 159. – Gruch, Pfarrer 2 (wie Anm. 169), S. 199 (Nr. 4005).
4218 Mit Gratulationsschriften von Johann Wilhelm Hermanni, Johann Peter Wasmuth, Johann Heinrich Köhnen und Florenz Georg Albert Heitfeld. Johann Wilhelm Hermanni (1720–1773) war der Sohn von Sybels Freund Johann Thomas Hermanni (1685–1747; wie Anm. 263). Er folgte diesem 1747 als Pfarrer der Wiesenkirche (St. Mariae zur Wiese) nach. Bauks, Pfarrer (wie Anm. 14), S. 204 (Nr. 2591). – Johann Heinrich Köhnen (1719–1777) stammte aus Neuenrade. Er starb als Pfarrer in Gräfrath im Rheinland. Bauks, ebd., S. 267 (Nr. 3360). Gruch, Pfarrer 3 (wie Anm. 169), S. 129 (Nr. 6910). – Florenz Georg Albert Heitfeld war ein Sohn von Albert Georg Gerhard Heitfeld (1688–1729), der seit 1716 Pfarrer in Weslarn gewesen war. Bauks, ebd., S. 195 (Nr. 2472). Seine Mutter war seit 1731 in zweiter Ehe mit Georg Friedrich Movius verheiratet.

phil.-theol., 17. Juni 1733], Soest: Hermanni 1733 (HT004557814). Exemplar: Soest StA/StB.

1735 [Nr. 5] De angelis eorumque natura, attributis et operationibus/[Praeses:] Movius, Georg Friedrich, [Respondent:] Ardels, Thomas Henrich[4219] [Soest, Archigymn., Diss. theol., (ohne Tag) September 1735], Soest: Hermanni 1735 (HT004556839).[4220] Exemplar: Soest StA/StB.

1737 [Nr. 6] Teutsches Programma Auf die Frage: Ob es möglich und nützlich sey auch Unstudierte zu vernünfftigem Nachdencken anzugewöhnen […] [Soest, Archigymn., Programm, (ohne Tag) April 1737], Soest: Hermanni 1737 (VD18 10881808).

1739 [Nr. 7] De miseria hominum a Deo expiato levanda/[Praeses:] Movius, Georg Friedrich, [Respondent:] Schotte, Johann Heinrich[4221] [Soest, Archigymn., Diss. theol., 11. September 1739], Soest: Hermanni 1739 (HT004557539).[4222] Exemplar: Soest StA/StB.

1743 [Nr. 8] Teutsches Programma von den Vortheilen einer großmüthigen Aufführung […] [Soest, Archigymn., Einladung zu einer Redeübung, 25. März 1743], Soest: Hermanni 1743 (HT004557690). Exemplar: Soest StA/StB.

1747 [Nr. 9] De hominibus christianis fortibus fortioribus exercitationem ordini erudito pensitandam/[Praeses:] Movius, Georg Friedrich, [Respondent:] Justi, Philipp Konrad[4223] [Soest, Archigymn., Diss. theol., 10. März 1747], Soest: Hermanni 1747 (HT004557442). Exemplar: Soest StA/StB.

1753 [Nr. 10] De hominum plerorumque conditione, sua ipsorum culpa brutorum animalium sorte deteriori/[Praeses:] Movius, Georg Friedrich, [Respondent:]

4219 Thomas Henrich Ardels (1712–1778) stammte aus Blomberg (Lippe). Er war nach wechselvollem Vorleben (Organistentätigkeit; Studium in Bremen) zunächst Zweiter (1744), dann Erster Pfarrer in Lengerich (1747), wurde hier aber 1747 im Zuge des sogenannten „Lengericher Pietistenstreites" vertrieben. Ardels wirkte danach als Pfarrer in Müncheberg (Brandenburg) und starb als reformierter Konsistorialrat und Oberinspektor (Superintendent) in Emden. Bauks, Pfarrer (wie Anm. 14), S. 9 (Nr. 116).

4220 Mit Gratulationsschriften von Johann Hermann Lang(e) und Johann Peter Kayser. Johann Hermann Lang(e) (1715–1746) war seit 1743 Pfarrer in Langendreer. Bauks, Pfarrer (wie Anm. 14), S. 290 (Nr. 3638). – Johann Peter Kayser (1717–1801) wirkte seit 1753 als Zweiter Pfarrer in Halver. Bauks, ebd., S. 246 (3100).

4221 Johann Heinrich Schotte (1717–1776) studierte ab 1739 in Halle. Er war zunächst Lehrer am Soester Gymnasium (ab 1748), dann Pfarrer in Berge (ab 1754) und starb als Pfarrer von Sassendorf (so seit 1764). Bauks, Pfarrer (wie Anm. 14), S. 453 (Nr. 5601). – Kleiner Michels (wie Anm. 14), S. 664.

4222 Mit Gratulationsschriften von Johann Wilhelm Hermanni, Johann Peter Wasmuth, Johann Heinrich Köhnen und Florenz Georg Albert Heitfeld. Wie Anm. 4218.

4223 Vgl. zu ihm auch Ders.: Das Verhalten Gottes bey den Kriegen/gerechtfertigt […], Marburg: Müller 1760 (VD18 11026936). Justi (1728–1782) war zu dieser Zeit Pfarrer in Münchhausen (Hessen). DNB zu Justi: https://d-nb.info/gnd/105234920X [23.08.2023].

Isverding, Johann Friedrich[4224] [Soest, Archgymn., Diss. phil., (ohne Datum) 1753], Soest: Hermanni 1753 (HT014246121). Exemplar: Bonn ULB.

3.19 Johann Christoph Nungesser (1640–1700)[4225]

1661 [Nr. 1] De forma in genere/[Praeses:] Metzger, Georg Balthasar,[4226] [Respondent:] Nungesser, Johann Christoph [Gießen, Univ., Diss. phil., 3. September 1661], Gießen: Vulpius und Karger 1661 (VD17 39:137528A).
[Nr. 2] Triga quaestionum philosophicarum/[Praeses:] Weiss, Johann,[4227] [Respondent:] Nungesser, Johann Christoph [Gießen, Univ., Diss. phil, 4. Dezember 1661], Gießen: Hampel 1661 (VD17 39:140738R).
1664 [Nr. 3] [Beiträger in:] Letzte Ehre/Welche Der Weyland Edlen/Groß-Ehrenreichen und viel Tugendbegabten Fr[au] Catharina gebohrnen Reinigrin Deß […] Herrn/Johannis Nicolai Misleri[4228] […] Ehefrauen/Alß Sie den 18. Tag des Martii durch den […] Tod hingerissen […] Schuldigst erwiesen […], Gießen: Karger 1664 (VD17 547:690111U).
[Nr. 4] [Beiträger in:] Haberkorn, Peter:[4229] Necessaria et solida, XXXV. disputationibus constans apologia; qua Anti-Forerus, in quaestione illa: ubi ecclesia

---

4224 Johann Friedrich Isverding (Isferding; 1733–1779). Wie Anm. 2227.
4225 Wie Anm. 53.
4226 Der Mediziner Georg Balthasar Metzger (1623–1687) stammte aus Schweinfurt. Er wirkte als Professor der Medizin in Gießen und Tübingen und gehörte zu den Mitbegründern der Leopoldina. Neigebauer, Johann Daniel Ferdinand: Geschichte der kaiserlichen Leopoldino-Carolinischen deutschen Akademie der Naturforscher während des zweiten Jahrhunderts ihres Bestehens, Jena 1860, S. 188. – Ule, Willi: Geschichte der Kaiserlichen Leopoldinisch-Carolinischen Deutschen Akademie der Naturforscher während der Jahre 1852–1887. Mit einem Rückblick auf die frühere Zeit ihres Bestehens, Halle 1889 [Nachträge und Ergänzungen zur Geschichte Neigebaur's], S. 147. – DNB zu Metzger: https://d-nb.info/gnd/102519889 [23.08.2023].
4227 Der Philologe und Philosoph Johann Weiss (1620–1683) stammte aus Eisenach. Er war 1653f. Adjunkt der Philosophischen Fakultät in Wittenberg gewesen und nun seit 1654 Professor für Ethik und Politik in Gießen. DNB zu Weiss: https://d-nb.info/gnd/100824854 [23.08.2023].
4228 Johann Nikolaus Misler (1614–1683) wurde 1652 Professor für Hebräisch an der Universität Gießen. Dort 1654 zum Doktor der Theologie promoviert, stieg er schließlich 1676 zum Professor Primarius auf. Wallmann, Johannes: Artikel „Misler, Johann Nikolaus", in: RGG⁴ 5 (2002), Sp. 1267 (Literatur). – DNB zu Misler: https://d-nb.info/gnd/102830215 [23.08.2023].
4229 Peter Haberkorn (1604–1676) war 1643 zunächst Superintendent der Diözese Gießen und 1650 dann Professor für Theologie und Hebräisch an der Universität Gießen geworden. Er war mit einer Tochter des Gießener Professors Justus Feuerborn (1587–1656) verheiratet. Dienst, Karl: Artikel „Haberkorn, Peter", in: NDB 7 (1966), S. 390f. – Bautz, Friedrich Wilhelm: Artikel „Haberkorn, Peter", in: BBKL 2

Protestantium fuerit ante Lutherum? Antehac contra Jesuitam, Laur[entium] Forerum,⁴²³⁰ in lucem editus, a posthumo eiusd[em] Iesuitae libro, titulum hunc ironicum prae se ferente: Ovum ante gallinam, filius ante patrem, etc.⁴²³¹ fortiter asseritur, invicte confirmatur […] in Academia Hasso-Gissena, adornata et publicae ventilationi exposita […] [Sammlung von Dissertationen], Gießen: Hampel 1664 (VD17 1:077420V). Exemplar: Soest StA/StB.

1665 [Nr. 5] [Beiträger in:] Misler, Johann Nicolaus:⁴²³² Synopsis theologica: in qua omnium christianae religionis capitum thesis orthodoxa nervose traditur et explicatur, simul et antithesis quorumvis fere adversantium breviter allegata, succincte refutatur […] disputationibus XX. comprehensa […], Gießen: Hampel 1665 (VD17 39:145707L).

1668 [Nr. 6] [Beiträger in:] Peri tēs autocheirias/[Praeses:] Weiss, Johann,⁴²³³ [Respondent:] Karg, Johann Caspar [Gießen, Univ., Diss. phil., (ohne Tag) September 1668], Gießen: Hampel 1668 (VD17 547:625032H).

[Nr. 7] [Übersetzer:] D[oktor] Abraham Calovens⁴²³⁴ Sum[m]arische Widerlegung Der XLI. vermeinten Beweißthümen des D[oktor] Johann Bergius⁴²³⁵ aus Pommern/wider […] befündlich in dem Buch/das er betrüglicher Weise mit diesem Titul benahmet hat: Daß die Wort Christi noch vest stehen⁴²³⁶ […], Wittenberg: Schmatz und Wendt 1668 (VD17 3:612549D).

    (1990), Sp. 416 (Literatur). – DNB zu Haberkorn: https://d-nb.info/gnd/100153003 [23.08.2023].

4230 Der schweizerische Jesuit Lorenz (Laurenz) Forer (1580–1659) stammte aus Luzern. Er lehrte an verschiedenen Kollegien Philosophie und Theologie, so etwa von 1615 bis 1619 in Ingolstadt, und war zeitweise Kanzler der Universität in Dillingen. Werner, N.: Artikel „Forer, Laurenz", in: ADB 7 (1878), S. 155.

4231 Forer, Lorenz: Wunder über Wunder Daß ist: Ovum Ante Gallinam, Filius Ante Patrem Das Ey vor der Hennen/Der Sohn vor dem Vatter/Das Luthertumb vor dem Luther; Das müste wol ein Khue lachen. Oder Gründliche Ablainung/daß die Lutherische/wie auch Calvinische Kyrch und Glauben/von den Aposteln her […] auff der Welt gewesen sey […], Ingolstadt: Ostermayr 1660 (VD17 12:108368L).

4232 Johann Nikolaus Misler (1614–1683). Wie Anm. 4228.

4233 Johann Weiss (1620–1683). Wie Anm. 4227.

4234 Der einflussreiche Mathematiker, Philosoph und Theologe Abraham Calov (Calovius, Kalau; 1612–1686), seit 1650 ordentlicher Professor der Theologie in Wittenberg, war einer der wichtigsten Vertreter der lutherischen Orthodoxie. Wallmann, Johannes: Artikel „Calov, Abraham", in: TRE 7 (1981), S. 563–568. – DNB zu Calov: https://d-nb.info/gnd/119177323 [23.08.2023].

4235 Johannes Bergius (Berg; 1587–1658), ein Schüler des Irenikers David Pareus (1548–1622), war reformierter Hofprediger in Königsberg (1620) und Berlin (1623). Nischan, Bodo: John Bergius: Irenicism and the Beginnings of Official Religious Toleration in Brandenburg-Prussia, in: Church History 51 (1982), S. 389–406. – DNB zu Bergius: https://d-nb.info/gnd/100033970 [23.08.2023].

4236 Bergius, Johannes (posthum): Daß die Wort Christi noch veste stehen/Für die wahre seligmachende Gemeinschafft seines Leibes und Blutes im Heiligen Abendmahl: Zur

1669 [Nr. 8] Vindiciae articuli primi sectionis secundae, epicriseos Wittenbergensis syncretismo Cassellano oppositae de s[acra] coena, et eo concurrentibus controversiis/[…] contra dissertationem inauguralem[4237] d[octoris] Hieronymi Wetzelii[4238]/[Praeses:] Haberkorn, Peter,[4239] [Respondent:] Nungesser, Johann Christoph [Gießen, Univ., Diss. theol., (ohne Tag) Februar 1669], Gießen: Karger 1669 (VD17 39:129851P).

1683 [Nr. 9] De imagine Dei disputatio [prima]/[Praeses:] Nungesser, Johann Christoph, [Respondent:] Lührmann, Johann Stephan[4240] [Soest, Archigymn., Diss. theol., 18. Aug. 1683], Soest: Utz 1683 (HT003322887).[4241] Exemplar: Soest StA/StB.

[Nr. 10] De imagine Dei disputatio altera/[Praeses:] Nungesser, Johann Christoph, [Respondent:] Schrader, Andreas Dietrich[4242] [Soest Archigymn., Diss. theol., 5. Okt. 1683], Soest: Utz 1683[4243] (HT003322451).[4244] Exemplar: Soest StA/StB.

1684 [Nr. 11] De providentia divina disputatio prima/[Praeses:] Nungesser, Johann Christoph, [Respondent:] Kemper, Georg[4245] [Soest, Archigymn., Diss. theol.,

---

Beförderung der Evangelischen Vereinigung/Auff vieler Christlicher Hertzen begehren erwiesen […], Basel: Genath 1664 (VD17 23:664767N).

4237 Dissertatio theologica inauguralis, exhibens confutationem articuli primi sectionis secundae, qui est de s[acra] coena: In epicrisi Theologicae Facultatis Wittebergensis de Colloquio Cassellano Rinthelio-Marpurgensium anno MDCLXI. Mense Iulio instituto/[Praeses:] Curtius, Sebastian, [Respondent:] Wetzel, Hieronymus [Marburg, Univ., Diss. theol., (ohne Tag) Juli 1666], Marburg: Schadewitz 1666 (VD17 17:749471Z).

4238 Hieronymus Wetzel (1623–1694), damals (seit 1653) reformierter Pfarrer in Marburg. Metz, L.: Artikel „Wetzel, Hieronymus", in: ADB 42 (1897), S. 254–256. – DNB zu Wetzel: https://d-nb.info/gnd/11552908X [23.08.2023].

4239 Peter Haberkorn (1604–1676). Wie Anm. 4229.

4240 Wahrscheinlich aus der Iserlohner Pfarrerfamilie Lüermann/Lührmann, die mit den Varnhagens, einer Spener nahen Sippe, verbunden waren. Bauks, Pfarrer (wie Anm. 14), S. 309 (Nr. 3879 und 3889).

4241 Mit Gratulationsschriften von Georg Kemper (1663–1723; wie Anm. 4245), Kaspar Peter Braune (Nungesser: 1683 in III. Kuhlmann, Schülerverzeichnis [wie Anm. 109], S. 300), Johann Georg Solms (*1667; Kleiner Michels [wie Anm. 14], S. 566) und Johann Christoph Solms (*1671; wie Anm. 84).

4242 Andreas Dietrich Schrader (1663–1722). Wie Anm. 119.

4243 Mit Gratulationsschriften von Johann Heinrich Hencke (Hennecke; 1664–1731; wie Anm. 78; Kuhlmann, Schülerverzeichnis [wie Anm. 109], S. 277), Georg Heinrich Grothaussmann, Hermann Eberhard Brockhaus (ca. 1668–1707; wie Anm. 77; Nungesser: 1683 in III.; 7. Mai 1685 in II. Kuhlmann, ebd., S. 269) und Philipp Christoph Schrader (1669–1724; wie Anm. 83).

4244 3.23 Andreas Dietrich Schrader Nr. 3 (1683).

4245 Georg Kemper (1663–1723). Wie Anm. 4241.

15. März 1684], Soest: Utz 1684 (HT003328406).[4246] Exemplar: Soest StA/StB (mit Besitzvermerk: Johann Georg Sybel).

[Nr. 12] De providentia divina disputatio [secunda]/[Praeses:] Nungesser, Johann Christoph, [Respondent:] Mentz, Johann Bernhard[4247] [Soest, Archigymn., Diss. theol., 15. März 1684], Soest: Utz 1684 (HT003328505).[4248] Exemplar: Soest StA/StB.

[Nr. 13] De providentia divina/[Praeses:] Hanneken, Philipp Ludwig,[4249] [Respondent:] Nungesser, Johann Christoph [Gießen, Univ., Diss. theol., 15. Sept. 1684], Gießen: Müller 1684 (OCoLC 903234013). Exemplar: Soest StA/StB.

[Nr. 14] Programma omnibus ebrietatis sosoribus […] [Soest, Archigymn., Programm, (ohne Datum) 1684], Soest: Utz 1684 (HT003322572). Exemplar: Soest StA/StB.

1685 [Nr. 15] Programma de sua vacatione ad Tremoniam […] [Dortmund, Archigymn., Programm, 8. Mai 1685], Soest: Utz 1685 (HT003322576). Exemplar: Soest StA/StB.

[Nr. 16] De peccato in genere/[Praeses:] Nungesser, Johann Christoph, [Respondent:] Hiltrop, Caspar Anton[4250] [Dortmund, Archigymn., Diss. theol., (ohne Datum) 1685], Dortmund: Rühl 1685 (HT003322477). Exemplar: Dortmund StLB.

4246 Mit Gratulationsschriften von Johann Stephan Lührmann (wie Anm. 4240), Heinrich Ambrosius Moll (1662–1737; wie Anm. 81), Andreas Dietrich Schrader (1663–1722; wie Anm. 119), Johann Heinrich Hencke (Hennecke; 1664–1731; wie Anm. 78), Caspar Hesper und Johann Florenz Sasse (zu ihm Kleiner Michels [wie Anm. 14], S. 524 f.).

4247 Ein Sohn des Lütgendortmunder Pfarrers (1634–1703) gleichen Namens, der seit 1690 zugleich Generalinspektor der lutherischen Gemeinden der Grafschaft Mark wurde. Bauks, Pfarrer (wie Anm. 14), S. 326 (Nr. 4102).

4248 Mit Gratulationsschriften und weiteren Schriften von Heinrich Ambrosius Moll (1662–1737; wie Anm. 81), Gottfried Theodor Rademacher (3.20 Reinhard Heinrich Rolle Nr. 7 [1707]), Georg Gobelius (Göbel) Münter (3.4 Johann Goswin Friederici Nr. 8 [1686]), Michael Blech (Bleek, Bleck; 1669–1730; wie Anm. 76), Johann Hermann Siebecker, Johann Wilhelm Schmidt (Kuhlmann, Schülerverzeichnis [wie Anm. 109], S. 290), Johann Heinrich Hasenkamp(f) (zur Familie Bauks, Pfarrer [wie Anm. 14], S. 185 [Nr. 2349–2353]; demnach aus Hattingen), Peter Hildebrand Middeldorp (zur Familie Bauks, Pfarrer [wie Anm. 14], S. 331 [Nr. 4165 f.]; demnach aus Schwelm), Andreas Dietrich Schrader (1663–1722; wie Anm. 119), Johann Heinrich Hencke (Hennecke; 1664–1731; wie Anm. 78), Johann Bernhard Mentz (wie Anm. 80), Johann Jakob Schröder (Kuhlmann, ebd., S. 291) und T. G. Steinenboemer (Steinböhmer; zur Familie Bauks, Pfarrer [wie Anm. 14], S. 489 [Nr. 6058]; demnach aus Bielefeld).

4249 Philipp Ludwig Hanneken (1637–1706). Wie Anm. 75.

4250 Caspar Anton Hiltrop (1663–1738) stammte aus Dortmund. Er studierte in Jena, war danach Feldprediger in Düsseldorf und wurde 1694 Pfarrer in Harpen. Bauks, Pfarrer (wie Anm. 14), S. 209 (Nr. 2659). – Gruch, Pfarrer 2 (wie Anm. 169), S. 381 (Nr. 5443).

1687 [Nr. 17] De lapsu Adami primi/[Praeses:] Nungesser, Johann Christoph, [Respondent:] Mellinghaus, Heinrich[4251] [Dortmund, Archigymn., Diss. theol., 5. März 1687], Dortmund: Rühl 1687 (CT002003128; HT016438621). Exemplare: Bonn ULB und Soest StA/StB.

[Nr. 18] De lapsu Adami primi [secunda]/[Praeses:] Nungesser, Johann Christoph, [Respondent:] Boennecken, Rütger Johann (Cliviâ-Hünxensis)[4252] [Dortmund, Archigymn, Diss. theol, 3. September 1687], Dortmund Rühl 1687 (OCoLC 838137739). Exemplar: Halle (Saale) HFSt.

1688 [Nr. 19] De lapsu Adami primi disp[utatio] tertia/[Praeses:] Nungesser, Johann Christoph, [Respondent:] Brauer (Zitopäus), Bernhard Dietrich (Theodor)[4253] [Dortmund, Archigymn., Diss. theol., 24. März 1688], Dortmund: Rühl 1688 (HT012779071). Exemplar: Soest StA/StB.

[Nr. 20] De peccato originis/[Praeses:] Nungesser, Johann Christoph, [Respondent:] Keilmann, Caspar (e montibus Lennepensi) [Dortmund, Archigymn., Diss. theol., 8. September 1688], Dortmund: Rühl 1688 (HT012779282). Exemplar: Soest StA/StB.

1689 [Nr. 21] [Beiträger in:] Arcularius, Johann Daniel:[4254] Rettung ausz der Noth Und Erquickung im Tod: Wie solche Auß dem CXLIII. Psalmen/v[ers] 12.[4255] Bey […] Leich-Begängnüß Des […] H[err]n Philipp Wilhelm Von Günterrod/ Wolverdienten Gerichts-Schultheissen Der Käyserlichen Freyen Reichs-Stadt Franckfurt am Mayn.[4256] Als dessen verblichener Leichnam/Den 29. Januarii

---

4251 Ein Sohn des Dortmunder Pfarrers Johannes Mellinghaus (1619–1684), der zunächst (1648) Lehrer am Dortmunder Archigymnasium, dann seit 1657 Erster Pfarrer an Dortmund-St. Marien gewesen war. Bauks, Pfarrer (wie Anm. 14), S. 324 (Nr. 4079).

4252 Rütger Johann Boennecken († 1698) stammte aus Hünxe und war dort ab 1689 Zweiter Pfarrer. Gruch, Pfarrer 1 (wie Anm. 169), S. 210 (Nr. 1230).

4253 Ein Sohn des aus Dortmund stammenden Juristen Bernhard Dietrich Brauer (1629–1686), zeitweise Bürgermeister in Lübeck und Syndikus der Hansestädte. DNB zu Brauer: https://d-nb.info/gnd/120923696 [23.08.2023].

4254 Johann Daniel Arcularius (1650–1710; wie Anm. 70), der Nachfolger Philipp Jakob Speners als Pfarrer der Katharinenkirche in Frankfurt am Main und Senior des dortigen Predigerministeriums, war ein gemäßigter Orthodoxer und promovierte (um die dafür erforderliche Qualifikation zu erwerben) am 9. September 1686 in Gießen zum Doktor der Theologie. In Frankfurt war Arcularius ein gemäßigter Vertreter der lutherischen Orthodoxie. Sein Nachfolger als Senior wurde Johann Georg Pritius (Priz; 1662–1732; wie Anm. 984). Haupt, Hermann/Lehnert, Georg: Chronik der Universität Gießen, 1607–1907, Gießen 1907, S. 51. – DNB zu Arcularius: https://d-nb.info/gnd/116319747 [23.08.2023].

4255 „Und vernichte meine Feinde um deiner Güte willen und bringe alle um, die mich bedrängen; denn ich bin dein Knecht" (Ps 143, 12).

4256 Ein von Johann Matthäus von Merian (1659–1716) gemaltes, eindrückliches Ölporträt des Verstorbenen hat sich in der Sammlung des Städelmuseums in Frankfurt am Main erhalten, https://sammlung.staedelmuseum.de/en/work/bildnis-des-frankfurter-ratsherrn-philipp-wilhelm-von-guente [23.08.2023].

dieses 1689. Jahrs/in der Kirchen zu den Barfüssern[4257] zu seinem Ruh-Kämmerlein gebracht wurde/Der [...] Gemeinde fürgetragen [...], Frankfurt am Main: Friedgen 1689 (VD17 1:029121D).[4258]

[Nr. 22] Peccatum originis pro disputatione publica/[Praeses:] Nungesser, Johann Christoph, [Respondent:] Urbani, Georg Thomas (Unnâ-Marcano)[4259] [Dortmund, Archigymn., Diss. theol., 16. März 1689], Dortmund: Rühl 1689 (OcoLC 838138954). Exemplar: Halle (Saale) HFSt.

1690 [Nr. 23] De moralitate sabbati [disputatio prima]/[Praeses:] Nungesser, Johann Christoph, [Respondent:] Schöphaus, Johannes Ludwig (Berghoviâ-Marcanus)[4260] [Dortmund, Archigymn., Diss. theol., 2. Januar 1690], Dortmund: Rühl 1690 (HT003322465). Exemplare: Dortmund StLB und Soest StA/StB.

[Nr. 24] De moralitate sabbati: Disputatio secunda/[Praeses:] Nungesser, Johann Christoph, [Respondent:] Zum Kumpff, Johann Albert (Elsâ-Limpurgensis)[4261] [Dortmund, Archigymn., Diss theol., 1. März 1690], Dortmund: Rühl 1690 (OCoLC 838140786). Exemplar: Halle (Saale) HFSt.

[Nr. 25] [Commentatio dicti Christi Luc. XVII v(ersus) 10.[4262]] De servo inutili/ [Praeses:] Nungesser, Johann Christoph, [Respondent:] Pollmann, Johann Wilhelm (e montibus Leichlingensis)[4263] [Dortmund, Archigymn., Diss. theol., 6. September 1690], Dortmund: Rühl 1690 (HT003322688). Exemplare: Dortmund StLB und Soest StA/StB.

4257 Die Barfüßerkirche, d.h. die gotische Kirche des früheren Frankfurter Franziskanerklosters, war nach 1529 zur evangelischen Hauptkirche geworden. 1786/89 wegen Baufälligkeit abgerissen, wurde sie im Jahr 1789 durch einen klassizistischen Neubau ersetzt, der seit seiner Einweihung 1833 den Namen des Apostels Paulus trägt (sogenannte „Frankfurter Paulskirche").

4258 Mit einem Beitrag des aus Herford stammenden Johann Christoph Holtzhausen (1640–1695), eines entschiedenen Anhängers Speners, seit 1682 Pfarrer der Frankfurter Barfüßerkirche. Bauks, Pfarrer (wie Anm. 14), S. 218f. (Nr. 2781). – Schmidt, Martin: Artikel „Holtzhausen, Johann Christoph", in: NDB 9 (1972), S. 559. – DNB zu Holtzhausen: https://d-nb.info/gnd/123353416 [23.08.2023].

4259 Georg Thomas Urbani (ca. 1670–1749) studierte ab 1689 in Jena und wurde 1702 Pfarrer in Iserlohn. Bauks, Pfarrer (wie Anm. 14), S. 518 (Nr. 6420).

4260 Johannes Ludwig Schöphaus (Schophaus; †1701) stammte aus Berghofen (Aplerbeck) und war seit 1694 Zweiter Stadtprediger (Dritter Pfarrer) in Hattingen. Bauks, Pfarrer (wie Anm. 14), S. 452 (Nr. 5584).

4261 Johann Albert zum Kumpff (1667–1715) studierte ab 1690 in Leipzig. Er verwaltete zunächst die Stadtpredigerstelle in Hattingen (1692) und wurde dann 1693 Pfarrer in Elsey. Bauks, Pfarrer (wie Anm. 14), S. 286 (Nr. 3585).

4262 „So auch ihr! Wenn ihr alles getan habt, was euch befohlen ist, so sprecht: Wir sind unnütze Knechte; wir haben getan, was wir zu tun schuldig waren" (Lk 17, 10).

4263 Ein Bruder des nachmaligen Herscheider Vikars (1707) und späteren Hagener Pfarrers (1727) Wilhelm Degenhard Pollmann (ca. 1673–1739). Bauks (wie Anm. 14), S. 389 (Nr. 4835).

1691 [Nr. 26] [Commentationis dicti Christi Luc. XVII v[ersus] 10.] De servo inutili continuatio/[Praeses:] Nungesser, Johann Christoph, [Respondent:] Hoemann, Johannes Melchior (Leudenscheidâ-Marcanus)[4264] [Dortmund, Archigymn., Diss. theol., 21. März 1691], Dortmund: Rühl 1691 (OCoLC 838141061). Exemplar: Halle (Saale) HFSt.

[Nr. 27] De peccato actuali/[Praeses:] Nungesser, Johann Christoph, [Respondent:] Voß, Johann Theodor (Solinga-Montanus)[4265] [Dortmund, Archigymn, Diss. theol., 5. September 1691], Dortmund: Rühl 1691 (OCoLC 838139665). Exemplar: Halle (Saale) HFSt.

1692 [Nr. 28] De peccati actualis speciebus variis/[Praeses:] Nungesser, Johann Christoph, [Respondent:] Bömke, Johann Heinrich (Tremonianus)[4266] [Dortmund, Archigymn., Diss. theol., 5. März 1692], Dortmund: Rühl 1692 (OCoLC 313561491). Exemplare: Bonn ULB und Halle (Saale) HFSt.

[Nr. 29] De peccato in Spiritum S[anctum] et in filium hominis/[Praeses:] Nungesser, Johann Christoph, [Respondent:] Glaser, Johann Jakob (Swertâ-Marcanus)[4267] [Dortmund, Archigymn., Diss. theol., 27. August 1692], Dortmund: Rühl 1692 (OCoLC 313561630). Exemplare: Darmstadt ULB und Maulbronn EvS.

[Nr. 30] De civitate et cive/[Praeses:] Nungesser, Johann Christoph, [Respondent:] Von Günterod, Philipp Bonaventura[4268] [Dortmund, Archigymn., Diss. phil., 3. September 1692], Dortmund: Rühl 1692 (VD17 12:164674E).[4269] Exemplare: Dortmund StLB und Soest StA/StB.

1693 [Nr. 31] De peccato in Spiritum S[anctum] et in filium hominis [continuatio]/[Praeses:] Nungesser, Johann Christoph, [Respondent:] Twelsich, Hildebrand Hermann[4270] [Dortmund, Archigymn., Diss. theol., 25. Februar 1693], Dortmund: Rühl 1693 (CT002003131; HT012779415). Exemplare: Bonn ULB und Soest StA/StB.

[Nr. 32] De peccato in filium hominis/[Praeses:] Nungesser, Johann Christoph, [Respondent:] Schulz, Albert (Suertâ-Marcanus) [Dortmund, Archigymn., Diss.

4264 Johannes Melchior Hoemann (†1746) studierte in Jena und Kiel. Er wurde 1696 zunächst Hausgeistlicher auf Haus Beck, dann 1698 Erster Stadtprediger in Lüdenscheid. Bauks (wie Anm. 14), S. 212 (Nr. 2692).

4265 Ein Sohn des Solinger Pfarrers (so seit 1680) Johann Theodor Voß (ca. 1653–1729). Gruch, Pfarrer 4 (wie Anm. 169), S. 405 (Nr. 13827).

4266 Johann Heinrich Bömke (Bömekenius, Bemken, Bömeken; 1673–1721) wurde 1707 Dritter Diakonus (Vierter Pfarrer) an Dortmund-Reinoldi. Bauks (wie Anm. 14), S. 47 (Nr. 610).

4267 Johann Jakob Glaser (1671–1744). Wie Anm. 66.

4268 Philipp Bonaventura von Günterrod (1673–1715) stammte aus dem Frankfurter Patriziat. Er war ein Enkel des Philipp Wilhelm von Günterrod (†1689; wie Anm. 4256). DNB zu von Günterrod: https://d-nb.info/gnd/12144094X [23.08.2023].

4269 Mit einem Beitrag von Johann Jakob Glaser (1671–1744). Wie Anm. 66.

4270 Er wurde im März 1710 Prorektor des Dortmunder Gymnasiums (HT003963707).

theol., 2. September 1693), Dortmund: Rühl 1693 (CT002003124; HT016435757). Exemplare: Dortmund StLB und Bonn ULB.

1694 [Nr. 33] [Continuatio disputationis de peccati actualis divisionibus, in specie] De peccato regnante et in Spiritum S[anctum]/[Praeses:] Nungesser, Johann Christoph, [Respondent:] Ennigmann, Zacharias[4271] [Dortmund, Archigymn., Diss. theol., 17. März 1694], Dortmund: Rühl 1694 (HT012779466). Exemplare: Bonn ULB und Soest StA/StB.

[Nr. 34] De peccato actuali, eiusque variis divisionibus ultima/ [Praeses:] Nungesser, Johann Christoph, [Respondent:] Leonhardi, Bernhard Nikolaus[4272] (Dortmund, Archigymn., Diss. theol., 1. September 1694), Dortmund: Rühl 1694 (CT002003153; HT012779092). Exemplar: Bonn ULB und Soest StA/StB.

1695 [Nr. 35] [Beiträger in:] Die Gefürstete Fürstenövin:[4273] Als die [...] Frau Catharina Elisabetha Fürstenovs, Des [...] Herrn Thomae Müllern,[4274] Des weitberühmten Gymnasii zu Herford wolverdienenden Rectoris Hertzgeliebte Ehe-Liebste,[4275] den 30. April dieses 1695. Jahrs [...] verblichen, und den 5. Maii darauff [...] beerdiget worden [...], Dortmund: Rühl, 1695 (VD17 1:036596Z).[4276]

[Nr. 36] Spes desperata meliorum temporum ex Lucae XVIII, v[ersus] 8[4277] demonstrata [gegen den Leipziger Terministen Andreas Stübel (Stubel; 1653–1725)][4278]/

4271 Zacharias Ennigmann (1683–1727) stammte aus Dortmund und war ab 1707 Pfarrer in Gemünd. Er war der Vater des späteren Pfarrers von Frömern Immanuel Friedrich Ennichmann (1726–1806). Bauks, Pfarrer (wie Anm. 14), S. 120 (Nr. 1530). – Gruch, Pfarrer 2 (wie Anm. 169), 78 (Nr. 2984).

4272 Bernhard Nikolaus Leonhardi (1671–1717) stammte aus Dortmund und studierte in Jena (1694). Er war 1698 zunächst Pfarrer in Niederlinxweiler (Rheinland), dann 1704 Zweiter Pfarrer in Ottweiler (Rheinland) und zuletzt Erster Pfarrer in Homburg an der Saar. Gruch, Pfarrer 3 (wie Anm. 169), S. 237 (Nr. 7727).

4273 Gemeint: Tochter des Johannes Fürstenau (Fürstenov; 1647–1717). Wie Anm. 4111.

4274 Thomas Müller (1661–1719). Wie Anm. 3791.

4275 Katharina Elisabeth Müller (1662–1695). Wie Anm. 3790.

4276 3.11 Johann Gottfried Kopstadt Nr. 7 (1695).

4277 „Ich sage euch: Er wird ihnen Recht schaffen in Kürze. Doch wenn der Menschensohn kommen wird, wird er dann Glauben finden auf Erden?" (Lk 18, 8).

4278 Der Gymnasiallehrer, Theologe und begabte lateinische Lexikograph Andreas Stübel (Stubel; 1653–1725) stammte aus Dresden. Er hatte ab 1673 in Leipzig studiert (Magister 1676), dort zunächst als Hauslehrer gewirkt und schließlich 1682 eine Lehrerstelle an der Nikolai-Schule angetreten. 1684 war er dann Konrektor an der Thomaner Schule geworden, hielt als Bakkalaureus der Theologie aber schon bald auch theologische Vorlesungen an der Universität. Hier vertrat er einen schroffen Terminismus. So behauptete er etwa, „daß für die Pietisten das Gnadenziel ganz sicherlich am 15. August 1700 eintreten werde. Und als die Schweden wenige Jahre darauf in Sachsen einbrachen, hielt er König Karl XII. und seine Gefährten für die Könige vom Aufgang der Sonne, von denen in der Offenbarung Cap. 16, V. 12 die Rede ist, und die Oder für den Euphrat, der vor ihnen ausgetrocknet sei". Dies führte schon 1697 zu seiner Absetzung an Schule und Universität. Allerdings beließ man ihm sein Gehalt. Koldewey, Friedrich: Artikel „Stübel, Andreas", in: ADB 36 (1893),

[Praeses:] Nungesser, Johann Christoph, [Respondent:] Kulhoff, Bernhard Ludwig[4279] [Dortmund, Archigymn., Diss. theol., 9. März 1695], Dortmund: Rühl 1695 (OCoLC 247229313). Exemplare: Darmstadt ULB, Greifswald UB und Rostock UB.

[Nr. 37] Spes desperata meliorum temporum [gegen den Leipziger Terministen Andreas Stübel (Stubel; 1653–1725)]/[Praeses:] Nungesser, Johann Christoph, [Respondent:] Becker, Eberhard Theodor[4280] [Dortmund, Archigymn., Diss. theol., 7. September 1695], Dortmund: Rühl 1695 (HT012799885). Exemplar: Soest StA/StB.

1696 [Nr. 38] De libero hominis arbitrio [prima]/[Praeses:] Nungesser, Johann Christoph, [Respondent:] Velleuer (Weller), Gottfried (Asselâ-Marcanus)[4281] [Dortmund, Archigymn., Diss. theol., 29. August 1696], Dortmund: Rühl 1696 (HT012783632). Exemplare: Bonn ULB und Soest StA/StB.

1697 [Nr. 39] De libero hominis arbitrio [secunda]/[Praeses:] Nungesser, Johann Christoph, [Respondent:] Mahler, Peter (Sprockhövelâ-Marcanus)[4282] [Dortmund, Archigymn., Diss. theol., (ohne Datum) 1697], Dortmund: Rühl 1697 (HT016450633; als Beibindung an (38) (1696)]).[4283] Exemplar: Bonn ULB.

1698 [Nr. 40] De principio theologiae sacra scriptura/[Praeses:] Nungesser, Johann Christoph, [Respondent:] Weischede, Kaspar [Dortmund, Archigymn., Diss. theol., 27. August 1698], Dortmund: Rühl 1698 (HT003322566). Exemplar: Soest StA/StB.

[Nr. 41] Spes desperata meliorum temporum: Ex Lucae XVIII. v. 8./[4284] demonstrata a Johanne Christophoro Nungessero […], Frankfurt am Main: Stock 1698 (VD17 3:003807S). Exemplare: Dortmund StLB und Soest StA/StB.

[Nr. 42] De praedicationibus inusitatis – personalibus ecclesiasticis/[Praeses:] Nungesser, Johann Christoph, [Respondent:] Rumpaeus, Jost Wessel[4285] [Dort-

---

S. 702–704 (das Zitat hier S. 703). – DNB zu Stübel: https://d-nb.info/gnd/117677906 [23.08.2023].

4279 Bernhard Ludolf Kuhlhoff (Kühlhoff; †1746) stammte aus Gelsenkirchen. Er war zunächst 1714 Pfarrer in Isselburg (Rheinland), dann 1722 Pfarrer in Eickel. Bauks, Pfarrer (wie Anm. 14), S. 281 (Nr. 3533). – Gruch, Pfarrer 3 (wie Anm. 169), S. 191 (Nr. 7379).

4280 Eberhard Theodor Becker (†1756) stammte aus Lütgendortmund und hatte die Schule in Soest besucht; er wurde am 6. Mai 1691 nach II. aufgenommen. Kuhlmann, Schülerverzeichnis (wie Anm. 109), S. 266. Er war seit 1709 Pfarrer in Königssteele. Bauks, Pfarrer (wie Anm. 14), S. 26 (Nr. 319).

4281 Wie Anm. 4143. – Der Studienkollege Peter Mahlers (†1728). Wie Anm. 203.

4282 Peter Mahler (†1728). Wie Anm. 203.

4283 3.13 Peter Mahler Nr. 1 (1696/97).

4284 „Ich sage euch: Er wird ihnen Recht schaffen in Kürze. Doch wenn der Menschensohn kommen wird, wird er dann Glauben finden auf Erden?" (Lk 18, 8).

4285 Jost Wessel Rumpaeus (1676–1730). Wie Anm. 345.

mund, Archigymn., Diss. theol., 26. Februar 1698], Dortmund: Rühl 1698 (HT003322513).[4286] Exemplare: Dortmund StLB und Soest StA/StB.

1700 [Nr. 43] De propositionibus concretivis idiomaticis primi generis communicationis idiomatum, Christus est passus et Deus est passus/[Praeses:] Nungesser, Johann Christoph, [Respondent:] Rumpaeus, Balthasar Ludolph[4287] [Dortmund, Archigymn., Diss. theol., 25. August 1700], Dortmund: Rühl 1700. Exemplare: Dortmund StLB und Soest StA/StB.

Ohne Jahr (aber vor 1690) [Nr. 44] Er hat auch gegen Dr. [Bernhard] Dresing[4288] geschrieben, welcher die Redensart in seinem Gesangbuche geändert hatte: O große Noth, Gott selbst liegt todt.[4289]

Dedikationen/Widmungen/Nachrufe/Leichenpredigten

1700 [Nr. 1] Camenae lugubres in funere viri summe reverendi, amplissimi, atque excellentissimi domini Johannis Christoph[ori] Nungesseri [diverse Nachrufe auf Johann Christoph Nungesser, †21. Dezember 1700], Dortmund: Rühl 1700 (HT003322815). Exemplare: Düsseldorf ULB und Soest StA/StB.

1701 [Nr. 2] Barop, Johann Caspar:[4290] Ad laudes […] domini d[octoris] Johan[nis] Christophori Nungesseri […] [Dortmund, Archigymn., Nachruf, 1. Januar 1701], Dortmund: Rühl 1701 (HT012782837).[4291] Exemplar: Soest StA/StB.

Erwiderungen/Gegenschriften/Verteidigungsschriften

1698 [Nr. 1] Stübel, Andreas: Confessio spei certae et indubitatae, opposita d[octori] Joh[anni] Christophoro Nungessero, superintendenti Dortmundano: Qui spem desperatam meliorum temporum, ex Luc. c[apitulum] 18. v[ersus] 8. demonstrare voluit. Curiosa de reditu Christi […], Frankfurt am Main: Zunner 1698 (VD17 14:008883L).[4292] Exemplar: Soest StA/StB.

4286   3.21 Jost Wessel Rumpaeus Nr. 1 (1698).
4287   Balthasar Ludolph Rumpaeus (1678–1736; Unna) war ein jüngerer Bruder des Jost Wessel Rumpaeus. Er hatte die Schule in Soest besucht: Am 27. Oktober 1695 nach III. aufgenommen; im Wintersemester 1696, ohne genaues Datum, „serius his additus", also nach dem 20. Oktober 1696 nach II. aufgenommen. Kuhlmann, Schülerverzeichnis (wie Anm. 109), S. 289. Er war zunächst Stadtpfarrer (Zweiter Pfarrer) in Lünen (1704), dann ab 1731 Erster Pfarrer in Hagen. Bauks, Pfarrer (wie Anm. 14), S. 422 (Nr. 5240).
4288   Bernhard Dresing (1635–1690) stammte aus Herford. Er hatte in Leipzig (1653) und Gießen (1657) studiert und war seit 1660 Superintendent in Dortmund und dort zugleich Professor der Theologie (Rektor) am dortigen Archigymnasium. Seine Ehefrau war eine Tochter des Gießener Professors Peter Haberkorn (1604–1676; wie Anm. 4229). Bauks, Pfarrer (wie Anm. 14), S. 104 (Nr. 1333).
4289   Nachweis: Jöcher/Adelung, Ergänzungsband 5 (wie Anm. 1124), Sp. 863f.
4290   Johann Caspar Barop (1663–1708). Wie Anm. 196.
4291   3.1 Johann Caspar Barop Nr. 8 (1701).
4292   Erwiderung auf 3.19 Johann Christoph Nungesser Nr. 41 (1698).

1699 [Nr. 2] Brügmann, Johann Caspar:[4293] Deliramenta Stifeliana.[4294] Id est refutatio confessionis spei certae et indubitatae M[agistri] Andreae Stifelii s[eu] Stübelii [...] quam opposuit spei desperatae scilicet chiliasticorum temporum ex Luc. XIIX. v[ersus] 8. viri [...] Johannis Christophori Nungesseri [...], Dortmund: Rühl 1699 (VD17 3:000968F). Exemplar: Soest StA/StB.

1700 [Nr. 3] Stübel, Andreas: Novissima Antipietistarum: Hi pseudodidascali accersunt sibi celerem interitum. Damnatio iam olim non tardat; Perditio non dormitat. 2. Pet. 2, 1. seq[uentes][4295] Quis vero accusabit electos Dei? quis iudicabit? [...] num gladius?[4296] aut forte d[octor] Jo[hann] Frid[ericus] Mayerus,[4297] qui Hamburgi finxit Pietistam per status Evangelicos accusatum et iudicatum; D[octor] Jo[hannes] Georg[ius] Neumannus[4298] [...] d[octor] Jo[hannes] Christoph[orus] Nungesserus [...] M[agister] Alb[ertus] Christ[ianus] Rotthius[4299] [...]/M[agister] Andreas Stubelius, s[eu] Stiefel/s[ancti]s[imae] theol[ogiae] Baccal[aureus] certus est [...], [ohne Ort, ohne Drucker] 1700 (VD17 3:003771M).
[Nr. 4] [Weitere Ausgabe zu Erwiderungen/Gegenschriften Nr. 3] Stübel, Andreas: Novissima Antipietistarum [...], [ohne Ort, ohne Drucker] 1700 (VD17 5113:739453Y).

4293 Johann Caspar Brügmann (Brüggemann; 1645–1705), stammte aus Dortmund und hatte ab 1669 in Leipzig studiert. Er war anfangs Pfarrer in Herne (1671), dann zunächst ab 1680 Zweiter (Diakonus) und ab 1684 Erster Pfarrer an Dortmund-St. Marien. Bauks, Pfarrer (wie Anm. 14), S. 62 (Nr. 808).
4294 Michael Stifel (ca. 1487–1567). Wie Anm. 69.
4295 „Es waren aber auch falsche Propheten unter dem Volk, wie auch unter euch sein werden falsche Lehrer, die verderbliche Irrlehren einführen und verleugnen den Herrn, der sie losgekauft hat; die werden über sich selbst herbeiführen ein schnelles Verderben. Und viele werden ihnen folgen in ihren Ausschweifungen; um ihretwillen wird der Weg der Wahrheit verlästert werden. Und aus Habsucht werden sie euch mit erdichteten Worten zu gewinnen suchen. Das Urteil über sie wirkt seit Langem, und ihr Verderben schläft nicht" (2. Petr 2, 1–3).
4296 Vgl. Röm 8, 33–35: „Wer will die Auserwählten Gottes beschuldigen? Gott ist hier, der gerecht macht. Wer will verdammen? Christus Jesus ist hier, der gestorben ist, ja mehr noch, der auch auferweckt ist, der zur Rechten Gottes ist und für uns eintritt. Wer will uns scheiden von der Liebe Christi? Trübsal oder Angst oder Verfolgung oder Hunger oder Blöße oder Gefahr oder Schwert?"
4297 Johann Friedrich Mayer (1650–1712). Wie Anm. 382.
4298 Johann Georg Neumann (1661–1709). Wie Anm. 965.
4299 Albrecht Christian Rotth (1651–1701) war ein scharfer Gegner des Pietismus. Er hatte in Jena studiert (1675 Magister) und war 1677 zunächst Tertius, dann (1683) Konrektor am lutherischen Gymnasium in Halle geworden. 1689 ordiniert, wirkte er schon bald als Diakon an St. Ulrich in Halle und wechselte von hier 1692 als Subdiakon (Mittagsprediger) an St. Thomas in Leipzig, wo er gleichzeitig auch als Privatdozent an der Universität wirkte. Ab 1699 war Rotth dann Diakon an St. Thomas in Leipzig. DNB zu Rotth: https://d-nb.info/gnd/115378510 [23.08.2023].

[Nr. 5] [Weitere Ausgabe zu Erwiderungen/Gegenschriften Nr. 3] Stübel, Andreas: Novissima Antipietistarum […], [ohne Ort, ohne Drucker] 1700 (OcoLC 255789627). Exemplar: Halle (Saale) HFSt.

3.20 Reinhard Heinrich Rolle (Rollius; 1683–1768)[4300]

1701 [Nr. 1] De Academiae Giessensis ante hos centum annos restauratae Rectore primo diss[ertatio]/, Gießen: [ohne Drucker] 1701 (VD18 13056417).

1704 [Nr. 2] De natura et constitutione logicae/[Praeses:] Hildebrand, Christian,[4301] [Respondent:] Rolle (Rollius), Reinhard Heinrich [Rostock, Univ., Diss. phil., 18. Oktober 1704], Rostock: Weppling 1704 (VD18 90630912).

1706 [Nr. 3] [Beiträger in:] Dissertationum theologicarum, quae celeberrimi theologi d[octoris] Justi Christophori Schomeri[4302] collegium Anti-Calvinianum, a multis avide desideratum: exhibent […] prima: Cap. I. Prooemiale, cap. II De principio theologiae, et cap. III. De Deo/[Praeses:] Engelken, Heinrich Askan,[4303] [Respondent:] Matthaeus, Jakob (Gedan. Borussus) [Rostock, Univ., Diss. theol., 15. Mai 1706], Rostock: Schwiegerau 1706 (VD18 90735676).

[Nr. 4] De universali in genere/[Praeses:] Hildebrand, Christian,[4304] [Respondent:] Rolle (Rollius), Reinhard Heinrich [Rostock, Univ., Diss. phil., 6. November 1706], Rostock: Weppling 1706 (VD18 90631781).

1707 [Nr. 5] De numo confessionali et oblatorio sive missali, vulgo vom Beicht- und Opffer-Pfennige: Historice et apologetice tractata, contra G[ottfridum] Arnoldum[4305] & C[hristianum] Democritum[4306] […]/[Praeses:] Engelken, Heinrich Askan,[4307] [Respondent:] Rolle (Rollius), Reinhard Heinrich [Rostock,

---

4300 Wie Anm. 373.
4301 Christian Hildebrand (1638–1712) stammte aus Rügenwalde und hatte in Königsberg und Rostock studiert. Er war ein enger Weggefährte Johannes Fechts (1636–1716; wie Anm. 377). Hildebrand war seit 1677 ordentlicher Professor der Logik in Rostock und ab 1704 Senior der Universität. DNB zu Hildebrand: https://d-nb.info/gnd/121986624 [23.08.2023].
4302 Justus Christoph Schomer (1648–1693) war seit 1685 (Erster) ordentlicher Professor der Theologie in Rostock. Tschackert, Paul: Artikel „Schomer, Justus Christoph", in: ADB 32 (1891), S. 243f. – DNB zu Schomer: https://d-nb.info/gnd/116911980 [23.08.2023].
4303 Heinrich Askan Engelken (Engelke, Engelcken; 1675–1734) war seit seiner Promotion 1704 außerordentlicher Professor der Theologie in Rostock und ab 1713 Superintendent in Parchim. DNB zu Engelken: https://d-nb.info/gnd/100748198 [23.08.2023].
4304 Christian Hildebrand (1638–1712). Wie Anm. 4301.
4305 Gottfried Arnold (1666–1714). Wie Anm. 182.
4306 Johann Konrad Dippel (1673–1734). Wie Anm. 181.
4307 Heinrich Askan Engelken (Engelke, Engelcken; 1675–1734). Wie Anm. 4303.

Univ., Diss. theol., (ohne Tag) März 1707], Rostock: Schwiegerau 1707 (VD18 10390715).[4308] Exemplar: Soest StA/StB.

[Nr. 6] Merita Westphalorum in Academiam Rostochiensem delineata/[Praeses:] Aepinus, Franz Albert,[4309] [Respondent:] Rolle (Rollius), Reinhard Heinrich [Rostock, Univ., Diss. phil., (ohne Tag) April 1707], Rostock: Schwiegerau 1707 (VD18 10233067).[4310] Exemplar: Soest StA/StB.

[Nr. 7] [Weitere Ausgabe zu Nr. 6] Merita Westphalorum in Academiam Rostochiensem delineata […], Rostock: Schwiegerau 1707 (VD18 90631897).

[Nr. 8] De eruditis climacterico maximo denatis […]/[Geburtstagsgabe für Johannes Fecht[4311] zu dessen 72. Geburtstag am 25. Dezember 1707], Rostock: Weppling 1707 (VD18 15083152). Exemplar: Soest StA/StB.

1708 [Nr. 9] De causis philosophiae/[Praeses:] Rolle (Rollius), Reinhard Heinrich, [Respondent:] Weigel, Johann Theophil (Ivenaco-Megapolitanus) [Rostock, Univ., Diss. phil., (ohne Tag) Dezember 1708], Rostock: Schwiegerau 1708 (VD18 1044842X). Exemplar: Soest StA/StB.

1709 [Nr. 10] De sectarum philosophicarum scriptoribus Graecis potioribus […] 1. Prior/[Praeses:] Rolle (Rollius), Reinhard Heinrich, [Respondent:] Torck, Franz Theodor (Tremoniâ-Westphalo)[4312] [Rostock, Univ., Diss. phil., 1. Oktober 1709], Rostock: Weppling 1709 (VD18 90394232).

[Nr. 11] [Weitere Ausgabe zu Nr. 10] De sectarum philosophicarum scriptoribus Graecis potioribus […] 1. Prior/[…], Rostock: Weppling 1709 (VD18 11594888). Exemplar: Soest StA/StB.

[Nr. 12] De doctoribus academicis ad gymnasiorum vel scholarum gubernacula vocatis dissertatio epistolica […] ad […] Justum Wesselum Rumpaeum,[4313] s[ancti]s[imae] theol[ogiae] lic[entiatum], Facult[atis] Theol[ogiae] in Acad[emia] Gryphiswaldensi hactenus adjunctum, nunc vero Gymnasii Susatensis in Westphalia directorem […], Rostock: Garmann 1709 (VD18 10178074). Exemplar: Soest StA/StB.

[Nr. 13] Breviarium metaphysicae divinae […], Rostock: Garmann 1709 (HT003594395). Exemplar: Soest StA/StB.

[Nr. 14] Breviarium logicae sacrae, in quo praecepta ex optimis autoribus perspicue enodantur, et usus eorundem in theologia contra quoscunque divinae veritatis

---

4308   Mit einem Beitrag von Johannes Fecht (1636–1716). Wie Anm. 377.
4309   Franz Albert Aepinus (1673–1750). Wie Anm. 1263.
4310   Mit Beiträgen von Johannes Fecht (1636–1716; wie Anm. 377), Johann Nikolaus Quistorp (1651–1715; wie Anm. 4410) und Albrecht Joachim von Krakevitz (Krakewitz, Krackewitz; 1674–1732; wie Anm. 952).
4311   Johannes Fecht (1636–1716). Wie Anm. 377.
4312   Franz Theodor Torck war von 1718 bis 1761 Rektor des Iserlohner Gymnasiums. Bettge, Götz (Hg.): Iserlohn-Lexikon, Iserlohn 1987, S. 383. – Vgl. zu ihm auch 3.20 Reinhard Heinrich Rolle Nr. 19 (1710).
4313   Jost Wessel Rumpaeus (1676–1730). Wie Anm. 345.

hostes [...] commonstrantur [mit einer Vorrede von Johannes Fecht[4314]], Rostock: Schwiegerau 1709 (VD18 12531448).

[Nr. 15] [Weitere Ausgabe zu Nr. 14] Breviarium logicae sacrae, in quo praecepta ex optimis autoribus perspicue enodantur [...], Rostock: Schwiegerau 1709 (VD18 10873252).

[Nr. 16] [Weitere Ausgabe zu Nr. 14] Breviarium logicae sacrae, in quo praecepta ex optimis autoribus perspicue enodantur [...], Rostock: Schwiegerau 1709 (VD18 13944916).

[Nr. 17] Bibliotheca nobilium theologorum historico-theologica selecta. Sive recensus nobilium, vel gradum quendam theologicum, vel munus quodcunque sacrum suo merito consecutorum [...] cum praefatione d[omi]n[i] d[octoris] Johannis Fechtii [...], Rostock: Garmann 1709 (VD18 14538148). Exemplare: Dortmund StLB und Soest StA/StB.

[Nr. 18] Theologorum nostrae aetatis sine controversia principi, Jo[hanni] Fechtio, Academiae Rostochiensis rectori hactenus magnifico, depositam purpuram gratulatur [...], Rostock: Schwiegerau 1709 (VD18 12531456). Exemplar: Soest StA/StB.

1710 [Nr. 19] De sectarum philosophicarum scriptoribus Graecis potioribus [...] 2. Posterior/[Praeses:] Rolle (Rollius), Reinhard Heinrich, [Respondent:] Torck, Franz Theodor[4315] [Rostock, Univ., Diss. phil, 15. Januar 1710], Rostock: Schwiegerau 1710 (VD18 80243584).[4316] Exemplar: Soest StA/StB.

[Nr. 20] [Weitere Ausgabe zu Nr. 19] De sectarum philosophicarum scriptoribus Graecis potioribus [...] 2. Posterior [...], Rostock: Schwiegerau 1710 (VD18 90633016).[4317]

[Nr. 21] Salomo a scepticismi crimine contra iniustam observatoris Halensis imputationem defensus [...], Rostock: Weppling 1710 (VD18 15083209). Exemplar: Soest StA/StB.

[Nr. 22] Memoriae philosophorum, oratorum, poetarum, historicorum, et philologorum, inde a Megalandri Lutheri Reformatione [...] Decas 1 [...], Rostock und Leipzig: Garmann 1710 (VD18 80385621).

[Nr. 23] Memoriae philosophorum, oratorum, poetarum, historicorum, et philologorum, inde a Megalandri Lutheri. Reformatione [...] Decas 2 [...], Rostock und Leipzig: Garmann 1710 (VD18 80343821).

[Nr. 24] [Weitere Ausgabe zu Nr. 22–23] Memoriae philosophorum, oratorum, historicorum [...] [Gesamtausgabe], Rostock und Leipzig: Garmann 1710 (VD18 14538156).

4314 Johannes Fecht (1636–1716). Wie Anm. 377.
4315 Franz Theodor Torck. Wie Anm. 4312.
4316 Fortführung zu 3.20 Reinhard Heinrich Rolle Nr. 10 (1709).
4317 Die repräsentive Ausgabe enthält Beiträge von Johann Nicolaus Quistorp (1651–1715; wie Anm. 4410), Heinrich Askan Engelken (Engelke, Engelcken; 1675–1734; wie Anm. 4303) und Albrecht Joachim von Krakevitz (Krakewitz, Krackewitz; 1674–1732; wie Anm. 952).

[Nr. 25] [Weitere Ausgabe zu Nr. 22–23] Memoriae philosophorum, oratorum, historicorum [...] renovatae [Gesamtausgabe] (2. Auflage: Coll[ectionem] recensuit et cum additamentis quibusdam ed[idit]), Rostock und Leipzig: Garmann 1710 (VD18 15452212).

[Nr. 26] De potioribus disputandi methodis, qua ad collegium disputatorium heptades [...] invitat [...] [Rostock, Univ., Einladung, (ohne Datum) 1710], Rostock: Weppling 1710 (VD18 13281526).

1711 [Nr. 27] Abominandae de Spiritu Sancto quorundam veterum sententiae [...] [Unna, Stadtkirche, Festrede, Pfingsten (24. Mai) 1711], Dortmund: Rühl 1711 (OCoLC 1181814596). Exemplare: Dortmund StLB, Oldenburg LB und Soest StA/StB.

[Nr. 28] De autodidactis [...] [Unna, Gymn., Festrede, 9. September 1709], Dortmund: Rühl 1711 (HT003594325). Exemplar: Soest StA/StB.

[Nr. 29] Satisfactionis Christi obiectum personale [...], Dortmund: Rühl 1711 (HT003594989). Exemplare: Dortmund StLB und Soest StA/StB.

[Nr. 30] Ad conferendas symbolas novis Westfaliae literariis [...], Frankfurt am Main u. a.: Fuhrmann 1711 (HT003594589). Exemplare: Soest StA/StB.

1712 [Nr. 31] De sancte custodiendo coelestis veritatis deposito/[Praeses:] Rolle (Rollius), Reinhard Heinrich, [Respondent:] Zimmermann, Johann Kaspar[4318] [Dortmund, Archigymn., Diss. theol., 7. September 1712], Dortmund: Rühl 1712 (OCoLC 1181773140). Exemplar: Oldenburg LB.

[Nr. 32] Breviarii metaphysicae sacrae extensi disputationem menstruam [...]/[Praeses:] Rolle (Rollius), Reinhard Heinrich, [Respondent:] Felderhoff, Hermann Peter[4319] [Dortmund, Archigymn., Diss. theol., (ohne Datum) 1712], Dortmund: Rühl 1712 (HT003594364). Exemplar: Soest StA/StB.

[Nr. 33] Programma declamationibus ordinariis in Athenaeo Tremoniano [...] [Dortmund, Archigymn., Schulprogramm, (ohne Datum) 1712], Dortmund: Rühl 1712 (HT003595040). Exemplar: Soest StA/StB.

1713 [Nr. 34] De heptalogo Christi numeri septenarii mysterium leviter adumbrat [...] [Dortmund, Archigymn., Festrede, 29. März 1713], Dortmund: Rühl 1713 (HT003594541). Exemplar: Soest StA/StB.

[Nr. 35] Solida apod[e]ixis quod Christus mortem aeternam vare [vere] pro nobis sustinuerit/[Praeses:] Rolle (Rollius), Reinhard Heinrich, [Respondent:] Hau-

---

4318 Johann Kaspar Zimmermann (1694–1757) stammte aus Dortmund. Er studierte ab 1714 in Rostock und wurde 1719 Pfarrer in Hörde. Bauks, Pfarrer (wie Anm. 14), S. 577 (Nr. 7165).

4319 Hermann Peter Felderhoff (1691–1743) stammte aus Schermbeck (Rheinland). Er studierte in Gießen, wurde 1711 Pfarrer in Werth und war später zunächst Zweiter (1717), dann ab 1723 Erster Pfarrer in Schermbeck. Bauks, Pfarrer (wie Anm. 14), S. 128 (Nr. 1631b). – Gruch, Pfarrer 2 (wie Anm. 169), S. 108 (Nr. 3246).

semann, Peter Johann[4320] [Dortmund, Archigymn., Diss. theol., (ohne Datum) 1713], Dortmund: Rühl 1713 (HT003593662). Exemplar: Dortmund StLB.

[Nr. 36] Breviarium metaphysicae sacrae extensum/[Praeses:] Rolle (Rollius), Reinhard Heinrich, [Respondent:] Lüning, Johann Heinrich (Trem[oniensi] Westph[alus])[4321] [Dortmund, Archigymn., Diss. phil., (ohne Datum) 1713], Dortmund: Rühl 1713. Exemplar: Dortmund StLB.

[Nr. 37] De conemtu scholarum publicarum iniusto […] [Dortmund, Archigymn., Programm (ohne Datum) 1713], Dortmund: Rühl 1713 (HT003594428). Exemplare: Dortmund StLB und Soest StA/StB.

[Nr. 38] Vitae eruditissimorum in re literaria virorum ex monumentis rarissimis et exquisitissimis collectae […] [Decas 1] […], Frankfurt am Main und Leipzig: [ohne Drucker] 1713 (VD18 10492143).

[Nr. 39] Vitae eruditissimorum in re literaria virorum ex monumentis rarissimis et exquisitissimis collectae […] [Decas 2] […], Frankfurt am Main und Leipzig: [ohne Drucker] 1713 (VD18 10435980).

[Nr. 40] Kurtze Ablehnung der gantz nichtigen Aufflagen: mit welchen ein falschgerühmter Verthätiger der Warheit in einer abscheulichen Schmäh- und Läster-Schrifft/genannt Unschuld Calvini und Marlorati,[4322] Ihn zu beschmitzen sich unterstanden […], Dortmund: Rühl 1713 (VD18 13184849).[4323] Exemplare: Dortmund StLB und Soest StA/StB.

1714 [Nr. 41] Librorum Symbolicorum ab erroribus iisdem impactis vindiciae quarum specimen [primum]/[Praeses:] Rolle (Rollius), Reinhard Heinrich, [Respondent:] Hammerschmidt, Caspar Engelbert[4324] [Dortmund, Archigymn., Diss. theol., 7. März 1714], Dortmund: Rühl [ohne Jahr] (HT003596423). Exemplare: Dortmund StLB und Soest StA/StB.

[Nr. 42] De temporibus ignorantiae connivendo dissimulatis/[Praeses:] Rolle (Rollius), Reinhard Heinrich, [Respondent:] Vogel, Matthias Georg (Schwerta Marcanus) [Dortmund, Archigymn., Diss. theol., 5. September 1714], Dortmund: Rühl 1714 (VD18 12773751). Exemplare: Dortmund StLB und Soest StA/StB.

4320 Peter Johann Hausemann (1694–1724) stammte aus Mengede. Er studierte in Rostock und wurde 1714 zum Ersten Pfarrer in Mengede gewählt, konnte dieses Amt aber erst nach Entfernung eines Gegenkandidaten (1716) antreten. Bauks, Pfarrer (wie Anm. 14), S. 187 (Nr. 2372).

4321 Vgl. zu ihm auch 3.20 Reinhard Heinrich Rolle Nr. 65 (1717).

4322 Der reformierte Prediger Augustin Marlorat (1506–1563) war ursprünglich Augustinermönch gewesen. Er konvertierte in Genf und wurde 1562 in Rouen hingerichtet. DNB zu Marlorat: https://d-nb.info/gnd/128518650 [23.08.2023].

4323 Vgl. 3.20 Reinhard Heinrich Rolle Erwiderungen/Gegenschriften Nr. 1 (1713) und Nr. 2 (1715).

4324 Kaspar Engelbert Hammerschmidt († 1737) stammte aus Plettenberg. Er studierte in Gießen und war seit 1716 Vikar in Valbert. Bauks, Pfarrer (wie Anm. 14), S. 179 (Nr. 2275).

[Nr. 43] De mundi interitu secundum decreta Platonis et Aristotelis [...] [Dortmund, Archigymn., Programm (ohne Datum) 1714], Dortmund: Rühl 1714 (HT003594557). Exemplare: Dortmund StLB und Soest StA/StB.

[Nr. 44] De objecto psalmi LXIX. [...] [Dortmund, Archigymn., Redeübung, (ohne Datum) 1714], Dortmund: Rühl 1714 (HT003594978). Exemplar: Soest StA/StB.

[Nr. 45] Praelectiones metaphysicae sacrae [...], Frankfurt am Main: Fuhrmann 1714 (HT003595016). Exemplar: Soest StA/StB.

1715 [Nr. 46] De causis philosophiae/[Praeses:] Rolle (Rollius), Reinhard Heinrich, [Respondent:] Roffhack, Johann Peter Adolph (Götterswickerhammona Cliviacus)[4325] [Dortmund, Archigymn., Diss. phil., 14. Februar 1705 (irrtümlich statt: 1715)], Dortmund: Rühl 1715 (VD18 90500733).

[Nr. 47] Librorum Symbolicorum ab erroribus iisdem impactis vindiciae quarum specimen [secundum]/[Praeses:] Rolle (Rollius), Reinhard Heinrich, [Respondent:] Leers, Christoph Arnold [Dortmund, Archigymn., Diss. theol., 27. März 1715], Dortmund: Rühl [ohne Jahr] (HT003596444). Exemplare: Dortmund StLB und Soest StA/StB.

[Nr. 48] De causis philosophiae/[Praeses:] Rolle (Rollius), Reinhard Heinrich, [Respondent:] Mertini, Johann Melchior (Tremonianus) [Dortmund, Archigymn., Diss. phil., 6. Juni 1715], Dortmund Rühl 1715 (VD18 9050075X).

[Nr. 49] Positionum selectorum varii argumenti fasciculus/[Praeses:] Rolle (Rollius), Reinhard Heinrich, [Respondent:] Wever, Jacob (Herscheda Marcanus [heute Ortsteil von Schmallenberg]) [Dortmund, Archigymn., Diss. phil., 18. Juli 1715], Dortmund: Rühl 1715 (VD18 9050092X). Exemplare: Dortmund StLB und Soest StA/StB.

[Nr. 50] Existentiae numinis divini adsertio/[Praeses:] Rolle (Rollius), Reinhard Heinrich, [Respondent:] Cortüm [Kortum], Gottfried Michael (Quedlinburgensis Saxo)[4326] [Dortmund, Archigymn., Diss. theol., 10. August 1715], Dortmund: Rühl 1715 (VD18 13573314). Exemplar: Soest StA/StB.

[Nr. 51] De Paulo polyhistore/[Praeses:] Rolle (Rollius), Reinhard Heinrich, [Respondent:] Wiskott, Wilhelm Bernhard (Tremoniensis)[4327] [Dortmund, Archigymn., Diss. theol., 4. September 1715], Dortmund: Rühl 1715 (VD18 15083179). Exemplare: Dortmund StLB und Soest StA/StB.

[Nr. 52] Utrum angeli nominum ministri vocari queant? [...] [Dortmund, Archigymn., Programm, 4. September 1715], Dortmund: Rühl 1715 (HT003595890). Exemplare: Dortmund StLB und Soest StA/StB.

4325 Johann Peter Adolf Roffhack (Roffhacke; 1696–1764) stammte aus Götterswickerhamm (Rheinland). Er studierte in Rostock und war danach zunächst Vikar (1721), dann (1733) Pfarrer in Kierspe. Bauks, Pfarrer (wie Anm. 14), S. 413 (Nr. 5130).

4326 Ein Sohn des Hattinger Pfarrers Renatus Andreas Kortum (1674–1747). Wie Anm. 203.

4327 Wilhelm Bernhard Wiskott (1695–1747). Wie Anm. 4088.

[Nr. 53] De causis philosophiae/[Praeses:] Rolle (Rollius), Reinhard Heinrich, [Respondent:] Mallinckrodt, Dietrich (Theodor) Wilhelm (Tremonianus)[4328] [Dortmund, Archigymn., Diss. phil., 21. November 1705 (irrtümlich statt: 1715)], Dortmund: Rühl 1715 (VD18 90500776).

[Nr. 54] Positionum ex theologia selectarum sylloge/[Praeses:] Rolle (Rollius), Reinhard Heinrich, [Respondent:] Hücking, Johann Peter (Altena Marcanus) [Dortmund, Archigymn., Diss. theol., 20. Dezember 1715], Dortmund: Rühl 1715 (VD18 13573691). Exemplare: Dortmund StLB und Soest StA/StB.

[Nr. 55] De bonorum communione Platonica […] [Dortmund, Archigymn., Programm (ohne Datum) 1715], Dortmund: Rühl 1715 (HT003594008). Exemplare: Dortmund StLB und Soest StA/StB.

[Nr. 56] Fortgesetzte Ablehnung der gantz nichtigen Auffllagen des Vertheidigers der Warheit […], Dortmund: Rühl 1715 (HT003593431).[4329] Exemplar: Soest StA/StB.

1716 [Nr. 57] De exercitatione ad pietatem ad I. Tim. IV, 7.8./[4330] [Praeses:] Rolle (Rollius), Reinhard Heinrich, [Respondent:] Rolle (Rollius), Thomas Balthasar (Unna Marcanus)[4331] [Dortmund, Archigymn., Diss. theol., 18. März 1716], Dortmund: Rühl 1716 (VD18 1357342X). Exemplare: Oldenburg LB und Soest StA/StB.

[Nr. 58] Abominandas Fanaticorum de Sanctissimo Trinitatis mysterio sententias: Breviter recenset simul atque solemnem panegyrin veriorem Scripturae S[acrae] doctrinam de eodem commendaturam indicit […] [Dortmund, Archigymn., Programm, 19. März 1716], Dortmund: Rühl 1716 (VD18 13573667). Exemplare: Dortmund StLB und Soest StA/StB.

[Nr. 59] Librorum Symbolicorum ab erroribus iisdem impactis vindiciae quarum specimen tertium/[Praeses:] Rolle (Rollius), Reinhard Heinrich, [Respondent:]

4328   Dietrich (Theodor) Wilhelm Mallinckrodt (1696–1738) studierte in Leipzig. Er war zunächst Hausgeistlicher in Wischlingen und wurde dann 1720 Diakonus (Zweiter Pfarrer) an Dortmund-St. Marien. Bauks, Pfarrer (wie Anm. 14), S. 313 (Nr. 3935).

4329   Fortführung zu 3.20 Reinhard Heinrich Rolle Nr. 40 (1713). Vgl. dazu 3.20 Reinhard Heinrich Rolle Erwiderungen/Gegenschriften Nr. 1 (1713) und Nr. 2 (1715).

4330   „Die ungeistlichen Altweiberfabeln aber weise zurück; übe dich selbst aber in der Frömmigkeit! Denn die leibliche Übung ist wenig nütze; aber die Frömmigkeit ist zu allen Dingen nütze und hat die Verheißung dieses und des zukünftigen Lebens" (1. Tim 4, 7 f.).

4331   Thomas Balthasar Rolle (Rollé; 1695–1780), ein jüngerer Bruder Reinhard Heinrich Rolles, machte um 1719 in Leipzig die Bekanntschaft Gotthilf August Franckes (1696–1769; wie Anm. 452) und war dann 1721 f. Magister legens in Wittenberg. Ab 1726 zunächst Hausprediger in Dalhausen, wurde Rolle 1728 Pfarrer in Monschau. Von hier ging er 1734 als Pfarrer nach Mülheim an der Ruhr. Nachdem er ab 1741 noch kurzzeitig als Pfarrer in Colgenstein (Pfalz) gewirkt hatte, war er schließlich von 1742 bis 1780 Erster Pfarrer, Superintendent, Kirchenrat, Hofprediger und Scholarch in Saarbrücken. Gruch, Pfarrer 3 (wie Anm. 169), S. 629 (Nr. 10810).

Zimmermann, Johann Friedrich (Westphalus)[4332] [Dortmund, Archigymn., Diss. theol., 4. Juni 1716], Dortmund: Rühl 1716 (VD18 90501128).

[Nr. 60] De causis philosophiae/[Praeses:] Rolle (Rollius), Reinhard Heinrich, [Respondent:] Hageböck, Henrich Matthäus (Tremonianus)[4333] [Dortmund, Archigymn., Diss. phil., 6. August 1716], Dortmund: Rühl 1716 (VD18 90500784).

[Nr. 61] [Weitere Ausgabe zu Nr. 5] De numo confessionali et oblatorio sive missali, vulgo vom Beicht- und Opffer-Pfennige […], Rostock: [ohne Drucker] 1716 (VD18 14916932).

[Nr. 62] [Herausgeber:] Johannis Fechtii[4334] […] selectiorum ex universa theologia controversarium recentiorum praecipue sylloge: juxta ordinem theologiae b[eati] d[octoris] Johannis Friderici Koenigii[4335] thesibus comprehensa, in usum privatorum disputandi exercitiorum […] primum edita MDCXCIIX. […] saepiusque recusa […] nunc in gratiam s[ancti]s[simae] theol[ogiae] studiosorum in Archigymnasio Tremoniensi simili instituto […], Dortmund: Rühl 1716 (VD18 90501071).

1717 [Nr. 63] De causis philosophiae/[Praeses:] Rolle (Rollius), Reinhard Heinrich, [Respondent:] Goesmann, Gottfried Christoph (Wickeda Marcanus) [Dortmund, Archigymn, Diss. phil., 21. Januar 1717], Dortmund: Rühl 1717 (VD18 90500792).

[Nr. 64] De causis philosophiae/[Praeses:] Rolle (Rollius), Reinhard Heinrich, [Respondent:] Heppe, Johann Leopold (Derschlagio Montanus)[4336] [Dortmund, Archigymn., Diss. phil., 18. Februar 1717], Dortmund: Rühl 1717 (VD18 90500806).

[Nr. 65] De mysterio S[ancti]s[simae] Trinitatis ex lumine naturae indemonstrabili/[Praeses:] Rolle (Rollius), Reinhard Heinrich, [Respondent:] Lüning, Johann

---

4332 Johann Friedrich Zimmermann (1699–1753) stammte aus Dortmund. 1720 in Rostock zum Magister promoviert, war er zunächst Lehrer am Dortmunder Gymnasium (und gleichzeitig Hausgeistlicher in Wischlingen). Ab 1721 wirkte er dann als Pfarrer in Velbert (Rheinland). Bauks, Pfarrer (wie Anm. 14), S. 577 (Nr. 7166). – Gruch, Pfarrer 4 (wie Anm. 169), S. 542 (Nr. 14913).

4333 Vgl. zu ihm auch 3.20 Reinhard Heinrich Rolle Nr. 67 (1717).

4334 Johannes Fecht (1636–1716). Wie Anm. 377.

4335 Johann Friedrich König (Köning; 1619–1664) war seit 1663 Professor Primarius an der Theologischen Fakultät in Rostock gewesen und hatte mit seiner „Theologia positiva acroamatica" (erstmals 1664) ein Lehrbuch geschaffen, das im europäischen Luthertum noch lange Zeit als ein wichtiges Referenzwerk galt. Wesseling, Klaus-Gunther: Artikel „König, Johann Friedrich", in: BBKL 4 (1992), Sp. 281 f. – Stegmann, Andreas: Johann Friedrich König: seine „Theologia positiva acroamatica" (1664) im Rahmen des frühneuzeitlichen Theologiestudiums (BHTh 137), Tübingen 2006. – DNB zu König: https://d-nb.info/gnd/128575387 [23.08.2023].

4336 Johann Leopold Heppe († 1739) studierte in Jena (1719) und Halle (1729), seit 1729 war er Pfarrer an St. Walburgis in Soest. Bauks, Pfarrer (wie Anm. 14), S. 202 (Nr. 2566).

Heinrich (Trem[oniensi] Westph[alus])[4337] [Dortmund, Archigymn., Diss. theol., 3. März 1717], Dortmund: Rühl 1717 (VD18 13573365). Exemplare: Dortmund StLB und Soest StA/StB.

[Nr. 66] De effusione Spiritus Sancti miraculosa Act. 2,1 ff./[4338] [Praeses:] Rolle (Rollius), Reinhard Heinrich, [Respondent:] Roffhack, Johann Peter [Adolf] (Götterswickerhammona Cliviacus)[4339] [Dortmund, Archigymn., Diss. theol., 20. Mai 1717], Dortmund: Rühl 1717 (VD18 12773743). Exemplare: Oldenburg LB und Soest StA/StB.

[Nr. 67] De angelo apocalyptico aeternum praedicante evangelium,[4340] cuius pars exegetica/[Praeses:] Rolle (Rollius), Reinhard Heinrich, [Respondent:] Hageböck, Henrich Matthias (Tremonianus)[4341] [Dortmund, Archigymn., Diss. theol., (ohne Datum) 1717], Dortmund: Rühl 1717 (HT003593643). Exemplar: Dortmund StLB.

[Nr. 68] Abominandae Fanaticorum de Sanctissimo Trinitatis mysterio sententiae [Dortmund, Archigymn., Programm (ohne Datum) 1717], Dortmund: Rühl 1717 (HT003595351). Exemplare: Dortmund StLB und Soest StA/StB.

[Nr. 69] [Weitere Ausgabe zu Nr. 46, 48, 53, 60 und 63 f.] [Schediasmatis philosophico-historici] De causis philosophiae: Dissertationum [...] D. O. M. A. in Athenaeo Tremoniensi [...] [Sammlung von Dissertationen de causis philosophiae], Dortmund: Rühl 1715–1717 (VD18 90500725).

1718 [Nr. 70] Prolusionem de providentiae divinae documentis cir[c]a ortum et progressum doctrinae evangelicae in ecclesia et schola Tremoniensi [...], Dortmund: Rühl 1718 (HT003594499). Exemplare: Dortmund StLB und Soest StA/StB.

[Nr. 71] De angelo apocalyptico aeternum praedicante evangelium, cujus pars exegetica/[Praeses:] Rolle (Rollius), Reinhard Heinrich, [Respondent:] Schmitz, Heinrich Caspar [Dortmund, Archigymn., Diss. theol., (ohne Datum) 1718], Dortmund: Rühl 1718 (HT003593655). Exemplar: Dortmund StLB.

1719 [Nr. 72] De Jobo scepticismi immerito accusato/[Praeses:] Rolle (Rollius), Reinhard Heinrich, [Respondent:] Scheibler, Anton Jakob[4342] [Dortmund, Archigymn., Diss. theol., (ohne Datum) 1719], Dortmund: Rühl 1719 (HT003594659). Exemplar: Dortmund StLB.

[Nr. 73] Lineamenta logicae sive philosophiae rationalis [...], Dortmund: Froberg 1719 (HT003594776). Exemplar: Soest StA/StB.

4337   Vgl. zu ihm auch bereits 3.20 Reinhard Heinrich Rolle Nr. 36 (1713).
4338   Apg 2, 1–13 (Das Pfingstwunder).
4339   Johann Peter Adolf Roffhack (Roffhacke; 1696–1764). Wie Anm. 4325.
4340   „Und ich sah einen andern Engel fliegen mitten durch den Himmel, der hatte ein ewiges Evangelium zu verkündigen denen, die auf Erden wohnen, allen Nationen und Stämmen und Sprachen und Völkern" (Offb 14, 6).
4341   Vgl. zu ihm auch 3.20 Reinhard Heinrich Rolle Nr. 60 (1716).
4342   Anton Jakob Scheibler (1699–1743) studierte in Rostock und war ab 1721 Pfarrer in Zweifall. Rosenkranz, Pfarrer (wie Anm. 169), S. 438. – Gruch, Pfarrer 4 (wie Anm. 169), S. 75 (Nr. 11248).

1720 [Nr. 74] De malitioso gratiae divinae contemtu [...] [sectio 1? sectio 3?]/[Praeses:] Rolle (Rollius), Reinhard Heinrich, [Respondent:] Barop, Johann Theodor[4343] [Dortmund, Archigymn., Diss. theol., (ohne Datum) 1720], Dortmund: Rühl 1720 (HT003594073). Exemplar: Dortmund StLB.

[Nr. 75] De malitioso gratiae divinae contemtu [...] [sectio 2]/[Praeses:] Rolle (Rollius), Reinhard Heinrich, [Respondent:] Hausemann, Wessel Diederich (Theodor)[4344] [Dortmund, Archigymn., Diss. theol., 7. September 1720], Dortmund: Rühl 1720 (OCoLC 313206301). Exemplare: Dortmund StLB und Soest StA/StB.

[Nr. 76] De malitioso gratiae divinae contemtu [...] [sectio 3? sectio 1?]/[Praeses:] Rolle (Rollius), Reinhard Heinrich, [Respondent:] Hülshoff, Gerhard Friedrich[4345] [Dortmund, Archigymn., Diss. theol., (ohne Datum) 1720], Dortmund: Rühl 1720 (HT003594230). Exemplar: Dortmund: StLB.

1721 [Nr. 77] De symbololatria nostratibus inique obiecta/[Praeses:] Rolle (Rollius), Reinhard Heinrich, [Respondent:] Funcke, Johann Georg[4346] [Dortmund, Archigymn., Diss. theol., 19. März 1721], Dortmund: Rühl 1721 (HT012798959). Exemplar: Soest StA/StB.

[Nr. 78] [Weitere Ausgabe zu Nr. 77] De symbololatria nostratibus inique obiecta/ [...] [Dortmund, Archigymn., Diss. theol. (ohne Datum) 1721], Dortmund: Rühl 1721 (HT003595387). Exemplare: Dortmund StLB und Soest StA/StB.

1722 [Nr. 79] Assertio sanioris doctrinae in capitibus quibusdam recens controversis/[Praeses:] Rolle (Rollius), Reinhard Heinrich, [Respondent:] Brauer (Zito-

---

4343 Johann Theodor Barop (1699–1744), ein Sohn Johann Caspar Barops (1663–1708; wie Anm. 196), studierte in Leipzig. Er war ab 1733 zunächst Diakonus (Dritter Pfarrer), dann ab 1743 Archidiakonus (Zweiter Pfarrer) an Dortmund-Reinoldi. Bauks, Pfarrer (wie Anm. 14), S. 21 (Nr. 252).

4344 Wessel Diederich (Theodor) Hausemann (1700–1753) aus Mengede war ein Sohn des bekannten Merckergegners Bernhard Ludolf Hausemann (1661–1720; wie Anm. 196). Er studierte in Leipzig und war ab 1722 zunächst Pfarrer in Isselburg (Rheinland), dann ab 1724 Erster Pfarrer in Mengede. Bauks, Pfarrer (wie Anm. 14), S. 187 (Nr. 2373). – Gruch, Pfarrer 2 (wie Anm. 169), S. 307 (Nr. 4852).

4345 Gerhard Friedrich Hülshoff (1698–1745) stammte aus Rüdinghausen und hatte zuvor das Gymnasium in Lippstadt besucht. Er studierte in Jena und wurde 1723 Pfarrer in Werdohl. Von hier wechselte er auf größere Stellen in der Mark Brandenburg (1727 Buckow, 1730 Stolpe) und war zuletzt Diakonus in Angermünde (1742). Bauks, Pfarrer (wie Anm. 14), S. 227 f. (Nr. 2871; mit vorläufigem Schriftenverzeichnis).

4346 Der Respondent promovierte in Gießen (1728) und war danach Pfarrer in Wetzlar. Vgl. Funcke, Johann Georg: Die reiche Belohnungen der Gottseligkeit Wurden aus Apocalyps. XIV. 13. Bey Christlicher Leichenbegängniß Des Weyland Hoch-Edelgebohrnen und Hochgelahrten Herrn Herrn Johann Ulrich von Gülchen, Beyder Rechten Doctoris, des Höchstpreißlichen Kayserlichen und Reichs Cammer-Gerichts [...] Als derselbe den 4. Augusti 1730. in Wetzlar verschied [...] Einer Hochansehnlichen Trauer-Versammlung zu betrachten vorgestellet [...], [Wetzlar:] Winckler 1730 (VD18 13413449).

päus), Christian Friedrich[4347] [Dortmund, Archigymn., Diss. theol., 12. März 1722], Dortmund: Rühl 1722 (HT003594292). Exemplare: Dortmund StLB und Soest StA/StB.

[Nr. 80] Lineamenta theologiae naturalis sive philosophicae [...], Dortmund: Rühl 1722 (VD18 12536121).

1723 [Nr. 81] De vera rerum sacrarum notitia in irregenitis/[Praeses:] Rolle (Rollius), Reinhard Heinrich, [Respondent:] Hausemann, Johann Bernhard[4348] [Dortmund, Archigymn., Diss. theol., 3. März 1723], Dortmund: Rühl 1723 (HT003594968). Exemplare: Dortmund StLB und Soest StA/StB.

[Nr. 82] Lineamenta ethicae sive philosophiae moralis [...], Dortmund: Froberg 1723 (VD18 1253613X). Exemplar: Soest StA/StB.

1724 [Nr. 83] De cognitione S[ancti]s[simae] Trinitatis ad salutem consequendam omnibus necessaria/[Praeses:] Rolle (Rollius), Reinhard Heinrich, [Respondent:] Scheibler, Arnold Hartmann[4349] [Dortmund, Archigymn., Diss. theol., 6. September 1724], Dortmund: Froberg 1724 (HT003593966). Exemplare: Dortmund StLB und Soest StA/StB.

1725 [Nr. 84] Selectorum sacrorum fasciculus/[Praeses:] Rolle (Rollius), Reinhard Heinrich, [Respondent:] Ludolphi, Johann Conrad[4350] [Dortmund, Archigymn., Diss. theol., (ohne Datum) 1725], Dortmund: Froberg 1725 (HT003595176). Exemplare: Dortmund StLB und Soest StA/StB.

1726 [Nr. 85] De Deo Unitrino/[Praeses:] Rolle (Rollius), Reinhard Heinrich, [Respondent:] Ludolphi, Johann Conrad [Dortmund, Archigymn., Diss. theol., 28. März 1726], Dortmund: Froberg 1726 (HT003594447). Exemplare: Dortmund StLB und Soest StA/StB.

[Nr. 86] De fide aliena quibus et quousque prosit?/[Praeses:] Rolle (Rollius), Reinhard Heinrich, [Respondent:] Ludolphi, Johann Conrad [Dortmund, Archigymn., Diss. theol., 5. September 1726], Dortmund: Froberg 1726 (OCoLC 1181811353). Exemplare: Dortmund StLB und Soest StA/StB.

[Nr. 87] Vindiciae Librorum ecclesiae Lutheranae Symbolicorum ab erroribus iisdem novissime impactis [...]/[Praeses:] Rolle (Rollius), Reinhard Heinrich, [Re-

---

4347 Ein Sohn Christoph Arnold Brauers (Zitopäus; 1663–1720), der seit 1694 Zweiter Pfarrer (Diakonus) an Dortmund-Marien gewesen war. Bauks, Pfarrer (wie Anm. 14), S. 581 (Nr. 7218).

4348 Johann Bernhard Hausemann (1702–1738) aus Mengede, ein weiterer Sohn des Merckergegners Bernhard Ludolf Hausemann (1661–1720; wie Anm. 196). Er studierte erst spät (1730) in Halle und war danach für kurze Zeit (ab 1736) Pfarrer in Wellinghofen. Bauks, Pfarrer (wie Anm. 14), S. 187 (Nr. 2374).

4349 Arnold Hartmann Scheibler (1704–1766) stammte aus Volberg. Er studierte in Jena und war ab 1743 Pfarrer in Volberg. Rosenkranz, Pfarrer (wie Anm. 169), S. 438. – Gruch, Pfarrer 4 (wie Anm. 169), S. 76 (Nr. 11250).

4350 Vgl. zu ihm auch 3.20 Reinhard Heinrich Rolle Nr. 85 f. (1726).

spondent:] Brügmann, Wessel Bernhard;[4351] Weissenfeller, Johann Heinrich;[4352] Schrader, Heinrich Gerhard; Ising, Johann Engelbert;[4353] Dröllner, Andreas Thomas; Schrage, Leopold Wilhelm;[4354] Büren, Johann Jakob[4355] und Vogt, Bernhard Heinrich[4356] [Dortmund, Archigymn., Diss. theol., (ohne Datum) 1726], Dortmund: Froberg 1726 (HT003595905). Exemplar: Dortmund StLB.

1727 [Nr. 88] Vindiciae versionis Lutheri ad locum illustrem Romanam III, 28.[4357] adversus Casparis Ernesti Trilleri[4358] Untersuchung etlicher Örter des Neuen Testaments[4359] etc. [...]/[Praeses:] Rolle (Rollius), Reinhard Heinrich, [Respondent:] Sieberg (Syberberg), Theodor Johann[4360] [Dortmund, Archigymn., Diss. theol., 10. September 1727], Dortmund: Froberg 1727 (VD18 1508325X).

1727 [Nr. 89] De cohaesione animae et corporis admirabili/[Praeses:] Rolle (Rollius), Reinhard Heinrich, [Respondent:] Brügmann, Wessel Bernhard[4361] [Dortmund, Archigymn., Diss. theol., (ohne Datum) 1727], Dortmund: Froberg 1727 (HT003593985). Exemplare: Dortmund StLB und Soest StA/StB.

1728 [Nr. 90] De sapientia hypostatica antemundana sive aeternitate Filii Dei ad proverb[ia] VIII. comm. XXII./[4362] [Praeses:] Rolle (Rollius), Reinhard Hein-

---

4351 Wessel Bernhard Brügmann (Brüggemann; 1707–1761) studierte in Gießen und Leipzig (1731 Magister) und war danach zunächst Hilfsprediger (1736), dann Diakonus (Zweiter Pfarrer) und zuletzt Erster Pfarrer an Dortmund-St. Marien. Bauks, Pfarrer (wie Anm. 14), S. 63 (Nr. 811).

4352 Ein Sohn Johann Alexander Weißenfelders (Weißenfellers; 1670–1741), seit 1695 Pfarrer in Blankenstein. Bauks, Pfarrer (wie Anm. 14), S. 545 (Nr. 6762).

4353 Johann Engelbert Ising, von 1731 bis 1737 Erster Pfarrer in Wiedenest. Gruch, Pfarrer 2 (wie Anm. 169), S. 450 (Nr. 5989).

4354 Ein Sohn Nikolaus Wilhelm Schrages (1670–1746). Wie Anm. 3816.

4355 Ein Sohn Johann Peter Bürens (†1755). Wie Anm. 4433.

4356 Bernhard Heinrich Vogt (1711–1765) stammte aus Lennep (Rheinland). Er studierte in Gießen und war später zunächst Hilfsprediger in Lennep (1731), dann 1733 Pfarrer in Burscheid (Rheinland) und zuletzt Erster Pfarrer in Halver (1761). Bauks, Pfarrer (wie Anm. 14), S. 528 (Nr. 6556). – Gruch, Pfarrer 4 (wie Anm. 169), S. 393 (Nr. 13732).

4357 „So halten wir nun dafür, dass der Mensch gerecht wird ohne des Gesetzes Werke, allein durch den Glauben" (Röm 3, 28).

4358 Der Theologe, Altphilologe und Pädagoge Caspar Ernst Triller (1650–1717) war zunächst Rektor in Uelzen, dann von 1695 bis 1699 Rektor in Ilfeld und zuletzt Konrektor in Schleswig. Er wurde des Sozinianismus verdächtigt. DNB zu Triller: https://d-nb.info/gnd/115509801 [23.08.2023].

4359 Triller, Caspar Ernst: Untersuchung Etlicher Oerter Des Neuen Testments/: Die wegen bißher übler Ubersetzung die Warheit auffgehalten haben. Auff allergnädigsten Befehl einer hohen Person gedruckt [...], Danzig: [ohne Drucker] 1699 (VD17 39:143012G).

4360 Ein weiterer Sohn Johann Alexander Syberbergs (1689–1736). Wie Anm. 3880.

4361 Wessel Bernhard Brügmann (Brüggemann; 1707–1761). Wie Anm. 4351.

4362 „Der Herr hat mich schon gehabt im Anfang seiner Wege, ehe er etwas schuf, von Anbeginn her" (Spr 8, 22).

rich, [Respondent:] Vogt, Bernhard Heinrich[4363] [Dortmund, Archigymn., Diss. theol., 18. März 1728], Dortmund: Froberg 1728 (OCoLC 1181814332). Exemplare: Dortmund StLB und Soest StA/StB.

[Nr. 91] De principe salutis per mortis passionem gloria et honore coronato/[Praeses:] Rolle (Rollius), Reinhard Heinrich, [Respondent:] Basse, Christoph Melchior[4364] [Dortmund, Archigymn., Diss. theol., 16. September 1728], Dortmund: Froberg 1728 (OCoLC1181814588). Exemplare: Dortmund StLB und Soest StA/StB.

[Nr. 92] Vindiciae Librorum ecclesiae Lutheranae Symbolicorum ab erroribus iisdem recentiore aetate impactis continuatae/[Praeses:] Rolle (Rollius), Reinhard Heinrich, [Respondent:] Vogt, Bernhard Heinrich;[4365] Mentz, Johann Bernhard;[4366] Barop, Johann Gerhard;[4367] Ennigmann, Zacharias;[4368] Stohlmann, Johann Wilhelm; Nürenberg, Melchior Johann Friederich; Wolle, Johannes und Giesler, Theodor Gottfried[4369] [Dortmund, Archigymn., Diss. theol., (ohne Datum) 1728], Dortmund: Froberg 1728 (HT003596104). Exemplar: Dortmund StLB.

1729 [Nr. 93] De principe salutis per mortis passionem gloria et honore coronato/[Praeses:] Rolle (Rollius), Reinhard Heinrich, [Respondent:] Kühnen, Jakob Rudolph[4370] [Dortmund, Archigymn., Diss. theol., (ohne Datum) 1729], Dortmund: Froberg 1729 (HT003595027). Exemplar: Dortmund StLB.

[Nr. 94] Memoriae Tremonienses sive virorum eruditorum qui Tremoniae Westfalorum inde a beati Lutheri Reformatione ad nostra usque tempora claruerunt, et vel ibidem vel alibi diem suum obierunt vitae et elogia collecta tribusque universim partibus exhibita […], Dortmund: Froberg 1729 (VD18 10375341). Exemplar: Dortmund StLB.

[Nr. 95] [Weitere Ausgabe zu/Zusammenfassung von Nr. 41, 47, 59, 87 und 92] Vindiciae Librorum ecclesiae Lutheranae Symbolicorum ab erroribus recentiori

---

4363 Bernhard Heinrich Vogt (1711–1765). Wie Anm. 4356.
4364 Christoph Melchior Basse (1709–1757) stammte aus Hattingen. Er war später zunächst Vikar in Kierspe (1733), dann (ab 1741) Stadtprediger (Zweiter Pfarrer) in Hattingen. Bauks, Pfarrer (wie Anm. 14), S. 22 (Nr. 275).
4365 Bernhard Heinrich Vogt (1711–1765). Wie Anm. 4356.
4366 Wie Anm. 80.
4367 Ein weiterer Sohn Johann Caspar Barops (1663–1708). Wie Anm. 196.
4368 Wie Anm. 4271.
4369 Theodor Gottfried Giesler (1709–1739). Er studierte in Halle und war zunächst Pfarrer in Ende (1733), dann ab 1735 Erster Pfarrer in Remscheid. Gruch, Pfarrer 2 (wie Anm. 169), S. 194 (Nr. 3965).
4370 Jakob Rudolf Kühnen (1710–1771) stammte aus Aachen. Er studierte in Hanau und Duisburg und war 1739 zunächst Pfarrer in Hamminkeln (Rheinland), ab 1767 Zweiter Pfarrer in Götterswickerhamm (Rheinland). Rosenkranz, Pfarrer (wie Anm. 169), S. 285. – Gruch, Pfarrer 3 (wie Anm. 169), S. 185 (Nr. 7326).

iisdem aetate impactis [...] adjecta est dissertatio De symbololatria purioribus theologis inique objecta [...],[4371] Dortmund: Froberg 1729 (VD18 13435035).

1730 [Nr. 96] [Beiträger in:] Augustana Confessio per Tridentinos patres non triumphata sed triumphans/[Praeses:] Schupart, Johann Gottfried,[4372] [Respondent:] Hind, Johann Ludwig (Welderoda-Nassovicus) [Gießen, Univ., Diss. theol., 28. Juni 1730], Gießen: Müller 1730 (VD18 11649321).

[Nr. 97] De Westfalorum in rem Germaniae aliarumque terrarum literariam meritis [...], Dortmund: Froberg 1730 (VD18 15083160). Exemplare: Dortmund und Soest StA/StB.

[Nr. 98] De fide centurionis Capernaitici/ [Praeses:] Rolle (Rollius), Reinhard Heinrich, [Respondent:] Dümpelmann, Johann Kaspar[4373] [Dortmund, Archigymn., Diss. theol., (ohne Datum) 1730], Dortmund: Froberg 1730 (HT003594532). Exemplar: Dortmund StLB.

[Nr. 99] De erroribus, Augustanae Confessioni recentiori aetate temere afficits, diss. I./[Praeses:] Rolle (Rollius), Reinhard Heinrich, [Respondent:] Beurhaus, Heinrich[4374] [Gießen, Univ., Diss. theol., (ohne Datum) 1730], Gießen: Lammers 1730 (VD18 15083144).

[Nr. 100] De gratia convertente Judaeis serio oblata et turpiter ab ipsis repudiata: Ad Matth. XXIII. comm. XXXVII.[4375]/[Praeses:] Rolle (Rollius), Reinhard Heinrich, [Respondent:] Fenner, Johann Jakob (Lauterbacensis)[4376] [Gießen, Univ., Diss. theol., (ohne Datum) 1730], Gießen: Lammers 1730 (OCoLC 984895817). Exemplar: Heidelberg UB.

1733 [Nr. 101] [Beiträger in:] Braun, Wolfgang Jakob:[4377] Der Wandel mit Gott in diesem Getümmel, Die wahre und richtigste Straße zum Himmel: Wurde Bey der Stands-mäßigen Beysetzung des [...] Herrn Justus Eberhard Passern, Seiner Hoch-Fürstlichen Durchlauchtigkeit, des Regierenden Herrn Landgrafen zu

---

4371 3.20 Reinhard Heinrich Rolle Nr. 77f. (1721).
4372 Johann Gottfried Schupart (1677–1729/30) stammte aus Heinsheim und war zu dieser Zeit Superintendent und Professor der Theologie in Gießen. DNB zu Schupart: https://d-nb.info/gnd/117310859 [23.08.2023].
4373 Johann Kaspar Dümpelmann (1711–1779). Wie Anm. 583.
4374 Heinrich Beurhaus (1712–1749) war zunächst Diakonus (Zweiter Pfarrer, 1731), dann Erster Pfarrer an Dortmund-St. Petri (1743) und zuletzt Erster Pfarrer an Dortmund-St. Reinoldi (1748). Bauks, Pfarrer (wie Anm. 14), S. 37 (Nr. 461).
4375 „Weh euch, Schriftgelehrte und Pharisäer, ihr Heuchler, die ihr seid wie die übertünchten Gräber, die von außen hübsch scheinen, aber innen sind sie voller Totengebeine und lauter Unrat!" (Mt 23, 27).
4376 Ein Sohn des gleichnamigen Oberpfarrers und Inspektors (1677–1741) in Lauterbach (Hessen). Diehl, Wilhelm: Pfarrer- und Schulmeisterbuch für die hessen-darmstädtischen Souveränitätslande, Darmstadt 1930, S. 322 (Nr. 8). – DNB zu Fenner: https://d-nb.info/gnd/123116821 [23.08.2023].
4377 Wolfgang Jakob Braun (Praun; 1674–1735) war Stadtprediger und Definitor in Darmstadt. Knodt, Manfred: Evangelische Stadtkirche in Darmstadt (Große Kunstführer 80), München/Zürich 1980 (Register).

Hessen-Darmstadt gewesenen [...] Geheimbden Raths, Nachdeme Selbiger Seine [...] Pilgrimschafft, den 12. Jan[uar] 1733. [...] zu Ende gebracht [...] Jn einer Christlichen Leich-Predigt Jn der Hoch-Fürstlichen Hessen-Darmstädtischen Stadt-Kirche vorgestellet [...], Homburg vor der Höhe: Helwig 1733 (OCoLC 830902317). Exemplar: Darmstadt ULB.

[Nr. 102] De requisitis ecclesiae ministrorum propriis ad Tit. cap. I. comm. IX.[4378]/ qua sacrarum literarum cultores ad gnaviter urgendum theologiae polemicae studium serio hortatur atque ad disputationes publicas in theologiam Rudrauffianam[4379] [...] invitat [...], [ohne Ort, ohne Drucker] 1733 (VD18 15083195).

1734 [Nr. 103] Demonstratio aeternae deitatis d[omini] n[ostri] Jesu Christi ex opere creationis una cum vindiciis locorum scripturae classicorum a depravationibus Socinianis/[Praeses:] Rolle (Rollius), Reinhard Heinrich, [Respondent:] Happel, Johann Ambrosius Heinrich Conrad (Offleyda Hassus) [Gießen, Univ., Diss. theol., (ohne Tag) April 1734], Gießen: Lammers 1734 (VD18 13285238).

[Nr. 104] Fortgesetzte Erzehlung von dem Leben und den Schriften der Professorum Theologiae zu Gießen. Doct[or] Reinhardus Henricus Rollius [...], in: Hessisches Heb-Opfer Theologischer und Philologischer Anmerckungen. Gießen: Krieger/Frankfurt am Main: Brönner 1734–1758, hier: Bd. 1 (1735), S. 887–912. Exemplar: Göttingen SUB.

1736 [Nr. 105] [Beiträger in:] Fresenius, Johann Philipp[4380] und Neubauer, Ernst Friedrich:[4381] Wohlverdiente Ehren-Seule, Welche dem Hochwürdigen, in Gott andächtigen [...] Herrn Johann Jacob Rambach,[4382] der heiligen Schrift weitberühmten Doctori und Professori Primario, wie auch ersten Superintendenti und Consistorii Assessori zu Giesen, nach dem Derselbe den 19. April 1735. [...] aus dieser Welt geschieden [...] in einer Leich-Predigt, Lebens-Lauf, Programmate Funebri und Epicediis [...] aufgerichtet worden [...], Gießen: Krieger 1736 (VD18 11869321).

[Nr. 106] De erroribus Augustanae Confessioni recentiori aetate temere afficitis, diss. III./[Praeses:] Rolle (Rollius), Reinhard Heinrich, [Respondent:] Bezius

---

4378 „Er halte sich an das Wort, das verlässlich ist und der Lehre entspricht, auf dass er die Kraft habe, zu ermahnen mit der heilsamen Lehre und zurechtzuweisen, die widersprechen" (Tit 1, 9).
4379 Kilian Rudrauf (1627–1690). Wie Anm. 886.
4380 Johann Philipp Fresenius (1705–1761) war seit 1734 Burgprediger in Gießen und sollte 1736 Hofdiakonus in Darmstadt werden. Als Hauptprediger der Barfüßerkirche in Frankfurt am Main taufte er am 29. August 1749 den kleinen Johann Wolfgang Goethe (1749–1832). Bautz, Friedrich Wilhelm: Artikel „Fresenius, Johann Philipp", in: BBKL 2 (1990), Sp. 119f. – DNB zu Fresenius: https://d-nb.info/gnd/11869314X [23.08.2023].
4381 Ernst Friedrich Neubauer (1705–1748). Wie Anm. 1674.
4382 Johann Jakob Rambach (1693–1735). Wie Anm. 604.

(Betz), Caspar [Gießen, Univ., Diss. theol., (ohne Datum) 1736], Gießen: Lammers 1736 (OCoLC 1154065967).[4383] Exemplar: Darmstadt ULB.

[Nr. 107] [Weitere Ausgabe zu Nr. 62] [Herausgeber:] Joan[nis] Fechtii selectiorum ex universa theologia controversarium recentiorum praecipue sylloge [...], Gießen: Müller 1736 (Hebis-Retrokatalog). Exemplar: Gießen UB.

[Nr. 108] [Weitere Ausgabe zu Nr. 5] De numo confessionali et oblatorio sive missali, vulgo Vom Beicht- und Opffer-Pfennige [...], [ohne Ort, ohne Drucker] 1736 (Hebis-Retrokatalog). Exemplar: Darmstadt ULB.

1737 [Nr. 109] De gratia convertente Judaeis serio oblata et turpiter ab ipsis repudiata ad Matth. XXIII. comm. xxxvii.[4384]/[Praeses:] Rolle (Rollius), Reinhard Heinrich, [Respondent:] Fenner, Johann Jakob (Lauterbacensis)[4385] [Gießen, Univ., Diss. theol., (ohne Tag) November 1737], Gießen: Lammers 1737 (VD18 1083317X).

1738 [Nr. 110] Jubilaeum regiminis auspiciatissimi serenissimi principis ac domini d[omi]n[i] Ernesti Ludovici Landgravii Hassiae [...] post gloriose in eodem exactos intergros quinquaginta annos diebus XVII. et XVIII Febr[uarii] summa solennitate celebrandum indicit [...] [Gießen, Univ., Einladung, 17./18. Februar 1738], Gießen: Lammers 1738. Exemplar: Marburg LAV (Dienstbibliothek).

1740 [Nr. 111] De erroribus Augustanae confessioni recentiori aetate temere afficitis [diss. IV.]/[Praeses:] Rolle (Rollius), Reinhard Heinrich, [Respondent:] Rühfel, Justus Conradus (Niddanus) [Gießen, Univ., Diss. theol., 21. Juli 1740], Gießen: Lammers 1740 (OCoLC 911179199).[4386] Exemplar: Aschaffenburg HofB.

1742 [Nr. 112] [Beiträger in:] Susemihl, Johann Melchior (Metropolit[anus] et pastor Voehlensis):[4387] Kurtze Abbildung Gottgefälliger Versamlungen/[4388] mit einer Vorrede [...] Herrn Reinhard Henrich Rollens [...], Gießen: Müller 1742 (OCoLC 1158402711). Exemplare: Darmstadt ULB und Marburg UB.

1745 [Nr. 113] De creatione huius universi/[Praeses:] Rolle (Rollius), Reinhard Heinrich, [Respondent:] Engelbach, Johann Casimir (Felda Hassus) [Gießen, Univ., Diss. theol., 20. Mai 1745], Gießen: Müller 1745 (VD18 14231913).

4383 Fortführung zu 3.20 Reinhard Heinrich Rolle Nr. 99 (1730).
4384 „Jerusalem, Jerusalem, die du tötest die Propheten und steinigst, die zu dir gesandt sind! Wie oft habe ich deine Kinder versammeln wollen, wie eine Henne ihre Küken versammelt unter ihre Flügel; und ihr habt nicht gewollt!" (Mt 23, 37)
4385 Vgl. zu ihm auch 3.20 Reinhard Heinrich Rolle Nr. 100 (1730).
4386 Fortführung zu 3.20 Reinhard Heinrich Rolle Nr. 106 (1736).
4387 Johann Melchior Susemihl (*1705) hatte in Gießen (1720) und Straßburg (1725) studiert. Er wurde 1743 Prediger zu Vöhl und Metropolitan der Herrschaft Itter. Von hier wurde er 1750 als Inspektor und Konsistorialrat nach Colgenstein berufen. DNB zu Susemihl: https://d-nb.info/gnd/103678407X [23.08.2023].
4388 Eine Stellungnahme zu den gleichzeitigen Konventikelverboten.

[Nr. 114] De clave cognitionis a legisperitis sublata ad verba Christi Lucae XI, Comm. 52.[4389]/[Praeses:] Rolle (Rollius), Reinhard Heinrich, [Respondent:] Susemihl, Ernst Wilhelm (Hoffgarto-Alsfeldensis, S[ancti/ssimi] Minist[erii] Cand[idatus])[4390] [Gießen, Univ., Diss. theol., (ohne Tag) Februar 1745], Gießen: Müller 1745 (VD18 14091410).

1746 [Nr. 115] Theses theologicae ex loco de Deo Unitrino selectae/[Praeses:] Rolle (Rollius), Reinhard Heinrich, [Respondent:] Rolle (Rollius), Franz Reinhard (Tremonia-Westfalus)[4391] [Gießen, Univ., Diss. theol., 9. September 1746], Gießen: Müller 1746 (OCoLC 1031982356). Exemplar: Darmstadt ULB.

1749 [Nr. 116] De incredulitate finali/[Praeses:] Rolle (Rollius), Reinhard Heinrich, [Respondent:] Dornseiff, Heinrich Christoph (Darmstad[ius] s[ancti]s[simae] theol[ogiae] cand[idatus]) [Gießen, Univ., Diss. theol., 13. Oktober 1749], Gießen: Müller 1749 (OCoLC 1035844949). Exemplar: Darmstadt ULB.

1750 [Nr. 117] Rector Academiae Ludovicianae d[octor] Reinh[ardus] Henricus Rollius […] orationem inauguralem viri […] Philippi Nicolai Wolfii[4392] […] in auditorio solenni die XVII. Sept[embris] MDCCL habendam indicit […] [Gießen, Univ., Programm, 17. September 1750], Gießen: Braun 1750 (VD18 15083187).

[Nr. 118] De terminis ecclesiasticis in loco de Deo Unitrino adhiberi solitis/[Praeses:] Rolle (Rollius), Reinhard Heinrich, [Respondent:] Wichterich, Johann Lorenz[4393] [Gießen, Univ., Diss. theol., 22. Dezember 1750], Gießen: Braun 1750 (VD18 15083233).

[Nr. 119] De Academiae Giessensis ante hos centum annos restauratae […] [Rede zum Jubiläum der Neueröffnung der Universität Gießen], Gießen: Lammers und Braun 1750 (VD18 13056417).

1752 [Nr. 120] Specimen comparationis Marci Evangelistae cum Matthaeo, quo evincitur Marcum non esse breviatorem Matthaei/[Praeses:] Rolle (Rollius), Reinhard Heinrich, [Respondent:] Mengel, Bartholomäus Christoph Reinhard (Queckborna Hassus, S[ancti] Minist[erii] Cand[idatus])[4394] [Gießen, Univ., Diss. theol., (ohne Tag) September 1752), Gießen: Lammers 1752 (VD18 15083217).

4389 „Weh euch Lehrern des Gesetzes! Denn ihr habt den Schlüssel der Erkenntnis weggenommen. Ihr selbst seid nicht hineingegangen und habt auch denen gewehrt, die hineinwollten" (Lk 11, 52).

4390 Wohl ein Verwandter Johann Melchior Susemihls (*1705). Wie Anm. 4387.

4391 Ein weiterer Sohn Rolles. Er erscheint auch als Beiträger zu 3.20 Reinhard Heinrich Rolle Nr. 116 (1749) und als Respondent in Nr. 121 (1753).

4392 Philipp Nikolaus Wolf (Wolff; 1707–1762) studierte in Jena. 1740 erwarb er in Gießen den theologischen Doktorgrad und war dort seit 1749 Professor für Orientalistik. DNB zu Wolf: https://d-nb.info/gnd/11744569X [23.08.2023].

4393 Vgl. zu ihm auch Ders.: Das Ungleiche Schicksal der Gottlosen und Frommen im Tode […], Frankfurt am Main: [ohne Drucker] 1755 (VD18 11961465).

4394 Ein Sohn des Queckborner (Hessen) Pfarrers Johann Bartholomäus Mengel (ca. 1695–1735), der von 1721 bis 1730 Pfarrer in Ebergöns (Rheinland) gewesen war. Rosenkranz, Pfarrer (wie Anm. 169), S. 328. – Gruch, Pfarrer 3 (wie Anm. 169), S. 329f. (Nr. 8454).

1753 [Nr. 121] Vindiciae quorundam scripturae sacrae locorum de vera deitate d[omini] n[ostri] Jesu Christi a depravationibus Neoariani Francofurtensis/ [Praeses:] Rolle (Rollius), Reinhard Heinrich, [Respondent:] Rolle (Rollius), Franz Reinhard (Tremonia Westfalus)[4395] [Gießen, Univ., Diss. theol., 4. August 1753], Gießen: Lammers 1753 (OCoLC 1037095880). Exemplar: Darmstadt ULB.

1755 [Nr. 122] De statu exinanitionis Christi spectato quod animam ipsius/[Praeses:] Rolle (Rollius), Reinhard Heinrich, [Respondent:] Hofmann, Johann Georg[4396] [Gießen, Univ., Diss. theol., (ohne Tag) Mai 1755), Gießen: Braun 1755 (Hebis-Retrokatalog). Exemplar: Gießen UB.

1756 [Nr. 123] De gratia convertente Iudaeis serio oblata et turpiter ab ipsis repudiata: Ad Matth. XXIII, v. 37, partem alteram/[Praeses:] Rolle (Rollius), Reinhard Heinrich, [Respondent:] Schwartz, Johann Georg Gottlob (Grünberga-Hassus) [Gießen, Univ., Diss. theol., (ohne Tag) April 1756], Gießen: Braun 1756 (VD18 1169551X).[4397]

[Nr. 124] An et quo sensu evangelium concio poenitentiae dici possit?/[Praeses:] Rolle (Rollius), Reinhard Heinrich, [Respondent:] Rolle (Rollius), Johann Georg[4398] [Gießen, Univ., Diss. theol., (ohne Tag) Oktober 1756], Gießen: Braun 1756 (Hebis-Retrokatalog). Exemplar: Darmstadt ULB.

[Nr. 125] De relapsu e statu gratiae sub schemate naufragii circa fidem ad I. Tim. v. XVIII. seq[uentes][4399]/[Praeses:] Rolle (Rollius), Reinhard Heinrich, [Respondent:] Weisgerber, Georg Melchior (s[ancti/ssimi] ministerii candidatus) [Gießen, Univ., Diss. theol., 24. November 1756], Gießen: Braun 1756 (VD18 13067834).

1768 [Nr. 126] [Posthum; weitere Ausgabe zu Nr. 62] [Herausgeber:] D[octoris] Ioan[ni] Fechtii, […] selectiorum ex universa theologia controversiarum recentiorum praecipue sylloge […], Gießen: Schröder 1768 (BVBBV042395752). Exemplar: Bamberg BMetropolitank.

Dedikationen/Widmungen

1721 [Nr. 1] Neuhaus, Wilhelm:[4400] Gratulatio votiva quum vir […] Reinhardus Heinricus Rollius professor Tremoniensis in celeberrima Academia Rintelensi,

---

4395 Wie Anm. 4391.
4396 Johann Georg Hofmann (1724–1772) aus Windsheim. Er wirkte später als Orientalist und Professor der Theologie in Gießen. DNB zu Hofmann: https://d-nb.info/gnd/116951516 [23.08.2023].
4397 Eine Fortführung zu 3.20 Reinhard Heinrich Rolle Nr. 109 (1737).
4398 Ein weiterer Sohn Rolles.
4399 „Denn die Schrift sagt (5. Mose 25,4): ‚Du sollst dem Ochsen, der da drischt, nicht das Maul verbinden'; und: ‚Ein Arbeiter ist seines Lohnes wert'" (1. Tim 5, 18).
4400 Wilhelm Neuhaus (1675–1744) stammte aus Haan. Er war Professor am Gymnasium Hammonense und starb in Duisburg. DNB zu Neuhaus: https://d-nb.info/gnd/139815260 [23.08.2023].

870 3. Schriften

inter publicos jubilaei academici primi adplausus die XVIII. mens[is] quintilis [Juli] Anno [...] [MD]CCXXI. [...] renuntiaretur s[ancti]s[simae] theologiae doctor [...], Dortmund: Rühl 1721 (HT012741747). Exemplar: Soest StA/StB.

[Nr. 2] Von Hoete, Ludolph Dieterich (equis Marco-Westphalus): Sygcharma euktikon seu congratulatio votiva ad virum [...] Reinhardum Henricum Rollium [...] professorem publicum in Archigymnasio Tremoniensi cum is in [...] Academia Hasso-Schaumburgica [...] jubilaei academici primi die XVIII. mensis Julii A.O.R. MDCCXXI. s[ancti]s[simae] theologiae doctoris gradu et honoribus [...] insigniretur, Dortmund: Rühl 1721 (HT012741570). Exemplar: Soest StA/StB.

1731 [Nr. 3] [Widmungsempfänger in:] Rambach, Johann Jakob:[4401] Commentatio theologica qua pellis ovina, Socinianis detracta, sistitur, variis observationibus historicis ac theologicis illustrata [...], Halle: Waisenhaus 1731 (VD18 15053571).

1752 [Nr. 4] [Widmungsempfänger in:] Dissertatio inauguralis philosophica, in qua angelorum corpora, ex principiis rationis, methodo demonstrantur mathematica/[Praeses:] Wolf, Philipp Nikolaus,[4402] [Respondent:] Müller, Johann Christoph [Gießen, Univ., Diss theol. 9. November 1752], Gießen: Lammers 1752 (VD18 15205789).

1753 [Nr. 5] Als der Hochwürdige [...] [Glückwunschgedichte zum 71. Geburtstag Reinhard Heinrich Rolles am 25. November 1753], Gießen: Schröder 1753 (Hebis Retrokatalog). Exemplar: Gießen UB.

1757 [Nr. 6] Als der Magnificus Hochwürdige und Hochgelahrte Herr, Herr Reinhard Henrich Roll, [...] Die Academische Zepter zum drittenmahl [...] übernahm; suchten die Regungen ihrer Ehrfurcht und Hochachtung zu zeigen einige allhier studierende [...], Gießen: Braun 1756 (Hebis Retrokatalog). Exemplar: Darmstadt ULB.

Erwiderungen/Gegenschriften

1713 [Nr. 1] [Anonymus:] Die Unschuldt Calvini und Marlorati, von Reinhardt Heinrich Rollen angefochten und gerettet durch einen Verthätiger der Wahrheit [...], Dortmund: [ohne Drucker] 1713 (HT003999952). Exemplar: Soest StA/StB.

1715 [Nr. 2] [Anonymus:] Gründliche Unterstützung der Unschuld Calvini und Marlorati, wie auch des Vertheidigers samt d' [der] Warheit, welche R[einhard] H[einrich] Rolle umzustossen versuchet dargestellet von dem Verthaediger der Warheit [...], Hamm: Utz 1705 [1715] (HT003960777). Exemplar: Soest StA/StB.

4401 Johann Jakob Rambach (1693–1735). Wie Anm. 604.
4402 Philipp Nikolaus Wolf (Wolff; 1707–1762). Wie Anm. 4392.

3.21 Jost Wessel Rumpaeus (1676–1730)[4403]

1698 [Nr. 1] De praedicationibus inusitatis-personalibus ecclesiasticis/[Praeses:] Nungesser, Johann Christoph,[4404] [Respondent:] Rumpaeus, Jost Wessel [Dortmund, Archigymn., Diss. theol., 26. Februar 1698], Dortmund: Rühl 1698 (HT003322513).[4405] Exemplare: Dortmund StLB und Soest StA/StB.

1701 [Nr. 2] [Beiträger in:] Fecht, Johannes:[4406] Selectiorum ex universa theologia controversiarum, recentiorum praecipue, sylloge: Juxta ordinem theologiae positivae b[eati] d[octoris Johannis Friderici] Koenigii[4407] thesibus comprehensa, inq[ue] usum privatorum disputandi exercitiorum adornata [...] primum edita anno MDCXCIIX. Denuo recusa [...], Rostock: Schwiegerau 1701 (VD18 10394095).[4408]

1702 [Nr. 3] Disputationem philosophicam inque ea philosophiam Aristotelicam [...]/[Praeses:] Rumpaeus, Jost Wessel, [Respondent:] Meyer, Matthias (Lubecens[is] s[anctis]s[imae] theol[ogiae] & phil[osophiae] studios[us]) [Rostock, Univ., Diss. phil., 25. November 1702], Rostock: Weppling 1702 (VD18 10365699). Exemplar: Soest StA/StB.

1703 [Nr. 4] De suppositalitate eiusque usu/[Praeses:] Rumpaeus, Jost Wessel, [Respondent:] Schütze, Christian (Colon. March.) [Rostock, Univ., Diss. phil, 14. April 1703], Rostock: Weppling 1703 (VD18 12771791). Exemplar: Soest StA/StB.

[Nr. 5] De hymni passionalis: O Traurigkeit etc. verbis: Gott selbst liegt todt/[4409] [Praeses:] Quistorp, Johann Nikolaus,[4410] [Respondent:] Rumpaeus, Jost Wessel [Rostock, Univ., Diss. theol., (ohne Tag) September 1703], Rostock: Weppling 1703 (VD18 15051781). Exemplar: Soest StA/StB.

[Nr. 6] De confirmatione angelor[um] s[anctorum] in bono/[Praeses:] Mayer, Johann Friedrich,[4411] [Respondent:] Rumpaeus, Jost Wessel [Greifswald, Univ., Diss. theol., 11. Oktober 1703], Greifswald: Starcke 1703 (VD18 15011275).

4403 Wie Anm. 345.
4404 Johann Christoph Nungesser (1640–1700). Wie Anm. 53.
4405 3.19 Johann Christoph Nungesser Nr. 42 (1698).
4406 Johannes Fecht (1636–1716). Wie Anm. 377.
4407 Johann Friedrich König (Köning; 1619–1664). Wie Anm. 4335.
4408 Die Sammlung wurde später u.a. auch durch Reinhard Heinrich Rolle (Rollius; 1683–1768; wie Anm. 373) für den Gebrauch am Dortmunder Archigymnasium überarbeitet und neu ediert. Vgl. Schriftverzeichnis Reinhard Heinrich Rolle Nr. 62 [1716] (und weitere Auflagen).
4409 EG 80, Strophe 2: „O große Not!/Gotts Sohn liegt tot./Am Kreuz ist er gestorben;/hat dadurch das Himmelreich/uns aus Lieb erworben" (Text: Friedrich Spee von Langenfeld 1628/Johann Rist 1641).
4410 Johann Nikolaus Quistorp (1651–1715), seit 1702 Superintendent in Rostock, zugleich seit 1693 Professor an der dortigen Theologischen Fakultät. DNB zu Quistorp: https://d-nb.info/gnd/122267958 [23.08.2023].
4411 Johann Friedrich Mayer (1650–1712). Wie Anm. 382.

1704 [Nr. 7] Christum super lignum peccata nostra portantem: hoc est: Officium Christi sacerdotale, ex. 1. Petr. II. 24.⁴⁴¹² enucleatum/[Praeses:] Mayer, Johann Friedrich,⁴⁴¹³ [Respondent:] Rumpaeus, Jost Wessel [Greifswald, Univ., Diss. theol., 14. Februar 1704], Greifswald: Starcke 1704 (VD18 11249749).

[Nr. 8] Deum bimestrem contra Nestorium eiusq[ue] asseclas/[Praeses:] Mayer, Johann Friedrich, [Respondent:] Rumpaeus, Jost Wessel [Greifswald, Univ., Diss. theol., 24. Juni 1704], Greifswald: Starcke 1704 (VD18 15011348).⁴⁴¹⁴

[Nr. 9] [Beiträger in:] Betrübte Todes-Gedancken/Welche Uber den tödtlichen Eintritt Des weiland Hoch-Ehrwürdigen […] Herrn Jacobi Hennings/⁴⁴¹⁵ Der Heil[igen] Schrifft Hochberühmten Doctoris und Profess[oris] Ordinarii auf hiesiger Königl[ichen] Universität/der Hoch-Ehrwürdigen Theologischen Facultät Senioris […] Denen werthesten Angehörigen und auch ihnen selbst zum Trost/Nach dem Tage des Todes/welcher war Der Tag vor dem Engel-Fest [29. September] des Jahres 1704. Schuldigster massen eröffnet […], Greifswald: Adolph 1704 (OCoLC1025340210). Exemplar: Greifswald UB.

[Nr. 10] De pontificiis Leonis X. processum adversus Lutherum improbantibus et quantum pontificiis Reformatio b[eati] Lutheri ipsis non diffitentibus profuerit?/[Praeses:] Mayer, Johann Friedrich,⁴⁴¹⁶ [Respondent:] Rumpaeus, Jost Wessel (s[anctissimae] theol[ogiae] Baccalaureus) [Greifswald, Univ., Diss. theol., 31. Oktober 1704], Greifswald: Adolph 1704 (VD18 9040954X).

[Nr. 11] De peccatore et peccato in Spir[itum] S[anctum] quaestionum theologicarum trigam: I. Utrum peccator in Spiritum S[anctum] est in statu gehennali. II. Utrum Christus non solum pro peccatore, sed etiam peccato in Spiritum S[anctum] satis fecerit? III. Utrum sententia de statu peccatoris in Sp[iritum] S[anctum] gehennali sit problema, de quo in utramque partem libere possit disputari? […] moderante D. Joh[anne] Frid[erico] Mayero […]/[Praeses:] Rumpaeus, Jost Wessel, [Respondent:] Matthias, Daniel Heinrich (Anclam[ensis]. S[ancti]s[imae] theol[ogiae] & philos[ophiae] cultor) [Greifswald, Univ., Diss.

4412 „Der unsre Sünden selbst hinaufgetragen hat an seinem Leibe auf das Holz, damit wir, den Sünden abgestorben, der Gerechtigkeit leben. Durch seine Wunden seid ihr heil geworden" (1. Petr 2, 24).

4413 Johann Friedrich Mayer (1650–1712). Wie Anm. 382.

4414 Die Disputation ist Bestandteil eines Sammelbandes mit Beiträgen einer Akademischen Woche der Universität Greifswald aus Anlass des Geburtstages Karl XII. von Schweden ([17. Juni] 1682–1718; 17.–27. Juni 1704). Findeisen, Jörg-Peter: Karl XII. von Schweden – ein König, der zum Mythos wurde, Berlin 1992.

4415 Jacob Henning (1633/35–1704) hatte die Schulen in Greifswald und Stettin besucht und danach in Wittenberg, Frankfurt (Oder) und Greifswald studiert. Er war Professor und Pfarrer an Greifswald-St. Jakobi gewesen. Häckermann, Adolf: Artikel „Henning, Jacob", in: ADB 11 (1880), S. 774f. – Wichtige Korrekturen bei: Roth, Fritz: Restlose Auswertungen von Leichenpredigten und Personalschriften für genealogische und kulturhistorische Zwecke 5 (Lieferung 80–100), Boppard/Rhein 1967, S. 15 (R 4024). – DNB zu Henning: https://d-nb.info/gnd/116716428 [23.08.2023].

4416 Johann Friedrich Mayer (1650–1712). Wie Anm. 382.

theol., 20. Dezember 1704], Greifswald: Adolph 1704 (VD18 10394303). Exemplar: Soest StA/StB.

[Nr. 12] De methodo disputandi per syllogismos/[Praeses:] Rumpaeus, Jost Wessel, [Respondent:] Rehboom, Johann Heinrich (Verda-Verdens[is]. S[anti]s[simae] theol[ogiae] stud[iosus]) [Greifswald, Univ., Diss. phil., (ohne Datum) 1704], Greifswald: Adolph 1704 (VD18 13285270).

[Nr. 13] De etesiis, vulgo von den kühlen Luefftlein in Hunds-Tagen/[Praeses:] Rumpaeus, Jost Wessel, [Respondent:] Bertholdi, Gerhard (Wilstaeda-Brem[ensis]) [Greifswald, Univ., Diss. phil., (ohne Datum) 1704], Greifswald: Adolph 1704 (VD18 11250070).

1705 [Nr. 14] Ex loco de imagine Dei quaestionum recentiorum imprimis Pietisticarum pentadem/[Praeses:] Rumpaeus, Jost Wessel, [Respondent:] Harder, Daniel (Gryph[swaldia] Pom[eranus]) [Greifswald, Univ., Diss. theol., 19. September 1705], Greifswald: Adolph 1705 (VD18 10379789).

[Nr. 15] Programma quo ad publicas suas in Augustanam Confessionem lectiones […] invitat […] [Greifswald, Univ., Programm, (ohne Datum) 1705], Greifswald: Adolph 1705 (VD18 10194541).

1706 [Nr. 16] Utrum detur aliqua Diaboli in hoc mundo operatio?/In: In Regia Pomeranorum Academia […] contra Balthasarem Beckerum[4417] disquirunt […] ab exceptionibus Beckerianis vindicant/[Praeses:] Rumpaeus, Jost Wessel, [Respondent:] Behrens, Albert (Gryph[swaldia] Pom[eranus]. S[ancti]s[imae] theol[ogiae] & philos[ophiae] studios[us]) [Greifswald, Univ., Diss. theol., (ohne Tag) Dezember 1706), Greifswald: Adolph 1706 (VD18 10860428).

1707 [Nr. 17] Nonnullas observationes atque stricturas in d[omi]n[i] Joachimi Langii[4418] […], ut vocat, pseudorthodoxae speciatim Schelguigianae[4419] ideam/[4420]

[4417] Balthasar Bekker (1634–1698) stammte aus Bielefeld. Der deutsch-niederländische Theologe, Philosoph und Prediger der frühen Aufklärung löste mit seinem vier Bücher umfassenden Werk „Die Bezauberte Welt" den sogenannten „Teufelsstreit" aus. Bekker, Balthasar: Die Bezauberte Welt: Oder Eine gründliche Untersuchung Des Allgemeinen Aberglaubens/Betreffend/die Arth und das Vermögen/Gewalt und Wirckung Des Satans und der bösen Geister über den Menschen/Und was diese durch derselben Krafft und Gemeinschafft thun […], Amsterdam: Dahlen 1693 (VD17 547:696533V u. a.). – Andrew C.: Fallen angels. Balthasar Bekker, spirit belief, and confessionalism in the seventeenth century Dutch Republic, Dordrecht 1999. – DNB zu Bekker: https://d-nb.info/gnd/119016915 [23.08.2023].

[4418] Joachim Lange (1670–1744). Wie Anm. 384.

[4419] Samuel Schelwig (1643–1715). Wie Anm. 385.

[4420] Lange, Joachim: Theologiae pseudorthodoxae, speciatim, Schelguigianae, Idea in gratiam errantium e veri rectique amore […], Frankfurt am Main/Leipzig/Berlin: Meyer 1706 (VD18 10471480). – Ders.: Theologiae pseudorthodoxae, speciatim Schelwigianae, Idea ac Anatome: e veri rectique amore, in gratiam errantium, […] nunc vero post Antilogiam Gryphicam (!), cum ampliore declaratione extensa, opusculum [mit einem pseudonymen Beitrag Anton Pauls (Sincerus Evangelicus; 1661–1730); wie Anm. 3742] […], Frankfurt am Main/Leipzig: [ohne Drucker] 1707 (VD18 10218726).

[Praeses:] Rumpaeus, Jost Wessel, [Respondent:] Mencken, Johann Friedrich (Bob. Silesius. S[ancti]s[simae] theol[ogiae] & phil[osophiae] studiosus)[4421] [Greifswald, Univ., Diss. theol., (ohne Tag) Januar 1707], Greifswald: Fickweiler 1707 (VD18 10456171).

[Nr. 18] Utrum homo fidelis propter unionem mysticam de se possit dicere: Ego sum Christus? […]/contra omnes fanaticos speciatim Pietistas/[Praeses:] Rumpaeus, Jost Wessel, [Respondent:] Mahlendorff, Daniel (Sedinens. Pom[eranus]. S[ancti]s[simae] theol[ogiae] & philos[ophiae] studiosus)[4422] [Greifswald, Univ., Diss. theol., 23. April 1707], Greifswald: Adolph 1707 (VD18 1152653X).

[Nr. 19] Controversias recentiores potissimum pietisticas ex loco de theologia/[Praeses:] Rumpaeus, Jost Wessel, [Respondent:] Reimarus, Samuel (Wismariensis) [Greifswald, Univ., Diss. theol., 7. Mai 1707], Greifswald: Adolph 1707 (VD18 10394281).

[Nr. 20] [Beiträger in:] Carmina lugubria, supremo honori viri nobilissimi, prudentissimi, doctissimique d[omi]n[i] Moevii Volschovii[4423] […] die exequiarum, […] X. Maji, […] MDCCVII. dicata a d[omi]n[is] professoribus et amicis sequentibus […], Greifswald: Starck 1707 (VD18 10119884).

[Nr. 21] Antitheses theologicas orthodoxas, thesibus heterodoxis ex pestilentissimo Christiani Democriti[4424] scripto: Unpartheyische Gedanken[4425] excerptis, oppositas/[Praeses:] Mayer, Johann Friedrich,[4426] [Respondent:] Rumpaeus, Jost Wessel [Greifswald, Univ., Diss. theol., 20. Oktober 1707], Greifswald: Starcke 1707 (VD18 15010724).

4421 Johann Friedrich Mencken († 1748) stammte aus Cunow bei Bobersberg (Bobrowice). Er wurde 1719 Pfarrer in Groß-Breesen bei Guben in der Lausitz. DNB zu Mencken: https://d-nb.info/gnd/12089906X [23.08.2023].

4422 Daniel Mahlendorff († 1756) stammte aus Neuenkirchen (poln. Dołuje) in Pommern, bei Stettin. Er war der Sohn des dortigen Pfarrers und studierte ab 1704 in Halle. Nachdem er von 1710 bis 1713 als Feldprediger gewirkt hatte, war er ab 1714 Pastor in Stöven (poln. Stobno) bei Stettin mit der Filiale Boblin (poln. Bobolin). Moderow, Hans: Die Evangelischen Geistlichen Pommerns von der Reformation bis zur Gegenwart, T. 1, Regierungsbezirk Stettin, Stettin 1903, S. 516 (Nr. 8). – DNB zu Mahlendorff: https://d-nb.info/gnd/120368978 [23.08.2023].

4423 Moevius Volschov (1641–1707) war Prokurator der Universität und Ratsherr in Greifswald gewesen. DNB zu Volschov: https://d-nb.info/gnd/10421810X [23.08.2023].

4424 Johann Konrad Dippel (1673–1734). Wie Anm. 181.

4425 Vgl. u. a. [Dippel, Johann Konrad:] Unparteyische Gedancken, Uber eines so genan[n]ten Schwedischen Theologi Kurtzen Bericht von Pietisten [et]c. [gegen Johann Friedrich Mayer (1650–1712); wie Anm. 382]: nebst einer kurtzen Digression, Von der Brutalität und Illegalität des Religions-Zwangs, Und einen kleinen Anhang Wider die Theologische Facultät zu Halle/entworffen durch Christianum Democritum […], [ohne Ort; ohne Drucker] 1706 (VD18 90259580).

4426 Johann Friedrich Mayer (1650–1712). Wie Anm. 382.

[Nr. 22] Programma ad publicas suas in Augustanam Confessionem praelectiones invitans [...] [Greifswald, Univ., Programm, (ohne Datum) 1707], Greifswald: Adolph 1707 (VD18 14137372).

[Nr. 23] [Herausgeber:] Samuelis Schelguigii[4427] [...] theses de tempore ex Augustana Confessione, Apologia, et Formula Concordiae decerptas, quarum collatio cum porismatibus inde deductis, novam pietatis methodum, in dogmatibus et praxi, ab hisce ecclesiae evangelicae symbolis longissime discedere, manifestat, [...] stricturas in ideam[4428] d[omi]n[i] Joachimi Langii, in dissertationis forma appendicis loco adiecit [...], Greifswald: Fickweiler 1707 (VD18 10456864).

[Nr. 24] [Weitere Ausgabe zu Nr. 5] De hymni passionalis [...]/[...], [ohne Ort, ohne Drucker] 1707 (VD18 13399578).

[Nr. 25] [Weitere Ausgabe zu Nr. 7] Christum super lignum peccata nostra portantem/[...], Greifswald: Starcke 1707 (VD18 15011186).

1708 [Nr. 26] Dissertationum ideae[4429] Joachimi Langii[4430] extensae opponendarum, aegritudinem mentis in autore medicinae mentis[4431] demonstraturarum, suasque observationes vindicaturarum prodromus/[Praeses:] Rumpaeus, Jost Wessel, [Respondent:] Meyer, Salomon (Pencun. Pomer[anus]. S[anctis]s[imae] theol[ogiae] & phil[osophiae] studiosus)[4432] [Greifswald, Univ., Diss. theol., (ohne Tag) Oktober 1708], Greifswald: Adolph 1708 (VD18 13199684).

1709 [Nr. 27] De religione speciatim christiana/[Praeses:] Rumpaeus, Jost Wessel, [Respondent:] Büren, Johann Peter (Breckerfelda Marcanus)[4433] [Soest, Archigymn., Diss. theol., 11. September 1709], Soest: Hermanni 1709 (VD18 12771783).[4434] Exemplar: Soest StA/StB.

4427 Samuel Schelwig (1643–1715). Wie Anm. 385.

4428 Wie Anm. 383.

4429 Wie Anm. 383.

4430 Joachim Lange (1670–1744). Wie Anm. 384.

4431 Lange, Joachim: Medicina mentis, qua praepostera philosophandi methodo ostensa ac reiecta, secundum sanioris philosophiae principia, aegrae mentis sanatio [...]: Accedit appendix de necessariis et supervacuis [...], Halle: Waisenhaus/Berlin: Wessel 1704 (VD18 10455574).

4432 Salomon Meyer (1684–1742) studierte ab Mai 1707 in Greifswald und stand von 1711 bis 1713 im Dienst bei Oberst von der Osten in Stettin. Ab 1716 wirkte er dann als Diakon an Stettin-St. Peter und Paul. DNB zu Meyer: https://d-nb.info/gnd/1013556976 [23.08.2023].

4433 Johann Peter Büren († 1755) hatte die Schule in Soest besucht: 29. April 1705 nach III. aufgenommen; 25. Oktober 1706 nach II. versetzt. Kuhlmann, Schülerverzeichnis (wie Anm. 109), S. 269. Er war seit 1711 Vikar und Rektor in Breckerfeld. Bauks, Pfarrer (wie Anm. 14), S. 68 (Nr. 876).

4434 Mit Glückwunschgedichten von Johann Christoph Sybel (1690–1733; wie Anm. 226) und dessen jüngerem Bruder Johann Heinrich Sybel († 1763), der später als Kaufmann in der Nähe der Soester Georgkirche lebte. Von Sybel, Nachrichten (wie Anm. 14), Stammtafel E.

[Nr. 28] [Weitere Ausgabe zu Nr. 11] De peccatore et peccato in Spir[itum] S[anctum] quaestionum theologicarum trigam/[…], Greifswald: Adolph 1709 (VD18 13384791).

1710 [Nr. 29] De sabbatho lege divina praecepto/[Praeses:] Rumpaeus, Jost Wessel, [Respondent:] Sybel, Johann Christoph[4435] [Soest, Archigymn., Diss. theol., 7. März 1710], Soest: Hermanni 1710 (HT003637899). Exemplare: Oldenburg LB und Soest StA/StB.

[Nr. 30] De Christi promissione latroni in cruce eum invocanti facta ex dicto Luc. 23, v. 43[4436] [Praeses:] Rumpaeus, Jost Wessel, [Respondent:] Sybel, Johann Heinrich[4437] [Soest, Archigymn., Diss. theol., 22. August 1710], Hamm: Utz 1710 (HT003637685). Exemplar: Soest StA/StB.

[Nr. 31] Utrum Diabolus possit producere substantiam?/[4438] [Praeses:] Rumpaeus, Jost Wessel, [Respondent:] Schubbaeus (Schubbe), Johann Adolph (Gummersbachio-Marcanus)[4439] [Soest, Archigymn., Diss. theol., 9. Dezember 1710], Soest: Hermanni 1710 (VD18 11606851).

1711 [Nr. 32] De angelis/[Praeses:] Rumpaeus, Jost Wessel, [Respondent:] Rieger, Johann Georg[4440] [Soest, Archigymn., Diss. theol., 11. Februar 1711], Soest: Hermanni 1711 (VD18 11649011). Exemplare: Bonn ULB und Soest StA/StB.

[Nr. 33] De symbolis/[Praeses:] Rumpaeus, Jost Wessel, [Respondent:] Nicolai, Heinrich Philipp [Soest, Archigymn., Diss. phil.-theol., 8. September 1711], Soest: Hermanni 1711 (VD18 12773778). Exemplare: Bonn ULB und Soest StA/StB.

[Nr. 34] [Weitere Ausgabe zu Nr. 16] Utrum detur aliqua Diaboli in hoc mundo operatio?/[…], Greifswald: Adolph 1711 (VD18 10860428).

1712 [Nr. 35] Sanguinem Iesu Christi a peccatis nos emundantem ex oraculo Johanneo 1. epist[ola] I, v. 7/[4441] [Praeses:] Rumpaeus, Jost Wessel, [Respondent:]

4435 Johann Christoph Sybel (1690–1733). Wie Anm. 206.

4436 „Und Jesus sprach zu ihm: Wahrlich, ich sage dir: Heute wirst du mit mir im Paradies sein" (Lk 23, 43).

4437 Johann Heinrich Sybel († 1763). Wie Anm. 4434. Sybel wurde am 15. Mai 1694 nach VIII. aufgenommen; 12. Mai 1696 nach VII. versetzt; 19. Oktober 1697 nach VI. versetzt; 17. Oktober 1699 nach V. versetzt; 21. Oktober 1702 nach IV. versetzt; 18. Oktober 1704 nach III. versetzt; 28. April 1708 nach II. versetzt. Kuhlmann, Schülerverzeichnis (wie Anm. 109), S. 293.

4438 Eine erneute Auseinandersetzung mit Balthasar Bekker (1634–1698). Wie Anm. 4417.

4439 Zur Familie vgl. Bauks, Pfarrer (wie Anm. 14), S. 458 (Nr. 5668).

4440 Johann Georg Rieger (1689–1763) stammte aus Dinslaken im Rheinland. Er studierte seit 1711 in Jena und war danach zunächst Vikar (Diakonus) in Gelsenkirchen (1715), dann ab 1720 Pfarrer in Dinslaken. Bauks, Pfarrer (wie Anm. 14), S. 408 (Nr. 5059). – Gruch, Pfarrer 3 (wie Anm. 169), S. 598 (Nr. 10588).

4441 „Wenn wir aber im Licht wandeln, wie er im Licht ist, so haben wir Gemeinschaft untereinander, und das Blut Jesu, seines Sohnes, macht uns rein von aller Sünde" (1. Joh 1, 7).

Lüling, Ernst Henrich (Susatensis)⁴⁴⁴² [Soest, Archigymn., Diss. theol., 9. September 1712], Soest: Hermanni 1712 (VD18 1039429X). Exemplare: Bielefeld BLKA und Soest StA/StB.

[Nr. 36] Institutiones metaphysicae sacrae latino-germanicae nova methodo adornatae [mit einer Vorrede von Johann Friedrich Mayer⁴⁴⁴³] [...], Frankfurt am Main: Stock 1712 (VD18 12533211). Exemplar: Soest StA/StB.

[Nr. 37] [Weitere Ausgabe zu Nr. 21] Antitheses theologicas orthodoxas [...], Greifswald: Starcke 1712 (VD18 15010740).

1713 [Nr. 38] De tribus symbolis oecumenicis/[Praeses:] Rumpaeus, Jost Wessel, [Respondent:] Bacchin, Johann Christoph⁴⁴⁴⁴ [Soest, Archigymn., Diss. theol., 24. März 1713], Soest: Hermanni 1713 (CT002003121; HT016475436). Exemplar: Bonn ULB.

[Nr. 39] De tribus symbolis, Constantinopolitano, Ephesino et Chalcedonensi/ [Praeses:] Rumpaeus, Jost Wessel, [Respondent:] Dowy, Johann Kaspar (Osnabruga-Westphalus) [Soest, Archigymn., Diss. theol., 4. September 1713], Soest: Hermanni 1713 (VD18 15090086). Exemplare: Bonn ULB und Soest StA/StB.

[Nr. 40] [Weitere Ausgabe zu Nr. 5] De hymni passionalis verbis [...]/[...], Rostock: Heber 1713 (OCoLC 313194012). Exemplare: Berlin SBB-PK, Dresden SLUB und Freiburg UB.

1714 [Nr. 41] De Iacobo Bohmio⁴⁴⁴⁵ Palaeo-Seidenburg[ensi]/[Praeses:] Rumpaeus, Jost Wessel, [Respondent:] Beurhaus, Johann Christoph (Tremoniensis)⁴⁴⁴⁶ [Soest, Archigymn., Diss. phil.-theol., 12. März 1714], Soest: Hermanni 1714 (VD18 10407111). Exemplar: Soest StA/StB.

[Nr. 42] [Weitere Ausgabe zu Nr. 41] De Iacobo Bohmio Palaeo-Seidenburg[ensi]/ [...], Soest: Hermanni 1714 (VD18 15090078).

[Nr. 43] Utrum Diabolus ceu spiritus in verum atque proprie sic dictum possit operari corpus?/⁴⁴⁴⁷ [Praeses:] Rumpaeus, Jost Wessel, [Respondent:] Isverding, Johann Andreas⁴⁴⁴⁸ [Soest, Archigymn., Diss. phil.-theol., 12. September 1714],

---

4442 Ernst Henrich Lüling (1691–1746), wie Anm. 1325. Lüling wurde am 14. Mai 1697 nach VIII. aufgenommen; am 9. Mai 1699 nach VII. versetzt; 16. April 1701 nach VI. versetzt; 28. April 1703 nach V. versetzt; 2. Mai 1705 nach IV. versetzt; 22. Oktober 1707 nach III. versetzt. Kuhlmann, Schülerverzeichnis (wie Anm. 109), S. 283.
4443 Johann Friedrich Mayer (1650–1712). Wie Anm. 382.
4444 Zur Familie Kleiner Michels (wie Anm. 14), S. 501. Sie stellte mehrere „Stadtmusici" und war für die Küsterdienste am baulich anfälligen Turm des Münsters zuständig.
4445 Jakob Böhme (1575–1624). Wie Anm. 135.
4446 Zur Familie des Respondenten vgl. Bauks, Pfarrer (wie Anm. 14), S. 36f. (Nr. 457–462).
4447 Eine erneute Auseinandersetzung mit Balthasar Bekker (1634–1698). Wie Anm. 4417.
4448 Johann Andreas Isverding (1692–1753), wie Anm. 2228. Isverding wurde am 4. Mai 1699 nach VIII. aufgenommen; 1. Mai 1700 nach VII. versetzt; 6. Mai 1702 nach VI. versetzt; 18. Oktober 1704 nach V. versetzt; 14. Mai 1707 nach IV. versetzt. Kuhlmann, Schülerverzeichnis (wie Anm. 109), S. 279.

Lippstadt: Herbst 1714 (VD18 1164902X). Exemplare: Oldenburg LB und Soest StA/StB.

[Nr. 44] De Iacobo Bohmio [...], Soest: Hermanni 1714 (VD18 12363596).

[Nr. 45] Institutiones logicae sacrae latino-germanicae, recentiorum menti accomodatae; per usus theologicos illustratae ac in suorum auditorum usus editae [...] amicus Aristoteles, amicus Plato, amicus Cartesius, sed magis tamen amica veritas [...], Frankfurt am Main: Stock 1714 (VD18 1253322X). Exemplar: Soest StA/StB.

[Nr. 46] [Weitere Ausgabe zu Nr. 36] Institutiones metaphysicae sacrae [...], Frankfurt am Main: Stock 1714 (VD18 12533211).

1715 [Nr. 47] Ignorantia erudita ex iure naturae eiusque principio [...] [Soest, Archigymn., Rede, 26. März 1715], Soest: Hermanni 1715 (HT003636273). Exemplare: Bonn ULB und Soest StA/StB.

[Nr. 48] Introductio in theologiam recens, maximam partem, controversam [...], Frankfurt am Main und Soest: Wolschendorff 1715 (VD18 12533238). Exemplar: Soest StA/StB.

1716 [Nr. 49] De notitia Dei naturali/[Praeses:] Rumpaeus, Jost Wessel, [Respondent:] Rademacher, Gottfriedus Balthasar[4449] [Soest, Archigymn., Diss. theol., 3. Januar 1716], Soest: Hermanni 1716 (HT003637535). Exemplar: Soest StA/StB.

1717 [Nr. 50] Historumena de Reformatione ecclesiae divina, b[eati] Lutheri ministerio instituta, quae iubilaei evangelici secundi occasione [...]/[Praeses:] Rumpaeus, Jost Wessel, [Respondent:] Büddemann, Bernhard Heinrich (Unna-Marcanus) [Soest, Archigymn., Diss. theol., 31. Oktober 1717], Soest: Hermanni 1717 (VD18 12771775). Exemplare: Oldenburg LB und Soest StA/StB.

[Nr. 51] [Weitere Ausgabe zu Nr. 7] Christum super lignum peccata nostra portantem/[...], Greifswald: Starcke 1717 (VD18 14352850).

1718 [Nr. 52] [Weitere Ausgabe zu Nr. 11] De peccatore et peccato in Spir[itum] S[anctum] quaestionum theologicarum trigam/[...], Wittenberg: Heber 1718 (VD18 12771538).

1721 [Nr. 53] De anima et imagine divina homini cum brutis communi errores Iohannis Conradi Dippelii[4450] alias Christiani Democriti/[Praeses:] Rumpaeus, Jost Wessel, [Respondent:] Büren, Johann Nikolaus[4451] [Soest, Archigymn., Diss. theol., 12. September 1721], Soest: Hermanni 1721 (VD18 10510559). Exemplare: Bielefeld BLKA und Soest StA/StB.

4449 Ein Sohn des gleichnamigen Pfarrers von Lohne Georg Gottfried Rademacher (Rotarius; 1634–1709). Bauks, Pfarrer (wie Anm. 14), S. 396 (Nr. 4909).

4450 Johann Konrad Dippel (1673–1734). Wie Anm. 181.

4451 Johann Nikolaus Büren (1700–1767) stammte aus Breckerfeld. Er studierte ab 1723 in Halle und war ab 1729 Pfarrer in Rellinghausen. Rosenkranz, Pfarrer (wie Anm. 169), S. 66. – Bauks, Pfarrer (wie Anm. 14), S. 68 (Nr. 877). – Gruch, Pfarrer 1 (wie Anm. 169), S. 264 (Nr. 1727).

[Nr. 54] Institutiones theologicae in tres partes distributae: Quibus fidei dogmata et controversiae fere omnes, etiam recentissimae alibi non tractatae, per quaestiones breviter ac perspicue, argumentis ex Scriptura S[acra] Libris Symbolicis et sana ratione petitis, una cum dictis classicis, definitionibus, et praxi pietatis exhibentur […], Soest und Leipzig: Wolschendorff, Hermanni und Lanckisch 1721 (VD18 10959963). Exemplar: Soest StA/StB.

1724 [Nr. 55] De incendiorum praesagiis. Von denen Vorbedeutungen der Feuers-Brünste/[Praeses:] Rumpaeus, Jost Wessel, [Respondent:] Schmidt, Albert Georg [Soest, Archigymn., Diss. phil., 5. September 1724], Soest: Hermanni 1724 (HT003637649).[4452] Exemplar: Soest StA/StB.

[Nr. 56] [Weitere Ausgabe zu Nr. 55] De incendiorum praesagiis/ […], Soest: Hermanni 1724 (HT003637649). Exemplar: Soest StA/StB.

1725 [Nr. 57] De iure naturae commentatione scholastica/[Praeses:] Rumpaeus, Jost Wessel, [Respondent:] Rainer, Johann Philipp [Soest, Archigymn., Diss. phil., 16. März 1725], Soest: Hermanni 1725 (HT003637053). Exemplare: Bonn ULB und Soest StA/StB (drei Exemplare).

1726 [Nr. 58] De incendis Von denen Feuers-Brünsten/[Praeses:] Rumpaeus, Jost Wessel, [Respondent:] Heilmann, Wilhelm Aegidius (Rauschenberga-Hasso) [Soest, Archigymn., Diss. phil., 13. Februar 1726], Soest: Hermanni 1726 (VD18 11596872). Exemplare: Oldenburg LB und Soest StA/StB.

[Nr. 59] De mente humana eiusque speciatim intellectu/[Praeses:] Rumpaeus, Jost Wessel, [Respondent:] De [von] Damm, Henrich Dethmar[4453] [Soest, Archigymn., Diss. phil.-theol., 18. Dezember 1726], Soest: Hermanni 1726 (HT003637089). Exemplar: Soest StA/StB (zwei Exemplare).

1727 [Nr. 60] De nemine laedendo et damnum datum resarciendo/[Praeses:] Rumpaeus, Jost Wessel, [Respondent:] Brölemann, Johann Arnold[4454] [Soest, Archigymn., Diss. phil., 26. März 1727], Soest: Hermanni 1727 (HT003637235). Exemplare: Bonn ULB und Soest StA/StB (zwei Exemplare).

[Nr. 61] De veris verae ecclesiae notis/[Praeses:] Rumpaeus, Jost Wessel, [Respondent:] Färber, Heinrich Georg[4455] [Soest, Archigymn., Diss. theol., 12. September 1727], Soest: Hermanni 1727 (GBV1032550333). Exemplare: Oldenburg LB und Soest StA/StB.

4452 Diese und die das nahezu gleiche Thema berührende Disputation Nr. 58 (1726) entstanden in Reaktion auf zwei Feuersbrünste, die die Soester in den Jahren 1724 und 1725 erschreckt hatten. Fink, Hanns-Peter: Rumpäus und die Brände in Soest, in: SZ 78 (1964), S. 90–97.

4453 Henrich Detmer vom Dam(m) (1706–nach 1753) wurde 1740 „Legations-Secretarius im Haag". Er wirkte schon bald (1740) als Richter in Dinslaken und war dort 1753 Landrichter. Großer Michels (wie Anm. 14). S. 289.

4454 Johann Arnold Brölemann (*1707), der Sohn des Soester Gerichtsschreibers, war später Feldwebel im Regiment Herzberg. Kleiner Michels (wie Anm. 14), S. 466.

4455 Heinrich Georg Färber (*1706, „cand[idatus] theol[ogiae]"). Kleiner Michels (wie Anm. 14), S. 579

1728 [Nr. 62] De morte naturali/[Praeses:] Rumpaeus, Jost Wessel, [Respondent:] Hackenberg, Peter[4456] [Soest, Archigymn., Diss. theol., 12. März 1728], Soest: Hermanni 1728 (GBV1032548908). Exemplare: Oldenburg LB und Soest StA/StB.

[Nr. 63] De voluntate humana/[Praeses:] Rumpaeus, Jost Wessel, [Respondent:] Zumberge [zum Berge], Ludolph Theodor[4457] [Soest, Archigymn., Diss. theol., 27. August 1728], Soest: Hermanni 1728 (HT003638020). Exemplar: Soest StA/StB.

1729 [Nr. 64] De Adamo integro [prima]/[Praeses:] Rumpaeus, Jost Wessel, [Respondent:] Cramer, Johann Georg[4458] [Soest, Archigymn., Diss. theol., 23. März 1729], Soest: Hermanni 1729 (HT003635797). Exemplar: Soest StA/StB.

[Nr. 65] De Adamo integro […] iterata […]/ [Praeses:] Rumpaeus, Jost Wessel, [Respondent:] Hasselkus, Johannes[4459] [Soest, Archigymn., Diss. theol., 30. Mai 1729], Soest: Hermanni 1729 (HT003635890). Exemplar: Soest StA/StB.

[Nr. 66] De imagine divina [prima]/[Praeses:] Rumpaeus, Jost Wessel, [Respondent:] Böcker, Gottlieb[4460] [Soest, Archigymn., Diss. theol., 29. August 1729], Soest: Hermanni 1729 (HT003636384). Exemplar: Soest StA/StB.

1730 [Nr. 67] De imagine divina […] iterum […]/ [Praeses:] Rumpaeus, Jost Wessel, [Respondent:] Schrader, Heinrich[4461] [Soest, Archigymn., Diss. theol., 11. Januar 1730], Soest: Hermanni 1730 (HT003636467). Exemplare: Bielefeld BLKA und Soest StA/StB.

4456 Peter Hackenberg (Hachenberg; † vor 1752) stammte aus Soest. Er war 1741 „Quartanorum lector" und heiratete eine Tochter Georg Andreas Sybels (1676–1750; wie Anm. 349). Kleiner Michels (wie Anm. 14), S. 449.

4457 Ludolph Theodor zum Berge stammte aus Unna und begegnet 1734 als juristischer Respondent in Frankfurt (Oder). Vgl. Hoffmann, Johann Wilhelm: Meletematum academicorum ad Pandectas semestria duo: In quibus multa Iuris Civilis loca illustrantur atque emendantur [31 Dissertationen aus den Jahren 1734f.], Frankfurt (Oder): Conradi 1735 (VD18 1022128X).

4458 Wohl aus der Familie des gleichnamigen Chirurgen. Kleiner Michels (wie Anm. 14), S. 502.

4459 Johannes Hasselkus (1709–1792) stammte aus Lennep (Rheinland). Er studierte ab 1731 in Halle und war seit 1737 Pfarrer in Barop und zugleich von 1737 bis 1739 Lehrer am Gymnasium in Dortmund. Bauks, Pfarrer (wie Anm. 14), S. 186 (Nr. 2356).

4460 Gottlieb Böcker (1709–1754) stammte aus Löhne. Er studierte seit 1731 in Halle und arbeitete dort auch als Informator (1731f.). Später war er zunächst Stadtprediger in Lübbecke (1737), dann ab 1744 Pfarrer in Wehdem. Bauks, Pfarrer (wie Anm. 14), S. 45 (Nr. 580).

4461 Heinrich Schrader (1710–1779) stammte aus Herford. Er studierte in Jena (1730) und in Halle (1731) und war danach in Herford Lehrer am Gymnasium und Geistlicher am dortigen Armen/Waisenhaus (1732–1741). Später wirkte er als Adjunkt und Pfarrer in Rehme. Bauks, Pfarrer (wie Anm. 14), S. 453 (Nr. 5606).

[Nr. 68] Ius magistratus in scholas vindicat et simul ad introd[uctionem] novi domini con-rectoris[4462] et novi domini lectoris quartae classis invitat [...] [Soest, Archigymn., Programm, 17. April 1730], Soest: Hermanni 1730 (HT003637063). Exemplar: Soest StA/StB.

[Nr. 69] Commentatio critica ad libros Novi Testamenti in genere cum praefatione d[omi]n[i] Jo[hann] Gottlob Carpzovii[4463] [...], Leipzig: Lanckisch 1730 (VD18 14772655).[4464] Exemplare: Bielefeld BLKA, Oldenburg LB und Soest StA/StB.

1732 [Nr. 70] [Beiträger (posthum) in:] Ieiunium quadragesimale papaeum/[Praeses:] Kluge, Johann Daniel,[4465] [Respondent:] Landmann, Henrich (Luna Marcanus)[4466] [Dortmund, Archigymn., Diss. theol., 13. April 1732], Dortmund: Froberger 1732 (VD18 11021012).[4467]

1757 [Nr. 71] [Weitere Ausgabe zu Nr. 69] Commentatio critica ad libros Novi Testamenti in genere [...], Leipzig: Lanckisch (Erben) 1757 (VD18 15338754).

Dedikationen/Widmungen/Nachrufe

1704 [Nr. 1] Das blühende Glück/Uber welches Das Unter dem [...] H[err]n D[oktor] Jo[hann] Friedrich Mayern[4468] [...] Florirende Collegium Concionatorium Dem [...] Herrn Justo Wesselo Rumpaeo, Der Welt-Weißheit Magistro und des Collegii Concionatorii p[ro] t[empore] Seniori, Als Derselbige Den 15. Junii Anno 1704. Zum Sonnabend-Prediger der hiesigen Jacobaeischen Kirche ordiniret und instituiret ward/So wol seine Schuldigkeit als Freude/nebst vielen Glückwünschungen/bezeigen wolte, Greifswald: Adolph 1704 (OCoLC 1197726541). Exemplar: Greifswald UB.

1707 [Nr. 2] Decanus Collegii theologici Jo[hannes] Frid[ericus] Mayer,[4469] d[octor] ad lectiones cursorias Anti-Böhmianas viri plurimum reverendi [...] d[omi]-n[i] m[agistri] Justi Wessel[i] Rumpaei [...] invitat, atq[ue] [Viti Ludovici] Seckendorffii,[4470] per-illustris de Jacobo Böhmio,[4471] e m[anu]scr[ipto] edit iudicium [...] [Greifswald, Univ., Einladung zu einer Vorlesungsreihe, 28. August 1707], Greifswald: Starck 1707 (VD18 11199849).

4462 Georg Andreas Sybel (1676–1750). Wie Anm. 349.
4463 Johann Gottlob Carpzov (1679–1767). Wie Anm. 417.
4464 Zur Rezeption: Die zeitgenössische Abschrift einer Besprechung in den „Acta eruditorum" (August 1731, S. 369) findet sich in Soest StA/StB, Bestand A Hs. 28 2.2.95, S. 772–775.
4465 Johann Daniel Kluge (1701–1768). Wie Anm. 533.
4466 Henrich Landmann (1711–1755). Wie Anm. 3981.
4467 3.10 Johann Daniel Kluge Nr. 22 (1732).
4468 Johann Friedrich Mayer (1650–1712). Wie Anm. 382.
4469 Ebd.
4470 Veit Ludwig von Seckendorff (1626–1692; Abb. 148). Wie Anm. 877.
4471 Jakob Böhme (1575–1624). Wie Anm. 135.

[Nr. 3] Mayer, Johann Friedrich: Seckendorffii iudicium de Jacobo Böhmio [...] [Greifswald, Universität, Einladung zu einer Vorlesung des Jost Wessel Rumpaeus, (ohne Datum) 1707], Greifswald: Starcke 1707 (VD18 11199849).

1709 [Nr. 4] [Widmungsempfänger in:] M[agister] Reinh[ardi] Heinr[ici] Rollii,[4472] Unnensis Westphali, de doctoribus academicis, ad gymnasiorum vel scholarum gubernacula vocatis: Dissertatio epistolica/[...], Rostock: Garmann 1709 (VD18 10178074).[4473]

1711 [Nr. 5] [Widmungsempfänger in:] Decanus Collegii Theologici Jo[hannes] Frid[ericus] Mayer[4474] [...] concionem ad XXII. Aprilis. anno MDCCXI. in qua licentiam conferet viris optime meritis [...] d[omi]n[o] m[agistro] Justo Wessel Rumpaeo, d[omi]n[o] m[agistro] Mich[aele] Frider[erico] Quadio,[4475] doctoralia capessendi axiomata observanter et modeste advocat [Greifswald, Univ., Einladung zur Promotion von Jost Wessel Rumpaeus und Michael Friedrich Quade, 22. April 1711], Greifswald: Starck 1711 (VD18 1329296X).

1724 [Nr. 6] [Widmungsempfänger in:] Rüdiger, Christoph Ludwig:[4476] Dissertatio epistolica ad virum maxime venerandum Iustum VVesselum Rumpaeum [...] de Paschate celebrando [...] [Gießen, Univ., Diss. theol., (ohne Datum) Ostern 1724], Gießen: Müller [1724] (VD18 13575007).

1730 [Nr. 7] Stute, Johann Peter:[4477] Klage, Ach und Wehe zu christschuldigem Andenken des Herrn Justi Wesseli Rumpaei, des Soestischen Archigymnasii Rectoris [...] [Leichenpredigt auf Jost Wessel Rumpaeus, †28. Juli 1730], Soest: Hermanni 1730 (HT003871106). Exemplar: Soest StA/StB.

4472 Reinhard Heinrich Rolle (Rollius; 1683–1768). Wie Anm. 373.
4473 3.20 Reinhard Heinrich Rolle Nr. 12 (1709).
4474 Johann Friedrich Mayer (1650–1712). Wie Anm. 382.
4475 Michael Friedrich Quade (Quadius; 1682–1757) stammte aus Zachan bei Stargard. Er studierte in Wittenberg und war von 1702 bis 1707 Bibliothekar in Greifswald und ständiger Reisebegleiter des damaligen Prokanzlers der Universität Johann Friedrich Mayer (1650–1712; wie Anm. 382). Unter dessen Protektion machte er rasch Karriere (1704 Magister, 1706 Bacc. theol., 1710 Adjunkt der Theologischen Fakultät). Von 1716 an war Quade dann Rektor des Gymnasium Carolinum in Stettin und dort zugleich Professor der Philosophie. Hoche, Richard: Artikel „Quade, Michael Friedrich", in: ADB 27 (1888), S. 2f. – DNB zu Quade: https://d-nb.info/gnd/116315415 [23.08.2023]).
4476 Christoph Ludwig Rüdiger (1667–1742) war ein Philosoph, Theologe und Mathematiker an der Universität in Gießen. DNB zu Rüdiger: https://d-nb.info/gnd/116674385 [23.08.2023].
4477 Johann Peter Stute (1688–1734), war seit 1725 Erster Pfarrer an Soest-St. Petri. Wie Anm. 423. Am 10. April 1693 nach VIII. aufgenommen; 12. Mai 1696 nach VII. versetzt; 27. April 1697 nach VI. versetzt; 9. Mai 1699 nach V. versetzt; 2. Oktober 1701 nach V versetzt; 22. Oktober 1701 nach IV. versetzt; 23. Oktober 1703 nach III. versetzt; 1. Dezember 1705 nach II. aufgenommen (!). Kuhlmann, Schülerverzeichnis (wie Anm. 109), S. 296.

Abb. 148:
Veit Ludwig von Seckendorff (1626–1692). Kupferstich des Martin Bernigeroth (1670–1733), tätig in Leipzig, verlegt bei Johann Friedrich Gleditsch dem Älteren (1653–1716) in Leipzig, 1701. (Wolfenbüttel HAB, Inventar-Nr.: A 20110)

3.22 Justus Arnold Scheibler (1658–1729)[4478]

1678 [Nr. 1] [Nuclei theologici disputatio trigesima septima, quae est secunda] De Jesu Christo theanthropo/[Praeses:] Dresing, Bernhard,[4479] [Respondent:] Scheibler, Justus Arnold [Dortmund, Archigymn., Diss. theol., 9. März 1678], Dortmund: Rühl 1678 (CT005017218; HT007127461). Exemplar: Münster ULB.
1711 [Nr. 2] Das schnöde Laster der Heucheley […], Dortmund: Rühl 1711 (HT003674892). Exemplar: Soest StA/StB.[4480]

4478 Justus Arnold Scheibler (1658–1729). Wie Anm. 388.
4479 Bernhard Dresing (1635–1690). Wie Anm. 4288.
4480 Gegen Johann Georg Joch (1677–1731; wie Anm. 192). Vgl. Edition Nr. 23.

Erwiderungen/Gegenschriften/Verteidigungsschriften

1711 [Nr. 1] Joch, Johann Georg:[4481] Abgenöthigte Schutz-Schrifft wider die abscheuliche Schmähe-Schrifft, mit welcher Jost Arnold Scheibler Ihn für der gantzen Welt zu beschmutzen gesuchet […], Dortmund: Rühl 1711 (HT006256687)[4482]. Exemplar: Soest StA/StB.

1717 [Nr. 2] Wichtige und Wohlbegründete Ursachen/Warumb H[er]r D[okto]r Johann Georg Joch/[4483] Superintendens und Gymnasiarcha in Dortmundt/etc. Gar nicht nöhtig habe/Denen Zween auffgeblasenen und schwülstigen darbey Stock-blinden Pharisäern im Unterbergischen Lande/H[err]n [Johann] Albert Veltgen/[4484] Pastoren zu Remscheid/und H[er]rn Frantz Vogten/[4485] Pastoren zu Lennep/Auff ihre Zanck-süchtige Hader-Schrifften/das geringste zu antworten/Oder über seiner guten und wohl verthädigten Sache/Gegen H[er]rn Jost Arnold Scheiblern/Diaconum bey St. Reinoldi Kirchen zu Dortmund/sich in einigen Schrifft-Wechsel einzulassen, [ohne Ort, ohne Drucker] 1717 (VD18 13129368).[4486] Exemplar: Soest StA/StB.

3.23 Andreas Dietrich Schrader (1663–1722)[4487]

1682 [Nr. 1] Scandere qui cupiunt […]. [Gratulationsschrift in:] De legitima ministrorum ecclesiarum Augustanae Confessioni addictarum vocatione/[…], Soest: Utz 1682 (HT003864172).[4488] Exemplar: Soest StA/StB.

1683 [Nr. 2] Ut sequitur foelix […]. [Gratulationsschrift in:] Positionum logicarum disquisitio tertia eaque de terminorum divisione posteriori prior/[…], Soest: Utz 1683 (HT006347594).[4489] Exemplar: Soest StA/StB.

[Nr. 3] De imagine Dei disputatio altera/[…], Soest: Utz 1683 (HT003323123).[4490] Exemplar: Soest StA/StB.

1684 [Nr. 4] Quanta Dei sit […]. [Gratulationsschrift in:] De providentia divina disputatio prima/[…], Soest: Utz 1684 (HT003328436).[4491] Exemplar Soest StA/StB.

4481   Johann Georg Joch (1677–1731). Wie Anm. 192.
4482   Erwiderung auf 3.22 Justus Arnold Scheibler Nr. 2 (1711).
4483   Johann Georg Joch (1677–1731). Wie Anm. 192.
4484   Johann Albert Veltgen (1654–1719). Wie Anm. 3916.
4485   Johann Franz Vogt (1661–1736). Wie Anm. 3917.
4486   3.8 Johann Georg Joch Erwiderungen/Verteidigungsschriften Nr. 5 (1717).
4487   Wie Anm. 119. Am 13. Juli 1689 zum Lehrer der III. und Konrektor ernannt, siehe Kuhlmann, Schülerverzeichnis (wie Anm. 109), S. 291.
4488   3.28 Johann Georg Sybel Nr. 12 (1682).
4489   3.5 Johann Wilhelm Harhoff Nr. 12 (1683).
4490   3.19 Johann Christoph Nungesser Nr. 10 (1683).
4491   3.19 Johann Christoph Nungesser Nr. 11 (1684).

[Nr. 5] Ut bene cultus […]. [Gratulationsschrift in:] De providentia divina disputatio [secunda]/[…], Soest: Utz 1684 (HT003328655).[4492] Exemplar: Soest StA/StB.

1686 [Nr. 6] De sacrificio missae: disp[utatio] XXI/[…], in: Baier, Johann Wilhelm:[4493] Collatio doctrinae pontificiorum et protestantium disputationibus XXVIII. […] anno Christi M DC LXXXVI. mense Junio et sequentibus in auditorio theologico publicae ventilationi expositis comprehensa […] [Jena, Univ., Diss. theol., Juni (et sequentes) 1686], Jena: Oehrling 1686 (VD17 39:132995Y).

[Nr. 7] [Weitere Ausgabe zu Nr. 6:] De sacrificio missae: disp[utatio] XXI, in: Baier, Johann Wilhelm: Collatio doctrinae pontificiorum et protestantium disputationibus XXVIII […], Jena: Oehrling 1686 (VD17 547:699252X).

[Nr. 8] [Weitere Ausgabe zu Nr. 6] De sacrificio missae: disp[utatio] XXI, in: Baier, Johann Wilhelm: Collatio doctrinae pontificiorum et protestantium disputationibus XXVIII […], Jena: Oehrling 1686 (VD17 3:673668P).

[Nr. 9] [Weitere Ausgabe zu Nr. 6] De sacrificio missae: disp[utatio] XXI, in: Baier, Johann Wilhelm: Collatio doctrinae pontificiorum et protestantium disputationibus XXVIII […], Jena: Oehrling (Editio altera) 1686 (VD17 23:656973E).

1687 [Nr. 10] De iudicio amphictyonico dissertatio prima/[Praeses:] Haake, Johann Jakob,[4494] [Respondent:] Schrader, Andreas Dietrich [Jena, Univ., Diss. phil., 22. Juni 1687], Jena: Nisius 1687 (VD17 547:629503R). Exemplare: Bonn ULB und Soest StA/StB.

[Nr. 11] [Beiträger in:] Als Des Edlen/Groß-Achtbaren und Hochgelahrten Herrn M[agisters] Thomae Mulleri,[4495] des löbl[ichen] Gymnasii zu Hervord in Westphalen wohlverdienten Rectoris, Mit Der […] Jungfer Catharinen Elisabethen/ Des […] Herrn Bernhardi Fürstenovii […] Kauff- und Handelsmanns in Hervord/Eheleiblichen jüngsten Jungfer Tochter Hochzeitliches Fest den 6. May des 1687sten Jahres in Hervord feyerlich begangen wurde/Wolten ihre Schuldigkeit glückwüntschend beobachten Einige zu Jena Studirende […], Jena: Nisius 1687 (VD17 1:698108A).

1688 [Nr. 12] [Stammbucheintrag:] Jena: April 1688/Andreas Dietericus Schrader. Enthalten in: [Stammbuch Johannes Fromm] [ohne Ort] [1688–1700], Bl. 106v. – Exemplar: Weimar HAAB.

4492 3.19 Johann Christoph Nungesser Nr. 12 (1684).
4493 Johann Wilhelm Baier (1647–1695). Wie Anm. 3778.
4494 Der Jurist, Philosoph und Staatsmann Johann Jakob Haake (Haakius, Haak; nachgewiesene Wirkungsdaten: 1682–1709) stammte aus Nördlingen. Er hatte die Schule in Ulm besucht und anschließend in Jena studiert, wo er – 1684 zum Magister promoviert – anschließend Adjunkt der philosophischen Fakultät gewesen war. Er wirkte später als kurländischer Hof- und Legationsrat. DNB zu Haake: https://d-nb.info/gnd/116346027 [23.08.2023].
4495 Thomas Müller (1661–1719). Wie Anm. 3791.

1691 [Nr. 13] Aemulatio publica disputatione descripta/[Praeses:] Schrader, Andreas Dietrich, [Respondent:] Hempel, Bernhard Dietrich (Theodor)[4496] [Soest, Archigymn., Diss. phil., 30. März 1691], Soest: Utz 1691(HT003716452). Exemplar: Soest StA/StB.

1692 [Nr. 14] Aemulatio sacra ex loco I. Cor. XII. ult[imo][4497] [...] descripta/[Praeses:] Schrader, Andreas Dietrich, [Respondent:] Maes, Kaspar Georg[4498] [Soest, Archigymn., Diss. phil., 12. September 1692], Soest: Utz 1692 (HT003716473). Exemplar: Soest StA/StB.

1694 [Nr. 15] Magistratuum necessitas/[Praeses:] Schrader, Andreas Dietrich, [Respondent:] Klimpher, Johann Heinrich[4499] [Soest, Archigymn., Diss. phil.-iur., 26. März 1694], Soest: Utz 1694 (HT003716506). Exemplar: Soest StA/StB.

1695 [Nr. 16] Ius magistratus civilis circa religionem et sacra diss[ertatione] politica assertum/[Praeses:] Schrader, Andreas Dietrich, [Respondent:] Duncker, Johann Thomas[4500] [Soest, Archigymn., Diss. phil.-iur., 18. März 1695], Soest: Utz 1695 (HT003716492). Exemplar: Soest StA/StB.

1696 [Nr. 17] M[agister] Andreas Dietericus Schrader gymnasii, quod Lemgoviae Guestphalorum floret. vocatus rector inclytae patriae suae patribus, ecclesiarum et gymnasii antistitibus, et d[omi]n[is] collegis et quibuscunque fautoribus suis, officiosam salutem dicit [...] [Soest, Archigymn., Abschiedsvorlesung, 8. November 1696], Soest: Utz [1696] (VD17 7:705266Q).

1697 [Nr. 18] Rector gymnasii Lemgoviani M[agister] Andr[eas] Dieter[icus] Schrader [...] d[omi]n[os] Comites Lippiacos. etc [...] ad actum declamatorium in Gymnasii Lemgov[iani] auditorio maiori die veneris D.D. qui erit XIX. Martii, horis ante-meridianis benevole audiendum [...] invitat [...] [Lemgo, Gymn., Einladung zu einer Redeübung, 19. März 1697], Lemgo: Meyer 1697 (HT007256458). Exemplar: Senden-Bösensell BN.

[Nr. 19] Aeternum cultus et luctus monumentum aeternitati, memoriae et beatissimis manibus illustrissimi [...] Simonis Henrici dum viveret regentis comitis [...] de Lippia [...] vivis exempti [...] die III. Julii M DC XCVII [...] esse voluit sa-

---

4496 Bernhard Dietrich Hempel (ca. 1667–1731) stammte aus Fröndenberg. Er hatte die Schule in Soest besucht: 7. Mai 1685 in IV.; 20. Oktober 1685 nach III. versetzt; 18. Oktober 1687 nach II. versetzt. Kuhlmann, Schülerverzeichnis (wie Anm. 109), S. 278. Seit 1707 war er Vikar in Mark. Bauks, Pfarrer (wie Anm. 14), S. 197 (Nr. 2505).

4497 „Strebt aber nach den größeren Gaben! Und ich will euch einen noch besseren Weg zeigen" (1. Kor 12, 31).

4498 Kaspar Georg Maes († 1724?) stammte aus Lüdenscheid. Er hatte die Schule in Soest besucht: 25. Mai 1688 nach III. aufgenommen; 6. Mai 1689 nach II. versetzt. Kuhlmann, Schülerverzeichnis (wie Anm. 109), S. 283. Seit 1700 war er Zweiter Vikar und Rektor in Lüdenscheid. Bauks, Pfarrer (wie Anm. 14), S. 312 (Nr. 3927).

4499 Er stammte aus Fronhausen in Hessen (Battenberg). Er wurde am 14. Oktober 1686 nach IV. aufgenommen; am 16. Oktober 1688 nach III. versetzt; am 20. Oktober 1691 nach II. versetzt. Kuhlmann, Schülerverzeichnis (wie Anm. 109), S. 281.

4500 Zu dieser Soester Familie siehe Kleiner Michels (wie Anm. 14), S. 593–597.

Abb. 149: Kaspar Sagittarius (1643–1694). Kupferstich des Johann Gottfried Krügner des Älteren (1684–1769), tätig in Leipzig, undatiert. (Jena, Stadtmuseum, Portraitindex, Inventar-Nr. 22 959, b/U2, 91)

crum lugens & obsequentissimum gymnasiique Lemgovianum et panegyricum lugubrem [...] invitat [...] [Lemgo, Gymn., Einladung zu einer Trauerfeier, 3. Juli 1697], Lemgo: Meyer 1697 (VD17 23:319845P).

1698 [Nr. 20] Triumphum pacis in gymnasio Lemgoviano publice celebrandum indicit, et [...] sedecim supremae classis alumnos de pace, Germaniae per tractatus Riswicenses die 30. Octobris anni M DC XCVII reddita[4501] [...] rogitat [...] [Lemgo, Gymn., Einladung zu diversen Redeübungen, Anfang 1698], Lemgo: Meyer 1698 (HT007256423). Exemplar: Senden-Bösensell BN.

1700 [Nr. 21] Stipendiarias lacrumas super festinatio [...] Joannae Elisabethae [...] Friderici Adolphi, regentis Comitis [...] in Lippia [...] conjugis [...] Amaliae, [...] Simonis Henrici, regentis Comitis [...] in Lippia, relictae viduae [...] ac [...]

4501 Gemeint ist der Frieden von Rijswijk, ein umfängliches Vertragswerk aus dem Jahre 1697, durch das der Pfälzische Erbfolgekrieg beendet wurde. Duchhardt, Heinz (Hg.): Der Friede von Rijswijk 1697 (VIEG Beiheft 47), Mainz 1998.

Casimiri Comitis [...] in Lippia obitu in Gymnasii Lemgoviensis [...] ad [...] XXXI. martii M DCC [...] lugentes fundent, ad quas invitantur [...] [Lemgo, Gymn., Einladung zu einer Trauerfeier, 31. März 1700], Lemgo: Meyer 1700 (VD17 1:033730N). Exemplar: Detmold LLB.

Dedikationen/Widmungen/Nachrufe

1687 [Nr. 1] Philosophiae doctoralem [...] domino Andr[eae] Dieterico Schradero Susato-Guestphalo s[ancti]s[simae] theolog[iae] cultori pietate in Deum [...] cum in illustri academia Ienensi d[ie] XXII. Septembr[is] A.O.R. M.DC.LXXXVII. Doctor sive Magister philosophiae solenni ritu renunciaretur [...] [Jena, Univ., Einladung zu einer Promotionsfeier, 22. September 1687], Jena: Nisius 1687 (VD17 32:686609Y).[4502]

1709 [Nr. 2] [Widmungsempfänger in:] Libri Symbolici ecclesiae Lutheranae: Augustana Confessio, Apologia Augustanae Confessionis, Articuli Smalcaldici, Catechismus uterque Lutheri, et Formula Concordiae, ad usum eorum, qui theologiae adeunt studia, tamquam in tabula et in compendio exhibiti/ab Hermanno Gerardo Weland[4503] [...], Hamburg: Heil und Liebezeit 1709 (VD18 13012789).[4504]

1722 [Nr. 3] Ad exsequias funebres viro praecellentissimo atque doctissimo m[agistro] Andreae Dieterico Schradero Gymnasii Lemgoviensis per XIII annos et amplius rectori longe meritissimo a nobilissima ac moestissima eius vidua Anna Elisabetha Iselhorstia hodie parandas omnes omnius ordinum litteratos ac cives ea qua par est observantia et humanitate invitat Georgius Christophorus Meyerus,[4505] Gymnasii Lemgoviensis h[oc] t[empore] rector [...] [Lemgo, Gymn., Einladung zu einer Trauerfeier, 1722], Lemgo: Meyer 1722 (VD18 90447123).

1726 (auf die Witwe) [Nr. 4] Thränen-Opfer Welches Bey der Beerdigung Der Hoch-Edlen/Groß Ehr und Tugendreichen Frauen/Frauen Annae Elisabethae Schraderinn gebohrnen Iselhorstinn, Des Weyl[and] Hoch-Edlen und Hochge-

---

4502 Mit einem Beitrag von Kaspar Sagittarius (1643–1694; Abb. 149), seit 1674 Professor der Geschichte in Jena. Menk, Gerhard: Artikel „Sagittarius, Caspar", in: NDB 22 (2005), S. 351 f.

4503 Hermann Gerhard Weland (Wirkungsdaten: 1697–1718) war Schüler in Gotha gewesen und begegnet 1705 als Kandidat des Geistlichen Ministeriums in Hamburg. Im Jahr 1717 war er Pfarrer an Lemgo-St. Marien und ein glühender Verehrer von Philipp Jakob Speners Schwiegersohn Adam Rechenberg (1642–1721). Vgl. Ders.: Adami Rechenbergii Summarium Historiae Ecclesiasticae/in tabula repraesentatum [...], Leipzig: Klose 1709 (VD18 10433260).

4504 Als weiterer Widmungsempfänger erscheint Zacharias Goeze (1662–1729). Wie Anm. 960.

4505 Der Pädagoge (Georg) Christoph Meier (1672–1749) war von 1709 bis 1749 Rektor des Gymnasiums in Lemgo. DNB zu Meier: https://d-nb.info/gnd/1011979535 [23.08.2023].

lahrten Herrn M[agistri] Andreae Dieterici Schraderi, Im Leben hertzlich lieb und wehrt gewesenen Ehe-Frauen/Zeit her aber nachgebliebenen Wittwen/Da dieselbe Am Sonn-Abend vor Miser[icordias] Domini [4. Mai] die letzte Schuld der Natur bezahlende der Seelen nach in das Unverwäßliche versetzet/Und heute Domin[ica] Iubilate [12. Mai] bey einer Ansehnlichen Trauer-Folge dem Leibe nach in ihre Ruhe-Kammer eingesencket wurde,/[...; erbringen wollten] Der seeligsten Hinterbliebene und nunmehro höchstbetrübte sämmtliche Kinder und Schwieger-Kinder [...], Lemgo: Meyer 1726 (VD18 90436393).

[Nr. 5] Traur- und Trost-Gespräch Uber Den Frühzeitigen/und doch nach Pauli Sinn/Phil. 3. zeitigen Zeit-Wechsel[4506] Der Hoch-Edlen/Tugend-begabten Frauen/Frauen Anna Elisabeth Schradern gebohrne Iselhorstinn Weyland Herrn M[agistri] Andreae Diet[erici] Schradern Hinterlassenen Wittwen [...] Mit wehmühtiger Feder aufgesetzt Von J. H. K. D. [...], Lemgo: Meyer 1726 (VD18 90436385).

[Nr. 6] Die wunderbahren Weege Gottes Wolte Bey dem unverhofften doch seligen Abschiede aus der Zeit in die Ewigkeit Der Hoch-Edlen Groß Ehr und Tugend belobten Frauen/Frauen Anna Elisabeth Iselhorstinn vermählten Schraderinn [...] mit flüchtiger und betrübter Fehder entwerffen/Joann Anton Haccius,[4507] Fac[ultatis] Philos[ophiae] Magist[er] Königl[ich] Preussischer Regiments-Prediger bey dem Hochlöbl[ichen] des Prince George von Hessen Hoch-Fürstl[ich] Durchl[auchtigstem] Regiment Infanterie [...], Lemgo: Meyer 1726 (VD18 90436377).

3.24 Johann Solms (1673–vor August 1739)[4508]

1682 (neunjährig, als Schüler der V.!) [Nr. 1] Gratulor hunc primum [...]. [Gratulationsschrift in:] [Positionum logicarum] disquisitio secunda de terminis eorumque divisione priori/[...], Soest: Utz 1682 (HT006349304).[4509] Exemplar: Soest StA/StB.

4506 Vgl. Phil 3, 20f.: „Wir aber sind Bürger im Himmel; woher wir auch erwarten den Heiland, den Herrn Jesus Christus, der unsern geringen Leib verwandeln wird, dass er gleich werde seinem verherrlichten Leibe nach der Kraft, mit der er sich alle Dinge untertan machen kann."

4507 Johann Anton Haccius (1695–1745) studierte in Jena, Halle (Magister der Theologie 1717) und Helmstedt und war danach zunächst Feldprediger in Bielefeld (ab 1720). 1726 ging er als Pfarrer an die Nikolaikirche in Lemgo. Bauks, Pfarrer (wie Anm. 14), S. 174 (Nr. 2207).

4508 Wie Anm. 138. 1683 in VI.; 7. Mai 1685 in V.; 4. Mai 1686 nach IV. versetzt; 16. Oktober 1688 nach III. versetzt; 4. November 1690 nach II. versetzt; Magister, 15. September 1698 zum Lehrer der III. Klasse und Subkonrektor ernannt. Kuhlmann, Schülerverzeichnis (wie Anm. 109), S. 294.

4509 3.5 Johann Wilhelm Harhoff Nr. 11 (1682).

1683 (zehnjährig!) [Nr. 2] Praeceptor quoque de […]. [Gratulationsschrift in:] De imagine Dei disputatio [prima]/[…], Soest: Utz 1683 (HT003322887).[4510] Exemplar: Soest StA/StB.

1692 [Nr. 3] Noctes atque dies […]. [Gratulationsschrift in:] Disputatio theologica de praedestinatione Dei aeterna/[…], Soest: Utz 1692 (HT006348989).[4511] Exemplar: Soest StA/StB.

1696 [Nr. 4] Dissertationum academicarum de moralitate votorum prior/[Praeses:] Solms, Johann (Susato-Westphalus), [Respondent:] Forstmann, Thomas (Susato Westphalus)[4512] [Jena, Univ., Diss. theol., 8. Oktober 1696], Jena: Müller 1696 (OCoLC 633489260). Exemplare: München BSB und Regensburg SB.

1697 [Nr. 5] Duae decades positionum ex logica et metaphysica selectiorum/[Praeses:] Solms, Johann, [Respondent:] Solms, Johann Christoph[4513] [Jena, Univ., Diss. phil., (ohne Datum) 1697), Jena: Müller 1697 (OCoLC 312139215). Exemplare: Coburg LB und Stuttgart WLB.

1698 [Nr. 6] Fasciculus thesium philosophicarum/[Praeses:] Solms, Johann, [Respondent:] Kindervater, Johann Heinrich[4514] [Jena, Univ., Diss. phil., (ohne Datum) 1698], Jena: Gollner 1698 (OCoLC 312139276). Exemplare: Coburg LB und Stuttgart WLB.

1701 [Nr. 7] Examen primum de prolegomenis […]/[Praeses:] Solms, Johann, [Respondent:] Plette, Johann Heinrich[4515] [Soest, Archigymn., Diss. phil., 11. März 1701], Soest: Utz 1701 (HT003777918). Exemplar: Soest StA/StB (drei Exemplare).

1708 [Nr. 8] Praeludium ethicum […]/[Praeses:] Solms, Jean, [Respondent:] Rodtberg, Johann Gottfried (Fridberga Wetteravus)[4516] [Gießen, Univ., Diss. iur.,

---

4510 3.19 Johann Christoph Nungesser Nr. 9 (1683).

4511 3.5 Johann Wilhelm Harhoff Nr. 20 (1692).

4512 Thomas Forstmann (1674–1727). Wie Anm. 334.

4513 Johann Christoph Solms (*1671), sein zwei Jahre älterer leiblicher Bruder. Kleiner Michels (wie Anm. 14), S. 566.

4514 Der Pfarrer und Historiker Johann Heinrich Kindervater (1675–1726) stammte aus Kelbra am Kyffhäuser. Er wurde 1703 Diakon an Erfurt-St. Andreas und noch im gleichen Jahr zum Pfarrer an der dortigen Reglerkirche gewählt, ging stattdessen aber als Oberpfarrer nach Nordhausen-St. Blasii, wo er bis zu seinem Tode blieb. DNB zu Kindervater: https://d-nb.info/gnd/124598714 [23.08.2023].

4515 Als Verfasser von Gratulationsschriften begegnet Plette auch noch in zwei weiteren Soester Drucken des Jahres 1701: De cura sacrorum etiam magistratibus civitatum aliorum superioritati subiectarum suo modo competente (HT006347260) – 3.5 Johann Wilhelm Harhof Nr. 27 (1701) („Mi Schelckman grator […]") und Disputatio secunda de affectibus (HT004347765) – 3.15 Johann Gottfried Marci Nr. 8 (1701) („Herr Hecker gedencket […]").

4516 Johann Gottfried Rodtberg wurde später (genau wie Solms auch) Lizentiat der Rechte und begegnet 1722 als Rat des Deutschen Ordens und Vogt in der Kommandantur Marburg. DNB zu Rodtberg: https://d-nb.info/gnd/1025882385 [23.08.2023].

(ohne Datum) 1708], Gießen: Müller 1708 (OCoLC 1156985541). Exemplar: Darmstadt ULB.

1709 [Nr. 9] Methodicum perspicuum et accuratum iuris civilis breviarium ex regulis diversi iuris antiqui erutum […] pro licentia […] exponet […]/[Gießen, Univ., Diss. iur., (ohne Tag) Juli 1709], Gießen: Vulpius 1709 (VD18 15155676).

1711 [Nr. 10] Programma quo nobilissimis iurium cultoribus […], philosophiam cum iurisprudentia iugendam suadet, iuxtimque ad audiendas lectiones in iure privatas […] invitat […] [Soest, Archigymn., Programm, (ohne Datum) 1711], Soest: Hermanni 1711 (HT003787866). Exemplar: Bonn ULB.

3.25 Johann Peter Stute (1688–1734)[4517]

1712 [Nr. 1] Vitam et gesta Patrocli martyris Susatensium patroni observationibus illustratam/[Praeses:] Mentz, Johann Friedrich,[4518] [Respondent:] Stute, Johann Peter (Susatensis) [Leipzig, Univ., Diss. phil., 9. Februar 1712], Leipzig: Fleischer [1712] (VD18 15025721). Exemplare: Düsseldorf ULB, Köln UStB und Soest StA/StB.

1713 [Nr. 2] Susatum purpuratum vita Johannis Gropperi Cardinalis/[Leipzig, Univ., Diss. phil., (ohne Datum) 1713], Leipzig: Brandenburger (Witwe) 1713 (VD18 11618396). Exemplare: Düsseldorf ULB, Köln DomB und Soest StA/StB.

1715 [Nr. 3] Gregorius Magnus Papa Lutheranus sive Der Lutherische Pabst contra Papistas imprimis monachos Parisienses ordinis S[ancti] Benedicti, S[anctae] Marth[a]e, Bellarminum,[4519] Baronium[4520] Schelstratium[4521] aliosque/ex S[ancti] Gregorii Libris et Epistolis vindicatus […], Leipzig: Stock 1725 (VD18 14551314). Exemplar: Soest StA/StB.

1720 [Nr. 4] Die Herzlichkeit eines Evangelischen Haußhalters Nach Anleitung der Worte Pauli I. Thessal. IV. v. 17.[4522] […] Als Der Hoch. Ehrwürdiger […] H[er]r Bernhard Ludolph Hausemann,[4523] Treu-fleissiger Pastor der Evangelisch-Lu-

---

4517 Wie Anm. 423.
4518 Johann Friedrich Mentz (1673–1749). Wie Anm. 360.
4519 Robert Bellarmini (1542–1621), bedeutender jesuitischer Lehrer und Kirchenpolitiker. Smolinsky, Heribert: Artikel „Bellarmini, Robert", in: RGG⁴ 1 (1998), Sp. 1285 f. (Literatur)
4520 Caesar (Cesare) Baronius (1538–1607), Kardinal und Kirchenhistoriker. Smolinsky, Heribert: Artikel „Baronius, Caesar", in: RGG⁴ 1 (1998), Sp. 1135 (Literatur)
4521 Emmanuel Schelstrate (1649–1692), belgischer Kanoniker, Kirchenhistoriker und Bibliothekar des Vatikan. DNB zu Schelstrate: https://d-nb.info/gnd/124627005 [23.08.2023].
4522 „Danach werden wir, die wir leben und übrig bleiben, zugleich mit ihnen entrückt werden auf den Wolken, dem Herrn entgegen in die Luft. Und so werden wir beim Herrn sein allezeit" (1. Thess 4, 17).
4523 Bernhard Ludolf Hausemann (1661–1720). Wie Anm. 196.

therischen Gemeine zu Bochum [...] Den 30. Maji 1720 [...] im 59.ten Jahre seines Alters [...] selig entschlaffen, Und [...] Den 2.ten Juni [...] der Erden anvertrauet worden, Bey ansehnlicher Leich-Begängnüß [...] vorgestellet, und [...] dem Druck übergeben, Dortmund: Rühl 1720 (CT005024091; HT003871026). Exemplare: Münster ULB und Soest StA/StB.

1730 [Nr. 5] Klage, Ach und Wehe zu christschuldigem Andenken des Herrn Justi Wesseli Rumpaei, des Soestischen Archigymnasii Rectoris [Leichenpredigt auf Justus Wesselus Rumpaeus, †28. Juli 1730], Soest: Hermanni 1730 (HT003871106).[4524] Exemplar: Soest StA/StB.

3.26   Georg Andreas Sybel (1676–1750)[4525]

1696 [Nr. 1] Quaestionum philosophicarum triga/[Praeses:] Harhoff, Johann Wilhelm,[4526] [Respondent:] Sybel, Georg Andreas [Soest, Archigymn., Diss. phil., 27. Juni 1696], Soest: Utz 1696 (HT006349626).[4527] Exemplar: Soest StA/StB.

1700 [Nr. 2] Ypostaseōgraphian philo-theo-sophicam [...] facultatis philosophicae indultu/[Praeses:] Sybel, Georg Andreas, [Respondent:] Bonner, Jakob (Saxomonte Waldeccus)[4528] [Wittenberg, Univ., Diss. phil., 26. Juni 1700], Wittenberg: Schrödter 1700 (VD17 1:056498R).[4529]

[Nr. 3] [Weitere Ausgabe zu Nr. 2] Ypostaseōgraphian philo-theo-sophicam [...] facultatis philosophicae indultu/[...], Wittenberg: Schrödter 1700 (VD17 3:697261N).

[Nr. 4] Linguarum Chaldaicae, Syriacaeque notitiam, e multis ecclesiae viris exulantem, disputatione publica commonstrabunt/[Praeses:] Sybel, Georg Andreas, [Respondent:] Gudenog, Johann Anthon[4530] [Wittenberg, Univ., Diss. phil.,

---

4524   3.21 Jost Wessel Rumpäus Dedikationen/Widmungen/Nachrufe Nr. 7 (1730).
4525   Wie Anm. 349. 7. Mai 1685 in VI.; 4. Mai 1686 nach V. versetzt; 8. Mai 1688 nach IV. versetzt; 5. Mai 1691 nach III. versetzt; 17. Oktober 1693 nach II. versetzt; Magister; 15. Oktober 1703 zum Lektor der III. Klasse ernannt. Kuhlmann, Schülerverzeichnis (wie Anm. 109), S. 293.
4526   Johann Wilhelm Harhoff (1643–1708). Wie Anm. 97.
4527   3.5 Johann Wilhelm Harhoff Nr. 24 (1696).
4528   Vgl. zu ihm auch 3.26 Georg Andreas Sybel Nr. 5 (1700).
4529   Mit Widmungen an Johannes Georg Heinrich Meier (1662–1701; wie Anm. 270), Johann Georg Sybel (1647–1713; wie Anm. 15) und Johann Heinrich Sybel (1651–1711; wie Anm. 23).
4530   Der Respondent stammte aus Soest und hatte das Archigymnasium besucht: 7. Mai 1685 in VIII.; 12. Mai 1685 nach VII. versetzt; 19. Oktober 1686 nach VI. versetzt; 30. April 1689 nach V. versetzt; 26. April 1692 nach IV. versetzt; 1. Mai 1694 nach III. versetzt, 20. Oktober 1696 nach II. versetzt. Kuhlmann, Schülerverzeichnis (wie Anm. 109), S. 276. – Zur Familie siehe Kleiner Michels (wie Anm. 14), S. 443, 463 und 612.

(ohne Tag) August 1700), Wittenberg: Schrödter 1700 (VD17 12:149140T).[4531] Exemplare: Münster ULB und Soest StA/StB.

[Nr. 5] Positiones historico-philologicae/[Praeses:] Sybel, Georg Andreas, [Respondent:] Bonner, Jakob (Saxomonte Waldeccus)[4532] [Wittenberg, Univ., Diss. phil., (ohne Datum) 1700], Wittenberg: Schrödter 1700 (OCoLC 551733096). Exemplar: Wittenberg RefFB.

1730 [Nr. 6] Jubilaeum, quo Augustanae Confessionis a[nno] D[omini] 1530 in comitiis Augustanis imperatori gloriosissimo Carolo V. exhibitae, acceptatae publiceque praelectae memoriam secularem, habitis orationibus declamatoriis, archi-gymnasium Susatense solenniter celebraturum est,[4533] indicit […] [Soest, Archigymn., Einladung zum 200. Jubiläum der CA und Vorstellung als neuer Konrektor,[4534] 23. Juni 1730], Soest: Hermanni 1730 (HT003861534). Exemplar: Soest StA/StB.

[Nr. 7] De chirographo deleto, et cruci affixo, ex. Col. II, comm. 14,[4535] cuius sectionem priorem exegeticam/[Praeses:] Sybel, Georg Andreas, [Respondent:] Schumann, Johann Daniel[4536] [Soest, Archigymn., Diss. phil.-theol., 15. September 1730], Soest. Hermanni 1730 (HT003861265). Exemplar: Soest StA/StB.

[Nr. 8] Dialogus censoris et epistolographi, quo sententia: quod titulum nomenque theologi stylo apud eruditos hodie recepto, non mereatur, qui linguarum orientalium, Hebraeae imprimis, Chaldicae atque Syriacae exactissima notitia non pollet, ab autore epistolae apologeticae hactenus propugnata examinatur ac solide refutatur […], [ohne Ort, ohne Drucker] 1730 (HT003861491). Exemplar: Bielefeld BLKA.

1732 [Nr. 9] Thesium miscellanearum decas disputationi ansam datura/[Praeses:] Sybel, Georg Andreas, [Respondent:] Schuch, Johann Henrich[4537] [Soest, Archigymn., Diss. phil., 15. September 1732], Soest: Hermanni 1732 (HT003861324). Exemplar: Soest StA/StB.

4531 Mit Widmungen an Johannes Georg Heinrich Meier (1662–1701; wie Anm. 270), Johann Georg Sybel (1647–1713; wie Anm. 15) und Johann Heinrich Sybel (1651–1711; wie Anm. 23).
4532 Wie Anm. 4528.
4533 Zu den am 26. Juni 1730 gehaltenen Festvorträgen vgl. oben Anm. 421.
4534 Vogeler, Archigymnasim IV (wie Anm. 9), S. 10f.
4535 „Er hat den Schuldbrief getilgt, der mit seinen Forderungen gegen uns war, und hat ihn aufgehoben und an das Kreuz geheftet" (Kol 2, 14).
4536 Johann Daniel Schumann (1714–1787) stammte aus Münden und studierte in Göttingen. Er war seit 1744 Rektor in Frankenhausen (Schwarzburg-Rudolstadt) und ab 1748 Direktor des Pädagogiums in Clausthal. Von hier wechselte er 1774 als Direktor an das Gymnasium in der Altstadt von Hannover und wurde 1781 Superintendent in Münden (Fürstentum Lüneburg). DNB zu Schumann: https://d-nb.info/gnd/129264032 [23.08.2023].
4537 Vgl. zu ihm auch 3.18 Georg Friedrich Movius Nr. 4 (1733).

1733 [Nr. 10] De termino hominis vitali, non fatali/[Praeses:] Sybel, Georg Andreas, [Respondent:] Schuch, Johann Heinrich [Soest, Archigymn., Diss. theol., 17. März 1733], Soest: Hermanni 1733 (HT003861862). Exemplar: Soest StA/StB.

1734 [Nr. 11] De novitate essendi ad creaturam requisita, seu, quod idem est, de mundi aeternitate impossibili/[Praeses:] Sybel, Georg Andreas, [Respondent:] Weid(e)mann, Johann Ludwig [Soest, Archigymn., Diss. phil., 11. August 1734], Soest: Hermanni 1734 (HT003861678). Exemplar: Soest StA/StB.

1737 [Nr. 12] Philosophiae ancillantis positiones XIII disputatione publica/[Praeses:] Sybel, Georg Andreas, [Respondent:] Niederstadt, Friedrich Ludwig Peter[4538] [Soest, Archigymn., Diss. phil., 9. Dezember 1737], Soest: Hermanni 1737. Exemplar: Soest StA/StB.

3.27 Johannes Sybel (1605/06–1658)[4539]

1627 [Nr. 1] De statuum carnis Christi diversitate, eiusdemque officio/[Praeses:] Gerling, Johannes,[4540] [Respondent:] Sybel, Johannes [Soest, Archigymn., Diss. theol., 20. Juli 1627], Soest: Hesse 1627 (OCoLC 248200401). Exemplar: Soest StA/StB.

1630 [Nr. 2] De auro/[Praeses:] Michaelis, Johann,[4541] [Respondent:] Sybel, Johannes [Leipzig, Univ., Diss. phil., 11. Juni 1630], Leipzig: Ritzsch 1630 (VD17 39:159365H).

4538 Friedrich Ludwig Peter Niederstadt (1719–1769) stammte aus Hemer und studierte seit 1738 in Halle. Danach ging er als Missionar nach Ostindien, blieb ledig und wirkte dann ab 1748 als Erster Pfarrer in Unna. Bauks, Pfarrer (wie Anm. 14), S. 358 (Nr. 4476).

4539 Wie Anm. 16.

4540 Johannes Gerling (1596–1657) stammte aus Soest. Er studierte in Gießen, wirkte danach am Soester Gymnasium (1622 Lehrer, 1623 Subkonrektor, 1626 Prorektor) und wurde 1635 Pfarrer an Soest-St. Pauli. Seine Witwe heiratete später den Vater von Johann Gottfried Kopstadt (Kaufstatt; 1650–1717; wie Anm. 169). Bauks, Pfarrer (wie Anm. 14), S. 150 (Nr. 1922).

4541 Der Arzt und Chemiker Johann Michaelis (1606–1667) stammte aus Soest und studierte in Rostock und Leiden. Ab 1630 widmete er sich dann in Wittenberg medizinischen Studien. Er wechselte nach Leipzig, wo er rasch Karriere machte (1630 Magister, 1631 Doctor med., 1633 ordentlicher Professor der Medizin). In der Folge war er mehrfach Dekan seiner Fakultät und Rektor der Universität. Michaelis verankerte die Chemie fest im Lehrplan und entwickelte völlig neue Medikamente. Außerdem wirkte er als Leibarzt mehrerer sächsischer Fürsten (1642 Herzog Friedrich Wilhelm II. von Sachsen-Altenburg; 1662 Kurfürst Johann Georg II. von Sachsen u. a.). Zedler, Johann Heinrich: Artikel „Michaelis, Johann, ein Medicus", in: Ders.: Grosses vollständiges Universal-Lexicon Aller Wissenschafften und Künste 21 (1739), Sp. 46. – DNB zu Michaelis: https://d-nb.info/gnd/124534740 [23.08.2023].

1631 [Nr. 3] [Beiträger in:] Lorberdanck uff Des Hochgelahrten Herrn Johann Michels [Michaelis] Doctorat: Dienstfreundlichen uberreichet Von Desselben guten Freunden in Leipzig […], Leipzig: Ritzsch 1631 (VD17 125:005401H).

[Nr. 4] [Beiträger in:] De anima sentiente in acroaterio philosophorum maiori/[Praeses:] Heinrich, Christian (Lips[ius] philosophiae Baccalaureus), [Respondent:] Möller, Zacharias (Susantensis)[4542] [Leipzig, Univ., Diss. phil., 13. März 1631], Leipzig: Lanckisch (Erben) 1631 (VD17 547:650270T).

1632 [Nr. 5] Panegyricus Westphaliae conscriptus et senatus philosophici indultu exercitii loco publice recitatus Lipsiae […], Leipzig: Lamberg (Erben) 1632 (VD17 14:080776N).

1633 [Nr. 6] De lege divina morali/[Praeses] Sybel, Johannes, [Respondent:] Haverland, Johann[4543] [Soest, Archigymn., Diss. theol., 9. September 1633], Dortmund: Wechter 1633 (HT003862978). Exemplar: Soest StA/StB.

[Nr. 7] [Duce] ordinis [Deo] delineatio politicae methodica/[Praeses:] Sybel, Johannes, [Respondent:] Sybel, Hermann[4544] [Soest, Archigymn., Diss. theol., 8. November 1633], Dortmund: Wechter 1633 (HT003862365). Exemplar: Soest StA/StB.

1634 [Nr. 8] De cruce et precibus/[Praeses:] Sybel, Johannes, [Respondent:] Hillebrand, Johann [Soest, Archigymn., Diss. theol., 4. August 1643], Dortmund: Wechter 1643 (HT003862088). Exemplar: Soest StA/StB.

[Nr. 9] De ecclesia Christi/[Praeses:] Sybel, Johannes, [Respondent:] Draud, Johann Conrad[4545] [Soest, Archigymn., Diss. theol., 29. August 1634], Dortmund: Wechter 1634 (HT003862550). Exemplar: Soest StA/StB.

1637 [Nr. 10] [Beiträger in:] Zapf, Nikolaus:[4546] Opusculum theologicum: Concernens tractatum de muliere, amicta sole. Enodationem prophetiae Balaam […]

4542 Zacharias Möller (Mollerus; 1605–1663) war – obwohl 1633 in Rostock für einen Pfarrdienst in Lüdenscheid ordiniert – ab 1634 Pfarrer in Welver. Von hier wechselte er 1640 an Soest-St. Thomae. Bauks, Pfarrer (wie Anm. 14), S. 334 (Nr. 4206). – Schwartz, Denkmäler 2 (wie Anm. 11), S. 179 (Nr. 17) (Grabplatte in St. Thomae; nicht mehr vorhanden).

4543 Johann Haverland (Haberland; ca. 1602–1683) war seit 1635 Pfarrer in Meiningsen. Bauks, Pfarrer (wie Anm. 14), S. 188 (Nr. 2392).

4544 Ein jüngerer, aber wohl früh verstorbener Bruder Johannes Sybels. Kleiner Michels (wie Anm. 14), S. 454 („ward 1633 auf secunda classe").

4545 Johann Conrad Draud (Draudius; †1660) stammte aus Ortenberg (Hessen). Er war ab 1642 Adjunkt in Sassendorf und zugleich seit 1643 Pfarrer in Lohne. Bauks, Pfarrer (wie Anm. 14), S. 102 (Nr. 1316).

4546 Nikolaus Zapf (1600–1672) stammte aus Milbitz bei Rottenbach. Er hatte in Jena und Wittenberg studiert und war seit 1633 Professor der Theologie in Erfurt (1634 Dr. theol.; seit 1637 zugleich Professor für hebräische Sprache). 1638 übernahm er das Rektorat der Universität und war ab 1643 Hofprediger und Generalsuperintendent in Weimar. Tschackert, Paul: Artikel „Zapf, Nicolaus", in: ADB 44 (1898), S. 694f. – DNB zu Zapf: https://d-nb.info/gnd/116965746 [23.08.2023].

[Erfurt, Univ., Sammlung von Dissertationen, (ohne Tag) Mai 1647], Nürnberg: Endter 1647 (VD17 15:747889E).

[Nr. 11] [Weitere Ausgabe zu Nr. 10] [Beiträger in:] Zapf, Nikolaus: Opusculum theologicum/ […], Nürnberg: Endter; Schleusingen: Schmidt 1647 (VD17 14:686426C).

1639 [Nr. 12] De iustificatione peccatoris coram Deo/[Praeses:] Sybel, Johannes, [Respondent:] Stynebretius, Franciscus [Soest, Archigymn., Diss. theol., 13. Dezember 1639], Dortmund: Wechter 1639 (HT003862945). Exemplar: Soest StA/StB.

1642 [Nr. 13] De coena dominica/[Praeses:] Sybel, Johann, [Respondent:] Niggen, Goswin[4547] [Soest, Archigymn., Diss. theol., 2. Dezember 1642], Dortmund: Wechter 1642 (HT003861976). Exemplar: Soest StA/StB.

1644 [Nr. 14] De magistratu politico/[Praeses:] Sybel, Johannes, [Respondent:] Krusemann, Georg [Soest, Archigymn., Diss. phil., (ohne Tag) Februar 1644], Dortmund: Wechter 1644 (HT003862991). Exemplar: Soest StA/StB.

[Nr. 15] De coniugio/[Praeses:] Sybel, Johannes, [Respondent:] Michaelis, Johann Joachim[4548] [Soest, Archigymn., Diss. theol., (ohne Tag) September 1644], Dortmund: Wechter 1644 (HT003862002). Exemplar: Soest StA/StB.

1645 [Nr. 16] Papalis syllogismi refutatio, quo errore de invocatione sanctorum purgatorio, et c[um] S[ancti]s[sima] Scriptura deiecti, ex s[ancti]s[simorum] patrum scriptis sarcire conantur/[Praeses:] Sybel, Johannes, [Respondent:] Riese, Heinrich[4549] [Soest, Archigymn., Diss. theol., 28. Februar 1645], Dortmund: Wechter 1645 (HT003863230). Exemplar: Soest StA/StB.

1646 [Nr. 17] Logicae peripateticae summa delineatio/[Praeses:] Sybel, Johannes, [Respondent:] Weinhage, Johann Adolph (Unnensis)[4550] [Soest, Archigymn., Diss. phil., 3. September 1646], Dortmund: Wechter 1646 (VD17 56:738811Z). Exemplare: Braunschweig StB und Soest StA/StB.

1647 [Nr. 18] Delineatio ethicae methodica/[Praeses:] Sybel, Johannes, [Respondent:] Eichelberg, Johannes[4551] [Soest, Archigymn., Diss. phil., (ohne Tag) August 1647], Dortmund: Rühl 1647 (HT003862148). Exemplar: Soest StA/StB.

4547 Goswin Niggenius (Neggenius; †1677) stammte aus Soest und wurde 1644 Pfarrer in Berge. Bauks, Pfarrer (wie Anm. 14), S. 363 (Nr. 4517).

4548 Johann Joachim von Michels (1623–1669). Kleiner Michels (wie Anm. 14), S. 54.

4549 Heinrich Riese (†1701) war der Sohn des Pfarrers von Gevelsberg Kaspar Riese. Er studierte in Rostock und war ab 1649 Pfarrer in Barop. Bauks, Pfarrer (wie Anm. 14), S. 408 (Nr. 5066).

4550 Der Unnaer Kaufmannssohn Johann Adolph Weinhage (†1680) wurde später Ziesemeister in Soest. Kleiner Michels (wie Anm. 14), S. 461. Vgl. zu ihm auch: Disputatio iuridica inauguralis de principalioribus interdicti retinendae possessionis speciebus, utrubi & uti possidetis/[Praeses:] Pestel, David, [Respondent:] Weinhage, Johann Adolph [Rinteln, Univ., Diss. iur., (ohne Tag) März 1654], Rinteln: Lucius 1654 (VD17 23:622680V).

4551 Johannes Eichelberg (1627–1680) stammte aus Oestrich. Er studierte ab 1649 in Herborn (!) und war ab 1652 Vikar in Hennen. Bauks, Pfarrer (wie Anm. 14), S. 114 (Nr. 1452).

1648 [Nr. 19] Delineatio physicae methotica [!]/[Praeses:] Sybel, Johannes, [Respondent:] Pistorius, Johann[4552] [Soest, Archigymn., Diss. phil., (ohne Tag) September 1648], Dortmund: Rühl 1648 (HT003862381). Exemplar: Soest StA/StB.

1650 [Nr. 20] Disputatio theologica, breviter et aphoristikōs complectens I. De fine mundi, II. De resurrectione mortuorum, III. De extremo iudicio, IV. De inferno, V. De vita aeterna/[Praeses:] Sybel, Johannes, [Respondent:] Friederici, Goswin[4553] [Soest, Archigymn., Diss. theol., 29. März 1650], Dortmund: Rühl 1650 (HT003862445). Exemplar: Soest StA/StB.

1651 [Nr. 21] De creatione quam una cum quaestione annexa et corollario/[Praeses:] Sybel, Johannes, [Respondent:] Hoffmann, Johann Henrich[4554] [Soest, Archigymn., Diss. theol., 12. Dezember 1651], Dortmund: Rühl 1651 (HT003862047). Exemplar: Soest StA/StB.

1652 [Nr. 22] De quinque habitibus intellectualibus/[Praeses:] Sybel, Johannes, [Respondent:] Crüsemann, Wilhelm[4555] [Soest, Archigymn., Diss. phil., 11. September 1652], Dortmund: Rühl 1652 (HT003862671). Exemplar: Soest StA/StB.

1653 [Nr. 23] De Scriptura Sancta, quae nutu summi scripturae s[anctae] autoris, qui Exod. 31.V. 18[4556] digito suo scribendo/[Praeses:] Sybel, Johannes, [Respondent:] Hencke, Peter[4557] [Soest, Archigymn., Diss. theol., 28. März 1653], Dortmund: Rühl 1653 (HT003863273). Exemplar: Soest StA/StB.

1654 [Nr. 24] De animae humanae immortalitate et propagatione/[Praeses:] Sybel, Johannes, [Respondent:] Martini, Johann[4558] [Soest, Archigymn., Diss. theol., 14. Juli 1654], Dortmund: Rühl 1654 (HT003862748). Exemplar: Soest StA/StB.

1655 [Nr. 25] De peccato/[Praeses:] Sybel, Johannes, [Respondent:] Andreae, Hermann[4559] [Soest, Archigymn., Diss. theol., 16. Februar 1655], Dortmund: Rühl 1655 (VD17 32:688732D). Exemplar: Soest StA/StB.

4552 Pistorius stammte aus Sachsenberg in Waldeck (1683 in II. Kuhlmann, Schülerverzeichnis [wie Anm. 109], S. 300).

4553 Goswin Friederici († 1689), der Vater Johann Goswin Friedericis (Fridericis; 1654–1727; wie Anm. 109), war Quintanorum Lector am Soester Gymnasium und heiratete 1653 eine Tochter des Pfarrers von Frömern Xerxes Diederich von Steinen (1627–1701). Kleiner Michels (wie Anm. 14), S. 467. – Götz, Friderici (wie Anm. 109), S. 39–41.

4554 Zur Familie siehe Kleiner Michels (wie Anm. 14), S. 543.

4555 Zur Familie siehe ebd., S. 556–558.

4556 „Und als der Herr mit Mose zu Ende geredet hatte auf dem Berge Sinai, gab er ihm die beiden Tafeln des Gesetzes; die waren aus Stein und beschrieben von dem Finger Gottes" (Ex 31, 18).

4557 Peter Hencke (Henke, Henkenius; 1632–1718) stammte aus Altena. Er studierte in Gießen und wurde zunächst Pfarrverweser in Elsey (1657), dann Pfarrer in Gevelsberg. Bauks, Pfarrer (wie Anm. 14), S. 197 (Nr. 2509).

4558 Johann Martini († 1673) stammte aus Lippstadt. Er studierte in Rinteln und war ab 1660 Pfarrer in Lohne. Bauks, Pfarrer (wie Anm. 14), S. 315 (Nr. 3971).

4559 Er stammte aus Soest, studierte in Jena und disputierte dort im Winter 1660 unter dem damals weithin bekannten Mediziner, Anatomen, Chemiker und Botaniker

1656 [Nr. 26] Aphorismi theologici, de Jesu Christi persona/[Praeses:] Sybel, Johannes, [Respondent:] Fuckert, Johann Christian [Soest, Archigymn., Diss. theol., 22. Februar 1656], Dortmund: Rühl 1656 (HT003863164). Exemplar: Soest StA/StB.

[Nr. 27] Quaestionum philosophicarum fasciculus primus continens quaestiones rhetoricas collectus/[Praeses:] Sybel, Johannes, [Respondent:] Quitmann (Quittmann), Bernhard[4560] [Soest, Archigymn., Diss. phil., 27. Juni 1656], Dortmund: Rühl 1656 (HT003863201). Exemplar: Soest StA/StB.

[Nr. 28] Philosophiae breviarium in usum gymnasii Susatensis […], Dortmund: Rühl 1656. Exemplar: Soest StA/StB.

1658 [Nr. 29] De fide iustificante decem aphorismis inclusa/[Praeses:] Sybel, Johannes, [Respondent:] Schwartz, Johann [Soest, Archigymn., Diss. theol., (ohne Datum) 1658], Dortmund: Rühl 1658 (HT003863201). Exemplar: Soest StA/StB.

3.28   Johann Georg Sybel (1647–1713)[4561]

1668 [Nr. 1] De angelis in genere/[Praeses:] Möller (Müller, Mollerus), Nikolaus,[4562] [Respondent:] Sybel, Johann Georg [Soest, Archigymn., Diss. theol., 9. März 1668], Dortmund: Rühl 1668 (HT004497748). Exemplar: Soest StA/StB.

1669 [Nr. 2] De potentia Dei/[Praeses:] Wolf, Franz,[4563] [Respondent:] Sybel, Johann Georg [Jena, Univ., Diss. phil., (ohne Tag) Dezember 1669], Jena: Müller 1669 (VD17 14:029324N).

1670 [Nr. 3] De contingentia sive libertate operationum, substantiarum intellectualium, creaturarum […]/ [Praeses:] Hundeshagen, Johann Christoph,[4564] [Respondent:] Sybel, Johann Georg [Jena, Univ., Diss. phil., 11. Juli 1670], Jena: Krebs 1670 (VD17 12:164256L). Exemplar: Bonn ULB.

Werner Rolfinck (1599–1673). DNB zu Rolfinck: https://d-nb.info/gnd/116600705 [23.08.2023]. Vgl. De sulphure/[Praeses:] Rolfinck, Werner, [Respondent:] Andreae, Herman (Susatensis Westphalus) [Jena, Univ. Diss. med., (ohne Datum) 1660], Jena: Krebs 1660 (VD17 39:145287L).

4560   Wohl aus Iserlohn. Vgl. Bauks, Pfarrer (wie Anm. 14), S. 395 (Nr. 4898).

4561   Wie Anm. 15.

4562   Nikolaus Möller (Müller, Mollerus; †1673) war von 1666 bis 1668 Rektor des Archigymnasiums und danach von 1668 bis 1673 Erster Pfarrer an Soest-St. Petri. Bauks, Pfarrer (wie Anm. 14), S. 334 (Nr. 4210). – Dazu: Vogeler, Archigymnasium III (wie Anm. 9), S. 8.

4563   Franz Wolf (Wolff; 1644–1710). Wie Anm. 4103.

4564   Johann Christoph Hundeshagen (1635–1681) stammte aus Mühlhausen (Thüringen). Er studierte in Helmstedt und Jena. Dort wurde er 1662 zunächst Adjunkt der Philosophischen Fakultät, dann 1668 ordentlicher Professor der Logik und der Metaphysik. Günther, Johann Jakob: Lebensskizzen der Professoren der Universität Jena seit 1558 bis 1858, Jena 1858, S. 184. – DNB zu Hundeshagen: https://d-nb.info/gnd/104317906 [23.08.2023].

1671 [Nr. 4] De concreto et abstracto/[Praeses:] Sybel, Johann Georg, [Respondent:] Schermer, Adam[4565] [Jena, Univ., Diss. phil., (ohne Tag) Dezember 1671], Jena: Werther 1671 (VD17 14:654186G).

1674 [Nr. 5] [Disputatio philosophica] Qua expenditur quaestio annon implicet dari et existere actu et extra ideam in homine tale summum bonum, quale Aristoteles in Ethicis descripsit?/[Praeses:] Sybel, Johann Georg, [Respondent] Hencke, Johann Georg[4566] [Soest, Archigymn., Diss. phil., 7. März 1674], Soest: Utz 1674 (HT003863936).[4567] Exemplar: Soest StA/StB.

1675 [Nr. 6] Programm zum [!] actum oratorium de hybernis ciconarum et hirundinum [...] [Soest, Archigymn., Einladung zu einer Redeübung zum Abschluss des Wintersemesters 1674/75, 26. März 1675], Soest: Utz 1675 (HT003863902). Exemplar: Soest StA/StB.

[Nr. 7] Viros literatos quos Susatum habet, ad exercitium oratorium reipublicae fundamentum exhibens [...] amice et decenter invitat [Soest, Archigymn., Einladung zu einer Redeübung, 26. November 1675], Soest: Utz 1675 (HT016662580). Exemplar: Bonn ULB.

1677 [Nr. 8] De conscientia, tanquam proxima actionum moralium regula prima/[Praeses:] Sybel, Johann Georg, [Respondent:] Schild, Johann Wilhelm[4568] [Soest, Archigymn., Diss. theol., (ohne Datum) 1677], Soest: Utz 1677 (HT003863616). Exemplar: Soest StA/StB.

1679 [Nr. 9] De sacrificio Christi initerabili/[Praeses:] Sybel, Johann Georg, [Respondent:] Schröder, Johann Christoph [Soest, Archigymn., Diss. theol., 3. März 1679], Soest: Utz 1679 (HT003864130). Exemplar: Soest StA/StB.

1680 [Nr. 10] De causa physica et morali, qua simul excutitur quaestio: An mors et meritum Christi sit causa physica, an v[ero causa] moralis iustificationis et salutis nostrae?/[Praeses:] Sybel, Johann Georg, [Respondent:] Marschall, Ge-

---

4565 Adam Schermer (1650–1719) aus Geversdorf bei Bremen war seit 1673 Zweiter Pfarrer an Minden-St. Marien, dann ab 1689 Erster Pfarrer in Petershagen und zugleich Superintendent und Konsistorialrat in Minden. Bauks, Pfarrer (wie Anm. 14), S. 434 (Nr. 5385).

4566 Zu dieser Familie („Henneke") siehe Kleiner Michels (wie Anm. 14), S. 456–459.

4567 Mit einer Gratulationsschrift von Johann Goswin Friederici (Friderici; 1654–1727). Wie Anm. 109.

4568 Er begegnet auch als Mitautor einer kleinen, im Jahr 1676 erschienenen Soester Hochzeitsschrift mit dem Titel: Pflichtschuldige Hochzeit-Reden/Welche Als Der WohlEdle/Veste und Hochgelahrte Herr Joh[ann] Menge/Beyder Rechten vornehmer Doctor und berühmter Practicus in Soest Mit Der [...] Jungferen Margarethen Annen/Des [...] Heinrich Stammich/Weitberühmten I[uris]C[onsul]ti, Ihro Churfürstl[ichen] Durchl[aucht] zu Brandenburg/des Fürstenthums Minden hochbestallten Regierungs- und Consistorial-Raths [...] Jungfer Tochter Seinen Hochzeitlichen Ehren-Tag den 22. Septemb. 1676. zu Minden hochfeyerlich begieng: Abstatteten und überreichten/Des zu Soest/von wolgemeldtem Herren Doctore gehaltenen Collegii Institutionum, nachgesetzte sämptliche Auditores [...], Soest: Utz 1676 (VD17 56:740714L). Exemplar: Braunschweig StB.

org Ludwig[4569] [Soest, Archigymn., Diss. theol., 3. April 1680], Soest: Utz 1680 (HT003863523). Exemplar: Soest StA/StB.

1681 [Nr. 11] De peccato in genere et peccato originali/[Praeses:] Sybel, Johann Georg, [Respondent:] Gerhardi, Kaspar Adrian[4570] [Soest, Archigymn., Diss. theol., 18. Februar 1681], Soest: Utz 1681 (HT003863872). Exemplar: Soest StA/StB.

1682 [Nr. 12] De legitima ministrorum ecclesiarum augustanae confessioni addictarum vocatione/[Praeses:] Sybel, Johann Georg, [Respondent:] Moll, Heinrich Ambrosius[4571] [Soest, Archigymn., Diss. theol., 2. Dezember 1682], Soest: Utz 1682 (CT003061866; HT003864172).[4572] Exemplare: Bonn ULB und Soest StA/StB.

3.29 Johann Ludolf Florenz Sybel (1736–1823)[4573]

1756 [Nr. 1] De VII. regulis Tychonii ad interpretandam S[cripturam] S[acram]/[Praeses:] Semler, Johann Salomo,[4574] [Respondent:] Sybel, Johann Ludolf Florenz [Halle, Univ., Diss. theol., (ohne Tag) Juli 1756], Halle: Hendel [1756] (VD18 15099113).

1792 [Nr. 2] Zu der Feier des 50jährigen Amtsjubiläi Herrn Johan Albert Henneke[4575] in Soest […], Lippstadt: Müller 1792 (HT003864585). Exemplar: StA/StB (zwei Exemplare).

[Nr. 3] An seinen Herrn Collegen Johan Albert Henneken des Evangelisch-Lutherischen Ministerii Inspector […] als Dessen funfzigjähriges Amtsjubiläum den 26sten Febr. 1792 feierlich begangen wurde [Rinteln, Univ.], Rinteln: Boesendahl 1792 (HT012739804). Exemplar: Soest StA/StB (zwei Exemplare).

1793 [Nr. 4] Beyträge zur westphälischen Kirchen- und Litteraturgeschichte […], Osnabrück: Perrenon 1793 (1. […] Heft von Soest nebst der Jubel-Predigt des Herrn Inspektors Henneke, und der am Tage der Jubelfeyer gehaltenen Rede. 1793; [nur ein Heft erschienen]) (OCoLC 311969923). Exemplare: Detmold LLB und Münster ULB.

4569 Er begegnet auch bereits als Verfasser einer Gratulationsschrift in 3.28 Johann Georg Sybel Nr. 9 (1679) („Fictum missaticum cultu […]").
4570 Kaspar Adrian Gerhardi († 1722) war nach seinem Studium in Rostock (ab 1682) seit 1688 zunächst Adjunkt, später dann lutherischer Pfarrer in Werdohl. Bauks, Pfarrer (wie Anm. 14), S. 149 (Nr. 1908).
4571 Heinrich Ambrosius Moll (1662–1737). Wie Anm. 81. Er gehörte schon bald zu den engsten Schülern Johann Christoph Nungessers (1640–1700; wie Anm. 53).
4572 Mit Gratulationsschriften von Andreas Dietrich Schrader (1663–1722; wie Anm. 119) und Heinrich Ambrosius Moll (1662–1737; wie Anm. 81).
4573 Wie Anm. 594.
4574 Johann Salomo Semler (1725–1791). Wie Anm. 596.
4575 Johann Albert Hennecke (1717–1799). Wie Anm. 602.

3.28 J. L. F. Sybel

1799 [Nr. 5] Gedächtniß-Predigt bey dem Absterben des Herrn J[ohann] A[lbert] Henneke ersten Predig[ers] der St. Petri-Kirche, geh[alten] am 1. Sonntage nach Heil[ige] 3 Könige [13. Januar] [...], Soest: Floß 1799 (HT003864663). Exemplar: Soest StA/StB (zwei Exemplare).

1801 [Nr. 6] Jubel-Predigt geh[alten] d[en] 1. Jan[uar] 1801 [in St. Petri; ...], Soest: Floß 1801 (HT010756683). Exemplar: Soest StA/StB.

1811 [Nr. 7] Reden bei der 50 jähr[igen] Amtsfeyer des Inspectors u[nd] 1. Predigers an St. Petri Herrn Ludw[ig] Fl[orenz] Sybel. 1. die Jubelpredigt von dem Jubilaric[us?]; 2. die Rede vor dem Altare v[on] Prediger Dohm an St. Petri. Soest 10. März 1811, Soest: Floß 1811 (HT010756684). Exemplar: Soest StA/StB.

1815 [Nr. 8] Huldigungs-Predigt: über 1. Petri 2; 17.[4576] Am Huldigungs- und Rettungstage, den 18. Oct[ober] 1815 [Gedenken an die Völkerschlacht bei Leipzig; 16.–19. Oktober 1813], gehalten [...], Soest: Nasse 1815 (HT006799680). Exemplar: Dortmund StLB und Soest StA/StB.

Dedikationen/Widmungen

1811 [Nr. 1] Hennecke, N. [Kandidat]: Der frohen fünfzig-jährigen Amtsfeier des [...] ersten Predigers der St. Petri Gemeinde Florens Sybel, widmet diesen [...] Versuch [...] der Cand[idat] Hennecke: den 10. März 1811 [...], Soest: Floß [1811] (HT012016672). Exemplar: Soest StA/StB.

[Nr. 2] Marquardt, Arnold:[4577] Bei Gelegenheit der frohen 50jährigen Amtsjubel-Feier seines Freundes des Herren Florenz Sybel [...] ersten Prediger der St. Petri Kirche in Soest [...] welche [...] als den 10. März d[es laufenden] J[ahres] festgesetzt und feierlich vollzogen ist; wolte seine [...] Theilnahme [...] zu erkennen geben [...] A[rnold] Marquardt Ev[angelisch] Luth[erischer] Pr[ediger] zu Meininghausen, Soest: Floß 1811 (HT012013830). Exemplar: Soest StA/StB.

[Nr. 3] Mönnich, [Johann] Arnold:[4578] Ihrem verehrungswürdigen Freunde und Amtsbruder, dem Herrn Iohann Florens Ludwig Sybel, [...] ersten Prediger an der Peters Kirche zu Soest, bezeugen am Tage seines fünfzigjährigen Amtsjubiläums den 10. März 1811, ihre Hochachtung [...] die protestantischen Prediger des Kantons Soest Prediger Mönnich zu Schweve [...], Soest: Floß 1811 (HT012014208; HT012014352). Exemplar: Soest StA/StB (vier Exemplare).

4576 „Ehrt jedermann, habt die Brüder und Schwestern lieb, fürchtet Gott, ehrt den König!" (1. Petr. 2, 17).

4577 Johann Caspar Arnold Marquardt (1734–1814) stammte aus Soest und hatte in Halle studiert. Er war zunächst Lehrer am Archigymnasium gewesen (so seit 1859) und dann 1764 Pfarrer in Meiningsen geworden. Bauks, Pfarrer (wie Anm. 14), S. 315 (Nr. 3966).

4578 Johann Arnold Mönnich (1736–1814). Wie Anm. 2297.

[Nr. 4] Schornstein, Bernard:[4579] Florenti Sibel qua pastori in Petrino Susatensi fano X Martii inter suos festive iubilaeizanti Bernardus Schornstein praepositus, Soest: Floß 1811 (HT011270608). Exemplar: Soest StA/StB (zwei Exemplare).

[Nr. 5] Sybel, Friedrich: Meinem theuren Vater dem [...] ersten Prediger an der St. Petri Kirche Herrn Florenz Sybel bey seiner funfzig-jährigen Amtsfeier den 10. März 1811 [...] gewidmet von seinem [...] Sohne Friedrich Sybel Candidat der Theologie, Soest: Floß 1811 (HT012014327). Exemplar: Soest StA/StB.

[Nr. 6] Stute, Wilhelm: Seiner Hochwürden dem Herrn Inspector Sybel des [...] Pred[igers] der St. Petri Kirche bei der glücklichen Jubelfeier seines funfzig-jährigen Predigt-Amts den 10. März 1811, [...] gewidmet von dem Kollegium der Vorsteher gedachter Kirche [...], namentlich von Wilh[elm] Stute, Sen[ior] Colleg[ii] [...], Soest: Floß 1811 (HT012014327). Exemplar: Soest StA/StB.

3.30   Johann Nikolaus Sybel (1690–1759)[4580]

1710 [Nr. 1] Themata selecta ex variis philosophiae partibus deprompta/[Praeses:] Lange, Johann Christian,[4581] [Respondent:] Sybel, Johann Nikolaus [Gießen, Univ., Diss. phil., 23. Dezember 1710], Gießen: Vulpius 1710 (VD18 12772445). Exemplar: Soest StA/StB.

[Nr. 2] De tempestatum apparenter et vere extraordinariarum ac speciatim frigoris quod hyeme superiori sensimus intensissimi/[Praeses:] Liebknecht, Johann Georg,[4582] [Respondent:] Sybel, Johann Nikolaus [Gießen, Univ., Diss. phil., (ohne Datum) 1710], Gießen: Vulpius 1710 (HT005059320). Exemplare: Bonn ULB, Offenbach DWD und Soest StA/StB.

1711 [Nr. 3] Ex oeconomia iudiciorum Dei cap. 1: De oeconomia judiciorum Dei in genere/[Praeses:] May, Johann Heinrich,[4583] [Respondent:] Sybel, Johann Nikolaus [Gießen, Univ., Diss. phil 5./6. März 1711), Gießen: Vulpius 1711 (HT004353293). Exemplar: Soest StA/StB.

4579   Der Propst Bernard Schornstein (1745–1821), hier wohl als Vertreter des St. Patrokli-Stiftes.

4580   Wie Anm. 14. Am 23. April 1695 nach VIII. aufgenommen; 12. Mai 1696 nach VII. versetzt; 19. Oktober 1697 nach VI. versetzt; 17. Oktober 1699 nach V. versetzt; 21. Oktober 1702 nach IV. versetzt; 18. Oktober 1704 nach III. versetzt. Kuhlmann, Schülerverzeichnis (wie Anm. 109), S. 293.

4581   Johann Christian Lange (1669–1756). Wie Anm. 211.

4582   Johann Georg Liebknecht (1679–1749). Wie Anm. 210.

4583   Johann Heinrich May (1653–1719). Wie Anm. 185.

4. Anhang

4.1 Gedruckte Quellen

Die ungedruckten Quellen werden jeweils vollständig vor Ort ausgewiesen.

Aepinus, Franz Albert: Mataeologiae fanaticae recentioris compendium, ex Johann[is] Conrad[i] Dippelii, seu, quo nomine sibi magis placet, Christiani Democriti scriptis sub titulo: Eröffneter Weg zum Frieden mit Gott und allen Creaturen; iunctim editis, collectum et ordine systematico dispositum, opposita anti-thesi orthodoxa & observationibus […], Rostock/Leipzig 1721 (VD18 10990941).

[Altes niederdeutsches Gebetbuch] Ein Nye Christlick unde nütte Bedeboeck: Uth den olden Lehrers der Kercken/Alse: Augustino, Ambrosio, Cypriano, Cyrillo, Bernhardo, Chrysost. [et]c. thosamende getagen; In allerley Anfechtingen unde Nöden tho bedende/sehr denstlick unde tröstlick. Nu wedderümme up dat nye mit flyte auersehen/unde noch mit andern schönen unde tröstliken Gebeden vormehret und gebetert […], Hamburg 1612 (VD17 28:727267N).

Arend, Sabine (Bearb.): Die evangelischen Kirchenordnungen des XVI. Jahrhunderts. Einundzwanzigster Band: Nordrhein-Westfalen I: Die Vereinigten Herzogtümer Jülich-Kleve-Berg. Das Hochstift und die Stadt Minden. Das Reichsstift und die Stadt Herford. Die Reichsstadt Dortmund. Die Reichsabtei Corvey. Die Grafschaft Lippe. Das Reichsstift und die Stadt Essen (EKO 21), Tübingen 2015.

Dies.: Die evangelischen Kirchenordnungen des XVI. Jahrhunderts. Zweiundzwanzigster Band: Nordrhein-Westfalen II: Das Erzstift Köln. Die Grafschaften Wittgenstein, Moers, Bentheim-Tecklenburg und Rietberg. Die Städte Münster, Soest und Neuenrade. Die Grafschaft Lippe (Nachtrag) (EKO 22), Tübingen 2017.

Baedeker, P[aul]: Dortmund 1700–1740. Auszüge aus Ratsprotokollen und Aufzeichnungen, in: Beiträge zur Geschichte Dortmunds und der Grafschaft Mark 22 (1913), S. 1–32.

Ders.: Dortmund 1740–1756. Auszüge aus Ratsprotokollen, in: Beiträge zur Geschichte Dortmunds und der Grafschaft Mark 25 (1918), S. 311–346.

Bates, William: Die Schuldigste Pflicht der Gottgelassenheit/und Ergebung seines Willens im Creutz in den Willen Gottes/Nach dem Exempel unsers Seligmachers Matth. 26,39. gezeiget/und in Englischer Sprache heraus gegeben […], Leipzig 1697 (VD17 29:735378B).

Beckmann, Theodor (Dietrich) Matthias: Freundliche Einladung Zum friedlichen liebreichen Gespräch und Untersuchung der Prophezeyungen Alten Testaments/Von der Juden bald bevorstehenden so leiblicher als geistlicher Erlösung: Womit verlanget wird mit ihren Rabbinen friedlich und in aller Liebe zu untersuchen […], [ohne Ort] 1707 (VD18 12929530).

Bekker, Balthasar: Die Bezauberte Welt: Oder Eine gründliche Untersuchung Des Allgemeinen Aberglaubens/Betreffend/die Arth und das Vermögen/Gewalt und Wirckung Des Satans und der bösen Geister über den Menschen/Und was diese durch derselben Krafft und Gemeinschafft thun [...], Amsterdam 1693 (VD17 547:696533V).

Bergius, Johannes (posthum): Daß die Wort Christi noch veste stehen/Für die wahre seligmachende Gemeinschafft seines Leibes und Blutes im Heiligen Abendmahl: Zur Beförderung der Evangelischen Vereinigung/Auff vieler Christlicher Hertzen begehren erwiesen [...], Basel 1664 (VD17 23:664767N).

Bernd, Adam: Unterscheid der Morale Christi, und der Pharisäer; samt einem Summarischen Entwurff des Jahrganges, das Leichte und Schwere im Christenthum, genandt [...], Leipzig 1727 (VD18 13954849).

Bibliothek der Deutschen Gesellschaft für Chronometrie e.V. (Hg.): Christ[oph] Wilh[elm] Forstmanns ausführlicher Unterricht von zeigenden und schlagenden Taschenuhren: zur Käntniß und Ausbesserung aller vorkommenden Arten derselben. Für solche, die nicht von der Feile, sondern von der Feder Profession machen. Mit 10 Kupfertafeln und dreifachem Register [...], Halle 1779 (VD18 11070595). Faksimile-Edition. Berlin/Nürnberg 2012.

Bogatzky, Karl-Heinrich von: Güldenes Schatz-Kästlein der Kinder Gottes, deren Schatz im Himmel ist, bestehend in auserlesenen Sprüchen der Heiligen Schrift samt beigefügten Versen [...], erstmals: Halle 1718.

Ders.: Die Weide des Glaubens an Christo, dem Lamme Gottes, und dessen mancherley tröstlichen Namen, in erbaulichen Reimen und Liedern: Schriftmäßig entworffen, Und nebst einem, auf die ietzigen Irrungen, in unserer Kirche gerichteten umständlichen Vorbericht/dem Druck übergeben, von dem Autore des gueldnen Schatz-Kästleins [...], Halle [1746?] (VD18 10747273).

Ders.: Die Weide des Glaubens an Christo, dem Lamme Gottes, und dessen mancherley tröstlichen Namen, in erbaulichen Reimen und Liedern/ Schriftmäßig entworffen, Und nebst einem, auf die ietzigen Irrungen, in unserer Kirche gerichteten Vorbericht Von der Gewißheit des Gnaden-Standes vermehret herausgegeben Von dem Autore des güldnen Schatz-Kästleins [...] Zum zweytenmal mit einigen Liedern und einem Anhange [...], Halle 1747² (VD18 12354031).

Bonnus, Hermann: Christlicke Kercken/Ordenungh./Der Statt Ossenbrügge/Dorch/M. Hermannum Bonnum/Verfatet. [...], [ohne Ort] 1543 (VD16 ZV 21277).

[Book of Common Prayer] Die Englische Liturgie, Oder/Das allgemeine Gebeth-Buch: Wie auch die Handlung der H[eiligen] Sacramenten und anderer Kirchen-Ceremonien; Sambt denen XXXIX. Glaubens-Articuln der Englischen Kirchen. Wobey auch Die Psalmen Davids [...], Frankfurt/Oder 1704 (VD18 90788168).

Bugenhagen, Johannes: Der Erbarn Stadt Brunswig Christlike ordeninge/to denste dem hilgen Euangelio/Christliker lèue/ tucht/freede vnde eynicheit: Ock dar vnder veele Christlike le(e)re vor de borgere/Dorch Joannem Bugenhagen Pomern(n) bescreuen [...], Wittenberg 1528 (VD16 B 7237).

Burman, Frans: [...] Alle Biblische Wercke, Darinnen enthalten seynd die gründliche Auslegung und heilsame Betrachtung Der fünff Bücher Mosis, Josuae, Richter, Ruths, der zween Bücher Samuelis, der Könige, Chronicon, Esrae, Nehemiae und Esther [...]: Samt Einem Anhang der Kirchen-Historie, Sich erstreckend bis in den Eingang des Neuen Testaments, Wobey gefüget Ein kurtzer Schrifftmässiger Bericht von dem Sabbath [...] Nebst Des Authoris Lebens-Lauff, Frankfurt am Main/Leipzig 1709 (VD18 11449152).

Callenberg, Johann Heinrich: Relation von einer weitern Bemühung, Jesum Christum als den Heiland des menschlichen Geschlechts dem jüdischen Volk bekannt zu machen (30 Stücke), Halle 1738–1751.

Ders.: Nachricht von einem Versuch, die verlassene Muhammedaner zur heilsamen Erkenntnis Christ anzuleiten (6 Stücke), Halle 1739–1753.

Ders.: Commentatio de christologia Iudaica ad Geneseos capitis primi comma XIIII. et XXIIII. in Novo Testamento evoluta […], Halle 1750 (VD18 10418261).

Ders.: De stella magorum ad Christum duce […], Halle 1750 (VD18 11872985).

Chytraeus, David: Christliche Kirchen Agenda: Wie die bey den zweyen Ständen der Herrn vnd Ritterschafft/im Ertzhertzogthumb Oesterreich vnter der Enns/gebraucht wirdt […], Rosenburg am Kamp 1571 (VD16 A 734).

Ders.: Der Fürnemsten Heubstuck Christlicher Lehr Nützliche und kurtze Erklerung sampt einer Christlichen Kirchen Agenda […], Rostock 1578 (VD 16 C 2545).

[Claßen (Clasen), Carl Ludwig August:] Kurze Abfertigung jenes Förderers der Essendischen Zeitungen in seinen Desiderandis Num[ero] 96. Essend[ischer] Nachrichten, die Herrnhuter betreffend, nebst einem kleinen Vorbericht an die Leser gestellet von Clarmundus Clericus […], Dortmund 1747. Exemplar: Essen StB.

Cyprian, Ernst Salomo: Hilaria Evangelica, Oder Theologisch-Historischer Bericht Vom Andern [zweiten] Evangelischen Jubel-Fest: Nebst III. Büchern darzu gehöriger Acten und Materien, Deren das Erste, Die Obrigkeitlichen Verordnungen, und viele Historische Nachrichten, Das Andere, Orationes und Programmata Jubilaea, Das Dritte Eine vollständige Beschreibung der Jubel-Medaillen begreiffet; Mit Kupffern, Summarien und einem nützlichen Register […], Gotha/Leipzig 1719. Exemplar: Münster IWKG.

Deus, Wolf-Herbert: Soester Recht. Eine Quellen-Sammlung, darin: 5. Lieferung: Andere Ordnungen, Soest 1975.

Dingel, Irene (Hg.): Die Bekenntnisschriften der Evangelisch-Lutherischen Kirche. Vollständige Neuedition, Göttingen 2014.

Dippel, Johann Konrad: Unparteyische Gedancken, Uber eines so genan[n]ten Schwedischen Theologi [Johann Friedrich Mayer] Kurtzen Bericht von Pietisten [et]c.: nebst einer kurtzen Digression, Von der Brutalität und Illegalität des Religions-Zwangs, Und einen kleinen Anhang Wider die Theologische Facultät zu Halle/ entworffen durch Christianum Democritum, [ohne Ort] 1706 (VD18 90259580).

Döring, August: Ein Schulgesetz des Dortmunder Gymnasiums vom Jahre 1732, in: Gymnasialprogramm Dortmund 1871, S. 3–18.

Elbert, Dirk: Fundsache: Ein Gutsbesitzer sucht im 18. Jahrhundert einen Hauslehrer für seine Kinder, in: SZ 96 (1984), S. 123.

Esser, Helmut: Die beiden Dortmunder Schulgesetze von 1725 und 1732, in: Beiträge zur Geschichte Dortmunds und der Grafschaft Mark 76/77 (1984/85), S. 227–241.

Faust, August *siehe auch Peuckert, Will-Erich*

[Fecht, Johannes:] De Christo in nobis: Ad illustrationem plurimorum Scripturae S[acrae] locorum, imprimis vero dicti Apostolici Col. I. 27./[Praeses:] Fecht, Johannes, [Respondent:] Lüling, Johann [Rostock, Univ., Diss. theol., 5. August 1705], Rostock 1705 (VD18 1494801X).

Fischer, Erdmann Rudolph: Historia ecclesiastica saeculi XVII. in vita Jo[hannis] Gerhardi, theologi incomparabilis: Ex monimentis [!] maximam partem nondum editis et ex bibliotheca Gothana depromptis illustrata [...], Leipzig 1727 (VD18 11486090).

Forer, Lorenz: Wunder über Wunder Daß ist: Ovum Ante Gallinam, Filius Ante Patrem Das Ey vor der Hennen/Der Sohn vor dem Vatter/Das Luthertumb vor dem Luther; Das müste wol ein Khue lachen. Oder Gründliche Ablainung/daß die Lutherische/wie auch Calvinische Kyrch und Glauben/von den Aposteln her [...] auff der Welt gewesen sey [...], Ingolstadt 1660 (VD17 12:108368L).

Forstmann, Christoph Wilhelm: Ausführlicher Unterricht von zeigenden und schlagenden Taschenuhren: zur Käntniß und Ausbesserung aller vorkommenden Arten derselben. Für solche, die nicht von der Feile, sondern von der Feder Profession machen. Mit 10 Kupfertafeln und dreifachem Register [...], Halle 1779 (VD18 11070595).

Francke, Gotthilf August: Vorbereitung aufs Weyhnacht-Fest über die Worte: Hier ist Immanuel: Esa. VIII, 10.: den 23sten Decembr[is] 1729. In öffentlicher Versammlung auf dem Wäysen-Hause ertheilet; Der Jugend in den Schulen des Wäysen-Hauses ausgetheilet vor Weyhnachten 1742 [...], Halle 1742 (VD18 10063013).

Ders.: Die Behausung Gottes im Geist, nach ihrer Bereitung, Einweihung und Bewohnung, bey feyerlicher Einweihung Der neuerbauten S[ankt] Georgen-Kirche zu Glaucha an Halle den 17ten Maii 1744: als am 1. Heiligen Pfingst-Tage aus dem ordentlichen Fest-Evangelio Joh. XIV, 23–31 in volckreicher Versammlung öffentlich betrachtet [...], Halle 1744. Exemplar: Halle (Saale) MB.

Ders.: Kurtze Nachricht von einigen Evangelischen Gemeinen in America [...], Halle 1744 (VD18 12839078).

Ders.: Die Letzten, so die Ersten seyn werden: Jn einer am Sonntage Septuagesimae Anno 1736 aus dem ordentlichen Evangelio Matth. XX, 1–16. Jn der Schul-Kirche zu Halle gehaltenen Predigt vorgestellet; Der Jugend in den Schulen des Wäysenhauses ausgetheilet im Dec[ember] 1747 [...], Halle 1747 (VD18 10756256).

Freitag, Bernhard: Des Evangelosen Apostaten Johan Rempen Mit der Schaafs-Wolle der Evangelischen Warheit, als einem Scheinbaren Vorhang übel bekleidete und ausstaffirte Schau-Bühne: Ent-kleidet Und in ihrer Un-Evangelischen Blösse Bey abhandlung des ersten Haupt-Streits, Ob der Protestanten praetendirte Schrifft-Regel Allein, die Einige unverfälschte Glaubens-Regel Sey? Vorläuffig vorgestellet: Dem Apostaten Rempen zu satsamer Uberweisung Seiner mit der Evangelischen Warheit verblümten Gott-schändischen Apostasie [...] zu heylsamer Warnung [...] Auffgesetzt [...], Hildesheim 1709 (VD18 1037986X).

Freylinghausen, Johann Anastasius: Die wahre und gesegnete Kindschaft Abrahams, bey Aaron Abrahams/Eines aus Königshafen gebürtigen Judens: Nachdem derselbe durch Göttliche Gnade/an Jesum Christum, der Welt Heyland, gläubig worden/Am Fest der Reinigung Mariä [2. Februar] dieses 1714ten Jahrs [...] erfolgten Taufe/in einer Vorbereitungs-Rede vorgestellet und auf Verlangen mitgetheilet [...], Halle 1723 (VD18 13077694).

Ders.: Ordnung Des Heils: Nebst einem Verzeichniß Der wichtigen Kern-Sprüche H[eiliger] Schrift, darinn die fürnehmsten Glaubens-Articul gegründet sind Wie auch einem so genannten Güldenen A, B, C, und Gebetlein/Denen Einfältigen und Unerfahrnen zum Besten heraus gegeben [...], Halle 1726[5] (VD18 10761942).

Fri(e)be(n), David, in: Nobilissimo ac doctissimo iuveni Christi[a]no Schmidio, Vratislaviensi, philosophiae candidato & s[ancti]s[simae] theologiae studioso, Wittebergae d[ie] XXX. Decembris a[nni] MDCXCVII. solenni ritu elato [...], Wittenberg 1697 (VD17 3:699596V).

Funcke, Johann Georg: Die reiche Belohnungen der Gottseligkeit Wurden aus Apocalyps. XIV. 13. Bey Christlicher Leichenbegängniß Des Weyland Hoch-Edelgebohrnen und Hochgelahrten Herrn Herrn Johann Ulrich von Gülchen, Beyder Rechten Doctoris, des Höchstpreißlichen Kayserlichen und Reichs Cammer-Gerichts [...] Als derselbe den 4. Augusti 1730. in Wetzlar verschied [...] Einer Hochansehnlichen Trauer-Versammlung zu betrachten vorgestellet [...], [Wetzlar] 1730 (VD18 13413449).

[Galen, Johann Ehrenreich von:] Verum enkōmion ad nobilissimum ac doctissimum dominum, huius disputationis defensorem [...], in: Summermann, Caspar Theodor: Disputatio iuridica secunda, exhibens vera iurisprudentiae praecognita [...]/[Praeses:] Summermann, Caspar Theodor, [Respondent:] Harcort, Bernhard Theodor (Hagena-Marcanus) [Duisburg, Univ., Diss. iur, (ohne Datum) 1705], Duisburg 1705. Exemplar: Duisburg UB.

Ders.: Heus academia! Teutopolis memorabile nomen [...] [Gratulationsschrift in:] Naendorff, Johannes: De Fructibus [...]/, Duisburg 1706. Exemplar: Duisburg UB.

Göbell, Walter: Die evangelisch-lutherische Kirche in der Grafschaft Mark. Verfassung, Rechtsprechung und Lehre. Kirchenrechtliche Quellen von 1710 bis 1800. Vorbereitet, durchgearbeitet und kommentiert. I. Band: Acta Synodalia von 1710 bis 1767 (Beihefte zum JVWKG 5), Bethel 1961.

Ders.: Die evangelisch-lutherische Kirche in der Grafschaft Mark. Verfassung, Rechtsprechung und Lehre. Kirchenrechtliche Quellen von 1710 bis 1800. Vorbereitet, durchgearbeitet und kommentiert. II. Band: Acta Synodalia von 1768 bis 1800 (Beihefte zum JVWKG 6), Bethel 1961.

Gröschl, Jürgen *siehe auch Müller-Bahlke, Thomas J.*

[Groß, Andreas:] Herrn A.G. Erste und Letzte Antwort Auf die sogenannte Erklärung Des H[errn] Grafen Nicol[aus] Ludwigs von Zinzendorff, Welche Derselbe, Seinem zuerst an einen guten Freund gestellten, und hernach ohne seinen Willen durch den Druck bekannt gewordenen Bericht von der Herrnhutischen Gemeine entgegen gesetzet [...] Mit einigen merckwürdigen Beylagen vermehret [...], Frankfurt am Main 1742 (VD18 11395842).

[Große Württembergische Kirchenordnung] Kirchen ord-/nung/wie es mit der Lee-/re vnd Ceremonien/im Fürsten//thumb Wirtemberg an-/gericht vnd gehalten/werden soll [...], Tübingen 1553 (VD16 W 4491).

[Grubenhagische Kirchenordnung] DEs Durchlauch-/tigen/Hochgebornen Fu(e)rsten vnd Her-/ren/Herrn Wolffgangen/Hertzogen/zu Braunschweig vnd/Lu(e)neburgk etc./Christliche Ordnung/vnd Befehl./Wes sich Prediger/vnd Zuho(e)rer in Seiner F[ürstlichen] G[naden] Lan-/de/auff ju(e)ngstgeschehene Visitation/ hinfu(e)ro verhalten/sollen [...], Eisleben 1581 (VD16 B 7262).

Guglielmetti, Prisca (Hg.): Johanna Eleonora Petersen, geb. von und zu Merlau: Leben, von ihr selbst mit eigener Hand aufgesetzt. Autobiographie (KTP 8), Leipzig 2003.

Habermann, Johann: Steiger Johann A[nselm] (Hg.): Johann Habermann: Christliche Gebet für alle Not und Stände der gantzen Christenheit (1567) (Doctrina et Pietas. Zwischen Reformation und Aufklärung. Texte und Untersuchungen II/4), Stuttgart 2010.

[Hallesche Berichte] Derer Königl[ich] Dänischen Missionarien aus Ost-Indien eingesandte ausführliche Berichte [...], Halle 1705–1775. Exemplar: Stuttgart EOK.

[Hausemann, Bernhard Ludolf:] Nuclei Theologici Dissertatio Quadragesima Quarta, Quae est Nona De Jesu Christo Theanthropo/[Praeses:] Dresing, Bernhard, [Respondent:] Hausemann, Bernhard Ludolf [Dortmund, Archigymn., Diss. theol., 2. September 1682], Dortmund 1682 (HT007127531). Exemplar: Münster ULB.

[Herzog-Heinrich-Agende] Kirchenordnunge zum anfang/fur die Pfarherrn in Hertzog Heinrichs zu Sachsen v. g. h. Furstenthum [...], Wittenberg 1539 (VD16 ZV 200).

[Dies.] AGENDA. Das ist/Kyrchenordnung/wie sich die Pfarrherrn vnd Seelsorger in jren Ampten vnd diensten halten sollen/Fur die Diener der Kyrchen in Hertzog Heinrichen zu Sachsen V. G. H. Furstenthumb gestellet [...], Leipzig 1540 (VD16 A 744).

Hoffmann, Johann Wilhelm: Meletematum academicorum ad Pandectas semestria duo: In quibus multa Iuris Civilis loca illustrantur atque emendantur [...], Frankfurt/Oder 1735 (VD18 1022128X).

Hollaz, David: Evangelische Gnaden-Ordnung: Wie eine Seele von der Eigenen Gerechtigkeit und Frömmigkeit herunter, und zum Erkenntniß ihres sündigen Elends gebracht [...] geleitet werde, Und solcher gestalt Durch den Glauben Zur Vergebung der Sünden, und zu Einem frommen Leben komme: In Vier Gesprächen [...] aufgesetzt [...], Wernigerode [ca. 1742] (VD18 10836624).

Ders.: Gebahnte Pilger-Strasse nach dem Berge Zion, der Stadt des lebendigen Gottes, und himmlischen Jerusalem, Da den Seelen Mancherley Steine des Anstosses, dadurch sie von dem Eingange ins Reich Gottes aufgehalten oder verleitet werden können, oder dadurch er ihnen schwer gemacht wird, aus dem Wege geräumet, [...]: Nebst einem Anhange, darinnen die Lehrart Pauli in seiner Ep[istel] an die Römer, und zugleich der Haupt-Inhalt und Kern dieses Briefs, bey den heutigen vielfältigen Methoden, so wohl zum Muster, als zur Prüfung vorgestellet wird [...], Leipzig/Görlitz 1744 (VD18 10809120).

Ders.: Bescheidene, kurtze und doch hinlängliche Antwort auf des H[er]rn D[oktor] Baumgartens harte Beschuldigungen in dem Anhange zu seinen Gnaden-Spuren [...], in: David Hollazens, Past[ors] zu Günthersberg, in Hinter-Pommern, lautere Gnadenspuren des Evangelii [...], Leipzig 1747 (VD18 11717009).

Hübner, Johann *siehe auch* Lachmann, Rainer

Jäger, Johann Wolfgang: Historia ecclesiastica cum parallelismo profanae: In qua conclavia pontificum Romanorum fideliter aperiuntur et sectae omnes recensentur, ut: Böhmismus, Weigelianismus, Arimianismus [Arminianismus], syncretismus, Amyraldismus, Jansenismus, Arnaldismus, probabilismus, naturalismus, Borrhismus, Socinianismus, Labadismus, Commenianismus, Hobbesianismus, Cartesianismus, Coccejanismus, Beckerismus, pietismus, quakerismus, familismus, Spinozismus, nullibismus, quietismus, Poiretianismus, Burrignoniae doctrinalia, Lockianismus, mysticismus, Stengerianismus, Neo-Origenianismus, Card[inalis]

Petrucci et Fenelonis de Saligniac. Cum societate Philadelphica et novellis Prophetis Sevennensibus sistuntur ab anno M.D.C, usq[ue] ad annum M.DCCX.: In II. tomis […], Hamburg 1717 (VD18 11259094-001).

Justi, Philipp Konrad: Das Verhalten Gottes bey den Kriegen/gerechtfertiget […], Marburg 1760 (VD18 11026936).

[Kirchenordnung des Kurfürsten August] DEs Durchlauchtigsten/Hoch-/geborenen Fürsten vnd Herrn/Herrn Augusten/Hertzogen zu Sachsen/des heiligen Römischen Reichs Ertzmarschalln/vnd Churfürsten […]/Ordnung/Wie es in seiner Churf[ürstlichen] G[naden] Landen/bey den Kirchen/mit/der lehr vnd Ceremonien/deßgleichen in derselben beiden Vniuersiteten/Consi-/storien/Fürsten vnd Particular Schulen/Visitation/Synodis, vnd was/solchem allem mehr anhanget/ gehalten werden sol […], Leipzig 1580 (VD16 ZV 16323).

[Kleiner Katechismus] Der kleine Catechismus, Ohne und mit der Auslegung, nebenst den Frag-Stücken und Hauß-Tafel für die Christliche Gemeine/gestellet durch D[oktor] Martin Luthern […], Leipzig 1712 (VD18 10236422).

Kloosterhuis, Jürgen: Bauern, Bürger und Soldaten. Quellen zur Sozialisation des Militärsystems im preußischen Westfalen 1713–1803. Bd. 1: Regesten; Bd. 2: Listen (Veröffentlichungen der Staatlichen Archive des Landes Nordrhein-Westfalen. Reihe C: Quellen und Forschungen aus den staatlichen Archiven 29f.), Münster 1992.

Lachmann, Rainer (Hg.): Hübner, Johann: Zweymal zwey und funffzig Auserlesene Biblische Historien, der Jugend zum Besten abgefasset, Leipzig 1714. ND der Ausgabe Leipzig 1731 mit einer Einleitung und einem theologie- und illustrationsgeschichtlichen Anhang, Hildesheim 1986.

Landfermann, Dietrich Wilhelm: Erinnerungen aus seinem Leben, Leipzig 1890.

Lange, Joachim: Medicina mentis, qua praepostera philosophandi methodo ostensa ac reiecta, secundum sanioris philosophiae principia, aegrae mentis sanatio […]: Accedit appendix de necessariis et supervacuis […], Halle und Berlin 1704 (VD18 10455574).

Ders.: Theologiae pseudorthodoxae, speciatim, Schelguigianae, Idea in gratiam errantium e veri rectique amore […], Frankfurt am Main/Leipzig/Berlin 1706 (VD18 10471480).

Ders.: Theologiae pseudorthodoxae, speciatim Schelwigianae, Idea ac Anatome: e veri rectique amore, in gratiam errantium, […] nunc vero post Antilogiam Gryphicam [!], cum ampliore declaratione extensa, opusculum, Frankfurt am Main/Leipzig 1707 (VD18 10218726).

Ders.: Bescheidene und ausführliche Entdeckung Der falschen und schädlichen Philosophie in dem Wolffianischen Systemate Metaphysico Von Gott, der Welt, und dem Menschen: Und insonderheit von der so genannten harmonia praestabilita des commercii zwischen Seel und Leib […], Halle 1724 (VD18 10360867).

Ders.: Ausführliche Recension der wider die Wolfianische Metaphysic auf 9. Universitäten und anderwärtig edirten sämmtlichen 26. Schriften: mit dem Erweise, Daß der Herr Professor Wolf sich gegen die wohlgegründeten Vorwürfe in seinen versuchten Verantwortungen bisher keinesweges gerettet habe, noch auch künftig retten könne: Denen zum besten, welche besagte Schriften weder alle haben, noch alle lesen können; doch aber von gedachter Philosophie gern urtheilen wollen, oder auch davon, ohne sie recht eingesehen zuhaben, eingenommen sind […], Halle 1725 (VD18 11432845).

Ders.: Nova anatome, seu idea analytica systematis metaphysici Wolfiani […], Frankfurt am Main und Leipzig 1726 (VD18 15332152).

Ders.: Oeconomia salutis evangelica: In iusto articulorum nexu, methodo demonstrativa digesta, et uti acuendo spirituali iudicio iuvandaeque memoriae, sic etiam christianae praxi accommodata […], Halle 1728 (VD18 12217972).

Ders.: Apostolisches Licht und Recht, Das ist Richtige und erbauliche Erklärung Der sämtlichen Apostolischen Briefe, Pauli, Jacobi, Petri, Johannis und Judä: Darinnen nach einer zur exegetischen Einleitung nöthigen Historischen Nachricht von dem Leben und den Reisen Pauli, Mit Vermeidung aller zur gründlichen Exegesi eigentlich nicht gehörigen Nebendinge, gedachte Episteln erstlich von Vers zu Vers, wo es nöthig ist, mit einer parenthetischen Paraphrasi kürtzlich erläutert, Und hernach in hermeneutischen und practischen Anmerckungen nach dem Grund-Texte ausführlich erkläret, und zugleich zur Erbauung in Lehr und Leben angewendet werden […] (2 Bände), Halle 1729 (VD18 10812059).

Ders.: Mosaisches Licht und Recht, Das ist, Richtige und erbauliche Erklärung Der fünf Bücher Mosis, Darinn, Nach dem aus der Schöpfung von Gott hergeleiteten Ursprunge des menschlichen Geschlechts, beschrieben ist […]: Nebst dem Gesetze, Jn dem Evangelio vom Meßia, sowohl durch Verheissungen, als Vorbilder, nach der Levitischen Oeconomie […] dargestellet […]; Nebst einer Ausführlichen Einleitung in die gantze Heilige Schrift, Von der Wahrheit ihres göttlichen Ursprungs […], Halle und Leipzig 1732 (VD18 9072464X).

Leclerc, Jean *siehe auch Ten Kate, Lambert*

[Leipziger Kirchenbuch] Vollständiges Kirchenbuch: darinnen die Evangelia und Episteln auf alle Fest- Sonn- und Apostel-Tage durchs gantze Jahr, […] Die Historien von dem schmertzlichen Leiden und der frölichen Aufferstehung des Herrn Christi […], Die drey Haupt-Symbola und Augspurgische Confeßion, Und Viele Collecten […] Wie auch Der kleine Catechißmus Lutheri, Die Kirchen-Agenda, Ehe-Ordnung, und allgemeinen Gebet […] enthalten/Anietzo von neuest […] übersehen und mit einer besondern Vorrede heraus gegeben [von F(riedrich) S(imon) Loefler], Leipzig 1697 (VD17 3:306083Q) und 1731 (VD18 12839000).

Löscher, Valentin Ernst: Vollständiger Timotheus Verinus, oder, Darlegung der Wahrheit und des Friedens in denen bisherigen pietistischen Streitigkeiten: nebst christlicher Erklärung und abgenöthigter Schutz-Schrifft, Wittenberg 1718–1721 (Neuauflage: Wittenberg 1722–1726).

Lünig, Johann Christian: Das Teutsche Reichs-Archiv: in welchem zu finden I. Desselben Grund-Gesetze und Ordnungen […] II. Die merckwürdigsten Recesse, Concordata, Vergleiche, Verträge, […] III. Jetzt höchst- hoch- und wohlermeldter Chur-Fürsten […] Privilegia und Freyheiten, auch andere Diplomata, […] welche zu Erläuterung des Teutschen Reichs-Staats nützlich und nöthig sind […] [Des Teutschen Reichs-Archivs Partis Specialis Continuatio II], Leipzig 1712 (VD18 90101685).

Ders.: Thesaurus iuris derer Grafen und Herren des Heil[igen] Röm[ischen] Reichs, worinn von deren Ursprunge, Wachsthum, Praerogativen und Gerechtsamen gehandelt, auch vieles mit beglaubten und noch nicht zum Vorschein gekommenen Documenten bestärcket wird; nebst einem Elencho und Register ans Licht gegeben [...], [...], Frankfurt am Main und Leipzig 1725. Exemplar: Soest StA/StB.

Luther, Martin: Werke. Kritische Gesamtausgabe [Weimarer Ausgabe], Weimar 1, 1883 ff.

[Mansfelder Kirchenagende] Kirchen(n)Agenda/Darinnen(n) Tauff/ein-/segen/vnd Trawbu(e)chlein/Com-/munion/sampt den teglichen/Collecten/welche in der/ Kirchen gebraucht/werden./Fu(e)r die Prediger in der Graff/vnd/Herrschafft Mansfeld./Jtzunder auffs newe/vbersehen/vnd [...] vermehret [...], Eisleben 1580 (VD16 ZV 195).

[Manuale Ecclesiasticum] Manuale Ecclesiasticum Oder Kirchen-Hand-Buch: Darin enthalten 1. Lutheri Catechismus ohn und mit der Auslegung, nebst nachgesetzten Collecten. 2. Sonn- und Fest-Tages Episteln und Evangelien, mit zugehörigen Collecten. 3. Die Geschichte des Leidens und Sterbens Jesu Christi, aus den IV. Evangelisten zusammen gezogen. 4. Die Historie von der Auferstehung Jesu Christi, bis zu seiner Himmelfahrt. 5. Die Geschicht der Zerstörung der Stadt Jerusalem. 6. Absonderliche Epistel- Fest- und Feyer-Tages, auch bey gewissen Fällen nötige Collecten. 7. Agenda, oder Art und Weyse Sacramenta zu administriren und zu copuliren; Alles also eingerichtet, Daß es in allen Evangelischen Kirchen kan gebrauchet werden/Nebst Einer Vorrede H[er]rn Diederici von Staden, Königl[ich] Schwed[ischen] Consistorial-Secretarii [...], Stade 1710 (VD18 10002170).

Marperger, Bernhard Walther: Die Quelle der Reinigkeit: Bey der Sonntags-Andacht, Ihrer Majestät, der Königin in Pohlen, und Churfürstin zu Sachsen, Domin[ica] XIV. p[ost] Trinit[itatem] [2. September 1725] im Kayser Carls-Bad, gewiesen [...], Dresden/Leipzig 1725 (VD18 11197935).

Ders.: Die Quelle Alles Guten, Bey der Sonntags-Andacht, Ihrer Majest[ät] der Königin in Pohlen, und Churfürstin zu Sachsen, Domin. XV. p[ost] Trin[itatem] [9. September 1725], im Käyser Carls-Bad, gewiesen/[...], Dresden/Leipzig 1725 (VD18 11555165).

[May, Johann Heinrich:] De summa theologiae christianae sive mysterio magno, Christo et pro nobis, et in nobis/[Praeses:] May, Johann Heinrich, [Respondent:] Müller, Friedrich Philipp Johannes [Gießen, Univ., Diss. theol., 5. September 1714], Gießen 1714 (VD18 12288160).

[Ders.:] De mysterio conversionis Iudaicae Gentis ante mundi finem adhuc certo sperantae: Ex oraculo Paulino Rom. XI. 25./[Praeses:] May, Johann Heinrich, [Respondent:] Raabe, Christoph Theophil [Gießen, Univ., Diss. theol., 22. Juni 1716], Giessen 1716 (VD18 15003787).

[Mecklenburgischen Kirchenordnung] Kirchenordnung: Wie es mit Christlicher Lere reichung der Sacrament Ordination der Diener des Euangelij ordenlichen Ceremonien in den Kirchen Visitation Consistorio vnd Schulen Jm Hertzogthumb zu Meckelnburg etc. gehalten wird [...], Wittenberg 1552 (VD16 M 1829).

Müller-Bahlke, Thomas J./Gröschl, Jürgen (Hg.): Salzburg – Halle – Nordamerika. Ein zweisprachiges Find- und Lesebuch zum Georgia-Archiv der Franckeschen Stiftungen (Hallesche Quellenpublikationen und Repertorien 4), Halle (Saale)/Tübingen 1999.

Münsinger von Frundeck, Joachim: Ein Christlick vnde sehr schön Bedeboeck/vull Godtsaliger Betrachtingen vnde gebeden [...] thosamen gedragen vnde am ende mit schönem Trost vnd Gebeden/voor de Seeuarenden vnde Wanderslüde/gemehret vnde gebetert/Genamen vth M[agister] Stephani Praetorij Seeuarer Trost [...], Magdeburg 1598 (VD 16 M 7431).

Musaeus, Simon: Gesprecke/Eines truwen/Bichtuaders mit einem/boethferdigen Bichtkinde be-/grepen in folgende Frage/vnd Antwort ge-/stellet/Dorch/Simonem Musaeum der/hilligen Schrifft/Doctor [...], Dortmund 1575 (VD16 M 5032).

Neumann, Caspar: Kern aller Gebete/In wenig Worten: Für alle Menschen/In allem Alter/In allen Ständen/Zu allen Zeiten/Und Demnach statt eines Morgen-Segens/Abend-Segens/Kirchen-Gebets/Und aller andern Bet-Andachten dienlich [...], Hamburg 1680 (VD17 23:332542A).

Neumeister, Erdmann: Beweis, daß die Marpergerische so genannte Schrifftmäßige Betrachtung des Lehr-Elenchi nicht Schrifftmäßig sey/[...], [ohne Ort] 1727 (VD18 11428112).

Ders.: Abgenöthigte Rettung Der Wahrheit und Ehre: Wieder H[e]r[rn] Johann David Brügmann/Pastoren zu St. Marien, [et]c. in Dortmund, als derselbe Eine Predigt, Darinnen vorgetragen, und in öffentlichem Drucke wiederhohlet worden: Festgegründeter Beweis, daß der Mensch, wenn er vor Gott gerecht wird, keine guten Wercke, sondern allein den Glauben habe; nicht auf Priesterliche Weise angetastet hatte/ihm zu sehr nöthiger Erkänntnis vorgehalten [...], [ohne Ort] 1734 (VD18 13334131).

Oemeken, Gerhard: Der Er-/baren/Erenri-/ker Stadt Sost Christ/like Ordenunge/tho denste/dem hilgen Euangelio/Ge-/menem vre(e)de vnd eindracht/ouergesen dorch D. Vrba-/num Regium/vnd mit ener/des su(e)lfftigen latinschen/Commendation./ Dorch Gerdt Omeken van/Kamen/beschreuen [...], Lübeck 1532 (VD16 ZV 14492).

Peters, Christian: „Hochgeehrter Herr Professor ..." [50] Briefe Mindener Pietisten an August Hermann Francke (1663–1727), in: JWKG 99 (2004), S. 183–288.

Ders.: „Ganz Vlotho scheint sich aufzumachen ..." 10 Aktenstücke zu den durch Friedrich August Weihe (1721–1771) angestoßenen Erweckungen in Vlotho, Exter und Lippstadt, in: JWKG 103 (2007), S. 75–108.

Peuckert, Will-Erich/Faust, August (Hg.): Böhme, Jakob: Mysterium Magnum, 1623. Jacob Böhme: Sämtliche Schriften. Faksimile-Neudruck der Ausgabe von 1730. Siebter und Achter Band, Stuttgart 1958.

[Pfalz-Neuburgische Kirchenordnung] Kirchen-/Ordnung./Wie es mit der Christlichen lehre/heili-/gen Sacramenten/vn(d) Cerimonien/in [...]/Herrn Otthainrichs/ Pfaltzgrauen/bey Rhein/Hertzogen in Nidern vnd Obern/Bayrn (et)c. Fürstenthumb/gehalten wirdt [...] Nürnberg 1554 (VD16 P 2251).

Pfeiffer, Johann Gottlob: Christophori Scheibleri, Weyland um die Kirche JEsu Christi hochverdienten Theologi [...] Aurifodina Theologica, Oder Theologische und geistliche Gold-Grube, Das ist: Teutsche Theologia Practica: Darinnen [...] zu finden, was sowohl einem Studioso Theologiae und angehenden Prediger [...] von der Glaubens- Sitten- und Trost-Lehre, zu wissen von nöthen [...]; Und mit Unterschiedlichen sehr nützlichen Registern, Wie auch Mit einem Anhange etlicher Trauer- Leichen- und Buß-Predigten herausgegeben/Nunmehro aber nach Abgang der ersten Auflage [...] zum andern mahl dem Druck überlassen, und mit einer Neuen Vorrede versehen [...], Leipzig 1727 (VD18 11595175).

Porst, Johann: Theologia Viatorum Practica: Oder Die Göttliche Führung Der Seelen Auf dem Wege zur seligen Ewigkeit; Darinnen gezeiget, Wie der Mensch in der Sicherheit hingehet, daraus aufgewecket, vielfältig versucht, in die Busse geleitet, und im Glauben zum Genuß aller Gnaden- und Heyls-Güter gebracht wird [...], Halle 1725² (VD18 10929428).

Quistorp, Johann Nikolaus: Programma, quo rector universitatis Rostochiensis Johann Nicol[aus] Quistorpius [...] ad exequias, quas conjugi suae [...] Annae Sophiae Peterseniae, viduus moestissimus, d[omi]n[us] Joh[ann] Senstius [...] hodie paratas cupit [...] [Rostock, Univ., Einladung, 15. Februar 1713], Rostock 1713 (VD18 12870064).

Rambach, Johann Jakob: Erbauliche Betrachtungen über die Heils-Güter in Christo: Nach Anleitung des von dem sel[igen] D. Philipp Jacob Spenern herausgegebenen Tractätlein, Die lautere Milch des Evangelii genannt: Vormals in einigen Erbauungs-Stunden auf dem Wäysen-hause zu Halle angestellet; nun aber als Der andere Theil Von des sel[igen] Auctoris Betrachtungen über die Ordnung des Heils, mit Fleiß zusammen getragen und zum Druck befördert [...], Frankfurt am Main/Leipzig 1737 (VD18 10814124).

Ders. (Hg.): Des geist- und trostreichen Lehrers sel[igen] Arnd[t]s, [...] sechs Bücher vom wahren Christenthum [...]: Nebst dem Paradiesgärtlein [...] m[it] einer hist[orischen] Vorr[ede], Züllichau [1753]. Exemplar: Berlin SBB-PK.

Rechenberg, Adam: Summarium Historiae Ecclesiasticae/in tabula repraesentatum [...], Leipzig 1709 (VD18 10433260).

Reitz, Johann Heinrich *siehe auch Schrader, Hans-Jürgen*

Rempen, Johann: Schau-Bühne Der Evangelischen Warheit: Worauff alle Päbstische Glaubens-Streitigkeiten mit der Papisten neuesten Erfindungen, Ausflüchten, und Subtilitäten der gantzen Päbstischen streitbahren Theologiae werden fürgestellet, Und Aus Gottes Wort und eigenen Grundsätzen der Bäbstischen Lehr kurz und deutlich zurück getrieben [...], Frankfurt am Main/Leipzig 1709. Exemplar: München BSB.

Revelmann, Johann Konrad: Des von Gott gelehrten Davids andächtiger Seufftzer üm göttlichen Beystand im Alter [...] Als der Weyland [...] Henrich Wilhelm Emminghauß [...] Pastor zu Hagen, und [...] Inspector der Evangelisch-Lutherischen Kirchen, in der Königlich-Preussischen Graffschaft Marck, Den 23. December 1720. [...] durch einen sanfften Todt [...] abgefordert [...], Dortmund 1721. Exemplar: Münster ULB.

[Rolfinck, Werner:] De sulphure/[Praeses:] Rolfinck, Werner, [Respondent:] Andreae, Herman (Susatensis Westphalus) [Jena, Univ. Diss. med., (ohne Datum) 1660], Jena 1660 (VD17 39:145287L).

[Rostockisches Hand- und Kirchenbuch] Neu-Vermehrtes Rostockisches Hand- und Kirchen-Buch: In welchem zu finden: I. Ein Vollständiges Geistreiches Gesang-Buch, sampt einer Tafel derer Gesänge, wie sie sich auff die ordentliche Sonn- und Fest-Tage schicken II. Die ordentliche Evangelia und Episteln, auff alle Sonn- Fest- Apostel- und Buß-Tage, sampt beygefügten öffentlichen Kirchen-Gebetern.

III. Eine ausführliche Historie des Leydens, Sterbens, Aufferstehung und Himmelfahrt Jesu Christi, wie auch die Zerstöhrung Jerusalems. IV. Die Collecten auf die hohen Fest- und Son[n]tage [...] V. Der Catechismus D[oktor] M[artin] L[uthers] Nebst den drey Haupt-Symbolis/Sampt einer Vorrede Eines Ehrwürdigen Ministerii in Rostock [...], Rostock 1722 (VD18 10924515).

Rudrauf, Kilian: Alte Hessische Glaubens-Lehr/: In zwantzig Theologischen Gewissens-Fragen Vom Sontags-Feyer/Nach Anleitung zweyer Fürstlichen Hessen-Darmstättischen Außschreiben und Edicten [...], Frankfurt am Main/Gießen 1688 (VD17 3:307824F).

Schaaf, Georg-Friedrich: Autobiographische Aufzeichnungen des Versmolder Kircheninspektors und Pastors Johann Anton Clamer Löning (1709–1774) vornehmlich in seinem Studentenstammbuch, in: JWKG 102 (2006), S. 217–261.

[Schäffer, Caspar Theodor:] De homine in imagine divina creato/[Praeses:] Pilger, Martin, [Respondent:] Schäffer, Kaspar Theodor [Dortmund, Archigymn., Diss. theol., 12. März 1733], Dortmund 1733. Exemplar: Dortmund StLB.

Ders.: De speciebus rerum immaterialium innumeris/[Praeses:] Pilger, Martin, [Respondent:] Schäffer, Kaspar Theodor [Dortmund, Archigymn., Diss. theol., 14. September 1733], Dortmund 1733. Exemplar: Dortmund StLB.

Schild, Johann Wilhelm: Pflichtschuldige Hochzeit-Reden/Welche Als Der WohlEdle/Veste und Hochgelahrte Herr Joh[ann] Menge/Beyder Rechten vornehmer Doctor und berühmter Practicus in Soest Mit Der [...] Jungferen Margarethen Annen/Des [...] Heinrich Stammich/Weitberühmten I[uris]C[onsul]ti, Ihro Churfürstl[ichen] Durchl[aucht] zu Brandenburg/des Fürstenthums Minden hochbestallten Regierungs- und Consistorial-Raths [...] Jungfer Tochter Seinen Hochzeitlichen Ehren-Tag den 22. Septemb. 1676. zu Minden hochfeyerlich begieng: Abstatteten und überreichten/Des zu Soest/von wolgemeldtem Herren Doctore gehaltenen Collegii Institutionum, nachgesetzte sämptliche Auditores [...], Soest 1676 (VD17 56:740714L). Exemplar: Braunschweig StB.

Schinmeyer, Johann Christoph: Joh[ann] Christ[oph] Schinmeyers Past[oris] und Inspectoris zu Rathenau Sämmtlicher Schriften erster und zweiter Theil [...], Kopenhagen/Leipzig 1740 (VD18 9085294X und VD18 10762833).

Schmidt, Johann Lorenz: Gründliche Vorstellung der Streitigkeit welche über die im Jahr 1735 zu Wertheim heraus gekommene freye Uebersetzung der fünf Bücher Moses von einigen Gottesgelehrten ist erreget worden [...], [ohne Ort] [ca. 1737] (VD18 13198181).

Schrader, Hans-Jürgen: Johann Henrich Reitz. Historie Der Wiedergebohrnen. Vollständige Ausgabe der Erstdrucke aller sieben Teile der pietistischen Sammelbiographie (1698–1745) mit einem werkgeschichtlichen Anhang der Varianten und Ergänzungen aus späteren Auflagen. Zweiter Band: Teile IV und V (1716/17), Tübingen 1982.

[Schwartz, Hubertus:] Eine Pfarrwahl in Bad Sassendorf 1726, in: SZ 54/55 (1938), S. 27–30.

Seckendorff, Veit Ludwig von: Commentarius historicus et apologeticus de Lutheranismo, sive de reformatione religionis [...], Frankfurt am Main und Leipzig 1688 (VD17 23:230357Y).

4.1 Gedruckte Quellen

Seyffart, Achatius: Klar und deutliche Erörterung dreyer curieusen Fragen [...], Leipzig 1723 (VD18 14713314). Exemplar: Soest StA/StB.
Ders.: Pneumatologia Physico-Medica, Das ist: Kurtze und Naturgemäße Betrachtung der Geister, So wie dieselbe einem Medico zu seiner Profession Beydes nach der Thorie [!] und Praxi zu wissen nöthig/Bey müßigen Stunden entworffen Von Achatius Seyffart, Phil. & Med. Doctore [...], Frankfurt am Main 1727 (VD18 11014792).
[Soester Gesangbuches 1777] Geistreiches/Geba(e)t-Buch./Worin man angewiesen wird,/I. Alle Morgen und Abend/II. An Sonn- und Festtagen/III. Bey Beicht- und Buß-Andachten/IV. Vor, bey und nach dem Ge-/brauche des H[eiligen] Abendmahls./V. Auch in besonderen Anliegen,/Noht und Tod/sich mit GOtt zu unterreden [...], Soest 1777. Exemplar: Sammlung Peters.
Spangenberg, Johann: CANTIONES/ECCLESIAS/TICAE LATINAE, DOMINI-CIS/ET FESTIS DIEBVS, IN COM/memoratione Cenae Domini, per to-/tius anni circulum cantandae. Per/Ioannem Spangenbergum Her/dessianum, Ecclesiae Northusi-/anae Ecclesiasten, Collec-/tae & in ordinem/redactae./KJrchengesen-ge/Deudsch/auff die Son-/tage vnd fu(e)rnemliche Feste/durchs/gantze Jar/zum Ampt/so man/das hochwirdige Sacrament/des Abendmals Christi/handelt/auffs kurtzest [...], Magdeburg 1545 (VD16 S 7762).
Spener, Philipp Jakob: Das Geistliche Priesterthum/Auß Göttlichem Wort Kürtzlich beschrieben/und mit einstimmenden Zeugnüssen Gottseliger Lehrer bekräfftiget [...], Frankfurt am Main 1677 (VD17 3:308709E).
Ders.: Die evangelische Glaubensgerechtigkeit von Herrn D[oktor] Joh[ann] Brevings vergeblichen Angriffen gerettet [...], Frankfurt am Main 1684 (VD17 23:258850P).
Ders.: Natur und Gnade/Oder der Unterscheid der Wercke: So aus natürlichen kräfften und aus den gnaden-würckungen des Heiligen Geistes herkom[m]en/und also eines eusserlich erbarn und wahrhafftig Christlichen gottseligen lebens/[...] nach der regel Göttlichen Worts einfältig aber gründlich untersucht [...], Frankfurt am Main 1687² (erstmals 1685) (VD17 3:008263Q).
Ders.: Die Evangelische Glaubens-Lehre: In einem jahrgang der Predigten Bey den Sonn- und Fest-täglichen ordenlichen Evangelien/auß heiliger Göttlicher schrifft/ In der Chur-Fürstlichen Sächsischen schloß-capell zu Dreßden Anno 1687 [...] vorgetragen [...], Frankfurt am Main 1688 (VD17 1:021076K).
Ders.: Die Evangelische Lebens-Pflichten In einem Jahrgang der Predigten Bey den Sonn- und Fest-Täglichen ordenlichen Evangelien Auß H[eiliger] Göttlicher Schrifft: In der Chur-Sächsischen Hoff-Capelle zu Dreßden vom 1. Advent 1687. biß den 24. nach Trinit[atis] 1688. in der Furcht des Herrn vorgetragen [...], Frankfurt am Main 1692 (VD17 39:135760T).
Ders.: Erste Geistliche Schrifften: Die vor dem in kleinem Format eintzeln heraus ge-geben worden/und nun zusammen gedruckt vor Augen gelegt werden; Sampt dessen Zu unterschiedlich andern Schrifften und Wercken Auffgesetzten Vorre-den/Welche von unterschiedenen Materien handlen [...], Frankfurt am Main 1699 (VD17 12:105563).
Steiger Johann A. *siehe auch Habermann Johann*
Steinen, Johann Diederich von: Kurtze und generale beschreibung der reformations-historie des Hertzogthums Cleve aus verschiedenen nachrichten zusammen ge-

sucht und den liebhabern zu mehrerm nachforschen vorgelegt [...], Lippstadt 1727. Exemplar: Soest StA/StB.
Ders.: Verzeichnis der evangelisch-lutherischen Generalinspektoren in der Grafschaft Mark, in: JVEKGM 4 (1902), S. 115f.
Steinmetz, Johann Adam: D. Philipp Jacob Speners, Churfürstl. Brandenb. Constitorial-Raths und Probstens zu Berlin, bis anhero nur eintzeln gedruckt gewesene kleine Geistliche Schriften: Nunmehro in einige Bände zusammen getragen, und mit des seligen Mannes Ausführlichen Lebensbeschreibung, Historisch-Theologischen Einleitungen, auch nöthigen Vorreden und Registern versehen [...] [Erster Teil], Magdeburg/Leipzig 1741 (VD18 90655885).
Ders.: D. Philipp Jacob Speners Churfürstl. Brandenburg. Consistorial-Raths und Probstens zu Berlin bis anhero nur eintzeln gedruckt gewesene kleine Geistl[iche] Schriften: nunmehro in einige Bände zusammen getragen, und mit einer Vorrede Von der Vortrefflichkeit der Spenerischen Lehr-Art göttliche Wahrheiten vorzutragen, nebst nöthigem Register versehen [...] [Zweiter Teil], Magdeburg/Leipzig 1742 (VD18 90655893).
Sträter, Udo/Wallmann, Johannes (Hg.) in Zusammenarbeit mit vom Orde, Klaus: Philipp Jakob Spener. Briefe aus der Frankfurter Zeit 1666–1686. Bd. 7: 1684–1685, Tübingen 2019.
Summermann, Caspar Theodor: Qui cupit esse pius caussis doctusque Patronus [...], in: Märcker (Mercker), Johann Friedrich: Disputatio Inauguralis Iuridica De Advocato Legali/ Publicae ventilationi subjicit [...], Duisburg 1701 (HT007077687). Exemplar: Duisburg UB.
Ten Kate, Lambert/Leclerc, Jean: Gemeenschap tussen de Gottische spraeke en de Nederduytsche. Fotomechanische herdr. van de ed. 1710 met als bijlage Jean Le Clerc „Convenance des langues Gothique & Flamande" (1710), ingeleid en bezorgd door van de Bilt, Igor en Noordegraaf, Jan, Münster/Amsterdam 2001.
Teschenmacher, Werner: Annales Cliviae, Juliae, Montium, Marcae Westphalicae, Ravensbergae, Geldriae et Zutphaniae: Duabus partibus comprehensi; quos denuo edi curavit, adjectisque annotationibus, tabulis genealogicis, geographicis, codice diplomatico atque indice locuplettissimo/illustravit Justus Christopherus Dithmarus [...], Frankfurt am Main und Leipzig 1721 (VD18 14738422).
Thiersch, Bernhardt: Materialien zur Geschichte des Gymnasiums zu Dortmund, in: Gymnasialprogramm Dortmund 1842, S. 29–33.
Triller, Caspar Ernst: Untersuchung Etlicher Oerter Des Neuen Testments/: Die wegen bißher übler Ubersetzung die Warheit aufgehalten haben. Auff allergnädigsten Befehl einer hohen Person gedruckt [...], Danzig 1699 (VD17 39:143012G).
Tuchtfeld, Victor Christoph: Die Scheidung des Lichts und der Finsterniß: In rechter Unterscheidung der Seelen und des Geistes, Natur und Gnade, des Gesetzes und des Evangelii, Was Menschlich, und was Göttlich, Allen Gottesfürchtigen, in allen Secten und Religionen zur Prüfung, Ob und wie weit es mit eines jeden lebendigen Erfahrung überein kömmt/Nach dem einigen Geist, der alles in allem würcket, kürtzlich und einfältig vorgelegt, [ohne Ort] 1724 (VD18 12456284).
[Veltheim, Valentin:] Dissertatio theologica demonstrans ex textu Jacobi II, v. 24 videtis igitur, operibus iustificari hominem et non ex fide tantum, [Praeses:] Veltheim,

Valentin, [Respondent:] Michels, Heinrich [Jena, Univ., Diss. theol., 10. Dezember 1691), Jena 1691 (VD17 12:165628G).
Vogeler, Eduard: Beiträge zur Soester Kirchengeschichte, in: SZ 12 (1893/94), S. 110–137.
Ders.: Aktenmäßige Mitteilungen über die Gehaltsverhältnisse der Lehrer am Archigymnasium um die Mitte des 18. Jahrhunderts, in: SZ 16 (1898/99), S. 54–58.
Ders.: Beiträge zur Soester Kirchengeschichte, in: SZ 20 (1902/03), S. 76–91.
Ders.: Eine alte märkische Pastorenchronik, in: JVEKGW 8 (1906), S. 65–109, hier S. 79–89 („Curriculum vitae Henrici Rumpaei propria manu scriptum").
Vom Orde, Klaus siehe auch Sträter, Udo/Wallmann, Johannes
Wallmann, Johannes siehe auch Sträter, Udo in Zusammenarbeit mit vom Orde, Klaus
Wasserbach, Ernst Casimir (Hg.): Hermanni Hamelmanni, S[ancti]s[simae] Theol[ogiae] Licent[iati] & dum viveret Superint[endentis] Oldenburgici, Opera genealogico-historica, de Westphalia & Saxonia inferiori […], Lemgo 1721. Exemplar: Münster IWKG.
[Weinhage, Johann Adolph:] Disputatio iuridica inauguralis de principalioribus interdicti retinendae possessionis speciebus, utrubi & uti possidetis/[Praeses:] Pestel, David, [Respondent:] Weinhage, Johann Adolph [Rinteln, Univ., Diss. iur., (ohne Tag) März 1654], Rinteln 1654 (VD17 23:622680V).
Welte, Michael (Hg.): Segensvolle Fußstapfen. August Hermann Francke (TVG Klassiker), Gießen 1994.
[Wetzel, Hieronymus:] Dissertatio theologica inauguralis, exhibens confutationem articuli primi sectionis secundae, qui est de s[acra] coena: In epicrisi Theologicae Facultatis Wittebergensis de Colloquio Cassellano Rinthelio-Marpurgensium anno MDCLXI. Mense Iulio instituto/[Praeses:] Curtius, Sebastian, [Respondent:] Wetzel, Hieronymus [Marburg, Univ., Diss. theol., (ohne Tag) Juli 1666], Marburg 1666 (VD17 17:749471Z).
Wichterich, Johann Lorenz: Das Ungleiche Schicksal der Gottlosen und Frommen im Tode […], Frankfurt am Main 1755 (VD18 11961465).
Wolff, Christian: Oratio de Sinarum philosophia practica […], Frankfurt am Main 1726 (VD18 14782863).
Wotschke, Theodor: Friedrich Brecklings niederrheinischer Freundeskreis, in: MRKG 21 (1927), S. 3–21.
Ders.: [Speners und] Franckes rheinische Freunde in ihren Briefen, in: MRKG 22 (1928), S. 81–89, 103–123, 151–158, 175–186, 206–219, 236–247, 264–278, 308–320, 343–350 und 362–373 sowie 23 (1929), S. 23–29, 55–90 und 321–357.
Ders.: Aus den letzten Tagen der Orthodoxie, in: JVWKG 30 (1929), S. 113–134.
Ders.: Rumpaeus' Briefe an Löscher, in: JVWKG 31 (1930), S. 125–139.
Ders.: Johann Gottfried Kopstadt, in: MRKG 24 (1930), S. 89–98.
Ders.: Zur Geschichte des westfälischen Pietismus 1, in: JVWKG 32 (1931), S. 55–100.
Ders.: Zur Geschichte des westfälischen Pietismus 2, in: JVWKG 34 (1933), S. 39–103.
Ders.: Essener Briefe, in: MRKG 28 (1934), S. 263–268.
Ders.: Urkunden zur westfälischen Kirchengeschichte, in: JVWKG 37 (1936), S. 113–150.
Ders.: Urkunden zur westfälischen Kirchengeschichte, in: JVWKG 40/41 (1939/40), S. 209–293.

[Württembergische Kirchenordnung 1657] Kirchen-Ordnung/Wie es mit der Lehr und Ceremonien im Hertzogthumb Würtemberg angerichtet und gehalten werden soll [...], Stuttgart: Rößlin 1657 (VD17 1:083294W).

[Berliner Reden] Zinzendorf, Nikolaus Ludwig von: Des Ordinarii Fratrum Berlinische Reden/nach dem vollständigen und von ihm selbst eigenhändig revidirten Exemplar, in Druk gegeben von Gottfried Clemens, des Seminarii Theol[ogici] Decano und Schloß-Prediger zu Barby [...], London und Barby 1757 (VD18 90575199).

Zopf, Johann Heinrich: De selectu in studio observando [...], Soest 1721. Exemplar: Soest StA/StB.

4.2 Hilfsmittel

Adelung, Johann Christoph *siehe auch Jöcher, Christian Gottlieb/Rotermund, Heinrich Wilhelm*

Andresen, Andreas/Wessely, Joseph Eduard/Heller, Joseph u. spätere (Hg.): Handbuch für Kupferstichsammler oder Lexicon der Kupferstecher, Maler-Radirer und Formschneider aller Länder und Schulen nach Massgabe ihrer geschätztesten Blätter und Werke auf Grundlage der zweiten Auflage von Heller's pract[ischem] Handbuch für Kupferstichsammler neu bearbeitet und um das Doppelte erweitert, Leipzig 1870.

Bauks, Friedrich Wilhelm: Die evangelischen Pfarrer in Westfalen von der Reformationszeit bis 1945 (BWFKG 4), Bielefeld 1980.

Bettge, Götz (Hg.): Iserlohn-Lexikon, Iserlohn 1987.

Czubatynski, Uwe: Evangelisches Pfarrerbuch für die Altmark. Biographische Daten und Quellennachweise als Hilfsmittel zur kirchlichen Ortsgeschichte der Mark Brandenburg und der Provinz Sachsen, 2., erweiterte Auflage, Rühstädt 2006.

Diehl, Wilhelm: Pfarrer- und Schulmeisterbuch für die hessen-darmstädtischen Souveränitätslande, Darmstadt 1930.

Fabian, Bernhard (Hg.): Handbuch der Historischen Buchbestände in Deutschland. Bd. 4: Nordrhein Westfalen K-Z, Hildesheim/Zürich/New York 1993.

Genealogisches Handbuch des Adels, Band 12 (Band 125 der Gesamtreihe), Limburg (Lahn) 2001.

Georges, Karl Ernst: Ausführliches Lateinisch-Deutsches Handwörterbuch. Aus den Quellen zusammengetragen und mit besonderer Bezugnahme auf Synonymik und Antiquitäten unter Berücksichtigung der besten Hilfsmittel (2 Bände), Gotha 1913[8] (ND Hannover 1976).

Grewolls, Grete: Wer war wer in Mecklenburg und Vorpommern? Das Personenlexikon, Rostock 2011.

Grotefend, Hermann: Taschenbuch der Zeitrechnung des deutschen Mittelalters und der Neuzeit: Für den praktischen Gebrauch und zu Lehrzwecken entworfen, Hannover 2007[14].

Gruch, Jochen (im Auftrag der Evangelischen Kirche im Rheinland und des Vereins für Rheinische Kirchengeschichte) (Bearb.): Die evangelischen Pfarrerinnen und Pfarrer im Rheinland von der Reformation bis zur Gegenwart (SVRKG 175), Bd. 1:

A–D, Bonn 2011; Bd. 2: E–J, Bonn 2013; Bd. 3: K–R, Bonn 2018 und Bd. 4: S–Z, Bonn 2020.
Heller, Joseph *siehe auch Andresen, Andreas/Wessely, Joseph Eduard*
Hengst, Karl (Hg.): Westfälisches Klosterbuch. Lexikon der vor 1815 errichteten Stifte und Klöster von ihrer Gründung bis zur Aufhebung. Teil 1: Ahlen–Mülheim. Teil 2: Münster–Zwillbrock (VHKW XLIV, Quellen und Forschungen zur Kirchen- und Religionsgeschichte 2), Münster 1992 und 1994.
Hösch, Edgar/Nehring, Karl/Sundhaussen, Holm (im Auftrag des Südost-Instituts München): Lexikon zur Geschichte Südosteuropas, Wien/Köln/Weimar 2004.
Jöcher, Christian Gottlieb/Adelung, Johann Christoph/Rotermund, Heinrich Wilhelm (Hg.): Allgemeines Gelehrten-Lexicon: darinne die Gelehrten aller Stände sowohl männ- als weiblichen Geschlechts, welche vom Anfange der Welt bis auf ietzige Zeit gelebt, […] aus den glaubwuerdigsten Scribenten in alphabetischer Ordnung beschrieben werden […] (ND der Ausg. Leipzig/Delmenhorst/Bremen 1750–1897), Hildesheim 1960/61 (Ergänzungsbände 1–7).
Kahnt, Helmut/Knorr, Bernd: Alte Maße, Münzen und Gewichte. Ein Lexikon, Mannheim/Wien/Zürich/Leipzig 1986 (Lizenzausgabe).
Klötzer, Wolfgang (Hg.): Frankfurter Biographie. Personengeschichtliches Lexikon (2 Bände) (Veröffentlichungen der Frankfurter Historischen Kommission XIX), Frankfurt am Main 1994 und 1996.
Knorr, Bernd *siehe auch Kahnt, Helmut*
Michels, Franz Goswin von: Genealogien Soester Geschlechter, umgeschrieben von Deus, Wolf-Herbert (Soester wissenschaftliche Beiträge 11), Soest 1955, S. 7–379 (Teil 1: Der „große Michels") und S. 381–670 (Teil 2: Der „kleine Michels").
Moderow, Hans: Die Evangelischen Geistlichen Pommerns von der Reformation bis zur Gegenwart, Teil 1: Regierungsbezirk Stettin, Stettin 1903.
Murken, Jens (im Auftrag der Evangelischen Kirche von Westfalen): Die evangelischen Gemeinden in Westfalen von den Anfängen bis zur Gegenwart (3 Bände). Bd. 1: Ahaus bis Hüsten; Bd. 2: Ibbenbüren bis Rünthe und Bd. 3: Salim-Köslin bis Zurstraße (Schriften des Landeskirchlichen Archivs der Evangelischen Kirche von Westfalen 11, 12 und 23), Bielefeld 2008, 2017 und 2019.
Poggendorff, Johann Christian: Biographisch-literarisches Handwörterbuch zur Geschichte der exacten Wissenschaften. Band 2, Leipzig, 1863.
Rosenkranz, Albert: Das Evangelische Rheinland. Ein rheinisches Gemeinde- und Pfarrerbuch. II. Band: Die Pfarrer (SVRKG 7), Düsseldorf 1958.
Rotermund, Heinrich Wilhelm *siehe auch Jöcher, Christian Gottlieb/Adelung, Johann Christoph*
Scheible, Heinz/Schneider, Corinna: Melanchthons Briefwechsel (MBW). Band 11: Personen A–E, Stuttgart-Bad Cannstatt 2003.
Schneider, Corinna *siehe auch Scheible, Heinz*
Straubel, Rolf: Biographisches Handbuch der preußischen Verwaltungs- und Justizbeamten 1740–1806/15 (Historische Kommission zu Berlin: Einzelveröffentlichungen 85), München 2009.
Verein für Pfarrerinnen und Pfarrer in der Evangelischen Kirche der Kirchenprovinz Sachsen e.V. (Hg.): Pfarrerbuch der Kirchenprovinz Sachsen (bislang 10 Bände), Leipzig 2003 ff.

Wander, Karl Friedrich Wilhelm: Deutsches Sprichwörter-Lexikon. Ein Hausschatz für das Deutsche Volk (5 Bände), Leipzig 1867 (ND Augsburg 1987).
Wessely, Joseph Eduard *siehe auch Andresen, Andreas/Heller, Joseph*

4.3 Sekundärliteratur

Albrecht, Ruth: Artikel „Guyon, Jeanne Marie", in: RGG⁴ 3 (2000), Sp. 1356.
Dies.: Johanna Eleonora Petersen. Theologische Schriftstellerin des frühen Pietismus (AGP 45), Göttingen 2005.
Albrecht-Birkner, Veronika: Artikel „Seckendorf (Seckendorff), Veit Ludwig", in: RGG⁴ 7 (2004), Sp. 1085f.
Dies.: Artikel „Steinmetz, Johann Adam", in: RGG⁴ 7 (2004), Sp. 1704f.
Allison, Christopher FitzSimons: Artikel „Book of Common Prayer", in: RGG⁴ 1 (1998), Sp. 1691–1694.
Appold, Kenneth: Artikel „Wernsdorff, Gottlieb", in: RGG⁴ 8 (2005), Sp. 1467.
Baedeker, Dietrich: Der Dortmunder Stadtbuchdrucker Gottschalk Diedrich Baedeker (1713–1778), in: Beiträge zur Geschichte Dortmunds und der Grafschaft Mark 57 (1960), S. 205–211.
Baedeker, Franz Gotthelf Heinrich Jakob (fortgeführt von Heppe, Heinrich): Geschichte der evanglischen Gemeinden der Grafschaft Mark und der benachbarten Gemeinden von Dortmund, Soest, Lippstadt, Essen etc., Iserlohn 1870.
Bährens, Ehregott Friedrich Wilhelm: Geschichte der evangelisch-lutherischen Gemeinde und ihrer Schulen zu Essen, Essen 1813.
Baier, Ronny: Artikel „Pfalz-Neuburg, Karl Philipp von", in: BBKL 21 (2003), Sp. 1154–1160.
Bautz, Friedrich Wilhelm: Artikel „Baier, Johann Wilhelm", in: BBKL 1 (1975, 1990²), Sp. 347f.
Ders.: Artikel „Calvör, Caspar", in: BBKL 1 (1975, 1990²), Sp. 890.
Ders.: Artikel „Fresenius, Johann Philipp", in: BBKL 2 (1990), Sp. 119f.
Ders.: Artikel „Haberkorn, Peter", in: BBKL 2 (1990), Sp. 416.
Ders.: Artikel „Hanneken, Philipp Ludwig", in: BBKL 2 (1990), Sp. 517.
Ders.: Artikel „Hollaz, David", in: BBKL 2 (1990), Sp. 1003f.
Beneke, Otto: Artikel „Edzardus, Sebastian", in: ADB 5 (1877), S. 652f.
Benrath, Gustav Adolf: Artikel „Tersteegen, Gerhard", in: RGG⁴ 8 (2005), Sp. 170–172.
Bérenger, Jean: Turenne, Paris 1987.
Bertling, Georg Friedrich: Geschichte des Archigymnasiums zu Soest (Gymnasialprogramm des Archigymnasiums), Soest 1819.
Ders./Schwartz, Hubertus: Das Schulhaus des Archigymnasiums zu Soest, 1570–1821, in: SZ 60 (1943), S. 56–66.
Bertram, Georg: Artikel „Grabe, Johannes Ernst", in: NDB 6 (1964), S. 696–698.
Beutel, Albrecht: Artikel „Jerusalem, Johann Friedrich Wilhelm", in: RGG⁴ 4 (2001), Sp. 449f.
Beyer, Michael: Artikel „Johann der Beständige", in: RGG⁴ 4 (2001), Sp. 512f.
Ders.: Artikel „Menius, Justus", in: RGG⁴ 5 (2002), Sp. 1037f.

Ders.: Artikel „Spalatin, Georg", in: RGG⁴ 7 (2004), Sp. 1533 f.
Beyreuther, Erich: Artikel „Hanneken, Philipp Ludwig", in: NDB 7 (1966), S. 620 f.
Billig, Wolfgang: Thüringische Pastoren VI: Johann Samuel Tromsdorf, 1699–1713 Pfarrer an St. Andreas zu Erfurt, in: MFK 25 (1984), S. 554–559 und 28 (1987), S. 552 f.
Blaufuß, Dietrich: Halle – „eine neu angelegte academie". Philipp Jakob Speners Programm des Theologiestudiums und Paul Antons Elementa homiletica, in: Marti, Hanspeter/Marti-Weissenbach, Karin (Hg.): Traditionsbewusstsein und Aufbruch. Zu den Anfängen der Universität Halle, Wien/Köln/Weimar 2019, S. 111–150.
Blesken, Andreas Heinrich: David Davidis. Aus Zeit und Leben eines märkischen Pfarrers des 18. Jahrhunderts, in: JVWKG 48 (1955), S. 113–141.
Bloth, Hugo Gotthard: Brückenschlag zwischen dem Burg- und Gröning'schen Gymnasium in Essen und Stargard seit mehr als 150 Jahren. In: Festschrift 150 Jahre Burggymnasium Essen, Essen 1974, S. 32–35.
Ders.: Soldat und Vermittler. Generalfeldmarschall Dubislav Gneomar von Natzmer (1654–1739). Pommer, Pietist, Preuße, in: Baltische Studien N.F. 70 (1984), S. 81–111.
Bochinger, Christoph: J[ohann] H[einrich] Callenbergs Institutum Judaicum et Muhammedicum und seine Ausstrahlung nach Osteuropa, in: Sträter, Udo/Wallmann, Johannes (Hg.): Halle und Osteuropa. Zur europäischen Ausstrahlung des hallischen Pietismus (Hallesche Forschungen 1), Tübingen 1998.
Ders.: Artikel „Callenberg, Johann Heinrich", in: RGG⁴ 2 (1999), Sp. 15.
Bonwetsch, Bernd *siehe auch Wagner, Johannes Volker/Eggeling, Wolfgang*
Braunisch, Reinhard: Artikel „Gropper, Johannes", in: RGG⁴ 3 (2000), Sp. 1301.
Brecht, Martin/Deppermann, Klaus/Lehmann, Hartmut/Gäbler, Ulrich (Hg.): Geschichte des Pietismus [GdP] (4 Bände), Göttingen 1993–2004, darin:
Brecht, Martin (Hg.): Der Pietismus vom siebzehnten bis zum frühen achtzehnten Jahrhundert (GdP 1), Göttingen 1993.
Ders.: Philipp Jakob Spener, sein Programm und dessen Auswirkungen, in: Ders. (Hg.): GdP 1, Göttingen 1993, S. 278–389.
Ders.: August Hermann Francke und der Hallische Pietismus, in: Ders. (Hg.): GdP 1, Göttingen 1993, S. 439–539.
Ders./Deppermann, Klaus (Hg.): Der Pietismus im achtzehnten Jahrhundert (GdP 2), Göttingen 1995.
Ders.: Der Hallische Pietismus in der Mitte des 18. Jahrhunderts, in: Ders./Deppermann (Hg.): GdP 2, Göttingen 1995, S. 319–357.
Breymayer, Reinhard: Artikel „Müller, Polycarp", in: NDB 18 (1997), S. 469 f.
Bruning, Jens: August (1553–1586), in: Kroll, Frank-Lothar (Hg.): Die Herrscher Sachsens. Markgrafen, Kurfürsten, Könige. 1089–1918, München 2007, S. 110–125.
Buek, Friedrich Georg: Artikel „Hartwig Bambamius J. U. D.", in: Die Hamburgischen Oberalten, ihre bürgerliche Wirksamkeit und ihre Familien, Hamburg 1857, S. 383.
Burkardt, Johannes/Hey, Bernd (Hg.): Von Wittgenstein in die Welt. Radikale Frömmigkeit und religiöse Toleranz (BWFKG 35), Bielefeld 2009.
Burkardt, Johannes: Berleburg – Mühlhausen – Bielefeld – Hamburg: Eine Reise des Radikalpietisten Victor Christoph Tuchtfeld im Jahr 1733, in: JWKG 110 (2014), S. 73–90.

Ders.: Das Bielefelder Waisenhaus als Gesangbuchverlag, in: Jahresbericht des historischen Vereins für die Grafschaft Ravensberg 100 (2015), S. 149–174.
Carl, Horst: Okkupation und Regionalismus. Die preußischen Westprovinzen im Siebenjährigen Krieg, Diss. phil. Mainz 1993. Exemplar: Münster IWKG.
Clarenbach, Adolf: Zwei bisher unbekannte westfälische Gesangbücher, in: JEVWKG 26 (1925), S. 116.
Ders.: Wie man anno 1730 in Soest das Jubiläum der Augsburgischen Konfession begangen hat, in: Westfälisches Pfarrerblatt 30 (1930/Nr. 5/Mai), S. 53.
De Werd, Guido (Red.): Land im Mittelpunkt der Mächte. Die Herzogtümer Jülich, Kleve, Berg (Ausstellungskatalog), 3., überarbeitete Auflage, Kleve 1985.
Dechent, Hermann: Artikel „Pritius, Johann Georg", in: ADB 26 (1888), S. 602–604.
Denningmann, Susanne: Aneignung und Kritik des Ramismus in Soest. Logikunterricht am Archigymnasium im 17. Jahrhundert, in: SZ 117 (2005), S. 76–98.
Deppermann, Klaus *siehe auch Brecht, Martin/Lehmann, Hartmut/Gäbler, Ulrich*
Deuper, Christian: Theologe, Erbauungsschriftsteller, Hofprediger. Joachim Lütkemann in Rostock und Wolfenbüttel (Wolfenbütteler Forschungen 136), Wiesbaden 2013.
Deus, Wolf-Herbert: Kleine Soziologie der Soester zur Zeit Friedrichs des Großen, in: SZ 64 (1952), S. 5–58.
Ders.: Die Herren von Soest. Die Stadtverfassung im Spiegel des Ratswahlbuches von 1417 bis 1751 (FS Hubertus Schwartz) (Soester wissenschaftliche Beiträge 10), Soest 1955.
Ders.: Zur Soziologie der Reformierten Gemeinde in ihrer ersten Generation, in: SZ 76 (1962), S. 48–70.
Ders.: Eingriffe des Großrichters in Stadtverwaltung und Ratswahl 1691–[16]95, in: SZ 76 (1962), S. 71–80.
Ders.: Henrich Melchior Schütte und das Soester Recht in Wissenschaft und Politik, in: SZ 76 (1962), S. 95–103.
Ders.: „Braune Häuser" der Nationalsozialisten in Soest, in: SZ 108 (1996), S. 152–160.
Dienst, Karl: Artikel „Haberkorn, Peter", in: NDB 7 (1966), S. 390f.
Dietz, Walter R.: Artikel „Atheismus II. Kirchengeschichtlich", in: RGG⁴ 1 (1998), Sp. 875–877.
Duchhardt, Heinz (Hg.): Der Friede von Rijswijk 1697 (VIEG Beiheft 47), Mainz 1998.
Düker, Eckhard: Freudenchristentum. Der Erbauungsschriftsteller Stephan Praetorius (AGP 38), Göttingen 2003.
Dufour, Alfred: Artikel „Godefroy, Jacques", in: Historisches Lexikon der Schweiz, https://hls-dhs-dss.ch/de/articles/016282/2005-06-10/ [23.08.2023].
Eckstein, Friedrich August: Artikel „Freyer, Hieronymus", in: ADB 7 (1877), S. 367–369.
Edel, Andreas: Artikel „Ottheinrich", in: NDB 19 (1999), S. 655f.
Eggeling, Wolfgang *siehe auch Wagner, Johannes Volker/Bonwetsch, Bernd*
Ehbrecht, Wilfried *siehe auch Widder, Ellen, in Verbindung mit Köhn, Gerhard*
Elsner, Andreas: Die Soester und ihre Musketiere – Soest als Garnison 1714 bis 1806: Hinnahme, Kooperation und Konflikt, in: Widder, Ellen u. a. (Hg.): Soest. Geschichte der Stadt. Band 3: Zwischen Bürgerstolz und Fürstenstaat. Soest in der frühen Neuzeit (Soester Beiträge 54), Soest 1995, S. 905–957.

Ders.: Soester Bürger als französische Geiseln im Siebenjährigen Krieg (1756–1763), in: SZ 124 (2012), S. 99–114.
Esser, Helmut: Johann Georg Joch. Ein Wegbereiter für den Pietismus in Dortmund (1709–1722), in: Beiträge zur Geschichte Dortmunds und der Grafschaft Mark 58 (1962), S. 175–208.
Ders.: D. Johann Daniel Kluge. Ein Epigone der Orthodoxie in Dortmund, in: Beiträge zur Geschichte Dortmunds und der Grafschaft Mark 76/77 (1984/85), S. 243–273.
Externbrink, Sven (Hg.): Der Siebenjährige Krieg (1756–1763). Ein europäischer Weltkrieg im Zeitalter der Aufklärung, Berlin 2011.
Fiedler, Rudolf/Schultebraucks, Meinolf: Das Zisterzienserinnenkloster St. Mariae zu Welver und seine Pfarr- und Klosterkirche St. Bernhard, Paderborn 2007.
Fiedler, Uwe (im Auftrag des Schlossbergmuseums Chemnitz): Die Gesellschaft des Fürsten. Prinz Xaver von Sachsen und seine Zeit (Ausstellung vom 3. Oktober 2009 bis 6. Januar 2010), Chemnitz 2009.
Findeisen, Jörg-Peter: Karl XII. von Schweden – ein König, der zum Mythos wurde, Berlin 1992.
Fink, Hanns-Peter: Rumpäus und die Brände in Soest, in: SZ 78 (1964), S. 90–97.
Fitschen, Klaus: Artikel „Makarius", in: RGG[4] 5 (2002), Sp. 698f.
Fix, Andrew C.: Fallen angels. Balthasar Bekker, spirit belief, and confessionalism in the seventeenth century Dutch Republic, Dordrecht 1999.
Frank, Gustav: Artikel „Neubauer, Ernst Friedrich", in: ADB 23 (1886), S. 468.
Friedrich, Martin: Artikel „Dieterich, Konrad", in: RGG[4] 2 (1999), Sp. 847f.
Ders.: Artikel „May, Heinrich", in: RGG[4] 5 (2002), Sp. 936f.
Gäbler, Ulrich *siehe auch Brecht, Martin/Deppermann, Klaus/Lehmann, Hartmut*
Gäbler, Ulrich (Hg.): Der Pietismus im neunzehnten und zwanzigsten Jahrhundert (GdP 3), Göttingen 2000.
Geiger, Erika: Zinzendorfs Ehen und sein Eheverständnis, in: Unitätsarchiv in Herrnhut (Hg.), Graf ohne Grenzen. Leben und Werk von Nikolaus Ludwig Graf von Zinzendorf (Ausstellungskatalog), Herrnhut 2000, S. 43–51.
Goebel, Max: Geschichte des christlichen Lebens in der rheinisch-westphälischen Kirche (3 Bände), darin: Band 2: Das siebenzehnte Jahrhundert oder die herrschende Kirche und die Sekten, Coblenz 1852 (ND 1900) sowie Band 3: Die niederrheinische reformierte Kirche und der Separatismus in Wittgenstein und am Niederrhein im achtzehnten Jahrhundert, Coblenz 1860 (ND 1900).
Goeters, Johann Friedrich Gerhard: Gerdt Oemeken von Kamen, ca. 1500–1562. Niederdeutsches Kirchentum von Westfalen bis Mecklenburg, in: JWKG 87 (1993), S. 67–90.
Ders.: Der reformierte Pietismus in Bremen und am Niederrhein im 18. Jahrhundert, in: Brecht/Depperman (Hg.): GdP2, Göttingen 1995, S. 372–427.
Götz, Roland: Die Familie Friderici: Schüler und Lehrer am Archigymnasium und Pfarrer in Borgeln im 17. und 18. Jahrhundert, in: SZ 133 (2021), S. 39–59.
Götzelmann, Arnd: Artikel „Waisenfürsorge", in: RGG[4] 8 (2005), Sp. 1266f.
Goldschmidt, Stephan: Johann Konrad Dippel (1673–1734). Seine radikalpietistische Theologie und ihre Entstehung (AGP 39), Göttingen 2001.

Gosmann, Michael: Artikel „Paradiese – Dominikanerinnen", in: Hengst, Karl (Hg.): Westfälisches Klosterbuch. Lexikon der vor 1815 errichteten Stifte und Klöster von ihrer Gründung bis zur Aufhebung. Teil 2: Münster – Zwillbrock (VHKW XLIV. Quellen und Forschungen zur Kirchen- und Religionsgeschichte 2), Münster 1994, S. 262–268.

Grethlein, Christian: Artikel „Konfirmation. I. Geschichtlich und praktisch-theologisch", in: RGG⁴ 4 (2001), Sp. 1558–1561.

Grimm, Heinrich: Artikel „Dithmar, Justus" in: NDB 3 (1957), S. 746 f.

Gros, Beate Sophie: Das Hohe Hospital in Soest (ca. 1178–1600). Eine prosopographische und sozialgeschichtliche Untersuchung (VHKW XXV; Urkunden-Regesten der Soester Wohlfahrtsanstalten 5), Münster 1999.

Groth, Friedhelm u. a. (Hg.): Das „Alte Pastorat" in Deilinghofen und die dortigen Pfarrer von 1765 bis 1834 (Dümpelmann, Müller, Basse, Josephson I) (Blätter zur Deilinghofer Kirchengeschichte 3), Deilinghofen 1994, S. 11–131.

Grünberg, Paul: Philipp Jakob Spener. Dritter Band: Spener im Urteil der Nachwelt und seine Einwirkung auf die Folgezeit. – Spener-Bibliographie. – Nachträge und Register, Göttingen 1906.

Günther, Johann Jakob: Lebensskizzen der Professoren der Universität Jena seit 1558 bis 1858, Jena 1858.

Günther, Ralf: Städtische Autonomie und fürstliche Herrschaft – Politik und Verfassung im frühneuzeitlichen Soest, in: Widder, Ellen u. a. (Hg.): Soest. Geschichte der Stadt. Band 3: Zwischen Bürgerstolz und Fürstenstaat. Soest in der frühen Neuzeit (Soester Beiträge 54), Soest 1995, S. 17–123.

Gummelt, Volker: Johann Friedrich Mayer. Seine Auseinandersetzungen mit Philipp Jacob Spener und August Hermann Francke, Habil. theol. Greifswald 1996 (ungedruckt).

Ders.: Artikel „Hollaz, David", in: RGG⁴ 3 (2000), Sp. 1844.

Ders.: Der Mensch zwischen Sünde und Gnade. Zur theologischen Anthropologie des Zinzendorf-Schülers David Hollaz (1704–1771), in: Sträter, Udo u. a. (Hg.): Alter Adam und Neue Kreatur. Pietismus und Anthropologie. Beiträge zum II. Internationalen Kongress für Pietismusforschung 2005 (Hallesche Forschungen 28,1), Tübingen 2009, S. 209–217.

Gurlt, Ernst: Artikel „Scultetus, Daniel Severin", in: ADB 33 (1891), S. 498.

Häckermann, Adolf: Artikel „Henning, Jacob", in: ADB 11 (1880), S. 774 f.

Harraeus, Karl: Beiträge zur Geschichte der Familie Spener, München 1973.

Haupt, Hermann/Lehnert, Georg: Chronik der Universität Gießen 1607 bis 1907 (FS zur 3. Jahrhundertfeier), Gießen 1907.

Hauschild, Wolf-Dieter: Kirchengeschichte Lübecks. Christentum und Bürgertum in neun Jahrhunderten, Lübeck 1981.

Heid, Stefan: Onofrio Panvinio, in: Ders./Dennert, Martin (Hg.): Personenlexikon zur Christlichen Archäologie. Forscher und Persönlichkeiten vom 16. bis zum 21. Jahrhundert. Band 2, Regensburg 2012, S. 988–990.

Hellekamps, Stephanie/Musolff, Hans-Ulrich (Hg.): Zwischen Schulhumanismus und Frühaufklärung. Zum Unterricht an westfälischen Gymnasien 1600–1750 (Westfalen in der Vormoderne. Studien zur mittelalterlichen und frühneuzeitlichen Landesgeschichte 3), Münster 2009.

Hempelmann, Reinhard: Artikel „Enthusiasmus. III. Dogmatisch", in: RGG⁴ 2 (1999), Sp. 1326f.
Hennigfeld, Ursula (Hg.): Lazarus – Kulturgeschichte einer Metapher (Beiträge zur neueren Literaturgeschichte 346), Heidelberg 2016.
Heppe, Heinrich *siehe auch Baedeker, Franz Gotthelf Heinrich Jakob*
Hey, Bernd *siehe auch Burkardt, Johannes*
Hirsch, August: Artikel „Alberti, Michael", in: ADB 1 (1875), S. 214f.
Hoche, Richard: Artikel „Quade, Michael Friedrich", in: ADB 27 (1888), S. 2f.
Holtz, Sabine: Theologie und Alltag. Lehre und Leben in den Predigten der Tübinger Theologen 1550–1750 (Spätmittelalter und Reformation, NF 3), Tübingen 1993.
Hornig, Gottfried: Johann Salomo Semler. Studien zu Leben und Werk des Hallenser Aufklärungstheologen (Hallesche Beiträge zur europäischen Auflärung 2), Tübingen 1996.
Ilisch, Peter: Münz- und Währungsgeschichte der Stadt Soest, in: Widder, Ellen u. a. (Hg.): Soest. Geschichte der Stadt. Band 3: Zwischen Bürgerstolz und Fürstenstaat. Soest in der frühen Neuzeit (Soester Beiträge 54), Soest 1995, S. 249–268.
Ingle, H. Larry: Artikel „Quäker", in: RGG⁴ 6 (2003), Sp. 1853–1857.
Jakob, Volker: Die topographische Entwicklung Soests vom 16. zum 19. Jahrhundert, in: Widder, Ellen u. a. (Hg.): Soest. Geschichte der Stadt. Band 3: Zwischen Bürgerstolz und Fürstenstaat. Soest in der frühen Neuzeit (Soester Beiträge 54), Soest 1995, S. 271–293.
Jakubowski-Tiessen, Manfred: Der frühe Pietismus in Schleswig-Holstein. Entstehung, Entwicklung und Struktur (AGP 19), Göttingen 1983.
Ders.: Religiöse Weltsichten. Frömmigkeit, Kirchenkritik und Religionspolitik in den Herzogtümern Schleswig und Holstein (Schriften des Vereins für Schleswig-Holsteinische Kirchengeschichte 63), Husum 2020.
Jansen, Wilhelm: Das Pfarrergeschlecht der Hennecke, in: SZ 79 (1966), S. 92–100 und S. 73 (Abbildungen).
Ders.: Die Apostelbilder in der Kirche zu Schwefe, in: SZ 83 (1971), S. 95–99 und S. 18 (Abbildung).
Janssen, Wilhelm: Artikel „Johann III.", in: NDB 10 (1974), S. 493f.
Jöcher, Christian Gottlieb: Artikel „Loeffler (Fried[rich] Simon)", in: Allgemeines Gelehrten-Lexicon: darinne die Gelehrten aller Stände sowohl männ- als weiblichen Geschlechts, welche vom Anfange der Welt bis auf ietzige Zeit gelebt, […] aus den glaubwürdigsten Scribenten in alphabetischer Ordnung beschrieben werden 2 (1750), S. 2439.
Joeressen, Uta: Artikel „Soest. Stadtarchiv und Wissenschaftliche Stadtbibliothek", in: Fabian, Bernhard (Hg.): Handbuch der Historischen Buchbestände in Deutschland. Bd. 4: Nordrhein Westfalen K–Z, Hildesheim/Zürich/New York 1993, S. 299–315.
Jonas, Fritz: Artikel „Schinmeyer, Johann Christoph", in: ADB 31 (1890), S. 300–302.
Jung, Martin H.: Artikel „Cruciger, Caspar", in: RGG⁴ 2 (1999), Sp. 501.
Ders.: Artikel „Jäger, Johann Wolfgang", in: RGG⁴ 4 (2001), Sp. 347.
Kämmel, Heinrich: Artikel „Hübner, Johann", in: ADB 13 (1881), S. 267–269.
Kathe, Heinz: Die Wittenberger Philosophische Fakultät 1502–1817 (MDF 117), Köln u. a. 2002.

Kaufmann, Thomas: Artikel „Chyträus (Kochhaf[e]), David", in: RGG⁴ 2 (1999), Sp. 377f.
Kindervater, Joseph Wilhelm: Die Stadtbibliothek in Soest, in: SZ 63 (1951), S. 5–36.
Kinzig, Wolfram: Artikel „Passa-/Osterterminstreitigkeiten", in: RGG⁴ 6 (2003), Sp. 973.
Kirchengemeinde Borgeln (Hg.): „Wy wylt by dem Evangelio leven und sterven." Reformationsgeschehen in der Kirchengemeinde Borgeln. 1483 – 1533 – 1583 – 1933 – 1983 (Selbstverlag), Borgeln 1983.
Klingebiel, Thomas *siehe auch Mediger, Walther*
Klueting, Edeltraud *siehe auch Klueting, Harm*
Klueting, Harm/Klueting, Edeltraud: Heinrich Graf Ostermann. Von Bochum nach St. Petersburg, 1687 bis 1747 (Schriftenreihe des Archivs Haus Laer in Bochum 6), Bochum 1976.
Ders.: Artikel „Ostermann, Andrej Ivanovič Graf von", in: NDB 19 (1999), S. 619f.
Kluge, Dietrich: Die „Kirchenbuße" als staatliches Zuchtmittel im 15.–18. Jahrhundert, in: JWKG 70 (1977), S. 51–62.
Koch, Ernst/Wallmann, Johannes (Hg.): Ernst Salomon Cyprian (1673–1745): zwischen Orthodoxie, Pietismus und Frühaufklärung. Vorträge des internationalen Kolloquiums vom 14. bis 16. September 1995 in der Forschungs- und Landesbibliothek Gotha, Schloss Friedenstein (Veröffentlichungen der Forschungs- und Landesbibliotek Gotha 34), Gotha 1996.
Koch, Ernst: Artikel „Buddeus, Johann Franz", in: RGG⁴ 1 (1998), Sp. 1826.
Ders.: Das ernestinische Bibelwerk, in: Jacobsen, Roswitha/Ruge, Hans-Jörg (Hg.): Ernst der Fromme (1601–1675) – Staatsmann und Reformer. Wissenschaftliche Beiträge und Katalog zur Ausstellung (Veröffentlichungen der Forschungsbibliothek Gotha/Universität Erfurt 39), Bucha 2002, S. 53–58.
Koch, Peter: Artikel: „Neumann, Caspar" in: NDB 19 (1999), S. 156.
Koechling, Ludwig: Minden Ravensberg und die Herrnhuter Brüdergemeine, in: JVWKG 53/54 (1960/61), S. 94–109 sowie JVWKG 55/56 (1962/63), S. 69–103.
Köhler, Walther: Die Anfänge des Pietismus in Gießen 1689–1695, in: Die Universität Gießen von 1607–1907. Festschrift zur dritten Jahrhundertfeier. Band 2, Gießen 1907, S. 133–244.
Köhn, Gerhard *siehe auch Widder, Ellen, in Verbindung mit Ehbrecht, Wilfried*
Köhn, Gerhard: Zur Geschichte der reformierten Gemeinde in Soest, in: Ders.: Inventarverzeichnisse des Stadtarchivs Soest. Bestand Nb: Reformierte Gemeinde Soest 1666–ca. 1975 (Veröffentlichungen des Stadtarchivs Soest 17), Soest 1992.
Ders.: Soest und die Soester Börde in den kriegerischen Auseinandersetzungen 1543–1648, in: Widder, Ellen u. a. (Hg.): Soest. Geschichte der Stadt. Band 3: Zwischen Bürgerstolz und Fürstenstaat. Soest in der frühen Neuzeit (Soester Beiträge 54), Soest 1995, S. 687–864.
Ders. (Hg.): Der Dreißigjährige Krieg in Stadt und Land – zum Beispiel in Soest/Westfalen und in der Soester Börde. Mit vielen Bildern und Dokumenten. Begleitbuch zur gleichnamigen Ausstellung des Stadtarchivs vom 13. September 1998 bis zum 31. März 1999 zur Erinnerung an den Abschluss des Westfälischen Friedens vor 350 Jahren, Soest 1998.
Kohl, Rolf Dieter: Zur Geschichte der Soester Malerfamilie Barels (Bartels), in: SZ 83 (1971), S. 93f.

Ders.: Absolutismus und städtische Selbstverwaltung. Die Stadt Soest und ihre Landesherren im 17. Jahrhundert, Diss. phil. Münster 1974. Exemplar: Münster IWKG.

Ders.: Artikel „Soest – Augustinerinnen, gen. St. Walburgis", in: Hengst, Karl (Hg.): Westfälisches Klosterbuch. Lexikon der vor 1815 errichteten Stifte und Klöster von ihrer Gründung bis zur Aufhebung. Teil 2: Münster – Zwillbrock (VHKW XLIV. Quellen und Forschungen zur Kirchen- und Religionsgeschichte 2), Münster 1994, S. 354–360.

Kohnle, Armin/Kusche, Beate: Professorenbuch der Theologischen Fakultät der Universität Wittenberg 1502 bis 1815/17 (LStRLO 27), Leipzig 2016.

Koldewey, Friedrich: Artikel „Stübel, Andreas", in: ADB 36 (1893), S. 702–704.

Kramer, Gustav: August Hermann Francke (2 Bände), Halle (Saale) 1880 und 1882.

Krekler, Ingeborg: Die Autographensammlung des Stuttgarter Konsistorialdirektors Friedrich Wilhelm Frommann (1707–1787) (Die Handschriften der Württembergischen Landesbibliothek Stuttgart. Sonderreihe 2), Wiesbaden 1992.

Krauter-Dierolf, Heike: Die Eschatologie Philipp Jakob Speners. Der Streit mit der lutherischen Orthodoxie um die „Hoffnung besserer Zeiten" (BHTh 131), Tübingen 2005.

Kummer, Ulrike: „Gold von Mitternacht" – Zu Leben und Werk des Arztpietisten Johann Philipp Maul (1662–1727), in: PuN 40 (2014), S. 134–163.

Kunowski, Harald: Friedrich Wilhelm I., Friedrich der Große und der Aufklärungstheologe Johann Gustav Reinbeck, Baden-Baden 2016.

Kusche, Beate *siehe auch Kohnle, Armin*

L. U.: Artikel „Marperger, Bernhard Walter", in: ADB 20 (1884), S. 405.

Larsen, Børge Riis: Ole Borch (1626–1690): En dansk renæssancekemiker, Kopenhagen 2006.

Lechler, Gotthard: Artikel „Klausing, Heinrich", in: ADB 16 (1882), S. 64.

Lehmann, Hartmut *siehe auch Brecht, Martin/Deppermann, Klaus/Gäbler, Ulrich*

Lehmann, Hartmut (Hg.): Glaubenswelt und Lebenswelten (GdP 4), Göttingen 2004.

Lehnert, Georg *siehe auch Haupt, Hermann*

Leppin, Volker: Artikel „Chiliasmus III. Kirchengeschichtlich 2", in: RGG⁴ 2 (1999), Sp. 139f.

Ders.: Artikel „Schwärmertum. I. Kirchengeschichtlich", in: RGG⁴ 7 (2004), Sp. 1047f.

Ders.: Artikel „Walch 1. Johann Georg", in: RGG⁴ 8 (2005), Sp. 1271.

Löer, Ulrich: Zu Lehrplan und Lehrmethode am Archigymnasium zu Soest um 1730, in: SZ 91 (1979), S. 65–71.

Ders.: 450 Jahre Archi-Gymnasium Soest. Im Spiegel der „Allgemeinen Deutschen Biographie" (1875–1912), in: Heimatkalender des Kreises Soest (1984), S. 66–68.

Ders./Mais, Hans Werner: Das Gymnasialgebäude des Archigymnasiums zu Soest 1570–1821, in: SZ 102 (1990), S. 45–61.

Ders.: Das Archigymnasium. Von der schola Susatensis zum preußischen Gymnasium, in: Widder, Ellen u.a. (Hg.): Soest. Geschichte der Stadt. Band 3: Zwischen Bürgerstolz und Fürstenstaat. Soest in der frühen Neuzeit (Soester Beiträge 54), Soest 1995, S. 475–522.

Luckhardt, Jochen: Die Ansichten von Soest bei Braun und Hogenberg, in: SZ 96 (1984), S. 61–74.

Ludorff, Albert: Die Bau- und Kunstdenkmäler des Kreises Soest. Im Auftrage des Provinzial-Verbandes der Provinz Westfalen bearbeitet (Bau- und Kunstdenkmäler von Westfalen. Band 16: Kreis Soest), Münster 1905/13.

Lückel, Ulf: Die Wittgensteiner Pietisten und ihre Beziehungen nach Halle und Herrnhut in der ersten Hälfte des 18. Jahrhunderts, in: JWKG 112 (2016), S. 119–155.

Maas-Steinhoff, Ilse/Rüffer, Joachim: „Was du thust, so bedenke das Ende" – Frühneuzeitliche Erinnerungs- und Begräbniskultur im Kirchenraum der Soester Wiesenkirche, in: SZ 125 (2013), S. 135–145.

Maas-Steinhoff, Ilse: Das Gemäldeepitaph des Soester Barock-Bürgermeisters Gerhard Klotz II (1613–1680) – Ein Spiegelbild des Bedeutungsschwundes von Amt und Stadt?, in: SZ 132 (2020), S. 95–110.

Mack, Rüdiger (im Auftrag der Justus-Liebig-Universität, Giessen, in Verbindung mit der Evangelischen Kirche in Hessen und Nassau): Pietismus und Frühaufklärung an der Universität Gießen und in Hessen-Darmstadt, Gießen 1984.

Mahlmann, Theodor: Artikel „Mentzer, Balthasar II.", in: BBKL 5 (1993), Sp. 1285–1291.

Ders.: Artikel „Chemnitz (Kemnitz, Chemnitius), Martin", in: RGG⁴ 2 (1999), Sp. 127f.

Mais, Hans Werner *siehe auch Löer, Ulrich*

Matthias, Markus: Johann Wilhelm und Johanna Eleonora Petersen. Eine Biographie bis zur Amtsenthebung Petersens im Jahre 1692 (AGP 30), Göttingen 1993.

Mediger, Walther/Klingebiel, Thomas: Herzog Ferdinand von Braunschweig-Lüneburg und die alliierte Armee im Siebenjährigen Krieg (1757–1762) (Quellen und Darstellungen zur Geschichte Niedersachsens 129; zugleich: Quellen und Forschungen zur braunschweigischen Landesgeschichte 46), Hannover 2011.

Menk, Gerhard: Artikel „Sagittarius, Caspar", in: NDB 22 (2005), S. 351f.

Meßling, Erich: Der Uhrenpastor von Lohne[.] Christoph Wilhelm Forstmann, in: SZ 73 (1960), S. 76–84.

Metz, L.: Artikel „Wetzel, Hieronymus", in: ADB 42 (1897), S. 254–256.

Meurer, Siegfried: Artikel „Bibelgesellschaften", hier: „1. Die Cansteinsche Bibelanstalt (CBA)", in: RGG⁴ 1 (1998), Sp. 1448–1455.

Meyer, Dietrich: Artikel „Bogatzky, Karl-Heinrich", in: RGG⁴ 1 (1998), Sp. 1666.

Ders.: Artikel „Brüder-Unität. II. Erneuerte Brüder-Unität", in: RGG⁴ 1 (1998), Sp. 1792–1796.

Ders.: Artikel „Zinzendorf, Christian Renatus, Reichsgraf von", in: RGG⁴ 8 (2005), Sp. 1873f.

Meyer, Otto: Das Haus Castell. Landes- und Standesherrschaft im Wandel der Jahrhunderte, in: Ders./Kunstmann, Hellmut: Castell. Landesherrschaft – Burgen – Standesherrschaft (Neujahrsblätter der Gesellschaft für Fränkische Geschichte XXXVII), Castell/Neustadt (Aisch) 1979.

Michael, Bernd: Die mittelalterlichen Handschriften der Wissenschaftlichen Stadtbibliothek Soest, Wiesbaden 1990.

Michel, Stefan: Johann Gerhards Anteil am ernestinischen Bibelwerk, in: Friedrich, Markus u.a. (Hg.): Konfession, Politik und Gelehrsamkeit. Der Jenaer Theologe Johann Gerhard (1582–1637) im Kontext seiner Zeit (Gothaer Forschungen zur Frühen Neuzeit 11), Stuttgart 2017, S. 163–176.

Michels, Hubertus: Zur Entwicklung des Hausbaus und der Wohnweisen in Soest von 1530 bis 1800, in: Widder, Ellen u.a. (Hg.): Soest. Geschichte der Stadt. Band 3:

4.3 Sekundärliteratur

Zwischen Bürgerstolz und Fürstenstaat. Soest in der frühen Neuzeit (Soester Beiträge 54), Soest 1995, S. 295–371.

Möller, Kurt Detlev: Johann Albert Fabricius (1668–1736), in: ZVHaG 36 (1937), S. 1–64.

Moraw, Peter: Kleine Geschichte der Universität Gießen von den Anfängen bis zur Gegenwart, Gießen 1990².

Müller, Georg: Artikel „Weller von Molsdorf, Hieronymus", in: ADB 44 (1898), S. 472–476.

Müller, Gerhard: Artikel „Bugenhagen, Johannes", in: RGG⁴ 1 (1998), Sp. 1852f.

Ders.: Artikel „Interim", in: RGG⁴ 4 (2001), Sp. 193f.

Müller, Wilhelm: Geschichtliche Entwicklung der Musikpflege in Soest, Emsdetten 1938.

Müller-Bahlke, Thomas J. *siehe auch Raabe, Paul*

Musolff, Hans-Ulrich *siehe auch Hellekamps, Stephanie*

N.N.: Artikel „Kluge, Johann Daniel", in: ADB 16 (1882), S. 250.

N.N.: Der westfälische Klotz, in: JVEKGM 2 (1900), S. 156f.

N.N.: Vom tödtlichen Hintrit eines predigers und dessen Beerdigunge, in: JVEKGW 5 (1903), S. 201f.

N.N.: Das Soester Gesangbuch von 1723, in: JVEKGW 6 (1904), S. 172–174.

Naudé, Albert: Artikel „Printzen, Marquard Ludwig Freiherr von", in: ADB 26 (1888), S. 596–600.

Nehring, Karl *siehe auch Hösch, Edgar/Sundhaussen, Holm*

Neigebaur, Johann Daniel Ferdinand: Geschichte der kaiserlichen Leopoldino-Carolinischen deutschen Akademie der Naturforscher während des zweiten Jahrhunderts ihres Bestehens, Jena 1860.

Nelle, Heinrich Friedrich Wilhelm: H[einrich] Meier und L[udolph] B[urchard] Gesenius, Pastoren zu Dinker. Ein Beitrag zur Hymnologie der Grafschaft Mark, in: JVEKGM 1 (1899), S. 94–145.

Ders.: Die evangelischen Gesangbücher der Städte Dortmund, Essen, Soest, Lippstadt und der Grafschaft Mark, in: JVEKGM 3 (1901), S. 86–201 und 236.

Ders.: Die evangelischen Gesangbücher der Städte Dortmund, Essen, Soest, Lippstadt und der Grafschaft Mark, in: JVEKGM 4 (1902), S. 39–76.

Neuser, Wilhelm Heinrich: Evangelische Kirchengeschichte Westfalens im Grundriß (BWFKG 22), Bielefeld 2002.

Niemöller, Heinrich/Rothert, Hugo: Zu den Reformationsjubiläen in der Grafschaft Mark 1717 und 1730, in: JVEKGW 10 (1908), S. 121–149.

Niemöller, Heinrich: Die Direktoren und Lehrer am Archigymnasium 1534–1934, in: Archigymnasium Soest (Hg.): Festausgabe der Berichte der Vereinigung ehemaliger Schüler, Soest 1934, S. 25.

Nischan, Bodo: John Bergius: Irenicism and the Beginnings of Official Religious Toleration in Brandenburg-Prussia, in: Church History 51 (1982), S. 389–406.

Nüssel, Friederike: Artikel „Semler, Johann Salomo", in: RGG⁴ 7 (2004), Sp. 1204f.

Obst, Helmut: Der Berliner Beichtstuhlstreit. Die Kritik des Pietismus an der Beichtpraxis der lutherischen Orthodoxie (AGP 11), Witten 1972.

Obst, Helmut/Raabe, Paul: Die Franckeschen Stiftungen zu Halle (Saale). Geschichte und Gegenwart, Halle (Saale) 2000.

Ohst, Martin: Artikel „Ramus, Petrus", in: RGG⁴ 7 (2004), Sp. 33f.

Olschewski, Ursula: Artikel „Teschenmacher, Werner", in: BBKL 17 (2000), Sp. 1360f.
Ottweiler, Ottwilm: Der Koblenzer Provinzialschulrat Dietrich Wilhelm Landfermann (1800–1882). Ein Beitrag zur Schulgeschichte im Rheinland, in: Landeskundliche Vierteljahrsblätter 37 (1991), S. 177–192.
Overmann, Karl: Die Geschichte der Essener höheren Lehranstalten im 17. und 18. Jahrhundert mit besonderer Berücksichtigung des Evangelisch-Lutherischen Gymnasiums und seines Direktors Johann Heinrich Zopf, in: Beiträge zur Geschichte von Stadt und Stift Essen 46 (1928), S. 3–196.
Pältz, Eberhard H.: Artikel „Fecht, Johannes", in: NDB 5 (1961), S. 38f.
Peters, Christian: Städtische Selbstbehauptung und Bündnisfrage. Die Verhandlungen der Stadt Soest mit dem Schmalkaldischen Bund (1536/37), in: JWKG 84 (1990), S. 79–95.
Ders.: Vom Wormser Edikt (1521) bis zum Augsburger Religionsfrieden (1555). Der Beitrag der Prädikanten zur Soester Stadtreformation, in: Widder, Ellen u.a. (Hg.): Soest. Geschichte der Stadt. Band 3: Zwischen Bürgerstolz und Fürstenstaat. Soest in der frühen Neuzeit (Soester Beiträge 54), Soest 1995, S. 179–248.
Ders.: Pietismus in Westfalen, in: Brecht/Deppermann (Hg.): GdP 2, Göttingen 1995, S. 358–371.
Ders.: „Daraus der Lärm des Pietismi entstanden". Die Leipziger Unruhen von 1689/90 und ihre Deutung durch Spener und die hallischen Pietisten, in: PuN 23 (1997), S. 103–130.
Ders.: Die Soester Kirche und der Westfälische Frieden, in: JWKG 93 (1999), S. 65–103.
Ders.: Corpus Doctrinae Susatense. Zur Rezeption der Konkordienformel im klevischen Westfalen, in: JWKG 95 (2000), S. 89–137.
Ders.: Artikel „Hamelmann, Hermann", in: RGG⁴ 3 (2000), Sp. 1402.
Ders.: Artikel „Stifel, Michael", in: LThK³ 9 (2000), Sp. 1000f.
Ders. (Hg.): Zwischen Spener und Volkening. Pietismus in Minden-Ravensberg im 18. und frühen 19. Jahrhundert (BWFKG 23), Bielefeld 2002.
Ders.: Israel Clauder (1670–1721): Hallischer Pietismus in Minden-Ravensberg, in: Ders. (Hg.): Zwischen Spener und Volkening. Pietismus in Minden-Ravensberg im 18. und frühen 19. Jahrhundert (BWFKG 23), Bielefeld 2002, S. 9–127.
Ders.: Polykarp Leyser d.Ä. in Wittenberg. Eine Bestandsaufnahme, in: Dingel, Irene/Wartenberg, Günther (Hg.): Die Theologische Fakultät Wittenberg 1502 bis 1602. Beiträge zur 500. Wiederkehr des Gründungsjahres der Leucorea (LStRLO 5), Leipzig 2002, S. 173–188.
Ders.: Artikel „Visitation. I. Kirchengeschichtlich", in: TRE 35 (2003), S. 151–163.
Ders.: Artikel „Ordination. III. Kirchengeschichtlich", in: RGG⁴ 6 (2003), Sp. 619–622.
Ders.: Johann Carl Opitz (1688–1756). August Hermann Franckes Gewährsmann in Minden, in: JWKG 99 (2004), S. 153–181.
Ders.: Artikel „Sprögel, Johann Heinrich", in: RGG⁴ 7 (2004), Sp. 1625f.
Ders.: Die „Versmolder Bewegungen" von 1748ff. Eine westfälische Erweckung vor der Erweckung, in: JWKG 102 (2006), S. 139–216.
Ders.: Artikel „Visitation (Th.)", in: Heun, Werner u.a. (Hg.): Evangelisches Staatslexikon. Neuausgabe, Stuttgart 2006, Sp. 2638–2642.

Ders.: Pietismus in Essen und Dortmund, in: Hey, Bernd/Wittmütz, Volkmar (Hg.): Evangelische Kirche an Ruhr und Saar. Beiträge zu rheinischen und westfälischen Kirchengeschichte (Religion in der Geschichte. Kirche, Kultur und Gesellschaft 16), Bielefeld 2007, S. 11–44.

Ders.: Der Berleburger Kaplan Dietrich Otto Schmitz (1670–1718). Radikaler Pietist und Anhänger Johann Georg Gichtels, in: Burkardt, Johannes/Hey, Bernd (Hg.): Von Wittgenstein in die Welt. Radikale Frömmigkeit und religiöse Toleranz (BWFKG 35), Bielefeld 2009, S. 69–106.

Ders.: Das Projekt „Pietismus in Westfalen". Der Pietismus des 17. und 18. Jahrhunderts in seiner Ausstrahlung auf die Region, in: JWKG 105 (2009), S. 191–217.

Ders.: Johann Mercker (1659–1728), in: Basse, Michael/Jähnichen,Traugott/Schroeter-Wittke, Harald (Hg.): Protestantische Profile. Fünfhundert Lebensbilder aus fünf Jahrhunderten. Ruhr 2010. Kulturhauptstadt Europas, Kamen 2009, S. 94 f.

Ders.: Johann-Georg Joch (1677–1731), in: Basse, Michael/Jähnichen,Traugott/Schroeter-Wittke, Harald (Hg.): Protestantische Profile. Fünfhundert Lebensbilder aus fünf Jahrhunderten. Ruhr 2010. Kulturhauptstadt Europas, Kamen 2009, S. 101–103.

Ders.: Die erste lutherische Generalsynode der Grafschaft Mark im Jahr 1612, in: JWKG 109 (2013), S. 172–247.

Ders.: Halle – Herrnhut – Mülheim? Ludwig Friedrich Graf zu Castell-Remlingen (1707–1772), ein Verwandter Zinzendorfs, erweckt Solingen und Elberfeld (1737) und mobilisiert die rheinisch-westfälischen Pietisten, in: JWKG 111 (2015), S. 79–126.

Ders.: Neues aus Soest. Die „Strenae" des Johannes Schwartz (1565–1632) und die Soester Kirchenordnung von 1628, in: JWKG 113 (2017), S. 117–225.

Ders.: Der Anteil Westfalens an der Ausdifferenzierung des Protestantismus in der zweiten Hälfte des 16. Jahrhunderts, in: JWKG 115 (2019), S. 77–144.

Ders.: „Gesprecke Eines truwen Bichtuaders mit einem boethferdigen Bichtkinde" (1575). Die niederdeutsche Beichtanleitung des Soester Superintendenten Simon Musaeus (1529–1576), in: JWKG 115 (2019), S. 145–174.

Ders.: „Dies abschreiben und den Kollegen zustellen" – Der Soester Superintendent Magister Johannes Schwartz (1565–1632) lädt zum 100-jährigen Reformationsjubiläum seiner Vaterstadt ein, in: JWKG 116 (2020), S. 61–73.

Peucker, Paul: Nikolaus Ludwig von Zinzendorf. Übersicht der wichtigsten Lebensdaten, ergänzt und bearbeitet nach Joseph Theodor Müller (1935), in: Unitätsarchiv in Herrnhut (Hg.): Graf ohne Grenzen. Leben und Werk von Nikolaus Ludwig Graf von Zinzendorf (Ausstellungskatalog), Herrnhut 2000, S. 1–9.

Pierard, Richard: Artikel „Separatismus", in: RGG⁴ 7 (2004), Sp. 1212–1216.

Prantl, Carl von: Artikel „Reusch, Johann Peter", in: ADB 28 (1889), S. 296.

Raabe, Paul *siehe auch Obst, Helmut*

Raabe, Paul/Müller-Bahlke, Thomas J. (Hg.): Das historische Waisenhaus: Das Hauptgebäude der Franckeschen Stiftungen zu Halle (Kataloge der Franckeschen Stiftungen 1), Halle (Saale) 2005².

Raupp, Werner: Artikel „Fabricius, Johann Albert", in: BBKL 25 (2005), Sp. 393–408.

Reents, Christine: Die Bibel als Schul- und Hausbuch für Kinder. Werkanalyse und Wirkungsgeschichte einer frühen Schul- und Kinderbibel im evangelischen Raum: Johann Hübner, Zweymal zwey und funffzig auserlesene biblische Historien, der Jugend zum Besten abgefasset [...], Leipzig 1714 bis Leipzig 1874 und Schwelm 1902, Hamburg 1980.

Reimann, Norbert: Dortmund und Preußen im 17. und 18. Jahrhundert. Stadtrepublik und Großmacht zwischen Abgrenzung und Annäherung, in: Beiträge zur Geschichte Dortmunds und der Grafschaft Mark 78 (1987), S. 7–29.

Reininghaus, Wilfried: Pfarrer, Bürger und Obrigkeit in der Grafschaft Mark im 18. Jahrhundert, in: JWKG 96 (2001), S. 121–155.

Richter, Arthur/Wagenmann, Julius August: Artikel „Aepinus, Franz Albert", in: ADB 1 (1875), S. 128f.

Richter, Gerhard: Zur Geschichtsschreibung des Archigymnasiums, in: SZ 71 (1958), S. 30–42.

Ders.: Soester Archigymnasiasten in Rußland vom 16. bis zum 19. Jahrhundert, in: SZ 76 (1962), S. 81–92.

Ders.: Zum Einfluß des hallischen Pietismus auf das kirchliche und schulische Leben in Soest in der ersten Hälfte des 18. Jahrhunderts, in: SZ 77 (1963), S. 84–95.

Ries, Rotraud: Ein ambivalentes Verhältnis – Soest und seine Juden in der frühen Neuzeit, in: Widder, Ellen u.a. (Hg.): Soest. Geschichte der Stadt. Band 3: Zwischen Bürgerstolz und Fürstenstaat. Soest in der frühen Neuzeit (Soester Beiträge 54), Soest 1995, S. 549–635.

Ritschl, Albrecht: Geschichte des Pietismus in der lutherischen Kirche des 17. und 18. Jahrhunderts. Darin: Band 2: Der Pietismus in der lutherischen Kirche des 17. und 18. Jahrhunderts. Erste Abteilung, Bonn 1884 (ND Berlin 1966).

Rommel, Otto: Artikel „Bernd, Adam", in: NDB 2 (1955), S. 106.

Rose, Ulrich: Artikel „Neumann, Casper", in: BBKL 6 (1993), Sp. 647–648.

Rosenfels, Günter: August Hermann Franckes erster Sendbote in Rußland – Justus Samuel Scharschmid, in: Donnert, Erich (Hg.): Europa in der Frühen Neuzeit (FS Günter Mühlpfordt), darin: Band 3: Aufbruch zur Moderne, Weimar 1997, S. 1–23.

Roth, Fritz: Restlose Auswertungen von Leichenpredigten und Personalschriften für genealogische und kulturhistorische Zwecke, 5: Behandelte Personen mit den Nummern R 4001-R 5000 (Selbstverlag), Boppard/Rhein 1967.

Rothert, Hermann: Westfälische Geschichte. Band 3: Absolutismus und Aufklärung, Gütersloh 1951.

Rothert, Hugo: Das Kirchspiel von St. Thomae zu Soest. Zur Geschichte einer evangelischen Gemeinde in Westfalen, Soest 1887.

Ders.: Kirchliches Stilleben, in: JVEKGM 1 (1899), S. 151–166.

Ders.: Unruhen in der Grafschaft Mark wegen gewaltsamer Werbung (1720), in: JVEKGW 6 (1904), S. 108–125.

Ders.: Zur Kirchengeschichte der „ehrenreichen" Stadt Soest, Gütersloh 1905.

Rothert, Hugo *siehe auch Niemöller, Heinrich*

Rothert, Hugo: Die Kirchengeschichte der Grafschaft Mark. Teil II: Die Neuzeit, in: JVEKGW 14 (1912), S. 1–175.

Ders.: Die Kirchengeschichte der Grafschaft Mark. Teil III: Das innere Leben der Kirche, in: JVEKGW 15 (1913), S. 1–139.
Ders.: Der kirchliche Wiederaufbau nach dem Dreißigjährigen Kriege, in: JEVWKG 25 (1924), S. 5–77.
Ders.: Joh[ann] Dietrich von Steinen, in: JVWKG 43 (1950), S. 147–161.
Rotscheidt, Wilhelm: Pastor Johannes Mercker in Essen 1659–1728. Ein Kapitel aus der Geschichte des rheinischen Pietismus. In: MRKG 17 (1923), S. 65–78.
Roxborogh, John: Artikel „Synkretismus. VI. Kirchengeschichtlich", in: RGG⁴ 7 (2004), Sp. 1965 f.
Rüffer, Joachim *siehe auch Maas-Steinhoff, Ilse*
Rymatzki, Christoph: Hallischer Pietismus und Judenmission. Johann Heinrich Callenbergs Institutum Judaicum und dessen Freundeskreis (1728–1736) (Hallesche Forschungen 11), Tübingen 2004.
Sarnighausen, Hans-Cord: Zur Familie Zacharias Goeze (1662–1729), Rektor am Ratsgymnasium in Osnabrück, in: Osnabrücker Mitteilungen 113 (2008), S. 265–273.
Schäfer, Birgitte: Artikel „Carpzov. 9. Johann Gottlob", in: RGG⁴ 2 (1999), Sp. 74.
Schattenmann, Paul: Dr. Johann Ludwig Hartmann, Superintendent von Rothenburg, in: Verein Alt Rothenburg, Jahresbericht 1920/21 (1921), S. 13–79.
Scheible, Heinz: Artikel „Melanchthon, Philipp", in: RGG⁴ 5 (2002), Sp. 1002–1012.
Ders.: Artikel „Myconius, Friedrich", in: RGG⁴ 5 (2002), Sp. 1632 f.
Schicketanz, Peter: Der Pietismus von 1675 bis 1800 (Kirchengeschichte in Einzeldarstellungen III/1), Leipzig 2001.
Schieffer, Rudolf: Artikel „Gregor I., der Große, Papst", in: RGG⁴ 3 (2000), Sp. 1257 f.
Schloemann, Martin: Artikel „Baumgarten, Siegmund", in: RGG⁴ 1 (1998), Sp. 1180 f.
Schmidt, Martin: Artikel „Holtzhausen, Johann Christoph", in: NDB 9 (1972), S. 559.
Schmidt, Tobias: Das Soester Armenwesen und die Gründung des Armen- und Waisenhauses im 17. und frühen 18. Jahrhundert, in: SZ 125 (2013), S. 147–162.
Ders.: Das Soester Armen- und Waisenhaus. Einblicke in eine frühneuzeitliche Fürsorgeinstitution 1705–1808. Beiheft zur Ausstellung des Vereins für Geschichte und Heimatpflege Soest e.V. im Burghofmuseum Soest vom 6. Dezember 2015 bis 3. Januar 2016. Exemplar: Soest StA/StB (ohne Signatur).
Ders.: Familien in krisenhaften Zeiten – Armut und Fürsorginstanzen im Soest des 18. Jahrhunderts, in: SZ 129 (2017), S. 77–104.
Schmitt, Hanno: Basiswissen Pädagogik. Historische Pädagogik/Johann Stuve (1752–1793), Hohengehren 2002.
Ders.: Vernunft und Menschlichkeit. Studien zur philanthropischen Erziehungsbewegung (FS Wolfgang Klafki), Bad Heilbrunn 2007.
Schmitt, Michael: Soest – Kein Bildthema für Druckgraphik und Malerei? Die Überlieferung 1581–1900, in: Widder, Ellen u. a. (Hg.): Soest. Geschichte der Stadt. Band 3: Zwischen Bürgerstolz und Fürstenstaat. Soest in der frühen Neuzeit (Soester Beiträge 54), Soest 1995, S. 421–465.
Schmoeckel, Hermann: Untersuchung zu Braun und Hogenbergs Theatrum urbium, in: SZ 41 (1926), S. 40–42.
Schneider, Hans: Der radikale Pietismus im 17. Jahrhundert, in: Brecht (Hg.): GdP 1, Göttingen 1993, S. 391–437.

Ders.: Der radikale Pietismus im achtzehnten Jahrhundert, in: Brecht/Deppermann (Hg.): GdP 2, Göttingen 1995, S. 107–197.
Ders.: Artikel „Arndt, Johann", in: RGG⁴ 1 (1998), Sp. 788f.
Ders.: Artikel „Arnold, Gottfried", in: RGG⁴ 1 (1998), Sp. 791f.
Ders.: Artikel „Dippel, Johann Konrad", in: RGG⁴ 2 (1999), Sp. 868.
Ders.: Artikel „Hochmann von Hochenau, Ernst Christoph", in: RGG⁴ 3 (2000), Sp. 1803.
Ders.: Artikel „Separatisten/Separation", in: TRE 31 (2000), S. 153–160.
Ders.: Die „zürnenden Menschenkinder". Der Konflikt zwischen Halle und Herrnhut, in: PuN 29 (2003), S. 37–66.
Ders.: Artikel „Poiret, Pierre", in: RGG⁴ 6 (2003), Sp. 1437f.
Schnettger, Matthias: Der Spanische Erbfolgekrieg 1701–1713/14 (C.H. Beck Wissen 2826), München 2014.
Schnorr von Carolsfeld, Franz: Artikel „Engelschall, Karl Gottfried", in: ADB 6 (1877), S. 143.
Schrader, Hans-Jürgen: Die Sprache Canaan. Pietistische Sonderterminologie und Spezialsemantik als Auftrag der Forschung, in: Lehmann (Hg.): GdP 4, Göttingen 2004, S. 404–427.
Schröder, Edward: Artikel „Stade, Dietrich von", in: ADB 35 (1893), S. 353–355.
Schütz, Werner: Christentum der Aufklärung in Soest anhand von Quellen des Soester Stadtarchivs, in: JWKG 75 (1982), S. 23–45.
Schultebraucks, Meinolf *siehe auch Fiedler, Rudolf*
Schumacher, Martin: Artikel „Loë, von (westfälische Adelsfamilie)", in: NDB 15 (1987), S. 13.
Schumann, Sabine: Joachim Mynsinger von Frundeck (1514–1588). Herzoglicher Kanzler in Wolfenbüttel, Rechtsgelehrter, Humanist. Zur Biographie eines Juristen im 16. Jahrhundert (Wolfenbütteler Forschungen 23), Wiesbaden 1983.
Schunke, Siegfried: Die Beziehungen der Herrnhuter Brüdergemeine zur Grafschaft Mark, Diss. theol. masch., Münster 1949. Exemplar: Münster IWKG.
Schwartz, Hubertus: Die Grabplatten und Grabdenkmäler in den Soester Kirchen. 1. Grabplatten, 2. Totenschilde, 3. andere Epitaphien; mit Einleitung, Namensverzeichnis und Wappen der Soester Familien, in: SZ 30 (1913), S. 1–125.
Ders.: Geschichte der Reformation in Soest, Soest 1932.
Ders.: Die Kunst der Nachreformationszeit in Soest, in: SZ 47 (1933), S. 81–126.
Ders.: Die Kanzel der St. Petri-Kirche in Soest, in: SZ 59 (1942), S. 116–129.
Schwartz, Hubertus *siehe auch Bertling, Georg Friedrich*
Schwartz, Hubertus: Das „Haus der Bewegung" in Soest. Geschichte eines städtischer Wohlfahrt dienenden Barockbaus, in: Westfälische Landeszeitung Rote Erde, 13. Oktober 1943.
Ders.: Soest in seinen Denkmälern (5 Bände) (1955–1961), darin: Erster Band: Profane Denkmäler (Soester wissenschaftliche Beiträge 14), Soest 1955; Zweiter Band: Romanische Kirchen (Soester wissenschaftliche Beiträge 15), Soest 1956; Dritter Band: Gotische Kirchen. Ergänzungen (Soester wissenschaftliche Beiträge 16), Soest 1957; Vierter Band (4/1): Der Abbildungen erster Teil. Stadtbild – Profanes (Soester wissenschaftliche Beiträge 17.1), Soest 1958; Vierter Band (4/2): Der Abbildungen zweiter Teil. Kirchliche Baukunst – Bildhauerei (Soester wissenschaft-

liche Beiträge 17.2), Soest 1959; Vierter Band (4/3): Der Abbildungen dritter Teil. Malerei – Kleinkunst (Soester wissenschaftliche Beiträge 17.3), Soest 1960; Fünfter Band: Die Kirchen der Soester Börde (Soester wissenschaftliche Beiträge 20), Soest 1961.
Ders.: Der Soester Maler Arnold Barels, in: SZ 69 (1956), S. 84–87.
Schwarz, Reinhard (Hg.): Samuel Urlsperger (1685–1772): Augsburger Pietismus zwischen Außenwirkungen und Binnenwelt (Colloquia Augustana 4), Berlin 1996.
Schwarze, Rudolf: Artikel „Lütkens, Franz Julius", in: ADB 19 (1884), S. 700.
Seib, Gerhard (im Auftrag der Lutherhalle Wittenberg) (Hg.): Luther mit dem Schwan. Tod und Verklärung eines großen Mannes (Katalog zur Ausstellung in der Lutherhalle Wittenberg anlässlich des 450. Todestages von Martin Luther vom 21. Februar bis 10. November 1996), Berlin 1996.
Siebert, Susanne: Artikel „Kluge, Johann Daniel", in: BBKL 4 (1992), Sp. 103 f.
Siegfried, Carl Gustav Adolf: Artikel „Michaelis, Christian Benedikt", in: ADB 21 (1885), S. 676 f.
Ders.: Artikel „Reineccius, Christian", in: ADB 28 (1889), S. 15–17.
Simon, Gerhard: Artikel „Synkretistischer Streit", in: RGG[4] 7 (2004), Sp. 1969 f.
Slenczka, Notger: Artikel „Thomas von Aquin", in: RGG[4] 8 (2005), Sp. 369–376.
Smolinsky, Heribert: Jülich-Kleve-Berg, in: Schindling, Anton/Ziegler, Walter (Hg.): Die Territorien des Reichs im Zeitalter der Reformation und Konfessionalisierung: Land und Konfession 1500–1600. Band 3: Der Nordwesten (KLK 51), Münster 1995.
Ders.: Artikel „Baronius, Caesar", in: RGG[4] 1 (1998), Sp. 1135.
Ders.: Artikel „Bellarmini, Robert", in: RGG[4] 1 (1998), Sp. 1285 f.
Soboth, Christian (Hg.): Johann Adam Steinmetz und Kloster Berge. Zwei Institutionen im 18. Jahrhundert (Hallesche Forschungen 60), Halle (Saale) 2021.
Sombart, Anton Ludwig: Haus Bruch und seine Umgebung, in: Jahrbuch des Vereins Heimatpflege im Kreise Hattingen 2/3 (1923/24), S. 150–159.
Sparn, Walter: Artikel „Thomasius, Christian", in: RGG[4] 8 (2005), Sp. 380 f.
Sprengler-Ruppenthal, Anneliese: Artikel „Kirchenordnungen II/1 f.", in: TRE 18 (1989), S. 670–707.
Stegmann, Andreas: Johann Friedrich König: seine „Theologia positiva acroamatica" (1664) im Rahmen des frühneuzeitlichen Theologiestudiums (BHTh 137), Tübingen 2006.
Steinecke, Otto: Die Diaspora der Brüdergemeine in Deutschland. III. Süd- und Westdeutschland, Halle (Saale) 1911.
Stephan, Christian: Die stumme Fakultät. Biographische Beiträge zur Geschichte der Theologischen Fakultät der Universität Halle, Halle (Saale) 2005.
Stolzenberg, Jürgen: Artikel „Wolff, Christian", in: RGG[4] 8 (2005), Sp. 1682–1684.
Sträter, Udo: Artikel „Francke, August Hermann", in: RGG[4] 3 (2000), Sp. 209–211.
Ders.: Artikel „Francke, Gotthilf August", in: RGG[4] 3 (2000), Sp. 212.
Ders: Artikel „Freylinghausen, Johann Anastasius", in: RGG[4] 3 (2000), Sp. 357.
Ders.: Artikel: „Hellmund, Egidius Günther", in: RGG[4] 3 (2000), Sp. 1618.
Ders.: Artikel „Herrnschmidt, Johann Daniel", in: RGG[4] 3 (2000), Sp. 1687 f.
Ders.: Artikel „Lange, Joachim", in: RGG[4] 5 (2002), Sp. 70.

Ders.: Artikel „Rambach, Johann Jakob", in: RGG⁴ 7 (2004), Sp. 31 f.
Straßberger, Andres: Artikel „Reinbeck, Johann Gustav", in: BBKL 29 (2008), Sp. 1149–1164.
Stüben, Jens (Hg.): Johann Christian Günther (1695–1723). Oldenburger Symposium zum 300. Geburtstag des Dichters (Schriften des Bundesinstituts für Ostdeutsche Kultur und Geschichte 10), München 1997.
Stückemann, Frank: Das Meiningser Abendmahl des Johannes Haberlant nach und gegen Livio Agresti, in: JWKG 102 (2006), S. 89–111.
Stupperich, Robert: August Hermann Francke im Streit um die von Cansteinschen Güter im Kölnischen Westfalen, in: JWKG 78 (1985), S. 103–115.
Sundhaussen, Holm *siehe auch Hösch, Edgar/Nehring, Karl*
Tietz-Buck, Claudia: Johann Winckler (1642–1705). Anfänge eines lutherischen Pietisten (AGP 50), Göttingen 2008.
Tommasi, Francesco Valerio: Philosophia transcendentalis. La questione antepredicativa e l'analogia tra la Scolastica e Kant, Florenz 2008.
Trelenberg, Jörg: Pastor Johann Diederich Angelkorte in Hemer (1735–1751). Der Protagonist des Herrnhutertums in der Grafschaft Mark, in: JWKG 102 (2006), S. 263–306.
Tschackert, Paul: Artikel „Schomer, Justus Christoph", in: ADB 32 (1891), S. 243 f.
Ders.: Artikel „Zapf, Nicolaus", in: ADB 44 (1898), S. 694 f.
Ders.: Artikel „Zierold, Johann Wilhelm", in: ADB 45 (1900), S. 207–208.
Tuchtenhagen, Ralph: Artikel „Christian VI.", in: BBKL 17 (2000), Sp. 239 f.
Ule, Willi: Geschichte der Kaiserlichen Leopoldinisch-Carolinischen Deutschen Akademie der Naturforscher während der Jahre 1852–1887. Mit einem Rückblick auf die frühere Zeit ihres Bestehens (Nachträge und Ergänzungen zur Geschichte Neigebaur's), Leipzig und Halle 1889.
Unitätsarchiv in Herrnhut (Hg.): Graf ohne Grenzen. Leben und Werk von Nikolaus Ludwig Graf von Zinzendorf (Ausstellung im Völkerkundemuseum Herrnhut, Außenstelle des Staatlichen Museums für Völkerkunde Dresden, und im Heimatmuseum der Stadt Herrnhut vom 26. Mai 2000 bis zum 7. Januar 2001), Herrnhut 2000.
Van Acken, Dirk: Der „tausendjährige Weissdorn" von Soest – eine Recherche, in: SZ 128 (2016), S. 151–162.
Van Ingen, Ferdinand: Artikel „Böhme, Jakob", in: RGG⁴ 1 (1998), Sp. 1668 f.
Van Itterzon, P.: Artikel „Hoornbeek (Hoornbeeck, Horenbeek), Johannes", in: Buisman, J. W./Brinkman, G. (Redaktion): Biografisch lexicon voor de geschiedenis van het Nederlands protestantisme, Band 2, Kampen 1983, S. 259–261.
Van Kuyk, J.: Artikel „Rücker (Joannes Conradus)", in: Blok, Petrus Johannes/Molhuysen, Philipp Christiaan (Hg.): Nieuw Nederlandsch Biografisch Woordenboek, Band 2, Amsterdam 1974, Sp. 1240 f.
Van Sluis, J.: Artikel „Burman, Franciscus", in: Buisman, J. W./Brinkman, G. (Redaktion): Biografisch lexicon voor de geschiedenis van het Nederlands protestantisme, Band 5, Kampen 2001, S. 101.
Vogeler, Eduard: Geschichte des Soester Archigymnasiums. I. Teil (Wissenschaftliche Beilage zum Jahresbericht des Archigymnasiums zu Soest für das Schuljahr 1882/83), Soest 1883, S. 2–16.

Ders.: Geschichte des Soester Archigymnasiums. II. Teil, in: Jahresbericht über das Archigymnasium zu Soest am Schluss des Schuljahres von Ostern 1884 bis dahin 1885, Soest 1885, S. 3–34.
Ders.: Geschichte des Soester Archigymnasiums. III. Teil, in: Jahresbericht über das Archigymnasium zu Soest am Schlusse des Schuljahres von Ostern 1886 bis dahin 1887, Soest 1887, S. 3–30.
Ders.: Geschichte des Soester Archigymnasiums. IV. Teil, in: Jahresbericht über das Archigymnasium zu Soest am Schlusse des Schuljahres von Ostern 1889 bis dahin 1880, Soest 1890, S. 3–52.
Ders.: Die Gründung des Soester Waisen- und Krankenhauses, in: SZ 21 (1903/04), S. 90–104.
Vom Orde, Klaus: Artikel „Hardt Hermann von der", in: RGG⁴ 3 (2000), Sp. 1440.
Von Brocke, Bernhard: Artikel „Katsch, Christoph von", in: NDB 11 (1977), S. 326f.
Von Bülow, Gottfried: Artikel „Schinmeyer, Johann Adolf", in: ADB 31 (1890), S. 302f.
Von Liliencron, Rochus: Artikel „Schieferdecker, Johann David", in: ADB 31 (1890), S. 179.
Von Steinen, Johann Dietrich: Westphälische Geschichte, Theil 4, Lemgo 1760.
Von Sybel, Friedrich Ludwig Karl: Nachrichten über die Soester Familie Sybel 1423–1890, München 1890.
Von Winterfeld, Luise: Geschichte der freien Reichs- und Hansestadt Dortmund, Dortmund 1957³.
Waechtler, Karl Gottlieb: Die Geschichte der Evangelischen Gemeinde Essen und ihrer Anstalten. Im Anschluss an die von Pfarrer Waechtler im Jahr 1863 verfaßte Denkschrift hg. vom Presbyterium, Essen 1896².
Wagenmann, Julius August *siehe auch Richter, Arthur*
Wagenmann, Julius August: Artikel „Rumpaeus, Justus Wesselius (Jost Wessel)", in: ADB 29 (1889), S. 662f.
Wagner, Johannes Volker/Bonwetsch, Bernd/Eggeling, Wolfgang (Hg.): Ein Deutscher am Zarenhof: Heinrich Graf Ostermann und seine Zeit 1687–1747 (Ausstellungskatalog; Historisches Museum Moskau, 2000; Stadtarchiv Bochum, 2001), Essen 2001.
Walch, Johann Georg: Historische und Theologische Einleitung in die Religions-Streitigkeiten in der Evangelisch-Lutherischen Kirche I, Jena 1733² (ND Stuttgart-Bad Cannstatt 1972) sowie V.1 und V.2, Jena 1739 (ND Stuttgart-Bad Cannstatt 1985).
Wallmann, Johannes *siehe auch Koch, Ernst*
Wallmann, Johannes: Artikel „Calov, Abraham", in: TRE 7 (1981), S. 563–568.
Ders.: Der Pietismus (Die Kirche in ihrer Geschichte 4 O 1), Göttingen 1990 und 2005² (auch: UTB 2598).
Ders.: Artikel „Konkordienbuch", in: RGG⁴ 4 (2001), Sp. 1603f.
Ders.: Artikel „Mayer, Johann Friedrich", in: RGG⁴ 5 (2002), Sp. 941f.
Ders.: Artikel „Misler, Johann Nikolaus", in: RGG⁴ 5 (2002), Sp. 1267.
Ders.: Artikel „Müller, Heinrich", in: RGG⁴ 5 (2002), Sp. 1570.
Ders.: Artikel „Neumeister, Erdmann", in: RGG⁴ 6 (2003), Sp. 231.
Ders.: Artikel „Petersen, Johann Wilhelm", in: RGG⁴ 6 (2003), Sp. 1154.

Ders.: Artikel „Rechenberg, Adam", in: RGG⁴ 7 (2004), Sp. 83.
Ders.: Artikel „Schade, Johann Caspar", in: RGG⁴ 7 (2004), Sp. 856.
Ders.: Artikel „Schelwig, Samuel", in: RGG⁴ 7 (2004), Sp. 880.
Ders.: Artikel „Scriver, Christian", in: RGG⁴ 7 (2004), Sp. 1083 f.
Ders.: Artikel „Spener, Philipp Jakob", in: RGG⁴ 7 (2004), Sp. 1564–1566.
Wehrend, Anja: Zinzendorfs Musikverständnis, in: Unitätsarchiv in Herrnhut (Hg.): Graf ohne Grenzen. Leben und Werk von Nikolaus Ludwig Graf von Zinzendorf (Ausstellungskatalog), Herrnhut 2000, S. 101–107.
Weigelt, Horst: Artikel „Urlsperger, Samuel", in: RGG⁴ 8 (2005), Sp. 831 f.
Weinhardt, Joachim: Artikel „Machiavelli, Niccolò", in: RGG⁴ 5 (2002), Sp. 639.
Wellenreuter, Hermann: Artikel „Boltzius, Martin", in: RGG⁴ 1 (1998), Sp. 1678.
Wendt, Eckhard: Stettiner Lebensbilder (VHKP Reihe V, Band 40), Köln/Weimar/Wien 2004.
Werl, Elisabeth: Artikel „Heinrich der Fromme", in: NDB 8 (1969), S. 391–393.
Werner, N.: Artikel „Forer, Laurenz", in: ADB 7 (1878), S. 155.
Wesseling, Klaus-Gunther: Artikel „König, Johann Friedrich", in: BBKL 4 (1992), Sp. 281 f.
Ders.: Artikel „Friedrich Wilhelm I.", in: BBKL 19 (2001), Sp. 452–477.
Wex, Norbert: Ein Schreibheft Friedrichs des Großen im Stadtarchiv Soest, in: SZ 124 (2012), S. 77–86.
Ders.: Friedrich der Große und das Ende des Soester Mittelalters, in: SZ 124 (2012), S. 87–98.
Widder, Ellen, in Verbindung mit Ehbrecht, Wilfried und Köhn, Gerhard (Hg.): Soest. Geschichte der Stadt. Band 3: Zwischen Bürgerstolz und Fürstenstaat. Soest in der frühen Neuzeit (Soester Beiträge 54), Soest 1995.
Widder, Ellen: Soester Wirtschaft in der frühen Neuzeit (16.–18. Jahrhundert), in: Dies. u. a. (Hg.): Soest. Geschichte der Stadt. Band 3: Zwischen Bürgerstolz und Fürstenstaat. Soest in der frühen Neuzeit (Soester Beiträge 54), Soest 1995, S. 125–177.
Winkler, Gerhard B.: Artikel „Erasmus, Desiderius, von Rotterdam", in: RGG⁴ 2 (1999), Sp. 1380–1384.
Winter, Agnes: Das Gelehrtenschulwesen der Residenzstadt Berlin in der Zeit von Konfessionalisierung, Pietismus und Frühaufklärung (1574–1740) (Quellen und Forschungen zur brandenburgischen und preußischen Geschichte 34), Berlin 2008.
Winter, Eduard: Artikel „Frisch, Johann Leonhard", in: NDB 5 (1961), S. 616.
Wittmütz, Volkmar: Kirchenstreit in Essen. Pfarrer Johannes Mercker und der Rat der Stadt Essen 1691–1705, in: De Buhr, Hermann/Küppers, Heinrich/Wittmütz, Volkmar (Hg.): Kirche im Spannungsfeld von Staat und Gesellschaft (FS Günther van Norden), Köln 1993, S. 29–45.
Zaepernick, Gertraud: Artikel „Breckling, Friedrich": in: RGG⁴ 1 (1998), Sp. 1743.
Dies.: Artikel „Gichtel, Johann Georg", in: RGG⁴ 3 (2000), Sp. 924.
Zedler, Johann Heinrich: Artikel „Michaelis, Johann, ein Medicus", in: Ders.: Grosses vollständiges Universal-Lexicon Aller Wissenschafften und Künste 21 (1739), Sp. 46.
Zimmermann, Hildegard: Adam Bernd, in: Dies.: Caspar Neumann und die Entstehung der Frühaufklärung. Ein Beitrag zur schlesischen Theologie- und Geistesgeschichte im Zeitalter des Pietismus (AGP 4), Witten 1969, S. 130–139.

Zimmermann, Paul: Artikel „Stuve, Johann", in: ADB 37 (1894), S. 82f.
Ders.: Das Haus Braunschweig-Grubenhagen, Wolfenbüttel 1911.
Zschoch, Hellmut: Artikel „Jonas, Justus", in: RGG⁴ 4 (2001), Sp. 569f.
Ders.: Artikel „Rhegius (Rieger), Urbanus", in: RGG⁴ 7 (2004), Sp. 489.
Zur Nieden, Heinrich Wilhelm: Die religiösen Bewegungen im 18. Jahrhundert und die lutherische Kirche der Grafschaft Mark, in: JVEKGW 11/12 (1909/10), S. 1–72.

4.4 Abkürzungen

ADB	Allgemeine Deutsche Biographie
AFSt	Archiv der Franckeschen Stiftungen, Halle (Saale)
AGP	Arbeiten zur Geschichte des Pietismus
BBKL	Biographisch-bibliographisches Kirchenlexikon
BHTh	Beiträge zur historischen Theologie
BSB	Bayerische Staats-Bibliothek
BSELK	Die Bekenntnisschriften der Evangelisch-Lutherischen Kirche. Vollständige Neuedition
BWFKG	Beiträge zur Westfälischen Kirchengeschichte
DNB	Deutsche Nationalbibliothek
EG	Evangelisches Gesangbuch
EKO	Die evangelischen Kirchenordnungen des XVI. Jahrhunderts
FS	Festschrift
GdP	Geschichte des Pietismus
HLS	Historisches Lexikon der Schweiz
IWKG	Institut für Westfälische Kirchengeschichte, Münster
JVEKGM	Jahrbuch des Vereins für die Evangelische Kirchengeschichte der Grafschaft Mark (1899–1902)
JVEKGW	Jahrbuch des Vereins für die Evangelische Kirchengeschichte Westfalens (1903–1922)
JEVWKG	Jahrbuch des Evangelischen Vereins für Westfälische Kirchengeschichte (1924–1926)
JVWKG	Jahrbuch des Vereins für Westfälische Kirchengeschichte (1928–1972)
JWKG	Jahrbuch für westfälische Kirchengeschichte (seit 1973)
KLK	Katholisches Leben und Kirchenreform im Zeitalter der Glaubensspaltung
KTP	Kleine Texte des Pietismus
LStRLO	Leucorea-Studien zur Geschichte der Reformation und der Lutherischen Orthodoxie
LThK	Lexikon für Theologie und Kirche
MDF	Mitteldeutsche Forschungen
MFK	Mitteldeutsche Familienkunde
MRKG	Monatshefte für rheinische Kirchengeschichte
ND	Nachdruck/Neudruck
NDB	Neue Deutsche Biographie
PuN	Pietismus und Neuzeit
RGG[4]	Die Religion in Geschichte und Gegenwart (Vierte Auflage)
StA	Stadtarchiv
StB	Stadtbibliothek

4.4 Abkürzungen

SVRKG	Schriftenreihe des Vereins für Rheinische Kirchengeschichte
SZ	Soester Zeitschrift
TRE	Theologische Realenzyklopädie
UB	Universitätsbibliothek
ULB	Universitäts- und Landesbibliothek
VD 17	Verzeichnis der im deutschen Sprachraum erschienenen Drucke des 17. Jahrhunderts (http://www.vd17.de)
VD 18	Verzeichnis Deutscher Drucke des 18. Jahrhunderts (https://vd18.gbv.de)
VHKP	Veröffentlichungen der Historischen Kommission für Pommern
VHKW	Veröffentlichungen der Historischen Kommission für Westfalen
VIEG	Veröffentlichungen des Instituts für Europäische Geschichte
WA	Martin Luther, Werke. Kritische Gesamtausgabe [Weimarer Ausgabe]
WiV	Westfalen in der Vormoderne. Studien zur mittelalterlichen und frühneuzeitlichen Landesgeschichte
ZVHaG	Zeitschrift des Vereins für hamburgische Geschichte

4.5 Register der Personen

Umlaute werden bei der Sortierung nicht berücksichtigt.

Aalhaus/Ahlhaus/Althaus, Johann Karl 379, 383
Abba Gregorius (auch: Gorgoryos) 828
Abraham, Erzvater 316f., 361, 391, 638
Adam, Stammvater 199, 203, 213, 681, 685, 845, 880
Adler (Verleger) 48, 798, 813, 828
Adolph (Verleger) 117f., 120–122, 228, 232, 253, 872–876, 881
Agresti, Livio 509
Alber, Erasmus 346
Alberti, Michael 399
Alefeld, Johann Leopold 767
Alexejewna, Katharina I., regierende Kaiserin des Russischen Reiches 59
Algöwer, David 827
Althöfer, Ulrich 46f., 130, 254, 339, 481–483, 485f., 488–492, 495, 497–502, 504f., 507f., 510, 512, 514–517, 519f., 522–524, 526
Amberger, Albrecht 352
Ambrosius von Mailand, Kirchenvater 221, 592, 686, 688
Amyraut, Moyse (auch: Moses Amyraldus) 278
Andreae und Hort (Verleger) 322, 412
Andreae, Gerhard Goswin 169, 294
Andreae, Hermann 897f.
Andreae, Johann(es) 354
Angelkorte, Johann Diederich 148, 163, 165f., 423, 426f.
Anhalt-Zerbst, Christian August, Fürst von 817
Anton, Paul 755
Antonowitsch, Iwan VI. Ioann, nomineller Kaiser des Russischen Reiches 59
Äpinus/Aepinus, Franz Albert 277, 279f., 828, 853
Aquin, Thomas von 270f.
Arcularius, Johann Daniel 37f., 235, 845
Ardels, Thomas Henrich 840
Aristoteles 24, 26, 117, 762, 857, 871, 878, 899

Arndt, Johann 45, 172, 239, 615f., 626
Arnold, Gottfried 12, 64, 70, 73f., 228, 252, 852
Athanasius der Große, Patriarch von Alexandria 818f.
Aubry, Pierre/Petrus 617
Augustinus von Hippo, Kirchenvater 592
Aussen, Maria Juliana von 71, 821

Baatz, Alyssa 173
Bacchin, Johann Christoph 877
Bachmeyer, Johann Henrich 264
Backe, Anton Friedrich 138
Baedeker/Bädeker (Verleger) 159, 418, 760, 793, 813–817
Baier, Johann Wilhelm 45, 48, 762, 885
Bailliar (Verleger) 780, 784
Balhorn (Verleger) 595
Balhorn, Clara Elisabeth 291
Balhorn, Johann Dietrich 291f.
Balhorn, Theodor 194, 214, 218, 222, 291
Bambamius, Hartwig 246
Barels, Arnold 486
Baronio, Cesare (auch: Caesar Baronius) CO 270, 891
Barop, Hermann Zacharias 797
Barop, Johann Caspar 36, 67f., 113f., 751–755, 833, 836, 850, 861, 864
Barop, Johann Gerhard 864
Barop, Johann Theodor 861
Basse, Christoph Melchior 864
Bates, William 780
Bauhöfer (Verleger) 762
Baumgarten, Nathanael 777
Baumgarten, Siegmund Jakob 164–166, 171, 417, 428–432, 434
Bayern, Karl Albrecht von (als Karl VII. römisch-deutscher Kaiser) 816
Bayern, Ludwig von (als Ludwig IV. Kaiser des Heiligen Römischen Reiches) 816
Bechmann, Friedemann 828
Beck/Beccius, Michael 826
Becker, Eberhard Theodor 849

4.5 Register der Personen

Becker, Friedrich Hermann 760
Becker, Heinrich Bernhard Hildebrand 807, 811
Becker, Johann Ernst 218, 767
Becker, Johann Heinrich 769
Beckmann, Theodor (Dietrich) Matthias 62, 66, 836f.
Behrens, Albert 873
Behrens, Johann Heinrich 792
Bekker/Becker, Balthasar 873, 876f.
Bellarmino, Roberto Francesco Romolo SJ 270, 891
Bender, Christian 88
Benediktiner (auch: Ordo Sancti Benedicti) 891
Benekius (Verleger) 796
Benner, Hermann 829
Berg und Neuber (Verleger) 591
Berge/Berger, Dietrich (Theodor) Heinrich vom 783
Berge/Zumberge, Ludolph Theodor zum 880
Berge, Henrich Graf zum 352
Berger, Johann Wilhelm von 787
Bergius/Berg, Johannes 842
Bernard/Barnard, Nicolas 780
Bernd, Adam (auch: Christianus Melodius) 795f.
Bernhard von Clairvaux CIS 592
Bernigeroth, Johann Martin 120, 753
Bernigeroth, Martin 50f., 57, 76, 103, 115, 127, 129, 247, 799, 883
Bernuth (Verleger) 817
Bertholdi, Gerhard 873
Beurhaus, Heinrich 865
Beurhaus, Johann Christoph 877
Beyer, Christian 349
Bezius/Betz, Caspar 866f.
Bielcke (Verleger) 783, 786
Bileam (auch: Balaam), Prophet 895
Bilefeld, Johann Christoph 252, 769
Bilstein, Franz 41
Blaufuß, Dietrich 183
Blech/Bleek/Bleck, Michael 39, 41, 45, 763, 782, 844
Blesendorf, Constantin Friedrich (von) 83
Bock, Johann Caspar 769
Böcker, Gottlieb 880

Böcking, Johann Peter 811
Böcklin, Johann Christoph 775
Bockum-Dolffs/-Dolphus/-Dolffus, Diederich Johann Gottfried von 374, 400f., 459
Bockum-Dolffs/-Dolphus/-Dolffus, Johann Albert IV. von 293f., 314
Bockum-Dolffs/-Dolphus/-Dolffus, Johanna Sophia Florentine von 393, 396, 432
Bockum-Dolffs/-Dolphus/-Dolffus, Margret Elisabet von 314
Böddinghaus, Christian Bertram Burghard 812
Bödiker, Johann 775, 777
Boennecken, Rütger Johann 845
Boesendahl (Verleger) 900
Boetius (Verleger) 788f.
Bogatzky, Karl-Heinrich von 166, 168, 424, 426, 430
Böhme, Jakob 52, 72, 120, 122, 185–187, 189, 249, 278, 877, 881f.
Bohnstedt, David Sigismund 255f., 258, 261, 295, 304, 755f., 758–761, 783, 839
Bölling, Johann Christoph 263
Boltzius/Bolzius, Johann Martin 392f., 395, 399
Bömke/Bömekenius/Bemken/Bömeken, Johann Heinrich 847
Bona, Giovanni/Johann(es), Kardinal 596f.
Bonner, Jakob 892f.
Bonnus, Hermann 656
Borberg, Karl Nikolaus 799
Bordelius, Ernst Heinrich 426f.
Borrichius/Borch, Olaus/Ole (auch: Oluf Borch, Olaf Borch, Olaus Borrichius) 779
Bose, Henriette Rosine 436
Bosse 255
Böttcher, H. 411, 414, 416, 418, 440
Böttiger (Verleger) 757
Brachum, Laurenz von 17
Brämel, Femia 166
Brandenburg, Friedrich der III., Kurfürst von 29f.
Brandenburg, Friedrich Wilhelm („der Große Kurfürst"), Kurfürst von 118, 899

Brandenburger (Witwe) (Verleger) 891
Brange 378
Brauer (Zitopäus), Bernhard Dietrich (Theodor) 845
Brauer (Zitopäus), Christian Friedrich 861f.
Brauer (Zitopäus), Christoph Arnold 862
Braun (Verleger) 868–870
Braun/Praun, Wolfgang Jakob 865
Braun, Georg 13, 16
Braune, Kaspar Peter 843
Braunschweig-Grubenhagen, Wolfgang, Herzog von 592
Braunschweig-Lüneburg, Ferdinand von, Herzog 171
Braunschweig-Wolfenbüttel, Ferdinand von, Herzog 171
Breckling, Friedrich 62
Breithaupt, Joachim Justus 49–51, 185, 251, 262, 350, 789
Breitkopf (Verleger) 819
Breving, Johann 181
Brisken/Brißken/Britzken, Henrich Thomas 96
Brisken, Christine Gertrud 96
Brockhaus, Adolph Heinrich 97f., 100f., 108, 176, 268, 302, 761
Brockhaus, Hermann Eberhard 39, 843
Brockhaus, Johann Diedrich Melchior 302f.
Broelemann, Gerhard Peter 339, 524
Broen, Gerrit de d. J. 251
Broglie, Victor-François de, Herzog 172
Brökelmann, Nikolaus Johann 812
Brökelmann, Werner Wilhelm 803, 806
Brökelmann, Wilhelm 803, 812
Brölemann, Johann Arnold 879
Brönner (Verleger) 866
Brück, Gregor (auch: Gregor Pontanus) 349
Brügmann/Brüggemann, Johann Caspar 37, 851
Brügmann/Brüggemann, Johann David 809f., 819
Brügmann/Brüggemann, Wessel Bernhard 863
Brummer (Verleger) 594
Brune, Jan (Johannes) de 344
Brüning, Johann 346
Brunnfelten (auch Brunnfeld) 421

Bry, Theodor de 24
Büddemann, Bernhard Heinrich 878
Buddenbrock, von 412, 418
Buddeus/Budäus, Johann Christian Gotthelf 787
Buddeus/Budäus, Johann Franz 100, 102, 135f., 147, 229, 239, 291, 337, 779f., 782f., 786f., 792f.
Buddeus/Budäus, Johann Philipp 808
Bugenhagen, Johannes 595
Buisson, Johannes (Jean) du, Generalmajor 304
Bülbering, Johann Kaspar 808
Buldern, Johann von 352
Büren, Johann Jakob 863
Büren, Johann Nikolaus 878
Büren, Johann Peter 44, 863, 875
Burg, von der 416
Burggrafe, Heinrich 762
Burkardt, Johannes 65, 74
Burman, Frans (auch: Franciscus Burmannus) 233
Busch, Georg Paul 74, 137, 175
Buscher, Theodor Christoph 810f., 813
Büser, Andreas 492
Busman, Johann 486

Caecilia, Susanna 815
Callenberg, Johann Heinrich 137, 161, 177, 357–362, 390–392, 398, 400, 416f., 419f., 433, 789
Calov/Calovius/Kalau, Abraham 842
Calvin, Johannes (Jean) 23, 852, 856, 870
Calvör, Caspar 229
Canstein, Carl Hildebrand von 190
Cappelmann, Andreas 123, 135f.
Carpzov, Johann Gottlob 128f., 155, 327, 336, 342, 813, 881
Caspari, Conrad Adolf 378–381, 383
Castell, Ludwig Friedrich, Graf und Herr zu 381
Castell-Remlingen, Dorothea Renata von, geborene Gräfin von und zu Zinzendorf und Pottendorf 163, 376, 385
Castell-Remlingen, Erdmuthe Dorothea, Gräfin zu 376
Castell-Remlingen, Ludwig Friedrich, Graf zu 107, 163, 373, 375f., 382, 385f., 388

Castell-Remlingen, Sophie Theodora, Gräfin zu 376
Castell-Remlingen, Wolfgang Dietrich, Graf zu 163, 376, 385
Cellarius, Christophorus (auch: Christoph Martin Keller) 135
Chemnitz, Johann Hieronymus 138
Chemnitz, Martin 810
Chrysostomus, Johannes, Kirchenvater 98, 204, 592, 659
Chunius, Daniel 765
Chytraeus/Chyträus, David 135, 591, 633, 652, 658
Claßen/Clasen, Carl Ludwig August 760
Clauder, Israel 68, 79, 89, 92f., 313
Clauder, Justus Israel 79
Clausen, Gottfried 166
Clemens I. (auch: Clemens Romanus) 779f., 782f., 786
Clerc, Johannes le (auch: Jean Leclerc, Johannes Clericus) 249
Clericus, Clarmundus 760
Coccejus, Johannes (eigentlich: Coch/Koch) 279, 780
Coester, Johann Christoph 829
Conradi (Verleger) 824f., 826, 880
Contades, Louis-George-Erasme de, Maréchal de France 171
Corvinus, Georg Conrad 780
Cramer, Johann Georg 880
Cranmer, Thomas 593
Crenius, Thomas (eigentlich: Thomas Theodor Crusius) 249
Creusig (Verleger) 787
Cruciger/Creutziger, Caspar d. Ä. 598
Crüger, Johann 702
Crüsemann, Wilhelm 897
Curicke, Johann 193–195
Curtius, Sebastian 843
Cyprian, Ernst Salomo 12, 123, 125, 157f., 248f., 266–271, 278, 323

Dael/Deel/Daal, Elisabeth Johanne von 395, 397–399
Dahlen (Verleger) 873
Dahlmann 263
Dallwitz, Magdalena Elisabeth von (geb. von der Marwitz) 824
Damm/Dam, Henrich Detmer vom 879
Damm, Friedrich von 83, 346
Dänemark und Norwegen, Christian VI., König von 380, 382, 385
Dänemark, Friedrich IV., König von 189
David, König 203, 210, 316, 550, 648, 717, 771, 816, 823
Davidis, Anna Clara 116
Davidis, David 801, 805, 808f.
Davidis, Thomas 116
Davidis, Thomas Balthasar 248, 261
Decius, Nikolaus 347, 605
Deging, Melchior von 87
Demrath, Friedrich Wilhelm 132
Des, Catharina Andrea 763
Descartes, René 53, 279, 878
Deventer, Johann Christian 524
Dieckmann, Johann Detmer 768, 785
Dieckmann, Theodor Adam 768
Diemel/Dömeling, Thomas 29, 34, 42, 45, 181f., 763f.
Diest, Anna Elisabeth 108
Diest, Johann Caspar 108, 151
Dieterich, Konrad 122
Dippel, Johann Konrad (auch: Christian Demokrit) 12, 63, 65, 69, 120f., 228, 280, 834, 852, 874, 878
Dithmar, Justus Christoph 353
Dober, Johann Leonhard 382
Dober, Martin 382
Dohm 901
Dohna-Vianen, Amalia von, Erbburggräfin zu Utrecht 49
Dornseiff(en), Heinrich Christoph 868
Dornseiffen, Friedrich Wilhelm 784
Dornseiffen, Kaspar Ernst 804, 808
Dornseiffen, Theodor (Dietrich) Ernst 45, 763f., 804
Dowy, Johann Kaspar 877
Draud/Draudius, Johann Konrad 505, 895
Dreese, Adam 737
Dresing, Bernhard 833, 850, 883
Drießler, Johann Ulrich 162
Driller 432
Dröllner, Andreas Thomas 863
Droste/Troste, Johannes Dietrich Gottfried Heinrich von 225

Dümpelmann, Johann Kaspar   166f., 423, 427, 865
Duncker, Johann Thomas   886
Durham, Wilhelm   286

Ebel, Adolf   322
Eben, Johann Michael   65
Ebersbach (Verleger)   660, 831
Eckhart, Johann Georg von   778
Edzardus/Edzard, Esdras   157
Edzardus/Edzard, Sebastian   157f., 229, 233, 246, 791
Eichelberg, Johannes   896
Eichsfeld (Verleger)   787f.
Emminghaus, Henrich Wilhelm   141, 160, 752
Emminghaus, Theodor Johann   159f., 246, 363
Emsinghoff (Empsychovius), Johann Christoph   784
Endt (Verleger)   896
Engelbach, Johann Casimir   867
Engelken/Engelke/Engelcken, Heinrich Askan   852, 854
Engelschall, Karl Gottfried   277
England, Victoria, Königin von   376
Ennichmann (Ennigmann), Immanuel Friedrich   816, 848
Ennigmann, Zacharias   848, 864
Erben, Johann Theodor   131, 801f., 805
Erdmann, Gotthilf Andreas   138
Ernst, Johann Heinrich   175, 176
Ezechiel/Hesekiel, Prophet   822, 827

Fabern   183
Fabricius, Johann Albert   157, 229
Färber, Heinrich Georg   879
Fecht, Johannes   117f., 126, 248f., 252, 257, 277, 280, 321, 852–854, 859, 869, 871
Felderhoff, Hermann Peter   855
Feldhoff/Velthoff, Johann Adolph   810f.
Feldmann, Theodor Hennig (Heinrich)   781, 806
Feldmann, Zacharias   806
Fénelon, François/François de Salignac de La Mothe-Fénelon, Erzbischof   279
Fenner, Johann Jakob d. Ä.   865

Fenner, Johann Jakob d. J.   865, 867
Feuerborn, Justus   841
Fickweiler (Verleger)   121f., 874f.
Fleischer (Verleger)   891
Flemming, Jakob Heinrich von   778
Flertmann, Johann   108
Fley, Johann Franz   799
Floß (Verleger)   901f.
Forer(us), Lorenz/Laurentius SJ   841f.
Forstmann (Familie)   39
Forstmann, Charlotte   355
Forstmann, Christof Gerhard   355
Forstmann, Christoph Wilhelm   457f.
Forstmann, Elisabeth   355
Forstmann, Johann Gangolf Wilhelm   56, 107, 159, 163, 165, 167, 355f., 364, 376–379, 381f., 386f., 418, 428, 457, 816f.
Forstmann, Rüdiger Johannes   808
Forstmann, Thomas   56, 107, 356, 771, 773, 808, 890
Forstmann, Thomas Friedrich   355f., 462
Fortsch (Förtsch/Foertsch), Michael   241, 781
Francke, August Hermann   36, 41, 49f., 58, 64, 67, 71–73, 79–81 89, 93f., 100, 111, 113, 116, 118, 132f., 135f., 138, 160f., 163f., 170, 176f., 185, 235, 240, 250, 255, 260, 262f., 265, 272, 284, 288, 290, 292–294, 302, 304f., 307, 309f., 312–314, 355, 385, 388, 413, 594, 615, 762, 782, 785, 824
Francke, Daniel Christian   79, 814
Francke, Gotthilf August   11, 137, 144, 146f., 154, 162, 166, 174, 177, 352, 355, 362, 364–367, 370–374, 376, 381, 385–387, 392, 394, 396–402, 408, 411f., 414–421, 423, 425, 429f., , 432–472, 474, 476–478, 480, 532, 534, 540, 542, 561, 786, 858
Francke, Johann Daniel   814
Francke, Wolfgang Christoph   258
Frankreich, Ludwig XIV., König von   27, 53
Frantzen, Konrad Rudolph   804, 807
Fratzscher, Heinrich Wolfgang   792, 794
Freitag, Bernhard   233
Fresenius, Johann Philipp   866

4.5 Register der Personen

Freudel (Verleger) 810
Freund, Johann Ernst 278
Freyer/Frye, Hieronymus 135, 338f., 416
Freylinghausen/Freilinghausen, Johann Anastasius 134–138, 312, 350f., 361, 594, 605, 705, 789
Friebe(n)/Fribe(n), David 70, 219–221, 835–837
Friedeborn, Anne Catharine/Anna Catharina von 115, 230, 756, 783, 823
Friedeborn, Paul von, Regierungsrat 132
Friederici/Friderici, Goswin 897
Friederici/Friderici, Johann Goswin 45–48, 375, 497, 761–764, 844, 897, 899
Friederici, Maria Katharina Sophie 381
Friederici, Thomas Johann Gerwin (Goswin) 46
Friedgen (Verleger) 37, 182, 544, 846
Friessem (Verleger) 597
Frisch, Johann Leonhard 777
Frisius, Peter 790
Fritsch (Verleger) 255, 337, 822
Fritsch, Ahasver 778
Fritzsch, Christian 158, 279
Froberg(er) (Verleger) 159, 797–813, 860, 862–865, 881
Fromm, Johannes 885
Frommann, Friedrich Wilhelm 86
Fuckert, Johann Christian 898
Fürstenau/Fürstenow, Bernhard 885
Fürstenau/Fürstenow, Johannes 764, 820, 848
Fürstenau/Fürstenow, Katharina Elisabeth 820, 848, 885
Fuhrmann (Verleger) 233, 855, 857
Funcke, Johann Georg 861

Gaebert (Verleger) 785f.
Galen, Johann Ehrenreich von 770
Garenfeld, Johann Theodor 363, 378
Garmann (Verleger) 853–855, 882
Gaubisch (Verleger) 592
Gedicke (Verleger) 757
Gehne (Verleger) 592
Genath (Verleger) 843
Gennagel (Verleger) 809
Georg, Johann 118
Gerdes (Verleger) 68, 787f., 835, 837

Gerhard, Johann(es) 205, 353
Gerhardi, Kaspar Adrian 900
Gerhardt, Paul 348, 610
Gericke, Johann Ernst 156
Gerling, Gerhard 821
Gerling, Johannes 894
Gersdorff, Charlotte Justine von 288
Gersdorff, Eva Wilhelmine von 436
Gersdorff, Henriette Catharina von 35
Gersdorff, Joachim Sigismund von 436
Gerstenberg, Christian Ludwig 819
Gesenius, Ludwig Burchard 375
Geßman, Heinrich 761
Gichtel, Johann Georg 72, 111, 193
Giesler, Theodor Gottfried 864
Gigas, Johannes 608
Glaser, Friedrich Jakob 839
Glaser, Gottlieb 803, 806
Glaser, Johann Jakob 37, 99, 102, 839, 847
Glaser, Nikolaus 808
Gleditsch (Verleger) 596
Gleditsch, Johann Friedrich d. Ä. 883
Göbel 229
Göcking (Verleger) 817
Godefroy, Jacques (auch: Iacobus Gothofredus) 785
Goes, Johann 58
Goesmann, Gottfried Christoph 783, 859
Goethe, Johann Wolfgang (von) 779, 866
Gollner (Verleger) 45, 56, 100, 762, 782, 792, 890
Gottsched, Johann Christoph 285, 289
Götze (Verleger) 751
Götze/Goeze, Zacharias 230, 888
Grabe, Johannes Ernst 779f.
Grabner (Verleger) 591
Gramann, Johann 347
Grave (Verleger) 98, 761
Grave, Catrine Elisabeth 415
Green (Verleger) 818
Gregor I. („der Große"), Papst 270f., 597f., 891
Griesebeck (Verleger) 428
Grimmaeus, Maria Elsaben 59
Groende de/Grönde, von 440f.
Gronau, Israel Christian 395, 399
Gropper, Johannes, Kardinal 131, 891
Grosch (Verleger) 785, 794

Grosch 138
Groß (Verleger) 780
Gross/Groß, Andreas 412
Grothaussmann, Georg Heinrich 843
Grübel, Christian 35
Grübel, Zacharias 35
Gruiter/Grüter, von 400f., 426, 430, 432, 434, 449, 455, 456, 457, 459, 461, 463, 465
Gudenog, Johann Anton 892
Gülchen, Johann Ulrich von 861
Gummersbach, Heinrich 820
Gummersbach, Heinrich Bernhard 820
Günterrod, Philipp Bonaventura von 847
Günterrod, Philipp Wilhelm von 845, 847
Günther, Johann Christian 790f.
Güntzler, Veit Ulrich 828
Guyon, Jeanne-Marie Bouvier de La Motte 252

Haake/Haak/Haakius, Johann Jakob 885
Haberkorn, Peter 841, 843, 850
Habermann, Johann 101f.
Habsburg, Karl von (als Karl V. römisch-deutscher Kaiser, als Karl I. König von Spanien) 348, 797, 893
Habsburg, Karl von (als Karl VI. römisch-deutscher Kaiser, Erzherzog von Österreich) 756, 813
Habsburg, Rudolf von (als Rudolf I. römisch-deutscher König, als Rudolf IV. Graf von Habsburg) 828
Haccius, Johann Anton 889
Hackenberg/Hachenberg, Peter 880
Haferung, Johann Kaspar 791
Hageböck (Verleger) 755
Hageböck, Henrich Matthäus/Matthias 859f.
Hagemann, Wilhelm Theodor 804, 807
Haid, Johann Jakob 164, 393
Hainzelmann, Elias 121
Hamberger, Georg Albert 77
Hammelmann/Hamelmann, Hermann 343, 352, 354
Hammerschmidt, Kaspar Engelbert 856
Hampel (Verleger) 43, 765, 841f.
Händtschky, Georg Gottlieb 824
Hannauer (Verleger) 277

Hanneken, Philipp Ludwig 39f., 222, 844
Happel, Johann Ambrosius Heinrich Conrad 866
Harcort, Bernhard Theodor 770
Harder, Daniel 873
Hardt, Hermann von der 250
Harhoff, Johann Hermann 766
Harhoff, Johann Wilhelm 43f., 49, 52, 56, 58f., 88, 107, 111–113, 134, 355f., 763, 765–770, 836, 884, 889f., 892
Harhoff, Katharina Engel 107
Harhoff, Margret Elisabeth 163, 356
Hartmann (Verleger) 593
Hartmann, Johann Ludwig 114
Hartmann, Johann Theodor 379
Hasenkamp(f), Johann Heinrich 844
Hasselkus, Johannes 880
Hasselmann, Johann Wilhelm 64
Haude (Verleger) 774–776
Hausemann, Bernhard Ludolf 67, 754, 833, 836, 861f., 891
Hausemann, Johann Bernhard 862
Hausemann, Peter Johann 855f.
Hausemann, Wessel Diederich (Theodor) 861
Hausmann, Elias Gottlob 753
Haver, Thomas 248, 255f., 261, 827
Haverland/Haberland, Johann 895
Heber (Verleger) 117f., 877f.
Hecker, Heinrich Bernhard 829
Hecker, Johann Georg 507, 829
Heidanus, Abraham 780
Heiden/Heyden, Friedrich Otto Sigismund, Freiherr von 822
Heil (Verleger) 888
Heilmann, Wilhelm Aegidius 879
Heinechius/Heineccius, Gerhard Henrich 52, 135
Heinrich, Christian 895
Heinsius (Verleger) 796
Heitfeld (Heidfeld, Hedfeld, Hetfeld), Albert Georg 416
Heitfeld (Heidfeld, Hedfeld, Hetfeld), Albert Georg Gerhard 839
Heitfeld (Heidfeld, Hedfeld, Hetfeld), Florenz Georg Albert 839f.
Heitfeld (Heidfeld, Hedfeld, Hetfeld), Florenz Gerhard Anton 416f., 420

4.5 Register der Personen

Heitfeld (Heidfeld, Hedfeld, Hetfeld), Gerhard 526
Heitfeld (Heidfeld, Hedfeld, Hetfeld), Johann Albert 416f., 420
Heller, J. 83
Helling 379
Hellmund, Egidius Günther 250
Helmbold, Ludwig 348
Helwig (Verleger) 866
Hempel, Bernhard Dietrich (Theodor) 886
Hempel, Johann Joachim 768
Hencke/Hennecke/Henke, Gerhard Heinrich (auch: Gerhard Henrich Heinechius) 762
Hencke/Hennecke/Henke, Johann Albert 900f.
Hencke/Hennecke/Henke, Johann Christoph 383–386
Hencke/Hennecke/Henke, Johann Georg 899
Hencke/Hennecke/Henke, Johann Heinrich 39, 767, 843f.
Hencke/Hennecke/Henke, Peter 897
Henckel (Verleger) 755, 757, 794
Henckel, Johann Konrad 839
Hendel (Verleger) 170, 900
Hengstenberg, Johann 131, 768
Hengstenberg, Karl Andreas 131
Hennecke, Johann 93, 125, 337
Hennecke, Johann Albert 93, 172, 462, 900
Hennecke, Johann Gerhard 92, 94, 289, 292, 307–309, 319
Hennecke, Johanna Maria 94
Henning (Verleger) 776f.
Henning, Jacob 872
Heppe, Johann Leopold 859
Herbst (Verleger) 878
Herman, Jacob (auch: Jacobus Arminius) 278
Hermann, August 11
Hermanni (Verleger) 55f., 60, 75, 77, 96, 100f., 104–108, 110, 112, 116, 122, 132, 136, 139f., 249, 259, 261, 269, 278, 323, 327, 357, 376, 539, 761, 771–773, 790, 830f., 838–841, 875–882, 891–894
Hermanni, Johann Georg 296, 330
Hermanni, Johann Thomas 89, 97, 101, 103–105, 106–108, 110, 125, 266, 269f., 296, 299, 357, 771, 773, 830, 839
Hermanni, Johann Wilhelm 839f.
Herrnschmidt, Johann Daniel 262
Hertz (Verleger) 821
Herzog/Hertzog, Christian 278
Hesper, Caspar 844
Hesse (Verleger) 894
Hessen-Darmstadt, Ernst Ludwig von, Landgraf 252, 865–867
Hessen-Darmstadt, Georg von, Prinz, Vizekönig von Katalonien 889
Hetrack 233
Heyl (Verleger) 279
Hilarius von Poitiers, Bischof 221
Hildebrand, Christian 852
Hillebrand, Johann 895
Hiltrop, Friedrich Wilhelm 811
Hiltrop, Kaspar Anton 811, 844
Hind, Johann Ludwig 865
Hinüber, von 394f.
Hiob (auch: Ijob) 316, 320, 827
Hobbes, Thomas 279
Hochenau, Ernst Christoph Hochmann von 230
Hocker (Verleger) 823
Hoemann, Johannes Melchior 847
Hoete, Ludolph Dieterich von 870
Hoffmann, Goswin Florenz 260, 264
Hoffmann, Henrich 260, 264
Hoffmann, Johann Henrich 897
Hofmann, Johann Georg 869
Hogenberg, Franz 13, 16
Holferscheid/Holverscheid(t), Johann Wilhelm 387
Hollaz, David 164–166, 177, 400, 423–425, 427–432, 435
Holte, Johann Kaspar 812
Holtzhausen, Johann Christoph 846
Hoornbeek/Hoornbeeck/Horenbeek, Johannes 780f.
Hopfensack, Sebald 80
Horaz (Quintus Horatius Flaccus) 135
Horn (Verleger) 789
Hoyer, Anna Elisabeth (geb. Francke) 35
Hübner, Johann 135, 149
Hücking, Johann Peter 858

Hüissen, Anna Maria Gerdruth 71, 821
Hüissen, Arnold 71, 821
Hülshoff, Gerhard Friedrich 861
Humboldt, Alexander von 286
Hundeshagen, Johann Christoph 898
Hunnius (auch: Hunn), Ägidius d. Ä. 468
Hunoldt, Matthias 751
Husemann, Anna Elisabeth 40
Husemann, Theodor Balthasar 830
Hüttemann, Johann Caspar 794
Hutterus/Hutter (auch: Hütter), Leonhard 135
Hutzschky, Jacob Christian Ludwig 138

Ijewski, Thomas 22, 98, 101, 104, 106, 141
Ising, Johann Engelbert 863
Isverding (Isferding), Johann Andreas 445, 877
Isverding (Isferding), Johann Friedrich 445–449, 498, 841
Iuvencus (Gaius Vettius Aquilinus Juvencus) 135
Iwanowna, Anna I., Kaiserin des Russischen Reiches 59

Jäger, Johann Wolfgang 278, 280
Jansen, Cornelius 278
Jantzen, Johann Jakob 786
Jellinghaus, Heinrich Kaspar 829
Jerichov(ius)/Jerichow, Traugott Immanuel 350f.
Jerusalem, Johann Friedrich Wilhelm 230
Jerusalem, Theoderich Wilhelm 230
Jesaja, Prophet 826
Jocardi, Johann Christian 151, 156, 177, 293–295, 330–333, 773, 776f.
Joch, Charlotte Wilhelmine 784
Joch, Johann Georg 36, 66, 111, 113–117, 119, 235f., 238–241, 244, 246, 255, 258, 261, 263, 277, 281, 284, 756, 778–791, 802, 823, 828, 883f.
Joch, Wilhelmine Christine (geb. Keller) 788
Jöcher, Christian Gottlieb 753
Johannes der Täufer (auch: Ioannes Baptista) 548, 634, 650, 743, 781, 811
Jon, François du (auch: Franz/Franciscus Junius der Ältere) 842

Jonas, Justus d. Ä. 598, 732
Jülich-Kleve-Berg, Johann, Herzog von 343
Jüngeling und Windhüvel 47
Jungnicol (Verleger) 785
Justi, Philipp Konrad 840
Justinian I. (Flavius Petrus Sabbatius Iustinianus) 241

Kagenbusch, Dietrich (Theodor) Bertram 805, 809
Karg, Johann Caspar 842
Karger (Verleger) 43, 222, 765, 835, 841, 843
Karthaus, Christian Heinrich 793
Karthaus, Johanna Sophie Charlotte 793
Karthaus, Johannes 100, 336, 752, 791, 793f.
Katsch (Catsch), Christoph von 285f.
Kattenberg/Katterberg, Peter 387
Kauffmann (Verleger) 255f., 756f., 783, 823
Kauffmann, Heinrich 832
Kayser, Johann Christoph 280
Kayser, Johann Peter 840
Kayser, Johannes 783
Keil (Verleger) 60, 819
Keilmann, Caspar 845
Kellermann, Agatha 50
Kellinghusen, Heinrich 812
Kellner, Johann Friedrich 786, 789
Kellner, Wilhelm Andreas 789
Kemper, Georg 39f., 843
Kiepke/Kypcke/Kypke/Kibecke/Kybeke/Kypeke, Christoph 93f.94, 96, 139, 176, 308, 313–315, 318f., 321, 328–330, 333, 335
Kiepke/Kypcke/Kypke/Kibecke/Kybeke/Kypeke, David 329
Kiesling/Kisling (Verleger) 810, 813
Kiesling, Johann 235
Kilian, Bartholomäus 31
Kilian, Wolfgang Philipp 766
Kindervater, Johann Heinrich 890
Kindleb (Verleger) 791
Kisling (Verleger) 156
Kissner (Verleger) 800
Klärich, Johann Martin 838

4.5 Register der Personen

Klausing, Johann Heinrich 114, 245, 838
Klimpher, Johann Heinrich 886
Klose (Verleger) 888
Klotz, Gerhard d. J. 86
Klotz, Otto Gerhard 83, 86–88, 95f., 216
Klug (Verleger) 595
Kluge, Johann Daniel 155f., 159f., 418, 795, 797–819, 881
Knoch (Verleger) 322, 785
Koberstein (Verleger) 788
Köhnen, Johann Heinrich 839f.
Konfuzius 322
König/Köning, Johann Friedrich 859, 871
König Erben (Verleger) 279
Königsdörfer 263
Königsmann, Andreas Ludwig 259
Kopstadt/Kaufstatt, Anna Elsaben 61
Kopstadt/Kaufstatt, Johann 60
Kopstadt/Kaufstatt, Johann Gottfried 60f., 63f., 69–72, 176, 190f., 196, 198, 214, 216, 218–224, 256, 261, 819–821, 831f., 834, 836f., 848, 894
Kopstadt/Kaufstatt, Johann Heinrich 61
Kopstadt/Kaufstatt, Margarethe (siehe: Möller) 99
Korn (Verleger) 826
Körner (Verleger) 354
Korten, Nikolaus 762
Kortum, Anna Sophia (geb. Sprögel) 70, 284
Kortum, Gottfried Arnold 285
Kortum, Gottfried Michael 285, 857
Kortum, Renatus Andreas 12, 70, 79f., 110, 244, 255f., 261, 284f., 287f., 783, 822f., 826f., 857
Köselitz, Johann Augustin 819
Krakevitz/Krakewitz/Krackewitz), Albrecht Joachim von 228, 853
Kramer, Heinrich 715
Krebs (Verleger) 26, 758, 779, 898
Kreusig (Verleger) 70
Krieger (Verleger) 866
Krügner, Johann Gottfried d. Ä. 887
Krumholtz/Krumbholtz, Christian 230f.
Krupp, Arnold 756
Krupp, Maria Helena 756
Krusemann, Georg 896

Kuhlhoff/Kühlhoff, Bernhard Ludwig/ Ludolf 849
Kühn (Verleger) 826
Kühnen, Jakob Rudolf 864
Kuhnert, Rafael 184
Kuithan, Heinrich Kaspar 814
Kummer, Martin 765
Kumpff, Johann Albert zum 846
Kunckel (Verleger) 760
Kyrill von Alexandria, Kirchenvater 592

Labadie, Jean de 279
Laegelius (Verleger) 819
Laktanz (Lucius Caecilius Firmianus Lactantius) 135
Lamberg (Erben) (Verleger) 895
Lammers (Verleger) 865–870
Lanckisch (Erben) (Verleger) 881, 895
Lanckisch (Verleger) 127f., 253, 277, 327, 336, 342, 353, 590, 593f., 798, 879, 881
Landfermann, Dietrich Heinrich 96
Landfermann, Dietrich Wilhelm 174
Landfermann, Ludwig Dietrich Wilhelm 95f.
Landmann, Henrich 800, 804, 881
Lange, Joachim 118, 120f., 126, 129, 135, 146, 228, 236, 241, 243, 252f., 262, 277, 321–323, 327, 335–338, 340–342, 789, 873, 875
Lange, Johann Christian 72, 74, 902
Lange, Johann Hermann 363, 840
Lange, W. 182
Langenfeld, Friedrich Spee von 871
Lazarus, biblische Gestalt 315–320
Leberecht, Christian Gottlieb (auch: Noah/Noä Abraham) 357, 772
Leenhof, Johann 257
Leers, Christoph Arnold 857
Leg (Verleger) 795
Lehmann, Jacob Christian 831
Leibniz, Gottfried Wilhelm 52, 72, 354, 593, 778f.
Lemmer, Johann Engelbert 767
Lemmer, Panthaleon Abraham 767
Lent (richtig: Lentze), Johann Ludwig 172f.
Leo/Löwe, Johann Gottfried 795

Leo X., geboren als Giovanni de' Medici, Papst 118, 872
Leonhardi, Bernhard Nikolaus 848
Leps, Otto Friedrich von 375
Leusdenius 135
Leverks, Anton 770
Lieberkühn, Amalie Emerentia 412
Lieberkühn, Johann Nathanael 413
Liebezeit (Verleger) 888
Liebknecht, Johann Georg 72f., 902
Limprecht (Verleger) 792
Lippe-Brake, Kasimir, Graf zur 888
Lippe-Detmold, Friedrich Adolf, Graf zu 49, 887
Lippe-Detmold, Simon Heinrich, Graf zur 48f., 886f.
Lits (Lizentiat) 235
Locke, John 249, 279
Loë/Loe, Philipp Theodor von 782
Loeffler, Friedrich Simon 593
Lohoff, Johannes 482
Long, Katharina le 166
Löning, Elisabeth Beata 443
Löning, Johann Anton Clamer (Clamor) 427f.
Löscher, Valentin Ernst 12, 68, 117, 125–128, 157, 176, 227f., 243–246, 248, 252f., 255f., 259–261, 276f., 304, 336
Lotter (Verleger) 592
Löwen, Jacob Johann Arnold zur 803
Löwenstein-Wertheim-Virneburg, Amöne Sophie Friederike, Gräfin zu 147
Lucius (Verleger) 591, 896
Lüders, Justus 66
Ludolph, von 400, 420
Ludolphi, Johann Conrad 862
Lüermann/Lührmann, Johann Stephan 843f.
Lufft (Verleger) 590f.
Lüling, Ernst Henrich 291, 337, 877
Lüling, Johann 99, 252, 254, 291
Lüling, Johann Christoph 337f.
Lünig, Johann Christian 353
Lüning, Johann Heinrich 856, 859f.
Luther, Martin 23, 81, 98f., 108, 118, 122, 155, 201f., 208f., 211, 215, 219–221, 246, 256, 262, 267, 270f., 292, 297, 342, 346–348, 431, 545, 551, 553f., 557f., 586, 591, 593f., 596, 600–602, 605, 607, 609f., 615, 628, 650, 658, 664, 674f., 705, 730, 732, 752–755, 758f., 761, 776, 779, 786, 812f., 818, 823, 827, 835, 842, 854, 863f., 872, 878, 891
Lütkemann, Joachim 239f.
Lütkens, Franz Julius 189
Lüttichau, Sophie Agnese von 436

Macarius/Makarios der Ägypter 252
Machiavelli, Niccolò 87
Maes, Kaspar Georg 886
Mahlendorff, Daniel 874
Mahler, Anna Elisabeth 781
Mahler, Peter 70, 79f., 114f., 230, 263, 285, 287, 756, 782f., 823, 827, 849
Mallinckrodt, Dietrich (Theodor) Wilhelm von 858
Mallinckrodt, Heinrich Rüdiger (Rötger) von 802, 806
Mallinkrodt (Frau) von 391, 397f., 416f., 420, 445, 447, 449, 452, 455f., 458, 461
Manasse, König von Juda 553
Marche (Verleger) 429, 825
Marci, Johann Georg 46, 305, 310f., 339f., 828
Marci, Johann Gottfried 46, 48, 53, 55–58, 105, 112, 305f., 311, 338, 770f., 828–830, 890
Marck, Johannes a (auch: Johann le, van der; Marckius) 249
Marek, Tilmann 145
Maria, Mutter Jesu 519, 548, 603, 634, 650, 680, 743, 755, 758, 774, 808
Marlorat, Augustin 856, 870
Marperger, Bernhard Walther 796f.
Marquard, Johann Lambert Friedrich 332
Marquardt, Johann Caspar Arnold 901
Marschall, Georg Ludwig 899f.
Martini, Johann 897
Marwitz, Magdalena Elisabeth von der 824
Mathesin, Maria Elisabeth 263
Matthaei, Johann Heinrich 768
Matthaeus, Jakob 852
Matthias, Bertram 43
Matthias, Daniel Heinrich 872
Matthias, Markus 32f.

Maul (Maulius), Johann Philipp 79, 230, 783
May, Heinrich 64
May, Johann Heinrich 39, 64, 67, 74f., 176, 251, 257, 902
Mayer, Johann Friedrich 12, 117–119, 121f., 125f., 176, 228–234, 236–238, 243, 321, 819, 851, 871f., 874, 877, 881f.
Mecklenburg-Güstrow, Gustav Adolf, Herzog von 765
Megalander (Verleger) 754
Meier, (Georg) Christoph 888
Meier, Anna Christine Elise (Elisabeth) 93
Meier, Heinrich 154
Meier, Johannes Georg Heinrich 93, 892f.
Melanchthon, Philipp 23, 135, 220f., 342, 348f., 591, 595f., 797–799
Melchior, Johann 767
Mellinghaus, Heinrich 845
Mellinghaus, Johann Heinrich 801, 805
Mellinghaus, Johannes 845
Mellmann, Johannes Heinrich 781
Memminger (Verleger) 78
Mencken, Johann Friedrich 874
Menge, Johann von 899
Menge, von 441–443
Mengel, Bartholomäus Christoph Reinhard 868
Mengel, Johann Bartholomäus 868
Menius, Justus 598
Mentz, (Christoph) Andreas 114
Mentz, Johann Bernhard d. Ä. 40, 114
Mentz, Johann Bernhard d. J. 40, 114, 844, 864
Mentz, Johann Friedrich 113f., 751, 891
Mentzer, Balthasar d. J. 43, 765
Mercker, Johann Anton 62f.
Mercker, Johann Friedrich 833
Mercker, Johann 12, 60f., 63f., 66–72, 111, 113f., 176, 190f., 196, 198–201, 203f., 207–210, 212–215, 219, 222f., 230, 240, 262, 752, 754, 820f., 831, 833–837, 861f.
Merian, Johann Matthäus von 845
Merian, Matthäus d. Ä. 13, 16, 35, 63
Mering, Peter Engelbert 803, 808
Merten 255
Mertini, Johann Melchior 857
Metzger, Georg Balthasar 841

Meyer (Verleger) 48f., 353, 592, 873, 886–889
Meyer und Wegener (Verleger) 592
Meyer, Georg Christoph 888
Meyer, Hermann Richard 751
Meyer, Matthias 871
Meyer, Salomon 875
Michaelis (Verleger) 776f.
Michaelis/Michels, Johann 894f.
Michaelis, Christian Benedikt 789, 794
Michaelis, Johann Henrich/Heinrich 758, 789
Michaelis, Johann Joachim 896
Michels, Anna Christine Elisabeth von 395, 397
Michels, Christoph (Amstelodamensis) 801, 805, 807, 809
Michels, Franz Goswin von 459
Michels, Heinrich (Feldprediger) 98f.
Michels, Johan(n) Florenz Hilbrand von 314, 459f.
Michels, Johann Joachim von 896
Michels, Sofie Margret von 450f., 453f., 457
Middeldorp, Peter Hildebrand 844
Middendorp/Middendorff, Franz Gisbert 800f., 804, 806
Mieth (Verleger) 797
Minucius Felix (Marcus Minucius Felix) 135
Misler, Catharina (geb. Reinigrin) 841
Misler, Johann Nikolaus 841f.
Moes, Johann Friedrich 804, 807
Moll, Heinrich Ambrosius 40, 844, 900
Möllenhoff, (Hermann) Andreas 123, 151, 174, 426, 430, 432, 438, 443, 449–451, 453, 769
Möllenhoff, Clara Maria Margret 439, 453f., 461, 463
Möllenhoff, Joachim Henrich 123, 125, 174, 245, 248, 336, 761, 838
Möllenhoff, Johann Diedrich 132, 375
Möllenhoff, Johann Georg Nikolaus 437, 450, 452
Möllenhoff, Johann Thomas 174, 248, 304f., 375, 415, 426, 436
Möller/Mollerus, Florenz Gerhard 446
Möller/Mollerus, Zacharias 895

Möller/Müller/Mollerus, Johann(es)   19, 29, 79, 99, 133, 151, 260, 263, 265, 268, 272f., 281, 290, 294f., 312, 346, 364, 448, 763
Möller/Müller/Mollerus, Maria Margaretha   764
Möller/Müller/Mollerus, Nikolaus   898
Möller/Müller, Caspar Gerhard   446
Möller/Müller, Franz Thomas (auch: Isaac)   112, 169, 273, 325, 337, 360
Möller/Müller, Johann Diederich   133, 294
Möller/Müller, Johann Patroklus   485
Möller/Müller, Mertin   483, 500f.
Möller, Anna Margaretha   19, 360
Möller, Johann Albert   133
Möller, Margarethe   99
Möller, Margret Helena Eleonora   364
Möller, Maria Dorothea   273
Möller, Maria Elisabeth   416
Möller, Sophie Henriette Margreta   448
Möller, Thomas   273
Mönnich/Münch, Arnold   125, 364, 435, 439, 458
Mönnich/Münch, Johann Arnold   458, 901
Morhart (Verleger)   591
Moritz, Claudio   791
Moritz, Joachim Heinrich   92
Moritz   292
Mose(s)   196, 198, 204–210, 212–214, 220, 316, 497, 682, 730, 760
Movius, Daniel Friedrich   138
Movius, Georg Friedrich   138–140, 176, 376, 416, 839f., 893
Movius, Johann Georg   839
Mühlenberg, Heinrich Melchior   162
Mühlius (Muhlius), Heinrich   259
Müller (Verleger)   39, 56, 77, 99, 257, 771, 778, 780, 793f., 829, 840, 844, 865, 867f., 882, 890f., 898, 900
Müller, Friedrich Philipp Johannes   251
Müller, Gottfried Polycarp   355
Müller, Heinrich   615, 617
Müller, Johann Adam   814, 816
Müller, Johann Christoph   870
Müller, Johann Peter   779
Müller, Katharina Elisabeth (geb. Fürstenau)   764, 820, 848

Müller, Thomas   764, 820, 848, 885
Münsinger von Frundeck, Joachim   592
Münter, Georg Gobelius (Göbel)   763, 844
Munter, Heinrich Martin   813
Musaeus, Simon   18, 344, 368, 591, 705
Myconius, Friedrich   598

Naendorff, Johannes   771
Nannech, van der   249
Nassau-Dillenburg, Johanna Elisabeth von, Gräfin zur Lippe   49
Nasse (Verleger)   901
Natzmar/Natzmer, Dubislav Gneomar von   288
Nehring, Johann Christian   64
Neubauer, Ernst Friedrich   350f., 866
Neubaur, Heinrich   828
Neuhaus, Hermann Heinrich   378
Neuhaus, Johann Christian   829
Neuhaus, Johann Moritz   830
Neuhaus, Wilhelm   869
Neumann, Caspar   103–105, 772, 795
Neumann, Johann Georg   231, 851
Neumeister, Erdmann   155, 157–159, 795–797, 802, 809, 812f.
Neumeister, Erdmann Gottlieb   802f., 806, 810f., 819
Neumeister, Erdmann Gottwerth   812–815
Neumeister, Ernestina Marianne   818
Nicolai (Verleger)   353, 774f., 777
Nicolai, Heinrich Philipp   876
Niederstadt, Friedrich Ludwig Peter   894
Niggen/Niggenius/Neggenius, Goswin   896
Nikodemus, biblische Gestalt   148, 644, 817
Nisius (Verleger)   779f., 885, 888
Nitzsch, Karl Ludwig   818
Nitzsch, Wilhelm Ludwig   818f.
Nungesser, Johann Christoph   30–32, 34, 36–39, 41, 48f., 52, 61, 113f., 116, 176, 180, 183, 253, 751, 769, 782, 820, 827, 841, 843–851, 871, 884f., 890, 900
Nungesser, Johann Georg   56
Nungesser, Lucretia Margareta   782
Nünning, Jodokus Hermann   750

4.5 Register der Personen

Nürenberg, Melchior Johann Friedrich 864
Nussbiegel, Georg Paul 168

Oehrling/Öhrling (Verleger) 48, 778–780, 885
Oemeken/Oemecken/Omeken/Omken/Oemichen, Gerhard 342–344, 532, 539, 554, 595
Opitz, Johann Carl 81, 162
Origenes 279
Osterfinke, Ingrun 109
Ostermann, Heinrich Johann Friedrich/Heinrich, Graf/Andrej Ivanovič, Graf 59
Ostermann, Johann Heinrich Friedrich 58f.
Ostermann, Johann Konrad 58
Ostermayr (Verleger) 842
Österreich, Leopold I., Kaiser von 53
Österreich, Leopold Johann, Erzherzog von Österreich, Prinz von Asturien 756
Overbeck, Dietrich Hermann 771

Panvinio, Onofrio 784
Pareus, David (auch: David Wängler) 842
Paris, Emanuel Philipp 238
Passer, Justus Eberhard 865
Paul, Anton 873
Perrenon (Verleger) 900
Pestel, David 896
Petersen, Anna Sophia 257
Petersen, Johann Wilhelm 32–34, 69f., 73, 835, 837
Petersen, Johanna Eleonora (geb. von und zu Merlau) 32, 70
Petri, Alberti 763
Petrucci, Raffaele, Kardinal 279
Pfalz, Karl III. Philipp von der, Pfalzgraf, Kurfürst 379f., 383
Pfalz, Ottheinrich von der, Pfalzgraf (auch: Ottheinrich von Pfalz-Neuburg) 591
Pfeffel, Johann Andreas d. Ä. 618
Pfeiffer, Johann Gottlob 350, 797f.
Phasian, Heinrich 769

Photius/Photios I., Patriarch von Konstantinopel 204
Pilger, Martin 802f.
Pistor/Pistorius, Johann 90f., 897
Pitzer, Jakob Ludwig 415, 417
Plange, Johann Peter 769
Plange, Petrus 88
Platon 857f., 878
Plette, Johann Heinrich 890
Plotho, von (Adelsgeschlecht, Erzbistum Magdeburg) 245
Poiret, Pierre/Petrus 250f., 279
Pollmann, Johann Hermann Kaspar 768
Pollmann, Johann Wilhelm 846
Pollmann, Wilhelm Degenhard 846
Posner/Poßner/Possner, Caspar 778
Posselius, Johannes d. Ä. (auch: Johann Possell) 135
Praetorius, Johann/Johannes 52–54, 75
Prahler 234, 237
Prätorius, Stephan 592
Preu, Georg Gottlieb 797
Preuß (Verleger) 412
Preußen, Friedrich I., König in 55, 241f., 830
Preußen, Friedrich II., König in/von 18, 42, 148, 169, 415, 776f.
Preußen, Friedrich Wilhelm I., König in 18, 95, 140, 143–146, 160f., 245, 248, 253, 257, 267, 270, 272f., 281–288, 290f., 304, 309, 324, 326, 341f., 365f., 368, 370, 469, 472, 476, 534, 547, 553–555, 557, 565–569, 571, 576, 580, 582, 608, 610, 612f., 619, 660f., 667–679, 681, 741, 830
Preußen, Friedrich Wilhelm II., König von 55, 830
Printzen/Prinzen, Marquard Ludwig von 286–288
Pritius (Priz), Johann Georg 235, 239, 277, 845
Proper (Verleger) 66, 69, 834f., 837
Prudentius (Aurelius Prudentius Clemens) 135

Quadbach, Johann Wilhelm 769
Quade/Quadio/Quadius, Michael Friedrich 122, 235, 882

Quistorp, Johann Nikolaus   117, 257, 853f., 871
Quitmann/Quittmann, Bernhard   898
Quitmann/Quittmann, Johann Friedrich   798

Raab, Christoph (von)   257
Raab, Gottfried Wilhelm (von)   257
Raabe, Christoph Theophil   257
Rachals, Johann Georg(e)   436
Rachals, Johanna Henrietta   436
Rademacher/Rotarius, Georg   491, 524
Rademacher/Rotarius, Georg Gottfried   491, 524, 878
Rademacher, Anna Magdalena   119, 241
Rademacher, Eberhard Ludwig   83, 87, 119, 131, 325, 346, 360
Rademacher, Gottfried Balthasar   878
Rademacher, Gottfried Theodor   844
Rademacher, Ludolph Eberhard   360
Rainer, Johann Philipp   879
Rambach, Johann Jakob   172, 175, 350, 408, 866, 870
Rambau d. Ä. (Verleger)   598
Ramler, Johann Gottlieb   138
Ramus, Petrus (auch: Pierre de la Ramée)   24, 135
Ranfft, Michael   787
Rechenberg, Adam   73, 76, 888
Regenhertz, Johann Heinrich   784
Rehboom, Johann Heinrich   873
Reichenbach, Benjamin Friedrich von, Freiherr   368–370, 373
Reichenbach, Friedrich Wilhelm von, Freiherr   368
Reimarus, Hermann Samuel   147, 229
Reimarus, Samuel   874
Reinbeck, Johann Gustav   757
Reineccius, Christian   795
Reinhardt, Andreas   165
Reitz, Johann Henrich   115
Rempen, Johann Peter   232f., 272
Reusch, Johann Peter   136
Reuß-Ebersdorf, Heinrich XXIX., Graf von   376
Revelmann, Johann Konrad   752–755, 794
Rhegius (Rieger), Urbanus   343, 595
Richard, Jacob   765

Richter (Verleger)   159, 418, 428, 817
Rieger, Johann Georg   876
Riese, Heinrich   896
Riese, Kaspar   896
Rinderauf   322
Ringebrock, Georg/Gerhard Theodor   816
Rist, Johann   871
Ritter (Verleger)   758f.
Ritzsch (Verleger)   894f.
Rode, Christian Bernhard   156
Rodtberg, Johann Gottfried   890
Roffhack/Roffhacke, Johann Peter Adolf   857, 860
Rolfinck, Werner   898
Rolle/Rollius/Rollé, Franz Reinhard   868f.
Rolle/Rollius/Rollé, Johann Georg   869
Rolle/Rollius/Rollé, Reinhard Heinrich   116f., 123, 156, 244, 246, 844, 852–871, 882
Rolle/Rollius/Rollé, Thomas Balthasar   858
Rollmann (Verleger)   97
Romanow, Peter Alexejewitsch (als Peter II. Kaiser des Russischen Reichs)   59
Romanow, Pjotr Alexejewitsch (als Peter I. Zar und Großfürst von Russland, Kaiser des Russischen Reichs)   59
Romberg (Verleger)   256, 761, 790, 823, 827, 839
Romberg, Peter   754
Römer, Georg Christian   771
Römer, Johann Matthias   374, 388
Rommerskirchen (Verleger)   754f.
Roskampff von   94
Roßkämmer, Johann Ernst   776
Rößlin (Verleger)   706
Rothe (Verleger)   798
Rothert, Hugo   94, 172, 196
Rotterdam, Desiderius Erasmus von   343
Rotth, Albrecht Christian   851
Rücker, Georg Ludwig   779
Rücker, Johann Conrad (auch: Jan Coenraad Rukker, Johannes Konrad Rucker)   779
Rüdiger (Verleger)   244, 774, 823, 827
Rüdiger, Christoph Ludwig   882
Rüdiger, Johann Anton   137
Rüdiger, Johann Bartholomäus   250, 252

4.5 Register der Personen

Rudrauf, Kilian 222, 765, 835, 866
Rühfel, Justus Conradus 867
Rühl (Verleger) 24, 26, 36f., 63, 66–68, 71, 113–116, 235f., 244–246, 255f., 263, 751–756, 761, 771, 781–784, 789, 792, 820–824, 827f., 831–833, 836, 838, 844–851, 855–862, 870f., 883f., 892, 896–898
Rumpaeus, Balthasar Ludolph 37, 850
Rumpaeus, Heinrich 116
Rumpaeus, Jost Wessel/Justus Wessel(i)us 12, 37, 48, 75, 77, 97, 111–114, 116–120, 122, 125–129, 131–133, 136, 139, 150, 156, 176, 227–230, 232–238, 243–245, 248f., 252f., 255–257, 259–261, 263, 266–268, 276–278, 292, 294, 321–323, 327, 335–338, 340–342, 351, 358, 761, 830, 849f., 853, 871–882, 892
Ruperti, Christoph Heinrich 821
Rurmann/Ruhrmann, Johann Arnold 292
Rurmann/Ruhrmann, Johann Heinrich 802
Russworm (Verleger) 281

Sachsen und Polen, Franz Xaver Albert August Ludwig, Prinz von 172, 797
Sachsen, August, Kurfürst von 590, 595, 598, 778, 796
Sachsen, Heinrich („der Fromme"), Herzog von 590, 598
Sachsen, Johann („der Beständige"), Kurfürst von 348f.
Sachsen, Johann Georg II., Kurfürst von 894
Sachsen-Altenburg, Friedrich Wilhelm II., Herzog von 894
Sachsen-Gotha-Altenburg, Ernst I. („der Fromme"), Herzog von 104, 205
Sachsen-Weißenfels, Christian IV. , Herzog von 797
Sagittarius, Kaspar 887f.
Sandhagen, Kaspar Hermann 250
Sartor (Verleger) 591
Sas (Verleger) 71, 820f., 836f.
Sasse, Johann 107, 495, 773
Sasse, Johann Florenz 844
Sasse, Maria Margaretha 107, 773
Schaaf, Georg Friedrich 443f.

Schaarschmidt/Scharschmid, Justus Samuel 49, 51f., 185–187, 189
Schade, Johann Caspar 70, 80f., 785
Schadewitz (Verleger) 843
Schaesberg, Johann Wilhelm von, Graf 380
Schäffer, Christian Ludwig 138
Schäffer, Kaspar Heinrich 801–804, 809
Schäffer, Kaspar Theodor 802f.
Schaumann, Peter 138
Scheibler, Anton Jakob 860
Scheibler, Arnold Hartmann 862
Scheibler, Christoph 352, 797, 832
Scheibler, Johann(es) 832
Scheibler, Justus (Jost) Arnold 119, 235f., 238f., 241, 246, 782, 789f., 883f.
Schelckmann, Johann Andreas 268, 770
Schelstrate, Emmanuel 891
Schelwig, Samuel 118, 121f., 228, 243, 873, 875
Schenk, Pieter d. Ä. 38
Schermer, Adam 899
Schieferdecker, Johann David 796f.
Schild, Johann Wilhelm 899
Schinmeier/Schinmeyer, Johann Adolph 413
Schinmeier/Schinmeyer, Johann Christoph 412
Schlegel (Verleger) 233
Schlippenbach, Dorothee Sophie von, Gräfin von 287
Schlomach (Verleger) 786
Schlösser (Verleger) 757
Schmatz und Wendt (Verleger) 842
Schmettau, Anna Katharina von (zuvor: von Aeschel) 70
Schmid/Schmidt, Konrad/Conrad 163, 256, 381, 384–386, 388
Schmid, Christian 70
Schmid, Johann Heinrich 752, 754, 833, 836
Schmid, Konrad 759
Schmidt (Verleger) 896
Schmidt/Schmitz, Dietrich Melchior 378
Schmidt, Albert Georg 879
Schmidt, Johann Heinrich 67f., 132
Schmidt, Johann Lorenz 147
Schmidt, Johann Wilhelm 844

Schmitz von (reformierte Soester Stadtadelsfamilie) 172
Schmitz, Dietrich-Otto 72, 193
Schmitz, Franz 754
Schmitz, Heinrich Caspar 860
Schneider (Verleger) 138
Schoff/Schof/Schoof, Goswin 75, 764
Schoff/Schof/Schoof, Johann Florenz 306, 309, 311f.
Schoff/Schof/Schoof, Johann(es) 306, 764
Scholtz-Roth, Friederich 80
Schomer, Justus Christoph 852
Schönberg, Goswin 522
Schönnerstädt (Verleger) 764
Schöphaus/Schophaus, Johannes Ludwig 846
Schornstein, Bernard 902
Schotte, Johann Heinrich 840
Schrader, Andreas Dietrich 40f., 48–52, 767, 843f., 884–886, 888–900
Schrader, Anna Elisabeth (geb. Is[s]elhorst) 888f.
Schrader, Ernst Eberhard 48
Schrader, Franz Lorenz 49, 185, 265, 767
Schrader, Heinrich 880
Schrader, Heinrich Gerhard 863
Schrader, Philipp Christoph 41, 52, 265, 843
Schrage, Leopold Wilhelm 863
Schrage, Nikolaus Wilhelm 768, 863
Schragmüller, Johann Konrad 807
Schragmüller, Wilhelm Georg 752
Schreber/Schreiber/Scribalius, Johann David 791
Schreiber, Johann Bernhard 770
Schrey (Verleger) 593, 824
Schröder (Verleger) 869f.
Schröder, Johann Christoph 899
Schröder, Johann Jakob 844
Schröder, Lukas 819
Schrödter (Verleger) 112, 892f.
Schröter, Anna Maria (geb. Wendler) 787
Schröter, Johann Paul 787
Schubbaeus/Schubbe, Johann Adolph 876
Schuch, Johann Heinrich 839, 893f.
Schult/Schulte/Schultz, Johann Bernhard 783
Schultz (Verleger) 838
Schultz, Johann Theodor 751
Schultze, Christoph Bernhard 246, 782
Schultze, Wilhelm 782
Schulz, Albert 847
Schumann, Johann Daniel 893
Schupart, Johann Gottfried 865
Schütte, Henrich Melchior 198
Schütte, Katharina (Catrine) Elisabeth 119
Schutten, Theodor 27
Schütz, Heinrich 348
Schütz, Johann Jakob 702
Schütze, Christian 871
Schwackenberg, Johann Arnold 150
Schwartz/Schwartze, Johann(es) 18, 154, 326, 345, 610
Schwartz, Hubertus 28, 600
Schwartz, Johann 898
Schwartz, Johann Georg Gottlob 869
Schwartz, Johann Heinrich 74
Schwartz, Johann Theodor 791
Schwartze (Verleger) 824
Schweden, Friedrich I., König von, Landgraf von Hessen-Kassel 250
Schweden, Karl XI., König von 250
Schweden, Karl XII., König von 848, 872
Schweden, Ulrika Eleonore, regierende Königin von Schweden, Herzogin von Bremen-Verden 250
Schwiegerau (Verleger) 117, 594, 852–854, 871
Scriver, Christian 615, 618
Scultetus/Schultze/Schultetus, Daniel Severin 229
Seckendorff, Veit Ludwig von 221, 596, 881–883
Seelen, Johann Heinrich von 818
Seidel (Witwe und Erben) (Verleger) 155
Semler, Johann Salomo 170, 900
Senerus/Senero, Johann(es) SJ 63, 820f., 831f.
Senff, Johann Andreas 835
Senst, Johann 257
Seyffart, Achatius 781, 789
Siebecker, Johann Hermann 844
Silberling (Verleger) 326, 757
Silberschlag, Georg Christoph 138

Siricius, Michael 43, 765f.
Soehlenthal, Rudolph Kaspar von, Baron von 93, 313, 315
Sohn, Johann Christoph 766
Söhnlein, Johann Georg 778
Solms, Anna Clara Florentine 59
Solms, Johann/Jean d. Ä. 52f., 56–60, 71f., 111–113, 176, 224–227, 241, 767, 889f.
Solms, Johann Anton 52
Solms, Johann Christoph 41, 52, 768, 843, 890
Solms, Johann d. J. 59, 889f.
Solms, Johann Georg 41, 52, 843
Solms, Johann Meinolf 52
Solms, Johanna Margrete 59
Solms, Johannes 22f., 29f., 41, 52, 57, 59
Solms-Baruth, Friedrich Sigismund II., Graf von 174, 426
Solms-Baruth, Johann Karl, Graf von 304f.
Solms-Hohensolms, Amalie, Gräfin zur Lippe 887
Sorge, Johann Friedrich 138
Sozzini, Fausto 279
Sozzini, Lelio 279
Spalatin (Spelt), Georg 553, 598
Spangenberg(er), Johann 591f.
Spanien, Karl II., König von 53
Spanien, Philipp V., König von 53
Spener (Familie) 843
Spener (Verleger) 776
Spener, Jakob Karl 448
Spener, Johann Bernhard Heinrich 448f., 453f.
Spener, Philipp Jakob 12, 30–32, 34f., 37f., 41, 49, 55, 58, 62, 64, 68, 70f., 73, 75, 81, 95, 113f., 117f., 125f., 150, 154f., 159–161, 176f., 180–183, 189–191, 204, 216, 229, 235, 240, 250, 321, 408, 410f., 414, 418, 448f., 471, 544, 551f., 700, 755, 779, 791, 845f., 888
Sperlbaum/Sperlebom/Sperlbohm, Goswin Reinhard 45, 111, 267f., 763f.
Spinoza, Baruch de 279
Spitzel, Gabriel 146
Spring (Verleger) 408
Sprögel, Anna Maria 70, 284
Sprögel, Johann Heinrich 70, 284

Stade, Dietrich von 593f.
Stammich, Heinrich 899
Stammich, Margarethe Anne 899
Starcke (Verleger) 117f., 121f., 243, 235, 871f., 874f., 877f., 881f.
Starmann, Johann Ludolph (Ludwig) 800
Starmann, Johann Wilhelm 439
Stech, Andreas 121
Steinen/Stein, Catharina Elisabeth von 760
Steinen/Stein, Dietrich Reinhard von 760
Steinen/Stein, Johann Dietrich/Diederich Franz Ernst von 793
Steinen/Stein, Johann Dietrich/Diederich von 94, 139, 168, 304, 310, 313, 353, 462, 822
Steinen/Stein, Thomas Theodor Julius von 374, 381f.
Steinen/Stein, Xerxes Diederich von 897
Steinboemer/Steinböhmer, T. G. 844
Steinmann (Verleger) 590
Steinmetz, Johann Adam 155, 157, 401, 413, 427
Stenmann, 304
Steurlin (Steuerlein), Samuel 245
Stifel, Andreas 851
Stifel, Michael 37, 851
Stock (Verleger) 37, 234, 239, 243, 249, 270, 849, 877f., 891
Stohlmann, Johann Wilhelm 864
Stolle, Johann Gottlieb 801
Straube (Verleger) 760
Strauß (Verleger) 781
Streit, Johann Philipp 791
Strimesius/Strimes, Samuel 798f.
Strodtmann/Stratmann, Heinrich 507
Strodtmann/Stratmann, Henning 507
Stromer (Verleger) 796
Struck (Verleger) 400, 423
Strunz (Verleger) 779
Stuart, Anne, Königin von England 53
Stübel/Stubel, Andreas 37, 848–852
Stute, A. G. 520
Stute, Fr. 520
Stute, Johann Peter 131f., 270, 882, 891
Stute, Thomas 495

Stute, Wilhelm   902
Stuve, Johann   362
Stuve, Johann Heinrich   362f., 371, 373f.
Stynebretius, Franciscus   896
Summermann, Caspar Theodor   68, 770, 833–836
Sunten, Johann Kaspar   814f.
Susemihl, Ernst Wilhelm   868
Susemihl, Johann Melchior   867f.
Sybel, Albert Goswin   522
Sybel, Anna Dorothea   169
Sybel, Anna Elisabeth   22
Sybel, Anna Maria   174, 384, 429f., 434, 464–466
Sybel, Anna Maria Elisabeth   381
Sybel, Christine Margaretha   93
Sybel, Florenz   901f.
Sybel, Friedrich   902
Sybel, Georg Andreas   112f., 129, 131, 133, 135, 339–341, 358, 375, 769, 880f., 892–894
Sybel, Heinrich Florenz   358
Sybel, Hermann   895
Sybel, Johann   381, 896
Sybel, Johann (Wilhelm) Heinrich   77
Sybel, Johann Anton   172
Sybel, Johann Arnold   77, 94, 139, 170, 294, 304, 310, 313–315, 438, 447
Sybel, Johann Christoph   77, 116, 169, 362, 875f.
Sybel, Johann Florenz Ludwig   901
Sybel, Johann Georg   19, 26f., 29f., 39, 71f., 75, 97, 108, 144, 176, 303, 762, 820, 844, 884, 892f., 898–900
Sybel, Johann Heinrich   23, 75, 77, 100, 875f., 892f.
Sybel, Johann Ludolf Florenz   170, 900
Sybel, Johann Nikolaus   11f., 19, 22, 25, 27, 29, 41f., 45, 52f., 60, 71f., 74–76, 80f., 89, 93, 97, 99f., 105, 107f., 111f., 132f., 140, 143, 147, 150f., 153–155, 161–164, 166, 169, 172, 174, 176f., 260, 264–266, 271, 288, 290f., 293–295, 302f., 305–307, 309–315, 330–332, 339, 342, 350–352, 355–364, 367f., 371, 373–376, 381f., 385–387, 389–392, 394, 396–402, 408, 412, 415–421, 424f., 428–430, 432–446, 448–457, 459–467, 522, 571, 590–593, 600, 611f., 660, 740f., 773, 839, 902
Sybel, Johannes   19, 22–26, 77, 354, 522, 589, 894–898
Sybel, Ludwig Florenz   901
Sybel, Margareta Justina   437, 450
Sybel, Margaretha Justina   375
Sybel, Margret Elisabeth   769
Sybel, Margreta Caterina   100
Sybel, Maria Elisabeth   292, 362
Sybel, Nicolaus   172
Syberberg/Siberg, Johann Alexander   246, 782, 810, 863
Syberberg/Siberg, Johann Christoph   810
Syberberg/Siberg, Theodor Johann   863
Syrbius, Johann Jakob   77
Sysang, Johann Christoph   40, 92, 128, 146, 157, 167, 258, 289

Tecklenborg/Tecklenburg, Johann Albert   324f.
Tersteegen, Gerhard   163, 230, 383
Tertullian (Quintus Septimius Florens Tertullianus)   221, 816
Tesch, Michael-Theophil   762
Teschenmacher/Teschemacher, Werner   353
Theus, Jeremiah   393
Thomasius, Christian   52, 55, 57, 59
Thomasius, Jakob   52
Thöne, Anton   767
Tiedemann/Tidemann, Jakob   262f., 822
Tielemann, Wilhelm Theodor   835
Todt (Verleger)   821
Torck, Franz Theodor   853f.
Triller, Caspar Ernst   863
Trommsdorff/Tromsdorf, Johann Samuel   793
Tscherning, Johan   617
Tuchtfeld, Victor Christoph   322
Tückenacke, M. J.   458
Turenne, Henri de La Tour d´Auvergne, Graf von   25, 27, 282
Twelsich, Hildebrand Hermann   847

Urbani, Georg Thomas   846
Urlsperger, Samuel   162, 164, 392, 398, 433
Utz (Verleger)   26, 39, 43–45, 48f., 55f., 58, 60, 77, 110, 112, 762–764, 766–771, 820,

4.5 Register der Personen

829f., 843f., 870, 876, 884–886, 889f., 892, 899f.
Utz und Karger (Verleger)   43, 765

Varnhagen (Familie)   843
Veltgen, Albert Johann   789f.
Veltgen, Johann Albert   789f., 884
Veltheim, Valentin   99
Vergil (Publius Vergilius Maro)   135
Verkolje, Nikolaas   251
Vethake, Johann Theodor   113, 751
Vethake, Ludwig Philipp   58
Vethake, Theodor Henrich   58
Viebahn, Johann Henrich von   397
Viebahn, Johanna Dorothea von   397
Vintzelberg (Vinzelberg), Herren von (Adelsfamilie)   437, 438
Vintzelberg, Abraham Ehrenreich von   438
Vintzelberg, Andreas Friedrich von   437, 444f., 447, 449, 455–458, 461
Vockerodt, Gottfried   135
Vockerodt, Ludwig Christian   789
Voetius, Gisbert   780
Vogel, Matthias Georg   856
Vogt, Bernhard Heinrich   863f.
Vogt, Friedrich Helfrich   802, 806
Vogt, Johann Franz   789f., 802, 808, 884
Vogt, Margarethe Engel   305
Vogt, Reiner   305
Vogt, Wilhelm Georg   808
Voigt (Verleger)   773
Volck (Volk), Diedrich Wilhelm   236
Volkening, Johann Heinrich   68
Volschov, Moevius   874
Vorwerck, Eduard   135, 154, 266
Voß, Johann Christoph   138
Voß, Johann Theodor   847
Voß, von (Adelsgeschlecht, Mecklenburg)   304
Vries, Jacob de   273
Vulpius (Verleger)   59, 72, 74, 251, 841, 891, 902

Wagner (Verleger)   827
Wagner, Johann Georg   31
Wahl, Johann Salomon   158
Walch, Johann Georg   61, 67, 71, 113, 115, 238, 255, 758, 821, 836f.
Waldow, Friedrich Siegmund von   375
Walter, Anna Rosina   174
Walter, Michael   129
Walther (Verleger)   335, 759
Walther, Johann Friedrich Georg   131
Wasmuth, Johann Peter   839f.
Wasserbach, Ernst Casimir   343, 352, 354
Weber, Heinrich   767
Weber, Johannes   598
Weber, Melchior   754f.
Wechter (Verleger)   895f.
Weidmann (Verleger)   123, 125, 266
Weidmann/Weidemann, Johann Ludwig   894
Weidner/Weidener, Johann Joachim   798
Weigel/Wigelius/Vigelius, Paulus   344
Weigel, Johann Theophil   853
Weigel, Valentin   278
Weiler, Georg Matthäus   66
Weinhage, Johann Adolph   896
Weinmann (Verleger)   785
Weischede, Kaspar   849
Weise, Johann   762
Weisgerber, Georg Melchior   869
Weiß, Christian d. J.   135
Weiss, Johann   841f.
Weißenfelder/Weißenfeller, Johann Alexander   863
Weißenfelder/Weißenfeller, Johann Heinrich   863
Weland, Hermann Gerhard   888
Weller (Weller von Molsdorff), Hieronymus   786
Weller/Velleuer, Gottfried   827, 849
Wenckenbach, Johann Christoph   829
Wenckenbach, Philipp Christian   829
Wendler, Michael   787
Weppling (Verleger)   117, 252, 257, 852–855, 871
Wernsdorff, Gottlieb   68, 157f., 236, 244f., 247, 255, 786, 791, 833, 835
Werther (Verleger)   45, 762, 778, 781, 828, 899
Wessel (Verleger)   253, 875
Westarp, Georg   264, 273
Westarp, Johann Georg d. Ä.   264
Westarp, Johann Georg d. J.   260, 264f., 272

Westhoff/Westhoven, Rüdiger von 67
Westhoff, Johann Gottfried 166, 423, 427
Westhoff, Tobias 78
Wetzel, Hieronymus 843
Wever, Friedrich Hermann 838
Wever, Jacob 857
Wever, Kaspar 805, 838
Wever, Kaspar Christian 805
Wichterich, Johann Lorenz 868
Wieffel, Johann 793
Wiesmann, Johann Friedrich 800, 806
Wiesmann, Lutter Henrich 753
Wiessmann (Verleger) 256, 759
Wiethaus, David Balthasar 335–338
Wilda 434
Winckler (Verleger) 861
Winckler, Christian 796
Winckler, Johann 183
Winterhoff, Josef 16
Wippel, Johann Jakob 777
Wirth, Wilhelm Christian 58
Wiskott, Wilhelm Bernhard 817, 857
Withaus/Wiethaus, Caspar Theodor 803
Woken, Franz 796
Wolf/Wolff, Franz 819, 898
Wolf/Wolff, Philipp Nikolaus 868, 870
Wolf, Christian 12
Wolf, Johann Christoph 246, 353
Wolf, Johann Heinrich 353
Wolff (Verleger) 772
Wolff, Christian 105, 126, 128, 136, 147, 166, 321f.
Wolffgang, Johann Georg 102

Wolfiani (Verleger) 322
Wollaib, Marcus 826
Wolle, Johannes 864
Wolrab (Verleger) 590
Wolschendorff (Verleger) 100, 105, 252f., 277, 792f., 878f.
Woltersdorf (Buchbinder) 259
Wotschke, Theodor 127
Wüllner/Wulner, Johann Christoph 807
Wüllner/Wulner, Zacharias Johann(es) 784

Zapf, Nikolaus 895f.
Zierold, Johann Wilhelm 252
Ziesen (Verleger) 755
Zimmermann (Verleger) 786, 818
Zimmermann, Christian 785
Zimmermann, Johann Friedrich 859
Zimmermann, Johann Kaspar 855
Zinzendorf und Pottendorf, Christian Renatus von, Reichsgraf 163
Zinzendorf und Pottendorf, Georg Ludwig von, Reichsgraf 163
Zinzendorf und Pottendorf, Nikolaus Ludwig von, Reichsgraf 35, 107, 159, 162f., 165, 288, 376f., 382, 387, 412f., 422f., 427
Zopf, Johann Heinrich 61, 136, 163, 256, 759
Zülich, Michael 771
Zunner (Verleger) 37, 160, 222, 408, 410, 544, 551, 850
Zwingli, Huldrych 23

4.6 Register der Orte

Aachen (Rheinland) 67, 173, 784, 864
Aahof/Kurland (heute: Saulaine, Semgallen/Lettland) 785
Abessinien, Kaiserreich (heute: Äthiopien) 828
Adelberg (Göppingen/Baden-Württemberg) 278
Afrika (auch: Nordafrika) 680
Ägypten 378, 715
Alsfeld (Hessen) 868
Altdorf (bei Nürnberg/Bayern) 764
Altena (Märkischer Kreis) 39, 87, 131, 374, 751, 771, 791, 808, 858, 897
Altenau (Niedersachsen) 821
Altenburg (Thüringen) 201
Altenplathow (Genthin/Sachsen-Anhalt) 245
Altmark (Sachsen-Anhalt) 151, 172, 437f.
Ambtitz (Gruben/Niederlausitz) 824
Amerika *siehe Nordamerika*
Amsterdam (Niederlande) 38, 58, 99, 166, 233, 249, 251, 385, 495, 801, 805, 809, 873
Angermünde (Uckermark/Brandenburg) 861
Anhalt-Dessau, Fürstentum 817
Anhalt-Zerbst, Fürstentum 818
Aplerbeck (Dortmund) 801
Apollensdorf (bei Wittenberg/Sachsen-Anhalt) 818
Archangelsk am Weißen Meer (Russland) 12, 49f.
Arnsberg (Hochsauerlandkreis) 507
Aschersleben (Sachsen-Anhalt) 70, 255, 262, 822, 826
Asseln (Dortmund) 827, 849
Assen (Drenthe/Niederlande) 442
Asturien (Spanien) 756
Attendorn (Kreis Olpe) 495
Augsburg (Bayern) 31, 121, 146, 164, 348, 393, 398, 618, 766, 796f.

Babylon/Babel (Irak) 784
Backemoor (Ostfriesland/Niedersachsen) 443
Bad Driburg *siehe Driburg*
Bad Homburg vor der Höhe *siehe Homburg vor der Höhe*
Bad Sassendorf *siehe Sassendorf*
Bad Windsheim *siehe Windsheim*
Baden, Markgrafschaft 241
Baden-Durlach, Markgrafschaft 117
Barby (Sachsen-Anhalt) 387
Barenburg (Niedersachsen) 92
Barmen-Gemarke (Wuppertal) 378f., 383
Barop (Dortmund) 767, 880, 896
Baruth *siehe Solms-Baruth*
Basel (Schweiz) 843
Batavia (heute: Jakarta/Indonesien) 416
Battenberg (Hessen) 886
Bausenhagen (Fröndenberg) 166, 374, 423, 427
Bautzen (Sachsen) 787
Bayern 53, 591, 816
Beetzendorf (Sachsen) 375
Belgrad (Serbien) 391
Berg, Herzogtum 356
Berge (Dortmund) 768, 840, 896
Bergen op Zoom (Noord-Brabant/Niederlande) 416
Berghofen (Dortmund-Aplerbeck) 846
Bergisches Land *siehe auch Unterbergisches Land* 163, 257, 283, 373, 388
Bergneustadt (Bergisches Land) 767, 830
Berleburg (Siegen-Wittgenstein) 72, 193, 322, 809, 811f.
Berlin 29, 70, 81, 86, 102, 137, 140, 151, 153, 155f., 160, 175, 177, 189f., 244, 253, 256, 262f., 272f., 284f., 288, 290, 322, 340, 350, 363, 366, 368, 387, 467, 757, 774–777, 823, 827, 842, 873, 875
Beröa (Nordgriechenland) 297, 467
Bickenbach (Hessen) 30
Bielefeld 79, 81, 92, 443, 762, 844, 873, 889
Blankenstein (Hattingen) 863
Blomberg (Lippe) 840
Blumlage (Celle/Niedersachsen) 249, 757
Boblin (heute: Bobolin [Kołbaskowo], Polen) 874
Bochum 39, 67, 426, 768, 782, 892
Böhmen 816

Borgeln (Welver)   26, 34, 46f., 94, 145, 339f., 462, 492, 497, 512, 522, 524, 590, 593f., 653, 681, 764
Borna (Sachsen)   235
Bottendorf (Hessen)   769
Brackel (Niedersachsen)   378
Brandenburg an der Havel (Brandenburg)   61, 116, 230, 249
Brandenburg, Markgrafschaft   326, 776, 825, 861, 899
Braunschweig (Niedersachsen)   170, 594f.
Braunschweig-Grubenhagen, Fürstentum   592
Braunschweig-Lüneburg (Kurhannover), Herzogtum   170f., 463, 592
Braunschweig-Wolfenbüttel, Fürstentum   171, 592
Brechten (Dortmund)   58, 113
Breckerfeld (Ennepe-Ruhr-Kreis)   58, 262f., 875, 878
Bremen   193, 840, 873, 899, 919
Breslau (heute: Wrocław/Polen)   104, 264, 772, 826
British Georgia *siehe* Georgia/USA
Brück (Brandenburg)   151
Bückeburg (Niedersachsen)   171
Buckow (Mark Brandenburg)   861
Burg an der Wupper (Solingen)   163
Burscheid (Bergisches Land)   863
Byzantinisches Reich (auch: Oströmisches Reich)   241

Cambridge (England)   780
Camburg (Dornburg-Camburg/Thüringen)   762
Camenz (auch: Kamenz, heute: Kamieniec Ząbkowicki/Polen)   787
Cappel, Stift (Lippstadt)   362, 767
Carolina (British America)   393
Castrop (Kreis Recklinghausen)   260, 426
Celle (Niedersachsen)   249, 442
Chalkedon (heute: Istanbul-Kadıköy/Türkei)   877
Clausthal (Herzogtum Grubenhagen)   229, 893
Clossow (Königsberg/Ostpreußen, heute: Kaliningrad/Russland)   438
Coburg (Bayern)   123, 248, 266, 278, 323

Coesfeld   821
Colgenstein (Obrigheim in der Pfalz)   858, 867
Cottbus (Brandenburg)   751
Crange (Herne)   783
Creuzburg (Thüringen)   67
Cunow (bei Bobersberg, heute: Bobrowice, Lebus/Polen)   874

Daber (Pommern, heute: Dobra/Polen)   138
Dabergotz (Brandenburg)   70
Dahl (Hagen)   799
Dalhausen (Beverungen)   858
Dänemark   189, 250, 364, 374, 380, 382, 385, 398, 425, 447f., 451, 455f., 458, 460, 463
Dänischhagen/Dänischenhagen (Kiel)   259
Danzig (heute: Gdańsk/Polen, auch: Gedanensis)   118, 121, 193, 228, 852, 863, 916
Darmstadt (Hessen)   36, 250, 252, 865f., 868
Deersheim (Osterwieck/Sachsen-Anhalt)   255
Deilinghofen (Hemer/Märkischer Kreis)   167, 446
Dellwig (Essen)   291
Delphi/Delfi   88
Den Haag (Niederlande)   62, 382, 384, 879
Derenburg (Halberstadt/Sachsen-Anhalt)   93, 313
Derne (Dortmund)   70, 79, 115, 230, 263, 285, 756, 783, 823
Derschlag (Gummersbach)   859
Diepholz (Niedersachsen)   792
Dillingen (Bayern)   842
Dinker (Welver)   40, 93, 154, 174, 225, 292, 304, 375, 415–417, 419, 437, 481, 492, 498, 502, 515, 524
Dinslaken (Kreis Wesel)   876, 879
Dobra (heute: Łobez/Polen)   138
Dommitzsch (Sachsen)   786
Dondangen (Lettland)   249
Dornburg (Hessen)   816
Dorotheenstadt (Berlin)   285, 774, 776f.
Dortmund (auch: Tremonia)   12, 24, 26, 35–38, 49, 61, 63, 66–68, 71, 100, 111, 113–117, 119, 123, 126, 131, 136, 155–157, 159, 162, 181, 235f., 238f., 244–

4.6 Register der Orte

246, 253, 255f., 258, 261, 265, 277, 281, 284, 306, 369, 378, 382, 391, 397, 416, 418, 420, 425, 428, 445, 447, 449, 452, 455f., 458, 461, 591, 751–757, 760f., 768, 771, 781–784, 789f., 792–794, 797–817, 819–824, 827f., 831–833, 836, 838f., 844–851, 853, 855–865, 868–871, 877, 880f., 883f., 892, 895–898

Dramburg (früher: Neumark/Brandenburg, heute: Drawsko Pomorskie/Polen) 96
Dreetz (Ruppin/Brandenburg) 438
Dresden (Sachsen) 12, 68, 117, 126, 176, 230, 243, 245, 250, 252f., 255, 260, 276f., 408, 551, 674, 776, 796f., 835, 848
Driburg (später: Bad Driburg) 173
Drochtersen-Assel (Stade/Niedersachsen) 818
Duisburg 67f., 71, 95, 223, 257, 377, 380, 384–386, 448, 771, 821, 833–837, 864, 869
Durlach (Karlsruhe) 241
Düsseldorf 257, 376, 379–385, 755, 844

Ebenezer (Gemeinde in British Georgia) 162, 177, 392–395, 398f., 401, 412, 425
Ebergöns (Butzbach/Hessen) 868
Eckenhagen (Oberbergisches Land) 58, 801
Eickel (Herne) 849
Einker-Holsen/Eineckerholsen (Soest) 486
Eisenach (Thüringen) 758, 786, 788f., 841
Eisleben (Sachsen-Anhalt) 201, 592
Elberfeld (heute: Wuppertal-Elberfeld) 163, 363f., 377–379, 382f.
Elsey (Hagen) 767, 846, 897
Emden (Niedersachsen) 840
Emmerich (Kreis Kleve) 257
Ende (Herdecke) 801, 864
England/Großbritannien 53, 170, 256, 372, 376, 421, 463, 593, 597
England-Hannover 170
Eperies (heute: Prešov/Slowakei) 249
Ephesos/Ephesus (heute: Efes/Türkei) 877
Erbach (Hessen) 32
Erfurt (Thüringen) 100, 107, 198, 235, 258, 347f., 445, 771, 785, 789, 791–794, 821, 890, 895f.

Erlangen (Bayern) 183
Essen (auch: Assindia) 49, 61, 63f., 66, 69–71, 113, 126, 136, 151, 163, 190, 196, 198, 204, 214, 216, 218–220, 222–224, 255f., 261–263, 369, 374, 381, 385, 388f., 428, 756f., 759–762, 783, 803, 821, 823, 832, 834, 836f., 839
Esslingen am Neckar (Baden-Württemberg) 752
Estland 185
Eutin (Schleswig-Holstein) 818

Fehrbellin (Havelland) 172
Felda an der Ohm (Hessen) 867
Flensburg (Schleswig-Holstein) 818
Forst (Niederlausitz) 392
Franeker (Friesland/Niederlande) 193
Franken 244, 778f.
Frankenberg (Hessen) 769
Frankenhausen (Thüringen) 893
Frankfurt am Main (Hessen) 32, 37, 65, 86, 160, 165, 180–183, 190, 221f., 233–235, 239, 243, 249, 252f., 256, 322f., 353, 357f., 377, 385, 408, 410, 412, 544, 551, 596, 757, 772, 778, 780f., 784, 823, 845f., 849f., 855–857, 866, 868f., 873, 877f.
Frankfurt an der Oder (Brandenburg) 99, 236, 272, 288, 593, 798, 824-826, 872, 880
Frankreich 53, 170, 463
Frehne (Brandenburg) 438
Friedberg (Hessen) 890
Friedrichswerder (Berlin) 774–777
Frömern (Fröndenberg an der Ruhr) 168, 374, 760, 793, 848, 897
Fröndenberg an der Ruhr (Kreis Unna) 166, 768, 886
Fronhausen (Hessen) 886
Fürstenberg (an der Havel) 257

Gardelegen (Sachsen-Anhalt) 151, 437, 773
Gatersleben (Sachsen-Anhalt) 92
Geldern (Kreis Kleve) 353
Gelsenkirchen 849, 876
Gemünd (Schleiden/Kreis Euskirchen) 848
Genf (Schweiz) 249, 856
Genthin (Sachsen-Anhalt) 245
Georgia/USA 12, 162, 177, 392, 396, 398

Georgien *siehe* Georgia/USA
Gera (Thüringen) 353, 778
Gevelsberg (Ennepe-Ruhr-Kreis) 896f.
Geversdorf (bei Bremen) 899
Gießen (Hessen) 32, 39f., 43, 45, 49, 59, 63f., 67, 72–74, 76, 79, 116, 131, 159, 167, 172, 176, 222, 241, 248–252, 257, 350, 765, 767, 769, 781, 799, 812, 829, 832, 835, 841–845, 850, 852, 855f., 861, 863, 865–870, 882, 890f., 894, 897, 902
Glaucha (Halle an der Saale) 81, 83, 94, 307, 420
Görlitz (Sachsen) 159, 418, 428, 817, 825
Gotha (Thüringen) 12, 52, 123, 125, 135, 138, 221, 248, 266, 278, 323, 354, 828, 888
Götterswickerhamm (Voerde/Kreis Wesel) 378, 752, 857, 860, 864
Göttingen (Niedersachsen) 893
Gräfrath (Rheinland) 839
Greifswald (Mecklenburg-Vorpommern) 12, 114, 117f., 120–122, 126f., 133, 176, 227–229, 232–235, 237f., 243, 253, 277, 280, 820, 853, 871–878, 881-882
Greiz (Thüringen) 235
Griechenland 680
Grimberg (Gelsenkirchen) 753
Groß-Breesen (bei Guben in der Lausitz/Brandenburg) 874
Großhennersdorf (Oberlausitz/Sachsen) 35
Grubenhagen, Herzogtum (Einbeck/Niedersachsen) 229
Grünberg (Hessen) 869
Guben in der Lausitz (Brandenburg) 874
Gummersbach (Bergisches Land) 793, 829, 876
Güntersberg (Pommern) 165, 429
Güstrow (Mecklenburg-Vorpommern) 765, 819
Gut Grömenburg (Hamm/Westfalen) 448
Gut Sanne (Stendal/Sachsen-Anhalt) 438
Gut Welle (Stendal/Sachsen-Anhalt) 438

Haan (Bergisches Land) 869
Hackney (London) 780
Hagen (Westfalen) 37, 70, 104, 159, 421f., 752, 754f., 766, 773, 793, 846, 850

Halberstadt (Sachsen-Anhalt) 66f., 93, 229, 255f., 313, 315
Halver (Märkischer Kreis) 808, 840, 863
Hamburg 49, 63, 135, 149, 155, 157f., 183, 229f., 245f., 252, 260, 279, 592f., 595, 772, 786, 796f., 800, 802, 809, 813, 818f., 851, 888
Hameln (Niedersachsen) 170, 230
Hamm (Westfalen) 67, 77, 375, 448, 760, 770, 773, 869f., 876
Hamminkeln (Niederrhein) 864
Hanau am Main (Hessen) 864
Hannover (Niedersachsen) 283, 778, 893
Harpen (Bochum) 811, 844
Hartzgeroda/Hartzgerode (Fürstentum Anhalt) 238
Hastenbeck (Hameln) 170
Hattingen an der Ruhr (Ennepe-Ruhr-Kreis) 66, 79, 110, 244, 284, 363f., 378, 770, 782, 798, 800, 822, 824, 844, 846, 857, 864
Haus Beck/Rittergut (Löhne-Ulenburg) 847
Haus Broich/Rittergut (Hattingen) 822
Haus Osthoff/Rittergut (Dülmen) 448
Haus Vinzelberg/Rittergut (Stendal/Sachsen-Anhalt) 438, 458
Heerendijk (IJsselstein) 166
Heidelberg (Baden-Württemberg) 193
Heilbronn (Baden-Württemberg) 235
Heinsheim im Kraichgau (Baden-Württemberg) 865
Helmstedt (Niedersachsen) 48, 232f., 250f., 765, 778, 795, 889, 898
Hemer (Märkischer Kreis) 56, 107f., 148, 163, 165f., 355f., 423, 426f., 894
Hemmerde (Unna) 167, 423, 427, 751
Hennen (Iserlohn) 770, 896
Herbede (Witten) 767, 800, 808
Herborn (Hessen) 896
Herdecke (Ennepe-Ruhr-Kreis) 802, 808
Herford 114, 764, 820, 846, 848, 850, 880, 885
Herne 260, 439, 783, 809, 851
Herrnhaag (Hessen) 427
Herrnhut (Oberlausitz) 162, 382
Herscheid (Märkischer Kreis) 363, 378, 768, 808, 846, 857

Herzberg (Herzogtum Grubenhagen) 229
Hessen (auch: Nordhessen) 17, 30, 32, 250, 283
Hessen-Darmstadt, Landgrafschaft 74, 222, 252, 865
Hessen-Kassel, Landgrafschaft 170f., 250, 463
Hessen-Waldeck, Grafschaft 283
Hildesheim (Niedersachsen) 232f.
Hilpertshausen (auch: Veit oder St. Veit, Unterpleichfeld, bei Würzburg) 764
Hindenburg (Hohenberg-Krusemark/Sachsen-Anhalt)) 438
Hochberg (Bingen/Rheinland-Pfalz) 117
Hofgarten (Hessen) 868
Hohenfriedberg/Schlesien (heute: Dobromierz/Polen) 776
Holpe (Morsbach/Oberbergisches Land) 812
Holstein, Herzogtum 172, 258
Homburg (Saarland) 848
Homburg vor der Höhe (Hessen) 866
Hörde (Dortmund) 167, 236, 855
Hubertusburg (Wermsdorf/Sachsen) 173
Hundeluft (Coswig bei Wittenberg/Sachsen-Anhalt) 817
Hünxe (Kreis Wesel) 845

Ilfeld (Thüringen) 863
Indien 371
Ingolstadt (Bayern) 842, 906
Iserlohn (Märkischer Kreis) 107, 166, 263, 356, 374, 766, 798, 838, 843, 846, 853, 898
Isselburg (Kreis Borken) 849, 861
Itter, Herrschaft 867

Jarchau (Stendal/Sachsen-Anhalt) 438
Jauer/Schlesien (heute: Jawor/Polen) 776
Jena (Thüringen) 26, 32, 39–41, 45, 48f., 52f., 56, 58f., 77, 92, 98–100, 107, 112, 133, 135f., 138, 147, 151, 166, 169, 201, 229, 236, 239, 241, 248, 251, 264f., 272f., 337, 350, 371, 378, 426, 462, 753, 758–760, 762, 771, 773, 778–786, 789, 792, 794, 800f., 804, 808f., 819, 821, 826, 828, 844, 846–848, 851, 861f., 868, 876, 880, 885, 888–890, 895, 897–899

Jerusalem 399, 428, 593, 647, 817
Jülich-Berg, Fürstentum 832
Jülich-Berg, Herzogtum 439
Jülich-Kleve-Berg, Vereinigte Herzogtümer 343, 353

Kahla (Thüringen) 35
Kalkar (Kreis Kleve) 257
Kamen (Kreis Unna) 247f., 595, 830
Karlsbad (heute: Karlovy Vary/Tschechien) 797
Kelbra am Kyffhäuser (Sachsen-Anhalt) 890
Kemnade (Hattingen) 113
Kerpen, Herrschaft 380
Kiel (Schleswig-Holstein) 250, 258f., 789, 791, 847
Kierspe (Märkischer Kreis) 45, 857, 864
Kirchhörde (Dortmund) 439
Kleine Walachei (Rumänien) 391
Kleve 132, 145, 151, 255, 262, 273, 295, 330, 333, 358, 621, 757, 768, 770
Kleve, Herzogtum 110, 218, 236, 241, 304, 325f., 353, 363, 368, 388
Koblenz (Rheinland-Pfalz) 95
Kölln (auch: Cölln an der Spree; Alt-Kölln) 189, 246, 757, 777
Köln 257, 262, 265, 283, 387, 597, 754f.
Königsberg/Ostpreußen (heute: Kaliningrad/Russland) 779, 798, 842, 852
Königssteele (Essen) 760
Konstantinopel (heute: Istanbul/Türkei) 204, 877
Kopenhagen (Dänemark) 189, 259, 412, 779
Korinth (Griechenland) 188
Köselitz (Coswig bei Wittenberg) 819
Kremnitz (heute: Kremnica/Slowakei) 264, 272
Kroppenstedt (Sachsen-Anhalt) 395
Kurköln 53, 79, 782
Kurland (Lettland) 20, 785, 885
Kurpfalz/Pfalzgrafschaft bei Rhein 821

Lahr (Baden-Württemberg) 241
Langenberg (Hattingen) 262f., 292, 378
Langenberg (Velbert) 92
Langendenzlingen (Freiburg i. Br.) 117
Langendreer (Bochum) 363, 782, 840

Langenzenn (Fürth/Bayern) 778
Lausitz (auch: Lusatia) in Brandenburg 787, 874
Lauterbach (Hessen) 865, 867
Lebus (Bistum) 825
Lebus (Brandenburg) 70, 288, 825
Leichlingen (Solingen) 379, 789, 846
Leiden (Südholland/Niederlande) 249f., 257, 779f., 821, 894
Leipzig (Sachsen) 40, 50–52, 57, 67, 70, 73, 76, 103, 113–115, 120, 123, 125, 127–129, 131, 146, 149, 155, 157, 159, 167, 221, 233, 235, 243, 247, 249–253, 255, 258, 266, 270, 277, 281, 289, 322f., 327, 335f., 342, 350, 353f., 408, 412, 418, 428f., 590, 593f., 596, 598, 751, 753, 757, 759, 765, 775f., 778, 780f., 784f., 787, 791, 795–799, 802, 817, 819, 822, 825f., 846, 848–851, 854–856, 858, 861, 863, 873, 879, 881, 883, 887, 891, 894f., 901
Lemgo (Kreis Lippe) 41, 48f., 52, 233, 344, 886–889
Lengerich (Kreis Steinfurt) 840
Lennep (Bergisches Land) 67, 100, 126, 131, 439, 752, 789f., 793, 801, 808, 814, 832, 845, 863, 880, 884
Leuscheid (Westerwald) 804
Lieberhausen (Gummersbach) 801
Limburg (Niederlande) 163
Linden (Bochum) 41
Lippe, Herrschaft 48f., 283, 886-888
Lippstadt (Kreis Soest) 72, 77, 123, 125, 136, 138, 193f., 343, 353, 362, 364, 445, 766f., 861, 878, 897, 900
Lochau (Vorarlberg) 37
Lohne (Bad Sassendorf) 98, 340, 457, 491, 499, 505, 512, 516, 520, 524, 785, 878, 895, 897
Löhne (Kreis Herford) 880
Lommersum, Herrschaft 380
London 249, 368, 387, 780
Lösern/Livland (heute: Liezēre, Madonas novads/Lettland) 785
Lübau (Niederlausitz/Sachsen) 350
Lübbecke (Ostwestfalen-Lippe) 880
Lübeck (Schleswig-Holstein) 229f., 343, 413, 595, 765, 813, 818, 845, 871

Lüdenscheid (Märkischer Kreis) 58, 363, 751, 847, 886, 895
Lüneburg (Niedersachsen) 73, 250
Lünen (Kreis Unna) 79, 230, 263, 800, 807, 850
Lünern (Unna) 829
Lütgendortmund (Dortmund) 40, 114, 760, 783, 844, 849
Lüttringhausen (Remscheid) 363
Luzern (Schweiz) 842
Lyon (Frankreich) 785

Magdeburg (Sachsen-Anhalt) 70, 138, 155, 166, 322, 350, 413, 427, 592, 795, 822
Magdeburg, Erzbistum 245
Magdeburg, Herzogtum 155
Malabar (Indien) 374, 433
Mannheim (Baden-Württemberg) 380, 383
Manow (bei Köslin, heute: Manowo/Polen) 771
Mansfeld, Graf- und Herrschaft 592
Marbach (Erfurt) 792
Marburg (Hessen) 183, 193, 250f., 840, 843, 890
Marienborn (Sachsen-Anhalt) 355
Mark, Grafschaft 12, 17, 27, 37, 40, 56, 61, 64, 70f., 79, 99f., 102, 108, 110, 114f., 123, 125, 132, 141, 143f., 147f., 155, 159f., 162f., 166, 168, 177, 186, 232, 236, 241, 245, 247f., 265, 276, 286, 325, 336f., 356, 363, 366, 369, 375, 388f., 421f., 427, 461, 752, 756f., 759, 766, 771, 783, 793, 824, 839, 844
Mecklenburg, Herzogtum 591
Meinerzhagen (Märkischer Kreis) 167, 766f., 783
Meiningsen (Soest) 99, 254, 291, 337, 509, 895, 901
Meißen (Sachsen) 791
Memmingen (Bayern) 765
Mengede (Dortmund) 67, 754, 833, 856, 861f.
Menzerath (Monschau/Eifel) 804
Merseburg (Sachsen-Anhalt) 135
Milbitz (bei Rottenbach) 895
Minden 35, 80f., 166, 170, 463, 899
Minden, Fürstentum 144, 162, 368, 899

Minden-Ravensberg (preußische Verwaltungseinheit) 68, 144, 166
Mitau/Kurland (heute: Jelgava, Semgallen/Lettland) 785
Möhnesee (Kreis Soest) 492, 500, 502, 507f.
Monschau an der Rur/Eifel (Städteregion Aachen) 858
Moskau (Russland) 49–51, 185
Mühlhausen (Thüringen) 898
Mülheim am Rhein 63, 66, 69, 780, 832, 834f., 837
Mülheim an der Ruhr 261, 858
Müncheberg (Brandenburg) 840
München (Bayern) 816
Münchhausen (Hessen) 840
Münden (Fürstentum Lüneburg) 893
Münster, Stadt 230, 283, 826f.
Münster, Fürstbistum 170
Münstereifel (Euskirchen) 63, 820

Namur (Belgien) 800
Narva/Narwa (Estland) 185
Naumburg an der Saale (Sachsen-Anhalt) 674, 762
Neuendorf (Brück/Brandenburg) 151
Neuengeseke (Bad Sassendorf) 41, 52, 169, 265, 291, 492, 500, 502, 507f., 829
Neuenkirchen (heute: Dołuje, Westpommern/Polen) 874
Neuenrade (Märkischer Kreis) 768, 839
Neustadt (Sachsen) 230
Neustadt *siehe* Bergneustadt
New Ebenezer (Gemeinde in British Georgia) 392
Nidda (Hessen) 867
Niederbayern *siehe* Bayern
Niederlande (auch: umgangssprachlich Holland) 53, 163, 166, 230, 249, 256, 377, 380, 382, 385, 412, 416, 822
Niederländisch-Indien *siehe* Batavia und Ostindien
Niederlausitz 350, 392, 426
Niederlinxweiler (St. Wendel/Saarland) 848
Niederwenigern (Hattingen) 39
Nordamerika 12, 53, 162, 382, 398, 421
Nordhausen am Harz (Thüringen) 890

Nördlingen (Bayern) 885
Norwegen 385
Nürnberg (Bayern) 80, 168, 591, 608, 796, 896
Nuthagen (Neumark/Brandenburg, heute: Nętno/Polen) 329

Oberbayern *siehe* Bayern
Oestrich (Dortmund) 896
Ohle (Plettenberg) 131, 768
Oldenburg i. O. (Niedersachsen) 343
Ortenberg (Hessen) 895
Osnabrück (Niedersachsen) 156, 170, 184, 230, 258f., 656, 810, 813, 877, 900
Osterburg in der Altmark (Sachsen-Anhalt) 172, 438
Osterode (Herzogtum Grubenhagen) 229
Österreich, Erzherzogtum 53, 170, 591, 756, 776, 828
Ostindien 177, 364, 374, 398, 417, 419f., 425, 447–449, 451, 455f., 458, 461, 463, 894
Ostönnen (Soest) 107, 355, 483, 510
Ottweiler (Neunkirchen/Saarland) 848
Oxford (England) 593, 779

Paderborn 232, 283
Paderborn, Fürstbistum 170
Parchim (Mecklenburg-Vorpommern) 852
Parnassos/Parnassus bei Delfi 216
Parstein (Brandenburg) 777
Passarowitz (heute: Požarevac/Serbien) 391
Passau (Bayern) 344
Pennsylvania/USA 441, 444f., 457
Petershagen (Kreis Minden-Lübbecke) 58, 899
Pfalz-Neuburg, Pfalzgrafschaft 379, 591
Pillau, bei Königsberg/Ostpreußen (heute: Baltijsk, bei Kaliningrad/Russland) 779
Plettenberg (Märkischer Kreis) 39, 131, 856
Polen 172, 797, 825, 911
Polkau (Osterburg [Altmark/Sachsen-Anhalt]) 438
Pommern 138, 165, 429, 842, 873–875
Porayar (Indien) 426
Potsdam (Brandenburg) 273, 285, 413
Preßburg (heute: Bratislava/Slowakei) 230

Preußen (auch: Borussia)   12, 55, 70, 79, 95f., 125f., 133, 141, 147, 160, 170, 172f., 176f., 218, 241, 245, 247f., 257, 261, 270f., 273, 281, 315, 368, 437, 463, 467, 476, 576, 741, 776f., 825, 830
Prignitz (Brandenburg)   438

Queckborn (Hessen)   868
Quedlinburg (Sachsen-Anhalt)   52, 779, 857

Radevormwald (Bergisches Land)   346, 808
Rathenow an der Havel (Brandenburg)   412
Ratzeburg (Schleswig-Holstein)   277
Rauschenberg (Hessen)   879
Ravensberg, Grafschaft   79, 81, 89, 144, 353
Rehme (Bad Oeynhausen/Kreis Minden-Lübbecke)   880
Rehweiler (Rheinland-Pfalz)   386
Reichenbach (Vogtland)   277
Rellinghausen (Essen)   754, 878
Remlingrade (Radevormwald)   801, 814
Remscheid (Bergisches Land)   363, 752, 789f., 864, 884
Reußisches Land (Haus Reuß)   244
Rheinland   107, 255, 363, 378, 439
Riddagshausen (Braunschweig)   239
Riga (Lettland)   249
Rijswijk (Niederlande)   887
Rinteln (Niedersachsen)   281, 350, 832, 869, 896f., 900
Rochow (Stendal/Sachsen-Anhalt)   438
Rom/Römisches Reich   44, 55, 241, 271, 348f., 353, 436, 566, 590, 597, 678, 785
Ronneburg (Thüringen)   819
Rönsahl (Kierspe/Märkischer Kreis)   768
Rosenburg am Kamp (Niederösterreich)   591
Rostock (Mecklenburg-Vorpommern)   48, 60, 116–118, 133, 172, 239, 248f., 252, 257, 277, 280f., 292, 294, 305, 310f., 335, 591, 594, 765, 795, 798–800, 813, 819, 821, 828f., 852–857, 859f., 871, 877, 882, 894–896, 900
Rotes Meer   684
Rothenburg ob der Tauber (Bayern)   114, 781

Rottenbach (Gera/Thüringen)   895
Rouen (Frankreich)   856
Rüdinghausen (Witten)   861
Rudolstadt (Thüringen)   778
Rügenwalde (heute: Darłowo, Westpommern/Polen)   852
Rönderoth (Bergisches Land)   800
Russland   17, 49f., 52, 59, 170, 187, 265, 822
Rützow (früher: Neumark/Brandenburg, heute: Westpommern/Polen)   93, 329

Saalkreis (Halle an der Saale)   355, 362, 364, 367, 371, 373f., 376, 381, 385–387, 392, 394, 397, 399, 401f., 408, 411f., 415f., 418f., 421, 425, 429f., 433–435, 437f., 440–446, 448, 450–457, 460, 462–465
Saarbrücken (Saarland)   858
Sachsen, Kurfürstentum   172, 349, 354, 463, 590, 610, 776, 796, 894
Sachsen-Altenburg, Herzogtum   894
Sachsen-Eisenach, Herzogtum   758
Sachsen-Gotha, Herzogtum   170, 265
Sachsen-Gotha-Altenburg, Herzogtum   205
Sachsenberg (Waldeck-Frankenberg/Hessen)   897
Saint Thomas (dänisch: Sankt Thomas; Amerikanische Jungferninseln/Karibik)   382
Salzburg (Gemeinde in British Georgia)   162, 177, 392, 394–396, 398, 412, 417, 425, 433, 576
Salzwedel (Sachsen-Anhalt)   592
Sankt Goar (Rheinland-Pfalz)   230
Sassendorf (später: Bad Sassendorf)   77, 99, 170, 438, 447, 491, 499, 505, 512, 516, 520, 524, 840, 895
Savoyen (Frankreich)   53
Schaumburg (Hessen)   870
Schermbeck (Dorsten)   752, 855
Schiffbek (Hamburg)   279
Schlesien   790
Schleswig-Holstein   259, 863
Schleswig-Holstein-Gottorf, Herzogtum   259
Schleusingen (Thüringen)   245, 896

4.6 Register der Orte

Schmalkalden 155f., 221
Schmallenberg (Hochsauerlandkreis) 857
Schönburgsches Land (Thüringen) 244
Schöningen (Niedersachsen) 233
Schulpforte (auch: Schulpforta, Naumburg an der Saale/Sachsen-Anhalt) 791
Schwanenburg (heute: Gulbene, Gulbenes Novads/Lettland) 785
Schweden 170, 229, 250, 353, 594, 872
Schwedisch-Pommern 228f., 232, 234, 237f.
Schwefe (Welver) 92–94, 125, 355, 458, 462, 486, 489, 501, 510, 517, 816, 901
Schweinfurt (Bayern) 841
Schweiz 230, 842
Schwelm (Ennepe-Ruhr-Kreis) 40, 100, 230, 766, 844
Schwerte (Kreis Unna) 37, 40, 143, 159f., 166, 246, 363, 803, 839, 856
Seedorf (Brandenburg) 760
Seelscheid (Bergisches Land) 789
Serbien (auch: Nordserbien) 391
Sibirien 59
Siebenbürgen (Rumänien) 53
Sinai, Berg in Ägypten 213
Sloboda (Vorstadt von Moskau) 51, 185, 187, 189
Sneek (Friesland/Niederlande) 249
Soester Börde 11f., 18, 26, 93, 98f., 113, 125, 131, 134, 141, 144f., 148, 154, 168f., 175, 217, 225, 281, 283, 304, 310, 325f., 337, 339, 345, 352, 371, 375, 461, 474f., 481, 486, 489, 492, 497f., 501f., 504, 510, 512, 515–517, 524, 526, 529, 535f., 542, 547f., 550, 558, 562, 568, 571, 584, 590, 593f., 604, 608, 610, 681, 703
Solingen (Bergisches Land) 56, 159, 163, 165, 257, 355f., 364, 373, 376–379, 381f., 386-387, 428, 794, 847
Solms-Baruth (Standesherrschaft Baruth) 174, 304f., 426
Spanien 53
Sprockhövel (Ennepe-Ruhgr-Kreis) 45, 70, 759, 784, 822, 827, 849
Stade (Niedersachsen) 593f., 818
Stargard (heute: Stargard Szczeciński/Polen) 252, 882

Starzedel (heute: Starosiedle, Lebus/Polen) 824
Steele (Essen) 760
Stendal (Sachsen-Anhalt) 437
Stettin (heute: Szczecin/Polen) 413, 760, 777, 872, 874f., 882
Stiepel (Bochum) 113, 784, 800
Stockum (Unna) 830
Stolpe (Mark Brandenburg) 861
Stöven (heute: Stobno [Kołbaskowo], Westpommern/Polen) 874
Stralsund (Mecklenburg-Vorpommern) 819
Straßburg (Elsass) 32, 117, 617, 752, 867
Striegau/Schlesien (heute: Strzegom, Niederschlesien/Polen) 776
Stuttgart (Baden-Württemberg) 706
Sulzburg (Breisgau-Hochschwarzwald) 117

Tangermünde an der Elbe (Sachsen-Anhalt) 751
Teschen (heute: Doppelstadt Cieszyn/Polen und Český Těšín/Tschechien) 350f.
Tharangambadi (früher: Tranquebar oder Trankebar/Ostindien) 177, 294, 364, 367, 374, 397f., 417, 425, 429, 432, 436, 439–441, 447, 451, 454
Thüringen 264, 786
Tönningen (Schleswig-Holstein) 412
Troja/Troia 38, 181
Tübingen (Baden-Württemberg) 83, 241, 278, 280, 591, 841
Turenne (Region Nouvelle-Aquitaine/Frankreich) 282
Türkei 186, 390

Uelzen (Niedersachsen) 863
Ulm (Baden-Württemberg) 122, 826f., 885
Ümmingen (Bochum) 131, 753, 815
Ungarn 53, 264f., 272
Unna 40, 114, 116, 123, 125, 167, 232, 245f., 248, 255f., 261, 335f., 761, 767, 790, 803, 816, 820, 823, 827, 838f., 846, 850, 855, 858, 878, 880, 882, 894, 896
Unterbergisches Land *siehe auch Bergisches Land* 790, 884
Utrecht (Niederlande) 99, 233, 780, 822

Vaals (Niederlande) 163
Valbert (Meinerzhagen/Märkischer Kreis) 803, 814, 856
Vatikan 891
Velbert (Bergisches Land) 92, 426, 859
Verona (Italien) 784
Versmold (Kreis Gütersloh) 166, 428
Vest Recklinghausen (Kurköln) 782
Vinzelberg (Stendal/Sachsen-Anhalt) 438
Voerde (Niederrhein) 794
Vöhl (Hessen) 867
Volberg (Rösrath/Rheinland) 862
Volmarstein (Wetter an der Ruhr) 752

Wahlscheid (Engelskirchen) 769
Walbach (Ründeroth/Rheinland) 814
Waldeck (Hessen) 283
Wehdem (Stemwede) 880
Weimar (Thüringen) 762, 797, 885, 895
Weißenfels (Sachsen-Anhalt) 795f.
Wellinghofen (Dortmund) 800, 805, 862
Welver (Kreis Soest) 93, 302, 485, 504, 516, 526, 547, 895
Wengern (Wetter an der Ruhr) 801
Werden (Essen) 801
Werdohl (Märkischer Kreis) 861, 900
Wernigerode (Sachsen-Anhalt) 400, 423
Werth (Isselburg/Kreis Borken) 855
Wertheim (Main) 147, 241
Werther (Kreis Gütersloh) 79
Wesel (auch: Vesalia, Rheinland) 29, 70, 80, 172, 285, 304, 758
Weslarn (Bad Sassendorf) 154, 416, 485, 526, 839
Westfalen (auch Guestfalia) 11, 48, 59, 79, 81, 89, 95f., 107f., 114, 117f., 123, 126, 131, 144, 158, 163, 170, 181, 232, 244f., 255f., 267, 276, 293, 353f., 380, 427, 448, 764, 771, 793, 823, 827f., 838, 853, 855f., 859, 864f., 870, 877, 882, 885f., 890, 895, 900
Westhofen (Alzey-Worms) 805, 838

Westindien 382, 420
Wetter an der Ruhr (Ennepe-Ruhr-Kreis) 752, 760, 793
Wetterau (Landschaft in Hessen) 890
Wetzlar (Hessen) 238, 250, 420, 861
Wickede (Dortmund) 783, 859
Wiedenest (Bergneustadt/Bergisches Land) 767, 839, 863
Wiener Neustadt 814
Windheim (Petershagen) 58
Windsheim in Franken (später: Bad Windsheim) 779, 869
Wischlingen (Dortmund) 784, 799, 858f.
Wismar (Mecklenburg-Vorpommern) 874
Witten 802
Wittenberg (Lutherstadt Wittenberg) 32, 39, 58, 67f., 70, 102, 112, 114, 118, 123, 131, 201, 221, 227, 231, 236, 244–246, 248f., 255, 276f., 340, 349, 476, 590f., 595, 765, 785–791, 818f., 833, 835, 837f., 841–843, 858, 872, 878, 882, 892–895
Wolfenbüttel (Niedersachsen) 229, 233, 592
Worms 183
Württemberg, Herzogtum/Fürstentum 278, 591
Würzburg 778

Zachan (heute: Westpommern/Polen) 165, 882
Zerbst (Sachsen-Anhalt) 159, 235, 817–819
Zeven (Niedersachsen) 170, 463
Zion (Berg) 399, 420, 428, 678, 741, 772
Zittau (Sachsen) 135
Zorndorf (Küstrin, heute: Kostrzyn nad Odrą/Polen) 438
Züllichau (heute: Sulechów/Polen) 172
Zutphen (Gelderland/Niederlande) 353
Zweifall (Stolberg im Rheinland) 860